本报告系吉林省文物局委托项目"吉林大安后套木嘎遗址的发掘（357121741444）"和"吉林境内科尔沁沙地先秦时期遗址专项系统调查（357145351444）"项目成果

环月亮泡地区区域性系统考古调查报告

（上）

吉林大学边疆考古研究中心
吉林省文物考古研究所　编著

〔法〕Pauline Sebillaud（史宝琳）　王立新　主编
刘晓溪　副主编

科学出版社
北京

内 容 简 介

环月亮泡地区区域性系统考古调查是《吉林大安后套木嘎遗址考古工作规划》中的重要内容。2012～2014年、2016年后套木嘎遗址考古队在考古发掘的同时，对遗址所处的环月亮泡地区开展了为期四年的区域性系统考古调查工作。发现了新石器时代早期至清末民国时期遗址73处，采集各类标本共计1800多件。此项调查是吉林省境内首次开展的区域性系统考古调查，对研究环月亮泡区域聚落形态的历时演变与人地关系等具有重要意义。

本书适合从事聚落考古、东北考古等研究的专业科研人员，以及高校相关专业师生参考阅读。

图书在版编目（CIP）数据

环月亮泡地区区域性系统考古调查报告：全2册/吉林大学边疆考古研究中心，吉林省文物考古研究所编著；（法）史宝琳（Pauline Sebillaud），王立新主编. —北京：科学出版社，2023.7

ISBN 978-7-03-075908-5

Ⅰ.①环… Ⅱ.①吉…②吉…③史…④王… Ⅲ.①文物—考古调查—调查报告—大安 Ⅳ.①K872.344

中国国家版本馆CIP数据核字（2023）第110522号

责任编辑：王琳玮/责任校对：邹慧卿
责任印制：肖 兴/封面设计：刘可红

科学出版社 出版
北京东黄城根北街16号
邮政编码：100717
http://www.sciencep.com

北京汇瑞嘉合文化发展有限公司 印刷
科学出版社发行 各地新华书店经销

＊

2023年7月第 一 版 开本：889×1194 1/16
2023年7月第一次印刷 印张：56 1/4
字数：1580 000

定价：728.00元（上、下册）
（如有印装质量问题，我社负责调换）

前　言

为了推行2009年颁布的《田野考古工作规程》，吉林省文物局与吉林大学边疆考古研究中心等单位于2011年联合成立了"吉林省田野考古实践与遗址保护研究基地"。根据已获国家文物局批准的《吉林大安后套木嘎遗址考古工作规划》，经由吉林省文物局协调，吉林大学边疆考古研究中心与吉林省文物考古研究所组成联合考古队，于2011～2015年连续对大安后套木嘎遗址进行了5个年度的发掘工作[①]。在发掘工作取得重大收获的同时，我们意识到"仅仅依靠单个遗址所获得的考古资料，既不能使我们准确地概括一个区域内考古学文化的特征，也不能为我们探索早期复杂社会的起源与发展提供足够的证据"[②]。为了进一步了解后套木嘎遗址周围各个时期聚落的位置、数量、分布、面积、等级等因素的变化及其与自然环境的关系，揭示区域内古代社会的复杂进程及其历史动因，对该区域开展区域性系统考古调查，无疑是一项有意义的考古工作。

鉴于此，在后套木嘎遗址发掘和整理期间，我们对该遗址所在的环月亮泡（包括20世纪70年代后期因筑坝与月亮泡隔开的新荒泡）周边地区开展了区域性系统调查。"区域系统调查（systematic regional survey），又称全覆盖式调查（full-coverage survey），是以聚落形态研究为目的的考古调查方法。"[③]我们希望通过这种调查方法，并配合典型遗址的发掘，构建和完善嫩江流域考古学文化的编年序列，并尝试探索区域内的聚落分布、聚落形态历时演变以及人与自然环境关系等问题。本研究属于聚落形态考古，即"通过考古研究过去人们的居住形式、埋葬的空间布局形态及其变化，从而探索古代社会的组织结构和人与人之间的关系，是社会考古重要的手段。微观聚落形态研究注重遗址内部布局的划分及其动态变化，以探索遗址内部村社的组织结构和人与人之间的关系。宏观聚落形态则研究整个文化区内聚落之间的关系，探索文化区内超越单个村社聚落之上的社会组织结构状况"[④]。本研究也受景观考古学的影响，即"以强调遗址与周边地理和地貌的互相关联为主要学术特征"[⑤]。

后套木嘎遗址考古队先后于2012年4月25日至5月10日、2013年4月25日至5月11日、2014年4月21日至5月10日、2016年4月10日至5月10日对环月亮泡周边地区进行了四个季度的区域性系

① 王立新、霍东峰、方启：《吉林大安后套木嘎遗址发掘的主要收获》，《边疆考古研究（第21辑）》，北京：科学出版社，2017年，第321～333页。

② 中美两城地区联合考古队：《山东日照地区系统区域调查的新收获》，《考古》2002年第5期，第10页。

③ 方辉：《对区域系统调查法的几点认识与思考》，《考古》2002年第5期，第56页。

④ 王巍主编：《中国考古学大辞典》，上海：上海辞书出版社，2014年，第7页。

⑤ 王巍主编：《中国考古学大辞典》，上海：上海辞书出版社，2014年，第9页。

统调查。这是在吉林省境内首次开展的此类调查工作。

　　本次调查工作主要在吉林省西部白城市的镇赉县和大安市辖域展开，总覆盖面积约280平方千米。

　　本报告首先介绍调查区域的地理特征，然后总结以往的考古工作和本次调查采用的方法。描述和分析调查所获得的材料分两个部分。第一部分总体归纳和分析该区域内聚落状态的演变过程；第二部分逐一介绍遗址，并对每个遗址进行遗存年代判断和空间分析。为了保证空间分析和聚落历时性变化复原的质量，我们利用了大量数字高程模型（DEM）和卫星图片作为底图。本报告还采用很多表格和统计示意图来介绍区域性系统调查提供的大量数据，为了便于读者了解全部的数据我们除了利用"位序-规模"法则分析聚落等级差异之外，未采用其他较为复杂的统计学分析方式。利用卫星图来介绍遗址有几个优势：第一是位置很容易到现场找到。第二是可以发现现代的建筑等设施对遗址造成多大程度的破坏。事实上，确有不少遗址被现代民宅部分覆盖。第三是通过卫星图可以提供一些有助于田野观察的具体信息。

　　在采集遗物的报道方面，为了使读者能够更直观地观察和比较遗物的质地、颜色、形状与纹饰，本报告尽可能以彩色照片和拓片的形式发表遗物。

　　本报告的目的首先是系统地公布考古调查所获得的各方面材料，其次是交代调查者基于材料所获得的一些初步认识，包括区域内各时段聚落的分布、历时性变化及人地关系等。这些材料和认识，是将来进一步开展相关研究的重要基础，同时也会为区域内地下文化遗产的保护工作提供科学依据。

Pauline Sebillaud（史宝琳）

2020年12月29日

目　　录

插 图 目 录

插 表 目 录

第一章 绪 论

一、地 理

调查区域位于中国东北，吉林省西北部白城地区（图1），围绕洮儿河与嫩江交汇所形成的月亮泡及由之分割出来的新荒泡周边区域，属于松嫩平原西部，西邻科尔沁沙地东北边缘，行政区划包括大安市西北部安广镇、红岗子乡、月亮泡镇、新荒乡、丰收镇和镇赉县东南部的沿江镇（图2）。

松嫩平原系由松花江、嫩江及其支流冲积而成，其东、西、北三面分别被长白山脉、大兴安岭、小兴安岭所环绕，形成了一个相对独立的地理单元。调查区域位于嫩江西侧支流洮儿河的下游地区，这一带历史上由于水流不畅形成过众多大大小小的湖沼，现存水域较大的有月亮湖、新荒泡、它拉红泡等。

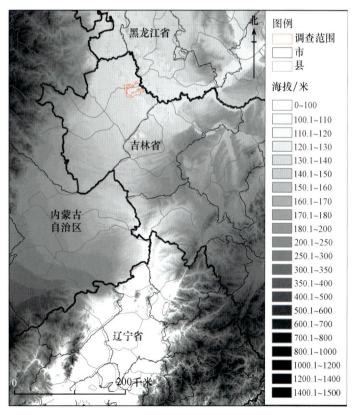

图1 调查区域

（ArcGIS底图来源：srtm，CGIAR Consortium for Spatial Information http://srtm.csi.cgiar.org/）

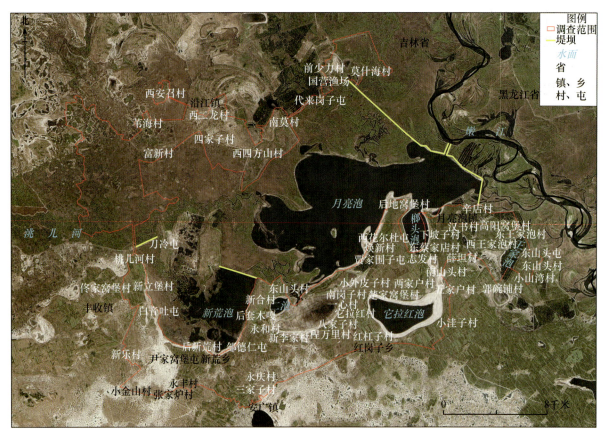

图2 调查区域范围

（来源：ArcGIS底图为Bing卫星图）

该区域从整体上看地势较为低平又略有起伏，海拔114~160米。按地形地貌和地表植被的差异又可以细分为两类：第一类为相对地势较高的河床两岸和湖泊周围的台地或土岗，土壤类型多为略偏沙性的黑土或灰黑土，堆积厚薄不均，现多辟为耕地。由于人类的过度开发利用，多数地区已呈现沙化。第二类为相对地势较低的旧河床、干涸的泡子底部或洪水泛滥区，历史上应为水草丰美、面积广阔的湿地。由于近代人为破坏和干旱气候的影响，形成了成片植被稀疏、生态脆弱的盐碱地带①。

（一）地形

调查区北部属于镇赉县，南部属于大安市。根据《大安县志》，大安市"境内地貌类型可分台地（一级阶地）、平川、沙丘、低洼地四种类型，其中，平川地占总面积的26.5%，低平地（洼地）占48.8%，台地占15%，沙丘占9.7%"。而安广镇主要为平川地，"低洼地，主要

---

① 刘晓溪、Pauline Sebillaud（史宝琳）、王立新：《吉林省大安市2012~2013年区域性系统调查简报》，《边疆考古研究（第19辑）》，北京：科学出版社，2016年，第27~45页。

分布在洮儿河南岸的红岗子、新荒、丰收"①。根据《镇赉县志》，镇赉县的"地貌主要特征是平原上有沙丘覆盖和盐碱化现象。按地貌成因和地貌形态可划分为台地、河谷平原和沙丘三种类型"，而调查的沿江镇主要为河谷平原，"嫩江河谷平原，有河漫滩和一级阶地。河漫滩上河曲比较发育，有江叉、沙洲、古河道、牛轭湖和蛇曲形洼地分布。一级阶地上有沙丘、沙垄，并有风蚀坑发育。西南部洮儿河冲积扇平原，已由过去的芦苇湿地变为主要草场。沿江河地带由于地势低平，河流冲积分选不明显，多形成各类草甸土"②。

从灰度区间为2米的数字高程模型（DEM）（图3）来看，调查范围内相对较高地带均呈南北向长条形。北部有南莫遗址，南部从西往东依次为后套木嘎、后地窝堡、汉书和东山头遗址，全部位于水边。在该地图添加5米为距的等高线后（图4），可以清楚地观察到以上几个高地之间分布有较多高5米左右的小型土包，也就是说除了高地所在地带起伏较为明显，其他地区整体起伏不大。

通过观察调查区域的坡度分布图（图5），可以发现该区域整体坡度小于2°，地势较为平坦。而坡度较大达7°～13°的位置位于水边，也就是前面提到的几处遗址所在的湖边高地的位

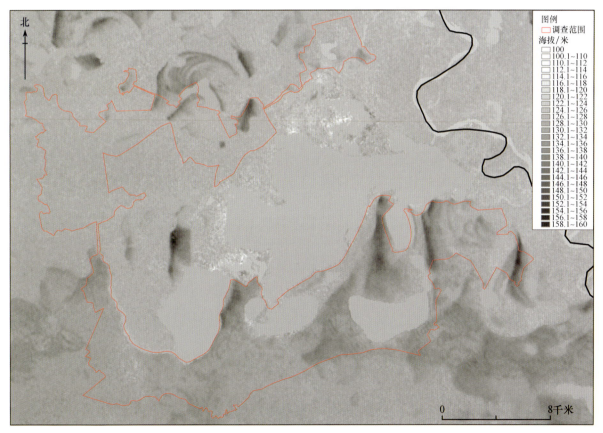

图3 调查区域的地形（灰度区间2米）

（ArcGIS底图来源：srtm，CGIAR Consortium for Spatial Information http://srtm.csi.cgiar.org/）

---

① 逯献青主编：《大安县志》，沈阳：辽宁人民出版社，1990年，第74页。
② 镇赉县志编纂委员会：《镇赉县志》，长春：吉林人民出版社，1995年，第81、82页。

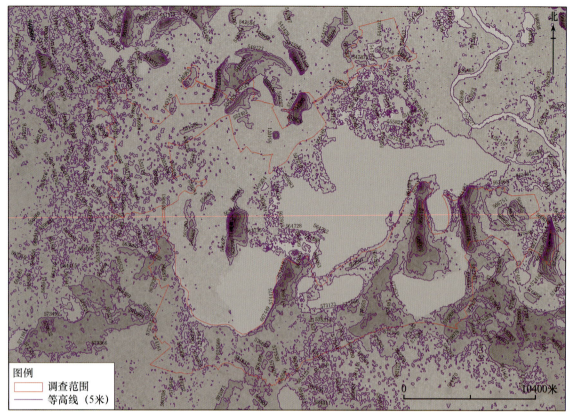

图例
调查范围
等高线（5米）

图4　调查区域的地形（5米等高线）

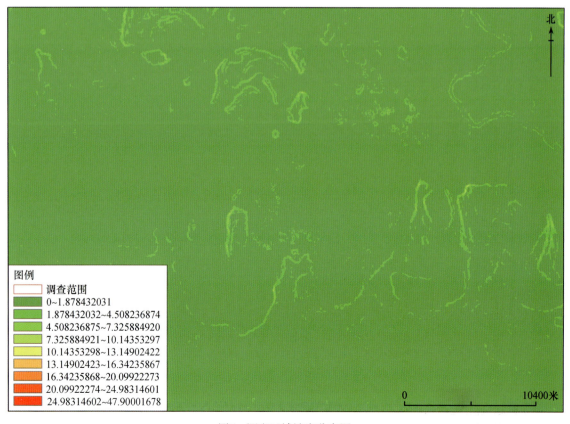

图例
调查范围
0~1.878432031
1.878432032~4.508236874
4.508236875~7.325884920
7.325884921~10.14353297
10.14353298~13.14902422
13.14902423~16.34235867
16.34235868~20.09922273
20.09922274~24.98314601
24.98314602~47.90001678

图5　调查区域坡度分布图

置。从这一张图也可以尝试复原有现代堤坝之前的景观和湖泊的形状。

从调查范围坡向分布图（图6）可以观察到，在上述地势较高的地带中，最高处大部分都朝西（或西北、西南）。这也是该地区的主要风向，西风带来了大部分的沉积物。而在较为平坦的区域，地貌的形成除了受到风相沉积的影响，还可能跟水文的演变过程有关。

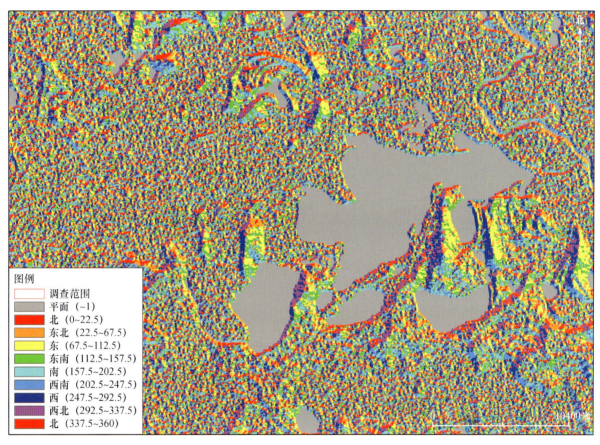

图6　调查区域坡向分布图

（二）气候

调查区西邻科尔沁沙地的东北边缘地带，该区域生态环境较为脆弱，沙地边界受气候变化影响很不稳定[①]。根据对13个风成沙剖面和3个黄土剖面的光释光测年的分析，"古风成沙数据位于末次冰期晚期—全新世期间（距今13000～10000年），小于距今26500～19000年的末次冰盛期时段。末次冰盛期干冷气候背景下沙丘持续不断的活化翻动，风成沙在进入全新世气候转暖后才被固定，沙地内全新世黑色砂质土壤下伏的疏松流沙为末次冰盛期产物，其分布范围可代表末次冰盛期流动沙丘的分布范围。现今科尔沁沙地面积约为42000平方千米，活动沙丘面积约占10%。在末次冰盛期不仅原固定沙丘活化，沙质平原与部分甸子也被流沙覆盖，面积约

① 弋双文、鹿化煜、曾琳、徐志伟：《末次盛冰期以来科尔沁沙地古气候变化及其边界重建》，《第四纪研究》2013年第2期，第206～217页。

85000平方千米，活动沙丘或流沙面积相对目前扩大了约20倍。末次冰盛期沙地活化扩张的控制因素主要有两方面：一方面冰期气候干旱寒冷，降水减少，地表植被覆盖下降，地表松散沉积物遭受风力剥蚀而活化成流沙；另一方面科尔沁沙地内部水系发育，河流流经途中会沉积大量松散物质。在冰期干冷环境下，河流水位下降，河流沙暴露并遭受风蚀改造，为流沙扩张提供物源，沙漠沿西拉木伦河流域扩展"[1]。

　　除了空间变化的研究，气候重建工作也是科尔沁沙地研究工作的重要内容。通过对北方沙地的古温度与古降雨量进行空间格局的定量化重建，获得以下整体分布特征：在末次盛冰期（约距今26000～16000年）温度降低了5～11℃，变率为60%～200%，降温极值在黄土高原南缘；降雨量减少180～350毫米，变率为50%左右，东北地区降雨量变化不大。在全新世大暖期（距今约9000～5000年），温度升高了1～3.5℃，变率为20%～130%；降雨量增加了30～400毫米，变率为10%～120%[2]。有关科尔沁沙地具体气候变化的研究表明："4300～3800cal B.P.为全新世大暖期末期，是研究区气候最暖湿的时期，且暖湿程度有不断降低的趋势；3800～1700 cal B.P.为冷干气候期，其中3000 cal B.P.为气候演变的节点，前期气候由暖湿逐步向冷干过渡，后期冬季风持续强盛，夏季风则逐渐恢复；1700～1000 cal B.P.为亚暖湿气候期，气候条件相对暖湿，但不及大暖期时期。"[3]

　　此外，调查区域所在更加宏观的地理范围内其他地区的古气候重建研究也可以作为佐证，如吉林省通化市辉南县金川镇大甸子的剖面研究，"距今5000年左右世界各地普遍存在一次幅度较大的短期降温气候事件……降温事件出现之前气候温暖湿润，降温事件过后温度持续下降"[4]。对吉林省通化市辉南县金川镇三角龙湾的泥潭纤维素的分析表明，该地区经过8次干旱期：公元前2200～前1850年、公元前1820～前1550年、公元前1450～前1000年、公元前950～前550年、50～150年、250～400年、600～750年和820～1200年。其中公元前2200年前后和1200年前后的气候变化较为重要，前者从长期寒冷和潮湿变成温和干燥，后者再次变成寒冷和潮湿[5]。还有对内蒙古东部的两个湖泊沉积的研究：公元前8000～前6000年气候比较寒冷和潮湿，公元前6000～前3900年气候更温和潮湿，公元前3900～前900年气候温和干燥，公元前900年之后气候变成寒冷和干燥。而公元前900年前后的过渡时期恰好土壤的风成现象加强，气

　　[1]　杨利荣、岳乐平：《光释光测年揭示的科尔沁沙地末次晚冰期—全新世沙漠空间格局变化》，《第四纪研究》2013年第2期，第260～268页。

　　[2]　俞凯峰、鹿化煜、Frank Lehmkuhl、Veit Nottebaum：《末次盛冰期和全新世大暖期中国北方沙地古气候定量重建初探》，《第四纪研究》2013年第2期，第293～302页。

　　[3]　赵爽、夏敦胜、靳鹤龄、温仰磊、柳加波、刘冰、李冠华：《科尔沁沙地过去近5000年高分辨率气候演变》，《第四纪研究》2013年第2期，第283～292页。

　　[4]　李永化、尹怀宁、张小咏、赵军：《东北地区5000aB.P.～4700aB.P.左右的降温事件及对考古文化的影响》，《云南地理环境研究》2003年第1期，第12～18页。

　　[5]　Hong Y T, Z G Wang, H B Jiang, Q H Lin, B Hong, Y X Zhu, Y Wang, L S Xu, X T Leng, H D Li. "A 6000-year record of changes in drought and precipitation in northeastern China based on a $\delta^{13}C$ time series from peat cellulose". *Earth and Planetary Science Letters*, 185, 1, 2001, p. 111-119.

候恶化使落叶阔叶森林变成针叶林和草原[①]

在这样多变和不稳定的环境下，史前人类与自然的互动十分显著。相关研究表明，全新世时期"科尔沁沙地和毛乌素沙地的人类，通过生业模式的调整以及活动范围的改变，适应了气候变化，文化得以延续，人类活动总体没有减弱。2000年以来，人类适应能力增强，各沙地人类活动的强度和范围均大幅扩张……科尔沁沙地和毛乌素沙地生态环境条件相对优越，且受到中原文化的影响，人类活动强度较大，文化谱系相对完整。研究区各时期人类遗址沿水系分布特征明显，反映了水源作为沙地地区的限制性因素对人类活动的分布具有重要影响"[②]。另外，在赤峰地区的研究证明，黄土沉积的速度反映了气候的变化，而黄土的沉积速度也影响人类聚落的选址[③]。

辽金时期一直到清末至民国时期，中国东北地区受到了中世纪温暖期（约800～1200年）和小冰期（约1550～1850年）的影响。但古代气候和人类影响同样为生态环境变化的动因。科尔沁沙地东南边缘的"麦里泥炭剖面高分辨率花粉化石记录表明，东北科尔沁沙地在相当于中世纪温暖期阶段夏季降水量曾显著增加，主要表现为沙丘上的乔木和草本植物均获得了繁茂的生长花粉沉积速率明显上升"。"在中世纪温暖期中，欧亚大陆作为一个整体夏季温度可能暖于今天。这可能通过增强夏季风环流使中国东北夏季雨量增多，为沙丘植物茂盛生长提供了有利条件"[④]。辽金时期人口相比之前增加了很多。此外，辉南县金川镇南部的二龙湾湖泊沉积中木炭颗粒的分析发现，1200～1400年和1600年前后的火灾强度和密度（频率高、时间短）很高，这也从侧面表明在适宜气候环境下当时人类活动强度明显增强[⑤]。

现代中国东北地区受东亚季风雨影响，气候变化较为分明。冬天寒冷干燥，主要受西北风影响，夏天温暖潮湿，受太平洋湿热气团影响。从靖宇县气象台1955～2001年的记录也可见一斑：年均温度为3℃，冬天低至−39℃，夏天高达37℃；6～9月份为雨季，占一年雨量的60%，年降水量约为766毫米[⑥]。

此外，1990年出版的《大安县志》中也有记载，大安"全年晴天日数平均为110天。阴雨

---

① Liu Hongyan, Lihong Xu, Haiting Cui. "Holocene History of Desertification along the Woodland-Steppe Border in Northern China". *Quaternary Research*, 57, 2, 2002, p. 259-270; Liu Hongyan, Haiting Cui, and Yongmei Huang. "Detecting Holocene Movements of the Woodland-Steppe Ecotone in Northern China Using Discriminant Analysis". *Journal of Quaternary Science*, 16, 3, 2001, p. 237-244.

② 卓海昕、鹿化煜、贾鑫、孙永刚：《全新世中国北方沙地人类活动与气候变化关系的初步研究》，《第四纪研究》2013年第2期，第303～313页。

③ Avni Y, J F Zhang, G Shelach, L P Zhou. "Upper Pleistocene-Holocene geomorphic changes dictating sedimentation rates and historical land use in the valley system of the Chifeng region, Inner Mongolia, northern China". *Earth Surface Processes and Landforms*, 13, 2010, p. 1251-1268.

④ 任国玉、张兰生：《中世纪温暖期气候变化的花粉化石记录》，《气候与环境研究》1996年第1期，第81～86页。

⑤ Li Jie, Annson W Mackay, Yan Zhang, Jingjing Li. "A 1000-year record of vegetation change and wildfire from maar lake Erlongwan in northeast China". *Quaternary International*, 290-291, 2013, p. 313-321.

⑥ Li Jie, Annson W Mackay, Yan Zhang, Jingjing Li. "A 1000-year record of vegetation change and wildfire from maar lake Erlongwan in northeast China". *Quaternary International*, 290-291, 2013, p. 313-321.

（雪）平均为62天，日照充足。农作物生长期为4至9月"[1]。"年平均气温4.3℃。7月最热，平均气温23.5℃；1月份最冷，平均气温－18.2℃。极端最高气温38℃，出现在1979年7月15日；极端最低气温－35.2℃，出现在1966年1月19日。"[2]"年均降水量为413.7毫米。最多589.2毫米，出现在1985年；最少256.2毫米，出现在1965年。春季占全年降水量9.5%，夏季占73.1%，秋季占13.9%，冬季占3.5%。"[3]"春季多西风、西南风风力大，7级以上大风平均18日（次），5级风普遍。夏季多南风、东南风，风向变化大，风力较小，大风平均5日（次），3级风普遍。秋季多偏西风，大风平均8日（次），4级风最多。冬季多西北风，时有暴风雪出现。"[4]

（三）植物和动物

人类与环境的互动不仅体现在气候与人类活动的相互作用上，还体现在动植物上。关于这类互动过程的研究虽然尚在进行，不过已取得初步的进展[5]。如前面提到的科尔沁沙地，研究表明当人口变少的时候，固定、半固定沙丘和密集的植被出现频率较高，而当人口增加的时候，由于扰动加剧，植被受到破坏，沙丘会因此活化[6]。不过该地区的植被分布状态也和地貌坡度有密切关系[7]。在吉林省通化地区的王八脖子遗址发现人类对自然资源的强化利用和气候变化的共同作用使野生动物种类减少的现象[8]。

人类与动植物的互动除了以上提到的人类活动对动植物的影响，还包括动植物对人类的影响，其中就有人类对动植物的利用。如古代人为建木骨泥墙的半地穴式建筑、搬运大型材料、烧陶，以及满足取暖、照明等日常生活活动等，都需要使用木材在内的可燃烧性植物。此外，最重要的影响莫过于农作物的利用。新石器时代中期在内蒙古东部和辽宁地区（敖汉兴隆沟、阜新查海等遗址）开始种植农作物，但是直到新石器时代晚期才在松嫩平原西部的后套木嘎遗址发现农业生产的依据[9]。在农业出现之前，位于调查区域附近的白城双塔遗址（双塔一期，

---

[1] 逯献青主编：《大安县志》，沈阳：辽宁人民出版社，1990年，第74页。

[2] 逯献青主编：《大安县志》，沈阳：辽宁人民出版社，1990年，第79页。

[3] 逯献青主编：《大安县志》，沈阳：辽宁人民出版社，1990年，第80页。

[4] 逯献青主编：《大安县志》，沈阳：辽宁人民出版社，1990年，第82页。

[5] Jia Peter Weiming. "Commentary: A critical review of Environmental Archaeology in northeast China". *Asian Perspectives*, 501/2, 2011, p. 70-90.

[6] Wagner Mayke（梅克·汪耐尔）：《科尔沁草原史前时代的聚落与沙漠化过程的环境考古学研究》，《辽海文物学刊》1996年第1期，第130、134～140页。

[7] Liu Hongyan, Haiting Cui, Richard Pott, Martin Sepeier. "Vegetation of the Woodland-Steppe Transition at the Southeastern Edge of the Inner Mongolian Plateau". *Journal of Vegetation Science*, 11, 4, 2000, p. 525-532.

[8] 汤卓炜、朱泓、金旭东、高秀华、罗鹏：《吉林通化王八脖子聚落遗址新石器时代晚期至魏晋时期生业模式的转变》，《环境考古研究（第4辑）》，北京：北京大学出版社，2007年，第228～237页。

[9] Lee Hyunsoo. "*Study on Plant Resource Use in Prehistoric Northeast China: Focusing on the Houtaomuga Site, Jilin*". Master, Eugene: University of Oregon, 2016.

公元前8000年前后）内孢粉分析表明，当时"植被覆盖率高，植物较多，属草甸植被。旱生植物（蒿属、藜科、中华卷柏、绣线菊属）为主。……环境干旱，气候较冷"[1]。此外，调查区以南东辽河上游地区新石器时代植被是以栎属（*Quercus*）和松属（*Pinus*）为主的森林，公元前900年前后出现了苍耳属（*Xanthium*）孢粉和种子，之后很快出现了荞麦属（*Fagopyrum*），明确标志了该地区农业的出现[2]。

辽宁北部虽然距调查区域较远，但是有关这一区域的植被研究也可为了解目标地区公元前的环境变化提供参考。约公元前3700～前2400年，温带落叶森林带面积大于草原，之后草原的比例逐渐超过森林。到公元前1400～前100年，当地以草原环境为主[3]。

而其他对东北地区环境和栽培植物变化的研究表明，辽金时期之前植被以森林和小片草原为主。900～1100年受气候影响森林退化而包括大量蒿属（*Artemisia*）和藜科（Chenopodiaceae）的草原则扩大。再加上人类活动的影响，随着植被的退化，使得风蚀景观日益开阔，使得风蚀和风化过程加速。通过对当时农业发展规模的复原发现，辽金时期人类活动的规模和对植被的影响大体上已经跟现代相当[4]。白城市孙长青辽金聚落遗址的浮选结果也表明辽金时期农业已经达到很高的发展水平。农作物以粟和黍为主，其中粟为农作物的76.9%。农作物占植物种子的70%，其他农作物还包括大麦、小麦、燕麦、荞麦、大豆、小豆等[5]。

有关近些年来东北地区的植被研究表明，截止到2000年随着农田的扩张和城市化进程的加快，森林和湿地面积大幅减少。这类变化主要发生在低海拔和缓坡地区。但是2000年之后，虽然植被逐渐恢复，但是由于城、镇、村建筑范围继续扩大压缩植被范围，因此还需要较长时间才可以完全恢复植被[6]。

根据《大安县志》的记录，"本县天然植被和人工植被的总覆盖率为75.3%。天然植被353.27万亩，覆盖率48.27%，其中财源植被353.2万亩，覆盖率为48.2%。天然植被有4个类型：沙丘树林植被、平原草甸草原植被、低洼草甸草原植被（图7）、坨间草原植被。人工植被171

①　汤卓炜、王立新、段天璟：《吉林白城双塔遗址孢粉分析与古环境》，《考古学报》2013年第4期，第534～536页。

②　Makohonienko Miroslaw, Hiroyuki Kitagawa, Toshiro Naruse, Hiroo Nasu, Arata Momohara, Mitsuru Okuno, Toshiyuki Fujiki, Liu Xin, Yoshinori Yasuda, Yin Huaining. "Late-Holocene natural and anthropogenic vegetation changes in the Dongbei Pingyuan (Manchurian Plain), northeastern China". *Quaternary International*, 123-125, 2004, p. 71-88.

③　Tarasov Pavel, Jin Guiyun, Mayke Wagner. "Mid-Holocene environmental and human dynamics in northeastern China reconstructed from pollen and archaeological data". *Palaeogeography, Palaeoclimatology, Palaeoecology*, 241, 2006, p. 284-300.

④　Makohonienko Miroslaw, Hiroyuki Kitagawa, Toshiro Naruse, Hiroo Nasu, Arata Momohara, Mitsuru Okuno, Toshiyuki Fujiki, Liu Xin, Yoshinori Yasuda, Yin Huaining. "Late-Holocene natural and anthropogenic vegetation changes in the Dongbei Pingyuan (Manchurian Plain), northeastern China". *Quaternary International*, 123-125, 2004, p. 71-88.

⑤　杨春、徐坤、赵志军：《吉林省白城市孙长青遗址浮选结果分析报告》，《北方文物》2010年第4期，第48～51页。

⑥　Shen Zhangquan, Runsheng Yin, Jiaguo Qi. "Land Cover Changes in Northeast China from the Late 1970s to 2004", in *An Integrated Assessment of China's Ecological Restoration Programs*, Springer, Dordrecht, 2009, p. 55-67.

图7　调查区西部被烧过的苇草
（摄影：李晓健）

万亩，覆盖率为27.1%，其中有人工林植被和农作物植被，主要为农作物植被，主要农作物为玉米"①。

（四）水文

调查区域内的河流、湖泊主要有嫩江支流洮儿河、新荒泡和月亮泡，尽管这些水域历史悠久，但是由于人类活动尤其是近几十年堤坝修建和农业取水等对湖泊水量和形状造成了极大影响。因此调查时记录的水文状况可能与古人居住时的状况有较大出入。本项调查工作开展时湖泊水量较为充沛，其中北岸因为有大量沼泽和水田导致调查受限（图8、图9），湖泊也影响了调查区域的形状。

1. 嫩江

嫩江为黑龙江二级支流、松花江一级支流，河流长1370千米，流域面积298500平方千米。起点位于内蒙古鄂伦春自治旗古里乡北伊勒呼里山，终点位于吉林前郭尔罗斯县三岔河，流经内蒙古、黑龙江和吉林省②。

嫩江右岸下游松嫩低平原区在天然状态呈现为一个相对封闭的闭流区域，区内除湖泊和泡

---

① 逯献青主编：《大安县志》，沈阳：辽宁人民出版社，1990年，第98页。
② 陆孝平、富曾慈：《中国主要江河水系要览》，北京：中国水利水电出版社，2010年，第17页。

图8 苇海村外围沼泽
（摄影：李晓健）

图9 从四方山遗址东南望刀冷屯岛
（摄影：李晓健）

沼湿地外，无天然河道，大水年洪涝灾害严重，洪水无排泄出路，干旱年湖泊和泡沼湿地大部分干枯，形成大面积的盐碱地和沙丘①。

根据1990年《大安县志》记载，"嫩江，南北朝时期称难水，唐时称那河，明时称脑温江，后为现名。由月亮泡镇入境南流，经月亮泡、太山、静山、大赉、四棵树5个乡（镇），从四棵树乡山湾屯南入前郭县界。境内流长62.5千米。高水位期宽8800余米，最大水深14.9米，枯水期宽200米。右岸多陡坎，坎高10～20米，是天然的防洪屏障，但由于无防冲刷设施，年年塌岸，左岸多为滩头，也有土丘，如青山头、靠山、喇嘛山等。因受（松花江吉林段）变动回水顶托影响，流速缓慢，河床稳定，无大变化"②。

有关嫩江流域古河道形成过程的研究表明，历史上嫩江河道曾有4次变迁，而调查区域内的河道情况属于第四次变迁："第四次改道是一次较大的改道，从讷漠尔河口开始经齐齐哈尔、泰来、月亮泡、查干泡与西流松花江汇合，北段基本上沿嫩江河道至绰尔河切过嫩江，在其西侧穿行，距嫩江20～30km，大致呈南北向稍向西凸，长400km，宽5～30km。……今洮儿河口发育大片沼泽和月亮泡水体与现嫩江相连，宽度10km，长30km，显示与河流不相协调；古洮儿河口发育有查干泡，呈折断的喇叭状，长30km，宽15km，与其相连的断续河流极不相称，在其出口处突然变细，与嫩江间的距离为20km，连接西流松花江的古河道，说明古嫩江在今嫩江西侧穿行，在查干泡与西流松花江汇合。在大安一带嫩江西侧为Ⅰ级阶地，而查干泡与月亮泡之间存在一个弯曲状槽地被沼泽和盐碱地占据，宽2～5km，长45km，恰好位于查干泡和月亮泡粗细变换部位，说明这一槽地是嫩江古河道。"③

2. 洮儿河

洮儿河为黑龙江三级支流、松花江二级支流，河流长595千米，流域面积28843平方千米。起点位于内蒙古阿尔山市白狼镇，终点位于吉林大安市内新荒泡（图10），流经内蒙古和吉林省④。

根据1990年《大安县志》记载，洮儿河"俗称洮河，辽代称它鲁河，唐称太尔河，金称挞鲁古河，又称长春河，元称讨吾河，现称洮儿河。属嫩江水系。由本县六合乡庆有村入境，经舍力、烧锅镇、丰收、新荒等乡（镇）入月亮泡。境内流长147千米。洮儿河是本县与镇赉县的界河，下游地势平坦，河床较窄，河道弯曲迂回，泥沙底，河岸多苇塘，水草繁荣。汛期为7、8月，9月以后水位逐渐下降。10月以后流量减少，直至次年5月为枯水期，枯水年份出现过河干或冻绝底，最小流量0"⑤。

3. 月亮泡

根据1995年出版的《镇赉县志》记载，月亮泡水面最大时为90平方千米，常年为35平方千

① 朱巍、唐雯、都基众：《嫩江流域古河道的形成与演化》，《地下水》2013年第3期，第85、86、115页。
② 逯献青主编：《大安县志》，沈阳：辽宁人民出版社，1990年，第89页。
③ 朱巍、唐雯、都基众：《嫩江流域古河道的形成与演化》，《地下水》2013年第3期，第85、86、115页。
④ 陆孝平、富曾慈：《中国主要江河水系要览》，北京：中国水利水电出版社，2010年，第19页。
⑤ 逯献青主编：《大安县志》，沈阳：辽宁人民出版社，1990年，第90页。

图10　洮儿河入新荒泡的河口处

（摄影：李晓健）

米，水深最大7米，常年3米[①]。为拦蓄洮儿河水，汛期引进嫩江水，1974年在洮儿河口截流筑高七八米、长1975米的均质土坝一条，另筑副坝6条，全长36.1千米，1976年3月合龙，8月建成。总库容11亿立方米，养鱼面积达160平方千米，正常蓄水面达206平方千米，水面长达25千米，宽达10千米，最大洪水时湖面约有310平方千米。该水域酸碱度8～8.5，水质清澈，浮游生物丰富。从1977年至1985年，年均产鱼600吨，灌田1万亩，灌苇约5万亩。泡内除原有的长岗子、小河子等6处孤岛外，又增加大白山、小白山、鸭雁岗子、东两家坨子等共11处小岛[②]。

4.新荒泡

新荒泡位于月亮泡的西侧，东与月亮泡水库隔5号坝相连。水面面积达42平方千米，东西长约10千米，南北宽约5.7千米，平均水深2米。"1969年至1971年沿湖建有5处围堤，堤长7.88千米。在1号坝上建引洮儿河水的进水闸1座，在5号坝上建泄水闸1座，水位低时可以从月亮泡引水，水位高时可向月亮泡泄水。最大水深3.5米，最大水面70平方千米，可蓄水1.4亿立方米，年产鱼300吨。"[③]

5.水文分析

洮儿河、嫩江与各个湖泊的最高水位、流量封冻等年度变化较大[④]，为了控制洪水等自

① 镇赉县志编纂委员会：《镇赉县志》，长春：吉林人民出版社，1995年，第98页。

② 吉林省地方志编纂委员会：《吉林省志·自然地理志》，长春：吉林人民出版社，1992年。

③ https://baike.baidu.com/item/%E6%B4%AE%E5%84%BF%E6%B2%B3/5889799，2018年6月18日阅读。

④ 逯献青主编：《大安县志》，沈阳：辽宁人民出版社，1990年，第89～93页；镇赉县志编纂委员会：《镇赉县志》，长春：吉林人民出版社，1995年，第93～100页。

然灾害①，从20世纪中叶前后开始在新荒泡和月亮泡（北岸的镇赉县内工程于1943～1985年进行，南岸的大安县内工程于1974～1983年进行）逐渐建设一系列的堤坝②，在地势平坦的地域内人工水面的微小变化对岛屿面积影响特别大。因此，修建的这些堤坝等因素对新荒泡和月亮泡的形状与整个地区的景观都产生了很大的影响。

通过观察该地区近几十年来的地图和卫星图可以发现，洮儿河、月亮泡和新荒泡的形状在不断变化。20世纪70年代的地图上月亮泡与新荒泡没有分开而被视为一体，湖泊西侧的洮儿河在沿江镇地表留下大片沼泽，它拉红泡也未跟榔头泡连接（图11）。

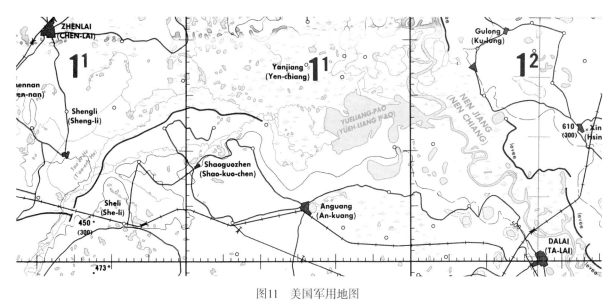

图11　美国军用地图

（来源：TPC F-9B，Defense Mapping Agency Aerospace Center，USA，1972年绘制，1987年修改）

20世纪80年代的卫星照片上，新荒泡与月亮泡被一片陆地隔开，还可以看到两湖泊之间和月亮泡到嫩江之间的堤坝。西侧的洮儿河进入新荒泡的位置、两湖泊之间以及嫩江两岸颜色较深的区域应为沼泽地，它拉红泡与榔头泡连在一起（图12）。

在20世纪80年代的行政区地图上，也可以清晰地看出分开的两湖、湖泊附近的堤坝和连在一起的它拉红泡与榔头泡。还有月亮泡南侧跟二泡连在一起，月亮泡与嫩江主河道之间有一定距离（图13）。在该地图上洮儿河先进入新荒泡，然后用北侧河道进入月亮泡。

在绘于20世纪80年代的大安县第二次文物普查地图上，以上发现中有一些被再次佐证，也有一些地方存在出入。如新荒泡与榔头泡形状较特殊，二泡没画上，它拉红泡未和月亮泡连上。而且该地图上洮儿河的北侧河道进入月亮泡，而未进入新荒泡（图14）。

前面已经介绍这一区域的人类活动对自然景观的改造程度较高，因此现今地图上湖泊河流的形状相比20世纪80年代也发生了变化。两个湖泊仍然被陆地分开，二泡和它拉红泡未跟月亮

① 镇赉县志编纂委员会：《镇赉县志》，长春：吉林人民出版社，1995年，第134、135页。

② 逯献青主编：《大安县志》，沈阳：辽宁人民出版社，1990年，第256～261页；镇赉县志编纂委员会：《镇赉县志》，长春：吉林人民出版社，1995年，第407～411页。

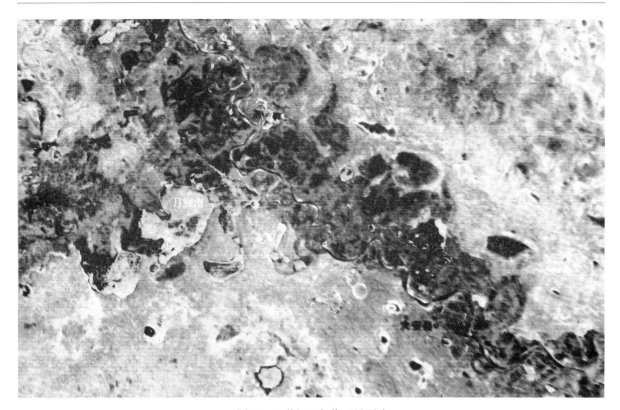

图12 20世纪80年代卫星照片

（逯献青主编：《大安县志》，沈阳：辽宁人民出版社，1990年）

图13 大安市境内新荒泡与月亮泡附近的行政区划图

（逯献青主编：《大安县志》，沈阳：辽宁人民出版社，1990年）

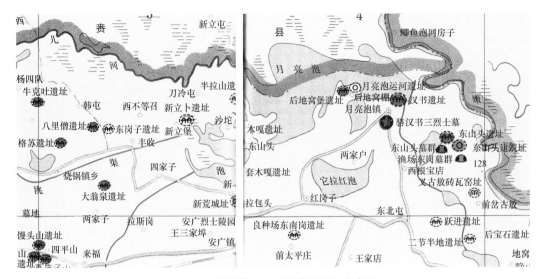

图14　大安市第二次文物普查遗址分布图
（国家文物局编：《中国文物地图集·吉林分册》，北京：中国地图出版社，1993年）

泡连上，月亮泡与嫩江河道之间也有一定距离，新荒泡西侧被分割成了很多小湖泊（图15）。不过洮儿河仍进入月亮泡。

　　通过上面的20世纪70～80年代地图，我们获得了有关调查区域景观变化的初步认识。除了这些零星的20世纪末的地图，谷歌地球（Google Earth）提供了1984～2016年的年度卫星照片（图16），通过这些地图可以看到调查区域自然景观（尤其是水文）的详细变化：1984年沿江镇与后少力、莫什海、刀冷屯被水围绕。1985年莫什海与后少力连上；1986年刀冷屯岛屿被分成两片。1988年月亮泡北侧边界更清楚，在莫什海、刀冷屯北侧的洮儿河的一条故河

图15　月亮泡与新荒泡地区地图
（百度地图）

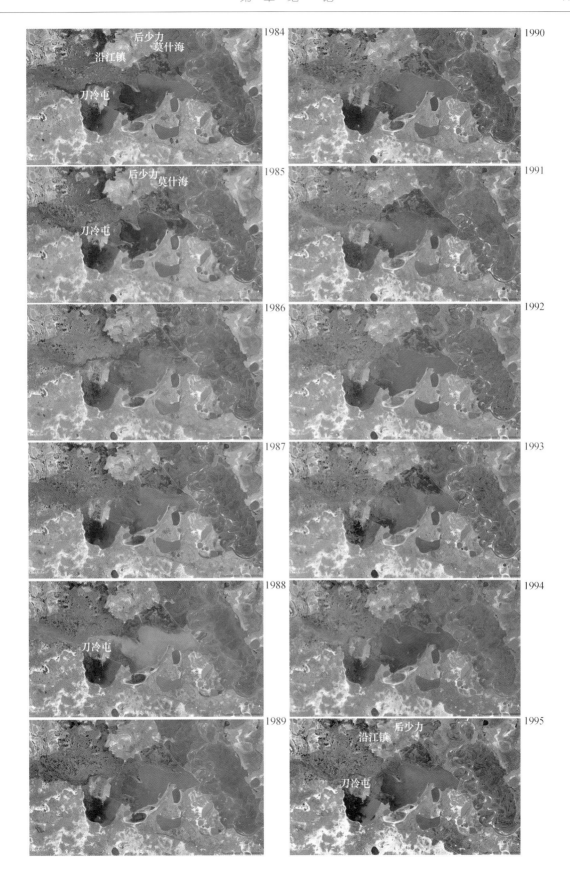

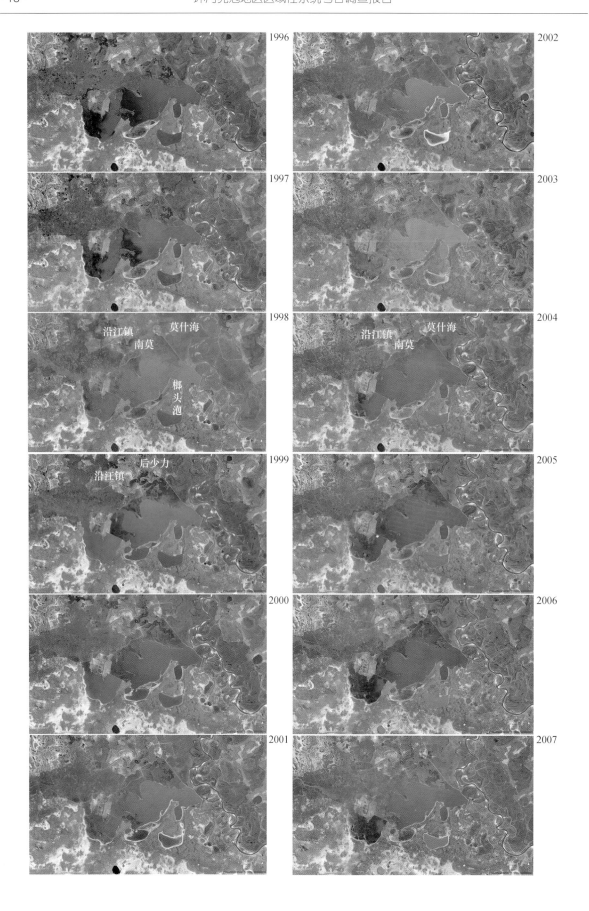

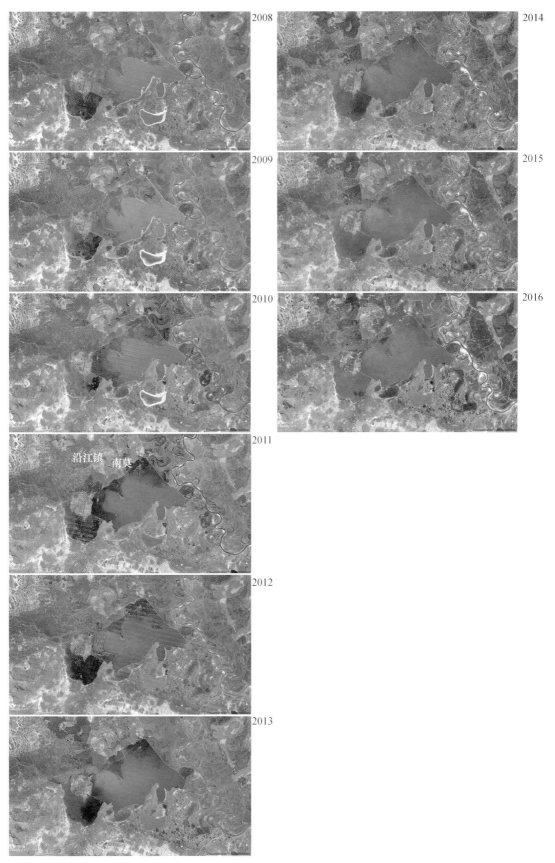

图16 新荒泡和月亮泡1984～2016年的年度卫星照片
［谷歌地球（Google Earth）历史模式］

道也较为清楚。1995年水面升高，沿江镇与后少力岛屿面积减少，刀冷屯的两片岛屿的面积也减少。1998年由于暴发了大洪水，水面大幅度升高，沿江镇与南莫村岛屿分成两片，并与莫什海分开。而且新荒泡南侧边界内缩，榔头泡北口宽度最宽，沿江镇西侧沼泽地出现一片五边形的岛屿。1999年新流入月亮泡的河流将沿江镇与后少力分成两片。2001年水量变少，新荒泡西南侧、月亮泡南侧与北侧和盐碱地的边界更加明显。2002年月亮泡北部边界形状更明显，月亮泡与新荒泡之间出现一片新岛屿，南侧的盐碱地区域更宽。2003年水量再次增加。2004年亦如是，月亮泡北侧以沿江镇、南莫村到莫什海的堤坝为界。2005年水量又减少。2010年新荒泡水量远少于月亮泡。2011年沿江镇与南莫村南侧新出现的一片东西向长条形岛屿改变了月亮泡北侧边界的形状。之后直到2013年水量又逐渐增加，2014～2016年调查区域的水量都较多，水面也比较高。

　　利用地理信息系统可以以2米为间隔逐渐增加水面高度，然后观察调查区域内的土地在不同水面高度下的变化，由此可以复原新荒泡和月亮泡的形成过程，并且可以推测某一时期的水面高度，进而尽可能了解当时的真实景观。

　　该区域海拔最低处为114米，在新荒泡东南侧后套木嘎半岛北侧与月亮泡北部莫什海及南莫村南侧之间（图17）。水面高度为116米和118米时，水域面积很小且不连续（图18、图19）。水面高度达到120米时，在后套木嘎半岛北部，以及南莫村与莫什海南侧之间形成三片较小水域，嫩江河道出现（图20）。

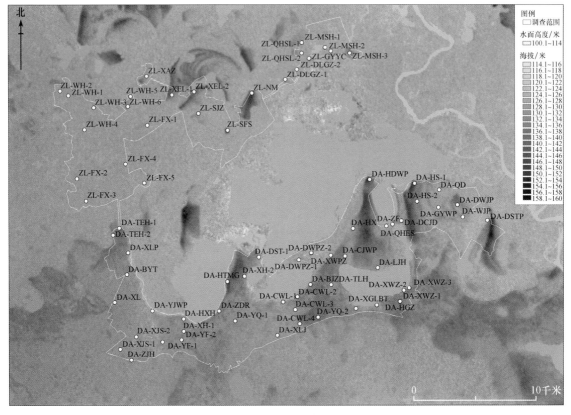

图17　调查区域地形114米高的水面

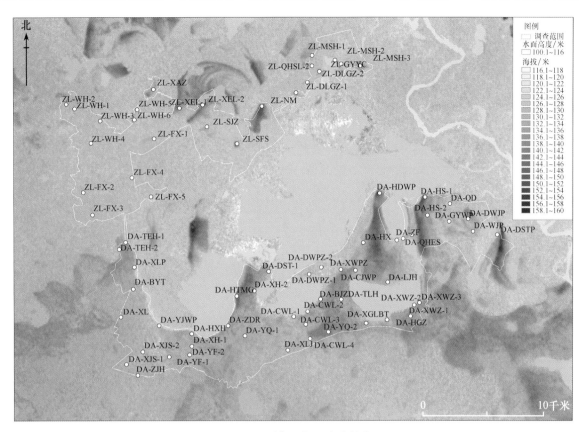

图18 调查区域地形116米高的水面

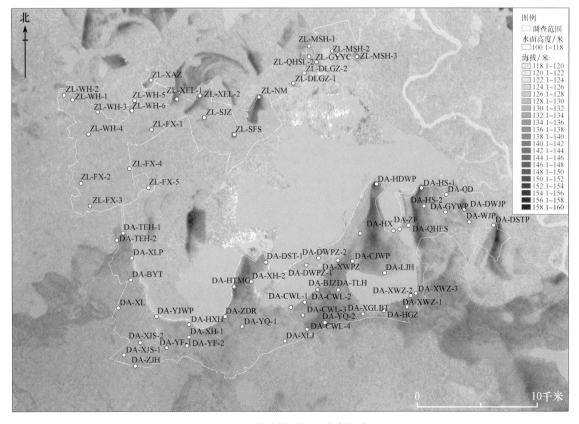

图19 调查区域地形118米高的水面

图20　调查区域地形120米高的水面

　　水面高度122米时，在后套木嘎半岛北部往北形成一个"L"形的水面，并延伸到南莫村南侧，后套木嘎半岛南侧二泡的最西侧出现水面，南莫村与莫什海村南侧之间的水面逐渐增加，嫩江两岸附近出现小型水面（图21）。水面高度达到124米时，出现最重要的变化，新荒泡、月亮泡、二泡与榔头泡出现较大的连片水面，它拉红泡水面也出现，嫩江河道两岸也出现不连续的水面（图22）。

　　水面高度达到126米时，新荒泡、月亮泡、二泡、榔头泡与嫩江河道水面完全连成片，水面也延伸到调查范围外北侧，新荒泡里刀冷屯、南莫村和东山头高地被水围绕（图23）。

　　水面高度128米时，莫什海、南莫村、沿江镇、西安召村、后地窝堡、汉书村、东山头高地都被水围绕（图24）。

　　水面高度130米时，后套木嘎半岛也逐渐被水围绕（图25）。水面高度达到132米时，各个南北方向条状高地（刀冷屯、南莫、后套木嘎、后地窝堡、汉书、东山头）均被水围绕（图26）。

　　水面高度达到134米时，整体情况没有太大变化，被水围绕的条状高地面积逐渐缩小（图27）。水面高度达到136米时，条状高地继续缩小（图28）。

　　水面高度138米时，没有太大变化，安广镇附近的高地消失（图29）。水面高地140米时，水上只有刀冷屯、沿江镇、后套木嘎、后地窝堡、汉书和东山头高地（图30）。

　　水面高度达到142米时，后套木嘎高地逐渐消失（图31）。水面高度达到144米时，后套木嘎高地只剩很少的地面（图32）。

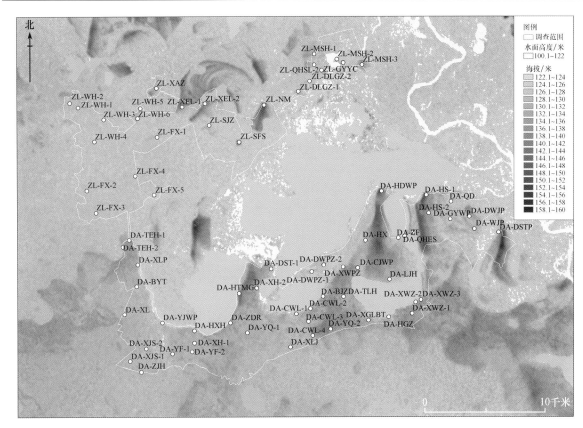

图21　调查区域地形122米高的水面

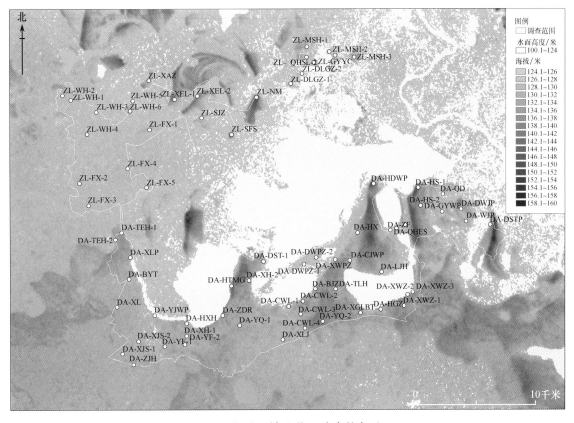

图22　调查区域地形124米高的水面

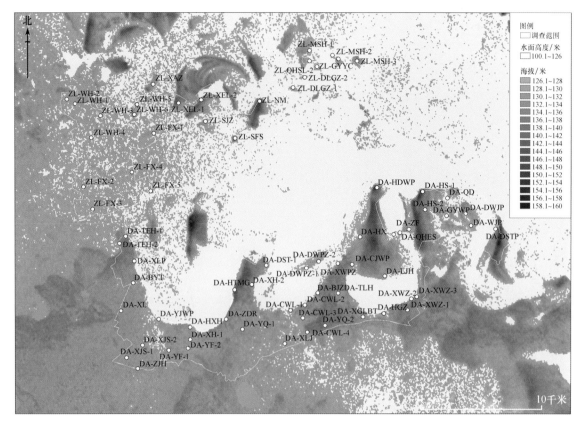

图23　调查区域地形126米高的水面

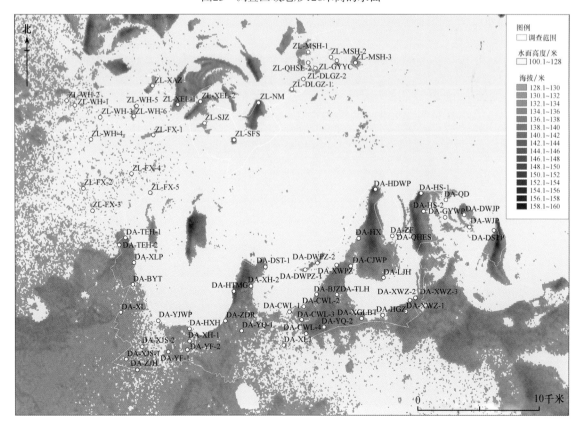

图24　调查区域地形128米高的水面

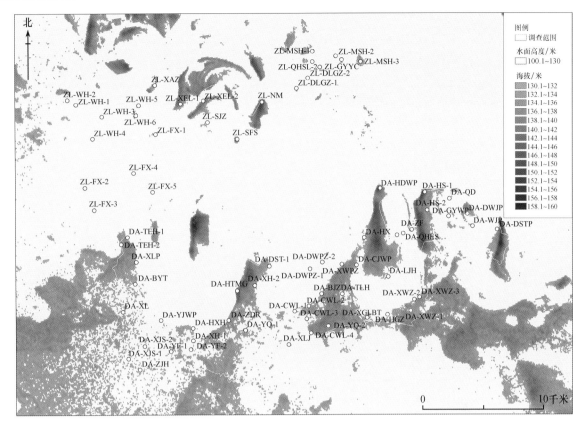

图25 调查区域地形130米高的水面

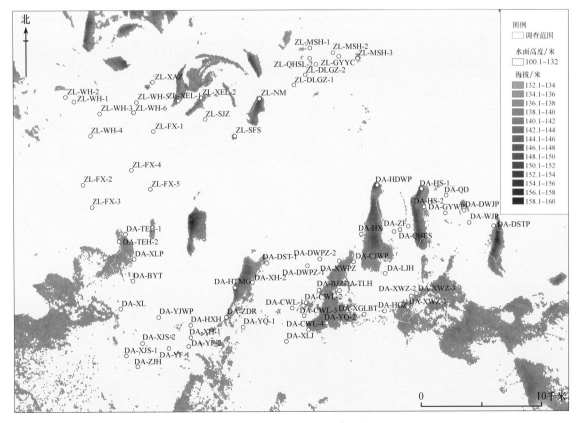

图26 调查区域地形132米高的水面

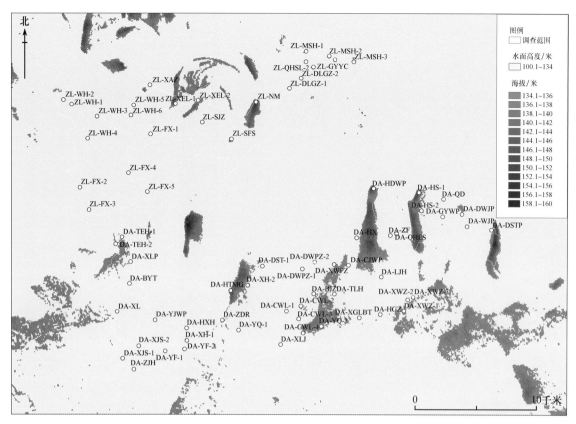

图27　调查区域地形134米高的水面

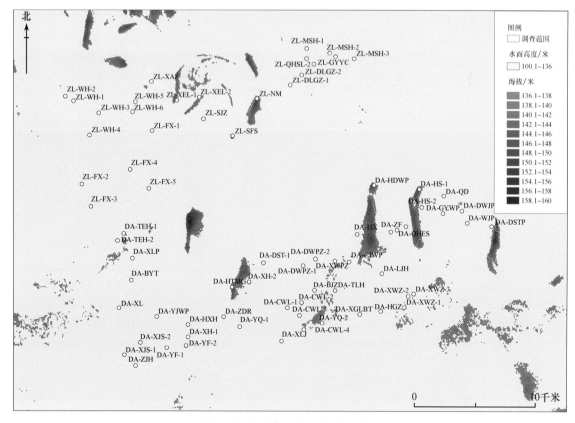

图28　调查区域地形136米高的水面

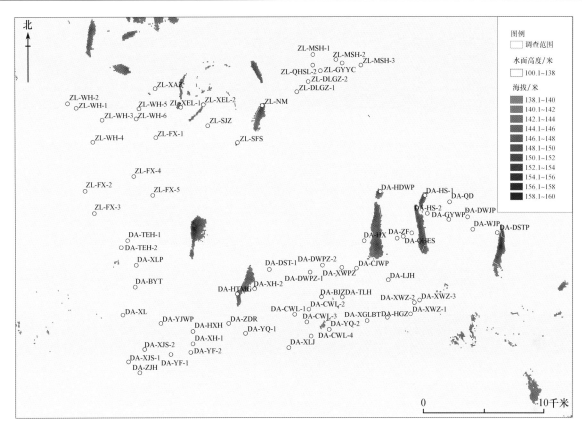

图29 调查区域地形138米高的水面

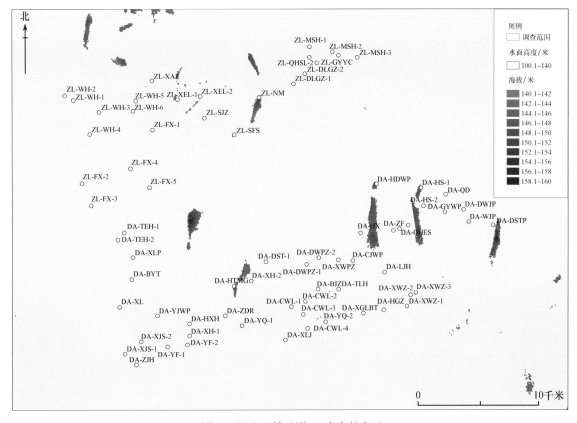

图30 调查区域地形140米高的水面

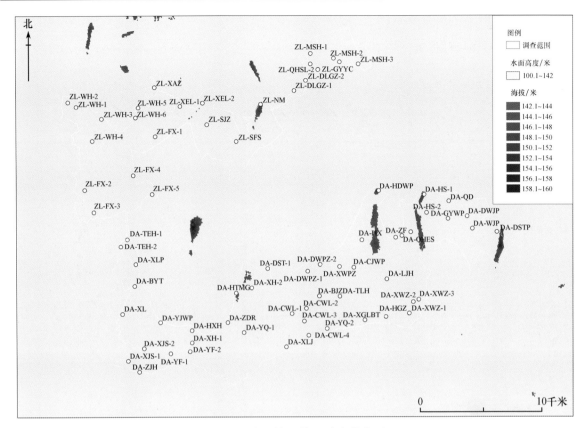

图31　调查区域地形142米高的水面

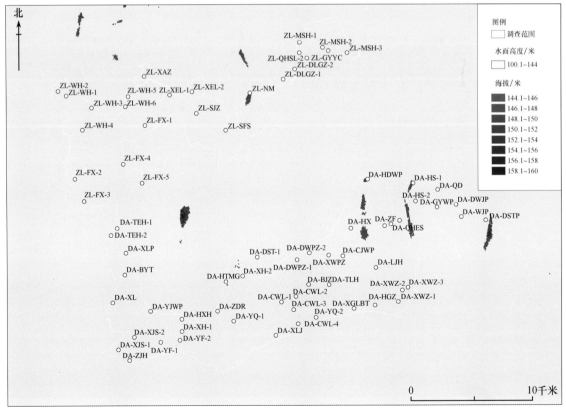

图32　调查区域地形144米高的水面

水面高度达到146米时，后套木嘎高地消失，沿江镇、后地窝堡与汉书高地逐渐消失（图33）。水面高度达到148米时，沿江镇、后地窝堡与汉书高地只剩很小的地面（图34）。

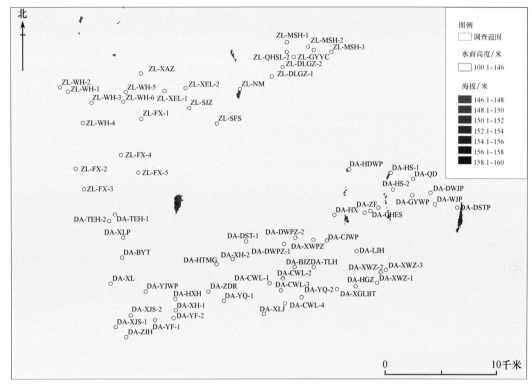

图33　调查区域地形146米高的水面

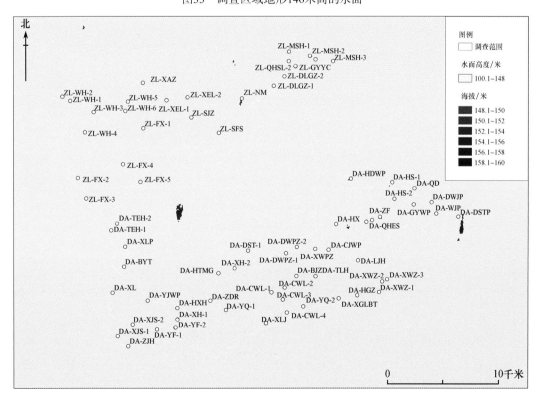

图34　调查区域地形148米高的水面

水面高度达到150米时，只剩刀冷屯与东山头两个小高地（图35）。水面高度达到152～154米时，刀冷屯与东山头高地也逐渐消失（图36、图37）。水面高度达到156米时，东山头高地完全消失（图38）。水面高度达到158米时，刀冷屯这块最后的高地消失（图39）。

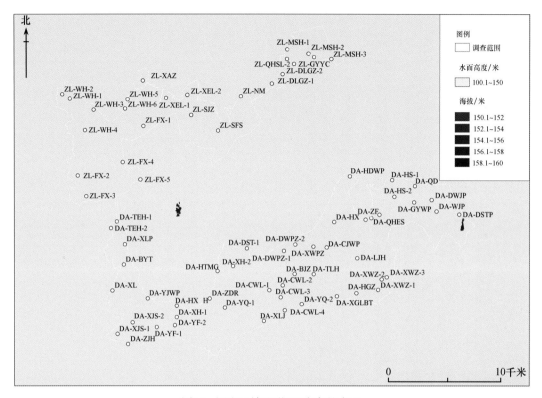

图35　调查区域地形150米高的水面

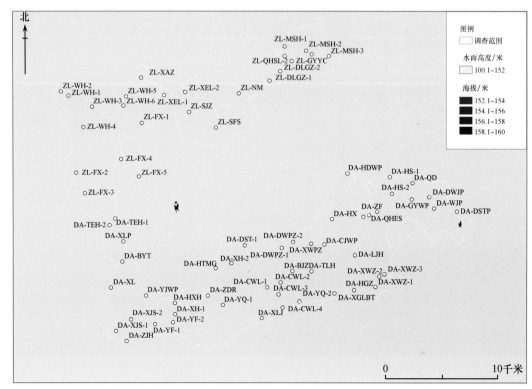

图36　调查区域地形152米高的水面

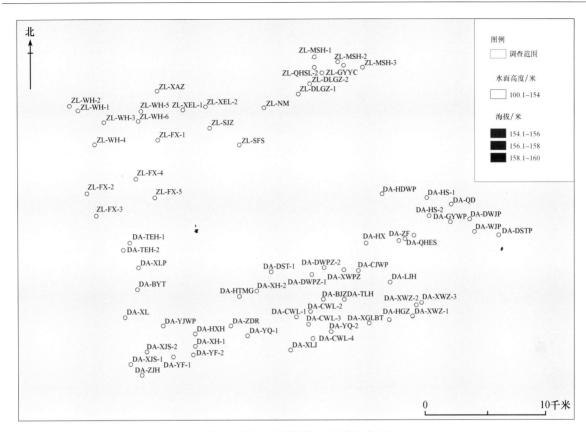

图37 调查区域地形154米高的水面

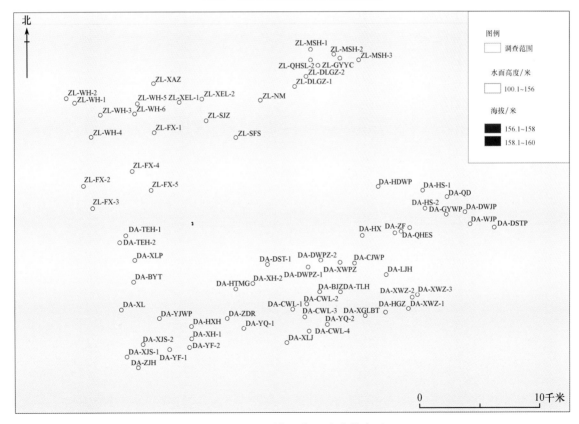

图38 调查区域地形156米高的水面

图39　调查区域地形158米高的水面

水源影响古人的生业模式与聚落的选址,因而通过水系分析可以进一步复原古代景观,认识古人与环境的互动。这项研究可以利用调查区域的主要水系分布(图40),对该水系进行等级化分析(图41、图42)。

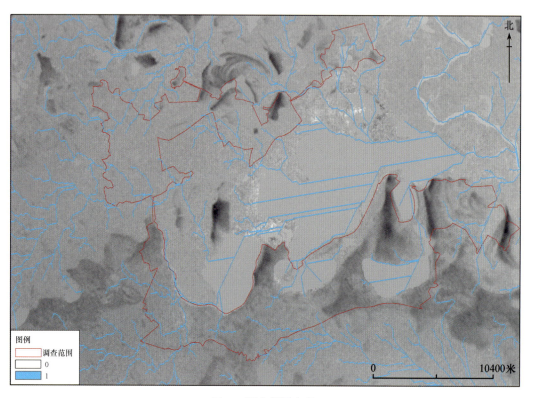

图40　调查范围水系

图41　调查范围水文分析图

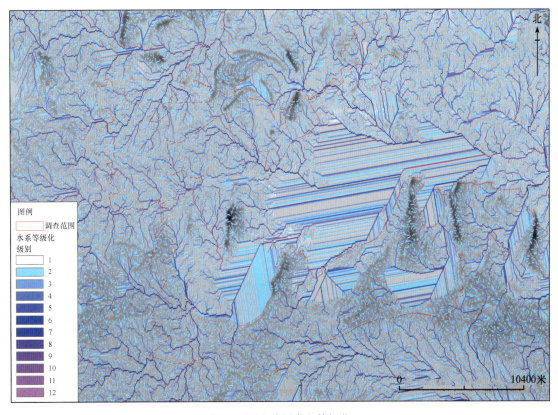

图42　调查范围水文等级化

（五）土壤与岩石

　　松嫩平原地下资源十分丰富，如天然气、石油等，但是由于地质情况较为复杂，一定程度上较为不稳定，因而时有地震发生[①]。

　　调查区域临近科尔沁沙地的东北边缘，该地区的沉积结构往往是因风化过程造成。对现代耕土层风化现象的研究表明，无论风力强弱，距地表20厘米左右的风都可以带走非常大的土壤量。不过提高地表植被覆盖率能够有效减少该现象的出现[②]。

　　根据《大安县志》记载（图43）：

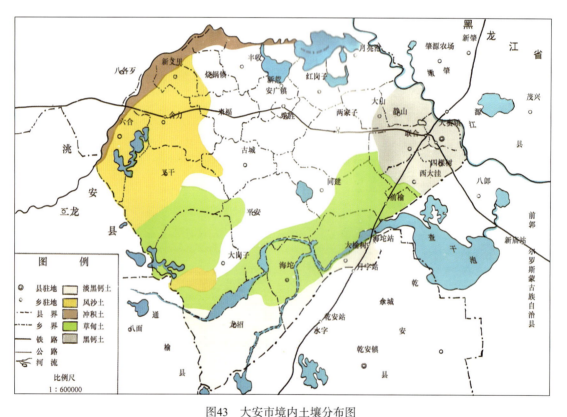

图43　大安市境内土壤分布图

（逯献青主编：《大安县志》，沈阳：辽宁人民出版社，1990年，第96页）

　　本县土壤共有8个土类，15个亚类，20个土属，59个土种。

　　黑钙土，主要分布于地势较高的台地和起伏漫岗中上部的丰收、四棵树、联合、

---

　　① Wang Pujun, Chen Shumin. "Cretaceous volcanic reservoirs and their exploration in the Songliao Basin, northeast China". *The American Association of Petroleum Geologists Bulletin*, 99, 3, 2015, p. 499-523.

　　② Li Feng-Rui, Hua Zhang, Tong-Hui Zhang, Yasuhito Shirato. "Variations of sand transportation rates in sandy grasslands along a desertification gradient in northern China". *CATENA*, 53, 3, 2003, p. 255-272.

乐胜、来福等乡，面积73.07万亩，占总土地面积11.7%，耕地31.64万亩，占耕地面积16.4%，土层较厚，自然肥力较高，有机质平均含量在1.7%，土壤质地疏松，结构良好，保水保肥，属于高肥力适应性广的土壤。适应玉米、高粱、甜菜、葵花等多种作物生育，单产较高。

淡黑钙土，主要分布于平地和起伏漫岗中下部的舍力、丰收、乐胜、同建等乡（镇），面积244.13万亩，占总土地面积39.2%，耕地101.69万亩，占耕地面积52.7%。土壤肥力略低于黑钙土，有机质含量平均在1.5%，是种植粮食面积最大的土壤类型，水肥条件好，增产潜力很大。

草甸土，多分布于远河低平处或台地前洼地的海坨、乐胜、两家子、同建、平安、大岗子等乡（镇），面积140.66万亩。占总面积22.64%，耕地17.62万亩，占耕地面积9.1%，仅次于淡黑钙土，居第三位。潜在肥力较高，速效养分含量较低。属中肥力土壤，有机质含量平均在1.4~1.9%，适于种玉米、高粱、葵花、大豆等作物。

风沙土，分布较零散，主要在北部沙丘和图乌公路沿线的月亮泡、红岗子、舍力、来福、丰收、叉干、太山等乡（镇），面积71.9万亩，占总土地面积11.6%，耕地29.16万亩，占耕地面积15.1%。风沙土是一种年轻土壤，腐殖层较薄，有机质含量0.4~1%，土壤层次发育不明显。自然肥力低，属低肥力土壤，质地松散，无结构，跑水跑肥，怕风怕旱，适宜种植玉米、高粱、杂豆、萝卜、瓜类等，是天然宜林地。

冲积土，集中分布于六合、烧锅镇等乡和东方红农场的沿河低阶地，面积12.45万亩，占总土地面积2%，耕地7.54万亩，占耕地面积3.9%。土壤肥力较高，低洼易涝。

沼泽土，集中分布在新荒、古城、大岗子等乡的局部低洼地，面积6.96万亩，占总土地面积1.1%，可耕地2.24万亩，占总耕地面积1.2%。腐殖层厚，养分含量较高，有潜在肥力，耕层无结构，透水能力差，加之排水不畅，地面长期带水，使土壤板结、冷浆，不宜耕种，多生长些芦苇、三楞草、蒲草等喜湿植物。

盐土和碱土，面积73.43万亩，占总土地面积11.8%，其中碱土66.45万亩，占总土地面积10.67%；盐土6.97万亩，占土地面积1.1%，可耕地3.03万亩，占总土地面积1.6%。碱土主要分布于沼泽周围的海坨、西大洼、联合、红岗子等乡的局部地方；盐土分布于微地形稍高、排水较好的同建、大榆树、两家子、西大洼等乡（镇）。盐土和碱土都是隐域性盐成土壤，质地粘重，结构不良，干时坚硬板结、起盐返碱，湿时泥泞、不通气不透水。轻度盐碱化土壤在加大改良措施的前提下可选种耐盐、抗碱的甜菜、葵花等，仍可获得较好收成。对盐碱化程度较重的土壤，可发展熬盐、蒸碱或灌水养芦苇等副业生产[①]。

通过联合国粮食及农业组织建立的统一的世界土壤数据库（Harmonized World Soil

---

① 逯献青主编：《大安县志》，沈阳：辽宁人民出版社，1990年，第97、98页。

Database）^①可以进一步了解该区域的土壤类型（图44）。

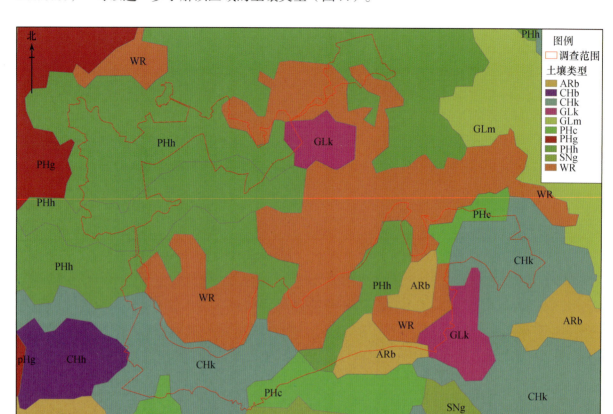

图44　调查区域土壤类型分布图

（WR为水）

（Nachtergaele Freddy, et al. *Harmonized World Soil Database*（version 1.2）. FAO，IIASA，ISRIC，ISSCAS，JRC.，Rome，2012；

Food and Agriculture Organization of the United Nations. *World reference base for soil resources 2006 - A framework for international*

classification，correlation and communication，ONU，Rome，2006；用ArcGIS 10 处理）

1. 黑土

调查区域内主要土壤类型为黑土（Phaeozems，PH）。调查范围内，黑土主要分布于洮儿河河道、新荒泡北侧、月亮泡西侧和南侧。这种黑土根据次要特征可以再分类，如PHc（Calcic Phaeozems）为石灰性黑土、PHh（Haplic/Common Phaeozems）为典型黑土，该土壤特性为黑土沉积类似于黑钙土（Chernozems）和栗钙土（Kastanozems），但是淋溶更多。形成背景为适度的大陆性气候、比较潮湿的草原和森林地带。地貌类型既有平原又有丘陵。植被多为草原，如高草草原或森林。世界上黑土分布约1.9亿公顷^②，其中0.7亿公顷位于美国中部低地和远

---

① Nachtergaele Freddy, Velthuizen Harrij Van, Verelst Lucet, Wiberg David. *Harmonized World Soil Database (version 1.2)*. FAO, IIASA, ISRIC, ISSCAS, JRC., Rome, 2012; Food and Agriculture Organization of the United Nations. *World reference base for soil resources 2006 - A framework for international classification, correlation and communication*, UN, Rome, 2006.

② 1公顷＝0.01平方千米，余同。

东的大平原地区，0.5亿公顷位于阿根廷和乌拉圭的亚热带潘帕地带，0.18亿公顷分布于中国东北大平原，俄罗斯中部和欧洲中部也有分布。

2. 黑钙土

调查区域内的次要土壤类型为黑钙土（Chernozems，CH）。在调查范围内，黑钙土主要分布于新荒泡南侧与月亮泡东南侧。主要类型为CHk（Calcic Chernozems），即石灰性黑钙土。该土壤特性为黑色，是包含大量有机质的表土层。形成背景为大陆性气候，地形为丘陵地貌，植被以高草为主。世界上黑钙土有230百万公顷，主要分布于欧亚和北美的中纬度高原，在栗钙土地带的北侧。

3. 沙性土

调查区域内还有少量沙性土（Arenosols，AR）。沙性土主要分布于榔头泡南侧后地窝堡与汉书半岛之间。主要类型为ARb（Cambic Arenosols），即过渡性沙性土。该土壤为近现代逐渐沉积形成的土壤，一般是沉积或岩石风蚀之后含大量石英的余沙。形成背景为典型无地域性沉积。地貌多样：沙丘、沙滩、沙土平原、古老台塬。植被稀疏，多为疏林草原。世界上，该土壤覆盖13亿公顷，占全球土地面积的10%。其中以中非高原的分布面积最大，其他沙性土则分布于非洲萨赫勒地区、撒哈拉沙漠个别地区、澳大利亚中部和西部、近东和中国，沿海沙丘面积比较小。

4. 潜育土

调查区域内也有潜育土（Gleysols，GL）。主要分布于月亮泡北侧南莫村与莫什海之间及它拉红泡东南侧。潜育土主要类型为石灰性潜育土（Calcic Gleysols，GLk）和松软潜育土（Mollic Gleysols GLm）。该土壤浅层呈红色、棕色或黄色，深层则呈灰色或蓝色。形成背景为无地域性沉积，出现于所有的气候类型中。世界上的潜育土约7.2亿公顷，主要分布在俄罗斯北部的亚北极地带、加拿大和阿拉斯加以及潮湿温和的亚热带低地，如中国和孟加拉国。还有约2亿公顷的潜育土分布于热带，大部分位于亚马孙地区、赤道非洲和东南亚沿海沼泽地区。

5. 碱土

调查区域内还有碱土（Solonetz，SN）。主要分布于调查区域南侧的安广镇东侧与西侧。主要类型为潜育性碱土（Gleyic Solonetz，SNg）。碱土含大量钠且深层为黏土，形成于干热气候下的平坦地形。世界上的碱土约有135亿公顷，大部分集中于乌克兰、俄罗斯、哈萨克斯坦、匈牙利、保加利亚、罗马尼亚、中国、美国、加拿大、南非、阿根廷与澳大利亚的平坦草原上。

6. 岩石

调查区域内全部为未固结沉积岩（图45），大部分地区为水流搬运的沉积岩（UF），风搬运的沉积岩（UE）次之，即黄土（UE1）和砂子（UE2），还有少量河流和湖泊的沉积岩（UF/UL）。

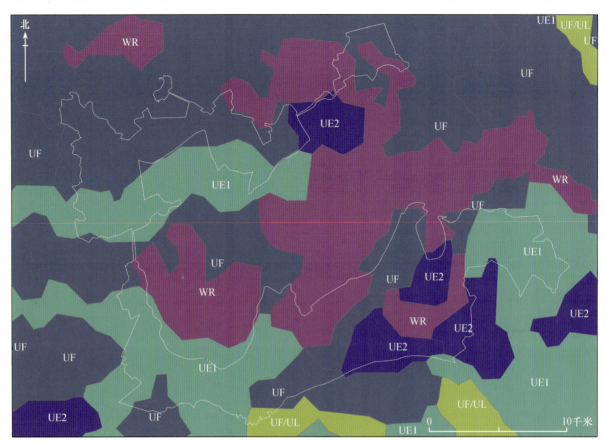

图45　调查区域岩石类型分布图
（WR为水）

（Food and Agriculture Organization of the United Nations. *Guidelines for soil description*. FAO. Rome，2006；用ArcGIS 10 处理）

　　新荒泡和月亮泡地区内没有适合的石料，因此所有采集的石器或石料应是通过与其他地区交换或贸易所获得。中国东北地区的大兴安岭和长白山（主要为黑曜岩）[①]的石料很丰富，而且有考古证据表明自旧石器时代就出现了长途交换[②]。因此推测石器或石料应主要来自这两支山脉。附近适合打制石器的火成岩位于相距至少150千米的大兴安岭，可以通过西侧的洮儿河和东侧的嫩江运输火成岩到环月亮泡区域。

（六）历史地名

1. 镇赉

　　辽代的镇赉县一带处于长春州（松原市塔虎城古城）和泰州（洮南城四家子古城）管辖

---

　　① 刘爽：《中国东北地区旧石器时代晚期遗址黑曜岩制品原料来源探索——兼论检测联用技术在文物产源研究中的应用》，北京：科学出版社，2019年。

　　② Doelman Trudy, Jia Peter Weiming, Robin Torrence, Viadimir Popov. "Remains of a puzzle: the distribution of volcanic glass artifacts from sources in Northeast China and Far East Russia". *Lithic Technology*, 39, 2, 2014, p. 81-95.

的区域之间。金代镇赉为泰州管辖，隶属于临潢府（今内蒙古巴林左旗林东镇）。金代中期泰州改为金安县，长春州为新泰州，镇赉又归新泰州管辖。元代镇赉归属于辽阳省泰州泰宁府泰宁路（洮南城四家子古城）。明代时镇赉一带属于努尔干都司的塔儿河卫。清代初镇赉一带属于科尔沁十旗，1908年又被划为哲里木盟科尔沁右翼后旗镇国公的封地。1909年定镇赉县的县界和县治，确定县名为"镇东县"，属奉天省洮南府管辖。1929年归属于辽宁省。1934年改成黑龙江省管辖。1946年划归辽吉省管辖。1947年将镇东县与赉北县北部（嫩江西岸、洮儿河北岸，即新荒泡与月亮泡北岸）合并为镇赉县并于1948年划归嫩江省管辖，之后又划归黑龙江省管辖。1954年最终划归吉林省白城地区管辖①。

2. 大安

辽代今大安市西部一带由泰州（洮南城四家子古城）管辖，东部则为长春州（松原市塔虎城古城）管辖。金代时仍分属泰州（金山县）和长春州（新泰州）。元代大安属中书省泰宁府泰宁路（城四家子古城）管辖。明代时属努尔干都司制下的泰宁卫和塔儿河卫管辖。清代大安属科尔沁右翼后旗的扎赉特旗君王管辖。1906年设"大赉厅"，1913年改大赉厅为大赉县，为黑龙江将军管辖。1932年，大赉改属黑龙江省②。根据臧勵龢等编的《中国古今地名大辞典》对大赉县的记载："辽长春州北境。金泰州北边。元为辽王分地。明为科尔沁所据。后分与其弟为扎赉特旗。以在绰尔河滨。又名绰尔城。清初内附。光绪二十五年。放荒招垦地置大赉厅通判。属黑龙江省。民国改县。属黑龙江龙江道。"③

3. 安广

根据《大安县文物志》的相关记载，"辽代曾在今安广镇设立地方军事机构——安广军"。1905年在大安解家窝堡置县，又因辽代在此地设安广军，故名为"安广县"。1906年安广县、大赉厅统归黑龙江将军管辖。1913年，安广县改属奉天省。1934年安广县又改属黑龙江省。根据《中国古今地名大辞典》中的记录，"安广县为内蒙古科尔沁右翼后旗地。清光绪间放荒。置安广县。治解家窝堡。旧为辽之安广军。故名。属奉天洮南府。今属奉天洮昌道"④。1945年大赉、安广两县解放，后于1949年合并为一县⑤。

4. 月亮泡

月亮泡在辽代的文献中第一次出现，当时名为"鱼儿泺"。《辽史·圣宗纪》：太平二年（1022）"二月辛丑朔，驻跸鱼儿泺"。五年（1025）三月"如长春河鱼儿泺，其水一夕有

① 吉林省文物志编修委员会：《镇赉县文物志》，长春：吉林省文物志编修委员会，1985年，第6～11页；镇赉县志编纂委员会：《镇赉县志》，长春：吉林人民出版社，1995年，第51、52页。
② 吉林省文物志编修委员会：《大安县文物志》，长春：吉林省文物志编修委员会，1982年，第2～5页。
③ 臧勵龢等编：《中国古今地名大辞典》，上海：上海书店出版社，2015年，第80页。
④ 臧勵龢等编：《中国古今地名大辞典》，上海：上海书店出版社，2015年，第311页。
⑤ 吉林省文物志编修委员会：《大安县文物志》，长春：吉林省文物志编修委员会，1982年，第2～5页；逯献青主编：《大安县志》，沈阳：辽宁人民出版社，1990年，第49、50页。

声如雷，越沙冈四十里，别为一陂"。由此可知鱼儿泺是在"长春河"上，而此"长春河"即为今洮儿河。《奉天通志》："纳喇萨喇池俗名月亮泡。"民间相传也称其为"运粮泡"。"月亮泡""运粮泡"盖均"鱼儿泺"音转而成。有学者认为辽朝的皇帝到"鸭子泺"（今查干湖）和"鱼儿泺"行"春捺钵"[①]。但是近几年的考古研究表明，"春捺钵"位于乾安县花敖泡边[②]。

5. 新荒泡

有关新荒泡的历史材料极少。可能是因为在现代堤坝建成之前新荒泡与月亮泡相连，因而对这一小湖泊没有详细记载。"新荒"这一名称可能跟近代开荒政策有关。

6. 嫩江

"纵贯黑龙江省中部。蒙古语谓之诺尼木伦。即北史之难河。唐书之那河。亦呼狃越河。元史恼木连。一作猱河。一作纳兀河。又作那江。金史之纳浯江。明统志之脑温河。源出嫩江县北伊勒呼里山南麓。东南流转而南下。合数支流。经县城北。右岸会甘河。自上游至此。已千有余里。始有舟楫之利。又曲折西南流。右岸会诺敏河。"[③]

7. 洮儿河

《中国古今地名大辞典》称洮儿河"源出奉天科尔沁右翼前旗西北索岳尔济山东麓。东流折东南流。经洮安洮南二县间。折东北流经镇东县南。又东入黑龙江省。至大赉县北汇为月亮泡入嫩江。即辽史之他鲁河。金史之挞鲁古河。辽圣宗又尝改为长春河。今或作洮儿河。拖罗河。陀喇河"[④]。

（七）现代景观

现代景观与古代相比环境变化很大。每年4月份的调查工作主要在庄稼地中进行，如刚被犁过的玉米地（图46），还有部分被塑料膜覆盖的田地（图47）。这种集约农业在耕种之前要揭露一层薄软且脆弱的细砂耕土层。除了农业景观还有少量的树木，主要分布于路边，多为杨树，偶尔可见榆树或者白桦树。

---

① 臧勵龢等编：《中国古今地名大辞典》，上海：上海书店出版社，2015年，第81、82页；吉林省文物志编修委员会：《大安县文物志》，长春：吉林省文物志编修委员会，1982年，第81页；《春捺钵在大安》编委会：《春捺钵在大安》，长春：吉林人民出版社，2014年。

② 吉林大学边疆考古研究中心、迁安县文物管理所：《吉林省乾安县查干湖西南岸春捺钵遗址群调查简报》，《边疆考古研究（第18辑）》，北京：科学出版社，2015年，第83～91页；吉林大学边疆考古研究中心、迁安县文物管理所：《乾安春捺钵遗址后鸣字区遗址调查简报》，《边疆考古研究（第20辑）》，北京：科学出版社，2016年，第71～88页；吉林大学边疆考古研究中心：《吉林乾安县辽金春捺钵遗址群后鸣子区遗址的调查与发掘》，《考古》2017年第6期，第28～41页。

③ 臧勵龢等编：《中国古今地名大辞典》，上海：上海书店出版社，2015年，第1085页。

④ 臧勵龢等编：《中国古今地名大辞典》，上海：上海书店出版社，2015年，第646页。

图46 刚犁过的垄沟

图47 小型塑料棚

　　调查区域内还有部分盐碱地，位于新荒泡南岸中部。盐碱地是正处于沙漠化过程中的古沼泽区域，为较为坚硬的浅黄色沙漠，可见少量草和灌木。盐碱地内还有少量人在放牧（羊、马、驴）。近几年大力开发的风力发电也逐渐成为现代景观中一道亮丽的风景线（图48、图49）。

图48　新荒泡南岸的盐碱地和风力发电

图49　新荒泡南岸的盐碱地

二、以往工作简介

　　嫩江流域考古工作起步较早，自1930年梁思永先生发掘昂昂溪遗址[①]算起，至今已有90多年的历史。中华人民共和国成立后，黑龙江、吉林两省的文物工作者围绕嫩江流域新石器时代至早期铁器时代的遗存，开展了多次考古调查和发掘工作。

---

　　① 梁思永：《昂昂溪史前遗址》，《梁思永考古论文集》，北京：科学出版社，1959年，第58、90页；中国社会科学院考古研究所、黑龙江省文物考古研究所、齐齐哈尔市昂昂溪区人民政府：《昂昂溪考古文集》，北京：科学出版社，2013年。

（一）黑龙江省西南部

多年的研究表明，嫩江中下游地区新石器时代至早期铁器时代属于一个相对独立的文化区。黑龙江省西南部的齐齐哈尔市和大庆市辖区属于这一文化区的重要组成部分。

1957年黑龙江省博物馆调查了嫩江沿岸—泰来、杜尔伯特和肇源三个县的12处遗址，并在简报中介绍了三处所谓的新石器时代遗址（官地村、西南低根、乌拉尔基）和一处古城（土城子）[①]。根据简报提供的图片，可以判断所谓的新石器时代遗物实际多属于白金宝文化，系青铜时代的遗物。

1960年黑龙江省博物馆再次对嫩江左岸进行了调查，发现"细石器的地点近100处和3处墓葬；采集细石器与陶片等2000余件。此外还发现了辽金元古城6处"[②]，其中应包括旧石器时代遗存（讷河清河屯打制石器）、新石器时代遗存和类似汉书二期文化的遗存。

1960年在介绍被盗掘破坏的肇源望海屯遗址资料时，作者认为该遗址所见遗存属于新石器时代晚期，其内也有扶余文化的遗存[③]，现在来看多数陶器残片具有白金宝文化的特征。1960年黑龙江省博物馆对杜尔伯特官地遗址做了复查并清理了2座墓葬。采集到白金宝文化遗物，清理墓葬属于汉书二期文化[④]。

1963年和1964年，黑龙江省博物馆对昂昂溪地区的26处新石器时代和青铜时代遗址进行了调查，采集了大量的石制品和陶片，并详细介绍了重要的遗物[⑤]。此次调查认识到昂昂溪地区的"原始文化"有早晚不同。认为该区域的"细石器文化"应"限定于以五福（C）的两座墓葬为代表的早期遗存"，而发现的红衣陶片、鬲、支座、陶范等则属晚期遗物。1964年夏，魏国忠、王永祥等对黑龙江泰来县嫩江沿岸进行了考古调查，共发现古文化遗址30余处，辽金时期遗址7处，古城址1处。采集遗物中既有新石器时代的遗物，又有青铜时代遗物[⑥]。大贯静夫对日本侵华期间日本学者在昂昂溪额拉苏C地点采集的陶器残片和细石器标本做了重新整理，并与中国学者在昂昂溪地区调查采集遗物进行了比对分析。认为额拉苏C地点采集的附加堆纹陶器与细石器组合特征接近黑龙江中游的新彼得罗夫卡文化，而早于昂昂溪五福C地点清理墓葬及额拉苏A地点采集遗物[⑦]。

1979年，齐齐哈尔市文管站对昂昂溪胜利三队一号遗址进行了抢救性清理。出土夹蚌粉的

① 黑龙江省博物馆：《嫩江下游左岸考古调查简报》，《考古》1960年第4期，第15~17页。
② 黑龙江省博物馆：《嫩江沿岸细石器文化遗址调查》，《考古》1961年第10期，第534~543页。
③ 丹化沙：《黑龙江肇源望海屯新石器时代遗址》，《考古》1961年第10期，第544、545页。
④ 赵善桐：《黑龙江官地遗址发现的墓葬》，《考古》1965年第1期，第45、46页。
⑤ 黑龙江省博物馆：《昂昂溪新石器时代遗址的调查》，《考古》1974年第2期，第99~108页。
⑥ 王广文、王永祥：《黑龙江省泰来县嫩江沿岸细石器文化遗址调查报告》，《北方文物》1995年第1期。第9~16页。
⑦ 大贯静夫：《昂々溪采集の遗物について—额拉苏C（ォロス）遗址出土遗物を中心として》，东京大学文学部：考古学研究室研究纪要（第六号），1986年，第1~44页；大贯静夫著，刘晓东译：《关于昂昂溪采集遗物的考察》，《北方文物》1996年第3期，第93~98、109页。

附加堆纹、刻划纹、指甲纹等新石器时代陶器残片，也有少量鬲足等青铜时代遗物[①]。

1979年黑龙江省文物工作队对肇源小拉合、狼坨子两处遗址进行了调查，简报认为两处遗址采集遗物主要属于青铜时代，实际上小拉合遗址采集的附加堆纹陶片、狼坨子遗址采集的附加堆纹、刻划席纹陶片应当属于新石器时代遗物[②]。1980年，林甸县知青捐赠了在牛尾巴岗发现的一座白金宝文化墓葬的出土遗物[③]。

1980年与2010年，黑龙江省文物考古研究所等单位先后对齐齐哈尔昂昂溪区滕家岗子遗址进行过两次发掘，但资料迄今没有系统报道。根据笔者的观摩，该遗址发现的新石器时代遗存面貌并不单纯[④]。

1981年富裕县小登科遗址发现4座墓葬，调查者判断年代应早于白金宝文化[⑤]。但实际应属于汉书二期文化墓葬。1981年清理的齐齐哈尔大道三家子墓葬，出土遗物也多属汉书二期文化偏晚阶段[⑥]。

1983年、1994年、1997年，齐齐哈尔市文物部门先后在滕家岗遗址清理了3座新石器时代墓葬，随葬品仅见少量细石器、小件玉饰、骨器。其中83ATM1与94ATM1的人骨测年相差约2200年，也表明该遗址古代堆积的年代跨度较长，可能存在不同阶段的文化遗存[⑦]。

泰来平洋砖厂墓地发现于1980年。1984年，黑龙江省文物考古研究所对该墓地进行了抢救性发掘[⑧]。1985年，又对距砖厂墓地较近的战斗墓地进行了发掘[⑨]。1990年出版了两处墓地的发掘报告[⑩]。将墓葬年代判定为春秋晚期至战国晚期。发掘者随后提出，平洋墓葬依墓向和陶器组合的差异可以分为甲、乙两组，但两者长期共存，相互影响、渗透、融合，应属同一文化，可称"平洋文化"[⑪]。潘玲、林沄则认为，平洋墓葬的年代下限应晚至西汉，平洋墓葬就是汉

① 李龙：《昂昂溪胜利三队一号遗址清理简报》，《黑龙江文物丛刊》1981年第1期，第53～55页。

② 郝思德、李砚铁：《黑龙江肇源小拉合、狼坨子青铜时代遗址调查简报》，《黑龙江文物丛刊》1984年第4期，第60～69页。

③ 金铸：《黑龙江林甸牛尾巴岗发现青铜时代墓葬》，《北方文物》1985年第4期，第12、13页。

④ 黑龙江省文物考古研究所：《黑龙江省考古工作近十年的主要收获》，《文物考古工作十年（1979～1989）》，北京：文物出版社，1991年，第85页；崔福来：《昂昂溪遗址发现陶塑鱼鹰》，《中国文物报》1990年4月19日，第1版。

⑤ 张泰湘、曲炳仁：《黑龙江富裕县小登科出土的青铜时代遗物》，《考古》1984年第2期，第174、187、188页。

⑥ 黑龙江省博物馆、齐齐哈尔市文物管理站：《齐齐哈尔市大道三家子墓葬清理》，《考古》1988年第12期，第1090～1098页。

⑦ 马利民、项守先、傅维光：《黑龙江省齐齐哈尔市滕家岗遗址三座新石器时代墓葬的清理》，《北方文物》2005年第1期，第1～4页。

⑧ 黑龙江省文物考古研究所：《黑龙江泰来县平洋砖厂墓地发掘简报》，《考古》1989年第12期，第1087～1097页。

⑨ 黑龙江省文物考古研究所：《黑龙江泰来县战斗墓地发掘简报》，《考古》1998年第12期，第1098～1102页。

⑩ 黑龙江省文物考古研究所：《平洋墓葬》，北京：文物出版社，1990年。

⑪ 杨志军、刘晓东、李陈奇、许永杰：《平洋墓葬研究——乙类墓析出的探索》，《北方文物》1996年第4期，第4～13页。

书二期文化的墓葬①。

1985年，黑龙江省博物馆对讷河二克浅墓地进行了发掘。发掘者将清理墓葬分为两组，认为早期遗存属白金宝文化的一个类型，而晚期遗存的年代"约相当于中原地区的战国—汉代"②。需要说明的是，该批遗存中的M6，赵宾福先生指出应属昂昂溪文化，这是有道理的③。

小拉哈遗址1978年首次发现，1991年由黑龙江省文物考古研究所进行了复查，并通过遗物的比较分析认为该遗址包含三类不同的文化遗存：第一类被判断为"可能属于新石器时代晚期遗存"，第二类属于青铜时代文化，第三类属于汉书二期文化④。1992年黑龙江省文物考古研究所和吉林大学考古系联合对该遗址进行了发掘，发掘面积为1100多平方米，发现墓葬、房址和灰坑等遗迹165个。发掘报告将小拉哈遗址发现的遗存分成三个时期：第一期分成甲组和乙组，第一期甲组"与左家山一期遗存的晚段相当，即处在公元前4500年左右"；第一期乙组属于新石器时代晚期昂昂溪文化。第二期遗存为一个新的考古学文化，命名为"小拉哈文化"，属于新石器时代晚期最晚阶段至青铜时代早期，约当公元前2000年前后；第三期遗存属于铁器时代早期的汉书二期文化⑤。

1998年对齐齐哈尔市东土岗青铜时代的一座墓葬进行了清理，作者认为此墓葬俗、年代和泰来平洋墓地比较接近⑥。

白金宝遗址系黑龙江省文物工作队于1974年进行首次发掘⑦。1980年进行了第二次发掘，但未发表报告。1986年吉林大学考古专业和黑龙江省文物考古研究所再次进行了发掘，并发表发掘简报⑧和正式报告⑨。这次发掘工作发现大量的房址和灰坑。白金宝遗址第一期遗存属于青铜时代早期的小拉哈文化；第二期晚于小拉哈文化早于白金宝文化，命名为"白金宝二期文化"，相当于晚商时期；第三期遗存属于白金宝文化，相当于西周至春秋中期；第四期属于汉书二期文化，相当于战国时期前后⑩。

---

① 潘玲、林沄：《平洋墓葬的年代与文化性质》，《边疆考古研究（第1辑）》，北京：科学出版社，2002年，第194～203页。

② 安路、贾伟明：《黑龙江讷河二克浅墓地及其问题探讨》，《北方文物》1986年第2期，第2～8页。

③ 赵宾福：《嫩江流域三种新石器文化的辨析》，《边疆考古研究（第2辑）》，北京：科学出版社，2003年，第101～112页。

④ 黑龙江省文物考古研究所：《黑龙江省肇源小拉哈遗址调查简报》，《北方文物》1996年第1期，第7～11页。

⑤ 黑龙江省文物考古研究所、吉林大学考古系：《黑龙江省肇源县小拉哈遗址发掘简报》，《北方文物》1997年第1期，第34～44页；黑龙江省文物考古研究所、吉林大学考古系：《黑龙江肇源县小拉哈遗址发掘报告》，《考古学报》1998年第1期，第61～101页。

⑥ 齐齐哈尔市文物管理站：《黑龙江省齐齐哈尔市东土岗青铜时代墓葬清理简报》，《北方文物》2002年第3期，第16～20页。

⑦ 黑龙江省文物考古工作队：《黑龙江肇源白金宝遗址第一次发掘》，《考古》1980年第4期，第311～326页。

⑧ 黑龙江省文物考古研究所、吉林大学历史系：《黑龙江肇源白金宝遗址1986年发掘简报》，《北方文物》1997年第4期，第10～22页。

⑨ 黑龙江省文物考古研究所、吉林大学考古学系：《肇源白金宝——嫩江下游一处青铜时代遗址的揭示》，北京：科学出版社，2009年。

⑩ 朱永刚：《肇源白金宝遗址第三次发掘与松嫩平原汉代以前古文化遗存的年代序列》，《吉林大学社会科学学报》1998年第2期，第75～80页。

20世纪90年代末，黑龙江省文物考古研究所还发掘了讷河二克浅和库勒浅墓地。两地点的早期墓葬发掘者认为这是一个新的文化，但也承认与白金宝文化关系密切。晚期墓葬属于汉魏时期[①]。2008年，黑龙江省文物考古研究所又在讷河大古堆墓地清理了24座汉书二期文化的墓葬（简报称"汉书文化"）[②]。

自2013年至今，黑龙江省文物考古研究所对齐齐哈尔富拉尔基区洪河遗址先后多次进行了大规模发掘。所获新石器时代遗存面貌比较单纯，与梁思永报道的昂昂溪五福C地点两座墓葬出土遗物特征非常一致，是迄今发现的材料最为丰富和典型的昂昂溪文化遗存[③]。

2013年，黑龙江省文物考古研究所还对泰来县东明嘎遗址进行了抢救性发掘，出土遗物面貌比较单纯。陶系以夹蚌黄褐陶为主，除素面外，流行戳压坑点纹和指甲纹组成的平行直线、斜线、曲线纹或复合几何纹条带，还有一定数量的附加堆纹、刻划席纹等。可辨器形有瓮、罐、盆、钵等。以敞口斜腹或弧腹的筒形罐为主，也有一些敛口弧腹、侈口弧腹、侈口鼓腹罐。发掘者认为，该类遗存总体特征与后套木嘎遗址第三期遗存基本一致，属于后套木嘎三期文化[④]。

总体上看，该区域青铜至早期铁器时代的遗存，因为有小拉哈遗址与白金宝遗址的发掘，已初步建立起一个较为完整的编年序列。但是针对新石器时代遗存以往开展的工作不足，尤其是缺少对关键性遗址的大规模发掘和资料报道，因而难以据之构建起可靠的史前文化编年序列。对聚落形态与生业方式等方面的研究也不够深入。针对该区域东汉时期以后的遗存，也开展过少量的调查和发掘工作，如讷河红马山墓地[⑤]。

（二）吉林省西北部与内蒙古通辽地区

1957年，安广县文化科王瑛调查发现后套木嘎遗址。1958年吉林省博物馆和文管会对后套木嘎遗址进行了复查，并发现了大量的细石器、陶片和少量骨器。调查者指出，采集遗物中既有与昂昂溪细石器文化相似者，又有与赤峰地区所见亯类陶器相似者，还有辽金时期遗存。尤为可贵的是，调查者注意到采集到的少量夹有植物茎叶的"褐色泥质陶"，代表了"较原始的制陶方法，在吉林还是第一次发现"[⑥]。

前郭境内发现一座吉林省内保存最好的城址——他（塔）虎城，该城年代属于金元。

① 黑龙江省文物考古研究所：《黑龙江省讷河市二克浅青铜时代至早期铁器时代墓葬》，《考古》2003年第2期，第11～23页；黑龙江省文物考古研究所：《黑龙江讷河市库勒浅青铜至早期铁器时代墓地》，《考古》2006年第5期，第15～34页。

② 黑龙江省文物考古研究所：《黑龙江讷河大古堆墓地发掘简报》，《文物》2009年第6期，第4～25页。

③ 黑龙江省文物考古研究所：《黑龙江齐齐哈尔市洪河遗址新石器时代遗存发掘简报》，《考古》2019年第8期，第46～70页；黑龙江省文物考古研究所：《黑龙江齐齐哈尔市洪河遗址》，《考古》2020年第7期，第20～33页。

④ 黑龙江省文物考古研究所：《黑龙江泰来县东明嘎新石器时代遗址发掘简报》，《考古》2019年第8期，第21～45页。

⑤ 张伟：《红马山文化辨析》，《北方文物》2007年第3期，第1～16页。

⑥ 李莲：《吉林安广县永合屯细石器遗址调查简报》，《文物》1959年第12期，第37～40页。

1958年、1962年①、1983年对该城址进行过多次调查，并于1994年试掘，2000年进行了发掘②。

白城地区古代遗存丰富，其中新石器时代遗存很早就引起了学术界的关注③。1960年吉林省博物馆在大安东山头遗址清理3座墓葬。文化性质属于后来命名的汉书二期文化④。在该遗址地表采集的遗物中也存在白金宝文化的遗物⑤。1962年张忠培先生率队对吉林西部白城地区扶余、大赉、镇赉、前郭等县的十处遗址进行了调查或复查，并在后套木嘎（当时称为傲包山）和东山头遗址做了试掘。将所获遗存区分为四类。认为第一类遗存见于傲包山、邹德仁屯、坦途北岗子和西岗子等遗址，以胎内夹蚌粉或植物茎叶的陶器和大量细石器为特征，属于"细石器文化"；第二类遗存见于扶余长岗子和杨家沟遗址，以装饰细绳纹或红衣、红彩的陶器为特征；第三类见于东山头，清理了两座墓葬，以装饰锥刺几何纹（应为篦点几何纹）、复合划纹的陶器为特征；第四类属于辽金时期遗存⑥。

镇赉县的考古工作始于1960年，第一次全国文物普查时发现了几处新石器时代遗址，同年对其中4处遗址进行了复查，并将遗址定性为"细石器文化"⑦。

双塔遗址于1960年文物普查时发现，此后经过多次复查。20世纪80年代初步分析了双塔遗址采集陶片的陶系特征和采集石器，并认为该遗址不仅有渔猎采集也有原始农业⑧。

1971年大安永合屯小学（后套木嘎遗址附近）出土一面等边八角形铜镜，背面带契丹文铭文。陈述翻译了铭文，并推测该铜镜"应是1140～1189年间所制作"⑨。

大安汉书遗址则于1974年由吉林大学历史考古专业和吉林省博物馆考古队进行了考古发掘⑩。1974年汉书遗址的发掘，首次将该遗址的青铜时代遗存区分为两期，分称为汉书一期文化和汉书二期文化。

靶山墓地在1979年被破坏并于1984年进行发掘，共发掘墓葬5座，均为土坑竖穴墓。出土随葬品267件，包括大量的细石器。测年数据表明该墓地属于新石器时代晚期⑪。1979年

① 吉林省博物馆：《吉林他虎城调查简记》，《考古》1964年第1期，第46～48页。

② 吉林省文物考古研究所、吉林大学边疆考古研究中心：《前郭塔虎城——2000年考古发掘报告》，北京：科学出版社，2017年。

③ 佟柱臣：《东北原始文化的分布与分期》，《考古》1961年第10期，第557～566页。

④ 吉林省博物馆：《吉林大安东山头古墓葬清理》，《考古》1961年第8期，第407～410页。

⑤ 吉林省博物馆：《吉林大安东山头细石器文化遗址》，《考古》1961年第8期，第404～406页。

⑥ 张忠培：《白城地区考古调查述要》，《吉林大学社会科学学报》1963年第1期，第69～82页。

⑦ 吉林省博物馆：《吉林镇赉县细石器文化遗址》，《考古》1961年第8期，第398～410页。

⑧ 吉林省文物工作队：《吉林洮安县双塔屯原始文化遗址调查》，《考古》1983年第12期，第1092～1096、1121页。

⑨ 陈述：《跋吉林大安出土契丹文铜镜》，《文物》1973年第8期，第36～40页；吉林省文物志编修委员会：《大安县文物志》，长春：吉林省文物志编修委员会，1982年，第112页。

⑩ 吉林大学历史系考古专业、吉林省博物馆考古队：《大安汉书遗址发掘的主要收获》，《东北考古与历史（第一辑）》，北京：文物出版社，1982年，第136～140页；2001年的发掘材料现藏于吉林省文物考古研究所；吉林省文物考古研究所、吉林大学边疆考古研究中心、吉林大学考古学院：《大安汉书——青铜时代遗址考古发掘报告》，北京：科学出版社，2018年。

⑪ 吉林省文物考古研究所：《吉林白城靶山墓地发掘简报》，《考古》1988年第12期，第1072～1084页。

吉林省文物工作队还在通榆县兴隆山公社毡匠铺村西南沙岗上清理了1座古墓，判断为鲜卑墓葬[①]。

20世纪80年代在全国文物普查过程中，调查者介绍了大安后套木嘎遗址的基本情况并把该遗址判断为以渔猎为主的"原始村落遗址"，也记录了辽金遗存的存在[②]。

1982年吉林省文物工作队对乾安县大布苏泡东岸进行了调查，发现学字井屯西、中入字井屯西北、后入字井屯西北3处青铜时代遗址。调查者认为应当包含了两种青铜时代遗存。但从采集遗物来看，除了属于白金宝文化和汉书二期文化的遗物之外，还有少量昂昂溪文化的遗物（如学字井屯西采集的附加堆纹陶片，原文图三，7、10）[③]。

1982年吉林省文物工作队对大安县洮儿河下游右岸进行调查时发现了多处新石器时代遗址[④]。

吉林省文物部门于第一、二次全国文物普查期间先后在通榆县境内调查发现和确认了一批新石器时代至青铜时代的遗址，如敖包山、张俭坨子、瞻榆北岗子、西太平川等[⑤]。1983年吉林省文物工作队还曾对敖包山遗址做过试掘，认为该遗址的主要遗存属于新石器时代晚期[⑥]。

1985年发掘了镇赉县黄家围子遗址，发现新石器时代的灰坑、房址（柱洞）和辽金时期的墓葬[⑦]。发掘者认为该遗址新石器时代遗存与昂昂溪文化相比既有联系又有区别，应当属于昂昂溪文化的一个新类型[⑧]。

1985年吉林省文物考古研究所对镇赉向阳南岗遗址进行了发掘，发现房址2座、灰坑1个、墓葬8座，分别属于新石器时代中期（晚于左家山三期）、青铜时代早期（小拉哈文化或古城类型）、青铜器时代晚期（汉书二期文化）和铁器时代（可能晚到魏晋或唐初）[⑨]。

此外马场北山遗址[⑩]和1987年发现的聚宝山遗址都属于新石器时代，聚宝山遗址又于1990年进行了调查和发掘，仅发现1座墓葬，采集较多遗物，被认为与红山文化有相似之处[⑪]。

1990年被破坏的大安后宝石墓地经过调查，采集了一批遗物。通过跟鲜卑和扶余遗存对比分析，仍无法判断出明确的文化属性。报告作者认为"后宝石墓地的族属尚待进一步探

①　吉林省文物工作队：《通榆县兴隆山鲜卑墓清理简报》，《黑龙江文物丛刊》1982年第3期，第65~69页。

②　吉林省文物志编修委员会：《大安县文物志》，长春：吉林省文物志编修委员会，1982年，第11、12页。

③　吉林省文物工作队：《吉林乾安县大布苏泡东岸遗址调查简报》，《考古》1984年第5期，第396~404页。

④　吉林省文物工作队：《吉林大安县洮儿河下游右岸新石器时代遗址调查》，《考古》1984年第8期，第688~697页。

⑤　吉林省文物志编修委员会：《通榆县文物志》，长春：吉林文物志编修委员会，1985年。

⑥　王国范：《吉林通榆新石器时代遗址调查》，《黑龙江文物丛刊》1984年第4期，第50~59页。

⑦　吉林省文物考古研究所：《吉林镇赉县黄家围子遗址发掘简报》，《考古》1988年第2期，第141~149页。

⑧　刘景文：《论腰井子新石器时代文化类型——兼谈吉林省西北部新石器时代文化若干问题》，《博物馆研究》1990年第3期，第56~63页。

⑨　吉林省文物考古研究所：《吉林镇赉县向阳南岗遗址发掘简报》，《边疆考古研究（第22辑）》，北京：科学出版社，2017年，第31~59页。

⑩　刘雪山：《吉林镇赉县马场北山遗址调查》，《考古》1996年第3期，第81、82页。

⑪　吉林省博物馆：《吉林镇赉县聚宝山新石器时代遗址》，《考古》1998年第6期，第39~41、46页。

讨"①。后来有学者认为该墓地年代应为东汉晚期前后，族属应为鲜卑②。

1993年镇赉县丹岱乡立新村的辽金遗址附近发现一处窖藏，出土瓷器10件和铁器2件，发掘者认为是金代文物③，但其他学者判断为元代④。1993年松原市扶余博物馆在后土木遗址清理汉书二期文化墓葬1座⑤。

1998年吉林大学考古系在调查中发现了丹岱大坎子遗址，并于1999年进行复查。两次调查共采集石制品86件和哺乳动物化石45件。陈全家判断该遗址的年代为旧石器时代晚期或旧石器时代晚期至新石器时代早期的过渡时期，"有部分器形见于中石器时代"，遗址应为石制品加工场⑥。

1998年吉林大学考古系对后套木嘎遗址再次进行了调查，并发现大量的石制品。陈全家、王春雪和宋丽的分析表明，采集细石器以各类刮削器为主并"与吉林迁安大布苏遗址非常接近"，石制品特征较为接近旧石器时代晚期，判断该遗址应属于新石器时代早期⑦。

内蒙古东部地区的部分发现对调查区域的研究有一定的参考价值。

例如，1985年初次发现，后经过多次调查的海拉尔区团结遗址。1999年调查结果证明该遗址的新石器时代陶器揭示了昂昂溪文化、西水泉、腰井子遗址和西断梁山文化的影响以及大量的长途交换，此外对石器的研究也表明吉林省西北部发现的石料或石制品可能从内蒙古东北部而来⑧。

扎鲁特旗南宝力皋吐墓地出土的新石器时代晚期陶器组合进一步揭示了内蒙古东部和吉林省西北地区之间长期的长途交换以及手工业等方面的交流关系⑨。

莫力达瓦达斡尔族自治旗四方山墓葬中的随葬品也提供了这两地区存在长途交换的线索：

① 郭珉：《吉林大安县后宝石墓地调查》，《考古》1997年第2期，第85、86页。

② 赵宾福、杜战伟、张博、郝军军：《吉林省地下文化遗产的考古发现与研究（上册）》，北京：科学出版社，2017年，第265～267页。

③ 刘雪山：《吉林镇赉县出土金代窖藏文物》，《考古》2000年第1期，第95、96页；吉林省文物考古研究所、镇赉县文物管理所、镇赉县博物馆：《镇赉县文物精粹》，北京：科学出版社，2016年。

④ 赵宾福、杜战伟、张博、郝军军：《吉林省地下文化遗产的考古发现与研究（下册）》，北京：科学出版社，2017年，第507页。

⑤ 松原市博物馆：《吉林省松原市后土木墓葬清理简报》，《北方文物》1998年第2期，第8、9页；松原市扶余博物馆：《吉林松原市后土木村发现古代墓葬》，《考古》1999年第4期，第92、93页。

⑥ 陈全家：《吉林镇赉丹岱大坎子发现的旧石器》，《北方文物》2001年第2期，第1～7页；陈全家、赵海龙、刘雪山、李景冰：《吉林镇赉北山遗址发现的石制品研究》，《北方文物》2008年第1期，第3～10页；赵宾福、杜战伟、张博、郝军军：《吉林省地下文化遗产的考古发现与研究（上册）》，北京：科学出版社，2017年，第86～88页。

⑦ 陈全家、王春雪、宋丽：《吉林大安后套木嘎石制品研究》，《边疆考古研究（第4辑）》，北京：科学出版社，2005年，第1～27页。

⑧ 中国社会科学院考古研究所内蒙古工作队、呼伦贝尔盟民族博物馆：《内蒙古海拉尔市团结遗址的调查》，《考古》2001年第5期，第3～17页。

⑨ 内蒙古文物考古研究所：《2006年扎鲁特旗南宝力皋吐墓地的发掘》，《内蒙古文物考古》2007年第1期，第15～20页；内蒙古文物考古研究所、扎鲁特旗人民政府：《科尔沁文明——南宝力皋吐墓地》，北京：文物出版社，2010年。

该墓葬内陶器的风格与白金宝文化陶器十分接近①。

此外，翁牛特旗大泡子墓葬出土的陶器也有白金宝文化特征②。

2001年再次发掘大安汉书遗址，将该遗址青铜时代遗存分为四个阶段，即小拉哈文化、古城类型、白金宝文化、汉书二期文化。

2007年由吉林大学边疆考古研究中心、吉林省文物考古研究所和白城市博物馆组成的联合考古队重点对白城西部的洮南、通榆和洮北的部分地区进行了调查和复查。其中在洮南四海泡南岸发现四个地点，调查者据陶质、陶色及纹饰特征与周邻遗存的比较，将采集的陶器遗存分为五类：认为第一类以夹蚌黄褐陶、饰平行附加堆纹条带的陶片为代表，特征与黄家围子遗址早期遗存和双塔一期遗存相似（现在看更接近双塔一期遗存）；第二类遗存以流行麻点纹为特征，属于双塔二期遗存（即后来命名的哈民忙哈文化）；第三类遗存流行绳纹和附加堆纹"花边"风格，与辽西地区的魏营子文化相近，年代相当于晚商至西周早期；第四类遗存属于汉书二期文化③。同时调查的四海泡渔场家属区遗址也发现有以麻点纹为特征的新石器时代晚期遗存④。

除了丰富的史前遗存，白城地区内还发现较多的历史时期遗存。上述洮南四海泡南岸四处遗址、四海泡家属区遗址、通榆塌拉盖等遗址的调查还发现东汉至隋唐时期的鲜卑族与契丹族遗存⑤。此外，白城地区辽金时期遗存也十分丰富。城四家子辽金城址为吉林省最大的一座辽金城址，通过对该城址多次调查和发掘，发现了大量的遗迹，如庙址、房址、道路、窑址和墓葬等⑥。还有其他很多辽金遗址，如2007年为配合珲春到乌兰浩特高速公路建设进行调查时新发现的金家遗址。吉林省文物考古研究所于2009年对该遗址进行了发掘，发现台基式建筑1座、房址2座、灰沟2条和灰坑5个等遗迹。通过对遗迹性质与出土遗物的分析判断该遗址属于金代⑦。

2007年吉林大学边疆考古研究中心、吉林省文物考古研究所、白城市博物馆、通榆县文管

①　莫力达瓦达斡尔族自治旗民族博物馆：《内蒙古莫力达瓦旗尼尔基四方山发现古墓》，《北方文物》2009年第1期，第19页。

②　贾鸿恩：《翁牛特旗大泡子青铜短剑墓》，《文物》1984年第2期，第50～54页。

③　王立新、豆海锋：《吉林洮南四海泡子南岸四处遗址调查与初步认识》，《边疆考古研究（第9辑）》，北京，科学出版社，2010年，第343～363页。

④　王立新、宋德辉、夏宏宇：《吉林洮南四海泡渔场家属区遗址的复查与初步认识》，《边疆考古研究（第8辑）》，北京：科学出版社，2009年，第353～364页。

⑤　胡保华、王立新、宋明雷：《吉林省通榆县塌拉盖遗址的复查》，《边疆考古研究（第10辑）》，北京：科学出版社，2011年，第464～471页。

⑥　宋德辉：《吉林省白城市城四家子古城为辽代长春州金代新泰州》，《博物馆研究》2008年第1期，第26～30页；梁会丽、全仁学、周宇：《城四家子辽金城址的考古发掘》，《辽金西夏研究年鉴（2013）》，北京：中国社会科学出版社，2015年，第305～318页；吉林省文物考古研究所、白城市文物保护管理所、白城市博物馆：《吉林白城城四家子城址建筑台基发掘简报》，《文物》2016年第9期，第39～55页；吉林省文物考古研究所、白城市文物保护管理所：《吉林白城城四家子城址北门发掘简报》，《边疆考古研究（第20辑）》，北京：科学出版社，2016年，第55～69页。

⑦　吉林省文物考古研究所：《吉林省白城市金家金代遗址的发掘》，《边疆考古研究（第12辑）》，北京：中国社会科学出版社，2012年，第63～86页。

所等单位对通榆县新石器时代和青铜时代遗址开展了几次重要的调查工作，并对采集陶片进行了比较、分类和分期研究。

1）通过对敖包山、大坝坨子和老富大坨子等遗址的复查，将采集遗物分为六类：A类见于敖包山和老富大坨子遗址，和黄家围子遗址早期遗存很接近，属于新石器时代中期；B类主要见于敖包山遗址，其中的糙面麻点纹在长坨子遗址第Ⅱ地点和四海泡渔场家属区遗址也发现过，属于哈民忙哈文化；C类见于敖包山、大坝坨子和老富大坨子遗址，属于新石器时代晚期的红山文化；D类见于大坝坨子和老富大坨子，"基本可归入左家山二期文化"；E类见于老富大坨子，和东丰县西断梁山遗址上层陶器很接近；F类见于敖包山和老富大坨子遗址，和白金宝遗址二期遗存很接近（相当于青铜时代中期，商代晚期）①。

2）对长坨子遗址群进行了调查，发现四处遗址（编号为Ⅰ~Ⅳ），并将采集遗物分为四类：长坨子A类遗存属于新石器时代早期；B类和双塔二期遗存很接近，与新石器时代晚期的红山文化同时；C类应属于新石器时代晚期或青铜时代早期；D类属于青铜时代，大致在晚商至西周初期②。

3）对破坨子、李永久坨子和二龙坨子三处遗址进行了调查，并将采集遗物分成六类：A类以李永久坨子和二龙坨子第一组为代表，和双塔一期遗存很相似，可能属于新石器时代早期；B类遗存包括破坨子一组和李永久坨子二组，属于新石器时代中期，"可以归入左家山二期文化"；C类包括破坨子第二组和二龙坨子第二组，属于新石器时代晚期，"可以归入红山文化"；D类以李永久坨子第三组为代表，属于双塔二期文化或哈民忙哈文化；E类见于李永久坨子第四组和二龙坨子第三组，属于鲜卑遗存；F类包括李永久坨子第五组和二龙坨子第四组，属于辽建国之前的契丹文化③。

4）对查森昭遗址进行了调查，并将采集遗物分为五组：第一组"与黄家围子和双塔一期遗存文化性质与年代相近"；第二组"相当于左家山一期"；第三组"初步推断其年代大体相当于红山文化晚期"；第四组与白金宝二期文化相似，"年代相当于晚商时期"；第五组"年代上限在东汉早期，下限到西晋时期"④。

2007年吉林大学边疆考古研究中心与吉林省文物考古研究所联合对双塔遗址进行了抢救性发掘。发现的文化遗存可分三个时期：第一期遗存包括灰坑6个、墓葬1座、灰沟2条和柱洞14个，是一种新的考古学文化，可称双塔一期文化，属于新石器时代早期（公元前8000年前后）⑤；第二期发现墓葬4座，是一种以装饰麻点纹（或称网纹）为特征的新的文化遗存（即后来命名的哈民忙哈文化），属于新石器时代晚期；第三期发现墓葬25座和灰坑1个，属于汉书

① 朱永刚、郑钧夫：《通榆县三处史前遗址调查与遗存分类》，《边疆考古研究（第7辑）》，北京：科学出版社，2008年，第334~351页。

② 金旭东、褚金刚、王立新：《吉林通榆县长坨子四处遗址的调查》，《北方文物》2011年第3期，第3~6页。

③ 蒋琳、朱永刚：《吉林通榆县新发乡三处遗址的调查和初步认识》，《北方文物》2014年第4期，第3~10页。

④ 郑淑敏、朱永刚：《吉林省通榆县查森昭遗址调查与遗存分析》，《北方文物》2015年第1期，第10~15页。

⑤ 王立新、段天璟：《中国东北地区发现万年前后陶器——吉林白城双塔遗址一期遗存的发现与初步认识》，《吉林大学社会科学报》2013年第2期，第65~71页。

二期文化[①]。

此外还有2007年（三普）由大安市博物馆首次发现的大安尹家窝堡遗址。

2009年吉林省文物考古研究所与镇赉县文物管理所联合对乌兰吐北岗遗址进行了抢救性发掘，发现新石器时代房址7座和辽金时期灰沟1条。通过比较分析发掘者认为该遗址新石器时代遗存属于昂昂溪文化[②]。

另外，科左中旗哈民忙哈遗址发现的新考古学文化——哈民忙哈文化，对深入认识同处于科尔沁沙地的后套木嘎遗址及周围调查区域内新石器时代晚期文化遗存也十分重要[③]。

特别值得指出的是，后套木嘎遗址在2011～2015年连续发掘工作中所取得的收获，为认识整个嫩江流域汉以前的考古学文化序列提供了一个科学的标尺[④]。而且该遗址成为吉林省文物局、吉林省文物考古研究所和吉林大学边疆考古研究中心的田野实践与遗址保护研究基地，引入并尝试了许多新的发掘和记录方法[⑤]。2012年还举办了"田野考古的理论与实践——吉林大安后套木嘎遗址发掘现场学术研讨会"[⑥]。后套木嘎遗址[⑦]"五个年度总计发掘6450平方米，共发现墓葬123座、灰坑647个、灰沟51条、房址43座，获得了大量的人工遗物及动植物遗存。据初步整理遗存分属七个时期：其中第一至第四期为新石器时代遗存，第五、六期属青铜时代遗

① 吉林大学边疆考古研究中心、吉林省文物考古研究所：《吉林白城双塔遗址新石器时代遗存》，《考古学报》2013年第4期，第501～538页；段天璟、王立新、汤卓炜：《吉林白城市双塔遗址一、二期遗存的相关问题》，《考古》2013年第12期，第58～70页；汤卓炜、王立新、段天璟：《吉林白城双塔遗址孢粉分析与古环境》，《考古学报》2013年第4期，第534～536页。

② 吉林省文物考古研究所、镇赉县文物管理所：《吉林省镇赉县乌兰吐北岗遗址发掘简报》，《北方文物》2010年第4期，第7～12页。

③ 内蒙古文物考古研究所、科左中旗文物管理所：《内蒙古科左中旗哈民忙哈新石器时代遗址2010年发掘简报》，《考古》2012年第3期，第3-19页；内蒙古文物考古研究所、吉林大学边疆考古研究中心：《内蒙古科左中旗哈民忙哈新石器时代遗址2011年的发掘》，《考古》2012年第7期，第14～30页；朱永刚、陈醉：《近年科尔沁沙地新石器时代考古发现与研究的新进展》，《内蒙古社会科学》2016年第1期，第76～82页。

④ 王立新、霍东峰、赵俊杰、刘晓溪：《吉林大安后套木嘎新石器时代遗址》，《2012年中国重要考古发现》，北京：文物出版社，2013年，第2～7页。

⑤ Pauline Sebillaud（史宝琳）、刘晓溪：《后套木嘎遗址田野数据库的建设》，《边疆考古研究（第14辑）》，北京：科学出版社，2013年，第89～102页；王立新、Pauline Sebillaud（史宝琳）、霍东峰：《大安后套木嘎遗址发掘方法、技术与记录手段的新尝试》，《吉林大学社会科学学报》2016年第1期，第113～119页。

⑥ 刘晓溪：《田野考古的理论与实践——吉林大安后套木嘎遗址发掘现场学术研讨会纪要》，《北方文物》2013年第1期，第110～112页。

⑦ 吉林大学边疆考古研究中心、吉林省文物考古研究所：《吉林大安市后套木嘎遗址AⅢ区发掘简报》，《考古》2016年第9期，第3～24页；吉林大学边疆考古研究中心、吉林省文物考古研究所：《吉林大安市后套木嘎遗址AⅣ区发掘简报》，《考古》2017年第11期，第3～30页；王立新、霍东峰、方启：《吉林大安后套木嘎遗址发掘的主要收获》，《边疆考古研究（第21辑）》，北京：科学出版社，2017年，第321～333页；王立新：《后套木嘎新石器时代遗存及相关问题研究》，《考古学报》2018年第2期，第141～164页；Wang Lixin, Pauline Sebillaud. "The Emergence of Early Pottery in East Asia: New Discoveries and Perspectives". *Journal of World Prehistory*, 32, 1, 2019, p. 73-110.

存，第七期属辽代或稍早阶段遗存"①。

吉林大学边疆考古研究中心和吉林省文物考古研究所2014年和2015年先后两次在尹家窝堡进行发掘，发现一处金代制盐和聚落遗存②。

（三）嫩江中下游地区汉以前考古学文化的编年序列

1930年梁思永对昂昂溪遗址的调查是中国学者在嫩江中下游地区首次开展的考古工作。在1932年发表的报告中，梁先生将其在五福C地点清理的墓葬和采集的遗存定性为新石器时代遗存③。这类遗存先后被称为"细石器文化"的"龙江期"④、昂昂溪类型⑤和昂昂溪文化⑥。由于20世纪80年代之前对该区域汉以前的遗存主要限于地表调查，虽相继发现了多处地点的遗存与昂昂溪五福C地点的遗存有明显差异，但据此难以梳理出各类遗存的年代、性质与文化特征。1984年，吉林省文物考古研究所发掘了白城靶山遗址，清理了5座新石器时代晚期的墓葬。1985年镇赉黄家围子遗址的发掘，刘景文先生据此提出了"黄家围子类型"的命名，但仍倾向将之归入昂昂溪文化之中⑦。1992年肇源小拉哈遗址的发掘，区分出"小拉哈一期甲组"与"小拉哈一期乙组"两类新石器时代遗存，认为前者可能代表了嫩江流域一种新的考古学文化，而后者可以归入昂昂溪文化。在此基础上，赵宾福尝试将嫩江流域的新石器时代文化划分为"小拉哈一期甲组遗存"、"靶山类型"、

---

① 王立新、霍东峰、方启：《吉林大安后套木嘎遗址发掘的主要收获》，《边疆考古研究（第21辑）》，北京：科学出版社，2017年，第321~333页。

② Pauline Sebillaud（史宝琳）、刘晓溪、李扬、王立新、梁建军：《吉林发现东北地区首个辽金时期土盐制作遗址——大安尹家窝堡遗址的发掘收获》，《中国文物报》2014年9月26日，第8版；吉林大学边疆考古研究中心、吉林省文物考古研究所：《吉林大安市尹家窝堡遗址发掘简报》，《考古》2017年第8期，第59~69页；Pauline Sebillaud（史宝琳）、张礼艳、刘晓溪：《吉林大安尹家窝堡遗址2015年发掘简报》，《边疆考古研究（第20辑）》，北京：科学出版社，2016年，第89~117页；Pauline Sebillaud（史宝琳）、刘晓溪：《尹家窝堡遗址：探索东北已知发现最早的土盐制作遗存》，《吉林画报》2016年第7期，第70~73页；Pauline Sebillaud（史宝琳）、刘晓溪：《吉林大安尹家窝堡遗址的发掘》，《辽金西夏研究年鉴（2014~2015）》，北京：中国文史出版社，2018年，第265~277页；Pauline Sebillaud, Xiaoxi Liu, Lixin Wang. "Investigation on the Yinjiawopu Site, a Medieval Salt Production Workshop in Northeast China". *Journal of Field Archaeology*, 47, 2017, p. 1-15.

③ 梁思永：《昂昂溪史前遗址》，《梁思永考古论文集》，北京：科学出版社，1959年，第58~90页。

④ 裴文中：《中国石器时代的文化》，北京：中国青年出版社，1954年，第33页。

⑤ 佟柱臣：《试论中国北方和东北地区含有细石器的诸文化问题》，《考古学报》1979年第4期，第402~422页。

⑥ 杨虎、谭英杰、张泰湘：《黑龙江古代文化初论》，《中国考古学会第一次年会论文集（1979）》，北京：文物出版社，1980年，第80~96页。

⑦ 刘景文：《论腰井子新石器时代文化类型——兼谈吉林省西北部新石器时代文化若干问题》，《博物馆研究》1990年第3期，第56~63页。

昂昂溪文化这三个由早至晚的发展阶段①。此后，2007年通榆长坨子遗址的调查，提出了
"长坨子A类遗存"的命名。同年发掘的白城双塔遗址，发掘者在相关报道和研究中将该遗
址的新石器时代遗存区分为两个阶段。第一期遗存建议命名为"双塔一期文化"，第二期遗
存最初建议暂称"双塔二期遗存"，鉴于随后内蒙古文物考古研究所在邻近的科左中旗哈民
忙哈遗址发现同类遗存且十分丰富，遂支持将此类遗存命名为哈民忙哈文化。同时，发掘者
也指出，黄家围子遗址早期遗存与双塔一期文化既有区别又有联系，在年代上晚于双塔一期
文化②。2011～2015年后套木嘎遗址的发掘，发掘者将该遗址的新石器时代遗存区分为四个
阶段。指出其中的第一期和第三期遗存代表了本区域两类新的考古学文化，可分别命名为后
套木嘎一期文化和后套木嘎三期文化。而其中的后套木嘎第二期遗存与镇赉黄家围子早期遗
存和昂昂溪额拉苏C地点遗存特征一致，可以发掘较早的黄家围子遗址命名为"黄家围子文
化"。至于后套木嘎第四期遗存，在特征上与哈民忙哈文化接近，应属同一个文化③。基于以
往的相关发现和研究，王立新在《后套木嘎新石器时代遗存及相关问题研究》一文中，将嫩
江中下游地区（含通辽地区的东南部）的新石器时代文化区分为由早至晚的七个阶段，即后
套木嘎一期文化、长坨子A类遗存、双塔一期文化、黄家围子文化、后套木嘎三期文化、哈民
忙哈文化、昂昂溪文化，由此初步建立起该区域新石器时代文化的编年序列④。以上相关研究
在探讨各类遗存的年代、分布及特征的同时，也不同程度地探讨了每类遗存的源流及其与周
邻文化的关系。

　　认识到嫩江流域存在青铜时代遗存并存在不同的发展阶段，是有一个过程的。1957年黑
龙江博物馆在嫩江下游左岸杜尔伯特蒙古族自治县官地遗址就曾采集到较为丰富的白金宝文
化遗物。1960年吉林省博物馆又在大安东山头采集到此类遗物，但在该遗址清理的3座墓葬
中所出土的却是汉书二期文化的遗物，然而当时并未做出细致区分。1962年，张忠培先生在
白城地区的调查和试掘，首次将这两类遗存区分出来。他所分的第三类遗存（1962年东山头
清理墓葬）即属于后来命名的白金宝文化，他所分的第二类遗存（扶余长岗子为代表）即属
于后来命名的汉书二期文化（也有人称平洋文化）。1974年黑龙江省文物工作队发掘了肇
源白金宝遗址，因为发现原生地层堆积和较为丰富的遗物，简报将这类曾见于官地和东山头
（1962年清理墓葬）遗址的遗存命名为白金宝文化。1974年，吉林大学历史系考古专业和吉
林省文物工作队在大安汉书遗址的发掘中，则首次找到了张先生所分第二类遗存和第三类遗

　　①　赵宾福：《嫩江流域三种新石器文化的辨析》，《边疆考古研究（第2期）》，北京：科学出版社，2003
年，第101～112页。

　　②　吉林大学边疆考古研究中心、吉林省文物考古研究所：《吉林白城双塔遗址新石器时代遗存》，《考古学
报》2013年第4期，第501～538页；王立新、段天璟：《中国东北地区发现万年前后陶器——吉林白城双塔遗址一
期遗存的发现与初步认识》，《吉林大学社会科学学报》2013年第2期，第65～71页；段天璟、王立新、汤卓炜：
《吉林白城市双塔遗址一、二期遗存的相关问题》，《考古》2013年第12期，第58～70页。

　　③　王立新、霍东峰、方启：《吉林大安后套木嘎遗址发掘的主要收获》，《边疆考古研究（第21辑）》，北
京：科学出版社，2017年，第321～333页；王立新：《后套木嘎新石器时代遗存及相关问题研究》，《考古学报》
2018年第2期，第141～164页。

　　④　王立新：《后套木嘎新石器时代遗存及相关问题研究》，《考古学报》2018年第2期，第141～164页。

存的上下叠压关系。其中偏早阶段以汉书M102为代表的遗存称为汉书一期文化（与官地遗存、1962年东山头清理墓葬特征相同），偏晚阶段以F104等单位为代表的遗存称为汉书二期文化。

1992年，黑龙江省文物考古研究所和吉林大学考古系联合发掘了肇源小拉哈遗址，认为该遗址第二期遗存是一种年代在新石器时代末期至早期青铜时代的新的遗存[①]。随后将该类遗存命名为小拉哈文化，并确认其属于青铜时代早期[②]。

1993年，乔梁先生首次披露了肇源古城遗址H3出土的饰附加堆纹和绳纹的高领鬲（此类陶鬲以往在吉林西部、内蒙古兴安盟等地曾采集过残片），虽然认识到该类器物的年代约与"魏营子类型"相当，但仍将其归入了白金宝文化早期阶段。2001年，张忠培先生在指导整理白金宝遗址第三次发掘资料时指出，这批遗存应总体上划分为四个阶段，主张将其中以高领"花边"鬲为代表的遗存独立出来作为一个单独阶段[③]。2002年，赵宾福先生撰文指出，以古城H3为代表的遗存，年代介于小拉哈文化和白金宝文化之间，应"另立文化新种"[④]。此后赵宾福先生正式称这类遗存为"古城遗存"，并将嫩江中下游地区青铜时代文化遗存划分为四个阶段[⑤]。而朱永刚先生也正式将白金宝遗址的青铜时代遗存划分为前后相继的四个阶段（其中第二阶段以高领"花边"鬲为代表的遗存称"白金宝二期文化"）[⑥]。由此，嫩江中下游地区就初步构建起小拉哈文化—古城遗存（或称白金宝二期文化）—白金宝文化——汉书二期文化这一编年序列。相关学者在讨论这一地区青铜时代文化的年代与性质的同时，也对各类遗存的谱系关系进行了细致的探讨[⑦]。

除了以陶器类型学为主的研究之外，目前讨论嫩江流域石制品的类型、技术和功能的文章不多[⑧]。

[①] 黑龙江省文物考古研究所、吉林大学考古系：《黑龙江省肇源县小拉哈遗址发掘简报》，《北方文物》1997年第1期，第34～44页；黑龙江省文物考古研究所、吉林大学考古系：《黑龙江肇源县小拉哈遗址发掘报告》，《考古学报》1998年第1期，第61～101页。

[②] 赵宾福：《松嫩平原早期青铜文化的发现与认识》，《边疆考古研究（第1辑）》，北京：科学出版社，2002年，第181～193页。

[③] 张忠培：《序》，《肇源白金宝——嫩江下游一处青铜时代遗址的揭示》，北京：科学出版社，2009年，第i～ix页。

[④] 赵宾福：《松嫩平原早期青铜文化的发现与认识》，《边疆考古研究（第1辑）》，北京：科学出版社，2002年，第181～193页。

[⑤] 赵宾福：《中国东北地区夏至战国时期的考古学文化研究》，北京：科学出版社，2009年，第3～66页。

[⑥] 黑龙江省文物考古研究所、吉林大学考古学系：《肇源白金宝——嫩江下游一处青铜时代遗址的揭示》，北京：科学出版社，2009年。

[⑦] 张伟：《松嫩平原战国两汉时期文化遗存研究》，《北方文物》2005年第4期，第1～23页；张伟：《嫩江流域夏至东汉时期的五支考古学文化》，《北方文物》2010年第2期，第29～37页；李陈奇：《松嫩平原商周至西汉时期青铜器的发现与初步研究》，《北方文物》2013年第3期，第12～25页。

[⑧] 赵辉：《中国北方的史前石镞》，《国学研究（第四卷）》，北京：北京大学出版社，1997年，第485～520页；李有骞、陈全家：《嫩江流域汉代以前的石制品研究》，《边疆考古研究（第6辑）》，北京：科学出版社，2007年，第56～77页；赵海龙、王立新、夏宏宇、王春雪：《东北渔猎新石器时代文化的个案研究——以通榆长坨子三号地点为例》，《中国考古学会第十二次年会论文集》，北京：文物出版社，2010年，第20～35页。

这一系列调查、发掘和研究工作为认识嫩江流域汉以前考古学文化的陶器类型学、文化序列和区域交流情况提供了坚实的基础。

2012～2016年月亮泡和新荒泡地区区域性系统调查的初步研究成果[①]和后地窝堡遗址的调查及空间分析成果[②]已发表。此外，李鹏辉利用地理信息系统（GIS）和以往发表的材料对镇赉县新石器时代和青铜时代遗址的空间分布状态进行了分析[③]。

三、方　　法

"调查不只是考古发掘的替代品，也不只是为了发现可以发掘的遗址。事实上它能够解决仅依靠发掘而永远无法回答的一些研究问题"，如景观作用与聚落等级分析等[④]。"区域系统调查（systematic regional survey），又称作全覆盖式调查（full-coverage survey），是以聚落形态为目的的考古调查方法。"[⑤]本次调查采用区域系统调查法，由此可以获得对区域内如遗存分布和聚落形态演进等问题的了解。在本项调查开始之前，这种方法已经在国内获得了较大发展，如赤峰[⑥]、日照[⑦]、洛阳盆地[⑧]、伊洛河流域[⑨]和山东归城[⑩]等地区的区域系统调查工作都取得了重要收获。

此次区域系统调查采用的具体田野调查方法是由匹兹堡大学周南教授设计，并在中国东

① 刘晓溪、Pauline Sebillaud（史宝琳）、王立新：《吉林省大安市2012～2013年区域性系统调查简报》，《边疆考古研究（第19辑）》，北京：科学出版社，2016年，第27～45页。

② 王涛、杨琳、王立新：《吉林大安市后地窝堡遗址的调查与认识》，《边疆考古研究（第17辑）》，北京：科学出版社，2015年，第9～28页。

③ 李鹏辉：《基于GIS的镇赉县与通榆县新石器时代、青铜时代遗址分布状态比较分析》，吉林大学学士学位论文，2016年；李鹏辉、Pauline Sebillaud（史宝琳）、王立新：《基于GIS的镇赉县新石器时代和青铜时代遗址分布初探》，《北方文物》2018年第2期，第32～37页。

④ "Survey is not simply a poor substitute for archaeological excavation, or meant only to discover sites for us to excavate. In fact, it is uniquely able to address some research questions that excavation alone will never answer", in Banning, E. B. *Archaeological Survey*, Kluwer Academic/Plenum Publishers, New York, 2002, p. 1.

⑤ 方辉：《对区域系统调查法的几点认识与思考》，《考古》2002年第5期，第56～64页。

⑥ 赤峰中美联合考古研究项目：《内蒙古东部（赤峰）区域考古调查阶段性报告》，北京：科学出版社，2003年。

⑦ 中美两城地区联合考古队：《山东日照地区系统区域调查的新收获》，《考古》2002年第5期，第10～18页。

⑧ 许宏、陈国梁、赵海涛：《河南洛阳盆地2001～2003年考古调查简报》，《考古》2005年第5期，第18～37页。

⑨ 陈星灿、刘莉、李润权、华翰维、艾琳：《中国文明腹地的社会复杂化进程——伊洛河地区的聚落形态研究》，《考古学报》2003年第2期，第161～218页。

⑩ 唐锦琼、韩辉、徐明江、李峰、梁中合：《山东龙口市归城两周城址调查简报》，《考古》2011年第3期，第30～39页。

北地区加以应用，如赤峰[①]、大凌河上游[②]和彰武的区域系统调查工作[③]。不过这三个小区域在调查时选择了不同的调查人员行进的间距（以下简称为人员间距），赤峰项目的人员间距为100米，而大凌河上游、彰武与环月亮泡地区的人员间距则为50米。为了进行合理的空间统计学分析，需要选择合适的人员间距，这项决策主要由研究目的、时间、人数等条件决定，而且一旦确定实施后不可更改[④]。之所以选择50米的人员间距，是因为这样可以与东北地区的其他调查结果进行对比，而且这一距离是发现新石器时代至民国时期遗址最适合的距离。如果采用距离为100米的网格，可能会使调查者错过新石器时代早期较为少见的陶片；而20米的网格则更有利于寻找早期的遗物，常用在专项调查，如辽宁阜新地区"中国东北地区农业与定居的起源"项目就利用20米的人员间距[⑤]，还有内蒙古中南部凉城县调查则采用了25米的人员间距[⑥]，但是这种人员间距比较耗费时间和精力[⑦]，因而不适合长期和大范围的调查。

区域系统调查方法因为进行的是"全覆盖"式的调查，所以在应用过程中较为辛苦，但是它具有十分重要的学术意义。和以往国内田野调查不同的是，这种方法不仅是采集标本或确定某一个遗址的面积，也不仅是随机的地面抽查，而是仔细观察和记录景观，尽可能发现所有的遗址，在确定没有遗漏的前提下进行空间统计学分析，从而获得调查范围内景观、土地利用、

---

① 赤峰中美联合考古研究项目：《内蒙古东部（赤峰）区域考古调查阶段性报告》，北京：科学出版社，2003年；Katheryn M Linduff, Drennan Robert D. "Early Complex Societies in NE China: The Chifeng International Collaborative Archaeological Research Project". *Journal of Field Archaeology*, 2004, p. 45-73；滕铭予：《GIS支持下的赤峰地区环境考古研究》，北京：科学出版社，2009年。

② 辽宁省文物考古研究所、美国匹兹堡大学人类学系、美国夏威夷大学：《辽宁大凌河上游流域考古调查简报》，《考古》2010年第5期，第24～35页；Drennan Robert D, Christian E Peterson, Lü Xueming, Zhu Da, Hou Shenguang. "Settlement and Social Dynamics in the Upper Daling and Chifeng Regions of Northeast China". *Asian Archaeology*, 2014, p. 50-76；Peterson Christian E, Lü Xueming吕学明, Robert D Drennan, Zhu Da朱达. *Hongshan Regional Organization in the Upper Daling Valley* 大凌河上游流域红山文化区域性社会组织. Center for Comparative Archaeology Department of Anthropology, University of Pittsburg, Pittsburgh, 2014.

③ Williams James T. *Staple Economies and Social Integration in North-East China: Regional Organization in Zhangwu, Liaoning, China*. Ph. D. Dissertation, Pittsburgh University, 2014；Williams, James T.（丁山）：《辽宁彰武地区青铜时代石器分析与聚落形态研究》，《边疆考古研究（第22辑）》，北京：科学出版社，2017年，第109～124页；Williams James T. "Bronze Age Subsistence Change at Regional and Microscopic Scales in Northeast China". *Asian Perspectives*, 56, 2, 2017, p. 166-190.

④ Dabbas Michel, Henri Delétang, Alain Ferdière, Cécile Jung, W. Haio Zimmermann. *La prospection*. Paris: Errance, 2006, p. 32.

⑤ 滕铭予、Gideon Shelach、万雄飞、Marder Ofer、Wachtel Ido：《辽宁阜新地区区域性考古调查阶段性报告（2012—2013）》，《北方文物》2014年第3期，第3～10页。

⑥ Indrisano Gregory G, Katheryn M Linduff. "Expansion of the Chinese Empire into its Northern Frontier (ca. 500 BCE-0 CE):: A Case Study from South-Central Inner Mongolia". in G Areshian. *Empires and Diversity: On the Crossroads of Archaeology, Anthropology, and History*. Los Angeles: Cotsen Institute of Archaeology Press, 2013, p. 204-242.

⑦ Banning E B. *Archaeological Survey*. New York: Kluwer Academic/Plenum Publishers, 2002, p. 62-63.

聚落历时演变过程的定量认识①。传统调查方式往往只公布遗址的面积数据和分布范围②，而区域系统调查方法则可以用全覆盖的调查方式将某一区域内所有的遗址与地点统合起来，并关注每个遗址不同时期遗存的分布范围、中心区等内容的历时性变化。而且通过全覆盖的调查方式还可以认识到遗址活动空间的分布情况，一些"遗址"可能是附近遗址的次要活动区。通过这种方法还可以观察到遗址在不同时期对景观的利用程度。

区域系统调查的"系统性"是指采用均匀的调查方法观察、记录和分析调查范围内所有的遗址。而其他调查方式不能称为"系统"，是因为调查时不能在遗址和遗址之间保持相同的观察方法。例如，以往开展的三次全国性的文物普查虽然规模都很大，但是很多情况下调查者主要是凭借经验，去地势较高的坡岗上找遗址，主观判断可能没有古遗址的区域就不调查。而且对地表遗物的采集也不够系统。另一种"不均匀"调查方式则是采用各种"嵌套方法"，即根据地形和研究目的将调查区域进行分区，然后采用不同的方式调查各个分区，如平坦处等距步行调查，沿着河流和山脊步行调查和驾车调查等，如内蒙古额金河流域的调查就采取这种方法③。

不过，区域系统调查与其他田野调查方法都具有一定的局限性。该方法比较适合平坦地形，但并不适合坡度大、起伏大的区域。在坡度较大的地区，地表风蚀和风化过程很容易导致地表遗物往坡下移动，地表遗物密集区往往位于遗址的下方④。在地形较为平坦的大安和镇赉地区，地表遗物的位置虽然每年因为农业活动而受到干扰，但是整体上仍能反映遗址的大致位置。另外，区域系统调查只适合植被少的地区，在森林地区地表遗物的可视度很低，因而无法完全反映区域内真实的遗存分布面貌。尽管现代月亮泡和新荒泡地区的大部分被玉米地覆盖，但是只要选择恰当的田野工作时间（即雪融化之后、种地之前：4月和5月初），地表遗物的可视度还是比较高的。最后，区域系统调查只是一种地表调查的方法，仅依靠调查并不能准确判断遗址的性质和功能分区，如聚落生活区、墓地和工作坊等，只能大致确定遗址在不同时期的分布范围和活动区分布状态。为了确定遗址和遗迹的性质仍需要进行考古发掘。

（一）野外调查方法

首先用Google Earth（谷歌地球）与AutoCAD准备分辨率足够的卫星图，然后将卫星图按顺序编号（图50），并在每张图上标示出若干1厘米×1厘米（代表实际50米×50米）的方

---

① 例如，可以对遗址内的历代空间分布状态进行研究，如刘晓溪、Pauline Sebillaud（史宝琳）、李扬、王立新：《区域性系统调查方法在典型遗址研究中的应用——以吉林大安汉书遗址为例》，《边疆考古研究（第22辑）》，北京：科学出版社，2017年，第297～312页。

② 如第二次全国文物普查的发表材料，国家文物局编：《中国文物地图集·吉林分册》，北京：中国地图出版社，1993年，第160页。

③ Honeychurch William, Wright Joshua, Amartuvshin Chunag. "A Nested Approach to Survey in the Egiin Gol Valley, Mongolia". *Journal of Field Archaeology*, 32, 4, 2007, p. 369-383.

④ Dabbas Michel, Henri Delétang, Alain Ferdière, Cécile Jung W. Haio Zimmermann. *La prospection*. Paris: Errance, 2006, p. 24.

图50 用Google Earth和AutoCAD 准备调查用的卫星图

格，最后用A4相片纸按照1：5000的比例打印出来。而且在准备卫星图的过程中注意观察土地的颜色差异、土包、洼地等异常微地形现象，并做记录。

将参与调查工作的人员分为3～5组进行拉网式调查，每组3或4人。每个调查组会分配到一个调查区域，所有小组的调查区域不会重复，但是会完全覆盖整个调查区域（图51）。

在调查过程中所有成员按照间距50米左右步行前进（图52）。根据地表遗物的密集程度，每人每天需要走15～25千米。由于最后的

图51 用已准备的卫星图为每个小组分配调查范围

分析都是以采集区为基本单位进行的，所以采集区范围的划定和采集遗物的方法就尤为重要。地表发现三片以上陶片的区域即可作为一个采集区，采集区的规格规定为50米×50米。

地表遗物的丰富程度会影响调查方法的选择，通常分为一般采集和系统采集两种。一般采集指在地表遗物相对稀疏的情况下，对每个采集区内所有遗物做全面收集；系统采集是在地表遗物较为丰富的情况下，在采集区内画一个或多个（不超过5个）半径为1.8米的圆（面积约10平方米）（图53），圆内所有遗物做全面收集，系统采集的遗物数量整体以不少于30片陶片为标准。每个采集区内采集到的遗物情况均反映该采集区内遗物的文化属性和分布密度，实际上绝大多数采集区内采集到的都是包含不同时期文化的遗物，而且采集区的数量往

图52　调查为步行方式，人员间距50米

图53　系统采集中的10平方米的圈（1.8米半径）

往是与遗址的面积相对应的。通过对采集区这一基本单位内采集遗物进行分析，我们可以在未进行田野考古发掘的情况下，获得遗址内有关不同时期文化遗存分布范围和密度的初步认识。

调查过程中要在已经准备好的大比例尺卫星图上精确找到采集区的位置，并做出明确标注，用测距仪在现场划分采集区范围，然后进行遗物采集。除了详细记录遗物的采集区信息（图54、图55），还要利用电子地图的导航功能对发现遗物的地点进行定位，同时与手持GPS的UTM坐标进行比对和校正。最后在野外现场填写吉林省田野考古数据库中的相关表格（图56）。本次调查填写了4263张调查记录表。

图54 在标本袋上标注采集区编号

图55 在卫星图上绘制采集区的位置，用GPS获得采集区的坐标

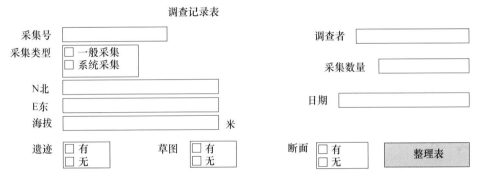

图56 填写野外调查记录表

（二）整理方法

室内整理的第一个步骤是要对每个采集区的遗物进行分类：石器和金属器单独包装（小件袋加标签）并单独记录，陶片则按照陶系、可判断部位与器形等细分并记录。同时观察每个采集区的陶片，并挑选标本（口沿、器底、器耳、纹饰陶片），然后单独包装（小件袋加标签）。所有陶片的数量（左侧）和陶器标本、石器及金属器小件（右侧）分别记录到本采集区的整理表（图57）。本次调查填写了4261份调查整理表。

如上所述，迄今为止嫩江中下游地区新石器时代遗存可以初步划分出7个时期：后套木嘎一期文化、长坨子A类遗存、双塔一期文化、黄家围子文化、后套木嘎三期文化、哈民忙哈文化、昂昂溪文化。这些遗存的特征主要是根据近十多年来几处关键性遗址的发掘并配合调查工作得到的认识。但需说明的是，该区域新石器时代遗存尽管可以划分为不同的文化，但是自早至晚有一定的传承性。相衔接的几个上下阶段的传承性尤为明显。后套木嘎一期文化与长坨子A类遗存前后衔接，虽然前者陶胎夹植物纤维更多更普遍，后者陶胎夹蚌粉更多、更普遍，纹

系统调查整理表

采集号 ☐　　　　　　　　　　　　　　　　　　　　　☐ 调查记录表

陶片		器物	
新石器时代早期	☐	新石器时代早期器物	☐
新石器时代中期	☐	新石器时代中期器物	☐
新石器时代晚期	☐	新石器时代晚期器物	☐
小拉哈	☐	白金宝器物	☐
古城	☐		
白金宝	☐	汉书二期器物	☐
青铜时代早中期	☐	魏晋隋唐器物	☐
汉书二期	☐		
魏晋隋唐	☐	辽金元器物	☐
辽金元	☐	明清民国器物	☐
明清民国	☐		
总数	☐	其他器物	☐

图57　调查整理表

饰种类和组合有一些区别，但是陶器特征仍然有不少的相似性，如二者均见既夹植物纤维又夹蚌的陶器，且均流行戳压篦齿平行线纹，如果仅限于地表调查所采集的残碎陶片，是很难准确区分这两阶段遗存的。所以，对调查采集陶片的统计来说，我们只能将这两个阶段视为同一个大的阶段，即新石器时代早期（11000～9000BC）。同样，双塔一期文化、黄家围子文化、后套木嘎三期文化这三个阶段，虽然从陶器器形、纹饰总体特征上能够区分开来，但是三个阶段都流行夹蚌黄褐陶和夹蚌灰褐陶，都有一定的素面陶器，也都见有附加堆纹及戳压坑点纹，因此从调查所采集残碎陶片，也很难准确区分。因而，在统计调查采集陶片时，我们也只能暂时将以上三个阶段视为同一个大的阶段，即新石器时代中期（9000～3500BC）。至于哈民忙哈文化与昂昂溪文化，虽然前者更流行麻点纹，后者更流行附加堆纹和刻划纹，陶系、陶器种类也有重要区别，但是二者仍然都见有夹蚌黄褐陶与夹蚌灰褐陶，都有一定数量的素面陶和麻点纹陶器，文化特征的延续性比较明显，因而，在统计采集陶片时也是很难精确到每个阶段，只能暂时将这两个阶段视为同一个大的阶段，即新石器时代晚期。根据哈民忙哈遗址和洪河遗址的^{14}C测年，可将这一阶段的绝对年代暂定为3500～2000BC前后。

嫩江中下游地区青铜时代（含早期铁器时代的偏早阶段）遗存迄今已可初步划分为由早至晚的四个阶段：小拉哈文化—古城遗存（或称白金宝二期文化）—白金宝文化—汉书二期文化。虽然各阶段的文化总体特征上有重要区别，但是相互之间的传承和延续性也比较明显。尤其是小拉哈文化和古城遗存，虽然前者最流行砂质灰褐陶，以素面器为主，多见直口、台底风格的罐类器，后者流行夹砂灰褐陶，多见装饰绳纹，陶鬲已成为重要炊器。但是，后者仍然有一定数量的砂质灰褐陶和素面陶器。二者素面器器表均多见刮抹痕或磨光，也都见有少量篦点纹、戳印纹，部分罐类器和单耳杯的形制也非常类似。因而，仅从地表采集残碎陶片，也的确很难准确加以区分。因此，本书在统计时只能暂将这两个阶段视为同一个大的阶段，即青铜时代早中期。根据以往的研究，小拉哈文化的年代相当于中原地区的夏代至早商时期，而古城遗存大体相当于中原地区的晚商时期。虽然尚缺少系统的 ^{14}C 测年（仅有小拉哈一例），但是大致可将本地区青铜时代早中期年代估定在2000～1000BC前后。

至于白金宝文化，因为有肇源白金宝遗址发掘出土的大批遗存，特征比较明确。陶质以砂质陶为主，次为泥质陶，少量夹砂陶；流行黄褐陶，有少量红褐陶和灰褐陶；砂质陶或夹砂陶多装饰绳纹，绳纹有粗、中、细之分，有些绳纹被抹去，而泥质陶则多装饰繁缛的篦点几何纹与动物纹。其他还有附加堆纹、戳印纹、指甲纹等。器类比较丰富，有鬲、罐、瓮、盆、壶、钵、杯等。该文化的年代大体相当于中原地区的西周至春秋中晚期（1000～500BC）。

汉书二期文化的陶器特征也比较容易把握。陶质虽仍以砂质陶为主，但是陶质较为细腻，此外还有一定数量的夹砂陶和泥质陶。陶色以黄褐色为主，次为灰褐色。砂质陶和夹砂陶流行装饰僵直的细绳纹，有的器表绳纹被抹去，但留有痕迹。泥质陶器表包括部分盆、钵类器的内壁有烧制之前所绘的红衣或条带状、几何状红色彩纹。少量泥质陶壶的下腹部也遗留有绳纹。器形有鬲、罐、壶、钵、盆、支座等。墓葬中常见壶、钵组合。该文化的年代大体相当于中原地区的战国至西汉时期（500BC～0）。

此外，年代稍晚于汉书二期文化的红马山文化，虽然有自身特征，但是在陶质、陶色、器形、装饰（比如流行红衣陶）等方面与汉书二期文化比较相似，仅靠地表调查还难以将其与汉书二期文化区分开来。所以，不排除已统计的汉书二期文化遗存中包含红马山文化遗存的可能。至于白金宝文化，因为有肇源白金宝遗址发掘出土的大批遗存，特征比较明确。陶质以砂质陶为主，次为泥质陶，少量夹砂陶；流行黄褐陶，有少量红褐陶和灰褐陶；砂质陶或夹砂陶多装饰绳纹，绳纹有粗、中、细之分，有些绳纹被抹去，而泥质陶则多装饰繁缛的篦点几何纹与动物纹。其他还有附加堆纹、戳印纹、指甲纹等。器类比较丰富，有鬲、罐、瓮、盆、壶、钵、杯等。该文化的年代大体相当于中原地区的西周至春秋中晚期（1000～500BC）。

汉书二期文化的陶器特征也比较容易把握。陶质虽仍以砂质陶为主，但是陶质较为细腻，此外还有一定数量的夹砂陶和泥质陶。陶色以黄褐色为主，次为灰褐色。砂质陶和夹砂陶流行装饰僵直的细绳纹，有的器表绳纹被抹去，但留有痕迹。泥质陶器表包括部分盆、钵类器的内壁有烧制之前所绘的红衣或条带状、几何状红色彩纹。少量泥质陶壶的下腹部也遗留有绳纹。器形有鬲、罐、壶、钵、盆、支座等。墓葬中常见壶、钵组合。该文化的年代大体相当于中原地区的战国至西汉时期（500BC～0）。

此外，年代稍晚于汉书二期文化的红马山文化，虽然有自身特征，但是在陶质、陶色、器形、装饰（比如流行红衣陶）等方面与汉书二期文化比较相似，仅靠地表调查还难以将其与汉书二期文化区分开来。所以，不排除已统计的汉书二期文化遗存中包含红马山文化遗存的可能。该区域魏晋至辽代之前的遗存较为少见。由于缺乏成熟的编年标尺，目前在调查的残碎陶片中还难以细致区分。从相关区域以往的调查和发掘来看，这一阶段既有夹砂红褐陶、灰褐陶，又有泥质灰陶，流行素面磨光，有一定数量的篦点平行线和篦点几何纹，近口部多见凸棱纹，这一阶段可笼统称为魏晋—隋唐时期，但年代上限或可到东汉时期（0~900 AD）。

辽金时期遗存，因为有塔虎城、城四家子等遗址的发掘，遗存特征比较明确。流行泥质灰陶，也有少量夹砂灰陶。陶器多为轮制的素面陶，有明显轮旋痕迹。也流行篦点平行线纹。器类多见瓮、罐、盆等盛贮器。此外还有一些白釉、酱釉的瓷器。器物口沿多为卷沿或折沿，也常发现建筑构件如板瓦、筒瓦和沟纹砖残块（900~1300 AD）。

元明至清代中期，该区域主要属于内蒙古科尔沁部的游牧之地。这一阶段的遗存在调查区内未能确认出来。

清代晚期以来逐渐开始招徕关内移民开垦草原，导致该区域重新出现大量的定居居民点。多见火候甚高的青灰色泥质陶器和青花瓷残片，也常发现青砖和纹饰砖等建筑构件。我们笼统地将这些近代遗存称为清末—民国时期遗存（1800~1949 AD）。

为了验证以上陶片分期方法，Pauline Duval（杜宝琳）制作了6个典型陶片的切片并进行岩相分析，结果如下：

新石器时代早期的陶片选择了后套木嘎遗址采集的A104：001-a和富新Ⅰ号地点采集的P086：063。

A104：001-a属于后套木嘎一期文化。由于该陶片陶胎含植物纤维，所以制作了一个纵向切片和一个横向切片以便观察陶胎中纤维的分布状态。观察切片发现纤维分布方向与口沿平行。后套木嘎一期文化的其他陶片经过观察也发现类似的情况，表明这很可能是与制作泥圈进而套接成型的制法有关。

A104：001-a内面发现有从左往右的横纹和竖向折线，应是表面陶泥移位的表现，即成型时进行了施压操作（即指持续施加压力的圆周动作而不去除陶泥）。陶片外面涂有一层无掺和料的泥浆并带有戳印纹。

通过观察纵向切片（图58）发现陶胎内部孔隙较多，面积约占25%，长条形孔隙符合植物纤维的特征，这些孔隙可能是较高火候下有机质材料消失的结果。而且陶胎内包含已粉碎的方解石（蚌粉和陶土混合物）、石英与少量的长石钾，应该是陶土自然包含物。陶泥基底有很低的光学活动，说明陶胎含钙量很低。

横向切片（图59）同样表明陶泥基底有很低的光学活动，陶土含钙量很低。长条形的孔隙方向一致，为高温时植物纤维掺和料消失的结果。

陶片的掺和料包含大量颗粒大小不均匀的石英、碳酸岩（孔隙内壁的次生钙碳酸岩和中量原生钙碳酸岩，即已粉碎的方解石）、少量颗粒大小不均匀的斜长石和极少量三阶双折射矿物（闪石与辉石）。

同属于新石器时代早期的富新Ⅰ号地点采集的P086：063属于长坨子A类遗存，年代略晚于A104：001-a。

P086：063上可以观察到的制法痕迹很少，成型法基本与A104：001-a一致。不过纹饰更为精致，而且肉眼观察下的陶胎更为细腻。

P086：063切片（图60）与A104：001-a相似，也包含已粉碎的方解石和斜长石（有花岗岩特征，应为自然陶土的包含物）。整体上包含物颗粒很小（比A104：001-a小）而且分布状态没有规律，很可能属于陶土本身的自然成分。同样存在长条形孔隙（植物纤维作为掺和料的

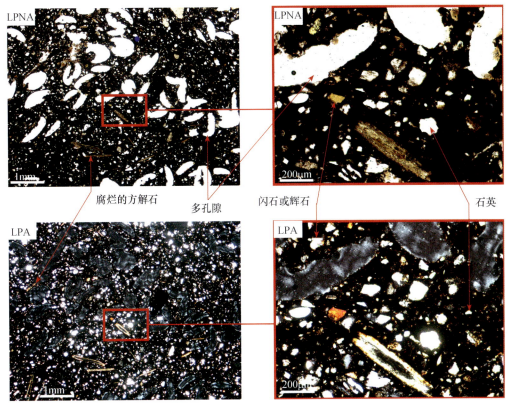

图58 新石器时代早期A104∶001-a陶片切片（纵向）

（LPA：分析偏振光，LPNA：未分析偏振光）

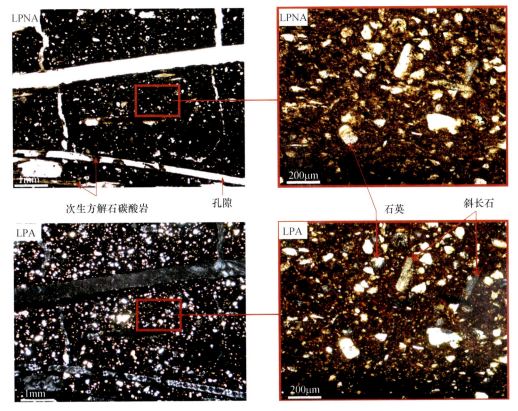

图59 新石器时代早期A104∶001-a陶片切片（横向）

（LPA：分析偏振光，LPNA：未分析偏振光）

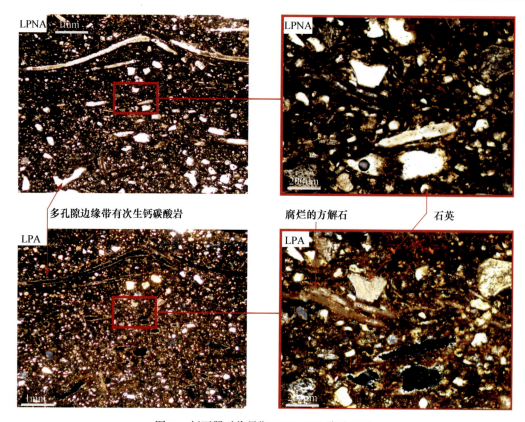

多孔隙边缘带有次生钙碳酸岩　　　　　　　腐烂的方解石　　　　　石英

图60　新石器时代早期P086：063陶片切片

（LPA：分析偏振光，LPNA：未分析偏振光）

痕迹），不过比A104：001-a少一些。还观察到有与埋葬环境相关的微晶泥。陶胎含钙量比较高。陶泥基底比较均匀和粗糙，光学活动少。掺和料包含大量颗粒大小不等的石英（包括几个多晶硅）、大量颗粒较大的长石（主要为斜长石）、碳酸岩（包括位于孔隙内的次生钙碳酸岩和中量原生钙碳酸岩，为已粉碎方解石）和极少量三阶双折射矿物（闪石与辉石）。

通过对后套木嘎一期文化陶片成分进行的能量色散X射线荧光（ED-RXF）分析，发现这一时期的陶片含磷酸盐量特别高，很可能是残留植物纤维造成的。而陶土本身的黏土含量很低，不过含铁量比较高[①]。

新石器时代中期陶片选择了后套木嘎遗址采集的A098：001（图495-1），属于后套木嘎三期。

A098：001肉眼观察下掺和料不明显，内面凹凸不平并发现有竖向折线，应该是成型过程中施压操作步骤的痕迹。外面有斜向切除痕迹，应该为压切成型的痕迹。陶片比较重，表明陶胎比较致密、孔隙少，火候比新石器时代早期的陶片要高。

制造的切片略厚（图61），石英颜色发黄。陶泥基底与A104：001-a和P086：063很相似，黏土含量比较高，光学活动很少，含钙量很低。陶胎包含已粉碎的方解石、石英与长石钾，还有大块蚌片、颗粒大小不均的单峰石英和少量铁氧化物（红点）。蚌片很多，而碎片率较高，

---

①　刘爽、崔剑锋、王立新：《吉林大安后套木嘎遗址出土陶片科技检测分析》，《边疆考古研究（第21辑）》，北京：科学出版社，2017年，第335～352页。

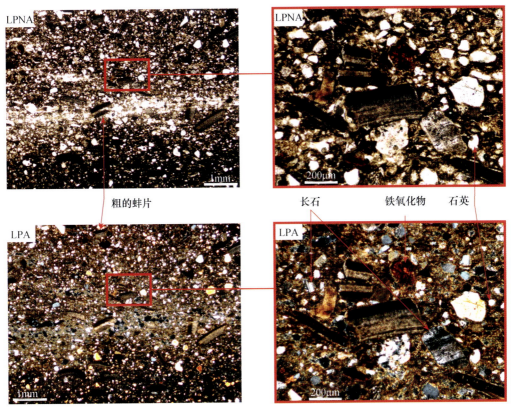

图61 新石器时代中期A098：001陶片切片

（LPA：分析偏振光，LPNA：未分析偏振光）

应为人为掺和。陶胎也包含极少量微晶硅。内部有大量孔隙，呈分布有集中区的旋转的"C"形，为植物纤维在火候较高时消失的痕迹。掺和料包括大量的颗粒大小不等的石英、大量碳酸岩（包括孔隙中的次生钙碳酸岩和原生钙碳酸岩，即已粉碎的方解石）、大量大颗粒蚌片、中量铁氧化物、少量颗粒大小不均匀的斜长石、很少量三阶双折射矿物（闪石与辉石）和极少量锆石。

通过对后套木嘎二期和三期文化陶片成分进行的能量色散X射线荧光（ED-RXF）分析，发现这两期陶片和一期陶胎的黏土含量都比较少，由于夹杂较多蚌粉所以含钙量很高，而且含钠量也很高[①]。

新石器时代晚期陶片选择了后套木嘎遗址采集的带之字纹的A097：001（图497-1）。

A097：001内面观察有压折线（可能为模制成型痕迹？），外面发现分布有规律的横纹（可能是湿手抹平所遗留下的痕迹）。陶片比较重，表明陶胎比较致密，火候比较高。

通过观察切片发现（图62），与其他进行岩相分析的陶片相比，A097：001陶胎内包含物很少，陶泥基底含大量黏土而且十分细腻均匀，陶土自然含石英量很低，也说明这一时期使用的陶土与新石器时代早期和中期的标本不一样。还发现陶土准备过程中有人为故意加入的掺和料，为已粉碎的方解石，即蚌粉。而且还有近圆形、在未分析偏振光下仍为深红色的熟料，应该也是有

① 刘爽、崔剑锋、王立新：《吉林大安后套木嘎遗址出土陶片科技检测分析》，《边疆考古研究（第21辑）》，北京：科学出版社，2017年，第335～352页。

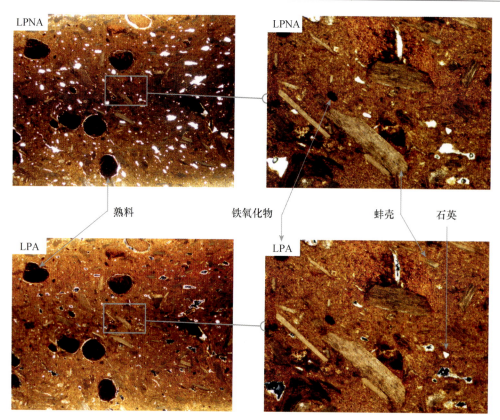

图62　新石器时代晚期A097：001陶片切片

（LPA：分析偏振光　LPNA：未分析偏振光）

意加入的掺和料。熟料边缘有已粉碎的方解石。此外，陶胎中含有大量的铁氧化物，使得该陶片颜色呈红色。陶泥基底为含钙量比较高的红褐色黏土，火候较高，并有被埋藏环境改造的树突效应。掺和料包括大量有显微纹理的蚌壳粉（双壳类与腕足类）、大量周围带孔隙的近圆形（孔隙中有些有已粉碎的方解石）熟料颗粒、中量的铁氧化碳和少量的颗粒很小且均匀的石英。

通过对后套木嘎四期文化陶片成分进行的能量色散X射线荧光（ED-RXF）分析[①]，发现这期陶片的陶胎含钙量高，很可能与大量蚌粉的加入有关。黏土含量很高而且细腻均匀，应该是比较好的黏土。而且陶片的含铁量很高。

青铜时代早中期陶片选择了汉书遗址采集的J198：008，该陶片属于古城遗存，是表面饰绳纹和一条附加堆纹的夹粗砂红褐色口沿残片。肉眼可以观察到的砂性掺和料很少，陶胎看起来含黏土量比较高。内面可观察到光泽多面（为施压成型的痕迹）和工具的痕迹，外面在附加堆纹脱落的位置可以观察到附加堆纹叠加在绳纹之上。

通过观察切片发现（图63），陶胎内有很细小的包含物主要为石英，也有少量斜长石和长石，可能为熟料的颜色较暗的包含物和多峰（2-3）石英。熟料较少，主要分布于切片的两侧。也有少量铁氧化物。整体上掺和料包括大量颗粒大小不均匀的多峰石英、大量长石（主要为斜长石）、少量石屑（其中有石英岩）、少量铁氧化物、少量熟料和极少量三阶双折射矿物

①　刘爽、崔剑锋、王立新：《吉林大安后套木嘎遗址出土陶片科技检测分析》，《边疆考古研究（第21辑）》，北京：科学出版社，2017年，第335～352页。

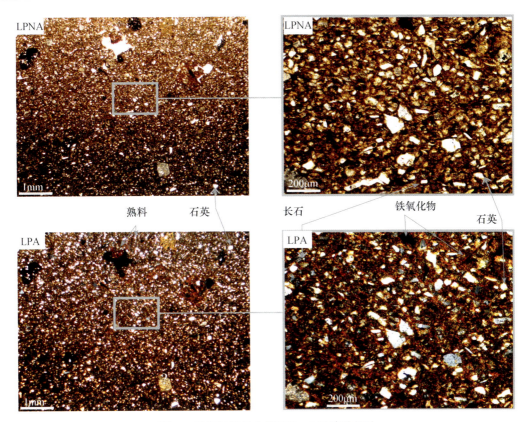

图63 青铜时代早中期J198：008陶片切片

（LPA：分析偏振光 LPNA：未分析偏振光）

（闪石与辉石）。

白金宝文化时期的陶片中未发现适合做切片的陶片，因而未进行分析。在对后套木嘎陶片成分进行能量色散X射线荧光（ED-RXF）分析时也未选择属于后套木嘎五期的陶片[1]。

汉书二期文化时期的陶片选择了莫什海遗址采集的M126：013，为黄褐色夹细砂陶片，表面饰有严重脱落的红衣，还发现非常细的横纹，应该是湿手抹平器表所导致的。

通过观察切片发现（图64），陶胎内有大量颗粒很小的包含物，主要为石英和斜长石，陶胎成分与J198：008很相似。陶胎中的长石被改造（呈黄色线形），可能与火候有关，也发现被埋藏环境改造产生的微晶硅。不过切片上观察不到红衣。切片的边上可以观察到重新组织的掺和料矿物质，可能是处理陶器表面过程（抹平、施压成型等）的结果。切片上也发现少量小颗粒云母（三阶棒形）。陶泥基底光学活动少，而边部多一些（颜色更浅），也应该与火候有关：开始烧制时使用还原烧（抽走空气），在烧制的最后阶段进行氧化烧（注入空气）。掺和料包括大量颗粒大小不均匀的石英、大量被改造的长石（主要为斜长石）、大量微晶硅和少量三阶双折射矿物（闪石与辉石）。整体上掺和料的分布比较有规律，孔隙很少，颗粒形状和分布方向多样。但颗粒大小不均匀，平均直径为100～150微米。整体上颗粒较J198：008大，而且微晶硅更多。陶泥基底含黏土量比较高，光学活动少，陶土含钙量低。

---

① 刘爽、崔剑锋、王立新：《吉林大安后套木嘎遗址出土陶片科技检测分析》，《边疆考古研究（第21辑）》，北京：科学出版社，2017年，第335～352页。

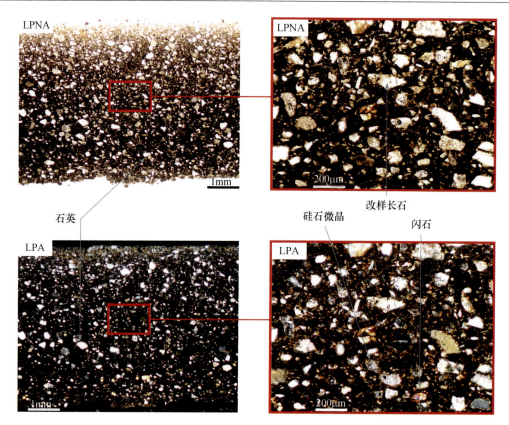

图64　汉书二期文化时期M126：013陶片切片
（LPA：分析偏振光　LPNA：未分析偏振光）

通过对后套木嘎六期文化陶片成分进行的能量色散X射线荧光（ED-RXF）分析[①]，发现选择的属于这一时期的两个陶片陶胎成分很不一样，可能来自两件不同功能的器物。整体上该时期陶器使用的陶土中黏土的成分比较高，而且含钙量也比较高。

观察以上6个采集陶片的切片，可以根据陶胎将其分为三组。

第一组：包含大量蚌粉、植物纤维、大量的石英与长石（细砂），即A104：001-a与P086：063（新石器时代早期），A098：001（新石器时代中期）虽然没有植物纤维，但因含蚌粉量较大也可以归入该组。

第二组：包含大量熟料与铁氧化物，陶泥基底为细腻的黏土，即A097：001（新石器时代晚期）。

第三组：包含大量细砂，内部孔隙少，而且烧制火候较高，即M126：013（汉书二期文化）和J198：008［青铜时代早中期（古城遗存）］。

本次未对魏晋隋唐时期、辽金时期和清末至民国时期陶片进行切片和岩相分析。不过在对后套木嘎七期（即辽代）文化陶片成分进行的能量色散X射线荧光（ED-RXF）分析时发现[②]，

① 刘爽、崔剑锋、王立新：《吉林大安后套木嘎遗址出土陶片科技检测分析》，《边疆考古研究（第21辑）》，北京：科学出版社，2017年，第335～352页。

② 刘爽、崔剑锋、王立新：《吉林大安后套木嘎遗址出土陶片科技检测分析》，《边疆考古研究（第21辑）》，北京：科学出版社，2017年，第335～352页。

这一时期陶片的陶胎主要成分为质量较高、含钙量很低的黏土，而且使用还原气氛烧制。

在对陶片的陶系和年代特征做出基本判断之前，需要清洗并晾干每个小件和标本，再进行器物编号（编号格式为采集区号：流水号）。然后仔细测量每个器物的尺寸，并将这些信息以文字形式表现出来。还要给每件器物拍照，并以器物号命名文件名，然后插入数据库中的标本记录表。此外，带有铭文的铜钱和带纹饰陶片还需要做拓片，并将拓片扫描，然后插入数据库中的标本记录表（图65）。本次调查填写了1858张标本记录表。

图65 标本记录表

（三）分析方法

分析工作主要利用计算机数据库完成，对田野调查工作中所采集到的遗物进行分析和断代后，将分析结果和调查、整理过程中填写的记录表格及照片等文字影像资料，输入利用FileMaker软件建立的吉林省田野考古数据库中[①]。通过数据库，将不同类型的文件链接起来，

① Pauline Sebillaud（史宝琳）、刘晓溪：《后套木嘎遗址田野数据库的建设》，《边疆考古研究（第14辑）》，北京：科学出版社，2013年，第89~102页。

进而对调查所获取的全部信息做进一步统筹分析与研究。具体的分析步骤如下。

利用AutoCAD软件对绘有采集图的卫星图照片进行处理，如精确标注和面积计算等，并获得每个采集区中心的精确坐标。

用Excel软件形成一个包括每个采集区的编号、坐标和不同时期陶片数量的表格，在这个表格内需要通过系统采集的数量推算采集区内的陶片数量（利用系统采集区面积和采集区面积的比例，进而通过系统采集区内陶片数量计算整个采集区内陶片数量）。

在ArcGIS（地理信息系统）软件中导入上面处理的表格，在获得采集区编号、坐标和陶片数量后，生成CGIAR[①]提供的数字高程模型（DEM）。这样便可以获得不同时期的文化信息，还可以根据具体的陶片数量调整灰度区间。

然后在地理信息系统软件中导出整个调查区域内所有采集区的地图、每个遗址采集区内每一期的陶片密度分布图和每个遗址采集区内陶片密度整体分布图。

之后利用Illustrator矢量图软件调整导出的所有地图，如表示出遗址位置图和遗址采集区分布图等。

除了需要设计包括陶片信息的表格，还要在AutoCAD的总分布图上获得每个遗址在不同时期的面积数据。并在Excel软件中设计一个包括每个遗址所有采集区编号、每个时期的采集区编号和每个时期面积的表格。然后利用这些数据对调查区域内不同时期的遗址位置进行位序-规模（rank-size）空间统计学分析。

在介绍有关聚落形态的研究成果前，需要说明的是，本书中"遗址"概念的定义引自Banning的文章，即要研究的"遗址"指"文化遗存密集区"，但不一定对应古代的聚落[②]。换句话说，一个"遗址"为一个遗存的密集区，在空间上有限制（可以判断边缘），在时间上也有限制（遗存属于一个或几个可判断的时期）[③]。因此本书中将集中、连片的若干采集区称为"遗址"，单独的采集区则被称为"地点"。

为了检验调查所定"遗址"性质的合理性，在国家文物局批准的《吉林大安后套木嘎遗址考古工作规划》的工作框架内，选择了新发现的遗址中的陶片密度很高的、地理位置很特殊的尹家窝堡遗址，于2014年和2015年进行了发掘，并发现制盐遗存和聚落[④]。

---

① CGIAR Consortium for Spatial Information, http://srtm.csi.cgiar.org/。

② Banning E B. *Archaeological Survey*. New York: Kluwer Academic/Plenum Publishers, 2002, p. 18.

③ Dabbas Michel, Henri Delétang, Alain Ferdière, Cécile Jung, W. Haio Zimmermann. *La prospection*. Paris: Errance, 2006, p. 22.

④ Pauline Sebillaud（史宝琳）、刘晓溪、李扬、王立新、梁建军：《吉林发现东北地区首个辽金时期土盐制作遗址——大安尹家窝堡遗址的发掘收获》，《中国文物报》2014年9月26日，第8版；吉林大学边疆考古研究中心、吉林省文物考古研究所：《吉林大安市尹家窝堡遗址发掘简报》，《考古》2017年第8期，第59～69页；吉林大学边疆考古研究中心、吉林省文物考古研究所：《吉林大安尹家窝堡遗址2015年发掘简报》，《边疆考古研究（第20辑）》，北京：科学出版社，2016年，第89～117页；Pauline Sebillaud（史宝琳）、刘晓溪：《尹家窝堡遗址：探索东北已知发现最早的土盐制作遗存》，《吉林画报》2016年第7期，第70～73页；Pauline Sebillaud（史宝琳）、刘晓溪：《吉林大安尹家窝堡遗址的发掘》，《辽金西夏研究年鉴（2014～2015）》，北京：中国文史出版社，2018年，第265～277页；Pauline Sebillaud, Xiaoxi Liu, Lixin Wang. "Investigation on the Yinjiawopu Site, a Medieval Salt Production workshop in Northeast China". *Journal of Field Archaeology*, 47, 2017, p. 1-15.

第二章　聚落形态的演变过程

——调查区域整体空间分析

一、整体结果

（一）整体分析

调查区域面积为559.983平方千米，其中水体覆盖275.934平方千米，实际步行调查面积为284.049平方千米。在调查区域内共发现采集区4266个，包括3492个一般采集区和774个系统采集区。采集区总面积约10.665平方千米，占调查面积的3.75%，总计采集陶片数量为152245片。

调查区整体上以洮儿河、新荒泡、月亮泡和嫩江为界分南北两部分。北部采集区较为集中，只有西北部采集区比较少而且很分散。南部采集区比北部多，且明显沿着新荒泡、月亮泡、二泡、榔头泡和东山头泡的湖岸分布。不过南部采集区的集中程度没有北部那么明显，并且西南部采集区比较分散（图66）。

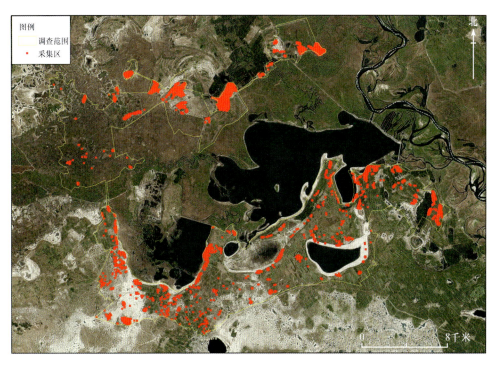

图66　调查区域与所有的采集区

　　根据对该区域内考古学文化序列的认识（见第一章），可以将此次调查发现的遗存分为九组，分别归属于五个时期：新石器时代遗存，可分为早、中、晚三组；青铜时代至早期铁器时代遗存，亦可划分为青铜时代早中期（包括小拉哈文化、古城遗存）、白金宝文化、汉书二期文化三组；魏晋隋唐时期的遗物发现较少且较为零散，故笼统地划归为一个时期；辽代和金代的遗存受调查材料所限，未做细分，将其划为一个时期；清末至民国时期遗存为一个时期。调查结果详见表1。所有的遗址均采集到了不同时期的遗物。

　　一共调查遗址73处，其中新发现遗址61处（近84%）（附表1、表1）[①]。

表1　各时期遗址统计表

时期	含该时期遗物的遗址数量及占比/%		含该时期遗物的采集区总面积/平方米	该时期遗址（聚落）的平均面积/平方米
新石器时代早期	6	8	55703	9284
新石器时代中期	23	31	1608610	69940
新石器时代晚期	4	5	108561	27140
青铜时代早中期	13	18	934304	71870
白金宝文化	12	16	646454	53871
汉书二期文化	26	36	3515079	135195
魏晋隋唐时期	21	29	802317	38206
辽金时期	73	100	19313777	264572
清末至民国时期	72	99	18643224	262580

　　发现辽金时期遗物的遗址最多（图67）。由魏晋隋唐时期至辽金时期，人口和聚落数量增加3.4倍，可能有大量的人口来该区域开荒，并带来了新的生业和居住方式。发现清末至民国时期遗物遗址的数量和发现辽金时期遗物遗址的数量差不多，这是因为99%的遗址既包含辽金时期遗物又包含清末至民国时期遗物，表明辽金时期的遗址在清末至民国时期大部分继续占用。发现汉书二期文化、新石器时代中期和魏晋隋唐时期遗物的遗址数量都在30%左右，即每个时期都发现20多处遗址，这三个时期的人群对环月亮泡周边区域资源的占用率差不多，对环境的压力也可能差不多。发现青铜时代早中期和白金宝文化时期遗物的遗址数量为12、13处，这两个时期有连续性，表明青铜时代早中晚期的聚落状态可能一直比较稳定。发现遗址数量最少的是新石器时代早期和晚期。发现新石器时代早期遗物的遗址有6处，比预想多，因为新石器时代早期遗存是调查区域内已发现的最早的遗存，也是最难找的，一般来说可能埋藏得较深（并不一定保存最差）。发现新石器时代晚期遗物的遗址只有4处，可能与调查区域距当时的文化中心比较远有关。调查区域往西北方向有著名的哈民忙哈遗址，往西南方向有密集的红山文化遗址，生业模式都与环月亮泡周边以水为主的资源生业模式有差别。

　　含各时期遗物的采集区总面积（图68，表2）的有关数据表明，辽金时期和清末至民国时期遗址占用面积最大；其次为汉书二期文化时期，比辽金时期低5.4倍；再次为新石器时代中

---

　　①　因为第三次全国文物普查结果尚未发表，所以调查与报告中未引用"三普"的信息。

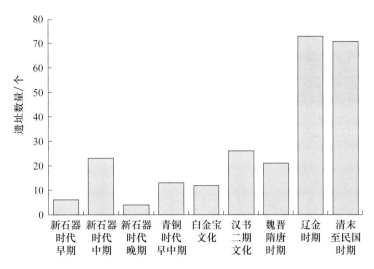

图67　各时期遗址数量统计示意图

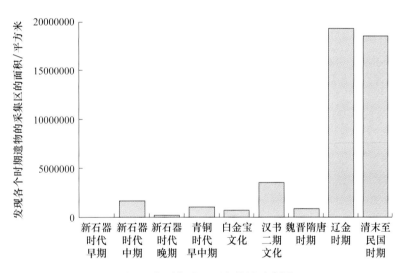

图68　各时期遗址面积统计示意图

表2　各时期采集区总面积分布状态和等级

时期	含该时期遗物的采集区总面积/平方米	数据等级范围/平方米
辽金时期	19313777	20000000～4000000
清末至民国时期	18643224	
汉书二期文化	3515079	4000000～2000000
新石器时代中期	1608610	2000000～1000000
青铜时代早中期	934304	1000000～500000
魏晋隋唐时期	802317	
白金宝文化	646454	
新石器时代晚期	108561	500000～50000
新石器时代早期	55703	

期遗址，比汉书二期文化时期约低2倍；然后是青铜时代早中期、白金宝文化和魏晋隋唐时期遗址，比新石器时代中期约低1.7倍以上；分布面积最小的是新石器时代晚期和新石器时代早期遗址，比青铜时代早中期约低8倍以上，而新石器时代晚期比新石器时代早期约大1.9倍。根据这些数据可以将各时期聚落总面积或土地占用率分成5个等级。

　　各时期遗址（实际上到了这个阶段称"聚落"比较合适）平均面积统计示意图（图69）显示，辽金时期和清末至民国时期的遗址平均面积最大；其次为汉书二期文化遗址，平均面积比辽金时期遗址的平均面积约低2倍；次之为青铜时代早中期、新石器时代中期和白金宝文化的遗址，比汉书二期文化遗址平均面积约低1.8倍；然后为魏晋隋唐时期，比青铜时代早中期遗址平均面积约低1.9倍；再次是新石器时代晚期遗址，比魏晋隋唐时期遗址平均面积约低1.4倍；最小的是新石器时代早期遗址，比新石器时代晚期遗址平均面积约低2.9倍。整体情况与不同时期遗址面积的统计情况接近。从这些数据也可以将调查区域内各时期遗址平均面积等级化（表3）。

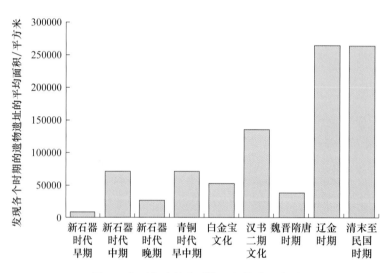

图69　各时期遗址的平均面积统计示意图

表3　各时期遗址平均面积与等级

时期	该时期遗址平均面积／平方米	平均面积等级化／平方米
辽金时期	264572	270000～200000
清末至民国时期	262580	
汉书二期文化	135195	200000～100000
青铜时代早中期	71870	100000～50000
新石器时代中期	69940	
白金宝文化	53871	
魏晋隋唐时期	38206	50000～30000
新石器时代晚期	27140	30000～20000
新石器时代早期	9284	20000～5000

　　根据对调查区域内遗址面积数据的等级化统计（图70），可以将这些遗址的面积区分为6
个等级：

　　2500000～1000000平方米

　　1000000～500000平方米

　　500000～250000平方米

　　250000～100000平方米

　　100000～20000平方米

　　20000～2500平方米

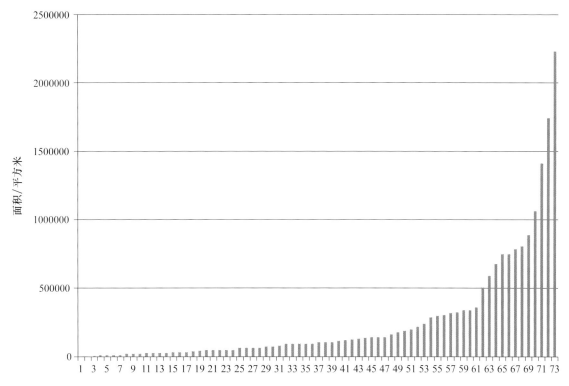

图70　遗址面积统计示意图

　　需要提及的是，调查区域内遗址面积最小的是苇海西北Ⅰ号地点和苇海西北Ⅱ号地点，它们
是调查区域内最小的地点（仅有1个采集区）；遗址最大的是面积为2229047平方米的南莫遗址。

　　将遗址分布图与土壤类型分布图进行比较（图71），发现大部分遗址位于黑土（PHh）和
黑钙土（CHk）范围内，少量遗址位于潜育土（GLk）范围内。也就是说大部分遗址选择适宜
的细沙土环境，而避开不易排水的碱土（SN）、沙性土（ARb）和潜育土。

　　再将遗址分布图与岩石分布图进行比较（图72），发现大部分遗址位于风相沉积岩带
（UE）和黄土带（UE1）上，其次分布在河相沉积岩地带（UF），还有一些分布在砂子上
（UE2）。

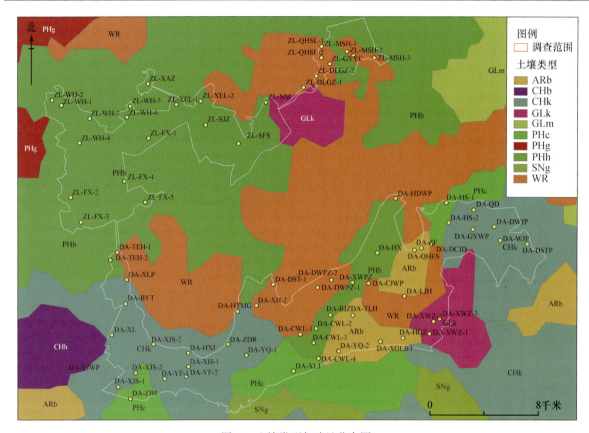

图71　土壤类型与遗址分布图

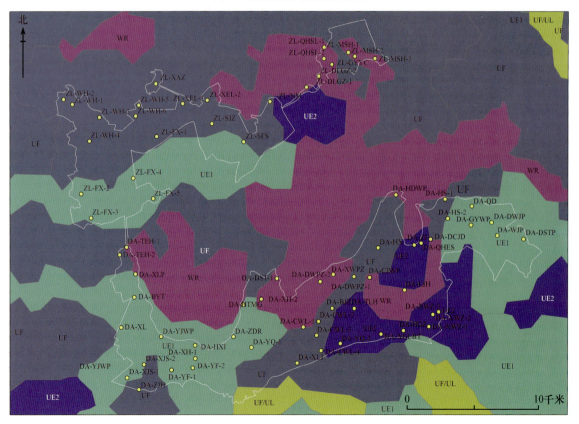

图72　遗址与岩石学信息分布图

（二）"位序-规模"分析

聚落考古研究的目的之一是分析社会复杂化程度及相应特征，可以通过分析社会单位之间的功能性差异程度获得。社会复杂化包括纵向复杂性和横向复杂性：纵向复杂性指在决策和权力方面集中程度较高并且采取等级治理，而横向复杂性则指将人群分化为不同的角色（分工）或子群。为了解这些现象，需要评估一个地区在一个时期内的一体化程度，即社会单位及其成员相互联系的各种手段，相互依赖和自给自足的性质和程度[1]。为此可以利用各个遗址不同时期面积的统计数据并进行横向和纵向比较。根据作者的相关研究[2]：

为了继续按时代对遗址面积的等级分布进行定量分析，我们可以利用"位序-规模"（rank-size）法则来对这些材料进行分析，该分析法主要通过遗址面积的排序来揭示遗址面积和它的位序之间存在的关系[3]。的确，遗址之间的各种关系中最有意思的特征就是它们之间的等级组织。这个等级特征被看作区域一体化（regional integration）的一个重要线索，区域一体化是一个中心权力控制各个区域的过程，并且反映这些区域在机构化的交换网状系统内多大程度上具有互相合作的关系。下面我们就利用聚落系统区域一体化的程度，来描述遗址之间等级制度的重要性和交换网状系统内互相合作的程度。通过这种方法，也可以对不同位序遗址之间的空间关系进行分析。共时的和历时的变化可以表明社会组织内的差异[4]。

首先应该把遗址按照面积排序：最大面积的遗址排第一位序，面积第二的遗址排第二位序，等等。"位序-规模"法则规定第二位序的遗址面积比第一位序的遗址面积低2倍、第三位序的遗址面积比第一位序的遗址面积低3倍，等等。因此按面积排列遗址的顺序可以按如下公式而定：聚落遗址递减次序中属于一个特定位序（r）的遗址的面积等于最大遗址的面积除以该特定位序（r）。这个统计学法则的结果可以通过对数正态分布（log-normal）直线显示出来，可以用来代表多样化与统一化这两个经济反作用力之间的平衡[5]。"位序-规模"法则在考

---

①　Feinman, Gary M. "The Emergence of Social Complexity", in David M. Carballo ed. *Cooperation and Collective Action - Archaeological Perspectives*. Boulder: University Press of Colorado, 2013, p. 35-56.

②　Pauline Sebillaud（史宝琳）：《中原地区公元前三千纪下半叶和公元前两千纪的聚落分布研究》，吉林大学博士学位论文，2014年，第97~100页。

③　这个统计学的方法很早即被研究都市化的社会学者所发现。Berry Brian J L, William L. Garrison. "Alternate Explanations of Urban Rank-Size Relationships". *Annals of the Association of American Geographers*, 48, 1, 1958, p. 83-91. 这个法则的效用在于其可以在聚落定量学分析中被使用。"学者可以通过'位序-规模'（rank-size）分析法在一定的材料中证实城市的绝对面积和排序中城市的位序之间有内在联系，而且也可以在其他材料中从一个特定的成分来推测另一个未知的成分。" Lévi-Strauss Claude. *Anthropologie Structurale*. Paris: Plon, 1958, p. 349-350.

④　Clive Orton. *Spatial Analysis in Archaeology*. Cambridge: Cambridge University Press, 1976, p. 69-71.

⑤　Liu Li. *The Chinese Neolithic: Trajectories to Early States - New Studies in Archaeology*. Cambridge: Cambridge University Press, 2004, p. 160-161.

古学研究中已被广泛应用[①]。

对对数正态分布直线的偏离有很多解释，可以总结如下（图73，表4）[②]。"位序–规模"示意图是一种可以描绘人口分布特征的手段。不同曲线反映不同社会的一体化程度。这是用一个经验性的方法来估计社会形态的复杂性程度，并描绘聚落系统性质的特征。

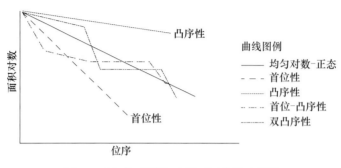

图73　"位序–规模"法则不同曲线示意图

本项研究利用 Robert Drennan（周南）制作的RSBOOT软件（加上Excel软件的处理）很容易地输出"位序–规模"法则的曲线[③]。

---

① 只举几个例子，"位序–规模"示意图在对世界上不同地区旧石器时代和史前时期聚落研究中被使用：Pearson Charles E. "Rank-Size Distributions and the Analysis of Prehistoric Settlement Systems". *Journal of Anthropological Research*, 36, 4, 1980, p. 453-462; Johnson Gregory A. "Rank-size convexity and system integration: A View from Archaeology". *Economic Geography*, 56, 3, 1980, p. 234-247; Fonseca James W. *Urban Rank-Size Hierarchy: A Mathematical Interpretation*. Institute of Mathematical Geography, Ann Arbor, 1988; Falconer Steven E, Stephen H Savage. "Heartlands and the Hinterlands: Alternative Trajectories of Early Urbanization in Mesopotamia and the Southern Levant". *American Antiquity*, 60, 1, 1995, p. 37-58; Boyle Katie V. "From Laugerie Basse to Jolivet: The Organization of Final Magdalenian Settlement in the Vezere Valley". *World Archaeology*, 27, 3, 1996, p. 477-491; Savage Stephen H. "Assessing Departures from Log-Normality in the Rank-Size Rule". *Journal of Archaeological Science*, 24, 1997, p. 233-244; Drennan Robert D, Christian E Peterson. "Comparing Archaeological Settlement Systems with Rank-Size Graphs: A Mesure of Shape and Statistical Confidence". *Journal of Archaeological Science*, 31, 2004, p. 533-549.

② 示意图的资料来自：Savage Stephen H. "Assessing Departures from Log-Normality in the Rank-Size Rule". *Journal of Archaeological Science*, 24, 1997, p. 233-244, fig. 1 p. 234. 表的资料来自：Savage Stephen H. "Assessing Departures from Log-Normality in the Rank-Size Rule". *Journal of Archaeological Science*, 24, 1997, p. 233-244, tabl. 1 p. 234; Hodder, Ian, Clive Orton. *Spatial Analysis in Archaeology*. Cambridge: Cambridge University Press, 1976, p. 71; Liu Li. *The Chinese Neolithic: Trajectories to Early States - New Studies in Archaeology*. Cambridge: Cambridge University Press, 2004, p. 161, p. 165, p. 173, p. 180-181, p. 183, p. 188, p. 196, p. 199, p. 203, p. 205, p. 213-214, p. 226, p. 241.

③ Drennan Robert D, Christian E Peterson. "Comparing Archaeological Settlement Systems with Rank-Size Graphs: A Measure of Shape and Statistical Confidence". *Journal of Archaeological Science*, 31, 2004, p. 533-549; 免费软件来自: Drennan Robert D. "RSBOOT A Program to Calculate the A Shape Coefficient for Rank-Size Plots with Error Ranges for Specified Confidence Levels". 2007. http://www.pitt.edu/~drennan/ranksize.html, 2017年4月12日参照。

表4　"位序-规模"法则不同曲线的各种解释方法总结表

曲线形状	解释
对数正态分布：靠近函数直线	高程度区域一体化的聚落系统
	等级组织和经济一体化的政治制度
	接近对数正态分布直线的凹序性或凸序性曲线也代表着一体化的区域聚落系统，或其中心区
凹序性：最大的遗址比"位序-规模"法则预期的面积大	统一化的、中央集权化的、一体化的倾向
	比较简单的经济和政治发展，都市化的历史比较短
	聚落系统的区域面积有限
	凹序性系统是中心地区的典型特征
	礼仪制度和各个宏观区内高级别人群间的互相交换，战争集中于各个中心
	最低限度的经济竞争
	中心的主要功能是保持对周邻区域的控制和影响
	高位序的聚落中有大量的、便宜的可用劳动力
	聚落系统没有被完全识别
凸序性：最大的遗址比"位序-规模"法则预期的面积小	区域一体化程度低，分散的聚落系统或者竞争的聚落系统
	凸序性曲线往往代表边缘地区的典型特征
	典型凸序性曲线表示区域一体化程度低，存在面积相等或相近的不同中心
	弱凸序性曲线表示优势中心的发展，对地区的控制提高
	存在易被识别的几个不同的聚落系统
凹序-凸序性	在同一个地区内同时存在两个聚落系统：集权化系统（凹序性）、区域一体化程度低的系统（凸序性）
双凸序性	同一个区域内存在不同的聚落系统

通过各个曲线的比较可以观察到按时代划分的遗址面积分布的变化。示意图包括：

- 横坐标为从大到小排列的遗址的位序

- 纵坐标为遗址的面积（平方米）

- 所谓 "setsize" 的红色曲线代表遗址面积的"位序-规模"曲线，位于其他两个不规则形的曲线之间

- 所谓 "lognorm" 的蓝色直线代表对数正态分布直线

- 所谓 "sizeup" 的黑色曲线代表遗址面积的最高估计

- 所谓 "sizelo" 的黑色曲线代表遗址面积的最低估计

因此，按照置信度90%[①]计算的所谓 "sizeup" 和 "sizelo" 两条黑色曲线之间的面积等于 A 系数，通过 A 系数的使用可以具体地测量遗址面积的"位序-规模"曲线和对数正态分布直线之间的偏差[②]。

如果对所有遗址的最大面积进行"位序-规模"分析（图74），获得的曲线为凸序性。因为该数据包括所有遗址的最大面积信息，也识别了不同的聚落系统（图74）。

---

① 本次区域性系统调查为全覆盖式调查，人员间距50米，可以采用90%的置信度。

② 因此，如 $A=0$，遗址面积的"位序-规模"曲线和对数正态分布直线契合。如 A 系数零下或者零上越高，"位序-规模"曲线离对数正态分布直线越远。

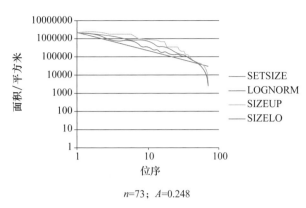

$n=73$；$A=0.248$

图74　调查范围所有遗址最大面积的"位序-规模"示意图

通过调查区域的按等级划分的遗址最大面积分布图（图75）可以看到北部的遗址比南部少，而且比较集中在调查区的东北部，南部的遗址比较多，分布状态比较均匀。

如果在调查区域内按比例显示遗址最大面积分布图（图76），最大的遗址就会更显突出，即主要分布于调查区北部居中部位和南部偏西。

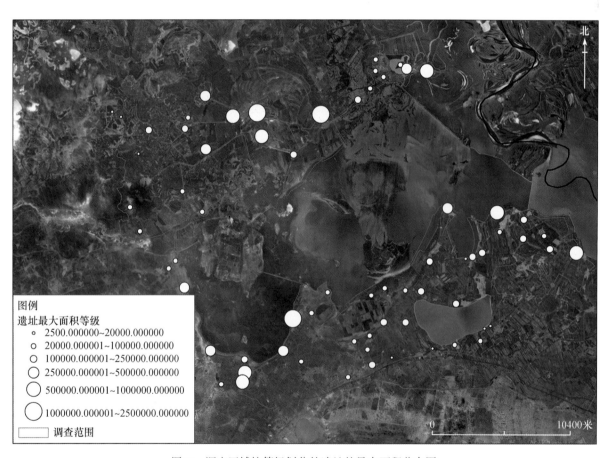

图75　调查区域按等级划分的遗址的最大面积分布图

　　新石器时代早期遗址面积的"位序-规模"（图77）曲线稍呈凸序性（A系数比较低），显示出较低的一体化程度，但开始出现有优势的中心。

　　调查区域内属于新石器时代早期的6处遗址中有4处分布于北部偏西区域，另外2处位于南部中偏西，其中面积最大的为后套木嘎遗址（图78）。这一区域内每个遗址可以利用的资源分布范围很大。北部的遗址分布比较密集，可能是导致这4处遗址面积都不太大的原因。而南部只有两处遗址，后套木嘎遗址面积最大，可能是优势中心，而邹德仁屯遗址面积次之，可能系

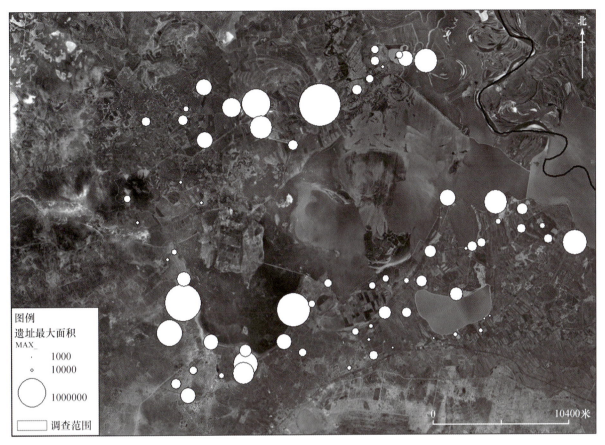

图76　调查区域内按比例显示的遗址最大面积分布图

后套木嘎遗址的附属地点。

　　水面模拟分析结果（图79）表明，新石器时代早期的水面高度应该不高于海拔130米。

　　新石器时代中期的"位序-规模"曲线（图80）相对于最大的遗址刚开始表现为凸序性，但大部分仍为凹序性（A系数比较高）。这暗示了统一化程度相比之前在一定程度上有所强化或表现出集权化的趋势，该时期区域内聚落出现比较简单的经济发展，而且可能存在较低层次的经济竞争。

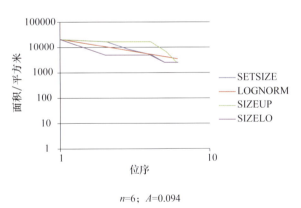

n=6；A=0.094

图77　调查区域新石器时代早期遗址的
"位序-规模"示意图

　　调查区域内属于新石器时代中期的遗址主要分布在北部和南部的水体周边地区，面积最大的遗址有两处，分别位于北部和南部偏东位置（图81）。北部其他面积较小的遗址分布较为均匀，可利用的水生资源域比较大。而南部面积稍次的后套木嘎遗址距面积最大的遗址较远，其他面积更小的遗址似乎均匀分布在这两处遗址的周围。南部这两处遗址应该存在等级差异，不过它们相比其他遗址可利用的资源域更为广阔。

　　水面模拟分析结果（图82）表明，新石器时代中期水面高度应该不高于海拔128米。

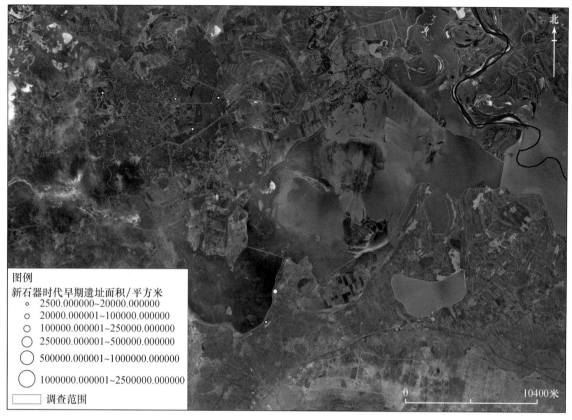

图78　新石器时代早期遗址分布图

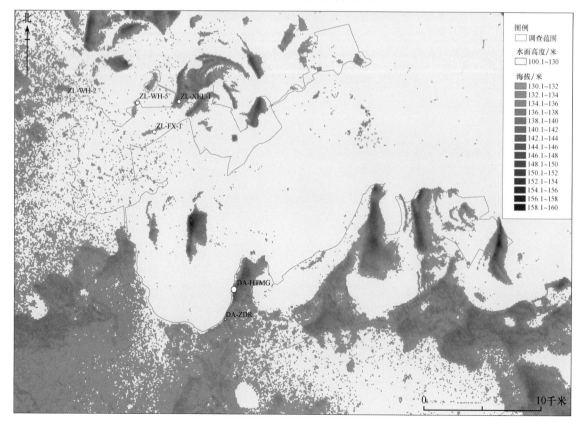

图79　新石器时代早期遗址点，水面为海拔130米

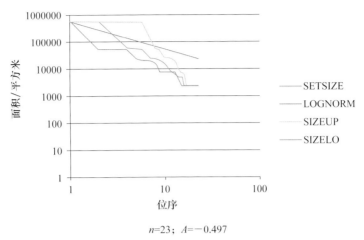

$n=23；A=-0.497$

图80　调查区域新石器时代中期遗址的"位序-规模"示意图

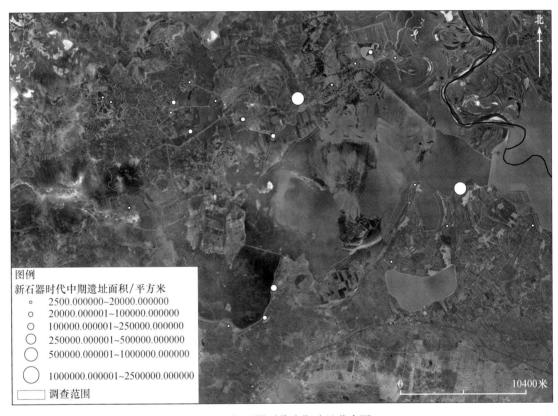

图81　新石器时代中期遗址分布图

　　新石器时代晚期遗址只有4处，因为数据太少，所以无法绘制"位序-规模"曲线。在新石器时代晚期遗址分布图（图83）上可以观察到，只有1处遗址位于北部，其余3处遗址均分布于南部。南部偏西的2处遗址应该延续使用了新石器时代中期的遗址，但是面积相比之前缩小很多。这一时期面积最大的遗址为调查区南部偏东的后地窝堡遗址，而且面积和之前的较大遗址相比也不是太大。推测新石器时代晚期这一区域的主要聚落中心可能位于调查范围之外，可能生业模式的变化导致该时期的古代人群逐渐摆脱对水资源的依赖，也可能是因为新石器时代晚期水位太高使调查范围内的土地难以利用。

图82　新石器时代中期遗址点，水面为海拔128米

图83　新石器时代晚期遗址分布图

水面模拟分析结果（图84）表明，新石器时代晚期的水面应该不高于海拔130米。

青铜时代早中期的"位序-规模"曲线（图85）大部分靠近对数正态分布直线（A系数比较低），这表明可能出现了区域一体化程度较高的聚落系统，拥有等级化的社会组织和一体化的经济。曲线后段有关小型遗址部分的凹序性特征突然增强，则暗示该区域内可能出现了一个优势中心。

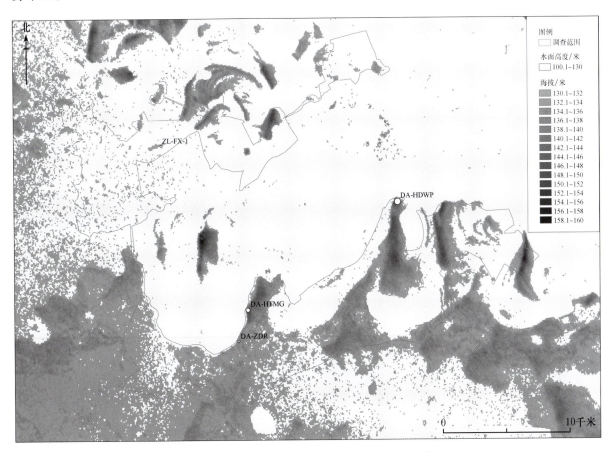

图84　新石器时代晚期遗址点，水面为海拔130米

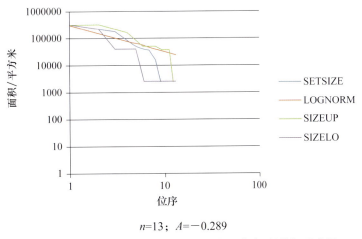

n=13；A=-0.289

图85　调查区域青铜时代早中期遗址的"位序-规模"示意图

　　调查区域内青铜时代早中期遗址大部分位于东部且主要沿着水体周边分布，只有西北部零星分布了2处遗址（图86）。东北部遗址面积相对较小，且分布较为均匀。这一时期面积相对较大的遗址位于东南部，分别是汉书遗址与后地窝堡遗址，这两处遗址附近也分布有两处小型遗址。东南部这两处相对较大的遗址相距较近，但面积有一定差别。推测青铜时代早中期时的汉书遗址和后地窝堡遗址可能为同时存在但具有不同功能的遗址，或许后地窝堡遗址为汉书遗址的附属。调查区西部遗址极少可能与当时水位较高有关，但也不排除遗址集中于东部是为了控制汇入嫩江要地的可能。

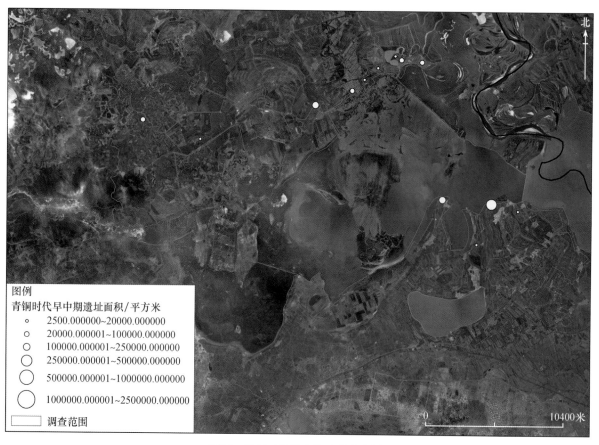

图86　青铜时代早中期遗址分布图

　　水面模拟分析结果（图87）表明，青铜时代早中期的水面应该不高于海拔124米。

　　白金宝文化时期的"位序-规模"曲线（图88）凹序性特征较为突出（A系数比较高），表明区域内一体化、统一化趋势加强，存在经济和交换系统，聚落系统可能限制于较小的区域。曲线初始阶段接近对数正态分布直线，暗示这一时期存在一体化程度较高的聚落系统，并可能存在一个优势中心。

　　调查区域内白金宝文化时期即青铜时代晚期时的遗址分布状态与青铜时代早中期较为接近（图89），可能是之前的聚落延续使用的结果。大部分遗址仍分布于调查区的东部，最大的两处遗址还是调查区东南部的汉书遗址与后地窝堡遗址。不过，东北部沿水边分布的小型遗址面积进一步缩小，而调查区中南部新出现两处小型遗址，包括位于水边的后套木嘎遗址。这可能

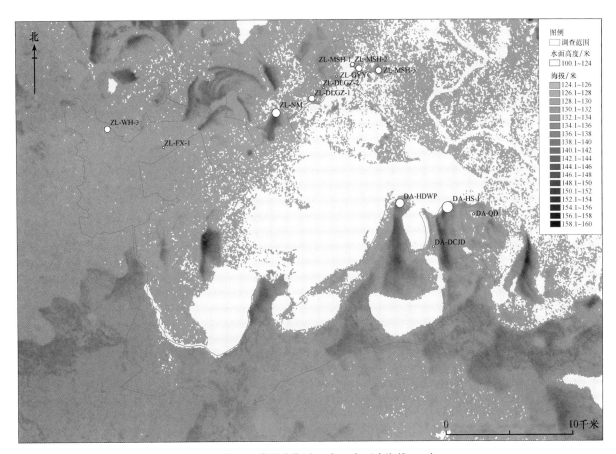

图87　青铜时代早中期遗址点，水面为海拔124米

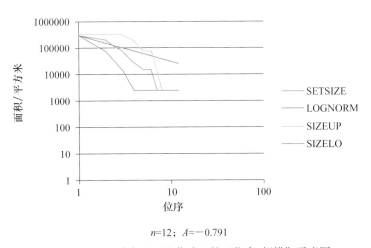

$n=12$；$A=-0.791$

图88　调查区域白金宝文化遗址的"位序-规模"示意图

　　是因为汉书和后地窝堡遗址对该区域的统一化和资源控制能力增强。而且汉书遗址面积还大于后地窝堡遗址，可能仍是当时该区域内的核心性聚落。

　　水面模拟分析结果（图90）表明，白金宝文化时期的水面应该不高于海拔124米。

　　汉书二期文化时期的"位序-规模"曲线（图91）前半段靠近对数正态分布直线（A系数比较低），表明聚落系统一体化程度比较高，并存在等级化的社会组织和一体化的经济制度，而且

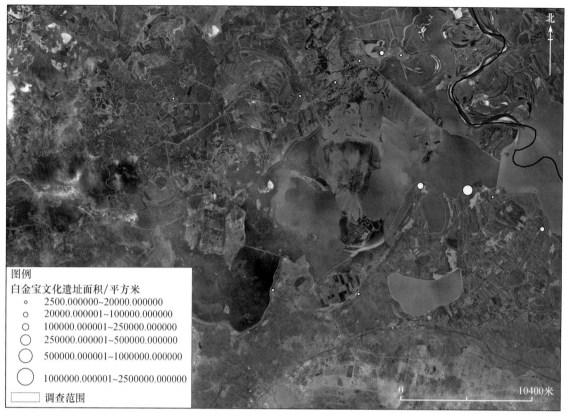

图89　白金宝文化遗址分布图

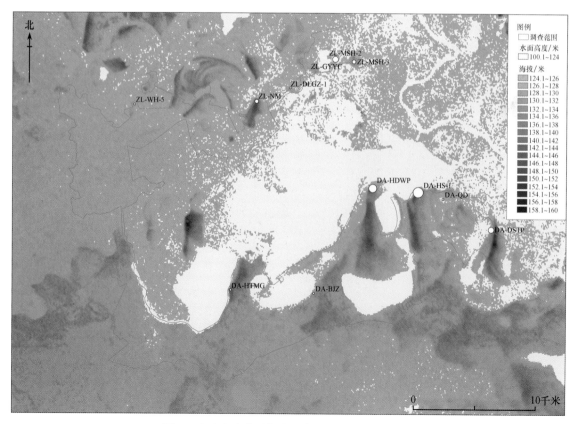

图90　白金宝文化时期遗址点，水面为海拔124米

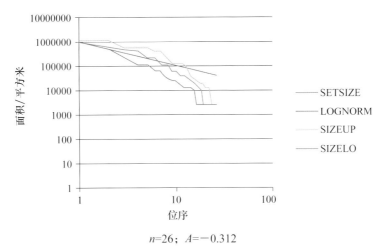

$n=26；A=-0.312$

图91 调查区域汉书二期文化遗址的"位序-规模"示意图

拥有优势中心。曲线的后半段凹序性特征较为明显，进一步暗示了聚落系统的一体化趋势。

调查区域内汉书二期文化时期的遗址（图92）分布情况和遗址特征相比之前发生了较大的变化：遗址数量大量增加，尽管大部分较大型遗址还分布于调查区的东部，但是北部新出现一些大型遗址，这些新出现的大型遗址面积远大于东南部的两处大型遗址。东南部的后地窝堡和汉书遗址继续发展，周围分布的遗址数量增加，可能为汉书遗址的附属遗址。后套木嘎遗址该时期遗存的面积增加，并且附近出现1处小型遗址。该时期的遗址分布状态显示出聚落系统内部出现多个中心，而且等级化更加明显。

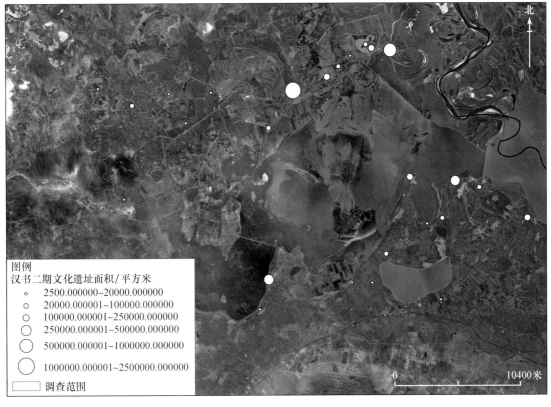

图92 汉书二期文化遗址分布图

古代人类之所以会选择较高的土岗或沙岗作为生存空间，很可能是出于安全防御和资源获取这两个方面的需求[①]，另外该时期聚落选址与后地窝堡遗址相像，均为半岛或岛；代来岗子聚落的选址能够在阻隔外来危害的同时，提供充足的水源和水产资源，如蚌类、鱼类、水鸟类等。资源的多样性有助于人们应对环境变化或自然灾害。

水面模拟分析结果（图93）表明，汉书二期文化时期的水面应该不高于海拔124米。

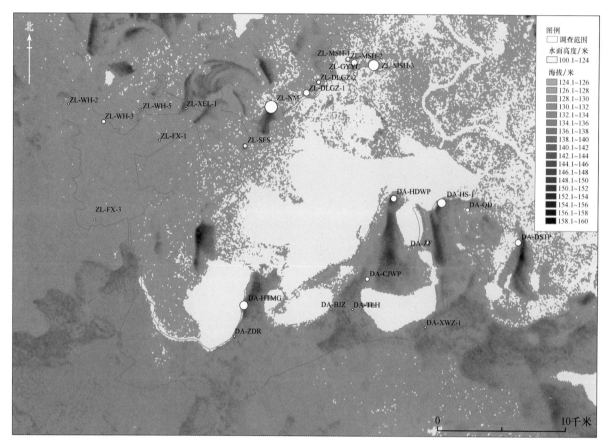

图93　汉书二期文化时期遗址点，水面为海拔124米

魏晋隋唐时期的"位序-规模"曲线（图94）凹序性特征比较明显，暗示当时一体化趋势和经济发展加强。曲线前段比较靠近对数正态分布直线，其后凸序性特征更加明显，暗示可能存在不同的优势中心。不过，也可能是因为该时期的聚落系统要比调查范围大很多，调查区中所识别出的只是一个更大的聚落系统的一部分。

调查区域内魏晋隋唐时期的遗址分布情况和遗址特征（图95）相比上一时期表现出明显的退化现象：遗址数量大幅减少，东北部和东南部的4处大遗址的面积相比其他遗址仍然较大，但是和之前相比面积减少较多。此外，该时期调查区西部尤其是西南部沿着水边新出现几处小型遗址（或地点）。可能是东部资源经过长时间利用已出现减少甚至枯竭的状态，所以需要重

---

① 李鹏辉、Pauline Sebillaud（史宝琳）、王立新：《基于GIS的镇赉县新石器时代和青铜时代遗址分布初探》，《北方文物》2018年第2期，第32～37页。

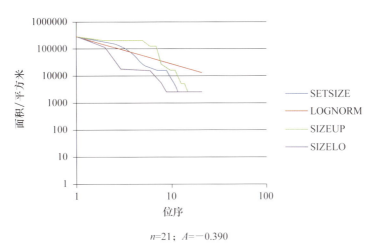

$n=21；A=-0.390$

图94　调查区域魏晋隋唐时期遗址的"位序-规模"示意图

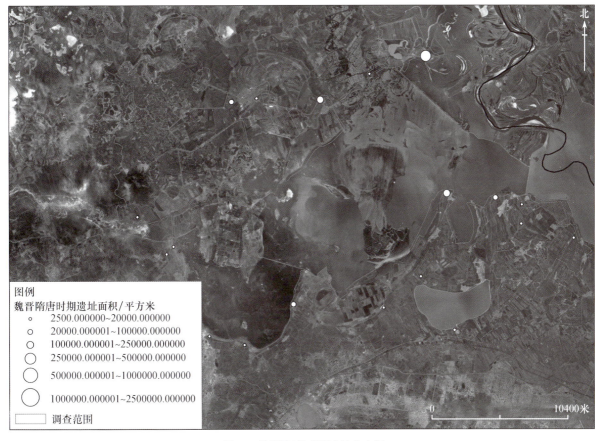

图95　魏晋隋唐时期遗址分布图

新开发新的区域。当然，这些变化也可能与生业模式和聚落地位的变化有关。或许，该时期的中心不在调查范围内，游牧活动占生业模式的比例较高，而这些小型地点为游牧临时活动地点，或是与捕鱼活动和经常利用的水边行走路线有关。

水面模拟分析结果（图96）表明，魏晋隋唐时期的水面应该不高于海拔124米。

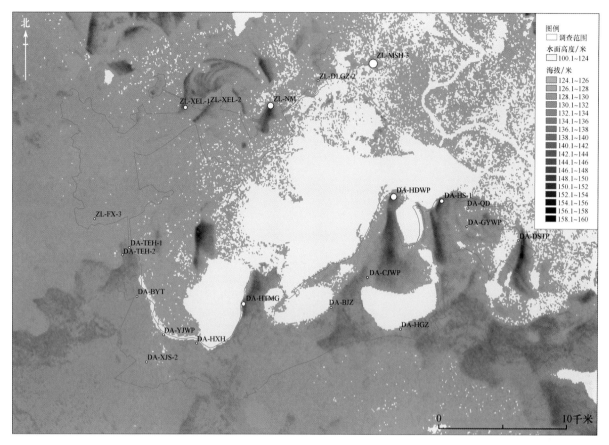

图96　魏晋隋唐时期遗址点，水面为海拔124米

　　辽金时期的"位序-规模"曲线（图97）凸序性特征较为明显，距对数正态分布直线不远（A系数比较低），这表明区域内的一体化程度比较低，聚落系统内部竞争较为激烈，而且小范围内的优势中心可能增加。但也应考虑到，调查区域可能并不是当时的政治、经济中心所在。因为东北地区的辽金聚落系统远大于调查区域，就是在白城及邻近地区，月亮泡和新荒泡

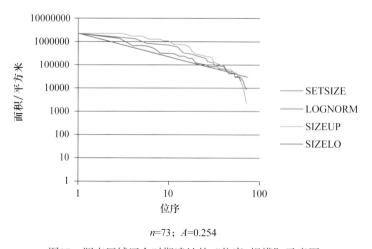

n=73；A=0.254

图97　调查区域辽金时期遗址的"位序-规模"示意图

西北方向有城四家子辽金城址[①]，为吉林省境内面积最大的辽金城址，东边有塔虎城城址[②]，也是金元时期规模很大的城邑，这两个大遗址可能为辽金时期吉林省西北部的主要中心。

　　调查区域内辽金时期遗址的分布状态和特征（图98）跟上一时期相比发生了明显的变化：遗址数量大量增加，几乎覆盖了调查区域，而且出现了较多的较大型遗址，这些较大型遗址主要分布在水体周围，其中最大的遗址分布于调查区中北部、西南部和东部的嫩江边（也许与水运有关）。遗址规模较为多样，表明对资源的竞争比较大。这一时期的聚落形态可能与定居程度提高有关，当时的生业方式应该主要以农业和畜牧业为主。尽管发现有较多的较大型遗址，但是在这种分布状态下未发现明显的中心性聚落，这可能是因为中心性聚落并不在调查区域内。根据历史记载和以往发表的考古材料可知，调查区位于辽金时期吉林省西北部两处最大的城址（即城四家子和塔虎城城址）之间。

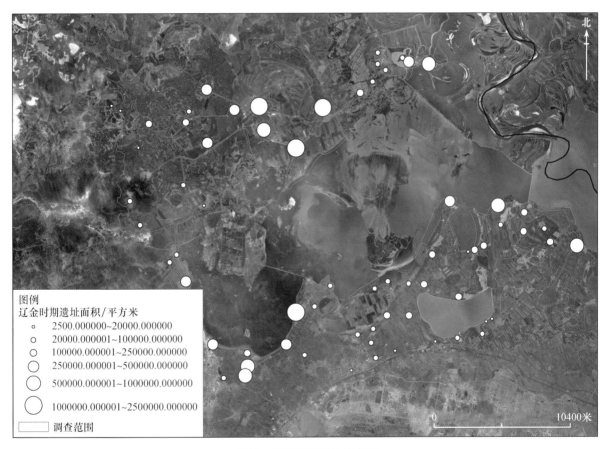

图98　辽金时期遗址分布图

　　① 宋德辉：《吉林省白城市城四家子古城应为辽代长春州金代新泰州》，《博物馆研究》2008年第1期，第26～30页；梁会丽、全仁学、周宇：《城四家子辽金城址的考古发掘》，《辽金西夏研究年鉴（2013）》，北京：中国社会科学出版社，2015年，第305～318页；吉林省文物考古研究所、白城市文物保护管理所、白城市博物馆：《吉林白城城四家子城址建筑台基发掘简报》，《文物》2016年第9期，第39～55页；吉林省文物考古研究所、白城市文物保护管理所：《吉林白城城四家子城址北门发掘简报》，《边疆考古研究（第20辑）》，北京：科学出版社，2016年，第55～69页。

　　② 吉林省博物馆：《吉林他虎城调查简报》，《考古》1964年第1期，第46～48页；吉林省文物考古研究所、吉林大学边疆考古研究中心：《前郭塔虎城——2000年考古发掘报告》，北京：科学出版社，2017年。

　　水面模拟分析结果（图99）表明，辽金时期的水面不高于海拔122米或123米。

　　清末至民国时期遗址的"位序-规模"曲线（图100）与辽金时期的曲线十分相似。因为辽金时期大部分遗址在清末至民国时期仍在使用，但整体上后者的遗址面积稍小。该曲线表明，这一时期的聚落系统一体化程度可能比较低，内部应该存在较强的竞争，可能是边缘性聚落系统，即距当时的中心比较远。不过，该区域内应该也有优势中心存在。

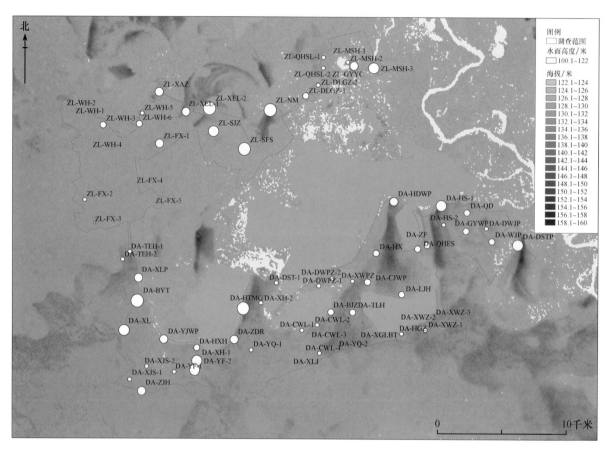

图99　辽金时期遗址点，水面为海拔122米

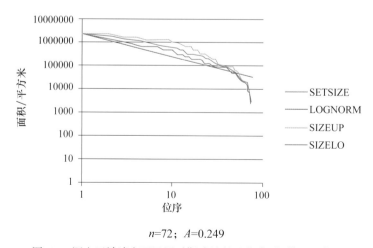

n=72；A=0.249

图100　调查区域清末至民国时期遗址的"位序-规模"示意图

　　调查区域内清末至民国时期遗址（图101）的分布状态和特征与辽金时期十分相似：遗址数量仍然较多，而且多于现代聚落，说明该时期的人口压力相对更大。这一时期的聚落形态不仅延续了辽金时期，而且与现代社会的聚落形态具有直接的连续性。调查区内的遗址面积尽管存在明显的等级化，但是未发现中心性遗址。可能是因为清末至民国时期该区域的主要中心不在调查范围内，而是在现今的安广镇一带。调查区内未发现可以明确判断为明代的遗物，既可能是由于元明时期该区域属于蒙古科尔沁部的游牧之地，定居性不强，地表遗物较稀少，而未能采集到，也可能是因为在这个边缘性区域内金代到清代人群的生活方式和日常使用器物功能、类型与生产方式未发生太大的变化。因此，可能有一部分被判断为辽金时期和清末至民国时期的遗物实际上属于明代时期。

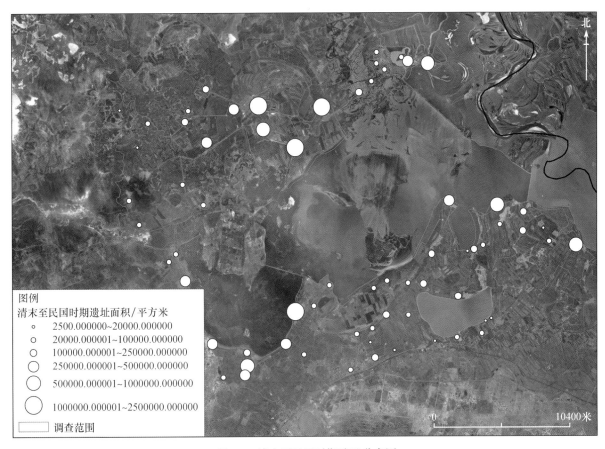

图101　清末至民国时期遗址分布图

　　水面模拟分析结果（图102）表明，清末至民国时期的水面应该不高于海拔122米或123米。

（三）聚落形态的历时性演变

　　利用调查区域内不同时期的调查数据可以复原该区域内聚落形态的历时演变过程（表5）。概括而言，新石器时代早期的土地占用率低，且人类活动面积很小，新石器时代中期的土地占用率和活动强度得到了较大的发展，但是新石器时代晚期则出现了衰退现象。也许和新石器时

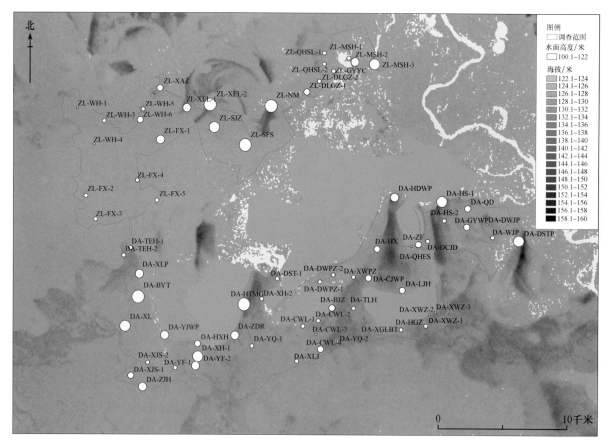

图102　清末至民国时期遗址点，水面为海拔122米

代晚期的聚落发展有一定联系，青铜时代早中期的土地占用率依然较低，到了白金宝文化时期有所发展，并在之后的汉书二期文化延续发展。魏晋隋唐时期的人类活动大幅减少，土地利用率骤减。辽金时期又再次获得了较快的发展，可能与辽代开荒政策、农业方式的推广和建筑结构的改善（房内有取暖设备）有关，这一时期是聚落形态最发达，人口压力也最大的时期。清末至民国时期虽然相比辽金聚落分布没有发生太大变化，但是人类活动强度却大大降低，可能与这一时期总体延续时间较短有关（清末才开始招徕流民对该区域草场进行大规模开垦，至今多不超出150年）。

表5　各时期调查结果统计表

时期	采集区数量	采集区面积/万平方米	陶片数量	占陶片总数百分比/%	陶片在采集区内密度*	一个采集区内最高陶片数量**	占采集区总数的百分比/%
新石器时代早期	18	4.5	127	0.08	0.05/m² 526.2/ha	1000	0.4
新石器时代中期	152	38	1843	1.21	0.17/m² 1701.3/ha	9750	3.6
新石器时代晚期	27	6.75	432	0.28	0.25/m² 2479.3/ha	3500	0.6
青铜时代早中期**	168	42	2593	1.7	0.62/m² 6173.8/ha	26000	4

续表

时期	采集区数量	采集区面积/万平方米	陶片数量	占陶片总数百分比/%	陶片在采集区内密度*	一个采集区内最高陶片数量**	占采集区总数的百分比/%
白金宝文化	159	39.75	4370	2.87	1.1/m² 10993/ha	87750	3.8
汉书二期文化	671	167.75	14000	9.21	0.83/m² 8345.75/ha	350500	15.9
魏晋隋唐	62	15.75	82	0.05	0.01/m² 129.2/ha	750	1.5
辽金时期	3989	997.25	95254	62.64	0.96/m² 9551.6/ha	129750	94.4
清末至民国	3742	935.5	33364	21.94	0.36/m² 3566.4/ha	11250	88.5

*此处陶片数据是依据系统采集所获陶片数量推算而得。其他数据都是实际采集结果。

**青铜时代早中期的数据包括小拉哈文化与古城类型的。在统计过程中,我们尽可能将这两个文化有明显特征的遗物区分开来。而对那些残碎的、特征接近的遗物则合并为青铜时代早中期这一大的阶段。

在调查材料的基础上结合以往工作和后套木嘎遗址5年发掘工作的收获,我们通过观察各个时期采集区的分布情况和采集陶片密度,尝试探索该区域内不同时期聚落形态变化、分布特点以及人与自然的互动关系等问题。

1. 新石器时代早期

迄今为止调查发现属于新石器时代早期遗存(以夹炭化植物纤维的陶器即夹炭陶为代表的遗存)的采集区共计18个,面积为4.5万平方米,共采集陶片127片(图103)。

在后套木嘎遗址的发掘过程中将以夹炭黄褐陶和灰褐陶为代表的遗存命名为后套木嘎一期文化,出土该类遗存的单位被出土后套木嘎二期即黄家围子文化器物的单位所打破,所以一期遗存年代应不晚于黄家围子文化。该类遗存的陶片多为黄褐色或灰褐色,胎芯夹有炭化的植物纤维,有的器表饰有压印的栉齿纹。总体上其制作工艺较为原始,具有陶胎厚、火候低、易碎等特点,符合东北亚地区新石器时代早期陶器的一般特征。综上所述,我们初步推测以夹炭陶为代表的遗存应是松嫩平原乃至东北亚地区年代较早的新石器时代遗存之一[①]。如前所述,除后套木嘎一期遗存之外,陶胎同样夹有植物纤维的长坨子A类遗存,也可归入新石器时代早期。调查过程中发现的这类遗存仅见于新荒泡北部的4处地点和东南岸的2处遗址,即后套木嘎遗址和邹德仁屯遗址。南岸的两处遗址位于新荒泡东南缘的岗地上,北岸的地点均位于小型土包上,也就是说这6处地点处于整个调查区域内相对较高的地势。洮儿河从西北部注入新荒泡,新荒泡的东岸、东南岸是相对较高且平坦的岗地,地势沿泡子边缘向西降低,进而形成了新荒泡西部成片的洪泛区。相较而言,新荒泡的东部、东南部则更适合

---

① Wang Lixin, Pauline Sebillaud. "The Emergence of Early Pottery in East Asia: New Discoveries and Perspectives". *Journal of World Prehistory*, 32, 1, 2019, p. 73-110;王立新:《后套木嘎新石器时代遗存及相关问题研究》,《考古学报》2018年第2期,第141~164页。

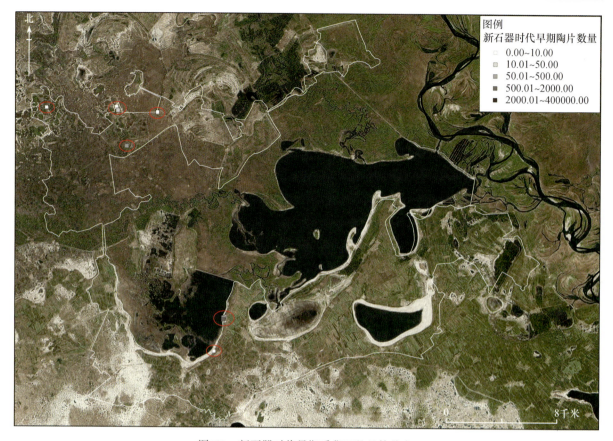

图103　新石器时代早期采集区的整体分布

古人居住。后套木嘎和邹德仁屯遗址就位于新荒泡的东南岸，两处遗址相距仅约2.4千米。遗址面朝新荒泡，古人濒临水域而居，除方便获取水源外，还可以在特定的季节内获得鱼、蚌等食物。而且遗址地势较高，可以避免因水位上升而被淹没的危险。北岸的4处地点虽然距新荒泡较远，但位置相对也比较高，而且均分布于新荒泡的北部、调查区的西北部，相互距离2.7～5千米不等。

在已发现的4266个采集区中，仅有18个采集区发现该类遗存，其中邹德仁屯遗址1个、后套木嘎遗址8个、苇海西北Ⅱ号地点1个、苇海西2个、苇海北4个和富新2个。可以发现调查区域内该类遗存的分布稀疏，而且分布范围较小。从而可见该时期的人类土地占有率和生产能力都比较低，活动强度尚小，对自然资源的依赖性较强，生业方式以攫取型经济为主。而且有限的自然资源从某种程度上也限制了聚落规模的发展和人口数量的增加。

2. 新石器时代中期

调查发现属于该时期的采集区共计152个（图104），采集区面积达38万平方米，采集陶片数量1843片。

如前所述，该区域已发现和命名的双塔一期文化、黄家围子文化和后套木嘎三期文化虽然在典型陶器的器形、纹饰方面有明显差异，但是陶系普遍多见夹蚌黄褐陶或夹蚌灰褐陶，对于那些器形莫辨、缺乏纹饰的残碎陶片来说，想要准确区分出属于三者中的哪一种其实是十分困

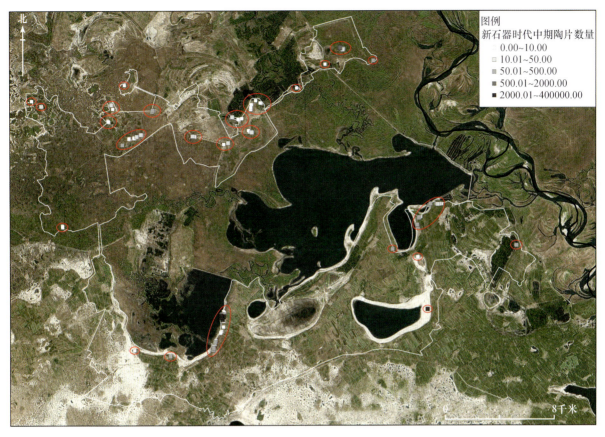

图104　新石器时代中期采集区的整体分布

难的。所以，我们在统计采集陶片时，虽然能辨明少量口沿或纹饰陶片的文化属性，但仍不得不将这三者合并为同一个大的阶段来统计。不过，从可辨明文化属性的该时期陶片来看，少量属于黄家围子文化（后套木嘎二期遗存），多数属于后套木嘎三期文化。几乎不见可明确归属于双塔一期文化的陶片。

　　这一时期遗存主要分布于新荒泡的东南、南岸、月亮泡东南岸靠近嫩江处和调查范围的中北部。属于该时期的采集区在后套木嘎遗址分布最为密集，汉书遗址次之。在后套木嘎遗址采集区的分布范围大部分与新石器时代早期遗存的分布范围重合。调查区域的中北部即月亮泡的北岸出现若干小型遗址，位于西北部的新石器时代早期地点仍在使用。整体上中北部遗址数量较多，面积较小，但是分布比较均匀。而南部的遗址不仅数量较少，面积分级，而且分布较为分散，但包括了2处比较大的遗址（即后套木嘎与汉书）。

　　属于新石器时代早期的遗址仍被继续使用，遗址在相对较高的地势选址等现象表明，这两个时期的居民在居址的选择方面趋同。从采集区的数量来看，该时期的聚落规模和分布范围大大超过新石器时代早期，可见该时期居民的土地占有率、活动强度和生产能力较之前有了大幅度的提升，因而人口数量和聚落规模也有了新的发展。结合后套木嘎遗址的发掘资料来看，通过对浮选获得的植物遗存进行分析，发现这一时期人工栽培的植物非常少。通过对出土动物遗存的初步鉴定结果可知，该时期的动物皆为野生种。当时的生业方式应该仍是以采集、渔猎为主。可能已有农业萌芽，然而在发掘过程中并未发现明确的农业工具。

3. 新石器时代晚期

调查发现属于新石器时代晚期的采集区有27个（图105），采集区面积约6.75万平方米，采集陶片数量432片。

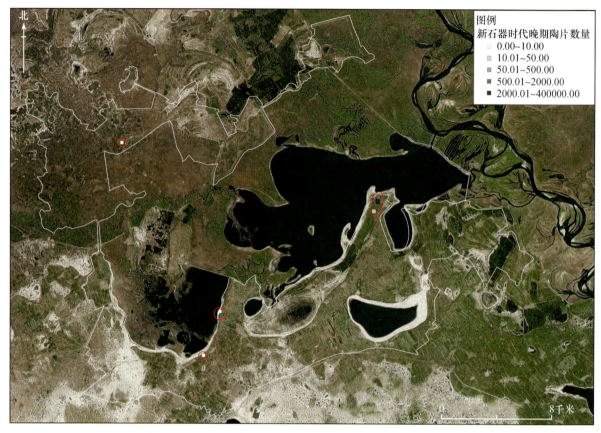

图105　新石器时代晚期采集区的整体分布

前文我们将哈民忙哈文化与昂昂溪文化归纳为同一个大的阶段，也是着眼于这两个阶段陶器的较多相似性因素的存在。但就实际可辨明的陶器残片来看，该时期遗存以夹蚌红陶、夹蚌灰褐陶为主，器表多为素面，部分饰麻点纹和之字纹文化面貌与双塔二期、后套木嘎四期及哈民忙哈遗址出土遗存较为接近，大体与红山文化晚期年代相当。几乎未见明确可归入昂昂溪文化的遗物。

这一时期遗存主要分布于新荒泡东南岸、月亮泡南岸和调查区域的西北部。其中月亮泡南岸的后地窝堡遗址采集陶片密度最高，该遗址包括21个采集区。该遗址位于月亮泡与榔头泡之间伸入水中的狭长半岛北端，遗址地势较高，三面环水，仅西南部与开阔地带相连，系陆路的唯一通道。其他采集区则分散于后套木嘎遗址（3个）、邹德仁屯遗址（1个）和富新遗址（1个）。在这4处遗址中，其中有3处是新石器时代中期就已经使用的，不过相比之前面积大幅缩小。还有1处新出现的遗址，就是前面提到的遗存最丰富的后地窝堡遗址。而新石器时代中期中北部出现的若干小型遗址到这一时期全部消失。

除了遗址数量减少、遗址面积减小等衰退现象，这一时期的聚落形态还有一些变化值得注意。新石器时代中期时，调查区域内发展最盛的遗址是位于新荒泡东南岸的后套木嘎遗址，其次是月亮泡南岸的汉书遗址；新石器时代晚期，发展最盛的遗址已经是月亮泡南岸的后地窝堡遗址，而后套木嘎遗址可能已经衰落。这表明该区域内聚落中心由新荒泡东南岸向月亮泡东岸的转移在新石器时代中期就已经萌芽，等到晚期才完成。从后地窝堡遗址所处地理位置来看，该时期居民选择居址的标准由之前单纯的择水而居变得更为复杂，尽管水源和其他食物资源的获取要考虑在内，但也开始兼顾居址的防御性问题。这也从侧面反映出该时期正在酝酿着一次重大的变革。同时，这一时期的遗址间距也有所扩大，或许说明了该时期居民活动能力的加强，因此单个聚落的资源域也随之扩大，同外界的交往能力也变得更强。然而在现有区域内仅发现后地窝堡一处规模较大的新石器时代晚期聚落，说明此地该时期居民的生产能力仍非常有限，获取自然资源仍在经济生活中占据较大比重。

4. 小拉哈文化

调查发现属于该时期的采集区只有5个（图106），分属于2处遗址。

这一时期的遗存"以夹砂灰（黑）褐陶为主。素面居多。器表或打磨光滑或留有凹凸不平的手指凹痕。多见装饰性的乳钉和小泥饼。该特征与白金宝遗址第一期遗存十分相似，应为同

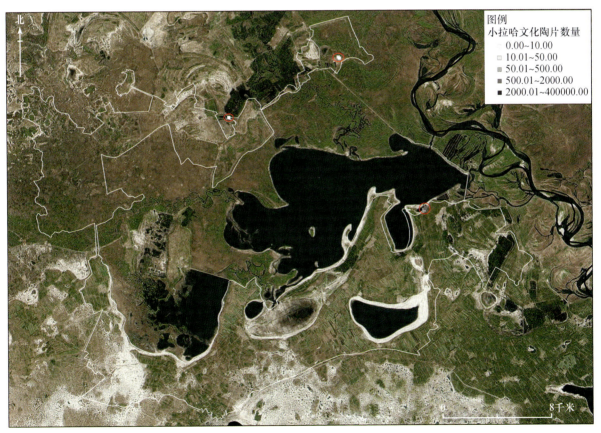

图106　小拉哈文化采集区的整体分布

一文化"①。

2处遗址分别是位于调查区域中北部的莫什海遗址（2个）和月亮泡南岸的汉书遗址（2个），还有1个采集区位于南莫村西侧，未归入明确的遗址。

由于能确定为小拉哈文化的陶片比较少，所以为了便于进行空间分析，故将这5个采集区归入青铜时代早中期进行分析。

5. 古城遗存

调查发现属于该时期的采集区有47个（图107）。

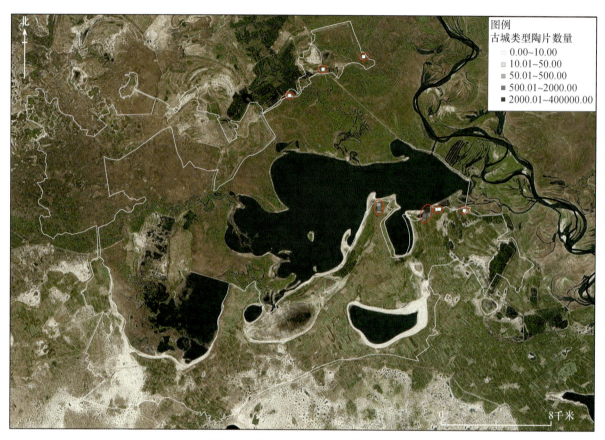

图107　古城遗存采集区的整体分布

这一时期遗存"以砂质灰褐色陶片为代表。大多饰有纹饰，尤以绳纹和条形附加堆纹为多，绳纹细密规整，条形附加堆纹多饰于口沿下，也有少量组成简单折线的篦点纹，且压印痕较浅，这些特征与白金宝遗址第二期遗存相同。而高领罐、瓮的口沿，特别是花边口的鬲口沿与白金宝二期相一致。故该组遗存与白金宝二期一样，同为'古城遗存'"②。

①　王涛、杨琳、王立新：《吉林大安市后地窝堡遗址的调查与认识》，《边疆考古研究（第17辑）》，北京：科学出版社，2015年，第9～28页。

②　王涛、杨琳、王立新：《吉林大安市后地窝堡遗址的调查与认识》，《边疆考古研究（第17辑）》，北京：科学出版社，2015年，第9～28页。

遗址主要分布于调查区域的中北部和月亮泡的南岸，数量相比小拉哈文化时期有所增加。中北部发现有3个单独的采集区，彼此相距均为3千米。南部的采集区主要集中在汉书遗址（27个）和后地窝堡遗址（17个），较靠东的新店遗址也有1个采集区。

由于能确定为古城类型的陶片不多，而且除带纹饰的陶片和器物口沿外，小拉哈文化和古城类型中相当一部分陶片区分较为困难，故此并不做细致划分，将其共同归为青铜时代早中期。

6. 青铜时代早中期

调查发现属于青铜时代早中期遗存的采集区共168个（图108），采集区面积约为42万平方米，采集陶片数量2593片。

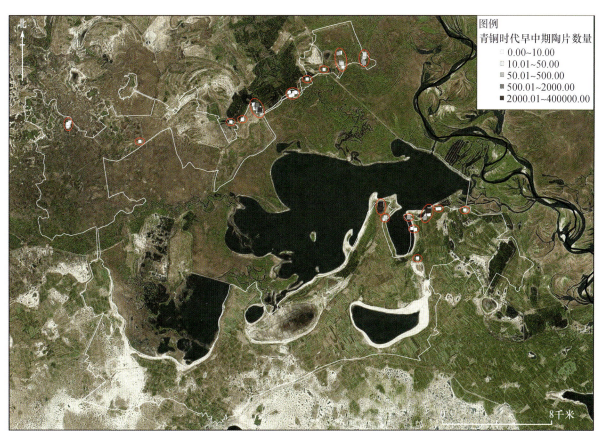

图108　青铜时代早中期采集区的整体分布

该时期的陶片特征见前文"小拉哈文化"和"古城类型"的介绍。

遗址几乎都分布于调查区域内的中北部和月亮泡南部，不过在西北部也有零星发现。南部的采集区集中于榔头泡边，遗存最丰富的是后地窝堡（52个）和汉书遗址（90个）。北部的采集区中南莫遗址（42个）遗物最丰富，其余遗址采集区及遗物较少：代来岗子遗址（6个）、莫什海遗址（7个）、莫什海东遗址（11个）、莫什海北遗址（3个）等。这些遗址间距0.8~2.6千米不等，与南莫遗址几乎位于一条线上。西北部只发现两个地点，即莘海西遗址（8个）和富新遗址（1个）。当时北岸最大的聚落为南莫，可能有核心性的功能和角色。

这一时期南岸的汉书遗址和后地窝堡遗址陶片密度最高，采集区也最多，应该是当时两处最大的聚落。后地窝堡遗址隔椰头泡与汉书遗址相望，二者直线距离仅有3.5千米，如果是在冬季冰封期，一旦水面冻结两个聚落联系会更加方便。而且汉书遗址的发掘也见有属于青铜时代早中期的文化遗存。在同一区域内同时存在两个大型聚落，既说明此时人群的生产能力已经大幅度提高，也表明两个聚落关系应较为紧密。这两处遗址可能存在分级关系或具有不同功能。

7. 白金宝文化

调查发现属于白金宝文化遗存的采集区共159个（图109），采集区总面积约为39.75万平方米，采集陶片数量4370片。

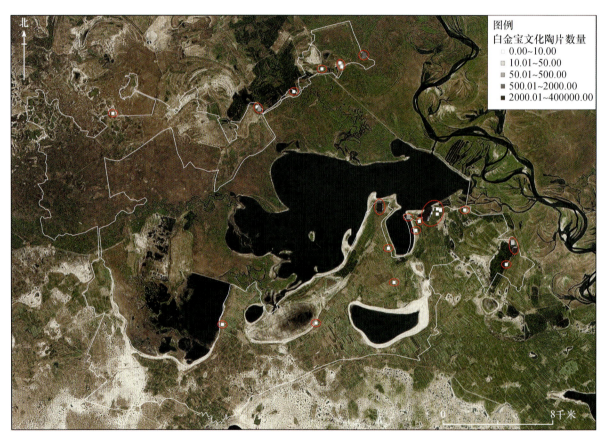

图109　白金宝文化采集区的整体分布

该时期陶片多为泥质黄褐陶，泥质灰陶略少，另有部分夹砂陶，器表均经过磨光，表面光滑细腻，陶器纹饰较为丰富，有压印的几何形细密篦点纹和动物形纹饰，以及较为粗糙的绳纹。调查时还发现少量石器，其中以穿孔的石锤斧最为典型。

遗址分布状况和前一时期基本一致，不过在新荒泡的东南部和东部出现了新遗址。总体上采集区主要分布于调查区域的东部，其中大部分位于东南部。北部的采集区比较分散，形成6处小型遗址，遗址间距在1.4~2.8千米不等。其中采集区较多的是最东部的莫什海东遗址（6个）、莫什海遗址（5个）和中北部的南莫遗址（3个），其余地点都仅包括1个采集区。这些小型遗址中，陶片密度最高的遗址为莫什海东遗址。南部的采集区比较集中，大部分集中于月亮泡东南岸，其中86个位于汉书遗址、44个位于后地窝堡遗址、7个位于东山头遗址，后套木嘎遗址仅发现1个。此外，后套木嘎遗址在发掘过程中也发现属于白金宝文化晚期的墓葬两座。

白金宝文化时期的聚落形态很大程度上延续到青铜时代早期，只出现一处新的遗址为东山头遗址。该遗址以往发现有墓葬[①]，所以这处遗址可能并非居住性质的遗址而是墓地。跟前一时期相比，白金宝文化时期的遗址规模略减少，而且汉书遗址内空间布局有所变化[②]。不过自新石器时代晚期至这一时期，调查区域内的主要聚落中心仍位于东南部，即汉书遗址与后地窝堡遗址。

后套木嘎遗址很有可能是白金宝文化晚期的人群选作的墓地，至汉书二期文化时代即战国至西汉时期进而发展成为一处规模较大的墓地。

8. 汉书二期文化

调查发现属于汉书二期文化遗存的采集区共计671个（图110），采集区总面积约为167.75万平方米，采集陶片数量14000片。

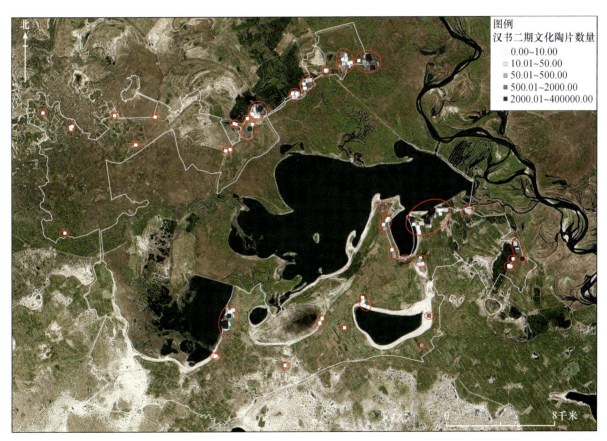

图110　汉书二期文化采集区的整体分布

---

①　张忠培：《白城地区考古调查述要》，《吉林大学社会科学学报》1963年第1期，第69～82页。

②　刘晓溪、Pauline Sebillaud（史宝琳）、李扬、王立新：《区域性系统调查方法在典型遗址研究中的应用——以吉林大安汉书遗址为例》，《边疆考古研究（第22辑）》，北京：科学出版社，2017年，第297～312页。

该时期的陶片多为砂质黄褐陶，少数为砂质灰褐陶，器表较白金宝文化陶器略显粗糙，素面居多，部分陶器表面施有红衣，可辨器形有鬲、壶等，陶鬲和陶壶的下部饰有绳纹，绳纹较细，多呈线状。另发现有陶网坠等。

遗址的分布范围和数量相比之前都有明显的发展。调查区域中北部、西北部遗址数量增加，分布较为均匀。西北部出现很多新的小型遗址，如四方山遗址（4个）。不过东边遗址的陶片密度高于西边，最多为莫什海东遗址（147个），第二为南莫遗址（121个）。区域西部新出现一处遗址。南部在它拉红泡和榔头泡边也出现许多新的小型遗址，南部遗址当中最大的仍是汉书遗址（158个），其次为后套木嘎遗址（93个），原来的核心聚落——后地窝堡遗址面积明显缩小（33个）。南岸的两个大遗址（后套木嘎和汉书）可能具有不同的功能：根据以往发表的发掘材料可知，汉书遗址发现有房址、灰坑等与居住活动有关的遗存[①]，而后套木嘎遗址发现属于汉书二期的遗迹大部分为墓葬（除了墓葬之外仅发现两个该时期的灰坑）[②]。

而且汉书二期文化的陶器在器形、纹饰和制法上有明显的功能差别（既有器形不太对称的夹粗砂绳纹炊器如鬲，也有精美的夹细砂篦点纹食器如钵，还有多为随葬品的细砂质红衣陶壶），这表明当时的陶器制造业存在专业化分工，以功能划分的陶器种类从侧面反映出该遗址的高定居性和日常生活特征。汉书二期文化的陶器中，红衣陶因为美观、精致的特点受到了学者们的重视。这类陶器烧制火候一般不高，器壁较薄且厚度均匀，红衣很容易脱落，出土后即刻变色。毫无疑问它不能当作炊器使用，红衣陶器形主要为壶、碗、钵、舟形器、罐，多是用于储存、饮用液体的器物。查看以往的发掘材料，发现红衣陶在墓地和聚落中都有发现，如在白金宝遗址第四期遗存（汉书二期文化时期）的灰坑[③]，汉书遗址第三期遗存（白金宝文化时期）和第四期遗存（汉书二期文化时期）的房址和灰坑[④]，后套木嘎遗址[⑤]和东山头遗址[⑥]的汉书二期文化墓葬中都出土了红衣陶。

调查过程中也发现有红衣陶片，通过观察调查区域内红衣陶采集区的分布状态（图111）。红衣陶主要分布在调查区域东南部的汉书遗址、新荒泡东南的后套木嘎遗址和中北部的南莫遗址、莫什海遗址和莫什海东遗址。这几处遗址在调查区域内都具有一定的特殊性，由采集区数量和陶片密度可见一斑，应该是区域内的核心聚落。红衣陶和这些遗址的联系不是偶然，表明制造红衣陶的活动应该是专门性的，而且仅发生在地位较高的核心聚落中。不过这些遗址中出

① 吉林省文物考古研究所、吉林大学边疆考古研究中心、吉林大学考古学院：《大安汉书——青铜时代遗址考古发掘报告》，北京：科学出版社，2018年。

② 王立新、霍东峰、方启：《吉林大安后套木嘎遗址发掘的主要收获》，《边疆考古研究（第21辑）》，北京：科学出版社，2017年，第321～333页。

③ 黑龙江省文物考古研究所、吉林大学考古学系：《肇源白金宝——嫩江下游一处青铜时代遗址的揭示》，北京：科学出版社，2009年，第193～204页。

④ 吉林省文物考古研究所、吉林大学边疆考古研究中心、吉林大学考古学院：《大安汉书——青铜时代遗址考古发掘报告》，北京：科学出版社，2018年，第97～133页。

⑤ 王立新、霍东峰、方启：《吉林大安后套木嘎遗址发掘的主要收获》，《边疆考古研究（第21辑）》，北京：科学出版社，2017年，第321～333页。

⑥ 吉林省博物馆：《吉林大安东山头古墓葬清理》，《考古》1961年第8期，第407～410页。

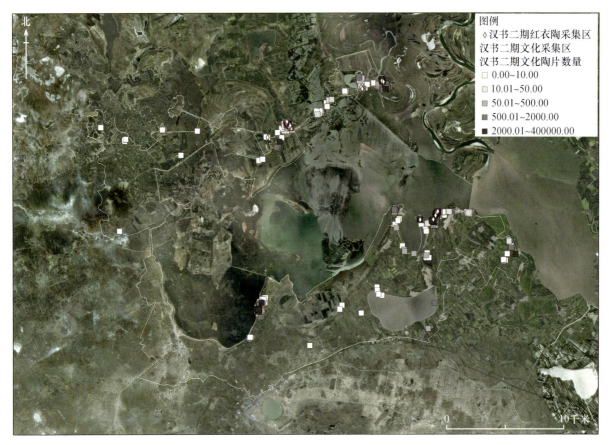

图111 汉书二期文化发现有红衣陶的采集区

现的红衣陶也可能是交换的产物，当然也不排除这些遗址中既有居住性聚落也有墓地的可能。在一定程度上可以把这种器物作为富有与社会级别的标志。

这一时期北岸和南岸可能为两个相对较为独立的聚落系统，北岸的中心聚落为莫什海东遗址（其次为南莫遗址），而南岸的中心聚落为汉书遗址（其次为后套木嘎遗址）。值得注意的是，这两处核心遗址恰好都位于月亮泡与嫩江的汇合处，具有控制水资源和交通运输的区位优势。

9. 魏晋隋唐

调查发现属于魏晋隋唐时期遗存的采集区共62个（图112），采集区面积约为15.75万平方米，采集陶片数量82片。

该时期的陶片主要为夹砂红褐陶和灰褐陶，陶器近口沿处多有三道凸棱。

遗址的分布状态和数量尽管和汉书二期文化时期有相似之处，但是变化较大：调查区域西部采集区数量有所增加，但是调查区域中北部和南部的采集区数量减少，而且陶片密度非常低。大部分地点采集区仅有1或2个，只有3处遗址发现有2个以上的采集区连在一起，即北岸中部的南莫遗址（13个），东北部的莫什海（6个）与南岸的后套木嘎（10个）。

该类遗存与鲜卑或契丹早期的陶器特征较为接近。鲜卑族起源于内蒙古自治区呼伦贝尔东北部，当其走出"大鲜卑山"踏入草原时，也预示着其主要的经济模式由原有的渔猎经济转型为相对发达的游牧经济。以游牧为生的鲜卑族活动地域也随之扩大，其完全可以沿嫩江顺流而

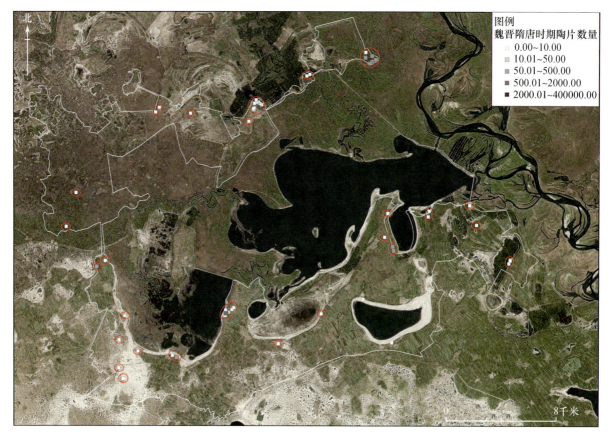

图112　魏晋隋唐时期采集区的整体分布

下，越过大兴安岭，由呼伦贝尔草原进入松嫩平原地区。契丹族是隋唐时期一支活跃于东北亚地区的游牧民族，历史学界认为其源出东胡。松嫩平原毗邻科尔沁草原，新荒泡及其附近的湿地水草肥美，十分适于游牧经济的发展，契丹族亦完全有可能游牧于此。

或许是受到这一时期经济模式的影响，调查区域内才没有相对稳定的定居聚落，采集区的分散现象也可以得到解释。而且采集区主要沿新荒泡及与月亮泡相连的二泡周边零散分布，极有可能是游牧民族在迁徙过程中或短暂停留过程中遗留下来的遗存。沿泡子南岸的线路或许正是当时游牧民族的迁徙路线。

10. 辽金时期

调查发现属于辽金时期遗存的采集区共3989个（图113），采集区面积约为997.25万平方米，采集陶片数量95254片。

该时期的遗存非常丰富，除大量的陶器残片外，还发现有砖瓦类的建筑构件。陶片多为泥质灰陶，器物口沿多为卷沿或折沿，以素面为多，少量器表经磨光，可见纹饰有篦齿纹、垂帐纹、戳印三角形纹等。建筑构件发现有板瓦、筒瓦和青砖残块，均为泥质灰陶，瓦类构件内面印有布纹。其中部分瓦类构件的残块又经再次利用，被改造成网坠使用。

遗址的分布状态和数量相比之前任一时期都发生了巨大的变化，采集区骤增意味着遗址数量增加和土地占用率提高，陶片密度增加也意味着活动强度增强。这一时期遗址整体分布较为

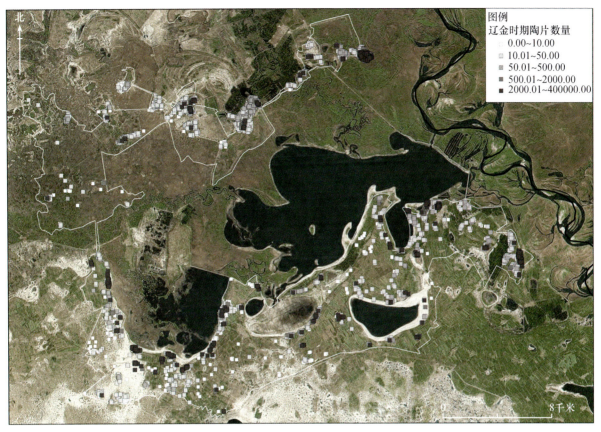

图113　辽金时期采集区的整体分布

均匀，聚落间距均在3千米左右。北岸的采集区更为集中，形成了大型遗址如东北部的莫什海东遗址、中北部的南莫遗址、西北部的西二龙东南遗址和中型遗址如苇海遗址、西安召西南遗址、西二龙西南遗址、四家子遗址等。这一区域聚落布局呈现出明显的等级化和一体化，大、中、小型聚落分级情况较为清晰，中型聚落散布于大型聚落附近，小型聚落则位于较偏远的西部。

　　南部的采集区尽管相对北部较为分散，但是分布规律，很可能与古代道路交通网状系统有关。后套木嘎遗址、邹德仁屯遗址、新荒古城及周边、尹家窝堡西北、白音吐屯附近、新立堡遗址等均匀分布在新荒泡沿岸，更像是所在区域内的一条主要通道。其向南辐射的线路如尹家窝堡西北遗址到小金山遗址和张家卢遗址的距离也在3千米左右。月亮泡沿岸的大外皮子遗址和二泡东南岸的八家子遗址的间距也符合这个规律。若将这种聚落间的分布状态放在一个更大的交通网状系统之内，或许这种规律性会表现得更加明显。南岸的后套木嘎遗址依然是一处重要的聚落，可见该区域从新石器时代至辽金时期始终是人们择选聚居地的最优之选。且在遗址的南部还发现有铁渣、烧结的炉壁等冶铁遗存，表明该区域在功能区分上极有可能为冶铁作坊。

　　新荒古城系辽金时期的一座城址，调查时发现古城已为现代村落所占据，现仅存卫生院东和小学校北的一小块空地。古城的轮廓已经完全无法辨识。据《大安市文物志》记载，"新荒古城为方形，周长约792米，东西城墙居中位置各有一门"。受当地居民生活和生产活动的影响，原有地貌破坏十分严重，发现遗物不多，有少量的泥质灰陶片、辽代白瓷片等；尹家窝堡西北发现的辽金时期遗存紧邻新荒泡，地表发现有辽金时期的砖瓦残块，通过对地貌的细微观察，发现北侧濒临泡子的地表有几处较高的隆起，且排列较有规律。尽管性质尚不明确，但从其所处的位置及地势来看，新荒泡水面上涨时高耸的土台可以露出水面，形成置立于水中的特殊景观。经发掘，这几处水边的土台系辽金时期的盐业遗址。白音吐屯亦发现大量辽金时期陶片，不过并不集中，可能为一处长期居住或季节性居住的聚落。新立堡遗址位于新荒泡西岸，呈南北向条带状分布。地表散布有大量辽金时期遗物，除陶片外，还发现砖瓦类建筑构件的残块，《大安市文物志》则将新立堡遗址定义为一处辽金时期的建筑址。从地理位置及出土遗物上来看，新荒古城、尹家窝堡西北、白音吐屯附近及新立堡遗址或许应该属于一个大的聚落系统。尹家窝堡西北和新立堡遗址从发现的瓦类建筑构件来看，其等级相对较高。而新荒古城系该调查区域范围内发现的唯一一座辽金时期的城址，虽然规模较小，然其所处的位置较为重要。

据《辽史》记载，辽代有四时捺钵的制度，依四季编排分别为"春水、夏凉、秋山、冬坐"，其中的"春捺钵"从历史地理的角度来看很有可能是一个较大的地域范围，并非单指一处，新荒泡沿岸很有可能也属于辽代皇帝春季捺钵地域范围内的一部分。

11. 清末民国时期

调查发现属于清末至民国遗存的采集区共3742个（图114），采集区面积约为935.5万平方米，采集陶片数量33364片。

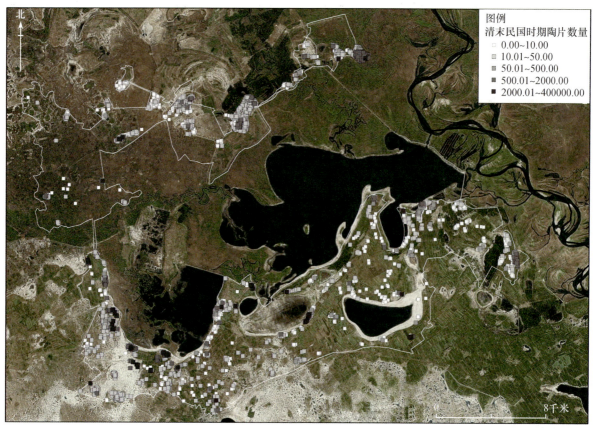

图114　清末至民国时期采集区的整体分布

　　该时期的遗存亦十分丰富，发现有大量陶、瓷器残片。陶片多为泥质灰陶，火候较高，质地更为细腻，可辨器形多为陶盆，陶盆口沿多为小折沿、尖圆唇，剖面近三角形。瓷片多为青花瓷片，瓷胎灰白，略显粗糙，釉色透明，多数为花卉纹，青花色彩灰暗。另发现少量的青砖和纹饰砖等建筑构件。

　　遗址的分布基本与辽金时期重合，除了安广镇北侧较辽金时期遗存分布范围略广。将其与辽金时期遗存分布范围图和现代行政图对比，可以得出以下结论：一是凡有这一时期遗存的地区也都发现有辽金时期遗存，可以说明辽金时期人们居住的区域也是清末至民国时期人们居住区的首选之地。二是这一时期遗存多分布于现代村落附近，有些甚至直接叠压于现代村落之下，说明现代村落至少在清末至民国时期已经初步成形，民国时期该区域已经形成了以安广镇为中心的行政地理单元。

　　尽管这一时期调查区域内采集区分布范围和辽金时期十分相似，然而通过对比陶片密度我们可以发现二者具有显著的差异。辽金时期，在新荒泡南岸均匀分布有许多小型聚落，彼此距离较近，在大的聚落系统中这些小型聚落表现出明显的向心性，便于交往和贸易；清末至民国时期遗存分布密度整体较为均衡，新荒泡南岸较辽金时期密度降低，聚落系统的向心性已经不明显。说明新荒泡南岸这一区域在清末至民国时期的重要性较辽金时期有所降低，或许这一变化恰好与安广镇一带逐渐形成区域中心有某种联系。

　　此外，通过铜钱所在采集区的分布情况（图115）可以发现，调查区域内的南部，尤其是

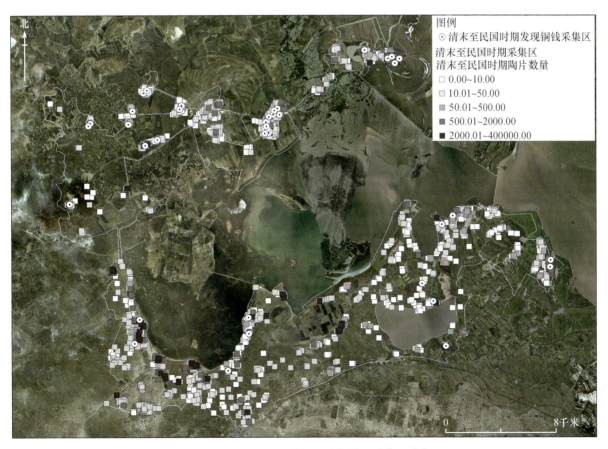

图115　清末至民国时期发现有铜钱的采集区分布

沿水体分布的采集区铜钱密度最高，从侧面显示南部区域的主要交通方式可能是水运或沿岸边道路往来。

二、聚落形态演变过程

（一）规模比较：等级-规模分析

根据"位序-规模"法则在环月亮泡区域的应用分析结果，可知这一区域的聚落形态并非简单线性演进，而有独特的历史演变过程。

新石器时代早期，遗址数量少而且面积较小，零散分布于西半部，区域一体化程度很低。新石器时代中期，开始出现较大型遗址，且北部和南部都有分布，可能意味着权力集中化的初步发展。但是新石器时代晚期却又明显衰退，遗址数量减少，面积缩小，聚落形态回到早期的分散状态。但是相比早期，晚期的陶片数量和密度较高，这表明新石器时代晚期的人类活动强度较高。

青铜时代早中期，该区域再次发展，不仅遗址数量增加，而且出现了两处大型遗址。该时期聚落主要分布于调查区的东半部，北岸出现一系列小型遗址，而两处大遗址则分布在南岸东部。区域发展中心由西部转移至东部，聚落等级分化较为明显，出现了区域一体化的发展趋势，整个区域初步形成了一个聚落系统。而且这一时期的陶片数量和密度表明人类活动程度、土地利用强度进入一个新阶段。白金宝文化时期，基本延续之前的聚落系统，并且稳定发展。北岸的一系列小型聚落与南岸的两处大遗址虽然规模缩小，但是仍保持了基本的空间结构。尽管遗址面积缩小，陶片数量和密度表明这时期的人类活动更加密集且集中。汉书二期文化时期，南岸的大型遗址规模扩大，北岸也出现新的大型遗址，而且遗址向西部扩散，中西部还出现一处较大的遗址（后套木嘎）。似乎表明这一时期区域一体化程度明显增强，不仅大型遗址获得发展而且影响范围向西辐射（之前主要影响东部区域）。陶片数量和密度也表明该时期的人类活动强度更高。

新石器时代至青铜时代该区域的发展整体呈前进、上升的趋势，区域一体化程度不断增强。但是魏晋隋唐时期，调查区域内发生了巨大的变化。不仅遗址数量减少，而且遗址面积大幅减小，也包括原先的大型遗址。相对来说，区域西部的遗址数量却有所增加。陶片数量和密度表明该时期人类活动强度甚至可能低于新石器时代早期。

不过这一衰势在辽金时期扭转。不仅遗址数量大量增加，而且几乎遍布调查区域内。聚落系统内部等级化明显，区域竞争也较为激烈。辽金时期是该区域活动强度最大的时期。

清末至民国时期，虽然基本延续了辽金时期的聚落形态，不过陶片数量和密度表明这一时期的人类活动程度明显降低。

（二）与北方长城地带诸项区域性调查成果的比较

迄今为止，在中国北方长城地带共开展过5项区域性系统考古调查工作，包括内蒙古的凉城调查①和赤峰调查②，辽宁的大凌河上游调查③、彰武调查④和阜新调查⑤。我们将这些成果汇总为表6进行比较。

以往调查通常将史前时期遗存作为重点，如阜新调查已发表材料中不涉及青铜时代早中期之后的数据、凉城调查材料不涉及汉代之后的数据，且几乎不会采集明清至民国时期的遗物。而环月亮泡的调查不仅采集史前时期，还采集历史时期遗物，尽可能全面地提供该区域不同时期的聚落形态材料。其他调查成果除了受课题设计等主观原因影响导致年代序列不够全面，调查区域自身的考古发现情况也有影响。除了阜新和环月亮泡区域之外，其他四个区域均未发现新石器时代早期的遗存。内蒙古凉城、辽宁大凌河上游和彰武都未发现新石器时代中期的遗存。内蒙古凉城和阜新调查区未发现相当于青铜时代晚期公元前一千纪上半叶的遗存。赤峰、大凌河上游和彰武调查中将汉代之后至辽金时期的遗物全归到一个很长的"契丹/辽"时期。

在将环月亮泡地区调查结果和其他五个区域进行对比研究时，既可以比较同一时期不同地区的聚落发展情况，也可以比较不同地区的历时演变情况。不过由于调查资料有限，在比较

①　Indrisano Gregory G, Katheryn M Linduff. "Expansion of the Chinese Empire into its Northern Frontier (CA. 500 BCR-0 CE): A Case Study from South-Central Inner Mongolia", in G. Areshian. *Empires and Diversity: On the Crossroads of Archaeology, Anthropology, and History*. Los Angeles: Cotsen Institute of Archaeology Press, 2013, p. 204-242.

②　Drennan Robert D, Linduff Katheryn. "Early Complex Societies in NE China: The Chifeng International Collaborative Archaeological Research Project". *Journal of Field Archaeology*, 29, 1/2, 2002-2004, p. 45-73; 赤峰中美联合考古研究项目：《内蒙古东部（赤峰）区域考古调查阶段性报告》，北京：科学出版社，2003年；Drennan Robert D, Christian E Peterson. "Communities, Settlements, Sites, and Surveys: Regional-Scale Analysis of Prehistoric Human Interaction". *American Antiquity*, 70, 1, 2005, p. 5-30; 滕铭予：《GIS支持下的赤峰地区环境考古研究》，北京：科学出版社，2009年；Peterson Christian E, Katheryn M Linduff, Ta La, Robert D Drennan, Zhu Yanping, Gideon Shelach, Guo Zhizhong, Teng Mingyu, Zhang Yaqiang. "Lower Xiajiadian Period Demography and Sociopolitical Organization - Some Results of Collaborative Regional Settlement Patterns Research in NE China". *The SAA Archaeological Record*, 2009, p. 32-35.

③　辽宁省文物考古研究所、美国匹兹堡大学人类学系、美国夏威夷大学：《辽宁大凌河上游流域考古调查简报》，《考古》2010年第5期，第24～35页；Peterson Christian E, Lü Xueming, Robert D Drennan, Zhu Da. "Hongshan chiefly communities in Neolithic Northeastern China". *Proceedings of the National Academy of Sciences* 107, 13, 2010, p. 5756-5761; Drennan Robert D, Christian E Peterson, Lü Xueming, Zhu Da, Hou Shenguang. "Settlement and Social Dynamics in the Upper Daling and Chifeng Regions of Northeast China". *Asian Archaeology*, 2014, 50-76; Peterson Christian E, Lü Xueming吕学明, Robert D Drennan, Zhu Da朱达. *Hongshan Regional Organization in the Upper Daling Valley* 大凌河上游流域红山文化区域性社会组织. Center for Comparative Archaeology Department of Anthropology, University of Pittsburg. Pittsburgh, 2014.

④　Williams James T. *Staple Economies and Social Integration in North-East China: Regional Organization in Zhangwu, Liaoning, China*. Ph. D. Dissertation, Pittsburgh University, 2014; Williams James T. "Demography and Conflict during the Warring States and Han periods in Northern Liaoning". *Asian Archaeology*, 3, 2015, p. 1-10; Williams James T（丁山）：《辽宁彰武地区青铜时代石器分析与聚落形态研究》，《边疆考古研究（第22辑）》，北京：科学出版社，2017年，第109～124页；Williams James T. "Bronze Age Subsistence Change at Regional and Microscopic Scales in Northeast China". *Asian Perspectives*, 56, 2, 2017, p. 166-190.

⑤　Shelach Gideon, Mingyu Teng, Wan Xiongfei. "Report on the 2012 field season of the project origins of Agriculture and Sedentary Communities in Northeast China". *Asian Archaeology*, 1, 2013, p. 11-25; 滕铭予、Gideon Shelach、万雄飞、Ofer Marder、Ido Wachtel：《辽宁阜新地区区域性考古调查阶段性报告（2012—2013）》，《北方文物》2014年第3期，第3～10页。

表6 东北地区区域性系统调查主要成果总结表

吉林环月亮泡 时期	吉林环月亮泡 聚落形态	内蒙古凉城 时期	内蒙古凉城 聚落形态	内蒙古赤峰 时期	内蒙古赤峰 聚落形态	辽宁大凌河上游 时期	辽宁大凌河上游 聚落形态	辽宁彰武 时期	辽宁彰武 聚落形态	辽宁阜新 时期	辽宁阜新 聚落形态
新石器时代早期（后套木嘎一期文化，长蛇子A类遗存）（10900~8000 BC）	分散、遗址少且小，分布于区域的西部			兴隆洼文化时期（6000~5000 BC）	分散、小型遗址，主要分布于地势较高的坡岗之上，定居农业，饲养动物					小河西文化（6200 BC之前）	分散、遗址少且小，主要分布于区域的中部和东部，采集狩猎
新石器时代中期（黄家围子文化，后套木嘎二期文化。不排除有更早的双塔一期文化级化）（6000~3500 BC）	遗址数量增加，出现比较大的遗址，初步等级化			赵宝沟文化时期（5000~4500 BC）	更多分散的小型遗址，分布在地势较高的坡岗之上，定居农业，饲养动物					兴隆洼文化时期（6200~5000 BC）	遗址面积多数较小，分布比较集中，有几处大聚落，主要分布于区域的南部，定居农业饲养动物
				红山文化时期（4500~3000 BC）	遗址数量增加，遗址等级化明显，分布于坡岗之上，出现社会等级化，宗教活动中心，定居农业，饲养动物	红山文化时期（4500~3000 BC）	遗址多，主要分布于河边坡上，等级化、一体化程度高，有核心性遗址，宗教活动中心，定居农业，饲养动物	红山文化时期（4500~3000 BC）	分散、小型遗址，一体化程度低，定居农业，饲养动物	赵宝沟文化时期（5000~4500 BC）	遗址少，面积较小，遍布较普，密度很低，分布于区域的南部
新石器时代晚期（哈民忙哈文化）（3500~3000 BC）	遗址少且小，未见等级化迹象	老虎山文化时期（2900~2100 BC）	较多小型遗址，有8处大型遗址（其中4处有城墙），大部分在山区南坡上。一体化程度不高，区域内有社会冲突现象	小河沿文化时期（3000~2200 BC）	连续性、过渡时期，小型国家			小河沿文化时期（3000~2000 BC）	分散，遗址密度很低	红山文化时期（4500~3000 BC）	遗址更少，分布于区域的中部

吉林月亮泡		内蒙古凉城		内蒙古赤峰		辽宁大凌河上游		辽宁彰武		辽宁阜新	
时期	聚落形态	时期	聚落形态	时期	聚落形态	时期	聚落形态	时期	聚落形态	时期	聚落形态
青铜时代早中期（小拉哈遗存文化）（1800~1000 BC）	遗址数量较多，前一时期增多，有2处大型遗址，形成一定的聚落形态、等级化、有组织一体化或统一化的聚落系统	朱开沟文化时期（2100~1500 BC）	遗址数量减少，有几处遗址延续使用，未见明显的一体化特征	夏家店下层文化时期（2200~1600 BC）	遗址大量增加且规模扩大，防御性设施如石砌城墙、壕沟，聚落等级化（3级）明显，有核心性聚落，一体化聚落系统，农业，早期国家组织	夏家店下层文化时期（2000~1200 BC）	遗址更多但小，分布更为集中，聚落等级化（3至4级），连续分布于河边坡上，有几处核心性遗址	高台山文化时期（2000~1200 BC）	遗址小且多，多为新出现，分布比较均匀，有几处大遗址，聚落等级化（3级），有核心性聚落（南部），定居农业，饲养动物	夏家店下层文化时期（2000~1400 BC）	遗址少，聚落初步等级化（2级），有大型遗址和有城墙的聚落
白金宝文化时期（1000~500 BC）	遗址多但缩小，分布更为集中，延续之前的聚落形态，仍表现出一体化或统一化的趋势			夏家店上层文化时期（1100~600 BC）	1100~600 BC出现新组织，遗址数量大量减少，但大型聚落增加，农业与畜牧业，墓葬随葬品更丰富，社会等级化	夏家店上层文化时期（1200~600 BC）	遗址数量增加2倍，规模更大，连续分布于河边坡上，出现遗存特别集中且密集的大型聚落，等级化和一体化特征明显	夏家店上层文化、新乐上层文化、十二台营子文化时期（1200~600 BC）	遗址减少且缩小，聚落等级化（2级），比较小的核心性聚落在北部，一体化程度很低，定居农业，饲养动物	高台山文化魏营子类型时期（1400~1100 BC）	遗址大量增加且规模扩大，分布比较均匀，聚落等级化（3级），出现地区性的中心性遗址
汉书二期文化时期（500 BC~0）	遗址更多，明显发展，有更清楚的等级组织	战国时期（500~200 BC）	遗址多但小，遗址分布于平地，农业，政治和经济一体化程度较低，赵国	战国—汉（500 BC~200 BC）	更为分散，少量缩小，区域内没有核心性遗址，燕国	战国—汉（500 BC~200 AC）	很分散，数量减少，大型聚落消失，乡村化，燕国	战国—汉—鲜卑（500BC~200 AD）	遗址较少而且极小，无一体化，该区域几乎被废弃，燕国长城与鲜卑		
		汉代（200 BC~200 AD）	连续性，遗址规模数量增强，等级化更明显，农业								

吉林环月亮泡		内蒙古凉城		内蒙古赤峰		辽宁大凌河上游		辽宁彰武		辽宁阜新	
时期	聚落形态	时期	聚落形态	时期	聚落形态	时期	聚落形态	时期	聚落形态	时期	聚落形态
魏晋隋唐时期（200~900 AD）	发展趋势停止，很多遗址消失，最大的遗址虽然连续使用但缩小			辽金时期（200~1200 AD）	遗址数量为历史最高，活动比较集中	辽代前后（200~1200 AD）	遗址大量增加，规模扩大，高程度一体化、核心性城址	契丹和辽（200~1200 AD）	遗址多但小、分布均匀，一体化和等级化程度低，土地占用率高		
辽金时期（900~1300 AD）	出现许多新的遗址，有新的大规模的组织，发展成一个有等级化、有竞争的聚落系统										
清末至民国时期（1800~1930 AD）	整体上聚落系统比较稳定										

不同地区的历时变化时其他地区发展阶段的完整性会受限。新石器时代，环月亮泡地区聚落尽管经历了产生—发展—衰落的过程，但是已经出现了初步等级化；而赤峰地区从中期开始发展到晚期时不仅等级化明显，还出现了专门的宗教活动中心，大凌河上游在晚期亦如此；阜新和彰武地区虽然处于红山文化影响范围内，但可能因为不是核心地区，聚落的等级化和一体化程度较低。青铜时代，早中期时环月亮泡地区聚落等级化和一体化程度增强，尽管在白金宝文化时期有所收缩，但是稳定延续了之前的聚落系统。其他五个区域的青铜时代早中期，除了凉城地区聚落数量减少其余四个区域的聚落等级化、一体化程度均增强，赤峰地区甚至出现了早期的国家组织；青铜时代晚期（白金宝文化时期），凉城和阜新地区未见这一阶段的遗存，大凌河上游的聚落系统继续发展，社会复杂性增强。赤峰地区虽然聚落数量有所减少，但仍有大型遗址存在，聚落的等级化、一体化特征比较明显。彰武地区虽然此阶段聚落数量减少，面积减小，但仍有等级差异。早期铁器时代，环月亮泡地区延续了之前的聚落形态并继续发展，社会复杂性有所增强。这一时期其他地区已经陆续归属中原诸侯国管辖，但调查区域中均未包括当时的地方行政中心，所发现的大多是小型的农业定居聚落，包括赤峰大山前第Ⅰ地点发现的战国晚期有围墙的小型边堡。魏晋隋唐至辽金时期，除了凉城和阜新地区未见材料发表，其他地区遗址数量、面积和密度达到了最高。不过除了环月亮泡地区，其余调查区域均未将魏晋隋唐至辽金时期遗存进一步细分，所以无法细致了解这些地区早期铁器时代之后的聚落变化情况。而且东北地区对该时期的研究主要集中于东部的高句丽与渤海遗存，但是对西部的东胡、鲜卑、契丹等文化遗存的研究目前还比较少。

将环月亮泡地区聚落的历时性变化和其他地区对比可以发现，东北地区的聚落形态演变过程并不是线性进化，各地区有独特的聚落形态演变过程。造成这种差异的原因有许多，包括气候[1]、水位、植被等自然条件的变化、生业方式和周边政治组织的变化等。史前时期至汉书二期文化时期，环月亮泡地区是在相对比较封闭的环境下较为独立的发展，而其他地区之间以及和更南地区之间存在联系，并且逐渐密切。尽管这些地区的演变过程存在差异，但是也有共同之处。辽西地区的古环境研究表明[2]，青铜时代早中期气候温暖湿润，与此时多数地区遗存数量增长密切相关；青铜时代晚期，气温和降水量均有下降，气候干旱，辽西、环月亮泡地区聚落数量均有所减少，但规模上仍然有明显级差；汉书二期文化时期环月亮泡地区遗存数量明显增多，对应了此时温暖的气候和增加的降水量；各调查区域辽金时期的丰富遗存也与气候变迁历史上的"中世纪暖期"相耦合。其次，遗存的丰富或密集程度，也与人群所占据时间的长短有关[3]。

①　Williams James T. *Staple Economies and Social Integration in North-East China: Regional Organization in Zhangwu, Liaoning, China*. Ph. D. Dissertation, Pittsburgh University, 2014; 滕铭予：《GIS支持下的赤峰地区环境考古研究》，北京：科学出版社，2009年。

②　Linduff Katheryn M, Robert D Drennan, Gideon Shelach. "Early Complex Societies in NE China: The Chifeng International Collaborative Archaeological Research Project". *Journal of Field Archaeology*, 2002, 29, 1-2, p. 45-74; Teng Mingyu, Gideon Shelach. "Climate Change during the Past 10, 000 Years", in Robert D. Drennan, Christian Peterson, Gideon Shelach, et al, ed. *Settlement Patterns in the Chifeng Region*. Pittsburgh: University of Pittsburgh Center for Comparative Archaeology, 2011, p. 39-43.

③　Peterson Christian E, Xueming Lü, Robert D. Drennan, Da Zhu. "Hongshan chiefly communities in Neolithic northeastern China". *Proceedings of the National Academy of Sciences of the United States of America*, 2010, 107, 13, p. 5756-5761.

　　通过以上研究，可以认识到多尺度分析的重要性，只有在长时段尺度下才能尽可能发现聚落形态演变的完整过程。而且，只有采用区域性系统调查这种田野考古方法才能厘清大范围内的聚落形态历时演变过程。

　　此外，利用《文物地图集》中的相关材料（通常是文物普查的结果），可以对更大区域进行更为宏观的研究，如王妙发对吉林省青铜时代遗址的分析[①]、滕铭予对西拉木伦河以南地区环境考古的研究[②]、Mayke Wagner 等对整个中国北方新石器时代和青铜时代的空间分布状态分析[③]。但是这类研究往往包含不同地理单位，并限制于某一个时期（通常是史前或青铜时代）来进行，而不关注完整的、历时态的演变过程。

（三）生业模式

　　在对环月亮泡区域性系统调查数据进行分析时，因为该地区在辽代之前并非以定居农业为主要生业模式，所以未考虑推算当地人口情况。尽管采集区分布与陶片密度等数据未被直接用于推算古代人口，但是笔者仍然将其与古代人类的分布密度、活动强度联系起来。环月亮泡地区地形平坦，两条河流流经此处，之间分布有大大小小的湖泊若干，还有许多沼泽与湿地。历史上气候的反复变化和现代水利设施的兴建等因素改变了当地的水体形状和数量，所以调查时的水文景观情况可能无法反映古人居住时的真实环境。因此对不同时期动植物遗存和土壤资源的分析研究成为了解当时生业模式的可靠途径。

　　首先需要说明的是，后套木嘎遗址已经进行了系统采样，即每个堆积单位采集4升土样，然后进行浮选。这种大规模且全面的系统采样在东北地区考古中尚属首次[④]，后套木嘎遗址发现的植物遗存，相比丰富的动物遗存，无论是数量还是多样性方面都比较有限。浮选结果表明：各阶段野生的苋科植物与莎草科植物都是数量最多，而人工栽培植物的密度和占标本的比例都是最低。这表明该遗址对植物资源的利用（采集、种植等）并不是生业模式中的主要部分。

1. 新石器时代早期

　　新石器时代早期的遗址与活动地点均分布于水边。

　　后套木嘎遗址的发掘材料显示，这一时期未发现房址类建筑遗迹，见有灰坑、灰沟和墓葬，而且该时期的动物遗存以蚌壳和鱼类为主，少见陆生哺乳类动物。后套木嘎一期出土大量

　　① 王妙发：《吉林省青铜时期聚落地理研究》，《中国历史地理论丛》1996年第4期，第27～41页。

　　② 滕铭予：《GIS在西拉木伦河以南环境考古研究中的初步应用》，《内蒙古文物考古》2007年第1期，第81～105页；滕铭予：《GIS支持下的赤峰地区环境考古研究》，北京：科学出版社，2009年。

　　③ Wagner Mayke, Pavel Tarasov, Dominic Hosner, Andreas Fleck, Richard Ehrich, Xiaocheng Chen, Christian Leipe. "Mapping of the Spatial and Temporal Distribution of Archaeological Sites of Northern China during the Neolithic and Bronze Age". *Quaternary International*, 290-291, 2013, p. 344-357.

　　④ 王立新、Pauline Sebillaud（史宝琳）、霍东峰：《大安后套木嘎遗址发掘方法、技术与记录手段的新尝试》，《吉林大学社会科学学报》2016年第1期，第113～119页。

大型蚌壳，蚌壳上未发现工具的痕迹。陶器残留物分析结果表明，该文化的罐类器有些是作为炊煮淡水类动物的用具[①]。遗迹中发现的植物种子密度很低，其中草本类的比率最高，还发现少量野生豆科植物的籽实[②]。

目前的材料表明当时生业模式以蚌壳采集、捕鱼为主，也有狩猎活动和采集作为补充。

2. 新石器时代中期

新石器时代中期的遗址亦主要分布于水边。

以往嫩江流域发现的新石器时代中晚期考古材料表明，石器以细石器和压制加工细石叶为主，包括大量石镞、刮削器、石叶，而大型打制石器和磨制石器很少[③]。细石器主要用于狩猎、屠宰和一些手工制作活动，而骨器主要用于捕钓鱼类等水生资源。赵宾福认为，以往嫩江流域史前文化所见的复合工具如骨柄石刃刀，为古代典型的农业经济区所不见，所以应为"渔猎生产经济的一种标识物"[④]。

后套木嘎遗址二期遗存中不见与农业生产相关的工具，但是后套木嘎遗址三期遗存开始出现"少量磨盘与磨棒，但仍然不见与农业直接相关的石铲、石锄、石刀等"[⑤]。后套木嘎遗址二期和三期的遗迹中既有大量的鱼骨和蚌壳，也有哺乳动物，以野生牛类为主（*Bos primigenius*）[⑥]。根据对后套木嘎遗址三期AⅢG1出土动物骨骼的分析，发现当时人群有炊煮和火烤野牛、鱼的习惯，而且捕鱼时有选择食肉性鱼类的倾向。陶器残留物的稳定同位素分析，也表明存在炊煮淡水鱼类的现象[⑦]。这时期的居民不仅将动物作为食物，也用骨骼和蚌壳制造器物，而且骨骼利用痕迹分析表明当时存在利用皮毛的现象[⑧]。后套木嘎遗址二期和三期的植物种子密度依然很低，但是较一期多，草本类的比率仍是最高。还发现少量野生豆科植物

① Kunikita D, L Wang, S Onuki, H Sato, H Matsuzaki. "Radiocarbon dating and dietary reconstruction of the Early Neolithic Houtaomuga and Shuangta sites in the Song-Nen Plain, Northeast China". *Quaternary International*, 2017, 441, p. 62-68; Wang Lixin, Pauline Sebillaud. "The emergence of early pottery in East Asia: new discoveries and perspectives". *Journal of World Prehistory*, 32, 1, 2019, p. 73-110.

② Lee Hyunsoo. "*Study on Plant Resource Use in Prehistoric Northeast China: Focusing on the Houtaomuga Site, Jilin*". Master, Eugene: University of Oregon, 2016.

③ 赵宾福：《嫩江流域新石器时代生业方式研究》，《考古》2007年第11期，第58页。

④ 赵宾福：《嫩江流域新石器时代生业方式研究》，《考古》2007年第11期，第58页。

⑤ 王立新、霍东峰、方启：《吉林大安后套木嘎遗址发掘的主要收获》，《边疆考古研究（第21辑）》，北京：科学出版社，2017年，第321～333、326页。

⑥ Cai Dawei, Naifan Zhang, Siqi Zhu, Quanjia Chen, Lixin Wang, Xin Zhao, Xiaolin Ma, Thomas C A Royle, Hui Zhou, Dongya Y Yang. "Ancient DNA reveals evidence of abundant aurochs (*Bos primigenius*) in Neolithic Northeast China". *Journal of Archaeological Science*, 98, 2018, p. 72-80.

⑦ Kunikita D, L Wang, S Onuki, H Sato, H Matsuzaki. "Radiocarbon dating and dietary reconstruction of the Early Neolithic Houtaomuga and Shuangta sites in the Song-Nen Plain, Northeast China". *Quaternary International*, 2017, 441, p. 62-68.

⑧ 宋姝、陈全家、王立新：《大安后套木嘎遗址DHAⅢG1动物骨骼遗存研究》，《边疆考古研究（第21辑）》，北京：科学出版社，2017年，第353～380页。

籽实和人工栽培或被采集的极少量的粟[1]。

目前的材料表明，该地区在新石器时代中期的生业模式很可能以捕鱼和狩猎为主，采集为辅。

3. 新石器时代晚期

新石器时代晚期的遗址点非常少，均分布于水边。

后套木嘎遗址第四期遗存中石器虽然以细石器为主，但磨盘和磨棒数量相比之前增多，还新出现了穿孔石刀。遗迹中出土的动物骨骼以野生牛类为主（*Bos primigenius*）[2]。发现的植物遗存在后套木嘎遗址所有阶段中密度最低，草本类比率仍是最高，也发现人工栽培或被采集的极少量的粟。

目前的材料表明，该区域新石器时代晚期的生业模式以狩猎和捕鱼为主，可能出现少量种植业，但所占比例很低。

4. 青铜时代早中期

青铜时代早中期的遗址均分布于月亮泡北岸和南岸靠近嫩江的区域。调查发现不少网坠。

这一时期虽然发现有铜镞、铜刀，但是数量较少，青铜器主要是装饰品。生产和生活工具主要为石器、骨器、蚌器和陶器，用于狩猎（镞、弓弩等）、捕捞（鱼镖、网坠等）和采集（石斧、石铲、蚌刀等）。遗址出土的动物遗存主要为野生哺乳动物的骨骸，比家养的动物骨骸多，还有大量的鱼骨和蚌壳[3]。

目前的材料表明，该时期的生业模式主要依靠狩猎和捕鱼，采集次之，人工种植植物和驯养动物可能存在但是比例较低。

5. 白金宝文化时期

白金宝文化时期遗址延续了青铜时代早中期的遗址分布状态，表明了聚落的定居性。遗址均分布于调查区域东部靠近嫩江的地方，遗址面积虽然略缩，但是遗物密度较高。调查采集很多网坠。

这一时期的石器主要为细石器和细石叶，以往出土的石器、骨器和蚌器主要用于渔猎，而未发现明显与农业有关的工具。白金宝遗址三期（即白金宝文化时期）出土的动物骨骼主要为鱼和蚌壳，野生哺乳动物的比例高于家养动物，家养动物主要为狗[4]。另外，白金宝文化时期的陶器装饰中，动物纹饰以野生动物为主，如鹿、鸟、鱼、蛙，还有鱼篓、网和水波

---

① Lee Hyunsoo. "*Study on Plant Resource Use in Prehistoric Northeast China: Focusing on the Houtaomuga Site, Jilin*". Master, Eugene: University of Oregon, 2016.

② Cai Dawei, Naifan Zhang, Siqi Zhu, Quanjia Chen, Lixin Wang, Xin Zhao, Xiaolin Ma, Thomas C A Royle, Hui Zhou, Dong ya Y Yang. "Ancient DNA reveals evidence of abundant aurochs (*Bos primigenius*) in Neolithic Northeast China". *Journal of Archaeological Science*, 98, 2018, p. 72-80.

③ 陈全家、王法岗、王春雪：《嫩江流域青铜时代生业方式研究》，《华夏考古》2011年第2期，第46～53页。

④ 陈全家：《白金宝遗址（1986年）出土的动物遗存研究》，《北方文物》2004年第4期，第1～6页。

纹[①]。白金宝遗址只采集了一个1升的土样进行浮选，发现可能存在人工栽培的粟[②]。

目前的材料表明该时期生业模式主要为定居渔猎，采集次之，也有少量畜养行为，可能有人工种植[③]。

6. 汉书二期文化时期

汉书二期文化时期的遗址分布状态与白金宝文化时期有明显的连贯性，调查区域东部靠近嫩江的区域仍有分布，不过调查区域西南和西北出现新的遗址。该时期聚落形态有很大的发展，亦为定居性聚落。在白金宝遗址和汉书遗址，青铜时代早中期、白金宝文化时期与汉书二期文化时期的房址等居住遗迹之间存在叠压打破关系，这既表明了聚落使用的连续性[④]，也表明当时是定居的聚落形态。调查采集很多网坠。

目前汉书二期文化的发掘材料中与农业有关的工具数量很少[⑤]。汉书遗址出土的动物骨骼表明，野生哺乳动物的比例仍比畜养动物多，畜养动物主要为马，而马肉是当时主要的肉类来源[⑥]。后套木嘎遗址汉书二期文化墓葬中随葬马科动物的蹄，植物遗存中发现少量野生豆科植物的籽实和人工栽培的粟[⑦]。此外，对后套木嘎遗址该时期墓葬的墓主人口腔健康状态的分析表明，当时人群主要依靠渔猎采集，农业仅占很小的比例[⑧]。孩子和未成年个体的牙齿病变分析还表明，生计方式多样化可能降低受环境变化影响的死亡率，这种广谱生业模式有利于增强免疫能力和对环境压力的抵抗力[⑨]。

目前的材料表明，该时期虽然定居，但主要的生业方式仍是依靠渔猎，人工种植比例虽然

---

① 黑龙江省文物考古研究所、吉林大学考古学系：《肇源白金宝——嫩江下游一处青铜时代遗址的揭示》，北京：科学出版社，2009年，第116～120页；陈全家、王法岗、王春雪：《嫩江流域青铜时代生业方式研究》，《华夏考古》2011年第2期，第46～53页。

② 黑龙江省文物考古研究所、吉林大学考古学系：《肇源白金宝——嫩江下游一处青铜时代遗址的揭示》，北京：科学出版社，2009年，第277、278页。

③ 黑龙江省文物考古研究所、吉林大学考古学系：《肇源白金宝——嫩江下游一处青铜时代遗址的揭示》，北京：科学出版社，2009年，第265～272页。

④ 黑龙江省文物考古研究所、吉林大学考古学系：《肇源白金宝——嫩江下游一处青铜时代遗址的揭示》，北京：科学出版社，2009年；吉林省文物考古研究所、吉林大学边疆考古研究中心、吉林大学考古学院：《大安汉书——青铜时代遗址考古发掘报告》，北京：科学出版社，2018年。

⑤ 吉林省文物考古研究所、吉林大学边疆考古研究中心、吉林大学考古学院：《大安汉书——青铜时代遗址考古发掘报告》，北京：科学出版社，2018年。

⑥ 吉林省文物考古研究所、吉林大学边疆考古研究中心、吉林大学考古学院：《大安汉书——青铜时代遗址考古发掘报告》，北京：科学出版社，2018年，第171～187页。

⑦ Lee Hyunsoo. "*Study on Plant Resource Use in Prehistoric Northeast China: Focusing on the Houtaomuga Site, Jilin*". Master, Eugene: University of Oregon, 2016.

⑧ Zhang H, D C Merrett, X Xiao, Q Zhang, D Wei, L Wang, X Ma, H Zhu, D Y Yang. "A Comparative Study of Oral Health in Three Late Bronze Age Populations with Different Subsistence Practices in North China". *Quarternary International*, 105, 2015, p. 44-57.

⑨ Merrett D C, H Zhang, X Xiao, Q Zhang, D Wei, L Wang, H Zhu, D Y Yang. "Enamel Hypoplasia in Northeast China: Evidence from Houtaomuga". *Quarternary International*, 405, 2015, p. 11-21.

稍有增加但基数很小。

7. 魏晋隋唐时期

魏晋隋唐时期的聚落分布形态相比之前发生明显的变化。分布较为分散，而且调查区域西部新出现几处遗址。

该地区内属于魏晋隋唐时期的发掘材料非常少。1974年发掘的大安渔场墓地中[①]，M207随葬有内置鱼骨的大型蚌壳，蚌壳被解释为当时一种食具。该墓葬也出土有弓弭、桦皮制弓囊和箭囊，内有铁镞和骨镞。另外还有铁削和"铁片、挂钩和铁环，可能是连系铠甲的物件"。装饰品为玛瑙珠和铜戒指。M201随葬骨镞和玉质装饰品，随葬有羊的肩胛骨与其他兽骨。该墓地中的大部分墓葬随葬有蚌壳、骨镞、铁器、桦皮制品。发掘者认为"较大规模墓地的存在，反映了当时此地区居民已过着定居生活"。

以往出土考古材料表明，当时渔猎活动仍是主要生业模式，畜牧为辅。

8. 辽金时期

辽金时期的聚落发展明显，遗址不仅分布于水边，也开始利用远离水体的内陆。这种现象符合辽代有关大规模垦荒的文献记载。这一时期聚落一体化程度很高，聚落等级分化十分明显，且遗址分布比较均匀，间距平均5～6千米。大型遗址可能具有类似"集镇"的经济功能。调查采集有大量的网坠和瓦片改成的网坠。

以往在后地窝堡遗址附近发现有辽金时期的运粮水渠[②]，表明当时粮食生产量比较大故而有运输需求。尹家窝堡遗址的发掘材料表明，该时期开始使用设有火炕和砖砌墙基的建筑[③]，说明有定居性的固定建筑。尹家窝堡遗址还发现制盐遗存，表明当时的居民开始大量使用当地的资源生产可远距离交换的消费品[④]。遗址出土的动物骨骼包括各种蚌壳（其中很多做成蚌器），不同种类的鱼、蛙、家鸡、野生鸟类和哺乳动物，包括野兔、东北狍、野牛，以及家养的猪、羊、黄牛、驴、马等。通过判断家猪死亡年龄发现，猪成为肉食来源，动物骨骼上各种人为形成的痕迹分析也表明，这些动物被用于食用，或者用于获取皮毛。动物考古研究

---

① 吉林省博物馆文物队、吉林大学历史系考古专业：《吉林大安渔场古代墓地》，《考古》1975年第6期，第356～362、386、387页。

② 吉林省文物志编修委员会：《大安县文物志》，长春：吉林省文物志编修委员会，1982年，第59、60页。

③ Pauline Sebillaud（史宝琳）、张礼艳、刘晓溪：《吉林大安尹家窝堡遗址2015年发掘简报》，《边疆考古研究（第20辑）》，北京：科学出版社，2016年，第89～117页；Pauline Sebillaud, Xiaoxi Liu, Lixin Wang. "Investigation on the Yinjiawopu Site, a Medieval Salt Production Workshop in Northeast China". *Journal of Field Archaeology*, 47, 2017, p. 1-15.

④ Pauline Sebillaud （史宝琳）、刘晓溪、李扬、王立新、梁建军：《吉林发现东北地区首个辽金时期土盐制作遗址——大安尹家窝堡遗址的发掘收获》，《中国文物报》2014年9月26日，第8版；吉林大学边疆考古研究中心、吉林省文物考古研究所：《吉林大安市尹家窝堡遗址发掘简报》，《考古》2017年第8期，第59～69页；Pauline Sebillaud （史宝琳）、刘晓溪：《尹家窝堡遗址：探索东北已知发现最早的土盐制作遗存》，《吉林画报》2016年第7期，第70～73页；Pauline Sebillaud, Xiaoxi Liu, Lixin Wang. "Investigation on the Yinjiawopu Site, a Medieval Salt Production Workshop in Northeast China". *Journal of Field Archaeology*, 47, 2017, p. 1-15.

表明，当时肉食来源主要为鱼类（34%）和哺乳动物类（31%，主要为猪、黄牛和马），蚌类（22%）和鸟类（4%）次之。海螺的发现表明长途贸易的存在[①]。此外，还发现很多蚌刀和蚌饰以及较多的骨器，如骨簪、骨饰和骨骸。

另外，Callan Ross-Sheppard（谢凯伦）对尹家窝堡遗址出土化妆白瓷瓷片的初步分析（X射线荧光分析XRF）发现，遗址出土的22件白色瓷器样本当中有17例（即77%）为辽宁省辽阳市江官屯窑址的产品，还有2例属于内蒙古赤峰市缸瓦窑产品。虽然比较样本尚少，但已可说明尹家窝堡遗址存在长距离的交换，辽金时期该区域的聚落系统已经和其他地区联系起来，加入整个东北地区的交换网络。

目前的材料表明辽金时期仍是定居，生业模式主要依靠农业、畜牧和渔猎活动。

9. 清末至民国时期

清末至民国时期的聚落分布状态延续了辽金时期，不过遗物密度没有辽金时期那么高。该时期聚落形态奠定了现代当地村镇布局的基础，很多清末至民国时期的聚落连续使用至今。调查区域内未发现核心性遗址，因为清末至民国时期主要贸易和工业中心位于调查区域外的安广镇一带。调查发现有网坠和瓦片改成的网坠。

至今，中国考古学还不太重视历史时期后段的考古工作，有关该时期的考古材料比较匮乏。玉米在明朝时传入中国，最早的记载是1531年传至广西，明代末年（1643年为止），已传至河北、山东、河南、陕西、甘肃、江苏、安徽、广东、广西、云南等十数省。不过在吉林省人工种植作物从以小米为主转变为以玉米为主的时间节点目前不清楚，至少是到20世纪80年代，大部分耕地仍然种植高粱、小米与大豆，玉米变成主要农作物应为1980～1990年的现象。现代冬季的月亮泡和新荒泡捕鱼活动还很发达，平时捕鱼、蚌等也是较为普遍的活动，现在的月亮泡还饲养河蟹。

以目前的材料来看，当时虽然以定居农业和家畜饲养为主要生业模式，渔猎业应该还占一定的比例。

总而言之，环月亮泡地区区域性系统调查材料表明，进化论和新进化论的传统模式，即从狩猎采集向新石器时代种植农业转化的模式，不一定适合中国东北的大部分地区。贾伟明曾经指出该理论的弱点，因为其假设存在"一个稳定、一致且没有中断、阻碍、竞争或阻力的理想环境"[②]，而且"狩猎采集是一种比最初概念更加多样化和复杂的生业模式"[③]。换一句话说，"这与在长江、黄河及东北南部地区发现的'种植农业型新石器文化'存在着本质的区别"[④]。从新石器时代早期至清末至民国时期，环月亮泡区域各个时期的生业模式都包含了丰富的资源利用方式和管理模式，利用的资源也有许多种类和组合，这里的人群长期应用广谱生

---

①　梁琪瑶、陈全家、Pauline Sebillaud（史宝琳）、王立新：《吉林大安市尹家窝堡遗址出土的动物骨骼遗存研究》，《北方文物》2018年第1期，第50～59页。

②　Jia Peter Weiming. "The transition to farming in northeast China: a model and application". *Before farming*, 4, 2008, p. 1-21.

③　Stephens Lucas, Dorian Fuller, Nicole Boivin, Torben Rick, Nicolas Gauthier, Andrea Kay, Ben Marwick et al. "Archaeological Assessment Reveals Earth's Early Transformation Through Land Use". *Science*, 365, 6456, 2019, p. 897-902.

④　赵宾福：《嫩江流域新石器时代生业方式研究》，《考古》2007年第11期，第55页。

业模式。直到辽代大规模垦荒种植之前，渔猎采集业在环月亮泡地区各个阶段的经济生活中都扮演着极为重要的角色。通过与北方长城地带其他诸项区域性系统调查结果比较（表6），可以发现环月亮泡地区所在的"腹地"因为处于较为封闭的地理环境中，产生了独特的渔猎文化。而且，尽管农业出现较晚，但是没有阻碍这个地区社会的演进和复杂性的提高。

三、结　　语

通过4个年度的调查工作，我们基本掌握了调查区域内自新石器时代早期至清末民国时期遗存的分布状况，为研究该地区聚落形态特点和历时演变规律提供了丰富的资料。

从统计数据可以发现，该区域内新石器时代早期的采集区数量很少，尽管无法推断其为永久聚落还是季节性聚落，但这些遗址的布局从某种程度上也反映了新石器时代早期人类择高临水而居的特点。虽然无法估计这一时期的人口数量，但是根据地表采集的陶片数量可知这一时期的人口数量相当少，区域内的人口密度极低。而新石器时代中期相比之前，无论是采集区的数量，还是陶片数量和密度都有显著的提高，说明这一时期的人口数量有所增加，聚落规模有所扩大。新石器时代晚期遗址和陶片数量都很少，相比之前发生较大变化，可能中心性遗址不在调查范围内，也可能和当时的环境特别是水位有关。

青铜时代早中期的遗存虽然包含两个阶段，但是由于调查资料难以细分故未做区分。这一时期的聚落重心已经从新荒泡转移到月亮泡沿岸，与嫩江干流地区联系更加紧密，与新石器时代晚期相比，陶片的数量和密度明显增加，可能反映了人口数量的增长。该时期聚落的择址标准延续了新石器时代中期的标准，并贯穿到早期铁器时代。从白金宝文化到汉书二期文化阶段，区域内聚落的数量又有增加，人类活动强度增大，区域一体化的发展趋势愈加明显。

至魏晋隋唐时期，从采集区数量、陶片数量和密度来看，社会发展的道路上似乎出现了一次较大的倒退。然而从历史角度审视这个问题，可知这一时期生活在该区域内人群的经济模式已经有所变化。但目前未发现适合分析游牧群体人口数量和社会复杂化进程的田野考古方法。

辽金时期无论是采集区数量，还是陶片数量和密度与之前相比都是一次不小的飞跃，调查区域内分布大量等级化聚落。但是这一时期定居人群的择居标准发生了较大变化，人们不再单纯地择高临水而居，而是分布于更广阔的平原旷野。虽然这一变化可能受垦荒政策的影响，但是也可能是因为社会生产力的发展和农业生计方式的应用供养了更多的人口并推动了土地利用范围的扩大。这也能够解释这一时期聚落数量空前膨胀的现象。但与此同时我们也发现了一些问题。区域内辽金时期聚落发展的峰值和元明时期的"真空"形成了鲜明的对比，这可能因为在调查资料的整理过程中并未发现明确属于元明时期的遗存。结合文献记载可知，这一区域的生业方式在元明时期可能再一次转变为游牧业。

清末至民国时期聚落与现代村落分布状况相差无几，区域内的现代行政区划格局在这一时期已基本成形[1]。

---

① Pauline Sebillaud, Williams James, Liu Xiaoxi, Wang Lixin. "Changing settlement patterns and subsistence strategies in Northeast China: Results of the Yueliang regional survey". *Archaeological Research in Asia*, vol. 25, 2021, p. 1-19.

第三章　遗址调查材料

本章将对调查区域内发现的73处遗址的材料逐一进行介绍（图116），包括各遗址的位置、地貌、以往工作、采集区分布、遗存时代与密度、采集标本等。

图116　调查区域已编号遗址点分布图

1. 苇海西北Ⅰ号地点 ZL-WH-1

（1）位置

苇海西北Ⅰ号地点位于调查区域西北角，镇赉县沿江镇苇海村（乌里布）西北约6千米。地点中心UTM格式坐标为东经550184.8122，北纬5073106.0699。

（2）地貌

该地点位于洮儿河北一处南北向高地上，土包很明显，东侧为沼泽。属于PHh土壤地带。

（3）以往工作

该遗址点为此次调查新发现。

（4）范围与文化内涵

苇海西北Ⅰ号地点总面积为2500平方米，仅包括1个一般采集区，即R082采集区（图117、表7）。该采集区发现新石器时代中期、辽金时期和清末至民国时期陶片。

图117　苇海西北Ⅰ号地点采集区分布图

表7 苇海西北 I 号地点采集区与陶片统计表

时期	采集区数量	采集区面积/万平方米	陶片数量	占陶片总数百分比/%	采集区内密度*
新石器时代中期	1	0.25	2	6	0.0001/m²
辽金时期	1	0.25	21	64	0.008/m²
清末至民国	1	0.25	10	30	0.004/m²
总数	1	0.25	33	100	0.01/m²

*此处密度数据是依据系统采集所获陶片数量推算而得，其他数据都是实际数据。

因表中数据四舍五入，合计数据可能不会为百分之百，全书同。

（5）遗存分布与密度

在苇海西北 I 号地点采集的新石器时代中期、辽金时期和清末至民国时期的遗物全部分布于高地中部的R082采集区内。新石器时代中期的陶片只发现了2片，密度很低（图118）。

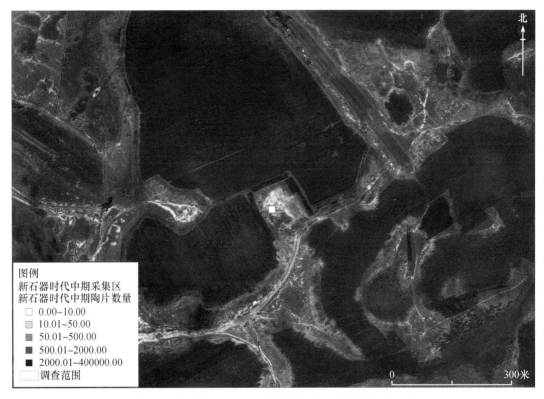

图118 苇海西北 I 号地点新石器时代中期采集区分布图

辽金时期陶片发现21片，占64%（图119）。

清末至民国时期陶片发现10片，占30%，是辽金时期的一半（图120）。

（6）总结

该地点距其他遗址比较远，比较孤立。但采集有少量新石器时代中期的陶片。

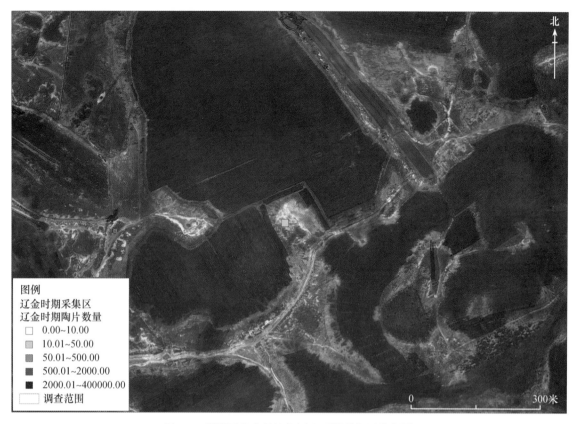

图119　苇海西北Ⅰ号地点辽金时期采集区分布图

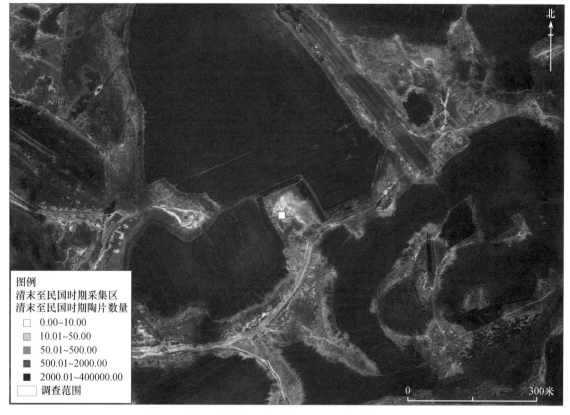

图120　苇海西北Ⅰ号地点清末至民国时期采集区分布图

2. 苇海西北Ⅱ号地点 ZL-WH-2

（1）位置

苇海西北Ⅱ号地点位于调查区域西北角，镇赉县沿江镇苇海村（乌里布）西北约5千米处，西北距苇海西北Ⅰ号地点约1千米。地点中心UTM格式坐标为东经550792.8122，北纬5072646.0699。

（2）地貌

该地点位于洮儿河北一处南北向高地上，东西两侧为低洼的沼泽，仍长有芦苇等杂草，中部被开垦为耕地，高出周围地表约1米。属于PHh土壤地带。

（3）以往工作

该遗址点为此次调查新发现。

（4）范围与文化内涵

苇海西北Ⅱ号地点总面积为2500平方米，仅包括1个一般采集区，即R081采集区（图121，表8）。该采集区发现新石器时代早期、新石器时代中期、汉书二期文化、辽金时期和清末至民国时期陶片。

表8 苇海西北Ⅱ号地点采集区与陶片统计表

时期	采集区数量	采集区面积/万平方米	陶片数量	占陶片总数百分比/%	采集区内密度*
新石器时代早期	1	0.25	4	7	0.0002/m²
新石器时代中期	1	0.25	14	26	0.06/m²
汉书二期文化	1	0.25	1	2	0.0004/m²
辽金时期	1	0.25	24	44	0.01/m²
清末至民国	1	0.25	11	20	0.004/m²
总数	1	0.25	54	99	0.02/m²

*此处密度数据是依据系统采集所获陶片数量推算而得。其他数据都是实际数据。

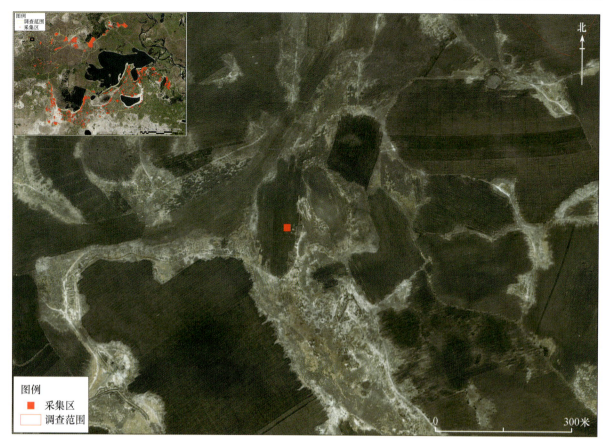

图121　苇海西北Ⅱ号地点采集区分布图

（5）遗存分布、密度与标本

在苇海西北Ⅱ号地点采集的新石器时代早期、新石器时代中期、汉书二期文化、辽金时期和清末至民国时期的遗物全部分布于高地中部的R081采集区内（图122）。新石器时代早期陶片只发现了4片，密度很低。

新石器时代中期陶片发现14片，采集陶片数量占26%（图123）。

汉书二期文化的陶片只发现了1片，密度很低（图124）。

辽金时期陶片发现了24片，占采集陶片数量的44%（图125）。

辽金时期有带篦点纹陶片。

R081：001，泥质灰陶。饰有成排菱形篦点纹。长3厘米，宽2.3厘米，厚0.7厘米（图126-1）。

R081：002，泥质灰陶。饰有成排菱形篦点纹。长3.4厘米，宽1.7厘米，厚0.6厘米（图126-2）。

R081：003，泥质灰陶。饰有成排短条形篦点纹。长2.5厘米，宽2厘米，厚0.8厘米（图126-3）。

清末至民国时期陶片发现有11片，占采集陶片数量的20%（图127）。

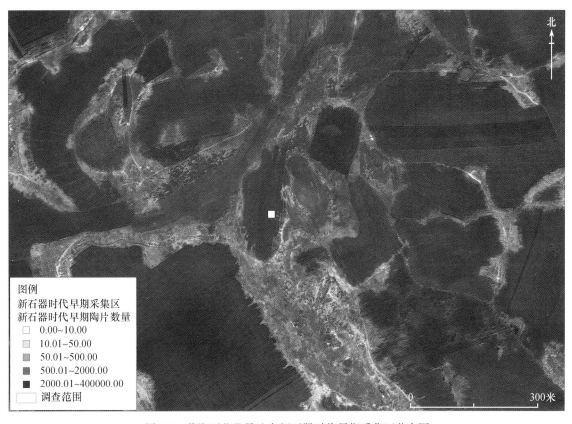

图122　苇海西北Ⅱ号地点新石器时代早期采集区分布图

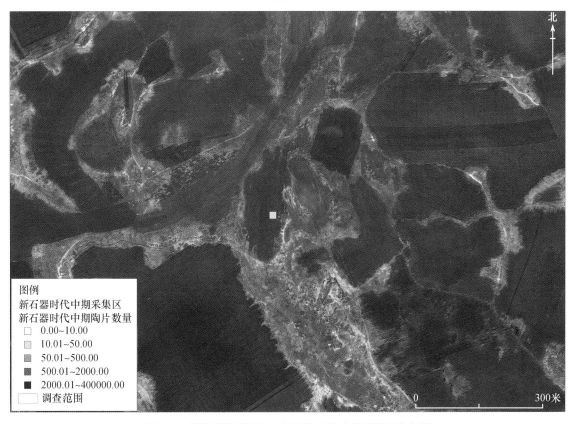

图123　苇海西北Ⅱ号地点新石器时代中期采集区分布图

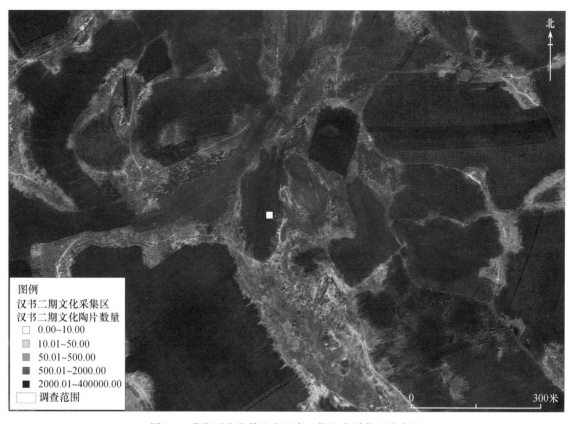

图124　苇海西北Ⅱ号地点汉书二期文化采集区分布图

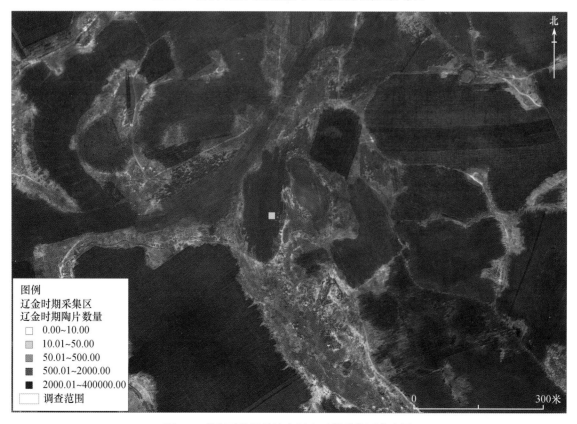

图125　苇海西北Ⅱ号地点辽金时期采集区分布图

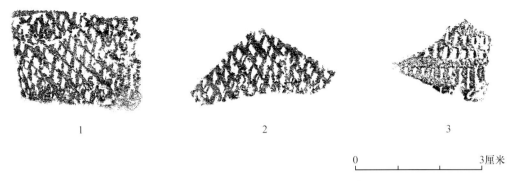

图126 苇海西北Ⅱ号地点采集辽金时期篦点纹陶片拓片

1. R081：001 2. R081：002 3. R081：003

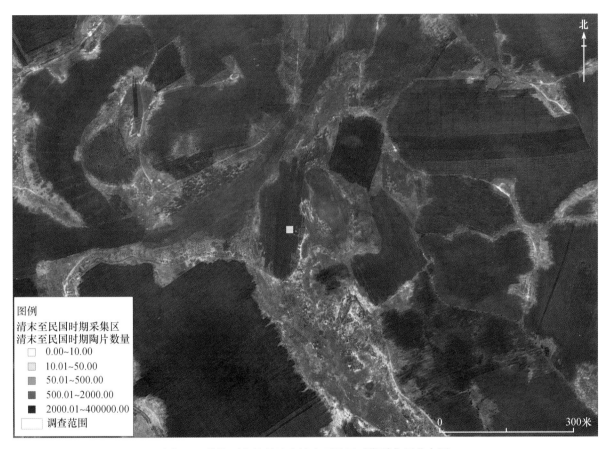

图127 苇海西北Ⅱ号地点清末至民国时期采集区分布图

（6）未断代标本

该地点地表采集石器19件，其中细石器17件、磨制石器2件（图128、图129）。

细石器包括刮削器（6件）、石核（4件）、完整石片（5件）、断片（2件）。

刮削器有端刃刮削器（3件）、单直刃刮削器（2件）、双直刃刮削器（1件）3种。

R081：007，端刃刮削器。浅红色硅质泥岩。毛坯为残块。长3.2厘米，宽3.2厘米，厚1.1

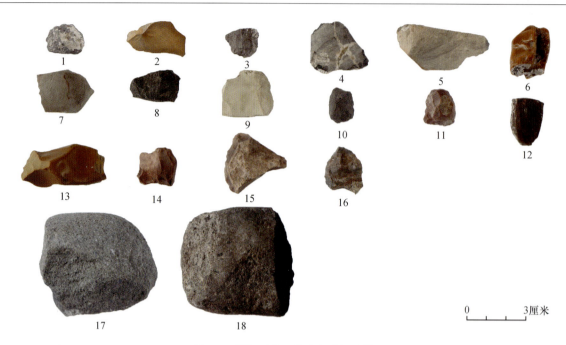

图128　苇海西北Ⅱ号地点采集石器

1. R081：013　2. R081：019　3. R081：012　4. R081：016　5.R081：006　6. R081：021　7. R081：017　8. R081：011

9. R081：018　10. R081：015　11. R081：014　12. R081：009　13. R081：022　14. R081：020　15. R081：007

16. R081：008　17. R081：004　18. R081：005

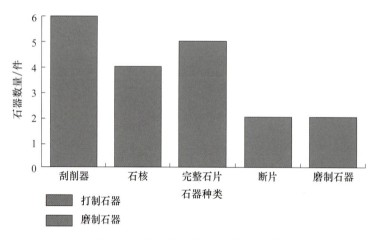

图129　苇海西北Ⅱ号地点采集石器统计示意图

厘米。一长边经正向加工呈一端刃，刃长为29.83毫米，刃角为72°（图128-15）。

　　R081：008，端刃刮削器。灰红色硅质泥岩。毛坯为残块。一长边经正向加工呈一端刃，刃长为20.67毫米，刃角为68°，长2.3厘米，宽2.2厘米，厚1厘米（图128-16）。

　　R081：010，端刃刮削器。灰色硅质泥岩，毛坯为残块。远端正向加工呈端刃，刃长为11.36毫米，刃角为55°，长2.3厘米，宽2厘米，厚1厘米。

　　R081：011，单直刃刮削器。黑灰色流纹岩。一侧边经复向修理呈一直刃，刃长为12.59毫米，刃角为35°，长2.8厘米，宽1.7厘米，厚0.6厘米（图128-8）。

R081∶017，单直刃刮削器。浅灰色硅质泥岩。毛坯为完整石片，一侧边经正向加工呈一直刃，刃长为13.57毫米，刃角为45°，长2.9厘米，宽2.3厘米，厚0.5厘米（图128-7）。

R081∶015，双直刃刮削器。黑灰色。毛坯为残块。两侧边经正向加工呈两直刃，刃长分别为11.67毫米、11.1毫米，刃角分别为58°、64°，长1.9厘米，宽1.3厘米，厚0.6厘米（图128-10）。

石核有细石叶石核（2件）、锤击石核（2件）2种。

R081∶009，细石叶石核。深红色硅质泥岩。整体呈楔形，核体残。人工台面，工作面上有9条剥片疤，疤宽为0.2～0.7厘米，疤长为1.3～2.45厘米，长2.5厘米，宽1.8厘米，厚1.4厘米（图128-12）。

R081∶014，细石叶石核。红色。人工台面，未修理。底缘和后缘经过修理。工作面上有4条剥片疤，疤宽为0.1～0.4厘米，疤长为0.62～0.95厘米，长1.9厘米，宽1.7厘米，厚1厘米（图128-11）。

R081∶020，锤击石核（多台面）。红色细腻石料。台面1：人工台面，工作面有一条剥片疤，疤宽为0.61厘米，疤长为2厘米。台面2：工作面上有两条剥片疤，疤宽为0.46～0.57厘米，疤长为0.8～0.85厘米。台面3：人工台面，未修理。工作面上有一条剥片疤，疤宽为0.6厘米，疤长为1.62厘米，长2.3厘米，宽1.9厘米，厚1.4厘米（图128-14）。

R081∶022，锤击石核（双台面）。黄褐色硅质泥岩。台面1：自然台面，工作面有4条剥片疤，疤宽为0.49～0.62厘米，疤长为0.4～1.43厘米。台面2：自然台面，工作面有2条剥片疤，疤宽为0.52～0.61厘米，疤长为0.98～1.2厘米，长4.4厘米，宽2.3厘米，厚1.9厘米（图128-13）。

石片有完整石片（5件）、断片（1件）、断块（1件）三种。

R081∶006，完整石片。黄灰色硅质泥岩。自然台面。背面全部为石皮；腹面半锥体微凸，长4.9厘米，宽2.2厘米，厚1.2厘米（图128-5）。

R081∶012，完整石片。灰红色燧石。人工台面，台面残。人工背面，腹面半锥体微凸，长1.8厘米，宽1.5厘米，厚0.6厘米（图128-3）。

R081∶013，完整石片。灰色。人工台面，素台面。人工背面，腹面较平，长2厘米，宽1.6厘米，厚0.8厘米（图128-1）。

R081∶016，完整石片。灰色燧石。人工台面，素台面。腹面半锥体微凸，长3.4厘米，宽2.7厘米，厚1厘米（图128-4）。

R081∶019，完整石片。黄褐色硅质泥岩。自然台面。背面保留部分石皮；腹面半锥体微凸，长3.2厘米，宽1.8厘米，厚0.5厘米（图128-2）。

R081∶018，断片近端。白色硅质泥岩。人工台面，素台面。人工背面，腹面半锥体凸出，长2.7厘米，宽2.4厘米，厚0.7厘米（图128-9）。

R081∶021，断块。深红色燧石。长2.4厘米，宽2.1厘米，厚1.9厘米（图128-6）。

磨制石器有磨棒（2件）。

R081∶004，磨棒残块。灰色。圆端。剖面近椭圆形，长6.2厘米，宽5.2厘米，厚4.2厘米（图128-17）。

R081∶005，可能为磨棒残块。红色。剖面圆角长方形，长6.1厘米，宽5.7厘米，厚3.5厘米（图128-18）。

（7）总结

该地点细石器遗存较丰富，采集的新石器时代早期（7%）和中期（26%）陶片所占比例较高，因而这些细石器可能属于新石器时代。其中发现有4件石核，表明该遗址在新石器时代早中期可能存在打制石器的活动。

3. 苇海西 ZL-WH-3

（1）位置

苇海西遗址位于调查区域西北部，镇赉县沿江镇苇海村（乌里布）西约3千米处。遗址中心UTM格式坐标为东经552697.1516，北纬5071393.1432。

（2）地貌

该遗址位于洮儿河北岸一处东北—西南向的长条形高地上，南北长约600米，东西宽约165米。属于PHh土壤地带。

（3）以往工作

以往发表材料中未发现有关该遗址的记录，应为此次调查新发现。

（4）范围与文化内涵

苇海西遗址总面积103890平方米，共有31个一般采集区（R050～R080）（图130，表9）。采集区整体沿高地呈东北—西南向三列分布。采集到青铜时代早中期、汉书二期文化、辽金时期和清末至民国时期陶片。

表9　苇海西遗址采集区与陶片统计表

时期	采集区数量	面积/万平方米	陶片数量	占陶片总数百分比/%	采集区内密度*
青铜时代早中期	8	3.6788	28	3.2	0.0008/m²
汉书二期文化	3	2.4479	4	0.5	0.0002/m²
辽金时期	31	10.389	616	71.2	0.006/m²
清末至民国	29	9.8890	217	25.1	0.0002/m²
总数	31	10.389	865	100	0.008/m²

*此处密度数据是依据系统采集所获陶片数量推算而得。其他数据都是实际数据。

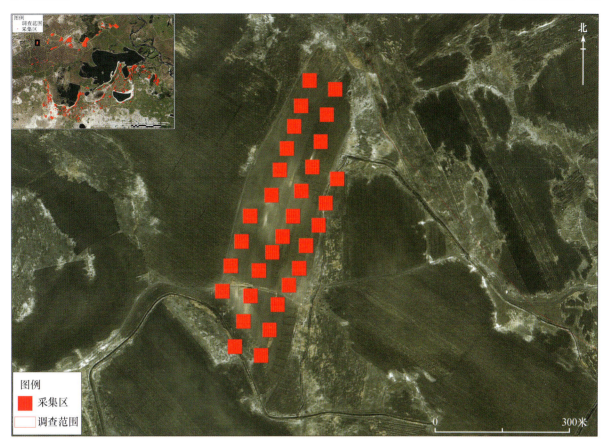

图130　苇海西遗址采集区分布图

（5）遗存分布、密度与标本

青铜时代早中期的遗物主要分布于高地中南部的8个采集区。采集28片青铜时代早中期的陶片，分布范围比较大，但密度比较低（图131）。

汉书二期文化遗物分布于高地南半部的3个采集区，密度很低（图132）。

辽金时期的遗物分布于高地上所有的采集区，陶片数量占总数的71.2%，密度比较高尤以高地中部密度最高（图133）。

其中采集砖块19件、瓦块4件，可能有建筑遗迹，也发现饰有篦点纹的陶片（图134）。

R065：001，泥质灰陶器底。饰有成排短条形篦点纹。长6.7厘米，宽3.4厘米，厚1.3厘米，高3.4厘米（图134-1）。

R076：002，器底。夹砂黄褐陶。饰有成排楔形篦点纹。长2.5厘米，宽2.2厘米，厚0.8厘米（图134-2）。

R076：001，夹粗砂灰陶。饰有附加堆纹。长3.5厘米，宽2.3厘米，厚0.9厘米（图134-3）。

清末至民国时期遗物的分布状态与辽金时期一样，大体上分布于高地上三列采集区，但清末至民国时期的陶片占总数的25%，密度比辽金时期遗物低3倍（图135）。

其中采集铜钱2枚（图136）。

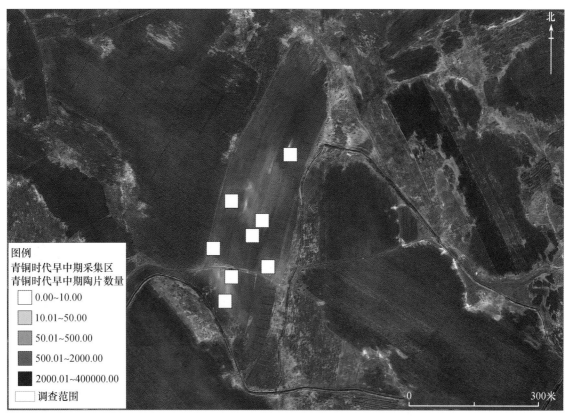

图131　苇海西遗址青铜时代早中期采集区分布图

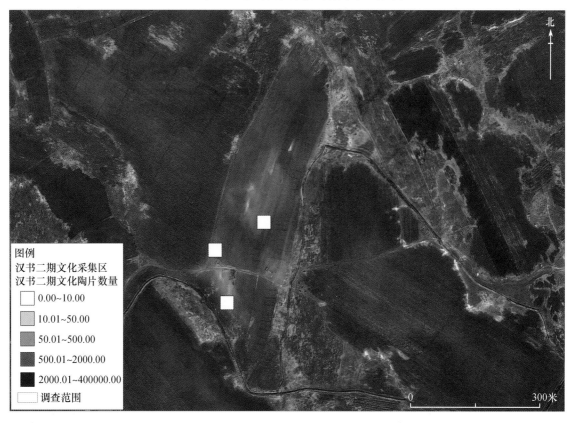

图132　苇海西遗址汉书二期文化采集区分布图

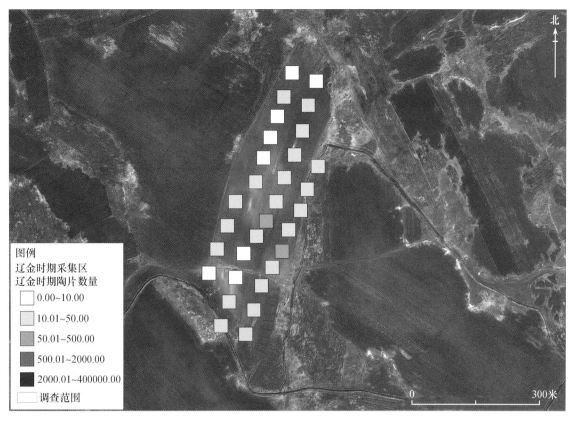

图133　苇海西遗址辽金时期采集区分布图

图134　苇海西遗址采集辽金时期纹饰陶片
1. R065：001　2. R076：002　3. R076：001

　　R059：001，锈蚀严重，为"咸丰通宝"（清代，1851～1861年铸）。直径2.5厘米，厚0.1厘米（图136-1）。

　　R053：001，锈蚀严重，为"崇祯通宝"（明末，1628～1644年铸）。直径2.1厘米，厚0.1厘米（图136-2）。

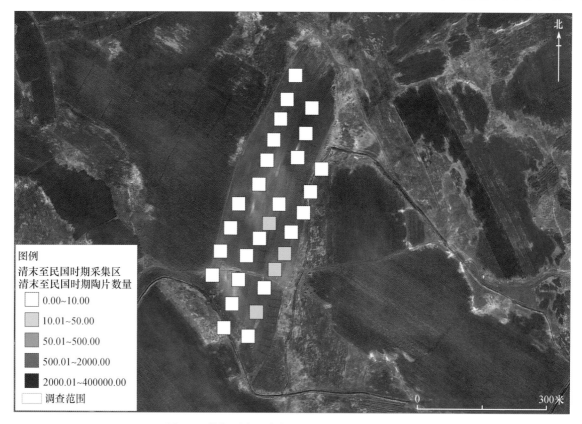

图135　苇海西遗址清末至民国时期采集区分布图

（6）未断代标本

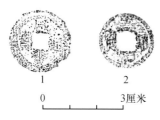

图136　苇海西遗址采集铜钱
1. R059：001　2. R053：001

无法判断时代的采集遗物有细石器3件、磨制石器3件（图137）。打制石器发现于R077，位于遗址的西排中部。

细石器有刮削器（1件）、钻器毛坯（1件）、细石叶石核（1件）三种。

R077：003，双直刃刮削器。黄褐色硅质泥岩。毛坯为细石叶中段。一侧边为远端，经正向加工呈两直刃，刃长分别为10.93毫米和10.22毫米，刃角分别为59°和81°。长1.8厘米，宽1.5厘米，厚0.5厘米（图137-6）。

R077：001，钻器毛坯。灰色角岩。毛坯为残块。两侧边经双向加工，推测为加工钻器的毛坯。长4.3厘米，宽2.3厘米，厚1.3厘米（图137-4）。

R077：002，细石叶石核毛坯，红色硅质泥岩，毛坯为断块。人工台面，工作面有三条剥片疤，疤宽为0.35～0.9厘米，疤长为0.83～0.11厘米。底缘残。长3.3厘米，宽1.9厘米，厚0.8厘米（图137-5）。

磨制石器中可辨器形有砺石，其他残损较为严重。

R060：001，砺石。残。灰色。穿孔直径0.6厘米，一面被磨光。长6.8厘米，宽4.2厘米，

图137　苇海西遗址采集石器

1. R060：001　2. R063：001　3. R066：001　4. R077：001　5. R077：002　6. R077：003

厚2.5厘米（图137-1）。

R063：001，磨制石器。残。可能为圆形器物残块，白绿色，一面被磨光。长7.4厘米，宽4.7厘米，厚2.3厘米（图137-2）。

R066：001，磨制石器。残。黑灰色，可能为砺石残块，剖面呈平行四边形，两面被磨光。长6.2厘米，宽3.1厘米，厚2.5厘米（图137-3）。

（7）总结

该遗址是典型的水边坨岗型遗址，使用时间很长。

4. 苇海西南 ZL-WH-4

（1）位置

苇海西南遗址位于调查区域西北部，镇赉县沿江镇苇海村（乌里布）西南4.2千米（图138）处。地点中心UTM格式坐标为东经551682.9800，北纬5069798.4992。

（2）地貌

该遗址位于洮儿河北岸一处高地的南侧。属于PHh土壤地带。

（3）以往工作

以往发表材料中未发现有关该遗址的记录，应为此次调查新发现。

图138　苇海西南遗址

（摄影：李晓健）

（4）范围与文化内涵

苇海西南遗址总面积5000平方米，共有2个一般采集区（R048、R049）。采集区呈东西向排列（图139，表10）。

图139　苇海西南遗址采集区分布图

该采集区发现辽金时期和清末至民国时期陶片。

表10　苇海西南遗址采集区与陶片统计表

时期	采集区数量	面积/万平方米	陶片数量	占陶片总数百分比/%	采集区内密度*
辽金时期	2	0.5	44	58	0.009/m²
清末至民国	2	0.5	32	42	0.006/m²
总数	31	0.5	76	100	0.015/m²

*此处密度数据是依据系统采集所获陶片数量推算而得。其他数据都是实际数据。

（5）遗存分布与密度

两个采集区都有辽金时期陶片，占总数的58%。东侧采集区密度比西侧采集区高（图140）。

图140　苇海西南遗址辽金时期采集区分布图

两个采集区都发现清末至民国时期遗物，占总数的42%，密度整体比辽金时期低一些（图141）。

（6）总结

苇海西南遗址规模较小，仅见辽金时期和清末至民国时期遗存，现代附近没有村落，清末至民国之后被废弃，可能当时为一处小型农业居民点。

图141　苇海西南遗址清末至民国时期采集区分布图

5．苇海北 ZL-WH-5

（1）位置

苇海北遗址位于调查区域西北部，镇赉县沿江镇苇海村（乌里布）东北约600米。遗址中心UTM格式坐标为东经555782.5，北纬5071821.5。

（2）地貌

该遗址位于苇海村乌里布屯东北侧漫岗的东坡，遗址朝阳，面向水域，西北为最高处，东距水坝约200米，遗物密集，地表散见小蚌壳。属于PHh土壤地带。

（3）以往工作

以往发表材料中未发现有关该遗址的记录，但是属于镇赉县文物管理所第三次文物普查时曾经调查和记录过的地点。

（4）范围与文化内涵

苇海北遗址总面积约43400平方米，共有14个一般采集区（P136～P149），长约430米，宽约200米。采集区沿高地呈西北—东南向分布成三排（图142，表11）。

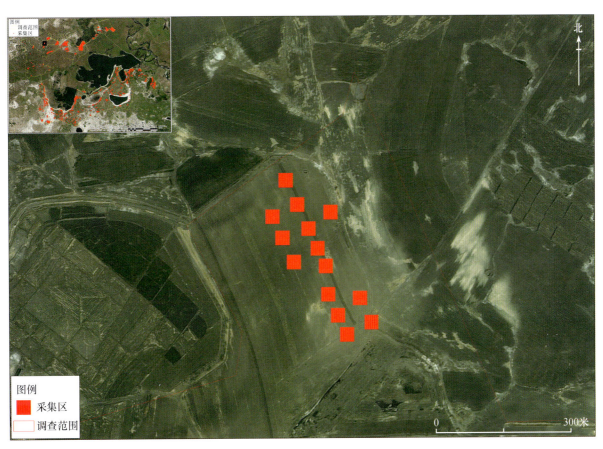

图142　苇海北遗址采集区分布图

表11　苇海北遗址采集区与陶片统计表

时期	采集区数量	面积/万平方米	陶片数量	占陶片总数百分比/%	采集区内密度*
新石器时代早期	4	1.7273	32	7	0.002/m²
新石器时代中期	3	2.4494	25	5	0.001/m²
白金宝文化	1	0.25	4	1	0.002/m²
汉书二期文化	1	0.25	3	1	0.001/m²
辽金时期	14	4.3396	306	63	0.007/m²
清末至民国	14	4.3396	112	23	0.003/m²
总数	14	4.3396	482	100	0.011/m²

*此处密度数据是依据系统采集所获陶片数量推算而得。其他数据都是实际数据。

该遗址发现新石器时代早期、新石器时代中期、白金宝文化、汉书二期文化、辽金时期和清末至民国时期陶片。

（5）遗存分布、密度与标本

新石器时代早期陶片见于北部（3个）和南部（1个）的采集区。南部采集区内陶片密度比北部高。新石器时代早期陶片占总数的7%（图143）。

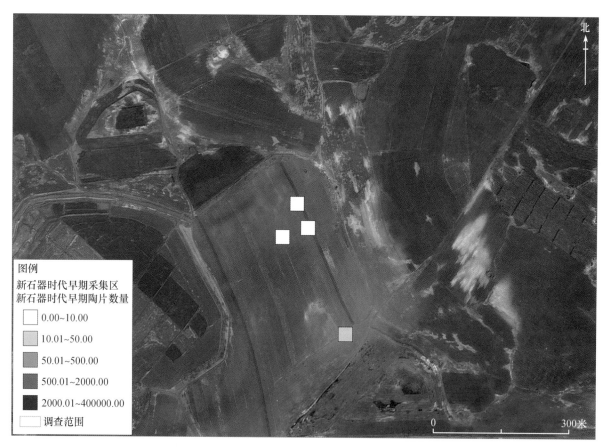

图143　苇海北遗址新石器时代早期采集区分布图

P141：003，夹炭灰黄陶。口沿残片。直口圆唇，口内侧抹斜。器表近口部一排指甲纹，其下饰戳压斜向平行短条状栉齿纹，内侧也见有戳压斜向平行短条状栉齿纹痕迹。长7.2厘米，宽3.4厘米，厚1.4厘米，下部最厚2.4厘米，高2.8厘米（图144-1）。这种纹饰后套木嘎遗址Ⅰ期也有发现[1]，很接近俄罗斯东南部 Ust'-Karenga 12号地点[2]出土陶器的纹饰特点。

① 　王立新、霍东峰、赵俊杰、刘晓溪：《吉林大安后套木嘎新石器时代遗址》，《2012中国重要考古发现》，北京：文物出版社，2013年，第2～7页；吉林大学边疆考古研究中心、吉林省文物考古研究所：《吉林大安市后套木嘎遗址AⅢ区发掘简报》，《考古》2016年第9期，第3～24页，第7页图8。

② 　Wang Lixin, Pauline Sebillaud. "The Emergence of Early Pottery in East Asia: New Discoveries and Perspectives". *Journal of World Prehistory*, 32, 1, 2019, p. 73-110.

图144　苇海北遗址采集的新石器时代早期陶片
1. P141：003　2. P136：049

P136：049，夹炭夹蚌黄灰陶。长2.9厘米，宽2.6厘米，厚1厘米（图144-2）。

新石器时代中期陶片的分布状态与新石器时代早期一致，但其密度最高的采集区在北部。这一时期陶片占总数的5%（图145）。

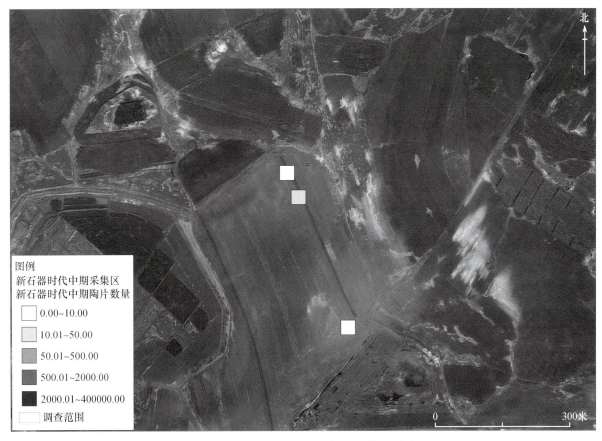

图145　苇海北遗址新石器时代中期采集区分布图

白金宝文化陶片主要分布在南部的一个采集区，与新石器时代早、中期的南部采集区一致。只发现了4片属于白金宝文化的陶片，占总数的1%。该时期遗物分布密度很低（图146）。

汉书二期文化遗物的分布状态和密度与白金宝文化遗物一致（图147）。

辽金时期遗物分布于该遗址的所有采集区，中排密度最高。辽金时期陶片占总数的63%（图148）。

P136：001，泥质灰陶纺轮。残。圆环形。直径3厘米，孔直径0.9厘米，厚0.8厘米（图

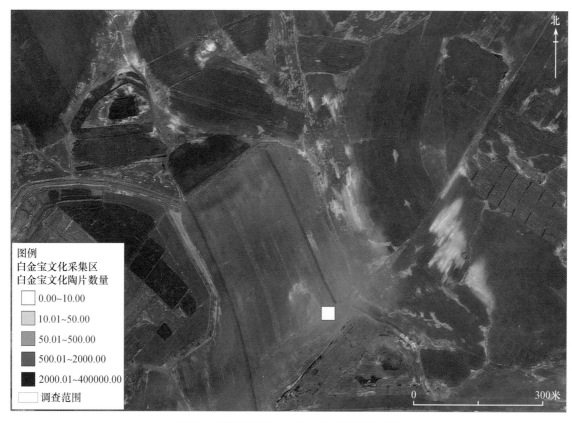

图146　苇海北遗址白金宝文化采集区分布图

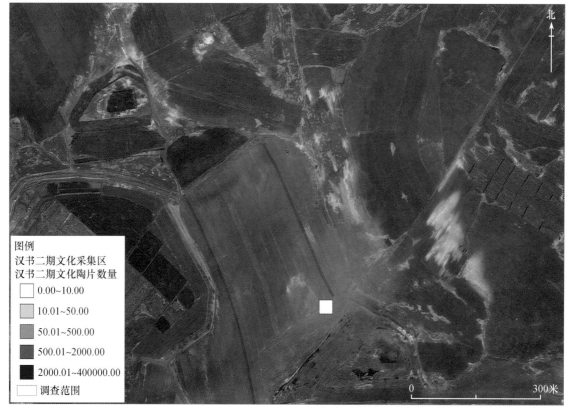

图147　苇海北遗址汉书二期文化采集区分布图

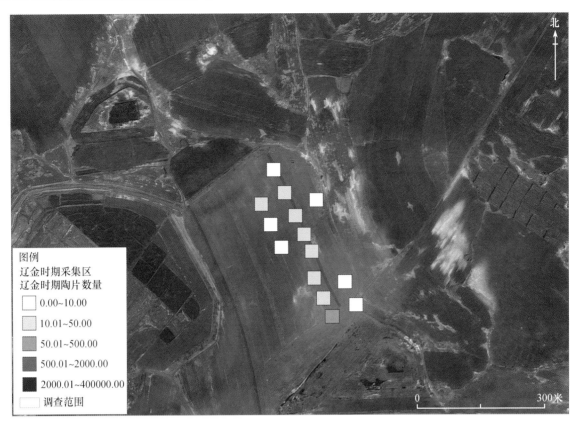

图148 苇海北遗址辽金时期采集区分布图

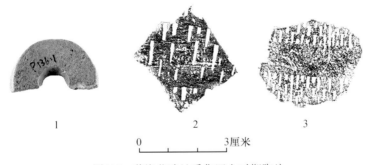

图149 苇海北遗址采集辽金时期陶片
1. P136：001 2. P142：001 3. P141：001

149-1）。尹家窝堡遗址2015年发掘区金代聚落也出土过类似的纺轮[1]。

P142：001，泥质灰陶片。饰有成排楔形篦点纹。长3.6厘米，宽3厘米，厚0.7厘米（图149-2）。

P141：001，泥质黑陶片。饰有成排短条形篦点纹。长3.9厘米，宽3.1厘米，厚0.8厘米（图149-3）。

---

① Pauline Sebillaud（史宝琳）、张礼艳、刘晓溪：《吉林大安尹家窝堡遗址2015年发掘简报》，《边疆考古研究（第20辑）》，北京：科学出版社，第89～117页，第96页图6-8。

　　清末至民国时期陶片分布状态与辽金时期一致，占总数的23%，密度比辽金时期低3倍（图150）。

图150　苇海北遗址清末至民国时期采集区分布图

（6）未断代标本

　　苇海北遗址共采集石器60件，以细石器为主（57件），也有磨制石器（3件）。其中P136采集区内细石器最多（44件），有石刀、石锥、钻器、刮削器、细石叶石核、细石叶、石片、断片和断块（图151~图153）。

　　P136：002，可能为石刀。黑灰色。单直刃。长3.6厘米，宽3.4厘米，厚0.5厘米（图151-1）。

　　P136：004，石锥。灰色燧石。毛坯为残块。长3.8厘米，宽1.1厘米，厚1.1厘米（图151-3）。

　　P136：041，石锥。尖状，黑色细腻石料。通体加工，尖部残。长1.6厘米，宽0.5厘米，厚0.4厘米（图151-40）。

　　P136：005，钻器。黑灰色细腻石料。毛坯为残块。两侧边经正向加工形成钻。长2.9厘米，宽2.2厘米，厚0.7厘米（图151-4）。

　　P137：008，钻器。褐色硅质泥岩。毛坯为完整石片，两侧边经正向加工修理成石钻。长2厘米，宽1.6厘米，厚0.5厘米（图152-5）。

P137：003，石器。红褐色。不规则形，大部分为石皮。长3.3厘米，宽2.6厘米，厚1.1厘米（图152-1）。

刮削器有单凹刃刮削器（2件）、单凸刃刮削器（2件）、单直刃刮削器（2件）、端刃刮削器（1件）4种。

P136：006，单凹刃刮削器。红色。毛坯为完整石片。一短边经正向加工呈一凹刃，刃长为11.74毫米，刃角为51°。长2.2厘米，宽1.7厘米，厚0.8厘米（图151-5）。

P136：016，单凹刃刮削器。深红色燧石。毛坯为完整石片。远端经正向加工呈一凹刃，刃长为7.25毫米，刃角为42°。长2厘米，宽1.3厘米，厚0.4厘米（图151-15）。

P136：008，单凸刃刮削器。深红色砂岩。毛坯为完整石片。一侧边经过正向加工呈一凸刃，刃长为18.98毫米，刃角为48°。长2.6厘米，宽1.9厘米，厚0.5厘米（图151-7）。

P136：020，单凸刃刮削器。黑灰色玄武岩。毛坯为完整石片。一侧边经正向加工呈一凸刃，刃长为15.93毫米，刃角为42°。长2厘米，宽1.6厘米，厚0.6厘米（图151-17）。

P143：001，单直刃刮削器。灰色硅质泥岩。一短边经正向加工呈一直刃，刃长为20.32毫米，刃角为30°。长4.4厘米，宽3.4厘米，厚1.3厘米（图152-11）。

P143：002，单直刃刮削器。灰色玄武岩。毛坯为完整石片，一侧边经正向加工呈一直刃，刃长为20.15毫米，刃角为58°。长2.9厘米，宽2.2厘米，厚0.8厘米（图152-13）。

P137：004，端刃刮削器。灰褐色硅质泥岩。毛坯为残块。一长边经正向加工呈一端刃，刃长为25.24毫米，刃角为62°。长2.2厘米，宽2.2厘米，厚1厘米（图152-2）。

P136：027，细石叶石核（残）。红色细腻石料。人工台面，台面残。工作面现残留两条剥片疤。长1.2厘米，宽0.8厘米，厚0.6厘米（图151-26）。

P136：031，细石叶石核（残）。灰色。人工台面，点台面。工作面有两条剥片疤。长1.4厘米，宽1.3厘米，厚0.6厘米（图151-30）。

P137：006，细石叶石核。黑灰色细腻石料。人工台面，台面残。工作面遍布周身，有10个剥片疤，疤宽0.11～0.62厘米，疤长1.61～2.13厘米。长2厘米，宽1.5厘米，厚1厘米（图152-3）。

P137：010，细石叶石核（残）。黑曜岩。人工台面，工作面上有四条剥片疤。疤宽0.1～0.3厘米，疤长1.3～1.8厘米。长1.9厘米，宽1.5厘米，厚0.5厘米（图152-7）。

P145：001，细石叶石核。灰色。底缘经过修理，人工台面，台面残。有两个工作面，两个工作面均有三条剥片疤，疤宽0.17～0.38厘米，疤长1.3～1.9厘米。底缘经过修理。长2.8厘米，宽2厘米，厚0.9厘米（图152-14）。

P142：002，细石叶石核毛坯。黑灰色燧石。毛坯为一断块。整体近船形，人工台面，未经过修理。工作面上有三条剥片疤。长2.5厘米，宽2厘米，厚1.2厘米（图152-10）。

P145：002，可能为石料或石核。石皮为黄褐色。内部为灰色，一个直刃。长3.4厘米，宽2.5厘米，厚1.9厘米（图152-9）。

细石叶有细石叶近端（4件）、细石叶中端（3件）、细石叶远端（5件）3种。

P136：023，细石叶近端。黑色细腻石料。人工台面，素台面。背面有一条纵脊，腹面半锥体微凸。长1.2厘米，宽0.9厘米，厚0.3厘米（图151-22）。

图151　苇海北遗址P136采集区的石器

1. P136：002　　2. P136：003　　3. P136：004　　4. P136：005　　5. P136：006　　6. P136：007　　7. P136：008　　8. P136：009

9. P136：010　　10. P136：011　　11. P136：012　　12. P136：013　　13. P136：014　　14. P136：015　　15. P136：016　　16. P136：019

17. P136：020　　18. P136：017　　19. P136：018　　20. P136：021　　21. P136：022　　22. P136：023　　23. P136：024　　24. P136：025

25. P136：026　　26. P136：027　　27. P136：028　　28. P136：029　　29. P136：030　　30. P136：031　　31. P136：032　　32. P136：033

33. P136：034　　34. P136：035　　35. P136：036　　36. P136：037　　37. P136：038　　38. P136：039　　39. P136：040　　40. P136：041

41. P136：042　　42. P136：043

图152　苇海北遗址采集石器

1. P137：003　　2. P137：004　　3. P137：006　　4. P137：007　　5. P137：008　　6. P137：009　　7. P137：010　　8. P137：011　　9. P145：002

10. P142：002　　11. P143：001　　12. P137：002　　13. P143：002　　14. P145：001　　15. P148：001　　16. P146：001　　17. P141：002

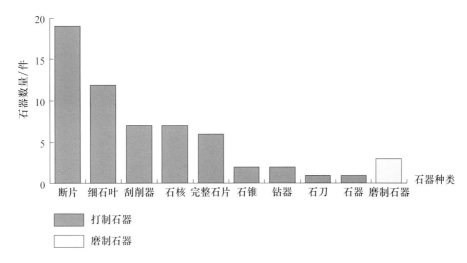

图153　苇海北遗址采集石器统计示意图

P136：032，细石叶近端。灰褐色。人工台面，台面残。背面有两条纵脊；腹面微凸。长1.4厘米，宽1.3厘米，厚3.3厘米（图151-31）。

P136：035，细石叶近端。黑灰色细腻石料。人工台面，素台面。两侧边平行，背面有一条"V"字形纵脊，腹面半锥体微凸。长1.8厘米，宽0.4厘米，厚0.1厘米（图151-34）。

P136：037，细石叶近端。黑灰色细腻石料。人工台面，素台面。背面有两条纵脊，腹面半锥体微凸。长0.8厘米，宽0.5厘米，厚0.2厘米（图151-36）。

P136：034，细石叶中端。黑灰色燧石。背面有一条纵脊，腹面较平。长1.8厘米，宽1.1厘米，厚0.4厘米（图151-33）。

P136：039，细石叶中端。黑灰色。两侧边平行，背面见三条纵脊。长0.8厘米，宽0.8厘米，厚0.2厘米（图151-38）。

P136：040，细石叶中端。黑灰色。两侧边平行，背面见一条纵脊。长1.7厘米，宽0.7厘米，厚0.3厘米（图151-39）。

P136：015，细石叶远端。灰褐色硅质泥岩。两侧边平行。长1.4厘米，宽0.9厘米，厚0.2厘米（图151-14）。

P136：036，细石叶远端。黑灰色细腻石料（可能为玄武岩）。背面见三条纵脊。长0.9厘米，宽0.6厘米，厚0.1厘米（图151-35）。

P136：038，细石叶远端。黑灰色细腻石料。两侧边平行，背面见一条"V"字形纵脊。长1厘米，宽0.5厘米，厚0.1厘米（图151-37）。

P136：042，细石叶远端。黑色细腻石料（可能为玄武岩）。背面见一条"V"字形纵脊。长1.5厘米，宽0.6厘米，厚0.2厘米（图151-41）。

P136：043，细石叶远端。尖状，黑色细腻石料。背面见一条"V"字形纵脊。长1厘米，宽0.4厘米，厚0.2厘米（图151-42）。

完整石片（6件）。

P136：009，黄灰色。自然台面。背面保留部分石皮，腹面半锥体微凸。长2.3厘米，宽1.3

厘米，厚0.5厘米（图151-8）。

P136：010，灰色。人工台面，点台面。人工背面。长1.9厘米，宽1.7厘米，厚0.4厘米（图151-9）。

P136：013，黑灰色流纹岩。人工台面，台面残。人工背面，腹面较平。长1.9厘米，宽1.5厘米，厚0.4厘米（图151-12）。

P136：018，红色燧石。自然台面，背面保留部分石皮，腹面半锥体微凸。长1.7厘米，宽1.4厘米，厚0.5厘米（图151-19）。

P137：007，灰色。人工台面，素台面。背面全部为石皮，腹面半锥体微凹。长2.3厘米，宽1.7厘米，厚0.4厘米（图152-4）。

P137：011，红褐色硅质泥岩。人工台面，点台面。背面保留部分石皮，腹面较平。长1.8厘米，宽1厘米，厚0.4厘米（图152-8）。

断片有断片近端（6件）、断片远端（8件）、断片左端（1件）、断片右端（1件）4种。

P136：017，断片近端。红色。人工台面，有疤台面。人工背面，腹面微凸。长1.7厘米，宽1.1厘米，厚0.5厘米（图151-18）。

P136：021，断片近端。黑色燧石。三角形台面，远端残。长1.2厘米，宽1.1厘米，厚0.3厘米（图151-20）。

P136：022，断片近端。黑色细腻石料。线台面，远端残。长1.2厘米，宽0.8厘米，厚0.3厘米（图151-21）。

P136：024，断片近端。黑色细腻石料。线台面，远端残。长0.9厘米，宽0.9厘米，厚0.1厘米（图151-23）。

P136：025，断片近端。红色。人工台面，有疤台面。人工背面，腹面半锥体微凸。远端残。长1.2厘米，宽0.9厘米，厚0.4厘米（图151-24）。

P137：009，断片近端。红色燧石。人工台面，有疤台面。人工背面，腹面半锥体微凸。长2厘米，宽1.6厘米，厚0.4厘米（图152-6）。

P136：003，断片远端。深红色。长2.6厘米，宽2厘米，厚1.5厘米（图151-2）。

P136：007，断片远端。黄灰色流纹斑岩。长2.3厘米，宽2.1厘米，厚0.6厘米（图151-6）。

P136：012，断片远端。灰色硅质泥岩。长1.7厘米，宽1.5厘米，厚0.3厘米（图151-11）。

P136：014，断片远端。浅灰色硅质泥岩。两个不规则形圆刃。长1.6厘米，宽1.1厘米，厚0.4厘米（图151-13）。

P136：026，断片远端。黑色燧石。长1厘米，宽0.9厘米，厚0.4厘米（图151-25）。

P136：030，断片远端。黑灰色角岩。长1.1厘米，宽0.8厘米，厚0.4厘米（图151-29）。

P136：033，断片远端。灰色。人工背面，腹面半锥体微凸。长1.8厘米，宽1.7厘米，厚0.6厘米（图151-32）。

P137：002，断片远端。黄色硅质泥岩。人工背面，腹面较平。长3厘米，宽2.7厘米，厚1.4厘米（图152-12）。

P136：011，断片左端。黑灰色燧石。人工台面，素台面。腹面半锥体微凸。长1.7厘米，宽1.5厘米，厚0.3厘米（图151-10）。

P136：019，断片右端。红色燧石。自然台面，素台面。人工背面，腹面较平。长1.3厘米，宽1.2厘米，厚0.3厘米（图151-16）。

断块（3件）。

P136：028，红色硅质泥岩。长1.2厘米，宽1厘米，厚0.6厘米（图151-27）。

P136：029，红褐色硅质泥岩。长1.9厘米，宽1厘米，厚0.9厘米（图151-28）。

P137：005，红褐色，不规则形。长3.1厘米，宽1.4厘米，厚1.1厘米。

磨制石器有3件。

P141：002，磨制石器。灰色。圆形，剖面近椭圆形。长8厘米，宽8厘米，厚4.9厘米（图152-17）。

P146：001，磨制石器。残。灰色。剖面呈长方形，一面被磨光。长5.3厘米，宽4.7厘米，厚1.6厘米（图152-16）。

P148：001，磨制石器。残。可能为石斧残块，黑灰色，一面被磨光。长2.7厘米，宽2.3厘米，厚0.9厘米（图152-15）。

采集的金属器有铜钱和铁钉（图154）。

P137：001，铜钱，剪轮钱。锈蚀严重。直径1.1厘米，厚0.1厘米。可能为西汉时期的小五铢[①]（图154-1）。

P136：044，铁钉。钉帽略残，下端为锥状，剖面为长方形。长3.7厘米，宽1.9厘米，厚0.4厘米（图154-2）。

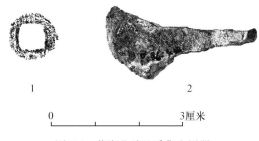

图154　苇海北遗址采集金属器
1. P137：001　2. P136：044

（7）总结

该遗址采集的石器非常多，因为发现新石器时代早期和中期的陶片，大部分石器可能属于新石器时代早中期。

6. 苇海 ZL-WH-6

（1）位置

苇海遗址位于调查区域西北部，镇赉县沿江镇苇海村附近，遗址中心UTM格式坐标为东经555435.9821，北纬5071072.2381。

---

① 高汉铭：《简明古钱辞典》，南京：中州古籍出版社，1990年，第138、139页。

（2）地貌

该遗址位于苇海村乌里布屯南侧的西北—东南向漫岗上，西北侧有一处椭圆形湖泊。属于PHh土壤地带。

（3）以往工作

以往发表材料中未发现有关该遗址的记录。

（4）范围与文化内涵

苇海遗址总面积137522平方米，共有25个采集区（P111～P135），其中有1个系统采集区（P116）和24个一般采集区，主要分布在村南侧高岗上，沿高地呈西北—东南向分布成四排，南北长约400米，东西宽约280米。村北侧还有4个采集区呈东西向分布成一排，长约900米（图155，表12）。

图155　苇海遗址采集区分布图

该遗址发现新石器时代中期、辽金时期和清末至民国时期陶片。

表12　苇海遗址采集区与陶片统计表

时期	采集区数量	面积/万平方米	陶片数量/件	占陶片总数百分比/%	采集区内密度*
新石器时代中期	4	1	13	3	$0.001/m^2$
辽金时期	25	13.7522	328	80	$0.04/m^2$
清末至民国	19	12.8822	68	17	$0.003/m^2$
总数	25	13.7522	409	100	$0.04/m^2$

*此处密度数据是依据系统采集所获陶片数量推算而得。其他数据都是实际数据。

（5）遗存分布、密度与标本

新石器时代中期陶片全部分布于遗址西南部呈一排的4个采集区内。共发现新石器时代中期陶片13片，密度很低（图156）。

图156　苇海遗址新石器时代中期采集区分布图

辽金时期陶片分布于整个遗址所有的采集区，主要分布在村南侧高岗的中南部，密度最高点位于高岗东排的南部。发现的陶片占总数的80%，整体上密度较高（图157）。

采集遗物中有辽金时期的瓦片4块，也有饰篦点纹的陶片。

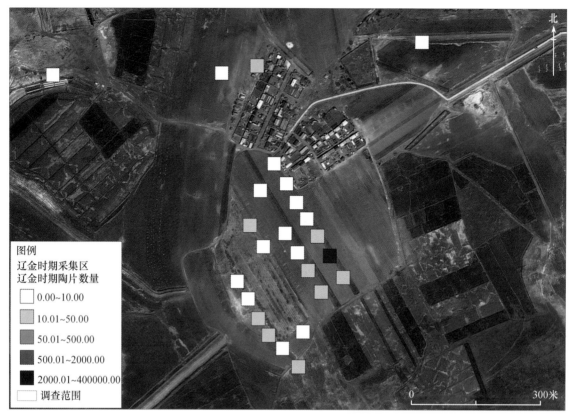

图157　苇海遗址辽金时期采集区分布图

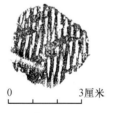

图158　苇海遗址采集辽金时期陶片
（P128：001）

P128：001，夹砂红陶。饰有成排楔形篦点纹。长3.6厘米，宽3.5厘米，厚0.7厘米（图158）。

清末至民国时期陶片分布于遗址内大部分采集区，但村南岗地中部少见该时期的遗物。发现的陶片占整个遗址陶片总数的17%，整体上密度很低（图159）。

发现铜钱1枚。

P128：002，"嘉庆通宝"（1796～1820年铸），背面为满文。直径2.3厘米，厚0.1厘米（图160-2）。

（6）未断代标本

无法判断年代的采集遗物中有石器残块1件、铁钉1件。

P128：003，铁钉。钉帽略残，下端为锥状，剖面为长方形。长3.2厘米，宽1.8厘米，厚0.4厘米（图160-1）。

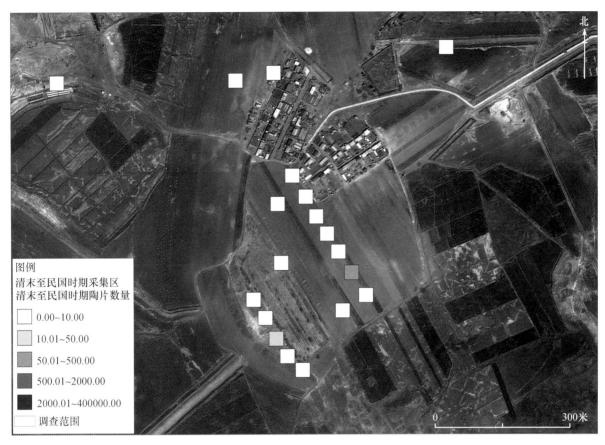

图159 苇海遗址清末至民国时期采集区分布图

（7）总结

总体看，该遗址西南部存在新石器时代中期聚落，包括现代村落在内的整个岗地可能都是辽金时期、清末至民国时期的遗址。

图160 苇海遗址采集遗物
1. P128：003 2. P128：002

7. 西安召西南 ZL-XAZ

（1）位置

西安召西南遗址位于调查区域西北部，镇赉县沿江镇西安召村西南侧。遗址中心UTM格式坐标为东经557318.0868，北纬5073189.6653。

（2）地貌

该遗址位于西安召村西南侧的一片岗地上，地表散见小贝壳。遗址所在高岗呈一个近椭圆形半岛，北、南、西侧都有水。属于PHh土壤地带。

（3）以往工作

以往发表材料中未发现有关该遗址的记录。

（4）范围与文化内涵

西安召西南遗址总面积339860平方米，共有61个一般采集区（P150～P210），呈不规则近椭圆形分布在村子西南侧高岗上，东北—西南长约720米，西北—东南宽约540米，采集区最密集的分布位置位于村南侧（图161，表13）。

图161　西安召西南遗址采集区分布图

该采集区发现新石器时代中期、辽金时期和清末至民国时期陶片。

表13　西安召西南遗址采集区与陶片统计表

时期	采集区数量	面积/万平方米	陶片数量	占陶片总数百分比/%	采集区内密度*
新石器时代中期	1	0.25	1	0.1	0.0004/m²
辽金时期	61	33.986	735	78	0.002/m²
清末至民国	52	24.7116	204	21.7	0.0008/m²
总数	61	33.986	940	100	0.002/m²

*此处密度数据是依据系统采集所获陶片数量推算而得。其他数据都是实际数据。

（5）遗存分布、密度与标本

新石器时代中期陶片只发现1片，分布于遗址北侧的水边（图162）。

图162　西安召西南遗址新石器时代中期采集区分布图

P183：001，夹蚌灰褐陶。饰有两道附加堆纹。长3.9厘米，宽3.6厘米，厚0.7厘米（图163）。可以笼统归入后套木嘎三期文化。

辽金时期遗物分布于该遗址所有的采集区，占总数的78%，整体密度比较低，遗物分布密度最高的采集区位于岗地的东、南坡（图164）。

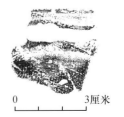

图163　西安召西南遗址采集新石器时代中期陶片（P183：001）

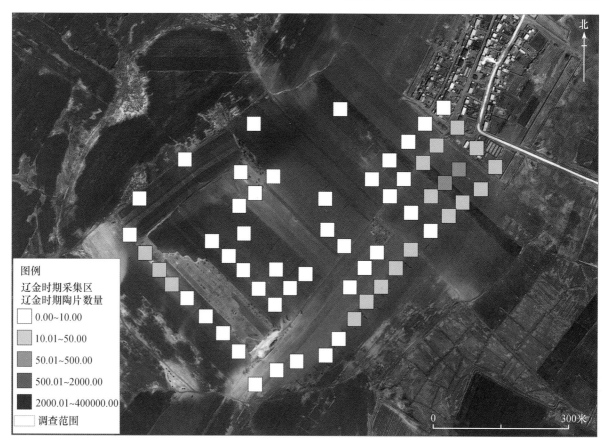

图164　西安召西南遗址辽金时期采集区分布图

采集布纹瓦11块、砖块6块和饰有纹饰的陶片。

P170：001，泥质黑陶。饰有弦纹。长3.7厘米，宽3.5厘米，厚0.8厘米（图165-1）。

P184：001，夹砂红陶。饰有一道附加堆纹。长4.8厘米，宽2.9厘米，厚0.7厘米（图165-2）。相似的附加堆纹发现于尹家窝堡遗址2015年发掘区（金代聚落）[1]与德惠市李春江遗址[2]。

P199：001，夹砂黑陶。饰有横篮纹。长6.2厘米，宽5.1厘米，厚1.1厘米（图165-3）。

清末至民国时期遗物分布于遗址内大部分采集区，陶片数量只占21.7%，辽金时期比这一时期的密度高4倍（图166）。

清末采集有铜钱2枚。

P175：001，"乾隆通宝"，锈蚀。直径2.5厘米，厚0.1厘米（图167-4）。

P196：001，"大满洲国"，锈蚀严重，一分钱。直径2.4厘米，厚0.2厘米。

---

① 　Pauline Sebillaud（史宝琳）、张礼艳、刘晓溪：《吉林大安尹家窝堡遗址2015年发掘简报》，《边疆考古研究（第20辑）》，北京：科学出版社，2016年，第89～117页，第100页图10-2、3。

② 　吉林省文物考古研究所、德惠市文物管理所：《吉林省德惠市李春江遗址发掘报告》，《北方文物》2009年第3期，第47～61页，第52页图8-1、4、11。

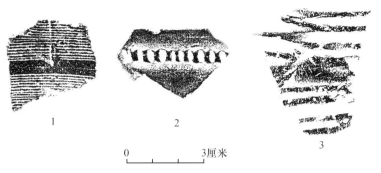

图165　西安召西南遗址采集辽金时期陶片

1. P170：001　2. P184：001　3. P199：001

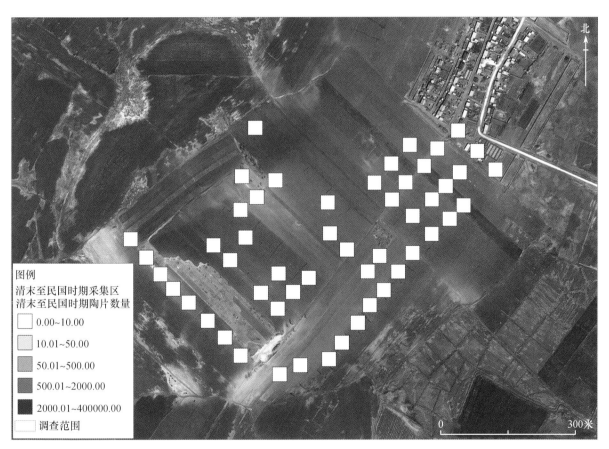

图166　西安召西南遗址清末至民国时期采集区分布图

（6）未断代标本

无法断代的遗物有铁钉3件。

P160：001，钉帽略残，下端为锥状，剖面为长方形。长4厘米，宽2.2厘米，厚0.5厘米（图167-1）。

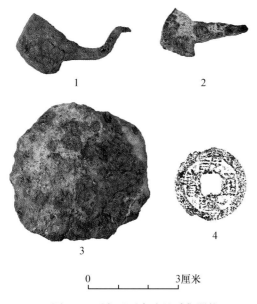

图167　西安召西南遗址采集器物
1. P160：001　2. P178：001　3. P207：001　4. P175：001

P178：001，钉帽略残，下端为锥状，剖面为长方形。长3厘米，宽1.7厘米，厚0.5厘米（图167-2）。

P207：001，残，只剩钉帽。直径4.7厘米，厚1.2厘米（图167-3）。这种铁钉也发现于白城市金家金代遗址[①]。

（7）总结

西安召西南遗址早期遗物非常少，主要为辽金时期和清末至民国时期遗物，布局的演变过程可能与现代的西安召村子有一定的连续性。

8. 富新 ZL-FX-1

（1）位置

富新遗址位于调查区域西北部，镇赉县沿江镇富新村北、西和东侧。遗址中心UTM格式坐标为东经556780.3836，北纬5069362.6186。

（2）地貌

该遗址位于新荒泡水坝北侧一处呈东西向长条形的高岗上，南侧为水体，北侧为耕地，坡地顶部有若干现代墓葬。地表散有螺壳及碎骨骼。属于PHh土壤地带。

P063采集区南部为近现代砖窑址一处，并有村民取土形成的断面。

P087采集区比较特殊，其位于富新村西侧坡地（坨子）顶上（图168），距富新村直线距离约560米处的西山榔头（当地人对西坡最高处的称呼）有一断崖，断崖由于取土破坏而形成，破坏长度约12米。断崖东侧发现一个灰坑（编号为P087H1）（图169）。P087H1开口于第2层（黑砂土）下，残存部分坑口近半圆形，坑壁弧收，平底。底部有一件陶质和纹饰类似长坨子A类遗存的陶器（新石器时代早期），器体已碎（图170～图174）。坑口直径约96厘米，深近30厘米。断崖西侧有红烧土，判断为房址。

---

① 吉林省文物考古研究所：《吉林省白城市金家金代遗址的发掘》，《边疆考古研究（第12辑）》，北京：科学出版社，2012年，第63～86页，第67页图4-14。

图168　富新遗址发现P087H1的断崖

（摄影：潘静）

图169　富新遗址P087H1清理过程中

（摄影：潘静）

图170　富新遗址P087H1的发现

（摄影：潘静）

图171　富新遗址P087H1俯视照片

（摄影：王立新）

图172　富新遗址P087H1剖面照片

（摄影：王立新）

图173　富新遗址P087H1陶器出土情况

（摄影：潘静）

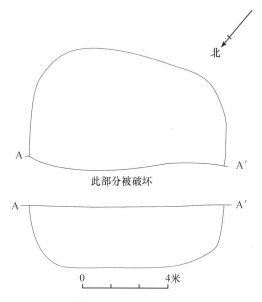

图174　富新遗址P087H1平、剖面图

（3）以往工作

以往发表材料中未发现有关该遗址的记录。

（4）范围与文化内涵

富新遗址总面积341300平方米，共有99个采集区（P012～P110），其中有4个系统采集区和95个一般采集区，分布于富新村北侧、东侧和西山榔头上。遗址所在是一个呈东北—西南向的长条形高岗，东西长约1700米，南北宽150～250米，富新村位于该高岗中部。采集区沿高岗呈东北—西南向分布成三至四排，村北侧有一排，村东侧有三排，最东部呈四排，村西侧呈四排，最西部呈三排（图175，表14）。

该遗址发现新石器时代早期、新石器时代中期、新石器时代晚期、青铜时代早中期、汉书二期文化、辽金时期和清末至民国时期陶片。

表14　富新遗址采集区和陶片统计表

时期	采集区数量	面积/万平方米	陶片数量	占陶片总数百分比/%	采集区内密度*
新石器时代早期	2	0.5	63	2	0.013/m²
新石器时代中期	12	6.2837	120	4	0.002/m²
新石器时代晚期	1	0.25	1	0.03	0.0004/m²
青铜时代早中期	1	0.25	4	0.1	0.0016/m²
汉书二期文化	1	0.25	1	0.03	0.0004/m²
辽金时期	99	34.1300	1993	64.19	0.04/m²
清末至民国	97	33.6300	923	29.7	0.03/m²
总数	99	34.1300	3105	100.03	0.07/m²

*此处密度数据是依据系统采集所获陶片数量推算而得。其他数据都是实际数据。

图175 富新遗址采集区分布图

（5）遗存分布、密度与标本

新石器时代早期陶片分布于遗址西南部，位于断崖和水边的两个采集区（P086和P087）。共发现63片陶片和一个灰坑，相对于这个时期来说数量不少，有遗迹存在也很难得。虽然这些陶片只占整个遗址采集的所有陶片总数的2.03%，但是密度比较高（图176）。

采集的标本有陶器。

P087H1出土的陶器为黄褐色夹炭陶，残，有口沿、器底和腹片，但因该灰坑发现时已被严重破坏，所以无法完全复原器物（图177、图178）。该器物口径应较大（至少40厘米），底径较小（10～15厘米）且底部略凹，器壁较厚（1～2厘米），器体比较高（至少50厘米）。整体形状似为敞口，圆方唇，斜弧腹，平底略凹。近口部和近底部器表均有戳压竖向平行短条状栉齿纹条带。近口部纹痕较疏朗，近底部纹痕较密集，且方向略斜。腹部器表素面。整体外壁颜色不均匀，陶胎特别酥，烧制温度不高，陶胎包含大量的平行横向植物纤维的痕迹，也混合少量蚌粉。底部外侧有被烧过的痕迹，说明该器物在火上被使用过，应为炊器。类似陶质和纹饰的陶片发现于通榆县长坨子Ⅲ号地点，属于长坨子A类遗存（年代略晚于后套木嘎Ⅰ期文化）[1]。

① 金旭东、褚金刚、王立新：《吉林通榆县长坨子四处遗址的调查》，《北方文物》2011年第3期，第3～6页，第5页图5-1～8。

图176　富新遗址新石器时代早期采集区分布图

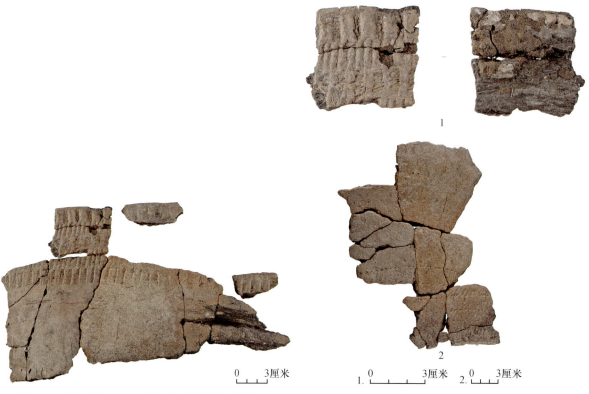

图177　富新遗址P087H1出土新石器时代早期陶器　　　图178　富新遗址P087H1出土新石器时代早期陶器
　　　　　　　　　　　　　　　　　　　　　　　　　　　　　　　　（口沿和器底）

采集品中也有新石器时代早期的纹饰陶片。

P086：061，夹炭夹蚌黄灰陶。饰有三排戳压竖向平行短条状栉齿纹，一排戳压折线形栉齿纹，类似于长坨子A类遗存[①]（图179）。

新石器时代中期陶片所分布的12个采集区比较分散，该时期的陶片在遗址西南部的断崖P086采集区密度最高，此外富新村西北部也有两个采集区，村子东部采集区分布于三处：靠近村子有四个采集区，往东100米的高岗中部有两个采集区，遗址的东北角还有三个采集区。发现的120片新石器时代中期陶片占总数的3.86%，密度比较低（图180）。

P035：001，夹蚌灰褐陶。饰有两道附加堆纹。长3.1厘米，宽2.4厘米，厚0.6厘米。

0   3厘米

图179 富新遗址采集新石器时代早期陶片
（P086：061）

图例
新石器时代中期采集区
新石器时代中期陶片数量

▢ 0.00~10.00

▨ 10.01~50.00

▨ 50.01~500.00

▨ 500.01~2000.00

■ 2000.01~400000.00

▢ 调查范围

0   400米

图180 富新遗址新石器时代中期采集区分布图

---

① 金旭东、褚金刚、王立新：《吉林通榆县长坨子四处遗址的调查》，《北方文物》2011年第3期，第3~6页图5-5。

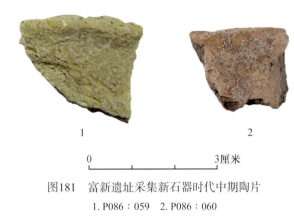

图181　富新遗址采集新石器时代中期陶片

1. P086：059　2. P086：060

P086：059，夹蚌黄灰陶口沿。直口略侈，方唇，唇面上饰有指甲纹。长2.9厘米，厚0.6厘米，高2.5厘米（图181-1）。

P086：060，夹蚌黄灰陶口沿。直口。长2.3厘米，厚0.6厘米，高1.9厘米（图181-2）。

新石器时代晚期陶片只在遗址西南部P086采集区发现1片。遗址西南部的地势最高处明显是一个新石器时代各期文化连续发展的地点（图182）。

图例

新石器时代晚期采集区
新石器时代晚期陶片数量

　　0.00~10.00

　　10.01~50.00

　　50.01~500.00

　　500.01~2000.00

　　2000.01~400000.00

　　调查范围

0　　　　　　400米

图182　富新遗址新石器时代晚期采集区分布图

青铜时代早中期陶片只发现4片，位于遗址的东北角，数量和密度很低（图183）。

只发现1片汉书二期文化的陶片，位于靠近村子东南角的采集区（图184）。

辽金时期陶片分布于整个遗址的所有采集区。该时期陶片占总数的64.19%，整体上密度比较高，有4个系统采集区。遗址东部密度较低，西南部靠近中间部位密度最高（图185）。

属于辽金时期的标本有口沿、器耳、纹饰陶片、瓦片4块和网坠1件（图186）。

图183 富新遗址青铜时代早中期采集区分布图

图184 富新遗址汉书二期文化采集区分布图

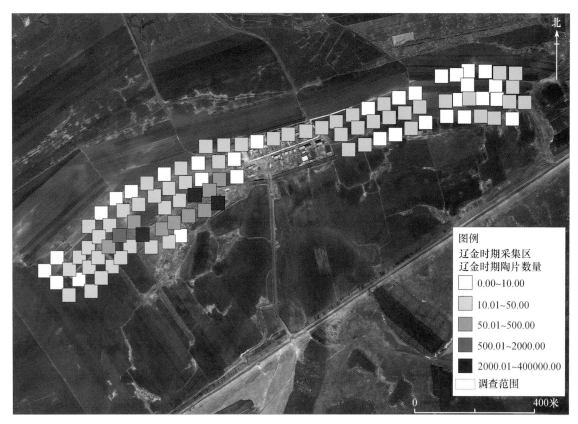

图185 富新遗址辽金时期采集区分布图

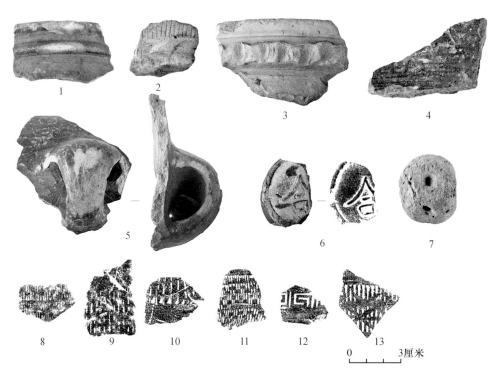

图186 富新遗址采集辽金时期陶片

1. P022：001　2.P027：001　3. P078：001　4. P078：002　5. P078：005　6. P083：001　7. P082：002

8. P019：001　9. P024：001　10. P036：001　11. P100：001　12. P076：001　13. P082：001

P022：001，泥质灰陶口沿。敞口，窄平沿，圆唇。颈部有一道凸棱长6.3厘米。厚0.8厘米，高3.9厘米，直径28厘米（图186-1）。

P078：001，黄褐色泥质陶口沿。侈口，窄平沿，圆唇，颈部饰有一条附加堆纹。长8厘米，厚1厘米，高5厘米（图186-3）。

P078：005，泥质黑陶器耳。扁桥状。耳长5.4厘米，宽4.5厘米，厚1.2厘米，残片长8厘米，宽7.4厘米，厚0.8厘米（图186-5）。

P083：001，泥质黑陶器底。底面刻有"合"字。长4厘米，宽3.2厘米，厚1.1厘米（图186-6）。

P078：002，夹砂黑陶。饰有成排短条状篦点纹。长6.6厘米，宽4.1厘米，厚1.6厘米（图186-4）。

P027：001，泥质灰陶。靠近器底，饰有成排短条状篦点纹。长3.9厘米，宽3.4厘米，厚0.8厘米（图186-2）。

P019：001，泥质黑陶。饰有细密的成排短条状篦点纹。长3.5厘米，宽2.4厘米，厚0.5厘米（图186-8）。

P024：001，泥质灰陶。饰有成排细条状篦点纹。长4.6厘米，宽3.8厘米，厚0.9厘米（图186-9）。

P036：001，泥质灰陶。饰有成排细条形和楔形篦点纹。长4.1厘米，宽3.1厘米，厚0.7厘米（图186-10）。这种纹饰也发现于白城市孙长青金代遗址[1]与双辽市电厂贮灰场辽金遗址[2]。

P100：001，夹砂灰陶。饰有成排短条状篦点纹，分布呈一对短一对长。长3.8厘米，宽3.6厘米，厚0.8厘米（图186-11）。这种纹饰发现于后套木嘎遗址第Ⅶ期遗存陶壶上[3]，也发现于双辽市电厂贮灰场辽金遗址[4]。

P076：001，泥质灰陶。饰有雷纹。长3厘米，宽2.7厘米，厚0.7厘米（图186-12）。

P082：001，泥质灰陶片。饰有成排短条状篦点纹。长3.8厘米，宽3.4厘米，厚0.7厘米（图186-13）。

P082：002，夹砂灰陶陶球。其上有3个未透的钻孔，一面平。直径4厘米（图186-7）。

清末至民国时期的遗物除了东部两个采集区之外，其他采集区均有发现，分布状态与辽金时期的采集区一致，也有4个系统采集区。整体密度比较高，但比辽金时期低。密度最高的位置同样位于高岗西南部靠近中间（图187）。

属于清末至民国时期的标本为青花瓷，均为器底（2件）（图188）。

---

① 吉林省文物考古研究所、白城市文物管理所、洮北区文物管理所：《吉林省白城市孙长青遗址发掘简报》，《北方文物》2010年第4期，第41～47页，第43页图5-9。

② 吉林省文物考古研究所、四平市文管会办公室、四平市博物馆：《吉林双辽电厂贮灰场辽金遗址发掘简报》，《考古》1995年第4期，第325～337页，第332页图11-10。

③ 吉林大学边疆考古研究中心、吉林省文物考古研究所：《吉林大安市后套木嘎遗址AⅣ区发掘简报》，《考古》2017年第11期，第3～30页，第29页图64。

④ 吉林省文物考古研究所、四平市文管会办公室、四平市博物馆：《吉林双辽电厂贮灰场辽金遗址发掘简报》，《考古》1995年第4期，第325～337页，第332页图11-9。

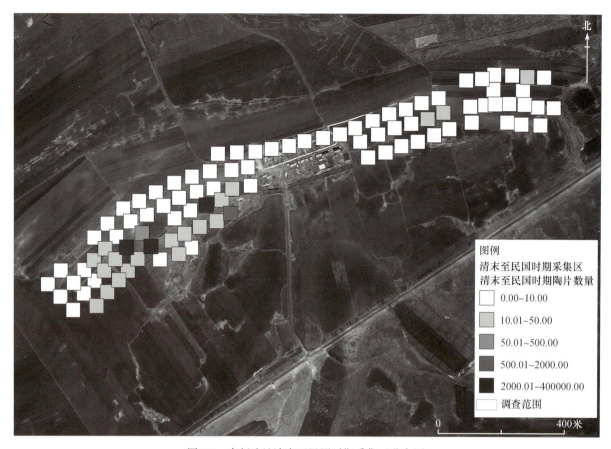

图187　富新遗址清末至民国时期采集区分布图

　　P067：001，灰胎，内部施满釉，圈足底施满釉。长7.2厘米，宽6.7厘米，厚0.6厘米，圈足高2厘米，圈足直径4.7厘米（图188-1）。

　　P067：002，灰胎，内部施满釉，圈足底部未施釉。长8.3厘米，宽8厘米，厚0.6厘米，圈足高2厘米，圈足直径6.5厘米（图188-2）。

图188　富新遗址采集清末至民国时期瓷器底

1. P067：001　2. P067：002

（6）未断代标本

采集有打制石器1件、细石器139件、磨制石器7件（图189～图193）、铁器1件、铜钱4枚。P076、P085、P086采集区的石器特别多（图192）。

打制石器仅见1件石斧毛坯。细石器则有石锥、尖状器、刮削器、石核、细石叶、石片等6种。

P093：002，石斧毛坯。灰色细腻石料。整体呈梯形，通体打制。长7.3厘米，宽5.1厘米，厚3厘米（图190-12）。

0   3厘米

图189 富新遗址采集的石器

1. P018：001   2. P034：001   3. P040：001   4. P041：002   5. P041：003   6. P041：004   7. P075：001   8. P075：002

9. P075：003   10. P076：008   11. P076：009   12. P076：010   13. P076：011   14. P076：012   15. P076：013   16. P076：014

17. P076：015   18. P076：016   19. P076：017   20. P076：019   21. P076：020   22. P076：021   23. P076：022   24. P076：023

25. P076：024   26. P076：018   27. P082：003   28. P082：004   29. P082：005   30. P082：006   31. P082：007   32. P082：008

33. P082：009   34. P082：010   35. P082：011   36. P084：001   37. P084：002   38. P084：003   39. P084：004   40. P084：005

41. P084：006   42. P084：007   43. P084：008   44. P084：009   45. P084：010   46. P088：001   47. P094：002   48. P094：003

49. P094：004   50. P094：005   51. P094：006   52. P094：007   53. P094：009   54. P094：011   55. P095：001   56. P095：002

57. P096：001   58. P098：001

图190　富新遗址采集的石器

1. P076：004　2. P076：005　3. P076：006　4. P076：007　5. P093：003　6. P093：004　7. P078：004　8. P094：001

9. P094：012　10. P094：008　11. P094：010　12. P093：002　13. P078：003　14. P071：002　15. P093：001

　　P086：051，石锥。红色燧石。毛坯为残块。长2.8厘米，宽1.3厘米，厚1.3厘米（图191-57）。

　　P086：045，尖状器。黑色。毛坯为石片。两长边经正向加工修理呈尖刃，尖部残断。长2.8厘米，宽1.7厘米，厚0.9厘米（图192-9）。

　　刮削器有单凹刃刮削器（4件）、单凸刃刮削器（7件）、单直刃刮削器（7件）、双直刃刮削器（1件）、双刃刮削器（凸凹）（2件）、端刃刮削器（1件）、复刃刮削器（1件）7种。

　　P076：009，单凹刃刮削器。黄红色硅质泥岩。毛坯为完整石片。远端经反向加工呈一凹刃，刃长为10.24毫米，刃角为56°。长2.7厘米，宽2.5厘米，厚0.8厘米（图189-11）。

　　P076：018，单凹刃刮削器。白色玛瑙。毛坯是一残块。一侧边经正向加工呈一凹刃，刃长为10.76毫米，刃角为66°。长1.6厘米，宽1.4厘米，厚0.9厘米（图189-26）。

　　P076：004，单凹刃刮削器。灰色角岩。毛坯为残块。一短边经反向加工呈一凹刃，刃长为12毫米，刃角为36°。长4.1厘米，宽3厘米，厚1.9厘米（图190-1）。

　　P085：007，单凹刃刮削器。黄褐色。毛坯为石片，一长边经反向加工呈一凹刃，刃长为15.67毫米，刃角为69°。长2.4厘米，宽1.9厘米，厚0.9厘米（图191-6）。

　　P076：010，单凸刃刮削器。红色细腻石料。毛坯为完整石片。一侧边为软锤修理呈一凸刃，修疤浅平延续。刃长为16.98毫米，刃角为48°。长1.9厘米，宽1.7厘米，厚0.7厘米（图189-12）。

　　P076：011，单凸刃刮削器。黄灰色硅质泥岩。毛坯为完整石片。一侧边经正向加工呈凸刃，刃长为17.17毫米，刃角为82°。长2.9厘米，宽2.5厘米，厚0.7厘米（图189-13）。

　　P094：008，单凸刃刮削器。灰色硅质泥岩。毛坯为完整石片。一短边经正向加工呈一凸刃，刃长为28.02毫米，刃角为48°。长4.7厘米，宽3厘米，厚1.1厘米（图190-10）。

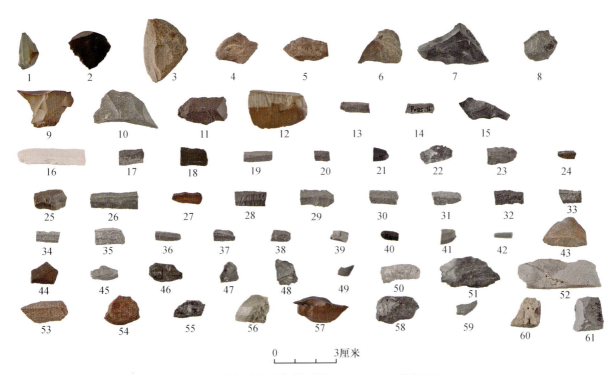

图191　富新遗址采集的石器（P085和P086采集区）

1. P085：002　2. P085：003　3. P085：004　4. P085：005　5. P085：006　6. P085：007　7. P085：009　8. P085：010

9. P085：011　10. P085：012　11. P085：013　12. P085：014　13. P085：015　14. P085：016　15. P085：017　16. P086：001

17. P086：002　18. P086：003　19. P086：004　20. P086：005　21. P086：006　22. P086：007　23. P086：008　24. P086：009

25. P086：010　26. P086：011　27. P086：012　28. P086：013　29. P086：014　30. P086：015　31. P086：016　32. P086：017

33. P086：018　34. P086：019　35. P086：020　36. P086：021　37. P086：022　38. P086：023　39. P086：024　40. P086：025

41. P086：026　42. P086：027　43. P086：029　44. P086：030　45. P086：032　46. P086：033　47. P086：034　48. P086：035

49. P086：037　50. P086：038　51. P086：040　52. P086：041　53. P086：043　54. P086：046　55. P086：049　56. P086：050

57. P086：051　58. P086：052　59. P086：053　60. P086：055　61. P086：056

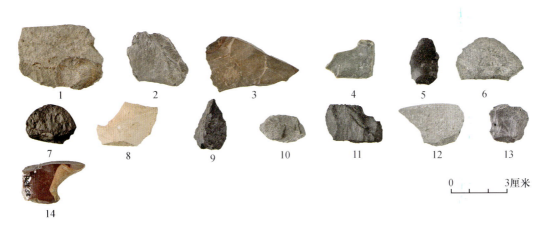

图192　富新遗址采集的石器（P085和P086采集区）采集

1. P085：001　2. P085：008　3. P086：028　4. P086：031　5. P086：036　6. P086：039　7. P086：042　8. P086：044

9. P086：045　10. P086：047　11. P086：048　12. P086：054　13. P086：057　14. P086：058

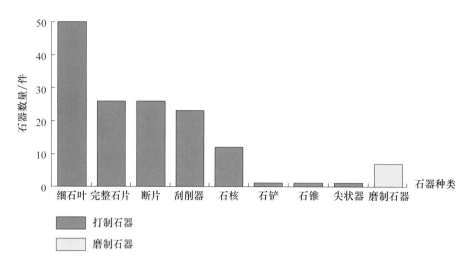

图193　富新遗址采集石器统计示意图

　　P094：010，单凸刃刮削器。深红色角岩。毛坯为残块。一侧边经单向加工呈凸刃，刃残，残长为18.11毫米，刃角为28°。长3.1厘米，宽2.3厘米，厚0.8厘米（图190-11）。

　　P085：004，单凸刃刮削器。红褐色硅质泥岩。毛坯为断片。一侧边为正向修理呈一凸刃，刃长为23.99毫米，刃角为66°。长3.3厘米，宽2.3厘米，厚0.8厘米（图191-3）。

　　P085：006，单凸刃刮削器。红褐色。毛坯为断片。一长边经过复向加工呈一凸刃，刃长为20.19毫米，刃角为49°。长2.2厘米，宽1.3厘米，厚0.7厘米（图191-5）。

　　P085：001，单凸刃刮削器。灰褐色硅质泥岩。毛坯为断片远端。一长边经正向加工呈一凸刃，刃长为32.89毫米，刃角为69°。长4.6厘米，宽3.5厘米，厚1厘米（图192-1）。

　　P076：014，单直刃刮削器。灰色流纹岩。一侧边经正向加工呈一直刃，刃长为11.51毫米，刃角为18°。长2厘米，宽1.5厘米，厚0.3厘米（图189-16）。

　　P076：017，单直刃刮削器。深红色。一短边经单向加工呈一直刃，刃长为6.55毫米，刃角为70°。长1.2厘米，宽1.1厘米，厚0.6厘米（图189-19）。

　　P082：004，单直刃刮削器。浅灰色细腻石料。毛坯是完整石片，一侧边经正向加工呈一直刃，刃长5.79毫米，刃角45°。长1厘米，宽0.8厘米，厚0.3厘米（图189-28）。

　　P082：006，单直刃刮削器。黄褐色燧石。毛坯为细石叶近端。一侧边经反向加工呈一直刃，刃长为9.23毫米，刃角为28°。修疤比较浅平且连续。长1.4厘米，宽0.8厘米，厚0.2厘米（图189-30）。

　　P094：001，单直刃刮削器。角岩。一长边经正向加工呈一直刃，刃长为44.22毫米，刃角为75°。长16.5厘米，宽5.1厘米，厚3厘米（图190-8）。

　　P086：001，单直刃刮削器。白色硅质泥岩。毛坯为细石叶远端，一侧边经单向加工修理呈一直刃，刃长为30.62毫米，刃角为28°。长3.4厘米，宽0.9厘米，厚0.3厘米（图191-16）。

　　P086：003，单直刃刮削器。黑褐色燧石。毛坯为细石叶中端。一侧边经反向加工呈一直刃，刃长为8.88毫米，刃角为56°。长1.4厘米，宽1厘米，厚0.2厘米（图191-18）。

　　P076：013，双直刃刮削器。灰色角岩。毛坯为断片近端。两侧边经正向加工呈两直刃，刃长分别为9.65毫米和9.29毫米，刃角分别为61°和48°。长2厘米，宽1.7厘米，厚0.7厘米（图189-15）。

P086：036，双刃刮削器（凸凹）。黑灰色细腻石料。毛坯为完整石片。两侧边均经正向加工分别呈一凸刃、一凹刃。凹刃刃长为9.03毫米，刃角为59°；凸刃刃长为21.91毫米，刃角为57°。长2.5厘米，宽1.6厘米，石器厚0.5厘米（图192-5）。

P086：057，双刃刮削器（凸凹）。灰色细腻石料。毛坯为断块。两侧边均经单向加工呈一凹刃、一凸刃。其中凹刃刃长为7.3毫米，刃角为77°；凸刃刃长为15.06毫米，刃角为72°。长2.2厘米，宽2厘米，石器厚0.9厘米（图192-13）。

P094：011，端刃刮削器。黑灰色细腻石料。毛坯为断块。一长边经正向加工呈一端刃，刃长为16.41毫米，刃角为49°。长2厘米，宽2厘米，厚0.7厘米（图189-54）。

P076：006，复刃刮削器（两个凸刃、一个凹刃）。黄灰色硅质泥岩。毛坯为断块。两侧边经正向分别加工修理呈凸刃、凸刃和凹刃。刃长分别是22.11毫米、22.76毫米和7.91毫米，刃角分别是57°、79°和82°。长2.8厘米，宽2.7厘米，厚1厘米（图190-3）。

采集石核有细石叶石核（11件）和锤击石核（1件）2种。

P034：001，细石叶石核。灰色细腻石料。整体呈圆锥形，人工台面。后缘和底缘经过修理。工作面上有5个剥片疤。疤宽为0.1～0.4厘米，疤长为2.05～48厘米。长2.6厘米，宽1.2厘米，厚1厘米（图189-2）。

P076：012，细石叶石核（残）。黑曜岩。毛坯为完整石片。后缘和底缘经过加工修理，人工台面。工作面有三条剥片疤，疤宽为0.21～0.3厘米，疤长为1.13～1.62厘米。长1.7厘米，宽1.5厘米，厚0.7厘米（图189-14）。

P094：002，细石叶石核。深灰色细腻石料。人工台面，经过修理。工作面上有11个剥片疤，疤宽为0.16～0.52厘米，疤长为1.1～2.3厘米。长2.1厘米，宽1.2厘米，厚1.2厘米（图189-47）。

P094：003，细石叶石核。灰色细腻石料。人工台面，台面和底缘经过修理，台面有纵向疤。工作面上有一条剥片疤，疤宽为0.47厘米，疤长为1.81厘米。长2.3厘米，宽2厘米，厚1.7厘米（图189-48）。

P093：004，细石叶石核。灰色流纹岩。整体呈船形，人工台面，经过修理。后缘和底缘为自然面未经过修理。工作面上有五条剥片疤，疤宽为0.15～0.95厘米，疤长为1.25～2.95厘米。总长2.9厘米，宽2.4厘米，厚1.8厘米（图190-6）。

P093：005，细石叶石核。黑灰色玄武岩。整体呈船形，人工台面，经过修理。后缘和底缘为自然面未经过修理。工作面上有四条剥片疤，疤宽为0.35～0.55厘米，疤长为2.25～2.6厘米。总长2.8厘米，宽2.5厘米，厚2厘米。

P085：002，细石叶石核。灰绿色硅质泥岩。整体呈圆锥形。人工台面经过修理，后缘和底缘经过修理。工作面有8个剥片疤，疤宽为0.08～0.27厘米，疤长为0.5～1.63厘米。总长1.8厘米，宽1厘米，厚0.8厘米（图191-1）。

P086：056，细石叶石核（残）。灰色细腻石料。整体呈楔形，人工台面未经过修理，工作面上有两条剥片疤。总长1.8厘米，宽1.5厘米，厚1.1厘米（图191-61）。

P086：058，细石叶石核（残）。灰红色硅质泥岩。人工台面，经过修理。有两个工作面，一个工作面上有一条剥片疤，另一个工作面上有两条剥片疤。核体底缘残。总长3.6厘米，宽2.2厘米，厚1.3厘米（图192-14）。

P085：003，细石叶石核毛坯。石皮为深红色。毛坯为完整石片。人工台面，经过修理。工作面上有三条剥片疤。疤宽为0.2～0.2厘米，疤长为0.4～0.9厘米。总长1.8厘米，宽1.7厘米，厚0.9厘米（图191-2）。

P086：050，细石叶石核毛坯。浅绿色细腻石料。人工台面，台面残。工作面有三条剥片疤，疤宽为0.2～0.9厘米，疤残长为0.9～1.25厘米。总长2厘米，宽1.5厘米，厚0.7厘米（图191-56）。

P094：012，锤击石核。灰红色硅质泥岩。多台面。台面1：人工台面，工作面有6个剥片疤，疤宽为1.13～2.1厘米，疤长为1.55～2.8厘米。台面2：人工台面，工作面上仅有一条剥片疤，疤宽为2.45厘米，疤长为1.9厘米。台面3：人工台面，工作面上有3条剥片疤，疤宽为1.2～1.6厘米，疤长为0.45～1.1厘米。总长5.3厘米，宽4.4厘米，厚2.6厘米（图190-9）。

细石叶有完整细石叶（5件）、细石叶近端（23件）、细石叶中段（21件）、细石叶远端（2件）4种。

P076：021，细石叶。灰色角岩。人工台面，素台面。两侧边平行，背面有两条纵脊，腹面较平。长1.8厘米，宽0.5厘米，厚0.2厘米（图189-22）。

P086：002，细石叶。灰色细腻石料。两个直刃。长1.3厘米，宽0.8厘米，厚0.3厘米（图191-17）。

P086：016，细石叶。灰色石料。两个直刃。长1.5厘米，宽0.7厘米，厚0.2厘米（图191-31）。

P086：032，细石叶。黑灰色。人工台面，素台面。背面有两条纵脊，腹面半锥体微凸。长1.4厘米，宽0.8厘米，厚0.2厘米（图191-45）。

P086：033，细石叶。灰色燧石。人工台面。背面有一条纵脊，腹面较平。长1.7厘米，宽0.9厘米，厚0.3厘米（图191-46）。

P040：001，细石叶近端。黑灰色细腻石料。人工台面，素台面。两侧边平行，背面有一条纵脊，腹面半锥体微凸。长1.2厘米，宽0.7厘米，厚0.2厘米（图189-3）。

P041：003，细石叶近端。灰色。人工台面，素台面。背面有两条纵脊，腹面半锥体微凸。长1.7厘米，宽1.2厘米，厚0.2厘米（图189-5）。

P075：001，细石叶近端。灰色。人工台面，素台面。背面有两条纵脊，腹面半锥体微凸。长0.8厘米，宽0.5厘米，厚0.1厘米（图189-7）。

P076：023，细石叶近端。灰色细腻石料。人工台面，素台面。两侧边平行，背面有两条纵脊，腹面较平。长1厘米，宽0.5厘米，厚0.2厘米（图189-24）。

P082：007，细石叶近端。红褐色细腻石料。人工台面，台面残。腹面微凸。长0.8厘米，宽0.7厘米，厚0.2厘米（图189-31）。

P082：010，细石叶近端。灰色。人工台面，素台面。两侧边平行，背面有一条"V"形纵脊，腹面较平。长1.7厘米，宽0.6厘米，厚0.2厘米（图189-34）。

P084：010，细石叶近端。黑色细腻石料。人工台面，有疤台面。腹面半锥体微凸。长0.8厘米，宽0.6厘米，厚0.1厘米（图189-45）。

P094：004，细石叶近端。深灰色细腻石料。人工台面，素台面。腹面半锥体微凸。长1.5厘米，宽0.7厘米，厚0.1厘米（图189-49）。

P094：005，细石叶近端。黑灰色。人工台面，素台面。两侧边平行，背面有两条纵脊，腹面较平。长2厘米，宽0.7厘米，厚0.2厘米（图189-50）。

P085：015，细石叶近端。黑灰色细腻石料。人工台面。两侧边平行，背面有四条纵脊，腹面半锥体微凸。长1.5厘米，宽0.5厘米，厚0.1厘米（图191-13）。

P085：016，细石叶近端。黑灰色。人工台面，线台面。两侧边平行，背面有两条纵脊，腹面半锥体微凸。长1.4厘米，宽0.5厘米，厚0.2厘米（图191-14）。

P085：017，断块。燧石。不规则形。长2.53厘米，宽0.96厘米（图191-15）。

P086：007，细石叶近端。黑灰色细腻石料。人工台面，素台面。背面全为石片疤，腹面半锥体微凸。长1.7厘米，宽0.8厘米，厚0.2厘米（图191-22）。

P086：008，细石叶近端。黑灰色细腻石料。人工台面，台面残。腹面微凸。长1.5厘米，宽0.9厘米，厚0.3厘米（图191-23）。

P086：009，细石叶近端。褐色细腻石料。人工台面，素台面。腹面半锥体微凸。长2.2厘米，宽0.5厘米，厚0.2厘米（图191-24）。

P086：010，细石叶近端。褐色细腻石料。人工台面，素台面。背面有两条纵脊。长1.6厘米，宽1厘米，厚0.3厘米（图191-25）。

P086：012，细石叶近端。红褐色细腻石料。人工台面，素台面。背面有两条纵脊，腹面半锥体微凸。长1.5厘米，宽0.6厘米，厚0.2厘米（图191-27）。

P086：014，细石叶近端。灰色细腻石料。人工台面，素台面。背面有"V"形纵脊，腹面微凸。长1.7厘米，宽0.9厘米，厚0.3厘米（图191-29）。

P086：023，细石叶近端。黑灰色石料。人工台面，有疤台面。两侧边平行，背面有两条纵脊，腹面半锥体微凸。长1厘米，宽0.6厘米，厚0.2厘米（图191-38）。

P086：025，细石叶近端。灰色细腻石料。人工台面，素台面。背面有一条"V"形纵脊，腹面微凸。长0.9厘米，宽0.5厘米，厚0.1厘米（图191-40）。

P086：026，细石叶近端。灰色细腻石料。人工台面，素台面。背面有两条纵脊，腹面微凸。长0.9厘米，宽0.8厘米，厚0.2厘米（图191-41）。

P086：027，细石叶近端。深绿色细腻石料。人工台面，素台面。两侧边平行，背面有两条纵脊，腹面半锥体微凸。长1厘米，宽0.3厘米，厚0.1厘米（图191-42）。

P086：037，细石叶近端。黑色细腻石料。人工台面，素台面。腹面较平。长0.7厘米，宽0.7厘米，厚0.1厘米（图191-49）。

P086：038，细石叶近端。黑灰色石料。自然台面，线台面。背面全部为石皮，两侧边平行。长2厘米，宽0.9厘米，厚0.2厘米（图191-50）。

P076：019，细石叶中段。黄灰色细腻石料。两侧边平行，背面见一条纵脊。长1.9厘米，宽0.8厘米，厚0.3厘米（图189-20）。

P076：020，细石叶中段。灰色细腻石料。两侧边平行，背面见一条"V"形纵脊。长1.9厘米，宽1厘米，厚0.4厘米（图189-21）。

P076：022，细石叶中段。灰色细腻石料。背面见两条纵脊。长1.5厘米，宽1.1厘米，厚0.2厘米（图189-23）。

P076：024，细石叶中段。青灰色石料。两侧边平行，背面见三条纵脊。长1.4厘米，宽0.8厘米，厚0.3厘米（图189-25）。

P082：008，细石叶中段。灰色燧石。背面有两条纵脊，腹面较平。长1.4厘米，宽0.7厘米，厚0.1厘米（图189-32）。

P082：011，细石叶中段。青灰色细腻石料。背面见一条纵脊。长1.3厘米，宽1厘米，厚0.2厘米（图189-35）。

P084：007，细石叶中段。黑色。两侧边平行，背面有一条纵脊。长1.4厘米，宽0.8厘米，厚0.2厘米（图189-42）。

P084：008，细石叶中段。黑色燧石。背面有两条纵脊，腹面较平。长1.5厘米，宽1.1厘米，厚0.2厘米（图189-43）。

P084：009，细石叶中段。黄褐色燧石。两侧边平行，背面有一条纵脊。长1厘米，宽0.7厘米，厚0.2厘米（图189-44）。

P086：004，细石叶中段。灰色细腻石料。两侧边平行，背面见一条"V"形纵脊。长1.4厘米，宽0.5厘米，厚0.2厘米（图191-19）。

P086：005，细石叶中段。灰色角岩。背面有一条纵脊。长0.8厘米，宽0.5厘米，厚0.2厘米（图191-20）。

P086：011，细石叶中段。灰色燧石。两侧边平行，背面有两条纵脊。长2.3厘米，宽0.8厘米，厚0.3厘米（图191-26）。

P086：013，细石叶中段。灰色细腻石料。两侧边平行，背面有两条纵脊。长1.6厘米，宽0.8厘米，厚0.2厘米（图191-28）。

P086：015，细石叶中段。灰色细腻石料。两侧边平行，背面有两条纵脊。长1.5厘米，宽0.7厘米，厚0.3厘米（图191-30）。

P086：017，细石叶中段。灰色石料。两侧边平行，背面有一条"V"形纵脊。长1.5厘米，宽0.7厘米，厚0.2厘米（图191-32）。

P086：018，细石叶中段。灰色角岩。背面有两条纵脊，腹面较平。长1.1厘米，宽0.7厘米，厚0.2厘米（图191-33）。

P086：019，细石叶中段。灰色石料。两侧边平行，背面有两条纵脊。长1.2厘米，宽0.6厘米，厚0.1厘米（图191-34）。

P086：020，细石叶中段。灰色石料（可能为流纹岩）。两侧边平行，背面有两条纵脊。长1.5厘米，宽0.9厘米，厚0.2厘米（图191-35）。

P086：021，细石叶中段。黑灰色石料。两侧边平行，背面有两条纵脊。长1.3厘米，宽0.5厘米，厚0.2厘米（图191-36）。

P086：022，细石叶中段。黑灰色石料。两侧边平行，背面有一条"V"形纵脊。长1.1厘米，宽0.6厘米，厚0.2厘米（图191-37）。

P086：024，细石叶中段。黑灰色细腻石料。两侧边平行，背面有一条纵脊。长0.9厘米，宽0.5厘米，厚0.3厘米（图191-39）。

P082：009，细石叶远端。黑灰色细腻石料（可能为玄武岩）。两侧边平行，背面有三条纵脊。长1.3厘米，宽0.7厘米，厚0.1厘米（图189-33）。

P086：006，细石叶远端。黑色燧石。背面有三条纵脊。长0.8厘米，宽0.7厘米，厚0.2厘米（图191-21）。

完整石片26件。

P018：001，灰色砂岩。人工台面，素台面。背面全部为石皮。长3.3厘米，宽2.7厘米，厚0.8厘米（图189-1）。

P075：002，灰黑色燧石。人工台面，有疤台面。人工背面，腹面半锥体微凸。长1.8厘米，宽1.2厘米，厚0.4厘米（图189-8）。

P076：015，灰色。人工台面，素台面。人工背面，腹面较平。长2厘米，宽1.4厘米，厚0.5厘米（图189-17）。

P082：005，灰褐色。人工台面，素台面。人工背面，腹面半锥体微凹。长1.1厘米，宽0.9厘米，厚0.4厘米（图189-29）。

P084：001，黑灰色角岩。人工台面，素台面。人工背面，腹面微凹，远端羽状尖面。长3.5厘米，宽1.6厘米，厚0.6厘米（图189-36）。

P084：002，黑灰色。人工台面，素台面。人工背面。腹面半锥体微凹。长2.5厘米，宽1.5厘米，厚0.3厘米（图189-37）。

P084：006，黄灰色硅质泥岩。人工台面，素台面。人工背面，腹面半锥体微凸。长2.2厘米，宽1.5厘米，厚0.5厘米（图189-41）。

P088：001，灰色。人工台面，素台面。背面保留少部分石皮。长1.7厘米，宽1.2厘米，厚0.3厘米（图189-46）。

P094：006，深灰色细腻石料。人工台面，有疤台面。背面保留少部分石皮，腹面半锥体凸出。长1.2厘米，宽1.1厘米，厚0.3厘米（图189-51）。

P094：007，黄灰色硅质泥岩。人工台面，点台面。背面保留部分石皮，腹面半锥体微凸。长2.3厘米，宽1.7厘米，厚0.4厘米（图189-52）。

P096：001，灰色。人工台面，素台面。人工背面，腹面半锥体微凸。长2.6厘米，宽2.4厘米，厚0.6厘米（图189-57）。

P076：007，黑灰色细腻石料。人工台面，台面残。背面保留部分石皮，腹面半锥体微凸。长2.8厘米，宽2.4厘米，厚0.7厘米（图190-4）。

P085：005，红褐色。人工台面，台面残。腹面微凸。长2.1厘米，宽1.6厘米，厚0.4厘米（图191-4）。

P085：010，灰色。人工台面，有疤台面。人工背面，腹面半锥体微凸。长1.7厘米，宽1.5厘米，厚0.5厘米（图191-8）。

P085：011，黄褐色硅质泥岩。自然台面。人工背面，腹面半锥体微凸。长2.8厘米，宽1.8

厘米，厚0.7厘米（图191-9）。

P085：013，深红色。人工台面，素台面。腹面微凸。长2.5厘米，宽1.4厘米，厚0.5厘米（图191-11）。

P085：014，褐色硅质泥岩。自然台面。背面大部分为石皮，腹面半锥体微凸。长2.9厘米，宽1.9厘米，厚0.7厘米（图191-12）。

P086：029，红褐色硅质泥岩。人工台面，线台面。人工背面，腹面半锥体微凸。长2.2厘米，宽1.5厘米，厚0.3厘米（图191-43）。

P086：034，青灰色流纹岩。人工台面，素台面。腹面微凸。长1.2厘米，宽1厘米，厚0.2厘米（图191-47）。

P086：035，灰色细腻石料。人工台面，有疤台面。背面保留部分石皮，腹面半锥体微凸。长1.3厘米，宽1厘米，厚0.3厘米（图191-48）。

P086：040，黑色细腻石料。人工台面，线台面。背面大部分为石皮，腹面半锥体微凸。长3.1厘米，宽1.5厘米，厚0.6厘米（图191-51）。

P086：041，灰色石料。自然台面，背面大部分为石皮，腹面较平。长4.3厘米，宽1.7厘米，厚0.7厘米（图191-52）。

P086：043，红褐色石料。自然台面，背面保留部分石皮。腹面较平。长2.4厘米，宽1.1厘米，厚0.5厘米（图191-53）。

P086：052，灰色玄武岩。自然台面。背面大部分为石皮。长2.2厘米，宽1.4厘米，厚0.9厘米（图191-58）。

P085：008，黑灰色。人工台面，台面残。背面保留少部分石皮，腹面半锥体微凹。长3.9厘米，宽3.4厘米，厚1.4厘米（图192-2）。

P086：042，灰褐色玄武岩。自然台面，线台面。背面全部为石皮，腹面较平。长2.7厘米，宽2厘米，厚0.6厘米（图192-7）。

断片有右端（5件）、左端（1件）、近端（11件）、中段（1件）、远端（6件）5种。

P041：002，断片右端。灰褐色细腻石料。人工台面，素台面。腹面较平。长1.5厘米，宽1.1厘米，厚0.2厘米（图189-4）。

P094：009，断片右端。黑灰色流纹岩。人工台面，有疤台面。背面保留部分石皮，腹面较平。长2.4厘米，宽1.7厘米，厚0.4厘米（图189-53）。

P098：001，断片右端。黑灰色角岩。人工台面，素台面。背面保留部分石皮，腹面较平。长3.6厘米，宽1.8厘米，厚1.2厘米（图189-58）。

P086：028，断片右端。灰褐色燧石。三角形，人工台面，素台面。人工背面，腹面半锥体微凸。长5.2厘米，宽3.1厘米，厚0.6厘米（图192-3）。

P086：031，断片右端。黑灰色燧石。自然台面，人工背面，腹面半锥体微凸。长3厘米，宽2厘米，厚0.5厘米（图192-4）。

P095：002，断片左端。黑灰色燧石。自然台面。背面大部分为石皮，腹面较平。长3.2厘米，宽1.5厘米，厚0.5厘米（图189-56）。

P041：004，断片近端。黑灰色。人工台面，有疤台面。背面保留部分石皮，腹面半锥体微凸。长1.7厘米，宽1.4厘米，厚0.4厘米（图189-6）。

P076：008，断片近端。红褐色燧石。人工台面，素台面。人工背面，背面全部为石片疤，腹面半锥体微凸。长2.8厘米，宽1.8厘米，厚0.8厘米（图189-10）。

P076：016，断片近端。浅红色硅质泥岩。人工台面，素台面。背面全为石片疤，腹面半锥体微凸。长2.5厘米，宽1.8厘米，厚0.5厘米（图189-18）。

P084：003，断片近端。黑灰色角岩。人工台面，素台面。人工背面，腹面较平。长2.2厘米，宽1.8厘米，厚0.3厘米（图189-38）。

P084：004，断片近端。黑灰色流纹岩。自然台面。人工背面，腹面半锥体微凸。长1.3厘米，宽1.3厘米，厚0.3厘米（图189-39）。

P095：001，断片近端。灰红色。人工台面，背面保留部分石皮。长4厘米，宽1.9厘米，厚0.5厘米（图189-55）。

P093：003，断片近端。黑灰色。人工台面，素台面。人工背面，腹面较平。长3.4厘米，宽2.8厘米，厚0.9厘米（图190-5）。

P086：046，断片近端。红色砂岩。自然台面。人工背面，腹面较平。长1.8厘米，宽1.5厘米，厚0.6厘米（图191-54）。

P086：044，断片近端。黄白色硅质泥岩。人工台面，素台面。人工背面，腹面微凸。长3.6厘米，宽2.5厘米，厚0.7厘米（图192-8）。

P086：047，断片近端。灰色角岩。人工台面，线台面。人工背面，腹面较平。长2.6厘米，宽1.5厘米，厚0.7厘米（图192-10）。

P086：048，断片近端。黑色。人工台面，台面残。人工背面，腹面微凸。长3.4厘米，宽2.1厘米，厚0.7厘米（图192-11）。

P086：030，断片中段。红褐色燧石。五边形。长1.4厘米，宽1.2厘米，厚0.3厘米（图191-44）。

P075：003，断片远端。黄褐色燧石。圆刃。长1.2厘米，宽0.9厘米，厚0.4厘米（图189-9）。

P084：005，断片远端。黑灰色角岩。不规则形。长1.1厘米，宽1.1厘米，厚0.2厘米（图189-40）。

P085：009，断片远端。黑色角岩。三角形。长3厘米，宽2.4厘米，厚0.7厘米（图191-7）。

P085：012，断片远端。灰色角岩。人工背面，腹面较平。长3.2厘米，宽1.6厘米，厚0.8厘米（图191-10）。

P086：053，断片远端。灰色角岩。长1.2厘米，宽0.7厘米，厚0.2厘米（图191-59）。

P086：039，断片远端。灰色角岩，人工背面。长3.7厘米，宽2.4厘米，厚0.6厘米（图192-6）。

断块（2件）。

P082：003，灰白色细腻石料。不规则形。长1.2厘米，宽0.8厘米，厚0.3厘米（图189-27）。

P086：049，黑灰色角页岩。不规则形。长1.7厘米，宽0.9厘米，厚0.4厘米（图191-55）。

采集的磨制石器有7件。

P071：002，磨制石器残块。灰色。可能为圆形器物残块，两面被磨光。长7.7厘米，宽3.7厘米，厚1.1厘米（图190-14）。

P076：005，磨制石器残块。浅灰色。圆刃。长3.4厘米，宽3厘米，厚1.1厘米（图190-2）。

P078：003，磨制石器残块。灰色。不规则形。长8.2厘米，宽5.2厘米，厚4.2厘米（图190-13）。

P078：004，磨制石器。浅灰色。两端残，一面磨光，不规则形。长6.2厘米，宽5.6厘米，厚1.7厘米（图190-7）。

P086：055，磨制石器。灰色石料。部分为红褐色石皮。长1.5厘米，宽1.2厘米，厚0.8厘米（图191-60）。

P086：054，磨制石器残块。浅灰色石料。部分为石皮。长3.8厘米，宽2.3厘米，厚0.9厘米（图192-12）。

P093：001，砺石。残。灰色。表面有四个斜的钻孔。两个孔没钻通，两个打穿，孔直径0.6厘米，两个面被磨光。长9.6厘米。宽4.1厘米，厚2.5厘米（图190-15）。

采集的金属器有铜饰、铁钉和铜钱（图194）。

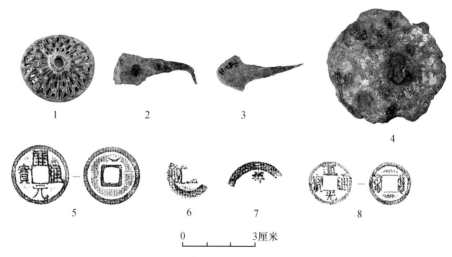

图194　富新遗址采集的金属器

1.铜饰（P014：001）　　2~4.铁钉（P082：012、P082：013、P083：002）

5~8.铜钱（P037：001、P041：001、P076：003、P089：001）

P014：001，铜饰。圆形。直径3.2厘米，厚0.1厘米。饰有菊花纹，中间为圆孔，孔直径0.4厘米（图194-1）。

P082：012，铁钉。钉帽略残，下端为锥状，剖面为长方形。长3.7厘米，宽1.5厘米，厚0.4厘米（图194-2）。

P082：013，铁钉。钉帽略残，下端为锥状，剖面为长方形。长3.8厘米，宽1.6厘米，厚0.4厘米（图194-3）。

P083：002，铁钉。残，只剩钉帽。直径5.1厘米，厚1.3厘米（图194-4）。这种铁钉也出土于白城市金家金代遗址[①]。

P037：001，铜钱，"开元通宝"（621年始铸），背穿上仰月，为五分钱[②]。直径2.5厘米，厚0.1厘米（图194-5）。

P041：001，铜钱，残，锈蚀严重，反面满文。直径1.9厘米，厚0.1厘米（图194-6）。

P076：003，铜钱，残，锈蚀严重。直径2.5厘米，厚0.1厘米，按照"祥"字和尺寸，可以推测为"祥符通宝"或"祥符元宝"，字体更接近"祥符元宝"三分钱[③]（图194-7）。

P089：001，铜钱，锈蚀，"道光通宝"。直径1.9厘米，厚0.2厘米，应为天津宝津局二分钱[④]（图194-8）。

（7）总结

富新遗址从新石器时代早期开始使用，延续时间较长，新石器时代遗物比较丰富，而且有遗迹存在，因而该遗址是一处重要发现。从辽金时期和清末至民国时期的分布状态可以推测，其与现代的富新村具有连续性。

9. 富新西南Ⅰ号遗址ZL-FX-2

（1）位置

富新西南Ⅰ号遗址位于调查区域西端，镇赉县沿江镇洮儿河北岸富新村西南7千米处。遗址中心UTM格式坐标为东经550471.5，北纬5066074。

（2）地貌

该遗址位于洮儿河北岸新荒泡堤坝西约4.8千米的一个小岗子上。属于PHh土壤地带。

（3）以往工作

以往发表材料中未发现有关该遗址的记录。

---

① 吉林省文物考古研究所：《吉林省白城市金家金代遗址的发掘》，《边疆考古研究（第12辑）》，北京：科学出版社，2012年，第63～86页，第67页图4-14。

② 高汉铭：《简明古钱辞典》，南京：中州古籍出版社，1990年，第204～207页。

③ 高汉铭：《简明古钱辞典》，南京：中州古籍出版社，1990年，第261、262页。

④ 高汉铭：《简明古钱辞典》，南京：中州古籍出版社，1990年，第620～627页。

（4）范围与文化内涵

富新西南Ⅰ号遗址总面积64552平方米，共有15个采集区（R032～R046），其中有1个系统采集区（R044）和14个一般采集区。采集区主要在尚存的几座建筑（现在可能为农场）周围呈西北—东南向分布成三排，东北侧还分布有两个零散的采集区。遗物分布最密集处东西长约270米，南北宽约160米（图195，表15）。

图195　富新Ⅰ号遗址采集区分布图

该遗址发现有辽金时期和清末至民国时期陶片。

表15　富新Ⅰ号遗址采集区和陶片统计表

时期	采集区数量	面积/万平方米	陶片数量	占陶片总数百分比/%	采集区内密度*
辽金时期	15	6.4552	378	74	0.06/m²
清末至民国	15	6.4552	134	26	0.01/m²
总数	15	6.4552	512	100	0.07/m²

*此处密度数据是依据系统采集所获陶片数量推算而得。其他数据都是实际数据。

（5）遗存分布、密度与标本

辽金时期陶片分布于遗址的所有采集区，其中西半部分布密度最高，有一个系统采集区就位于中排最西端。辽金时期的陶片占总数的74%，整体上密度比较高（图196）。

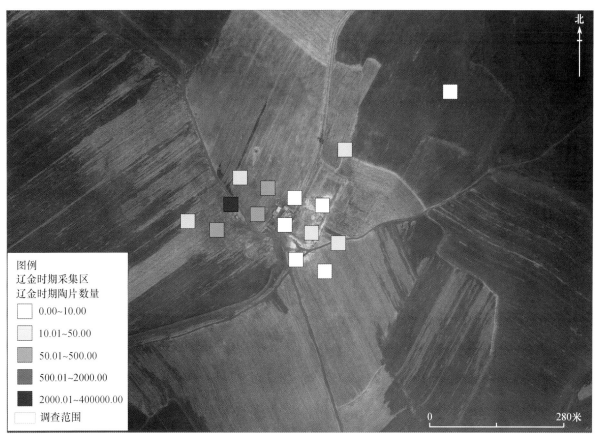

图196　富新西南Ⅰ号遗址辽金时期采集区分布图

除陶（瓷）片外，还采集了瓦片1块和砖块1块。

清末至民国时期陶片也分布于遗址的所有采集区，分布状态与辽金时期一致。密度最高的采集区也位于遗址点的西半部。清末至民国时期的陶片占总数的26%，为辽金时期的三分之一，整体较辽金时期的密度低一些（图197）。

此外还采集了清代铜钱2枚（图198）。

R033：001，"乾隆通宝"，反面满文。直径2.3厘米，厚0.2厘米（图198-1）。

R040：001，"光绪通宝"，锈蚀，稍残。直径1.9厘米，厚0.1厘米（图198-2）。

（6）未断代标本

采集有磨制石器2件（图199）。

图197　富新西南Ⅰ号遗址清末至民国时期采集区分布图

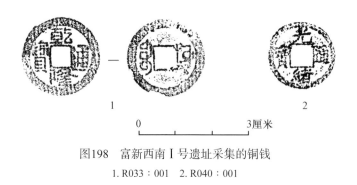

图198　富新西南Ⅰ号遗址采集的铜钱
1. R033：001　2. R040：001

R041：001，砺石。两端残。灰色。近长方形，一面磨光。长4.9厘米，宽3.3厘米，厚1.8厘米。有两个斜穿孔，直径0.4厘米（图199-1）。

R044：001，穿孔磨制石器。残，仅余一半，疑似纺轮，一面磨光，中心孔直径1.4厘米，边缘一孔未钻通，直径0.7厘米。长7.8厘米，宽3.7厘米，厚1.9厘米（图199-2）。

（7）总结

该地点是一处辽金时期和清末至民国时期的遗址，两件磨制石器也应属于辽金或清末至民国时期。

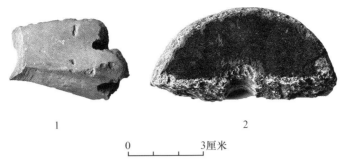

图199　富新西南Ⅰ号遗址采集的磨制石器
1. R041∶001　2. R044∶001

10. 富新西南Ⅱ号遗址ZL-FX-3

（1）位置

富新西南Ⅱ号遗址位于调查区域西部，镇赉县沿江镇洮儿河北岸富新村西南7.8千米，洮儿河村西北3.3千米。遗址中心UTM格式坐标为东经550949.5，北纬5064227。

（2）地貌

该地点位于洮儿河北岸高地上，现为耕地。属于PHh土壤地带。

（3）以往工作

以往发表材料中未发现有关该遗址的记录。

（4）范围与文化内涵

富新西南Ⅱ号遗址总面积24680平方米，共有7个一般采集区（R006～R012）。采集区分布于一个小岗子上，呈近南北向，两排。遗址南北长约240米，东西宽约100米（图200，表16）。

该遗址发现新石器时代中期、汉书二期文化、魏晋隋唐时期、辽金时期和清末至民国时期陶片。

表16　富新Ⅱ号遗址采集区和陶片统计表

时期	采集区数量	面积/万平方米	陶片数量	占陶片总数百分比/%	采集区内密度*
新石器时代中期	3	0.75	9	6.4	0.0012/m²
汉书二期文化	1	0.25	1	0.7	0.0004/m²
魏晋隋唐	1	0.25	1	0.7	0.0004/m²
辽金时期	7	2.4680	86	61.4	0.003/m²
清末至民国	6	2.2180	43	30.7	0.002/m²
总数	7	2.4680	140	99.9	0.0056/m²

*此处密度数据是依据系统采集所获陶片数量推算而得。其他数据都是实际数据。

图200　富新Ⅱ号遗址采集区分布图

（5）遗存分布、密度与标本

新石器时代中期陶片只发现于位于西排的3个采集区。共采集9片，只占总数的6.4%，密度很低（图201）。

汉书二期文化陶片分布于遗址的东排中部。只发现1片陶片，占总数的0.7%，密度很低（图202）。

魏晋隋唐时期陶片分布的采集区与汉书二期文化一致。只发现1片陶片，占总数的0.7%，密度很低（图203）。

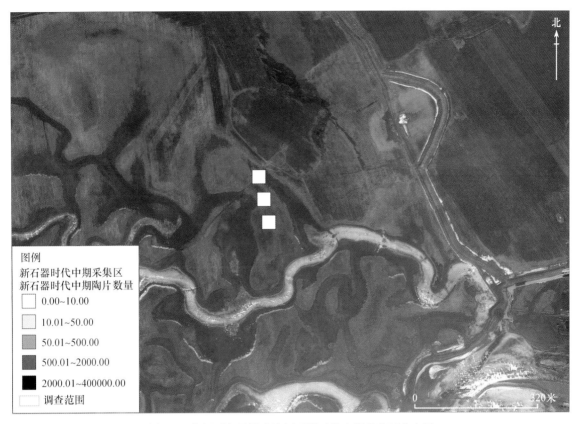

图201　富新西南Ⅱ号遗址新石器时代中期采集区分布图

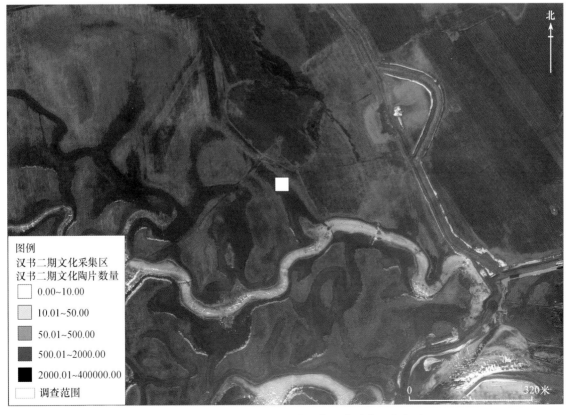

图202　富新西南Ⅱ号遗址汉书二期文化采集区分布图

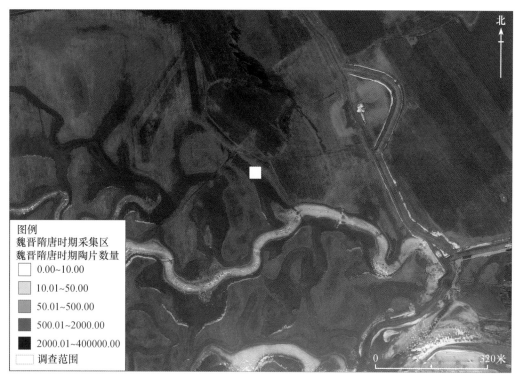

图203 富新西南Ⅱ号遗址魏晋隋唐时期采集区分布图

辽金时期陶片分布于该遗址的所有采集区，东南部的三个采集区分布密度最高。陶片占整个遗址点陶片总数的61.4%，虽然该时期的密度在所有时期中最高，但是整体上密度比较低（图204）。

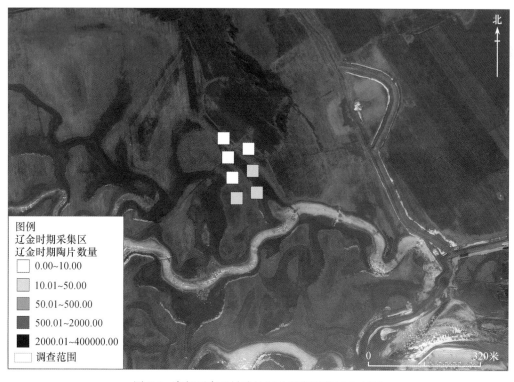

图204 富新西南Ⅱ号遗址辽金时期采集区分布图

采集的标本有纹饰陶片（图205）。

R011：001，泥质灰陶。饰有成排长条形篦点纹。长3厘米，宽2.3厘米，厚0.8厘米（图205-1）。

R011：002，泥质灰陶。饰有成排短条形篦点纹。长2.8厘米，宽2.1厘米，厚0.7厘米（图205-2）。

R012：001，泥质灰陶。饰有成排短条形篦点纹。长3.3厘米，宽2.7厘米，厚0.8厘米（图205-3）。

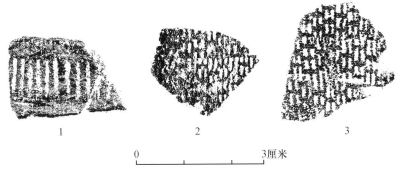

0   3厘米

图205　富新西南Ⅱ号遗址采集的辽金时期陶片
1. R011：001　2. R011：002　3. R012：001

还采集了砖块1块。

清末至民国时期陶（瓷）片分布于除东北部的一个采集区外的其他采集区。陶片占总数的30.7%，即辽金时期的一半，密度整体上很低，比辽金时期低近三分之一（图206）。

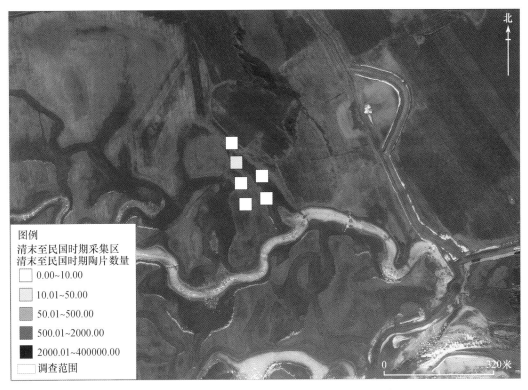

北

图例
清末至民国时期采集区
清末至民国时期陶片数量
　0.00~10.00
　10.01~50.00
　50.01~500.00
　500.01~2000.00
　2000.01~400000.00
　调查范围

0   320米

图206　富新西南Ⅱ号遗址清末至民国时期采集区分布图

发现1件青花瓷器底。

R006：001，黄灰胎。长7.5厘米，宽4.9厘米，厚0.6厘米，高2.6厘米。内部有涩圈，圈足底施满釉，直径6厘米（图207）。

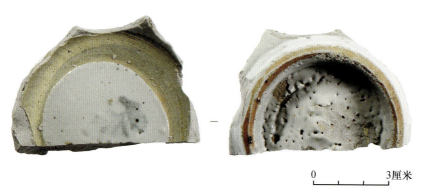

0　　　　3厘米

图207　富新西南Ⅱ号遗址采集的瓷片（R006：001）

（6）未断代标本

采集骨器2件。

R007：001，长条形，一面被磨光。长6.3厘米，宽1.7厘米，厚1厘米。

R007：002，长条形，一面被磨光。长5厘米，宽1厘米，厚0.6厘米。

（7）总结

富新西南Ⅱ号遗址使用时间很长，但遗址面积很小，可能与该遗址的地理位置有关，河道多次改变可能使遗址破坏严重。

11. 富新西南Ⅲ号遗址ZL-FX-4

（1）位置

富新西南Ⅲ号遗址位于调查区域西部，镇赉县沿江镇洮儿河北岸富新村西南3.6千米。遗址中心UTM格式坐标为东经554555，北纬5066612.5。

（2）地貌

该地点位于洮儿河北约2千米的一处很小的岗地上，距堤坝北部约600米。属于PHh土壤地带。

（3）以往工作

以往发表材料中未发现有关该遗址的记录。

（4）范围与文化内涵

富新西南Ⅲ号遗址总面积20272平方米，共有6个采集区（R013～R018），包括2个系统采集区（R013和R017）和4个一般采集区。采集区分布于一个小岗子上的十字路口西南侧，分布状态呈近椭圆形。遗址采集区的分布南北长约160米，东西宽约160米（图208，表17）。

该遗址发现辽金时期和清末至民国时期陶（瓷）片。

图例
- ■ 采集区
- □ 调查范围

0　　　　　300米

图208　富新西南Ⅲ号遗址采集区分布图

表17　富新西南Ⅲ号遗址采集区和陶片统计表

时期	采集区数量	面积/万平方米	陶片数量	占陶片总数百分比/%	采集区内密度*
辽金时期	6	2.0272	113	45.6	0.16/m²
清末至民国	6	2.0272	135	54.4	0.2/m²
总数	6	2.0272	248	100	0.36/m²

*此处密度数据是依据系统采集所获陶片数量推算而得。其他数据都是实际数据。

（5）遗存分布、密度与标本

辽金时期陶片分布于遗址的所有采集区。遗物最密集的采集区位于东南部。该时期陶片占总数的45.6%，密度比较高（图209）。

图209　富新西南Ⅲ号遗址辽金时期采集区分布图

清末至民国时期陶片分布于该遗址的所有采集区。遗物最密集的采集区也在东南部，尤其是东侧采集区。陶片占总数的54.4%，密度比较高（图210）。

采集青花瓷器底3件（图211）。

R013：001，浅灰胎。残长7.7厘米，宽7.4厘米，厚0.6厘米，高1.8厘米。内部施满釉，圈足底施满釉，足上未施釉，圈足直径5.9厘米（图211-1）。

R014：001，灰胎。内部有涩圈，圈足底施满釉。长8.9厘米，宽8.7厘米，厚0.5厘米，高3.3厘米，圈足直径6厘米（图211-2）。

R015：001，内部有两圈青线，圈足底施满釉。长9厘米，宽5.3厘米，厚0.8厘米，高3.1厘米，圈足直径7厘米（图211-3）。

图210 富新西南Ⅲ号遗址清末至民国时期采集区分布图

图211 富新西南Ⅲ号遗址采集的青花瓷器底

1. R013：001 2. R014：001 3. R015：001

类似的瓷碗清代晚期很普遍，如发现于农安县库尔金堆清末墓地[①]和黑龙江省五常市拉林机场清代遗址[②]的同类器。

（6）总结

该遗址采集的清末至民国时期遗物最多，原来此处可能有村子。

12. 富新西南Ⅳ号遗址ZL-FX-5

（1）位置

富新西南Ⅳ号遗址位于调查区域西部，镇赉县沿江镇洮儿河北岸富新村南偏西4.6千米，洮儿河村东北4.3千米。遗址中心UTM格式坐标为东经555840，北纬5064912.5。

（2）地貌

该遗址位于洮儿河北岸一处呈西北—东南向的椭圆形高地南半部，所处环境为林地和荒地，南侧为水体。属于PHh土壤地带。

（3）以往工作

以往发表材料中未发现有关该遗址的记录。

（4）范围与文化内涵

富新西南Ⅳ号遗址总面积20269平方米，共有5个一般采集区（R001～R005）。采集区在高岗的南半部呈近东西向的南北两排。采集区分布东西长约200米，南北宽约150米（图212，表18）。

该遗址发现辽金时期和清末至民国时期陶片。

---

① 王新胜、邢春光、刘晓溪、Pauline Sebillaud（史宝琳）：《吉林省农安县库尔金堆古城址西南角"点将台"的发掘》，《北方文物》2016年第1期，第12～18页，第17页图8-5～7。

② 黑龙江省文物考古研究所：《黑龙江省五常市拉林机场清代遗址发掘简报》，《北方文物》2015年第4期，第48～52页，第50页图1-19。

图212　富新西南Ⅳ号遗址采集区分布图

表18　富新西南Ⅳ号遗址采集区和陶片统计表

时期	采集区数量	面积/万平方米	陶片数量	占陶片总数百分比/%	采集区内密度*
辽金时期	5	2.0269	28	32	0.001/m²
清末至民国	5	2.0269	60	68	0.003/m²
总数	5	2.0269	88	100	0.004/m²

*此处密度数据是依据系统采集所获陶片数量推算而得。其他数据都是实际数据。

（5）遗存分布、密度与标本

辽金时期遗物分布于遗址的所有采集区，南排的东南部采集区密度最高。该时期陶片占总数的32%，整体密度比较低（图213）。

采集网坠1件。

R005：001，由夹砂黄红陶瓦残块改制而成。长5.6厘米，宽5厘米，厚2.2厘米（图214）。

清末至民国时期陶片也分布于遗址的所有采集区。其中遗址的西部和东部密度最高。该时期陶片占总数的68%，超过辽金时期的2倍，虽然整体密度比较低，但比辽金时期高3倍（图215）。

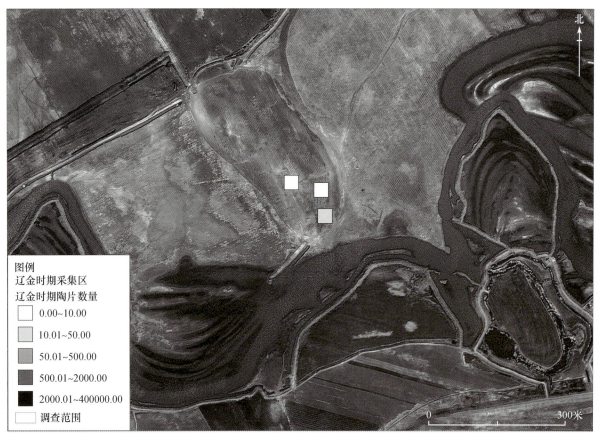

图213 富新西南Ⅳ号遗址辽金时期采集区分布图

（6）未断代标本

采集细石器1件。

R005：002，单凸刃刮削器。深红色燧石。毛坯为完整石片。长2.2厘米，宽1.8厘米，厚0.5厘米。一侧边为正向加工呈凸刃，刃长为19.5毫米，刃角为38°（图216）。

图214 富新西南Ⅳ号遗址采集的
辽金时期网坠（R005：001）

（7）总结

该遗址采集的清末至民国时期的遗物最多，原来此处可能有村子。

图215　富新西南Ⅳ号遗址清末至民国时期采集区分布图

图216　富新西南Ⅳ号遗址采集的石器（R005∶002）

13. 西二龙西南 ZL-XEL-1

（1）位置

　　西二龙西南遗址位于调查区域北部居中位置，镇赉县沿江镇西二龙村西南侧。遗址中心UTM格式坐标为东经559154.3772，北纬5071416.2583。

（2）地貌

　　西二龙村西和西南各有一个地势较高的土岗，在这两岗的东南坡上及坡下的平地中都有遗物分布（图217、图219）。西二龙村西南岗上，遗址因遭大规模取土而被破坏近半，形成高达若干米的断崖，断崖剖面自上而下依次为表土层、黑土层、浅黄色土、灰黄色土、浅黄色土、灰黄色土和浅黄色生土层，其中有1个开口于黑土层下的灰坑（图218）。但因断崖陡峭危险，未做刮面及绘图工作。断崖下散落有陶片、动物骨骼、蚌片等。属于PHh土壤地带。

图217　西二龙西南岗的断面
（摄影：李晓健）

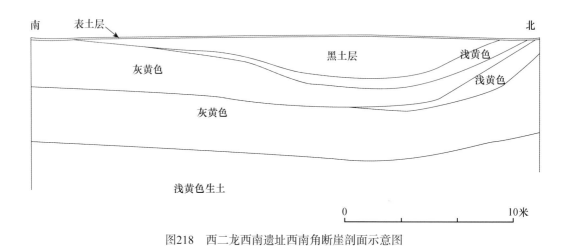

图218　西二龙西南遗址西南角断崖剖面示意图

（3）以往工作

以往发表材料中未发现有关该遗址的记录。

图219　西二龙西南岗（东南—西北）

（摄影：李晓健）

（4）范围与文化内涵

西二龙西南遗址总面积503012平方米，共有137个一般采集区（P006～P010和P211～P342）。采集区沿东北—西南向分布成5至6排，其中最北侧有两排西北—东南向采集区。遗址南北长约1200米，东西宽约560米（图220，表19）。

图220　西二龙西南遗址采集区分布图

该遗址发现新石器时代早期、新石器时代中期、汉书二期文化、魏晋隋唐时期、辽金时期和清末至民国时期陶片。

表19　西二龙西南遗址采集区和陶片统计表

时期	采集区数量	面积/万平方米	陶片数量	占陶片总数百分比/%	采集区内密度*
新石器时代早期	2	0.7468	9	0.42	0.001/m²
新石器时代中期	5	1.7014	151	7.07	0.009/m²
汉书二期文化	1	0.25	1	0.05	0.0004/m²
魏晋隋唐	2	2.5205	2	0.09	0.00008/m²
辽金时期	135	49.8012	1556	72.85	0.003/m²
清末至民国	119	42.5955	417	19.52	0.001/m²
总数	137	50.3012	2136	100	0.004/m²

*此处密度数据是依据系统采集所获陶片数量推算而得。其他数据都是实际数据。

（5）遗存分布、密度与标本

新石器时代早期陶片只在遗址西南角的2个采集区发现，共有9片。该时期陶片占总数的0.42%，密度比较低（图221）。

图例
新石器时代早期采集区
新石器时代早期陶片数量
☐ 0.00~10.00
☐ 10.01~50.00
☐ 50.01~500.00
■ 500.01~2000.00
■ 2000.01~400000.00
☐ 调查范围

图221　西二龙西南遗址新石器时代早期采集区分布图

采集标本有纹饰陶片（图222）。

P214：003，夹炭黄褐陶。长8厘米，宽4.3厘米，厚1.2厘米（图222-1）。

P214：004，夹炭灰褐陶。饰戳印指甲纹。长4.8厘米，宽4.1厘米，厚1.1厘米（图222-2）。

P214：006，夹炭黄褐陶。饰竖向滚压横排栉齿之字纹。长4.5厘米，宽4.5厘米，厚1.2厘米（图222-3）。

P214：005，夹炭黄褐陶。饰竖向滚压横排栉齿之字纹。长5.4厘米，宽5.1厘米，厚1.4厘米（图222-4）。

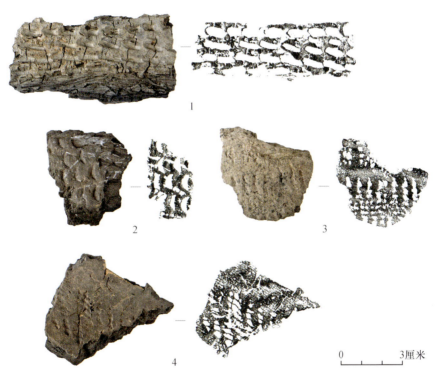

图222　西二龙西南遗址新石器时代早期采集陶片
1. P214：003　2. P214：004　3. P214：006　4. P214：005

该遗址采集新石器时代早期陶片，从陶质、陶色、纹饰特点看，应属于后套木嘎一期文化[①]。

新石器时代中期陶片分布于遗址西南角的5个采集区，与新石器时代早期采集区的位置一致，其中最西侧断崖周围的3个采集区密度最高。共发现151片新石器时代中期陶片，占陶片总数的7.07%，整体上密度比新石器时代早期高9倍（图223）。

采集标本有陶器口沿和腹底残片，各2件（图224）。

P213：001，陶器口沿。夹蚌黄灰陶。直口，圆唇。素面。宽2.4厘米，厚0.8厘米，高2.9厘米（图224-1）。

① 金旭东、褚金刚、王立新：《吉林通榆县长坨子四处遗址的调查》，《北方文物》2011年第3期，第3～6页，第5页图5-1～8；Wang Lixin, Pauline Sebillaud. "The emergence of early pottery in East Asia: new discoveries and perspectives". *Journal of World Prehistory*, 32, 1, 2019, p. 73-110.

图223　西二龙西南遗址新石器时代中期采集区分布图

图224　西二龙西南遗址新石器时代中期采集陶片
1. P213：001　2. P215：001　3. P214：001　4. P214：002

　　P215：001，陶器口沿。夹蚌黄灰陶。直口，圆唇。素面。宽2.8厘米，厚0.9厘米，高3.9厘米（图224-2）。

　　P214：001，腹底残片。夹蚌灰褐陶。腹壁斜直，平底。宽5.5厘米，厚0.5厘米，高4.5厘米，底径10厘米（图224-3）。

P214:002，陶器腹底残片。夹蚌灰褐陶。略鼓腹，有手制的痕迹，褐色陶皮。长13.3厘米，宽9.6厘米，厚0.7厘米（图224-4）。

汉书二期文化陶片只在遗址西南角采集区发现1片，与新石器时代早中期采集区的位置一致。密度很低（图225）。

图例
汉书二期文化采集区
汉书二期文化陶片数量

□ 0.00~10.00

□ 10.01~50.00

■ 50.01~500.00

■ 500.01~2000.00

■ 2000.01~400000.00

□ 调查范围

0　　　　　　400米

北

图225　西二龙西南遗址汉书二期文化采集区分布图

采集标本为1件陶器口沿。

P211:008，夹砂黄褐陶。直口略侈，圆唇，近口部有两排指窝纹。宽2.2厘米，厚0.7厘米，高2.9厘米（图226）。类似纹饰也见于汉书遗址2001年发掘区第Ⅳ期遗存的陶鬲口沿上[1]。

魏晋隋唐时期陶片只在遗址西南角和中部的2个采集区发现2片。密度非常低（图227）。

采集标本有陶器口沿1件。

P238:002，夹粗砂红灰陶。直口，圆唇，近口部有三道凸棱。宽3.3厘米，厚0.6厘米，高3.2厘米（图228）。

辽金时期陶片发现于135个采集区（占该遗址所有采集区的98.5%），分布于整个遗址，中部密度最高，整体上很均匀。该时期的1556片陶片占总数的72.85%，整体上密度比

0　　　　　　3厘米

图226　西二龙西南遗址汉书二期
文化采集陶器口沿（P211:008）

① 吉林省文物考古研究所、吉林大学边疆考古研究中心、吉林大学考古学院：《大安汉书——青铜时代遗址考古发掘报告》，北京：科学出版社，2018年，第97页图151-2、3。

图227　西二龙西南遗址魏晋隋唐时期采集区分布图

0　　　　　　　3厘米

图228　西二龙西南遗址魏晋隋唐时期
采集陶器口沿（P238：002）

较高（图229）。

采集标本有陶器口沿1件、纹饰陶片4件、布纹瓦7块和砖块15块（图230）。

P218：001，陶器口沿。泥质灰陶。敞口，卷沿，圆唇，颈部疑似有一道附加堆纹。长6.3厘米，厚0.7厘米，高5.6厘米（图230-1）。

P007：001，泥质灰陶。饰戳压椭圆形凹窝的附加堆纹。长5.8厘米，宽3.4厘米，厚0.6厘米（图230-2）。

P007：002，泥质灰陶。饰戳压椭圆形凹窝的附加堆纹。长3.3厘米，宽2.5厘米，厚0.7厘米（图230-3）。

类似风格的附加堆纹也见于尹家窝堡遗址2015年发掘区（金代聚落）[1]和德惠市李春江遗址[2]。

① 　Pauline Sebillaud（史宝琳）、张礼艳、刘晓溪：《吉林大安尹家窝堡遗址2015年发掘简报》，《边疆考古研究（第20辑）》，北京：科学出版社，2016年，第89～117页，第100页图10-2、3。

② 　吉林省文物考古研究所、德惠市文物管理所：《吉林省德惠市李春江遗址发掘报告》，《北方文物》2009年第3期，第47～61页，第52页图8-1、4、11。

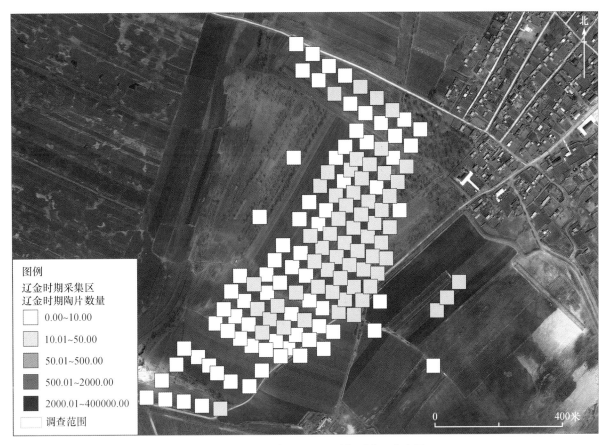

图229　西二龙西南遗址辽金时期采集区分布图

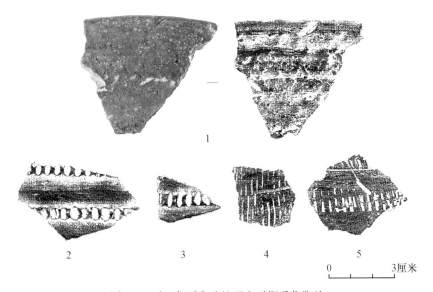

图230　西二龙西南遗址辽金时期采集陶片

1. P218：001　2. P007：001　3. P007：002　4. P238：001　5. P319：001

P238：001，泥质灰陶。饰成排细条形篦点纹。长3.2厘米，宽2.7厘米，厚0.5厘米（图230-4）。

P319：001，泥质灰陶。饰成排楔形篦点纹。长4.1厘米，宽4.1厘米，厚0.7厘米（图230-5）。

清末至民国时期陶片分布于119个采集区（占遗址采集区的87%），遗址中部采集区密度较高。该时期的417片陶片占总数的19.52%，辽金时期比这一时期整体密度高3倍（图231）。

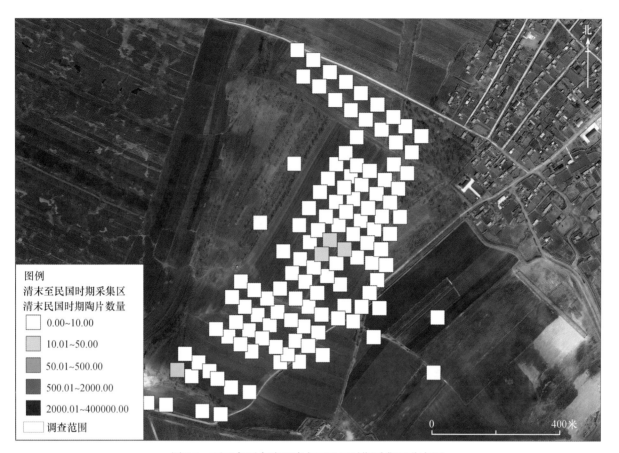

图231　西二龙西南遗址清末至民国时期采集区分布图

采集标本有铜钱3枚（图232）。

P284：001，"康熙通宝"，反面满文。直径2.7厘米，厚0.1厘米（图232-1）。

P295：001，"嘉庆通宝"，反面满文。直径2.5厘米，厚0.2厘米（图232-2）。

P303：001，"乾隆通宝"。直径2.2厘米，厚0.1厘米（图232-3）。

图232　西二龙西南遗址采集铜钱
1. P284：001　2. P295：001　3. P303：001

（6）未断代标本

发现细石器3件、铁器残块数十块。石器都发现于P211采集区内，其中有刮削器2件和石核1件（图233）。

刮削器分单凸刃刮削器和单直刃刮削器2种。

P211：003，单凸刃刮削器。浅红色。毛坯为细石叶。长3.4厘米，宽1.7厘米，厚0.5厘米。远端经正向加工呈一凸刃，刃长为15毫米，刃角为62°（图233-1）。

P211：001，单直刃刮削器。灰色硅质泥岩。毛坯为断块，一侧边经单向加工，呈一直刃，刃长为25.7毫米。长6.1厘米，宽4.6厘米，厚3厘米（图233-3）。

P211：002，推测为石叶石核毛坯，灰色角岩，两侧边经双向加工。长4.4厘米，宽3厘米，厚1.7厘米（图233-2）。

图233　西二龙西南遗址采集的石器
1. P211：003　2. P211：002　3. P211：001

（7）总结

该遗址新石器时代和青铜时代，人类主要在西南岗上居住、活动，魏晋隋唐时期开始向中部移动，等到辽金和清末至民国时期进入了发展高峰，分布范围扩大到整个遗址。

14. 西二龙东南 ZL-XEL-2

（1）位置

西二龙东南遗址位于调查区域北部居中区域，镇赉县沿江镇西二龙村东南侧。遗址中心UTM格式坐标为东经561012.8676，北纬5071384.5934。

（2）地貌

该遗址位于西二龙村东南侧，四家子村北、村东北的一片地势较高而平阔的耕地或林地中。属于PHh土壤地带。

（3）以往工作

西二龙东南遗址发现于全国第二次文物普查期间，相关信息可见《中国文物地图集·吉林分册》[①]。《镇赉县文物志》称此遗址为"西二龙屯南岗遗址"：

> 遗址位于沿江乡西二龙村（屯）南1000米处的一个呈东西走向，长近2000米，高约5米的土岗东端南坡。遗物分布范围，东西300米，南北40米。遗址西2000米是水泡，北面是草原和沼泽地，东、南两侧是耕地。
>
> 遗址内出土的文物有布纹瓦残块，轮制灰色细泥质陶片，灰白釉瓷片和钧窑瓷片、碗足等。
>
> 根据遗物分析，该遗址应为辽金时代文化遗存[②]。

（4）范围与文化内涵

西二龙东南遗址总面积1063840平方米，共有284个采集区（P001～P005、P011、O017～O019、O021～O095、O171～O370），其中有17个系统采集区和267个一般采集区。采集区分布于村子东南侧，主体近"T"形，西侧还有若干个采集区零星分布，东北—西南长约2700米，西北—东南宽约1300米（图234，表20）。

该遗址发现魏晋隋唐时期、辽金时期和清末至民国时期陶片。

表20　西二龙东南遗址采集区和陶片统计表

时期	采集区数量	面积/万平方米	陶片数量	占陶片总数百分比/%	采集区内密度*
魏晋隋唐	1	0.25	1	0.002	0.0004/m²
辽金时期	282	105.8840	38512	95.498	0.13/m²
清末至民国	268	105.6340	1818	4.5	0.008/m²
总数	284	106.3840	40331	100	0.14/m²

*此处密度数据是依据系统采集所获陶片数量推算而得。其他数据都是实际数据。

（5）遗存分布、密度与标本

魏晋隋唐时期陶片只在遗址中南部的一个采集区中发现了1片。陶片密度很低（图235）。

① 国家文物局编：《中国文物地图集·吉林分册》，北京：中国地图出版社，1993年，第160页。
② 吉林省文物志编修委员会：《镇赉县文物志》，长春：吉林省文物志编修委员会，1985年，第99页。

图234　西二龙东南遗址采集区分布图

采集品为1件口沿残片。

O219：001，夹粗砂灰黄陶。直口略侈，圆唇，近口部有两道凸棱。宽2.3厘米，厚0.8厘米，高2.3厘米（图236）。

辽金时期遗物几乎分布于整个遗址的采集区（占采集区的99%），其中密度最高的区分三个部分，分别位于遗址"T"形的中心、东南部和东北部。辽金时期陶片占总数的95.498%，陶片密度非常高（图237）。

采集器物标本34件。

O049：001，腹底残片。泥质灰陶。饰成排细条状篦点纹。长6.4厘米，宽2.6厘米，厚0.7厘米，高2.8厘米（图238-1）。

O056：001，腹底残片。泥质灰陶。饰长短参差的细条状篦点纹。长5.6厘米，宽5.5厘米，厚1.3厘米（图238-2）。

O087：001，陶器口沿。泥质灰陶。斜沿圆唇，饰成排细条状篦点纹。长4.1厘米，高3.5厘米，厚0.7厘米（图238-3）。

O056：002，腹底残片。泥质灰陶。饰成排短条状篦点纹。长8.2厘米，宽5.1厘米，厚1厘米，高5.5厘米（图238-4）。

O060：001，陶片。泥质灰陶。饰成排短条状篦点纹。长4.9厘米，宽4.7厘米，厚1.2厘米

图235　西二龙东南遗址魏晋隋唐时期采集区分布图

图236　西二龙东南遗址魏晋隋唐
时期陶片（O219：001）

（图238-5）。

O056：003，陶片。泥质灰陶。饰成排短条状篦点纹。长5.1厘米，宽3.7厘米，厚1厘米（图238-6）。

O241：001，腹底残片。泥质灰陶。饰成排楔形篦点纹。长5.8厘米，宽5.5厘米，厚1厘米，高5.3厘米（图238-7）。

O352：001，陶器口沿。夹砂灰陶。卷沿圆唇。素面。长11.3厘米，厚0.7厘米，高3.7厘米，推测口部直径20厘米（图238-8）。

O095：001，陶器口沿。夹砂黄褐陶。折沿圆唇，腹饰3排篦点纹，其中第一、二排为小且短的楔形篦点纹，第三排为细条形篦点纹。长3.9厘米，宽3.1厘米，厚0.7厘米（图239-2）。

O320：002，陶罐。泥质灰陶。残，无法复原。侈口折沿，圆唇，鼓腹，平底，内外有轮制痕迹，器表有三个锔孔。厚0.9厘米，底部直径26厘米，推测口部直径42厘米（图239-1）。

O049：002，陶片。泥质灰陶。饰成排细条状篦点纹。长6厘米，宽5厘米，厚0.6厘米（图240-1）。

O049：003，陶片。泥质灰陶。饰两排整齐的篦点纹，一排为细小楔形篦点纹，另一排为细条状篦点纹。长5.3厘米，宽3.2厘米，厚1厘米（图240-2）。

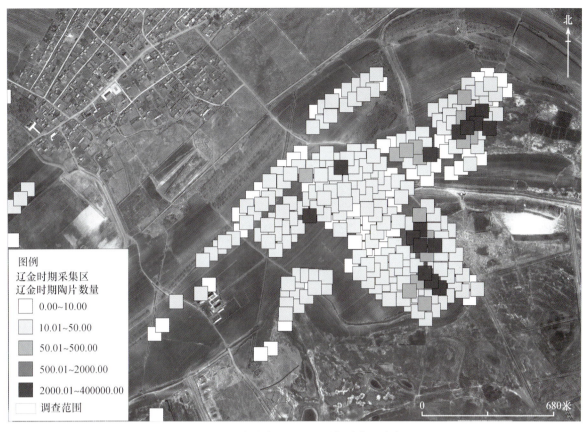

图237 西二龙东南遗址辽金时期采集区分布图

图238 西二龙东南遗址辽金时期陶片

1. O049：001　2. O056：001　3. O087：001　4. O056：002　5. O060：001　6. O056：003　7. O241：001　8. O352：001

图239　西二龙东南遗址辽金时期陶片
1. O320：002　2. O095：001

O049：004，陶片。泥质灰陶。饰成排细条状篦点纹。长4.9厘米，宽3.7厘米，厚1.4厘米（图240-3）。

O049：005，陶片。泥质灰陶。饰成排楔形篦点纹。长4.9厘米，宽3.8厘米，厚0.8厘米（图240-4）。

O049：007，陶片。泥质灰陶。饰成排细条形篦点纹。长2.8厘米，宽2.4厘米，厚0.8厘米（图240-5）。

O063：001，陶片。夹砂黄褐陶。饰成排细条形篦点纹。长8.4厘米，宽5.3厘米，厚1.3厘米（图240-6）。

O063：002，陶片。泥质灰陶。饰楔形篦点纹和波浪形的刻划纹。长5.1厘米，宽3.8厘米，厚0.9厘米（图240-7）。

O063：003，陶片。泥质黑陶。饰成排细条形篦点纹。长4.1厘米，宽3厘米，厚0.6厘米（图240-8）。

O078：001，陶片。泥质灰陶。饰成排细条形篦

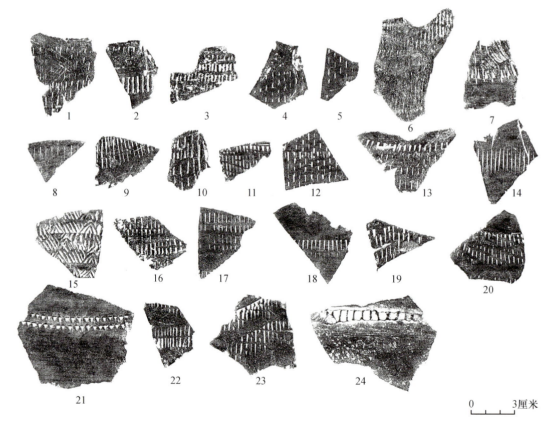

图240　西二龙东南遗址辽金时期陶片

1. O049：002　2. O049：003　3. O049：004　4. O049：005　5. O049：007　6. O063：001　7. O063：002　8. O063：003
9. O078：001　10. O079：001　11. O079：002　12. O081：001　13. O082：001　14. O087：001　15. O088：001　16. O082：002
17. O089：002　18. O089：003　19. O089：005　20. O093：001　21. O095：003　22. O195：001　23. O317：001　24. O320：001

点纹。长5.2厘米，宽3.7厘米，厚0.7厘米（图240-9）。

O079：001，夹砂黄褐陶。饰成排楔形篦点纹。长4.1厘米，宽3.5厘米，厚1.1厘米（图240-10）。

O079：002，陶片。泥质灰陶。饰一排楔形篦点纹和三排细条形篦点纹。长3.9厘米，宽2.8厘米，厚1.1厘米（图240-11）。

O081：001，陶片。泥质灰陶。饰成排细条形篦点纹。长4.5厘米，宽4厘米，厚0.7厘米（图240-12）。

O082：001，陶片。泥质灰陶。饰成排细条形篦点纹。长6.7厘米，宽4.6厘米，厚0.7厘米（图240-13）。

O087：002，陶片。泥质灰陶。饰成排细条形篦点纹。长6.6厘米，宽4.9厘米，厚1厘米（图240-14）。

O088：001，陶片。泥质灰陶。饰密集的戳印菱格纹。长6.8厘米，宽5.2厘米，厚0.9厘米（图240-15）。

O082：002，陶片。泥质灰陶。饰成排细条形篦点纹。长5.5厘米，宽4.1厘米，厚1厘米（图240-16）。

O089：002，陶片。泥质灰陶。饰成排细条形篦点纹。长5.3厘米，宽4.3厘米，厚0.7厘米（图240-17）。

O089：003，陶片。泥质灰陶。发现有镏孔并饰有两排整齐的楔形篦点纹。长6.4厘米，宽4.2厘米，厚0.7厘米（图240-18）。

O089：005，陶片。泥质灰陶。饰长短参差的楔形篦点纹。长4.8厘米，宽3.9厘米，厚1.3厘米（图240-19）。

O093：001，陶片。泥质灰陶。饰有两排楔形篦点纹，且其上抹有呈暗纹的斜线。长5.3厘米，宽5.2厘米，厚0.7厘米（图240-20）。

O095：003，陶片。泥质灰陶。饰有两排整齐的短楔形篦点纹（图240-21）。

O195：001，陶片。泥质黑陶。饰有两排距离较近的细长条形篦点纹。长4.7厘米，宽3.2厘米，厚0.7厘米（图240-22）。

O317：001，泥质黄褐陶。饰有成排楔形篦点纹。长6.5厘米，宽5.9厘米，厚1.1厘米（图240-23）。

O320：001，夹砂灰胎黄褐皮。饰戳压不规则形凹窝的附加堆纹。长9.3厘米，宽6.7厘米，厚1.1厘米（图240-24）。

采集的遗物还有瓦片756块和砖239块。

清末至民国时期陶片几乎分布于整个遗址的采集区（占采集区的94%），分布状态与辽金时期采集区基本一致。密度最高的区域也分三个部分，分别位于遗址中心即"T"形的交叉区、遗址的东南部和东北部。但清末至民国时期陶片只占总数的4.5%，所以整体上密度很低（图241）。

采集瓷器标本3件（图242）。

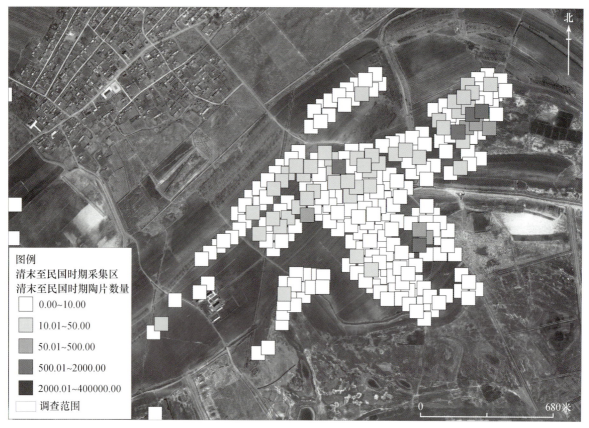

图241　西二龙东南遗址清末至民国时期采集区分布图

图242　西二龙东南遗址清末至民国时期瓷片
1.O242：005　2.O329：001　3.O353：001

（图242-3）。

采集铜钱1枚。

O242：005，瓷盅底。黄红胎。内部有纹饰，平底未施釉。长2.8厘米，宽2.8厘米，厚0.4厘米，高0.4厘米，底部直径2.1厘米（图242-1）。类似的瓷盅见于黑龙江省五常市拉林机场清代遗址[①]。

O329：001，瓷器器底。未施釉。红灰胎。有圈足，内部有轮制痕迹。长8.5厘米，宽5.7厘米，厚1.6厘米，高5.4厘米，底部直径10厘米（图242-2）。

O353：001，瓷器器底。残。灰胎，未施釉，有圈足，内部有轮制痕迹。长11.4厘米，宽8.6厘米，厚1.7厘米，高8.9厘米，底部直径9厘米

---

① 黑龙江省文物考古研究所：《黑龙江省五常市拉林机场清代遗址发掘简报》，《北方文物》2015年第4期，第48～52页，第50页图1-24。

O343：001，锈蚀，正面是"乾隆通宝"，反面满文。直径2.3厘米，厚0.1厘米（图243）。

图243 西二龙东南遗址清末至民国
时期铜钱（O343：001）

（6）未断代标本

该遗址地表上还采集了石器6件，包括石器断片（1件）、石锛（1件）、砺石（2件）和磨制石器（2件）等4种（图244）。

P005：002，断片近端。青灰色硅质泥岩。人工台面，素台面。背面大部分为石皮，腹面半锥体微凸。长3.2厘米，宽1.7厘米，厚0.8厘米（图244-1）。

O021：001，石锛。残。青灰色细腻石料。圆刃。长3.6厘米，宽3.2厘米，厚1.3厘米（图244-2）。

O053：001，砺石。残。浅灰色。近长方形，一面磨光，端部有一个斜向穿孔，直径0.6厘米，磨面上有一斜槽。长6.9厘米，宽3.8厘米，厚2.7厘米（图244-3）。

O366：001，砺石。残。灰色。梯形，一面磨光。长5.1厘米，宽4.8厘米，厚2.3厘米（图244-6）。

O283：001，磨制石器。圆形器物残块。灰色。一面被磨光。长6.8厘米，宽5.7厘米，厚1.5厘米（图244-4）。

O325：001，磨制石器。残。灰色。不规则形，剖面为三角形，一面被磨光。长8.2厘米，宽5.4厘米，厚1.6厘米（图244-5）。

图244 西二龙东南遗址采集的石器
1. P005：002 2. O021：001 3. O053：001
4. O283：001 5. O325：001 6. O366：001

（7）总结

西二龙东南遗址地表上采集的辽金时期遗物占总数的近95.5%，分布密度非常高，而且发现大量辽金时期建筑材料（砖、瓦），因而可以推测地下应有该时期的建筑遗迹。另外，完整陶器的发现地点应为一座被破坏的辽金时期墓葬。辽金时期和清末至民国时期的采集区始终沿着现代村子的东南侧分布，还可以推测该聚落的使用具有连续性。

15. 四家子东 ZL-SJZ

（1）位置

四家子东遗址位于调查区域北部居中区域，镇赉县沿江镇四家子村东侧。遗址中心UTM格式坐标为东经561100.6434，北纬5069645.202。

（2）地貌

该遗址位于四家子村东侧呈椭圆形的土岗及其南侧，还有堤坝的东侧，遗址北侧、东侧为盐碱地（古河道），西侧为四家子村，南侧为耕地。属于PHh土壤地带。

（3）以往工作

以往发表材料中未发现有关该遗址的记录。

（4）范围与文化内涵

四家子东遗址总面积674539平方米，共有89个采集区（O001～O006、O009～O016、O096～O170），其中有2个系统采集区和87个一般采集区。采集区根据分布位置可分为5区，其中两区分别位于土岗的南、北部，北区采集区呈东西向分布1至3排，南区采集区由两个西北—东南向的长方形采集区构成，每个长方形内又呈西北—东南向分布3至4排，土岗以南分为东南区（10个采集区）和正南区（8个采集区）两区，西侧还有一个单独的采集区。整体遗址南北长1100米，东西宽1000米（图245，表21）。

该遗址发现有新石器时代中期、辽金时期和清末至民国时期陶片。

表21　四家子东遗址采集区和陶片统计表

时期	采集区数量	面积/万平方米	陶片数量	占陶片总数百分比/%	采集区内密度*
新石器时代中期	4	2.6594	33	1.5	0.001/m²
辽金时期	89	67.4539	1546	70.4	0.01/m²
清末至民国	87	60.0265	616	28.1	0.005/m²
总数	89	67.4539	2195	100	0.015/m²

*此处密度数据是依据系统采集所获陶片数量推算而得。其他数据都是实际数据。

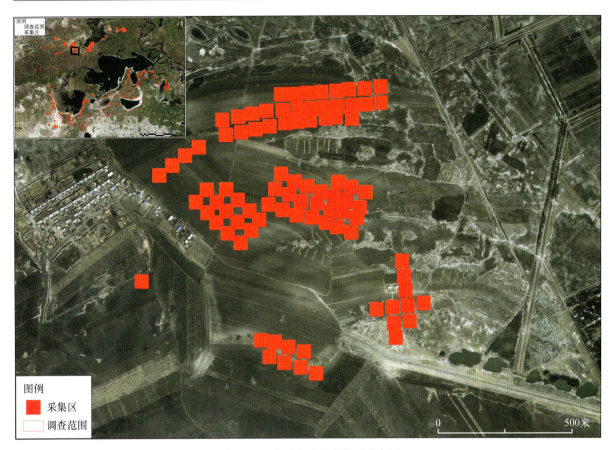

图245　四家子东遗址采集区分布图

（5）遗存分布、密度与标本

新石器时代中期陶片分布于土岗以南一排东西向采集区内，其中最西端的采集区分布密度最高。新石器时代中期陶片占遗址陶片总数的1.5%，整体密度很低（图246）。

辽金时期陶片分布于遗址的所有采集区，遗址中心处分布密度较高，其中位于土岗南区中部的采集区分布密度最高。辽金时期陶片占陶片总数70.4%（图247）。

采集器物标本5件（图248）。

O007：001，腹底残片。泥质灰陶。平底。长10厘米，厚1.1厘米，高4.5厘米（图248-1）。

O138：001，腹底残片。泥质灰陶。器表深灰色，饰成组参差排列的短条形篦点纹，局部组合成菱形。长5.3厘米，宽4.4厘米，厚1.2厘米（图248-2）。类似的纹饰也见于后套木嘎遗址第Ⅶ期遗存[1]和双辽市电厂贮灰场遗址[2]。

O009：001，可能为瓦片。夹砂黄灰陶。饰有刻划网格纹。长9厘米，宽2.7厘米，厚2.4厘

---

① 吉林大学边疆考古研究中心、吉林省文物考古研究所：《吉林大安市后套木嘎遗址AⅣ区发掘简报》，《考古》2017年第11期，第3～30页，第29页图64。

② 吉林省文物考古研究所、四平市文管会办公室、四平市博物馆：《吉林双辽电厂贮灰场辽金遗址发掘简报》，《考古》1995年第4期，第325～337页，第332页图11-9。

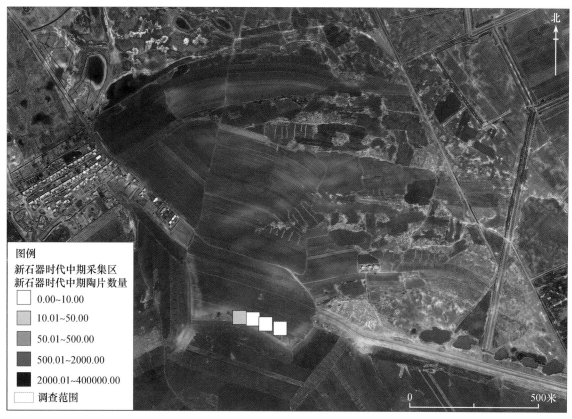

图246　四家子东遗址新石器时代中期采集区分布图

图247　四家子东遗址辽金时期采集区分布图

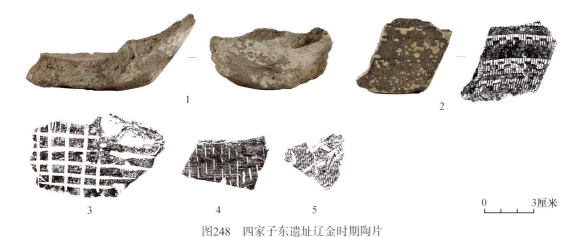

图248 四家子东遗址辽金时期陶片

1. O007：001 2. O138：001 3. O009：001 4. O118：001 5. O137：001

米（图248-3）。

O118：001，陶片。泥质灰陶。饰成排楔形篦点纹。长4.7厘米，宽4.1厘米，厚0.9厘米（图248-4）。

O137：001，陶片。泥质灰陶。饰成排短条形篦点纹。长4厘米，宽3.5厘米，厚1.1厘米（图248-5）。

清末至民国时期陶片分布于遗址的大部分采集区，土岗南区即遗址的中部分布密度最高，几个分散在遗址北部、西部和南部的采集区密度也较高。该时期陶片占总数的28.1%，辽金时

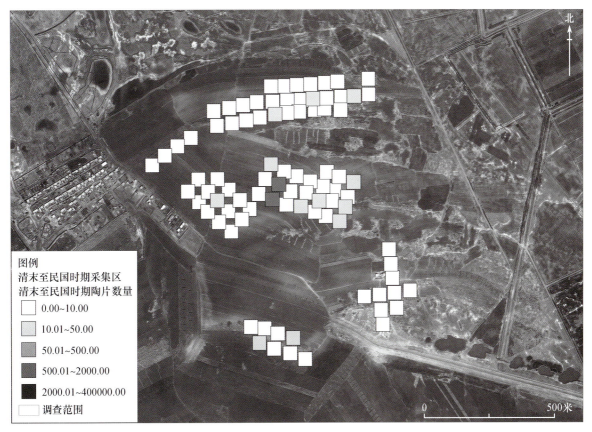

图249 四家子东遗址清末至民国时期采集区分布图

图250　四家子东遗址清末至民国时期瓷片
（O005：001）

期比这一时期整体密度高1倍（图249）。

采集有器物标本1件。

O005：001，瓷器器底。残。黄胎，酱釉，内部施满釉，圈足上未施釉，整体长7.9厘米，宽4.7厘米，厚1.1厘米（图250）。

（6）未断代标本

采集石器4件，其中完整石片1件、砺石2件、石斧1件（图251）。

O118：002，完整石片。黑灰色。人工台面，素台面。背部经过人为加工。长1.7厘米，宽1.4厘米，厚0.5厘米（图251-1）。

O101：001，砺石。残。灰色。平面呈长方形，一面被磨光。穿孔直径0.5厘米，长3.8厘米，宽3.4厘米，厚2厘米（图251-2）。

O159：001，砺石。残。灰色。不规则形。穿孔直径0.5厘米，长8.7厘米，宽2.2厘米，厚1.3厘米（图251-4）。

O114：001，石斧。顶端残。黑灰色。圆刃，纵向剖面近三角形。长4.4厘米，宽3.1厘米，厚1.8厘米（图251-3）。

图251　四家子东遗址采集的石器
1. O118：002　2. O101：001　3. O114：001　4. O159：001

采集金属器1件。

O138：002，方钉。剖面和钉帽均为长方形，尖部为三角形。长8.5厘米，宽2.3厘米，厚1.3厘米（图252）。

（7）总结

四家子东遗址辽金时期遗物密度最高。该遗址在新石器时代中期利用程度较低，可能只是部分人群在这里有过短暂的居住，直到辽金时期这里才被大规模利用，并在清末至民国时期继续使用，甚至可能与现代村子存在延续。而且无论是辽金时期还是清末至民

图252　四家子东遗址采集的金属器
（O138：002）

国时期，分布密度最高的地方始终位于土岗南区的中部，相似的选择一方面进一步说明该遗址在不同时期发展的延续性，另一方面也说明遗址中心未发生明显的转移。

16．四方山 ZL-SFS

（1）位置

四方山遗址位于调查区域北部居中区域，镇赉县沿江镇西四方山村四周。遗址中心UTM格式坐标为东经563275.4932，北纬5067978.0885。

（2）地貌

该遗址位于月亮泡北岸一处四边形的土岗上（图253）。在西四方山屯东北部，坝东端北侧，发现一大取土坑，遗物多采集自坝的北侧，应为取土筑坝时扰出，取土坑断面上见有灰坑。地表（近断崖处）散布蚌片和鱼骨。较平的耕地内多为外来的灰土，陶片亦可能被搬运至此。属于PHh土壤地带。

图253　四方山遗址（东—西）
（摄影：李晓健）

（3）以往工作

以往发表材料中未发现有关该遗址的记录。

（4）范围与文化内涵

四方山遗址总面积1426300平方米，共有10个一般采集区（N001~N010）。采集区呈开口朝南的"U"形分布于四边形土岗上，可分为北部的一排近东西向采集区、东侧的一排南北向采集区以及村南的两个南北向分布的采集区。整体遗址东西长380米，南北宽430米（图254，表22）。

图254　四方山遗址采集区分布图

该采集区发现有新石器时代中期、汉书二期文化、辽金时期和清末至民国时期陶片。

表22　四方山遗址采集区和陶片统计表

时期	采集区数量	面积/万平方米	陶片数量	占陶片总数百分比/%	采集区内密度*
新石器时代中期	3	2.1497	46	23.5	0.002/m²
汉书二期文化	2	2.1268	8	4.1	0.0004/m²
辽金时期	9	131.7738	84	42.9	0.00006/m²
清末至民国	8	131.7738	58	29.6	0.00004/m²
总数	10	131.7738	196		0.0001/m²

*此处密度数据是依据系统采集所获陶片数量推算而得。其他数据都是实际数据。

（5）遗存分布、密度与标本

　　新石器时代中期陶片主要分布于遗址北部的3个近东西向采集区，其中遗址东北部采集区陶片分布最密集。该时期陶片占总数的23.5%。整体上密度不太高（图255）。

图例
新石器时代中期采集区
新石器时代中期陶片数量

　　0.00~10.00

　　10.01~50.00

　　50.01~500.00

　　500.01~2000.00

　　2000.01~400000.00

　　调查范围

0　　　　　　　　　　300米

图255　四方山遗址新石器时代中期采集区分布图

　　采集器物标本1件。

　　N002：003，夹蚌灰褐陶腹底残片。斜直腹，平底。素面。宽5.4厘米，厚0.6厘米，高2.8厘米（图256）。

　　汉书二期文化陶片只分布于遗址北部的两个东西向排列的采集区。该时期的陶片一共发现8片，占陶片总数的4.1%，整体上密度很低（图257）。

　　辽金时期陶片分布于遗址的大部分采集区（90%），其中村西南的两个采集区和村东的两个采集区分布密度最高。该时期的陶片占陶片总数的42.9%。整体上密度较高（图258）。

　　清末至民国时期陶片分布于遗址大部分采集区（80%）。该时期的陶片占总数的29.6%。整体上密度较低（图259）。

0　　　　　　3厘米

图256　四方山遗址新石器时代中期陶片
（N002：003）

图257　四方山遗址汉书二期文化采集区分布图

图258　四方山遗址辽金时期采集区分布图

图259 四方山遗址清末至民国时期采集区分布图

采集铜钱1枚。

N007：001，"乾隆通宝"，锈蚀。直径2.5厘米，厚0.1厘米（图260）。

（6）未断代标本

采集磨制石器2件（图261）。

N002：001，磨制石器残块。灰黄色。近圆角方形，一面被磨光。长7.3厘米，宽2.2厘米，厚1.7厘米（图261-1）。

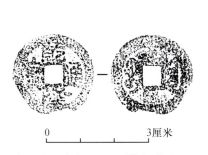

图260 四方山遗址清末至民国时期铜钱（N007：001）

图261 四方山遗址采集磨制石器

1. N002：001 2. N002：002

N002：002，磨制石器残块。黑灰色。圆刃，一面被磨光。长3.4厘米，宽2.1厘米，厚1.1厘米（图261-2）。

（7）总结

该村子位于土岗的最高处，村子所在的地理位置最适宜人居住，而在该遗址地表发现的遗物主要分布于现代村子周围，所以遗址的主要部分可能就压在该村子下面。

17. 南莫 ZL-NM

（1）位置

南莫遗址位于调查区域中北部，镇赉县沿江镇南莫村北、西侧和西南侧。遗址中心UTM格式坐标为东经565861.8343，北纬5070826.2063。

（2）地貌

该遗址分布在南莫村所在的一条东北—西南向的长条形土岗上（图262）。靠近水渠的地方，渠边陶片较多，应为修渠时翻出。靠近水渠有一条取土沟，散布陶片、瓦片和青砖残块，而耕地内的遗物相对较少。在南莫村东侧与水渠之间的耕地内，发现断崖崖壁，从上面可以观察到灰坑，而且在断崖上的遗迹周边发现青砖、布纹瓦等遗物，但是并未采集。地表散布有蚌壳。遗址大部分属于PHh土壤地带，只有东北部属于GLk。

图262　南莫遗址

（摄影：刘晓溪）

（3）以往工作

南莫遗址在全国第二次文物普查时被发现，相关信息可见《中国文物地图集·吉林分册》[①]。下面是《镇赉县文物志》对该遗址的描述：

> 遗址位于沿江乡南莫村（屯）北200米处的一个呈东北—西南走向、长约2千米的土岗北端的南坡上。遗物分布范围东西约200米，南北约150米。遗址的东、西、北三面均是低洼的耕地，南1.5千米是月亮泡。
>
> 遗址内的遗物有红衣陶片，黄褐色的粗绳纹、附加堆纹、指甲纹及素面磨光的陶片，还有敞口圆唇和直口斜平唇的陶器口沿，均为夹砂质地，手制而成。火候较低。
>
> 遗址内还散布有少量的辽金时代的遗物。有青砖残块，黄褐色、灰色布纹瓦，黄褐色压印短道纹陶片等。
>
> 石器仅采集三棱尖状器，尖微残。褐色燧石压剥而成。
>
> 从上述遗物看，这里是一处青铜时期的文化遗存，辽金时期也曾有人在这里活动[②]。

（4）范围与文化内涵

南莫遗址总面积2229047平方米，是调查范围内面积最大的遗址，共有696个采集区（N011～N422、Q001～Q179、O371～O403、M408～M452、R201～R227），其中有31个系统采集区和665个一般采集区，分布十分密集，几乎可以连成片。整体遗址南北长2700米，东西宽750～1900米。

该遗址发现新石器时代中期、青铜时代早中期、白金宝文化、汉书二期文化、魏晋隋唐时期、辽金时期和清末至民国时期陶片。整体地表遗物密度很高（图263，表23）。

表23 南莫遗址采集区和陶片统计表

时期	采集区数量	面积/万平方米	陶片数量	占陶片总数百分比/%	采集区内密度*
新石器时代中期	16	57.2022	72	0.17	$0.0001/m^2$
青铜时代早中期	42	16.6346	11495	27.09	$0.09/m^2$
白金宝文化	3	1.4440	4	0.01	$0.03/m^2$
汉书二期文化	121	108.9451	5289	12.47	$0.08/m^2$
魏晋隋唐	13	20.0681	13	0.03	$0.00006/m^2$
辽金时期	696	222.9047	18422	43.42	$0.045/m^2$
清末至民国	673	220.9047	7132	16.81	$0.01/m^2$
总数	696	222.9047	42427	100	$0.13/m^2$

*此处密度数据是依据系统采集所获陶片数量推算而得。其他数据都是实际数据。

---

① 国家文物局编：《中国文物地图集·吉林分册》，北京：中国地图出版社，1993年，第159页。
② 吉林省文物志编修委员会：《镇赉县文物志》，长春：吉林省文物志编修委员会，1985年，第77、78页。

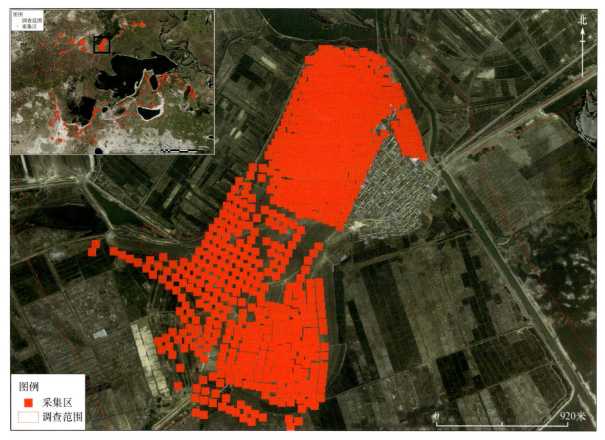

图263　南莫遗址采集区分布图

（5）遗存分布、密度与标本

新石器时代中期的遗物分布于遗址北部、东北部、西侧和东南角的16个采集区，共发现72片陶片。分布较为分散，其中遗址西端和遗址东南角的采集区分布密度最高。该时期陶片占总数的0.17%，密度整体上很低（图264）。

采集器物标本3件。

N012∶002，夹砂黄灰陶口沿。直口，圆唇。沿下饰有两道平行附加堆纹，内外壁被磨光。残宽3.4厘米，厚0.6厘米，高2.4厘米（图265-1）。

Q109∶001，夹砂黑褐陶口沿。直口，圆方唇。沿下饰有三道附加堆纹。残宽3.6厘米，厚0.4厘米，高3厘米（图265-2）。

Q098∶001，夹蚌灰褐陶口沿。敞口，圆方唇，腹斜收。素面。宽3.8厘米，厚0.7厘米，高3厘米（图265-3）。

青铜时代早中期陶片主要分布于遗址北部即村北的42个采集区，共发现11495片陶片。其中最东侧的一排西北—东南向采集区（部分）密度最高，小拉哈文化陶片所在的采集区位于遗址的最西端。该时期陶片占总数的27.09%，整体上密度很高（图266）。

N011∶001，泥质黄灰陶口沿。敛口，圆唇，鼓腹，内外壁被磨光。残宽4.5厘米，厚0.5厘

图264　南莫遗址新石器时代中期采集区分布图

图265　南莫遗址采集新石器时代中期陶片

1. N012：002　2. Q109：001　3. Q098：001

米，高9.6厘米，口径25厘米（图267-1）。

N011：002，夹砂黄褐陶口沿。直口微敛，圆唇。沿外侧饰有一道带指窝纹的附加堆纹。残宽2.3厘米，厚0.6厘米，高3.1厘米（图267-2）。这种指窝纹的附加堆纹也见于汉书遗址2001年发掘区第 II 期（古城遗存）遗存中[①]。

N011：003，夹砂黄褐陶口沿。侈口，圆唇。唇部有指窝纹。残宽2.5厘米，厚0.6厘米，高2.8厘米（图267-3）。

N013：001，夹蚌黄褐陶口沿。直口，圆方唇，内外壁被磨光。残宽2.1厘米，厚0.6厘

————————
① 吉林省文物考古研究所、吉林大学边疆考古研究中心、吉林大学考古学院：《大安汉书——青铜时代遗址考古发掘报告》，北京：科学出版社，2018年，第30页图56-1～4。

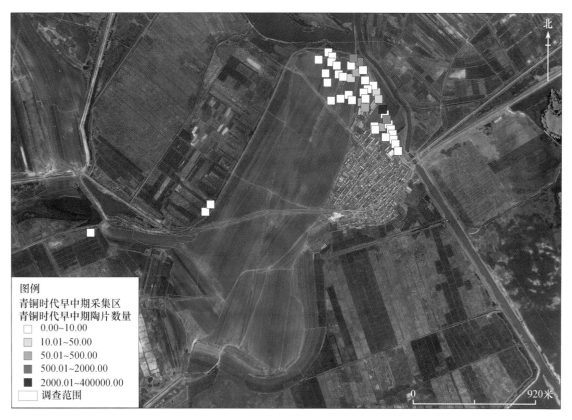

图266　南莫遗址青铜时代早中期采集区分布图

米，高3.2厘米（图267-4）。

N015：001，夹砂黄灰陶陶片。有两道平行的附加堆纹，其上局部有戳压指窝。残长3.9厘米，宽3.3厘米，厚0.6厘米（图267-5）。这种指窝纹的附加堆纹也见于汉书遗址2001年发掘区第Ⅱ期（古城遗存）遗存中[①]。

N019：001，夹砂黄灰陶。饰有一道带指窝纹的附加堆纹，内壁被磨光。残长4.2厘米，宽3.6厘米，厚0.4厘米（图267-6）。

N019：002，夹砂黄灰陶腹底残片。腹壁斜直，平底。残长8.1厘米，宽6.1厘米，厚0.5厘米，高2.7厘米，底径7厘米（图267-7）。这种器底类似白金宝遗址第Ⅰ期遗存（即小拉哈文化）的小型器底[②]。

N035：011，夹蚌黄灰陶口沿。直口，圆方唇，筒腹。沿下饰有一道截面呈三角形且带指窝纹的附加堆纹。残宽7.7厘米，厚0.7厘米，高10.5厘米（图267-8）。这种带指窝纹的附加堆纹也见于汉书遗址2001年发掘区第Ⅱ期（古城类型）遗存中[③]。

---

①　吉林省文物考古研究所、吉林大学边疆考古研究中心、吉林大学考古学院：《大安汉书——青铜时代遗址考古发掘报告》，北京：科学出版社，2018年，第30页图56-1～4。

②　黑龙江省文物考古研究所、吉林大学考古学系：《肇源白金宝——嫩江下游一处青铜时代遗址的揭示》，北京：科学出版社，2009年，第23页图32。

③　吉林省文物考古研究所、吉林大学边疆考古研究中心、吉林大学考古学院：《大安汉书——青铜时代遗址考古发掘报告》，北京：科学出版社，2018年，第30页图56-1～4。

图267　南莫遗址采集青铜时代早中期陶片

1. N011：011　2. N011：002　3. N011：003　4. N013：001　5. N015：001　6. N019：001　7. N019：002　8. N035：011
9. N041：001　10. N066：002　11. N022：001　12. N034：010　13. N034：011　14. N034：012　15. N066：001　16. N047：014
17. N051：003　18. N066：003　19. N110：002　20. N019：003

　　N041：001，夹砂黄褐陶口沿。侈口，圆方唇外侧加厚，筒腹。沿下饰有一道带指窝纹的附加堆纹，有一个锔孔。残宽5.5厘米，厚0.6厘米，高5.6厘米，口径26厘米（图267-9）。

　　N066：002，夹砂黄灰陶口沿。直口，圆唇，腹弧收，外壁被磨光。残宽9.3厘米，厚0.6厘米，高8.6厘米，口径20厘米（图267-10）。

　　N022：001，夹砂灰黄陶陶片。饰有两枚乳钉纹。残长4.4厘米，宽3.4厘米，厚0.6厘米（图267-11）。

　　N034：010，夹砂黄灰陶口沿。直口，圆唇，内外壁被磨光。残宽3.7厘米，厚0.8厘米，高2.6厘米（图267-12）。

　　N034：011，夹砂黄灰陶口沿。直口，方唇。残宽3.1厘米，厚0.4厘米，高2.3厘米，口径20厘米（图267-13）。

　　N034：012，夹砂黄灰陶器耳。一个小鋬纽。残宽2.5厘米，高1厘米，长3.3厘米，宽3.3厘米，厚0.8厘米（图267-14）。

　　N066：001，夹砂黄灰陶口沿。直口，圆唇，筒腹。残宽3.6厘米，厚0.5厘米，高4.9厘米，口径16厘米（图267-15）。

　　N047：014，夹砂黄褐陶陶片。饰有两道带指窝的平行附加堆纹。残长3.3厘米，宽2.5厘米，厚0.5厘米（图267-16）。这种带指窝纹的附加堆纹也见于汉书遗址2001年发掘区第Ⅱ期

（古城遗存）遗存中[①]。

N051：003，夹砂灰褐陶口沿。侈口，圆唇，筒腹，外壁被磨光。宽1.7厘米，厚0.6厘米，高4.3厘米（图267-17）。

N066：003，夹砂黄褐陶陶片。饰有两条篦齿平行线纹，外壁被磨光。有一个铜孔，孔径0.3厘米。残长4厘米，宽3.4厘米，厚0.4厘米（图267-18）。

N110：002，夹砂灰褐陶腹底残片。腹壁弧收，平底。残长5.8厘米，宽4.3厘米，厚0.5厘米，高3.4厘米（图267-19）。

N019：003，夹砂黄灰陶陶器器底。平底出台（饼底），斜直腹。残长5厘米，宽3.5厘米，厚0.5厘米，高3厘米（图267-20）。这种饼底也见于汉书遗址2001年发掘区第Ⅰ期遗存（即小拉哈文化）[②]与黑龙江省肇源小拉哈遗址[③]。

白金宝文化陶片分布于遗址北部的3个采集区，与青铜时代早中期密度最高采集区的分布状态一致。该时期的陶片占总数的0.01%。整体上密度很低（图268）。

图268　南莫遗址白金宝文化采集区分布图

① 吉林省文物考古研究所、吉林大学边疆考古研究中心、吉林大学考古学院：《大安汉书——青铜时代遗址考古发掘报告》，北京：科学出版社，2018年，第30页图56-1～4。

② 吉林省文物考古研究所、吉林大学边疆考古研究中心、吉林大学考古学院：《大安汉书——青铜时代遗址考古发掘报告》，北京：科学出版社，2018年，第13页图16-5～7。

③ 黑龙江省文物考古研究所：《黑龙江省肇源小拉哈遗址调查简报》，《北方文物》1996年第1期，第7～11页，第9页图3-1、2。

采集器物标本2件（图269）。

N034：013，泥质黄褐陶口沿。直口，圆唇，筒腹，内外壁被磨光。残宽3.3厘米，厚0.4厘米，高3.4厘米，口径10厘米（图269-1）。

N045：010，泥质黄褐陶陶片。饰直角折线加三角形篦点纹。残长4.1厘米，宽2.6厘米，厚0.4厘米（图269-2）。这种纹饰的结构类似白金宝文化钵上的纹饰[①]。

图269　南莫遗址白金宝文化采集陶片
1. N034：013　2. N045：010

汉书二期文化遗物分布的采集区共有121个，共发现5289片陶片。其分布状态可以分为两区，其中范围最大的区域位于遗址的北部，与白金宝文化和青铜时代早中期的分布区有联系并且发展扩大，遗址南部也有部分采集区。北区内部还可以分成西北和东北两个高密度分布区。该时期陶片占总数的12.47%，两个区的分布密度都很高（图270）。

图例
汉书二期文化采集区
汉书二期文化陶片数量
☐ 0.00~10.00
▨ 10.01~50.00
▨ 50.01~500.00
▨ 500.01~2000.00
■ 2000.01~400000.00
☐ 调查范围

图270　南莫遗址汉书二期文化采集区分布图

此外，如果进一步观察红衣陶残片的分布（图271），可以发现均集中于北区中心最高密度的采集区两侧。因此可以进一步判断北区和南区该期遗存的性质有所不同，由于这种质量较

---

① 吉林省文物考古研究所、吉林大学边疆考古研究中心、吉林大学考古学院：《大安汉书——青铜时代遗址考古发掘报告》，北京：科学出版社，2018年，第65页图63-2、6、7，第77页图72-2。

图271　南莫遗址汉书二期文化红衣陶残片采集区分布图

高的特殊器物相对集中，北区很可能为该遗址的主要中心或墓地所在。

采集器物标本若干件（图272~图274）。

N023：002，夹砂黄褐陶口沿。侈口，圆唇。残宽2.1厘米，高2.9厘米，口径0.7厘米（图272-1）。

N023：003，夹砂灰褐陶陶片。外壁涂有红衣。残长2.1厘米，宽1.8厘米，厚0.6厘米（图272-2）。

N034：008，夹砂黄褐陶口沿。直口略侈，圆唇。唇上饰有指甲纹。残宽2.9厘米，厚0.9厘米，高1.6厘米（图272-3）。

N034：009，夹砂黄褐陶口沿。侈口，高领，圆唇。外壁涂有红衣。残长3.2厘米，宽2.2厘米，厚0.8厘米（图272-4）。

N037：016，夹砂黄褐陶口沿。直口略侈，圆唇。唇上饰有指甲纹。残宽3厘米，厚0.9厘米，高1.4厘米（图272-5）。

N038：011，夹砂黄褐陶口沿。直口略侈，圆唇。唇上饰有指甲纹。残宽1.9厘米，厚0.8厘米，高1.9厘米（图272-6）。

N038：012，夹砂黄褐陶陶片。外壁涂红衣。残长3厘米，宽2.4厘米，厚0.9厘米（图272-7）。

N040：010，夹砂黄褐陶口沿。直口，圆唇，鼓腹。残宽2.9厘米，厚0.5厘米，高2.7厘米

图272　南莫遗址采集汉书二期文化陶片

1. N023：002　2. N023：003　3. N034：008　4. N034：009　5. N037：016　6. N038：011　7. N038：012　8. N038：013

9. N040：010　10. N040：012　11. N035：009　12. N036：008　13. N040：011　14. N042：003　15. N065：004

图273　南莫遗址采集汉书二期文化陶片

1. N045：009　2. N046：001　3. N047：010　4. N079：001　5. N083：002　6. N065：005

（图272-9）。

　　N040：012，夹砂黄褐陶口沿。侈口，圆唇。沿下和唇上均饰有指窝纹。宽5厘米，厚0.7厘米，高2.5厘米（图272-10）。类似特征的口沿也见于后套木嘎遗址第Ⅵ期（汉书二期文化）[①]。

　　N035：009，夹砂黄褐陶陶片。饰有一道带指窝纹的附加堆纹。残长6.5厘米，宽5.9厘米，厚0.8厘米（图272-11）。

　　N036：008，夹砂黄褐陶支座。残。残长6厘米，宽4厘米，厚4.2厘米（图272-12）。

　　N040：011，夹砂黄褐陶口沿。直口，圆唇，鼓腹。残宽5.7厘米，厚0.6厘米，高7厘米，直径28厘米（图272-13）。

　　N042：003，夹砂灰褐陶。可能为鬲的口沿，侈口，圆唇，腹略鼓。沿下饰有一排指窝纹，唇上饰有指甲纹。残宽5.7厘米，厚0.7厘米，高7.2厘米，口径20厘米（图272-14）。类似特征的器物见于白金宝遗址第Ⅳ期（汉书二期文化）[②]。

　　N065：004，夹砂灰褐陶口沿。侈口，圆唇，斜鼓腹，内壁有工具的痕迹。残宽8.4厘米，厚0.5厘米，高8厘米（图272-15）。

　　N045：009，夹砂灰褐陶陶片。器表饰有一道附加堆纹。残长7.4厘米，宽6.6厘米，厚0.7厘米（图273-1）。

　　N046：001，夹砂黄褐陶口沿。敞口，圆唇，腹弧收。残宽5厘米，厚0.6厘米，高4.8厘米，口径11厘米（图273-2）。

　　N047：010，夹砂灰褐陶口沿。侈口，圆唇。沿下和唇上均饰有指窝纹。残宽5厘米，厚0.8厘米，高3.3厘米，口径12厘米（图273-3）。

　　N079：001，夹砂灰褐陶口沿。直口，方唇，筒腹。唇下饰一道带指窝纹的附加堆纹。有一个镉孔，孔径0.4厘米。残宽6厘米，厚0.6厘米，高7.2厘米（图273-4）。

　　N083：002，夹砂黄褐陶圆腹罐残片。腹部上有稀疏、僵直的细绳纹。残厚0.3厘米，高7厘米，底径5厘米（图273-5）。

　　N065：005，夹砂灰褐陶陶壶残片。侈口，高领，鼓腹。器表有斜向僵直细绳纹，纹痕模糊，似经打磨。残宽16.5厘米，厚0.9厘米，高14厘米（图273-6）。

　　N042：004，夹砂灰褐陶口沿。侈口，圆唇，腹略鼓。残宽4.4厘米，厚0.6厘米，高3.2厘米，口径22厘米（图274-1）。

　　N042：005，夹砂黄褐陶陶片。外壁涂有红衣。残长5.1厘米，宽4.2厘米，厚0.7厘米（图274-2）。类似红衣见于白金宝遗址第Ⅳ期（汉书二期文化）的壶、碗、钵口沿[③]。

　　N045：008，夹砂黄褐陶口沿。侈口，高领，圆唇。残宽4.4厘米，厚0.6厘米，高3.5厘米，口径24厘米（图274-3）。

---

　　① 吉林大学边疆考古研究中心、吉林省文物考古研究所：《吉林大安市后套木嘎遗址AⅢ区发掘简报》，《考古》2016年第9期，第3~24页，第18页图33-7。

　　② 黑龙江省文物考古研究所、吉林大学考古学系：《肇源白金宝——嫩江下游一处青铜时代遗址的揭示》，北京：科学出版社，2009年，第197页图176-2。

　　③ 黑龙江省文物考古研究所、吉林大学考古学系：《肇源白金宝——嫩江下游一处青铜时代遗址的揭示》，北京：科学出版社，2009年，第198页图177，第199页图178。

　　N049：003，夹砂黄褐陶口沿。侈口，圆唇。唇上饰有指窝纹，腹部饰有斜向细绳纹。残宽4.7厘米，厚0.7厘米，高2.9厘米，口径24厘米（图274-4）。

　　N063：001，夹砂黄褐陶。侈口，圆唇。唇上饰有指窝纹。残宽3.9厘米，厚0.6厘米，高2.7厘米（图274-5）。

　　N064：001，夹砂黄褐陶。扁桥形器耳，截面呈圆角长方形。残宽2.1厘米，厚1.3厘米，高5.1厘米（图274-6）。

　　N074：001，夹砂灰褐陶口沿。侈口，圆唇。内外壁涂有红衣。残宽3.3厘米，厚0.6厘米，高3厘米，口径22厘米（图274-7）。

　　N076：003，夹砂黄灰陶口沿。侈口，圆唇。唇上饰有指甲纹。残宽4.7厘米，厚1厘米，高2.5厘米（图274-8）。

　　N077：002，夹砂红褐陶口沿。侈口，圆唇。唇上、下部均饰有指甲纹。残宽1.7厘米，厚0.6厘米，高3.4厘米（图274-9）。

　　N078：003，夹砂灰褐陶口沿。侈口，圆唇。沿下饰有短刻划纹，唇上饰有指甲纹。残宽2.7厘米，厚0.5厘米，高3.6厘米（图274-10）。

　　N080：001，夹砂黄灰陶口沿。直口，圆唇。沿下饰有一排反向珍珠纹，唇上饰有指甲纹。残宽3.9厘米，厚0.7厘米，高2.3厘米（图274-11）。

　　N085：001，夹砂黄灰陶口沿。侈口薄圆唇。颈部饰有一道带指窝纹的附加堆纹。残宽5厘米，厚0.6厘米，高2厘米，口径24厘米（图274-12）。

　　N085：002，夹砂黄灰陶口沿。侈口，卷沿，方唇。腹部涂有红衣。残宽2厘米，厚0.5厘米，高4.5厘米（图274-13）。

図274　南莫遗址采集汉书二期文化陶片

1. N042：004　2. N042：005　3. N045：008　4. N049：003　5. N063：001　6. N064：001　7. N074：001

8. N076：003　9. N077：002　10. N078：003　11. N080：001　12. N085：001　13. N085：002

此外，汉书二期文化采集遗物中还有鬲足36件（图275）、残支座5块、网坠14件（图276）。

N038：013，夹砂黄褐陶鬲足。锥状，足尖残。高2.6厘米（图272-8）。

N040：015，夹砂黄褐陶鬲足。锥状，空足壁上遗留一个锔孔，孔径0.5厘米。长4.7厘米，宽4.3厘米，高5厘米（图275-1）。

N042：007，夹砂黄褐陶鬲足。锥状。高5厘米（图275-2）。

N051：004，夹砂黄褐陶鬲足。锥状。高5.6厘米（图275-3）。

N055：001，夹砂黄褐陶鬲足。锥状。高4.7厘米（图275-4）。

N060：001，夹砂黄褐陶鬲足。锥状，截面近圆角方形。高4.7厘米（图275-5）。

N064：002，夹砂黄褐陶鬲足。锥状，足根短小，高3厘米。整体长4.5厘米，宽2.9厘米，高4.3厘米（图275-6）。

N065：007，夹砂灰褐陶鬲足。锥状，足根短小，高3厘米。整体长4.3厘米，宽2.6厘米，厚0.8厘米，高3.8厘米（图275-7）。

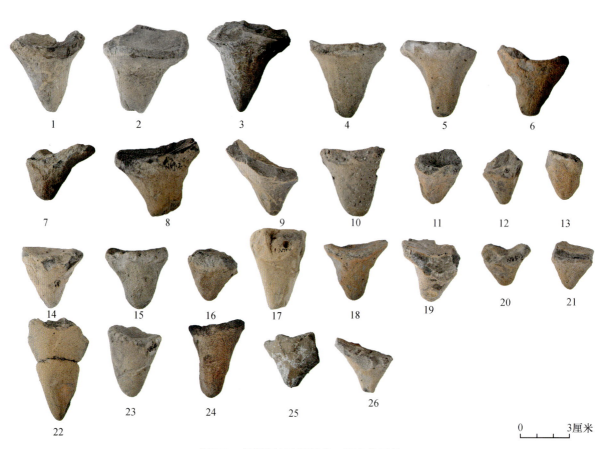

0　　　　3厘米

图275　南莫遗址采集汉书二期文化鬲足

1. N040：015　2. N042：007　3. N051：004　4. N055：001　5. N060：001　6. N064：002　7. N065：007　8. N069：002

9. N070：003　10. N070：004　11. N070：005　12. N070：006　13. N070：007　14. N073：001　15. N073：002

16. N077：004　17. N077：006　18. N077：005　19. N080：002　20. N085：003　21. N244：003　22. N084：002

23. N085：004　24. N096：002　25. N098：001　26. N281：002

N069：002，夹砂黄褐陶鬲足。锥状，足根短小，高3.7厘米。整体长5.7厘米，宽4厘米，厚0.7厘米，高4.6厘米（图275-8）。

N070：003，夹砂黄褐陶鬲足。锥状，足根短小，高2.9厘米。整体长4.9厘米，宽3.8厘米，厚0.7厘米（图275-9）。

N070：004，夹砂黄褐陶鬲足。锥状，足根短小，高4厘米。整体长4厘米，宽3.2厘米，厚0.9厘米，高4.3厘米（图275-10）。

N070：005，夹砂黄褐陶鬲足。锥状，足根短小，高2.7厘米。整体长3厘米，宽3厘米，高3厘米（图275-11）。

N070：006，夹砂黄褐陶鬲足。锥状，足根短小，高2.3厘米。整体长3.2厘米，宽2.6厘米，厚0.5厘米，高3.1厘米（图275-12）。

N070：007，夹砂黄褐陶鬲足。锥状，足根短小，高3厘米。整体长2.5厘米，宽1.7厘米，高3.1厘米（图275-13）。

N073：001，夹砂黄褐陶鬲足。锥状，足根短小，高3.4厘米。整体长4厘米，宽3.9厘米，高3.6厘米（图275-14）。

N073：002，夹砂黄褐陶鬲足。锥状，足根短小，高3.4厘米。整体长3.8厘米，宽3.5厘米，高4厘米（图275-15）。

N077：004，夹砂灰褐陶鬲足。锥状，足根短小，高2.9厘米。整体长3.3厘米，宽3.3厘米，高3厘米（图275-16）。

N077：006，夹砂灰褐陶鬲足。锥状，足根短小，高4.9厘米。上部平整，可能为半成品。整体长3.7厘米，宽2.7厘米，高4.9厘米（图275-17）。

N077：005，夹砂灰褐陶鬲足。锥状，足根短小，高3.2厘米。整体长4.2厘米，宽3厘米，厚0.8厘米，高3.7厘米（图275-18）。

N080：002，夹砂黄灰陶鬲足。锥状，足根短小，高3厘米。整体长3.6厘米，宽3厘米，厚0.8厘米，高3.5厘米（图275-19）。

N085：003，夹砂黄褐陶鬲足。锥状，足根短小，高2厘米。整体长3厘米，宽3厘米，厚0.5厘米，高2.5厘米（图275-20）。

N244：003，夹砂黄褐陶鬲足。锥状，足根短小，高2.5厘米。整体长3厘米，宽3厘米，高2.5厘米（图275-21）。

N084：002，夹砂黄褐陶鬲足。锥状，足根短小，高5厘米。整体长4.2厘米，宽3.2厘米，厚0.7厘米，高6.1厘米（图275-22）。

N085：004，夹砂黄褐陶鬲足。锥状，足根短小，高3.5厘米。整体长3.6厘米，宽3.4厘米，高4.3厘米（图275-23）。

N096：002，夹砂黄褐陶鬲足。锥状，有火烧痕迹，足根短小，高4.4厘米。整体长3.6厘米，宽2.8厘米，高5.1厘米（图275-24）。

N098：001，夹砂黄褐陶鬲足。锥状，足根短小，高2.2厘米。整体长3.8厘米，宽3.5厘米，厚0.6厘米，高3.5厘米（图275-25）。

N281：002，夹砂黄褐陶鬲足。锥状，足根短小，高2.6厘米。整体长3.6厘米，宽2.4厘米，厚0.7厘米，高3.2厘米（图275-26）。

　　N040∶013，夹砂黄褐陶支座底部残块。平底。残高5.5厘米，底径13厘米（图276-1）。这种支座类似于汉书遗址2001年发掘区第Ⅳ期（汉书二期文化）的支脚①。

　　N047∶012，夹砂黄褐陶网坠残块。残长4.7厘米，宽3.7厘米，厚2.3厘米（图276-2）。

　　N047∶011，夹砂黄褐陶网坠残块。表面留有一道凹槽。残长4.6厘米，宽3.7厘米，厚2.4厘米（图276-3）。

　　N047∶013，夹砂黄褐陶网坠残块。表面遗有一道凹槽。残长7.3厘米，宽5.4厘米，厚3.8厘米（图276-4）。

　　N048∶004，夹砂黄褐陶网坠残块。原来应为椭圆形，留有一道凹槽。残长8.2厘米，宽2.7厘米，厚4.1厘米（图276-5）。

　　N049∶004，夹砂黄褐陶网坠残块。原来为椭圆形，表面留有一道凹槽。残长6.7厘米，宽5厘米，厚4.1厘米（图276-6）。

　　N063∶002，夹砂黄褐陶网坠残块。原来为椭圆形，表面有两道凹槽。残长4.7厘米，宽3.7厘米，厚3.1厘米（图276-7）。

　　N068∶002，夹砂黄褐陶网坠。略残，椭圆形，表面有三道凹槽。残长9.1厘米，宽8.1厘

0　　　　　3厘米

图276　南莫遗址采集汉书二期文化陶制品
1. N040∶013　2. N047∶012　3. N047∶011　4. N047∶013　5. N048∶004
6. N049∶004　7. N063∶002　8. N068∶002　9. N069∶001　10. N078∶004

①　吉林省文物考古研究所、吉林大学边疆考古研究中心、吉林大学考古学院：《大安汉书——青铜时代遗址考古发掘报告》，北京：科学出版社，2018年，第122页图176。

米，厚6.3厘米（图276-8）。类似的网坠也见于白金宝遗址第Ⅳ期（汉书二期文化）遗存中[①]。

N069：001，夹砂红褐陶网坠残块。原来应为椭圆形。残长6.2厘米，宽5厘米，厚3.4厘米（图276-9）。

N078：004，夹砂黄褐陶网坠残块。原来应为椭圆形，表面留有一道凹槽。残长6.9厘米，宽6.1厘米，厚4.7厘米（图276-10）。

魏晋隋唐时期遗物分布于遗址北部、西侧和中部偏南的13个采集区，仅发现13片陶片。并且主要分布在遗址北部。这表明遗址北部与之前时期应有一定的联系。该时期陶片占总数的0.03%。整体上密度很低（图277）。

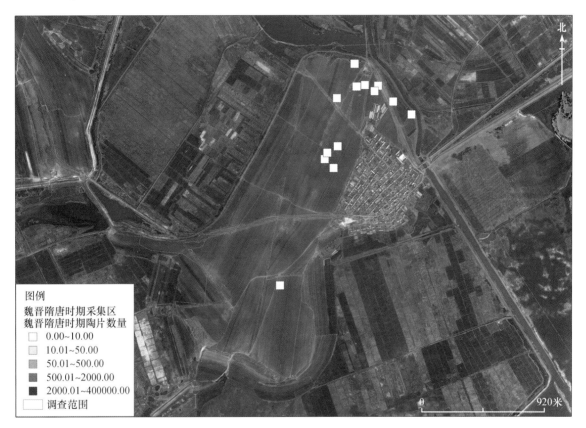

图277　南莫遗址魏晋隋唐时期采集区分布图

采集器物标本5件（图278）。

N038：014，夹粗砂灰陶口沿。直口，圆唇，沿外有三道凸棱。残宽2.3厘米，厚0.9厘米，高3.6厘米（图278-1）。

N109：002，夹粗砂黄灰陶口沿。直口，圆唇，沿外有两道凸棱。残宽3.5厘米，厚1.2厘米，高2.2厘米（图278-2）。

N222：002，夹砂灰黄陶口沿。直口，圆唇，沿外有三道凸棱。残宽4.2厘米，厚1厘米，高4.6厘米（图278-3）。

---

① 黑龙江省文物考古研究所、吉林大学考古学系：《肇源白金宝——嫩江下游一处青铜时代遗址的揭示》，北京：科学出版社，2009年，第200页图179-1、2。

图278　南莫遗址采集魏晋隋唐时期陶口沿

1. N038：014　2. N109：002　3. N222：002　4. N273：001　5. Q052：001

N273：001，夹粗砂红灰陶口沿。直口，圆唇，沿外有三道凸棱。残宽3.2厘米，厚1.4厘米，高3厘米（图278-4）。

Q052：001，夹粗砂红褐陶口沿。直口，圆唇，沿外有三道凸棱。其中一道凸棱上有戳压栉齿纹。残宽2.1厘米，厚0.9厘米，高3.6厘米（图278-5）。

辽金时期遗物分布于遗址内的696个采集区，共发现18422片陶片。密度最高的采集区整体上分为两区，分别是遗址东北部和遗址中南部。该时期陶片占总数的43.42%。密度整体上很高（图279）。

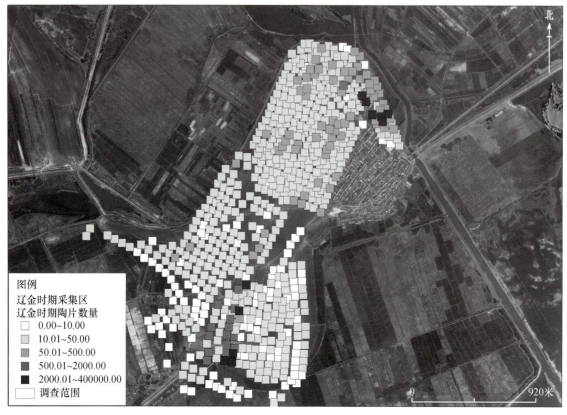

图279　南莫遗址辽金时期采集区分布图

采集器物标本若干件（图280～图284）。

N016：001，黑胎灰皮陶腹底残片。腹饰成排楔形和短条形篦点纹。残长7.6厘米，宽6.1厘米，厚1.3厘米，高5.6厘米（图280-1）。

N017：001，泥质灰陶腹底残片。腹饰长楔形篦点纹。残长4.8厘米，宽4.4厘米，厚1.1厘米，高4.1厘米（图280-2）。

N020：006，泥质灰陶口沿。卷沿，圆唇，外壁被磨光。残长7.6厘米，宽3.8厘米，厚0.9厘米（图280-3）。

N040：004，泥质灰陶口沿。敞口，厚圆唇外凸，腹饰一排楔形篦点纹和三排短条形篦点纹。残长7厘米，宽5.5厘米，厚0.7厘米（图280-4）。

N042：001，泥质灰陶腹底残片。腹饰一道以缠绳工具斜向压印凹窝的宽带附加堆纹，遗有镐孔。残长8.2厘米，宽7.3厘米，厚1.3厘米，高6.8厘米（图280-5）。

N045：001，泥质灰陶口沿。敞口，折沿近，尖唇，饰有成排短条形篦点纹。残长8.3厘米，厚0.9厘米，高6.5厘米（图280-6）。

N045：003，泥质灰陶腹底残片。腹饰成排短条形和楔形篦点纹。残长6.7厘米，宽5.9厘米，厚1.2厘米，高5.7厘米（图280-7）。

N047：006，黄褐陶陶片，饰有成排细条形篦点纹。残长6.1厘米，宽5.4厘米，厚1厘米（图280-8）。

图280 南莫遗址采集辽金时期陶片

1. N016：001　2. N017：001　3. N020：006　4. N040：004　5. N042：001　6. N045：001　7. N045：003

8. N047：006　9. N083：001　10. N049：001　11. N038：002　12. N045：005

N083：001，夹蚌黄褐陶腹底残片。腹壁遗有模糊的成排楔形篦点纹痕迹。残长7.7厘米，宽4.2厘米，厚0.7厘米，高4.6厘米，底径11厘米（图280-9）。

N049：001，泥质黄褐陶口沿。敞口，厚圆唇外凸，腹饰短条形篦点纹和一道附加堆纹。残长5厘米，厚0.8厘米，高5.8厘米（图280-10）。

N038：002，泥质灰陶腹底残片。腹壁饰长楔形篦点纹。残长7.7厘米，宽3.2厘米，厚1.5厘米，高3.2厘米（图280-11）。

N045：005，泥质灰陶腹底残片。器表的篦点纹呈菱形分布。残长6.1厘米，宽3.1厘米，厚1.4厘米，高5.6厘米（图280-12）。

N020：007，泥质灰陶口沿。直口，圆唇。腹饰附加堆纹。残长3.8厘米，宽4.1厘米，厚0.8厘米（图281-1）。

N020：008，夹砂黑胎灰皮陶片。卷沿，圆唇。残长4.4厘米，厚0.6厘米，高2.7厘米（图281-2）。

N034：001，泥质灰陶腹底残片。腹饰竖向或斜向篮纹。残长6.4厘米，宽4.5厘米，厚0.9厘米，高5.7厘米（图281-3）。

图281　南莫遗址采集辽金时期陶片

1. N020：007　2. N020：008　3. N034：001　4. N037：009　5. N042：002　6. N044：001　7. N045：004

8. N047：001　9. N047：002　10. N020：005　11. N035：001　12. N220：001　13. N035：002　14. N281：001

　　N037：009，泥质灰陶腹底残片。腹饰成排短条形篦点纹。残长4厘米，宽3厘米，厚1厘米（图281-4）。

　　N042：002，泥质灰陶片。饰有短条形篦点纹。残长5厘米，宽4.2厘米，厚1厘米（图281-5）。

　　N044：001，泥质黄褐陶口沿。侈口，圆唇。素面。残长6.2厘米，宽4.7厘米，厚1.1厘米（图281-6）。

　　N045：004，泥质灰陶片。饰有细长条形篦点纹。残长7.5厘米，宽5.9厘米，厚0.7厘米（图281-7）。

　　N047：001，泥质灰陶片。自上至下分别饰有一排楔形篦点纹和多排短条形篦点纹。残长7.5厘米，宽6.1厘米，厚1.3厘米（图281-8）。

　　N047：002，泥质灰陶腹底残片。腹饰成排楔形篦点纹。残长4.8厘米，宽4.7厘米，厚1厘米，高4.7厘米（图281-9）。

　　N020：005，泥质灰陶片。饰有刻划波浪纹和刻划平行弦纹条带。残长5.1厘米，宽4.9厘米，厚1厘米（图281-10）。这种刻划波浪纹也见于德惠市李春江遗址[①]。

　　N035：001，泥质灰陶片。饰有成排细楔形篦点纹。残长9.8厘米，宽5.1厘米，厚4.6厘米（图281-11）。

　　N220：001，泥质黄陶甑器底。残长7.4厘米，宽3.6厘米，厚1.6厘米（图281-12）。

　　N035：002，泥质灰陶片。饰有两排长短相间的楔形篦点纹。残长7.4厘米，宽5.4厘米，厚1厘米（图281-13）。

　　N281：001，泥质灰陶片。饰有成排短条形或楔形篦点纹。残长7.5厘米，宽5厘米，厚0.9厘米（图281-14）。

　　N012：001，泥质黄灰陶口沿。敞口，折沿近平，方唇。残长17.2厘米，厚1厘米，高6.3厘米（图282-1）。

　　N056：001，泥质灰陶口沿。敞口，卷沿，圆唇。残长17.4厘米，厚0.6厘米，高5.6厘米，口径48厘米（图282-2）。

　　N050：001，泥质黄灰陶口沿。敞口，卷沿，圆唇。残长17厘米，厚0.9厘米，高3.8厘米，口径30厘米（图282-3）。

　　以上3件均为盆的口沿残片，同类器也见于尹家窝堡遗址2015年发掘区（金代聚落）[②]、德惠市朱城子七队金代遗址[③]和黑龙江省双城市车家子金代城址[④]。

　　N050：002，泥质灰陶鼓腹罐腹片。饰有一排细条形篦点纹。残长34厘米，宽23厘米，厚

---

　　① 吉林省文物考古研究所、德惠市文物管理所：《吉林省德惠市李春江遗址发掘报告》，《北方文物》2009年第3期，第47～61页，第52页图8-7～9。

　　② Pauline Sebillaud（史宝琳）、张礼艳、刘晓溪：《吉林大安尹家窝堡遗址2015年发掘简报》，《边疆考古研究（第20辑）》，北京，科学出版社，2016年，第89～117页，第96页图6-4、14。

　　③ 吉林省文物考古研究所、德惠市文物管理所：《吉林省德惠市朱城子七队遗址发掘简报》，《北方文物》2009年第3期，第27～32、61页，第30页图9。

　　④ 黑龙江省文物考古研究所：《黑龙江双城市车家城子金代城址发掘简报》，《考古》2003年第2期，第42～50页，第49页图8-2、5、7、12。

图282　南莫遗址采集辽金时期陶盆口沿
1. N012：001　2. N056：001　3. N050：001

图283　南莫遗址采集辽金时期陶器和布纹瓦
1. N050：002　2. N051：002　3. N051：001

图284　南莫遗址采集辽金时期陶制品
1. N105：002　2. N110：001　3. N337：001　4. Q177：001　5. N163：001　6. N388：001　7. N191：001　8. N356：001
9. N378：001　10. M418：001　11. N129：001　12. N139：001　13. M419：001　14. R220：001

0.6厘米（图283-1）。

采集遗物中还有辽金时期瓦片173块、砖块485块、柱状器1件、圆陶片4件、陶制品1件、纺轮3件、网坠2件、建筑构件1件和陶球3件。

N051：002，泥质灰陶布纹筒瓦残块。残长10.5厘米，宽7厘米，厚2厘米（图283-2）。

N051：001，泥质灰陶布纹板瓦残块。残长16.8厘米，宽16.9厘米，厚1.9厘米（图283-3）。

N105：002，泥质灰陶圆陶片。直径3.5厘米，厚1厘米（图284-1）。

N110：001，泥质灰陶圆陶片。直径4.3厘米（图284-2）。

　　N337：001，夹蚌黄灰陶圆陶片。直径3.7厘米，厚1厘米（图284-3）。

　　Q177：001，夹砂黄灰陶圆陶片。直径2.9厘米，厚0.8厘米（图284-4）。

　　这种圆陶片或陶饼常见于金代聚落遗址，如扶余县西车家店[①]和陶西林场遗址[②]。

　　N163：001，泥质灰陶网坠残块。两侧各有一凹槽。长3.3厘米，宽3.1厘米（图284-5）。

　　N388：001，泥质灰陶网坠。为陶片所改（有轮制的痕迹），圆角长方形，两边各有一小凹槽。长3.6厘米，宽1.8厘米，厚0.8厘米（图284-6）。

　　N191：001，泥质黄陶陶球。直径2.5厘米（图284-7）。

　　N356：001，夹砂红陶陶球。残半。直径4.2厘米（图284-8）。

　　N378：001，夹砂黄灰陶陶球。直径3.1厘米（图284-9）。

　　M418：001，泥质黄灰陶陶球。直径2.1厘米（图284-10）。

　　陶球常见于金代聚落遗址，如尹家窝堡遗址2015年发掘区[③]或扶余县西车家店金代遗址[④]。

　　N129：001，夹砂黄红陶纺轮。直径2.4厘米，厚1厘米，孔径0.7厘米（图284-11）。类似的纺轮见于尹家窝堡遗址2015年发掘区（金代聚落）[⑤]。

　　N139：001，夹砂黄灰陶纺轮。残。直径4厘米，厚2厘米，孔径1厘米（图284-12）。

　　M419：001，泥质黄灰陶纺轮。残。一面是灰色磨光，另一面是黄红色。直径4厘米，厚0.7厘米，孔径0.4厘米（图284-13）。

　　R220：001，泥质灰陶纺轮，为陶片所改。外表磨光。直径3厘米，厚0.5厘米，孔径0.4厘米（图284-14）。

　　清末至民国时期遗物分布状态与辽金时期遗址一致，共有673个采集区，共发现7132片陶片，其中密度最高的两个区分别为遗址北部和遗址东北部及中南部。该时期陶片占总数的16.81%，整体上密度很高，辽金时期比这一时期高4倍（图285）。

　　采集瓷器标本若干件（图286）。

　　N133：001，瓷罐。残。应为三足香炉，酱釉，黄红胎，侈口，矮领，圆唇，鼓腹。厚1.3厘米，高4.5厘米，口径5厘米（图286-1）。

　　N217：001，瓷器口沿。残。褐釉，黄灰色胎，侈口折沿，圆唇，直颈。厚0.7厘米，高3厘米，口径9厘米（图286-2）。

　　N215：001，圆瓷片残块。白釉。白灰胎，两边漫釉。直径4.5厘米，厚0.7厘米（图286-3）。

----

　　① 吉林省文物考古研究所、扶余县博物馆：《吉林省扶余县西车家店金代遗址的发掘》，《北方文物》2009年第3期，第15～24页，第19页图7-8。

　　② 吉林省文物考古研究所、扶余县博物馆：《吉林省扶余县陶西林场遗址发掘简报》，《北方文物》2009年第3期，第33～45页，第42页图11-16。

　　③ Pauline Sebillaud（史宝琳）、张礼艳、刘晓溪：《吉林大安尹家窝堡遗址2015年发掘简报》，《边疆考古研究（第20辑）》，北京：科学出版社，2016年，第89～117页，第103页图12-31、32。

　　④ 吉林省文物考古研究所、扶余县博物馆：《吉林省扶余县西车家店金代遗址的发掘》，《北方文物》2009年第3期，第15～24页，第19页图7-6、7。

　　⑤ Pauline Sebillaud（史宝琳）、张礼艳、刘晓溪：《吉林大安尹家窝堡遗址2015年发掘简报》，《边疆考古研究（第20辑）》，北京：科学出版社，2016年，第89～117页，第103图12-50。

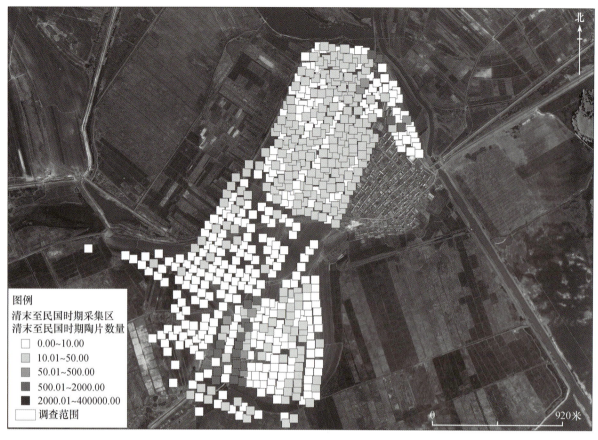

图285 南莫遗址清末至民国时期采集区分布图

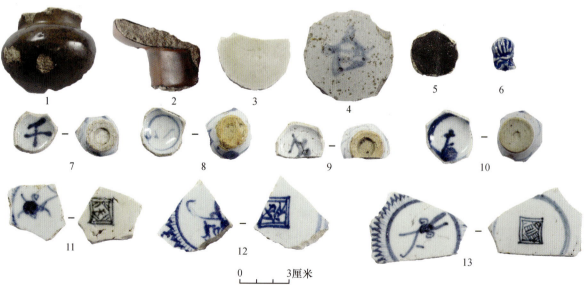

图286 南莫遗址采集清末至民国时期瓷片

1. N133∶001　2. N217∶001　3. N215∶001　4. N278∶001　5. N343∶002　6. N391∶001　7. N146∶001

8. N211∶001　9. N371∶001　10. M418∶002　11. N387∶002　12. M432∶001　13. M410∶001

（11～13. 五常市拉林机场清代遗址）

N278：001，圆瓷片。用青花瓷器底所改，灰胎，内部有青色纹饰，外面施满釉。直径5.3厘米，厚1.5厘米（图286-4）。

N343：002，圆瓷片。酱釉。直径2.9厘米，厚0.7厘米（图286-5）。

N391：001，青花瓷器纽，残。残长2.1厘米，宽1.4厘米，厚1厘米（图286-6）。

N146：001，青花瓷盅底。内部有"千"字，圈足底部未施釉。厚0.4厘米，高1厘米，底径1.9厘米（图286-7）。

N211：001，青花瓷盅底。黄红胎，内部有一圈青线，底部未施釉。厚0.3厘米，高1.9厘米，底径1.8厘米（图286-8）。

N371：001，青花瓷盅底。黄胎，内部饰有植物纹饰，圈足底部未施釉。厚0.4厘米，高0.9厘米，底径1.9厘米（图286-9）。

M418：002，青花瓷盅底。内部饰有植物纹饰，底部未施釉。厚0.2厘米，高0.3厘米，底径2.1厘米（图286-10）。

类似的瓷盅见于黑龙江省五常市拉林机场清代遗址[①]。

N387：002，青花瓷瓷片。正面有似植物纹饰，反面有疑似文字符号。残长4厘米，宽3.7厘米，厚0.6厘米（图286-11）。

M432：001，青花瓷瓷片。正面有似植物纹饰，反面有疑似文字符号。长6.1厘米，宽4.5厘米，厚0.6厘米（图286-12）。

M410：001，青花瓷瓷片。正面有纹饰，反面有文字符号。长4.2厘米，宽3.6厘米，厚0.7厘米（图286-13）。

也采集了清末至民国时期的铜钱若干枚（图287）。

N244：001，"嘉庆通宝"，反面满文，锈蚀。直径2.4厘米，厚0.2厘米（图287-1）。

N267：001，残。正面的"□光通宝"应为"道光通宝"，锈蚀严重。直径2厘米，厚0.2厘米（图287-2）。

N292：001，"道光通宝"，反面满文。直径2.2厘米，厚0.2厘米（图287-3）。

Q017：001，锈蚀严重，反面满文。直径2.3厘米，厚0.2厘米（图287-4）。

Q067：001，"道光通宝"，反面满文。直径2.4厘米，厚0.2厘米（图287-5）。

Q125：001，"乾隆通宝"。直径2.4厘米，厚0.2厘米（图287-6）。

M417：001，残，只剩四分之一，正面仅见"宝"。长1.6厘米，宽1厘米，厚0.1厘米（图287-7）。

N088：001，"大满洲国"，1分钱，"康德四年"（1937年）。直径2.4厘米，厚0.2厘米（图287-8）。

N109：001，"大满洲国康德三年"（1936年）。直径2.4厘米，厚0.2厘米（图287-9）。

N246：001，"大满洲国"，1分钱，"康德七年"（1940年）。直径1.9厘米，厚0.2厘米（图287-10）。

---

① 黑龙江省文物考古研究所：《黑龙江省五常市拉林机场清代遗址发掘简报》，《北方文物》2015年第4期，第48～52页，第50页图1-24。

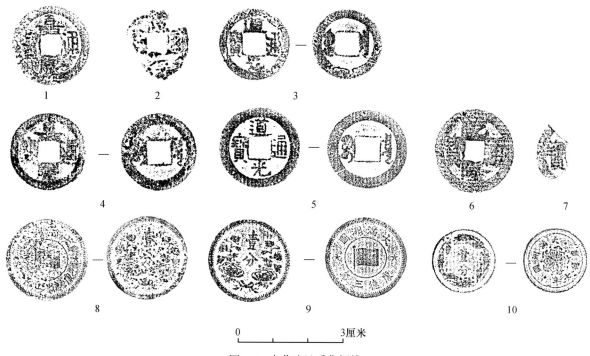

图287　南莫遗址采集铜钱

1. N244：001　2. N267：001　3. N292：001　4. Q017：001　5. Q067：001　6. Q125：001

7. M417：001　8. N088：001　9. N109：001　10. N246：001

采集的清末至民国时期遗物中还有布纹瓦2块、砖块2个、铜扣1枚和圆瓷片2件。

（6）未断代标本

采集有细石器、磨制石器（图290）、铁钉2件、铁器1件、铜器2件、铁镞2件、五铢钱1枚。

其中细石器10件，包括刮削器（3件）、石核（1件）、完整石片（1件）、细石叶（1件）和断片（4件）等（图288）。

刮削器分为单凸刃刮削器（2件）和端刃刮削器（1件）2种。

N029：001，单凸刃刮削器。黄灰色硅质泥岩，毛坯为断片。总长3.2厘米，宽2.8厘米，厚1.1厘米。一长边经单向加工呈凸刃，刃长为31.22毫米，刃角为65°（图288-1）。

Q101：001，单凸刃刮削器。灰色燧石，毛坯为细石叶的远端断片。断片远端经过正向加工呈一凸刃，刃长为11.38毫米，刃角为70°。近端两侧边经过反向加工，推测可能是为装柄使用。总长3.4厘米，宽1.6厘米，厚0.4厘米（图288-9）。

N040：009，端刃刮削器。白色蛋白石，毛坯为断块。一长边经单向加工呈端刃，刃长为34.24毫米，刃角为70°。总长2.6厘米，宽1.2厘米，厚0.7厘米（图288-2）。

采集石核1件。

N096：001，锤击石核（双台面）。深绿色碧玉。两个台面，均为人工台面。一个台面上有两个工作面且有三条剥片疤，疤宽0.71～1.12厘米，疤长为1.21～1.69厘米；另一个台面上

图288　南莫遗址采集细石器

1. N029：001　2. N040：009　3. N065：001　4. N065：002　5. N070：002　6. N096：001
7. N316：001　8. N418：001　9. Q101：001　10. M421：001

有一个工作面且有两条剥片疤，疤宽1~1.25厘米，疤长1.1~1.56厘米。总长3.4厘米，宽2.2厘米，厚2.3厘米（图288-6）。

采集完整石片1件。

N418：001，黑曜岩。人工台面，有疤台面。人工背面，腹面半锥体微凸。总长2厘米，宽1.8厘米，厚0.5厘米（图288-8）。

采集细石叶1件。

N316：001，细石叶近端。灰色。人工台面，素台面。人工背面，两侧边平行，背面有一条纵脊。总长3.2厘米，宽1.3厘米，厚0.6厘米（图288-7）。类似的细石叶见于黑龙江省泰来县东明嘎遗址（后套木嘎三期文化）[①]。

采集断片分断片近端（2件）、断片右端（1件）和断片左端（1件）三种。

N065：001，断片近端。黑色碧玉。人工台面，线台面。人工背面，腹面打击点明显，半锥体微凸。总长1.5厘米，宽1厘米，厚0.3厘米（图288-3）。

M421：001，断片近端。灰白色玛瑙。人工台面，素台面。人工背面，腹面半锥体微凸。总长2.6厘米，宽2.4厘米，厚1厘米（图288-10）。

N065：002，断片右端。灰色燧石。人工台面，点台面。背面保留部分石皮，腹面较平。总长1.9厘米，宽1.7厘米，厚0.6厘米（图288-4）。

N070：002，断片左端。黑灰色角岩。自然台面。背面全部为石皮，腹面较平。总长3.7厘米，宽1.9厘米，厚1厘米（图288-5）。

磨制石器34件，包括磨棒（2件）、磨盘（1件）、石斧（3件）、砺石（18件）和功能不明的磨制石器（10件）等（图289）。

N087：001，磨棒。粉白色。圆角长方形，截面亦呈圆角长方形，三面被磨光，一端可能有使用痕迹。总长9.9厘米，宽4.5厘米，厚3.8厘米（图289-5）。

N100：001，残，可能为磨棒或砺石残块。灰色。一面被磨光。总长10.7厘米，宽5.1厘米，厚3.2厘米（图289-7）。

---

① 黑龙江省文物考古研究所：《黑龙江省泰来县东明嘎新石器时代遗址发掘简报》，《考古》2019年第8期，第21~45页，第37页图32-11。

图289　南莫遗址采集磨制石器

1. N047：009　2. N048：002　3. N067：001　4. N084：001　5. N087：001　6. N047：008　7. N100：001　8. N038：010
9. N115：001　10. N156：001　11. N169：001　12. N203：001　13. N218：001　14. N221：001　15. N302：001　16. N309：001
17. N311：001　18. N343：001　19. N344：001　20. N351：001　21. N355：001　22. N362：001　23. N377：002　24. N387：001
25. N404：001　26. N411：001　27. Q016：001　28. Q086：001　29. Q121：001　30. M425：001　31. M437：001
32. R212：001　33. R216：001　34. R224：001

　　N047：008，残。粉白色。可能为磨盘残块。总长7.1厘米，宽6.4厘米，厚2.5厘米（图289-6）。

　　N038：010，石斧残块。浅灰色细腻石料。近方形。总长4.2厘米，宽3.6厘米，厚1.8厘米（图289-8）。

　　N377：002，石斧。深绿色细腻石料（玉）。近梯形，正锋。总长4.6厘米，宽1.9厘米，厚

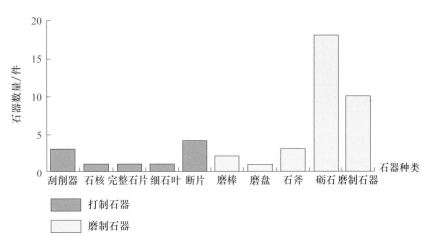

图290　南莫遗址采集石器统计示意图

1厘米（图289-23）。

Q086：001，石斧。略残。灰褐色。梯形，截面呈圆角长方形。正锋，刃部长3.3厘米。总长4.1厘米，宽2.1厘米，厚1.1厘米（图289-28）。

N115：001，砺石残块。青灰色。长方形，一面被磨光。总长7.8厘米，宽2.7厘米，厚1.5厘米（图289-9）。

N302：001，砺石残块。灰色。长方形，一面磨光，其中一端有一个未钻透的孔。总长10.4厘米，宽3厘米，厚1.4厘米（图289-15）。

N311：001，砺石残块。灰色。梯形，一面磨光。总长5.3厘米，宽2.2厘米，厚1厘米（图289-17）。

N343：001，砺石残块。灰色。不规则形，一面磨光。总长8.1厘米，宽3.2厘米，厚2厘米（图289-18）。

N351：001，砺石残块。灰色。长方形，一面磨光。总长8.3厘米，宽2.9厘米，厚1.5厘米（图289-20）。

N355：001，砺石残块。灰色。一面磨光，其中一端有钻孔，孔径0.5厘米。总长5.7厘米，宽3厘米，厚1.2厘米（图289-21）。

N387：001，砺石残块。灰褐色。近长方形，一面磨光。总长6.8厘米，宽3.3厘米，厚1.2厘米（图289-24）。

N411：001，砺石。灰色。三角形，一面磨光。一端有钻孔，孔径0.4厘米。总长5厘米，宽3.3厘米，厚2.5厘米（图289-26）。

Q016：001，砺石。略残，红灰色。近长方形。一端有钻孔，孔径0.8厘米。总长9.5厘米，宽3.7厘米，厚1.7厘米（图289-27）。

Q121：001，砺石残块。深灰色。一面磨光，有一钻孔，孔径0.4厘米。总长8.8厘米，宽3.9厘米，厚1.2厘米（图289-29）。

M437：001，砺石残块。灰色。近长方形，一面磨光。总长8.3厘米，宽3.2厘米，厚1.1厘米（图289-31）。

R216：001，砺石残块。黑灰色。近长方形，截面呈长方形，一面被磨光。总长9.5厘米，宽3.7厘米，厚1.5厘米（图289-33）。

N067：001，可能为砺石。黄褐色。近圆角长方形。总长8.7厘米，宽5.9厘米，厚2.1厘米（图289-3）。

N156：001，可能为砺石残块。黑灰色。三角形，一面被磨光。总长4.9厘米，宽2.5厘米，厚1.1厘米（图289-10）。

N203：001，可能为砺石残块。浅灰色。不规则形，一面磨光。总长6.9厘米，宽4.7厘米，厚2厘米（图289-12）。

N344：001，穿孔磨制石器。黑灰色。可能为砺石残块。孔径0.5厘米。总长7.2厘米，宽4.8厘米，厚1厘米（图289-19）。

N404：001，可能为砺石残块。黑灰色。一面磨光，一端有钻孔。总长6.8厘米，宽5厘米，厚1.4厘米（图289-25）。

R224：001，可能为砺石残块。灰色。梯形，一面磨光。总长9.6厘米，宽5.7厘米，厚4.1厘米（图289-34）。

N047：009，磨制石器。灰色。不规则形。总长6.4厘米，宽5.1厘米，厚4.6厘米（图289-1）。

N048：002，磨制石器残块。灰红色。四边形，一面被磨光。总长6.5厘米，宽5.5厘米，厚1.9厘米（图289-2）。

N084：001，磨制石器残块。灰色。两面均磨光。总长7.1厘米，宽6.3厘米，厚2.7厘米（图289-4）。

N169：001，磨制石器残块。灰色。截面呈椭圆形，两面均磨光。总长3.9厘米，宽3.9厘米，厚1.7厘米（图289-11）。

N218：001，磨制石器残块。一面磨光。总长4.6厘米，宽4厘米，厚1.1厘米（图289-13）。

N221：001，磨制石器。一面磨光，边缘残留半个穿孔，孔径1.1厘米。总长6.5厘米，宽5.8厘米，厚1.8厘米（图289-14）。

N309：001，磨制石器残块。浅灰色，不规则形，两面均磨光。总长8.6厘米，宽6厘米，厚2.1厘米（图289-16）。

N362：001，磨制石器残块。灰色，不规则形，一面磨光。总长8.6厘米，宽4.8厘米，厚4.3厘米（图289-22）。

M425：001，磨制石器残块。浅灰色。两面均磨光。总长4.6厘米，宽2.8厘米，厚1.8厘米（图289-30）。

R212：001，磨制石器。整体呈锥形，一端中间内凹。直径5.2厘米，高6.1厘米（图289-32）。

N037：015，铜扣。圆形，锈蚀严重，表面应有花纹，纽残。直径1.3厘米，高1.5厘米（图291-1）。这种铜扣见于清代墓地与聚落，如榆树市韩家屯墓地[①]、榆树市上台子墓地[②]、

① 吉林省文物考古研究所、榆树市博物馆：《长春市榆树韩家屯墓地发掘简报》，《博物馆研究》2008年第3期，第71～74页，第74页图3-5。

② 吉林省文物考古研究所、榆树市博物馆：《吉林省榆树市上台子墓群发掘报告》，《北方文物》2010年第1期，第20～28页，第25页图7-1～4。

黑龙江省齐齐哈尔市建华区红光村墓葬[①]和齐齐哈尔市奈门沁遗址[②]。

N071：001，铜器残片。长方形。总长3.7厘米，宽1.2厘米，厚0.3厘米（图291-2）。

N384：001，铁锛。刃端略残，銎部为圆角长方形，刃部厚0.5厘米。总宽3.3厘米，厚2.2厘米，高3.3厘米（图291-3）。类似工具见于黑龙江省桦南县龙庄庙金代窖藏[③]。

M413：001，铜饰。残。长方形，平边，表面有不明图案。总长3.8厘米，宽3.2厘米，厚0.2厘米（图291-4）。

N230：001，铁钉。钉帽为长方形，尖部为三角形。总长9.1厘米，宽2.8厘米，厚1厘米（图291-5）。

N384：002，铁钉。钉帽为长方形，尖部为三角形。总长10.3厘米，宽3.4厘米，厚1.2厘米（图291-6）。

N268：001，铁钉。钉帽处略残，尖端为三角形，截面为长方形。总长3.2厘米，宽1.6厘米，厚0.5厘米（图291-7）。

M438：001，铁钉。钉帽略残，下端为三角形，截面为长方形。总长3.3厘米，宽1.8厘米，厚0.5厘米（图291-8）。

M422：001，铁钉。钉帽略残，下端为三角形，截面为长方形。总长4.6厘米，宽1.7厘米，厚0.5厘米（图291-9）。

R219：001，铜钱，可能为剪轮五铢钱，锈蚀。直径1.5厘米，厚0.1厘米。

图291 南莫遗址采集金属器

1. 铜扣（N037：015） 2. 铜器残片（N071：001） 3. 铁锛（N384：001） 4. 铜饰（M413：001）

5～9. 铁钉（N230：001、N384：002、N268：001、M438：001、M422：001）

---

① 齐齐哈尔市文物管理站：《齐齐哈尔市建华区红光村清代夫妻合葬墓发掘简报》，《北方文物》2005年第3期，第37～40页，第40页图4-3。

② 黑龙江省文物考古研究所：《黑龙江省齐齐哈尔市奈门沁遗址发掘简报》，《北方文物》2012年第3期，第50～54页，第53页图8-2～4。

③ 鄂善君、王树楼：《桦南县龙王庙遗址出土的金代窖藏铁器》，《北方文物》1995年第3期，第151、152页，第152页图2-9。

（7）总结

该遗址范围较大，且使用时间较长。汉书二期文化的鬲足在该遗址发现较多，而陶鬲是该时期最常见的炊器，因而可以认为这一时期南莫遗址可能是一处聚落。之后辽金时期此处应该也被使用，通过采集到的大量该时期的建筑材料推测地下应该有辽金时期的建筑物。而且清末至民国时期此处也继续使用。

18. 代来岗子 ZL-DLGZ-1

（1）位置

代来岗子遗址位于调查区域中北部，镇赉县沿江镇南莫村代来岗子屯及周边。遗址中心UTM格式坐标为东经568686.2004，北纬5071253.6415。

（2）地貌

现代的代来岗子屯坐落在遗址上方，遗址主要位于向月亮泡凸出的一处漫岗上，地势较高，且岗上地貌较为平坦（图292、图293）。遗址的东部和北部均为地势缓慢下降的旱田，其外围是更为低洼的水田。整个水田区域与水域均被堤坝隔开，因此在没有堤坝的历史时期水田区域应是月亮泡水域的一部分，屯子所在的漫岗应是被水域环绕的一处高地。高地的东部与国营渔场西部的岛状旱田区隔水相望，该旱田区被水田和水域环绕。西部与南莫村凸出的一块半岛状的旱田区隔水相望，在地理位置上连接二者。遗址属于GLk土壤地带。

图292　代来岗子遗址的断面

（摄影：史宝琳）

图293 代来岗子遗址的断面
（摄影：史宝琳）

（3）以往工作

代来岗子遗址属于全国第二次文物普查的发现，相关信息可见《中国文物地图集·吉林分册》①。下面是《镇赉县文物志》②对该遗址的描述：

代鲁岗子屯，隶属于沿江乡南莫村管辖。该屯坐落在四面低洼，呈"V"形的土岗子。土岗长约500米，最宽处约200米，四周为低洼平坦的耕地。东南距南莫屯3千米，南5千米为月亮泡。据地形分析这里早年为四面环水的岛屿。在山岗的西坡发现有少量的黄褐色素面磨光陶片、灰褐色素面陶片和黄褐色绳纹陶片，均为手制。陶质夹沙，火候低，还有灰色的轮制、侈口方唇口沿残部，酱釉弦纹粗瓷片，青花瓷片等。遗物分布范围东西20米，南北30米。

根据遗物观察，遗址内有三个不同时代的遗物。手制陶属青铜时期的遗存。轮制陶属辽金时代遗物。

据当地群众讲，这里还出土过陶网坠。从地理形势和出土的文物综合分析，该遗址数千年来，一直是人们从事渔猎的生息之处。

（4）范围与文化内涵

代来岗子遗址总面积140125平方米，共有17个一般采集区（M042～M058），大致分布在四个较小的区域内。一是M042～M052，集中分布于屯子外的东北部，现为耕地；二是M053～M055，集中分布于屯子外的西北部，现为人工林地；三是M058，位于屯子的中部，现为村民院落；四是M056、M057，位于屯子外的西南部，现为修堤取土所形成的断面。断面上有明显的地层堆积和遗迹现象（图293、图294），共有11处灰坑和1处墓葬，我们对这些遗迹

① 国家文物局编：《中国文物地图集·吉林分册》，北京：中国地图出版社，1993年，第159页。
② 吉林省文物志编修委员会：《镇赉县文物志》，长春：吉林省文物志编修委员会，1985年，第78页。

图294　代来岗子遗址的断面遗迹清理

进行了清理和记录工作（图295）。地表采集遗物有石器、陶器、蚌器及兽骨。

整体上遗址东西长约560米，南北宽420米（图295，表24）。该采集区发现新石器时代中期、青铜时代早中期、白金宝文化、汉书二期文化、辽金时期和清末至民国时期陶片。

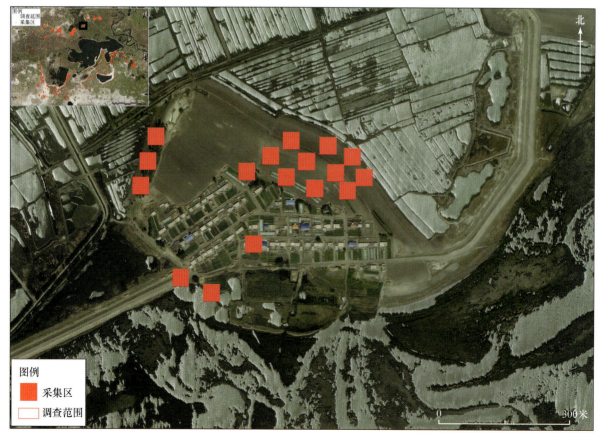

图295　代来岗子遗址采集区分布图

表24 代来岗子遗址采集区和陶片统计表

时期	采集区数量	面积/万平方米	陶片数量/片	占陶片总数百分比/%	采集区内密度*
新石器时代中期	1	0.25	1	0.23	0.0004/m²
青铜时代早中期	6	8.1332	16	3.70	0.0002/m²
白金宝文化	1	0.25	1	0.23	0.0004/m²
汉书二期文化	10	11.0915	61	14.09	0.0005/m²
辽金时期	16	11.7962	227	52.42	0.002/m²
清末至民国	15	10.5846	127	29.33	0.001/m²
总数	17	14.0125	433	100	0.003/m²

*此处密度数据是依据系统采集所获陶片数量推算而得。其他数据都是实际数据。

（5）地层堆积及遗迹

由发现的断面来看，地层堆积可以分为三层（图296）。第1层为耕土层，灰黑色，较疏松。堆积厚10~50厘米。第2层为黑色细砂土，较致密。堆积厚15~60厘米。出土夹砂黄褐色陶片，器表施有红衣。第3层为黑黄色细砂土，较致密，堆积厚15~65厘米。第3层下为黄色生土层。本次调查在断面上发现灰坑11处，已确定的墓葬1座。下面介绍有代表性的遗迹。

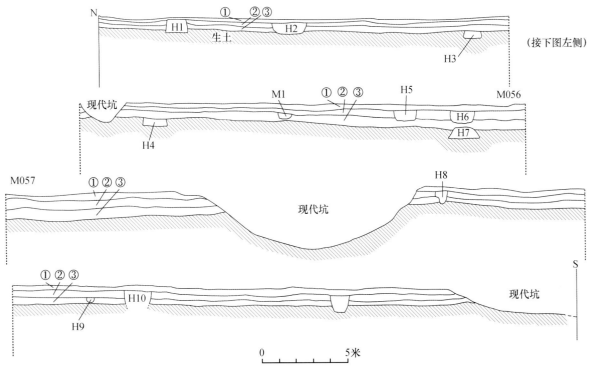

图296 代来岗子遗址断面示意图

H1，开口于第1层下，打破生土。袋形坑，斜弧壁，平底，剖面呈上窄下宽的梯形。开口直径约1.1米，底部直径约1.3米，深约0.7米。坑内堆积为黑褐色较致密细砂土，出土夹砂黄褐陶陶片、大蚌壳和动物骨骼。另外在陶鼎下面发现红烧土面，因而推测H1可能是房址的一部分或者该烧土面为室外灶址。

H3，开口于第3层下，打破生土。袋形坑，斜壁，平底，剖面呈上窄下宽的梯形。开口直径约1米，坑底直径约1.15米，深约0.35米。坑内堆积为黑褐色较致密细砂土，出土鬲足、红衣陶、饰有附加堆纹的夹砂黄褐陶陶片、鱼骨和其他动物骨骼。

H7，开口于第3层下，打破生土。由于该遗迹在断面上没有完全暴露，所以不清楚其真实形状和大小。据现有情况观察，其深约0.52米，底部直径约1.9米，坑内堆积为较致密细砂土，土色斑杂，有少量白斑，出土鱼骨和夹砂黄褐陶陶片。

H10，开口于第1层下，打破生土。斜弧壁，平底。开口直径约2.04米，深度未知。坑内堆积为黑褐色较致密细砂土，出土蚌壳、鱼骨、夹蚌陶陶片和陶支座。

M1，开口于第2层下，打破第3层。弧壁，圜底。开口直径约0.8米，深约0.35米。墓内堆积为黑褐色较致密细砂土，出土儿童残骨和陶鼎，应为汉书二期文化儿童墓葬。

（6）遗存分布、密度与标本

新石器时代中期陶片分布于遗址东端的采集区，仅发现1片。整体密度很低（图297）。

青铜时代早中期陶片分布于遗址东部、北部和中部的6个采集区，共发现16片，包括3片属于古城遗存的陶片。该时期陶片占总数的3.7%。整体密度很低（图298）。

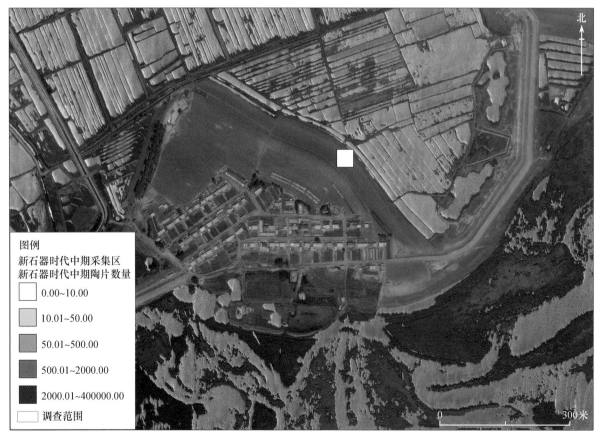

图297　代来岗子遗址新石器时代中期采集区分布图

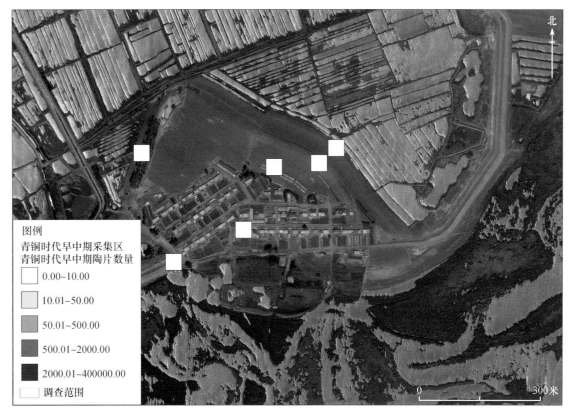

图298　代来岗子遗址青铜时代早中期采集区分布图

采集器物标本2件。

M056：005，夹砂黄褐陶口沿。侈口，圆唇，沿外有一道附加堆纹，堆纹上用带刃工具切压出纵向凹窝。总长5.3厘米，厚0.7厘米，高4.9厘米，口径约42厘米（图299）。类似特征的器物口沿见于汉书遗址2001年发掘区第Ⅱ期遗存（古城遗存）中[①]。

M056：006，夹砂灰褐陶鬲足。锥状，足根短小（H3）。长3.9厘米，宽3.8厘米，高3厘米（图300）。

白金宝文化陶片分布于遗址西北部的采集区，仅发现1片。整体密度很低（图301）。

汉书二期文化陶片分布于遗址的10个采集区，共发现61片。其中密度最高的采集区位于遗址的东南部。该时期陶片占总数的14.09%。整体上密度较低（图302）。

采集器物标本若干件（图303）。

M056：003，夹砂灰黄陶陶鼎。口及足尖残，敞口，斜直腹，近平底，略有内凹，足根较小。此器出于前述断面上的儿童墓中。口径7厘米，高4.4厘米，厚0.5厘米（图303-1）。类似器物见于汉书遗址2001年发掘区第Ⅳ期（汉书二期文化）遗存[②]。

M056：004，夹砂灰褐陶口沿。侈口，高领，圆唇，表面施有红衣，出于前述断面H1中。

① 吉林省文物考古研究所、吉林大学边疆考古研究中心、吉林大学考古学院：《大安汉书——青铜时代遗址考古发掘报告》，北京：科学出版社，2018年，第30页图56-2～4。

② 吉林省文物考古研究所、吉林大学边疆考古研究中心、吉林大学考古学院：《大安汉书——青铜时代遗址考古发掘报告》，北京：科学出版社，2018年，第107页图162。

0　　　　　　3厘米

图299　代来岗子遗址采集古城
遗存陶片（M056：005）

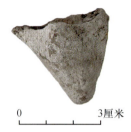

0　　　　　3厘米

图300　代来岗子遗址采集青铜
时代早中期陶片（M056：006）

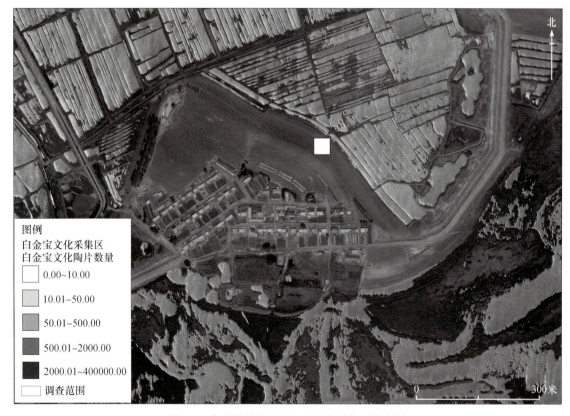

图例
白金宝文化采集区
白金宝文化陶片数量
　0.00~10.00
　10.01~50.00
　50.01~500.00
　500.01~2000.00
　2000.01~400000.00
　调查范围

0　　　　　300米

图301　代来岗子遗址白金宝文化采集区分布图

长5厘米，高5.6厘米，厚0.7厘米，口径20厘米（图303-2）。

　　M056：007，夹砂灰褐陶。可能为鬲的下腹片，饰有细绳纹。长4.8厘米，宽4.5厘米，厚1.2厘米（图303-4）。

　　M057：001，夹砂黄陶器底。底部外缘戳压指甲纹（H9）。长4.4厘米，宽2.8厘米，厚0.7厘米（图303-5）。

　　M057：004，黄褐陶口沿。敞口，圆唇。出于前述断面上的H10。长2.5厘米，厚0.5厘米，高2.5厘米（图303-6）。

　　M056：002，夹砂灰褐陶支座残块，圆平底。直径10厘米，高3.6厘米（图303-3）。类似

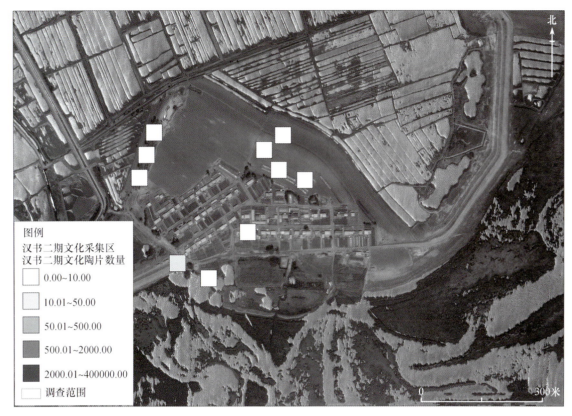

图302　代来岗子遗址汉书二期文化采集区分布图

图303　代来岗子遗址采集汉书二期文化陶片
1. M056：003　2. M056：004　3. M056：002　4. M056：007　5. M057：001　6. M057：004

支座（或支脚）见于汉书遗址2001年发掘区第Ⅳ期（汉书文化）遗存中[①]。

　　M056：001，夹砂红褐陶陶鼎，器形完整。敞口，沿略外侈，圆唇。腹弧收，圜底，下附三个锥状小足。口沿下有一圈抹泥，抹泥上下饰有指甲纹，外表上有烧火的使用痕迹。此器出

---

　　① 吉林省文物考古研究所、吉林大学边疆考古研究中心、吉林大学考古学院：《大安汉书——青铜时代遗址考古发掘报告》，北京：科学出版社，2018年，第122页图167。

于前述断面上的H1。口径18厘米，高17厘米，厚0.6厘米（图304）。类似器形与纹饰见于汉书遗址2001发掘区第Ⅳ期（汉书二期文化）遗存中[①]、后套木嘎遗址第Ⅵ期（汉书二期文化）遗存中[②]和小拉哈遗址第三期（汉书二期文化）遗存中[③]。

0 ————— 3厘米

图304　代来岗子遗址采集汉书二期文化陶鼎（M056：001）

辽金时期陶片分布于整个遗址的16个采集区，共发现227片陶片。其中北部的密度比南部稍高。该时期陶片占总数的52.42%。整体密度较高（图305）。

发现器物标本3件（图306）。

M057：002，泥质灰陶口沿。侈口，高领，卷沿，方唇。颈部有成组弦纹。高9.7厘米，厚1厘米（图306-1）。

M057：003，泥质灰陶口沿。侈口，高领，卷沿，方唇。高7.5厘米，厚0.9厘米（图306-2）。

M053：001，夹砂灰陶陶片。饰有成排短条状篦点纹。长5.8厘米，宽4.6厘米，厚1.1厘米（图306-3）。

采集遗物中还有砖块3个。

① 吉林省文物考古研究所、吉林大学边疆考古研究中心、吉林大学考古学院：《大安汉书——青铜时代遗址考古发掘报告》，北京：科学出版社，2018年，第97页图151-3。

② 吉林大学边疆考古研究中心、吉林省文物考古研究所：《吉林大安市后套木嘎遗址AⅢ区发掘简报》，《考古》2016年第9期，第3～24页，第18页图33-7。

③ 黑龙江省文物考古研究所、吉林大学考古系：《黑龙江省肇源县小拉哈遗址发掘简报》，《北方文物》1997年第1期，第34～44页，第41页图9-5。

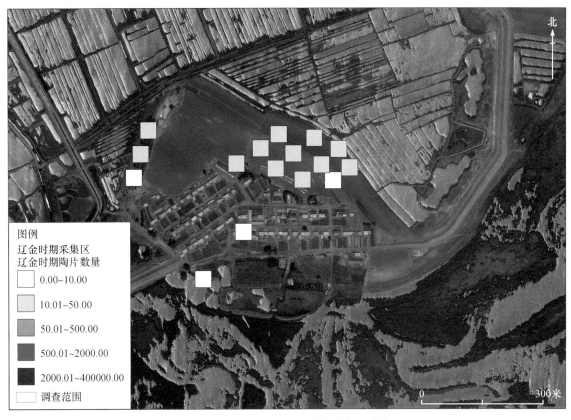

图305　代来岗子遗址辽金时期采集区分布图

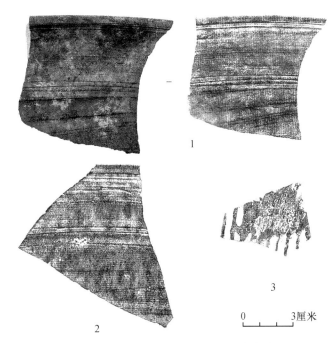

图306　代来岗子遗址采集辽金时期陶片

1. M057：002　2. M057：003　3. M053：001

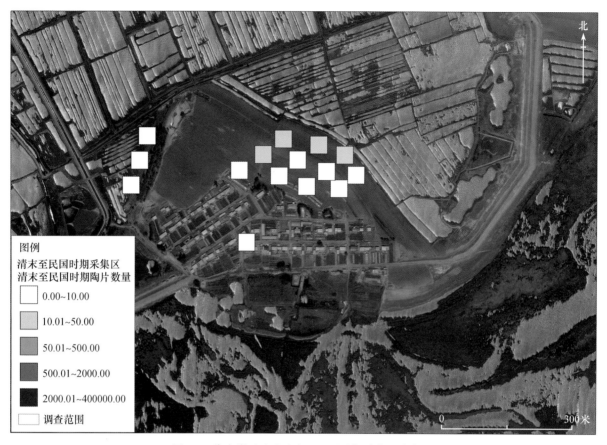

图307　代来岗子遗址清末至民国时期采集区分布图

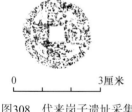

0　　　　　　3厘米

图308　代来岗子遗址采集
清末铜钱（M043：001）

清末至民国时期遗物分布于遗址内15个采集区，共发现127片陶片。其中遗址北部密度相对较高。该时期陶片占总数的29.33%，整体密度较低（图307）。

采集铜钱1枚。

M043：001，"乾隆通宝"，反面满文。直径2.5厘米，厚0.2厘米（图308）。

（7）未断代标本

包括石器2件和蚌器1件（图309）。

其中石器分为细石器和磨制石器两种。

M042：001，端刃刮削器，绿褐色燧石，毛坯为石片。远端经正向加工呈一端刃，刃角为21°，刃长为14.22毫米。总长3.2厘米，宽2.3厘米，厚0.7厘米（图309-3）。

M045：001，磨制石器。残。黑灰色，一面磨光。长4.4厘米，宽4.4厘米，厚0.9厘米（图309-1）。

M045：002，蚌器，可能为镰或刀，圆刃。总长6.4厘米，宽2.8厘米，厚0.7厘米（图309-2）。

图309　代来岗子遗址采集石器和蚌器
1. M045：001　2. M045：002　3. M042：001

（8）总结

通过观察各时期遗存的多寡和空间分布情况，可以将代来岗子遗址的利用过程分为前后两个阶段。

第一阶段为新石器时代—白金宝文化时期，即新石器时代和青铜时代。该阶段代来岗子遗址的文化遗存较为稀少，且分布零散。其中新石器时代的文化遗存非常稀少，仅分布在高地的中间部位。从青铜时代早中期开始，遗存略有增加，并且向周边地势较低的区域扩散，且中部高地遗存密集、西部低地遗存分散，整体上聚落范围有所扩大，因而初步形成了中部高地和西部低地并存的聚落形态特征。但到了古城遗存和白金宝文化阶段都只有零星发现，聚落发展明显衰退，呈现出一种低水平的使用状态。

第二阶段为汉书二期文化—辽金—明清民国阶段，即历史时期。汉书二期文化时期的遗存突然增多，聚落面积大致恢复到青铜时代早中期的规模，而且密度有了进一步的提高。但是遗存的分布状态发生了新变化，呈现出中部高地和西部低地大致均匀分布的状态，说明近水的低地得到了进一步的开发利用。不过此后该遗址在较长时间内都没有发现文化遗存，造成这种情况的可能性有二：其一是聚落可能被废弃；其二是可能游牧经济的出现导致遗存形式发生变化[①]。辽金时期，该遗址的文化遗存又突然增多，数量大大超过了以往任何一个时期。尤其是中部高地区域，遗存分布密集，而近水的西部低地也继续被使用，但密度略有降低。清末民国时期，遗存的空间分布和数量规模虽与辽金时期具有明显的延续性，但密度和数量均略有降

①　刘晓溪、Pauline Sebillaud（史宝琳）、王立新：《吉林省大安市2012～2013年区域性系统调查简报》，《边疆考古研究（第19辑）》，北京：科学出版社，2016年，第27～45页。

低，尤其是近水的西部低地遗存进一步减少。

因此整体来看，有两个现象值得关注。第一个现象是遗址范围的历时性变化，代来岗子遗址的中部高地一直都是古人使用的重要区域，而西部近水低地的使用则经历了一个从无到有，继而由少到多，最后再由多到少的一个变化过程。发生这种变化的原因可能有二：其一是人类生业方式或生存模式发生了变化，其二是自然环境或月亮泡水域范围发生了变化。第二个现象是遗存数量的历时性变化，新石器时代的遗存较少，青铜时代早中期遗存数量有所增多，此后白金宝文化时期，遗存较少，汉书二期文化以降，遗存数量明显增多。发生这种变化的原因也可能有二：其一是受到气候与环境的影响，其二可能与该地区的发展情况有关。

19. 代来岗子东北 ZL-DLGZ-2

（1）位置

代来岗子东北遗址位于调查区域的中北部，镇赉县沿江镇南莫村代来岗子屯东北1.3千米。遗址中心UTM格式坐标为东经569749.6756，北纬5071803.8039。

（2）地貌

代来岗子东北遗址位于代来岗子屯东北侧一处近圆角方形的小土岗上，北侧和西侧均为水稻田，南侧和东侧为月亮泡，该处原来应为岛屿。遗址在堤坝北侧，现为耕地。遗址属于GLk土壤地带。

（3）以往工作

以往发表材料中未发现有关该遗址的记录。

（4）范围与文化内涵

代来岗子东北遗址总面积93523平方米，共有17个采集区（M025～M041），其中有2个系统采集区和15个一般采集区。采集区分为南、北两区，南区只有两个东西向排列的采集区，北区有一排东西向排列的6个采集区以及延伸到土岗东北角的9个采集区。整体上遗址东西长约650米，南北宽380米（图310，表25）。

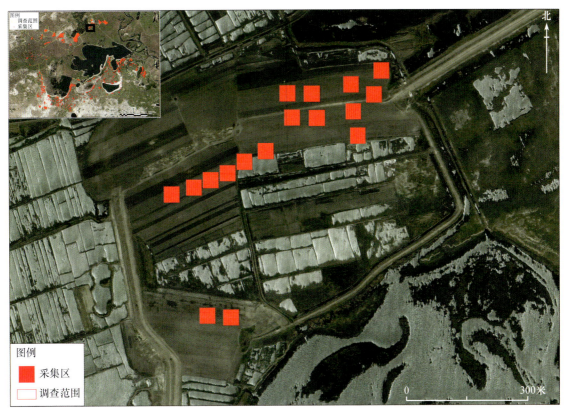

图310 代来岗子东北遗址采集区分布图

表25 代来岗子东北遗址采集区和陶片统计表

时期	采集区数量	面积/万平方米	陶片数量/片	占陶片总数百分比/%	采集区内密度*
青铜时代早中期	1	0.25	1	0.09	0.0004/m^2
汉书二期文化	10	6.3165	69	5.91	0.001/m^2
魏晋隋唐	2	1.6909	2	0.17	0.0001/m^2
辽金时期	17	9.3523	973	83.38	0.12/m^2
清末至民国	17	9.3523	122	10.45	0.005/m^2
总数	17	9.3523	1167	100	0.125/m^2

*此处密度数据是依据系统采集所获陶片数量推算而得。其他数据都是实际数据。

该遗址发现青铜时代早中期、汉书二期文化、魏晋隋唐时期、辽金时期和清末至民国时期陶片。

（5）遗存分布、密度与标本

青铜时代早中期陶片分布于遗址东北角的采集区，仅发现1片陶片。该时期陶片占总数的0.09%。密度很低（图311）。

汉书二期文化遗物分布于遗址东北角、西南角和西部的10个采集区，共发现69片陶片。密度相对较高的采集区集中于遗址的东北角。该时期陶片占总数的5.91%。整体上密度比较低（图312）。

图311　代来岗子东北遗址青铜时代早中期采集区分布图

图312　代来岗子东北遗址汉书二期文化采集区分布图

采集器物标本1件。

M027：001，夹砂红褐陶鬲足。锥状，足根短小。高4.1厘米（图313）。

魏晋隋唐时期陶片分布于遗址中部和东北角的2个采集区，仅发现2片陶片。该时期陶片占总数的0.17%。整体上密度很低（图314）。

图313 代来岗子东北遗址采集汉书二期文化陶鬲足（M027：001）

图例
魏晋隋唐时期采集区
魏晋隋唐时期陶片数量

- 0.00~10.00
- 10.01~50.00
- 50.01~500.00
- 500.01~2000.00
- 2000.01~400000.00
- 调查范围

0　　　300米

图314 代来岗子东北遗址魏晋隋唐时期采集区分布图

采集器物标本1件。

M029：001，夹粗砂红褐陶口沿。沿外有一道凸棱和一道附加堆纹。残宽2.7厘米，高2.3厘米，厚0.7厘米（图315）。

辽金时期陶片分布于遗址内的所有采集区（17个），共发现973片陶片。其中密度最高的采集区位于遗址北部，尤其是东西向一排的中部和遗址中心偏东北。该时期陶片占总数的83.38%。整体上密度很高（图316）。

0　　　3厘米

图315 代来岗子东北遗址采集魏晋隋唐时期陶片（M029：001）

图316　代来岗子东北遗址辽金时期采集区分布图

图317　代来岗子东北遗址采集辽金时期遗物
1. M034∶001　2. M034∶002　3. M041∶001

采集器物标本3件（图317）。

M034∶001，泥质灰陶陶片。饰有一道附加堆纹。残长3厘米，宽2厘米，厚0.6厘米（图317-1）。

M034∶002，泥质黄褐陶。饰有一道附加堆纹。残长3.3厘米，宽2.1厘米，厚0.8厘米（图317-2）。

类似的附加堆纹陶片见于尹家窝堡遗址2015年发掘区（金代聚落）[1]和德惠市李春江遗址[2]。

M041∶001，泥质黄红陶陶球，近圆形。宽1.7厘米，长2厘米（图317-3）。陶球常见于金代聚落，如扶余县西车家店金代遗址[3]。

辽金时期遗物中还发现布纹瓦1块、砖块7个。

---

① 　Pauline Sebillaud（史宝琳）、张礼艳、刘晓溪：《吉林大安尹家窝堡遗址2015年发掘简报》，《边疆考古研究（第20辑）》，北京：科学出版社，2016年，第89～117页，第100页图10-2、3。

② 　吉林省文物考古研究所、德惠市文物管理所：《吉林省德惠市李春江遗址发掘报告》，《北方文物》2009年第3期，第47～61页，第52页图8-1、4、11。

③ 　吉林省文物考古研究所、扶余县博物馆：《吉林省扶余县西车家店金代遗址的发掘》，《北方文物》2009年第3期，第15～24页，第19页图7-6、7。

　　清末至民国时期陶片分布于遗址的所有采集区。其中密度相对较高的采集区位于遗址的西南角、遗址中部和中部偏东北的4个采集区。该时期陶片占总数的10.45%。整体上密度比较低（图318）。

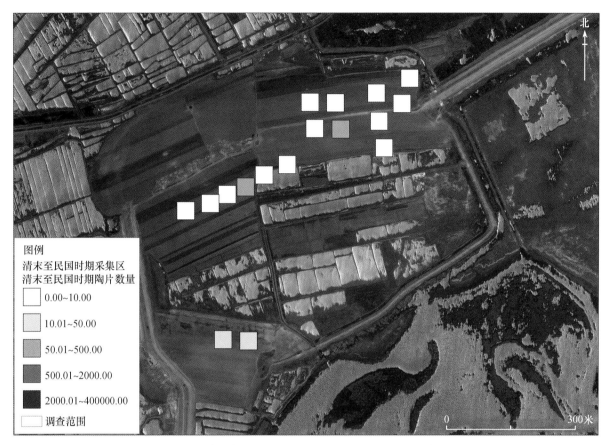

图318　代来岗子东北遗址清末至民国时期采集区分布图

（6）总结

　　代来岗子东北遗址与代来岗子遗址所处地理位置相似，两地距离较近，且二者历时性发展状态十分相似。青铜时代早中期陶片发现数量较少并且主要集中在遗址北部，利用程度很低。直到汉书二期文化时期陶片数量大量增加且分布范围扩大，除了遗址北部得到了进一步开发利用，中部和南部也被利用。魏晋隋唐时期该遗址再次进入低层次的发展水平，陶片数量骤减且分布范围大幅度缩小。辽金时期是该遗址的繁盛时期，不仅陶片数量达到了历史最高峰，而且分布范围再次扩大，遗址南部再次得到了利用。这种情况在清末至民国时期继续出现，不过相比于辽金时期发展势头有所减弱。

20. 前少力东北ZL-QHSL-1

（1）位置

前少力东北遗址位于调查区域的东北部，镇赉县沿江镇前少力村东北870米处。遗址中心UTM格式坐标为东经570529.5，北纬5073887。

（2）地貌

该遗址位于前少力村东北，南侧和东侧为水，遗址位于堤坝西侧的土岗上，现地表为耕地。遗址属于PHh土壤地带。

（3）以往工作

以往发表材料中未发现有关该遗址的记录。

（4）范围与文化内涵

前少力东北遗址总面积79050平方米，共有22个一般采集区（R090～R111）。采集区呈近东西向分布成5排，几乎连成片，整体近方形。遗址南北长约280米，东西宽330米（图319，表26）。

该遗址发现辽金时期和清末至民国时期陶片。

表26　前少力东北遗址采集区和陶片统计表

时期	采集区数量	面积/万平方米	陶片数量/片	占陶片总数百分比/%	采集区内密度*
辽金时期	22	7.9050	330	72	0.004/m²
清末至民国	20	7.4050	129	28	0.002/m²
总数	22	7.9050	459	100	0.005/m²

*此处密度数据是依据系统采集所获陶片数量推算而得。其他数据都是实际数据。

（5）遗存分布、密度与标本

辽金时期陶片分布于遗址内的所有采集区，共发现330片陶片。密度较高的采集区主要分布于整个遗址的中部和东部。该时期陶片占总数的72%。整体上密度比较低（图320）。

图319 前少力东北遗址采集区分布图

图320 前少力东北遗址辽金时期采集区分布图

辽金时期采集遗物中也有瓦片1块和砖块6个。

　　清末至民国时期陶片主要分布于遗址的20个采集区，共发现129片陶片，与辽金时期分布状态较为一致。但密度较高采集区仅1个，且分布于遗址东部。该时期陶片占总数的28%。整体上密度比较低（图321）。

图321　前少力东北遗址清末至民国时期采集区分布图

（6）总结

　　前少力东北遗址文化属性比较单一。辽金时期得到了初步利用。清末至民国时期继续利用，不过陶片数量有所减少，整体发展情况不如辽金时期。

21. 前少力东ZL-QHSL-2

（1）位置

　　前少力东遗址位于调查区域的东北部，镇赉县沿江镇前少力村东侧，国营渔场北500米处。遗址中心UTM格式坐标为东经570324，北纬5073112。

（2）地貌

该遗址位于前少力村东侧偏南、国有渔场北侧。遗址北侧为堤坝和水域，东侧为水稻田和月亮泡。遗址所在地为耕地，属于PHh土壤地带。

（3）以往工作

以往发表材料中未发现有关该遗址的记录。

（4）范围与文化内涵

前少力东遗址总面积95753平方米，共有24个采集区（M001～M017、R083～R089），其中有6个系统采集区和18个一般采集区。采集区主要分为东、西两区，其中西区呈东西向分布成两排，南北还有零散的采集区，东区呈东西向分布成1排。整体上遗址东西长约1000米，南北宽50～250米（图322，表27）。

图322　前少力东遗址采集区分布图

该遗址发现辽金时期和清末至民国时期陶片。

表27　前少力东遗址采集区和陶片统计表

时期	采集区数量	面积/万平方米	陶片数量/片	占陶片总数百分比/%	采集区内密度*
辽金时期	24	9.5753	507	79	0.6/m^2
清末至民国	21	9.5753	137	21	0.04/m^2
总数	24	9.5753	644	100	0.6/m^2

*此处密度数据是依据系统采集所获陶片数量推算而得。其他数据都是实际数据。

（5）遗存分布、密度与标本

辽金时期陶片分布于整个遗址内所有采集区，共发现507片陶片。密度最高的采集区位于西区的南排。该时期陶片占总数的79%。整体密度很高（图323）。

图323　前少力东遗址辽金时期采集区分布图

发现属于辽金时期的标本13件，包括器底（1件）、纹饰陶片（11件）、瓦片（1件）（图324）。

M001：001，化妆白瓷器器底，灰胎。圜底近平，圈足略外撇。内部施满釉，圈足未施釉，圈足内有轮制痕迹。残高1.8厘米，厚0.6厘米，圈足直径4厘米（图324-1）。

　　M002：001，泥质黄陶陶片。饰成排细条形篦点纹。长2.8厘米，宽2.2厘米，厚0.6厘米（图324-2）。

　　M002：002，泥质灰陶陶片。饰成排短条形篦点纹。长3.2厘米，宽2.2厘米，厚1.1厘米（图324-3）。

　　M003：001，泥质灰陶陶片。饰成排长楔形篦点纹和布纹。长4.6厘米，宽3.8厘米，厚0.8厘米（图324-4）。

　　M003：002，泥质灰陶陶片。饰有成排细条形篦点纹。长5厘米，宽4.3厘米，厚0.8厘米（图324-5）。

　　M005：001，泥质灰陶陶片。饰成排细条形篦点纹。长2.7厘米，宽2.3厘米，厚0.5厘米（图324-6）。

　　M007：001，泥质黑陶陶片。饰成排细条形篦点纹。长2.7厘米，宽2.4厘米，厚0.4厘米（图324-7）。

　　M007：002，泥质灰陶陶片。饰成排楔形篦点纹。长4厘米，宽3.7厘米，厚1厘米（图324-8）。

　　M010：002，泥质灰陶陶片。饰成排短条形篦点纹。长3.8厘米，宽3厘米，厚0.9厘米（图324-9）。

　　R084：001，泥质黄褐陶陶片。饰长短参差的细条形篦点纹。长4厘米，宽3.7厘米，厚0.8厘米（图324-10）。

　　R084：002，泥质灰陶陶片。饰成排短条形篦点纹。长4.4厘米，宽4厘米，厚0.9厘米（图324-11）。

0　　　　　　3厘米

图324　前少力东遗址采集辽金时期遗物

1. M001：001　2. M002：001　3. M002：002　4. M003：001　5. M003：002　6. M005：001　7. M007：001
8. M007：002　9. M010：002　10. R084：001　11. R084：002　12. R087：001　13. M006：001

R087：001，泥质灰陶陶片。饰成排细条形篦点纹。长4厘米，宽3.2厘米，厚0.7厘米（图324-12）。

采集的辽金时期遗物中还有布纹瓦24块和砖块38个。

M006：001，泥质灰陶布纹瓦残块。长7.7厘米，宽7.1厘米，厚1.7厘米（图324-13）。

清末至民国时期陶片分布于遗址内大部分的采集区（21个），共发现137片陶片。密度最高的采集区分布于西区中排，与辽金时期分布状态基本一致。该时期陶片占总数的21%。整体上密度较高，但比辽金时期低（图325）。

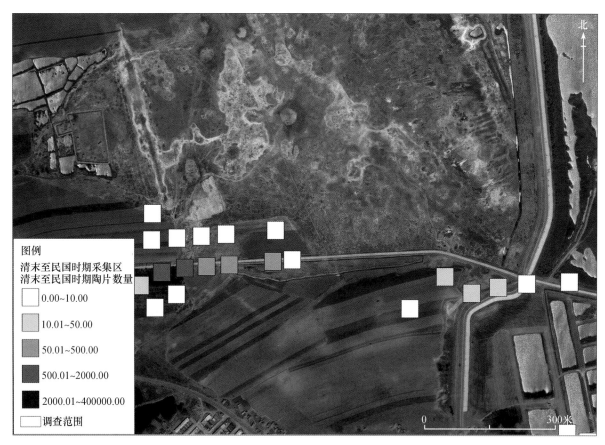

图325　前少力东遗址清末至民国时期采集区分布图

（6）未断代标本

采集遗物中有磨制石器3件（图326）。

M002：003，磨棒残段。圆头，三面被磨光。长5.1厘米，宽4.8厘米，厚2.4厘米（图326-1）。

M010：003，浅灰色，可能为磨棒残块。长5.3厘米，宽2.7厘米，厚2.1厘米（图326-2）。

M004：001，可能为磨棒，截面近方形。长13.4厘米，宽4.6厘米，厚5.1厘米（图326-3）。

图326　前少力东遗址采集的磨制石器
1. M002：003　2. M010：003　3. M004：001

（7）总结

前少力东遗址整体情况与前少力东北遗址相似，文化属性也较为单一。辽金时期初步利用。清末至民国时期虽继续利用，但是相对于辽金时期发展程度降低。

22．国营渔场 ZL-GYYC

（1）位置

国有渔场遗址位于调查区域的东北部，镇赉县沿江镇国营渔场东北侧。遗址中心UTM格式坐标为东经571189.1102，北纬5072495.9810。

（2）地貌

该遗址位于国营渔场东北侧的一处近椭圆形土岗上。遗址东侧为水稻田，南侧为月亮泡。遗址所在地为现代耕地。属于PHh土壤地带。

（3）以往工作

国营渔场遗址在全国第二次文物普查时被发现，下面是《镇赉县文物志》对该遗址的描述：

镇赉县国营渔场坐落在月亮泡的北岸，南距月亮泡2千米，处于沿江乡地域内。渔场西约50米是渔场所属的学校。在学校南10米处，发现有较多的陶片和蚌壳。分布范围，南北50米、东西60米。

遗址内出土的陶片有赤黄色素面磨光陶片，黄褐色划纹陶片，赤黄色陶器底残部和篦点几何纹陶片。陶片均为手制，细泥夹砂质地，火候低。此外，一种土黄色直口圆唇陶器的口沿唇部制作方法较为特殊，先将唇部做得很薄，使其厚度小于器壁，然后用宽约0.9厘米、横断面略呈半圆形的泥条贴在口沿的外壁上，十分具有特色。

从遗物看，应属青铜时代的文化遗存[①]。

（4）范围与文化内涵

国营渔场遗址总面积24634平方米，共有7个一般采集区（M018～M024）。遗址大部分被现代墓葬覆盖，破坏严重（图327）。采集区呈东西向集中排布。遗址东西长约180米，南北宽100～150米（图328，表28）。

图327　国有渔场遗址的现代坟

（摄影：史宝琳）

---

① 吉林省文物志编修委员会：《镇赉县文物志》，长春：吉林省文物志编修委员会，1985年，第77页。

图328　国营渔场遗址采集区分布图

该遗址发现新石器时代中期、青铜时代早中期、白金宝文化、汉书二期文化、辽金时期和清末至民国时期陶片。

表28　国营渔场遗址采集区和陶片统计表

时期	采集区数量	面积/万平方米	陶片数量/片	占陶片总数百分比/%	采集区内密度*
新石器时代中期	1	0.25	1	1	0.0004/m²
青铜时代早中期	1	0.25	1	1	0.0004/m²
白金宝文化	1	0.25	2	2	0.0008/m²
汉书二期文化	4	1.2961	15	14	0.001/m²
辽金时期	6	2.2304	46	44	0.002/m²
清末至民国	6	2.2304	39	38	0.002/m²
总数	7	2.4634	104	100	0.004/m²

*此处密度数据是依据系统采集所获陶片数量推算而得。其他数据都是实际数据。

（5）遗存分布、密度与标本

新石器时代中期陶片分布于遗址西部的1个采集区，只发现1片陶片。该时期陶片占总数的1%。密度很低（图329）。

图329　国营渔场遗址新石器时代中期采集区分布图

　　青铜时代早中期陶片分布于遗址东部的1个采集区，只发现1片属于古城遗存的陶片。该时期陶片占总数的1%。密度很低（图330）。

图330　国营渔场遗址青铜时代早中期采集区分布图

白金宝文化陶片分布于遗址北部的1个采集区，只发现2片陶片。该时期陶片占总数的2%。密度很低（图331）。

图331　国营渔场遗址白金宝文化采集区分布图

汉书二期文化陶片分布于遗址北部、布局呈"T"形的4个采集区，共发现15片陶片。该时期陶片占总数的14%。整体上密度很低（图332）。

图332　国营渔场遗址汉书二期文化采集区分布图

采集器物标本1件（图333）。

M018：001，夹砂红褐陶鬲足。锥状，足根短小。高4.1厘米（图333）。

辽金时期陶片分布于遗址除东北角外的其他6个采集区，共发现46片陶片。密度较高的采集区位于遗址西北角，只有1个。该时期陶片占总数的44%。密度整体上很低（图334）。

采集器物标本1件。

M022：001，夹砂黄褐陶陶片。饰成排楔形篦点纹。长3.5厘米，宽2.8厘米，厚1.5厘米（图335）。

图333　国营渔场遗址采集汉书二期文化陶鬲足
（M018：001）

图335　国营渔场遗址采集辽金时期陶片
（M022：001）

图334　国营渔场遗址辽金时期采集区分布图

采集的辽金时期遗物中也有布纹瓦5块。

清末至民国时期陶片分布于遗址除西南角外的其他6个采集区，只发现39片陶片。密度较高的采集区位于遗址东南角，只有1个。该时期陶片占总数的38%。整体上密度很低（图336）。

图336 国营渔场遗址清末至民国时期采集区分布图

（6）总结

国营渔场遗址文化属性较为复杂，涵盖的遗存从新石器时代到清末至民国时期，不过根据不同时期陶片的数量和分布情况可知遗址的历时性变化。从新石器时代中期直至汉书二期文化时期，该遗址利用程度较低，汉书二期文化利用程度加强，陶片数量和分布范围都有所扩大。辽金时期进一步加强利用，这种情况延续至清末至民国时期，不过后者的发展重心相对于前者有所转移。

23. 莫什海北ZL-MSH-1

（1）位置

莫什海北遗址位于调查区域的东北部，镇赉县沿江镇莫什海村北750米处。遗址中心UTM格式坐标为东经572490.2065，北纬5073474.8963。

（2）地貌

莫什海北遗址位于莫什海村北侧的一处椭圆形土岗上，该土岗为半岛，其北、西和南侧均为水域。遗址所在地为耕地，分布有现代墓葬。属于PHh土壤地带。

（3）以往工作

以往发表材料中未发现有关该遗址的记录。

（4）范围与文化内涵

莫什海北遗址总面积61923平方米，共有21个采集区（M105～M125），其中有5个系统采集区和16个一般采集区。遗址大部分被现代墓葬破坏。采集区呈西北—东南向分布成3排。整体上遗址东西长约360米，南北宽约150米（图337，表29）。

图337　莫什海北遗址采集区分布图

该遗址发现新石器时代中期、青铜时代早中期、汉书二期文化、辽金时期和清末至民国时期陶片。整体上密度很高。

表29　莫什海北遗址采集区和陶片统计表

时期	采集区数量	面积/万平方米	陶片数量/片	占陶片总数百分比/%	采集区内密度*
新石器时代中期	18	5.0249	187	14.6	0.1/m²
青铜时代早中期	3	1.4261	3	0.2	0.004/m²
汉书二期文化	21	6.1923	117	9.1	0.04/m²
辽金时期	21	6.1923	607	47.5	0.1/m²
清末至民国	21	6.1923	365	28.5	0.03/m²
总数	21	6.1923	1279		0.26/m²

*此处密度数据是依据系统采集所获陶片数量推算而得。其他数据都是实际数据。

（5）遗存分布、密度与标本

新石器时代中期陶片分布于遗址的大部分采集区（18个），共发现陶片187片。其中密度最高的采集区位于遗址西部。该时期陶片占总数的14.6%。相对于新石器时代中期的遗址来说，整体上密度比较高（图338）。

图338　莫什海北遗址新石器时代中期采集区分布图

采集器物标本若干件（图339）。

M106：001，夹蚌黄灰陶陶片。饰有一道经手指捏压的尖锐凸棱状附加堆纹。长3.6厘米，宽2.7厘米，厚0.5厘米（图339-1）。

M106：003，夹蚌灰黄陶口沿。直口，圆唇。沿下饰一道圆钝凸棱状附加堆纹。长4厘米，宽3.4厘米，厚0.7厘米（图339-2）。

M106：004，夹蚌黄褐陶口沿。直口，方唇。素面。长2.8厘米，宽1.8厘米，厚0.7厘米（图339-3）。

M107：003，夹蚌黄褐陶陶片。饰有一道附加堆纹，局部脱落。长2.8厘米，宽2.4厘米，厚0.6厘米（图339-4）。

M108：001，夹蚌灰褐陶陶片。饰一道经手指捏压的尖锐凸棱状附加堆纹。长4.4厘米，宽3.9厘米，厚0.6厘米（图339-5）。

M108：002，夹蚌黄褐陶陶片。饰一道经手指捏压的附加堆纹。长2.9厘米，宽2.2厘米，厚0.6厘米（图339-6）。

M106：002，夹蚌黄灰陶陶片。饰两道经手指捏压的尖锐凸棱状附加堆纹。长3.7厘米，宽3厘米，厚0.7厘米（图339-7）。

M108：003，夹蚌黄灰陶陶片。饰一道经手指捏压的尖锐凸棱状附加堆纹。长2.8厘米，宽2.7厘米，厚0.7厘米（图339-8）。

M108：005，夹蚌黄灰陶陶片。饰有两道平行的圆钝凸棱状附加堆纹。长4厘米，宽3.5厘米，厚0.5厘米（图339-9）。

M108：006，夹蚌黄灰陶陶片。饰有一道附加堆纹，局部脱落。长3.9厘米，宽3.8厘米，厚0.7厘米（图339-10）。

M108：008，夹蚌灰陶口沿。侈口，卷沿，圆唇。素面。宽2.8厘米，厚0.9厘米，高3.4厘米（图339-11）。

M112：001，夹蚌黄褐陶陶片。饰有一道附加堆纹，局部脱落。长2.4厘米，宽1.8厘米，厚0.7厘米（图339-12）。

M108：009，夹蚌灰黄陶口沿。直口，圆唇。宽3.8厘米，厚0.7厘米，高3.8厘米（图339-13）。

M108：010，夹蚌灰黄陶口沿。直口，圆唇。宽3.2厘米，厚0.6厘米，高3.3厘米（图339-14）。

M112：002，夹蚌黄褐陶口沿。侈口，圆唇。沿下饰一道有戳压坑窝的圆钝凸棱状附加堆纹。宽1.9厘米，厚0.4厘米，高1.9厘米（图339-15）。

M113：001，夹蚌黄灰陶器底。底凹凸不平。宽6.6厘米，厚0.9厘米，高1.6厘米（图339-16）。

M115：001，夹蚌黄灰陶口沿。侈口，圆唇。宽6.3厘米，厚1.4厘米，高2.9厘米（图339-17）。

M121：001，夹蚌黄灰陶陶片。饰有三道经手指抹压的附加堆纹。长3.5厘米，宽2.8厘米，厚0.5厘米（图339-18）。

M122：002，夹蚌黄灰陶陶片。饰有两道圆钝凸棱状附加堆纹。长3.7厘米，宽2.5厘米，厚1厘米（图339-19）。

M122：003，夹蚌黄灰陶陶片。饰有一道圆钝凸棱状附加堆纹。长3.2厘米，宽3.1厘米，厚0.8厘米（图339-20）。

M108：007，夹蚌黄灰陶陶片。饰有乳钉纹。长3.6厘米，宽2.3厘米，厚0.5厘米（图339-21）。

M108：004，夹蚌黄灰陶陶片。饰有两道经手指捏压的尖锐凸棱状附加堆纹。长9.1厘米，宽4.7厘米，厚0.8厘米（图339-22）。

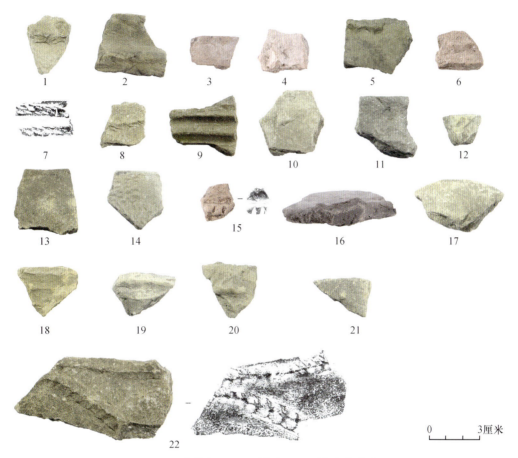

图339　莫什海北遗址采集新石器时代中期陶片

1. M106：001　2. M106：003　3. M106：004　4. M107：003　5. M108：001　6. M108：002　7. M106：002
8. M108：003　9. M108：005　10. M108：006　11. M108：008　12. M112：001　13. M108：009　14. M108：010
15. M112：002　16. M113：001　17. M115：001　18. M121：001　19. M122：002　20. M122：003　21. M108：007
22. M108：004

以上标本中，器表饰经手指捏压或抹压的尖锐凸棱状附加堆纹者，应属于黄家围子文化（后套木嘎二期遗存）。而饰圆钝凸棱状附加堆纹的标本，则可能属于后套木嘎三期文化。

青铜时代早中期陶片只分布在遗址西南角和中部的3个采集区，共发现3片陶片。该时期陶片占总数的0.2%。整体上密度比较低（图340）。

汉书二期文化陶片分布于遗址内所有的采集区（21个），共发现117片陶片。其中密度最高的采集区均集中在遗址的西部。该时期陶片占总数的9.1%。整体上密度比较高（图341）。

辽金时期陶片也分布于遗址内所有的采集区（21个），共发现607片陶片。其中密度最高的采集区位于遗址的西部。该时期陶片占总数的47.5%。整体上密度很高（图342）。

采集的辽金时期遗物中也有瓦片51块、砖块124个。

图340　莫什海北遗址青铜时代早中期采集区分布图

图341　莫什海北遗址汉书二期文化采集区分布图

图342　莫什海北遗址辽金时期采集区分布图

　　清末至民国时期陶片也分布于遗址内所有的采集区（21个），共发现365片陶片。其中密度最高的采集区也分布于遗址的西部，特别是西南角。该时期陶片占总数的28.5%。整体上密度较高（图343）。

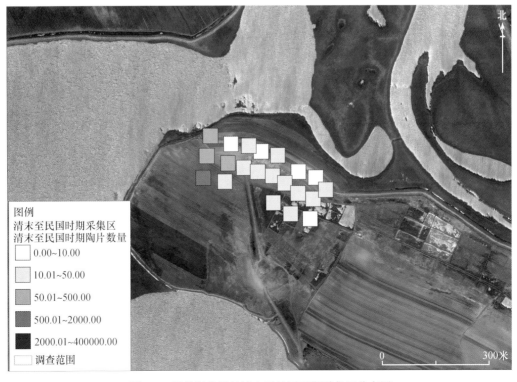

图343　莫什海北遗址清末至民国时期采集区分布图

M109：002，铜钱，"道光通宝"，锈蚀严重。直径2.5厘米，厚0.2厘米。

（6）未断代标本

采集遗物中有石器4件和铜钱2枚。

M114：001，单凹刃刮削器。灰色硅质泥岩，毛坯为残块。一侧边经单向加工呈一凹刃，刃长为15.95毫米，刃角为78°。总长3.1厘米，宽1.6厘米，厚0.8厘米（图344-2）。

M107：001，断片近端。远端残，灰色，线台面。总长1厘米，宽0.8厘米，厚0.2厘米（图344-1）。

M122：001，断片远端。深绿色碧玉。总长2.1厘米，宽1.3厘米，厚0.5厘米（图344-3）。

M109：001，铜钱，锈蚀严重。直径2.6厘米，厚0.2厘米。

（7）总结

莫什海北遗址在新石器时代中期时已经被初步利用。但是在青铜时代早中期，不仅发现的陶片数量变少，而且陶片分布区域也大幅度缩减，说明这一时期该遗址的利用程度降低。直到汉书二期文化时期该遗址才被再次大规模利用，并且在辽金时期达到了发展高峰。清末至民国时期虽继续发展，但是利用强度相比前一时期有所降低。

24．莫什海 ZL-MSH-2

（1）位置

莫什海遗址位于调查区域东北部，镇赉县沿江镇莫什海村北侧、西侧和南侧。遗址中心UTM格式坐标为东经572506.0395，北纬5073026.3832。

（2）地貌

该遗址位于莫什海村周围，分布于现代村落所处的一个近三角形的土岗上（图345），西侧和南侧均为水域，其中西侧为莫什海泡（图346）。除村落所占压区域外均为耕地，遗址中部可能位于现代村子下面。属于PHh土壤地带。

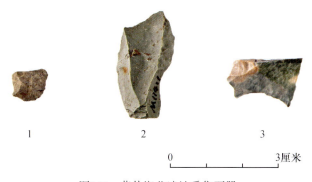

1   2   3

0 _____ 3厘米

图344 莫什海北遗址采集石器

1. M107：001 2. M114：001 3. M122：001

图345 莫什海遗址（西—东）

（摄影：史宝琳）

图346 莫什海泡

（摄影：史宝琳）

（3）以往工作

莫什海遗址在全国第二次文物普查时被发现，相关信息可见《中国文物地图集·吉林分册》[1]。下面是《镇赉县文物志》对该遗址的描述：

　　沿江乡莫石海村（屯）坐落在一个大体呈西北—东南走向长约2千米的土岗南坡。土岗北坡陡立，向东南渐次平缓。该屯除东南方向无水外，其余几面均被泡塘环绕。在莫石海屯北约10米处，地表散步有大量的鱼骨、禽骨、蚌壳粉和颜色不一且纹饰多样的陶片，遗物分布范围东西30米、南北50米左右。

　　采集的文物有黄褐色、灰褐色、赤黄色的素面陶片，有的经过磨光，还有饰有黄褐色的附加堆纹、戳坑纹、指甲纹、篦点几何纹和粗绳纹陶片，也有一定数量的红衣陶片，均为手制的细泥夹砂陶，火候较低。

　　遗址中采集的陶器口沿，可分为四种类型，即直口圆唇、敞口圆唇、敞口尖唇和侈口圆唇。口沿上的纹饰有指甲纹、戳印纹和附加堆纹。有的旋在唇面上，有的唇面和唇下均有纹饰。

　　此外，还有锥状鬲足和用蚌壳加工而成的中间厚、边缘薄的纺轮（已残），直径5.7、孔径1.8、中间厚1.6厘米。

　　据出土文物看，应属青铜时代文化遗存[2]。

（4）范围与文化内涵

莫什海遗址总面积314241平方米，共有65个采集区（M059～M104、M126～M144），其中有3个系统采集区和62个一般采集区。采集区大部分位于村北的土岗上。遗址几乎被水域环绕。莫什海村西侧和西南侧各有一处断崖，位于莫什海泡塘边。西南侧有两处断面，其中一处断面上发现房址F1，并做了纵向探沟，发现有灶。西南侧崖下和村南侧的遗物比较多，村南侧位于月亮泡边。莫什海村下可能为遗址中心，但现在被民宅覆盖。遗址整体分布状态近三角形。东西长约720米，南北宽约800米（图347，表30）。

该采集区发现青铜时代早中期、白金宝文化、汉书二期文化、辽金时期和清末至民国时期陶片。整体上密度很高。

---

① 国家文物局编：《中国文物地图集·吉林分册》，北京：中国地图出版社，1993年，第159页。

② 吉林省文物志编修委员会：《镇赉县文物志》，长春：吉林省文物志编修委员会，1985年，第76、77页。

图347　莫什海遗址采集区分布图

表30　莫什海遗址采集区和陶片统计表

时期	采集区数量	面积/万平方米	陶片数量/片	占陶片总数百分比/%	采集区内密度*
青铜时代早中期	7	3.9108	87	2.2	0.002/m²
白金宝文化	5	2.5558	5	0.1	0.0002/m²
汉书二期文化	17	21.7576	393	9.7	0.01/m²
辽金时期	64	31.4241	2645	65.4	0.08/m²
清末至民国	61	30.9241	916	22.6	0.02/m²
总数	65	31.4241	4046	100	0.1/m²

*此处密度数据是依据系统采集所获陶片数量推算而得。其他数据都是实际数据。

（5）地层堆积及遗迹

　　莫什海遗址西南侧发现两个断面（即A和B）（图348）。

　　断面A位于莫什海屯西南侧、断面B的西北方，呈西北—东南走向，面朝西南，坡度约90°。断面上的表土为现代人工路面垫土，系夹杂塑料布的黑黄色花土，直接叠压生土层。生土为黄色砂土。现存遗迹（F1）开口于第1层下，打破生土。其东南侧有一冲沟，断面中断（图349、图350）。

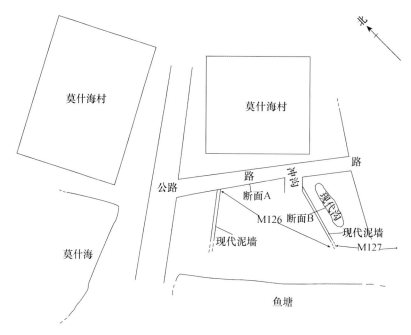

图348　莫什海遗址断面位置图

图349　莫什海遗址断面A中的F1

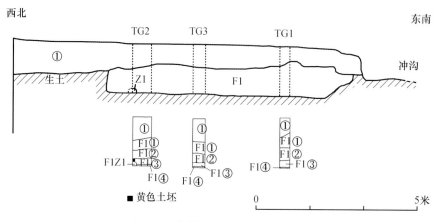

图350　莫什海遗址断面A示意图

F1：开口宽7.62米，深0.2~0.94米，开口距地面深0.5~0.8米，为半地穴式的房址。内部堆积可分四层。第1层为黄褐色砂质亚黏土，较疏松；第2层为黑褐色砂质黏土，较致密；第3层为黄褐色砂质亚黏土，较疏松，夹杂黄色黏土块，遗物多出于此层；第4层为活动面，系人工踩踏生土面形成，黑黄斑驳。

TG1宽0.27米，深1.54米。其中表土层厚0.4米，F1①厚0.45米，F1②厚0.4米，F1③厚0.24米，F1④厚0.05米。

TG2宽0.58米，深1.4米。其中表土厚0.5~0.7米，F1①厚0.35米，F1②厚0.25米，F1③厚0.25米，F1④厚0.04~0.05米。居住面上发现3个支座，位于黄色土坯之下，还有红烧土、烧灰、鱼骨、蚌片等，以及一个较完整的狗头骨，此外还出土一个细绳纹罐底（汉书二期）和较多的陶器碎片，推测居住面西北端有灶址（F1Z1）。

TG3宽0.36米，深1.46米。其中表土厚0.75米，F1①厚0.33米，F1②厚0.23米，F1③厚0.1米，F1④厚0.05米。

断面B位于莫什海屯西南、断面A的东南方，为一处南北向的现代沟西壁，面朝东面，坡度约90°。断面上的表土为现代耕土第1层，其下为生土。现存遗迹（H1~H8、F2、WK1）开口多在第1层之下，打破生土，也有晚期遗迹（WK2）开口于地表（图351、图352）。

第1层为现代耕土层。

H1：现存开口宽2.83米，坑深0.2~0.3米，开口距地表0.4米。黄褐色堆积，较致密。出土骨、蚌和陶片。被WK1打破。

WK1：现存开口宽0.45米，坑深0.5米，开口距地表0.4米。黑褐色堆积，较疏松。有烧土块。打破H1。

H2：现存开口宽0.8米，坑深0.13~0.2米，开口距地表0.3米。黑褐色堆积。出土布纹瓦、泥质灰陶和釉陶。

H3：现存开口宽1.1米，坑深0.28~0.4米，开口距地表0.3米。灰褐色堆积。出土陶片和兽骨。被WK2打破，打破H4。

H4：现存开口宽1.9米，坑深0.82米，开口距地表0.4米。灰黑色堆积，较致密。出土骨、蚌和陶片。被WK2和H3打破。

WK2：现存开口宽1.18米，坑深0.44米。黄褐色砂土堆积，较纯净。打破H3、H4。

H5：现存开口宽2.48米，坑深0.53~1.08米，开口距地表0.45米。灰褐色堆积。出土骨、蚌和陶片。

H6：现存开口宽1.7米，坑深0.45~0.82米，开口距地表0.43米。灰褐色堆积。出土陶片和瓷片。

F2：现存开口宽5.47米，深0.4米，开口距地表0.26~0.35米。灰褐色堆积。出土骨、蚌和陶片。

H7：现存开口宽1.1米，坑深0.4米，开口距地表0.25米。灰褐色堆积，较疏松。打破H8。

H8：现存开口宽1.1米，坑深0.3米，开口距地表0.25米。黑褐色堆积，较致密。出土陶片和细绳纹鬲足。被H7打破。

图351　莫什海遗址断面B（部分）

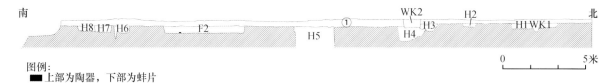

图352　莫什海遗址断面B示意图

（6）遗存分布、密度与标本

　　青铜时代早中期陶片分布于村西侧的7个采集区，呈西北—东南向分布成1排，共发现87片陶片。其中密度相对较高的采集区分布于北部。该时期陶片占总数的2.2%。整体上密度比较低（图353）。

　　M059：005，夹砂黄褐陶口沿。直口，方唇，腹壁较直。素面。宽4厘米，厚0.5厘米，高4厘米（图354-1）。

　　M059：006，夹砂黄褐陶口沿。直口，方唇，腹壁较直，外壁被磨光。残宽3.4厘米，厚0.9厘米，高5.2厘米（图354-2）。

　　M059：007，夹砂黄褐陶陶片。饰有一道细凸棱状附加堆纹。长3.2厘米，宽2.6厘米，厚0.5厘米（图354-3）。

　　M060：002，夹砂灰褐陶口沿。直口略侈，方唇，外壁和唇均被磨光。宽2.8厘米，厚0.5厘米，高2.3厘米（图354-4）。

　　M059：008，夹砂黄褐陶陶片。饰有一排珍珠纹。长2.7厘米，宽2.1厘米，厚0.7厘米（图354-5）。

图353　莫什海遗址青铜时代早中期采集区分布图

图354　莫什海遗址采集青铜时代早中期陶片

1. M059：005　2. M059：006　3. M059：007　4. M060：002　5. M059：008　6. M061：002　7. M061：003
8. M062：007　9. M062：008　10. M059：009　11. M063：004　12. M063：005　13. M138：001

M061：002，泥质灰褐陶陶片。饰有一排戳印坑点纹，内外壁均被磨光。长2.8厘米，宽2.1厘米，厚0.5厘米（图354-6）。

M061：003，泥质灰褐陶口沿。直口，圆尖唇，内外壁均被磨光。宽2.9厘米，厚0.6厘米，高2.6厘米（图354-7）。

M062：007，夹砂黄褐陶口沿。直口，圆唇。宽2.8厘米，厚0.5厘米，高1.8厘米，口径12厘米（图354-8）。

M062：008，夹砂黄褐陶口沿。直口，圆尖唇。沿下饰有一道附加堆纹，外壁被磨光。宽2.5厘米，厚0.6厘米，高2.4厘米（图354-9）。

M063：004，泥质黄褐陶口沿。直口略侈，圆唇，腹壁较直。器表遗有一道横向和一道斜弧向窄凸棱状附加堆纹，其上有一片状工具戳压出的坑窝。内外壁被磨光，遗有一个镂孔，孔径0.4厘米。宽7.3厘米，厚0.6厘米，高6.1厘米，口径约32厘米（图354-11）。类似特征的器物见于汉书遗址2001年发掘区，属于第Ⅱ期遗存（古城遗存）[①]。

M059：009，夹砂黄褐陶鬲足。锥状，足根短小。高3.6厘米（图354-10）。

M063：005，夹细砂灰褐陶鬲足。锥状，足根高3.9厘米，外壁被磨光。高4.8厘米（图354-12）。

M138：001，夹砂灰褐陶鬲足。锥状，足根短小，外壁有磨光工具的痕迹。高4厘米（图354-13）。

白金宝文化的陶片分布于村西部和南部的5个采集区。该时期陶片占总数的0.1%。整体上密度很低（图355）。

M059：013，泥质黄褐陶口沿。直口，圆唇，内外壁均被磨光。宽2.6厘米，厚0.7厘米，高1.7厘米（图356-1）。

M062：010，泥质黄褐陶口沿。侈口，圆唇，外壁被磨光。宽2.3厘米，厚0.5厘米，高2.6厘米（图356-2）。

M126：009，出土于TG3F1，为泥质黄褐陶口沿。侈口，圆唇，表面磨光。长3厘米，厚0.7厘米，高2.8厘米（图356-3）。

M126：006，夹砂黄灰陶陶片。器表贴附一枚泥饼。长6.1厘米，宽4.8厘米，厚0.6厘米（图356-4）。

M126：007，出土于TG2F2，为夹砂红灰陶陶片。饰有几何形篦齿纹。长4.6厘米，宽3.9厘米，厚0.7厘米（图356-5）。

M126：008，出土于TG1F1，为陶杯口腹残片。夹砂黄红陶。直口，薄圆唇，近口部遗有一残断竖桥耳。器表磨光。壁厚0.3厘米，高5厘米（图356-6）。

M126：010，出土于TG3F1，为黄褐陶陶片。内胎夹砂，饰有一条凸棱。残长3.1厘米，宽2.8厘米，厚0.7厘米（图356-7）。

M126：011，出土于TG1F1，为夹砂灰褐陶口沿。侈口，圆唇，沿下饰有一条截面近三角

---

① 吉林省文物考古研究所、吉林大学边疆考古研究中心、吉林大学考古学院：《大安汉书——青铜时代遗址考古发掘报告》，北京：科学出版社，2018年，第49页图75-11。

图355　莫什海遗址白金宝文化采集区分布图

图356　莫什海遗址采集白金宝文化陶片

1. M059：013　2. M062：010　3. M126：009　4. M126：006　5. M126：007　6. M126：008　7. M126：010　8. M126：011

形的附加堆纹，器表磨光。壁厚0.7厘米，残高3.9厘米（图356-8）。

M127：001，出土于F2，陶杯。残，夹蚌黑褐陶。侈口，卷沿，薄圆唇，束颈，鼓腹，平底。近口部有一残断竖桥耳，耳上端高出器口。器表磨光。口径8厘米，高6.8厘米，底径4.3厘米（图357-1）。类似特征的单耳杯见于白金宝遗址第三期（白金宝文化）。

M127：012，出土于F2，夹砂黄褐陶陶片。带竖桥耳。长7.3厘米，宽6.8厘米，厚0.4厘米（图357-2）。

M127：011，出土于F2，夹砂黄褐陶陶片，带部分领部。鼓腹。长20厘米，宽15厘米，厚0.5厘米（图357-3）。

M127：017，出土于H8，夹砂黄褐陶口沿。侈口，圆唇，腹壁较直。沿下饰有一条细凸棱状附加堆纹。厚0.5厘米，高11.4厘米，口径46厘米（图357-4）。

图357　莫什海遗址采集白金宝文化M127采集区陶片
1. M127：001　2. M127：012　3. M127：011
4. M127：017　5. M127：009　6. M127：010

M127：009，出土于F2，夹砂黄褐陶陶片。外壁被磨光（有磨光工具的痕迹），有器耳脱落痕迹。长11.1厘米，宽8.1厘米，厚0.4厘米（图357-5）。

M127：010，出土于F2，夹砂黄褐陶器底。平底。厚0.4厘米，底径11.5厘米（图357-6）。

M127：002，出土于F2，陶杯。残，夹砂灰褐陶。敞口，圆唇，斜直腹，平底，手制。竖桥耳。器物厚0.6厘米，高5厘米，口径9厘米（图358-1）。

M127：003，出土于F2，夹砂黄褐陶陶片。饰有一条截面呈三角形的细凸棱状附加堆纹。长7厘米，宽4.7厘米，厚0.5厘米（图358-2）。

M127：004，出土于F2，夹砂黄褐陶陶片。饰有一条截面呈三角形的细凸棱状附加堆纹。长5厘米，宽4.6厘米，厚0.4厘米（图358-3）。

M127：005，夹砂黄褐陶陶片。饰有一道戳压凹窝的附加堆纹。长4.5厘米，宽4厘米，厚0.6厘米（图358-5）。

M127：006，出土于F2，夹砂黄褐陶口沿。侈口，圆方唇，唇外缘饰有指甲纹，腹壁较直。厚0.6厘米，残高5.2厘米（图358-6）。

M127：007，出土于F2，夹砂红灰陶口沿。直口略侈，尖唇。沿外饰一道戳压指窝的附加堆纹。厚0.6厘米，残高2.8厘米（图358-8）。

M127：018，出土于H8，夹砂灰褐陶鬲足。袋足下接锥状足根。器表饰竖向绳纹，外表有火烧痕迹。残高8.8厘米，厚0.4厘米（图358-7）。

图358 莫什海遗址采集白金宝文化M127采集区陶片

1. M127：002 2. M127：003 3. M127：004 4. M127：008 5. M127：005 6. M127：006 7. M127：018 8. M127：007

M127：008，出土于F2，夹砂红褐陶支座残块。圆形平底，器身向上收束较急。残高2.4厘米，底径9厘米（图358-4）。

汉书二期文化陶片分布于遗址内的17个采集区，分布状态比较零散，遍布遗址各处，共发现393片陶片。其中密度最高的采集区位于村东南，密度相对较高的采集区位于村子西侧断崖下。该时期陶片占总数的9.7%。整体上密度比较高（图359）。

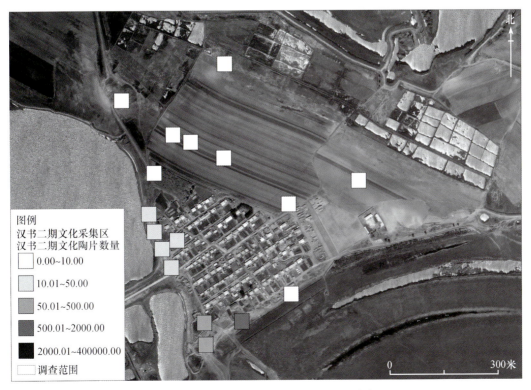

图例
汉书二期文化采集区
汉书二期文化陶片数量

　0.00~10.00

　10.01~50.00

　50.01~500.00

　500.01~2000.00

　2000.01~400000.00

　调查范围

图359 莫什海遗址汉书二期文化采集区分布图

　　M061：001，夹砂黄褐陶口沿。侈口，圆唇。宽5.2厘米，厚0.8厘米，高1.7厘米，口径28厘米（图360-1）。

　　M059：004，夹砂灰褐陶陶片。饰有竖向细绳纹。长3.7厘米，宽2.3厘米，厚0.6厘米（图360-7）。

　　M060：001，夹砂黄褐陶陶片。饰有斜向交错细绳纹。长2.9厘米，宽2.3厘米，厚0.6厘米（图360-8）。

　　M128：009，砂质黄褐陶器耳，竖桥耳。宽3厘米，厚0.9厘米，高4.6厘米（图360-3）。类似的器耳见于小拉哈遗址第Ⅲ期遗存中（汉书二期文化）[1]。

　　M062：005，夹砂黄褐陶器底，平底。长5.4厘米，宽3.1厘米，厚1厘米，高1.8厘米，底径8厘米（图360-2）。

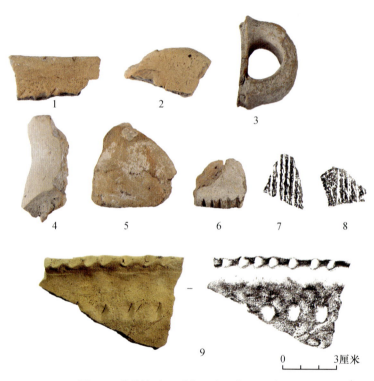

图360　莫什海遗址采集汉书二期文化陶片

1. M061：001　2. M062：005　3. M128：009　4. M062：002　5. M062：003　6. M062：004　7. M059：004
8. M060：001　9. M062：009

　　M062：002，夹砂黄褐陶支座残块。中间内收。长5.7厘米，宽2.3厘米，厚2.5厘米，高5.5厘米（图360-4）。

　　M062：003，夹砂黄褐陶支座残块。平底。长5.2厘米，宽3.7厘米，高4.9厘米，底径10厘米（图360-5）。

----

① 黑龙江省文物考古研究所：《黑龙江省肇源小拉哈遗址调查简报》，《北方文物》1996年第1期，第7～11页，第9页图3-16。

M062：004，夹砂黄褐陶支座残块。平底，底部边缘戳压成排坑窝。长4厘米，宽2.8厘米，高2.7厘米，底径15厘米（图360-6）。类似的支座（或支脚）发现于白金宝遗址第Ⅳ期（汉书二期文化）遗存①、汉书遗址2001年发掘区第Ⅳ期（汉书二期文化）遗存②和小拉哈遗址③。

M062：009，夹砂黄褐陶，可能为鬲的口沿。侈口，卷沿，腹略鼓。唇面和沿外均有一排指窝纹。沿内磨光。宽7.7厘米，厚0.5厘米，高4.6厘米，直径41厘米（图360-9）。

M126：002，出土于TG3F1，为夹砂红陶腹片。鼓腹，腹中部有一圆柱状鋬耳，有一铆孔。器表素面磨光，局部有烟熏痕迹。长27厘米，宽23.8厘米，厚0.6厘米（图361-1）。

M126：012，出土于TG3F1，为夹砂黄褐陶腹片。灰胎，外壁涂有红衣。长16.4厘米，宽15.5厘米，厚0.3厘米（图361-2）。

M126：001，出土于TG2F1Z1，为夹砂灰褐陶支座，顶部残，喇叭形柱状，有火烧的痕迹。上部直径5.5厘米，残高8厘米，底径9厘米（图362-1）。

图361　莫什海遗址M126采集区陶片
1. M126：002　2. M126：012

M126：004，夹砂黄灰陶支座。完整，喇叭形柱状。上面直径5厘米，高9厘米，底径8.8厘米（图362-2）。

M126：015，出土于TG1F1，为夹砂黄灰陶支座残块。平底呈圆形。残高5.7厘米，底径10厘米（图362-3）。

①　黑龙江省文物考古研究所、吉林大学考古学系：《肇源白金宝——嫩江下游一处青铜时代遗址的揭示》，北京：科学出版社，2009年，第197页图176-14，第202页图180-11。

②　吉林省文物考古研究所、吉林大学边疆考古研究中心、吉林大学考古学院：《大安汉书——青铜时代遗址考古发掘报告》，北京：科学出版社，2018年，第122页图176-6。

③　黑龙江省文物考古研究所、吉林大学考古系：《黑龙江省肇源县小拉哈遗址发掘简报》，《北方文物》1997年第1期，第34～44页，第41页图9-9。

类似的支座（或支脚）见于汉书遗址2001年发掘区第Ⅳ期遗存（汉书二期文化）①。

M126：003，出土于TG2F1，为陶罐腹底残片。夹砂灰褐陶。腹斜收，小平底。器表饰竖向细绳纹。残高11.6厘米，壁厚0.7厘米，底径7.6厘米（图362-4）。

M126：005，出土于TG2F1，为夹砂黄灰陶口沿。侈口，薄圆唇，腹略鼓。近口部饰珍珠纹，器表磨光。壁厚0.6厘米，高8.6厘米（图362-5）。

M126：017，出土于TG2F1，为陶鬲裆部残片。夹砂黄褐陶。器表磨光，有烟熏痕迹。长10.2厘米，宽8.1厘米，厚0.6厘米（图362-6）。

M126：013，出土于TG3F1，为夹砂黄褐陶陶片。灰胎，外壁涂有红衣。长6.3厘米，宽3.5厘米，厚0.6厘米（图362-7）。

M126：014，出土于TG3F1，为夹砂黄褐陶陶片。灰胎，外壁涂有红衣。长7厘米，宽6.3厘米，厚0.5厘米（图362-8）。

M126：016，出土于TG1F1，为陶钵。残，夹砂灰褐陶。敛口，圆唇，鼓腹，平底。近口部饰一条弦纹，器表磨光，有烟熏痕迹。壁厚0.6厘米，高10.7厘米，底径6厘米（图362-9）。

图362　莫什海遗址M126采集区陶片
1. M126：001　2. M126：004　3. M126：015　4. M126：003　5. M126：005　6. M126：017　7. M126：013
8. M126：014　9. M126：016

辽金时期陶片几乎分布于遗址内所有的采集区（64个），共发现2645片陶片。其中密度最高的采集区位于村子南侧，村子北侧耕地的密度也比较高。该时期陶片占总数的65.4%。整体上密度很高（图363）。

① 吉林省文物考古研究所、吉林大学边疆考古研究中心、吉林大学考古学院：《大安汉书——青铜时代遗址考古发掘报告》，北京：科学出版社，2018年，第122页图176-3、4、8。

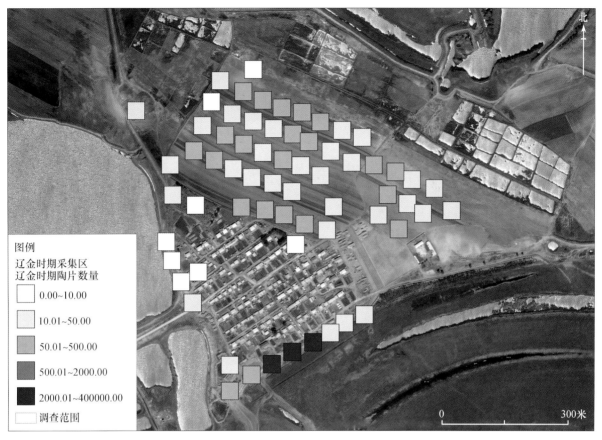

图363　莫什海遗址辽金时期采集区分布图

采集陶片标本若干件（图364、图365）。

M067：004，泥质黄灰陶近底部残片。器表饰成排短条形篦点纹。长4.3厘米，宽3.7厘米，厚1.1厘米（图364-2）。

M127：014，泥质灰陶口沿。敛口，卷沿，鼓腹。厚0.6厘米，高4.3厘米，口径22厘米（图364-4）。

M065：001，泥质灰陶陶片。饰成排短条形篦点纹。长2厘米，宽1.8厘米，厚0.5厘米（图364-1）。

M127：015，泥质灰陶陶片。饰成排细条形篦点纹。长4.3厘米，宽3.4厘米，厚0.6厘米（图364-5）。

M127：016，泥质灰陶陶片。饰长短参差的楔形篦点纹。长3.3厘米，宽2.5厘米，厚0.7米（图364-6）。

M067：001，泥质灰陶陶片。饰成排长楔形篦点纹。长6厘米，宽4.4厘米，厚0.8厘米（图364-7）。

M067：002，泥质灰陶陶片。饰成排短条形篦点纹。长4.5厘米，宽2.9厘米，厚0.8厘米（图364-8）。

M067：003，泥质黄褐陶陶片。饰成排短条形篦点纹。长3.8厘米，宽3.4厘米，厚0.7厘米（图364-9）。

0 ———— 3厘米

图364　莫什海遗址采集辽金时期陶片

1. M065：001　2. M067：004　3. M100：001　4. M127：014　5. M127：015　6. M127：016　7. M067：001

8. M067：002　9. M067：003　10. M067：008　11. M070：001　12. M070：002　13. M097：001　14. M128：004

15. M137：001　16. M128：005

M067：008，泥质黄褐陶陶片。饰成排楔形篦点纹。长2.1厘米，宽2厘米，厚0.7厘米（图364-10）。

M070：001，泥质灰陶陶片。有一排整齐的楔形篦点纹。长4.8厘米，宽2.2厘米，厚0.8厘米（图364-11）。

M070：002，泥质灰陶陶片。饰成排楔形篦点纹。长2.9厘米，宽2.3厘米，厚0.7厘米（图364-12）。

M097：001，泥质灰陶陶片。饰有两排平行的篦点纹，上排为细小楔形篦点纹，下排为较大的楔形篦点纹。长5.1厘米，宽3.3厘米，厚0.7厘米（图364-13）。

M128：004，泥质灰陶陶片，有镉孔，饰成排短条形篦点纹。长4厘米，宽2.1厘米，厚0.6厘米（图364-14）。

M137：001，泥质灰陶陶片。饰成排菱形篦点纹。长5.1厘米，宽4.2厘米，厚1厘米（图364-15）。双辽市电厂贮灰场遗址出土过类似的方格纹①。

M128：005，泥质黑陶。饰有一排凹陷比较明显的楔形篦点纹。长9.8厘米，宽5.9厘米，

①　吉林省文物考古研究所、四平市文管会办公室、四平市博物馆：《吉林双辽电厂贮灰场辽金遗址发掘简报》，《考古》1995年第4期，第325～337页，第332页图11-2。

厚0.7厘米（图364-16）。

　　类似于M070：001、M097：001、M128：005的楔形篦点纹见于白城市金家金代遗址[①]。

　　M100：001，夹砂黄褐陶圆陶片。略残。直径5.2厘米，厚1.4厘米（图364-3）。

　　M128：001，泥质灰陶陶片。饰成排细条形篦点纹。长15.5厘米，宽11.5厘米，厚0.6厘米（图365-1）。

　　M128：002，泥质灰陶腹底残片。饰有凹陷比较明显的短条形篦点纹。厚0.7厘米，高8.2厘米（图365-2）。

　　M128：006，泥质黑陶陶片。饰有一道以缠绳工具压印斜向凹窝的附加堆纹。长11.3厘米，宽9.3厘米，厚0.9厘米（图365-3）。

　　M128：007，泥质黑陶陶片。饰有一道以缠绳工具压印斜向凹窝的附加堆纹。长8.2厘米，宽7厘米，厚1厘米（图365-4）。

　　M128：008，泥质黑陶陶片。饰有一道以缠绳工具压印斜向凹窝的附加堆纹。长10.4厘米，宽6厘米，厚0.6厘米（图365-5）。

　　M128：003，泥质灰陶陶片。饰有两排篦点纹，上面一排为细长条形篦点纹，下面一排为楔形篦点纹。长7.6厘米，宽7.2厘米，厚0.6厘米（图365-6）。

　　采集的辽金时期遗物中有瓦片63个、砖块389块、圆陶片1片。

图365　莫什海遗址采集辽金时期陶片

1. M128：001　2. M128：002　3. M128：006　4. M128：007　5. M128：008　6. M128：003

① 吉林省文物考古研究所：《吉林省白城市金家金代遗址的发掘》，《边疆考古研究（第12辑）》，北京：科学出版社，2012年，第63～86页，第81页图14-2、6。

　　清末至民国时期遗物分布于遗址的大部分采集区（61个），共发现916片陶片。其中密度最高的采集区与辽金时期一致，主要分布于村子南侧，村子北侧的耕地里密度也比较高。该时期陶片占总数的22.6%。整体密度虽然比较高，但仅为辽金时期密度的四分之一（图366）。

图366　莫什海遗址清末至民国时期采集区分布图

（7）未断代标本

　　采集物中有石器5件、蚌器1件和铜器1件。

　　石器包括细石器（2件）和磨制石器（3件）两种。

　　M084：001，端刮器。灰色，圆刃。总长2.2厘米，宽2.1厘米，厚0.7厘米（图367-2）。

　　M059：001，石片。灰色，平面呈四边形，黄色石皮。总长2.1厘米，宽1.6厘米，厚0.5厘米（图367-1）。

　　M062：001，石锛。顶端略残，黑绿色细腻石料，平面呈梯形，偏锋，器身剖面呈圆角长方形。刃部长3.8厘米。总长6.2厘米，宽2.9厘米，厚1.1厘米（图367-5）。

　　M059：002，磨制石器残块。黄灰色，平面呈三角形，剖面呈方形。总长2.9厘米，宽2.7厘米，厚2.5厘米（图367-4）。

　　M063：001，磨制石器残块。灰色，平面呈不规则形。总长5厘米，宽5.3厘米，厚2.3厘米（图367-6）。

M059：003，蚌器，可能为镰或刀的残块。平面呈四边形，有一个直刃。总长3.7厘米，宽2.4厘米，厚0.5厘米（图367-3）。

M085：001，铜碗底。圆形矮圈足。壁厚0.2厘米，高1.1厘米，底径5厘米（图368）。

图367　莫什海遗址采集石器与蚌器
1. M059：001　2. M084：001　3. M059：003
4. M059：002　5. M062：001　6. M063：001

图368　莫什海遗址采集铜碗底
（M085：001）

（8）总结

莫什海遗址使用时间很长。青铜时代早中期在现代村子的西南部已经利用，白金宝文化时期继续利用。汉书二期文化开始，发展范围扩大至村北、东和东南侧。辽金时期无论是从发现的遗物数量还是分布范围来看，均表明该遗址进入了前所未有的发展阶段，而且采集了许多辽金时期的建筑材料，说明这里在辽金时期应该有村落存在。清末至民国时期该遗址虽然被继续利用，但是利用强度已然下降。

25．莫什海东 ZL-MSH-3

（1）位置

莫什海东遗址位于调查区域东北部，镇赉县沿江镇莫什海村东1.5千米。遗址中心UTM格式坐标为东经574370.4893，北纬5072447.9127。

（2）地貌

该遗址位于莫什海村东侧的一处西北—东南向长方形土岗上，除西侧之外，其余均被水域围绕。土岗位于月亮泡东北岸一座半岛上。遗址所在地为耕地。属于PHh土壤地带。

（3）以往工作

以往发表材料中未发现有关该遗址的记录。

（4）范围与文化内涵

莫什海遗址总面积745783平方米，共有352个采集区（M145～M407、R112～R200），其中有233个系统采集区和120个一般采集区。采集区主要分布于莫什海东一处近长方形土岗上，沿土岗分布成西北—东南向若干排，此外，西北侧另有五至六排近东西向分布的采集区。整体上遗址东西长约1700米，南北宽约800米（图369，表31）。

该采集区发现新石器时代中期、青铜时代早中期、白金宝文化、汉书二期文化、魏晋隋唐时期、辽金时期和清末至民国时期陶片。整体上地表分布遗物的密度非常高。

表31　莫什海东遗址采集区和陶片统计表

时期	采集区数量	面积/万平方米	陶片数量/片	占陶片总数百分比/%	采集区内密度*
新石器时代中期	1	0.25	1	0.01	$0.1/m^2$
青铜时代早中期	11	4.7716	51	0.4	$0.005/m^2$
白金宝文化	6	1.4935	24	0.19	$0.1/m^2$
汉书二期文化	147	54.8663	1046	8.26	$0.1/m^2$
魏晋隋唐	6	28.1479	6	0.05	$0.002/m^2$
辽金时期	352	74.5783	8692	68.61	$0.7/m^2$
清末至民国	352	74.5783	2848	22.48	$0.2/m^2$
总数	352	74.5783	12668	100	$1/m^2$

*此处密度数据是依据系统采集所获陶片数量推算而得。其他数据都是实际数据。

图369 莫什海东遗址采集区分布图

（5）遗存分布、密度与标本

新石器时代中期陶片仅分布于遗址东端、位于水边的1个系统采集区，只发现1片陶片。该时期陶片占总数的0.01%。但因为该采集区为系统采集区，其实密度相对较高（图370）。

青铜时代早中期陶片分布于遗址中部和遗址北部、位于水边的11个采集区，共发现51片陶片。青铜时代早中期的陶片数量包括2片属于古城遗存的陶片。采集区密度最高的位置位于遗址中部，还有一个位于北部。该时期陶片占总数的0.4%。整体上密度很低（图371）。

采集陶片标本2件。

R174：001，夹砂黄褐陶陶片。饰有比较粗糙的几何形篦齿纹，外壁被磨光。残长4.5厘米，宽3.7厘米，厚0.6厘米（图372-1）。类似的纹饰见于汉书遗址2001年发掘区第Ⅱ期（古城遗存）的小型陶罐上[①]。

R183：004，夹砂黄褐陶口沿。直口，圆唇。沿外饰有一道截面呈三角形、带类似指甲纹

---

① 吉林省文物考古研究所、吉林大学边疆考古研究中心、吉林大学考古学院：《大安汉书——青铜时代遗址考古发掘报告》，北京：科学出版社，2018年，第32页图58-6。

图370　莫什海东遗址新石器时代中期采集区分布图

图371　莫什海东遗址青铜时代早中期采集区分布图

的附加堆纹。壁厚0.5厘米，高2.6厘米（图372-2）。类似的纹饰见于汉书遗址2001年发掘区第Ⅱ期（古城遗存）的陶鬲口沿上[①]。

图372　莫什海东遗址古城遗存采集陶片
1. R174：001　2. R183：004

白金宝文化陶片分布于遗址北部、位于水边的6个采集区，与青铜时代早中期北部采集区分布状态一致，共发现24片陶片。其中东侧的3个采集区密度比较高。该时期陶片占总数的0.2%（图373）。

图例
白金宝文化采集区
白金宝文化陶片数量
　0.00～10.00
　10.01～50.00
　50.01～500.00
　500.01～2000.00
　2000.01～400000.00
　调查范围

图373　莫什海东遗址白金宝文化采集区分布图

① 吉林省文物考古研究所、吉林大学边疆考古研究中心、吉林大学考古学院：《大安汉书——青铜时代遗址考古发掘报告》，北京：科学出版社，2018年，第30页图56-1～4。

R182：004，砂质黄褐陶鬲足。锥状，外壁被磨光。宽3.2厘米，高4.4厘米（图374-1）。类似的小鬲足见于白金宝遗址第Ⅲ期（白金宝文化）筒腹鬲上[1]。

R183：001，泥质黄褐陶腹底残片。平底，鼓腹，外壁被磨光。厚0.4厘米，高4.1厘米，底径4厘米（图374-2）。

R183：002，夹砂黄褐陶口沿。侈口，圆唇。近口部有两排指窝纹。厚0.5厘米，高3.2厘米（图374-3）。类似纹饰见于白金宝遗址第Ⅲ期瓮口沿和折腹钵上[2]。

R182：003，泥质黄褐陶陶片。饰有双线几何形篦点纹，外壁被磨光。长3.5厘米，宽2.4厘米，厚0.5厘米（图374-4）。

R183：003，泥质黄褐陶陶片。饰有单线几何形篦点纹，内外壁均被磨光。长2.8厘米，宽2.2厘米，厚0.4厘米（图374-5）。

M221：002，夹砂灰褐陶口沿。直口略侈，圆唇。沿下饰一道带指窝纹的附加堆纹，内外壁均被磨光。厚0.6厘米，高3.5厘米，口径36厘米（图374-6）。

M226：003，夹砂黄褐陶陶片。饰有一道带指甲纹的附加堆纹，内壁涂有红衣。长2.8厘米，宽1.6厘米，厚0.6厘米（图374-7）。

R122：001，夹砂红褐陶陶片。饰有单线几何形篦齿纹。长3.7厘米，宽2.1厘米，厚0.7厘米（图374-8）。

R156：002，夹砂黄褐陶口沿。直口，薄圆唇。沿下饰有一道附加堆纹。厚0.5厘米，高2.5厘米（图374-9）。

R157：001，夹砂黄褐陶口沿。侈口，圆唇。沿下饰有双线几何形篦齿纹，内壁被磨光。厚0.5厘米，高1.8厘米（图374-10）。

R157：002，夹砂黄褐陶腹底残片。平底。厚0.7厘米，残高1.1厘米，底径4厘米（图374-11）。

R158：002，夹砂黄褐陶口沿。侈口，圆唇，内外壁均被磨光。厚0.5厘米，高3厘米，口径10厘米（图374-12）。

R161：002，夹砂黄褐陶陶片。饰有一道截面呈三角形的附加堆纹。长3.7厘米，宽2.4厘米，厚0.7厘米（图374-13）。

R171：001，夹砂黄褐陶口沿。直口，圆唇，沿外饰有一道带指窝纹的附加堆纹。厚0.6厘米，高2厘米（图374-14）。

R182：002，夹砂黄褐陶口沿。直口，圆唇。唇外侧饰有一道带指甲纹的附加堆纹。厚0.9厘米，高2.1厘米（图374-15）。

M273：001，夹砂黄褐陶陶片。饰有几何形篦点纹。长2.1厘米，宽1.4厘米，厚0.5厘米（图374-16）。

R158：007，夹砂红褐陶陶片。饰有双线几何形篦点纹。长4.1厘米，宽2.8厘米，厚0.6厘

① 黑龙江省文物考古研究所、吉林大学考古学系：《肇源白金宝——嫩江下游一处青铜时代遗址的揭示》，北京：科学出版社，2009年，第131页图127。

② 黑龙江省文物考古研究所、吉林大学考古学系：《肇源白金宝——嫩江下游一处青铜时代遗址的揭示》，北京：科学出版社，2009年，第78页73-2，第153页图144-3～11。

米（图374-17）。

R163：001，夹砂黄褐陶陶片。饰有几何形篦点纹。长2.3厘米，宽2.3厘米，厚0.7厘米（图374-18）。

R167：001，夹砂黄褐陶陶片。饰几何形篦点纹。长2.4厘米，宽2.2厘米，厚0.6厘米（图374-19）。

R171：003，泥质黄褐陶陶片。饰有双线几何形篦点纹，内外壁均被磨光。长3.1厘米，宽1.9厘米，厚0.7厘米（图374-20）。

R169：001，夹砂黄褐陶口沿。直口，方唇，腹壁较直。唇外饰有一道带指窝纹的附加堆纹。残宽4.7厘米，厚0.6厘米，高8.4厘米（图374-21）。

汉书二期文化陶片分布于遗址东半部的147个采集区，共发现1046片陶片。其中密度最高的采集区分两区，分别位于遗址南部和北部，均在水边。该时期陶片占总数的8.3%。整体上密度很高。此外，发现有红衣陶的2个采集区集中于北区中心，可能表明北区和南区的性质有所不同，而北区可能为聚落中心（图375）。

图374　莫什海东遗址白金宝文化采集陶片

1.R182：004　2.R183：001　3.R183：002　4.R182：003　5.R183：003　6.M221：002　7.M226：003　8.R122：001
9.R156：002　10.R157：001　11.R157：002　12.R158：002　13.R161：002　14.R171：001　15.R182：002　16.M273：001
17.R158：007　18.R163：001　19.R167：001　20.R171：003　21.R169：001

图375　莫什海东遗址汉书二期文化采集区分布图

采集器物标本若干件。

M226：002，夹砂黄褐陶陶片。饰有一道带戳压凹窝的附加堆纹。长2.1厘米，宽2厘米，厚0.5厘米（图376-1）。

R158：003，夹砂黄褐陶口沿。直口略侈，圆唇，内外壁均被磨光，见有三个镩孔，孔径为0.4厘米。厚0.5厘米，高3.6厘米（图376-2）。

R158：006，夹砂红褐陶陶片。饰有一道附加堆纹，其下有两条平行的弦纹。长3.2厘米，宽2.1厘米，厚0.5厘米（图376-3）。

R161：001，夹砂黄褐陶口沿。直口，方唇。沿下饰有一道很薄的附加堆纹。厚0.7厘米，高4.4厘米，口径44厘米（图376-4）。

R171：002，夹砂黄褐陶口沿。直口，圆唇。厚0.5厘米，高2.5厘米（图376-5）。

R172：001，夹砂黄褐陶纺轮残块。长3厘米，宽1.7厘米，厚1厘米（图376-6）。

R181：001，夹砂黄褐陶纺轮残块。长4.1厘米，宽2.6厘米，厚2.2厘米（图376-7）。

M226：004，夹砂黄褐陶陶片。饰有成排的戳印圆点纹。长3.7厘米，宽3.6厘米，厚0.7厘米（图376-8）。类似纹饰见于汉书遗址2001年发掘区第Ⅳ期（汉书二期文化）的陶钵上[1]。

---

① 吉林省文物考古研究所、吉林大学边疆考古研究中心、吉林大学考古学院：《大安汉书——青铜时代遗址考古发掘报告》，北京：科学出版社，2018年，第111页图167-1。

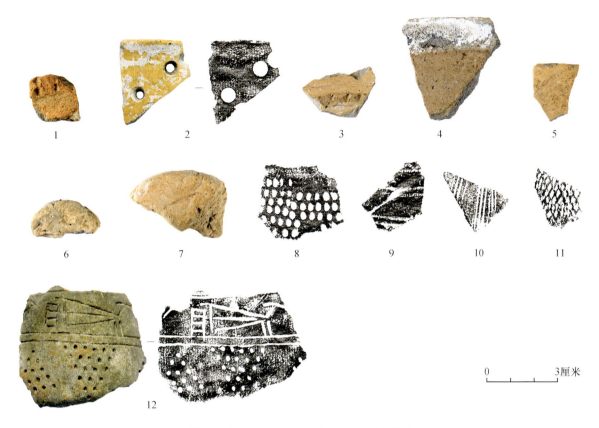

图376　莫什海东遗址汉书二期文化采集陶片

1. M226：002　2. R158：003　3. R158：006　4. R161：001　5. R171：002　6. R172：001　7. R181：001　8. M226：004
9. M274：001　10. R158：005　11. R161：003　12. R169：002

M274：001，夹砂黄褐陶陶片。饰有双线几何形篦点纹。长3.1厘米，宽2.4厘米，厚0.7厘米（图376-9）。

R158：005，夹砂红褐陶陶片。饰有平行的刻划弦纹。长3厘米，宽2.2厘米，厚0.6厘米（图376-10）。

R161：003，夹砂黄褐陶陶片。饰有网格纹。长2.8厘米，宽2厘米，厚0.6厘米（图376-11）。

R169：002，夹砂红褐陶，似为陶杯腹底残片。平底。腹部饰有几何形篦点纹和由戳压圆点纹组成的正、倒三角形纹。厚0.6厘米，高4.9厘米（图376-12）。

M159：010，夹砂红褐陶鬲足。锥状，足根比较长。高5.1厘米（图377-1）。

M289：001，夹砂黄褐陶鬲足。锥状，足根短小。高2.9厘米（图377-2）。

R156：003，夹砂黄褐陶鬲足。锥状，足根短小。高4厘米（图377-3）。

R158：008，夹砂红褐陶鬲足。锥状，足根短小。高4.1厘米（图377-4）。

R158：009，夹砂红褐陶鬲足。锥状，足根短小。高4.9厘米（图377-5）。

R164：001，夹砂红褐陶鬲足。锥状，足根短小。高3.6厘米（图377-6）。

采集遗物还包括纺轮2件、支座1件、鬲足11件。

魏晋隋唐时期陶片主要分布于遗址中部、东部和北部靠近水边的6个采集区，分布状态很分散，只发现6片陶片。每个采集区只发现1片魏晋隋唐时期陶片。该时期陶片占总数的0.05%（图378）。

图377　莫什海东遗址汉书二期文化采集鬲足

1.M159：010　2.M289：001　3.R156：003　4.R158：008　5.R158：009　6.R164：001

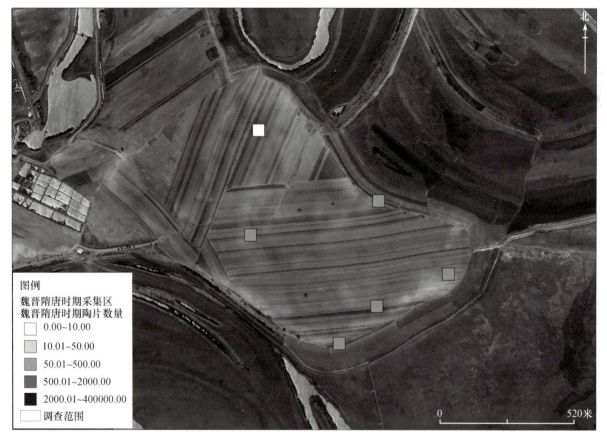

图例

魏晋隋唐时期采集区
魏晋隋唐时期陶片数量

　　0.00~10.00

　　10.01~50.00

　　50.01~500.00

　　500.01~2000.00

　　2000.01~400000.00

　　调查范围

图378　莫什海东遗址魏晋隋唐时期采集区分布图

采集陶片标本1件。

M391：001，夹砂灰陶口沿。直口，圆唇，沿外有三道凸棱。厚0.8厘米，高2.7厘米（图379）。

辽金时期陶片分布于遗址所有的采集区，共发现8692片陶片。其中密度最高的采集区位于靠近水边的遗址东南部和遗址中部，遗址北部的密度相对较低。该时期陶片占总数的68.6%。整体上密度非常高（图380）。

采集器物标本若干件（图381）。

M231：001，泥质灰陶纺轮残块，为陶片所改（有轮制痕迹，边缘磨制）。孔径0.38厘米，

图379　莫什海东遗址魏晋隋唐时期采集陶片（M391∶001）

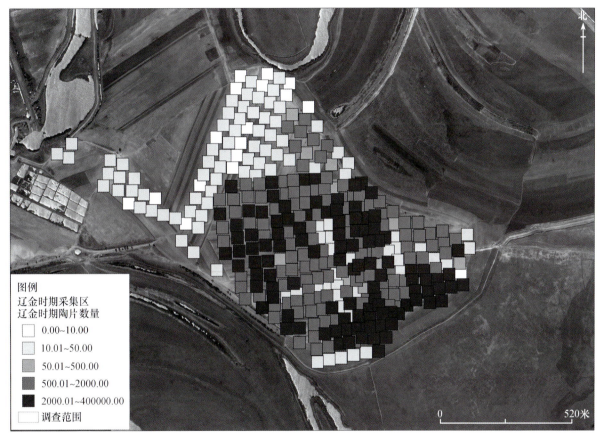

图380　莫什海东遗址辽金时期采集区分布图

直径4.5厘米，厚0.8厘米（图381-1）。

M361∶001，夹砂黄灰陶纺轮残块。长3.2厘米，宽1.7厘米，厚2.2厘米（图381-2）。

M244∶001，夹砂黄陶陶制品。圆角方形，带一个凸出的纽，遗有一未通的钻孔。长2.02厘米，宽1.3厘米，厚0.9厘米（图381-3）。

M285∶001，泥质黄灰陶网坠。两端有沟槽，横截面近椭圆形。长3.9厘米，宽1.5厘米（图381-4）。

M310∶001，泥质黄陶网坠。残断。残长2.4厘米，宽1.4厘米（图381-5）。

M363∶003，夹砂黄皮陶网坠。残断。残长2厘米，厚1.2厘米（图381-6）。

M379∶001，泥质黄褐陶网坠。残。残长2.8厘米，宽1.4厘米（图381-7）。

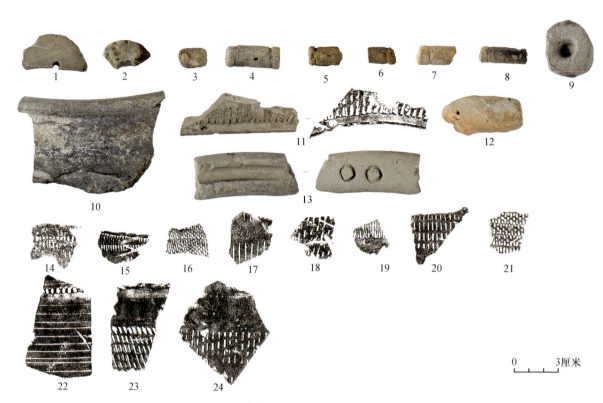

图381　莫什海东遗址辽金时期采集陶片

1.M231：001　2.M361：001　3.M244：001　4.M285：001　5.M310：001　6.M363：003　7.M379：001　8.M379：002
9.R142：001　10.M363：001　11.M363：002　12.R186：001　13.R182：001　14.M202：001　15.M243：001　16.M286：001
17.M366：001　18.M385：001　19.M390：001　20.M394：001　21.R158：001　22.M392：001　23.M396：001　24.R120：001

　　M379：002，泥质灰陶网坠。残长3厘米，宽1.1厘米（图381-8）。

　　类似的小型条状网坠见于尹家窝堡遗址金代遗址[1]和扶余县西车家店金代遗址[2]。

　　R142：001，夹砂灰陶陶制品，半成品。中心有未钻透的穿孔，并且由外向内收缩，孔径为0.9～1.4厘米。长4.1厘米，宽3.4厘米，厚2.6厘米（图381-9）。

　　M363：001，泥质灰陶口沿。卷沿，圆唇。长10厘米，宽6.4厘米，厚1.2厘米（图381-10）。

　　M363：002，夹砂灰陶腹底残片。平底。外壁饰有短长条形篦点纹。厚1厘米，高2.8厘米，底径24厘米（图381-11）。

　　R186：001，泥质红陶陶制品。泥条形。长5.6厘米，中部直径2.4厘米（图381-12）。

　　R182：001，泥质灰陶口沿。卷沿，圆方唇。沿面上饰有两个刻划的圆圈。残长7.3厘米，宽2.9厘米，厚0.9厘米，高1.5厘米（图381-13）。

　　①　吉林大学边疆考古研究中心、吉林省文物考古研究所：《吉林大安市尹家窝堡遗址发掘简报》，《考古》2017年第8期，第59～69页，第68页图16-4、5；Pauline Sebillaud（史宝琳）、张礼艳、刘晓溪：《吉林大安尹家窝堡遗址2015年发掘简报》，《边疆考古研究（第20辑）》，北京：科学出版社，2016年，第89～117页，第103页图12-44。

　　②　吉林省文物考古研究所、扶余县博物馆：《吉林省扶余县西车家店金代遗址的发掘》，《北方文物》2009年第3期，第15～24页，第19页图7-4、5。

M202：001，夹砂黄褐陶陶片。饰有长楔形篦点纹。长3.7厘米，宽3.5厘米，厚0.8厘米（图381-14）。

M243：001，泥质灰陶陶片。饰有成排长楔形篦点纹。长3.5厘米，宽2.4厘米，厚0.7厘米（图381-15）。

M286：001，红胎黑皮陶陶片。饰有小的近菱形篦点纹。长3.2厘米，宽2.4厘米，厚0.8厘米（图381-16）。

M366：001，夹砂灰陶陶片。饰有成排细条形篦点纹。长3.7厘米，宽3.1厘米，厚0.6厘米（图381-17）。

M385：001，泥质灰陶陶片。饰有成排短条形篦点纹。长3.9厘米，宽3.4厘米，厚1厘米（图381-18）。

M390：001，泥质灰陶陶片。纹饰不清。长2.8厘米，宽2.6厘米，厚0.4厘米（图381-19）。

M394：001，泥质灰陶。饰有成排短条形篦点纹。长5.4厘米，宽3.6厘米，厚1厘米（图381-20）。

R158：001，泥质灰陶陶片。饰有参差的条形篦点纹。长3.3厘米，宽3厘米，厚0.7厘米（图381-21）。

M392：001，夹砂灰陶陶片。自上至下分别饰有附加堆纹和平行弦纹。长7.3厘米，宽5.2厘米，厚0.8厘米（图381-22）。

M396：001，泥质黄褐陶陶片。饰有成排短条形篦点纹。长6.7厘米，宽4.3厘米，厚1.3厘米（图381-23）。

R120：001，泥质灰陶陶片。饰有成排短条形篦点纹。长7.4厘米，宽6.8厘米，厚0.7厘米（图381-24）。

采集的遗物中还有瓦片188块、砖块3536块、纺轮2件、陶制品2件、网坠6件。

清末至民国时期陶片分布于遗址内所有的采集区，共发现2848片陶片。其中密度最高的采集区分布状态与辽金时期一致。该时期陶片占总数的22.5%。整体上密度较高，但比辽金时期密度低3倍多（图382）。

采集器物标本若干件（图383）。

M332：001，青花瓷器底残块，黄胎。内部有植物纹饰，圈足底施满釉，足底中心有符号。长7.8厘米，宽4.9厘米，厚0.8厘米（图383-1）。

R142：002，青花瓷盅底。残，黄灰胎。内部有两圈青线，中心为不知名纹饰，平底未施釉。长4厘米，宽3厘米，厚0.4厘米（图383-2）。类似特征的瓷盅见于黑龙江省五常拉林机场清代遗址[①]。

R145：001，圆陶片。黑灰色，残，剩一半。长5.2厘米，宽2.5厘米，厚0.8厘米（图383-3）。

M334：001，圆瓷片。酱釉，红灰胎，为缸片所改。直径5.9厘米，厚1.9厘米。

R159：001，青花瓷圆瓷片，为器底所改。内部有青色纹饰，底部施满釉。直径4.8厘米，

---

① 吉林省文物考古研究所：《黑龙江省五常市拉林机场清代遗址发掘简报》，《北方文物》2015年第4期，第48～52页，第50页图1-24。

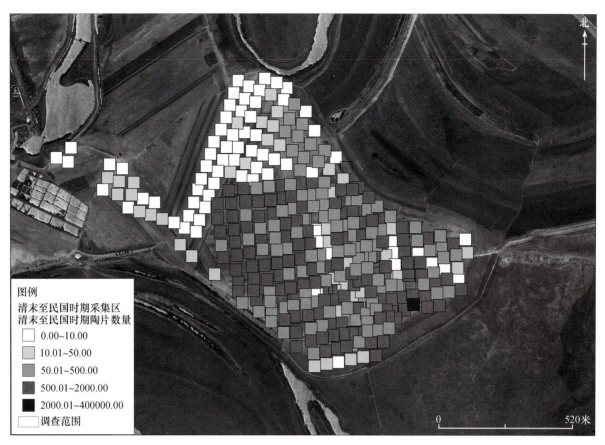

图382　莫什海东遗址清末至民国时期采集区分布图

图383　莫什海东遗址清末至民国时期采集遗物

1. M332：001　2. R142：002　3. R145：001　4. R159：001　5. M363：006

厚1.3厘米（图383-4）。

M363：006，瓷器器底。残，应该属于体型较大的缸。灰胎，外壁施有青绿色釉，平底未施釉。长22.2厘米，宽14.2厘米，厚2厘米，高6.7厘米（图383-5）。

M160：001，铜钱，锈蚀，反面有满文。直径2.4厘米，厚0.2厘米（图384-1）。

M316：001，"道光通宝"，反面满文。直径2.3厘米，厚0.2厘米（图384-2）。

M317：001，铜钱，锈蚀严重，表面有二孔，可能被改成饰品。直径2.7厘米，厚0.1厘米（图384-3）。

M397：001，铜钱，锈蚀严重。直径2.5厘米，厚0.2厘米（图384-4）。

M221：001，"大满洲国"，"康德七年"（1940年），1分钱。直径2厘米，厚0.2厘米（图384-5）。

R156：001，石磨。残。由呈圆形的主体和呈近半圆形的附加部分构成，主体中间有穿孔，孔径2.2厘米，附加部分宽16厘米，也有穿孔，孔径2.6厘米。主体正面向下凹陷，反面似有若干条刻划线。残长37.5厘米，宽18厘米，厚7厘米（图385）。

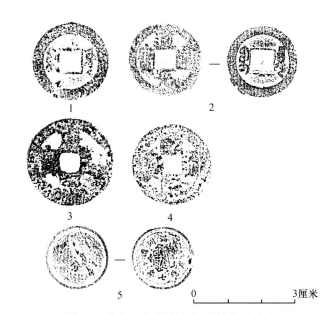

图384　莫什海东遗址清末至民国时期铜钱
1. M160：001　2. M316：001　3. M317：001　4. M397：001　5. M221：001

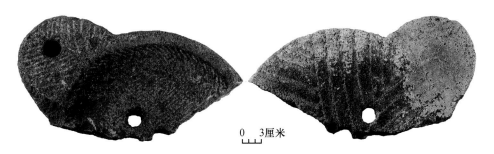

图385　莫什海东遗址采集石磨（R156：001）

采集遗物中还有圆陶片1件、铜钱5枚。

（6）未断代标本

地表还发现石器19件（图386）、铁钉9枚、铜烟锅2件、掏耳勺1件、铜扣1件、铜铃1件、铜钱残片1枚、车辖1件和铁锛1件（图387）。

石器分为细石器和磨制石器两种。

R113：001，单直刃刮削器。深灰色燧石，毛坯为残块。一侧边经单向加工呈一直刃，刃长20.28毫米，刃角为48°。总长4.7厘米，宽1.7厘米，厚1厘米（图386-7）。

R199：001，单凹刃刮削器。红色燧石，毛坯为细石叶中端。一长边经正向加工呈一凹刃，刃长44.83毫米，刃角为58°。总长2.1厘米，宽1.3厘米，厚0.3厘米（图386-8）。

M209：001，细石叶石核。透明黄白色。人工台面，未经过修理。工作面有两条剥片疤，疤宽0.15厘米，疤长1.3～1.32厘米。总长2.3厘米，宽1.8厘米，厚0.9厘米（图386-1）。

M350：001，细石叶石核。残，灰色细腻石料，整体呈船形。人工台面，工作面上有三条剥片疤，疤宽0.2～0.6厘米，疤长0.9～1.6厘米。总长1.4厘米，宽1.3厘米，厚0.9厘米（图386-6）。

R128：001，石核。黑灰色细腻石料，近方形。总长2.2厘米，宽1.8厘米，厚1.4厘米（图386-4）。

M347：001，完整石片，黄灰色细腻石料。人工台面，有疤台面。人工背面，腹面半锥体

图386　莫什海东遗址采集石器

1. M209：001　2. M216：001　3. M226：001　4. R128：001　5. M347：001　6. M350：001　7. R113：001
8. R199：001　9. M153：001　10. M159：001　11. M190：001　12. M258：001　13. M320：001　14. M357：001
15. M363：005　16. M374：001　17. R115：001　18. R116：001　19. R200：001

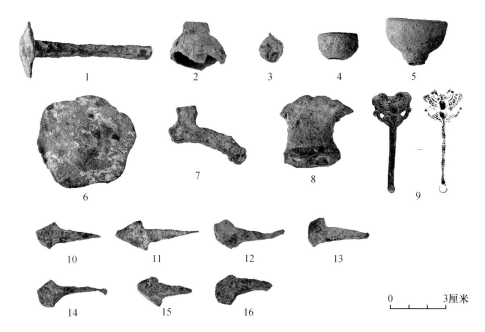

图387 莫什海东遗址采集金属器

1. M157：001　2. M297：001　3. M198：001　4. M306：001　5. R166：001　6. M297：002　7. M363：004
8. M371：001　9. R148：001　10. M192：001　11. M225：001　12. M244：002　13. M299：001　14. M327：001
15. M372：001　16. M377：001

微凸。总长1.5厘米，宽1.2厘米，厚0.5厘米（图386-5）。

M176：001，断片中段。红灰色硅质泥岩，两边均有修理疤痕。总长1.7厘米，宽1.4厘米，厚0.3厘米。

M216：001，断片中段。灰色燧石。总长1.7厘米，宽1.2厘米，厚1厘米（图386-2）。

M226：001，断块。红褐色燧石，有石皮，三角形。总长2.7厘米，宽2厘米，厚0.9厘米（图386-3）。

M320：001，石锛。残，黄褐色细腻石料，近长方形。刃部有使用痕迹。残长5厘米，宽4.7厘米，厚1.8厘米（图386-13）。

M153：001，砺石。残，浅灰色，长方形。一端有穿孔，孔径0.6厘米。残长7.5厘米，宽5.8厘米，厚1.5厘米（图386-9）。

M159：001，砺石。残，浅灰色，四边形，一端有穿孔，孔径0.5厘米。残长7.3厘米，宽3.2厘米，厚1.1厘米（图386-10）。

M357：001，砺石。残，灰色，不规则形，一面磨光。残长7.5厘米，宽4厘米，厚3厘米（图386-14）。

M363：005，砺石。残，黑灰色，梯形，一面磨光，剖面呈方形，一端有穿孔，孔径0.5厘米。残长6.1厘米，宽2.4厘米，厚2.4厘米（图386-15）。

R116：001，砺石。残，黄灰色，平面为四边形，剖面为三角形。残长9.9厘米，宽3.3厘米，厚2.1厘米（图386-18）。

R200：001，可能为砺石残块。黑色，不规则形。残长9.4厘米，宽5.8厘米，厚3厘米（图

386-19）。

M190：001，磨制石器。残，黑灰色，不规则形，一面磨光。残长5.4厘米，宽3.5厘米，厚2.9厘米（图386-11）。

M258：001，磨制石器。残，平面为不规则形，剖面呈五边形，四面均磨光。残长6.1厘米，宽5.2厘米，厚4厘米（图386-12）。

M374：001，磨制石器。残，可能为石斧残块，黑灰色，剖面呈圆角长方形。残长6厘米，宽3.7厘米，厚2.1厘米（图386-16）。

R115：001，磨制石器。红褐色，窄面磨光。残长8厘米，宽3.1厘米，厚1.7厘米（图386-17）。

M157：001，铁方钉。钉帽直径2.9厘米。长7.5厘米，宽0.7厘米（图387-1）。

M192：001，铁钉。钉帽略残，钉身为长三角形，截面为长方形。长3.5厘米，宽1.5厘米，厚0.4厘米（图387-10）。

M225：001，铁钉。钉帽略残，钉身为长三角形，截面为长方形。长4.6厘米，宽1.7厘米，厚0.5厘米（图387-11）。

M244：002，铁钉。钉帽略残，钉身为长三角形，截面为长方形。长4厘米，宽1.6厘米，厚0.5厘米（图387-12）。

M299：001，铁钉。头端残，下端为三角形，剖面为长方形。长3.4厘米，宽1.7厘米，厚0.4厘米（图387-13）。

M327：001，铁钉。头端略残，下端为三角形，剖面为长方形。长3.7厘米，宽1.5厘米，厚0.4厘米（图387-14）。

M372：001，铁钉。头端略残，下端为三角形，剖面为长方形。长3厘米，宽1.5厘米，厚0.6厘米（图387-15）。

M377：001，铁钉。头端略残，下端为三角形，剖面为长方形。长3.2厘米，宽1.6厘米，厚0.4厘米（图387-16）。

M297：002，铁钉。残，只剩钉帽。直径5.2厘米，厚0.9厘米（图387-6）。

M297：001，铜铃。下端残，上部长方形，铃部剖面椭圆形。长3厘米，厚0.1厘米，残高3.3厘米（图387-2）。

M198：001，铜扣，表面饰有花纹，圆孔略残。直径1.3厘米，高1.6厘米（图387-3）。这种铜扣常见于清代墓地和遗址，如榆树市韩家屯墓地[①]、榆树市上台子墓群[②]、齐齐哈尔市建华区红光村墓葬[③]、齐齐哈尔市奈门沁清代遗址[④]。

----

①　吉林省文物考古研究所、榆树市博物馆：《长春市榆树韩家屯墓地发掘简报》，《博物馆研究》2008年第3期，第71～74页，第74页图3-5。

②　吉林省文物考古研究所、榆树市博物馆：《吉林省榆树市上台子墓群发掘报告》，《北方文物》2010年第1期，第20～28页，第25页图7-1～4。

③　齐齐哈尔市文物管理站：《齐齐哈尔市建华区红光村清代夫妻合葬墓发掘简报》，《北方文物》2005年第3期，第37～40页，第40页图4-3。

④　黑龙江省文物考古研究所：《黑龙江省齐齐哈尔市奈门沁遗址发掘简报》，《北方文物》2012年第3期，第50～54页，第53页图8-2～4。

M306：001，铜烟锅。残，圆形圜底，内直径1.9厘米，底部有孔，孔径0.8厘米。总直径2.2厘米，高1.3厘米，厚0.2厘米（图387-4）。

R166：001，铜烟锅。残，圆形圜底。总直径2.4厘米，高1.8厘米，厚0.3厘米（图387-5）。

R148：001，铜掏耳勺。上部饰有蝴蝶，高1.9厘米，下部呈条状，长3.5厘米，宽0.4厘米。勺部为圆形内凹状，直径0.5厘米。通长5.4厘米，宽2.3厘米，厚0.1厘米（图387-9）。

M363：004，铁车辖残片。残长4.5厘米，宽2.1厘米，厚1.4厘米，直径10厘米（图387-7）。类似的车辖见于黑龙江省桦南县龙王庙遗址出土的金代窖藏[1]、汤原县双兴遗址金代窖藏[2]和辽宁省抚顺市唐力村金代遗址[3]。

M371：001，铁锛。顶端略残，銎部为圆角长方形，銎壁厚0.6厘米。总宽3.9厘米，厚2厘米，高3.8厘米（图387-8）。类似的工具见于桦南县龙王庙遗址金代窖藏[4]。

（7）总　结

该遗址地表遗物分布密度整体较高。该遗址使用时间比较长。从采集陶片数量及分布范围可以看出，汉书二期文化以前利用程度均比较低，而且主要集中于北部、靠近水边。汉书二期文化以降，陶片数量有所增加，且分布范围扩大，至辽金时期达到顶峰。分布范围的扩大，由水边扩展到陆地中心的情况，从侧面也说明了古人受环境的限制有所下降。而且辽金时期建筑材料（特别是砖块）特别多，说明这一时期可能出现了大型聚落或城市规模的遗址。清末至民国时期继续利用，不过利用程度相比前一时期有所降低。

26. 洮儿河村东 DA-TEH-1

（1）位　置

洮儿河村东遗址位于调查区域的西部，大安市丰收镇洮儿河村的东侧和东南侧。遗址中心UTM格式坐标为东经553290.5583，北纬5061702.2105。

---

① 鄂善君、王树楼：《桦南县龙王庙遗址出土的金代窖藏铁器》，《北方文物》1995年第3期，第151、152页，第152页图12。

② 钱霞：《黑龙江省汤原县双兴遗址出土的金代窖藏铁器》，《北方文物》2014年第2期，第35～37页，第36页图2-16。

③ 王维臣、温秀荣：《辽宁抚顺千金乡唐力村金代遗址发掘简报》，《北方文物》2000年第4期，第27～40页，第32页图6-1～3。

④ 鄂善君、王树楼：《桦南县龙王庙遗址出土的金代窖藏铁器》，《北方文物》1995年第3期，第151、152页，第152页图9。

（2）地貌

该遗址位于洮儿河村东侧和东南侧的一处高岗上，其东侧为新荒泡，北侧是洮儿河与新荒泡的交汇处，整体在水边。现地表为耕地。属于PHh土壤地带。

（3）以往工作

以往发表材料中未发现有关该遗址的记录。

（4）范围与文化内涵

洮儿河村东遗址总面积41959平方米，共有27个一般采集区（F195～F221）。采集区分布呈南、北两区，北区靠近村子的东南侧，由5个采集区组成，南区位于北区的东南侧，由22个采集区组成。所有的采集区均呈西北—东南向分布成若干排。整体上遗址西北—东南长约500米，西南—东北宽约200米（图388、表32）。

图388　洮儿河村东遗址采集区分布图

该遗址采集到魏晋隋唐时期、辽金时期和清末至民国时期陶片。

表32 洮儿河村东遗址采集区和陶片统计表

时期	采集区数量	面积/万平方米	陶片数量/片	占陶片总数百分比/%	采集区内密度*
魏晋隋唐	1	0.25	1	0.1	0.0004/m²
辽金时期	27	4.1959	699	69.3	0.016/m²
清末至民国	26	4.0064	309	30.6	0.008/m²
总数	27	4.1959	1009	100	0.02/m²

*此处密度数据是依据系统采集所获陶片数量推算而得。其他数据都是实际数据。

（5）遗存分布、密度与标本

魏晋隋唐时期陶片仅见于遗址东南端的1个采集区，只发现1片陶片。该时期陶片占总数的0.1%。密度很低（图389）。

图389 洮儿河村东遗址魏晋隋唐时期采集区分布图

辽金时期遗物分布于整个遗址所有的采集区，共发现699片陶片。该时期陶片占总数的69.3%。整体上分布比较均匀，且密度比较高（图390）。

图390　洮儿河村东遗址辽金时期采集区分布图

采集标本1件。

F200：001，泥质灰陶圆陶片。直径3.1厘米，厚0.6厘米（图391）。圆陶片或陶饼在金代聚落遗址经常发现，如扶余县西车家店金代遗址[1]与扶余县陶西林场遗址[2]。

地表采集物还有砖块1个。

清末至民国时期遗物分布于遗址大部分采集区，共发现309片陶片。该时期陶片占总数的30.6%。其中密度相对比较高的采集区大部分靠近水边，而遗址南端和西部密度比较低。整体上密度比较高（图392）。

采集标本1件。

F200：002，夹砂灰胎圆瓷片。涂有酱釉。直径3.5厘米，厚0.9厘米（图393）。

地表采集物还有铜钱1枚和铜扣1个（图394）。

F197：001，"乾隆通宝"，只剩一半。残长2.5厘米，宽1.4厘米，厚0.1厘米（图394-1）。

F205：002，铜扣。球形，饰有植物纹饰。上部有环，残，环直径0.5厘米。整体直径1.4厘

①　吉林省文物考古研究所、扶余县博物馆：《吉林省扶余县西车家店金代遗址的发掘》，《北方文物》2009年第3期，第15～24页，第19页图7-8。

②　吉林省文物考古研究所、扶余县博物馆：《吉林省扶余县陶西林场遗址发掘简报》，《北方文物》2009年第3期，第33～45页，第42页图11-16。

图392 洮儿河村东遗址清末至民国时期采集区分布图

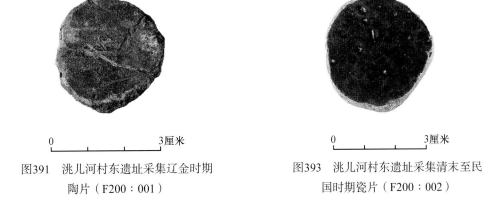

图391 洮儿河村东遗址采集辽金时期
陶片（F200∶001）

图393 洮儿河村东遗址采集清末至民
国时期瓷片（F200∶002）

米（图394-2）。这种铜扣见于清代墓地与聚落，如农安县库尔金堆清代墓地[①]、榆树市韩家屯墓地[②]、榆树市上台子墓地[③]、黑龙江省齐齐哈尔市建华区红光村墓葬[④]和齐齐哈尔市奈门沁遗址[⑤]。

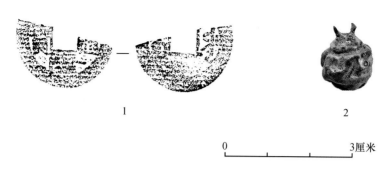

图394　洮儿河村东遗址采集清末至民国时期金属器
1. F197：001　2. F205：002

（6）未断代标本

地表采集物还有磨制石器2件（图395）。

F196：001，磨制石器。残。红褐色细腻石料，截面呈方形，两面均磨光。残长8.8厘米，宽3厘米，厚3.2厘米（图395-1）。

F205：001，砺石。残。灰色，平行四边形，一面磨光。残长6.7厘米，宽3.8厘米，厚0.8厘米（图395-2）。

（7）总　结

洮儿河村东遗址位于洮儿河与新荒泡交汇处的南侧，可能是一个与水上交通有关的辽金到清末至民国时期的聚落。该遗址也可能与现代洮儿河村有延续性。

① 王新胜、邢春光、刘晓溪、Pauline Sebillaud（史宝琳）：《吉林省农安县库尔金堆古城址西南角“点将台”的发掘》，《北方文物》2016年第1期，第12～18页，第17页图8-10。

② 吉林省文物考古研究所、榆树市博物馆：《长春市榆树韩家屯墓地发掘简报》2008年第3期，第71～74页，第74页图3-5。

③ 吉林省文物考古研究所、榆树市博物馆：《吉林省榆树市上台子墓群发掘报告》，《北方文物》2010年第1期，第20～28页，第25页图7-1～4。

④ 齐齐哈尔市文物管理站：《齐齐哈尔市建华区红光村清代夫妻合葬墓发掘简报》，《北方文物》2005年第3期，第37～40页，第40页图4-3。

⑤ 黑龙江省文物考古研究所：《黑龙江省齐齐哈尔市奈门沁遗址发掘简报》，《北方文物》2012年第3期，第50～54页，第53页图8-2～4。

图395　洮儿河村东遗址采集石器
1. F196：001　2. F205：001

27. 洮儿河村西南 DA-TEH-2

（1）位置

洮儿河村西南遗址位于调查区域西部，大安市丰收镇洮儿河村西南650米处。遗址中心UTM格式坐标为东经552697.2984，北纬5061230.1953。

（2）地貌

该遗址位于洮儿河村西南的一处长条形岗地上。遗址西侧为盐碱地，是古河道。岗上现为耕地。地表散见蚌壳、动物骨骼及少量铁器残片。属于PHh土壤地带。

（3）以往工作

以往发表材料中未发现有关该遗址的记录。

（4）范围与文化内涵

洮儿河村西南遗址总面积24721平方米，共有8个采集区（F167～F174），其中有7个系统采集区和1个一般采集区。采集区呈西北—东南向分布成一排。整体上遗址长约550米，宽约50米（图396、表33）。

该遗址发现魏晋隋唐时期、辽金时期和清末至民国时期陶片。整体上密度比较高。

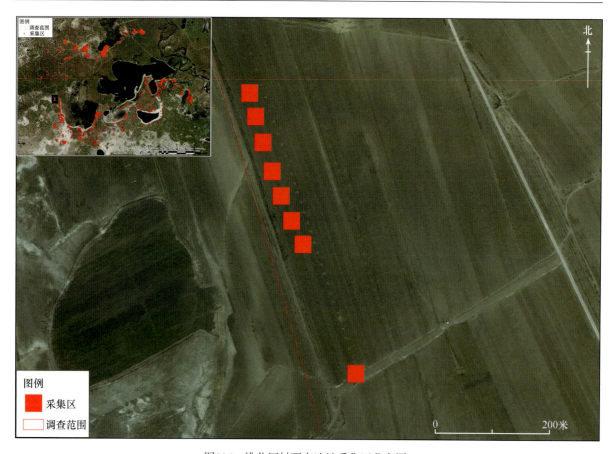

图396　洮儿河村西南遗址采集区分布图

表33　洮儿河村西南遗址采集区和陶片统计表

时期	采集区数量	面积/万平方米	陶片数量/片	占陶片总数百分比/%	采集区内密度[*]
魏晋隋唐	1	0.25	1	0.4	0.03/m²
辽金时期	8	2.4721	159	58.2	0.7/m²
清末至民国	8	2.4721	113	41.4	0.6/m²
总数	8	2.4721	273	100	1.33/m²

*此处密度数据是依据系统采集所获陶片数量推算而得。其他数据都是实际数据。

（5）遗存分布、密度与标本

魏晋隋唐时期陶片仅见于遗址南部的1个系统采集区，只发现1片陶片。该时期陶片占总数的0.4%。密度较低（图397）。

辽金时期遗物分布于遗址内所有的采集区，共发现159片陶片。其中密度最高的4个采集区分别位于遗址的北部和中部。该时期陶片占总数的58.2%。整体上密度很高（图398）。

图397 洮儿河村西南遗址魏晋隋唐时期采集区分布图

图398 洮儿河村西南遗址辽金时期采集区分布图

　　清末至民国时期遗物分布于遗址内所有的采集区，共发现113片陶片。其中密度最高的2个采集区分别位于遗址北部和中部。该时期陶片占总数的41.4%。整体上密度很高，但低于辽金时期（图399）。

图399　洮儿河村西南遗址清末至民国时期采集区分布图

图400　洮儿河村西南遗址采集的石器（F171：001）

（6）未断代标本

采集遗物中有磨制石器1件。

F171：001，残。近长方形，截面呈长方形，一面磨光。残长8.1厘米，宽5.8厘米，厚2.6厘米（图400）。

（7）总结

洮儿河村西南遗址使用时间不长。魏晋隋唐时期陶片数量非常少，而且分布范围较小，说明当时该位置可能为短时间利用的地点。直到辽金时期，无论从陶片数量还是分布范围来看，该遗址的开发利用均达到了顶峰。清末至民国时期虽继续利用，但是发展势头稍弱。而且应该和现代村落之间有一定的延续性。

28. 新立堡 DA-XLP

（1）位置

新立堡遗址位于调查区域的西部，大安市丰收镇新立堡村东北侧、东侧、东南侧。遗址中心UTM格式坐标为东经553733.1537，北纬5059561.9090。

（2）地貌

该遗址位于新立堡村以东、新荒泡以西的一处高岗上。地表现为耕地，高岗局部有断面，断面可见砖瓦。遗址属于PHh和CHk土壤地带。

（3）以往工作

新立堡遗址在全国第二次文物普查时被发现，相关信息可见《中国文物地图集·吉林分册》[①]。下面是《大安县文物志》对该遗址的描述：

> 新立卜遗址，位于洮儿河南岸2千米的丰收公社新立卜大队屯东。遗址依山傍水，景色秀丽。
>
> 遗址东西为窄，南北为长，面积约有5万平方米。地面呈两层阶状台地。在台地内，散布有大量辽金时代的遗物，特别是在西部尤为集中。
>
> 遗物中多是属于生活用具的陶瓷器物，且多为碎片。陶器属于泥质灰陶，质地坚硬，火候较高。从残片来看，属于大卷沿的陶盆数量最多，且有的又在器表上饰有篦齿纹。瓷器多为乳黄釉小开片方唇口沿。还见有绿釉的鸡腿坛残片。
>
> 建筑饰件有典型的布纹瓦，堆积于该遗址的西部。值得注意的是采集到一枚施有绿釉的筒瓦残块，胎质红褐，腹面亦见有布纹。还拾到断鸱尾1件。据当地群众介绍，以往在此处耕地时，时常发现大量的铜钱，并出土过一枚玉璧。这些都说明了此遗址是一处较为重要的辽金时代的建筑址。[②]

---

① 国家文物局编：《中国文物地图集·吉林分册》，北京：中国地图出版社，1993年，第153页。

② 吉林省文物志编修委员会：《大安县文物志》，长春：吉林省文物志编修委员会，1982年，第38页。

（4）范围与文化内涵

新立堡遗址总面积283784平方米，共有86个采集区（E131～E156、E158～E197、F093、F094、F175～F192），其中有32个系统采集区和54个一般采集区。采集区主要分布在村东和泡子以西的高岗上，呈近南北向分布成2～3排，村西也零散分布有几个采集区。整体上遗址南北长约2200米，东西宽约500米（图401，表34）。

图401　新立堡遗址采集区分布图

该遗址发现辽金时期和清末至民国时期陶片。整体上密度比较高。

表34　新立堡遗址采集区和陶片统计表

时期	采集区数量	面积/万平方米	陶片数量/片	占陶片总数百分比/%	采集区内密度*
辽金时期	86	28.3784	2956	88	0.55/m²
清末至民国	70	28.3784	392	12	0.03/m²
总数	86	28.3784	3348	100	0.6/m²

*此处密度数据是依据系统采集所获陶片数量推算而得。其他数据都是实际数据。

（5）遗存分布、密度与标本

辽金时期遗物分布于遗址内所有的采集区，共发现2956片陶片。其中密度最高的采集区集中分布在村子东侧。该时期陶片占总数的88%。整体上密度很高（图402）。

图例
辽金时期采集区
辽金时期陶片数量
☐ 0.00~10.00
 10.01~50.00
 50.01~500.00
 500.01~2000.00
■ 2000.01~400000.00
☐ 调查范围

0　　　　　800米

图402　新立堡遗址辽金时期采集区分布图

地表采集有建筑材料，包括滴水1件、布纹瓦86块和砖块13个。

F176：001，夹砂灰陶滴水。端面饰斜向短排栉齿纹和横向凹弦纹，内面有布纹。残长8.5厘米，宽8厘米，厚3.5厘米（图403-1）。类似风格的滴水见于白城市金家金代遗址[①]、白城市城四家子城址大型建筑（寺庙址）[②]、德惠市迎新金代遗址[③]、扶余县陶西林场金代遗址[④]。

F180：001，夹砂灰陶筒瓦残片。一个直边，内壁有布纹并带有一个拇指印。残长13厘米，宽11.5厘米，厚2.3厘米（图403-2）。

① 吉林省文物考古研究所：《吉林省白城市金家金代遗址的发掘》，《边疆考古研究（第12辑）》，北京：科学出版社，2012年，第63~86页，第68页图5-1、2。
② 吉林省文物考古研究所、白城市文物保护管理所、白城市博物馆：《吉林白城城四家子城址建筑台基发掘简报》，《文物》2016年第9期，第39~55页，第43页图7-2。
③ 吉林省文物考古研究所、德惠市文物管理所：《吉林省德惠市迎新遗址考古发掘报告》，《北方文物》2009年第4期，第36~47页，第43页图7-5。
④ 吉林省文物考古研究所、扶余县博物馆：《吉林省扶余县陶西林场遗址发掘简报》，《北方文物》2009年第3期，第33~45页，第38页图7。

　　F186：001，夹砂灰陶筒瓦残片。有三个直边。残长7厘米，宽7厘米，厚2厘米（图403-3）。

　　F185：001，夹砂灰陶瓦片。遗有三个直边。长8.5厘米，宽5厘米，厚1.8厘米（图403-4）。

　　清末至民国时期遗物分布于该遗址内大部分采集区，共发现392片陶片。其中密度相对较高的采集区主要分布于村子东侧。该时期陶片占总数的12%。密度比较高，但比辽金时期遗物密度低（图404）。

图403　新立堡遗址采集的辽金时期建筑材料
1. F176：001　2. F180：001　3. F186：001　4. F185：001

图404　新立堡遗址清末至民国时期采集区分布图

地表采集物有铜钱1枚。

F188：001，"道光通宝"。直径1.9厘米，厚0.1厘米（图405）。

（6）未断代标本

地表采集物有打制石器1件和磨制石器1件（图406）。

F184：001，细石叶石核（残）。黑灰色燧石，核体残。人工台面，经过修理。有两个工作面，一个工作面上有两条剥片疤，疤宽0.35～0.45厘米，疤长1.55～2.85厘米；另一个工作面上仅有一条剥片疤，疤宽0.65厘米，疤长1.1厘米。总长3厘米，宽1.7厘米，厚1.5厘米（图406-1）。

E146：001，磨制石器。略残，灰褐色，近长方形，截面呈长方形，两面均磨光。残长7.4厘米，宽3.3厘米，厚1.3厘米（图406-2）。

图405　新立堡遗址采集的铜钱
（F188：001）

图406　新立堡遗址采集的石器
1. F184：001　2. E146：001

（7）总结

新立堡遗址使用时间比较短。辽金时期的遗物密度最高，且发现了较多建筑材料。而且遗址位于新荒泡附近，考虑到便利的水运条件，该遗址应该是一处以漕运为主的辽金时期大型聚落。

29. 白音吐 DA-BYT

（1）位置

白音吐遗址位于调查区域的西部，大安市丰收镇白音吐屯周围。遗址中心UTM格式坐标为东经553336.3096，北纬5057997.0491。

（2）地貌

　　该遗址位于白音吐屯周围的高岗上，东侧为新荒泡，南侧和西侧为盐碱地，属于古河道，因此遗址原来应位于一个半岛上（图407）。遗址属于CHk土壤地带。

图407　白音吐遗址
（摄影：史宝琳）

（3）以往工作

以往发表材料中未发现有关该遗址的记录。

（4）范围与文化内涵

　　白音吐遗址总面积1741014平方米，共有95个采集区（B183～B197、B199～B233、E006、E007、E011～E014、E018、E020～E023、E037～E047、E060～E077、E178～E182），其中有18个系统采集区和77个一般采集区。采集区分布状态较为分散，分布在村落周围的高岗和耕地里，大体上呈南北宽、东西窄的四边形。整体上遗址南北长约2500米，东西宽约1500米（图408、表34）。

　　该遗址发现魏晋隋唐时期、辽金时期和清末至民国时期陶片。整体上密度比较高。

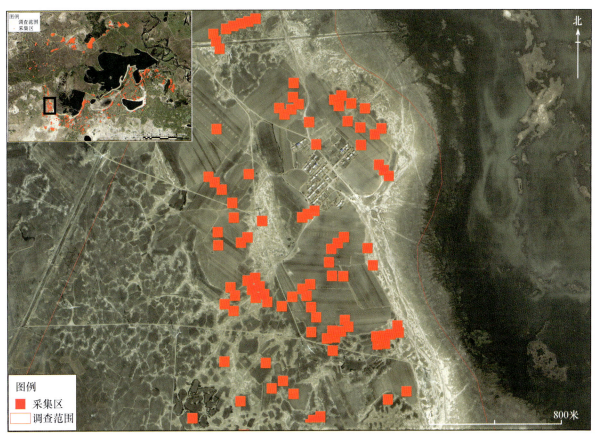

图408　白音吐遗址采集区分布图

表35　白音吐遗址采集区和陶片统计表

时期	采集区数量	面积/万平方米	陶片数量/片	占陶片总数百分比/%	采集区内密度*
魏晋隋唐	2	0.5	3	0.08	0.0006/m²
辽金时期	76	174.1014	1495	39.87	0.018/m²
清末至民国	82	174.1014	2252	60.05	0.024/m²
总数	95	174.1014	3750	100	0.042/m²

*此处密度数据是依据系统采集所获陶片数量推算而得。其他数据都是实际数据。

（5）遗存分布、密度与标本

魏晋隋唐时期的陶片分布于遗址东部和最南端的2个采集区，共发现3片陶片。该时期陶片占总数的0.08%。密度很低（图409）。

辽金时期遗物几乎分布于遗址内所有的采集区（76个约80%），共发现1495片陶片。其中密度最高的采集区分布于三个地点，分别位于村东、村南和村子更南处。该时期陶片占总数的39.87%。整体上密度比较高（图410）。

采集器物标本若干件，既有陶片标本，也有铜钱1枚、纺轮1件和陶球2个（图411）。

B207：001，夹砂黄灰陶片。饰长短参差的楔形篦点纹。残长4.7厘米，宽4.6厘米，厚0.8

图 409　白音吐遗址魏晋隋唐时期采集区分布图

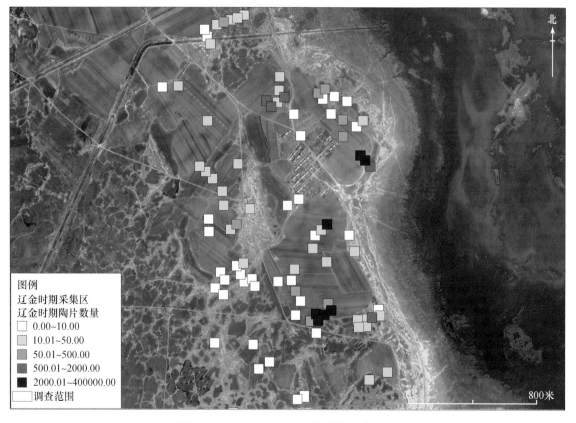

图 410　白音吐遗址辽金时期采集区分布图

图 411　白音吐遗址采集的辽金时期遗物
1. B207：001　2. B223：001　3. B228：001　4. B228：002　5. B228：003
6. B222：001　7. B229：001　8. E012：001

厘米（图411-1）。

B223：001，泥质灰陶片。饰方形箆点纹组成的几何纹。残长3.4厘米，宽3.1厘米，厚0.7厘米（图411-2）。

B228：001，夹砂黄灰陶片。饰成排方形箆点纹。残长2.8厘米，宽2.7厘米，厚0.6厘米（图411-3）。

B228：002，夹砂黄灰陶片。饰有成排细长条形箆点纹。残长2.9厘米，宽2.8厘米，厚1.1厘米（图411-4）。

B228：003，泥质灰陶纺轮。残。为陶片所改。两面磨光，有轮制痕迹。厚1.3厘米，直径8厘米（图411-5）。

B222：001，夹砂黄陶球。直径1.8厘米（图411-6）。

B229：001，泥质黄灰陶球。直径1.7厘米（图411-7）。

类似的陶球见于金代聚落，如尹家窝堡遗址2015年发掘区[①]与扶余县西车家店遗址[②]。

E012：001，铜钱。锈蚀严重，"熙宁元宝"。直径2.5厘米，厚0.2厘米（图411-8）。

---

① Pauline Sebillaud（史宝琳）、张礼艳、刘晓溪：《吉林大安尹家窝堡遗址2015年发掘简报》，《边疆考古研究（第20辑）》，北京：科学出版社，2016年，第89～117页，第103页图12-31、32。

② 吉林省文物考古研究所、扶余县博物馆：《吉林省扶余县西车家店金代遗址的发掘》，《北方文物》2009年第3期，第15～24页，第19页图7-6、7。

此外还采集布纹瓦7块。

清末至民国时期遗物发现于遗址内大部分采集区（82个），共发现2252片陶片。其中密度最高的采集区分布于遗址东部、靠近水边，比较分散。遗址西部的采集区密度相对较高。该时期陶片和瓷片占总数的60.05%。整体上密度比较高，比辽金时期高近1倍（图412）。

图 412　白音吐遗址清末至民国时期采集区分布图

地表采集大量陶瓷器残片，以及陶塑残块1件、陶纺轮残块1件和铜钱2枚。

B185：001，灰胎青灰釉瓷器器底。圈足，内部有涩圈，外壁满釉。厚0.5厘米，残高3厘米，底径8厘米（图413-1）。

B216：001，泥质灰陶。平折沿，圆唇。长6.5厘米，厚1.1厘米，高2.8厘米（图413-2）。

B186：001，铜饰品。蕉叶形，一面平，另一面周边饰有凸钉，中轴线两边有对称的蝴蝶纹，其上方有一朵花。长6.9厘米，宽1.7厘米，厚0.1厘米（图414）。

B230：001，"道光通宝"，残。直径2.5厘米，厚0.1厘米（图415-1）。

B230：002，"咸丰通宝"。直径1.7厘米，厚0.09厘米（图415-2）。

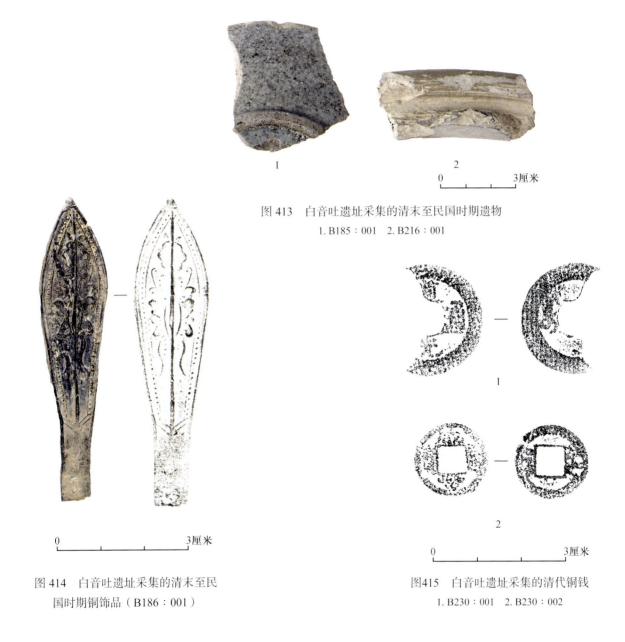

图413　白音吐遗址采集的清末至民国时期遗物
1. B185：001　2. B216：001

图414　白音吐遗址采集的清末至民
国时期铜饰品（B186：001）

图415　白音吐遗址采集的清代铜钱
1. B230：001　2. B230：002

（6）未断代标本

地表采集磨制石器残块3件、石刀1件、磨石2件、铁钉2件、铁片1件、小铜器1件、蚌片1件。

B227：001，磨制石器残块。灰黑色，截面为长方形，两面磨光。残长7.3厘米，宽2.7厘米，厚1.8厘米（图416-1）。

B227：002，石刀残块。黑灰色，一边为刃部，经过细修。残长2.8厘米，宽2.1厘米，厚0.3厘米（图416-2）。

B219：001，铁钉。锈蚀，钉帽圆头，尖部横截面为方形。残长7厘米，厚0.6厘米，钉帽直径3.2厘米（图417-1）。

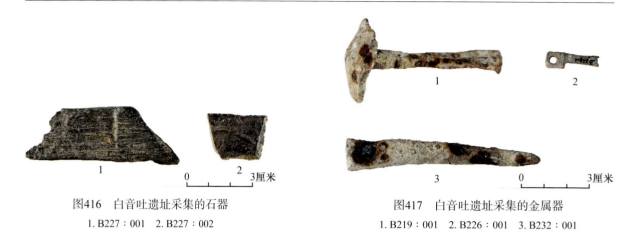

图416　白音吐遗址采集的石器　　　　　　图417　白音吐遗址采集的金属器
1. B227：001　2. B227：002　　　　　1. B219：001　2. B226：001　3. B232：001

B232：001，铁钉。整体呈锥状，横截面为长方形。残长8.8厘米，宽1.5厘米，厚0.4～1厘米（图417-3）。

B226：001，铜钥匙残部。头部为方形，有穿孔，其余部分为条状空心管。残长2.4厘米，宽0.6厘米，厚0.6厘米，孔径0.4厘米（图417-2）。

（7）总结

白音吐遗址使用时间比较短，采集区很分散。虽然发现有魏晋隋唐时期的陶片，但是数量很少，且分布范围很小。辽金时期该遗址得到了较大规模的开发利用，无论是陶片数量还是分布范围都有了很大的提高。清末至民国时期发展达到了顶峰，而且主要集中在遗址东部靠近水边的地方，考虑到附近的地理环境，可以认为该遗址可能是一处与水运有关的大型聚落，并且和现在的村子有一定的延续性。

30. 新乐 DA-XL

（1）位置

新乐遗址位于调查区域的西南部，大安市丰收镇新乐村东北侧。遗址中心UTM格式坐标为东经552015.0233，北纬5055970.2798。

（2）地貌

该遗址位于新乐村北侧，东侧为盐碱地，应为古河道。遗址属于CHk土壤地带。

（3）以往工作

以往发表材料中未发现有关该遗址的记录。

（4）范围与文化内涵

新乐遗址总面积885551平方米，共有29个一般采集区（E002～E005、E024～E036、E048～E059）。采集区分布状态很分散，村北较为集中，再往北和东北处则十分稀疏。整体上遗址西北—东南长约1700米，西南—东北宽约1000米。整体上密度很低（图418、表35）。

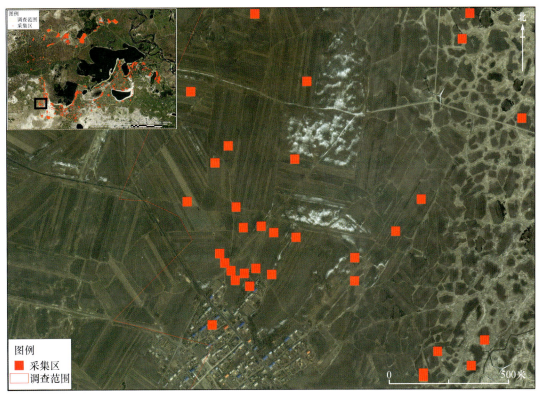

图418　新乐遗址采集区分布图

该遗址发现有辽金时期和清末至民国时期陶片。整体上密度很低。

表36　新乐遗址采集区和陶片统计表

时期	采集区数量	面积/万平方米	陶片数量/片	占陶片总数百分比/%	采集区内密度*
辽金时期	21	63.5320	153	27	0.0002/m²
清末至民国	27	87.6513	413	73	0.0005/m²
总数	29	88.5551	566	100	0.0006/m²

*此处密度数据是依据系统采集所获陶片数量推算而得。其他数据都是实际数据。

（5）遗存分布、密度与标本

辽金时期陶片分布于遗址内大部分采集区（21个），共发现153片陶片。该时期陶片占总数的27%。整体上密度很低（图419）。

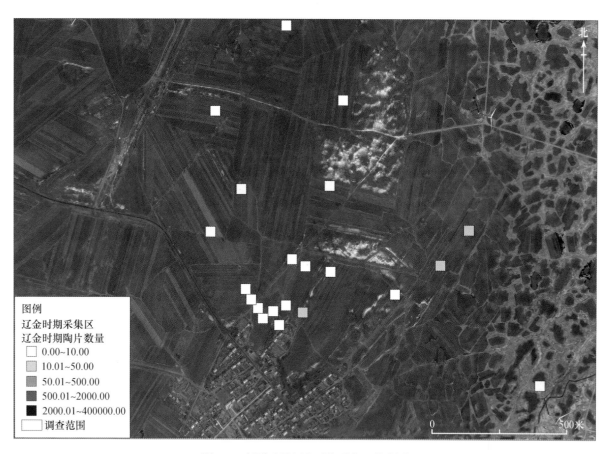

图419　新乐遗址辽金时期采集区分布图

清末至民国时期遗物分布于遗址内大部分采集区，共发现413片陶片。其中密度相对较高的采集区接近村子或者位于遗址东部。该时期陶片占总数的73%。密度比辽金时期密度高2倍，但整体看仍很低（图420）。

发现铜钱3枚（图421）。

E024：001，康熙通宝，反面有满文。直径2.3厘米，厚0.1厘米（图421-1）。

E048：001，铜钱残片。仅存一"宝"字，反面有满文。残长2.3厘米，宽1.1厘米，厚0.1厘米（图421-2）。

E054：001，铜钱残片。嘉庆通宝。残长2.3厘米，宽1.2厘米，厚0.1厘米（图421-3）。

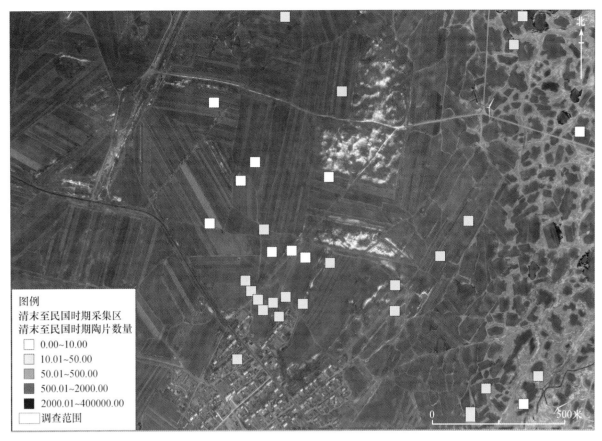

图 420 新乐遗址清末至民国时期采集区分布图

图 421 新乐遗址采集的清代铜钱

1. E024:001 2. E048:001 3. E054:001

（6）总结

新乐遗址与白音吐遗址的发展情况较为相似。该遗址也是在辽金时期得到较大发展，清末至民国时期达到了顶峰，并且和现代村落有一定的延续性。不过该遗址附近没有湖泊，而是在其附近发现古河道，所以也有可能是依靠漕运发展起来的聚落。

31. 小金山西北 DA-XJS-1

（1）位置

小金山西北遗址位于调查区域西南部，大安市安广镇小金山村西北380米处。遗址中心UTM格式坐标为东经551950.2247，北纬5052098.6。

（2）地貌

该遗址位于小金山村北侧和西北侧的高岗上，东侧为盐碱地，应为古河道。遗址大部分属于CHk土壤地带，遗址南部靠近村子处属于PHc土壤地带。

（3）以往工作

以往发表材料中未发现有关该遗址的记录。

（4）范围与文化内涵

小金山西北遗址总面积123659平方米，共有20个采集区（F028、F030、F056～F073），其中有2个系统采集区和18个一般采集区。采集区分布较为集中，主要在村落的北部和西北部。整体上遗址长约900米，宽约500米（图422、表37）。

该遗址发现有辽金时期和清末至民国时期陶片。

表37　小金山西北遗址采集区和陶片统计表

时期	采集区数量	面积/万平方米	陶片数量/片	占陶片总数百分比/%	采集区内密度*
辽金时期	17	9.1512	244	43	$0.025/m^2$
清末至民国	20	12.3659	320	57	$0.05/m^2$
总数	20	12.3659	564	100	$0.07/m^2$

*此处密度数据是依据系统采集所获陶片数量推算而得。其他数据都是实际数据。

（5）遗存分布、密度与标本

辽金时期遗物分布于遗址内大部分采集区，共发现244片陶片。其中密度最高的采集区靠近村北侧。该时期陶片占总数的43%。整体上密度比较高（图423）。

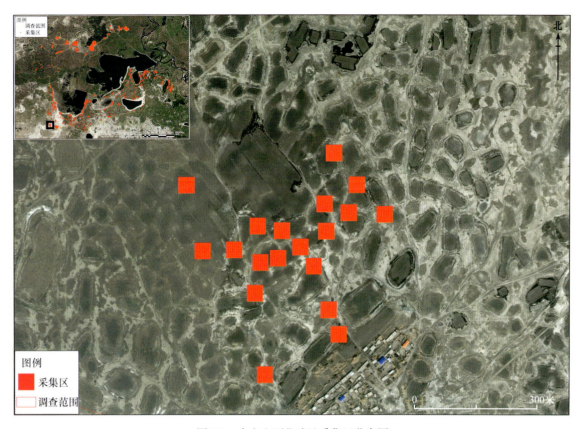

图422　小金山西北遗址采集区分布图

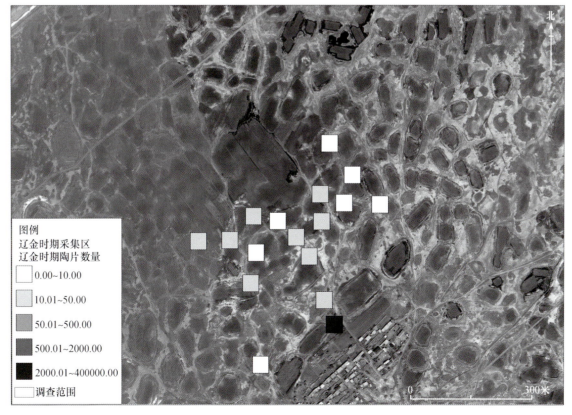

图 423　小金山西北遗址辽金时期采集区分布图

采集陶片标本1件。

F072：001，泥质灰陶口沿。平沿，圆唇，沿下饰附加堆纹，器形少见，或许为器底，附加堆纹朝下，可能是盘或者器盖，或者为滴水。残长5.3厘米，宽3.4厘米，厚0.7厘米（图424）。

图 424　小金山西北遗址采集的辽金时期陶片（F072：001）

清末至民国时期遗物分布于遗址内所有采集区，共发现320片陶片。其中密度最高的1个采集区位于遗址最北端，密度较高的1个采集区靠近村北，其他采集区的密度也比较高。该时期陶片占总数的57%。整体上密度比较高，比辽金时期的密度高2倍（图425）。

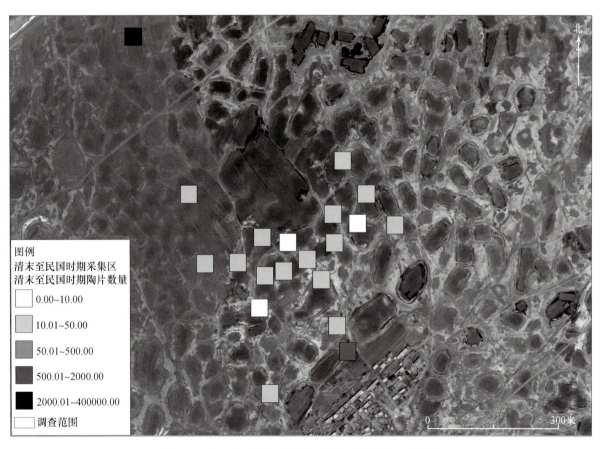

图 425　小金山西北遗址清末至民国时期采集区分布图

采集器物标本1件。

F065：001，青花瓷器底。灰胎，圈足施满釉，足底部有两圈青线，内底有一个符号，含义未知。厚1.2厘米，残高2厘米，底径9厘米（图426）。

地表采集物有铜钱1枚。

F072：002，光绪通宝。锈蚀严重。直径1.8厘米，厚0.1厘米（图427）。

图 426 小金山西北遗址采集的清末至民国时期瓷片（F065：001） 　　图427 小金山西北遗址采集的清末至民国时期铜钱（F072：002）

（6）总结

小金山西北遗址使用时间比较短，其发展过程与新乐遗址相似。辽金时期初步发展，清末至民国时期达到了顶峰。附近也发现古河道，可能是一处与漕运有关的聚落，并且和现代村落可能具有一定的延续性。

32．小金山东北 DA-XJS-2

（1）位置

小金山东北遗址位于调查区域西南部，大安市安广镇小金山村东北约1760米处。遗址中心UTM格式坐标为东经553482.1883，北纬5053008.8700。

（2）地貌

该遗址位于小金山村东北侧的一个椭圆形高岗上（图428），周围全为盐碱地，应为古河道。遗址东部属于CHk土壤地带，西部属于PHc土壤地带。

（3）以往工作

以往发表材料中未发现有关该遗址的记录。

（4）范围与文化内涵

小金山东北遗址总面积94230平方米，共有25个一般采集区（F031～F055）。采集区大部

图 428　小金山东北遗址

（摄影：刘晓溪）

分位于椭圆形高岗上，分布状态为4排西北—东南向，南侧也分散有3个采集区。周围全为盐碱地，原为古河道或湿地。整体上遗址长约520米，宽约200米（图429、表38）。

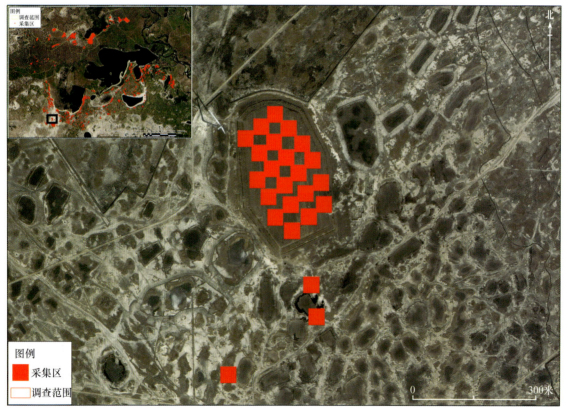

图 429　小金山东北遗址采集区分布图

该遗址发现有魏晋隋唐时期、辽金时期和清末至民国时期陶片。

表38 小金山东北遗址采集区和陶片统计表

时期	采集区数量	面积/万平方米	陶片数量/片	占陶片总数百分比/%	采集区内密度*
魏晋隋唐	3	0.8240	4	0.4	0.0004/m²
辽金时期	25	9.4230	533	57.3	0.006/m²
清末至民国	22	5.7918	393	42.3	0.007/m²
总数	25	9.4230	930	100	0.01/m²

*此处密度数据是依据系统采集所获陶片数量推算而得。其他数据都是实际数据。

（5）遗存分布、密度与标本

魏晋隋唐时期陶片分布于遗址东南部的3个采集区，共发现4片陶片。该时期陶片占总数的0.4%。密度很低（图430）。

辽金时期陶片分布于遗址内大部分采集区，共发现533片陶片。其中密度最高的1个采集区位于遗址高岗的西南部。该时期陶片占总数的57.3%。整体上密度不太高（图431）。

发现器物标本1件。

F043∶001，泥质灰陶纺轮。残，只剩三分之一，有穿孔。厚0.6厘米，直径4厘米（图432）。

图430 小金山东北遗址魏晋隋唐时期采集区分布图

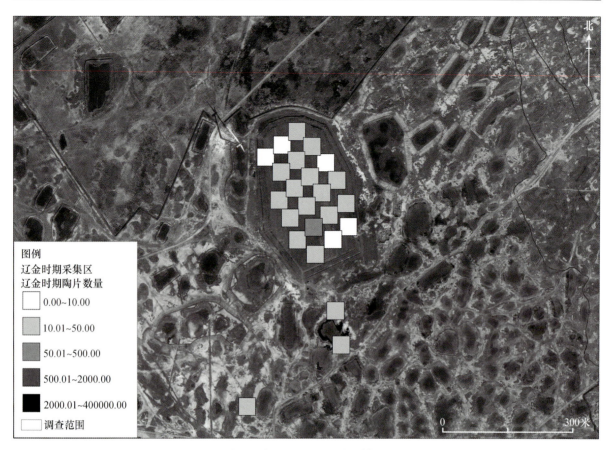

图431　小金山东北遗址辽金时期采集区分布图

0　　　　　　　　　3厘米

图 432　小金山东北遗址采集的
辽金时期陶纺轮（F043∶001）

清末至民国时期遗物分布于遗址内几乎所有的采集区，仅南侧的3个采集区未见。共发现393片陶片。该时期陶片占总数的42.3%。整体上密度比较均匀，但不是太高（图433）。

地表采集砖块1个。

（6）未断代标本

地表采集铁器3件。

F053∶001，铁钩。以尖头铁条弯制而成。长5.7厘米，宽4.6厘米，厚0.4厘米（图434-1）。

F053∶002，方钉。残，锈蚀。横截面呈长方形，端部为尖状。残长7.9厘米，宽2.7厘米，厚1.4厘米（图434-2）。

F053∶003，铁器残片。不规则形，锈蚀严重。残长3.3厘米，宽2.8厘米，厚0.8厘米（图434-3）。

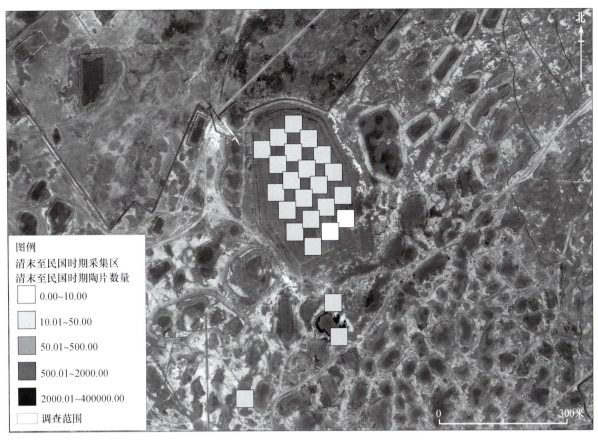

图433 小金山东北遗址清末至民国时期采集区分布图

图434 小金山东北遗址采集的金属器
1. F053：001 2. F053：002 3. F053：003

（7）总结

小金山东北遗址使用时间比较短。魏晋隋唐时期虽有陶片分布，但是所占比例很低，且分布范围较小。辽金时期该遗址得到了极大的利用和发展，不仅陶片数量增加，而且分布范围扩大。清末至民国时期继续利用和发展，不过相比之前有所弱化。所以小金山东北遗址是一个被连续使用的遗址，很可能为小型农场、作坊或小型聚落。现代被废弃。

33. 张家炉DA-ZJH

（1）位置

张家炉遗址位于调查区域西南部，大安市安广镇张家炉村西北侧。遗址中心UTM格式坐标为东经552676.5249，北纬5051277.1907。

（2）地貌

该遗址位于张家炉村西北侧一处近椭圆形的高岗及村东侧村路以北土丘。地表现为耕地。遗址北侧和东北侧为盐碱地，原为古河道或湿地。遗址属于PHc土壤地带。

（3）以往工作

以往发表材料中未发现有关该遗址的记录。

（4）范围与文化内涵

张家炉遗址总面积322950平方米，共有60个一般采集区（F011、F012、F017～F025、F074～F122）。采集区分布状态稍显分散，可以分为三区。主要位于张家炉村西北侧高岗上，呈近东西向分布，其他采集区分别分布于主体采集区的西侧和村东北侧。整体上遗址东西长约2000米，南北宽约600米（图435、表39）。

该遗址发现辽金时期和清末至民国时期陶片。

表39　张家炉遗址采集区和陶片统计表

时期	采集区数量	面积/万平方米	陶片数量/片	占陶片总数百分比/%	采集区内密度*
辽金时期	47	25.1663	324	24.8	0.001/m²
清末至民国	60	32.2950	984	75.2	0.003/m²
总数	60	32.2950	1308	100	0.004/m²

*此处密度数据是依据系统采集所获陶片数量推算而得。其他数据都是实际数据。

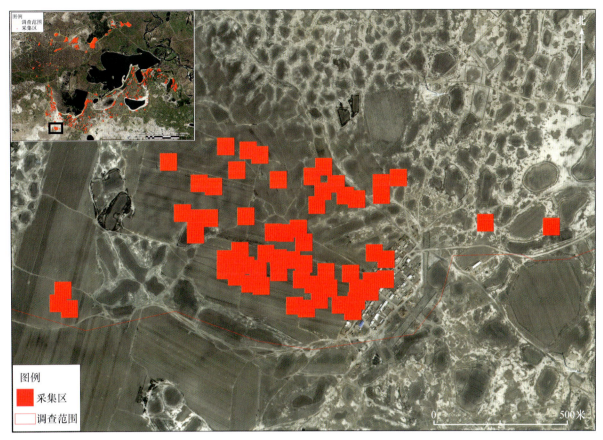

图435 张家炉遗址采集区分布图

（5）遗存分布、密度与标本

辽金时期陶片几乎分布于遗址内大部分采集区，仅东侧的采集区未见。共发现324片陶片。其中密度相对较高的采集区主要分散分布于遗址的北部。该时期陶片占总数的24.8%。整体上密度比较低（图436）。

采集器物标本1件。

F075：001，夹砂黄褐陶陶球。略残，近椭圆形。残长2.8厘米，宽2.3厘米（图437）。

清末至民国时期遗物分布于整个遗址所有的采集区，共发现984片陶片。其中密度相对较高的采集区较多，主要集中于遗址东部、北部和东南部。该时期陶片占总数的75.2%。相对于清末至民国时期的遗址来说，密度比较低（图438）。

采集器物标本1件。

F011：001，青花瓷碗残片。青灰胎。敞口，圆唇，弧腹，圈足，外壁饰有植物纹饰，整体内外施满釉。厚0.5厘米，高5.8厘米，口径13厘米，底径6厘米（图439）。这种瓷碗清代晚

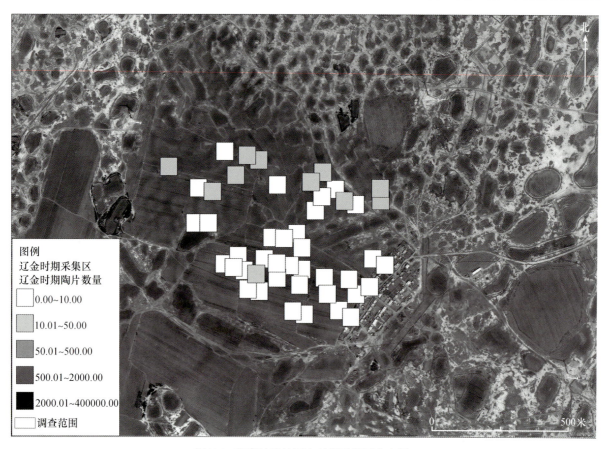

图436　张家炉遗址辽金时期采集区分布图

图 437　张家炉遗址采集的辽
金时期陶球（F075：001）

期很普遍，见于农安县库尔金堆清末墓地[①]和黑龙江省五常市拉林机场清代遗址[②]。

　　地表采集清末至民国时期的铜钱2枚（图440）。

　　F091：001，"乾隆通宝"。残。反面有满文。残长2.4厘米，宽1.3厘米，厚0.1厘米（图440-1）。

　　F091：002，锈蚀严重，面文不明。直径2.3厘米，厚0.2厘米（图440-2）。

（6）未断代标本

　　地表采集有磨制石器1件。

---

　　① 王新胜、邢春光、刘晓溪、Pauline Sebillaud（史宝琳）：《吉林省农安县库尔金堆古城址西南角"点将台"的发掘》，《北方文物》2016年第1期，第12～18页，第17页图8-5～7。

　　② 黑龙江省文物考古研究所：《黑龙江省五常市拉林机场清代遗址发掘简报》，《北方文物》2015年第4期，第48～52页，第50页图1-19。

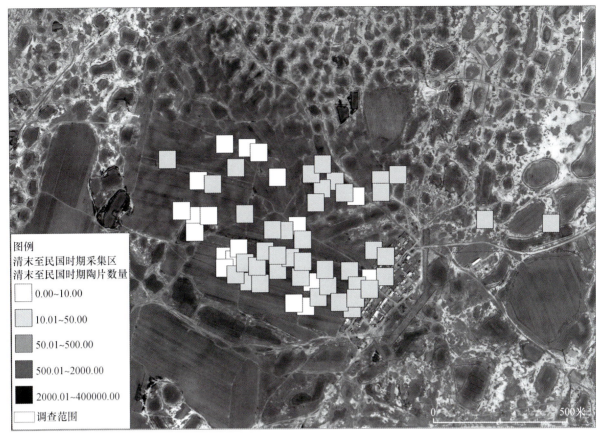

图438 张家炉遗址清末至民国时期采集区分布图

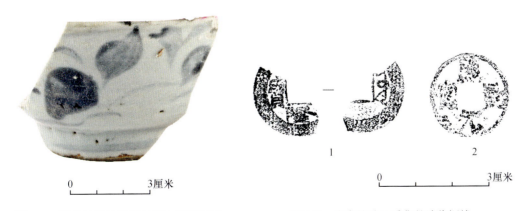

图439 张家炉遗址采集的清末至民国时
期瓷片（F011：001）

图440 张家炉遗址采集的清代铜钱
1. F091：001 2. F091：002

图 441　张家炉遗址采集的石器
（F081：001）

F081：001，砺石。残。灰色，截面呈长方形，一端被磨光，残断处见1穿孔，孔径0.6厘米。残长3.5厘米，宽3.1厘米，厚2.1厘米（图441）。

（7）总结

张家炉遗址使用时间比较短。从辽金时期延续使用至清末至民国时期，而且通过遗址与现代村落的位置关系来看，应该与现代有一定的延续性，而且遗址的东南部可能被现代村落所覆盖。

34. 尹家窝堡 DA-YJWP

（1）位置

尹家窝堡遗址位于调查区域的西南部，大安市安广镇永丰村尹家窝堡屯西北1.2千米。遗址中心UTM格式坐标为东经554950.3625，北纬5054722.9130。

（2）地貌

该遗址位于新荒泡西南岸，其北侧为水面，西侧为面积广阔的盐碱地，其北部边缘沿水边处规律地分布10个土包。遗址位于耕地与盐碱地相接的一处高岗，地势稍高于周边的缓坡。地表现为耕地，属于CHk土壤地带。

（3）以往工作

2012年发现的10个土包经过钻探被确认为人工遗迹。作为《吉林大安后套木嘎遗址考古工作规划》的一部分，受吉林省文物局委托，吉林大学边疆考古研究中心、吉林省文物考古研究所、大安市博物馆组成联合考古队，分别于2014年[①]、2015[②]年两个年度对该遗址进行了主动性考古发掘。

① Pauline Sebillaud（史宝琳）、刘晓溪、李扬、王立新、梁建军：《吉林发现东北地区首个辽金时期土盐制作遗址——大安尹家窝堡遗址的发掘收获》，《中国文物报》2014年9月26日，第8版；吉林大学边疆考古研究中心、吉林省文物考古研究所：《吉林大安市尹家窝堡遗址发掘简报》，《考古》2017年第8期，第59～69页。

② Pauline Sebillaud（史宝琳）、张礼艳、刘晓溪：《吉林大安尹家窝堡遗址2015年发掘简报》，《边疆考古研究（第20辑）》，北京：科学出版社，2016年，第89～117页。

共发现淋卤坑5座、灶址5座、灰坑107座、水渠3条、墓葬1座、房址2座和灰沟2条，遗物有陶器、瓷器、铁器、铜器、骨器等。

尹家窝堡遗址各单位出土遗物面貌比较单纯，尽管部分遗迹在相对年代上存在早晚之分，然而主要遗迹形制结构与出土遗物特征基本相同，应统属于辽金时期。

2014年发现的一批特殊遗迹——淋卤坑尤为重要。通过观察保存较好的5座淋卤坑结构，可以发现此类遗迹与《天工开物·作咸篇》[①]中记载的部分内容和《熬波图》中记载的"淋灰取滷"[②]中的"灰淋"和"滷井"结构颇有相似之处。因而可明确淋卤坑应为制盐遗存。

通过判断层位关系、遗迹叠压打破关系和比较出土器物，认为该遗址的时代应主要集中在金代早、中期。

尹家窝堡遗址发现的制盐遗存在东北地区尚属首见，不仅填补了东北地区辽金时期土盐制作遗存的空白，同时也为东北地区盐业发展史的研究提供了重要的实物资料[③]。

2015年底月亮泡和新荒泡淹没区工程一个堤坝被建成，该堤坝穿过了遗址最密集区的中部（图442）。

图442 尹家窝堡遗址
（2017 Google Earth卫星图）

① （明）宋应星：《天工开物·作咸篇》，上海：上海古籍出版社，2002年。

② （元）陈椿：《熬波图》，上海：上海古籍出版社，1936年。

③ Pauline Sebillaud（史宝琳）、刘晓溪：《尹家窝堡遗址：探索东北已知发现最早的土盐制作遗存》，《吉林画报》2016年第7期，第70~73页；Pauline Sebillaud（史宝琳）、刘晓溪：《吉林大安尹家窝堡遗址的发掘》，《辽金西夏研究年鉴（2014~2015）》，北京：中国文史出版社，2018年，第265~277页；Pauline Sebillaud, Xiaoxi Liu, Lixin Wang. "Investigation on the Yinjiawopu Site, a Medieval Salt Production Workshop in Northeast China". *Journal of Field Archaeology*, 47, 2017, p. 1-15.

（4）范围与文化内涵

尹家窝堡遗址总面积297317平方米，共有66个采集区（B128～B182、F001～F009、F015、F016），其中有37个系统采集区和29个一般采集区。大部分的采集区集中于遗址北部土岗上，村子北侧、西侧和南侧也有一些采集区零散分布。地表散布有动物骨骼。遗址南北最长约1700米，东西最宽约1600米（图443、表39）。

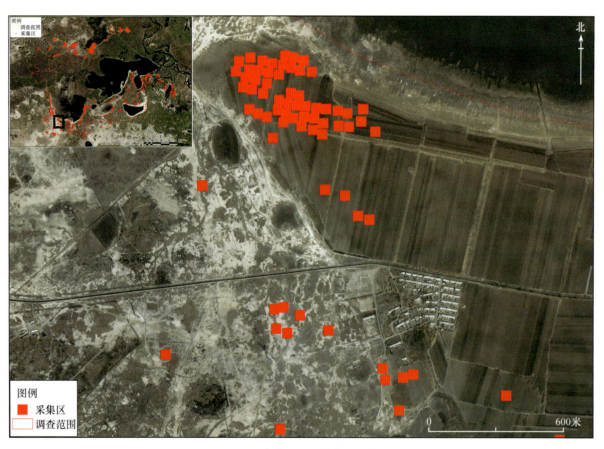

图443　尹家窝堡遗址采集区分布图

该遗址发现魏晋隋唐时期、辽金时期和清末至民国时期陶片。整体上密度特别高。

表40　尹家窝堡遗址采集区和陶片统计表

时期	采集区数量	面积/万平方米	陶片数量/片	占陶片总数百分比/%	采集区内密度*
魏晋隋唐	1	0.25	2	0.05	$0.008/m^2$
辽金时期	63	29.2317	3069	84.36	$1.1/m^2$
清末至民国	60	28.1617	567	15.59	$0.2/m^2$
总数	66	29.2317	3638	100	$1.3/m^2$

*此处密度数据是依据系统采集所获陶片数量推算而得。其他数据都是实际数据。

（5）遗存分布、密度与标本

魏晋隋唐时期陶片仅见于1个采集区。该采集区位于遗址高岗中部，共发现2片陶片。该时期陶片占总数的0.05%。密度非常低（图444）。

图 444　尹家窝堡遗址魏晋隋唐时期采集区分布图

采集陶片标本1件。

B177：001，夹粗砂灰陶口沿。侈口，圆唇。沿外从上至下分别饰有两道凸棱和一道附加堆纹。厚0.7厘米，高3.8厘米（图445）。

图 445　尹家窝堡遗址采集的魏晋隋唐时期陶片（B177：001）

　　辽金时期陶片分布于整个遗址内大部分采集区（63个），共发现3069片陶片。其中密度最高的采集区集中分布于遗址北部的高岗、遗址中部（2015年发现聚落遗迹的位置）、村西和村西南处。该时期陶片占总数的84.36%。整体上密度非常高（图446）。

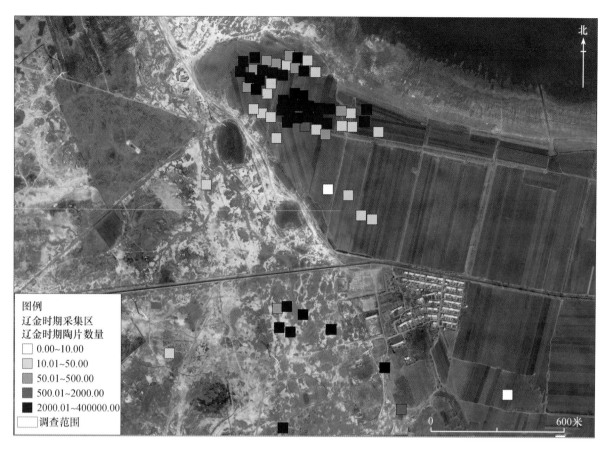

图 446　尹家窝堡遗址辽金时期采集区分布图

　　采集器物标本若干件，既有陶片标本也有陶纺轮2件、布纹瓦10块、砖块10个和铜钱1枚。

　　B138：001，泥质灰陶片。饰一道附加堆纹。残长4.4厘米，宽3.4厘米，厚0.8厘米（图447-1）。类似的纹饰见于尹家窝堡遗址2015年发掘区（金代聚落）[1]和德惠市李春江金代遗址[2]。

　　B161：001，夹砂灰陶口腹残片。敛口，卷沿，圆唇。厚0.9厘米，残高4厘米（图447-2）。

　　F001：002，夹砂灰陶口腹残片。敞口，卷沿，圆唇，腹壁斜直。厚1厘米，残高5.8厘米（图447-3）。

　　F001：003，夹砂灰陶口腹残片。敛口，卷沿，尖唇。厚0.9米，口径约23厘米（图447-4）。

　　① 　Pauline Sebillaud（史宝琳）、张礼艳、刘晓溪：《吉林大安尹家窝堡遗址2015年发掘简报》，《边疆考古研究（第20辑）》，北京：科学出版社，2016年，第89～117页，第100页图10-2、3。

　　② 　吉林省文物考古研究所、德惠市文物管理所：《吉林省德惠市李春江遗址发掘报告》，《北方文物》2009年第3期，第47～61页，第52页图8-1、4、11。

图 447 尹家窝堡遗址采集的辽金时期遗物

1. B138：001 2. B161：001 3. F001：002 4. F001：003 5. F005：001 6. F007：002 7. F007：003
8. B166：001 9. F001：001 10. B158：001 11. B170：001 12. F007：001

类似的口沿见于尹家窝堡遗址2015年发掘区（金代聚落）[①]、德惠市朱城子七队金代遗址[②]、扶余县陶西林场金代遗址[③]、黑龙江省双城市车家城子金代城址[④]。

F005：001，夹砂灰陶口沿。卷沿，圆唇。残长4.9厘米，宽2.6厘米，厚0.9厘米（图447-5）。

F007：002，夹砂灰陶口腹残片。敛口，卷沿，圆唇，鼓腹。厚1.2厘米，残高4厘米，口径约37厘米（图447-6）。类似的口沿见于尹家窝堡遗址2015年发掘区（金代聚落）[⑤]。

---

① Pauline Sebillaud（史宝琳）、张礼艳、刘晓溪：《吉林大安尹家窝堡遗址2015年发掘简报》，《边疆考古研究（第20辑）》，北京：科学出版社，2016年，第89～117页，第96页图4-14。

② 吉林省文物考古研究所、德惠市文物管理所：《吉林省德惠市朱城子七队遗址发掘简报》，《北方文物》2009年第3期，第27～32、61页，第30页图9-5。

③ 吉林省文物考古研究所、扶余县博物馆：《吉林省扶余县陶西林场遗址发掘简报》，《北方文物》2009年第3期，第33～45页，第42页图11-7。

④ 黑龙江省文物考古研究所：《黑龙江双城市车家城子金代城址发掘简报》，《考古》2003年第2期，第42～50页，第46页图8-10。

⑤ Pauline Sebillaud（史宝琳）、张礼艳、刘晓溪：《吉林大安尹家窝堡遗址2015年发掘简报》，《边疆考古研究（第20辑）》，北京：科学出版社，2016年，第89～117页，第96页图4-14。

F007：003，夹砂黄灰陶口腹残片。敞口，卷沿，圆唇。厚0.9厘米，残高4厘米（图447-7）。类似的口沿见于尹家窝堡遗址2015年发掘区（金代聚落）[1]和黑龙江省双城市车家城子金代城址[2]。

B166：001，夹砂灰陶纺轮残块。厚0.8厘米，直径5厘米（图447-8）。

F001：001，夹砂灰陶纺轮。近圆形，用布纹瓦改制而成。直径约4.9厘米，厚2厘米（图447-9）。类似特征的纺轮见于尹家窝堡遗址2015年发掘区（金代聚落）[3]。

B158：001，夹砂灰陶筒瓦残块。残长7.1厘米，厚2.6厘米，宽3.8厘米（图447-10）。

B170：001，夹砂灰陶网坠。不规则形，用布纹瓦所改成。残长8厘米，宽4.4厘米，厚2.4厘米（图447-11）。

F007：001，夹砂灰陶砖块。表面印有植物纹饰。两个直边。残长15厘米，宽9.4厘米，厚5.2厘米（图447-12）。类似的纹饰砖见于梅河口海龙镇郊遗址[4]和扶余县陶西林场金代大型建筑[5]。

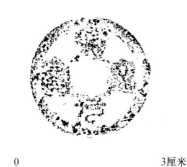

0　　　　　　　3厘米

图448　尹家窝堡遗址采集的辽金时期铜钱（F005：002）

F005：002，"熙宁元宝"，锈蚀严重。直径2.6厘米，厚0.2厘米（图448）。

清末至民国时期遗物分布于遗址的大部分采集区，共发现567片陶片。其中密度最高的采集区分布于遗址北部的高岗中部和村子西南侧。该时期陶片占总数的15.59%。整体上密度很高，但比辽金时期的密度低（图449）。

采集有器物标本1件。

B161：002，青花瓷器底。器表施深灰色釉，圈足内侧未施釉。内壁饰蓝色植物类纹饰。厚0.5厘米，残高2厘米，底径7厘米（图450）。

（6）未断代标本

地表发现了磨制石器2件、铁斧1件、蹄铁1件、小铜丝1段和铁渣。

B161：003，磨制石器。残，灰色，可能为砺石残块，窄边磨光。残长6.2厘米，宽5.8厘

①　Pauline Sebillaud（史宝琳）、张礼艳、刘晓溪：《吉林大安尹家窝堡遗址2015年发掘简报》，《边疆考古研究（第20辑）》，北京：科学出版社，2016年，第89～117页，第96页图4-14。

②　黑龙江省文物考古研究所：《黑龙江双城市车家城子金代城址发掘简报》，《考古》2003年第2期，第42～50页，第46页图8-2、5、7、12。

③　Pauline Sebillaud（史宝琳）、张礼艳、刘晓溪：《吉林大安尹家窝堡遗址2015年发掘简报》，《边疆考古研究（第20辑）》，北京：科学出版社，2016年，第89～117页，第96页图6-8。

④　洪峰、志立：《吉林海龙镇郊辽金时期建筑遗址的发掘》，《北方文物》1988年第1期，第43～46页。

⑤　吉林省文物考古研究所、扶余县博物馆：《吉林省扶余县陶西林场遗址发掘简报》，《北方文物》2009年第3期，第33～45页，第40页图9-9。

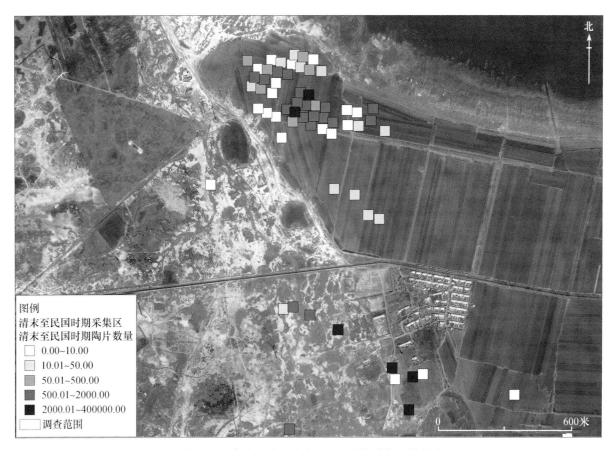

图 449　尹家窝堡遗址清末至民国时期采集区分布图

米，厚4.4厘米（图451-1）。

B143：001，磨制石器。残，黑色，平面为三角形，横截面为长方形，两面均磨光。残长5.8厘米，宽3.1厘米，厚1.9厘米（图451-2）。

B129：001，铁斧。长方銎，扇形刃略残。锈蚀严重。残长4.5厘米，宽4.9厘米，厚2.2厘米（图452-1）。类似的工具见于桦南县龙王庙金代遗址[①]。

B133：001，蹄铁。残，带有两个长方形孔。残长9.6厘米，宽1.8厘米，厚0.9厘米（图452-2）。

（7）总结

尹家窝堡遗址继调查发现之后分别进行了两次发掘，出土遗物和地表采集遗物具有一致性，这也很好地验证了地表调查结果与地下发掘遗存的关联性。遗址北部的高岗中部发现有聚落遗存，而且其北部的10个土包之一也经过发掘并发现有制盐遗存，因而该遗址应为金代早中期一处有制盐作坊的聚落遗址。

① 鄂善君、王树楼：《桦南县龙王庙遗址出土的金代窖藏铁器》，《北方文物》1995年第3期，第151、152页，第152页图2-9。

图450　尹家窝堡遗址采集的清末至民国时期瓷片（B161：002）

图451　尹家窝堡遗址采集的磨制石器

1. B161：003　2. B143：001

图452　尹家窝堡遗址采集的金属器

1. B129：001　2. B133：001

35．永丰西北 DA-YF-1

（1）位置

　　永丰西北遗址位于调查区域的西南部，大安市安广镇永丰村西北900米处。遗址中心UTM格式坐标为东经555393.7091，北纬5052308.5800。

（2）地貌

该遗址位于永丰村西北一处近椭圆形土岗上。遗址南侧和西侧为盐碱地，原应为古河道或湿地。遗址地表现为耕地。属于CHk土壤地带。

（3）以往工作

以往发表材料中未发现有关该遗址的记录。

（4）范围与文化内涵

永丰西北遗址总面积47630平方米，共有23个一般采集区（F013、F014、F126～F146）。所有的采集区集中于土岗上，整体呈东北—西南向分布成三排，南部略有变化。地表发现有蚌壳。遗址东北—西南长约350米，西北—东南宽约250米（图453、表40）。

该遗址发现辽金时期和清末至民国时期陶片。整体上密度很高。

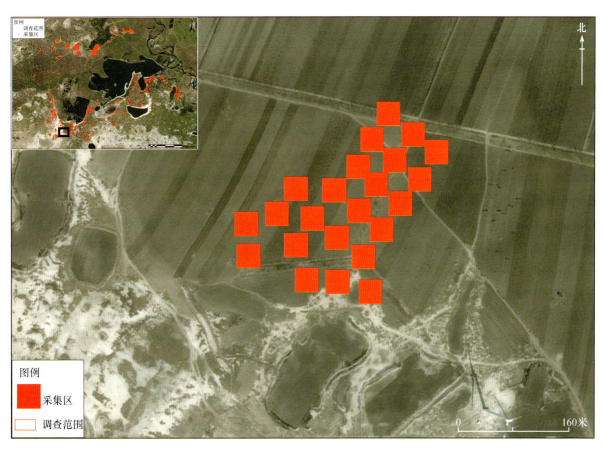

图 453　永丰西北遗址采集区分布图

表41　永丰西北遗址采集区和陶片统计表

时期	采集区数量	面积/万平方米	陶片数量/片	占陶片总数百分比/%	采集区内密度*
辽金时期	20	4.2630	501	74.8	0.01/m²
清末至民国	23	4.7630	169	25.2	0.004/m²
总数	23	4.7630	670	100	0.014/m²

*此处密度数据是依据系统采集所获陶片数量推算而得。其他数据都是实际数据。

（5）遗存分布、密度与标本

辽金时期陶片分布于遗址内大部分采集区（20个），共发现501片陶片。其中密度最高的采集区位于遗址西南部。该时期陶片占总数的74.8%。整体上密度比较高（图454）。

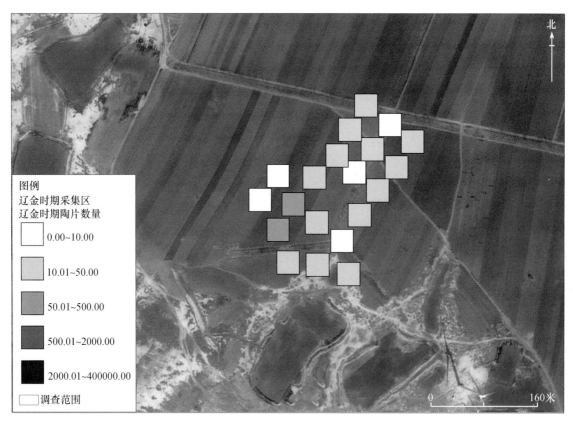

图454　永丰西北遗址辽金时期采集区分布图

地表采集辽金时期遗物中有陶网坠1件。

F146：001，泥质灰陶网坠。用陶片所改，不规则形，边缘有三个凹槽（缠绳子用）。残长4.6厘米，宽2.4厘米，厚0.7厘米（图455）。

清末至民国时期遗物分布于整个遗址内所有的采集区，共发现169片陶片。其中密度相对较高的采集区分布于遗址西南部和遗址西北部。该时期陶片占总数的25.2%。整体上密度比较低（图456）。

（6）未断代标本

地表采集磨制石器2件（图457）。

F141：001，磨制石器残块。灰色，不规则形，两面均磨光。残长13厘米，宽4.5厘米，厚2.3厘米（图457-1）。

F013：001，砺石残块。长方形，一面磨光，一端有穿孔。残长7.3厘米，宽3.5厘米，厚1.6厘米（图457-2）。

0　　　　　　　　3厘米

图455　永丰西北遗址采集的辽金时期
陶网坠（F146：001）

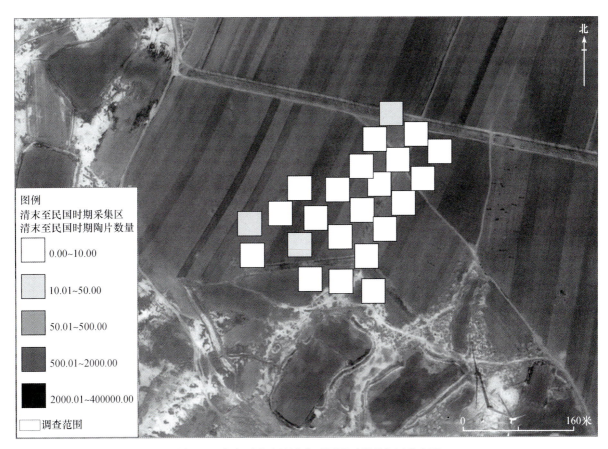

图例
清末至民国时期采集区
清末至民国时期陶片数量

0.00~10.00

10.01~50.00

50.01~500.00

500.01~2000.00

2000.01~400000.00

调查范围

北

0　　　　　160米

图 456　永丰西北遗址清末至民国时期采集区分布图

1

2

0　　　　　　3厘米

图457　永丰西北遗址采集的石器

1. F141：001　2. F013：001

（7）总结

永丰西北遗址使用时间比较短。辽金时期该遗址得到了开发利用，主要在遗址西南部发展，可能与西南部靠近水源的自然环境有关。清末至民国时期继续利用，且分布范围有所扩大，不过西南部仍是重要发展区。

36. 永丰东 DA-YF-2

（1）位置

永丰东遗址位于调查区域的西南部，大安市安广镇永丰村东侧。遗址中心UTM格式坐标为东经557017.6802，北纬5052224.1996。

（2）地貌

该遗址位于永丰村东侧，采集区比较分散。遗址地表大部分为耕地，部分沙化严重。遗址属于CHk土壤地带。

（3）以往工作

以往发表材料中未发现有关该遗址的记录。

（4）范围与文化内涵

永丰东遗址总面积589808平方米，共有28个采集区（E086、E102～E113、E127、F147～F160），其中有1个系统采集区和27个一般采集区。采集区分布状态较为分散，最密集的区域位于遗址的北部和东部。遗址东西长约1200米，南北宽约1000米（图458、表42）。

该遗址发现辽金时期和清末至民国时期陶片。

表42　永丰东遗址采集区和陶片统计表

时期	采集区数量	面积/万平方米	陶片数量/片	占陶片总数百分比/%	采集区内密度*
辽金时期	27	58.9808	726	70.9	0.008/m²
清末至民国	24	45.3422	298	29.1	0.008/m²
总数	28	58.9808	1024	100	0.014/m²

*此处密度数据是依据系统采集所获陶片数量推算而得。其他数据都是实际数据。

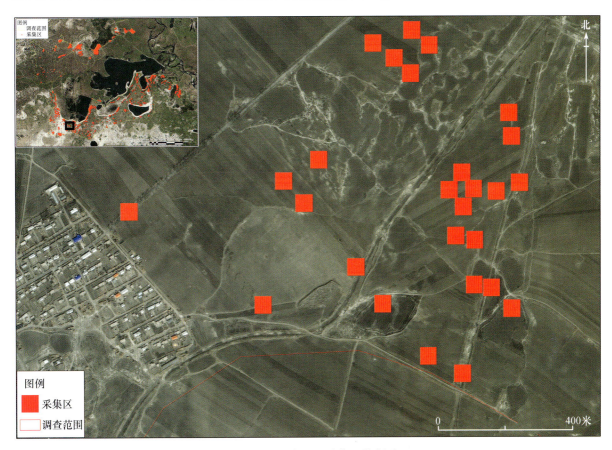

图 458　永丰东遗址采集区分布图

（5）遗存分布、密度与标本

辽金时期陶片分布于整个遗址内大部分采集区，共发现726片陶片。其中密度相对较高的采集区分布于遗址的东部和东南部。该时期陶片占总数的70.9%。整体上密度比较低。遗址中心处即E105采集区内发现被破坏的辽金砖石墓（图459）。

地表采集遗物中既有陶片标本，也有网坠1件，E105采集区内还发现大量的砖块及瓦片1件。

E105：003，泥质灰陶腹底残片。腹壁斜直，平底。腹饰成排细条形篦点纹。残高5.8厘米，厚0.7厘米，底径12厘米（图460-1）。

E105：004，泥质灰陶腹底残片。腹壁斜直，平底。腹饰成排细长楔形篦点纹。残高4厘米，厚0.9厘米，底径21厘米（图460-2）。

E105：005，泥质灰陶腹底残片。腹壁斜直，平底。腹饰细条形篦点纹。残高5.2厘米，厚0.8厘米，底径22厘米（图460-3）。

E105：006，泥质灰陶腹底残片。腹壁斜直，平底。腹饰成排细条形篦点纹。残高2.9厘米，厚1.1厘米，底径31厘米（图460-4）。

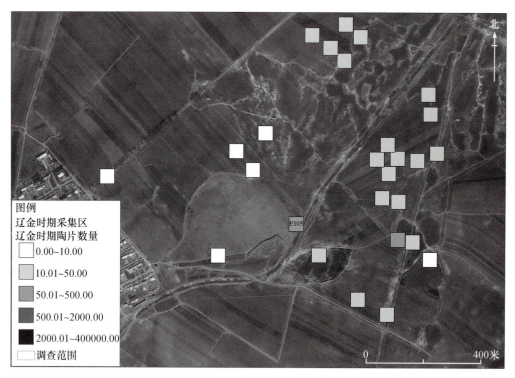

图459　永丰东遗址辽金时期采集区分布图

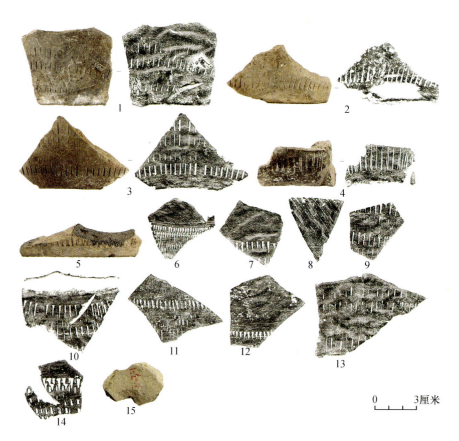

图460　永丰东遗址采集的辽金时期陶片

1. E105：003　2. E105：004　3. E105：005　4. E105：006　5. E105：001　6. E105：007　7. E105：008　8. E105：010
9. E105：015　10. E105：002　11. E105：013　12. E105：014　13. E105：016　14. E105：018　15. E113：001

E105：001，泥质灰陶腹底残片。腹壁斜直，平底。腹饰成排楔形篦点纹。残高2.5厘米，厚0.9厘米，底径24厘米（图460-5）。

E105：007，泥质灰陶片。应该属于陶器的肩部。饰有成排短条形篦点纹。长5.5厘米，宽5.2厘米，厚0.8厘米（图460-6）。

E105：008，夹砂灰黄陶片。饰有成排楔形篦点纹，表面磨光。长5.2厘米，宽4.8厘米，厚0.5厘米（图460-7）。

E105：010，夹砂灰陶片。表面饰有网格形暗纹。长4.7厘米，宽4厘米，厚0.5厘米（图460-8）。

E105：015，夹砂灰陶片。饰有细长条形篦点纹。长4.6厘米，宽3.7厘米，厚0.8厘米（图460-9）。

E105：002，泥质灰陶片，应该属于陶器的肩部。饰有成排细长楔形篦点纹。长7.3厘米，宽5.7厘米，厚0.9厘米（图460-10）。

E105：013，夹砂灰陶片。饰有成排细楔形篦点纹。长6.2厘米，宽4.5厘米，厚0.4厘米（图460-11）。

E105：014，夹砂灰陶片。饰有成排楔形篦点纹。长5.6厘米，宽5.3厘米，厚0.8厘米（图460-12）。

E105：016，夹砂灰黄陶片。饰有成排短条形篦点纹。长9.2厘米，宽5.7厘米，厚0.6厘米（图460-13）。

E105：018，夹砂灰黄陶片。饰有成排楔形篦点纹。长4.8厘米，宽4.4厘米，厚0.8厘米（图460-14）。

E113：001，泥质灰陶网坠，为陶片所改。不规则形，两侧边缘各有一凹缺。残长4.1厘米，宽3.1厘米，厚1厘米（图460-15）。

E106：001，夹砂灰黄陶砖块。三个直边，一面有火烧痕迹。残长17.5厘米，宽15.5厘米，厚5厘米（图461）。

清末至民国时期陶片分布于整个遗址内大部分采集区，共发现298片陶片。其中密度相对较高的采集区主要分布于遗址东部。该时期陶片占总数的29.1%。整体上密度比较低（图462）。

图461　永丰东遗址采集的辽金时期陶砖（E106：001）

（6）总结

永丰东遗址与永丰西北遗址情况较为相似，使用时间比较短。辽金时期、清末至民国时期都有利用，且主要集中于遗址的东部。

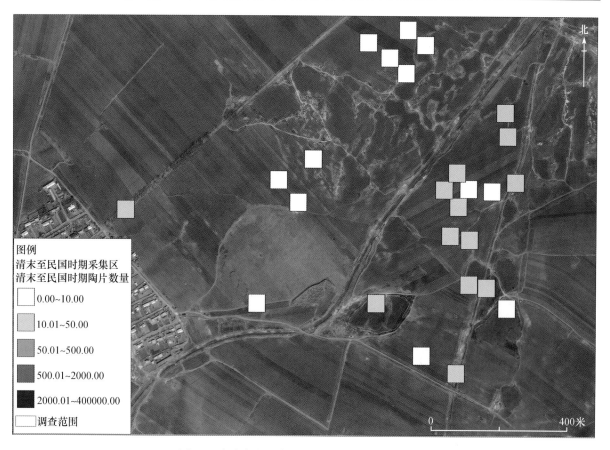

图462　永丰东遗址清末至民国时期采集区分布图

37. 后新荒 DA-HXH

（1）位置

后新荒遗址位于调查区域西南部，大安市安广镇新荒乡后新荒村北侧、东侧、南侧，遗址中心UTM格式坐标为东经557428.2711，北纬5053830.5252。

（2）地貌

后新荒遗址位于后新荒村北侧、东侧、南侧，靠近新荒泡南岸。遗址东侧为盐碱地，地表现为耕地。遗址属于CHk土壤地带。

（3）以往工作

以往发表材料中未发现有关该遗址的记录。

（4）范围与文化内涵

后新荒遗址总面积186228平方米，共有33个采集区（B095～B127），其中有22个系统采集区和11个一般采集区。采集区分布状态可以分三区：村北侧、村东侧和村南侧。其中村东侧的采集区最多。地表散布有动物骨骼。遗址西北—东南向长约750米，东北—西南向宽约750米（图463、表42）。

图463　后新荒遗址采集区分布图

该遗址发现新石器时代中期、魏晋隋唐时期、辽金时期和清末至民国时期陶片。整体上密度比较高。

表43　后新荒遗址采集区和陶片统计表

时期	采集区数量	面积/万平方米	陶片数量/片	占陶片总数百分比/%	采集区内密度*
新石器时代中期	2	0.75	2	0.1	0.03/m²
魏晋隋唐	2	1.5559	2	0.1	0.008/m²
辽金时期	33	18.6228	1096	70.7	0.55/m²
清末至民国	33	18.6228	450	29.0	0.17/m²
总数	33	18.6228	1550		0.7/m²

*此处密度数据是依据系统采集所获陶片数量推算而得。其他数据都是实际数据。

（5）遗存分布、密度与标本

新石器时代中期陶片分布于村北侧的2个采集区，共发现2片陶片。该时期陶片占总数的0.1%。相对于新石器时代中期的遗物分布状态来说，整体上密度比较高（图464）。

图464　后新荒遗址新石器时代中期采集区分布图

魏晋隋唐时期陶片分布于村北和村东的2个采集区，共发现2片陶片。该时期陶片占总数的0.1%。整体上密度比较低（图465）。

辽金时期陶片分布于整个遗址内所有的采集区，共发现1096片陶片。其中密度最高的采集区在村南侧、东侧和北侧均有分布。该时期陶片占总数的70.7%。整体上密度很高（图466）。采集陶片标本2件，还有网坠1件。

B114：002，泥质灰陶口腹残片。侈口，方唇。自上至下分别饰有一排压印的之字纹和雷纹。厚0.8厘米，高2.5厘米（图467-1）。

B100：001，泥质灰陶片。饰有刻划的植物纹。长3.1厘米，宽2.3厘米，厚0.6厘米（图467-2）。

B114：001，夹砂黄灰陶网坠残块，为布纹瓦所改。残长7.1厘米，宽5.6厘米，厚1.9厘米（图468）。

图 465　后新荒遗址魏晋隋唐时期采集区分布图

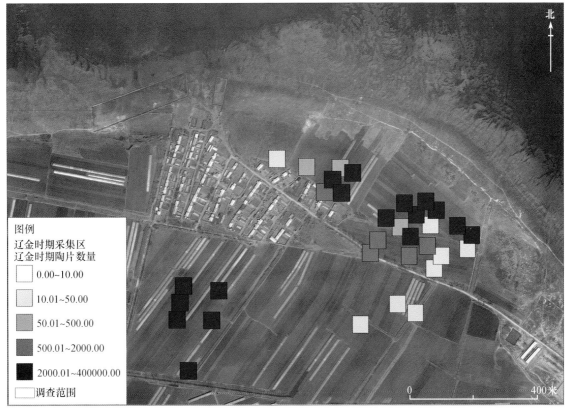

图 466　后新荒遗址辽金时期采集区分布图

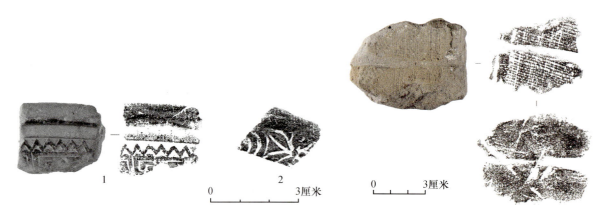

图 467　后新荒遗址采集的辽金时期陶片　　　　　图 468　后新荒遗址采集的辽金时期陶网坠
　　　1. B114∶002　2. B100∶001　　　　　　　　　　　　　　（B114∶001）

　　清末至民国时期陶片分布于整个遗址内所有的采集区，共发现450片陶片。其中密度相对较高的采集区分布于村北侧和东侧。该时期陶片占总数的29.0%。整体上密度很高，但是比辽金时期低3倍（图469）。

　　地表采集料珠1个。

图 469　后新荒遗址清末至民国时期采集区分布图

（6）未断代标本

地表采集磨制石器1件。

B095：001，磨制石器残块，可能为砺石。灰色，一端有穿孔，孔径0.7厘米。残长6.1厘米，宽3.7厘米，厚2.2厘米（图470）。

0　　　　　　　3厘米

图470　后新荒遗址采集的石器（B095：001）

（7）总结

后新荒遗址虽然发现新石器时代中期和魏晋隋唐时期的陶片，但数量较少，且均分布于遗址北部靠近水边的位置。辽金时期，该遗址得到广泛发展。清末至民国时期，该遗址继续得到利用，且主要集中于遗址北部和东部靠近湖泊和古河道的位置。该遗址分布于现代村落的周围，且距离较近，因而应该和现代村落有一定的延续性。

38．新荒（古城）DA-XH-1

（1）位置

新荒遗址位于调查区域西南部，大安市安广镇新荒乡中部、北侧和西南侧，遗址中心UTM格式坐标为东经557294.2214，北纬5052873.4912。

（2）地貌

新荒遗址位于新荒乡西北侧、中部、西南侧和东部，处于新荒泡南岸邻水高地上。遗址地表现为耕地，北侧邻水处有一片比较大的盐碱地。遗址属于CHk土壤地带。

（3）以往工作

新荒遗址系全国第二次文物普查时发现，相关信息可见《中国文物地图集·吉林分册》[1]。下面是《大安县文物志》[2]对该遗址的描述：

　　古城位于新荒公社所在地新荒屯南，与公社所在地相距50米。古城四周是一望无际的开阔平原，其北0.5千米是新荒泡，北去10千米是滚滚东去的洮儿河，西南距安

① 国家文物局编：《中国文物地图集·吉林分册》，北京：中国地图出版社，1993年，第154页。
② 吉林省文物志编修委员会：《大安县文物志》，长春：吉林省文物志编修委员会，1982年，第54页。

广镇约4千米。

古城因年深月久，自然水土流失和社员兴修水利、兴建房屋遭到了严重破坏，只剩下残垣断壁。古城内已垦为菜地、栽种果树。西墙北段墙上盖起公社卫生院，南段被公社中学兴建校舍占用。南墙、西墙已夷为平地，只有北、东二墙尚可看出残留墙基。

经现场实地考察和当地年老社员介绍得知：新荒古城为一方形，只剩一道墙垣；东西各有一门，居于中间，门宽10米左右。无马面、角楼建筑。古城方向为343°，东墙长191、残高1米、顶宽2米；南墙长219，残高0.4米；西墙长187米；北墙长195，残高0.5米，周长792米。城垣为夯土建筑，土色深黄，夯层厚度在20~28厘米。城内由于垦为菜园，栽种果树，已看不出古代建筑遗迹。只在城内近北墙根渠道两岸和西侧果树下，采集大量破碎陶片、瓷片。陶片皆为黑灰色泥质陶、轮制、火候较高，多为盆、罐之类的口沿；瓷片多为乳白色或淡黄色定窑瓷。此外还有大量赭石釉、黑色釉的釉陶。社员曾在城内挖出过大量唐、宋铜钱。

七十年代社员曾在城外东北角处挖出过大量青色方砖和九具人骨、铁镞、铁刀等遗物。与古城有关的墓葬。

根据古城的形制、结合出土遗物分析，既不见早于辽代，又不见晚于金代的遗物，因此断定为辽金时代的古城，始建于辽代，金代继续沿用，元时废弃。

（4）范围与文化内涵

新荒遗址总面积782541平方米，共有35个采集区（B066、B067、B069~B094、E092、E093、E098、E101、E114~E116），其中有12个系统采集区和23个一般采集区。采集区分布状态比较分散，主要集中于新荒古城内，位于新荒乡中部路东侧和西侧，还有部分采集区散布于新荒乡西北侧、西南侧和东侧。遗址西南—东北向长度约1500米，西北—东南向宽度约1200米（图471，表43）。

该遗址发现辽金时期和清末至民国时期陶片。

表44　新荒遗址采集区和陶片统计表

时期	采集区数量	面积/万平方米	陶片数量/片	占陶片总数百分比/%	采集区内密度*
辽金时期	35	73.4739	1210	74.4	0.12/m²
清末至民国	29	56.0516	416	25.6	0.02/m²
总数	35	78.2541	1626	100	0.13/m²

*此处密度数据是依据系统采集所获陶片数量推算而得。其他数据都是实际数据。

（5）遗存分布、密度与标本

辽金时期陶片分布于整个遗址内所有的采集区，共发现1210片陶片。其中密度最高的采集区集中于古城的位置，即遗址中心，西北部也有一个密度很高的采集区。该时期陶片占陶片总数的74.4%。整体上密度很高（图472）。

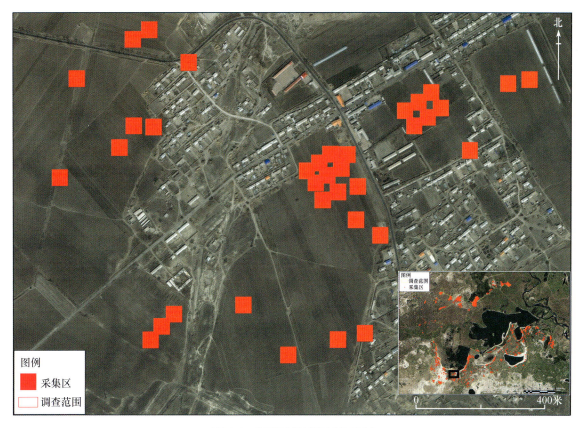

图471　新荒遗址采集区分布图

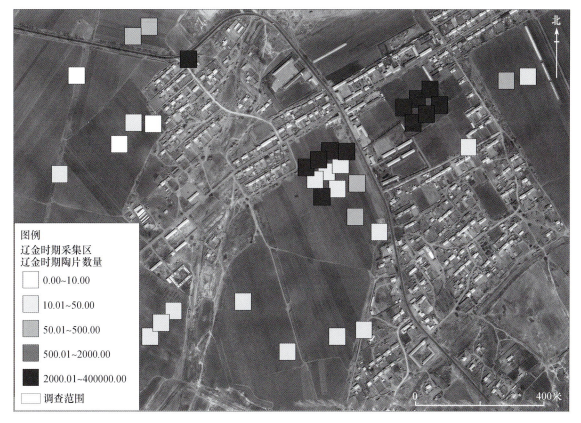

图472　新荒遗址辽金时期采集区分布图

采集陶片标本若干件。

B066：001，夹砂灰陶口腹残片。侈口，厚圆唇外凸，沿外还有两道凸棱状附加堆纹。壁厚1.1厘米，残高2.8厘米（图473-1）。

B066：002，夹砂灰陶腹底残片。饰有成排细长条形篦点纹。壁厚1.1厘米，残高4.2厘米（图473-2）。

B066：003，夹砂灰陶陶片。饰有成排短条形篦点纹。长3.5厘米，宽3.3厘米，厚0.9厘米（图473-3）。

图473　新荒遗址采集的辽金时期陶片
1. B066：001　2. B066：002　3. B066：003

清末至民国时期遗物分布于遗址内的29个采集区，共发现416片陶片。其中密度最高的采集区集中于遗址中心新荒乡路的西侧。该时期陶片占总数的25.6%。整体上密度比较高，但比辽金时期的密度低6倍（图474）。

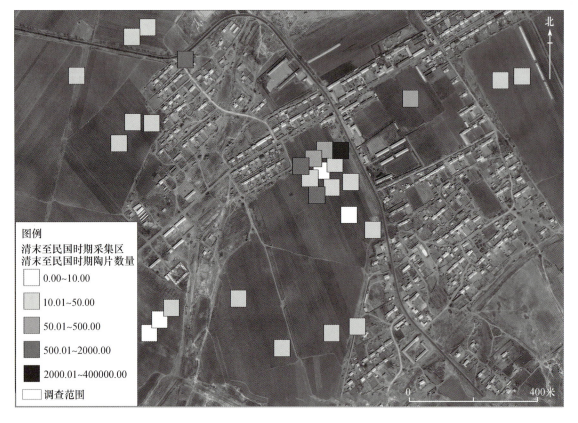

图474　新荒遗址清末至民国时期采集区分布图

（6）总结

新荒（古城）遗址使用时间比较短。可能该遗址的大部分被现代民宅覆盖。辽金时期该遗址的活动区域集中于古城内，即新荒乡路东侧和西侧。清末至民国时期该古城已经废弃，活动区域主要集中于路的西侧，而东侧发现遗物相对较少，可能与古城残垣的存在有关。

39. 邹德仁 DA-ZDR

（1）位置

邹德仁遗址位于调查区域中南部偏西，大安市安广镇邹德仁屯北侧、西侧与西南侧，遗址中心UTM格式坐标为东经560389.3552，北纬5054012.4898。

（2）地貌

邹德仁遗址位于新荒泡南的一处邻水高地上，与泡子边缘相距400米。该遗址南低北高，整体地势较高。有两排间距约20米东西走向的杨树带，每条杨树带长约50米。遗址的主体位于树带中，并且有一小部分向南部耕地延伸。树带南侧有一条东西走向的隔离沟，沟深约1.5米，宽平均为1米。从沟剖面上观察到多处房址和灰坑，而且有火烧过的痕迹（炕洞），但均未见陶片（图475、图476）。地表散布有被火烧过的砖，还有少量兽骨。遗迹距地表高度约为80厘米。遗址属于CHk土壤地带。

（3）以往工作

邹德仁遗址系1962年吉林大学历史系张忠培先生带队调查发现[①]。调查述要对包括该遗址在内的四处"细石器文化"遗址描述如下：

> 在这四处遗址的地面上，均散布着大量的石片、石核和石器。属于后者的有凹裆镞、平底或底呈弧形的镞、边刃器、平头刮削器和圆头刮削器等等。……陶片的质地为羼蚌壳的及羼草茎、草叶的泥质陶；也有夹砂陶和泥质陶。颜色主要为灰白色、红色或红褐色。纹饰有篦纹、划纹、锥刺纹和附加堆纹。器形极为简单，均属钵、罐一类的平底器。……所调查的四处遗址的文化特点，很近似昂昂溪遗址，而和内蒙古林

---

① 张忠培：《白城地区考古调查述要》，《吉林大学社会科学学报》1963年第1期，第69～82页。

图 475　B047采集区位置的断面
（摄影：史宝琳）

图476　B051采集区位置的断面
（摄影：史宝琳）

西一带的"细石器文化"遗址，虽也有不少相似之处，然而也存在着不小的区别。

不过，邹德仁遗址并没有被录入第二次文物普查的《中国文物地图集·吉林分册》或《大安县文物志》中。

（4）范围与文化内涵

邹德仁遗址总面积303637平方米，一共有33个采集区（A022～A025、A028、A029、B030～B054、B057、B058），其中有11个系统采集区和22个一般采集区。采集区分布不太密集，集中于水边，呈东北—西南向的长条形。地表分布大量的动物骨骼、蚌片和鹿角1块。遗址东北—西南长约1600米，西北—东南宽250～650米（图477，表44）。

图 477　邹德仁遗址采集区分布图

该遗址采集到新石器时代早期、新石器时代中期、新石器时代晚期、汉书二期、辽金时期和清末至民国时期陶片。

表45　邹德仁遗址采集区和陶片统计表

时期	采集区数量	面积/万平方米	陶片数量/片	占陶片总数百分比/%	采集区内密度*
新石器时代早期	1	0.2500	3	0.2	0.001/m²
新石器时代中期	9	5.5040	217	15.3	0.008/m²
新石器时代晚期	1	0.2500	1	0.1	0.0004/m²
汉书二期	3	1.1154	6	0.4	0.0005/m²
辽金时期	31	29.8637	1023	72.3	0.4/m²
清末至民国	24	26.8200	165	11.7	0.01/m²
总数	33	30.3637	1415	100	0.4/m²

*此处密度数据是依据系统采集所获陶片数量推算而得。其他数据都是实际数据。

（5）遗存分布、密度与标本

发现新石器时代早期陶片的采集区只有1个。该采集区位于遗址中部近水边处。发现的3片属于新石器时代早期的陶片占整个遗址陶片总数的0.2%。密度很低（图478）。

图例
新石器时代早期采集区
新石器时代早期陶片数量

　0.00~10.00

　10.01~50.00

　50.01~500.00

　500.01~2000.00

　2000.01~400000.00

　调查范围

0　　　　　　　　560米

图 478　邹德仁遗址新石器时代早期采集区分布图

　　发现新石器时代中期陶片的采集区有9个。这些采集区全部集中于村子北侧水边，沿着新荒泡岸往北延伸。密度比较高的采集区位于村子北侧。发现的217片新石器时代中期的陶片占陶片总数的15.3%。整体上密度比较高（图479）。

　　B049：002，夹蚌黄灰陶口沿残片。侈口，卷沿，圆唇。素面。器表遗有一锔孔。壁厚1.1厘米，残高3.9厘米（图480-1）。

　　B048：002，夹蚌黄灰陶口沿残片。直口，方唇。近口部遗有4道横向细凸棱状附加堆纹。壁厚0.5厘米，残高3.4厘米（图480-2）。类似的口沿见于后套木嘎遗址第Ⅱ期遗存[1]、小拉哈遗址第Ⅰ期遗存[2]、昂昂溪遗址[3]、镇赉县黄家围子遗址[4]。

　　①　吉林大学边疆考古研究中心、吉林省文物考古研究所：《吉林大安市后套木嘎遗址AⅢ区发掘简报》，《考古》2016年第9期，第3～24页，第9页图11-1～13。

　　②　黑龙江省文物考古研究所：《黑龙江省肇源小拉哈遗址调查简报》，《北方文物》1996年第1期，第7～11页，第8页图2；黑龙江省文物考古研究所、吉林大学考古系：《黑龙江省肇源县小拉哈遗址发掘简报》，《北方文物》1997年第1期，第34～44页，第35页图3-9、10；黑龙江省文物考古研究所、吉林大学考古系：《黑龙江肇源县小拉哈遗址发掘报告》，《考古学报》1998年第1期，第61～101页。

　　③　梁思永：《昂昂溪史前遗址》，《梁思永考古论文集》，北京：科学出版社，1959年，第58～90页，第88页图25-7。

　　④　吉林省文物考古研究所：《吉林镇赉县黄家围子遗址发掘简报》，《考古》1988年第2期，第141～149页。

图 479　邹德仁遗址新石器时代中期采集区分布图

图 480　邹德仁遗址采集的新石器时代中期陶片

1. B049：002　2. B048：002　3. B049：001　4. B050：002　5. B050：001

B049：001，夹蚌黄灰陶口沿残片。侈口，圆唇。长3.3厘米，宽2.8厘米，厚0.7厘米（图480-3）。

B050：002，夹蚌黄灰陶口沿残片。直口，圆唇。壁厚1.2厘米，残高3.8厘米（图480-4）。

B050：001，夹蚌黄灰陶圆陶片。近椭圆形。长4.4厘米，宽3.8厘米，厚0.7厘米（图480-5）。

发现新石器时代晚期的陶片只有1个采集区。该采集区位于遗址的西南端。实际上只发现了1片属于新石器时代晚期的陶片，占陶片总数的0.1%。整体上密度很低（图481）。

包括汉书二期文化陶片的采集区有3个。分布于遗址的中部，靠近村子的北侧。发现的6片属于汉书二期的陶片占陶片总数的0.4%。整体上密度很低（图482）。

发现辽金时期遗物的采集区分布于整个遗址的大部分采集区（33个采集区中的31个采集区）。密度最高的采集区主要集中于遗址中部，村子南侧也有密度很高的采集区。采集的1023片属于辽金时期的陶片占陶片总数的72.3%。整体上密度很高（图483）。

B053：001，泥质黄灰陶腹底残片。饰成排窄梯形篦点纹，壁厚1.1厘米，残高4.1厘米（图484）。

包括清末至民国时期遗物的采集区有24个。该采集区分布于遗址的大部分。密度相对高的采集区分布于遗址中部村子北侧，也有2个密度相对高的采集区分布于村子西南侧。采集的165片属于清末至民国时期的陶片占陶片总数的11.7%。整体上密度比较低（图485）。

B048：001，泥质灰陶陶盆。敞口，窄沿近平，厚圆唇。口径48厘米，壁厚0.9厘米，高19.5厘米，底径30厘米（图486）。

图481　邹德仁遗址新石器时代晚期采集区分布图

图 482　邹德仁遗址汉书二期采集区分布图

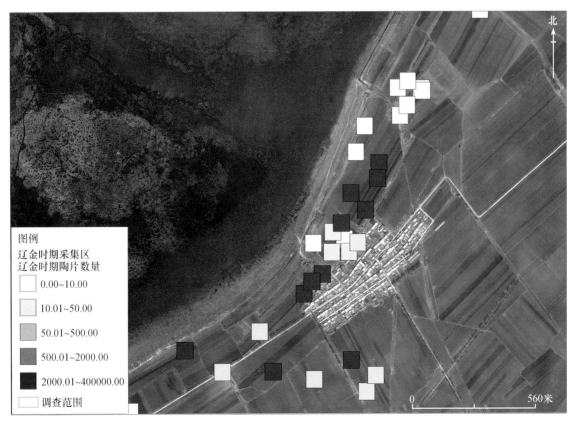

图 483　邹德仁遗址辽金时期采集区分布图

0　　　　　3厘米

图 484　邹德仁遗址采集的辽金时期陶片（B053：001）

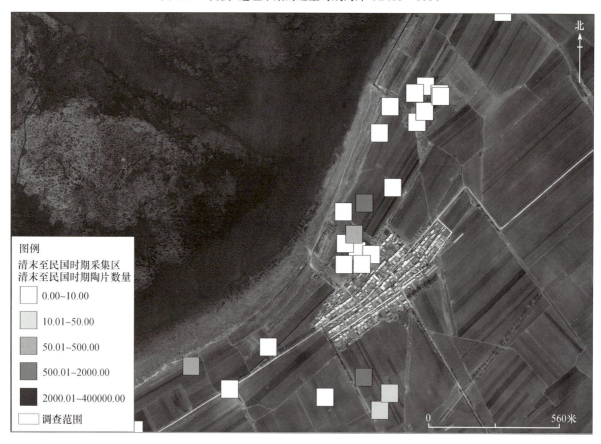

图例

清末至民国时期采集区
清末至民国时期陶片数量

　0.00~10.00

　10.01~50.00

　50.01~500.00

　500.01~2000.00

　2000.01~400000.00

　调查范围

北

0　　　　　560米

图 485　邹德仁遗址清末至民国时期采集区分布图

0　　3厘米

图 486　邹德仁遗址采集的清末至民国时期的陶盆

（B048：001）

（6）未断代标本

地表采集石器2件（图487）。

B044：001，锛形器。灰黑色角岩，通体经过正向加工。长6.21厘米，宽3.69厘米，厚1.36厘米（图487-1）。

B058：001，端刃刮削器。灰色燧石，毛坯为石片。远端正向加工呈一端刃，刃长为16.38毫米，刃角为79°。长2.3厘米，宽2.2厘米，厚0.9厘米（图487-2）。

图487 邹德仁遗址采集的石器
1. B044：001 2. B058：001

（7）总结

该遗址沿用时间很长，新石器时代早、中、晚期的遗物均有发现，数量虽然不多，但仍可看出靠近水边的高岗上在史前时期不断有人类活动。汉书二期文化阶段人类活动强度依然有限。进入辽金时期，该遗址进入大发展阶段，人类活动范围和强度达到最大。清末至民国时期仍然保持了较大的活动强度，应与现代村落之间具有一定的延续性。

40. 永庆北 DA-YQ-1

（1）位置

永庆北遗址位于调查区域中南部偏西，大安市安广镇永庆村北偏西800米，遗址中心UTM格式坐标为东经561611.1640，北纬5053036.6010。

（2）地貌

永庆北遗址位于永庆村西北，南北向的路西侧。采集区分布状态呈西北—东南向的长条形。地势较为平坦，地表现为耕地。属于CHk土壤地带。

（3）以往工作

以往发表材料中未发现有关该遗址的记录。

（4）范围与文化内涵

　　永庆北遗址总面积92295平方米，一共有12个一般采集区（A009～A020）。采集区分布不太密集，集中于遗址北部，呈西北—东南向的长条形。遗址西北—东南长约650米，东北—西南宽约400米（图488，表46）。

图488　永庆北遗址采集区分布图

　　该遗址包括辽金时期和清末至民国时期陶片。

表46　永庆北遗址采集区和陶片统计表

时期	采集区数量	面积/万平方米	陶片数量/片	占陶片总数百分比/%	采集区内密度*
辽金时期	4	3.6764	10	9.4	0.0003/m²
清末至民国	12	9.2295	96	90.6	0.001/m²
总数	12	9.2295	106	100	0.001/m²

*此处密度数据是依据系统采集所获陶片数量推算而得。其他数据都是实际数据。

（5）遗存分布、密度与标本

　　发现辽金时期陶片的采集区只有4个。这些采集区分布于遗址的北部。采集的10片属于辽金时期的陶片占整个遗址陶片总数的9.4%。整体上密度非常低（图489）。

　　发现清末至民国时期遗物的采集区有12个，分布于整个遗址的所有采集区。密度稍微高一点的2个采集区分布于遗址北部。发现的属于清末至民国时期的96片陶、瓷片占总数的90.6%。整体上密度很低（图490）。

图 489　永庆北遗址辽金时期采集区分布图

图 490　永庆北遗址清末至民国时期采集区分布图

（6）总结

该遗址为小型的活动地点，从辽金时期开始，清末至民国时期发展，可能与现代的永庆村有连续性。

41. 后套木嘎 DA-HTMG

（1）位置

后套木嘎遗址位于调查区域中南部偏西，大安市安广镇红岗子乡永合村北偏西1.9千米，遗址中心UTM格式坐标为东经561499.9405，北纬5056314.0468。

（2）地貌

后套木嘎遗址位于新荒泡东岸，地势东高西低，为一缓坡。遗址北部、东部、南部现多为农田、林地，少部分为荒地，西部因新荒泡的侵蚀不断崩塌而形成断崖。地表分布有人骨、动物骨骼、陶片和大量蚌壳，局部有冶铁残渣，还有几个不规则的盗墓坑。局部位置地表有当地老百姓取土挖成的几个不规则形坑。有一条"文革"时期修建的西南—东北向的水渠自遗址中部穿过，对遗址造成了较严重的破坏。遗址局部分布有数十座现代坟。遗址大部分区域属于CHk土壤地带，最北部属于PHh土壤地带。

（3）以往工作

后套木嘎遗址于1957年调查发现，当时称作"安广县永合屯遗址"[①]。1958年进行了复查和试掘（总发掘面积为6平方米），采集细石器、磨制石器、骨器、陶器标本等400余件。根据李莲先生描述，"安广县永合屯是较为丰富的细石器文化遗址，细石器相当发达，石片石器和磨制石器数量很少，除没见到骨制杈鱼工具外，其他情况均与昂昂溪相似。……总的情况是带昂昂溪的文化因素多些，带赤峰的文化因素少些"[②]。此次调查注意到采集品中有"夹草茎"的厚胎陶器。1961年佟柱臣的《东北原始文化的分布与分期》一文指出，以永和屯为代表的"吉林省西部的细石器文化，反映了嫩江流域与西喇木伦河流域两地细石器

---

①　李莲：《白城发现细石器文化遗址》，《文物参考资料》1958年第11期，第78～80页；吉林省文物志编修委员会：《大安县文物志》，长春：吉林省文物志编修委员会，1982年，第110、111页。

②　李莲：《吉林安广县永合屯细石器遗址调查简报》，《文物》1959年第12期，第37～40页。

文化的中间性质"[①]。1962年张忠培等对后套木嘎进行复查，将该遗址记作"大赉县傲包山遗址"，并将其与邹德仁遗址一起归入"细石器文化"的范畴，而且注意到采集"陶片的质地为夹蚌壳的及夹草茎、草叶的泥质陶"，同时认为该遗址的特点"很近似于昂昂溪遗址"，也发现有类似东山头遗址和辽金时期的陶片[②]。1971年永合屯小学出土一面等边八角形铜镜，背面带契丹文铭文，陈述翻译了铭文，并推测该铜镜"应是1140～1189年间所制作"[③]。

由于永和屯原名为套木嘎（也有写作"图玛嘎"的。最初包括了前套木嘎、腰套木嘎与后套木嘎三个自然屯，后来随着自然屯的不断扩大，三者连在了一起），加之该遗址中部有一条东南—西北向的浅沟将遗址分为西南和东北两段，所以在第二次全国文物普查中将该遗址登记为前套木嘎（西南段）和后套木嘎（东北段）两个遗址。《中国文物地图集·吉林分册》[④]将其分作两处遗址记录。根据《大安县文物志》[⑤]的描述：

　　大安县东北边缘，岗峦起伏，水泡毗连，几十个水泡像几十颗晶莹的明珠镶嵌在嫩江西畔。这里土地肥沃，适宜古代人类生息。

　　后套木嘎遗址（即永合屯遗址）位于嫩江平原"月亮泡"与"新荒泡"之间的漫岗中段，因遗址坐落在红岗公社永合大队后套木嘎屯附近，故将遗址命名为后套木嘎遗址。

　　遗址南距前套木嘎（即傲包山）遗址约1千米许，遗址长约2000米，东西宽约200米。遗址地面有一渠道沿着山岗走向穿过，渠口宽10米，底宽8米，近年废弃。渠道两旁外侧为坡地，早已垦为耕地，地表上见有乳白、淡黄、赫色、酱色釉的瓷片以及器物口沿等残部。也有陶质网坠和铁器残片等遗物。

　　在遗址内渠道两壁内侧和渠道口，由于水土流失和农家取土造成坑痕遍地。在季节风剥的洼坑和渠道底沟里，蚌壳、鱼骨、兽骨和少量的人骨，历历在目。其数量居多的是蚌壳粉屑和鱼骨。在自然形成的风蚀坑里，裸露出大量的五颜六色的细石器，如石镞、小长石叶、圆头刮削器等，俯拾可得。这些细小石器，多为燧石、石髓质地，其中小长石叶可分单脊和双脊两类；圆头刮削器，形状相同，周边皆有压剥锯齿痕，琢制精细，工艺高超。小形石斧和石锛，通体磨光，弧刃锋利，棱角分明。从渠道内侧两壁断崖处，可见厚有1米的文化层，层内堆积着大量的陶片，只见沿、腹、底等残部未见完整的。夹砂，羼有蚌壳粉，火候低，手制粗糙。颜色有红褐和灰褐两种。纹饰有附加堆纹、压印纹和连点纹；同时，还发现了红烧土和炭屑，从迹象表明可能是一处居住址。

①　佟柱臣：《东北原始文化的分布与分期》，《考古》1961年第10期，第557～566页。

②　张忠培：《白城地区考古调查述要》，《吉林大学社会科学学报》1963年第1期，第69～82页。

③　陈述：《跋吉林大安出土契丹文铜镜》，《文物》1973年第8期，第36～40页；吉林省文物志编修委员会：《大安县文物志》，长春：吉林省文物志编修委员会，1982年，第112页。

④　国家文物局编：《中国文物地图集·吉林分册》，北京：中国地图出版社，1993年，第152、153页。

⑤　吉林省文物志编修委员会：《大安县文物志》，长春：吉林省文物志编修委员会，1982年，第11、12页。

　　根据该遗址文化内涵分析，当时人们居于依山傍水之地，从事农业，以渔猎业为补的经济生活。

　　后套木嘎遗址，是一处较大的原始村落遗址，出土的遗物较为丰富。其地面散存的辽代遗物，则说明后来契丹人也曾在此地生活过。

《大安县文物志》对前套木嘎遗址的描述如下：

　　前套木嘎遗址地属红岗公社永合大队，位于新荒、红岗两公社之间的傲包山上。傲包山将著名的月亮泡、新荒泡东西分开。遗址地处傲包山中段，南北走向的前套木嘎漫岗上。漫岗北高南低，北端濒临新荒泡，南是较开阔的平原，东与后套木嘎遗址相距不到1千米。

　　遗址分布面积有37500平方米，遗址已被垦耕，破坏严重。在遗址内见到有成堆的鱼骨、蚌壳、烧炭等遗物，红烧土块甚多，应是一处居住址。在遗址采集到的遗物有细石器和陶器残片。细石器有石镞、尖状器、刮削器、石叶、石核等。陶片有的施有篦点纹、刻划纹、粗绳纹、细绳纹、附加乳丁纹以及篦点组成的菱形、三角形、几何形图案等纹饰。

　　从遗物分析，该遗址是一处原始社会的居住址[1]。

　　1998年吉林大学考古系部分师生和大安市博物馆的工作人员对后套木嘎遗址再次进行复查，并采集到石制品133件，以各类刮削器为主，"根据石制品的特征分析，遗址的年代可能属于新石器时代的早期"[2]。遗址于1999年被确定为吉林省省级文物保护单位。

　　2011～2015年，为全面推行国家文物局新颁布的《田野考古工作规程》[3]，在吉林省文物局的直接领导下，由吉林大学边疆考古研究中心、吉林省文物考古研究所合作组建"吉林省田野考古实践与遗址保护研究基地"，通过对大安后套木嘎遗址周边地区开展区域性考古调查及对遗址本身的有计划发掘[4]。五个年度总计发掘6450平方米，共发掘墓葬123座、灰坑647个、灰沟51条、房址43座。遗存可分属七个时期。其中第一至四期为新石器时代遗存，第五、六期属青铜时代遗存，第七期属辽代或稍早阶段遗存。对该遗址出土的各种含碳样本在北京、西安

① 吉林省文物志编修委员会：《大安县文物志》，长春：吉林省文物志编修委员会，1982年，第30页。
② 陈全家、王春雪、宋丽：《吉林大安后套木嘎石制品研究》，《边疆考古研究（第4辑）》，北京：科学出版社，2005年，第1～27页。
③ 国家文物局编：《田野考古工作规程》，北京：文物出版社，2009年。
④ 王立新、霍东峰、石晓轩、Pauline Sebillaud（史宝琳）：《吉林大安后套木嘎遗址发掘取得重要收获》，《中国文物报》2012年8月17日，第8版；王立新、霍东峰、赵俊杰、刘晓溪：《吉林大安后套木嘎新石器时代遗址》，《2012年中国重要考古发现》，北京：文物出版社，2013年，第2～7页；王立新、霍东峰、方启：《吉林大安后套木嘎遗址发掘的主要收获》，《边疆考古研究（第21辑）》，北京：科学出版社，2017年，第321～333页。

和东京三个实验室进行了一系列的¹⁴C测年①。第一期年代大体在距今12900～11100年；第二期年代大体在距今8000～7000年；第三期年代大体在距今6500～5500年；第四期年代大体在距今5500～5000年；第五期为白金宝文化，大致为西周—春秋时期；第六期为汉书二期文化，大致为战国—西汉前期；第七期为辽代或稍早阶段②。

遗址出土的新石器时代人骨由肖晓鸣研究③，发现新石器时代居民与青铜时代的居民在体质特征上存在较大的相似性④，DNA研究也表明人群基因呈现出连续性的当地特征。第六期的汉书二期文化遗存主要为墓葬，有90余座，约1/3为洞室墓，余皆为圆角长方形的土坑竖穴墓⑤。张华等对后套木嘎遗址汉书二期文化墓葬出土人骨的牙齿分析表明，这批居民龋齿病率明显低于以农业为主要生业模式的人群，且女性牙齿患病率高于男性。这说明当地汉书二期文化居民的生业当以渔猎采集为主、农业为辅，且居民存在一定的性别分工及健康差异⑥。通过后套木嘎遗址第六期汉书二期文化墓葬出土儿童牙齿的分析，Merrett博士等发现，这些儿童的牙齿上存在比例很高的、影响生长和发育的生存压力标志物。推测这可能与环境和气候的较大变化有关，居民不得不采取渔猎采集为主、农业为辅的生业模式以应对生存压力⑦。

刘爽等对后套木嘎遗址出土各期陶片进行了陶土成分、烧成温度、烧制工艺的分析⑧。陈全家等分析了后套木嘎遗址出土的大量新石器时代的动物骨骼⑨。汤卓炜等利用柱状法采样所获土样，分析了各时期的孢粉组合及反映的古代植被与气候，表明"后套木嘎一期的早、中段沉积环境湿润，气候较冷，到了晚段更加寒冷，虽然植被覆盖率有所提高，但向着不利于人类的寒冷环境转变。……后套木嘎三期的沉积环境湿润，气候温暖，植被更加丰富，而且覆盖

---

① 中国社会科学院考古研究所考古科技实验室研究中心碳十四实验室：《放射性碳素测定年代报告（四三）》，《考古》2017年第7期，第82～87页；Kunikita D, L Wang, S Onuki, H Sato, H Matsuzaki. "Radiocarbon dating and dietary reconstruction of the Early Neolithic Houtaomuga and Shuangta sites in the Song-Nen Plain, Northeast China". *Quaternary International*, 2017, 441, p. 62-68.

② 吉林大学边疆考古研究中心、吉林省文物考古研究所：《吉林大安市后套木嘎遗址AⅢ区发掘简报》，《考古》2016年第9期，第3～24页；吉林大学边疆考古研究中心、吉林省文物考古研究所：《吉林大安市后套木嘎遗址AⅣ区发掘简报》，《考古》2017年第11期，第3～30页；王立新、霍东峰、方启：《吉林大安后套木嘎遗址发掘的主要收获》，《边疆考古研究（第21辑）》，北京：科学出版社，2017年，第321～333页。

③ 肖晓鸣：《吉林大安后套木嘎遗址人骨研究》，吉林大学博士学位论文，2014年。

④ 肖晓鸣、朱泓：《大安后套木嘎新石器时代中期墓葬出土人骨研究》，《北方文物》2014年第2期，第16～21页。

⑤ 石晓轩：《后套木嘎遗址汉书二期文化墓葬的分期与墓地结构分析》，吉林大学硕士学位论文，2013年。

⑥ Zhang H, D C Merrett, X Xiao, Q Zhang, D Wei, L Wang, X Ma, H Zhu, D Y Yang."A Comparative Study of Oral Health in Three Late Bronze Age Populations with Different Subsistence Practices in North China". *Quarternary International*, 105, 2015, p. 44-57.

⑦ Merrett D C, H Zhang, X Xiao, Q Zhang, D Wei, L Wang, H Zhu, D Y Yang. "Enamel Hypoplasia in Northeast China: Evidence from Houtaomuga". *Quarternary International*, 405, 2015, p. 11-21.

⑧ 刘爽、崔剑锋、王立新：《吉林大安后套木嘎遗址出土陶片科技检测分析》，《边疆考古研究（第21辑）》，北京：科学出版社，2017，第335～352页。

⑨ 宋姝、陈全家、王立新：《大安后套木嘎遗址DHAⅢG1动物骨骼遗存研究》，《边疆考古研究（第21辑）》，北京：科学出版社，2017年，第353～380页。

率有所提高，尤其是木本植物的覆盖率的提高"[①]。后套木嘎一期陶器残留物的同位素分析表明，这批早期陶器有些就是用来炊煮淡水鱼类和蚌类的，而该时期人骨的同位素分析同样表明，新石器时代早期淡水鱼和蚌在食谱中占很重要的地位[②]。

后套木嘎遗址出土材料非常丰富，多科学研究还在进行之中。

（4）范围与文化内涵

后套木嘎遗址总面积1412100平方米，一共有183个采集区（A026、A027、A030～A191、B234～B252），其中有28个系统采集区和155个一般采集区。采集区集中于新荒泡水边的东北—西南向长条形高岗上。南侧和东侧采集区比较分散。遗址东北—西南长约2400米，西北—东南宽约1000米（图491，表47）。

图491　后套木嘎遗址采集区分布图

① 汤卓炜、刘玮、王立新：《吉林大安后套木嘎遗址孢粉分析与古环境初步研究》，《边疆考古研究（第21辑）》，北京：科学出版社，2017年，第381～386页。

② Kunikita D, L Wang, S Onuki, H Sato, H Matsuzaki. "Radiocarbon dating and dietary reconstruction of the Early Neolithic Houtaomuga and Shuangta sites in the Song-Nen Plain, Northeast China". *Quaternary International*, 2017, 441, p. 62-68；王立新：《后套木嘎新石器时代遗存及相关问题研究》，《考古学报》2018年第2期，第141～164页；Wang Lixin, Pauline Sebillaud. "The Emergence of Early Pottery in East Asia: New Discoveries and Perspectives". *Journal of World Prehistory*, 32, 1, 2019, p.73-110.

该遗址包括新石器时代早期、新石器时代中期、新石器时代晚期、白金宝文化、汉书二期文化、魏晋隋唐时期、辽金时期和清末至民国时期陶片。

表 47　后套木嘎遗址采集区和陶片统计表

时期	采集区数量	面积/万平方米	陶片数量/片	占陶片总数百分比/%	采集区内密度*
新石器时代早期	7	2.0962	16	0.42	0.1/m²
新石器时代中期	39	14.7713	539	14.25	0.36/m²
新石器时代晚期	3	1.1361	11	0.3	0.13/m²
白金宝文化	1	0.25	1	0.03	0.0004/m²
汉书二期文化	93	38.9937	806	21.3	0.18/m²
魏晋隋唐	10	6.5447	19	0.5	0.01/m²
辽金时期	173	141.2100	1649	43.6	0.04/m²
清末至民国	129	141.2100	741	19.6	0.008/m²
总数	183	141.2100	3782	100	0.14/m²

*此处密度数据是依据系统采集所获陶片数量推算而得。其他数据都是实际数据。

（5）遗存分布、密度与标本

发现新石器时代早期陶片的7个采集区全部集中于遗址中部的地势最高处，靠近水边。密度最高的采集区居中。实际上采集的16个陶片占整个遗址陶片总数的0.42%。整体上密度比较低（图492）。

图例
新石器时代早期采集区
新石器时代早期陶片数量
☐ 0.00~10.00
☐ 10.01~50.00
▨ 50.01~500.00
▨ 500.01~2000.00
■ 2000.01~400000.00
☐ 调查范围

图492　后套木嘎遗址新石器时代早期采集区分布图

A104：001-a，夹炭陶口沿。直口，圆唇，唇面和近口部各有一排戳压短条栉齿斜向平行线纹，错向分布。其下似也有戳压短条栉齿斜向平行线纹，但经手抹，纹痕模糊，壁厚1.3厘米，残高4.8厘米（图493）。类似纹饰见于后套木嘎遗址第Ⅰ期文化遗存中[①]。

0   3厘米

图493　后套木嘎遗址采集的新石器时代早期陶片（A104：001-a）

包含新石器时代中期陶片的39个采集区主要集中于遗址的中部，与新石器时代早期遗存分布区重合且有所扩大。往南沿水边还有几个采集区。密度最高的采集区集中于遗址中部。采集的539片新石器时代中期陶片占陶片总数的14.25%。整体上密度比较高，比新石器时代早期的密度高3倍（图494）。

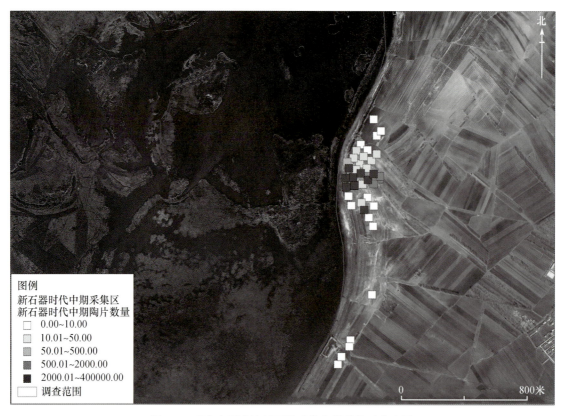

图例
新石器时代中期采集区
新石器时代中期陶片数量
□ 0.00~10.00
■ 10.01~50.00
■ 50.01~500.00
■ 500.01~2000.00
■ 2000.01~400000.00
□ 调查范围

0   800米

图494　后套木嘎遗址新石器时代中期采集区分布图

① 吉林大学边疆考古研究中心、吉林省文物考古研究所：《吉林大安市后套木嘎遗址AⅢ区发掘简报》，《考古》2016年第9期，第3~24页，第7页图8。

A098：001，夹蚌黄灰陶口腹残片。直口，圆唇，腹略弧。素面。壁厚0.6厘米，残高5.9厘米，口径约19厘米（图495-1）。

A099：002，夹蚌黄灰陶口沿残片。敞口，薄圆唇，近口部有一道以缠绳棒状物压印斜向凹窝的附加堆纹。长6.5厘米，宽4.1厘米，厚0.8厘米（图495-2）。

图 495　后套木嘎遗址采集的新石器时代中期陶片
1. A098：001　2. A099：002

地表采集的新石器时代中期的遗物中也有圆陶片1个。

发现有新石器时代晚期陶片的3个采集区位于遗址的中部，但不集中。密度最高的采集区位于遗址中部偏东南，离水边比较远。采集的11片属于新石器时代晚期的陶片占陶片总数的0.3%。密度比较低（图496）。

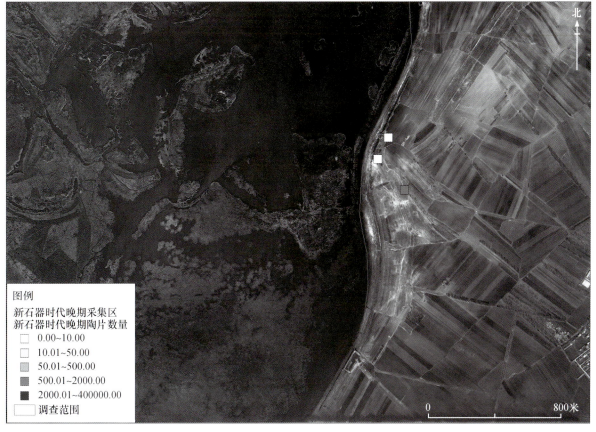

图496　后套木嘎遗址新石器时代晚期采集区分布图

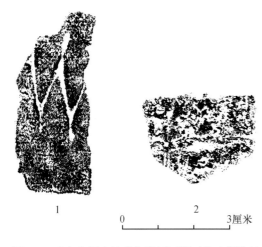

图497　后套木嘎遗址采集的新石器时代晚期陶片
1. A097：001　2. A100：002

A097：001，夹蚌红陶陶片。带有之字纹。长5厘米，宽2.6厘米，厚0.6厘米（图497-1）。类似陶片见于后套木嘎遗址第Ⅳ期遗存[①]、通榆县敖包山遗址[②]、老富大坨子遗址[③]、破坨子遗址[④]。

A100：002，夹砂红陶陶片。带有弦纹。长3.4厘米，宽2.6厘米，厚0.6厘米（图497-2）。

白金宝文化陶片仅见于1个采集区。该采集区位于遗址中部偏南，距水边约200米。且只采集到1片该期陶片，占陶片总数的0.03%。密度非常低（图498）。

汉书二期文化的陶片见于93个采集区。这些采集区分布于遗址的大部分，但相对集中于遗址的中部和北部，南部比较少。密度最高的采集区位于遗址中部，呈东西向长条形，离水边越远越多，中部偏南有2个密度很高的采集区，北部只有一个密度很高的采集区。采集到806片该期的陶片。整体上密度比较高（图499）。

地表采集汉书二期文化遗物中也有纺轮1件、鬲足4件、支座1件。

A096：001，夹砂黄灰陶。应为支座顶部残块。顶面略弧。残高3.6厘米，顶面直径5厘米（图500-1）。类似的支座（支脚）见于汉书遗址2001年发掘区第Ⅳ期遗存中[⑤]。

A102：001，夹砂黄灰陶鬲足。锥状足根。高4.5厘米（图500-2）。

A107：001，夹砂红褐陶鬲足。锥状足根，短小。足壁厚0.6厘米，高4.3厘米（图500-3）。

A079：001，夹砂黄褐陶纺轮残块。只剩三分之一。孔直径0.7厘米，长3.1厘米，宽2.4厘米，厚0.7厘米（图500-4）。

包含魏晋隋唐时期陶片的10个采集区分布于遗址的北部，集中于遗址核心部分的北部，再往北还有几个比较分散的采集区。密度比较高的采集区只有一个，位于遗址的北部。采集19片属于魏晋隋唐的陶片，占陶片总数的0.5%。整体上密度很低（图501）。

A188：001，夹粗砂灰陶口沿。侈口，圆唇，沿外有三道平行凸棱。壁厚0.7厘米，残高4.9厘米，口径约21厘米（图502-1）。

①　吉林大学边疆考古研究中心、吉林省文物考古研究所：《吉林大安市后套木嘎遗址AⅣ区发掘简报》，《考古》2017年第11期，第3～30页，第16页图30-10。

②　王国范：《吉林通榆新石器时代遗址调查》，《黑龙江文物丛刊》1984年第4期，第50～59页，第53页图3-4。

③　朱永刚、郑钧夫：《通榆县三处史前遗址调查与遗存分类》，《边疆考古研究（第7辑）》，北京：科学出版社，2008年，第334～351页，第347页图7-2、5、6、11。

④　蒋琳、朱永刚：《吉林通榆县新发乡三处遗址的调查和初步认识》，《北方文物》2014年第4期，第3～10页，第8页图4-10至12。

⑤　吉林省文物考古研究所、吉林大学边疆考古研究中心、吉林大学考古学院：《大安汉书——青铜时代遗址考古发掘报告》，北京：科学出版社，2018年，第122页图122。

图498 后套木嘎遗址白金宝文化采集区分布图

图499 后套木嘎遗址汉书二期文化采集区分布图

图 500　后套木嘎遗址采集的汉书二期文化陶片
1. A096：001　2. A102：001　3. A107：001　4. A079：001

图 501　后套木嘎遗址魏晋隋唐时期采集区分布图

　　A112：001，夹粗砂红灰陶口沿。侈口，圆唇，沿外有三道平行凸棱。壁厚0.7厘米，残高3.3厘米（图502-2）。

　　B242：001，夹粗砂红灰陶口沿。侈口，尖唇，沿外有两道平行凸棱。壁厚0.9厘米，残高3厘米（图502-3）。

　　B252：001，夹粗砂灰陶口沿。侈口，圆唇，表皮磨蚀严重，沿外有两道平行凸棱。壁厚0.6厘米，残高3.3厘米（图502-4）。

　　A106：001，夹粗砂黄灰陶陶片。饰成排短条形篦点纹。长4.5厘米，宽2.9厘米，厚0.7厘米（图502-5）。

图502　后套木嘎遗址采集的魏晋隋唐时期陶片

1. A188：001　2. A112：001　3. B242：001　4. B252：001　5. A106：001　6. A109：001　7. A109：002　8. A109：003

A109：001，夹砂灰陶陶片。饰戳压短条纹与楔形纹组成的几何纹带。长4厘米，宽3.3厘米，厚0.8厘米（图502-6）。

A109：002，夹砂灰陶。饰戳压短条纹与楔形纹组成的几何纹带。长3.4厘米，宽1.7厘米，厚0.9米（图502-7）。

A109：003，夹砂灰陶陶片。饰戳压短条纹与楔形纹组成的几何纹。长2.2厘米，宽1.7厘米，厚0.9厘米（图502-8）。

类似于A109：001、A109：002、A109：003的几何纹见于通榆县李永久坨子遗址[①]。

辽金时期陶片见于遗址的大部分采集区（183个采集区中的173个采集区）。密度最高的采集区分散在遗址的南部、中部和北部，尤以遗址东北部最为集中。采集1649片属于辽金时期的陶片，占陶片总数的43.6%。整体上密度很高（图503）。

---

① 蒋琳、朱永刚：《吉林通榆县新发乡三处遗址的调查和初步认识》，《北方文物》2014年第4期，第3～10页，第6页图3-29。

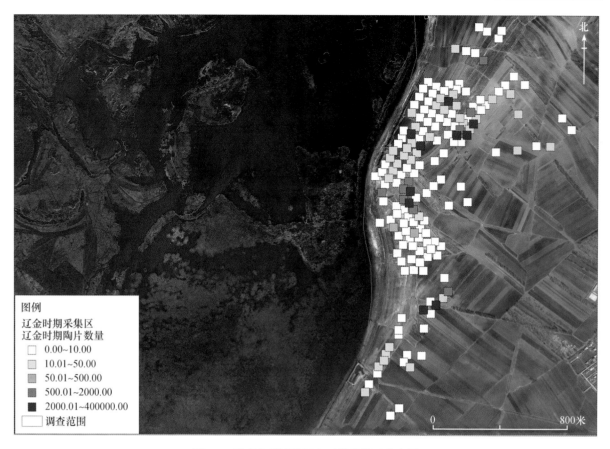

图503　后套木嘎遗址辽金时期采集区分布图

采集的辽金时期遗物中有网坠11件、圆陶片4件、纺轮1件（图504）。

A051：001，夹砂灰陶圆陶片。用布纹瓦残块改制而成。直径5.7厘米，厚1.9厘米（图504-1）。

A094：002，夹砂红陶纺轮半成品。近圆角方形，用布纹瓦残块改制，孔未钻透。长5.2厘米，宽5.4厘米，厚2.1厘米（图504-2）。

A141：001，夹砂黄灰陶圆陶片。边缘不甚规整。直径4.4厘米，厚0.7厘米（图504-3）。

A100：001，夹砂黑灰陶口沿。敞口，卷沿近平，圆唇。宽7.6厘米，厚0.8厘米，残高2.2厘米（图504-4）。

A062：001，泥质灰陶陶片。饰成排楔形篦点纹。长4.1厘米，宽3.4厘米，厚0.7厘米（图504-5）。

A033：001，夹砂灰陶网坠残块。以陶片改制，一端磨出。残长5.1厘米，宽4.7厘米，厚1.9厘米（图504-6）。

A035：001，夹砂红陶网坠。略残。用布纹瓦改成，圆角长方形，一侧遗有凹槽。长6.1厘米，宽3.8厘米，厚2.4厘米（图504-7）。

A040：001，夹砂红陶网坠残块。通体经打磨，一端磨出凹槽。残长6.7厘米，宽5.9厘米，厚2厘米（图504-8）。

图504　后套木嘎遗址采集的辽金时期遗物

1. A051：001　2. A094：002　3. A141：001　4. A100：001　5. A062：001　6. A033：001
7. A035：001　8. A040：001　9. A041：002　10. A048：001　11. A048：002　12. A052：001
13. A052：002　14. A053：001　15. A094：001　16. A100：003

A041：002，夹砂灰陶网坠残块。以布纹瓦残块改制，边缘经打磨，一端磨出凹槽。残长6.6厘米，宽4.8厘米，厚1.7厘米（图504-9）。

A048：001，夹砂灰陶网坠残块。以布纹瓦残块改制，通体打磨，一端磨出凹槽。残长4.4厘米，宽5.3厘米，厚2厘米（图504-10）。

A048：002，夹砂灰陶网坠。以布纹瓦改制，两面均磨出凹槽。长6.1厘米，宽4.9厘米，厚2厘米（图504-11）。

A052：001，夹砂灰黄陶网坠残块。以布纹瓦改制，通体打磨，一面磨出凹槽。残长5.2厘米，宽4.8厘米，厚2厘米（图504-12）。

A052：002，夹砂灰陶网坠。圆角长方形，通体打磨，一面磨出凹槽。长5.4厘米，宽4厘米，厚2.2厘米（图504-13）。

A053：001，夹砂黄灰陶网坠。近圆角长方形，一面磨出凹槽。长4.2厘米，宽4厘米，厚2.4厘米（图504-14）。

A094：001，夹砂灰陶网坠。近圆角梯形，以布纹瓦改制，一面磨出凹槽。长5.6厘米，宽

4.9厘米，厚2.3厘米（图504-15）。

A100：003，夹砂灰陶网坠。近三角形，以布纹瓦改制，一面磨出凹槽。长7厘米，宽4.7厘米，厚1.9厘米（图504-16）。

含清末至民国时期遗物的129个采集区分布于整个遗址。密度很高的采集区比较少，分布在遗址北部。采集741片属于清末至民国时期的陶、瓷片，占陶片总数的19.6%。整体上密度很低（图505）。

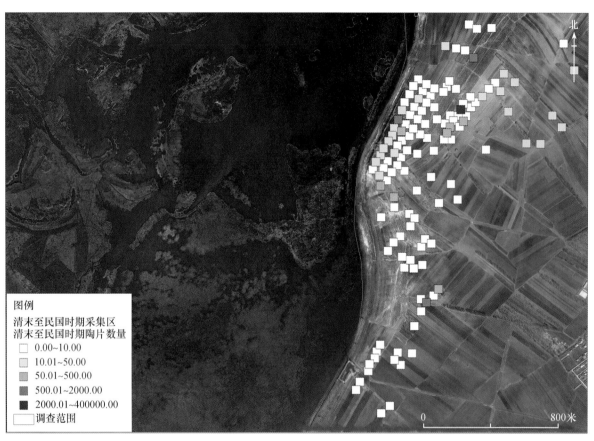

图505　后套木嘎遗址清末至民国时期采集区分布图

地表采集铜钱4枚。

A055：001，青花瓷器底残片。灰胎。内底有日轮纹及植物花纹，外底中央有方形戳记，外缘有双圈青线。长5.3厘米，宽4.4厘米，厚0.8厘米（图506-1）。

A167：002，青花瓷碗口腹残片。灰胎。敞口，圆唇，腹弧收。沿内及近底部分别有一、二匝青线，外壁有植物花纹。厚0.8厘米，残高4.6厘米，口径约12厘米（图506-2）。这种瓷碗清代晚期很常见，如农安县库尔金堆清末墓地[①]和黑龙江省五常市拉林机场清代遗址[②]。

---

① 王新胜、邢春光、刘晓溪、Pauline Sebillaud（史宝琳）：《吉林省农安县库尔金堆古城址西南角"点将台"的发掘》，《北方文物》2016年第1期，第12～18页，第17页图8-5～7。

② 黑龙江省文物考古研究所：《黑龙江省五常市拉林机场清代遗址发掘简报》，《北方文物》2015年第4期，第48～52页，第50页图1-19。

图506　后套木嘎遗址采集的清末至民国时期陶、瓷片
1. A055：001　2. A167：002　3. A167：003　4. A167：001

A167：003，青花瓷碗口腹残片。灰白胎。敞口，圆唇，腹弧收。沿内一匝青线，外壁一匝青线下为植物花纹。厚0.4厘米，残高4.7厘米，口径约13厘米（图506-3）。

A167：001，泥质黑灰陶口沿。敞口，折沿近平，圆唇。壁厚1厘米，残高3.8厘米（图506-4）。

（6）未断代标本

包括石器（打制或压剥石器51件、磨制石器35件）（图507~图511）、石料13块、骨锥1件、铁块17个、炼铁炉渣6块、铜条1件、铜块2个、烧土块5个。

采集的打制或压剥石器有51件，包括形制或用途不明石器（4件）、尖状器（3件）、石镞（3件）、刮削器（23件）、石核（1件）、细石叶（5片）、断片（9件）、断块（3件）8种（图507）。

A061：001，可能为石片。黑色细腻石料（可能为黑曜岩）。长2.3厘米，宽1.7厘米，厚0.9厘米（图507-48）。

A061：003，磨制石器残块，局部边缘经打制。可能作敲砸器使用。长10厘米，宽9厘米，厚4.1厘米（图509-1）。

A104：001-b，打制石器，黄褐色细腻石料。长1.1厘米，宽1.2厘米，厚0.3厘米（图507-7）。

A105：004，磨制石器残块。黄色。除一侧保留直边外，其余边缘又经打制。 长3.6厘米，宽3.5厘米，厚0.5厘米（图507-49）。

A104：002，尖状器。黄灰色硅质泥岩。毛坯为完整石片，整体呈三角形，三角各经过两侧加工修理呈尖刃，刃角分别为78°、82°和87°。长3.5厘米，宽2.6厘米，厚0.9厘米（图507-8）。

A119：001，尖状器。白色细腻石料。毛坯是残块，周身经过修理。尖部经两面加工形成一刃，尖角为80°。长3.6厘米，宽2厘米，厚1厘米（图507-20）。

A121：001，尖状器。灰色硅质泥岩。毛坯是一完整石片。尖部经两面加工呈一尖刃，尖角为87°。长1.7厘米，宽1厘米，厚0.3厘米（图507-21）。

图 507　后套木嘎遗址采集打制或压剥石器

1. A061：002　2. A081：001　3. A093：002　4. A097：002　5. A097：003　6. A103：001　7. A104：001-b

8. A104：002　9. A104：003　10. A105：001　11. A105：002　12. A105：003　13. A112：002　14. A113：002

15. A113：003　16. A114：001　17. A114：002　18. A115：001　19. A117：001　20. A119：001　21. A121：001

22. A121：002　23. A121：003　24. A122：001　25. A122：002　26. A122：003　27. A122：004　28. A122：005

29. A124：001　30. A127：001　31. A127：002　32. A128：001　33. A128：002　34. A128：003　35. A129：002

36. A132：001　37. A132：002　38. A133：001　39. A134：001　40. A135：001　41. A135：003　42. A136：001

43. A136：002　44. A136：003　45. A137：001　46. A143：001　47. A149：002　48. A061：001　49. A105：004

　　A105：003，石镞毛坯。红色细腻石料。通体加工，尖部残断。长5.4厘米，宽3.5厘米，厚0.8厘米（图507-12）。

　　A112：002，石镞毛坯。红褐色硅质泥岩。毛坯为细石叶近端，两侧边呈锥状相交，尖部残。背面有两条纵脊。腹面较平。长3厘米，宽1.7厘米，厚0.3厘米（图507-13）。

　　A135：001，石镞毛坯。灰色细腻石料。毛坯为一完整石片。两侧边呈锥状相交，尖部残。人工背面，腹面微凸。长2.9厘米，宽2.1厘米，厚0.4厘米（图507-40）。

　　采集的刮削器可分复刃刮削器（1件）、单直刃刮削器（6件）、单凸刃刮削器（6件）、单凹刃刮削器（3件）、双刃刮削器（2件）、双直刃刮削器（5件）6种。

　　A104：003，复刃刮削器。灰色硅质泥岩。毛坯为完整石片，三边经过正向加工形成刃，刃长分别为3厘米、2.6厘米、3.1厘米；刃角分别为30°、26°、20°。长3.4厘米，宽3厘米，厚0.7厘米（图507-9）。

A081：001，单直刃刮削器。毛坯为一残块，一侧边经两面加工形成一直刃，刃长为41.47毫米，刃角为52°。长4.3厘米，宽1.5厘米，厚0.8厘米（图507-2）。

A103：001，单直刃刮削器。黑灰色细腻石料。毛坯为细石叶近端，一长边经两面加工修理呈一直刃，刃长为2.15厘米，刃角为56°。长2.7厘米，宽0.7厘米，厚0.4米（图507-6）。

A113：003，单直刃刮削器。黄褐色细腻石料。毛坯为一断片。一侧边经正向加工形成一直刃，刃长为23.52°，刃角为24°。长2.3厘米，宽1.8厘米，厚0.4厘米（图507-15）。

A122：004，单直刃刮削器。黑灰色燧石。毛坯为断片近端。一侧边经反向加工形成一直刃，刃长为12.42毫米，刃角为23°。长1.5厘米，宽1.3厘米，厚0.2厘米（图507-27）。

A124：001，单直刃刮削器。灰色石料（可能为板页岩）。毛坯为一断块。一侧边经一面加工形成一直刃，刃长为4.25厘米，刃角为58°，长4.7厘米，宽2.8厘米，厚0.4厘米（图507-29）。

A143：001，单直刃刮削器。灰色硅质泥岩。毛坯为断片中段。一侧边经过两面加工修理呈一直刃，刃长为2.05厘米，刃角为60°。长2.3厘米，宽2.1厘米，厚0.3厘米（图507-46）。

A105：001，单凸刃刮削器。一侧边经一面加工形成一凸刃，刃长为31.53毫米，刃角为73°。长3.3厘米，宽3.2厘米，厚0.9厘米（图507-10）。

A121：002，单凸刃刮削器。黑灰色细腻石料。毛坯为细石叶中段。一短边经正向加工呈一凸刃，刃长为10.01毫米，刃角为29°。长1.4厘米，宽0.5厘米，厚0.2厘米（图507-22）。

A127：002，单凸刃刮削器。灰色玄武岩。毛坯为一断片，一长边经复向加工形成凸刃，刃长为28.99毫米，刃角为57°。长3.3厘米，宽2厘米，厚0.9厘米（图507-31）。

A132：001，单凸刃刮削器。白色硅质泥岩。毛坯为细石叶远端。远端部分经正向加工形成一凸刃，刃长为22.1毫米，刃角为66°。长2.4厘米，宽1.6厘米，厚0.4厘米（图507-36）。

A136：002，单凸刃刮削器。灰色硅质泥岩。毛坯为一断片，一侧边经正向加工呈一凸刃，刃长为28.12毫米，刃角为78°。长2.8厘米，宽0.9厘米，厚0.4厘米（图507-43）。

A149：002，单凸刃刮削器。黄色硅质泥岩。毛坯为完整石片。一侧边经复向加工呈一凸刃，刃长为20.84毫米，刃角为76°。长2.2厘米，宽2.2厘米，厚0.8厘米（图507-47）。

A122：001，单凹刃刮削器。灰黄色细腻石料。毛坯是一石片。远端经反向加工修理呈一凹刃，刃长为8.66毫米，刃角为30°。长3.6厘米，宽2.3厘米，厚0.5厘米（图507-24）。

A128：003，单凹刃刮削器。灰色角岩。毛坯为一石片。一侧边经过正向加工呈一凹刃，刃长为18.3毫米，刃角为52°。长3.4厘米，宽2.9厘米，厚1厘米（图507-34）。

A137：001，单凹刃刮削器。灰色砂岩。毛坯为细石叶近端，一侧边经过一面加工修理呈一凹刃，刃长为1.05厘米，刃角为72°。长2厘米，宽1.1厘米，厚0.4厘米（图507-45）。

A093：002，双刃刮削器（凸凹）。浅灰色硅质泥岩。毛坯为完整石片。两边均正向加工呈一凸刃和一凹刃。凸刃刃长为1.95厘米，刃角为52°；凹刃刃长为2.3厘米，刃角为68°。长3.6厘米，宽1.9厘米，厚0.6厘米（图507-3）。

A135：003，双刃刮削器（直、凹刃），浅灰色硅质泥岩。毛坯为细石叶中段，一侧边经一面加工修理呈一直刃，刃长为1.35厘米，刃角为78°；一侧边经一面加工修理呈一凹刃，刃长为0.56厘米，刃角为66°。长1.4厘米，宽1.1厘米，厚0.3厘米（图507-41）。

A104：004，双直刃刮削器，绿色硅质泥岩。毛坯为细石叶近端，两侧边平行。两侧边经过一面加工修理呈两直刃，刃长分别为1.1厘米、1.35厘米；刃角分别为54°、58°。长1.5厘米，宽1.1厘米，厚0.2厘米。

A127：001，双直刃刮削器。灰白色硅质泥岩。毛坯为断片。两侧边经正向修理呈两直刃，刃长分别为16.05毫米、14.59毫米，刃角分别为39°、65°。长2.3厘米，宽1.7厘米，厚0.4厘米（图507-30）。

A133：001，双直刃刮削器。灰褐色硅质泥岩。毛坯为细石叶中段，两侧边平行，经一面加工修理呈两直刃，刃长分别为1.55厘米、1.85厘米；刃角均为63°。长1.9厘米，宽0.9厘米，厚0.3厘米（图507-38）。

A135：002，双直刃刮削器。绿色碧玉。毛坯为细石叶中段，两侧边平行，经一面加工修理呈两直刃，刃长分别为1.25厘米、0.85厘米，刃角分别为58°、30°。长1.3厘米，宽0.8厘米，厚0.2厘米。

A136：001，双直刃刮削器。褐色硅质泥岩。毛坯为细石叶中段，两条边平行。两侧边经过正向加工呈两直刃，刃长分别是1.7厘米、1.5厘米，刃角分别为42°、59°。长1.7厘米，宽1.1厘米，厚0.3厘米（图507-42）。

A128：002，细石叶石核。灰黄色硅质泥岩。人工台面，经过修理。后缘和底缘经过修理。工作面上有两条剥片疤，疤宽0.3～0.43厘米，疤长1.2～1.56厘米。长3.3厘米，宽2.4厘米，厚1.9厘米（图507-33）。

A113：002，完整石片。黑灰色角岩，人工台面。背面保留部分石皮，腹面较平。长4厘米，宽3.9厘米，厚1.3厘米（图507-14）。类似石制品见于后套木嘎遗址第Ⅲ期遗存[1]和黑龙江省泰来县东明嘎遗址（属于后套木嘎Ⅲ期文化）[2]。

A097：002，细石叶近端。黑色细腻石料（可能为玄武岩）。人工台面，素台面。两侧边平行，背面有两条纵脊，腹面半锥体微凸。长1.4厘米，宽1.2厘米，厚0.5厘米（图507-4）。

A114：001，细石叶近端。灰色硅质泥岩。人工台面，素台面。两侧边平行，背面可见两条纵脊。长2.5厘米，宽1.3厘米，厚0.3厘米（图507-16）。

A117：001，细石叶近端。黑灰色燧石。人工台面，素台面。两侧边平行，背面有两条纵脊，腹面半锥体微凹。长1.4厘米，宽1.4厘米，厚0.3厘米（图507-19）。

A132：002，细石叶近端。灰色硅质泥岩。人工台面，素台面。背面有一条纵脊，腹面半锥体微凸。长1.7厘米，宽0.9厘米，厚0.3厘米（图507-37）。

A122：005，细石叶中段。黑曜岩。背面有一条纵脊。长1.1厘米，宽0.7厘米，厚0.2厘米

① 吉林大学边疆考古研究中心、吉林省文物考古研究所：《吉林大安市后套木嘎遗址AⅣ区发掘简报》，《考古》2017年第11期，第3～30页，第9页图13-5。

② 黑龙江省文物考古研究所：《黑龙江省泰来县东明嘎新石器时代遗址发掘简报》，《考古》2019年第8期，第21～45页，第37页图32-16。

（图507-28）。

A114：002，断片近端。灰褐色砂岩。人工台面，有疤。人工背面，腹面半锥体微凸。长3.5厘米，宽2.2厘米，厚0.6米（图507-17）。

A121：003，断片近端。黄白色，人工背面。长2.8厘米，宽1.8厘米，厚0.6厘米（图507-23）。

A097：003，断片中段。黑灰色燧石。人工背面，背面可见两条剥片疤。长2.4厘米，宽1.5厘米，厚0.6厘米（图507-5）。

A129：002，断片中段。灰黄色硅质泥岩。整体呈长方形。人工背面，背面可见一条剥片疤。长3.1厘米，宽2.1厘米，厚0.8厘米（图507-35）。

A061：002，断片远端。深绿色硅质泥岩。人工背面，腹面半锥体微凸。长2.3厘米，宽1.8厘米，厚0.5厘米（图507-1）。

A122：002，断片远端。黑灰色角岩。人工背面。长2.3厘米，宽2.2厘米，厚0.5厘米（图507-25）。

A122：003，断片远端。灰色硅质泥岩。背面是砾石面。长1.7厘米，宽1.2厘米，厚0.2厘米（图507-26）。

A134：001，断片远端。白色硅质泥岩。人工背面，腹面半锥体微凸。长2.3厘米，宽1.7厘米，厚0.5厘米（图507-39）。

A105：002，断片左端。硅质泥岩。人工台面，素台面。背面保留部分石皮，腹面半锥体微凸。长2.2厘米，宽2.2厘米，厚0.8厘米（图507-11）。

A115：001，断块。深绿色细腻石料。长1.6厘米，宽0.6厘米，厚0.4厘米（图507-18）。

A128：001，断块。黄白色硅质泥岩。不规则形。长2.9厘米，宽2.2厘米，厚1.1厘米（图507-32）。

A136：003，断块。灰褐色。长2.1厘米，宽1厘米，厚0.7厘米（图507-44）。

采集35件磨制石器。

A112：003，铸形器。灰色。毛坯为一完整石片，整体呈梯形，通体加工修理。长4.8厘米，宽3.2厘米，厚1.2厘米（图509-24）。

A050：001，磨石。红褐色。残。一面平，一面内凹。长26厘米，宽15.8厘米，厚10厘米（图508）。

A031：001，磨制石器。灰色。近长方形。长11厘米，宽9.7厘米，厚1.2厘米（图509-2）。

A062：002，磨制石器。残。灰色粗糙石料，不规则形，一侧有切割凹槽，一面被磨光。长12.2厘米，宽5.7厘米，厚3厘米（图509-3）。

A082：001，磨制石器。残。灰红色。可能为磨盘残块，一面磨蚀内凹。长16厘米，宽8厘米，厚6厘米（图509-4）。

A039：001，砺石。灰色细腻石料。残。方形，剖面呈长方形，两个窄边被磨光。长5.1厘

0　　3厘米

图508　后套木嘎遗址采集的磨制石器（A050：001）

图 509　后套木嘎遗址采集的石器

1. A061：003　2. A031：001　3. A062：002　4. A082：001　5. A039：001　6. A039：003　7. A057：001

8. A085：001　9. A093：003　10. A097：006　11. A104：006　12. A106：003　13. A135：004　14. A144：001

15. A149：001　16. B250：001　17. A135：005　18. A147：001　19. A097：007　20. A099：001　21. A103：002

22. A104：005　23. B237：001　24. A112：003　25. A113：001　26. A115：002　27. A129：001　28. A105：005

29. A106：002　30. A041：001　31. A097：004　32. A097：005　33. A039：002　34. B236：001

米，宽4.4厘米，厚1.6厘米（图509-5）。

A039：003，砺石。残。灰色细腻石料。长方形，剖面呈长方形，四面被磨光。长7.4厘米，宽4.5厘米，厚2厘米（图509-6）。

A057：001，砺石。残。灰色。一端有钻孔，近圆角方形，剖面呈圆角长方形。长6.3厘米，宽6.1厘米，厚3.2厘米（图509-7）。

A085：001，磨制石器。残。红褐色。一面有三个未钻透的孔，一面被磨光。长9.2厘米，宽5.5厘米，厚3.4厘米（图509-8）。

A093：003，磨制石器。残。棒状，灰褐色，一面被磨光。长8.6厘米，宽5.4厘米，厚4厘米（图509-9）。

A097：006，磨制石器。灰色。两面残，近圆角长方形。长9.1厘米，宽7厘米，厚1.7厘米（图509-10）。

A104：006，磨制石器。黄灰色。圆形穿孔器物残块，一面被磨光。穿孔直径2厘米，厚5.1厘米，直径约10厘米（图509-11）。

A106：003，磨制石器。黄灰色。应为圆形器物残块，一面被磨光。长6.6厘米，宽6.1厘米，厚3.5厘米（图509-12）。

A135：004，磨制石器。灰色。近梯形，剖面呈长方形，四面被磨光。长7.8厘米，宽5.5厘米，厚3.8厘米（图509-13）。

A144：001，可能为网坠残块。灰红色。一端有磨出的凹槽。残长6.6厘米，宽6.4厘米，厚2.2厘米（图509-14）。

A149：001，砺石。灰白色。残。一面磨蚀成凹面。长7.5厘米，宽6.5厘米，厚1.9厘米（图509-15）。

B250：001，砺石。残。浅灰色。四边形，两面磨光。长6.2厘米，宽4.8厘米，厚1.2厘米（图509-16）。

A135：005，磨棒残块。灰色。剖面呈平行四边形，四面被磨光。长7.1厘米，宽3.7厘米，厚3.1厘米（图509-17）。

A147：001，砺石。黄红色。残。一面被磨光。长6.2厘米，宽5.1厘米，厚1.6厘米（图509-18）。

A097：007，磨制石器。残。灰色。两面被磨光，一面有两道深浅不一且十字相交的凹槽。长6.2厘米，宽5.2厘米，厚1.6厘米（图509-19）。

A099：001，磨制石器。残。红灰色。一面被磨光，一端有钻孔残迹，长5.2厘米，宽4厘米，厚2.9厘米（图509-20）。

A103：002，砺石。灰色。残。一面被磨光。长4.9厘米，宽4.5厘米，厚2厘米（图509-21）。

A104：005，圆形器物残块。红灰色。一面被磨光。长4.8厘米，宽4.1厘米，厚3厘米（图509-22）。

B237：001，砺石残块。黄灰色。两面磨光，一端有钻孔。孔径0.5厘米，长5.7厘米，宽3.8厘米，厚0.7厘米（图509-23）。

A113：001，磨制石器残块。灰色。两面被磨光。长3.6厘米，宽2.9厘米，厚1厘米（图509-25）。

A115：002，磨制石器残块。黑色细腻石料。圆端，两个直边。长3.2厘米，宽1.7厘米，厚0.6厘米（图509-26）。

A129：001，砺石残块。灰色。剖面呈平行四边形，一面被磨光。长4.5厘米，宽2.4厘米，厚1.4厘米（图509-27）。

A105：005，砺石残块。浅红色。一面被磨光，长4.8厘米。宽4.6厘米，厚1.1厘米（图509-28）。

A106：002，砺石残块。灰色。一端有穿孔痕迹，长4厘米。宽2.8厘米，厚1.7厘米（图509-29）。

A041：001，网坠残块。两面各有一道磨出的凹槽。长4.3厘米，宽3.5厘米，厚2.8厘米（图509-30）。

A097：004，砺石残块。灰色。一面被磨光。长4.7厘米，宽3.5厘米，厚1.9厘米（图509-31）。

A097：005，砺石残块。灰色。一面被磨光。长4.1厘米，宽2.6厘米，厚1.4厘米（图509-32）。

A039：002，砺石残块。黑灰色细腻石料。一面被磨光。长4.2厘米，宽2厘米，厚1.2厘米（图509-33）。

B236：001，砺石残块。黑色。两面磨光。残长4.8厘米，宽2.3厘米，厚2.2厘米（图509-34）。

A093：001，骨锥。以桡骨加工而成，尖部残断，剖面呈三角形。长13厘米（图510）。类似骨锥见于汉书遗址2001年发掘区第Ⅳ期遗存[①]。

图510　后套木嘎遗址采集的骨器（A093：001）

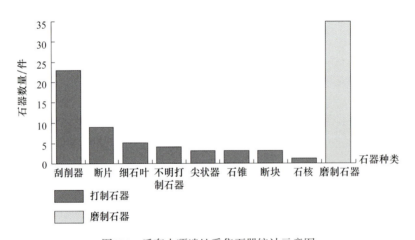

图511　后套木嘎遗址采集石器统计示意图

（7）总结

后套木嘎遗址是一个沿用时间特别长的遗址，为本区域调查发现文化序列最完整的遗址。该遗址位置也是调查区域内地势最高之处。虽然发掘材料所见辽金时期遗存比较少，但是调查采集的辽金时期遗物尤其是网坠特别多，表明该遗址辽金时期应为重要的捕鱼地点。

---

① 吉林省文物考古研究所、吉林大学边疆考古研究中心、吉林大学考古学院：《大安汉书——青铜时代遗址考古发掘报告》，北京：科学出版社，2018年，第142页图193-6～10。

环月亮泡地区区域性系统考古调查报告

（下）

吉林大学边疆考古研究中心
吉林省文物考古研究所　编著

〔法〕Pauline Sebillaud（史宝琳）　王立新　主编

刘晓溪　副主编

科学出版社

北京

内 容 简 介

环月亮泡地区区域性系统考古调查是《吉林大安后套木嘎遗址考古工作规划》中的重要内容。2012～2014年、2016年后套木嘎遗址考古队在考古发掘的同时，对遗址所处的环月亮泡地区开展了为期四年的区域性系统考古调查工作。发现了新石器时代早期至清末民国时期遗址73处，采集各类标本共计1800多件。此项调查是吉林省境内首次开展的区域性系统考古调查，对研究环月亮泡区域聚落形态的历时演变与人地关系等具有重要意义。

本书适合从事聚落考古、东北考古等研究的专业科研人员，以及高校相关专业师生参考阅读。

图书在版编目（CIP）数据

环月亮泡地区区域性系统考古调查报告：全2册 / 吉林大学边疆考古研究中心，吉林省文物考古研究所编著；（法）史宝琳（Pauline Sebillaud），王立新主编． —北京：科学出版社，2023.7
ISBN 978-7-03-075908-5

Ⅰ.①环… Ⅱ.①吉… ②吉… ③史… ④王… Ⅲ.①文物—考古调查—调查报告—大安 Ⅳ.① K872.344

中国国家版本馆 CIP 数据核字（2023）第110522号

责任编辑：王琳玮 / 责任校对：邹慧卿
责任印制：肖　兴 / 封面设计：刘可红

科 学 出 版 社 出版

北京东黄城根北街16号
邮政编码：100717
http://www.sciencep.com

北京汇瑞嘉合文化发展有限公司　印刷
科学出版社发行　各地新华书店经销

*

2023年7月第 一 版　开本：889×1194　1/16
2023年7月第一次印刷　印张：56 1/4
字数：1580 000
定价：728.00元（上、下册）
（如有印装质量问题，我社负责调换）

42．新合西南 DA-XH-2

（1）位置

新合西南遗址位于大安市安广镇红岗子乡新合村西南侧，遗址中心UTM格式坐标为东经562875.1901，北纬5056409.8235。

（2）地貌

新合西南遗址位于调查区域中部偏西，新合村西南侧、小前屯北侧，二泡西岸。地势较为平坦，遗址地表现为耕地。二泡干涸后改为稻田。遗址北部属于PHh土壤地带，南部属于CHk土壤地带。

（3）以往工作

以往发表材料中未发现有关该遗址的记录。

（4）范围与文化内涵

新合西南遗址总面积71399平方米，一共有22个采集区（C010～C031），其中有2个系统采集区和20个一般采集区。采集区集中于二泡水边，分布状态呈西北—东南向的长方形，宽度为3排采集区，往西北延伸还分散有3个采集区，往南靠近小前屯还有3个采集区呈南北向1排。遗址西北—东南长约700米，东北—西南宽约200米（图512，表48）。

该遗址包括辽金时期和清末至民国时期陶片。

表48 新合西南遗址采集区和陶片统计表

时期	采集区数量	面积/万平方米	陶片数量/片	占陶片总数百分比/%	采集区内密度*
辽金时期	19	5.4621	258	46.5	0.1/m²
清末至民国	21	6.9470	297	53.5	0.11/m²
总数	22	7.1399	555	100	0.18/m²

*此处密度数据是依据系统采集所获陶片数量推算而得。其他数据都是实际数据。

（5）遗存分布、密度与标本

含有辽金时期陶片的采集区共有19个，分布于遗址的大部分区域。密度最高的采集区集中在遗址中部。采集的258片辽金时期陶片，占整个遗址陶片总数的46.5%。整体上密度比较高（图513）。

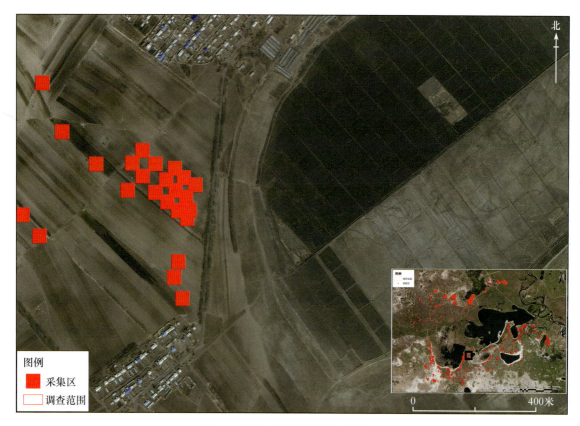

图512　新合西南遗址采集区分布图

图513　新合西南遗址辽金时期采集区分布图

含清末至民国时期陶片的21个采集区分布于整个遗址。密度最高的采集区集中于遗址中部，分布状态与辽金时期有连续性。采集297片清末至民国时期的陶片，占陶片总数的53.5%。整体上密度比较高（图514）。

图514　新合西南遗址清末至民国时期采集区分布图

（6）总结

新合西南遗址为一个辽金时期、清末至民国时期的小型遗址，因距二泡甚近，地势低平，其废弃或与二泡水位变化有关。

43. 东山头东 DA-DST-1

（1）位置

东山头东遗址位于调查区域中南部偏东，大安市安广镇红岗子乡东山头村东侧与北侧，遗址中心UTM格式坐标为东经564284.9798，北纬5057716.7511。

（2）地貌

东山头东遗址位于东山头村东北，在新荒泡水边的高地上。遗址西北、北、东北和东南侧为水，地形类似半岛，南侧为二泡。地表现为耕地。遗址属于PHh土壤地带。

（3）以往工作

以往发表材料中未发现有关该遗址的记录。

（4）范围与文化内涵

东山头东遗址总面积92287平方米，一共有21个采集区（C036～C056），其中有5个系统采集区和16个一般采集区。采集区主要集中于两区，均位于村子东侧，村子北侧还分布有4个采集区。主要分布区呈西北—东南向近长方形，靠近新荒泡水边，平均宽度有3排采集区。大体上遗址西北—东南长约450米，西南—东北宽约200米（图515，表49）。

图515　东山头东遗址采集区分布图

该遗址包含辽金时期和清末至民国时期陶片。

表49　东山头东遗址采集区和陶片统计表

时期	采集区数量	面积/万平方米	陶片数量/片	占陶片总数百分比/%	采集区内密度*
辽金时期	21	9.2287	458	68.3	0.6/m²
清末至民国	20	8.9787	213	31.7	0.2/m²
总数	21	9.2287	671	100	0.8/m²

*此处密度数据是依据系统采集所获陶片数量推算而得。其他数据都是实际数据。

（5）遗存分布、密度与标本

辽金时期遗存分布于整个遗址所有采集区。密度最高的采集区位于东部两个集中采集区的南部，靠近村子。采集的458片属于辽金时期的陶片占整个遗址陶片总数的68.3%。整体密度很高（图516）。

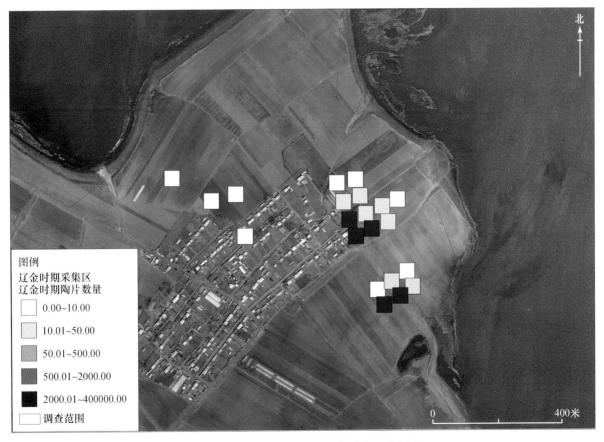

图516　东山头东遗址辽金时期采集区分布图

清末至民国时期遗存也几乎分布于整个遗址。密度最高的采集区位于东部两个集中采集区的南部，与辽金时期一致。采集的213片属于清末至民国时期的陶片占陶片总数的31.7%。整体上密度很高，但比辽金时期的密度低3倍（图517）。

图517　东山头东遗址清末至民国时期采集区分布图

地表采集的清末至民国时期遗物中有铜钱1枚。

C048：001，"大满洲国"，"康德八年"（1941年），被折弯。直径2厘米，厚0.2厘米。

（6）总结

东山头东遗址整体上靠近现代东山头村，而且密度最高的采集区均靠近现代村子，因此可能遗址的一部分位于现代村子下，被现代民宅覆盖。该遗址可能与现代村子有连续性。

44．新李家南 DA-XLJ

（1）位置

新李家南遗址位于调查区域中南部，大安市安广镇红岗子乡新李家村南2.4千米、小嘎啦包头村西北150米，高速公路北侧，遗址中心UTM格式坐标为东经564865.9830，北纬5051398.3634。

（2）地貌

新李家南遗址位于小嘎啦包头村西北150米处的近圆形高岗上。遗址周围全为盐碱地，早先应为水域。遗址地表现为耕地。遗址属于PHc土壤地带。

（3）以往工作

以往发表材料中未发现有关该遗址的记录。

（4）范围与文化内涵

新李家南遗址总面积38321平方米，一共有9个一般采集区（D007～D015）。采集区集中于近圆形的高岗上，还有1个采集区位于北侧的小岗子上。整体分布状态呈近方形，边长150～200米。遗址大体上西北—东南长150～200米，西南—东北宽150～200米（图518，表50）。

图 518　新李家南遗址采集区分布图

该遗址包括辽金时期和清末至民国时期陶片。

表50　新李家南遗址采集区和陶片统计表

时期	采集区数量	面积/万平方米	陶片数量/片	占陶片总数百分比/%	采集区内密度*
辽金时期	5	1.4926	19	6.7	0.001/m²
清末至民国	9	3.8321	264	93.3	0.006/m²
总数	9	3.8321	283	100	0.007/m²

*此处密度数据是依据系统采集所获陶片数量推算而得。其他数据都是实际数据。

（5）遗存分布、密度与标本

含辽金时期陶片的5个采集区均分布于遗址中部的高岗上。采集的19片属于辽金时期的陶片占整个遗址陶片总数的6.7%。整体上密度很低（图519）。

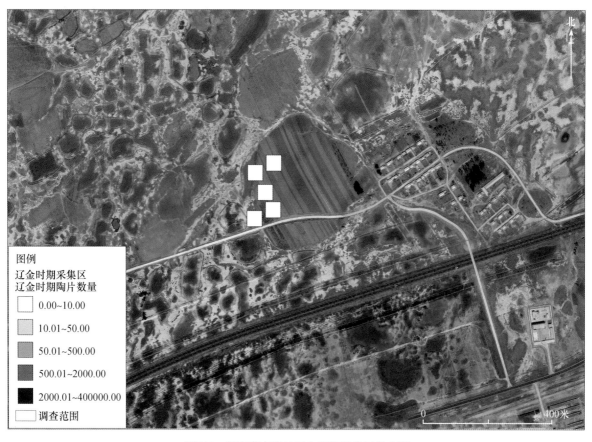

图519　新李家南遗址辽金时期采集区分布图

清末至民国时期遗物分布于整个遗址的所有采集区。密度很均匀。采集的264片属于清末至民国时期的陶片占总数的93.3%。整体上密度很低，但比辽金时期高6倍（图520）。

图例

清末至民国时期采集区
清末至民国时期陶片数量

0.00~10.00

10.01~50.00

50.01~500.00

500.01~2000.00

2000.01~400000.00

调查范围

图520 新李家南遗址清末至民国时期采集区分布图

（6）总结

该遗址辽金时期出现，但活动程度很低，清末至民国时期开始发展，可能与现代的小嘎啦包头村有延续性。

45. 程万里西北 DA-CWL-1

（1）位置

程万里西北遗址位于调查区域中南部偏东，大安市安广镇红岗子乡程万里村西北650米，二泡南岸，遗址中心UTM格式坐标为东经565723.9894，北纬5053912.6053。

（2）地貌

程万里西北遗址位于程万里村西北，二泡南岸的一处漫岗上。遗址西南为盐碱地，应为二泡的一个出水口。遗址地表现为耕地。遗址属于PHh土壤地带。

（3）以往工作

以往发表材料中未发现有关该遗址的记录。

（4）范围与文化内涵

程万里西北遗址总面积63914平方米，一共有20个采集区（D032～D051），其中有2个系统采集区和18个一般采集区。采集区均集中于二泡水边的漫岗上。整体分布状态呈西南—东北向的长方形。遗址西南—东北长约550米，西北—东南宽约250米（图521，表51）。

图例
调查范围
采集区

图例

■ 采集区
□ 调查范围

0   400米

图521 程万里西北遗址采集区分布图

该遗址包括辽金时期和清末至民国时期陶片。

表51 程万里西北遗址采集区和陶片统计表

时期	采集区数量	面积/万平方米	陶片数量/片	占陶片总数百分比/%	采集区内密度*
辽金时期	20	6.3914	317	62.8	0.1/m²
清末至民国	19	6.1414	188	37.2	0.03/m²
总数	20	6.3914	505	100	0.13/m²

*此处密度数据是依据系统采集所获陶片数量推算而得。其他数据都是实际数据。

（5）遗存分布、密度与标本

辽金时期陶片分布于遗址所有采集区。密度最高的采集区位于遗址的东南部。采集的317片属于辽金时期的陶片占整个遗址陶片总数的62.8%。整体上密度比较高（图522）。

图522　程万里西北遗址辽金时期采集区分布图

D038：001，泥质灰陶陶片。器表饰弦纹带与波浪纹带。长7厘米，宽5.4厘米，厚1.1厘米（图523）。类似的纹饰陶片见于德惠市李春江遗址[①]。

地表采集宋代铜钱1枚。

D034：001，"淳化元宝"。残半，北宋。长2.5厘米，宽1.5厘米，厚0.1厘米（图524）。

清末至民国时期的遗物几乎分布于整个遗址。密度相对高一点的采集区位于遗址的西北角。采集的188片属于清末至民国时期的陶片占陶片总数的37.2%。整体上密度很低（图525）。

地表采集的清末至民国时期遗物中有铜钱1枚。

D033：001，"光绪通宝"。残半，反面有满文。长2厘米，宽1.1厘米，厚0.1厘米（图526）。

① 吉林省文物考古研究所、德惠市文物管理所：《吉林省德惠市李春江遗址发掘报告》，《北方文物》2009年第3期，第47～61页，第52页图8-7～9。

图523　程万里西北遗址采集的
辽金时期陶片（D038：001）

图524　程万里西北遗址采集的辽金时期
铜钱（D034：001）

图526　程万里西北遗址采集的清末至
民国时期铜钱（D033：001）

图525　程万里西北遗址清末至民国时期采集区分布图

（6）总结

　　程万里西北遗址使用时间比较短，辽金与清末至民国时期分布状态很稳定，该遗址占用空间很有连续性，但是辽金时期的活动密度比清末至民国时期要高，可能辽金时期的人口比清末至民国时期的人口要更多。

46. 程万里北 DA-CWL-2

（1）位置

程万里北遗址位于调查区域中南部，大安市安广镇红岗子乡程万里村北侧，二泡南岸，遗址中心UTM格式坐标为东经566916.7772，北纬5054144.1642。

（2）地貌

程万里北遗址位于程万里村北，二泡南岸的漫岗之上。遗址地表现为耕地。遗址属于PHh土壤地带。

（3）以往工作

以往发表材料中未发现有关该遗址的记录。

（4）范围与文化内涵

程万里北遗址总面积32117平方米，一共有10个采集区（D071～D080），其中有1个系统采集区和9个一般采集区。采集区集中在一起，靠近水边，分布状态近方形，边长3个采集区。大体上遗址西南—东北长约250米，西北—东南宽约200米（图527，表52）。

该遗址包括辽金时期和清末至民国时期陶片。

表52 程万里北遗址采集区和陶片统计表

时期	采集区数量	面积/万平方米	陶片数量/片	占陶片总数百分比/%	采集区内密度*
辽金时期	10	3.2117	322	95.8	0.13/m²
清末至民国	7	2.2209	14	4.2	0.0006/m²
总数	10	3.2117	336	100	0.13/m²

*此处密度数据是依据系统采集所获陶片数量推算而得。其他数据都是实际数据。

（5）遗存分布、密度与标本

辽金时期陶片分布于整个遗址所有采集区。密度最高的采集区位于遗址中部东侧。采集的322片属于辽金时期的陶片占整个遗址陶片总数的95.8%。整体上密度很高（图528）。

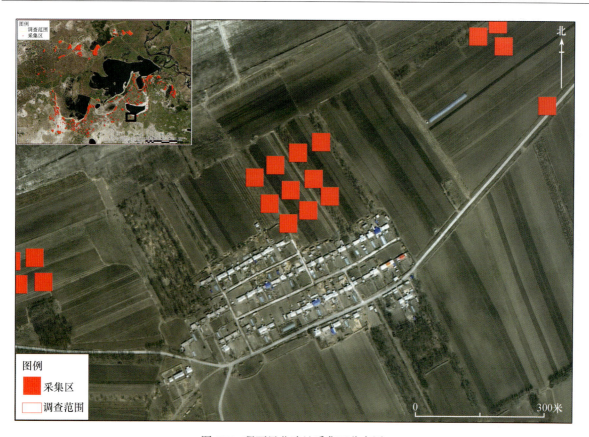

图 527　程万里北遗址采集区分布图

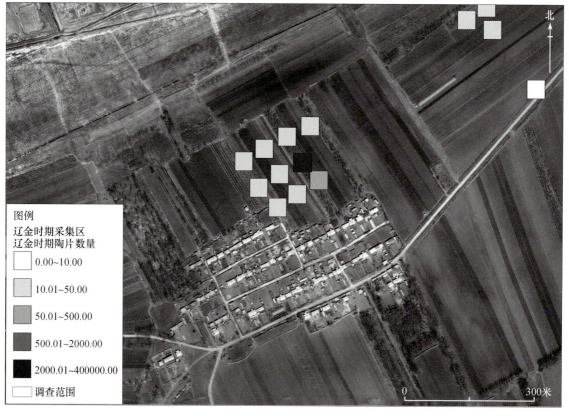

图528　程万里北遗址辽金时期采集区分布图

地表采集辽金时期遗物中有布纹瓦3块。

含清末至民国时期陶片的7个采集区集中于遗址西部。采集的14片属于清末至民国时期的陶片占陶片总数的4.2%。整体上密度很低（图529）。

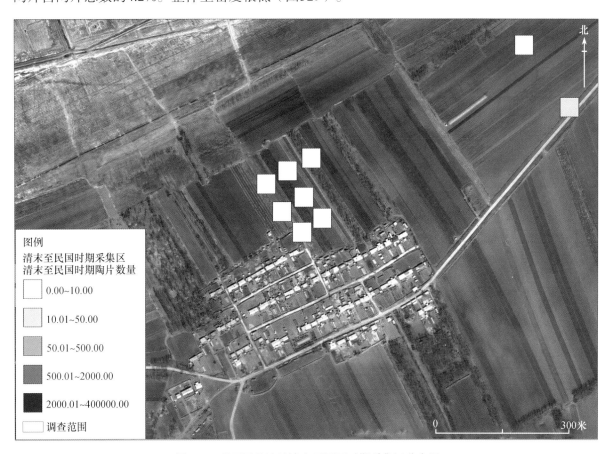

图 529　程万里北遗址清末至民国时期采集区分布图

（6）总结

从陶片数量和密度所代表的人类活动密度，以及陶片分布所代表的人类使用空间范围的角度来看，在程万里东北遗址辽金时期的人类活动密度很高，人类使用空间范围最广，直到清末至民国时期人类使用空间范围未发生太大变化，略比辽金时期使用范围小一些，但是其人类活动密度明显下降。

47. 程万里南Ⅰ号地点 DA-CWL-3

（1）位置

程万里南Ⅰ号遗址位于调查区域中南部，大安市安广镇红岗子乡程万里村南650米，遗址中心UTM格式坐标为东经566605.8820，北纬5053168.9884。

（2）地貌

程万里南Ⅰ号遗址位于程万里村南侧，地势比较平坦，遗址地表现为耕地。属于PHh土壤地带。

（3）以往工作

以往发表材料中未发现有关该遗址的记录。

（4）范围与文化内涵

程万里南Ⅰ号遗址总面积23345平方米，一共有9个采集区（D062～D070），其中有4个系统采集区和5个一般采集区。采集区集中在一起，分布呈东西向的长条形。遗址东西长约350米，南北宽约100米（图530，表53）。

图530　程万里南Ⅰ号遗址采集区分布图

该遗址包括辽金时期和清末至民国时期陶片。

表53　程万里南Ⅰ号遗址采集区和陶片统计表

时期	采集区数量	面积/万平方米	陶片数量/片	占陶片总数百分比/%	采集区内密度*
辽金时期	9	2.3345	335	97.7	1.28/m²
清末至民国	4	1.3083	8	2.3	0.0006/m²
总数	9	2.3345	343	100	1.28/m²

*此处密度数据是依据系统采集所获陶片数量推算而得。其他数据都是实际数据。

（5）遗存分布、密度与标本

辽金时期陶片分布于遗址所有采集区。密度最高的采集区集中在南排。采集的335片属于辽金时期的陶片占整个遗址陶片总数的97.7%。整体密度很高（图531）。

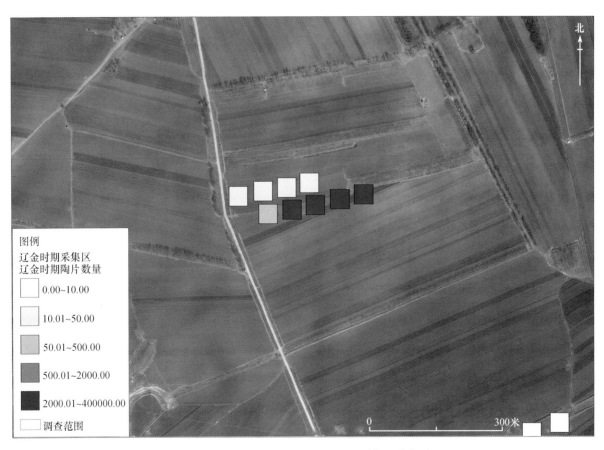

图531　程万里南Ⅰ号遗址辽金时期采集区分布图

含清末至民国时期遗物的4个采集区集中于遗址的西部。采集的8片属于清末至民国时期的陶片占陶片总数的2.3%。整体上密度非常低（图532）。

图532　程万里南Ⅰ号遗址清末至民国时期采集区分布图

（6）总结

程万里南Ⅰ号遗址比较小，使用时间比较短。该遗址可能为一个小规模的辽金时期农业据点，当时活动密度比较高。清末至民国时期该地方可能继续使用，但是活动密度明显下降。

48. 程万里南Ⅱ号遗址 DA-CWL-4

（1）位置

程万里南Ⅱ号遗址位于调查区域中南部，大安市安广镇红岗子乡程万里村南1.7千米，大嘎啦包头北侧，遗址中心UTM格式坐标为东经566784.7709，北纬5052022.9844。

（2）地貌

程万里南Ⅱ号遗址位于程万里村南侧，地势比较平坦，遗址地表现为耕地。遗址北部属于PHh土壤地带，南部属于PHc土壤地带，东部属于ARb土壤地带。

（3）以往工作

以往发表材料中未发现有关该遗址的记录。

（4）范围与文化内涵

程万里南Ⅱ号遗址总面积105710平方米，一共有29个一般采集区（D016～D028、D052～D061、D084～D089）。采集区集中在东、西两区，西区比东区大。地表分布有蚌壳。整体上遗址东西长约750米，南北宽约350米（图533，表54）。

图533　程万里南Ⅱ号遗址采集区分布图

该遗址包括辽金时期和清末至民国时期陶片。

表54　程万里南Ⅱ号遗址采集区和陶片统计表

时期	采集区数量	面积/万平方米	陶片数量/片	占陶片总数百分比/%	采集区内密度*
辽金时期	19	6.4535	111	20.6	0.002/m²
清末至民国	29	10.5710	429	79.4	0.004/m²
总数	29	10.5710	540	100	0.005/m²

*此处密度数据是依据系统采集所获陶片数量推算而得。其他数据都是实际数据。

（5）遗存分布、密度与标本

辽金时期遗存采集区主要分布于遗址偏东部区域。密度相对高一点的采集区位于遗址中部。采集的111片属于辽金时期的陶片占整个遗址陶片总数的20.6%。整体上密度很低（图534）。

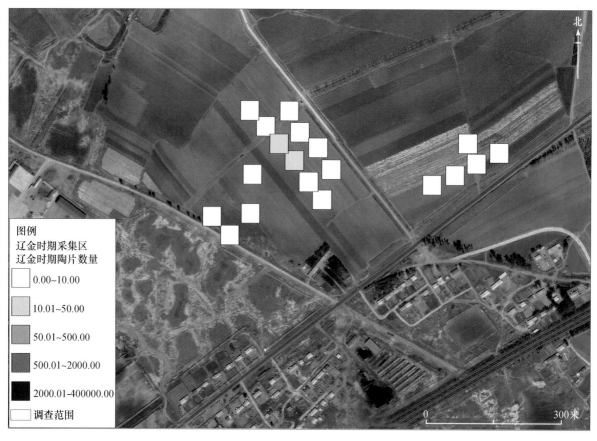

图534　程万里南Ⅱ号遗址辽金时期采集区分布图

D054：001，泥质灰陶口沿。敛口，折沿近平。器表饰两道凸弦纹及刻划成排三角纹。壁厚1厘米，口径约16厘米（图535）。

清末至民国时期遗物分布于整个遗址的所有采集区。密度相对高一点的采集区主要集中于遗址的西部。采集的429片属于清末至民国时期陶片占陶片总数的79.4%。整体上密度很低，但比辽金时期高2倍（图536）。

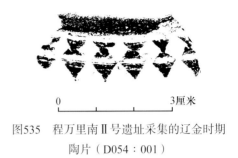

图535　程万里南Ⅱ号遗址采集的辽金时期
陶片（D054：001）

（6）总结

程万里南Ⅱ号遗址使用时间比较短。辽金时期开始使用这个地方，但清末至民国时期空间布局扩大，且属于该时期的地表遗物增多。

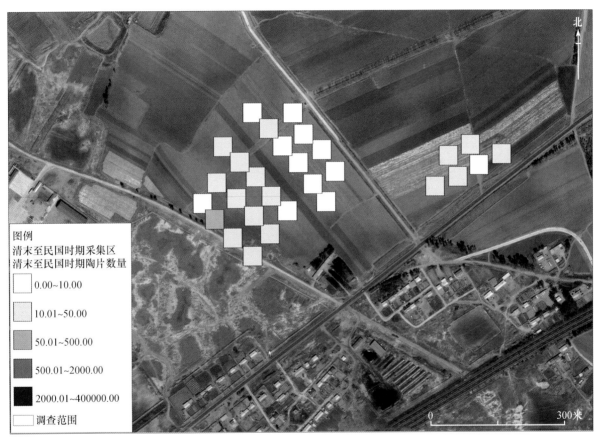

图536　程万里南Ⅱ号遗址清末至民国时期采集区分布图

49．永庆西 DA-YQ-2

（1）位置

永庆西遗址位于调查区域中南部偏西，大安市安广镇红岗子乡永庆村西南800米，高速公路北侧，遗址中心UTM格式坐标为东经568310.5375，北纬5052316.0971。

（2）地貌

永庆西遗址位于永庆村西南，地势比较平坦。遗址地表现为耕地。属于ARb土壤地带。

（3）以往工作

以往发表材料中未发现有关该遗址的记录。

（4）范围与文化内涵

永庆西遗址总面积12849平方米，一共有5个一般采集区（D155～D159）。采集区集中在一起，呈东西向近长方形。遗址东西长约150米，南北宽约100米（图537，表55）。

该遗址包括辽金时期和清末至民国时期陶片。

图537　永庆西遗址采集区分布图

表55　永庆西遗址采集区和陶片统计表

时期	采集区数量	面积/万平方米	陶片数量/片	占陶片总数百分比/%	采集区内密度*
辽金时期	5	1.2849	28	54.9	0.002/m²
清末至民国	5	1.2849	23	45.1	0.002/m²
总数	5	1.2849	51	100	0.004/m²

*此处密度数据是依据系统采集所获陶片数量推算而得。其他数据都是实际数据。

（5）遗存分布、密度与标本

辽金时期陶片分布于整个遗址的所有采集区。采集的28片陶片占整个遗址陶片总数的54.9%。整体上密度很低（图538）。

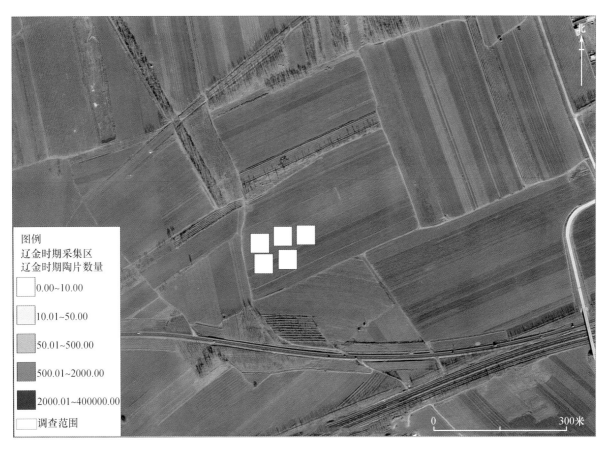

图538　永庆西遗址辽金时期采集区分布图

清末至民国时期的遗物也见于整个遗址的所有采集区。采集的23片属于清末至民国时期的陶片占陶片总数的45.1%。整体上密度很低，与辽金时期的密度一致（图539）。

图539　永庆西遗址清末至民国时期采集区分布图

（6）总结

永庆西遗址使用时间比较短，空间分布范围比较小。活动强度也不高。该遗址可能为辽金时期的小型农业据点，清末至民国时期沿用。

50．八家子 DA-BJZ

（1）位置

八家子遗址位于调查区域中南部，大安市安广镇红岗子乡八家子村北侧和西侧，二泡东南岸，遗址中心UTM格式坐标为东经568095.7126，北纬5054944.3956。

（2）地貌

八家子遗址位于八家子村北侧、西侧，靠近二泡的漫岗上，遗址地表现为耕地。属于PHh土壤地带。

（3）以往工作

以往发表材料中未发现有关该遗址的记录。

（4）范围与文化内涵

八家子遗址总面积215376平方米，一共有65个采集区（D081～D083、D093～D154），其中有12个系统采集区和53个一般采集区。采集区大多比较集中，呈东北—西南向长条形，宽度为2～4个采集区。大体上遗址东北—西南长约1800米，西北—东南宽约250米（图540，表56）。

图540　八家子遗址采集区分布图

该遗址包括白金宝文化、汉书二期文化、魏晋隋唐时期、辽金时期和清末至民国时期陶片。

表56   八家子遗址采集区和陶片统计表

时期	采集区数量	面积/万平方米	陶片数量/片	占陶片总数百分比/%	采集区内密度*
白金宝文化	1	0.25	1	0.05	0.0004/m²
汉书二期文化	3	1.7972	8	0.4	0.08/m²
魏晋隋唐	1	0.25	1	0.05	0.0004/m²
辽金时期	65	21.5376	1267	62.9	0.1/m²
清末至民国	61	20.9376	737	36.6	0.1/m²
总数	65	21.5376	2014	100	0.3/m²

*此处密度数据是依据系统采集所获陶片数量推算而得。其他数据都是实际数据。

（5）遗存分布、密度与标本

含白金宝文化陶片的1个采集区位于遗址中部，离水边有100多米。采集的1件属于白金宝的遗物占整个遗址陶片总数的0.05%。密度很低（图541）。

图 541   八家子遗址白金宝文化采集区分布图

地表采集的白金宝文化遗物仅有网坠1件。

D108：002，夹砂黄褐陶。整体呈茧形，沿长轴有一周沟槽，中部有一小孔穿透网坠，孔径0.6厘米。外表磨光。长5.4厘米，宽3.1厘米（图542）。

含汉书二期文化陶片的3个采集区位于遗址中部偏北，靠近水边。采集的8片属于汉书二期文化的陶片占陶片总数的0.4%。整体上密度比较低（图543）。

含魏晋隋唐时期陶片的1个采集区位于遗址北部。采集的魏晋隋唐时期陶片（仅1片）占陶片总数的0.05%。密度很低（图544）。

辽金时期陶片分布于整个遗址的所有采集区。密度最高的采集区分散在村子北侧的集中分布区中。采集的1267片属于辽金时期的陶片占陶片总数的62.9%。整体上密度比较高（图545）。

图542　八家子遗址采集的白金宝文化遗物（D108：002）

图例

汉书二期文化采集区

汉书二期文化陶片数量

☐ 0.00~10.00

☐ 10.01~50.00

☐ 50.01~500.00

☐ 500.01~2000.00

☐ 2000.01~400000.00

☐ 调查范围

0　　　　　　　　600米

图543　八家子遗址汉书二期文化采集区分布图

地表采集的辽金时期遗物中有布纹瓦17块、网坠14件、纺轮1件、陶球1个（图546）。

D116：001，泥质黄陶陶片。饰长短参差的短条状篦点纹。长5.1厘米，宽4.2厘米，厚0.7厘米（图546-1）。

D110：001，夹砂灰陶纺轮残块。壁厚1.9厘米，直径约6厘米（图546-2）。

D111：001，夹砂黄陶陶球，略残。直径1.7厘米（图546-3）。这种陶球在辽金聚落遗址

图544　八家子遗址魏晋隋唐时期采集区分布图

图545　八家子遗址辽金时期采集区分布图

图546 八家子遗址采集的辽金时期遗物

1. D116：001 2. D110：001 3. D111：001 4. D143：001 5. D099：002 6. D100：001 7. D107：001 8. D107：002
9. D140：001 10. D110：002 11. D110：003 12. D114：001

很常见，如尹家窝堡遗址2015年发掘区（金代聚落）[1]与扶余县西车家店金代遗址[2]。

D143：001，夹砂黄陶网坠。略残，柱状，剖面呈椭圆形，两端各有一道凹槽。长3.3厘米，宽1.7厘米，厚1.2厘米（图546-4）。类似网坠见于尹家窝堡金代遗址[3]和扶余县西车家店金代遗址[4]。

D099：002，夹砂灰陶网坠残块。两面各磨出一道凹槽。残长7厘米，宽4.1厘米，厚2.2厘米（图546-5）。

D100：001，泥质红陶网坠残块。两面各磨出一道凹槽，中间有残孔。残长3.8厘米，宽3.8厘米，厚2.6厘米（图546-6）。

D107：001，夹砂灰陶网坠残块，以布纹瓦片改制。两面各磨出一道凹槽。残长3.9厘米，宽3.8厘米，厚2厘米（图546-7）。

① Pauline Sebillaud（史宝琳）、张礼艳、刘晓溪：《吉林大安尹家窝堡遗址2015年发掘简报》，《边疆考古研究（第20辑）》，北京：科学出版社，2016年，第89～117页，第103页图12-31、32。

② 吉林省文物考古研究所、扶余县博物馆：《吉林省扶余县西车家店金代遗址的发掘》，《北方文物》2009年第3期，第15～24页，第19页图7-6、7。

③ Pauline Sebillaud（史宝琳）、张礼艳、刘晓溪：《吉林大安尹家窝堡遗址2015年发掘简报》，《边疆考古研究（第20辑）》，北京：科学出版社，2016年，第89～117页，第103页图12-44；吉林大学边疆考古研究中心、吉林省文物考古研究所：《吉林大安市尹家窝堡遗址发掘简报》，《考古》2017年第8期，第59～69页，第68页图16-4、5。

④ 吉林省文物考古研究所、扶余县博物馆：《吉林省扶余县西车家店金代遗址的发掘》，《北方文物》2009年第3期，第15～24页，第19页图7-4、5。

D107：002，夹砂灰陶网坠。椭圆形，一端略残，两面各磨出一道凹槽。残长5.7厘米，宽3.6厘米，厚1.8厘米（图546-8）。

D140：001，夹砂灰陶网坠。近椭圆形，一端略残，两面各磨出一道凹槽。残长6.3厘米，宽3.9厘米，厚1.6厘米（图546-9）。

D110：002，夹砂灰陶网坠残块。用布纹瓦改成，两面各磨出一道凹槽。残长5.7厘米，宽5厘米，厚2厘米（图546-10）。

D110：003，夹砂灰陶网坠残块，以陶片改制。两端磨出较深凹槽。长7.9厘米，宽4.6厘米，厚1.4厘米（图546-11）。

D114：001，夹砂灰陶网坠残块，以陶器口沿残片改制。一端有纵向凹槽。残长5.5厘米，宽2.9厘米，厚1.2厘米（图546-12）。

清末至民国时期采集区也几乎分布于整个遗址。密度最高的采集区位于村子北侧遗存集中分布区的中南部。采集的737片属于清末至民国时期的陶片占陶片总数的36.6%。整体上密度比较高（图547）。

图547　八家子遗址清末至民国时期采集区分布图

D136：001，瓷片。黄灰胎，灰绿釉。残存蓝灰色花卉纹。长4.6厘米，宽4.5厘米，厚0.8厘米（图548）。

（6）未断代标本

地表采集细石器1件和磨制石器7件（图549）。

D107：003，细石叶石核（残）。灰白色硅质泥岩，核体残。人工台面，共有两个工作面，一个工作面上有两条剥片疤，疤宽0.4～0.7厘米，疤长1～2.3厘米。一个工作面上有两条剥片疤，疤宽0.25～0.55厘米，疤长0.7～1.05厘米。长3.3厘米，宽1.9厘米，厚1厘米（图549-1）。

D099：001，砺石残块。灰色，一端有穿孔，剖面呈长方形，两面被磨光，穿孔直径0.6厘米。残长3.9厘米，宽2.8厘米，厚1厘米（图549-2）。

D110：004，砺石残块。灰色，一面被磨光，一侧有穿孔残迹。长3.9厘米，宽3.3厘米，厚0.7厘米（图549-3）。

D110：005，磨制石器残块。灰色，一侧有穿孔残迹。长4.3厘米，宽3厘米，厚0.7厘米（图549-4）。

D134：001，石圆饼残块。灰色，两面被磨光。长3.8厘米，宽2.9厘米，厚0.5厘米（图549-5）。

D139：001，穿孔圆石片。黑灰色，一面有磨制痕迹。直径1.5厘米，厚0.3厘米（图549-6）。

D131：001，磨盘残块。灰色，一面被磨光。长12厘米，宽9厘米，厚5.7厘米（图549-7）。

D103：001，磨制石器残块。灰色粗糙石料，一面被磨光。长8.5厘米，宽7厘米，厚4厘米（图549-8）。

0　　　　　　　3厘米

图548　八家子遗址采集的清末至民国时期
瓷片（D136：001）

0　　　　3厘米

图549　八家子遗址采集的石器

1. D107：003　2. D099：001　3. D110：004　4. D110：005　5. D134：001　6. D139：001　7. D131：001　8. D103：001

（7）总结

八家子遗址的近水位置和采集的大量网坠表明，该遗址应为一处重要的捕鱼地点。清末至民国时期的遗址可能与现代八家子村有连续性。遗址的一部分可能被现代村子的民宅覆盖。

51. 大外皮子西 DA-DWPZ-1

（1）位置

大外皮子西遗址位于调查区域中南部，大安市安广镇红岗子乡大外皮子村西侧，二泡东北岸，遗址中心UTM格式坐标为东经567202.1623，北纬5056867.3699。

（2）地貌

大外皮子西遗址位于大外皮子村西侧，二泡东北岸和月亮泡南岸之间的高地上，遗址地表现为耕地。属于PHh土壤地带。

（3）以往工作

以往发表材料中未发现有关该遗址的记录。

（4）范围与文化内涵

大外皮子西遗址总面积63251平方米，一共有20个采集区（D160～D168、D195～D205），其中有1个系统采集区和19个一般采集区。采集区分布呈两区，西区为南北两排的长条形，东区为东西向一排。遗址东西长约1050米，南北宽50～100米（图550，表57）。

该遗址包括辽金时期和清末至民国时期陶片。

表57　大外皮子西遗址采集区和陶片统计表

时期	采集区数量	面积/万平方米	陶片数量/片	占陶片总数百分比/%	采集区内密度*
辽金时期	20	6.3251	509	68.6	0.04/m²
清末至民国	19	6.3251	233	31.4	0.04/m²
总数	20	6.3251	742	100	0.08/m²

*此处密度数据是依据系统采集所获陶片数量推算而得。其他数据都是实际数据。

图550　大外皮子西遗址采集区分布图

（5）遗存分布、密度与标本

辽金时期的陶片分布于整个遗址的所有采集区。密度最高的采集区位于遗址西区的西南部（1个系统采集区）。采集的509片属于辽金时期的陶片占整个遗址陶片总数68.6%。整体上密度比较高（图551）。

地表采集的辽金时期遗物中有网坠1件。

D163：001，泥质灰陶陶片。饰有长短参差、粗细不一的篦点纹。长5.6厘米，宽5.3厘米，厚0.6厘米（图552-1）。

D164：001，夹砂灰黄陶网坠。以陶器口沿残片改制而成，长方形。长6厘米，宽2.4厘米，厚1.4厘米（图552-2）。

清末至民国时期的遗物也几乎分布于整个遗址。密度最高的采集区位于遗址西区的西南部（1个系统采集区）。分布状态与辽金时期的分布状态一致。采集的233片属于清末至民国时期的陶片占陶片总数的31.4%。整体上密度比较高（图553）。

图551　大外皮子西遗址辽金时期采集区分布图

图552　大外皮子西遗址采集的辽金时期遗物
1. 陶片（D163：001）　2. 陶网坠（D164：001）

（6）总结

大外皮子西遗址使用时间比较短，是一处辽金与清末至民国时期很有连续性的水边小型聚落，可能选址与捕鱼的良好条件有关系。辽金时期与清末至民国时期遗存的空间布局没有发生变化，但是活动密度到清末至民国时期下降。

图553　大外皮子西遗址清末至民国时期采集区分布图

52. 大外皮子东 DA-DWPZ-2

（1）位置

大外皮子东遗址位于调查区域中南部，大安市安广镇红岗子乡大外皮子村东侧，月亮泡南岸，遗址中心UTM格式坐标为东经568533.5，北纬5057380.5。

（2）地貌

大外皮子东遗址位于大外皮子村东侧，月亮泡南岸的高地上。遗址地表现为耕地。属于PHh土壤地带。

（3）以往工作

以往发表材料中未发现有关该遗址的记录。

（4）范围与文化内涵

大外皮子东遗址总面积73182平方米，一共有26个采集区（D169～D194），其中有4个系统采集区和22个一般采集区。采集区分为两区，西南区靠近村子，呈东北—西南向三排分布，东北区略呈三角形。大体上遗址东北—西南长约750米，西北—东南宽约150米（图554，表58）。

图例
调查范围
采集区

北

图例
■ 采集区
□ 调查范围

0   600米

图554　大外皮子东遗址采集区分布图

该遗址包括辽金时期和清末至民国时期陶片。

表58　大外皮子东遗址采集区和陶片统计表

时期	采集区数量	面积/万平方米	陶片数量/片	占陶片总数百分比/%	采集区内密度*
辽金时期	26	7.3182	650	92.3	0.26/m²
清末至民国	17	5.5566	54	7.7	0.002/m²
总数	26	7.3182	704	100	0.26/m²

*此处密度数据是依据系统采集所获陶片数量推算而得。其他数据都是实际数据。

（5）遗存分布、密度与标本

辽金时期的陶片分布于整个遗址的所有采集区。密度最高的采集区集中于遗址东北区的中部。采集的650片属于辽金时期的陶片占整个遗址陶片总数的92.3%。整体上密度很高（图555）。

图555 大外皮子东遗址辽金时期采集区分布图

清末至民国时期的遗存也分布于遗址的大部分区域。采集的54片属于清末至民国时期的陶片占陶片总数的7.7%。整体上密度很低（图556）。

图556 大外皮子东遗址清末至民国时期采集区分布图

（6）总结

大外皮子东遗址使用时间不长，辽金时期发展成水边的聚落，该聚落布局分成两区，东区活动密度较高，而靠近现代村子的西区密度比较低。清末至民国时期该遗址继续使用，但是空间分布明显缩小，而且地表遗物密度低很多，遗址东区遗物少，可能与现代村子发展为新的活动中心有关。

53．它拉红 DA-TLH

（1）位置

它拉红遗址位于调查区域中南部，大安市安广镇红岗子乡它拉红村东南，它拉红泡西岸，遗址中心UTM格式坐标为东经569734.5646，北纬5054674.5188。

（2）地貌

它拉红遗址位于它拉红村东南、它拉红泡西岸的漫岗之上。遗址地表现为耕地。属于PHh土壤地带。

（3）以往工作

以往发表材料中未发现有关该遗址的记录。

（4）范围与文化内涵

它拉红遗址总面积128778平方米，一共有24个采集区（I126～I149），其中有9个系统采集区和15个一般采集区。采集区比较分散，以靠近村子南侧的区域较为集中，往东南还有3个采集区距村子稍远。遗址西北—东南长约1450米，东北—西南宽约900米（图557，表59）。

该遗址包括汉书二期文化、辽金时期和清末至民国时期陶片。

表59　它拉红遗址采集区和陶片统计表

时期	采集区数量	面积/万平方米	陶片数量/片	占陶片总数百分比/%	采集区内密度[*]
汉书二期文化	1	0.25	1	0.1	0.0004/m²
辽金时期	24	12.8778	817	94.2	0.4/m²

时期	采集区数量	面积/万平方米	陶片数量/片	占陶片总数百分比/%	采集区内密度*
清末至民国	15	9.2652	49	5.7	0.01/m²
总数	24	12.8778	867	100	0.42/m²

*此处密度数据是依据系统采集所获陶片数量推算而得。其他数据都是实际数据。

图 557　它拉红遗址采集区分布图

（5）遗存分布、密度与标本

含汉书二期文化陶片的1个采集区位于遗址中部。仅采集到1片属于汉书二期文化的陶片，占整个遗址陶片总数的0.1%。密度非常低（图558）。

辽金时期遗存分布于该遗址的所有采集区。密度最高的采集区集中于村子南侧。采集的817片辽金时期的陶片占陶片总数的94.2%。整体上密度很高（图559）。

地表采集的辽金时期遗物中有布纹瓦片78片、砖块56块、圆陶片3片、建筑构件1件、滴水1件（图560）。

I143：001，泥质灰陶扁桥状器耳。耳高4.1厘米，总长5.7厘米，宽4.5厘米，壁厚0.7厘米（图560-1）。

图 558　它拉红遗址汉书二期文化采集区分布图

图 559　它拉红遗址辽金时期采集区分布图

I126：001，夹砂灰陶腹底残片。平底。腹饰成排短条形篦点纹。长6.3厘米，宽4.6厘米，壁厚2.5厘米（图560-2）。

I145：001，夹砂红灰陶腹底残片。平底。腹饰成排窄长楔形篦点纹。宽6.1厘米，壁厚1厘米，残高2.8厘米，直径约22厘米（图560-3）。

I138：001，夹砂黄灰陶圆陶片。近圆形。直径3.8厘米，厚0.9厘米（图560-4）。这种圆陶片或陶饼常见于金代聚落遗址，如扶余县西车家店遗址[①]和陶西林场遗址[②]。

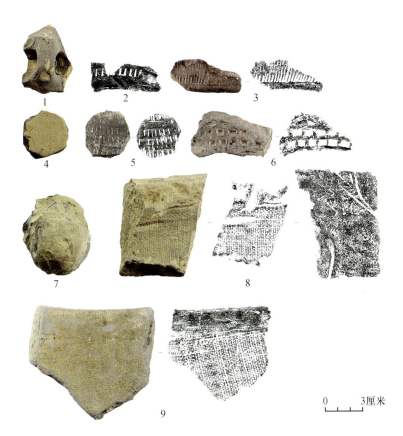

图560 它拉红遗址采集的辽金时期遗物

1. I143：001　2. I126：001　3. I145：001　4. I138：001　5. I148：003　6. I148：001　7. I148：002
8. I148：004　9. I148：005

I148：003，夹砂灰陶圆陶片。近圆形。表面有成排细条状篦点纹。直径3.8厘米，厚1厘米（图560-5）。类似的以残陶片改制的圆陶片见于白城市金家金代遗址[③]。

I148：001，夹砂灰陶滴水残块。一侧面戳压两排方形坑窝。长6.2厘米，宽5.5厘米，厚3.5

①　吉林省文物考古研究所、扶余县博物馆：《吉林省扶余县西车家店金代遗址的发掘》，《北方文物》2009年第3期，第15～24页，第19页图7-8。

②　吉林省文物考古研究所、扶余县博物馆：《吉林省扶余县陶西林场遗址发掘简报》，《北方文物》2009年第3期，第33～45页，第42页图11-16。

③　吉林省文物考古研究所：《吉林省白城市金家金代遗址的发掘》，《边疆考古研究（第12辑）》，北京：科学出版社，2012年，第63～86页，第81页图14-17。

厘米（图560-6）。类似特征的滴水见于白城市金家金代遗址[①]。

I148：002，夹砂灰黄陶建筑构件残块，可能为兽的眼球。长6.3厘米，宽5.4厘米，厚4.7厘米（图560-7）。

I148：004，夹砂灰陶布纹板瓦残块。长8.5厘米，宽7厘米，厚1.9厘米（图560-8）。

I148：005，夹砂灰陶布纹板瓦残块。长8.5厘米，宽8厘米，厚1.9厘米（图560-9）。

清末至民国时期遗物分布于遗址大部分区域。采集的49片属于清末至民国时期的陶片占陶片总数的5.7%。整体上密度比较低（图561）。

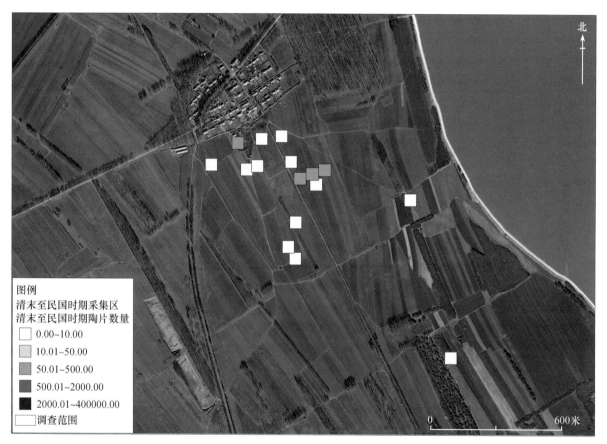

图561　它拉红遗址清末至民国时期采集区分布图

（6）总结

它拉红遗址最早为汉书二期文化时期开始使用，但是当时可能仅为水边的小型捕鱼地点。该遗址辽金时期得到明显发展。采集到该时期的大量建筑材料，表明这里应该有辽金时期建筑址。清末至民国时期继续使用，但是面积和密度明显缩减。

---

① 吉林省文物考古研究所：《吉林省白城市金家金代遗址的发掘》，《边疆考古研究（第12辑）》，北京：科学出版社，2012年，第63～86页，第68页图5-3、4、8。

54．小嘎拉包头东 DA-XGLBT

（1）位置

小嘎拉包头东遗址位于大安市安广镇红岗子乡小嘎拉包头村东北1.3千米，它拉红泡西南岸，高速公路北侧，遗址中心UTM格式坐标为东经571441.5897，北纬5052522.0793。

（2）地貌

小嘎拉包头东遗址位于调查区域的中南部，小嘎拉包头村东北侧，它拉红泡西南岸的漫岗上。遗址地表现为耕地。属于ARb土壤地带。

（3）以往工作

以往发表材料中未发现有关该遗址的记录。

（4）范围与文化内涵

小嘎拉包头东遗址总面积10314平方米，一共有4个采集区（I151～I154），其中有1个系统采集区和3个一般采集区。采集区呈西北—东南向一排。遗址西北—东南长约250米，东北—西南宽约50米（图562，表60）。

该遗址包括辽金时期和清末至民国时期陶片。

表60　小嘎拉包头东遗址采集区和陶片统计表

时期	采集区数量	面积/万平方米	陶片数量/片	占陶片总数百分比/%	采集区内密度*
辽金时期	4	1.0314	328	99.1	0.45/m²
清末至民国	3	0.7814	3	0.9	0.0004/m²
总数	4	1.0314	331	100	0.45/m²

*此处密度数据是依据系统采集所获陶片数量推算而得。其他数据都是实际数据。

（5）遗存分布、密度与标本

辽金时期遗存分布于整个遗址的所有采集区。密度最高的采集区位于遗址的东南端。采集的328片属于辽金时期的陶片占整个遗址陶片总数的99.1%。整体上密度很高（图563）。

图562　小嘎拉包头东遗址采集区分布图

图563　小嘎拉包头东遗址辽金时期采集区分布图

采集辽金时期的遗物中有瓦片1片、砖块2块。

清末至民国时期遗存见于3个采集区，仅东南端的1个采集区除外。采集的3片该时期的陶片占陶片总数的0.9%。整体上密度非常低（图564）。

图564　小嘎拉包头东遗址清末至民国时期采集区分布图

（6）未断代标本

地表采集细石器1件。

I154：001，细石叶远端残片。灰色细腻石料，背部有一条纵脊。长3.1厘米，宽1厘米，厚0.7厘米（图565）。

图565　小嘎拉包头东遗址采集的石器（I154：001）

（7）总结

小嘎拉包头东遗址使用时间比较短。辽金时期才开始形成小型的遗址。采集区的空间分布或许反映出当时它拉红泡的水位和古岸位置。该遗址可能为辽金时期捕鱼地点。清末至民国时期面积和陶片数量明显下降。

55. 红岗子东北 DA-HGZ

（1）位置

红岗子东北遗址位于调查区域中南部偏东，大安市安广镇红岗子乡东北1千米，它拉红泡南岸，高速公路北侧，遗址中心UTM格式坐标为东经573122.2417，北纬5052530.0743。

（2）地貌

红岗子东北遗址位于红岗子乡东北侧，它拉红泡南岸的漫岗之上。遗址地表现为耕地。属于ARb土壤地带。

（3）以往工作

以往发表材料中未发现有关该遗址的记录。

（4）范围与文化内涵

红岗子东北遗址总面积33148平方米，一共有9个采集区（I155～I163），其中有1个系统采集区和8个一般采集区。采集区比较分散，大体上分布状态近三角形。遗址西北—东南长约500米，东北—西南宽约300米（图566，表61）。

该遗址包括魏晋隋唐时期、辽金时期和清末至民国时期陶片。

表61　红岗子东北遗址采集区和陶片统计表

时期	采集区数量	面积/万平方米	陶片数量/片	占陶片总数百分比/%	采集区内密度*
魏晋隋唐	1	0.2500	1	0.2	0.0004/m²
辽金时期	9	3.3148	398	94.1	0.18/m²
清末至民国	5	2.7779	24	5.7	0.01/m²
总数	9	3.3148	423	100	0.19/m²

*此处密度数据是依据系统采集所获陶片数量推算而得。其他数据都是实际数据。

（5）遗存分布、密度与标本

含魏晋隋唐时期陶片的1个采集区位于遗址西部。仅采集到1片该时期的陶片，占整个遗址陶片总数的0.2%。密度非常低（图567）。

图566　红岗子东北遗址采集区分布图

图567　红岗子东北遗址魏晋隋唐时期采集区分布图

　　辽金时期遗存分布于整个遗址的所有采集区。密度最高的采集区位于遗址的西部。采集的398片属于辽金时期的陶片占陶片总数的94.1%。整体上密度很高（图568）。

图568　红岗子东北遗址辽金时期采集区分布图

　　地表采集的辽金时期遗物中有布纹瓦片15片、砖块18块。
　　含清末至民国时期陶片的5个采集区位于遗址的西部。采集的24片属于清末至民国时期的陶片占陶片总数的5.7%。整体上密度比较低（图569）。

（6）总结

　　红岗子东北遗址使用时间不太长，选址动因应与靠近湖边有关。魏晋隋唐时期这里开始有很低密度的活动遗存，辽金时期发展成遗存密度比较高的小型遗址，清末至民国时期采集区比较分散，而且密度大大下降。

图569 红岗子东北遗址清末至民国时期采集区分布图

56. 小洼子西南 DA-XWZ-1

（1）位置

小洼子西南遗址位于调查区域中南部偏东，大安市安广镇红岗子乡小洼子村西南1.2千米，它拉红泡东南岸，高速公路北侧，遗址中心UTM格式坐标为东经575047.2871，北纬5052531.9463。

（2）地貌

小洼子西南遗址位于小洼子村西南，它拉红泡东南岸的漫岗之上，遗址地表现为耕地。属于GLk土壤地带。

（3）以往工作

以往发表材料中未发现有关该遗址的记录。

（4）范围与文化内涵

小洼子西南遗址总面积31867平方米，一共有11个采集区（I164～I174），其中有7个系统采集区和4个一般采集区。采集区集中在一起，大体呈东北—西南向的长方形。遗址东北—西南长约300米，西北—东南宽约250米（图570，表62）。

图570　小洼子西南遗址采集区分布图

该遗址包括汉书二期文化、辽金时期和清末至民国时期陶片。

表62　小洼子西南遗址采集区和陶片统计表

时期	采集区数量	面积/万平方米	陶片数量/片	占陶片总数百分比/%	采集区内密度*
汉书二期文化	1	0.25	1	0.31	0.05/m²
辽金时期	11	3.1867	238	74.84	0.97/m²
清末至民国	10	2.9367	79	24.84	0.38/m²
总数	11	3.1867	318		1.32/m²

*此处密度数据是依据系统采集所获陶片数量推算而得。其他数据都是实际数据。

（5）遗存分布、密度与标本

含汉书二期文化陶片的1个采集区（为系统采集区）位于遗址南排中部。该采集区密度比较高。实际上仅采集到1片该时期的陶片，占整个遗址陶片总数的0.31%。密度比较低（图571）。

辽金时期陶片分布于整个遗址的所有采集区。密度最高的采集区位于遗址中部。采集的属于辽金时期的238片陶片占陶片总数的74.84%。整体上密度很高（图572）。

图571 小洼子西南遗址汉书二期文化采集区分布图

图572 小洼子西南遗址辽金时期采集区分布图

地表采集辽金时期的遗物中也有砖块1块。

I171：002，夹砂灰陶网坠。应为砖块改制，两端各有一处凹槽。长13厘米，宽11.5厘米，厚5.2厘米（图573）。

清末至民国时期遗存也几乎分布于整个遗址。采集的79片属于清末至民国时期的陶片占陶片总数的24.84%。整体上密度比较高（图574）。

地表采集的清末至民国时期的遗物中有铜钱1枚。

I171：001，"光绪通宝"，反面有满文。直径2.2厘米，厚0.1厘米（图575）。

图573　小洼子西南遗址采集的辽
金时期陶网坠（I171：002）

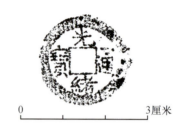

图575　小洼子西南遗址采集的清末至
民国时期铜钱（I171：001）

图例

清末至民国时期采集区
清末至民国时期陶片数量

　□　0.00~10.00
　■　10.01~50.00
　■　50.01~500.00
　■　500.01~2000.00
　■　2000.01~400000.00
　□　调查范围

0　　　　　　　　600米

图574　小洼子西南遗址清末至民国时期采集区分布图

（6）总结

小洼子西南遗址使用时间不长，汉书二期文化时期有比较少的活动出现，到辽金时期才发展成一处遗址。虽然清末至民国时期遗存密度下降，但是布局几乎没有变化。

57．小洼子西北 DA-XWZ-2

（1）位置

小洼子西北遗址位于调查区域中南部偏东，大安市安广镇红岗子乡小洼子村西北600米，它拉红泡东南岸，遗址中心UTM格式坐标为东经575478.0155，北纬5053358.5124。

（2）地貌

小洼子西北遗址位于小洼子村西北，它拉红泡东南岸的漫岗之上。遗址地表现为耕地。属于GLk土壤地带。

（3）以往工作

以往发表材料中未发现有关该遗址的记录。

（4）范围与文化内涵

小洼子西北遗址总面积9374平方米，一共有4个采集区（Ⅰ175～Ⅰ178），其中有1个系统采集区和3个一般采集区。采集区集中在一起，略呈梯形。遗址东北—西南长约300米，西北—东南宽约100米（图576，表63）。

该遗址包括辽金时期和清末至民国时期陶片。

表63　小洼子西北遗址采集区和陶片统计表

时期	采集区数量	面积/万平方米	陶片数量/片	占陶片总数百分比/%	采集区内密度*
辽金时期	4	0.9374	126	96.9	0.5/m²
清末至民国	2	0.5000	4	3.1	0.05/m²
总数	4	0.9374	130	100	0.5/m²

*此处密度数据是依据系统采集所获陶片数量推算而得。其他数据都是实际数据。

图576　小洼子西北遗址采集区分布图

（5）遗存分布、密度与标本

辽金时期陶片分布于遗址的所有采集区。最高密度的采集区位于遗址中部。采集的126片属于辽金时期的陶片占整个遗址陶片总数的96.9%。整体上密度很高（图577）。

地表采集的辽金时期遗物中有布纹瓦8片、砖块1块。

含清末至民国时期遗物的2个采集区位于遗址的北部。密度相对高一点的采集区位于西部。采集的4片属于清末至民国时期的陶片占陶片总数的3.1%（图578）。

（6）总结

小洼子西北遗址范围很小，使用时间比较短，该小型遗址在水边，可能为辽金时期的捕鱼地点，当时活动密度很高。清末至民国时期面积缩小、活动密度也大大下降。

图577　小洼子西北遗址辽金时期采集区分布图

图578　小洼子西北遗址清末至民国时期采集区分布图

58. 小洼子北 DA-XWZ-3

（1）位置

小洼子北遗址位于调查区域中南部偏东，大安市安广镇红岗子乡小洼子村北700米，它拉红泡东南岸，遗址中心UTM格式坐标为东经575733.3867，北纬5053752.3747。

（2）地貌

小洼子北遗址位于小洼子村西北，它拉红泡东南岸的漫岗之上。遗址地表现为耕地。属于GLk土壤地带。

（3）以往工作

以往发表材料中未发现有关该遗址的记录。

（4）范围与文化内涵

小洼子北遗址总面积10898平方米，一共有4个一般采集区（I 179～I 182）。采集区集中在一起，呈正方形。遗址边长约100米（图579，表64）。

该遗址包括辽金时期和清末至民国时期陶片。

表64　小洼子北遗址采集区和陶片统计表

时期	采集区数量	面积/万平方米	陶片数量/片	占陶片总数百分比/%	采集区内密度*
辽金时期	4	1.0898	133	94.3	0.01/m²
清末至民国	3	0.8398	8	5.7	0.001/m²
总数	4	1.0898	141	100	0.01/m²

*此处密度数据是依据系统采集所获陶片数量推算而得。其他数据都是实际数据。

（5）遗存分布、密度与标本

辽金时期遗存分布于整个遗址的所有采集区。密度相对较高的采集区位于遗址的西南角。采集的133片属于辽金时期的陶片占整个遗址陶片总数的94.3%。整体上密度比较高（图580）。

图579 小洼子北遗址采集区分布图

图580 小洼子北遗址辽金时期采集区分布图

地表采集的辽金时期遗物中有砖块2块。

清末至民国时期遗存分布于除东南角之外的其余3个采集区。采集的8片属于清末至民国时期的陶片占陶片总数的5.7%。整体上密度很低（图581）。

图581　小洼子北遗址清末至民国时期采集区分布图

（6）总结

小洼子北遗址布局和演变过程与小洼子西北遗址很接近，为辽金时期发展的小型水边遗址，清末至民国时期面积缩小、活动密度下降。

59. 小外皮子西DA-XWPZ

（1）位置

小外皮子西遗址位于调查区域中部，大安市安广镇红岗子乡小外皮子村西侧，它拉红泡西北岸，月亮泡南岸，遗址中心UTM格式坐标为东经570021.8894，北纬5057133.7642。

（2）地貌

小外皮子西遗址位于小外皮子村西侧，它拉红泡西北岸与月亮泡南岸之间的一条东北—西南向高地上，据村民讲这里是小外皮子村原来的位置，后屯子向南迁了。四周均为洼地。遗址地表现为耕地，其北侧为古河道。属于PHh土壤地带。

（3）以往工作

以往发表材料中未发现有关该遗址的记录。

（4）范围与文化内涵

小外皮子西遗址总面积46397平方米，一共有8个一般采集区（C057～C064）。采集区分布呈东北—西南向长条形，北部有4个采集区集中成一排。大体上遗址东北—西南向长约1100米，西北—东南宽约50米（图582，表65）。

图582　小外皮子西遗址采集区分布图

该遗址包括辽金时期和清末至民国时期陶片。

表65　小外皮子西遗址采集区和陶片统计表

时期	采集区数量	面积/万平方米	陶片数量/片	占陶片总数百分比/%	采集区内密度*
辽金时期	4	4.1919	9	5	0.0002/m²
清末至民国	8	4.6397	170	95	0.0036/m²
总数	8	4.6397	179	100	0.0038/m²

*此处密度数据是依据系统采集所获陶片数量推算而得。其他数据都是实际数据。

（5）遗存分布、密度与标本

含辽金时期陶片的3个采集区集中于遗址的北部，还有1个采集区位于遗址的西南端。采集的9片属于辽金时期的陶片占整个遗址陶片总数的5%。密度很低（图583）。

图例
辽金时期采集区
辽金时期陶片数量
0.00~10.00
10.01~50.00
50.01~500.00
500.01~2000.00
2000.01~400000.00
调查范围

0　　　　400米

图583　小外皮子西遗址辽金时期采集区分布图

清末至民国时期遗存分布于整个遗址的所有采集区。密度相对高一点的采集区集中于遗址东北部。采集的170片清末至民国时期的陶片占陶片总数的95%。整体上密度很低（图584）。

地表采集的清末至民国时期遗物中也有瓦片1片、铜钱1枚。

C060：001，"乾隆通宝"，反面有满文。直径2.4厘米，厚0.2厘米（图585）。

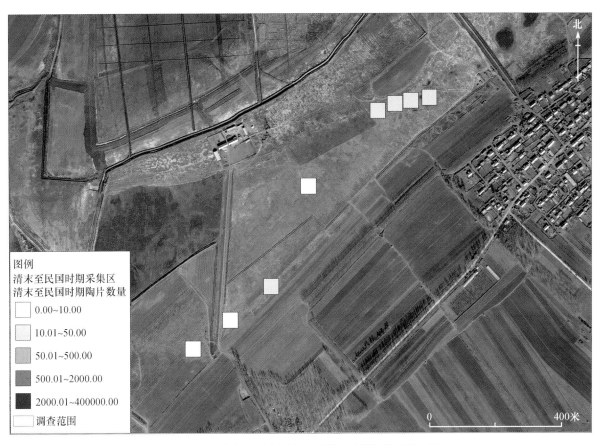

图584　小外皮子西遗址清末至民国时期采集区分布图

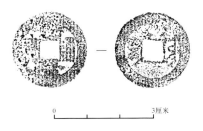

图585　小外皮子西遗址采集的清末至民国时期铜钱（C060∶001）

（6）总结

小外皮子西遗址辽金时期采集区较分散、活动密度很低，清末至民国时期有明显的发展。现代小外皮子村应是清末至民国时期村落的延续。

60. 楚家窝堡 DA-CJWP

（1）位置

楚家窝堡遗址位于调查区域中部略偏东，大安市安广镇红岗子乡楚家窝堡村周围及以西、以北区域，它拉红泡西北岸，月亮泡南岸，遗址中心UTM格式坐标为东经571200.1334，北纬5056746.5836。

（2）地貌

楚家窝堡遗址位于楚家窝堡村所在的一大片漫岗之上。地处它拉红泡西北岸与月亮泡南岸之间。遗址地表现为耕地。属于PHh土壤地带。

（3）以往工作

以往发表材料中未发现有关该遗址的记录。

（4）范围与文化内涵

楚家窝堡遗址总面积158894平方米，一共有34个采集区（C068～C078、C081～C087、I110～I125），其中有1个系统采集区和33个一般采集区。采集区比较分散，大体上可以分三区，第一区分布在它拉红泡水边，第二区分布于路南北两侧，第三区分布于遗址北部。整体分布状态近三角形。遗址南北长约1600米，东西宽约700米（图586，表66）。

该遗址包括新石器时代中期、汉书二期文化、魏晋隋唐时期、辽金时期和清末至民国时期陶片。

表66　楚家窝堡遗址采集区和陶片统计表

时期	采集区数量	面积/万平方米	陶片数量/片	占陶片总数百分比/%	采集区内密度*
新石器时代中期	1	0.25	1	0.15	0.0004/m²
汉书二期文化	4	4.1365	10	1.5	0.0002/m²
魏晋隋唐	1	0.25	1	0.15	0.0004/m²
辽金时期	33	14.4216	467	69.8	0.065/m²
清末至民国	28	15.2035	190	28.4	0.009/m²
总数	34	15.8894	669	100	0.068/m²

*此处密度数据是依据系统采集所获陶片数量推算而得。其他数据都是实际数据。

图586　楚家窝堡遗址采集区分布图

（5）遗存分布、密度与标本

含新石器时代中期陶片的1个采集区位于它拉红泡水边。仅采集到1片陶片，占整个遗址陶片总数的0.15%。密度很低（图587）。

含汉书二期文化陶片的4个采集区比较分散，分布状态呈南北向长条形。采集的10片属于汉书二期文化的陶片占陶片总数的1.5%。密度很低（图588）。

含魏晋隋唐时期陶片的1个采集区位于它拉红泡水边（新石器时代中期采集区的北侧）。仅采集到1片陶片，占陶片总数的0.15%。密度很低（图589）。

辽金时期遗存几乎分布于整个遗址的所有采集区，仅1个采集区除外。密度最高的采集区位于北部第三区的东北角。采集的467片辽金时期的陶片占陶片总数的69.8%。整体上密度比较低（图590）。

I124：001，泥质灰陶陶器近底部残片。斜直腹，外壁有成排窄梯形篦点纹，内壁有网格形暗纹。长9.2厘米，宽5.5厘米，壁厚1厘米（图591-1）。类似的带网格形暗纹的陶片见于四平市前坡林子金代遗址[①]。

---

① 吉林省文物考古研究所、四平市文物管理委员会办公室：《四平市前坡林子遗址发掘简报》，《北方文物》2006年第3期，第35～42页，第39页图6-1。

图587　楚家窝堡遗址新石器时代中期采集区分布图

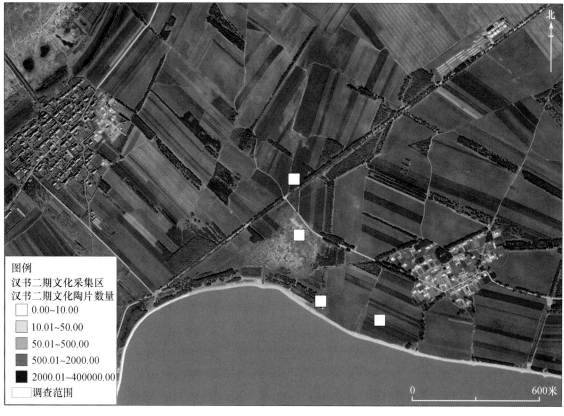

图588　楚家窝堡遗址汉书二期文化采集区分布图

图589　楚家窝堡遗址魏晋隋唐时期采集区分布图

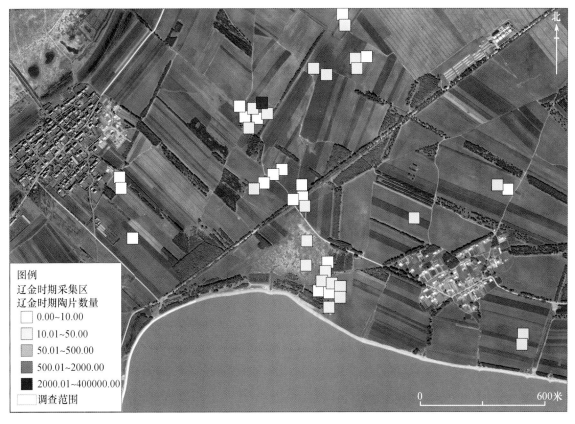

图590　楚家窝堡遗址辽金时期采集区分布图

C087：001，泥质灰陶陶片。饰成排窄细楔形篦点纹。长5.5厘米，宽3.6厘米，厚0.7厘米（图591-2）。

I116：001，泥质灰陶圆陶片。近圆形。直径3.1厘米，厚0.9厘米（图591-3）。这种圆陶片或陶饼常见于金代遗址，如扶余县西车家店遗址[①]或陶西林场遗址[②]。

图591　楚家窝堡遗址采集的辽金时期陶片
1. I124：001　2. C087：001　3. I116：001

地表采集的辽金时期遗物中也有布纹瓦2块、砖块7块、圆陶片1片。

含清末至民国时期陶片的28个采集区分布于遗址大部分区域。密度最高的采集区位于北部第三区的东北角，与辽金时期密度最高的采集区同一个位置。采集的190片属于清末至民国时期的陶片占陶片总数的28.4%（图592）。

地表采集的清末至民国时期遗物中有瓦片1块。

（6）未断代标本

地表采集磨制石器2件（图593）。

I112：001，磨盘残块。红灰色。一面被磨光，有火烧痕迹。长8.8厘米，宽6.5厘米，厚2.3厘米（图593-1）。

I110：001，长方形砺石残块。灰色。一面被磨蚀成凹面。长5.1厘米，宽5厘米，厚1.8厘米（图593-2）。

————————

①　吉林省文物考古研究所、扶余县博物馆：《吉林省扶余县西车家店金代遗址的发掘》，《北方文物》2009年第3期，第15～24页，第19页图7-8。

②　吉林省文物考古研究所、扶余县博物馆：《吉林省扶余县陶西林场遗址发掘简报》，《北方文物》2009年第3期，第33～45页，第42页图11-16。

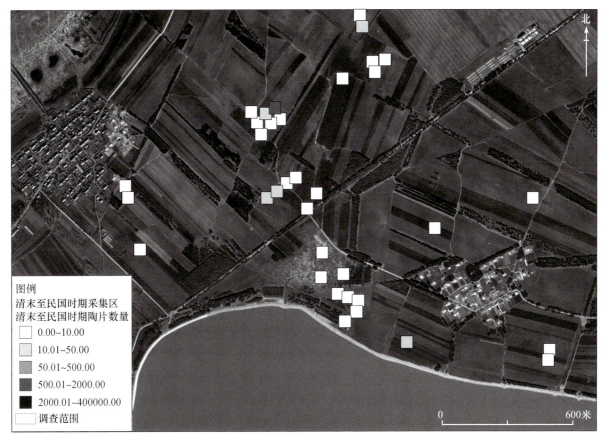

图例
清末至民国时期采集区
清末至民国时期陶片数量
　0.00~10.00
　10.01~50.00
　50.01~500.00
　500.01~2000.00
　2000.01~400000.00
　调查范围

图592　楚家窝堡遗址清末至民国时期采集区分布图

图593　楚家窝堡遗址采集的石器
1. I112：001　2. I110：001

（7）总结

楚家窝堡遗址发现新石器时代中期和汉书二期文化陶片，虽然数量很少，但是该现象说明古代人群很早就对该位置有一定的关注。辽金时期采集区开始集中呈两三个小地点，且活动密度比较高，清末至民国时期遗存布局与辽金时期有一定的连续性，但是活动密度下降。

61．两家户 DA-LJH

（1）位置

两家户遗址位于调查区域中南部偏东，大安市安广镇红岗子乡两家户村周围，它拉红泡北岸，遗址中心UTM格式坐标为东经573647.2926，北纬5055450.2286。

（2）地貌

两家户遗址位于两家户村周围，它拉红泡北岸的漫岗之上，遗址地表现为耕地。遗址属于ARb土壤地带。

（3）以往工作

以往发表材料中未发现有关该遗址的记录。

（4）范围与文化内涵

两家户遗址总面积237253平方米，一共有47个采集区（I058～I104），其中有5个系统采集区和42个一般采集区。采集区比较分散，大部分采集区集中在村南靠近水边的位置，且被泡子的一个支汊分为两区，即村子东南和西南区。整体分布状态略呈梯形。遗址东西长约2000米，南北宽约1300米（图594，表67）。

该遗址包括辽金时期和清末至民国时期陶片。

表67　两家户遗址采集区和陶片统计表

时期	采集区数量	面积/万平方米	陶片数量/片	占陶片总数百分比/%	采集区内密度*
辽金时期	47	23.7253	1722	91.1	0.2/m²
清末至民国	33	19.7768	169	8.9	0.02/m²
总数	47	23.7253	1891	100	0.24/m²

*此处密度数据是依据系统采集所获陶片数量推算而得。其他数据都是实际数据。

（5）遗存分布、密度与标本

辽金时期遗存分布于整个遗址的所有采集区。密度最高的采集区位于水边村子东南和西南两区的中部。采集的1722片属于辽金时期的陶片占整个遗址陶片总数的91.1%。整体上密度很高（图595）。

图594　两家户遗址采集区分布图

图 595　两家户遗址辽金时期采集区分布图

地表采集的辽金时期遗物中有布纹瓦5块、砖块8个、纺轮2件。

I071：001，瓷器圈足残片。灰色粗胎，内部只有一滴黑釉。厚1.8厘米，直径6.2厘米（图596-1）。

I090：001，夹砂黄褐陶陶片。饰成排窄细楔形与细条状篦点纹。长7.8厘米，宽5.8厘米，厚1.5厘米（图596-2）。

I078：001，夹砂黄褐陶陶片。饰有以缠绳棒状物戳压斜向凹窝的附加堆纹。长4.4厘米，宽3.9厘米，厚0.9厘米（图596-3）。

I084：001，夹砂灰陶陶器器耳，耳为扁桥状。耳高5.4厘米，总长5.3厘米，宽3.7厘米，厚1.7厘米（图596-4）。

I070：001，夹砂黄灰陶纺轮残块。厚0.8厘米，直径约5厘米（图596-5）。

I072：001，夹砂灰陶纺轮残块。厚2.1厘米，直径约4厘米（图596-6）。

图596　两家户遗址采集的辽金时期遗物

1. I071：001　2. I090：001　3. I078：001　4. I084：001　5. I070：001　6. I072：001

清末至民国时期遗存分布于遗址大部分区域，但靠近水边的西南区的采集区较少。密度比较高的采集区位于村子东南区的东南部。采集的169片属于清末至民国时期的陶片占陶片总数的8.9%。整体上密度比低（图597）。

地表采集的清末至民国时期遗物中有铜钱2枚。

I058：001，青花瓷瓷器器底。圈足施满釉，内部有涩圈。壁厚0.5厘米，残高3.2厘米，直径5.6厘米（图598-1）。

I058：002，青花瓷瓷器器底。圈足施满釉带两条青线，内部也有两条青线，外壁有植物纹饰。壁厚0.5厘米，残高2.9厘米，直径8厘米（图598-2）。

I060：001，青花瓷瓷碟残片。灰胎。敞口，薄圆唇，腹略鼓，圈足。器身满釉。内部有植物纹饰，唇上有一条青色的线。壁厚0.4厘米，高3.2厘米，圈足直径约12厘米（图598-3）。

图597　两家户遗址清末至民国时期采集区分布图

图598　两家户遗址采集的清末至民国时期瓷片

1. I058：001　2. I058：002　3. I060：001

　　I062：001，"道光通宝"，反面有满文。直径1.7厘米，厚0.1厘米（图599-1）。

　　I062：002，铜钱残片，锈蚀严重，面文不明。长1.4厘米，宽0.8厘米，厚0.1厘米（图599-2）。

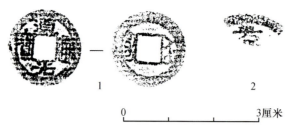

图599　两家户遗址采集的清末至民国时期铜钱

1. I062：001　2. I062：002

图600　两家户遗址采集的残铜片（I072：002）

（6）未断代标本

地表采集遗物中有铜片1个。

I072：002，残铜片。一面有两个凸出的纽。长5.8厘米，宽2.6厘米，厚0.3厘米（图600）。

（7）总结

两家户遗址使用时间比较短。辽金时期的采集区很分散，靠近水边的采集区活动密度最高，清末至民国时期布局未发生太大变化，但是活动密度明显下降。

62．焕新 DA-HX

（1）位置

焕新遗址位于调查区域中南部偏东，大安市安广镇红岗子乡焕新村、贾家围子村与西花尔社周围，主要分布于贾家围子村南侧，月亮泡南岸，遗址中心UTM格式坐标为东经572155.8063，北纬5058789.5956。

（2）地貌

焕新遗址位于焕新村周围，月亮泡南岸的漫岗之上。地表现为耕地。遗址属于PHh土壤地带。

（3）以往工作

以往发表材料中未发现有关该遗址的记录。

（4）范围与文化内涵

焕新遗址总面积197272平方米，一共有22个一般采集区（C079、C080、C094～C113）。采集区比较分散，大体上分两区，有7个采集区集中在村子南侧，有7个采集区分布在水边，其他采集区分散在村子东侧和南侧。整体分布状态近长方形。遗址南北长约1500米，东西宽约1400米（图601，表68）。

图601 焕新遗址采集区分布图

该遗址包括辽金时期和清末至民国时期陶片。

表68 焕新遗址采集区和陶片统计表

时期	采集区数量	面积/万平方米	陶片数量/片	占陶片总数百分比/%	采集区内密度*
辽金时期	21	19.7272	106	45.7	0.0005/m²
清末至民国	21	19.7272	126	54.3	0.0006/m²
总数	22	19.7272	232	100	0.0011/m²

*此处密度数据是依据系统采集所获陶片数量推算而得。其他数据都是实际数据。

（5）遗存分布、密度与标本

辽金时期遗存分布于遗址绝大多数采集区，仅村南侧的1个采集区除外。密度相对高一点的采集区位于遗址最南端和村子东侧。采集的106片该时期陶片占整个遗址陶片总数的45.7%。整体上密度很低（图602）。

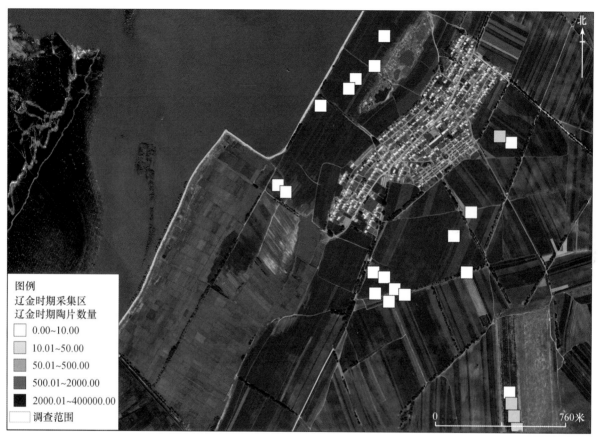

图例
辽金时期采集区
辽金时期陶片数量
　□　0.00~10.00
　■　10.01~50.00
　■　50.01~500.00
　■　500.01~2000.00
　■　2000.01~400000.00
　□　调查范围

图602　焕新遗址辽金时期采集区分布图

清末至民国时期遗存也见于遗址绝大多数采集区，仅最南端的1个采集区除外。密度相对高一点的采集区位于遗址最北端、遗址最西端和南部集中区的西南角。采集的126片清末至民国时期的陶片占陶片总数的54.3%（图603）。

（6）未断代标本

焕新遗址地表采集磨制石器1件。

C099：001，砺石残块。红褐色，一端有未钻透的孔，一面被磨光。长10.7厘米，宽3.9厘米，厚2厘米（图604）。

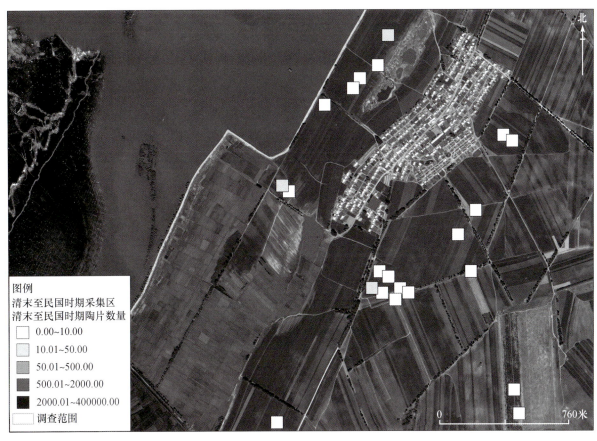

图603　焕新遗址清末至民国时期采集区分布图

图604　焕新遗址采集的石器（C099：001）

（7）总结

　　焕新遗址使用时间很短，辽金时期和清末至民国时期采集区的分布状态基本一致，而且分散、活动密度较低。遗址的一部分可能位于现代村子下，被民宅覆盖。

63．后地窝堡 DA-HDWP

（1）位置

后地窝堡遗址位于调查区域东南部，大安市安广镇红岗子乡后地窝堡村西北、西南侧，且沿榔头泡西岸向东南方向延伸到焕新村以东靠近水边处。遗址南部西距焕新遗址约250米。遗址中心UTM格式坐标为东经573851.5238，北纬5062330.1452。

（2）地貌

后地窝堡村地处月亮泡南岸向北伸入水中的一个半岛的东北部。一条北高南低的土岗由村西北逶迤伸向东南。岗子的西北和北侧为月亮泡，东侧为榔头泡。岗上由北至南断断续续地分布着古代遗物，尤以西北部地势最高处最为密集。遗址西北端临泡处为断崖。断面上可见黑灰色文化层，厚约1米。遗址地表现为耕地。遗址属于PHh土壤地带。

（3）以往工作

后地窝堡遗址系全国第二次文物普查时发现，录入《中国文物地图集·吉林分册》[①]。根据《大安县文物志》[②]的描述：

> 遗址位于月亮泡公社后地窝堡大队本屯西北侧的小土岗上。东、西、北三面被月亮泡水环绕，南侧是绵延起伏的高台岗地，隔水东岸是汉书原始文化遗址，岗下有一条运河，相传金时所开辟，是用来运送粮草的水上航道。
>
> 这里环境优美，浩荡的湖水像一弯新月镶嵌在岗前，极目远眺，水田相接，一片汪洋。是古代人类生活的理想的地方。
>
> 遗址方圆有一百五十米左右，尽管经过年长日久的风雨冲刷和水土流失，遗迹仍然清楚可见。在地表采集到的文物有鬲足、鬲口沿、器耳残陶片等。鬲口沿外侈，并饰有附加堆纹。残陶片和器耳皆为黄褐色陶片，纹饰较隽秀，有细绳纹、指甲纹等，器耳为素面。陶质松轻，火候较低。和汉书遗址上层出土的陶器纹饰、颜色、制作等方面都极其相似。此外，在遗址中还拾到大量的具有辽金时代特征的遗物，有青灰陶片、黄白瓷片、釉陶等。从器形特征看，有瓮、钵、碗等器，都是辽、金时代的生活

---

① 国家文物局编：《中国文物地图集·吉林分册》，北京：中国地图出版社，1993年，第153、155页。

② 吉林省文物志编修委员会：《大安县文物志》，长春：吉林省文物志编修委员会，1982年，第33、34页。

用品。推断遗址在辽、金时期曾有人居住过。

从采集到的文物标本看，有原始和辽金两个不同时期的文化遗物。这就说明此处遗址早时是属汉书上层文化的人们在此居住。年代相当于中原战国到西汉时期。后来辽、金时期，又有契丹族在此居住。由此可见，我们的先人在很早之前就在这块土地上渔猎、耕种、生息。

有关后地窝堡运河[1]：

运河位于月亮泡公社后地窝堡屯北、月亮泡和榔头泡之间。

月亮泡水源主要来自洮儿河，其水域由南北两个泡子组成，北部的一个较大，状若弯月，故称"月亮泡"，南部的一个较小，形似榔头，称作"榔头泡"。两泡由后地窝堡台地隔开，水量充沛时，两泡水由台地北端相连，干旱季节，两泡断开，榔头泡失去水源，急剧缩小，有时甚至干涸。运河便从榔头泡的西北部边缘插入月亮泡的东南部，把两个泡子连接起来。这样，即使在枯水季节榔头泡亦不失水源，既便利水运交通，又便于捕捞养殖。

运河为东南—西北向，长约1000米，上口宽约10米，略呈弓形，现在河床约2米深。据当地群众传说，运河开挖于金代，当时称"运粮泡"，月亮泡就是运粮泡的音转。后来因水位下降，运河弃置不用，河底逐渐被沙土淤满，以至干涸。1958年，河床深约2.5米，群众在河床内打井，至丈余深，挖到一只木船，可见当年运河的深度应在6米以上。

月亮泡在辽、金、元时期，是上层统治者避暑游玩之地，推测运河开挖于这一时期是较为可信的，但既未见记载，也未有实物可证，尚待进一步探索研究。

近年来，月亮泡已修建水库，设置了闸门，提高了水位。这段古运河时隐时现，早已失去了运河的作用。但它说明在当时低下的生产力条件下，开挖这样的运河，没有重要用途是不能动工的，没有众多的人员参加是难以完成的。这处水利工程不但说明当年这里已经成为人们生活的重要场所，而且可以看出当时的劳动人民为开发建设这块土地而付出了多么艰巨的劳动。

2013年后套木嘎考古队对该遗址进行了系统复查，曾发表过调查简报[2]。

（4）范围与文化内涵

后地窝堡遗址总面积358229平方米，一共有99个采集区（C116～C172、D211～D216、

---

① 吉林省文物志编修委员会：《大安县文物志》，长春：吉林省文物志编修委员会，1982年，第59、60页。

② 王涛、杨琳、王立新：《吉林大安市后地窝堡遗址的调查与认识》，《边疆考古研究（第17辑）》，北京：科学出版社，2015年，第9～28页。

I012～I047），其中有36个系统采集区和63个一般采集区。采集区主要分布于后地窝堡村西侧的高岗上，往东南方向沿榔头泡西岸断断续续的分布。局部地表分布有蚌壳、兽骨和人骨。榔头泡西侧断崖旁有青砖残块、鸡腿坛残片、马牙、鱼骨等以及青灰色砂质陶片，可能为被破坏的几座辽金时期墓葬。遗址南北长约3900米，东西宽约400米（图605，表69）。

图 605　后地窝堡遗址采集区分布图

　　该遗址包括新石器时代中期、新石器时代晚期、青铜时代早中期、白金宝文化、汉书二期文化、魏晋隋唐时期、辽金时期和清末至民国时期陶片。

表69　后地窝堡遗址采集区和陶片统计表

时期	采集区数量	面积/万平方米	陶片数量/片	占陶片总数百分比/%	采集区内密度*
新石器时代中期	1	0.25	1	0.02	0.1/m²
新石器时代晚期	21	9.2200	419	9.24	0.16/m²
青铜时代早中期	52	22.2773	1984	43.75	0.99/m²
白金宝文化	44	18.9431	382	8.42	0.2/m²
汉书二期文化	33	22.9812	117	2.58	0.05/m²
魏晋隋唐	4	12.3107	4	0.09	0.004/m²
辽金时期	66	28.8766	1362	30.03	0.43/m²
清末至民国	68	29.9363	266	5.87	0.03/m²
总数	99	35.8229	4535	100	1.18/m²

　　*此处密度数据是依据系统采集所获陶片数量推算而得。其他数据都是实际数据。

（5）遗存分布、密度与标本

含新石器时代中期陶片的1个采集区（为系统采集区）位于榔头泡西岸遗址的最南端。占整个遗址陶片总数的0.02%。密度比较高（图606）。

图606 后地窝堡遗址新石器时代中期采集区分布图

C137：002，夹蚌黄褐陶口沿残片。直口，方唇。唇部斜向按压出连续的凹窝，形成花边口，外表饰有退压连点纹。宽3.9厘米，厚0.8厘米，残高3.1厘米（图608-1）（后套木嘎三期）。

含新石器时代晚期陶片的21个采集区集中在后地窝堡村西侧高岗上的西部，也有1个采集区位置略偏南，靠近月亮泡水边。密度最高的采集区集中在高岗上的西南部。采集的419片属于新石器时代晚期的陶片占陶片总数的9.24%。整体上密度比较高（图607）。

D216：002，夹蚌灰褐陶罐类器口沿残片。直口，高领，方唇。素面。残高3.8厘米，厚0.8厘米（图608-2）。

C136：001，夹蚌黄褐陶口沿。直口，方唇。宽3.4厘米，厚0.8厘米，残高1.9厘米（图608-3）。

图607　后地窝堡遗址新石器时代晚期采集区分布图

图608　后地窝堡遗址采集的新石器时代陶器

1. C137：002　2. D216：002　3. C136：001　4. C131：003

　　C131：003，夹蚌黄褐陶纺轮。呈椭圆形，中有一单面钻圆孔，系由陶片改制而成。长径2.8厘米，厚0.8厘米，孔径0.5厘米（图608-4）。类似的纺轮见于后套木嘎遗址第Ⅳ期遗存中[①]。

　　①　吉林大学边疆考古研究中心、吉林省文物考古研究所：《吉林大安市后套木嘎遗址AⅣ区发掘简报》，《考古》2017年第11期，第3～30页，第16页图30-13。

　　青铜时代早中期陶片的52个采集区集中于后地窝堡村子西侧的高岗上。青铜时代早中期包括17个有古城遗存陶片的采集区（37687平方米）和73片古城遗存陶片。密度较高的采集区均集中于高岗中部、西部和南部，采集的1984片属于青铜时代早中期的陶片占陶片总数的43.75%。整体上密度很高（图609）。

图例
青铜时代早中期采集区
青铜时代早中期陶片数量
- ▫　0.00~10.00
- ▫　10.01~50.00
- ▣　50.01~500.00
- ◼　500.01~2000.00
- ◼　2000.01~400000.00
- ☐　调查范围

图609　后地窝堡遗址青铜时代早中期采集区分布图

　　C123：001，夹蚌灰褐陶筒形罐口沿。断面呈深灰色。直口微敛，厚圆唇。素面。口沿下有一由外向内单面钻锅孔。应属于小拉哈文化。壁厚0.5厘米，残高6.3厘米，直径约18厘米（图610-1）。

　　C129：002，砂质黄褐陶陶片。器表有一乳钉装饰。应属于小拉哈文化。长3.9厘米，宽3.6厘米，厚0.6厘米（图610-2）。

　　C141：001，砂质黄褐陶。胎芯呈灰色，外表贴塑小圆饼，内壁有刮抹痕。可能属小拉哈文化。长4.3厘米，宽2.7厘米，厚0.6厘米（图610-3）。类似的带泥饼陶片见于小拉哈遗址第Ⅱ期遗存（青铜时代早期）[1]。

　　D216：003，砂质黄褐陶鬲口沿。侈口，尖圆唇。口沿下残留指甲纹凹窝。应属古城遗存。残高3.2厘米，厚0.6厘米（图610-4）。类似纹饰见于汉书遗址2001年发掘区第Ⅱ期的陶

　　① 黑龙江省文物考古研究所、吉林大学考古系：《黑龙江肇源县小拉哈遗址发掘报告》，《考古学报》1998年第1期、第61~101页，第78页图18。

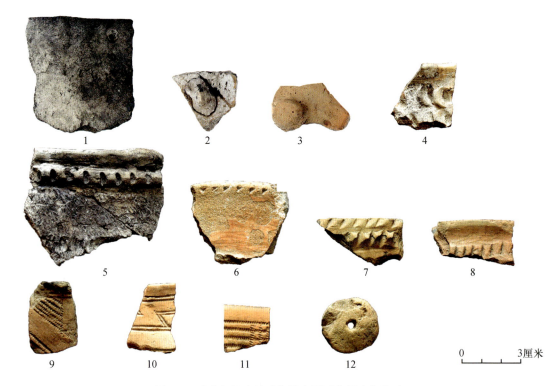

图610　后地窝堡遗址采集的青铜时代早中期陶片

1. C123：001　2. C129：002　3. C141：001　4. D216：003　5. C129：003　6. C172：001　7. C154：001　8. D212：003

9. C138：001　10. D212：002　11. D211：001　12. D216：004

罐[①]和陶壶口沿[②]。

C129：003，砂质灰褐陶鬲口沿。直口微侈，圆唇。近口处有一横向的条形附加堆纹，上部戳印有竖向的凹窝；下部隐约有绳纹的痕迹，并残留有两个指甲纹。应属于古城遗存。残高6.3厘米，厚0.7厘米（图610-5）。这种口沿类似汉书遗址2001年发掘区第Ⅱ期陶鬲口沿[③]。

C172：001，砂质黄褐陶高领罐口沿。侈口，圆唇。器表磨光，局部表皮脱落，唇部饰有两排对称锥刺纹。应属于古城遗存。残高3.9厘米，厚0.8厘米（图610-6）。

C154：001，砂质黄褐陶口沿。直口，方唇。唇外侧斜向按压凹窝，形成花边口。唇下饰截面呈三角形的附加堆纹，其上斜向压印凹窝。内壁磨光。应属古城遗存。残高2.2厘米，厚0.7厘米（图610-7）。

D212：003，砂质黄褐陶筒形罐口沿。侈口，尖唇。口沿下饰一排戳印坑点纹。内外壁均磨光。应属于古城遗存。残高2.3厘米，厚0.6厘米（图610-8）。

C138：001，砂质黄褐陶筒形罐口沿。沿上端外卷，唇部残。沿下饰篦点三角纹，内填平

① 吉林省文物考古研究所、吉林大学边疆考古研究中心、吉林大学考古学院：《大安汉书——青铜时代遗址考古发掘报告》，北京：科学出版社，2018年，第33页图59-1。

② 吉林省文物考古研究所、吉林大学边疆考古研究中心、吉林大学考古学院：《大安汉书——青铜时代遗址考古发掘报告》，北京：科学出版社，2018年，第41页图67-1，第42页图68-1。

③ 吉林省文物考古研究所、吉林大学边疆考古研究中心、吉林大学考古学院：《大安汉书——青铜时代遗址考古发掘报告》，北京：科学出版社，2018年，第30页图56-1～4。

行篦点短线纹，未饰纹饰处均磨光。应属于古城遗存。残高3.3厘米，厚0.6厘米（图610-9）。类似的几何状篦点纹见于汉书遗址2001年发掘区第Ⅱ期的陶钵[1]、小型陶罐[2]和陶壶口沿上[3]。

D212：002，砂质黄褐陶高领罐口沿。侈口，尖唇。沿下有两道横向平行篦点纹和折线形篦点纹。篦点纹系使用双齿工具按压而成。应属于古城遗存。残高3.2厘米，厚0.4厘米（图610-10）。

D211：001，砂质黄褐陶钵口沿。敞口，尖圆唇。口沿下残留四道平行的篦点直线纹，口沿内侧有磨光痕迹。应属于古城遗存。残高2.3、厚0.6厘米（图610-11）。

D216：004，砂质黄褐陶纺轮。菌盖状，一面略平，一面上鼓，边缘厚薄不一，中部有一斜向穿孔。应属于古城遗存。直径2.6、厚1.2、孔径0.4厘米（图610-12）。类似纺轮见于汉书遗址2001年发掘区第Ⅰ期遗存（小拉哈文化）[4]。

含白金宝文化陶片的44个采集区集中于后地窝堡村子西侧的高岗上，也有1个采集区位于榔头泡水边，遗址的南端。密度最高的采集区集中于高岗上中部和中部偏东南。采集的382片白金宝文化的陶片占陶片总数的8.42%。整体上密度比较高（图611）。

地表采集的白金宝文化遗物中有石锤斧1件。

D214：003，砂质黄褐陶陶片。器表遗有一条横向附加堆纹条带，其上用带棱的工具斜向按压成排凹窝。长7.1厘米，宽4.3厘米，厚0.7厘米（图612-1）。

C130：002，砂质黄褐陶罐口沿。侈口，窄沿缓折，圆唇。厚0.7厘米，残高3.9厘米（图612-2）。

C155：001，夹砂黄褐陶鬲口沿。直口，圆唇，唇缘外饰一道横向附加堆纹，其上饰竖向的指甲纹。厚0.6厘米，残高3.4厘米（图612-3）。

C137：001，砂质黄褐陶筒形罐口沿残片。敛口，唇部残损。近口部有两道弦纹，其下为篦点折线纹与三角形，三角纹内填平行篦点短线纹，印痕较深。残高3.5、厚0.4厘米（图612-4）。类似纹饰见于汉书遗址2001年发掘区第Ⅲ期（白金宝文化）的小型陶罐口沿上[5]。

C130：001，夹砂黄褐陶鬲裆残片。厚3.8厘米（图612-5）。

C152：001，砂质黄褐陶网坠。残留一角，可见两条沟槽。从残留部分看，原体型较大。残长6.5厘米，高2.5厘米（图612-6）。

C131：001，砂质黄褐陶支座底部残块。底缘向内按压呈花边状。长4.1厘米，宽3.5厘米，

[1] 吉林省文物考古研究所、吉林大学边疆考古研究中心、吉林大学考古学院：《大安汉书——青铜时代遗址考古发掘报告》，北京：科学出版社，2018年，第44页图70-1，第45页图71-2。

[2] 吉林省文物考古研究所、吉林大学边疆考古研究中心、吉林大学考古学院：《大安汉书——青铜时代遗址考古发掘报告》，北京：科学出版社，2018年，第33页图59-1。

[3] 吉林省文物考古研究所、吉林大学边疆考古研究中心、吉林大学考古学院：《大安汉书——青铜时代遗址考古发掘报告》，北京：科学出版社，2018年，第42页图68-2。

[4] 吉林省文物考古研究所、吉林大学边疆考古研究中心、吉林大学考古学院：《大安汉书——青铜时代遗址考古发掘报告》，北京：科学出版社，2018年，第13页图17-1。

[5] 吉林省文物考古研究所、吉林大学边疆考古研究中心、吉林大学考古学院：《大安汉书——青铜时代遗址考古发掘报告》，北京：科学出版社，2018年，第84页图120-3。

图611　后地窝堡遗址白金宝文化采集区分布图

图612　后地窝堡遗址采集的白金宝文化遗物

1. D214：003　2. C130：002　3. C155：001　4. C137：001　5. C130：001　6. C152：001　7. C131：001　8. C140：001

残高4厘米（图612-7）。

C140：001，砂质黄褐陶陶器器耳。胎芯呈浅灰色，残留耳与口沿相交处，耳的横截面为椭圆形。可能为单耳杯的耳部。宽1.9厘米，厚1厘米，高3厘米（图612-8）。

D212：001，锤斧。石英砂岩。残留锤端及半个穿孔，器身粗糙，锤端有使用痕迹。残长5.4厘米，宽4.9厘米，孔径2.5厘米（图613）。这种锤斧青铜时代早中期已经存在，如汉书遗址2001年发掘区第Ⅱ期的石斧[1]。

含汉书二期文化陶片的33个采集区集中于村西高岗上，也有几个采集区分布在村南榔头泡水边。密度最高的采集区位于遗址最南端，密度比较高的采集区集中于高岗的中部和西部。采集的117片汉书二期文化的陶片占陶片总数的2.58%。整体上密度比较高（图614）。

0 ——————— 3厘米

图613　后地窝堡遗址采集的白金宝文化
石器（D212：001）

图例
汉书二期文化采集区
汉书二期文化陶片数量
□　0.00~10.00
□　10.01~50.00
▣　50.01~500.00
▪　500.01~2000.00
■　2000.01~400000.00
▭　调查范围

北↑

0 ——————— 1 440米

图614　后地窝堡遗址汉书二期文化采集区分布图

---

① 吉林省文物考古研究所、吉林大学边疆考古研究中心、吉林大学考古学院：《大安汉书——青铜时代遗址考古发掘报告》，北京：科学出版社，2018年，第59页图84-7。

C159：001，夹砂红褐陶陶片。外表有纵向和斜向僵直细绳纹，内壁手制痕迹明显。长9.3厘米，宽6.9厘米，厚0.6厘米（图615-1）。类似纹饰见于汉书遗址2001年发掘区第Ⅳ期（汉书二期文化）的陶鬲上[①]。

C145：001，砂质黄褐陶陶片。外表饰斜向交错僵直细绳纹。长4厘米，宽3.3厘米（图615-2）。

C163：001，夹砂黄褐陶陶片。胎芯呈浅灰色。附加堆纹上有指甲纹。长3.9厘米，宽3厘米，厚0.5厘米（图615-3）。

C140：004，夹砂灰褐陶鬲足。锥状。高4.4厘米（图615-4）。

C149：002，夹砂黄褐陶鬲足。胎芯呈浅灰色，足根短小。高4.3厘米（图615-5）。

D216：006，夹砂黄褐陶鬲足。锥状，足根短小。高4.3厘米（图615-6）。

C129：001，夹砂黄褐陶鬲足。锥状，足根短小。高5厘米（图615-7）。

图615　后地窝堡遗址采集的汉书二期文化遗物

1. C159：001　2. C145：001　3. C163：001　4. C140：004　5. C149：002　6. D216：006　7. C129：001

含魏晋隋唐时期陶片的4个采集区位于村子以南的岗上。密度相对较高的采集区位于遗址最南端（2个系统采集区）。采集的4片魏晋隋唐时期的陶片占陶片总数的0.09%。整体上密度非常低（图616）。

含辽金时期陶片的66个采集区占整个遗址所有采集区的三分之二。分布于遗址的大部分区域。密度最高的采集区位于村子的南侧和遗址的最南端。采集的1362片辽金时期的陶片占陶片总数的30.03%。整体上密度很高（图617）。

---

① 吉林省文物考古研究所、吉林大学边疆考古研究中心、吉林大学考古学院：《大安汉书——青铜时代遗址考古发掘报告》，北京：科学出版社，2018年，第97页图151。

图616　后地窝堡遗址魏晋隋唐时期采集区分布图

图617　后地窝堡遗址辽金时期采集区分布图

采集的辽金时期遗物中有布纹瓦33块、砖块11个、穿孔砖块1个、完整砖1个、网坠6件、纺轮1件、圆陶片6件、铜钱2枚。

I035：001，泥质红陶陶片。肩部有一道附加堆纹。长12厘米，宽11厘米，厚1厘米（图618-1）。类似的附加堆纹见于尹家窝堡遗址2015年发掘区（金代聚落）[1]和德惠市李春江金代遗址[2]。

I035：002，夹砂黄褐陶口沿残片。敛口，沿外卷近圆筒状，鼓腹。肩部有一道附加堆纹。壁厚1.1厘米，残高6.6厘米，直径约39厘米（图618-2）。类似的卷沿见于德惠市朱城子七队遗址[3]。

I021：001，夹砂灰陶口沿残片。敛口，沿外卷呈圆筒状，肩部饰成排楔形篦点纹，残留一个锔孔。壁厚1.1厘米，残高5.4厘米，直径约34厘米（图618-3）。类似的卷沿见于德惠市朱城子七队遗址[4]和扶余县陶西林场金代遗址[5]。

I034：001，泥质灰陶器底残片。有波浪状轮制痕迹。长3.7厘米，宽3.1厘米，厚0.9厘米（图618-4）。

I013：002，鸡腿坛片。灰胎，内外施墨绿釉。长7.3厘米，宽6.4厘米，厚1.9厘米（图618-5）。

I024：001，夹砂黄灰陶网坠。用砖块改制，近长方形，剖面近方形，三面残存捆绳凹槽。残长11.3厘米，宽5厘米，厚5厘米（图618-6）。

I029：001，夹砂灰陶网坠残块。以瓦片改制，两面残存捆绳凹槽。残长7厘米，宽5.4厘米，厚2.3厘米（图618-7）。

I021：008，夹砂灰陶网坠。长方形，剖面呈长方形，用布纹瓦改制，长边有两道凹槽，长6.2厘米，宽4.6厘米，厚2.2厘米（图618-8）。

I021：009，夹砂灰陶网坠。长方形，剖面呈长方形，可能用布纹瓦改制，长边有两道捆绳凹槽。长5.7厘米，宽3.3厘米，厚1.8厘米（图618-9）。

I027：001，夹砂黄灰陶网坠。一端残，长方形，剖面呈长方形，长边有两道捆绳凹槽。长5.4厘米，宽3.2厘米，厚1.3厘米（图618-10）。

I021：010，泥质灰陶网坠。柱状，两端各有一道凹槽，长3厘米，直径1.7厘米（图618-11）。

---

① Pauline Sebillaud（史宝琳）、张礼艳、刘晓溪：《吉林大安尹家窝堡遗址2015年发掘简报》，《边疆考古研究（第20辑）》，北京：科学出版社，2016年，第89～117页，第100页图10-2、3。

② 吉林省文物考古研究所、德惠市文物管理所：《吉林省德惠市李春江遗址发掘报告》，《北方文物》2009年第3期，第47～61页，第52页图8-1、4、11。

③ 吉林省文物考古研究所、德惠市文物管理所：《吉林省德惠市朱城子七队遗址发掘简报》，《北方文物》2009年第3期，第27～32、61页，第30页图9-5。

④ 吉林省文物考古研究所、德惠市文物管理所：《吉林省德惠市朱城子七队遗址发掘简报》，《北方文物》2009年第3期，第27～32、61页，第30页图9-5。

⑤ 吉林省文物考古研究所、扶余县博物馆：《吉林省扶余县陶西林场遗址发掘简报》，《北方文物》2009年第3期，第33～45页，第42页图11-7。

图618　后地窝堡遗址采集的辽金时期遗物

1～5、14～19.陶片（I035：001、I035：002、I021：001、I034：001、I013：002；I021：003、I021：004、I021：005、
I021：006、I021：007、I040：001）　　6～11.陶网坠（I024：001、I029：001、I021：008、I021：009、I027：001、I021：010）
12.琉璃球（I021：011）　　13.陶纺轮（I025：001）

类似I021：009、I021：001、I021：010的长方形网坠见于黑龙江省海林市木兰集金代遗址[①]。

I021：011，琉璃球。灰白色，有烧坏的小孔。直径3厘米（图618-12）。

I025：001，泥质灰陶纺轮残块。长3厘米，宽1.5厘米，厚0.8厘米（图618-13）。

I021：003，夹砂灰陶圆陶片。残。用布纹瓦改成。直径4.6厘米，厚1.8厘米（图618-14）。

I021：004，泥质黄褐陶圆陶片。不太规整。长3.7厘米，宽3.3厘米，厚0.9厘米（图618-15）。

I021：005，夹砂红灰陶圆陶片。近椭圆形。长3.9厘米，宽3.5厘米，厚1.5厘米（图618-16）。

I021：006，夹砂灰陶圆陶片残块。用布纹瓦改制。长3.9厘米，宽2厘米，厚1.8厘米（图618-17）。

I021：007，夹砂红灰陶圆陶片。可能为纺轮的半成品。直径3.2厘米，厚1.7厘米（图

---

① 黑龙江省文物考古研究所：《黑龙江省海林市木兰集金代遗址发掘简报》，《北方文物》1995年第4期，第48～52页，第50页图8-1、2。

618-18）。

I040：001，泥质灰陶圆陶片。直径3.7厘米，厚0.9厘米（图618-19）。

类似的圆陶片或陶饼在金代聚落遗址很常见，如扶余县西车家店遗址[①]、陶西林场遗址[②]

I030：001，布纹瓦残块。遗有两个直边。长10厘米，宽8.2厘米，厚2.5厘米（图619-1）。

I030：002，布纹瓦残块。遗有一个直边。长12.2厘米，宽9.3厘米，厚2.5厘米（图619-2）。

I021：018，完整砖块。一面有粗绳纹（沟纹）。长33.5厘米，宽16.5厘米，厚5.2厘米（图619-3）。

I021：017，残砖块。器表三面遗有7个未钻透的孔，可能用于磨木质器物。孔直径0.8～1.4厘米，长10.5厘米，宽8厘米，厚3.9厘米（图619-4）。

I015：001，"崇宁通宝"，北宋。直径3.5厘米，厚0.2厘米（图620）。

图619　后地窝堡遗址采集的辽金时期建筑材料
1. I030：001　2. I030：002　3. I021：018　4. I021：017

图620　后地窝堡遗址采集的辽金时期
铜钱（I015：001）

含清末至民国时期陶片的68个采集区约占整个遗址所有采集区的三分之二。采集区分布于遗址大部分区域。密度最高的采集区位于遗址最南端，密度比较高的采集区集中于村西高岗上。采集的266片清末至民国时期的陶片占陶片总数的5.87%。整体上密度比较高，但比辽金时期的密度低10多倍（图621）。

地表采集的清末至民国时期的遗物中也有砖块1个。

I025：002，瓷器器底。灰胎，绿灰釉，圈足未施釉，内部有涩圈。壁厚0.8厘米，残高2.4厘米，圈足直径约8厘米（图622）。

　　① 吉林省文物考古研究所、扶余县博物馆：《吉林省扶余县西车家店金代遗址的发掘》，《北方文物》2009年第3期，第15～24页，第19页图7-8。

　　② 吉林省文物考古研究所、扶余县博物馆：《吉林省扶余县陶西林场遗址发掘简报》，《北方文物》2009年第3期，第33～45页，第42页图11-16。

图621　后地窝堡遗址清末至民国时期采集区分布图

图622　后地窝堡遗址采集的清末至民国时期瓷器器底（I025∶002）

（6）未断代标本

地表采集遗物中有22件石器（细石器7件、磨制石器15件）（图625）、铜钱1枚。

采集的细石器可分石核（2件）、雕刻器（1件）、石刃（1件）、刮削器（1件）、断片（1件）、断块（1件）7种。

D214∶002，雕刻器。青褐色。燧石。片状，体扁平，中部有一脊，两侧均单面压制呈刃，一侧刃长，一侧刃短，前部呈锥形，横截面呈三角形。残长1.8厘米，宽1.3厘米，厚0.4厘米（图623-6）。类似昂昂溪遗址发现的带头尖石器[1]。

C154：002，石刃。灰褐色。燧石。条形，体扁平，直刃，刃缘经双面压制而成，横截面呈椭圆形。残长5.6厘米，宽1.3厘米，厚0.5厘米（图623-5）。类似石刃见于黑龙江省齐齐哈尔昂昂溪遗址[2]、泰来县东明嘎遗址[3]和内蒙古海拉尔市团结遗址[4]。

C134：001，石核。深灰色。燧石。楔形。表面满布细小的压剥痕。长2.3厘米，宽1.1厘米，厚0.8厘米（图623-3）。

C146：001，细石叶石核毛坯。白色透明细腻石料（可能为石英），毛坯为断块。人工台面，经过修理。工作面上有一条剥片疤，疤宽0.35厘米，疤长0.85厘米。长1.7厘米，宽1.6厘米，厚1厘米（图623-1）。

D214：004，刮削器。黄褐色。燧石。扁平状，平面呈不规则形。一面保留大部分石皮，一面为压剥痕，一缘较厚，一缘双面相向压制成刃，横截面呈三角形。残长2厘米，宽1.4厘米，厚0.7厘米（图623-7）。

C170：001，断片。灰黑色。燧石。扁平体，一面的中部有一脊。横截面呈梭形。系石器加工过程中产生。长1.7厘米，宽1.2厘米，厚0.3厘米（图623-4）。

I021：015，断块。灰色玛瑙。长1.7厘米，宽1.6厘米，厚1.3厘米（图623-2）。

采集的磨制石器包括形制不明的残块（8件）、石斧（3件）、凿（1件）、砺石（1件）、磨盘（1件）5种。

C121：001，玉凿。青白色。硬玉。顶端略残，通体磨光。平面呈长方形，横截面呈梯形，前端为单面刃。残长3.6厘米，宽1.8厘米，厚0.9厘米（图624-14）。

C157：001，石斧残段。深灰色。凝灰岩。平面呈圆角长方形。横截面呈椭圆形。前端有磨制使用痕迹。残长3.5厘米，宽4.6厘米，厚1.7厘米（图624-11）。

C144：001，石斧残段。中粒石英砂岩。平面呈正方形。上下两面及两侧面均磨光，下端也有磨制痕迹且使用痕迹明显。残长4.3厘米，宽4.6厘米，厚2.3厘米（图624-12）。

D215：001，石斧残段。深灰色。燧石。平面呈近似方形，一面平整，一面上弧。横截面近梯形。双侧均为双面打制而成。残长3.4厘米，宽3.9厘米，厚1.4厘米（图624-13）。

I023：001，砺石。残。长方形，剖面呈平行四边形，一面被磨光。长5.6厘米，宽2.4厘米，厚1厘米（图624-9）。

C164：001，磨盘残块。长石石英杂砂岩。一面平整，一面磨有光滑的斜面，边缘经修整。长7.2厘米，厚2.4厘米（图624-10）。

————————————

① 梁思永：《昂昂溪史前遗址》，《梁思永考古论文集》，北京：科学出版社，1959年，第58～90页，第68页图5-7。

② 梁思永：《昂昂溪史前遗址》，《梁思永考古论文集》，北京：科学出版社，1959年，第58～90页，第72页图10-2。

③ 黑龙江省文物考古研究所：《黑龙江泰来县东明嘎新石器时代遗址发掘简报》，《考古》2019年第8期，第21～45页，第37页图32-12。

④ 中国社会科学院考古研究所内蒙古工作队、呼伦贝尔盟民族博物馆：《内蒙古海拉尔市团结遗址的调查》，《考古》2001年第5期，第3～17页，第11页图7-15～17、19。

图623　后地窝堡遗址采集的细石器

1. C146：001　2. I021：015　3. C134：001　4. C170：001　5. C154：002　6. D214：002　7. D214：004

图624　后地窝堡遗址采集的磨制石器

1. I021：013　2. I013：001　3. I037：001　4. I024：002　5. I028：001　6. I021：014　7. I021：012　8. I014：001

9. I023：001　10. C164：001　11. C157：001　12. C144：001　13. D215：001　14. C121：001

I024：002，磨制石器残块。黑灰色，一面被磨光。长4.4厘米，宽4厘米，厚4.2厘米（图624-4）。

I021：013，磨制石器残块。灰色，一面被磨光。长8.3厘米，宽6.2厘米，厚1.8厘米（图624-1）。

I013：001，磨制石器残块。浅灰色，有一个弧边，一面被磨光。长5.3厘米，宽4.8厘米，厚3.1厘米（图624-2）。

I037：001，磨制石器残块。灰白色，剖面呈圆角长方形，一面被磨光，可能为砺石残块。长8.7厘米，宽2.9厘米，厚2厘米（图624-3）。

I028：001，磨制石器残块。黑灰色较细腻石料，剖面呈圆角长方形，一面被磨光。长5.1厘米，宽3.7厘米，厚1.9厘米（图624-5）。

I021：014，磨制石器残块。灰色，一面被磨光，一个圆刃被打过。长4.8厘米，宽3.8厘米，厚1厘米（图624-6）。

I021：012，磨制石器。黄灰色，长方形，剖面呈方形，六面被磨光。长5.7厘米，宽1.6厘米，厚1.5厘米（图624-7）。

I014：001，磨制石器残块。黑色较细腻石料，剖面呈三角形，一面被磨光。长4.5厘米，宽2.8厘米，厚0.9厘米（图624-8）。

I017：001，铁车辖残块，只剩一个凸出的纽。长4.3厘米，宽2.4厘米，厚2厘米（图626-1）。类似的车辖见于德惠市李春江金代遗址[1]、后城子金代古城[2]、长春市郊南阳堡金代村落遗址[3]、四平市前坡林子遗址[4]、黑龙江省桦南县龙王庙遗址金代窖藏[5]、汤原县双兴遗址金代窖藏[6]、辽宁省抚顺市唐力村金代遗址[7]。

I021：002，铁镞。镞身呈菱形，锥状铤弯折。长3.8厘米，宽1.4厘米，厚0.3厘米（图626-2）。

I022：001，铜饰。顶端呈云朵状扁片，下部呈长方形片状。长3.6厘米，宽2.1厘米，厚0.3厘米（图626-3）。

D214：001，铜钱残片。面文残余一"宝"字。长2.5厘米，宽1.5厘米，厚0.2厘米（图627）。

---

① 吉林省文物考古研究所、德惠市文物管理所：《吉林省德惠市李春江遗址发掘报告》，《北方文物》2009年第3期，第47～61页，第58页图14-10～12、15。

② 吉林省文物考古研究所、长春市文物管理委员会办公室：《吉林省德惠县后城子金代古城发掘》，《考古》1993年第8期，第721～733页，第731页图14-1。

③ 吉林省文物考古研究所：《长春市郊南阳堡金代村落遗址发掘》，《北方文物》1998年第4期，第30～37页，第36页图10-8。

④ 吉林省文物考古研究所、四平市文物管理委员会办公室：《四平市前坡林子遗址发掘简报》，《北方文物》2006年第3期，第35～42页，第41页图8-8。

⑤ 鄂善君、王树楼：《桦南县龙王庙遗址出土的金代窖藏铁器》，《北方文物》1995年第3期，第151、152页，第152页图2-12。

⑥ 钱霞：《黑龙江省汤原县双兴遗址出土的金代窖藏铁器》，《北方文物》2014年第2期，第35～37页。

⑦ 王维臣、温秀荣：《辽宁抚顺千金乡唐力村金代遗址发掘简报》，《北方文物》2000年第4期，第27～40页，第32页图6-1～3。

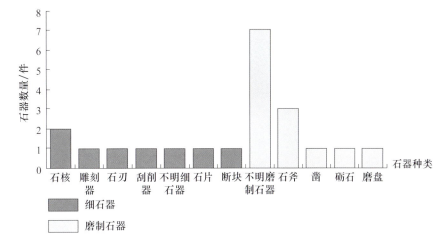

图625 后地窝堡遗址采集石器的统计示意图

图626 后地窝堡遗址采集的金属器
1.铁车辖（I017：001） 2.铁镞（I021：002） 3.铜饰（I022：001）

图627 后地窝堡遗址采集的铜
钱（D214：001）

（7）总结

后地窝堡遗址使用时间很长，遗址东南部水边新石器时代中期已经初步利用，但新石器时代晚期在半岛北端高岗上发展成一个很集中、很密集的聚落。总体看，在整个调查区域内属于新石器时代晚期的遗存很少，后地窝堡为该时期的重要核心性遗址。青铜时代早中期继续在遗址北端高岗上发展成活动密度非常高的一处聚落，且现代村子南侧槟头泡水边有初步的利用。白金宝文化时期该遗址连续使用，活动密度一直很高，村西高岗上仍为聚落的核心。汉书二期文化时期半岛北部的遗址密度降低，面积略缩小，半岛东部槟头泡水边出现新的活动区。魏晋隋唐时期该遗址几乎被废弃。辽金时期的布局变化和发展特别明显，聚落分成几个区，最高密度的活动区靠近槟头泡的水边，很可能与运粮水渠有关。清末至民国时期遗存分布一致，但是密度略下降。后地窝堡遗址从新石器时代晚期至汉书二期文化时期是一个具有很明显连续性的重要聚落。

64. 志发北 DA-ZF

（1）位置

志发北遗址位于调查区域东南部，大安市安广镇红岗子乡北600米，榔头泡南岸，遗址中心UTM格式坐标为东经574857.9315，北纬5058582.1098。

（2）地貌

遗址地处志发村西北、榔头泡南岸的岗地上。地表现为耕地。遗址属于ARb土壤地带。

（3）以往工作

以往发表材料中未发现有关该遗址的记录。

（4）范围与文化内涵

志发北遗址总面积18578平方米，一共有7个采集区（I001～I007），其中有2个系统采集区和5个一般采集区。采集区集中在榔头泡南岸水边。分布状态呈"T"形，5个采集区在水边呈东西向1排，往东南延伸有2个采集区。遗址东西长约250米，南北宽约200米（图628、表70）。

该遗址包括汉书二期文化、辽金时期和清末至民国时期陶片。

表70　志发北遗址采集区和陶片统计表

时期	采集区数量	面积/万平方米	陶片数量/片	占陶片总数百分比/%	采集区内密度*
汉书二期文化	1	0.2500	2	0.6	0.07/m^2
辽金时期	7	1.8578	328	95.3	0.6/m^2
清末至民国	5	1.5861	14	4.1	0.02/m^2
总数	7	1.8578	344	100	0.6/m^2

*此处密度数据是依据系统采集所获陶片数量推算而得。其他数据都是实际数据。

（5）遗存分布、密度与标本

含汉书二期文化陶片的1个采集区（为系统采集区）位于遗址中部。仅采集到2片该文化的陶片，占整个遗址陶片总数的0.6%。密度比较低（图629）。

图628　志发北遗址采集区分布图

图629　志发北遗址汉书二期文化采集区分布图

辽金时期遗存分布于遗址所有采集区。密度最高的采集区位于遗址中部。采集的328片辽金时期的陶片占陶片总数的95.3%。整体上密度比较高（图630）。

图630　志发北遗址辽金时期采集区分布图

采集辽金时期的遗物中有砖块1个。

I003：001，泥质灰陶口沿残片。侈口，高领，厚圆唇，沿外有两道平行凸棱。颈部有一道经手指按压的附加堆纹。壁厚1.1厘米，残高5.3厘米，直径约46厘米（图631）。

图631　志发北遗址采集的辽金时期陶片（I003：001）

含清末至民国时期陶片的5个采集区位于遗址南部、东部和西部。密度相对高一点的1个采集区位于中部偏东。采集的14片清末至民国时期的陶片占陶片总数的4.1%。整体上密度很低（图632）。

图632　志发北遗址清末至民国时期采集区分布图

（6）总结

志发北遗址为汉书二期文化时期开始利用的水边小型地点。辽金时期采集区比较密集、密度高，清末至民国时期遗存分布分散，密度下降。志发北遗址可能是与捕鱼活动有关的小型遗址。

65. 东蔡家店西南 DA-DCJD

（1）位置

东蔡家店西南遗址位于调查区域东南部，大安市安广镇红岗子乡东蔡家店村西南侧，遗址中心UTM格式坐标为东经576117.4991，北纬5058813.3606。

（2）地貌

遗址位于东蔡家店村西南侧，榔头泡东南的漫岗之上。地表现为耕地。遗址主要属于ARb土壤地带，遗址北端属于PHc土壤地带。

（3）以往工作

以往发表材料中未发现有关该遗址的记录。

（4）范围与文化内涵

东蔡家店西南遗址总面积103668平方米，一共有41个采集区（J008～J046、J048、J049），其中有10个系统采集区和31个一般采集区。采集区大体集聚呈东北—西南向的长条形，还有部分采集区分布在这一长条形的东南侧。整体上遗址南北长约850米，东西宽约350米（图633，表71）。

图633　东蔡家店西南遗址采集区分布图

　　该遗址包括新石器时代中期、青铜时代早中期、汉书二期文化、辽金时期和清末至民国时期陶片。

表71　东蔡家店西南遗址采集区和陶片统计表

时期	采集区数量	面积/万平方米	陶片数量/片	占陶片总数百分比/%	采集区内密度*
新石器时代中期	2	0.5000	2	0.11	0.0004/m²
青铜时代早中期	1	0.2500	1	0.05	0.0004/m²
汉书二期文化	6	3.0428	10	0.53	0.003/m²
辽金时期	39	10.1168	1762	92.79	0.45/m²
清末至民国	30	7.9965	124	6.53	0.01/m²
总数	41	10.1168	1899		0.46/m²

*此处密度数据是依据系统采集所获陶片数量推算而得。其他数据都是实际数据。

（5）遗存分布、密度与标本

　　含新石器时代中期陶片的2个采集区位于遗址的西南端，靠近水边。仅采集到2片该时期的陶片，占整个遗址陶片总数的0.1%。密度非常低（图634）。

图634　东蔡家店西南遗址新石器时代中期采集区分布图

青铜时代早中期陶片的1个采集区位于遗址中部。仅采集到1片该时期的陶片，占陶片总数的0.05%。密度非常低（图635）。

图635　东蔡家店西南遗址青铜时代早中期采集区分布图

含汉书二期文化陶片的6个采集区位于遗址的南部。密度比较高的1个采集区位于遗址的西南部。采集的10片汉书二期文化的陶片占陶片总数的0.53%。密度很低（图636）。

辽金时期遗存分布于遗址绝大多数的采集区。密度最高的采集区集中于遗址东南部，靠近水边，也有一个密度很高的采集区位于遗址中部偏西南。采集的1762片辽金时期的陶片占陶片总数的92.79%。整体上密度很高（图637）。

地表采集的辽金时期遗物中有网坠3件、圆陶片1件、铁锅2片、布纹瓦30块、砖块23个。

J017：003，夹砂黄褐陶扁桥状器耳。剖面呈椭圆形。长5.8厘米，宽3.5厘米，厚1.6厘米（图638-1）。

J025：002，夹砂灰陶圆陶片。近椭圆形。长3.1厘米，宽2.7厘米，厚0.7厘米（图638-2）。

J035：001，器底瓷片。粗糙灰胎，外壁未施釉，内壁有黄白釉，残留有支钉痕迹。长3.9厘米，宽1.9厘米，厚1.1厘米（图638-3）。

J017：002，砂质黄褐陶网坠。柱状，剖面呈椭圆形，器表有两道纵向和一道横向捆绳凹槽。长7厘米，宽2.9厘米，厚1.9厘米（图638-4）。

J025：001，泥质灰陶网坠。略残，柱状，两端各有一道纵向凹槽。长4.1厘米，直径2.3厘

图636 东蔡家店西南遗址汉书二期文化采集区分布图

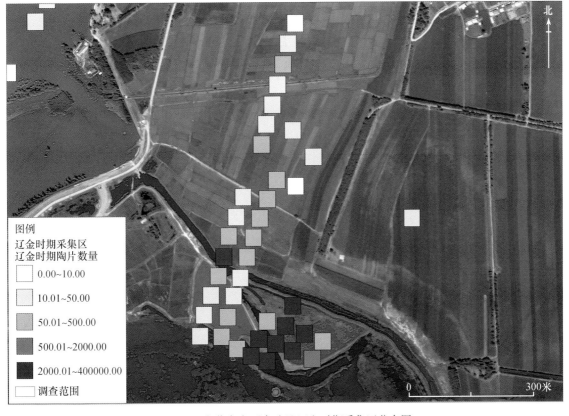

图637 东蔡家店西南遗址辽金时期采集区分布图

图638　东蔡家店西南遗址采集的辽金时期遗物
1. J017：003　2. J025：002　3. J035：001　4. J017：002　5. J025：001　6. J017：001　7. J019：001

米（图638-5）。

J017：001，泥质灰陶网坠。柱状，两端各有一道纵向凹槽。长3.7厘米，直径1.6厘米（图638-6）。

J019：001，泥质灰陶网坠。略残，柱状，两端各有一道纵向凹槽。长4.7厘米，直径1.4厘米（图638-7）。

类似的小型柱状网坠见于尹家窝堡金代遗址[①]和扶余县西车家店金代遗址[②]。

J049：001，砂质灰陶砖块。遗有两个直边。长16.3厘米，宽15.5厘米，厚4厘米（图639-1）。

J034：002，砂质灰褐陶布纹板瓦残块。遗有一个直边。长12厘米，宽9厘米，厚2.2厘米（图639-2）。

J034：001，砂质灰褐陶布纹板瓦残块。遗有一个直边。长11.7厘米，宽5.5厘米，厚2.3厘米（图639-3）。

J008：001，铁锅口沿残片。敞口，窄平沿。壁厚0.4厘米，残高4.6厘米，直径约46厘米（图640-1）。

J017：004，铁锅腹片，器表有一道凸棱，长7.3厘米，宽4.3厘米，厚0.6厘米（图640-2）。

清末至民国时期遗存分布于遗址大部分区域。密度较高的采集区位置与辽金时期高密度采集区的位置一致，位于遗址东南部。采集的124片清末至民国时期的陶片占陶片总数的6.53%。整体上密度很低（图641）。

J016：001，红灰胎器底。外壁施灰釉，内壁未施釉。壁厚1.9厘米，残高7.8厘米，底径约14厘米（图642）。

① 　Pauline Sebillaud（史宝琳）、张礼艳、刘晓溪：《吉林大安尹家窝堡遗址2015年发掘简报》，《边疆考古研究（第20辑）》，北京：科学出版社，2016年，第89～117页，第103页图12-44；吉林大学边疆考古研究中心、吉林省文物考古研究所：《吉林大安市尹家窝堡遗址发掘简报》，《考古》2017年第8期，第59～69页，第68页图16-4、5。

② 　吉林省文物考古研究所、扶余县博物馆：《吉林省扶余县西车家店金代遗址的发掘》，《北方文物》2009年第3期，第15～24页，第19页图7-4、5。

图639　东蔡家店西南遗址采集的辽金时期建筑材料
1. J049：001　2. J034：002　3. J034：001

图640　东蔡家店西南遗址采集的辽金时期金属器
1. J008：001　2. J017：004

图641　东蔡家店西南遗址清末至民国时期采集区分布图

0 ———— 3厘米

图642　东蔡家店西南遗址采集的清末至民国时期遗物（J016：001）

（6）未断代标本

地表采集有磨制石器3件（图643）。

J022：001，砺石残块。灰色，一面被磨光，一端有钻孔。残长5.6厘米，宽3.8厘米，厚0.9厘米（图643-2）。

J023：001，磨制石器残块。浅灰色，一面被磨光。长8.4厘米，宽3.4厘米，厚1.9厘米（图643-1）。

J036：001，磨制石器残块。灰褐色，一面被磨光。长6.8厘米，宽2.5厘米，厚1.5厘米（图643-3）。

1　　　　　　　　　　2　　　　　　　0　　3　　　3厘米

图643　东蔡家店西南遗址采集的石器
1. J023：001　2. J022：001　3. J036：001

（7）总结

东蔡家店西南遗址为长期使用的遗址。新石器时代中期、青铜时代早中期和汉书二期文化时期该遗址为水边的小型地点。辽金时期东蔡家店遗址发展成面积比较大、密度比较高的聚落，根据采集的辽金时期网坠和建筑材料，推测该遗址在辽金时期当属于有建筑址且从事捕鱼活动的一处聚落。清末至民国时期的布局比较有连续性，但活动密度下降。

66. 前花尔社东南 DA-QHES

（1）位置

前花尔社东南遗址位于调查区域的东南部，大安市安广镇红岗子乡前花尔社村东南，遗址中心UTM格式坐标为东经575407.8082，北纬5058825.5827。

（2）地貌

遗址位于前花尔社村南和东南，遗址西临月亮泡。地表现为耕地。遗址西部属于ARb土壤地带，东部属于PHc土壤地带。

（3）以往工作

以往发表材料中未发现有关该遗址的记录。

（4）范围与文化内涵

前花尔社东南遗址总面积132360平方米，一共有23个一般采集区（J001～J007、J050～J060、J068～J072）。采集区比较分散。整体上遗址东北—西南长约1400米，西北—东南宽约1000米（图644，表72）。

该遗址包括辽金时期和清末至民国时期陶片。

表72　前花尔社东南遗址采集区和陶片统计表

时期	采集区数量	面积/万平方米	陶片数量/片	占陶片总数百分比/%	采集区内密度*
辽金时期	23	13.2360	671	72.9	0.005/m²
清末至民国	21	11.2860	249	27.1	0.002/m²
总数	23	13.2360	920	100	0.007/m²

*此处密度数据是依据系统采集所获陶片数量推算而得。其他数据都是实际数据。

（5）遗存分布、密度与标本

辽金时期遗存分布于遗址所有的采集区。密度相对高一点的采集区位于遗址东部、北部和西部。采集的671片辽金时期的陶片占陶片总数的72.9%。整体上密度很低（图645）。

地表采集辽金时期的遗物中有圆陶片2件、布纹瓦1片、砖块1个。

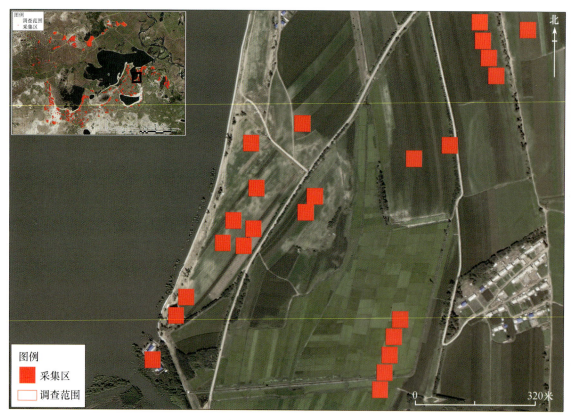

图644　前花尔社东南遗址采集区分布图

图645　前花尔社东南遗址辽金时期采集区分布图

清末至民国时期遗存分布于遗址大部分区域。密度相对高一点的采集区位于遗址中部、东部和北部。采集的249片清末至民国时期的陶片占陶片总数的27.1%。整体上密度很低（图646）。

图646　前花尔社东南遗址清末至民国时期采集区分布图

J052：001，青花瓷器底。灰胎，圈足施满釉，外壁有青色植物纹饰，内底有涩圈。壁厚0.5厘米，残高3.4厘米，圈足直径6厘米（图647）。这种瓷碗在清代晚期的墓地和聚落遗址很常见，如农安县库尔金堆晚清墓地[①]与黑龙江省五常市拉林机场清代遗址[②]。

（6）总结

前花尔社东南遗址为使用时间比较短的遗址，采集区比较分散，辽金时期才开始利用这片近水的区域，清末至民国时期活动密度下降。

① 王新胜、邢春光、刘晓溪、Pauline Sebillaud（史宝琳）：《吉林省农安县库尔金堆古城址西南角"点将台"的发掘》，《北方文物》2016年第1期，第12～18页，第17页图8-5～7。
② 黑龙江省文物考古研究所：《黑龙江省五常市拉林机场清代遗址发掘简报》，《北方文物》2015年第4期，第48～52页，第50页图1-19。

0 　　　 3厘米

图647　前花尔社东南遗址采集的清末至民国时期瓷器底（J052：001）

67. 汉书 DA-HS-1

（1）位置

汉书遗址位于调查区域的东南部，大安市月亮泡镇北侧和西北侧，遗址中心UTM格式坐标为东经575874.3284，北纬5061155.2236。

（2）地貌

汉书遗址位于月亮泡镇北侧和西侧，月亮泡东南岸的沙岗上，当地俗称此处为"北山"。遗址北侧为月亮泡，西侧为榔头泡。地表现为耕地（图648）。遗址地势以西北部最高，向东、向南两侧地势逐渐降低。

由于该遗址系一处典型的沙坨型遗址，受流水侵蚀和风力剥蚀较为严重，邻水一侧形成

图648　汉书遗址（西南—东北）

（摄影：史宝琳）

高耸的断崖，且因近现代以来长期的过度耕种，土壤沙化严重。遗址西侧边缘因修坝人为取土挖出两个巨大的土坑。断面上可见新石器时代的灰坑和汉书二期的洞室墓，塌落的堆积内有大量的陶片和人骨。遗址北侧断崖位置有流水侵蚀形成的土坑，坑壁上挂有墓葬一座，大部分已坍塌。断崖的其他部分也暴露出灰坑和墓葬，部分已塌落。除在各采集区采集的遗物之外，还在断崖下及一处现代坟地上采集到部分遗物。遗址东北侧紧邻一片鱼塘，其南侧坡地被破坏，断面下有少量汉书二期陶片。遗址的北侧边缘埋有很多现代坟。遗址绝大部分区域地表现为耕地，属于PHc土壤地带。

（3）以往工作

该遗址自20世纪50年代被发现，历经第一、二、三次全国不可移动文物普查，其中第二次文物普查的资料见《大安县文物志》。截至目前，该遗址历经两次重要发掘。第一次为1974年，吉林大学历史系考古专业和吉林省文物工作队对该遗址及其东侧大安渔场场部所在地点的墓葬进行了发掘，遗址和渔场墓地均发表有简报。从遗址发掘的简介来看，发现遗迹有房址、灰坑、墓葬等，出土遗物有陶器、铁器、铜器、石器、骨器等[①]。发掘者将汉书遗址出土遗存分为两期，简报中提及的"汉书一期文化"即后来学界通行的白金宝文化，汉书二期文化则因该遗址发掘命名，遗存时代约为青铜时代晚期至早期铁器时代，其中白金宝文化时代约为西周至春秋时期[②]，汉书二期文化的年代约为战国至西汉[③]。至于同年发掘的大安渔场墓地，位于汉书遗址的东侧，叠压于渔场场部和家属区民居之下。由于该区域全被现代建筑物覆盖，故在此次区域系统调查中未能采集到任何遗物。鉴于该区域西距汉书遗址东北端采集区甚近，推测这里也应是汉书遗址的组成部分。

汉书遗址曾作为全国第二次文物普查的重要发现被记入《中国文物地图集·吉林分册》[④]。根据《大安县文物志》[⑤]的描述：

> 汉书遗址地属月亮泡公社汉书大队（端基屯），屯东北1千米的月亮泡南岸的一个隆起的黄土崖上。其东、南两面是次减的缓坡，西、北两面紧贴月亮泡，因泡水长年冲刷，形成一高耸的断崖，当地称遗址为北岗尖。遗址临水，很适宜人类生产和生活。

[①]　吉林大学历史系考古专业、吉林省博物馆考古队：《大安汉书遗址发掘的主要收获》，《东北考古与历史（第一辑）》，北京：文物出版社，1982年，第88、136～140页；吉林省文物志编修委员会：《大安县文物志》，长春：吉林省文物志编修委员会，1982年，第112页。

[②]　赵宾福：《白金宝文化的分期与年代》，《边疆考古研究（第7辑）》，北京：科学出版社，2008年，第119～135页。

[③]　赵宾福：《汉书二期文化研究——遗址材料和墓葬材料的分析与整合》，《边疆考古研究（第8辑）》，北京：科学出版社，2009年，第96～116页。

[④]　国家文物局编：《中国文物地图集·吉林分册》，北京：中国地图出版社，1993年，第152、155页。

[⑤]　吉林省文物志编修委员会：《大安县文物志》，长春：吉林省文物志编修委员会，1982年，第25～30、63～68页。

　　1974年5月，吉林省博物馆文物工作队和吉林大学历史系考古专业组成联合考古队，对汉书遗址进行了科学发掘。共开探方15个，发掘面积为700余平方米，发现了房屋遗址、墓葬、窖穴等遗址，出土了一批较为典型又具有地方特点的陶器、骨器、青铜器及少量的石器、铁器等。

　　根据汉书遗址的地层和文化内涵，初步区分汉书遗址有两种不同文化层互相叠压，其下层文化称汉书一期文化；上层称为汉书二期文化。

有关渔场墓地，也见于《大安县文物志》[①]的描述：

　　墓地位于洮儿河与嫩江汇合处的月亮泡南岸的端基屯东部，高10余米的台地之上，即月亮泡渔场场部所在地。西0.5千米为汉书遗址所在地，东南距大安县城约37千米。这里地势高爽，北临月亮泡，视野开阔。

　　1974年5月，月亮泡渔场场部基建施工时，发现了墓葬。为了贯彻文物保护的"两利"方针，省博物馆考古队和吉林大学历史系考古专业组成联合考古队，对墓葬进行了清理。在29×45米的平面之上，共清理发掘了14座墓葬和5个筒状灰坑。墓葬的分布较为整齐，除一座位于西南角，其余自南而北排列着，大致可分为两排。

　　第二次发掘工作为2001年，吉林省文物考古研究所对该遗址进行的发掘[②]。根据《中国文物地图集·吉林分册》"汉书遗址"条目的记载，该遗址的面积约为20万平方米。2001年出土遗存分属于小拉哈文化、古城遗存、白金宝文化和汉书二期文化。

　　我们此次对汉书遗址开展的区域性系统调查也有简要报道[③]。

（4）范围与文化内涵

　　汉书遗址总面积746395平方米，一共有282个采集区（J073～J354），其中有77个系统采集区和204个一般采集区。地表局部分布有烧土块、兽骨、人骨。月亮泡水边有很大的取土坑，破坏严重（图649、图650）。采集区主要集中于月亮泡水边的高岗上，西部往南延伸，东部也往南延伸，另外也有一些采集区分布在遗址西部榔头泡水边。整体上遗址东西最长2700米，南北最宽2000米（图651，表73）。

　　该遗址包括新石器时代中期、青铜时代早中期、白金宝文化、汉书二期文化、魏晋隋唐时

---

①　吉林省文物志编修委员会：《大安县文物志》，长春：吉林省文物志编修委员会，1982年，第48～50页。

②　王洪峰：《汉书遗址》，《田野考古集粹·吉林省文物考古研究所成立二十五周年纪念》，北京：文物出版社，2008年，第25、26页；吉林省文物考古研究所、吉林大学边疆考古研究中心、吉林大学考古学院：《大安汉书——青铜时代遗址考古发掘报告》，北京：科学出版社，2018年。

③　刘晓溪、Pauline Sebillaud（史宝琳）、李扬、王立新：《区域性系统调查方法在典型遗址中的应用——以吉林大安汉书遗址调查为例》，《边疆考古研究（第22辑）》，北京：科学出版社，2017年，第297～312页。

图649 汉书遗址取土坑断面（一）

图650 汉书遗址取土坑断面（二）

图651 汉书遗址采集区分布图

期、辽金时期和清末至民国时期陶片。

表73 汉书遗址采集区和陶片统计表

时期	采集区数量	面积/万平方米	陶片数量/片	占陶片总数百分比/%	采集区内密度*
新石器时代中期	20	57.6150	365	1.96	0.0015/m²
青铜时代早中期	90	31.3480	270	1.45	0.22/m²
白金宝文化	86	31.3480	2795	15.02	1.46/m²
汉书二期文化	158	46.4420	7723	41.50	3.27/m²

时期	采集区数量	面积/万平方米	陶片数量/片	占陶片总数百分比/%	采集区内密度*
魏晋隋唐	2	2.0160	4	0.02	0.0002/m²
辽金时期	275	74.6395	6214	33.39	0.33/m²
清末至民国	238	65.2280	1237	6.65	0.025/m²
总数	281	74.6395	18608		3.09/m²

*此处密度数据是依据系统采集所获陶片数量推算而得。其他数据都是实际数据。

青铜时代早中期包括小拉哈文化（3个采集区，8片陶片）和古城遗存（27个采集区，107片陶片）。

（5）遗存分布、密度与标本

含新石器时代中期陶片的20个采集区分布于遗址的北部和东部，比较而言东部更为密集。遗址东部的新石器时代中期采集区在鱼塘边呈东西向一排，遗址中部和遗址西部也有分布。密度最高的采集区位于遗址中部和榔头泡水边。采集的365片新石器时代中期的陶片占整个遗址陶片总数的1.96%。整体上密度很低（图652）。

图例
新石器时代中期采集区
新石器时代中期陶片数量
- ☐ 0.00~10.00
- ▢ 10.01~50.00
- ▦ 50.01~500.00
- ▨ 500.01~2000.00
- ■ 2000.01~400000.00
- ☐ 调查范围

北

0　　960米

图652　汉书遗址新石器时代中期采集区分布图

J269：001，夹蚌黄灰陶陶片。器表有一道波浪形附加堆纹，两个镂孔。长11.3厘米，宽10厘米，厚0.6厘米（图653-1）。

J107：003，夹蚌黄灰陶陶片。器表有两道不平行的窄细附加堆纹。长9.7厘米，宽8厘米，厚0.6厘米（图653-2）。

J107：001，夹蚌黄灰陶口沿。直口，方唇。素面。壁厚0.6厘米，残高8厘米，直径约15厘米（图653-3）。

J107：002，夹蚌黄灰陶口沿。直口，方唇。器表有四道横向和一道斜向窄细附加堆纹，堆纹经手指捏压。壁0.5厘米，残高8.5厘米，直径约34厘米（图653-4）。

J107：004，夹蚌黄灰陶陶片。器表有二道相交的粗钝附加堆纹。长6.6厘米，宽5.8厘米，厚0.6厘米（图653-5）。

J107：006，夹蚌灰褐陶口沿。直口，方唇。唇面及器表有排列整齐的指甲纹。壁厚0.6厘米，残高5.7厘米，直径约13厘米（图653-6）。

J107：009，夹蚌灰褐陶口沿。直口，方唇。器表有两排平行的指窝纹。壁厚0.8厘米，残高8厘米（图653-7）。

J107：008，夹蚌灰褐陶口沿。直口，方唇。唇外侧加厚，且戳压八字纹，其下又有一道横向附加堆纹。器表遗有1锔孔。壁厚0.4厘米，残高5.1厘米，直径约30厘米（图653-8）。

J107：007，夹蚌灰褐陶口沿。直口微侈，方唇。腹饰戳压平行短斜线纹。壁厚0.5厘米，残高5.5厘米，直径约14厘米（图653-9）。

J075：001，夹蚌黄灰陶器底。平底，壁厚0.6厘米，直径约12厘米（图654-1）。

J076：005，夹蚌黄灰陶器底残片。平底。腹底相接处有戳压指窝纹。壁厚0.7厘米，残高2.2厘米，底径约8厘米（图654-2）。

图653　汉书遗址采集的新石器时代中期陶片

1. J269：001　2. J107：003　3. J107：001　4. J107：002　5. J107：004　6. J107：006　7. J107：009

8. J107：008　9. J107：007

J082：003，夹蚌黄灰陶器底残片。平底略出台，斜直腹。壁厚0.6厘米，残高3.1厘米（图654-3）。

J075：002，夹蚌黄灰陶口沿。直口，方唇。近口部饰一道附加堆纹。壁厚0.6厘米，残高3厘米（图654-4）。

J076：004，夹蚌黄灰陶口沿。直口，圆唇。壁厚0.7厘米，残高2.9厘米（图654-5）。

类似J076：002和J076：004的口沿见于后套木嘎遗址第Ⅲ期遗存[①]。

J076：007，夹蚌黄灰陶陶片。带有两道附加堆纹。长2.6厘米，宽2.4厘米，厚0.5厘米（图654-6）。类似口沿见于后套木嘎遗址第Ⅱ期遗存中[②]。

J082：002，夹蚌黄灰陶口沿。直口，圆唇。壁厚1厘米，残高3厘米（图654-7）。

J076：003，夹蚌黄灰陶口沿。直口，圆唇。壁厚0.8厘米，残高2厘米（图654-8）。

J077：001，夹蚌黄灰陶口沿。直口，圆唇。近口处饰一道戳压指甲纹的附加堆纹。壁厚0.4厘米，残高1.8厘米（图654-9）。

J076：008，夹蚌黄灰陶陶片。带有二道捏压的窄细附加堆纹。长3.1厘米，宽1.9厘米，厚0.6厘米（图654-10）。

图654　汉书遗址采集的新石器时代中期陶片

1. J075：001　2. J076：005　3. J082：003　4. J075：002　5. J076：004　6. J076：007　7. J082：002　8. J076：003
9. J077：001　10. J076：008　11. J107：005　12. J076：002　13. J076：006　14. J076：001　15. J082：001
16. J075：003　17. J076：009

---

① 吉林大学边疆考古研究中心、吉林省文物考古研究所：《吉林大安市后套木嘎遗址AⅢ区发掘简报》，《考古》2016年第9期，第3~24页，第9页图11-1~13。

② 吉林大学边疆考古研究中心、吉林省文物考古研究所：《吉林大安市后套木嘎遗址AⅢ区发掘简报》，《考古》2016年第9期，第3~24页，第12页图17-7、8、14。

J107：005，夹蚌黄灰陶陶片。饰退压连点平行线纹。长7.3厘米，宽4.7厘米，厚1厘米（图654-11）。

J076：002，夹蚌黄灰陶陶片。饰列点平行线纹。长5.7厘米，宽4厘米，厚0.9厘米（图654-12）。

J076：006，夹蚌黄灰陶陶片。饰多道横向的捏压窄细附加堆纹。长3.8厘米，宽3.1厘米，厚0.6厘米（图654-13）。

J076：001，夹蚌黄灰陶陶片。饰刻划斜线纹。长4.4厘米，宽3厘米，厚1厘米（图654-14）。

J082：001，夹蚌黄灰陶陶片。饰退压连点平行线纹。长3.2厘米，宽3.3厘米，厚0.8厘米（图654-15）。

J075：003，夹蚌灰褐陶陶片。饰压印网格纹。长3.1厘米，宽2.5厘米，厚0.7厘米（图654-16）。

J076：009，夹蚌黄灰陶陶片。饰压印网格纹。长3厘米，宽2.2厘米，厚0.7厘米（图654-17）。

含青铜时代早中期陶片的90个采集区集中在遗址中部月亮泡水边的高岗上，西侧和东侧也有几个分散的采集区。密度最高的采集区分布于遗址中部高岗上，且形成东北和西南两区。采集的270片青铜时代早中期的陶片占陶片总数的1.45%。整体上密度比较高（图655）。

J151：001，夹砂灰褐陶口沿。直口，高领，方唇。唇外侧和颈部各饰一道戳压指甲纹的附加堆纹，近口处有两道弦纹，其下有一排珍珠纹，沿外还有模糊的竖向细绳纹痕迹。壁厚0.7厘米，残高5.2厘米，直径约20厘米。属于典型的古城遗存陶鬲口沿（图656-1）。

J191：001，夹砂灰褐陶口沿。直口略侈，方唇。近口处饰两道带切压凹窝、截面呈三角形的附加堆纹，其下为斜向细绳纹。壁厚0.8厘米，残高5.9厘米，直径约34厘米。可能属于古城遗存（图656-2）。

J188：001，夹砂灰褐陶口沿。直口，方唇。近口处饰一道带戳压凹窝的附加堆纹，其下为竖向细绳纹。壁厚0.8厘米，残高4.3厘米。可能属于古城遗存（图656-3）。类似纹饰见于汉书遗址2001年发掘区第Ⅱ期（古城遗存）的陶鬲上[①]。

J192：003，夹细砂黄褐陶口沿。直口，圆唇，内外壁被磨光，近口处和颈部饰篦点平行线纹，间以戳压成排楔形点纹。壁厚0.6厘米，残高3.4厘米，直径约30厘米。可能属于古城遗存（图656-4）。

J192：001，夹砂灰褐陶口沿。直口略侈，薄圆唇，外壁被磨光。壁厚0.5厘米，残高7.9厘米，直径约14厘米（图656-5）。

J195：010，泥质黄褐陶陶片。外壁被磨光。长5.6厘米，宽3.7厘米，厚0.7厘米（图656-6）。

J198：004，泥质灰褐陶陶片。器表贴附一泥饼，内外壁被磨光。长5.7厘米，宽4.7厘米，厚0.5厘米（图656-7）。贴附小泥饼的现象见于汉书遗址2001年发掘区第Ⅱ期（古城遗存）陶

---

① 吉林省文物考古研究所、吉林大学边疆考古研究中心、吉林大学考古学院：《大安汉书——青铜时代遗址考古发掘报告》，北京：科学出版社，2018年，第30页图56-2、4。

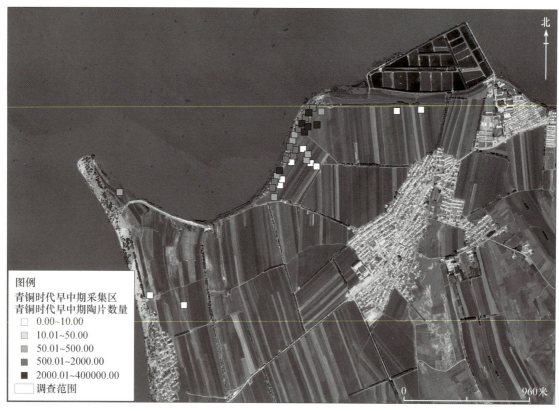

图655　汉书遗址青铜时代早中期采集区分布图

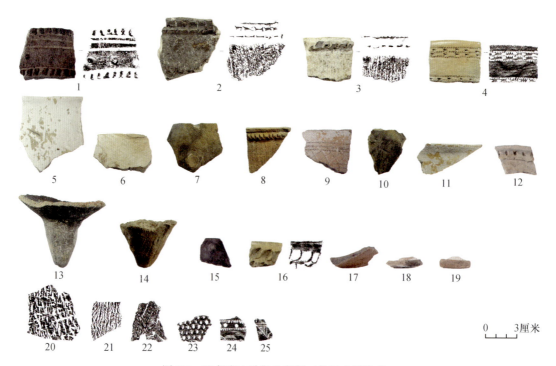

图656　汉书遗址采集的青铜时代早中期陶片

1. J151：001　2. J191：001　3. J188：001　4. J192：003　5. J192：001　6. J195：010　7. J198：004　8. J195：012

9. J198：008　10. J198：005　11. J192：002　12. J198：007　13. J191：002　14. J189：001　15. J198：003

16. J198：006　17. J198：001　18. J198：002　19. J195：011　20. J188：002　21. J192：005　22. J195：014

23. J076：010　24. J192：004　25. J195：013

罐上①和小拉哈遗址第Ⅱ期（小拉哈文化）陶器上②。

J195：012，泥质灰褐陶口沿。直口略侈，方唇，腹较直。近口处饰一道戳压指甲纹、截面呈三角形的附加堆纹，腹饰竖向细绳纹，纹痕模糊。壁厚0.6厘米，残高4.2厘米，直径约38厘米。可能属于古城遗存（图656-8）。

J198：008，夹砂灰褐陶陶片。带有一道剖面呈三角形的附加堆纹上面有压印纹或点纹，下面有细绳纹。长5.4厘米，宽4厘米，厚0.7厘米。可能属于古城文化类（图656-9）。很相似的纹饰发现于汉书遗址2001年发掘区第Ⅱ期（古城类型）的陶器上③。

J198：005，泥质灰褐陶陶片。内外壁被磨光，磨光工具的痕迹接近暗纹。长4.3厘米，宽3.6厘米，厚0.7厘米。可能属于小拉哈文化（图656-10）。

J192：002，夹细砂黄褐陶口沿。侈口，薄圆唇，外壁被磨光。壁厚0.4厘米，残高2.9厘米，直径约16厘米。可能属于古城遗存（图656-11）。

J198：007，泥质灰褐陶口沿。直口，圆唇，近口处饰一道戳压坑窝、截面呈三角形的附加堆纹，内壁被磨光。壁厚0.6厘米，残高3厘米。可能属于古城遗存（图656-12）。

J191：002，夹砂灰褐陶鬲足。锥状，饰纵向细绳纹。壁厚0.5厘米，残高8.2厘米。可能属于古城遗存（图656-13）。类似的鬲足见于汉书遗址2001发掘区第Ⅱ期（古城遗存）④。

J189：001，夹砂灰褐陶鬲足。足根短小。器表有纵向和斜向细绳纹。残高5.4厘米。可能属于古城遗存（图656-14）。

J198：003，泥质灰褐陶陶片。带有一个贴附乳钉，内外壁被磨光。长3.9厘米，宽3.1厘米，厚0.4厘米。可能属于小拉哈文化（图656-15）。

J198：006，泥质灰褐陶口沿。直口，薄圆唇。近口处饰戳压指窝纹，内外壁被磨光，壁厚0.5厘米，残高2.5厘米。可能属于古城遗存（图656-16）。类似纹饰见于汉书遗址2001年发掘区第Ⅱ期（古城遗存）的陶罐和陶壶⑤。

J198：001，泥质灰褐陶陶器器底。平底略出台，内外壁被磨光。长4.8厘米，宽2.9厘米，厚0.7厘米。可能属于小拉哈文化（图656-17）。

J198：002，泥质灰褐陶陶器器底。平底略出台。壁厚0.6厘米，残高0.9厘米，底径3厘米。可能属于小拉哈文化（图656-18）。

J195：011，泥质黄褐陶陶器器底。平底，略出台。壁厚0.4厘米，残高1.1厘米，底径8厘

① 吉林省文物考古研究所、吉林大学边疆考古研究中心、吉林大学考古学院：《大安汉书——青铜时代遗址考古发掘报告》，北京：科学出版社，2018年，第33页图59-1。

② 黑龙江省文物考古研究所、吉林大学考古系：《黑龙江肇源县小拉哈遗址发掘报告》，《考古学报》1998年第1期，第61～101页，第78页图18。

③ 吉林省文物考古研究所、吉林大学边疆考古研究中心、吉林大学考古学院：《大安汉书——青铜时代遗址考古发掘报告》，北京：科学出版社，2018年，第36页图62-3，第49页图75-6。

④ 吉林省文物考古研究所、吉林大学边疆考古研究中心、吉林大学考古学院：《大安汉书——青铜时代遗址考古发掘报告》，北京：科学出版社，2018年，第30页图56-5。

⑤ 吉林省文物考古研究所、吉林大学边疆考古研究中心、吉林大学考古学院：《大安汉书——青铜时代遗址考古发掘报告》，北京：科学出版社，2018年，第33页图59-1，第41页图67-1，第42页图68-1。

米。可能属于古城遗存（图656-19）。

J188：002，夹砂灰褐陶陶片。饰散乱绳纹。长5.7厘米，宽5.7厘米，厚0.7厘米。可能属于古城遗存（图656-20）。

J192：005，夹细砂黄褐陶陶片。饰交错细绳纹。长4厘米，宽3厘米，厚0.9厘米。可能属于古城遗存（图656-21）。

J195：014，夹砂灰褐陶陶片。饰斜向细绳纹，纹痕模糊。长4.8厘米，宽3.7厘米，厚0.8厘米。可能属于古城遗存（图656-22）。

J076：010，夹细砂灰褐陶陶片。带有戳印圆点纹。长3.5厘米，宽2.6厘米，厚0.5厘米（图656-23）。类似纹饰见于汉书遗址2001年发掘区第Ⅱ期（古城遗存）陶器上[1]。

J192：004，夹细砂黄褐陶陶片。饰篦点平行线纹和一排珍珠纹，内外壁被磨光。长2.8厘米，宽2.6厘米，厚0.4厘米。可能属于古城遗存（图656-24）。类似的纹饰结构见于白金宝遗址第Ⅰ期的陶盂上（青铜时代早期小拉哈文化）[2]。

J195：013，泥质灰褐陶陶片。饰篦点直线纹和三角纹，内外壁被磨光。长2.2厘米，宽1.7厘米，厚0.5厘米。可能属于古城遗存（图656-25）。类似纹饰见于汉书遗址2001年发掘区第Ⅱ期（古城遗存）的小型陶罐和陶钵[3]。

含白金宝文化陶片的86个采集区集中在遗址中部高岗上，西部和东部分散有几个采集区。密度最高的采集区在岗上靠近水边，几乎呈一排。采集的2795片白金宝文化的陶片占陶片总数的15.02%。整体上密度特别高（图657）。

J190：007，泥质灰褐陶陶罐。残。敛口，薄圆唇，腹略鼓，外壁被磨光。壁厚0.4厘米，残高12厘米，直径约14厘米（图658-1）。

J192：006，泥质黄褐陶陶片。遗有一道戳压坑窝、剖面近三角形的附加堆纹，内外壁被磨光。长9厘米，宽5厘米，厚0.6厘米（图658-2）。类似纹饰见于白金宝遗址第Ⅲ期（白金宝文化）的筒腹鬲上[4]。

J196：003，夹砂黄褐陶口沿。侈口，方唇，腹略鼓。沿下有一道带压印纹的附加堆纹（可能为陶鬲的口沿）。壁厚0.6厘米，残高6.3厘米，直径约28厘米（图658-3）。类似的附加堆纹见于白金宝遗址第Ⅲ期（白金宝文化）的筒腹鬲上[5]。

J195：002，泥质黄褐陶筒形罐腹底残片。腹略鼓，平底。内外壁磨光。腹饰篦点直线

① 吉林省文物考古研究所、吉林大学边疆考古研究中心、吉林大学考古学院：《大安汉书——青铜时代遗址考古发掘报告》，北京：科学出版社，2018年，第48页图74-4。

② 黑龙江省文物考古研究所、吉林大学考古学系：《肇源白金宝——嫩江下游一处青铜时代遗址的揭示》，北京：科学出版社，2009年，第33页图39-1、图版4-1。

③ 吉林省文物考古研究所、吉林大学边疆考古研究中心、吉林大学考古学院：《大安汉书——青铜时代遗址考古发掘报告》，北京：科学出版社，2018年，第33页图59-5，第44页图70-1，第45页图71-2。

④ 黑龙江省文物考古研究所、吉林大学考古学系：《肇源白金宝——嫩江下游一处青铜时代遗址的揭示》，北京：科学出版社，2009年，第131页图127。

⑤ 黑龙江省文物考古研究所、吉林大学考古学系：《肇源白金宝——嫩江下游一处青铜时代遗址的揭示》，北京：科学出版社，2009年，第131页图127。

图657　汉书遗址白金宝文化采集区分布图

纹、折线纹组成的几何形纹饰。壁厚0.7厘米，残高6.1厘米（图658-4）。类似纹饰见于白金宝遗址第Ⅲ期（白金宝文化）A型筒形罐[①]。

J190：004，泥质灰褐陶口沿。侈口，薄圆唇，腹略鼓，外壁被磨光。壁厚0.5厘米，残高7.8厘米，直径约16厘米（图658-5）。

J195：001，夹细砂黄褐陶扁桥状器耳。两端残。剖面呈圆角长方形，四面被磨光。长7.8厘米，宽3厘米，厚1.6厘米（图658-6）。

J190：005，泥质灰褐陶口沿。直口，方唇。素面。壁厚0.7厘米，残高3.9厘米，直径36厘米（图658-7）。

J195：005，泥质黄褐陶口沿。侈口，圆唇，腹较直，内外被磨光。壁厚0.5厘米，残高4.5厘米，直径约14厘米（图658-8）。

J195：003，泥质黄褐陶口腹残片。口微敛，圆唇，鼓腹。腹饰篦点直线纹和戳印坑点纹组成的几何形纹饰，外壁被磨光。壁厚0.5厘米，残高5.6厘米，直径约14厘米（图658-9）。

J250：007，泥质黄褐陶口腹残片。直口，薄圆唇。腹饰篦点直线纹组成的几何纹，内外表被磨光。壁厚0.6厘米，残高5.1厘米，直径约16厘米（图658-10）。类似纹饰见于白金宝遗

---

① 黑龙江省文物考古研究所、吉林大学考古学系：《肇源白金宝——嫩江下游一处青铜时代遗址的揭示》，北京：科学出版社，2009年，第121页图119。

图658　汉书遗址采集的白金宝文化陶片

1. J190：007　2. J192：006　3. J196：003　4. J195：002　5. J190：004　6. J195：001　7. J190：005　8. J195：005
9. J195：003　10. J250：007　11. J195：007　12. J195：009　13. J250：005　14. J193：005

址第Ⅲ期（白金宝文化）的陶片上[①]。

———————————

① 黑龙江省文物考古研究所、吉林大学考古学系：《肇源白金宝——嫩江下游一处青铜时代遗址的揭示》，北京：科学出版社，2009年，第129页图126-4。

J195：007，夹砂灰褐陶陶片。饰一道戳压双坑点的附加堆纹。长7.6厘米，宽6.7厘米，厚0.9厘米（图658-11）。类似附加堆纹见于白金宝遗址第Ⅲ期（白金宝文化）的筒腹鬲上[①]。

J195：009，夹砂红褐陶陶片。带有较粗的斜向绳纹。长7.2厘米，宽4.8厘米，厚0.8厘米（图658-12）。

J250：005，泥质黄灰陶口腹残片。侈口，圆唇。唇外缘饰成排指甲纹。腹饰斜向细绳纹和一排指甲纹，内壁有火烧痕迹。壁厚0.5厘米，残高3.8厘米（图658-13）。

J193：005，夹细砂红褐陶陶制品，可能为把手。长方形，剖面呈圆角长方形，长6.2厘米，宽2.6厘米，厚1.1厘米（图658-14）。

J190：006，夹砂灰褐陶陶器器底。平底，斜直腹。壁厚0.8厘米，残高2.1厘米（图659-1）。

J195：004，泥质黄褐陶口沿。直口，圆唇，器表遗有一个铆孔，外壁被磨光。壁厚0.7厘米，残高3.3厘米，直径约18厘米（图659-2）。

J251：018，泥质黄红陶灰陶陶片。饰篦点直线纹组成的几何纹。长4.6厘米，宽2.8厘米，厚0.5厘米（图659-3）。

J251：019，泥质黄褐色陶陶片。饰篦点直线纹和折线纹组成的几何纹。长4.4厘米，宽2.7厘米，厚0.4厘米（图659-4）。

J217：001，夹砂红灰陶圆陶片。近圆形。直径3.6厘米，厚0.8厘米（图659-5）。

J198：009，泥质灰褐陶陶器器底。平底，斜直腹，外壁被磨光。长5.9厘米，宽5.2厘米，厚0.7厘米（图659-6）。

J198：011，泥质灰褐陶口沿。侈口，卷沿，圆唇，内外带红衣，内外被磨光。壁厚0.5厘米，残高1.8厘米，直径约14厘米（图659-7）。

J198：010，泥质灰褐陶陶器器底。平底，斜直腹，外壁被磨光。壁厚0.7厘米，残高2.4厘米，直径约11厘米（图659-8）。

J250：006，泥质黄褐陶口沿。侈口，圆唇。腹较直。腹饰篦点直线纹组成的几何纹，内外表被磨光。壁厚0.5厘米，残高3厘米（图659-9）。

J251：017，泥质黄褐陶口沿。侈口，圆唇。腹饰篦点直线纹组成的几何纹，内外被磨光。壁厚0.3厘米，残高2.4厘米（图659-10）。

J196：005，泥质黄褐陶陶片。器表饰篦点直线纹、刻划纹和戳点纹组成的几何纹，内壁也有刻划纹。长4.8厘米，宽2.6厘米，厚0.5厘米（图659-11）。

J195：008，夹砂灰褐陶陶片。器表有竖向绳纹和一道由缠绳棒状物戳压坑窝的附加堆纹，内壁被磨光。长4.8厘米，宽3.3厘米，厚0.6厘米（图659-12）。

J194：001，夹砂红灰陶陶片。器表有竖向绳纹。长4.3厘米，宽3.7厘米，厚1厘米（图659-13）。

J195：006，泥质黄褐陶陶片。器表有篦点直线纹组成的几何纹，内外被磨光。长5厘米，宽3.8厘米，厚0.8厘米（图659-14）。

---

① 黑龙江省文物考古研究所、吉林大学考古学系：《肇源白金宝——嫩江下游一处青铜时代遗址的揭示》，北京：科学出版社，2009年，第131页图127。

图659　汉书遗址采集的白金宝文化陶片
1. J190：006　2. J195：004　3. J251：018　4. J251：019　5. J217：001　6. J198：009　7. J198：011　8. J198：010
9. J250：006　10. J251：017　11. J196：005　12. J195：008　13. J194：001　14. J195：006　15. J198：013
16. J194：002　17. J251：020　18. J192：007　19. J196：004　20. J193：006　21. J198：012

J198：013，泥质灰褐陶陶片。器表有篦点直线纹和折线纹组成的几何纹，内外壁被磨光。长3.3厘米，宽3.1厘米，厚0.7厘米（图659-15）。

J194：002，泥质黄褐陶口沿。直口，圆唇。器表有篦点直线纹组成的几何纹。壁厚0.5厘米，残高2.6厘米（图659-16）。

J251：020，泥质黄褐陶半环状耳，内外壁被磨光。长3厘米，宽2.5厘米，壁厚0.4厘米（图659-17）。类似的小型器耳见于后套木嘎遗址第Ⅴ期M7的小型壶（白金宝文化）①。

J192：007，夹砂黄褐陶鋬耳。剖面呈椭圆形。长2.1厘米，宽2.3厘米，厚1.1厘米（图659-18）。

J196：004，泥质黄褐陶口沿。直口，方唇。近口处贴附一枚泥饼。壁厚0.6厘米，残高1.9厘米（图659-19）。

J193：006，夹细砂红褐陶陶制品。残。长方形，剖面呈圆角长方形，器表有一穿孔。长1.9厘米，宽1.4厘米，厚0.7厘米（图659-20）。

J198：012，泥质灰褐陶陶片。器表有篦点平行线纹和篦点网格纹，外壁被磨光。长2.2厘

---

① 黑龙江省文物考古研究所、吉林大学考古学系：《肇源白金宝——嫩江下游一处青铜时代遗址的揭示》，北京：科学出版社，2009年，第121页图119。

米，宽1.3厘米，厚0.4厘米（图659-21）。

　　含汉书二期文化时期陶片的158个采集区分布于遗址的大部分，主要集中于遗址中部的高岗上，遗址西部和东北部也有部分采集区。密度最高的采集区在遗址中部岗地上分为两区。西部榔头泡岸边也有密度较高的采集区。采集的7723片汉书二期文化的陶片占陶片总数的41.5%。整体上密度非常高，比白金宝文化密度高2倍多（图660）。

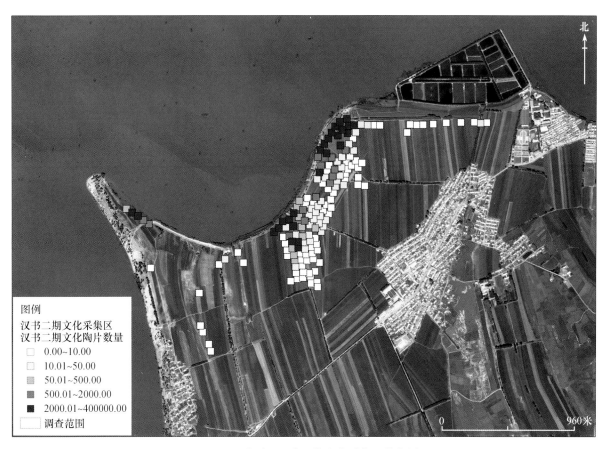

图660　汉书遗址汉书二期文化采集区分布图

　　东北部最密集区、中部密集区和榔头泡岸边密集区均发现有红衣陶陶片（图661）。该现象表明遗存密集区可能有级别或社会地位相对较高的人群活动。

　　J187：026，夹砂灰褐陶陶片。外壁被磨光并带红衣。长8.4厘米，宽8厘米，厚0.7厘米（图662-1）。

　　J113：001，夹砂黄褐陶陶器器底。平底，有火烧痕迹。长7.1厘米，宽6.8厘米，厚0.6厘米（图662-2）。

　　J124：002，夹砂黄褐陶陶器器底。平底，斜直腹。壁厚0.6厘米，残高1.8厘米，底径约9厘米（图662-3）。

　　J187：021，夹砂灰褐陶陶器器底。平底，斜直腹。壁厚0.7厘米，残高3.2厘米，直径10厘米（图662-4）。

　　J187：002，夹砂灰褐陶口沿。侈口，圆唇，腹略鼓。腹部有细绳纹和指甲纹，唇面有戳

图661　汉书遗址汉书二期文化含红衣陶的采集区分布图

印纹，可能为鬲的口沿。壁厚0.7厘米，残高6.1厘米，口径约26厘米（图662-5）。

　　J251：013，夹砂黄褐陶口沿。侈口，圆唇，腹略鼓。唇面有戳压坑点纹，近口处有一排指甲纹，其下有斜向细绳纹。应为鬲的口沿。壁厚0.5厘米，残高8.1厘米，口径约28厘米（图662-6）。

　　J251：014，夹砂黄灰陶口沿。侈口，圆唇，腹略鼓。唇面以缠绳棒状物压印呈波浪状，腹饰斜向细绳纹，近口处有一排指甲纹。内壁磨光。应为鬲的口沿。壁厚0.6厘米，残高8厘米，口径约31厘米（图662-7）。

　　J250：004，夹砂灰褐陶口沿。侈口，圆唇，鼓腹。唇外侧戳压连续坑窝，器表饰交错细绳纹，近口处有一排指甲纹。内壁磨光。应为鬲的口沿。宽7.1厘米，厚0.8厘米（图662-8）。

　　J251：015，夹砂灰褐陶黑灰胎口沿。侈口，圆唇。腹略鼓。器表磨光。近口处戳压一排坑点纹。壁厚0.7厘米，残高7.2厘米，口径约22厘米（图662-9）。

　　J252：009，夹砂灰褐陶黑灰胎口沿。侈口，卷沿，圆唇，腹略鼓。唇面和颈部各有一排指甲纹。腹饰斜向细绳纹。沿内磨光。壁厚0.5厘米，残高5.8厘米（图662-10）。

　　J187：012，夹砂灰褐陶口沿。直口，薄圆唇，腹较直。器表有三组双排戳压坑点纹，可能为陶杯残片，内外壁被磨光。壁厚0.6厘米，残高6厘米，口径约8厘米（图662-11）。

　　J252：008，夹砂灰褐陶黑灰胎口沿。侈口，卷沿，圆方唇。唇面和颈部各有一排指甲

图662　汉书遗址采集的汉书二期文化陶片

1. J187：026　2. J113：001　3. J124：002　4. J187：021　5. J187：002　6. J251：013　7. J251：014　8. J250：004
9. J251：015　10. J252：009　11. J187：012　12. J252：008　13. J252：010　14. J252：011　15. J252：007
16. J252：012　17. J252：006　18. J187：052

纹，腹饰斜向细绳纹。器表遗有一锔孔。长9.1厘米，厚0.5厘米，高5.4厘米，直径32厘米
（图662-12）。

J252：010，夹砂灰陶灰胎口沿。侈口，圆唇，腹略鼓。唇面和近口处各有一排指甲纹，
沿内磨光。可能为鬲的口沿。壁厚0.8厘米，残高5.4厘米，口径约34厘米（图662-13）。

J252：011，夹砂灰褐陶口沿。侈口，圆唇，腹壁较直。唇面有指甲纹，近口处有一排按
压指窝纹，内壁磨光。壁厚0.7厘米，残高6.4厘米（图662-14）。

J252：007，夹砂灰褐陶黑灰胎口沿。侈口，圆唇，腹较直。唇面有指甲纹。近口处有一
排珍珠纹。遗有一个锔孔。壁厚0.5厘米，残高7厘米（图662-15）。

J252：012，夹砂黄褐陶口沿。侈口，薄圆唇。唇面有指甲纹，颈部有一排珍珠纹。可能
为鬲的口沿。壁厚0.7厘米，残高4.4厘米（图662-16）。

J252：006，黄褐陶黑灰胎口沿。直口，圆唇，筒腹。唇面和近口处各有一排以片状工具

戳压的坑点纹。腹饰竖向和斜向细绳纹。壁厚0.8厘米，残高7.3厘米（图662-17）。

J187：052，夹砂灰褐陶口沿，侈口，方唇，腹略鼓，近口处饰一道带戳压坑窝剖面呈三角形的附加堆纹。壁厚0.7厘米，残高6.9厘米（图662-18）。

J187：034，夹砂灰褐陶陶片。带有不规整的竖向细绳纹和一道弦纹。长3.7厘米，宽2.5厘米，厚0.5厘米（图663-1）。

J187：030，夹砂灰褐陶陶片。饰竖向和斜向细绳纹。长3.3厘米，宽3厘米，厚0.8厘米（图663-2）。

J187：031，夹砂灰褐陶陶片。饰竖向和斜向细绳纹。长7.5厘米，宽5.7厘米，厚0.7厘米（图663-3）。

J187：035，夹砂灰褐陶陶片。带有竖向细绳纹。长6.5厘米，宽5.3厘米，厚0.5厘米（图663-4）。

J187：044，夹砂灰褐陶陶片。经打磨，遗有竖向细绳纹痕迹。长6.4厘米，宽4.2厘米，厚0.5厘米（图663-5）。

J187：045，夹砂灰褐陶陶片。经打磨，遗有竖向细绳纹痕迹。长5.3厘米，宽5.3厘米，厚1厘米（图663-6）。

J187：042，夹砂灰褐陶陶片。经打磨，遗有竖向细绳纹痕迹。长4.9厘米，宽4.1厘米，厚0.9厘米（图663-7）。

J187：057，夹砂灰褐陶陶片。饰戳压圆点纹组成的横向和斜向平行线纹。长8.7厘米，宽8厘米，厚0.5厘米（图663-8）。类似纹饰见于汉书遗址2001年发掘区第Ⅳ期（汉书二期文化）的陶钵上[1]。

J187：056，夹砂灰褐陶陶片。器表有一道带戳压坑点的附加堆纹。长7.9厘米，宽5.5厘米，厚0.6厘米（图663-9）。

J187：022，夹砂灰褐陶陶片。器表有一道带指甲纹的附加堆纹。长5.4厘米，宽4.3厘米，厚0.5厘米（图663-10）。

J124：003，夹砂黄褐陶陶片。器表有一排指甲纹，遗有一锔孔。长6.1厘米，宽3.2厘米，厚0.5厘米（图663-11）。

J187：014，夹砂灰褐陶口沿。直口，薄圆唇，筒腹。腹饰篦点直线纹组成的几何纹，内外壁被磨光。壁厚0.6厘米，残高3.7厘米，口径约11厘米（图663-12）。类似纹饰见于汉书遗址2001年发掘区第Ⅳ期（汉书二期文化）的陶罐上[2]。

J187：001，夹砂灰褐陶口沿。侈口，卷沿，圆唇。唇面和近口处各有一排指甲纹，可能为鬲的口沿。壁厚0.7厘米，残高2.5厘米，口径约22厘米（图664-1）。

J187：003，夹砂灰褐陶口沿。侈口，卷沿，圆唇，腹略鼓。唇面经手指捏压。腹饰斜向

① 吉林省文物考古研究所、吉林大学边疆考古研究中心、吉林大学考古学院：《大安汉书——青铜时代遗址考古发掘报告》，北京：科学出版社，2018年，第111页图167-1。

② 吉林省文物考古研究所、吉林大学边疆考古研究中心、吉林大学考古学院：《大安汉书——青铜时代遗址考古发掘报告》，北京：科学出版社，2018年，第101页图155-1。

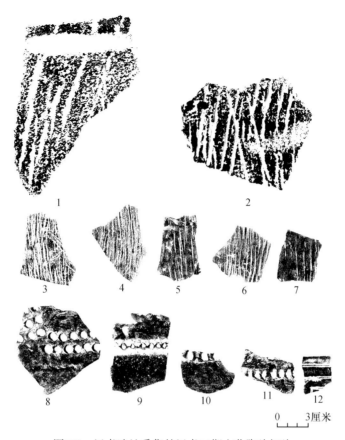

图663　汉书遗址采集的汉书二期文化陶片拓片

1. J187：034　2. J187：030　3. J187：031　4. J187：035　5. J187：044　6. J187：045　7. J187：042　8. J187：057

9. J187：056　10. J187：022　11. J124：003　12. J187：014

细绳纹，可能为鬲的口沿。壁厚0.7厘米，残高3.5厘米，口径约23厘米（图664-2）。

J187：004，夹砂灰褐陶口沿。侈口，卷沿，圆唇。唇上有指甲纹。壁厚0.7厘米，残高2厘米，口径约11厘米（图664-3）。

J187：017，夹砂灰褐陶口沿。侈口，圆唇。唇面有指甲纹，近口处有一排戳压坑窝。壁厚0.7厘米，残高3.3厘米，口径约21厘米（图664-4）。

J187：058，夹砂灰褐陶口沿。侈口，高领，薄圆唇。沿外有三排指甲纹。残高4.5厘米，长7.4厘米，宽2.4厘米，壁厚0.5厘米（图664-5）。

J187：025，夹砂灰褐陶陶片。内外壁被磨光。长5.1厘米，宽3.9厘米，厚0.5厘米（图664-6）。

J187：054，夹砂灰褐陶口沿。侈口，方唇。唇外缘戳压指甲纹，近口处有一道戳压坑窝的附加堆纹，腹饰斜向细绳纹。壁厚0.6厘米，残高4.8厘米，口径约28厘米（图664-7）。

J187：005，夹砂灰褐陶口沿。侈口，圆唇。唇面有指甲纹，近口处有一排指窝纹，沿内壁有红衣。壁厚0.4厘米，残高1.3厘米（图664-8）。

J187：053，夹砂灰褐陶口沿。侈口，薄圆唇。沿外有一道戳压坑窝的附加堆纹，壁厚0.6厘米，残高3.6厘米，口径约24厘米（图664-9）。

J252：005，夹砂黄褐陶黑灰胎口沿。侈口，圆唇，弧颈。唇面有指甲纹，器表施红衣，壁厚0.6厘米，残高5.8厘米（图664-10）。

J254：008，夹砂黄褐陶灰胎口沿。侈口，圆唇，直颈，外表全涂红衣，唇和沿里面也涂红衣。壁厚0.6厘米，残高5厘米，口径约13厘米（图664-11）。

J187：009，夹砂灰褐陶口沿。直口，圆唇，内外壁带红衣。壁厚0.5厘米，残高3.8厘米（图664-12）。

J103：007，夹砂黄褐陶陶片。施红衣。长2.6厘米，宽2.5厘米，厚0.5厘米（图664-13）。

J103：008，夹砂黄褐陶陶片。施红衣。长2.8厘米，宽2厘米，厚0.6米（图664-14）。

J103：010，夹砂黄褐陶陶片。施红衣。长3.3厘米，宽1.8厘米，厚0.5厘米（图664-15）。施红衣的现象多见于白金宝遗址第Ⅳ期（汉书二期文化）的陶、壶、罐、盆、碗、钵上[①]。

J147：002，夹砂黄褐陶陶片。器表贴附一小泥饼。长6.4厘米，宽3.7厘米，厚0.6厘米（图664-16）。

J187：048，夹砂灰褐陶陶片。器表饰竖向细绳纹。长4.8厘米，宽3.5厘米，厚0.5厘米（图664-17）。

J187：049，夹砂灰褐陶陶片。器表饰斜向细绳纹。长6.4厘米，宽3.1厘米，厚0.5厘米（图664-18）。

J187：062，夹砂灰褐陶陶片。内外壁被磨光，外壁有明显打磨痕迹。长4.9厘米，宽3.5厘米，厚0.4厘米（图664-19）。

J187：018，夹砂灰褐陶口沿。直口，圆唇，内外被磨光，外壁带红衣。壁厚0.5厘米，残高5厘米（图664-20）。

J190：002，夹砂黄褐陶陶片。带有一道附加堆纹。长3.6厘米，宽3.5厘米，厚0.5厘米（图664-21）。

J116：001，夹砂黄褐陶口沿。直口，薄圆唇。壁厚0.5厘米，残高4.1厘米，口径约12厘米（图664-22）。

J187：024，夹砂灰褐陶残片。内外壁被磨光。长4.4厘米，宽3.3厘米，厚0.8厘米（图664-23）。

J103：004，夹砂黄褐陶口沿。侈口，圆唇。唇上有戳印纹。壁厚1.1厘米，残高2.8厘米（图664-24）。

J103：005，夹砂黄褐陶陶片。带有一道按压指窝纹的附加堆纹。长3.7厘米，宽3厘米，厚0.6厘米（图664-25）。

J187：010，夹砂灰褐陶口沿。直口微敛，圆唇。内外壁带红衣。壁厚0.6厘米，残高3.5厘米（图664-26）。

J103：003，夹砂黄褐陶口沿。侈口，圆方唇。唇上有指甲纹。壁厚0.7厘米，残高2.2厘米，口径约28厘米（图664-27）。

---

① 黑龙江省文物考古研究所、吉林大学考古学系：《肇源白金宝——嫩江下游一处青铜时代遗址的揭示》，北京：科学出版社，2009年，第198页图177，第199页图178。

图664　汉书遗址采集的汉书二期文化陶片

1. J187：001　2. J187：003　3. J187：004　4. J187：017　5. J187：058　6. J187：025　7. J187：054　8. J187：005

9. J187：053　10. J252：005　11. J254：008　12. J187：009　13. J103：007　14. J103：008　15. J103：010

16. J147：002　17. J187：048　18. J187：049　19. J187：062　20. J187：018　21. J190：002　22. J116：001

23. J187：024　24. J103：004　25. J103：005　26. J187：010　27. J103：003　28. J187：008　29. J112：001

30. J187：013　31. J187：007　32. J187：011　33. J187：055　34. J187：020　35. J112：002

J187：008，夹砂灰褐陶口沿。侈口，圆唇。内外壁带红衣。壁厚0.6厘米，残高2.1厘米，口径约11厘米（图664-28）。

J112：001，夹砂黄褐陶口沿。直口，圆唇。壁厚0.8厘米，残高2.3厘米，口径约15厘米（图664-29）。

J187：013，夹砂灰褐陶口沿。侈口，圆唇，筒腹。唇面有指甲纹，腹饰竖向细绳纹。壁厚0.7厘米，残高2.7厘米（图664-30）。

J187：007，夹砂灰褐陶口沿。侈口，卷沿，圆唇。壁厚0.7厘米，残高3.8厘米（图664-31）。

J187：011，夹砂灰褐陶口沿。侈口，圆唇。腹部有细绳纹和一排戳印坑点，唇面有指甲纹。壁厚0.6厘米，残高1.5厘米，口径约12厘米（图664-32）。

J187：055，夹砂灰褐陶陶片。带有一道戳压坑点的附加堆纹。长3.2厘米，宽3厘米，厚0.6厘米（图664-33）。

J187：020，夹砂灰褐陶口沿。侈口，圆唇，唇上有指甲纹。壁厚0.6厘米，残高1.2厘米（图664-34）。

J112：002，夹砂黄褐陶口沿。直口，圆唇，两面被磨光。器表饰三排粗齿篦点直线纹和一排反向珍珠纹。壁厚0.5厘米，残高2.2厘米（图664-35）。

J252：015，夹砂黄褐陶支座。顶部残，近馒头形，圆底。残高8.5厘米，底径12厘米（图665-1）。

J253：001，夹砂黄褐陶支座顶部残块。残高8.2厘米，顶部直径6厘米（图665-2）。

J251：001，夹砂红褐陶支座底部残块。平底。残高7.5厘米，底径10厘米（图665-3）。

J254：004，夹砂黄褐陶支座底部残块。底缘和座身有按压指窝纹。残高5.9厘米，底径约13厘米（图665-4）。

J254：003，夹砂黄褐陶支座底部残块。底缘有指窝纹。残高5.2厘米，底径16厘米（图665-5）。

J252：016，夹砂黄褐陶支座底部残块。底缘有指窝纹。残高6.1厘米，底径10厘米（图665-6）。

J254：002，夹砂黄褐陶支座底部残块。底缘有指窝纹。残高5.2厘米，底径约16厘米（图665-7）。

J252：017，夹砂灰褐陶支座底部残块。底缘有指窝纹，座身有竖排指甲纹，底部中心内凹。残高6.1厘米，底径约9厘米（图665-8）。

J250：002，夹砂黄灰陶支座顶部残块。顶面中心有X形刻划符号，边缘有片状工具切压连续坑窝。座身有戳压指窝纹。残高7.4厘米，顶径5.6厘米（图665-9）。

J254：001，夹砂黄褐陶支座底部残块。底缘有指窝纹。残高5.8厘米，底径约16厘米（图665-10）。

J253：002，夹砂黄褐陶支座底部残块。残高3.6厘米，底径约5厘米（图665-11）。

J250：003，夹砂黄灰陶支座底部残块。底缘有指窝纹。座身有竖排指甲纹，残高4.5厘米，底径约8厘米（图665-12）。

J251：002，夹砂红褐陶支座顶部残块。顶缘有指窝纹。残高4.3厘米，顶面直径5厘米（图665-13）。

J254：005，夹砂黄褐陶支座底部残块。底缘有指窝纹。残高3.2厘米，底径约10厘米（图665-14）。

J254：006，夹砂黄褐陶支座顶部残块。顶缘有指窝纹。残高6厘米，顶面直径6厘米（图665-15）。

类似的支座或支脚见于小拉哈遗址第Ⅲ期（汉书二期文化）遗存中[1]，以及汉书遗址2001年发掘区第Ⅳ期（汉书二期文化）遗存中[2]。

---

[1]　黑龙江省文物考古研究所、吉林大学考古系：《黑龙江省肇源县小拉哈遗址发掘简报》，《北方文物》1997年第1期，第34~44页，第41页图9-9。

[2]　吉林省文物考古研究所、吉林大学边疆考古研究中心、吉林大学考古学院：《大安汉书——青铜时代遗址考古发掘报告》，北京：科学出版社，2018年，第122页图176。

图665　汉书遗址采集的汉书二期文化遗物

1. J252：015　2. J253：001　3. J251：001　4. J254：004　5. J254：003　6. J252：016　7. J254：002　8. J252：017

9. J250：002　10. J254：001　11. J253：002　12. J250：003　13. J251：002　14. J254：005　15. J254：006

16. J197：001　17. J251：003　18. J251：004　19. J252：018　20. J252：019　21. J254：007　22. J265：001

23. J323：003　24. J190：001　25. J251：005　26. J323：002　27. J251：021　28. J323：001　29. J187：050

30. J252：014　31. J187：019　32. J144：001　33. J296：001

　　J197：001，夹砂灰褐陶陶制品。残。四边形，一面被磨光（很致密）。长6.1厘米，宽4.2厘米，厚2.9厘米（图665-16）。

　　J251：003，夹砂黄灰陶网坠残块。两面各有一道凹槽。长6.9厘米，宽6厘米，厚4.5厘米（图665-17）。

　　J251：004，夹砂黄灰陶网坠残块。长6.9厘米，宽5.4厘米，厚3.9厘米（图665-18）。

　　J252：018，夹砂黄褐陶网坠残块。表面遗有三道交叉沟槽。长6厘米，宽6厘米，厚3厘米（图665-19）。

　　J252：019，夹砂红褐陶网坠残块。器表遗有两道凹槽。长7.4厘米，宽5厘米，厚3.5厘米（图665-20）。

　　J254：007，夹砂黄灰陶网坠残块。表面遗有一道凹槽。长5.6厘米，宽5厘米，厚2.3厘米（图665-21）。

　　J265：001，夹砂灰陶网坠残块。表面遗有一道凹槽。长4.3厘米，宽2.3厘米，厚1.7厘米（图665-22）。

　　J323：003，夹砂黄褐陶网坠残块。表面遗有两个凹槽。长6.9厘米，宽6.1厘米，厚4.1厘米（图665-23）。

　　J190：001，夹砂灰褐陶泥塑残块。长6.7厘米，宽3.4厘米，厚3.6厘米（图665-24）。

J251：005，夹砂黄灰陶陶制品。棒状，一端顶面有凹槽，旁有一孔。另一端残。外表磨光。残长6.3厘米，宽2.9厘米，厚2.3厘米（图665-25）。

J323：002，夹砂黄褐陶鬲足。足根短小，外表磨光。壁厚0.6厘米，残高7厘米（图665-26）。

J251：021，夹砂黄褐陶鬲足。锥状足根短小。器表有散乱细绳纹。壁厚0.6厘米，残高6厘米（图665-27）。

J323：001，夹砂红褐陶鬲足。足根短小。外表有火烧痕迹。足根高4.1厘米，壁厚0.7厘米（图665-28）。

J187：050，夹砂灰褐陶鬲足。锥状。壁厚0.5厘米，残高5.2厘米（图665-29）。

J252：014，夹砂灰褐陶鬲足。锥状足根。器表饰竖向细绳纹，外表有火烧痕迹。壁厚0.5厘米，残高5.5厘米（图665-30）。

J187：019，夹砂灰褐陶鬲足。锥状足根，足根短小。外壁有不规整的细绳纹。壁厚0.9厘米，残高4.2厘米（图665-31）。

J144：001，夹砂红褐陶陶制品。残。柱状，断面呈圆形，可能为容器的柱状足根。长4.5厘米，宽3.1厘米，厚2.7厘米（图665-32）。

J296：001，夹砂灰褐陶鬲足。短小。饰竖向细绳纹。残高2.8厘米（图665-33）。

含魏晋隋唐时期陶片的2个采集区位于遗址中部。采集的4片魏晋隋唐时期的陶片占陶片总数的0.02%。整体上密度非常低（图666）。

J250：001，夹粗砂黄灰陶口沿。直口，圆唇，沿外有三道凸棱。遗有一个锔孔。壁厚0.8厘米，残高3.7厘米（图667-1）。

J111：003，夹砂黄灰陶口沿。直口，圆唇，沿外有三道凸棱。壁厚1.1厘米，残高2.7厘米（图667-2）。

含辽金时期陶片的275个采集区分布于遗址的大部分采集区（281个采集区中的275个采集区）。密度最高的采集区集中在三个区，分别位于遗址东北部、北部和西北部。采集的6214片该时期的陶片占陶片总数的33.39%。整体上密度比较高（图668）。

地表采集的辽金时期遗物中有网坠3件、布纹瓦4片、砖块29个。

J092：004，泥质灰陶口沿。敞口，窄平沿，圆唇。壁厚0.9厘米，残高5.1厘米，口径约40厘米（图669-1）。

J298：001，泥质灰陶口沿。敞口，沿翻卷成半筒状，圆唇。壁厚0.9厘米，残高4.5厘米，口径约39厘米（图669-2）。类似的口沿见于尹家窝堡遗址2015年发掘区（金代聚落）[1]和黑龙江省双城市车家城子金代遗址[2]。

J079：002，泥质灰陶口沿。口微敛，卷沿，圆唇。壁厚0.8厘米，残高4.3厘米，口径约21厘米（图669-3）。

---

① Pauline Sebillaud（史宝琳）、张礼艳、刘晓溪：《吉林大安尹家窝堡遗址2015年发掘简报》，《边疆考古研究（第20辑）》，北京：科学出版社，2016年，第89～117页，第96页图6-4、14。

② 黑龙江省文物考古研究所：《黑龙江双城市车家城子金代城址发掘简报》，《考古》2003年第2期，第42-50页，第49页图8-2、5、7、12。

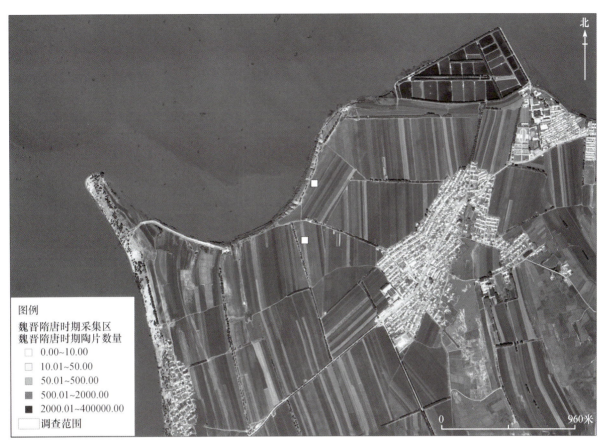

图666 汉书遗址魏晋隋唐时期采集区分布图

图667 汉书遗址采集的魏晋隋唐时期陶片

1. J250：001 2. J111：003

图668　汉书遗址辽金时期采集区分布图

J092：002，泥质灰陶口沿。直口，厚圆唇外凸，口部磨光。壁厚0.7厘米，残高4.5厘米，口径约44厘米（图669-4）。

J183：001，泥质灰陶陶片。饰成排短条形篦点纹。长7.4厘米，宽6.2厘米，厚0.6厘米（图669-5）。

J139：001，夹砂黄灰陶半环状器耳残段。断面呈圆形。高7厘米，直径1.9厘米（图669-6）。

J153：001，泥质灰褐陶扁桥状器耳残段。断面呈圆角长方形，表明被磨光。壁厚1.3厘米，高4厘米（图669-7）。

J092：003，泥质灰陶口沿。直口，厚圆唇外凸。沿下有一道捏压成波浪形的附加堆纹。壁厚0.7厘米，残高3.2厘米，口径约26厘米（图669-8）。类似纹饰见于德惠后城子金代古城[1]。

J185：001，夹砂黄灰陶陶器器底。平底，斜直腹。腹饰成排短条形篦点纹。壁厚0.7厘米，残高2.6厘米，底径约22厘米（图669-9）。带类似纹饰的器底见于后套木嘎遗址第Ⅶ期（契丹或辽代早期）陶器上[2]。

① 吉林省文物考古研究所、长春市文物管理委员会办公室：《吉林省德惠县后城子金代古城发掘》，《考古》1993年第8期，第721～733页，第726页图9-2、7。

② 吉林大学边疆考古研究中心、吉林省文物考古研究所：《吉林大安市后套木嘎遗址AⅣ区发掘简报》，《考古》2017年第11期，第3～30页，第29页图64。

图669　汉书遗址采集的辽金时期陶片

1. J092：004　2. J298：001　3. J079：002　4. J092：002　5. J183：001　6. J139：001　7. J153：001　8. J092：003　9. J185：001

10. J073：001　11. J103：001　12. J183：002

J073：001，泥质灰陶陶片，可能为器盖片。有蝴蝶和植物纹饰，可能为贴印纹。长4.1厘米，宽3.1厘米，厚0.7厘米（图669-10）。

J103：001，瓷碟残片。灰胎，敞口，圆唇，斜直腹，青灰釉，比较粗糙，圈足未施釉，内部有涩圈。底径13厘米，壁厚0.3厘米，残高2.7厘米（图669-11）。

J183：002，泥质灰陶陶片。带有菱形印纹。长4.6厘米，宽3.7厘米，厚0.8厘米（图669-12）。

含清末至民国时期陶片的238个采集区位于遗址的大部分区域（281个采集区中的238个采集区）。密度最高的采集区集中于遗址西部榔头泡水边。采集的1237片该时期的陶片占陶片总数的6.65%。整体上密度比较高，但比辽金时期的密度低10多倍（图670）。

J101：001，青花瓷瓷器器底。灰胎，圈足施满釉，圈足外壁有两条青色的平行线，内壁施满釉，中心有一个符号。壁厚0.8厘米，残高2.4厘米，底径8厘米（图671-1）。

J095：002，青花瓷瓷器器底。灰胎，圈足施满釉，内部有涩圈。壁厚0.7厘米，残高2.2厘米，底径6.2厘米（图671-2）。这种瓷碗在清末墓地和遗址很常见，如农安县库尔金堆清末墓地[①]和黑龙江省五常市拉林机场遗址[②]。

J175：001，青花瓷瓷器器底。圈足施满釉，内底有花卉纹。壁厚0.7厘米，残高1.9厘米，底径6.7厘米（图671-3）。

---

① 王新胜、邢春光、刘晓溪、Pauline Sebillaud（史宝琳）：《吉林省农安县库尔金堆古城址西南角"点将台"的发掘》，《北方文物》2016年第1期，第12～18页，第17页图8-5～7。

② 黑龙江省文物考古研究所：《黑龙江省五常市拉林机场清代遗址发掘简报》，《北方文物》2015年第4期，第48～52页，第50页图1-19。

图670　汉书遗址清末至民国时期采集区分布图

J096：001，泥质灰褐陶口沿。敞口，窄平沿，方唇，外壁和沿部被磨光。壁厚0.9厘米，残高2.6厘米，口径约46厘米（图671-4）。

J100：001，夹砂灰陶口沿。敞口，卷沿，圆唇。壁厚0.8厘米，残高4厘米，口径约48厘米（图671-5）。

J133：001，瓷片。粗糙黄褐胎，内外有酱釉。凹面印有太阳纹，背面印有几何形纹饰。长5厘米，宽3.6厘米，厚0.9厘米（图671-6）。

J231：001，铜钱残片。应为"乾隆通宝"，反面有满文。长2.3厘米，宽1.5厘米，厚0.1厘米（图672-1）。

J351：001，铜钱残片。应为"乾隆通宝"，反面有满文。长2.3厘米，宽1.2厘米，厚0.1厘米（图672-2）。

（6）未断代标本

地表采集有石器45件（其中有细石器5件和磨制石器40件）（图675）和骨器2件。

采集的细石器可分刮削器（2件）、石镞（1件）、尖状器（1件）、尖刃器（1件）4种

图671　汉书遗址采集的清末至民国时期遗物

1. J101：001　　2. J095：002　　3. J175：001　　4. J096：001　　5. J100：001　　6. J133：001

图672　汉书遗址采集的清末至民国时期铜钱

1. J231：001　　2. J351：001

（图673）。

J108：002，单凹刃刮削器。浅灰色硅质泥岩。通体加工，一侧边经过单向加工修理呈一凹刃，刃长为1.65厘米，刃角为76°。总长3.4厘米，宽1.7厘米，厚1.1厘米（图673-3）。

J275：001，单凹刃刮削器。深绿色燧石。毛坯为细石叶中段，一侧边经正向加工为一凹刃，刃长为7.04毫米，刃角为74°。长2.4厘米，宽1.1厘米，厚0.2厘米（图673-5）。

J188：003，石镞。灰黑色燧石。通体加工修理，两侧边经过正向加工修理呈尖刃，远端略残。长2.5厘米，宽1.4厘米，厚0.4厘米（图673-1）。这种凹底三角形石镞见于后套木嘎遗址第Ⅲ期和第Ⅳ期遗存[1]、东山头遗址[2]、长新南山遗址和后商家遗址[3]、通榆县敖包山遗址[4]、昂昂溪遗址[5]、泰来县东明嘎遗址（后套木嘎Ⅲ期文化）[6]、额尔苏遗址[7]、内蒙古海拉尔市团结遗址[8]。

J079：001，尖状器。黄白硅质泥岩。毛坯为一断片，两侧边经过单向加工修理呈一尖刃，尖端残。长2.5厘米，宽2.1厘米，厚0.5厘米（图673-2）。

0　　　　　　　　　　　　　　　3厘米

图673　汉书遗址采集的细石器

1. J188：003　2. J079：001　3. J108：002　4. J189：002　5. J275：001

① 吉林大学边疆考古研究中心、吉林省文物考古研究所：《吉林大安市后套木嘎遗址AⅣ区发掘简报》，《考古》2017年第11期，第3～30页，第9页图13-1，第17页图34-1、2。

② 吉林省博物馆：《吉林大安东山头细石器文化遗址》，《考古》1961年第8期，第404～406页，第405页图2-1。

③ 吉林省文物工作队：《吉林大安县洮儿河下游右岸新石器时代遗址调查》，《考古》1984年第8期，第688～697页，第690页图2-6，第692页图5-1和3，第694页图7-12～15。

④ 王国范：《吉林通榆新石器时代遗址调查》，《黑龙江文物丛刊》1984年第4期，第50～59页，第51页图2-4～6。

⑤ 梁思永：《昂昂溪史前遗址》，《梁思永考古论文集》，北京：科学出版社，1959年，第58～90页，第71页图9-1、3、4；黑龙江省博物馆：《昂昂溪新石器时代遗址的调查》，《考古》1974年第2期，第99～108页，第101页图2-2、4。

⑥ 黑龙江省文物考古研究所：《黑龙江省泰来县东明嘎新石器时代遗址发掘简报》，《考古》2019年第8期，第21～45页，第39页图35-2，第40页图37、39。

⑦ 黑龙江省博物馆：《嫩江沿岸细石器文化遗址调查》，《考古》1961年第10期，第534～543页，第536页图3-10。

⑧ 中国社会科学院考古研究所内蒙古工作队、呼伦贝尔盟民族博物馆：《内蒙古海拉尔市团结遗址的调查》，《考古》2001年第5期，第3～17页。

J189：002，尖刃器（可能为石钻）。黄褐色细腻石料。毛坯为完整石片，两条较长边经两面加工修理呈尖刃，尖角为102°（图673-4）。

采集的磨制石器可分形制不明石器（34件）、石斧（1件）和砺石（5件）3种（图674）。

J325：002，石斧。顶部略残。红褐色细腻石料。长方形，刃部有使用痕迹。长6厘米，宽4.5厘米，厚2厘米（图674-14）。

J251：012，磨制石器。残。灰色多孔的石料。不规则形，原来可能有一个穿孔。长10.6厘米，宽7厘米，厚4.5厘米（图674-1）。

J251：006，磨制石器。残。红褐色。不规则形，一面内凹被磨光。可能为磨盘残块。长11厘米，宽5厘米，厚4.9厘米（图674-2）。

J147：003，磨制石器。残。红灰色。不规则形，一面被磨光。可能为砺石残块。长7.5厘米，宽6厘米，厚1.5厘米（图674-3）。

J252：020，磨制石器。残。灰褐色。一面被磨光，一侧边有使用痕迹。长8.1厘米，宽6.4厘米，厚3.5厘米（图674-4）。

J194：003，磨制石器。残。灰红褐色。不规则形，两面被磨光，一面磨成一个凹槽，可能为砺石残块。长7.4厘米，宽6.6厘米，厚2.1厘米（图674-5）。

J251：007，磨制石器。残。灰红色。圆角长方形，一面被磨光，一端面可能也有使用痕迹。长7.5厘米，宽4.4厘米，厚3.5厘米（图674-6）。

J251：009，磨制石器。残。灰色。不规则形，一面被磨光。长8.9厘米，宽4.8厘米，厚3.4厘米（图674-7）。

J075：004，磨制石器。残。灰色。被打过，一面被磨光。长6.2厘米，宽5.6厘米，厚2.3厘米（图674-8）。

J323：004，磨制石器。残。黑灰色。梯形，一面被磨光。长6.1厘米，宽5.5厘米，厚3.3厘米（图674-9）。

J145：001，磨制石器。残。被打过，不规则形，一面被磨光。长6.4厘米，宽4.9厘米，厚2.7厘米（图674-10）。

J197：002，磨制石器。残。黑灰色。不规则形，一面被磨光。长5.1厘米，宽4.6厘米，厚3.7厘米（图674-11）。

J251：010，磨制石器。残。黄灰色。有一道凹槽，不规则形，一面被磨光，可能为砺石残块。长5.4厘米，宽4厘米，厚2.7厘米（图674-12）。

J251：011，磨制石器。残。不规则形，剖面呈圆角长方形，一面被磨光。长6.9厘米，宽4.2厘米，厚2.7厘米（图674-13）。

J265：002，磨制石器。残。浅灰色。剖面呈圆角长方形，一面被磨光。长6.4厘米，宽3.8厘米，厚1.6厘米（图674-15）。

J252：001，磨制石器。残。黄色。一面被磨光。长6.8厘米，宽3.5厘米，厚1厘米（图674-16）。

J265：003，磨制石器。残。深红色。不规则形，一面被磨光。长6.3厘米，宽4厘米，厚3.8厘米（图674-17）。

图674　汉书遗址采集的磨制石器

1. J251：012　2. J251：006　3. J147：003　4. J252：020　5. J194：003　6. J251：007　7. J251：009　8. J075：004
9. J323：004　10. J145：001　11. J197：002　12. J251：010　13. J251：011　14. J325：002　15. J265：002　16. J252：001
17. J265：003　18. J076：011　19. J076：012　20. J325：001　21. J288：001　22. J099：001　23. J193：007　24. J251：022
25. J263：001　26. J249：001　27. J196：006　28. J252：002　29. J251：008　30. J147：004　31. J124：001　32. J252：003
33. J252：004　34. J254：010　35. J285：001　36. J320：001　37. J085：001　38. J095：001　39. J222：001　40. J090：001

J076：011，磨制石器。残。灰色。剖面呈椭圆形，可能为圆形器物残块，一面被磨光。长5.3厘米，宽3.9厘米，厚2.6厘米（图674-18）。

J076：012，磨制石器。残。灰褐色。三角形，一个直角，一面被磨光。长5.9厘米，宽3.4厘米，厚3.6厘米（图674-19）。

J325：001，磨制石器。残。灰褐色。半环状，中部穿孔直径3厘米。厚2厘米，外径7厘米（图674-20）。

J288：001，磨制石器。残。近长方形，剖面呈圆角长方形，一面被磨光。长5.8厘米，宽3.1厘米，厚1.9厘米（图674-21）。

J099：001，磨制石器。残。黑灰色细腻石料。梯形，剖面呈圆角长方形，两面被磨光，可能为石斧顶端残段。长4.3厘米，宽4.2厘米，厚1.4厘米（图674-22）。

J193：007，磨制石器。残。灰色较细腻石料。梯形，一孔残，器身两面各有一圆窝，可能系孔未钻透。五面被磨光。长4.2厘米，宽3.9厘米，厚1.3厘米（图674-23）。

J251：022，磨制石器。残。灰褐色。可能为磨棒残段，剖面呈圆形。残长5.6厘米，直径2.7厘米（图674-24）。

J263：001，磨制石器。残。红色较细腻石料，可能为圆形器物的残片，一面被磨光。长4.2厘米，宽4.2厘米，厚1.7厘米（图674-25）。

J249：001，磨制石器。残。灰色。剖面呈椭圆形，被磨光。长3.9厘米，宽3.9厘米，厚3.1厘米（图674-26）。

J196：006，磨制石器。残。灰色较细腻石料。不规则形，两面被磨光。长4.3厘米，宽3.1厘米，厚1.7厘米（图674-27）。

J252：002，磨制石器。残。灰色。不规则形，一面被磨光。长4.7厘米，宽2.6厘米，厚2.6厘米（图674-28）。

J251：008，磨制石器。残。黑灰色。剖面为圆角长方形，一面被磨光。长4厘米，宽3.2厘米，厚1.9厘米（图674-29）。

J147：004，磨制石器。残。灰色。不规则形，一面被磨光。长3.8厘米，宽2.3厘米，厚0.8厘米（图674-30）。

J124：001，磨制石器。残。黑色细腻石料。梯形，断面呈长方形，一面被磨光。长3.1厘米，宽2.6厘米，厚0.7厘米（图674-31）。

J252：003，磨制石器。残。灰色。剖面呈三角形，三面被磨光。长3.9厘米，宽3.2厘米，厚2.8厘米（图674-32）。

J252：004，磨制石器。残。灰色。三面被磨光。长3.7厘米，宽3.3厘米，厚1.8厘米（图674-33）。

J254：010，磨制石器。残。灰黄色。不规则形，两面被磨光，其中一面磨出凹槽。长4.5厘米，宽3.4厘米，厚3厘米（图674-34）。

J285：001，磨制石器。残。灰色。一侧有穿孔，孔径0.3厘米。一面磨光。可能为砺石残块。长3.4厘米，宽3.1厘米，厚0.8厘米（图674-35）。

J320：001，砺石残段。长方形，断面呈长方形，一面被磨光，一端有穿孔。长6.5厘米，宽3厘米，厚2.4厘米（图674-36）。

J085：001，砺石残块。不规则形，剖面近三角形，穿孔位置残，孔径0.6厘米，一面被磨光。长5.9厘米，宽3.5厘米，厚1.8厘米（图674-37）。

J095：001，砺石残块。近梯形，两面被磨光，穿孔直径0.5厘米。长8.9厘米，宽3.8厘米，厚1.5厘米（图674-38）。

J222：001，砺石残块。不规则形，穿孔位置残，孔径0.4厘米，长断面呈三角形，一面被磨光。长6.9厘米，宽3.7厘米，厚1.3厘米（图674-39）。

J090：001，砺石残块。灰色。可能为半成品，穿孔没打通，梯形，剖面呈长方形，一面被磨光。长8.1厘米，宽4.2厘米，厚2厘米（图674-40）。

J108：001，骨镞。镞身为三棱锥状，长铤由圆渐扁。长9.1厘米，最厚0.5厘米（图676-1）。类似骨镞见于后套木嘎遗址汉书二期文化墓葬中[1]和汉书遗址2001年发掘区第Ⅳ期遗存（汉书二期文化）中[2]。

J252：021，穿孔骨器。残。近三角形，一端尖锐，另端有2孔，其中一孔残。长7.6厘米，宽2.6厘米，厚1厘米（图676-2）。类似骨器见于汉书遗址2001年发掘区第Ⅳ期（汉书二期文化）遗存中[3]。

（7）总　结

观察不同时代的采集区数量、分布，再结合遗物分布密度，可以发现汉书遗址从新石器时代中期开始出现小规模的聚落址，靠近水源，分布松散。进入青铜时代，无论是聚落规模还是人类活动强度都呈逐步上升的趋势，至汉书二期文化时期达到第一个峰值。随着技术的革新、人口的增长，聚落规模也不断膨胀，与之前松散分布的状况相比，呈现聚集化、中心化的现象。整个青铜时代至早期铁器时代，聚落都以西区为中心，外围分布小规模的聚落或墓葬区。进入魏晋隋唐时期，无论活动于此地域的是鲜卑人还是契丹人，都是以游牧经济为主，相较于农业经济而言同样的土地面积能供养的人口数量较少，且不断的游牧迁徙生活留下的遗物亦较少，故此从调查结果来看，该时期不存在稳定的定居聚落。辽金时期采集区数量与遗物密度的突然暴发与青铜至早期铁器时代的稳步发展不同，是遗址内部多层聚落发展的另一个峰值，人口较魏晋隋唐时期突然膨胀，可知其经济模式已经发生转变，农业经济可以供养更多的人口，聚落规模也得到了进一步发展。清末至民国时期聚落分布范围较辽金时期有所缩小，然采集区分布范围与辽金时期相比，呈逐步向南扩张的趋势，也正是该时期现

---

① 石晓轩：《后套木嘎遗址汉书二期文化墓葬的分期与墓地结构分析》，吉林大学硕士学位论文，2013年，第6页图1.2-9、18。

② 吉林省文物考古研究所、吉林大学边疆考古研究中心、吉林大学考古学院：《大安汉书——青铜时代遗址考古发掘报告》，北京：科学出版社，2018年，第148页图199-1、7、8。

③ 吉林省文物考古研究所、吉林大学边疆考古研究中心、吉林大学考古学院：《大安汉书——青铜时代遗址考古发掘报告》，北京：科学出版社，2018年，第142页图193-3。

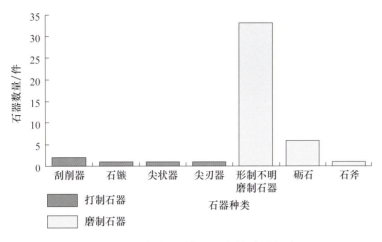

图675　汉书遗址采集石器的统计示意图

图676　汉书遗址采集的骨器
1. J108：001　2. J252：021

有汉书村开始逐步形成。

汉书遗址地处月亮泡东南岸的台地上，地势相对较为高平，濒临水域的土壤多为石灰性黑土和典型黑土，汉书遗址采集区主要分布于石灰性黑土之上，而距离汉书遗址不远的后地窝堡遗址位于月亮泡与榔头泡之间半岛上的典型黑土之上，两处遗址至少在青铜时代既已形成了规模不等的定居聚落，且有部分阶段为共时性存在，可知人类在选择居址时，既要邻近水源取水方便，又要占据较高地势避免水患，加之肥沃的黑土则更适宜供给定居聚落的农业耕作。再观察地理信息系统数据，后地窝堡遗址向南、向东主要为过渡性砂性土，以该类土壤为基础的生态环境较为脆弱，且相对贫瘠。汉书遗址南侧为大面积的石灰性黑钙土。故此在后地窝堡遗址和汉书遗址所在区域形成两处颇具规模的古代聚落也并非偶然。

从聚落发展的历时性观察，从新石器时代中期至清末民国时期，除魏晋隋唐时出现定居聚落的空白外，汉书遗址一直是人类择居的优选。濒临水域定居，除获取水源较为方便外，大面积的水域在特定的季节还可以为定居聚落提供丰富的鱼、蚌等水产品，作为食物资源的一种补充。另有一些水生植物诸如蒲草、芦苇等，也可以在日常生产生活中加以利用[①]。

68. 汉书南 DA-HS-2

（1）位置

汉书南遗址位于调查区域的东南部，大安市月亮泡镇汉书村南，遗址中心UTM格式坐标为东经577619.8410，北纬5060128.3005。

（2）地貌

汉书南遗址位于月亮泡镇汉书村南侧的平旷之地。遗址的南侧为古河道。地表现为耕地。遗址属于CHk土壤地带。

（3）以往工作

以往发表材料中未发现有关该遗址的记录。

（4）范围与文化内涵

汉书南遗址总面积43910平方米，一共有14个采集区（L003～L016），其中有1个系统采集区和13个一般采集区。采集区集中在一起，主要成南北向两排，往东北延伸也有2个采集区。整体上遗址南北长约500米，东西宽约300米（图677，表74）。

该遗址包括辽金时期和清末至民国时期陶片。

表74　汉书南遗址采集区和陶片统计表

时期	采集区数量	面积/万平方米	陶片数量/片	占陶片总数百分比/%	采集区内密度[*]
辽金时期	14	4.3910	233	77.4	0.1/m²
清末至民国	14	4.3910	68	22.6	0.01/m²
总数	14	4.3910	301	100	0.12/m²

*此处密度数据是依据系统采集所获陶片数量推算而得。其他数据都是实际数据。

---

① 刘晓溪、Pauline Sebillaud（史宝琳）、李扬、王立新：《区域性系统调查方法在典型遗址中的应用——以汉书遗址调查为例》，《边疆考古研究（第22辑）》，北京：科学出版社，2017年，第297～312页。

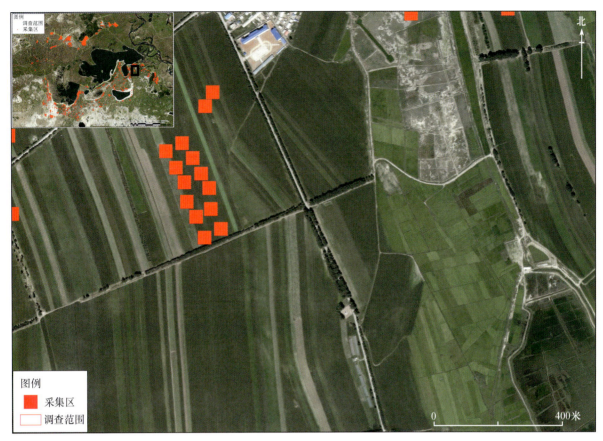

图677 汉书南遗址采集区分布图

（5）遗存分布、密度与标本

辽金时期遗存分布于整个遗址的所有采集区。密度最高的1个采集区位于遗址的东北部。采集的233片辽金时期的陶片占整个遗址陶片总数的77.4%。整体上密度比较高（图678）。

地表采集的辽金时期遗物中有布纹瓦1块、砖块1个。

清末至民国时期遗存也分布于整个遗址的所有采集区。密度相对高一点的采集区位于遗址的北部。采集的68片清末至民国时期的陶片占陶片总数的22.6%。整体上密度比较低（图679）。

（6）未断代标本

地表采集有磨制石器1件。

L010：001，磨制石器残块。红褐色。一面被磨光。长5.2厘米，宽2.7厘米，厚1厘米（图680）。

图678　汉书南遗址辽金时期采集区分布图

图679　汉书南遗址清末至民国时期采集区分布图

图680 汉书南遗址采集的石器（L010∶001）

（7）总结

汉书南遗址为利用时间不长的小型遗址，辽金时期该遗址开始被占用，但是活动密度不太高。清末至民国时期的布局有连续性，密度也下降。

69. 亲店 DA-QD

（1）位置

亲店遗址位于调查区域东南部，大安市月亮泡镇亲店村东侧、西侧、北侧，遗址中心UTM格式坐标为东经579524.6626，北纬5060749.1066。

（2）地貌

亲店遗址位于亲店村东侧、北侧和西侧的漫岗之上，在嫩江入月亮泡的大坝南岸。遗址北侧为水。地表现为耕地。遗址属于CHk土壤地带。

（3）以往工作

以往发表材料中未发现有关该遗址的记录。

（4）范围与文化内涵

亲店遗址总面积176790平方米，一共有50个一般采集区（K001～K008、K070、K071、K087～K126）。采集区集中在现代村子周围，大部分的采集区集中在村子东侧，分布状态大体呈三角形。局部地面可见破碎蚌壳。整体上遗址西北—东南长约800米，东北—西南宽约700米（图681）。

该遗址包括青铜时代早中期、白金宝文化、汉书二期、魏晋隋唐时期、辽金时期和清末至民国时期陶片（表75）。

图681　亲店遗址采集区分布图

表75　亲店遗址采集区和陶片统计表

时期	采集区数量	面积/万平方米	陶片数量/片	占陶片总数百分比/%	采集区内密度*
青铜时代早中期	1	0.2500	3	0.2	0.0012/m²
白金宝文化	1	0.2500	7	0.5	0.0028/m²
汉书二期文化	8	3.6960	32	2.5	0.0009/m²
魏晋隋唐	1	0.2500	1	0.1	0.0004/m²
辽金时期	50	17.6790	1067	82.1	0.006/m²
清末至民国	46	16.9290	190	14.6	0.0011/m²
总数	50	17.6790	1300	100	0.0073/m²

*此处密度数据是依据系统采集所获陶片数量推算而得。其他数据都是实际数据。

（5）遗存分布、密度与标本

含青铜时代早中期陶片的1个采集区位于遗址北部靠近村子东北角。采集的3片青铜时代早中期陶片（古城遗存）占整个遗址陶片总数的0.2%。密度很低（图682）。

含白金宝文化陶片的1个采集区位于遗址北部靠近村子东北角，与青铜时代早中期的采集区在同一个位置。采集的7片白金宝文化的陶片占陶片总数的0.5%。密度很低（图683）。

图682　亲店遗址青铜时代早中期采集区分布图

图683　亲店遗址白金宝文化采集区分布图

含汉书二期文化陶片的8个采集区位于遗址的北部，在水边。密度相对高一点的1个采集区位于遗址的中北部，在村子的北侧，靠近水边。采集的32片汉书二期文化的陶片占陶片总数的2.5%。整体上密度非常低（图684）。

图684　亲店遗址汉书二期文化采集区分布图

　　K118：001，夹砂黄褐陶鬲足。足根短小。壁厚0.9厘米，残高3厘米（图685）。

　　含魏晋隋唐时期遗存的1个采集区位于村子的东北角。采集的1片魏晋隋唐时期的陶片占陶片总数的0.1%。整体上密度非常低（图686）。

　　辽金时期遗存分布于整个遗址的所有采集区。密度比较高的采集区位于遗址中部，村子东北角、西南角和村子的西侧。采集的1067片辽金时期的陶片占陶片总数的82.1%。整体上密度比较均匀，而且比较低（图687）。

　　地表采集的辽金时期遗物中有网坠2件、布纹瓦1块、砖块4个。

　　K105：001，夹砂灰陶口沿。侈口，卷沿，圆唇。壁厚1.2厘米，残高4.5厘米（图688-1）。

　　K087：002，夹砂红褐陶网坠。柱状，两端各有一凹槽，一面略平。长4.8厘米，宽2.1厘米，厚1.6厘米（图688-2）。类似网坠见于尹家窝堡金代遗址[①]和扶余县西车家店金

[①]　吉林大学边疆考古研究中心、吉林省文物考古研究所：《吉林大安市尹家窝堡遗址发掘简报》，《考古》2017年第8期，第59～69页，第68页图16-4、5；Pauline Sebillaud（史宝琳）、张礼艳、刘晓溪：《吉林大安尹家窝堡遗址2015年发掘简报》，《边疆考古研究（第20辑）》，北京：科学出版社，2016年，第89～117页，第103页图12-44。

代遗址[①]。

K090：001，夹砂黄灰陶网坠。残。柱状。长4厘米，直径1.7厘米（图688-3）。

清末至民国时期遗存分布于遗址大部分区域。密度相对高一点的采集区位于遗址的东北部。采集的190片清末至民国时期的陶片占陶片总数的14.6%。整体上密度很低，比辽金时期的密度低6倍（图689）。

地表采集的清末至民国时期遗物中有铜钱1枚。

K094：001，泥质灰陶口沿。侈口，卷沿，圆唇。壁厚0.9厘米，残高4厘米（图690）。

图685　亲店遗址采集的汉书二期
文化陶鬲足（K118：001）

图686　亲店遗址魏晋隋唐时期采集区分布图

K116：001，"道光通宝"。残。反面有满文。直径2.2厘米，厚0.2厘米（图691）。

---

① 吉林省文物考古研究所、扶余县博物馆：《吉林省扶余县西车家店金代遗址的发掘》，《北方文物》2009年第3期，第15～24页，第19页图7-4、5。

图687　亲店遗址辽金时期采集区分布图

图688　亲店遗址采集的辽金时期遗物
1. K105：001　2. K087：002　3. K090：001

（6）未断代标本

地表采集有磨制石器2件（图692）、铜饰1件（图693）。

K112：001，磨制石器残块。灰色。三角形，可能为圆形器物的残片，一面被磨光。长5.7厘米，宽4厘米，厚1.4厘米（图692-1）。

K087：001，磨制石器残块。黑灰色。三角形，一面被磨光。长4.2厘米，宽3.2厘米，厚

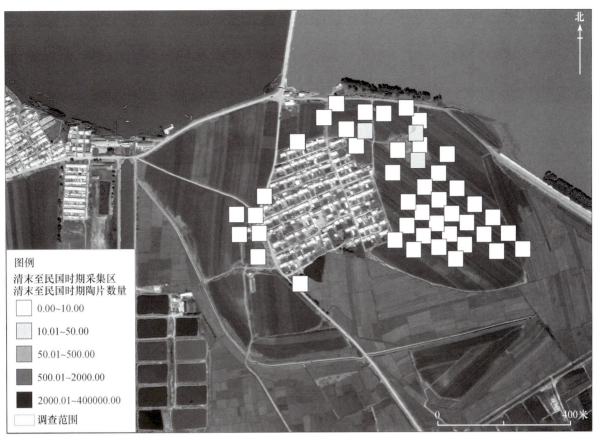

图689　亲店遗址清末至民国时期采集区分布图

图690　亲店遗址采集的清末至民国时期陶片
（K094：001）

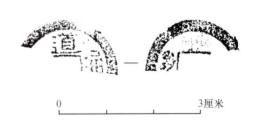

图691　亲店遗址采集的清末至民国时期铜钱（K116：001）

图692　亲店遗址采集的石器

1. K112：001　2. K087：001

图693　亲店遗址采集的铜饰（K112：002）

1.7厘米（图692-2）。

K112：002，花瓣状铜饰残片。背面有一残纽。长4.8厘米，宽2.6厘米，厚0.3厘米（图693）。

（7）总结

辛店遗址占用时间比较长。青铜时代早中期、白金宝文化时期和汉书二期文化时期有连续性的发展，直到汉书二期文化时期扩展到一定的面积，但是活动密度不高。辽金时期发展成两区，最大的区靠近现代村子，密度不太高，清末至民国时期空间分布没有明显的变化，但是活动密度下降。因为采集区集中在现代村子周围，各个时期遗址的中心可能位于现代亲店村之下，被民宅覆盖。

70. 高阳窝堡 DA-GYWP

（1）位置

高阳窝堡遗址位于调查区域东南部，大安市月亮泡镇高阳窝堡村西侧，遗址中心UTM格式坐标为东经579256.1466，北纬5059393.3095。

（2）地貌

高阳窝堡遗址位于高阳窝堡村西侧的漫岗之上。遗址地表现为耕地。遗址属于CHk土壤地带。

（3）以往工作

以往发表材料中未发现有关该遗址的记录。

（4）范围与文化内涵

高阳窝堡遗址总面积116300平方米，一共有28个一般采集区（K009～K022、K072～K084、K086）。采集区主要集中在现代村子西北侧的高岗上，村子西侧也有较集中的采集区。整体上分布状态近"T"形。遗址东北—西南长约1300米，西北—东南宽约700米（图694，表76）。

图694 高阳窝堡遗址采集区分布图

该遗址包括魏晋隋唐时期、辽金时期和清末至民国时期陶片。

表76 高阳窝堡遗址采集区和陶片统计表

时期	采集区数量	面积/万平方米	陶片数量/片	占陶片总数百分比/%	采集区内密度*
魏晋隋唐	1	0.2500	1	0.2	0.0004/m²
辽金时期	28	11.6300	401	83	0.003/m²
清末至民国	27	11.3800	81	16.8	0.0007/m²
总数	28	11.6300	483	100	0.004/m²

*此处密度数据是依据系统采集所获陶片数量推算而得。其他数据都是实际数据。

（5）遗存分布、密度与标本

含魏晋隋唐时期陶片的1个采集区位于遗址主要分布区的西南角。采集的1片魏晋隋唐时期的陶片占整个遗址陶片总数的0.2%。密度非常低（图695）。

辽金时期遗存分布于整个遗址的所有采集区。密度比较均匀。采集的401片辽金时期的陶片占陶片总数的83%。整体上密度比较低（图696）。

地表采集辽金时期的遗物中也有布纹瓦1块、砖块1个。

清末至民国时期遗存也几乎分布于整个遗址。密度很均匀。采集的81片清末至民国时期的陶片占陶片总数的16.8%。整体上密度很低（图697）。

图695　高阳窝堡遗址魏晋隋唐时期采集区分布图

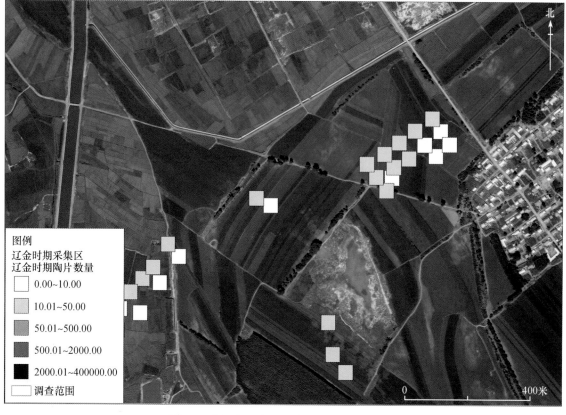

图696　高阳窝堡遗址辽金时期采集区分布图

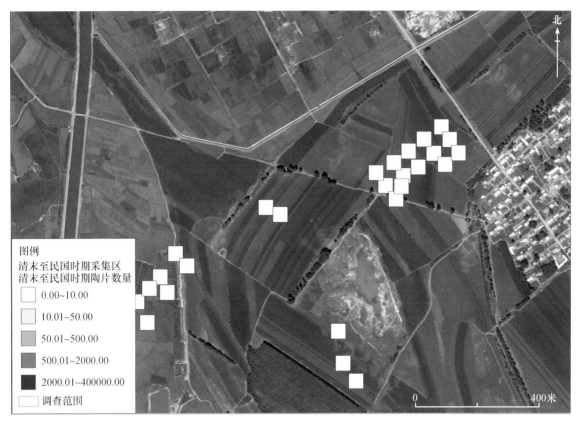

图697 高阳窝堡遗址清末至民国时期采集区分布图

（6）未断代标本

地表采集有铜圆片1个。

K078：001，圆形铜片。直径2.9厘米，厚0.2厘米（图698）。

图698 高阳窝堡遗址采集
的铜圆片（K078：001）

（7）总结

高阳窝堡遗址使用时间不长。辽金时期发展为活动密度不太高的长条形分布状态，可以分成4区：东部和西部采集区最多，中部和南部采集区少。清末至民国时期布局一致，活动密度下降。

71. 东王家泡 DA-DWJP

（1）位置

东王家泡遗址位于调查区域的东南部，大安市月亮泡镇东王家泡村西北侧，遗址中心UTM

格式坐标为东经580813.0738，北纬5059358.7587。

（2）地貌

东王家泡遗址位于东王家泡村西北、高阳窝堡村东南的平旷之地。遗址地表现为耕地。遗址属于CHk土壤地带。

（3）以往工作

以往发表材料中未发现有关该遗址的记录。

（4）范围与文化内涵

东王家泡遗址总面积49490平方米，一共有6个一般采集区（K037、K038、K066～K069）。采集区比较分散，分布于两个村子之间，呈西北—东南向一排。遗址西北—东南长约1000米，东北—西南宽约250米（图699，表77）。

图699　东王家泡遗址采集区分布图

该遗址包括辽金时期和清末至民国时期陶片。

表77 东王家泡遗址采集区和陶片统计表

时期	采集区数量	面积/万平方米	陶片数量/片	占陶片总数百分比/%	采集区内密度*
辽金时期	6	4.9490	122	94.6	$0.0024/m^2$
清末至民国	3	1.9960	7	5.4	$0.00035/m^2$
总数	6	4.9490	129	100	$0.0026/m^2$

*此处密度数据是依据系统采集所获陶片数量推算而得。其他数据都是实际数据。

（5）遗存分布、密度与标本

辽金时期遗存分布于整个遗址的所有采集区。密度最高的采集区位于西北端和东南端靠近村子。采集的122片辽金时期的陶片占整个遗址陶片总数的94.6%。整体上密度比较低（图700）。

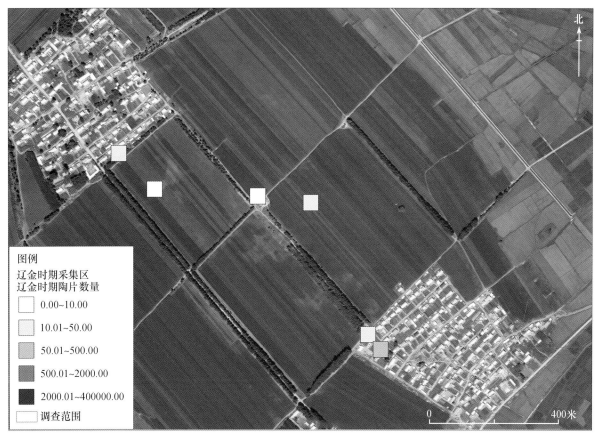

图700 东王家泡遗址辽金时期采集区分布图

地表采集的属于辽金时期的遗物中有砖块2个。

含清末至民国时期陶片的3个采集区集中在遗址的中部。采集的7片清末至民国时期的陶片占陶片总数的5.4%。整体上密度非常低（图701）。

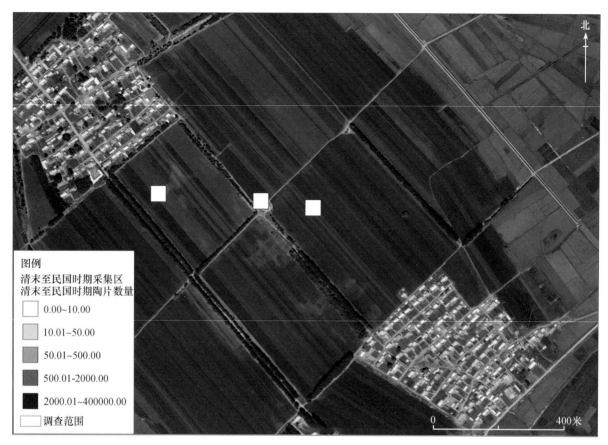

图701　东王家泡遗址清末至民国时期采集区分布图

（6）总结

东王家泡遗址使用时间比较短，无论是辽金时期还是清末至民国时期遗址采集区很分散、密度很低。该遗址可能与两处现代村子的发展有连续性。

72．王家泡 DA-WJP

（1）位置

王家泡遗址位于调查区域的东南部，大安市月亮泡镇王家泡村南侧和东北侧，遗址中心UTM格式坐标为东经581092.3673，北纬5058334.4357。

（2）地貌

王家泡遗址位于王家泡村南侧和东北侧的漫岗之上。遗址东南濒临一干涸的湖沼（王家泡），现已被改为稻田。遗址地表现为耕地。遗址属于CHk土壤地带。

（3）以往工作

以往发表材料中未发现有关该遗址的记录。

（4）范围与文化内涵

王家泡遗址总面积119000平方米，一共有40个采集区（K023～K036、K039～K044、K046～K065），其中有7个系统采集区和32个一般采集区。采集区集中为两个密集区，最大一处在王家泡村南侧，另一处位于王家泡村和东王家泡村之间。遗址东北—西南长约1000米，西北—东南宽约400米（图702，表78）。

该遗址包括辽金时期和清末至民国时期陶片。

图702　王家泡遗址采集区分布图

表78　王家泡遗址采集区和陶片统计表

时期	采集区数量	面积/万平方米	陶片数量/片	占陶片总数百分比/%	采集区内密度*
辽金时期	39	11.9000	1282	93.5	0.25/m²
清末至民国	29	9.5970	89	6.5	0.0034/m²
总数	39	11.9000	1371	100	0.25/m²

*此处密度数据是依据系统采集所获陶片数量推算而得。其他数据都是实际数据。

（5）遗存分布、密度与标本

辽金时期遗存分布于整个遗址的所有采集区。密度最高的采集区集中于遗址的东南部。采集的1282片陶片占整个遗址陶片总数的93.5%。整体上密度很高（图703）。

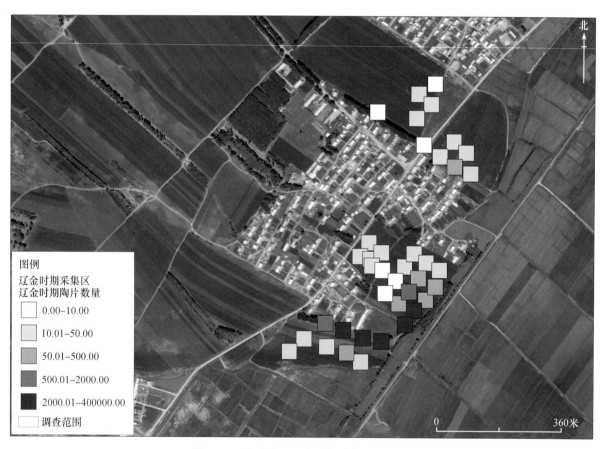

图703　王家泡遗址辽金时期采集区分布图

地表采集的辽金时期遗物中有网坠4件、圆陶片2件、布纹瓦7片、砖块11个。

K057：001，泥质灰陶陶甑底部残片。壁厚0.8厘米，残高4厘米（图704-1）。

K065：001，泥质灰陶口沿。沿翻卷成圆筒状，圆唇。长9.7厘米，宽3.8厘米，厚1.4厘米，口径约55厘米（图704-2）。

K057：003，泥质灰陶圆陶片。直径3厘米，厚0.8厘米（图704-3）。类似的圆陶片见于扶余县西车家店金代遗址①和陶西林场金代遗址②。

K057：002，夹砂黄灰陶网坠。用布纹瓦改成，一端磨出凹槽。长5.2厘米，宽4.9厘米，厚2.1厘米（图704-4）。

K056：001，夹砂黄红色陶网坠。略残。平面呈长方形，两端各有一道凹槽。长4.6厘米，宽3.3厘米，厚1.3厘米（图704-5）。

K062：001，夹砂黄灰陶网坠。不规则形，一端磨出凹槽。长5.2厘米，宽3.2厘米，厚2厘米（图704-6）。

K056：002，夹砂灰陶网坠残块。原来应为椭圆形，表面遗有一道凹槽。长3.5厘米，宽2.9厘米，厚1.2厘米（图704-7）。

图704　王家泡遗址采集的辽金时期陶片

1. K057：001　2. K065：001　3. K057：003　4. K057：002　5. K056：001　6. K062：001　7. K056：002

清末至民国时期遗存也几乎分布于遗址的各个区域。密度较高的采集区位于遗址的南部。采集的89片清末至民国时期的陶片占陶片总数的6.5%。整体上密度很低（图705）。

K050：001，青花瓷盅底。白胎，内部有青色植物纹饰，圈足底部未施釉。壁厚0.4厘米，残高1.1厘米，底径2.2厘米（图706）。类似瓷盅见于黑龙江省五常市拉林机场清代遗址③。

① 吉林省文物考古研究所、扶余县博物馆：《吉林省扶余县西车家店金代遗址的发掘》，《北方文物》2009年第3期，第15～24页，第19页图7-8。

② 吉林省文物考古研究所、扶余县博物馆：《吉林省扶余县陶西林场遗址发掘简报》，《北方文物》2009年第3期，第33～45页，第42页图11-16。

③ 黑龙江省文物考古研究所：《黑龙江省五常市拉林机场清代遗址发掘简报》，《北方文物》2015年第4期，第48～52页，第50页图1-24。

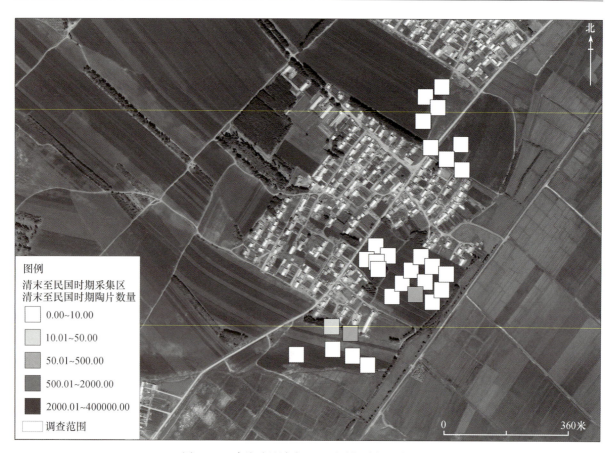

图705　王家泡遗址清末至民国时期采集区分布图

图706　王家泡遗址采集的清末至民国时期青花瓷盅底（K050：001）

（6）未断代标本

地表采集有磨制石器3件，其中有砺石2件。

K058：002，砺石残块。黑灰色。一面被磨光。长9.7厘米，宽3.5厘米，厚1厘米（图707-1）。

K031：001，砺石残块。灰色。近长方形，一面被磨光。长9厘米，宽2.5厘米，厚1.1厘米（图707-2）。

K058：003，磨制石器。残。平面呈长方形，两面被磨光。长4.7厘米，宽3.8厘米，厚0.8厘米（图707-3）。

图707 王家泡遗址采集的磨制石器
1. K058：002 2. K031：001 3. K058：003

（7）总结

王家泡遗址使用时间比较短，为辽金时期至清末至民国时期的聚落。可能遗址的大部分位于现代住宅下。

73．东山头 DA-DSTP

（1）位置

东山头遗址位于调查区域的东南部，大安市月亮泡镇东山头泡村西侧，遗址中心UTM格式坐标为东经583022.9295，北纬5057777.9846（图708）。

（2）地貌

遗址位于东山头村西侧的岗地上，岗地大体呈南北走向。岗的西侧原为一泡沼（王家泡），干涸后改为稻田。岗地的东侧为嫩江边上的滩涂湿地，北侧临江。遗址地表现为耕地。遗址属于CHk土壤地带。

图708 东山头遗址

（3）以往工作

东山头遗址系1960年文物普查时发现，采集到细石器53件和大量陶片，当时定性为"细石器文化遗址"①。同时清理了3座墓葬，年代判断为战国时期②。张忠培先生1962年也曾对该遗址做过复查，并清理过2座墓葬③。

东山头遗址也曾作为全国第二次文物普查的发现记入《中国文物地图集·吉林分册》④。根据《大安县文物志》的描述：

> 月亮泡公社东山头北0.5千米处，有一座呈南北走向的漫岗，漫岗北端是著名的东山头古遗址所在地。遗址东南距大安县城约20千米，东距嫩江3千米许。洮儿河由西北流来，绕过东山头东北注入嫩江。嫩江从西北向东南流去，后注入松花江。岗下东南为积水沼泽，水面与嫩江连作一片，西侧临一湖沼。遗址地面高出岗下沼泽水面约30米。

> 东山头墓地坐落在遗址的东南侧。遗址的分布范围，东到水边，南至东山头屯边。地表暴露有陶片、细石器、小件铜饰和骨骸等。尤以水文三脚架为中心点，东西长300米，南北宽200米的范围内，遗物散布最为集中。

> 遗址于1960年上半年文物普查首次发现。并在遗址东南部发掘出4座墓葬。同年10月省博物馆、白城专署及大安县文化馆组成调查队进行了复查。采集到若干细石器，陶片和小件铜、石饰物。并清理了三座墓葬。接着1962年10月吉林大学考古调查组又进行一次调查和清理发掘，清理了2座墓葬。1982年5月《省文物志》编写试点培训班文物普查队又进行了一次较细致的复查。

> 东山头遗址先后三次清理发掘的九座墓葬，多为浅坑竖穴墓，有的墓为平地封土埋葬的。墓的方向一般在300度至360度之间。葬式为仰身直肢、男女合葬。一般男性在右，女性在左。随葬品比较丰富，一般出在腹部两侧和头顶部。以小件饰物占绝大部分，多出自女性颈骨周围。随葬品有陶器、铜器、骨器、玉石器、蚌器和蚌壳⑤。

《大安县文物志》还将该遗址东部临近水面、有地面建筑残迹的地点作为另一处遗址，称作"东山头建筑址"。描述如下：

---

① 吉林省博物馆：《吉林大安东山头细石器文化遗址》，《考古》1961年第8期，第404～406页。
② 吉林省博物馆：《吉林大安东山头古墓葬清理》，《考古》1961年第8期，第407～410页；吉林省文物志编修委员会：《大安县文物志》，长春：吉林省文物志编修委员会，1982年，第111页。
③ 张忠培：《白城地区考古调查述要》，《吉林大学社会科学学报》1963年第1期，第69～82页。
④ 国家文物局编：《中国文物地图集·吉林分册》，北京：中国地图出版社，1993年，第153～155页。
⑤ 吉林省文物志编修委员会：《大安县文物志》，长春：吉林省文物志编修委员会，1982年，第44～47、63～66、69、70页。

建筑址位于月亮泡公社东山头大队（葛喇嘛屯）东，背靠一东西走向的小山岗。嫩江从遗址东北向南蜿蜒流过，距这里仅1.5千米。南、西均是一望无际的平原，视野非常开阔。北距月亮泡6千米。

整个建筑基址高出地面约5米，南北长155米，东西宽80米，呈长方形，方向为南偏东60度。台基西侧正中，有一高出建筑址3米的土台，土台呈正方形，边长约15米，土台西北侧可见到8~10厘米厚的夯土层，应是当时的建筑面。这里是全县海拔最高的地方。

建筑基址地面遍布青砖、筒瓦、板瓦、兽面瓦当和陶瓷片。其瓦片、瓦当和遗址西南2千米处的叉古敖瓦窑址出土的完全一样。

从所见遗物看，这里是一处辽代的高台建筑。月亮泡是几代辽帝到此捺钵巡游之地。这里地势高又处嫩江之滨，为水陆交通之要冲。遗址中的高台建筑应是瞭望一类建筑，以起警戒和守卫作用。其周边遗址应是瞭望建筑的附属建筑[1]。

东山头遗址早期调查和试掘虽曾发现过白金宝文化和汉书二期文化遗存，但在汉书遗址正式发掘之前，还很难对这两类遗存进行明确区分。2008年，赵宾福明确提出东山头遗址应包含白金宝文化和汉书二期文化两类遗存，其中1962年清理的M2，从随葬陶器特征看应属于白金宝文化[2]。在2011年的文章中，陈全家等对包括东山头遗址在内的嫩江流域多处青铜时代遗址的出土资料进行了系统梳理，分析了该区域青铜时代的自然环境、经济形态与生业方式，表明"该地区的青铜时代处于一个气温降低的过程中，气温持续降低，并逐渐降至最低点。……周围地区多活动着草原动物。……该地区的居民在青铜时代已经开始了长期定居。……气候比较寒冷干燥，多草原植物，其中活动着大量的草原动物，为其狩猎活动提供了优越的自然环境。……狩猎经济在该地区的生业方式中占有重要的地位。……积累了丰富的捕鱼经验"[3]。

（4）范围与文化内涵

东山头遗址总面积803395平方米，一共有242个采集区（K127~K351、I184~I193、I195~I201），其中有66个系统采集区和176个一般采集区。采集区分布状态整体呈南北向的菱形，可以分4区，采集区最集中的区域位于遗址的北部和东部。调查过程中，在东山头村西侧地表发现了160多个盗坑，表明墓地在近年遭到了毁灭性的破坏。整体上遗址南北长约3200米，东西宽约1400米（图709、表79）。

该遗址包括新石器时代中期、白金宝文化、汉书二期文化、魏晋隋唐时期、辽金时期和清

① 吉林省文物志编修委员会：《大安县文物志》，长春：吉林省文物志编修委员会，1982年，第57、58页。
② 赵宾福：《白金宝文化的分期与年代》，《边疆考古研究（第7辑）》，北京：科学出版社，2008年，第119~135页；赵宾福、杜战伟、郝军军、张博：《吉林省地下文化遗产的考古发现与研究（上册）》，北京：科学出版社，2017年，第163~175页。
③ 陈全家、王法岗、王春雪：《嫩江流域青铜时代生业方式研究》，《华夏考古》2011年第2期，第46~53页。

图709　东山头遗址采集区分布图

末至民国时期陶片。

表79　东山头遗址采集区和陶片统计表

时期	采集区数量	面积/万平方米	陶片数量/片	占陶片总数百分比/%	采集区内密度*
新石器时代中期	2	0.5000	3	0.04	0.05/m²
白金宝文化	7	7.3610	134	1.74	0.1/m²
汉书二期文化	15	12.2630	129	1.68	0.07/m²
魏晋隋唐	3	1.5530	4	0.05	0.0003/m²
辽金时期	223	80.3395	6699	87.23	0.8/m²
清末至民国	157	65.9750	711	9.26	0.04/m²
总数	242	80.3395	7680	100	0.85/m²

*此处密度数据是依据系统采集所获陶片数量推算而得。其他数据都是实际数据。

（5）遗存分布、密度与标本

含新石器时代中期陶片的2个采集区（其中有1个系统采集区）集中于遗址北区的东南角。密度最高的采集区为东侧的采集区。采集的3片新石器时代中期的陶片占整个遗址陶片总数的0.04%。整体密度比较高（图710）。

图710　东山头遗址新石器时代中期采集区分布图

含白金宝文化陶片的7个采集区主要集中于遗址北区的东南角和东北部。西区也有1个采集区。密度最高的采集区位于北区的东南角。采集的134片白金宝文化的陶片占陶片总数的1.74%。整体上密度很高（图711）。

I198：007，泥质红褐陶陶器腹底残片。鼓腹，平底，底略呈椭圆形。腹饰粗齿篦点平行线纹。壁厚0.7厘米，残高3厘米，底径6厘米（图712-1）。

I198：005，泥质黄褐陶口沿。直口，圆唇。壁厚0.7厘米，残高2.8厘米（图712-2）。

I198：008，泥质红褐陶口沿。侈口，圆唇，腹壁较直，腹饰篦点平行线纹夹篦点菱格纹带。壁厚0.6厘米，残高4.2厘米，口径约8厘米（图712-3）。类似纹饰见于白金宝遗址第Ⅲ期（白金宝文化）的钵口沿上[①]。

I198：001，泥质黄褐陶陶片。器表饰粗齿篦点平行线纹组成的纹饰带。长4.7厘米，宽2.7厘米，厚0.4厘米（图712-4）。

I198：002，泥质黄褐陶陶片。饰粗齿篦点平行线纹。长5.2厘米，宽3.3厘米，厚0.7厘米（图712-5）。

---

① 黑龙江省文物考古研究所、吉林大学考古学系：《肇源白金宝——嫩江下游一处青铜时代遗址的揭示》，北京：科学出版社，2009年，第154页图146-2。

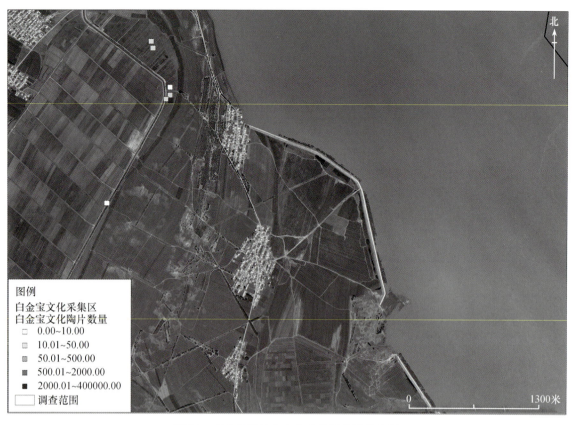

图711　东山头遗址白金宝文化采集区分布图

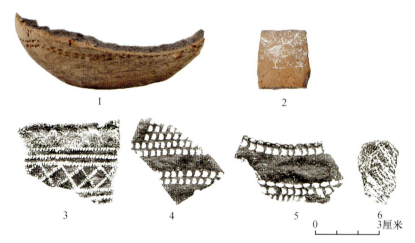

图712　东山头遗址采集的白金宝文化陶片

1. I198：007　2. I198：005　3. I198：008　4. I198：001　5. I198：002　6. I198：004

与I198：007、I198：001和I198：002相似纹饰见于后套木嘎第Ⅴ期陶壶上[①]、汉书遗址

---

①　王立新、霍东峰、赵俊杰、刘晓溪：《吉林大安后套木嘎新石器时代遗址》，《2012中国重要考古发现》，北京：文物出版社，2013年，第2～7、6页。

2001年发掘区第Ⅳ期（汉书二期文化）陶片上[①]、乾安县后人字井屯西遗址[②]。

I198：004，夹砂红陶陶片。饰散乱绳纹。长3.3厘米，宽2厘米，厚0.7厘米（图712-6）。

含汉书二期文化陶片的15个采集区位于遗址北区的东北部和东南部，北区的南部和西区也有几个采集区。密度最高的采集区位于北部的东南角。采集的129片汉书二期文化的陶片占陶片总数的1.68%。密度比较高，但没有白金宝文化的密度高（图713）。

图713　东山头遗址汉书二期文化采集区分布图

魏晋隋唐时期陶片的3个采集区集中在遗址西区的西侧。采集的4片魏晋隋唐时期的陶片占陶片总数的0.05%。整体上密度非常低（图714）。

辽金时期遗存分布于遗址绝大多数采集区。密度最高的采集区集中于遗址的东区，北区的东南部和南区的东南部也有几个密度很高的采集区。采集的6699片该时期的陶片占陶片总数的87.23%。整体上密度非常高（图715）。

地表采集的辽金时期遗物中有网坠10件、纺轮1件、圆陶片3件、铜钱1枚、布纹瓦1288

①　吉林省文物考古研究所、吉林大学边疆考古研究中心、吉林大学考古学院：《大安汉书——青铜时代遗址考古发掘报告》，北京：科学出版社，2018年，第170页附表4-T107②：26和T104②：2。

②　吉林省文物工作队：《吉林乾安县大布苏泡东岸遗址调查简报》，《考古》1984年第5期，第396～404页，第402页图8。

图714　东山头遗址魏晋隋唐时期采集区分布图

图715　东山头遗址辽金时期采集区分布图

块、砖块637个。

K205：001，泥质灰陶口沿。敞口，卷沿，圆唇。壁厚1厘米，残高4.6厘米（图716-1）。类似口沿见于尹家窝堡遗址2015年发掘区（金代聚落）[①]、德惠市朱城子七队遗址[②]、黑龙江省双城市车家城子金代城址[③]。

K228：001，泥质黄灰陶口沿。敞口，卷沿，圆唇。壁厚0.7厘米，残高6.3厘米，口径约23厘米（图716-2）。

K287：001，泥质灰陶盘残片。直口，圆方唇，直腹较浅，平底。底径约11厘米，口径约12厘米，高3.4厘米，壁厚1厘米（图716-3）。

K269：001，纺轮。圆形。穿孔直径0.8厘米，直径4.3厘米，厚1.1厘米（图716-4）。类似纺轮见于尹家窝堡遗址2015年发掘区（金代聚落）[④]。

K283：001，泥质灰陶圆陶片。带有成排细条状篦点纹。直径6.7厘米，厚1.9厘米（图716-5）。

K335：001，泥质灰陶圆陶片。器表有轮制痕迹和篦点纹。直径5.1厘米，厚1.2厘米（图716-6）。

类似圆陶片或陶饼见于扶余县西车家店金代遗址[⑤]和陶西林场遗址[⑥]。

K196：002，夹砂灰陶网坠。以瓦片改制，器表有三道不太明显的沟槽。长6.5厘米，宽5.4厘米，厚2.1厘米（图716-7）。

K190：001，泥质灰陶网坠。近椭圆形，两面各磨出一道凹槽。长7.5厘米，宽4.9厘米，厚2.7厘米（图716-8）。

K202：001，泥质灰陶网坠。近椭圆形，两面各磨出一道凹槽。长5.6厘米，宽4.9厘米，厚2.6厘米（图716-9）。

K196：003，夹砂灰陶网坠。残。以瓦片改制，一端有磨出的凹槽。长5.3厘米，宽4.4厘米，厚2.1厘米（图716-10）。

K212：001，夹砂灰陶网坠。残。一端磨出凹槽。长3.8厘米，宽3.8厘米，厚1.6厘米（图716-11）。

K171：001，夹砂灰陶网坠。残。以砖块改制，长方形，截面呈方形，一端磨出纵向凹槽。长4.9厘米，宽2.6厘米，厚2.1厘米（图716-12）。

① Pauline Sebillaud（史宝琳）、张礼艳、刘晓溪：《吉林大安尹家窝堡遗址2015年发掘简报》，《边疆考古研究（第20辑）》，北京：科学出版社，2016年，第89～117页，第96页图6-4、14。

② 吉林省文物考古研究所、德惠市文物管理所：《吉林省德惠市朱城子七队遗址发掘简报》，《北方文物》2009年第3期，第27～32、61页，第30页图9。

③ 黑龙江省文物考古研究所：《黑龙江双城市车家城子金代城址发掘简报》，《考古》2003年第2期，第42～50页，第46页图8-2、5、7、12。

④ Pauline Sebillaud（史宝琳）、张礼艳、刘晓溪：《吉林大安尹家窝堡遗址2015年发掘简报》，《边疆考古研究（第20辑）》，北京：科学出版社，2016年，第89～117页，第96页图6-8。

⑤ 吉林省文物考古研究所、扶余县博物馆：《吉林省扶余县西车家店金代遗址的发掘》，《北方文物》2009年第3期，第15～24页，第19页图7-8。

⑥ 吉林省文物考古研究所、扶余县博物馆：《吉林省扶余县陶西林场遗址发掘简报》，《北方文物》2009年第3期，第33～45页，第42页图11-16。

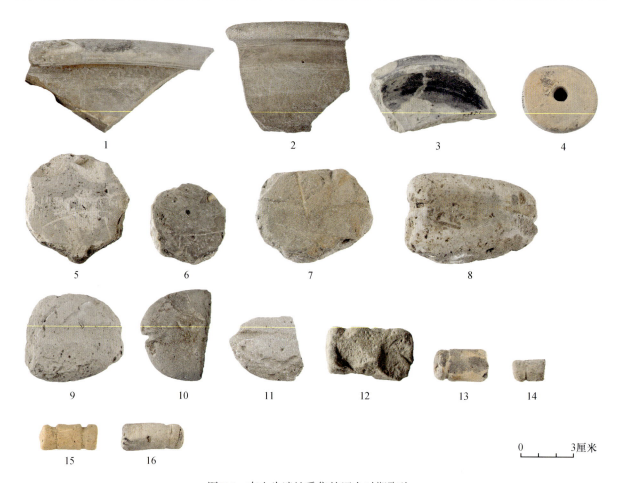

图716　东山头遗址采集的辽金时期陶片

1. K205：001　2. K228：001　3. K287：001　4. K269：001　5. K283：001　6. K335：001　7. K196：002

8. K190：001　9. K202：001　10. K196：003　11. K212：001　12. K171：001　13. J236：001　14. K230：001

15. K260：003　16. K235：001

　　K236：001，夹砂黄灰陶网坠残块。柱状。一端有纵向凹槽。长3.1厘米，直径1.7厘米（图716-13）。

　　K230：001，夹砂灰陶网坠。残。柱状。一端有纵向凹槽。长2厘米，直径1.3厘米（图716-14）。

　　与K236：001和K230：001相似的网坠见于尹家窝堡遗址2015年发掘区（金代聚落）[①]。

　　K260：003，夹砂黄陶网坠。柱状。两端各有一道纵向凹槽。长3.3厘米，直径1.4厘米（图716-15）。

　　K235：001，夹砂灰陶网坠。柱状。两端各有一道纵向凹槽。长3.6厘米，直径1.5厘米（图716-16）。

---

　　① Pauline Sebillaud（史宝琳）、张礼艳、刘晓溪：《吉林大安尹家窝堡遗址2015年发掘简报》，《边疆考古研究（第20辑）》，北京，科学出版社，2016年，第89～117页，第103页图12-44。

K169：003，泥质灰陶布纹板瓦残块。长13厘米，宽12.7厘米，厚2.7厘米（图717-1）。

K169：002，泥质灰陶布纹板瓦残块。长21厘米，宽14.5厘米，厚2.9厘米（图717-2）。

K254：001，泥质灰陶布纹筒瓦残块。长9.8厘米，宽9.1厘米，厚2厘米（图717-3）。

K169：001，泥质黄灰陶砖残块。长11.8厘米，宽7.8厘米，厚4.2厘米（图717-4）。

K231：001，"绍圣元宝"。直径2.4厘米，厚0.2厘米（图718-1）。

K239：001，铜钱。4枚铜钱锈蚀在一起，上面一枚为"咸平元宝"，下面一枚为"元丰通宝"。直径2.6厘米，厚0.6厘米（图718-2）。

清末至民国时期遗存也分布于遗址的大部分区域。密度相对高的采集区集中于遗址的东区。整体上密度比较高，但比辽金时期的密度低多了（图719）。

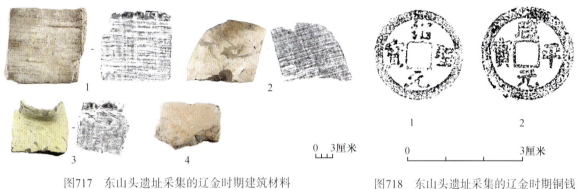

图717　东山头遗址采集的辽金时期建筑材料
1. K169：003　2. K169：002　3. K254：001　4. K169：001

图718　东山头遗址采集的辽金时期铜钱
1. K231：001　2. K239：001

图例

清末至民国时期采集区
清末至民国时期陶片数量

☐　0.00~10.00

☐　10.01~50.00

▨　50.01~500.00

▩　500.01~2000.00

■　2000.01~400000.00

☐　调查范围

图719　东山头遗址清末至民国时期采集区分布图

（6）未断代标本

地表采集有磨制石器18件。

K272：001，砺石残块。一端有穿孔，窄边被磨出凹面。长10厘米，宽8.3厘米，厚4.2厘米（图720-1）。

K213：001，磨制石器残块。一面被磨光。长9.5厘米，宽5.4厘米，厚1.9厘米（图720-2）。

图720　东山头遗址采集的磨制石器

1. K272：001　2. K213：001　3. K315：001　4. I189：001　5. K140：001　6. K192：001　7. I189：002　8. K218：001
9. K196：001　10. K301：001　11. K304：001　12. K260：002　13. K246：001　14. K260：001　15. K235：002
16. I191：001　17. K237：002　18. K237：001

K315：001，磨制石器残块。灰色。平面呈四边形，一面被磨光。长7.6厘米，宽5.4厘米，厚4厘米（图720-3）。

I189：001，磨制石器残块。浅灰色，四边形，剖面近圆角长方形，一面被磨光。长8.3厘米，宽4.5厘米，厚2.2厘米（图720-4）。

K140：001，石斧。略残。灰色。近梯形，刃部有使用痕迹。长7.9厘米，宽4.8厘米，厚1.5厘米（图720-5）。

K192：001，磨制石器残块。黑色。两面被磨光。长6.2厘米，宽5厘米，厚1厘米（图720-6）。

I189：002，磨制石器残块。黑灰色。一面被磨光。长8.7厘米，宽3.4厘米，厚4.1厘米（图720-7）。

K218：001，砺石残段。灰色。平面呈平行四边形，两面被磨光。长8.1厘米，宽4.5厘米，厚2.5厘米（图720-8）。

K196：001，为磨制石器残块。黑色。一面被磨光，平面呈平行四边形，可能为砺石残块。长4.7厘米，宽4.1厘米，厚2.4厘米（图720-9）。

K301：001，砺石残块。灰色。一端有穿孔，一面被磨光。长8.7厘米，宽4.6厘米，厚2厘米（图720-10）。

K304：001，砺石残块。灰色。穿孔的位置残，两面被磨光，截面呈圆角长方形。长8.3厘米，宽4厘米，厚1.5厘米（图720-11）。

K260：002，磨制石器。黄灰色。长方形，一端略残，一面被磨光。长9.4厘米，宽3.5厘米，厚2.1厘米（图720-12）。

K246：001，砺石残块。黑灰色。长条形，一端有穿孔，一面被磨光。长7.5厘米，宽3.1厘米，厚1.4厘米（图720-13）。

K260：001，磨制石器残块。红褐色，长条形，表面有一道纵向凹槽，一面被磨光。长10.8厘米，宽2.9厘米，厚2.3厘米（图720-14）。

K235：002，磨制石器残块。一面被磨光。长5.4厘米，宽2.3厘米，厚0.8厘米（图720-15）。

I191：001，磨制石器残块。灰色。长条形，一面被磨光。长4.5厘米，宽1.8厘米，厚0.7厘米（图720-16）。

K237：002，磨制石器残块。黄灰色。一面被磨光。长6.2厘米，宽3.5厘米，厚2.8厘米（图720-17）。

K237：001，磨制石器残块。灰色。一面被磨光。长4.6厘米，宽2.7厘米，厚0.6厘米（图720-18）。

（7）总结

东山头遗址新石器时代中期、白金宝文化时期和汉书二期文化时期的占用范围主要在遗址的北区，特别是北区的东南部。而辽金时期的采集区主要集中在遗址的东区。采集有大量的辽金时期建筑材料，这里应该有辽金时期建筑址。

第四章 结 语

　　本书的第一部分（包括第一、二章）对工作区域的地理环境、研究简史及本次工作的方法做了系统的介绍，继而依据调查所获基础信息对区域内自新石器时代早期至清末—民国各时段聚落的数量、面积、分布、人地关系与聚落形态的历时性变迁等方面进行了简要的分析。

　　本书的第二部分旨在系统报道调查资料。对环月亮泡地区调查发现的73处（其中61处为新发现）遗址的材料逐一进行介绍和分析归纳。包括每处遗址的位置、地貌、以往工作、遗址范围与文化内涵、各阶段遗存的分布与密度、采集标本及初步的认识总结。可以说是对该区域内古代遗存所做的迄今最为详细的摸底排查工作。相信这一收获能够为该区域地下文化遗产的保护工作提供科学依据。

　　本次工作，从田野调查开始之前，团队成员就通过准备卫星图、收集与该区域相关的以往调查和发掘资料，对该区域的地理环境、历史沿革、考古学研究简史有了一个大体的了解。在调查过程中，更是通过白天的步行、观察、定位和采集活动了解和记录与古遗址相关的自然与人文信息。晚间还要对当天每个采集区的采集遗物进行断代、分类和统计，并完成信息录入工作。直到最后转入室内整理，对标本进行照相、拓片、描述，并对各类信息进行归纳、统计和分析。这些都是对调查对象的一个反复观察、体会和认识的必要过程。可以说，正是因为采用了区域系统考古调查的方法，采用了基于地理信息系统的数据管理和分析平台，有了上述有章法的工作过程，这项调查工作的收获才可成为进一步深化该区域考古学文化的编年与谱系、生业与环境、区域社会复杂化进程等各方面研究的基础。而且，从某种程度上说，区域系统考古调查还提供了仅通过考古发掘或钻探所无法获得的大地域、长时段的古代遗存的信息。在调查材料的系统和丰富程度上，也是传统调查手段所无法比拟的。相信对这种工作方法的重要价值和潜力，同行们会逐渐达成共识。

　　通过对环月亮泡地区的区域性系统考古调查，我们首次对该区域自新石器时代早期至民国时期的聚落变迁史有了一个宏观和系统的了解。距今13000～10000年前后的新石器时代早期（包括后套木嘎一期文化和长坨子A类遗存，流行夹炭夹蚌、装饰复杂箆齿纹条带的陶器），人们开始在该区域内选择靠近湖泊的高地居住和活动，出现了几处定居或半定居的聚落，利用程度不高。区域内丰富的动植物资源尤其是水生资源为人们提供了生存保障。距今10000～5600年前后的新石器时代中期（包括双塔一期文化、黄家围子文化和后套木嘎三期文化，流行夹蚌、装饰附加堆纹条带的陶器），人们扩大了对该区域的利用范围，活动强度也明显提高，但仍以靠近水边的高地为居住址的首选。到了距今5500～4000年前后的新石器时代晚期（包括哈民忙哈文化和昂昂溪文化，流行夹蚌、素面或装饰麻点纹、附加堆纹和刻划纹的陶器），人群活动的范围大大缩小，活动强度也明显降低。但居住址依然没有远离水边的高地。从周边地区的调查和发掘情况看，这一阶段的人们的活动中心可能在本调查区域之外。

距今4000~3000年前后的青铜时代早中期（包括小拉哈文化和古城遗存阶段，流行夹砂或砂质、素面或装饰中细绳纹的陶器），聚落的数量、分布密度和面积较之前一阶段有明显上升，开始发展出不同规模的村落。接下来的白金宝文化阶段（约距今3000~2500年，流行夹砂与泥质陶、装饰繁缛几何形篦点纹与中绳纹的陶器）和汉书二期文化阶段（约距今2500~2000年，流行夹砂或砂质陶、装饰僵直细绳纹与红衣的陶器），人们对该区域的利用范围、利用强度进一步上升，且不同聚落的面积开始出现明显级差。表明人们对该区域的开发利用达到了一个前所未有的高度。但是人们居住活动的地点仍然没有远离水域，水边高岗始终是人们的首善之地。结合调查、发掘所获各类遗存的综合判断可以发现，渔猎采集依然是整个青铜时代和早期铁器时代该区域人群赖以生存的主要生业方式。但是到了魏晋隋唐时期，该区域不仅遗址点急剧减少，遗存密度也急剧降低。这一转变，或许与这一时期整个东北西部地区游牧化的充分发展有关。因居住方式和生活方式的变化，地表能够采集到的遗存自然非常有限。当然，也可能与该区域远离这一时期的政治、经济中心，仅仅作为水陆交通的途径之地有关。

到了辽金时期，该区域的聚落形态发生了巨大变化。遗址的数量、面积、分布范围都达到了顶峰。不仅靠近水边的高地被人们利用，就是在不少距水域较远的平旷之地也出现了较多的居民点。而且，有迹象表明，这一时期的聚落出现了规模、级别和功能方面的差异，人们开始采用新的建筑形式（夯土城墙、地面式房屋、火炕、砖、瓦等）和生业模式（大规模农业、家畜饲养、盐业、商业等）。局部区域的居民点甚至超过了现代村落的密度，反映出该区域的发展进入了一个前所未有的繁荣阶段。

元明两代到清朝早中期，该区域又成为内蒙古科尔沁部的游牧之地。也许是因为经济形态转变或人群大量迁离的缘故，该区域内地表几乎不见这一时期的遗物。到了清末，由于政府招徕大量中原移民到东北开垦农田，环月亮泡地区重新进入了大发展阶段。在绝大多数现代村落址及其附近，都会发现清末至民国时期遗存，表明这些近代的居民点与现代村落之间存在密切的延续性。不过，从该时期遗址的面积、遗存密度来看，这一阶段人们的活动强度可能仍然没有达到辽金时期的开发程度。

最后，还有一点需要指出的是，环月亮泡地区从距今13000年前后出现人类定居开始，直到近现代，无论人群的文化面貌、生业方式、技术手段、社会组织等发生什么样的变化，对月亮泡及其邻近水域水产资源的开发和利用，始终没有停止过。即使是农业得到充分发展的辽金时期，仍然可以发现大量捕鱼用的网坠。这一生业形式，成为该区域跨越万年时空的不变特征。

内 容 提 要

本报告主要是介绍2012~2016年环月亮泡地区区域性系统考古调查所获资料。调查重点围绕位于中国东北吉林省西北部大安市和镇赉县的后套木嘎遗址,该遗址处于洮儿河与嫩江的交汇处。调查总面积284平方千米,包含4266个采集区,采集陶片152245片,辨识并记录遗址73处,其中新发现遗址61处。调查所得的大量数据让我们对新石器时代早期(约公元前10 000年)到民国时期的聚落模式变化进行全面分析成为可能。本研究旨在调查月亮泡地区人群与社会的发展,以及阐明其与该地区独特的生业模式演变过程之间的相互影响及相互作用。调查所得数据与结论也同东北地区的其他类似调查项目进行了广泛而深刻的比较研究。作为吉林省首次开展的区域性系统调查研究,本报告是第一本针对生态环境丰富而又复杂的嫩江流域下游地区(位于内蒙古大兴安岭、吉林省松花江平原和黑龙江西南部的湖泊的十字路口)中,人类长期居住史的考古学著作。

第一章介绍环境背景,包括地形、气候、植物、动物、水文和沉积物,并提供了迄今为止对该地区以往研究的最完整的综述。本章还详细介绍了研究方法,包括野外调查方法、室内材料整理方法和数据分析方法。本项研究中使用的野外调查方法与中国和蒙古国境内已开展的田野调查研究项目的方法几乎一致,因此可为未来的区域对比研究提供可直接比较的数据材料。

第二章介绍数据分析,解释了月亮泡地区聚落动态的变化。这一分析揭示了聚落遗址一体化的进程。

目前发现最早的人类活动痕迹的年代为全新世早期,这一时期的人类活动遗存以中国东北地区最早的陶器为代表,属于后套木嘎一期文化和长沱子A类遗存(公元前10900~前8000年)。本次调查发现了包含早期陶片的六个遗址(其中五个遗址属新发现),伴随有大量细石器工具,这一重大发现是本次调查的重要成果之一。这一时期,仅有少数人群居住在这片土地上,其活动和影响程度较低,从聚落分布上看,仍有大量可利用的土地资源未被开发,似乎还没有形成区域性聚落组织。

第二时期的陶器主要属于后套木嘎二期(公元前8000~前4300年)和三期(公元前4300~前3500年)文化。遗址较大,分布在湖泊和水道沿岸。一体化程度有所加强。遗址聚落分布显示出相对简单的经济体系和低竞争性的特点。

第三时期的陶片在风格上接近后套木嘎第四期文化(公元前3500~前2900年)。这些遗址规模较小且数量较少,人口聚集在较高海拔地区,主要位于后套木嘎四期的村落内。

青铜器时代早中期的陶片对应小拉哈文化（约公元前 2000~前1600 年）和古城文化（约公元前1300~前1000年）。这一时期的遗址数量较多、规模较大，且大多位于调查区域的东部。汉书和后地窝堡这类较大的遗址，可能与其他一般规模的遗址具有等级层次关系或功能差异。这种分布模式可能在控制嫩江交通枢纽方面发挥了重要作用。

青铜时代晚期的陶片属于白金堡文化（约公元前1000~前500年）。这些遗址显示出与前一时期空间占用模式的连续性。汉书和后地窝堡遗址保持着核心聚落遗址的地位，这一时期居住遗址与墓地之间出现了明显的空间划分。

早期铁器时代与汉书二期文化相吻合。遗址数量和规模的增加，表明人类占用土地资源强度显著增加。这一时期的聚落系统是围绕多个中心遗址组织而成的，遗址层次结构变得更加清晰。聚落系统呈现出一体化模式，显示出等级森严的社会组织，以及一体化的经济体系。

属于3~8世纪的陶片与当地鲜卑或前契丹文化有关，数量稀少。该时期的遗址数量很少而且规模很小。这一时期该地区人类活动稀少与土地利用率急剧降低（几乎荒废）可能与资源和生业模式的变化有关。这些小型遗址可能与人类临时性活动、季节性捕鱼活动有关，或沿水道的频繁性旅行活动有关。

辽金时期（900~1300年）的陶器和建筑构件残片，在所有遗址中的陶片占比最高。遗址数量、规模和密度的增加揭示了前所未有的新聚落系统的出现。大量人群可能来到该地区进行了森林开垦和排干沼泽的活动，伴随而来的是新的生活方式。远离湖岸的无数小型遗址和农庄的发展，反映出农业生产的集约化特点和嫩江流域腹地的新用途。

清末至民国时期（1800~1949年）时，遗址的数量和规模保持稳定。聚落系统的结构与辽金时期有着明显的延续性，也与该地区现代的村落分布密切相关。

与东北地区以往其他调查的比较研究，本项目调查数据揭示出嫩河流域下游的月亮泡地区与辽西地区在聚落分布、社会结构和生业模式的不同之处。

最后一章详细介绍了本次调查所发现的73处遗址的全部信息，包括全部定量数据、各时期遗物的空间分布和相关标本的描述。

本次调查数据的空间分析揭示了考古文化之间的互动，以及从公元前10000多年前到历史时代的当地聚居系统和生业模式的轨迹，并提供了有关当前和古代环境和社会的新材料，揭示了该地区的经济演变过程以及与附近地区的不同之处。

凭借全新的体例结构和大量的彩色地图和标本照片，本报告提供了一种独特的工具，可将景观中的遗址可视化，以及识别和比较遗物。本报告涵盖了所有时期（从全新世早期至民国时期），可以为读者提供中国东北地区全时期发掘和调查的对比材料。本报告中对具体调查方法的详细说明与展示，以及详尽的附录，可为类似的田野调查活动的开展和研究提供借鉴与参考。本研究展示了区域调查中的空间分析和聚落模式研究，尤其是在关注人文尺度的景观如河谷时，如何揭露和展现人类生业模式中的复杂性及多样性。

Abstract

This report presents data collected during a systematic regional survey conducted between 2012 and 2016, around Yueliang Lake. The survey focused around the Houtaomuga site, located where the Tao'er River enters the Nen River, in Da'an City and Zhenlai District, in northwest Jilin Province, Northeast China. A total area of 284 km^2 was surveyed, including 4266 collection units covered and 152, 245 pottery sherds collected. A total of 73 sites were identified, including 61 newly discovered sites. These data allowed for a comprehensive analysis of the change of the settlement patterns from the Early Neolithic (ca. 10 000 BC) to the Republican Period (early 20th c. AD). This research aims to investigate the growth and development of human communities within the Yueliang region. The project also aims to elucidate how those social changes intersect with the unique trajectory of subsistence strategies found in this region. These results are placed into broad comparison with other similar projects within the region and beyond. This is the first systematic regional survey carried out in Jilin province, and this report is the first archaeological publication on the long-term human occupation in the rich and complex Lower Nen River Valley, located at the cross-roads of Inner Mongolia Daxing'an Mountains, Jilin province's Songhua River Plain and southwest Heilongjiang's lakes.

The first chapter introduces the environmental context including the topography, climate, plants, fauna, water drainage, and sediments and provides the most complete synthesis to date on the previous research in the region. This chapter also introduces in detail the research methodology, including field survey, post-survey processing and analysis methods. The field methods used in this project are only a slight variation on the successful collection strategies used by several surveys throughout China and Mongolia and thus can provide data sets that are directly comparable.

In the second chapter, the data analysis is presented, and changes in settlement dynamics in the Yueliang region explained. This analysis sheds light on the degree to which the settlements are integrated with one another.

The earliest detected human activities coincide with the Early Holocene and are represented by the earliest pottery in Northeast China, belonging to the Houtaomuga phase I culture and the Changtuozi 1 type (10, 900-8000 BC). One of the most important results of this survey is the identification of six sites (five previously unknown) with these very early sherds, associated with large quantities of microlithic tools. The activity and impact of the few human groups inhabiting this landscape was very scarce, as the settlement distribution left vast available land resources unexploited, and no regional settlement organization seems to have formed yet.

The Period 2 pottery is mostly attributed to the culture of Houtaomuga phases II (8000-4300 BC) and III (4300-3500 BC). The sites are larger and distributed along the shores the lakes and waterways.

The degree of integration had strengthened to some extent. The settlements show evidence of a relatively simple economic system, with low levels of competition.

The Period 3 sherds are stylistically close to the Houtaomuga phase IV culture (3500-2900 BC). The sites are smaller and less numerous, and the population aggregated at higher elevations, mostly within the Houtaomuga phase IV village.

The Early to Middle Bronze Age period corresponds to the Xiaolaha (ca. 2000-1600 BC) and Gucheng (ca. 1300-1000 BC) archaeological cultures. The sites are more numerous and larger, and most are located in the eastern part of the survey area. The larger sites, Hanshu and Houdiwopu, could have had a hierarchical relationship or different functions than the other average-size sites. This distribution could have played a role in controlling the Nen River communication axis.

The Late Bronze Age corresponds to the Baijinbao culture (ca. 1000-500 BC). The sites show continuity of spatial occupation with the previous period. Hanshu and Houdiwopu maintained their role as settlement centers, and a clear spatial division between settlements and cemeteries appears during this period.

The Early Iron Age coincides with the Hanshu phase II culture. The increased number and size of the sites show a significant increase in the intensity of occupation. This settlement system is organized around multiple centers, and the site hierarchy becomes clearer. The settlement system is integrated and shows a hierarchical social organization, as well as an integrated economic system.

Sherds belonging to the period between the 3rd and the 8th c. AD, associated with the local Xianbei or pre-Khitan cultures, are very scarce. The sites are rare and small. This quasi-abandonment of the region might be connected to changes in resources and subsistence model. These small sites may be related to temporary activities, seasonal fishing activities, or indicate frequent travel along the waterways.

The sherds of pottery and architectural materials of the Late Middle Age or Liao-Jin period (900-1300 AD) are overwhelmingly present at all the sites. The increase in the number of sites, site size, and sherd density reveal an unprecedented new settlement system. A large number of people may have come to the area to open up forests and drain marshes, bringing in new lifestyles. The development of a myriad of small sites and farmsteads further from the waterfront reflects the intensification of agricultural production and a new use of the hinterland.

During the Modern period (1800-1949 AD), the number of sites and their size remains stable. The settlement organization shows a clear continuity with the Liao-Jin period and is also directly related to the current distribution of villages in the area.

These results are compared with other surveys previously organized in Northeast China to show how settlement distribution, social structures and subsistence practices differed between the Yueliang region in the lower Nen River Valley and the Liaoxi region.

The last chapter presents in details all the information about the 73 sites discovered during this survey, including all the quantitative data, the spatial distribution of the remains from each period and descriptions of the related artefacts.

The spatial analysis of the results of this survey sheds new light on the interactions between archaeological cultures, and on the local trajectory of settlement patterns and subsistence strategies from over 10, 000 BC to the historical era, and provides data about the current and ancient environment and socio-economic changes in this region and how they differ from other nearby regions.

With its innovative structure and abundant colour maps and artefact photographs, this report provides a unique tool to visualize the sites in their landscape, as well as identify and directly compare sherds. The fact that all the periods were taken in account, up to the most recent ones, provides the readers with comparison materials for all-period excavations and surveys in Northeast China. With its extensive methodological explanation and exhaustive appendices, this report can be used in the future as a basis to organize similar projects. This research shows how spatial analysis and settlement pattern analysis, especially when focused on human-scale landscapes such as river valleys, can capture the complexity and diversity of human subsistence systems.

参 考 书 目

安路、贾伟明：《黑龙江讷河二克浅墓地及其问题探讨》，《北方文物》1986年第2期，第2～8页。

Avni Yoav, Jinfa Zhang, Gideon Shelach, Liping Zhou. "Upper Pleistocene-Holocene geomorphic changes dictating sedimentation rates and historical land use in the valley system of the Chifeng region, Inner Mongolia, northern China". *Earth Surface Processes and Landforms*, 13, 2010, p. 1251-1268.

Banning Edward B. *Archaeological Survey*. Kluwer Academic/Plenum Publishers, New York: 2002.

Berry Brian J L, William L Garrison. "Alternate Explanations of Urban Rank–Size Relationships". Annals of the Association of American Geographers, 48, 1, 1958, p. 83-91.

Boyle Katie V. "From Laugerie Basse to Jolivet: The Organization of Final Magdalenian Settlement in the Vezere Valley". *World Archaeology*, 27, 3, 1996, p. 477-491.

Cai Dawei, Naifan Zhang, Siqi Zhu, Quanjia Chen, Lixin Wang, Xin Zhao, Xiaolin Ma, Thomas C. A. Royle, Hui Zhou, Dongya Y Yang. "Ancient DNA reveals evidence of abundant aurochs (Bos primigenius) in Neolithic Northeast China". *Journal of Archaeological Science*, 98, 2018, p. 72-80.

（元）陈椿：《熬波图》，上海：上海古籍出版社，1936年。

陈全家：《吉林镇赉丹岱大坎子发现的旧石器》，《北方文物》2001年第2期，第1～7页。

陈全家：《白金宝遗址（1986年）出土的动物遗存研究》，《北方文物》2004年第4期，第1～6页。

陈全家、王春雪、宋丽：《吉林大安后套木嘎石制品研究》，《边疆考古研究（第4辑）》，北京：科学出版社，2005年，第1～27页。

陈全家、王法岗、王春雪：《嫩江流域青铜时代生业方式研究》，《华夏考古》2011年第2期，第46～53页。

陈全家、赵海龙、刘雪山、李景冰：《吉林镇赉北山遗址发现的石制品研究》，《北方文物》2008年第1期，第3～10页。

陈述：《跋吉林大安出土契丹文铜镜》，《文物》1973年第8期，第36～40页。

陈星灿、刘莉、李润权、华翰维、艾琳：《中国文明腹地的社会复杂化进程——伊洛河地区的聚落形态研究》，《考古学报》2003年第2期，第161～218页。

赤峰中美联合考古研究项目：《内蒙古东部（赤峰）区域考古调查阶段性报告》，北京：科学出版社，2003年。

"春捺钵在大安"编委会：《春捺钵在大安》，长春：吉林人民出版社，2014年。

崔福来：《昂昂溪遗址发现陶塑鱼鹰》，《中国文物报》1990年4月19日，第1版。

Dabbas Michel, Henri Delétang, Alain Ferdière, Cécile Jung, W Haio Zimmermann. *La prospection*, Paris: Errance, 2006.

丹化沙：《黑龙江肇源望海屯新石器时代遗址》，《考古》1961年第10期，第544、545页。

大贯静夫：《昂々溪采集の遗物について—额拉苏C（ォロス）遗址出土遗物を中心として》，东京大学文学部：考古学研究室研究纪要（第六号），1986年，第1～44页。

大贯静夫著，刘晓东译：《关于昂昂溪采集遗物的考察》，《北方文物》1996年第3期，第93～98、109页。

Doelman Trudy, Jia Peter Weiming, Robin Torrence, Vladimir Popov. "Remains of a puzzle: the distribution of volcanic glass artifacts from sources in Northeast China and Far East Russia". *Lithic Technology*, 39, 2, 2014, p. 81-95.

Drennan Robert D. "RSBOOT A Program to Calculate the A Shape Coefficient for Rank-Size Plots with Error Ranges for Specified Confidence Levels", 2007. http: //www. pitt. edu/~drennan/ranksize. html.

Drennan Robert D, Katheryn Linduff. "Early Complex Societies in NE China: The Chifeng International Collaborative Archaeological Research Project". *Journal of Field Archaeology*, 2004, p. 45-73.

Drennan Robert D, Christian E Peterson. "Comparing Archaeological Settlement Systems with Rank-Size Graphs: A Measure of Shape and Statistical Confidence". *Journal of Archaeological Science*, 31, 2004, p. 533-549.

Drennan Robert D, Christian Peterson. "Communities, Settlements, Sites, and Surveys: Regional-Scale Analysis of Prehistoric Human Interaction". *American Antiquity*, 70, 1, 2005, p. 5-30.

Drennan Robert D, Christian E Peterson, Lü Xueming, Zhu Da, Hou Shenguang. "Settlement and Social Dynamics in the Upper Daling and Chifeng Regions of Northeast China". *Asian Archaeology*, 2014, p. 50-76.

段天璟、王立新、汤卓炜：《吉林白城市双塔遗址一、二期遗存的相关问题》，《考古》2013年第12期，第58～70页。

鄂善君、王树楼：《桦南县龙王庙遗址出土的金代窖藏铁器》，《北方文物》1995年第3期，第151、152页。

Falconer Steven E, Stephen H Savage. "Heartlands and Hinterlands: Alternative Trajectories of Early Urbanization in Mesopotamia and the Southern Levant". *American Antiquity*, 60, 1, 1995, p. 37-58.

方辉：《对区域系统调查法的几点认识与思考》，《考古》2002年第5期，第56～64页。

Feinman Gary M. "The Emergence of Social Complexity", in David M. Carballo ed. *Cooperation and Collective Action - Archaeological Perspectives*. Boulder: University Press of Colorado, 2013, p. 35-56.

Fonseca James W. *Urban Rank-Size Hierarchy: A Mathematical Interpretation*. Institute of Mathematical Geography, Ann Arbor, 1988.

Food and Agriculture Organization of the United Nations. *World reference base for soil resources 2006-A framework for international classification, correlation and communication*. ONU, Rome, 2006.

高汉铭：《简明古钱辞典》，南京，中州古籍出版社，1990年。

国家文物局编：《中国文物地图集·吉林分册》，北京：中国地图出版社，1993年。

国家文物局编：《田野考古工作规程》，北京：文物出版社，2009年。

郭珉：《吉林大安县后宝石墓地调查》，《考古》1997年第2期，第85、86页。

郝思德、李砚铁：《黑龙江肇源小拉合、狼坨子青铜时代遗址调查简报》，《黑龙江文物丛刊》1984年第4期，第60～69页。

黑龙江省博物馆：《嫩江下游左岸考古调查简报》，《考古》1960年第4期，第15～17页。

黑龙江省博物馆：《嫩江沿岸细石器文化遗址调查》，《考古》1961年第10期，第534～543页。

黑龙江省博物馆：《昂昂溪新石器时代遗址的调查》，《考古》1974年第2期，第99～108页。

黑龙江省博物馆、齐齐哈尔市文物管理站：《齐齐哈尔市大道三家子墓葬清理》，《考古》1988年第12期，第1090～1098页。

黑龙江省文物考古工作队：《黑龙江肇源白金宝遗址第一次发掘》，《考古》1980年第4期，第311～326页。

黑龙江省文物考古研究所：《黑龙江泰来县平洋砖厂墓地发掘简报》，《考古》1989年第12期，第1087～1097页。

黑龙江省文物考古研究所：《黑龙江省考古工作近十年的主要收获》，《文物考古工作十年（1979—1989）》，北京：文物出版社，1991年，第85页。

黑龙江省文物考古研究所：《平洋墓葬》，北京：文物出版社，1990年。

黑龙江省文物考古研究所：《黑龙江省海林市木兰集金代遗址发掘简报》，《北方文物》1995年第4期，第48～52页。

黑龙江省文物考古研究所：《黑龙江省肇源小拉哈遗址调查简报》，《北方文物》1996年第1期，第711页。

黑龙江省文物考古研究所：《黑龙江泰来县战斗墓地发掘简报》，《考古》1998年第12期，第1098～1102页。

黑龙江省文物考古研究所：《黑龙江双城市车家城子金代城址发掘简报》，《考古》2003年第2期，第42～50页。

黑龙江省文物考古研究所：《黑龙江省讷河市二克浅青铜时代至早期铁器时代墓葬》，《考古》2003年第2期，第11～23页。

黑龙江省文物考古研究所：《黑龙江讷河市库勒浅青铜至早期铁器时代墓地》，《考古》2006年第5期，第15～34页。

黑龙江省文物考古研究所：《黑龙江讷河大古堆墓地发掘简报》，《文物》2009年第6期，第4～25页。

黑龙江省文物考古研究所：《黑龙江省齐齐哈尔市奈门沁遗址发掘简报》，《北方文物》2012年第3期，第50～54页。

黑龙江省文物考古研究所：《黑龙江省五常市拉林机场清代遗址发掘简报》，《北方文物》2015年第4期，第48～52页。

黑龙江省文物考古研究所：《黑龙江泰来县东明嘎新石器时代遗址发掘简报》，《考古》2019年第8期，第21～45页。

黑龙江省文物考古研究所：《黑龙江齐齐哈尔市洪河遗址新石器时代遗存发掘简报》，《考古》2019年第8期，第46～70页。

黑龙江省文物考古研究所：《黑龙江齐齐哈尔市洪河遗址》，《考古》2020年第7期，第20～33页。

黑龙江省文物考古研究所、吉林大学考古系：《黑龙江省肇源县小拉哈遗址发掘简报》，《北方文物》1997年第1期，第34～44页。

黑龙江省文物考古研究所、吉林大学历史系：《黑龙江肇源白金宝遗址1986年发掘简报》，《北方文物》1997年第4期，第10～22页。

黑龙江省文物考古研究所、吉林大学考古系：《黑龙江肇源县小拉哈遗址发掘报告》，《考古学报》1998年第1期，第61～101页。

黑龙江省文物考古研究所、吉林大学考古学系：《肇源白金宝——嫩江下游一处青铜时代遗址的揭示》，北京：科学出版社，2009年。

Hodder Ian, Clive Orton. *Spatial Analysis in Archaeology*. Cambridge: Cambridge University Press, 1976.

洪峰、志立：《吉林海龙镇郊辽金时期建筑遗址的发掘》，《北方文物》1988年第1期，第43～46页。

Honeychurch William, Wright Joshua, Amartuvshin Chunag. "A Nested Approach to Survey in the Egiin Gol Valley, Mongolia". *Journal of Field Archaeology*, 32, 4, 2007, p. 369-383.

Hong Yetang, Z G Wang, H B Jiang, Q H Lin, B Hong, Y X Zhu, Y Wang, L S Xu, X T Leng, H D Li. "A 6000-year record of changes in drought and precipitation in northeastern China based on a δ^{13}C time series from peat cellulose". *Earth and Planetary Science Letters*, 185, 1, 2001, p. 111-119.

胡保华、王立新、宋明雷：《吉林省通榆县塌拉盖遗址的复查》，《边疆考古研究（第10辑）》，北京：科学出版社，2011年，第464～471页。

Indrisano Gregory G, Katheryn M Linduff. "Expansion of the Chinese Empire into its Northern Frontier (ca. 500 BCR-0 CE) - A Case Study from South-Central Inner Mongolia". in G. Areshian. *Empires and Diversity: On the Crossroads of Archaeology, Anthropology, and History*. Los Angeles: Cotsen Institute of Archaeology Press, 2013, p. 204-242.

贾鸿恩：《翁牛特旗大泡子青铜短剑墓》，《文物》1984年第2期，第5054页。

Jia Peter Weiming. "The transition to farming in northeast China: a model and application". *Before farming*, 4, 2008, p. 121.

Jia Peter Weiming. "Commentary: A Critical Review of Environmental Archaeology in Northeast China". *Asian Perspectives*, 501/2, 2011, p. 70-90.

蒋琳、朱永刚：《吉林通榆县新发乡三处遗址的调查和初步认识》，《北方文物》2014年第4期，第3～10页。

吉林大学边疆考古研究中心：《吉林乾安县辽金春捺钵遗址群后鸣子区遗址的调查与发掘》，《考古》2017年第6期，第28～41页。

吉林大学边疆考古研究中心、吉林省文物考古研究所：《吉林白城双塔遗址新石器时代遗存》，《考古学报》2013年第4期，第501～538页。

吉林大学边疆考古研究中心、吉林省文物考古研究所：《吉林大安市后套木嘎遗址AⅢ区发掘简报》，《考古》
　　2016年第9期，第3~24页。

吉林大学边疆考古研究中心、吉林省文物考古研究所：《吉林大安市尹家窝堡遗址发掘简报》，《考古》2017年第
　　8期，第59~69页。

吉林大学边疆考古研究中心、吉林省文物考古研究所：《吉林大安市后套木嘎遗址AⅣ区发掘简报》，《考古》
　　2017年第11期，第3~30页。

吉林大学边疆考古研究中心、迁安县文物管理所：《吉林省乾安县查干湖西南岸春捺钵遗址群调查简报》，《边疆
　　考古研究（第18辑）》，北京：科学出版社，2015年，第83~91页。

吉林大学边疆考古研究中心、迁安县文物管理所：《乾安春捺钵遗址后鸣字区遗址调查简报》，《边疆考古研究
　　（第20辑）》，北京：科学出版社，2016年，第71~88页。

吉林大学历史系考古专业、吉林省博物馆考古队：《大安汉书遗址发掘的主要收获》，《东北考古与历史（第一
　　辑）》，北京：文物出版社，1982年，第136~140页。

吉林省博物馆：《吉林镇赉县细石器文化遗址》，《考古》1961年第8期，第398~410页。

吉林省博物馆：《吉林大安东山头细石器文化遗址》，《考古》1961年第8期，第404~406页。

吉林省博物馆：《吉林大安东山头古墓葬清理》，《考古》1961年第8期，第407~410页。

吉林省博物馆：《吉林他虎城调查简记》，《考古》1964年第1期，第46~48页。

吉林省博物馆：《吉林镇赉县聚宝山新石器时代遗址》，《考古》1998年第6期，第39~41、46页。

吉林省博物馆文物队、吉林大学历史系考古专业：《吉林大安渔场古代墓地》，《考古》1975年第6期，第356~
　　362、386、387页。

吉林省文物工作队：《通榆县兴隆山鲜卑墓清理简报》，《黑龙江文物丛刊》1982年第3期，第65~69页。

吉林省文物工作队：《吉林洮安县双塔屯原始文化遗址调查》，《考古》1983年第12期，第1092~1096、1121页。

吉林省文物工作队：《吉林乾安县大布苏泡东岸遗址调查简报》，《考古》1984年第5期，第396~404页。

吉林省文物工作队：《吉林大安县洮儿河下游右岸新石器时代遗址调查》，《考古》1984年第8期，第688~697页。

吉林省文物考古研究所：《吉林镇赉县黄家围子遗址发掘简报》，《考古》1988年第2期，第141~149页。

吉林省文物考古研究所：《吉林白城靶山墓地发掘简报》，《考古》1988年第12期，第1072~1084页。

吉林省文物考古研究所：《长春市郊南阳堡金代村落遗址发掘》，《北方文物》1998年第4期，第30~37页。

吉林省文物考古研究所：《吉林省白城市金家金代遗址的发掘》，《边疆考古研究（第12辑）》北京：科学出版社
　　2012年，第63~86页。

吉林省文物考古研究所：《吉林镇赉县向阳南岗遗址发掘简报》，《边疆考古研究（第22辑）》，北京：科学出版
　　社，2017年，第3159页。

吉林省文物考古研究所、白城市文物保护管理所、白城市博物馆：《吉林白城城四家子城址建筑台基发掘简报》，
　　《文物》2016年第9期，第39~55页。

吉林省文物考古研究所、白城市文物保护管理所：《吉林白城城四家子城址北门发掘简报》，《边疆考古研究（第
　　20辑）》，北京：科学出版社，2016年，第55~69页。

吉林省文物考古研究所、白城市文物管理所、洮北区文物管理所：《吉林省白城市孙长青遗址发掘简报》，《北方
　　文物》2010年第4期，第41~47页。

吉林省文物考古研究所、长春市文物管理委员会办公室：《吉林省德惠县后城子金代古城发掘》，《考古》1993年
　　第8期，第721~733页。

吉林省文物考古研究所、德惠市文物管理所：《吉林省德惠市李春江遗址发掘报告》，《北方文物》2009年第3
　　期，第47~61页。

吉林省文物考古研究所、德惠市文物管理所：《吉林省德惠市朱城子七队遗址发掘简报》，《北方文物》2009年第

3期，第27~32、61页。

吉林省文物考古研究所、德惠市文物管理所：《吉林省德惠市迎新遗址考古发掘报告》，《北方文物》2009年第4期，第36~47页。

吉林省文物考古研究所、扶余县博物馆：《吉林省扶余县西车家店金代遗址的发掘》，《北方文物》2009年第3期，第15~24页。

吉林省文物考古研究所、扶余县博物馆：《吉林省扶余县陶西林场遗址发掘简报》，《北方文物》2009年第3期，第33~45页。

吉林省文物考古研究所、吉林大学边疆考古研究中心：《前郭塔虎城——2000年考古发掘报告》，北京：科学出版社，2017年。

吉林省文物考古研究所、吉林大学边疆考古研究中心、吉林大学考古学院：《大安汉书——青铜时代遗址考古发掘报告》，北京：科学出版社，2018年。

吉林省文物考古研究所、四平市文管会办公室、四平市博物馆：《吉林双辽电厂贮灰场辽金遗址发掘简报》，《考古》1995年第4期，第325~337页。

吉林省文物考古研究所、四平市文物管理委员会办公室：《四平市前坡林子遗址发掘简报》，《北方文物》2006年第3期，第35~42页。

吉林省文物考古研究所、榆树市博物馆：《长春市榆树韩家屯墓地发掘简报》2008年第3期，第71~74页。

吉林省文物考古研究所、榆树市博物馆：《吉林省榆树市上台子墓群发掘报告》，《北方文物》2010年第1期，第20~28页。

吉林省文物考古研究所、镇赉县文物管理所：《吉林省镇赉县乌兰吐北岗遗址发掘简报》，《北方文物》2010年第4期，第7~12页。

吉林省文物考古研究所、镇赉县文物管理所、镇赉县博物馆：《镇赉县文物精粹》，北京，科学出版社，2016年。

吉林省文物志编修委员会：《大安县文物志》，吉林省文物志编修委员会，1982年。

吉林省文物志编修委员会：《通榆县文物志》，吉林省文物志编修委员会，1983年。

吉林省文物志编修委员会：《镇赉县文物志》，吉林省文物志编修委员会，1985年。

吉林省地方志编纂委员会：《吉林省志·自然地理志》，长春：吉林人民出版社，1992年。

金铸：《黑龙江林甸牛尾巴岗发现青铜时代墓葬》，《北方文物》1985年第4期，第12、13页。

金旭东、褚金刚、王立新：《吉林通榆县长坨子四处遗址的调查》，《北方文物》2011年第3期，第3~6页。

Johnson Gregory A. "Rank-Size Convexity and System Integration: A View from Archaeology". *Economic Geography*, 56, 3, 1980, p. 234-247.

Kunikita Dai, Lixin Wang, Shizuo Onuki, Hiroyuki Sato, Hiroyuski Matsuzaki. "Radiocarbon dating and dietary reconstruction of the Early Neolithic Houtaomuga and Shuangta sites in the Song-Nen Plain, Northeast China". *Quaternary International*, 2017, 441, p. 62-68.

Lee Hyunsoo. "*Study on Plant Resource Use in Prehistoric Northeast China: Focusing on the Houtaomuga Site, Jilin*". Master, Eugene: University of Oregon, 2016.

Lévi-Strauss Claude. *Anthropologie structurale*. Paris: Plon, 1958.

李陈奇：《松嫩平原商周至西汉时期青铜器的发现与初步研究》，《北方文物》2013年第3期，第12~25页。

Li Feng-Rui, Hua Zhang, Tong-Hui Zhang, Yasuhito Shirato. "Variations of sand transportation rates in sandy grasslands along a desertification gradient in northern China". *CATENA*, 53, 3, 2003, p. 255-272.

Li Jie, Annson W Mackay, Yan Zhang, Jingjing Li. "A 1000-year record of vegetation change and wildfire from maar lake Erlongwan in northeast China". *Quaternary International*, 290-291, 2013, p. 313-321.

李连：《白城发现细石器文化遗址》，《文物参考资料》1958年第11期，第78~80页。

李莲：《吉林安广县永合屯细石器遗址调查简报》，《文物》1959年第12期，第37～40页。

李龙：《昂昂溪胜利三队一号遗址清理简报》，《黑龙江文物丛刊》1981年第1期，第53～55页。

李鹏辉：《基于GIS的镇赉县与通榆县新石器时代、青铜时代遗址分布状态比较分析》，吉林大学学士学位论文，2016年。

李鹏辉、Pauline Sebillaud（史宝琳）、王立新：《基于GIS的镇赉县新石器时代和青铜时代遗址分布初探》，《北方文物》2018年第2期，第32～37页。

李永华、尹怀宁、张小咏、赵军：《东北地区5000aB.P.～4700aB.P.左右的降温事件及对考古文化的影响》，《云南地理环境研究》2003年第1期，第12～18页。

李有骞、陈全家：《嫩江流域汉代以前的石制品研究》，《边疆考古研究（第6辑）》，北京：科学出版社，2007年，第5677页。

梁会丽、全仁学、周宇：《城四家子辽金城址的考古发掘》，《辽金西夏研究年鉴（2013）》，北京：中国社会科学出版社，2015年，第305～318页。

梁琪瑶、陈全家、Pauline Sebillaud（史宝琳）、王立新：《吉林大安市尹家窝堡遗址出土的动物骨骼遗存研究》，《北方文物》2018年第1期，第50～59页。

梁思永：《昂昂溪史前遗址》，《梁思永考古论文集》，北京：科学出版社，1959年，第58～90页。

辽宁省文物考古研究所、美国匹兹堡大学人类学系、美国夏威夷大学：《辽宁大凌河上游流域考古调查简报》，《考古》2010年第5期，第24～35页。

Liu Hongyan, Haiting Cui, Richard Pott, Martin Speier. "Vegetation of the Woodland-Steppe Transition at the Southeastern Edge of the Inner Mongolian Plateau". *Journal of Vegetation Science*, 11, 4, 2000, p. 525-532.

Liu Hongyan, Haiting Cui, Yongmei Huang. "Detecting Holocene Movements of the Woodland–Steppe Ecotone in Northern China Using Discriminant Analysis". *Journal of Quaternary Science*, 16, 3, 2001, p. 237-244.

Liu Hongyan, Lihong Xu, Haiting Cui. "Holocene History of Desertification along the Woodland-Steppe Border in Northern China". *Quaternary Research* 57, 2, 2002, p. 259-270.

刘景文：《论腰井子新石器时代文化类型——兼谈吉林省西北部新石器时代文化若干问题》，《博物馆研究》1990年第3期，第56～63页。

Liu Li. *The Chinese Neolithic: Trajectories to Early States - New Studies in Archaeology*. Cambridge: Cambridge University Press, 2004.

刘爽：《中国东北地区旧石器时代晚期遗址黑曜岩制品原料来源探索——兼论检测联用技术在文物产源研究中的应用》，北京：科学出版社，2019年。

刘爽、崔剑锋、王立新：《吉林大安后套木嘎遗址出土陶片科技检测分析》，《边疆考古研究（第21辑）》，北京：科学出版社，2017年，第335～352页。

刘晓溪：《田野考古的理论与实践———吉林大安后套木嘎遗址发掘现场学术研讨会纪要》，《北方文物》2013年第1期，第110～112页。

刘晓溪、Pauline Sebillaud（史宝琳）、王立新：《吉林省大安市2012～2013年区域性系统调查简报》，《边疆考古研究（第19辑）》，北京：科学出版社，2016年，第27～45页。

刘晓溪、Pauline Sebillaud（史宝琳）、李扬、王立新：《区域性系统调查方法在典型遗址研究中的应用——以吉林大安汉书遗址为例》，《边疆考古研究（第22辑）》，北京：科学出版社，2017年，第297～312页。

刘雪山：《吉林镇赉县马场北山遗址调查》，《考古》1996年第3期，第81、82页。

刘雪山：《吉林镇赉县出土金代窖藏文物》，《考古》2000年第1期，第95、96页。

逯献青主编：《大安县志》，沈阳：辽宁人民出版社，1990年。

陆孝平、富曾慈：《中国主要江河水系要览》，北京：中国水利水电出版社，2010年。

Makohonienko, Miroslaw, Hiroyuki Kitagawa, Toshiro Naruse, Hiroo Nasu, Arata Momohara, Mitsuru Okuno, Toshiyuki Fujiki, Liu Xin, Yoshinori Yasuda, Yin Huaining. "Late-Holocene natural and anthropogenic vegetation changes in the Dongbei Pingyuan (Manchurian Plain), northeastern China". *Quaternary International*, 123-125, 2004, p. 7188.

马利民、项守先、傅维光：《黑龙江省齐齐哈尔市滕家岗遗址三座新石器时代墓葬的清理》，《北方文物》2005年第1期，第1~4页。

Merrett Deborah C, Hua Zhang, Xiaoming Xiao, Quanchao Zhang, Dong Wei, Lixin Wang, Hong Zhu, Dongya Y Yang. "Enamel Hypoplasia in Northeast China: Evidence from Houtaomuga". *Quarternary International*, 405, 2016, p. 11-21.

莫力达瓦达斡尔族自治旗民族博物馆：《内蒙古莫力达瓦旗尼尔基四方山发现古墓》，《北方文物》2009年第1期，第19页。

Nachtergaele Freddy, Velthuizen Harrij Van, Verelst Luc, Wiberg David. *Harmonized World Soil Database (version 1. 2)*. FAO, IIASA, ISRIC, ISSCAS, JRC., Rome, 2012.

内蒙古文物考古研究所：《2006年扎鲁特旗南宝力皋吐墓地的发掘》，《内蒙古文物考古》2007年第1期，第15~20页。

内蒙古文物考古研究所、吉林大学边疆考古研究中心：《内蒙古科左中旗哈民忙哈新石器时代遗址2011年的发掘》，《考古》2012年第7期，第14~30页。

内蒙古文物考古研究所、科左中旗文物管理所：《内蒙古科左中旗哈民忙哈新石器时代遗址2010年发掘简报》，《考古》2012年第3期，第3~19页。

内蒙古文物考古研究所、扎鲁特旗人民政府：《科尔沁文明——南宝力皋吐墓地》，北京：文物出版社，2010年。

潘玲、林沄：《平洋墓葬的年代与文化性质》，《边疆考古研究（第1辑）》，北京：科学出版社，2002年，第194~203页。

Pearson Charles E. "Rank-Size Distributions and the Analysis of Prehistoric Settlement Systems". *Journal of Anthropological Research*, 36, 4, 1980, p. 453-462.

裴文中：《中国石器时代的文化》，北京：中国青年出版社，1954年。

Peterson Christian E, Katheryn M Linduff, Ta La, Robert D Drennan, Zhu Yanping, Gideon Shelach, Guo Zhizhong, Teng Mingyu, Zhang Yaqiang. "Lower Xiajiadian Period Demography and Sociopolitical Organization - Some Results of Collaborative Regional Settlement Patterns Research in NE China". *The SAA Archaeological Record*, 2009, p. 32-35.

Peterson Christian E, Lü Xueming, Robert D Drennan, Zhu Da. "Hongshan chiefly communities in Neolithic northeastern China". *Proceedings of the National Academy of Sciences* 107, 13, 2010, p. 5756-5761.

Peterson Christian E, Lü Xueming吕学明, Robert D Drennan, Zhu Da朱达. *Hongshan Regional Organization in the Upper Daling Valley*大凌河上游流域红山文化区域性社会组织. Center for Comparative Archaeology Department of Anthropology: University of Pittsburg, Pittsburgh, 2014.

齐齐哈尔市文物管理站：《黑龙江省齐齐哈尔市东土岗青铜时代墓葬清理简报》，《北方文物》2002年第3期，第16~20页。

齐齐哈尔市文物管理站：《齐齐哈尔市建华区红光村清代夫妻合葬墓发掘简报》，《北方文物》2005年第3期，第37~40页。

钱霞：《黑龙江汤原县双兴遗址出土的金代窖藏铁器》，《北方文物》2014年第2期，第35~37页。

任国玉、张兰生：《中世纪温暖期气候变化的花粉化石记录》，《气候与环境研究》1996年第1期，第81~86页。

Savage Stephen H. "Assessing Departures from Log-Normality in the Rank-Size Rule". *Journal of Archaeological Science*, 24, 1997, p. 233-244.

Pauline Sebillaud（史宝琳）：《中原地区公元前三千纪下半叶和公元前两千纪的聚落分布研究》，吉林大学博士学位论文，2014年。

Pauline Sebillaud（史宝琳）、刘晓溪：《后套木嘎遗址田野数据库的建设》，《边疆考古研究（第14辑）》，北京：科学出版社，2013年，第89~102页。

Pauline Sebillaud（史宝琳）、刘晓溪、李扬、王立新、梁建军：《吉林发现东北地区首个辽金时期土盐制作遗址——大安尹家窝堡遗址的发掘收获》，《中国文物报》2014年9月26日，第8版。

Pauline Sebillaud（史宝琳）、刘晓溪：《吉林大安尹家窝堡遗址的发掘》，《辽金西夏研究年鉴（2014~2015）》，北京：中国文史出版社，2018年，第265~277页。

Pauline Sebillaud（史宝琳）、刘晓溪：《尹家窝堡遗址：探索东北已知发现最早的土盐制作遗存》，《吉林画报》2016年第7期，第70~73页。

Pauline Sebillaud（史宝琳），Xiaoxi Liu, Lixin Wang. "Investigation on the Yinjiawopu Site, a Medieval Salt Production Workshop in Northeast China". *Journal of Field Archaeology*, 42, 2017, p. 1-15.

Pauline Sebillaud（史宝琳）、张礼艳、刘晓溪：《吉林大安尹家窝堡遗址2015年发掘简报》，《边疆考古研究（第20辑）》，北京：科学出版社，2016年，第89~117页。

Pauline Sebillaud（史宝琳），Williams James, Liu Xiaoxi, Wang Lixin. "Changing settlement patterns and subsistence strategies in Northeast China: Results of the Yueliang regional survey". *Archaeological Research in Asia*, vol. 25, 2021, p. 1-19.

Shelach Gideon, Teng Mingyu, Wan Xiongfei. "Report on the 2012 Field Season of the Project Origins of Agriculture and Sedentary Communities in Northeast China". *Asian Archaeology*, 1, 2013, p. 11-25.

Shen Zhangquan, Runsheng Yin, Jiaguo Qi. "Land Cover Changes in Northeast China from the Late 1970s to 2004", in *An Integrated Assessment of China's Ecological Restoration Programs*, Springer, Dordrecht, 2009, p. 5567.

石晓轩：《后套木嘎遗址汉书二期文化墓葬的分期与墓地结构分析》，吉林大学硕士学位论文，2013年。

宋德辉：《吉林省白城市城四家子古城为辽代长春州金代新泰州》，《博物馆研究》2008年第1期，第26~30页。

宋姝、陈全家、王立新："大安后套木嘎遗址DHAⅢG1动物骨骸遗存研究"，《边疆考古研究（第21辑）》，北京：科学出版社，2017年，第353~380页。

松原市博物馆：《吉林省松原市后土木墓葬清理简报》，《北方文物》1998年第2期，第8、9页。

松原市扶余博物馆：《吉林松原市后土木村发现古代墓葬》，《考古》1999年第4期，第92、93页。

（明）宋应星：《天工开物·作咸篇》，上海：上海古籍出版社，2002年。

Stephens Lucas, Dorian Fuller, Nicole Boivin, Torben Rick, Nicolas Gauthier, Andrea Kay, Ben Marwick, et al. "Archaeological Assessment Reveals Earth's Early Transformation through Land Use". *Science*, 365, 6456, 2019, p. 897-902.

唐锦琼、韩辉、徐明江、李峰、梁中合：《山东龙口市归城两周城址调查简报》，《考古》2011年第3期，第30~39页。

汤卓炜、刘玮、王立新：《吉林大安后套木嘎遗址孢粉分析与古环境初步研究》，《边疆考古研究（第21辑）》，北京：科学出版社，2017年，第381~386页。

汤卓炜、朱泓、金旭东、高秀华、罗鹏：《吉林通化王八脖子聚落遗址新石器时代晚期至魏晋时期生业模式的转变》，《环境考古研究（第4辑）》，北京：北京大学出版社，2007年，第228~237页。

汤卓炜、王立新、段天璟：《吉林白城双塔遗址孢粉分析与古环境》，《考古学报》2013年第4期，第534~536页。

Tarasov Pavel, Jin Guiyun, Mayke Wagner. "Mid-Holocene environmental and human dynamics in northeastern China reconstructed from pollen and archaeological data". *Palaeogeography, Palaeoclimatology, Palaeoecology*, 241, 2006, p. 284-300.

滕铭予：《GIS在西拉木伦河以南环境考古研究中的初步应用》，《内蒙古文物考古》2007年第1期，第81~105页。

滕铭予：《GIS支持下的赤峰地区环境考古研究》，北京：科学出版社，2009年。

Teng Mingyu, Gideon Shelach. "Climate Change during the Past 10, 000 Years", in Robert D. Drennan, Christian Peterson, Gideon Shelach, et. al. ed., *Settlement Patterns in the Chifeng Region*. Pittsburgh: University of Pittsburgh Center for

Comparative Archaeology, 2011, p. 39-43.

滕铭予、Shelach Gideon、Wan Xiongfei、Marder Ofer、Wachtel Ido：《辽宁阜新地区区域性考古调查阶段性报告（2012—2013）》，《北方文物》2014年第3期，第3～10页。

佟柱臣：《东北原始文化的分布与分期》，《考古》1961年第10期，第557～566页。

佟柱臣：《试论中国北方和东北地区含有细石器的诸文化问题》，《考古学报》1979年第4期，第402～422页。

Wagner Mayke（梅克·汪耐尔）：《科尔沁草原史前时代的聚落与沙漠化过程的环境考古学研究》，《辽海文物学刊》1996年第1期，第130、134～140页。

Wagner Mayke, Pavel Tarasov, Dominic Hosner, Andreas Fleck, Richard Ehrich, Xiaocheng Chen, Christian Leipe. "Mapping of the Spatial and Temporal Distribution of Archaeological Sites of Northern China during the Neolithic and Bronze Age". *Quaternary International*, 290-291, 2013, p. 344-357.

王广文、王永祥：《黑龙江省泰来县嫩江沿岸细石器文化遗址调查报告》，《北方文物》1995年第1期，第9～16页。

王国范：《吉林通榆新石器时代遗址调查》，《黑龙江文物丛刊》1984年第4期，第50～59页。

王洪峰：《汉书遗址》，《田野考古集粹：吉林省文物考古研究所成立二十五周年纪念》，北京：文物出版社，2008年，第25、26页。

王立新：《后套木嘎新石器时代遗存及相关问题研究》，《考古学报》2018年第2期，第141～164页。

王立新、豆海锋：《吉林洮南四海泡子南岸四处遗址调查与初步认识》，《边疆考古研究（第9辑）》，北京：科学出版社，2010年，第343～363页。

王立新、段天璟：《中国东北地区发现万年前后陶器——吉林白城双塔遗址一期遗存的发现与初步认识》，《吉林大学社会科学报》2013年第2期，第65～71页。

王立新、霍东峰、石晓轩、Pauline Sebillaud（史宝琳）：《吉林大安后套木嘎遗址发掘取得重要收获》，《中国文物报》2012年8月17日，第8版。

王立新、霍东峰、赵俊杰、刘晓溪：《吉林大安后套木嘎新石器时代遗址》，《2012年中国重要考古发现》，北京：文物出版社，2013年，第2～7页。

王立新、霍东峰、方启：《吉林大安后套木嘎遗址发掘的主要收获》，《边疆考古研究（第21辑）》，北京：科学出版社，2017年，第321～333页。

王立新、Pauline Sebillaud（史宝琳）、霍东峰：《大安后套木嘎遗址发掘方法、技术与记录手段的新尝试》，《吉林大学社会科学学报》2016年第1期，第113～119页。

Wang Lixin, Pauline Sebillaud. "The Emergence of Early Pottery in East Asia: New Discoveries and Perspectives". *Journal of World Prehistory*, 32, 1, 2019, p. 73-110.

王立新、宋德辉、夏宏宇：《吉林洮南四海泡渔场家属区遗址的复查与初步认识》，《边疆考古研究（第8辑）》，北京：科学出版社，2009年，第353～364页。

王妙发：《吉林省青铜时期聚落地理研究》，《中国历史地理论丛》1996年第4期，第27～41页。

Wang Pujun, Chen Shumin. "Cretaceous volcanic reservoirs and their exploration in the Songliao Basin, northeast China". *The American Association of Petroleum Geologists Bulletin*, 99, 3, 2015, p. 499-523.

王涛、杨琳、王立新：《吉林大安市后地窝堡遗址的调查与认识》，《边疆考古研究（第17辑）》，北京：科学出版社，2015年，第9～28页。

王巍主编：《中国考古学大辞典》，上海：上海辞书出版社，2014年。

王维臣、温秀荣：《辽宁抚顺千金乡唐力村金代遗址发掘简报》，《北方文物》2000年第4期，第27～40页。

王新胜、邢春光、刘晓溪、Pauline Sebillaud（史宝琳）：《吉林省农安县库尔金堆古城址西南角"点将台"的发掘》，《北方文物》2016年第1期，第12～18页。

Williams James T. *Staple Economies and Social Integration in North-East China: Regional Organization in Zhangwu,*

Liaoning, China. Ph. D. Dissertation, Pittsburgh University, 2014.

Williams James T. "Demography and Conflict during the Warring States and Han periods in Northern Liaoning". *Asian Archaeology*, 3, 2015, p. 1-10.

Williams James T.（丁山）：《辽宁彰武地区青铜时代石器分析与聚落形态研究》，《边疆考古研究（第22辑）》，北京：科学出版社，2017年，第109~124页。

Williams James T. "Bronze Age Subsistence Change at Regional and Microscopic Scales in Northeast China". *Asian Perspectives*, 56, 2, 2017, p. 166-190.

肖晓鸣：《吉林大安后套木嘎遗址人骨研究》，长春：吉林大学博士学位论文，2014年。

肖晓鸣、朱泓：《大安后套木嘎新石器时代中期墓葬出土人骨研究》，《北方文物》2014年第2期，第16~21页。

许宏、陈国梁、赵海涛：《河南洛阳盆地2001~2003年考古调查简报》，《考古》2005年第5期，第18~37页。

杨春、徐坤、赵志军：《吉林省白城市孙长青遗址浮选结果分析报告》，《北方文物》2010年第4期，第48~51页。

杨利荣、岳乐平：《光释光测年揭示的科尔沁沙地末次晚冰期—全新世沙漠空间格局变化》，《第四纪研究》2013年第2期，第260~268页。

杨虎、谭英杰、张泰湘：《黑龙江古代文化初论》，《中国考古学会第一次年会论文集（1979）》，北京：文物出版社，1980年，第80~96页。

杨志军、刘晓东、李陈奇、许永杰：《平洋墓葬研究——乙类墓析出的探索》，《北方文物》1996年第4期，第4~13页。

弋双文、鹿化煜、曾琳、徐志伟：《末次盛冰期以来科尔沁沙地古气候变化及其边界重建》，《第四纪研究》2013年第2期，第206~217页。

俞凯峰、鹿化煜、Frank Lehmkuhl、Veit Nottebaum：《末次盛冰期和全新世大暖期中国北方沙地古气候定量重建初探》，《第四纪研究》2013年第2期，第293~302页。

藏勵龢等编：《中国古今地名大词典》，上海：上海书店出版社，1931年初版，2015年。

Zhang Hua, Deborah C Merrett, Xiaoming Xiao, Quanchao Zhang, Dong Wei, Lixin Wang, Xiaolin Ma, Hong Zhu, Dongya Y Yang. "A Comparative Study of Oral Health in Three Late Bronze Age Populations with Different Subsistence Practices in North China". *Quarternary International*, 105, 2016, p. 44-57.

张泰湘、曲炳仁：《黑龙江富裕县小登科出土的青铜时代遗物》，《考古》1984年第2期，第174、187、188页。

张伟：《松嫩平原战国两汉时期文化遗存研究》，《北方文物》2005年第4期，第1~23页。

张伟：《红马山文化辨析》，《北方文物》2007年第3期，第1~16页。

张伟：《嫩江流域夏至东汉时期的五支考古学文化》，《北方文物》2010年第2期，第29~37页。

张忠培：《白城地区考古调查述要》，《吉林大学社会科学学报》1963年第1期，第69~82页。

张忠培：《序》，《肇源白金宝——嫩江下游一处青铜时代遗址的揭示》，北京：科学出版社，2009年，第i~ix页。

赵宾福：《松嫩平原早期青铜文化的发现与认识》，《边疆考古研究（第1辑）》，北京：科学出版社，2002年，第181~193页。

赵宾福：《嫩江流域三种新石器文化的辨析》，《边疆考古研究（第2辑）》，北京：科学出版社，2003年，第101~112页。

赵宾福：《嫩江流域新石器时代生业方式研究》，《考古》2007年第11期，第55~61页。

赵宾福：《白金宝文化的分期与年代》，《边疆考古研究（第7期）》，北京：科学出版社，2008年，第119~135页。

赵宾福：《汉书二期文化研究——遗址材料和墓葬材料的分析与整合》，《边疆考古研究（第8辑）》，北京：科学出版社，2009年，第96~116页。

赵宾福：《中国东北地区夏至战国时期的考古学文化研究》，北京：科学出版社，2009年。

赵宾福、杜战伟、郝军军、张博：《吉林省地下文化遗产的考古发现与研究》，北京：科学出版社，2017年。

赵海龙、王立新、夏宏宇、王春雪：《东北渔猎型新石器时代文化的个案：吉林通榆长坨子Ⅲ号地点细石器的发现与研究》，《中国考古学是二次年会论文集》，北京：文物出版社，2010年，第20～35页。

赵辉：《中国北方的史前石镞》，《国学研究（第四卷）》，北京：北京大学出版社，1997年，第485～520页。

赵善桐：《黑龙江官地遗址发现的墓葬》，《考古》1965年第1期，第45、46页。

赵爽、夏敦胜、靳鹤龄、温仰磊、柳加波、刘冰、李冠华：《科尔沁沙地过去近5000年高分辨率气候演变》，《第四纪研究》2013年第2期，第283～292页。

郑淑敏、朱永刚：《吉林省通榆县查森昭遗址调查与遗存分析》，《北方文物》2015年第1期，第10～15页。

镇赉县志编纂委员会：《镇赉县志》，长春：吉林人民出版社，1995年。

中国社会科学院考古研究所、黑龙江省文物考古研究所、齐齐哈尔市昂昂溪区人民政府：《昂昂溪考古文集》，北京：科学出版社，2013年。

中国社会科学院考古研究所内蒙古工作队、呼伦贝尔盟民族博物馆：《内蒙古海拉尔市团结遗址的调查》，《考古》2001年第5期，第3～17页。

中国社会科学院考古研究所考古科技实验室研究中心碳十四实验室：《放射性碳素测定年代报告（四三）》，《考古》2017年第7期，第82～87页。

中美两城地区联合考古队：《山东日照地区系统区域调查的新收获》，《考古》2002年第5期，第10～18页。

朱巍、唐雯、都基众：《嫩江流域古河道的形成与演化》，《地下水》2013年第3期，第85、86、115页。

朱永刚：《肇源白金宝遗址第三次发掘与松嫩平原汉代以前古文化遗存的年代序列》，《吉林大学社会科学学报》1998年第2期，第75～80页。

朱永刚、陈醉：《近年科尔沁沙地新石器时代考古发现与研究的新进展》，《内蒙古社会科学》2016年第1期，第76～82页。

朱永刚、郑钧夫：《通榆县三处史前遗址调查与遗存分类》，《边疆考古研究（第7辑）》，北京科学出版社，2008年，第334～351页。

卓海昕、鹿化煜、贾鑫、孙永刚：《全新世中国北方沙地人类活动与气候变化关系的初步研究》，《第四纪研究》2013年第2期，第303～313页。

附　录

附表1　遗址信息表

遗址名	遗址编号	中心坐标（UTM格式式51T）	相对位置	最大面积/平方米	每个时代期的面积（该时期的采集区连成片而计算的面积）/平方米	每个时代期的采集区数量	采集区编号	备注
苇海西北I号地点	ZL-WH-1	东经550184.8122 北纬5073106.0699	镇赉县沿江镇苇海村（乌里布）西北约6千米	2500	新石器时代中期: 2500 辽金: 2500 清末至民国: 2500	新石器时代中期: 1 辽金: 1 清末至民国: 1	R082（一共1个）	新发现
苇海西北II号地点	ZL-WH-2	东经550792.8122 北纬5072646.0699	镇赉县沿江镇苇海村（乌里布）西北约5千米	2500	新石器时代早期: 2500 新石器时代中期: 2500 汉书二期: 2500 辽金: 2500 清末至民国: 2500	新石器时代早期: 1 新石器时代中期: 1 汉书二期: 1 辽金: 1 清末至民国: 1	R081（一共1个）	新发现
苇海西	ZL-WH-3	东经552697.1516 北纬5071393.1432	镇赉县沿江镇苇海村（乌里布）西约3千米	103890	青铜时代早中期: 36788 汉书二期: 24479 辽金: 103890 清末至民国: 98890	青铜时代早中期: 8 汉书二期: 3 辽金: 31 清末至民国: 29	R050~R080（一共31个）	新发现
苇海西南	ZL-WH-4	东经551682.9800 北纬5069798.4992	镇赉县沿江镇苇海村（乌里布）西南4.2千米	5000	辽金: 5000 清末至民国: 5000	辽金: 2 清末至民国: 2	R048、R049（一共2个）	新发现
苇海北	ZL-WH-5	东经555782.5000 北纬5071821.5000	镇赉县沿江镇苇海村（乌里布）东北约600米	43400	新石器时代早期: 17273 新石器时代中期: 24494 白金宝: 2500 汉书二期: 2500 辽金: 43396 清末至民国: 43396	新石器时代早期: 4 新石器时代中期: 3 白金宝: 1 汉书二期: 1 辽金: 14 清末至民国: 14	P136~P149（一共14个）	新发现

续表

遗址名	遗址编号	中心坐标（UTM格式51T）	相对位置	最大面积/平方米	每个时期的面积（该时期的采集区连成片而计算的面积）/平方米	每个时代的采集区数量	采集区编号	备注
苇海	ZL-WH-6	东经555435.9821 北纬5071072.2381	镇赉县沿江镇苇海村附近	137522	新石器时代中期：10000 辽金：137522 清末至民国：128822	新石器时代中期：4 辽金：25 清末至民国：19	P111~P135（一共25个）	新发现
西安召西南	ZL-XAZ	东经557318.0868 北纬5073189.6653	镇赉县沿江镇西安召村西南侧	339860	新石器时代中期：2500 辽金：339860 清末至民国：247116	新石器时代中期：1 辽金：61 清末至民国：52	P150~P210（一共61个）	新发现
富新	ZL-FX-1	东经556780.3836 北纬5069362.6186	镇赉县沿江镇富新村北、西、东侧	341300	新石器时代早期：5000 新石器时代中期：62837 新石器时代晚期：2500 青铜时代早中期：2500 汉书二期：2500 辽金：341300 清末至民国：336300	新石器时代早期：2 新石器时代中期：12 新石器时代晚期：1 青铜时代早中期：1 汉书二期：1 辽金：99 清末至民国：97	P012~P110（一共99个）	新发现
富新西南1号遗址	ZL-FX-2	东经550471.5 北纬5066074	镇赉县沿江镇洮儿河北岸富新村西南7千米	64552	辽金：64552 清末至民国：64552	辽金：15 清末至民国：15	R032~R046（一共15个）	新发现
富新西南2号遗址	ZL-FX-3	东经550949.5 北纬5064227	镇赉县沿江镇洮儿河北岸富新村西南7.8千米、洮儿河村西北3.3千米	24680	新石器时代中期：7500 汉书二期：2500 魏晋隋唐：2500 辽金：24680 清末至民国：22180	新石器时代中期：3 汉书二期：1 魏晋隋唐：1 辽金：7 清末至民国：6	R006~R012（一共7个）	新发现
富新西南3号遗址	ZL-FX-4	东经554555 北纬5066612.5	镇赉县沿江镇洮儿河北岸富新村西南3.6千米	20272	辽金：20272 清末至民国：20272	辽金：6 清末至民国：6	R013~R018（一共6个）	新发现

续表

遗址名	遗址编号	中心坐标（UTM格式51T）	相对位置	最大面积/平方米	每个时期的采集区连成片的面积（该时期计算而计算的面积）/平方米	每个时代的采集区数量	采集区编号	备注
富新西南IV号遗址	ZL-FX-5	东经555840 北纬5064912.5	镇赉县沿江镇洮儿河北岸富新村南偏西4.6千米，洮儿河村东北4.3千米	20269	辽金：20269 清末至民国：20269	辽金：5 清末至民国：5	R001~R005 （一共5个）	新发现
西二龙西南	ZL-XEL-1	东经559154.3772 北纬5071416.2583	镇赉县沿江镇西二龙村西南侧	503012	新石器时代早期：7468 新石器时代中期：17014 汉书二期：2500 魏晋隋唐：25205 辽金：498012 清末至民国：425955	新石器时代早期：2 新石器时代中期：5 汉书二期：1 魏晋隋唐：2 辽金：135 清末至民国：119	P006~P010，P211~P342 （一共137个）	新发现
西二龙东南	ZL-XEL-2	东经561012.8676 北纬5071384.5934	镇赉县沿江镇西二龙村东南侧	1063840	魏晋隋唐：2500 辽金：1058840 清末至民国：1056340	魏晋隋唐：1 辽金：282 清末至民国：268	P001~P005，P011，O017~O019，O021~O095，O171~O370 （一共284个）	国家文物局编：《中国文物地图集·吉林分册》，北京：中国地图出版社，1993年，第160页；吉林省文物志编修委员会：《镇赉县文物志》，1985年，第99页
四家子东	ZL-SJZ	东经561100.6434 北纬5069645.2020	镇赉县沿江镇四家子村东侧	674539	新石器时代中期：26594 辽金：674539 清末至民国：600265	新石器时代中期：4 辽金：89 清末至民国：87	O001~O006，O009~O016，O096~O170 （一共89个）	新发现
四方山	ZL-SFS	东经563275.4932 北纬5067978.0885	镇赉县沿江镇西四方山村四周	1426300	新石器时代中期：21497 汉书二期：21268 辽金：1317738 清末至民国：1317738	新石器时代中期：3 汉书二期：2 辽金：9 清末至民国：8	N001~N010 （一共10个）	新发现

续表

遗址名	遗址编号	中心坐标（UTM格式51T）	相对位置	最大面积平方米	每个时期的面积（该时期的采集区连成片而计算身面积）/平方米	每个时代的采集区数量	采集区编号	备注
南莫	ZL-NM	东经565861.8343 北纬5070826.2063	镇赉县沿江镇南莫村北、西侧和西南侧	2229047	新石器时代中期：572022 青铜时代早中期：166346 白金宝：14440 汉书二期：1089451 魏晋隋唐：200681 辽金：2229047 清末至民国：2209047	新石器时代中期：16 青铜时代早中期：42 白金宝：3 汉书二期：121 魏晋隋唐：13 辽金：696 清末至民国：673	N011～N422，Q001～Q179，O371～O403，M408～M452，R201～R227（一共696个）	国家文物局编：《中国文物地图集·吉林分册》，北京：中国地图出版社，1993年，第159页；吉林省文物志编修委员会：《镇赉县文物志》，1985年，第77、78页
代米岗子	ZL-DLGZ-1	东经568686.2004 北纬5071253.6415	镇赉县沿江镇南莫村代米岗子屯及周边	140125	新石器时代中期：2500 青铜时代早中期：81332 白金宝：2500 汉书二期：110915 辽金：117962 清末至民国：105846	新石器时代中期：1 青铜时代早中期：6 白金宝：1 汉书二期：10 辽金：16 清末至民国：15	M042～M058（一共17个）	国家文物局编：《中国文物地图集·吉林分册》，北京：中国地图出版社，1993年，第159页；吉林省文物志编修委员会：《镇赉县文物志》，1985年，第78页
代米岗子东北	ZL-DLGZ-2	东经569749.6756 北纬5071803.8039	镇赉县沿江镇南莫村代米岗子屯东北1.3千米	93523	青铜时代早中期：2500 汉书二期：63165 魏晋隋唐：16909 辽金：93523 清末至民国：93523	青铜时代早中期：1 汉书二期：10 魏晋隋唐：2 辽金：17 清末至民国：17	M025～M041（一共17个）	新发现
前少力东北	ZL-QHSL-1	东经570529.5 北纬5073887	镇赉县沿江镇前少力村东北870米	79050	辽金：79050 清末至民国：74050	辽金：22 清末至民国：20	R090～R111（一共22个）	新发现
前少力东	ZL-QHSL-2	东经570324 北纬5073112	镇赉县沿江镇前少力村东侧、国有渔场北500米	95753	辽金：95753 清末至民国：95753	辽金：24 清末至民国：21	M001～M017，R083～R089（一共24个）	新发现

续表

遗址名	遗址编号	中心坐标（UTM格式51T）	相对位置	最大面积/平方米	每个时期的面积（该时期的采集区连成片而计算的面积）/平方米	每个时代的采集区数量	采集区编号	备注
国有渔场	ZL-GYYC	东经571189.1102 北纬5072495.9810	镇赉县沿江镇国有渔场东北侧	24634	新石器时代中期：2500 青铜时代早中期（古城）：2500 白金宝：2500 汉书二期：12961 辽金：22304 清末至民国：22304	新石器时代中期：1 青铜时代早中期（古城）：1 白金宝：1 汉书二期：4 辽金：6 清末至民国：6	M018～M024（一共7个）	吉林省文物志编修委员会：《镇赉县文物志》，1985年，第77页
莫什海北	ZL-MSH-1	东经572490.2065 北纬5073474.8963	镇赉县沿江镇莫什海村北750米	61923	新石器时代中期：50249 青铜时代早中期：14261 汉书二期：61923 辽金：61923	新石器时代中期：18 青铜时代早中期：3 汉书二期：21 辽金：21 清末至民国：21	M105～M125（一共21个）	新发现
莫什海	ZL-MSH-2	东经572506.0395 北纬5073026.3832	镇赉县沿江镇莫什海村北侧、西侧和南侧	314241	青铜时代早中期：39108 白金宝：25558 汉书二期：217576 辽金：314241 清末至民国：309241	青铜时代早中期（包括小拉哈）：7 （包括小拉哈）：2 白金宝：5 汉书二期：17 辽金：64 清末至民国：61	M059～M104，M126～M144（一共65个）	国家文物局编：《中国文物地图集·吉林分册》，北京：中国地图出版社，1993年，第159页；吉林省文物志编委会：《镇赉县文物志》，1985年，第76、77页
莫什海东	ZL-MSH-3	东经574370.4893 北纬5072447.9127	镇赉县沿江镇莫什海村东1.5千米	745783	新石器时代中期：2500 青铜时代早中期（包括古城）：47716 白金宝：14935 汉书二期：548663 魏晋隋唐：281479 辽金：745783 清末至民国：745783	新石器时代中期：1 青铜时代早中期（包括古城）：11 白金宝：6 汉书二期：147 魏晋隋唐：6 辽金：352 清末至民国：353	M145～M407，R112～R200（一共352个）	新发现

续表

遗址名	遗址编号	中心坐标（UTM格式51T）	相对位置	最大面积/平方米	每个时期的面积（该时期的采集区连成片而计算的面积）/平方米	每个时代的采集区数量	采集区编号	备注
洮儿河村东	DA-TEH-1	东经553290.5583 北纬5061702.2105	大安市丰收镇洮儿河村东侧和东南侧	41959	魏晋隋唐：2500 辽金：41959 清末民国：40064	魏晋隋唐：1 辽金：27 清末民国：26	F195~F221（一共27个）	新发现
洮儿河村西南	DA-TEH-2	东经552697.2984 北纬5061230.1953	大安市丰收镇洮儿河村西南650米	24721	魏晋隋唐：2500 辽金：24721 清末民国：24721	魏晋隋唐：1 辽金：8 清末民国：8	F167~F174（一共8个）	新发现
新立堡	DA-XLP	东经553733.1537 北纬5059561.9090	大安市丰收镇新立堡村东北侧、东南侧	283784	辽金：283784 清末至民国：283784	辽金：86 清末至民国：70	E131~E156, E158~E197, F093, F094, F175~F192（一共86个）	国家文物局编：《中国文物地图集·吉林分册》，北京：中国地图出版社，1993年，第153页；吉林省文物志编修委员会：《大安县文物志》，吉林省文物志编修委员会，1982年，第38页
白音吐	DA-BYT	东经553336.3096 北纬5057997.0491	大安市丰收镇白音吐屯周围	1741014	魏晋隋唐：5000 辽金：1741014 清末至民国：1741014	魏晋隋唐：2 辽金：76 清末至民国：82	B183~B197, B199~B233, E006, E007, E011~E014, E018, E020~E023, E037~E047, E060~E077, E178~E182（一共95个）	新发现
新乐	DA-XL	东经552015.0233 北纬5055970.2798	大安市丰收镇新乐村东北侧	885551	辽金：635320 清末民国：876513	辽金：21 清末民国：27	E002~E005, E024~E036, E048~E059（一共29个）	新发现

续表

遗址名	遗址编号	中心坐标（UTM格式51T）	相对位置	最大面积/平方米	每个时期的面积（该时期的采集区连成片而计算的面积）/平方米	每个时代的采集区数量	采集区编号	备注
小金山西北	DA-XJS-1	东经551950.2247 北纬5052098.6	大安市安广镇小金山村西北380米	123659	辽金：91512 清末至民国：123659	辽金：17 清末至民国：20	F028, F030, F056~F073 （一共20个）	新发现
小金山东北	DA-XJS-2	东经553482.1883 北纬5053008.8700	大安市安广镇小金山村东北约1760千米	94230	魏晋隋唐：8240 辽金：94230 清末至民国：57918	魏晋隋唐：3 辽金：25 清末至民国：22	F031~F055 （一共25个）	新发现
张家炉	DA-ZJH	东经552676.5249 北纬5051277.1907	大安市安广镇张家炉村西北侧	322950	辽金：251663 清末至民国：322950	辽金：47 清末至民国：60	F011, F012, F017~F025, F074~F122 （一共60个）	新发现
尹家窝堡	DA-YJWP	东经554950.3625 北纬5054722.9130	大安市安广镇永丰村尹家窝堡屯西北1.2千米	292317	魏晋隋唐：2500 辽金：292317 清末至民国：281617	魏晋隋唐：1 辽金：63 清末至民国：60	B128~B182, F001~F009, F015, F016 （一共66个）	新发现。吉林大学边疆考古研究中心、吉林省文物考古研究所：《吉林大安市尹家窝堡遗址发掘简报》，《考古》2017年第8期，第59~69页；Pauline Sebillaud（史宝琳）、张礼艳、刘晓溪：《吉林大安尹家窝堡遗址2015年发掘简报》，《边疆考古研究（第20辑）》，北京：科学出版社，2016年，第89~117页
永丰西北	DA-YF-1	东经555393.7091 北纬5052308.5800	大安市安广镇永丰村西北900米	47630	辽金：42630 清末至民国：47630	辽金：20 清末民国：23	F013, F014, F126~F146 （一共23个）	新发现

续表

遗址名	遗址编号	中心坐标（UTM格式51T）	相对位置	最大面积/平方米	每个时期的面积（该时期的采集区连成片而计算的面积）/平方米	每个时代的采集区数量	采集区编号	备注
永丰东	DA-YF-2	东经557017.6802 北纬5052224.1996	大安市安广镇永丰村东侧	589808	辽金：589808 / 清末至民国：453422	辽金：27 / 清末至民国：24	E086、E102~E113、E127、F147~F160（一共28个）	新发现
后新荒	DA-HXH	东经557428.2711 北纬5053830.5252	大安市安广镇新荒乡后新荒村北侧、东侧、南侧	186228	新石器时代中期：7500 / 魏晋隋唐：15559 / 辽金：186228 / 清末至民国：186228	新石器时代中期：2 / 魏晋隋唐：2 / 辽金：33 / 清末至民国：33	B095~B127（一共33个）	新发现
新荒（古城）	DA-XH-1	东经557294.2214 北纬5052873.4912	大安市安广镇新荒乡中部、北侧和西南侧	782541	辽金：734739 / 清末民国：560516	辽金：35 / 清末民国：29	B066、B067、B069~B094、E092、E093、E098、E101、E114~E116（一共35个）	国家文物局编：《中国文物地图集·吉林分册》，北京：中国地图出版社，1993年，第154页；吉林省文物志编修委员会：《大安县文物志》，吉林省文物志编修委员会，1982年，第54页
邹德仁	DA-ZDR	东经560389.3552 北纬5054012.4898	大安市安广镇邹德仁屯北侧、西侧与西南侧	303637	新石器时代早期：2500 / 新石器时代中期：55040 / 新石器时代晚期：2500 / 汉书二期：11154 / 辽金：298637 / 清末至民国：268200	新石器时代早期：1 / 新石器时代中期：9 / 新石器时代晚期：1 / 汉书二期：3 / 辽金：31 / 清末至民国：24	A022~A025、A028、A029、B030~B054、B057、B058（一共33个）	张忠培：《白城地区考古调查述要》，《吉林大学社会科学学报》，1963年第1期，第69~82页
永庆北	DA-YQ-1	东经561611.1640 北纬5053036.6010	大安市安广镇永庆村北偏西800米	92295	辽金：36764 / 清末至民国：92295	辽金：4 / 清末至民国：12	A009~A020（一共12个）	新发现

续表

遗址名	遗址编号	中心坐标（UTM格式51T）	相对位置	最大面积/平方米	每个时期的面积（该时期的采集区连成片而计算的面积）/平方米	每个时代的采集区数量	采集区编号	备注
后套木嘎	DA-HTMG	东经561499.9405 北纬5056314.0468	大安市安广镇红岗子乡永合村北偏西1.9千米	1412100	新石器时代早期：20962 新石器时代中期：147713 新石器时代晚期：11361 白金宝：2500 汉书二期：389937 魏晋隋唐：65447 辽金：1412100 清末至民国：1412100	新石器时代早期：7 新石器时代中期：39 新石器时代晚期：3 白金宝：1 汉书二期：93 魏晋隋唐：10 辽金：173 清末民国：129	A026，A027，A030～A191，B234～B252（一共183个）	李莲1958；佟柱臣1961；张忠培1963；陈述1973；吉林省文物志编修委员会：《大安县文物志》，吉林省文物志编修委员会，1982年，第110～112页；国家文物局编：《中国文物地图集·吉林分册》，北京：中国地图出版社，1993年，第152、153页；陈全家、朱丽、王春雪：《吉林大安后套木嘎石制品研究》，《边疆考古研究（第4辑）》，北京：科学出版社，2005年，第1～27页；吉林大学边疆考古研究中心、吉林省文物考古研究所：《吉林大安市后套木嘎遗址A III区发掘简报》，《考古》2016年第9期，第3～24页；吉林大学边疆考古研究中心、吉林省文物考古研究所：《吉林大安市后套木嘎遗址A IV区发掘简报》，《考古》2017年第11期，第3～30页；王立新、霍东峰、方启：《吉林大安后套木嘎遗址发掘的主要收获》，《边疆考古研究（第21辑）》，北京：科学出版社，2017年，第321～333页
新合西南	DA-XH-2	东经562875.1901 北纬5056409.8235	大安市安广镇红岗子乡新合村西南侧	71399	辽金：54621 清末至民国：69470	辽金：19 清末至民国：21	C010～C031（一共22个）	新发现

续表

遗址名	遗址编号	中心坐标（UTM格式51T）	相对位置	最大面积/平方米	每个时期的面积（该时期的采集区连成片面积计算的面积）/平方米	每个时代的采集区数量	采集区编号	备注
东山头东	DA-DST-1	东经564284.9798 北纬5057716.7511	大安市安广镇红岗子乡东山头村东侧与北侧	92287	辽金：92287 清末至民国：89787	辽金：21 清末至民国：20	C036~C056（一共21个）	新发现
新李家南	DA-XLJ	东经564865.9830 北纬5051398.3634	大安市安广镇红岗子乡新李家村南2.4千米	38321	辽金：14926 清末至民国：38321	辽金：5 清末至民国：9	D007~D015（一共9个）	新发现
程万里西北	DA-CWL-1	东经565723.9894 北纬5053912.6053	大安市安广镇红岗子乡程万里村西北650米，二泡南岸	63914	辽金：63914 清末至民国：61414	辽金：20 清末至民国：19	D032~D051（一共20个）	新发现
程万里北	DA-CWL-2	东经566916.7772 北纬5054144.1642	大安市安广镇红岗子乡程万里村北侧，二泡南岸	32117	辽金：32117 清末至民国：22209	辽金：10 清末至民国：7	D071~D080（一共10个）	新发现
程万里南Ⅰ号地点	DA-CWL-3	东经566605.8820 北纬5053168.9884	大安市安广镇红岗子乡程万里村南650米	23345	辽金：23345 清末至民国：13083	辽金：9 清末至民国：4	D062~D070（一共9个）	新发现
程万里南Ⅱ号地点	DA-CWL-4	东经566784.7709 北纬5052022.9844	大安市安广镇红岗子乡程万里南1.7千米	105710	辽金：64535 清末至民国：105710	辽金：19 清末至民国：29	D016~D028，D052~D061，D084~D089（一共29个）	新发现
永庆西	DA-YQ-2	东经568310.5375 北纬5052316.0971	大安市安广镇红岗子乡永庆村西南800米	12849	辽金：12849 清末至民国：12849	辽金：5 清末至民国：5	D155~D159（一共5个）	新发现
八家子	DA-BJZ	东经568095.7126 北纬5054944.3956	大安市安广镇红岗子乡八家子村北侧，二泡东南岸	215376	白金宝：2500 汉书二期：17972 魏晋隋唐：2500 辽金：215376 清末至民国：209376	白金宝：1 汉书二期：3 魏晋隋唐：1 辽金：65 清末至民国：61	D081~D083，D093~D154（一共65个）	新发现

续表

遗址名	遗址编号	中心坐标（UTM格式51T）	相对位置	最大面积/平方米	每个时期的面积（该时期的采集区连成片而计算的面积）/平方米	每个时代的采集区数量	采集区编号	备注
大外皮子西	DA-DWPZ-1	东经567202.1623 北纬5056867.3699	大安市安广镇红岗子乡大外皮子村西侧二泡东北岸	63251	辽金：63251 清末至民国：63251	辽金：20 清末至民国：19	D160~D168, D195~D205（一共20个）	新发现
大外皮子东	DA-DWPZ-2	东经568533.5 北纬5057380.5	大安市安广镇红岗子乡大外皮子村东侧	73182	辽金：73182 清末至民国：55566	辽金：26 清末至民国：17	D169~D194（一共26个）	新发现
它拉红	DA-TLH	东经569734.5646 北纬5054674.5188	大安市安广镇红岗子乡它拉红村东南，它拉红泡西南岸	128778	汉书二期：2500 辽金：128778 清末至民国：92652	汉书二期：1 辽金：24 清末至民国：15	I126~I149（一共24个）	新发现
小嘎拉包头东	DA-XGLBT	东经571441.5897 北纬5052522.0793	大安市安广镇红岗子乡小嘎拉包头村东北1.3千米，它拉红泡西南岸	10314	辽金：10314 清末至民国：7814	辽金：4 清末至民国：3	I151~I154（一共4个）	新发现
红岗子东北	DA-HGZ	东经573122.2417 北纬5052530.0743	大安市安广镇红岗子乡东北1千米，他拉红泡西南岸	33148	魏晋隋唐：2500 辽金：33148 清末至民国：27779	魏晋隋唐：1 辽金：9 清末至民国：5	I155~I163（一共9个）	新发现
小洼子西南	DA-XWZ-1	东经575047.2871 北纬5052531.9463	大安市安广镇红岗子乡小洼子村西南1.2千米，他拉红泡东南岸	31867	汉书二期：2500 辽金：31867 清末至民国：29367	汉书二期：1 辽金：11 清末至民国：10	I164~I174（一共11个）	新发现
小洼子西北	DA-XWZ-2	东经575478.0155 北纬5053358.5124	大安市安广镇红岗子乡小洼子村西北600米，他拉红泡东南岸	9374	辽金：9374 清末至民国：5000	辽金：4 清末至民国：2	I175~I178（一共4个）	新发现

续表

遗址名	遗址编号	中心坐标 （UTM格式51T）	最大面积/ 平方米	每个时期的面积 （该时期的采集区连成片 而计算的面积）/平方米	每个时代的 采集区数量	采集区编号	备注
小淮 子北	DA-XWZ-3	东经575733.3867 北纬5053752.3747	10898	辽金：10898 清末至民国：8398	辽金：4 清末至民国：3	I179～I182 （一共4个）	新发现
小外皮 子西	DA-XWPZ	东经570021.8894 北纬5057133.7642	46397	辽金：41919 清末至民国： 46397	辽金：4 清末至民国：8	C057～C064 （一共8个）	新发现
楚家 窝堡	DA-CJWP	东经571200.1334 北纬5056746.5836	158894	新石器时代中期：2500 汉书二期：41365 魏晋隋唐：2500 辽金：144216 清末至民国：152035	新石器时代中期：1 汉书二期：4 魏晋隋唐：1 辽金：33 清末至民国：28	C068～C078、 C081～C087、 I110～I125 （一共34个）	新发现
两家户	DA-LJH	东经573647.2926 北纬5055450.2286	237253	辽金：237253 清末至民国：197768	辽金：47 清末至民国：33	I058～I104 （一共47个）	新发现
焕新	DA-HX	东经572155.8063 北纬5058789.5956	197272	辽金：197272 清末至民国： 197272	辽金：21 清末至民国：21	C079、C080、 C094～C113 （一共22个）	新发现

续表

遗址名	遗址编号	中心坐标（UTM格式51T）	相对位置	最大面积/平方米	每个时期的面积（该时期的采集区连成片而计算的面积）/平方米	每个时代的采集区数量	采集区编号	备注
后地窝堡	DA-HDWP	东经573851.5238 北纬5062330.1452	大安市安广镇红岗子乡后地窝堡村西北、西南侧	358229	新石器时代中期: 2500 新石器时代晚期: 92200 青铜时代早中期: 222773 （包括古城: 37687） 白金宝: 189431 汉书二期: 229812 魏晋隋唐: 123107 辽金: 288766 清末至民国: 299363	新石器时代中期: 1 新石器时代晚期: 21 青铜时代早中期: 52（包括古城: 17） 白金宝: 44 汉书二期: 33 魏晋隋唐: 4 辽金: 66 清末至民国: 68	C116~C172、D211~D216、I012~I047（一共99个）	国家文物局编：《中国文物地图集·吉林分册》，北京：中国地图出版社，1993年，第153、155页；吉林省文物志编修委员会：《大安县文物志》，1982年，第33、34、59、60页；王涛、杨琳、王立新：《吉林大安市后地窝堡遗址的调查与认识》，《边疆考古研究（第17辑）》，北京：科学出版社，2015年，第9～28页
志发北	DA-ZF	东经574857.9315 北纬5058582.1098	大安市安广镇红岗子乡北600米、椰头泡南岸	18578	汉书二期: 2500 辽金: 18578 清末至民国: 15861	汉书二期: 1 辽金: 7 清末至民国: 5	I001~I007（一共7个）	新发现
东蔡家店西西南	DA-DCJD	东经576117.4991 北纬5058813.3606	大安市安广镇红岗子乡东蔡家店村西南侧	103668	新石器时代中期: 5000 青铜时代早中期: 2500 汉书二期: 30428 辽金: 101168 清末至民国: 79965	新石器时代中期: 2 青铜时代早中期: 1 汉书二期: 6 辽金: 39 清末至民国: 30	J008~J046、J048、J049（一共41个）	新发现
前花尔社东南	DA-QHES	东经575407.8082 北纬5058825.5827	大安市安广镇红岗子乡前花尔社村东南	132360	辽金: 132360 清末至民国: 112860	辽金: 23 清末至民国: 21	J001~J007、J050~J060、J068~J072（一共23个）	新发现

续表

遗址名	遗址编号	中心坐标（UTM格式51T）	相对位置	最大面积/平方米	每个时期的面积（该时期的采集区连成片而计算的面积）/平方米	每个时代的采集区数量	采集区编号	备注
汉书	DA-HS-1	东经575874.3284 北纬5061155.2236	大安市月亮泡镇北侧和西北侧	746395	新石器时代中期：576150 青铜时代早中期：313480 白金宝：313480 汉书二期：464420 魏晋隋唐：20160 辽金：746395 清末至民国：652280	新石器时代中期：20 青铜时代早中期：（包括古城：27、小拉哈：3）90 白金宝：86 汉书二期：158 魏晋隋唐：2 辽金：275 清末至民国：238	J073～J354（一共282个）	吉林大学历史系考古专业、吉林省博物馆考古队：《大安汉书遗址发掘的主要收获》，《东北考古与历史》（第一辑）北京：文物出版社，1982年，第88、136～140页；吉林省文物志编修委员会：《大安县文物志》，吉林省文物志编修委员会，1982年，第25～30、48～50、63～68、112页；国家文物局编：《中国文物地图集·吉林分册》，北京：中国地图出版社，1993年，第152、155页；吉林省文物考古研究所、吉林大学边疆考古研究中心、吉林大学考古学院：《大安汉书——青铜时代遗址考古发掘报告》，北京：科学出版社，2018年
汉书南	DA-HS-2	东经577619.8410 北纬5060128.3005	大安市月亮泡镇汉书村南	43910	辽金：43910 清末至民国：43910	辽金：14 清末至民国：14	L003～L016（一共14个）	新发现
亲店	DA-QD	东经579524.6626 北纬5060749.1066	大安市月亮泡镇亲店村东侧、西侧、北侧	176790	青铜时代早中期：2500 白金宝：2500 汉书二期：36960 魏晋隋唐：2500 辽金：176790 清末至民国：169290	青铜时代早中期：（包括古城：1）1 白金宝：1 汉书二期：8 魏晋隋唐：1 辽金：50 清末至民国：46	K001～K008、K070、K071、K087～K126（一共50个）	新发现

续表

遗址名	遗址编号	中心坐标（UTM格式51T）	相对位置	最大面积/平方米	每个时期的面积（该时期的采集区连成片而计算的面积）/平方米	每个时代的采集区数量	采集区编号	备注
高阳窝堡	DA-GYWP	东经579256.1466 北纬5059393.3095	大安市月亮泡镇高阳窝堡村西侧	116300	魏晋隋唐: 2500 辽金: 116300 清末至民国: 113800	魏晋隋唐: 1 辽金: 28 清末至民国: 27	K009~K022, K072~K084, K086（一共28个）	新发现
东王家泡	DA-DWJP	东经580813.0738 北纬5059358.7587	大安市月亮泡镇东王家泡村西北侧	49490	辽金: 49490 清末至民国: 19960	辽金: 6 清末至民国: 3	K037, K038, K066~K069（一共6个）	新发现
王家泡	DA-WJP	东经581092.3673 北纬5058334.4357	大安市月亮泡镇王家泡村南侧和东北侧	119000	辽金: 119000 清末至民国: 95970	辽金: 39 清末至民国: 29	K023~K036, K039~K044, K046~K065（一共40个）	新发现
东山头	DA-DSTP	东经583022.9295 北纬5057777.9846	大安市月亮泡镇东山头泡村西侧	803395	新石器时代中期: 5000 白金宝: 73610 汉书二期: 122630 魏晋隋唐: 15530 辽金: 803395 清末至民国: 659750	新石器时代中期: 2 白金宝: 7 汉书二期: 15 魏晋隋唐: 3 辽金: 223 清末至民国: 157	K127~K351, I184~I193, I195~I201（一共242个）	吉林省博物馆：《吉林大安东山头细石器文化遗址》，《考古》1961年第8期，第404~406页；吉林省博物馆：《吉林大安东山头古墓葬清理》，《考古》1961年第8期，第407~410页；张忠培：《白城地区考古调查述要》，《吉林大学社会科学学报》，1963年第1期，第69~82页；吉林省文物志编修委员会：《大安县文物志》，吉林省文物志编修委员会，1982年，第44~47、57、58、63~66、69、70、111页；国家文物局编：《中国文物地图集·吉林分册》，北京：中国地图出版社，1993年，第153~155页

附表2　遗址面积统计表

（单位：平方米）

遗址编号	纬度	经度	新石器时代早期	新石器时代中期	新石器时代晚期	青铜时代早中期	白金宝文化	汉书二期文化	魏晋隋唐时期	辽金时期	清末至民国时期	遗址最大面积
ZL-WH-1	45.805506	123.653667		2500						2500	2500	2500
ZL-WH-2	45.809691	123.645891	2500	2500				2500		2500	2500	2500
ZL-WH-3	45.794086	123.678045				36788		24479		103890	98890	103890
ZL-WH-4	45.779808	123.664816					2500			5000	5000	5000
ZL-WH-5	45.797696	123.717786	17273	24494				2500		43396	43396	43400
ZL-WH-6	45.790983	123.713235		10000						137522	128822	137522
ZL-XAZ	45.809882	123.737712		2500						339860	247116	339860
ZL-FX-1	45.775484	123.730338	5000	62837	2500	2500		2500		341300	336300	341300
ZL-FX-2	45.746381	123.64885								64552	64552	64552
ZL-FX-3	45.729723	123.654801		7500				2500	2500	24680	22180	24680
ZL-FX-4	45.750913	123.701411								20272	20272	20272
ZL-FX-5	45.73551	123.717734								20269	20269	20269
ZL-XEL-1	45.79377	123.761122	7468	17014				2500	25205	498012	425955	503012
ZL-XEL-2	45.79332	123.785023							2500	1058840	1056340	1063840
ZL-SJZ	45.777662	123.785935		26594						674539	600265	674539
ZL-SFS	45.762463	123.813691		21497		21497		21268		1317738	1317738	1426300
ZL-NM	45.785539	123.845196		572022		166346	14440	1089451	200681	2229047	2209047	2229047
ZL-DLGZ-1	45.791039	123.882232		2500		81332	2500	110915		117962	105846	140125
ZL-DLGZ-2	45.796812	123.895556				2500		63165	16909	93523	93523	93523
ZL-QHSL-1	45.814956	123.904947								79050	74050	79050
ZL-QHSL-2	45.807655	123.903121								95753	95753	95753
ZL-GYYC	45.802973	123.909894		2500		2500	2500	12961		22304	22304	24634
ZL-MSH-1	45.808928	123.92758		50249		14261		61923		61923	61923	61923
ZL-MSH-2	45.805688	123.933148				39108	25558	217576		314241	309241	314241

续表

遗址编号	纬度	经度	新石器时代早期	新石器时代中期	新石器时代晚期	青铜时代早中期	白金宝文化	汉书二期文化	魏晋隋唐时期	辽金时期	清末至民国时期	遗址最大面积
ZL-MSH-3	45.80207	123.952033		2500		47716	14935	548663	281479	745783	745783	745783
DA-TEH-1	45.706821	123.684608							2500	41959	40064	41959
DA-TEH-2	45.702618	123.676939							2500	24721	24721	24721
DA-XLP	45.688521	123.689388								283784	283784	283784
DA-BYT	45.673472	123.684791							5000	1741014	1741014	1741014
DA-XL	45.655328	123.667615								635320	876513	885551
DA-XJS-1	45.62191	123.665797								91512	123659	123659
DA-XJS-2	45.628774	123.684307							8240	94230	57918	94230
DA-ZJH	45.61304	123.675591								251663	322950	322950
DA-YJWP	45.645001	123.705166							2500	292317	281617	297317
DA-YF-1	45.622108	123.710552								42630	47630	47630
DA-YF-2	45.621221	123.731372								589808	453422	589808
DA-HXH	45.635641	123.736833		7500					15559	186228	186228	186228
DA-XH-1	45.627039	123.735001								734739	560516	782541
DA-ZDR	45.637028	123.774844	2500	55040	2500			11154		298637	268200	303637
DA-YQ-1	45.628136	123.790398								36764	92295	92295
DA-HTMG	45.656684	123.7887	20962	147713	11361		2500	389937	65447	1412100	1412100	1412100
DA-XH-2	45.65838	123.807048								54621	69470	71399
DA-DST-1	45.670014	123.825304								92287	89787	92287
DA-XLJ	45.613098	123.831921								14926	38321	38321
DA-CWL-1	45.635643	123.843263								63914	61414	63914
DA-CWL-2	45.637617	123.8586								32117	22209	32117
DA-CWL-3	45.628863	123.854476								23345	13083	23345
DA-CWL-4	45.618532	123.856615								64535	105710	105710
DA-YQ-2	45.621029	123.876228								12849	12849	12849

续表

遗址编号	纬度	经度	新石器时代早期	新石器时代中期	新石器时代晚期	青铜时代早中期	白金宝文化	汉书二期文化	魏晋隋唐时期	辽金时期	清末至民国时期	遗址最大面积
DA-BJZ	45.644702	123.873838					2500	17972	2500	215376	209376	215376
DA-DWPZ-1	45.663326	123.866075								63251	63251	63251
DA-DWPZ-2	45.666583	123.879801								73182	55566	73182
DA-TLH	45.642109	123.894829						2500		128778	92652	128778
DA-XGLBT	45.622568	123.916415								10314	7814	10314
DA-HGZ	45.622465	123.937976							2500	33148	27779	33148
DA-XWZ-1	45.622269	123.962666						2500		31867	29367	31867
DA-XWZ-2	45.629665	123.968322								9374	5000	9374
DA-XWZ-3	45.630711	123.974253								10898	8398	10898
DA-XWPZ	45.662857	123.899289								41919	46397	46397
DA-CJWP	45.660608	123.913942		2500				41365	2500	144216	152035	158894
DA-LJH	45.648689	123.945152								237253	197768	237253
DA-HX	45.678896	123.926502								197272	197272	197272
DA-HDWP	45.711291	123.951404		2500	92200	222773	189431	229812	123107	288766	299363	358229
DA-ZF	45.676746	123.96116						2500		18578	15861	18578
DA-DCJD	45.678688	123.977373		5000		2500		30428		101168	79965	101168
DA-QHES	45.677232	123.967852								132360	112860	132360
DA-HS-1	45.703161	123.997287		576150		313480	313480	464420	20160	746395	652280	746395
DA-HS-2	45.69035	123.996866								43910	43910	43910
DA-QD	45.695728	124.02143				2500	2500	36960	2500	176790	169290	176790
DA-GYWP	45.683556	124.017767							2500	116300	113800	116300
DA-DWJP	45.683061	124.037752								49490	19960	49490
DA-WJP	45.673813	124.041163								119000	95970	119000
DA-DSTP	45.668572	124.065844		5000			73610	122630	15530	803395	659750	803395
总数			55703	1608610	108561	934304	646454	3515079	802317	19323476	18673223	20103500

附表3　采集区信息表

采集区号	采集类型	系统采集圈数量	纬度	经度	新石器时代早期	新石器时代中期	新石器时代晚期	青铜时代早中期	小拉哈类型	古城文化	白金宝文化	汉书二期文化	魏晋隋唐时期	辽金时期	清末至民国时期	所属遗址编号
A001	一般采集		5049464.419	560775.7257	0	0	0	0	0	0	0	0	0	0	11	
A002	一般采集		5049441.259	560566.4538	0	0	0	0	0	0	0	0	0	0	17	
A003	一般采集		5049464.419	560775.7257	0	0	0	0	0	0	0	0	0	0	9	
A004	一般采集		5051233.849	561160.2902	0	0	0	0	0	0	0	0	0	0	15	
A005	一般采集		5051377.94	560939.1199	0	0	0	0	0	0	0	0	0	0	12	
A006	一般采集		5050471.318	561406.7617	0	0	0	0	0	0	0	0	0	0	10	
A007	一般采集		5052118.421	561314.4807	0	0	0	0	0	0	0	0	0	0	17	
A008	一般采集		5052074.158	561575.3023	0	0	0	0	0	0	0	0	0	4	8	
A009	一般采集		5052989.714	561640.5637	0	0	0	0	0	0	0	0	0	4	13	DA-YQ-1
A010	一般采集		5052999.732	561705.5802	0	0	0	0	0	0	0	0	0	2	7	DA-YQ-1
A011	一般采集		5052914.622	561684.5144	0	0	0	0	0	0	0	0	0	2	5	DA-YQ-1
A012	一般采集		5052934.789	561807.4612	0	0	0	0	0	0	0	0	0	0	10	DA-YQ-1
A013	一般采集		5052857.731	561984.1643	0	0	0	0	0	0	0	0	0	2	7	DA-YQ-1
A014	一般采集		5052713.999	561834.9688	0	0	0	0	0	0	0	0	0	0	7	DA-YQ-1
A015	一般采集		5052771.895	561809.9512	0	0	0	0	0	0	0	0	0	0	5	DA-YQ-1
A016	一般采集		5052843.312	561711.5507	0	0	0	0	0	0	0	0	0	0	13	DA-YQ-1
A017	一般采集		5053849.084	561645.4354	0	0	0	0	0	0	0	0	0	0	8	DA-YQ-1
A018	一般采集		5052917.799	561630.3524	0	0	0	0	0	0	0	0	0	0	5	DA-YQ-1
A019	一般采集		5052499.383	561901.8628	0	0	0	0	0	0	0	0	0	0	7	DA-YQ-1
A020	一般采集		5052528.503	561871.4343	0	0	0	0	0	0	0	0	0	0	9	DA-YQ-1
A021	一般采集		5053924.61	562273.5166	0	0	0	0	0	0	0	0	0	2	7	
A022	一般采集		5054462.634	560720.9163	0	0	0	0	0	0	0	0	0	4	1	DA-ZDR
A023	一般采集		5054502.225	560759.0621	0	0	0	0	0	0	0	0	0	9	1	DA-ZDR
A024	一般采集		5054564.279	560831.8149	0	0	0	0	0	0	0	0	0	2	5	DA-ZDR

续表

采集区号	采集类型	系统采集圈数量	纬度	经度	新石器时代早期	新石器时代中期	新石器时代晚期	青铜时代早中期	小拉哈类型	古城文化	白金宝文化	汉书二期文化	魏晋隋唐时期	辽金时期	清末至民国时期	所属遗址编号
A025	一般采集		5054553.303	560835.3856	0	0	0	0	0	0	0	0	0	6	5	DA-ZDR
A026	一般采集		5054893.605	561203.5779	0	0	0	0	0	0	0	0	0	7	1	DA-ZDR
A027	一般采集		5054859.828	561145.3489	0	0	0	0	0	0	0	0	0	7	6	DA-ZDR
A028	一般采集		5054582.264	560730.4818	0	0	0	0	0	0	0	0	0	6	4	DA-ZDR
A029	一般采集		5054604.663	560778.2598	0	0	0	0	0	0	0	0	0	7	2	DA-ZDR
A030	一般采集		5055013.304	561021.6944	0	1	0	0	0	0	0	0	0	12	3	DA-HTMG
A031	一般采集		5055057.137	561049.6737	0	3	0	0	0	0	0	0	0	1	2	DA-HTMG
A032	一般采集		5055149.467	561269.352	0	0	0	0	0	0	0	0	0	9	7	DA-HTMG
A033	一般采集		5055116.504	561301.6018	0	0	0	0	0	0	0	0	0	12	4	DA-HTMG
A034	一般采集		5055172.005	561377.4802	0	0	0	0	0	0	0	0	0	6	2	DA-HTMG
A035	一般采集		5055188.167	561294.6963	0	0	0	0	0	0	0	0	0	4	4	DA-HTMG
A036	一般采集		5055322.389	561414.069	0	0	0	0	0	0	0	0	0	8	3	DA-HTMG
A037	**系统采集**	**3**	**5055512.429**	**561586.7759**	**0**	**0**	**0**	**0**	**0**	**0**	**0**	**0**	**0**	**1333**	**333**	**DA-HTMG**
A038	一般采集		5055480.081	561551.5204	0	0	0	0	0	0	0	1	0	14	1	DA-HTMG
A039	**系统采集**	**1**	**5055445.406**	**561504.0146**	**0**	**0**	**0**	**0**	**0**	**0**	**0**	**1000**	**0**	**5250**	**1250**	**DA-HTMG**
A040	一般采集		5055400.049	561466.0958	0	0	0	0	0	0	0	0	0	4	1	DA-HTMG
A041	**系统采集**	**1**	**5055427.883**	**561427.2326**	**0**	**0**	**0**	**0**	**0**	**0**	**0**	**0**	**0**	**4750**	**0**	**DA-HTMG**
A042	一般采集		5055471.014	561473.4821	0	0	0	0	0	0	0	0	0	2	2	DA-HTMG
A043	一般采集		5055592.143	561574.7437	0	0	0	0	0	0	0	0	0	7	0	DA-HTMG
A044	一般采集		5055650.147	561460.0745	0	0	0	0	0	0	0	0	0	8	5	DA-HTMG
A045	一般采集		5055700.175	561447.0336	0	0	0	0	0	0	0	0	0	8	3	DA-HTMG
A046	一般采集		5055663.244	561404.704	0	1	0	0	0	0	0	0	0	3	2	DA-HTMG
A047	一般采集		5055400.99	561293.4486	0	0	0	0	0	0	0	0	0	5	0	DA-HTMG
A048	一般采集		5055310.472	561261.9961	0	0	0	0	0	0	0	0	0	3	0	DA-HTMG
A049	一般采集		5055335.971	561265.1725	0	0	0	0	0	0	0	0	0	3	0	DA-HTMG

续表

采集区号	采集类型	系统采集圈数量	纬度	经度	新石器时代早期	新石器时代中期	新石器时代晚期	青铜时代早中期	小拉哈类型	古城文化	白金宝文化	汉书二期文化	魏晋隋唐时期	辽金时期	清末至民国时期	所属遗址编号
A050	一般采集		5055248.838	561197.8386	0	0	0	0	0	0	0	0	0	23	10	DA-HTMG
A051	一般采集		5055212.838	561173.9087	0	0	0	0	0	0	0	0	0	15	3	DA-HTMG
A052	一般采集		5055175.974	561155.6749	0	0	0	0	0	0	0	0	0	26	5	DA-HTMG
A053	一般采集		5055147.58	561119.4681	0	1	0	0	0	0	0	0	0	13	7	DA-HTMG
A054	一般采集		5055109.973	561107.6964	0	1	0	0	0	0	0	0	0	5	3	DA-HTMG
A055	一般采集		5055775.063	561584.2361	0	0	0	0	0	0	0	0	0	6	8	DA-HTMG
A056	一般采集		5055806.79	561548.9957	0	0	0	0	0	0	0	0	0	6	2	DA-HTMG
A057	一般采集		5056000.656	561774.5257	0	0	0	0	0	0	0	0	0	4	3	DA-HTMG
A058	一般采集		5056093.462	561747.0863	0	0	0	0	0	0	0	0	0	6	3	DA-HTMG
A059	一般采集		5055997.327	561662.4908	0	0	0	0	0	0	0	1	0	4	3	DA-HTMG
A060	一般采集		5056258.395	561981.1959	0	0	0	0	0	0	0	0	0	3	5	DA-HTMG
A061	一般采集		5056346.258	561786.7699	0	0	0	0	0	0	0	0	0	3	2	DA-HTMG
A062	系统采集	1	5056379.155	561827.625	0	0	0	0	0	0	0	0	0	11000	0	DA-HTMG
A063	一般采集		5056410.145	561846.8432	0	0	0	0	0	0	0	0	0	46	6	DA-HTMG
A064	系统采集	3	5056437.523	561875.4988	0	0	0	0	0	0	0	0	0	2832	83	DA-HTMG
A065	一般采集		5056464.259	561893.1658	0	0	0	0	0	0	0	0	0	16	1	DA-HTMG
A066	一般采集		5056509.774	561929.2003	0	0	0	0	0	0	0	0	0	10	3	DA-HTMG
A067	一般采集		5056534.735	561960.6605	0	0	0	0	0	0	0	0	0	5	3	DA-HTMG
A068	一般采集		5056569.57	561934.7435	0	0	0	0	0	0	0	0	0	6	3	DA-HTMG
A069	一般采集		5056536.107	561886.7787	0	0	0	0	0	0	0	0	0	4	4	DA-HTMG
A070	系统采集	4	5056505.705	561868.6837	0	0	0	0	0	0	0	62	0	1125	6875	DA-HTMG
A071	一般采集		5056473.06	561848.3517	0	0	0	0	0	0	0	0	0	7	3	DA-HTMG
A072	一般采集		5056448.174	561816.4745	0	0	0	0	0	0	0	0	0	12	4	DA-HTMG
A073	系统采集	3	5056417.403	561790.7429	0	0	0	0	0	0	0	0	0	666	333	DA-HTMG
A074	系统采集	3	5056387.396	561767.2416	0	0	0	0	0	0	0	0	0	2666	333	DA-HTMG
A075	一般采集		5056352.095	561744.422	0	0	0	0	0	0	0	0	0	10	6	DA-HTMG
A076	一般采集		5056296.793	561675.0465	0	0	0	0	0	0	0	0	0	2	4	DA-HTMG

采集区号	采集类型	系统采集圈数量	纬度	经度	新石器时代早期	新石器时代中期	新石器时代晚期	青铜时代早中期	小拉哈类型	古城文化	白金宝文化	汉书二期文化	魏晋隋唐时期	辽金时期	清末至民国时期	所属遗址编号
A077	一般采集		5056294.463	561578.044	0	0	0	0	0	0	0	4	0	0	10	DA-HTMG
A078	一般采集		5056086.667	561544.3717	0	0	0	0	0	0	0	9	0	7	5	DA-HTMG
A079	一般采集		5056120.291	561587.7511	0	0	0	0	0	0	0	3	0	7	0	DA-HTMG
A080	一般采集		5056151.612	561639.1402	0	0	0	0	0	0	0	1	0	3	1	DA-HTMG
A081	一般采集		5056260.793	561617.2469	0	0	0	0	0	0	0	0	0	2	0	DA-HTMG
A082	一般采集		5056070.911	561478.2592	0	0	0	0	0	0	0	8	0	5	0	DA-HTMG
A083	一般采集		5055861.653	561506.6053	0	0	0	0	0	0	0	4	0	7	0	DA-HTMG
A084	一般采集		5055892.429	561475.5668	0	0	0	0	0	0	0	3	0	3	4	DA-HTMG
A085	一般采集		5055934.281	561444.6529	0	0	0	0	0	0	0	0	0	4	0	DA-HTMG
A086	一般采集		5055967.365	561416.6452	0	0	0	0	0	0	0	0	0	3	0	DA-HTMG
A087	一般采集		5056013.704	561398.4401	0	0	0	0	0	0	0	0	0	1	6	DA-HTMG
A088	**系统采集**	**1**	**5056045.446**	**561434.7942**	**0**	**0**	**1500**	**0**	**0**	**0**	**0**	**3500**	**0**	**2750**	**0**	**DA-HTMG**
A089	**系统采集**	**2**	**5056003.899**	**561453.2888**	**0**	**0**	**0**	**0**	**0**	**0**	**0**	**1875**	**0**	**2000**	**0**	**DA-HTMG**
A090	一般采集		5055962.883	561480.43	0	0	0	0	0	0	0	0	0	15	2	DA-HTMG
A091	一般采集		5055934.114	561507.2362	0	0	0	0	0	0	0	0	0	3	2	DA-HTMG
A092	一般采集		5055724.684	561553.0921	0	0	0	0	0	0	0	0	0	1	0	DA-HTMG
A093	一般采集		5055764.773	561521.3867	0	0	0	0	0	0	0	1	0	10	1	DA-HTMG
A094	一般采集		5055806.234	561505.7725	0	0	0	0	0	0	0	0	0	7	0	DA-HTMG
A095	一般采集		5055842.474	561462.5	0	0	0	0	0	0	0	2	0	5	0	DA-HTMG
A096	**系统采集**	**2**	**5055871.666**	**561438.7625**	**0**	**0**	**0**	**0**	**0**	**0**	**0**	**4375**	**0**	**125**	**0**	**DA-HTMG**
A097	一般采集		5056245.081	561305.3186	0	28	2	0	0	0	0	27	0	4	5	DA-HTMG
A098	一般采集		5056285.174	561328.7438	0	15	0	0	0	0	0	11	0	10	14	DA-HTMG
A099	一般采集		5056317.746	561360.5014	0	8	0	0	0	0	0	5	0	21	11	DA-HTMG
A100	一般采集		5056355.024	561385.9266	0	0	3	0	0	0	0	7	0	23	26	DA-HTMG
A101	一般采集		5056389.427	561419.3331	0	0	0	0	0	0	0	5	0	10	21	DA-HTMG
A102	一般采集		5056420.143	561445.7992	0	0	0	0	0	0	0	6	0	7	13	DA-HTMG
A103	一般采集		5056202.962	561336.6589	1	14	0	0	0	0	0	21	0	19	12	DA-HTMG

续表

采集区号	采集类型	系统采集圈数量	纬度	经度	新石器时代早期	新石器时代中期	新石器时代晚期	青铜时代早中期	小拉哈类型	古城文化	白金宝文化	汉书二期文化	魏晋隋唐时期	辽金时期	清末至民国时期	所属遗址编号
A104	一般采集		5056243.009	561367.0501	1	40	0	0	0	0	0	20	0	14	5	DA-HTMG
A105	一般采集		5056279.927	561397.4574	0	9	0	0	0	0	0	8	1	20	3	DA-HTMG
A106	一般采集		5056319.578	561444.7076	0	0	0	0	0	0	0	13	0	23	13	DA-HTMG
A107	一般采集		5056357.354	561467.5994	0	3	0	0	0	0	0	39	0	38	8	DA-HTMG
A108	一般采集		5056382.372	561497.9113	0	4	0	0	0	0	0	12	0	29	4	DA-HTMG
A109	系统采集	2	5056359.231	561549.3803	0	0	0	0	0	0	0	250	750	2500	0	DA-HTMG
A110	一般采集		5056324.055	561521.7917	0	0	0	0	0	0	0	8	0	21	7	DA-HTMG
A111	一般采集		5056288.772	561480.1384	0	0	0	0	0	0	0	3	1	21	5	DA-HTMG
A112	一般采集		5056247.482	561450.7214	0	13	0	0	0	0	0	8	2	9	5	DA-HTMG
A113	一般采集		5056212.79	561413.4137	0	11	0	0	0	0	0	4	2	8	6	DA-HTMG
A114	一般采集		5056170.08	561377.3625	0	18	0	0	0	0	0	6	0	9	1	DA-HTMG
A115	系统采集	2	5056144.728	561334.9044	0	4625	0	0	0	0	0	7375	0	0	250	DA-HTMG
A116	系统采集	1	5056099.199	561372.0922	0	4250	0	0	0	0	0	6500	0	0	0	DA-HTMG
A117	系统采集	1	5056130.383	561413.3173	0	6250	0	0	0	0	0	3000	0	1500	0	DA-HTMG
A118	系统采集	1	5056166.911	561450.211	0	0	0	0	0	0	0	6750	0	750	0	DA-HTMG
A119	一般采集		5056210.793	561487.4249	0	0	0	0	0	0	0	0	2	2	1	DA-HTMG
A120	一般采集		5056251.375	561525.0871	0	0	0	0	0	0	0	2	0	7	0	DA-HTMG
A121	系统采集	1	5056070.576	561405.3521	0	1250	0	0	0	0	0	9500	0	2000	250	DA-HTMG
A122	系统采集	1	5056110.733	561450.9206	0	1250	0	0	0	0	0	5750	0	2750	0	DA-HTMG
A123	一般采集		5055724.197	561494.1149	0	0	0	0	0	0	0	0	0	2	0	DA-HTMG
A124	一般采集		5055661.927	561511.9943	0	0	0	0	0	0	0	0	0	0	3	DA-HTMG
A125	一般采集		5055764.678	561454.2295	0	0	0	0	0	0	0	0	0	2	0	DA-HTMG
A126	一般采集		5055799.554	561419.2081	0	0	0	0	0	0	0	1	0	4	0	DA-HTMG
A127	一般采集		5055842.847	561408.1679	0	0	0	0	0	0	0	0	0	3	1	DA-HTMG
A128	一般采集		5055890.128	561392.729	0	0	0	0	0	0	0	17	0	4	0	DA-HTMG
A129	一般采集		5055936.199	561385.6151	0	6	0	0	0	0	1	5	0	4	0	DA-HTMG
A130	一般采集		5055995.862	561355.8834	0	2	0	0	0	0	0	4	0	5	0	DA-HTMG

续表

采集区号	采集类型	系统采集圈数量	纬度	经度	新石器时代早期	新石器时代中期	新石器时代晚期	青铜时代早中期	小拉哈类型	古城文化	白金宝文化	汉书二期文化	魏晋隋唐时期	辽金时期	清末至民国时期	所属遗址编号
A131	一般采集		5056040.019	561357.892	0	0	0	0	0	0	0	5	0	3	0	DA-HTMG
A132	一般采集		5056078.528	561336.7076	0	11	0	0	0	0	0	1	0	0	0	DA-HTMG
A133	**系统采集**	**1**	**5056127.921**	**561286.4381**	**500**	**2750**	**0**	**0**	**0**	**0**	**0**	**2750**	**0**	**750**	**0**	**DA-HTMG**
A134	**系统采集**	**1**	**5056186.639**	**561267.4347**	**500**	**9750**	**0**	**0**	**0**	**0**	**0**	**2000**	**0**	**0**	**0**	**DA-HTMG**
A135	一般采集		5056171.551	561309.1547	0	26	0	0	0	0	0	30	0	4	0	DA-HTMG
A136	一般采集		5056227.057	561262.651	2	69	0	0	0	0	0	18	0	3	0	DA-HTMG
A137	**系统采集**	**1**	**5056131.012**	**561239.1508**	**250**	**4500**	**0**	**0**	**0**	**0**	**0**	**3250**	**0**	**0**	**0**	**DA-HTMG**
A138	**系统采集**	**1**	**5056079.679**	**561285.5529**	**0**	**7000**	**0**	**0**	**0**	**0**	**0**	**500**	**0**	**0**	**0**	**DA-HTMG**
A139	一般采集		5056077.999	561287.1891	0	1	0	0	0	0	0	5	0	3	0	DA-HTMG
A140	一般采集		5055967.741	561312.7878	3	15	0	0	0	0	0	3	0	3	1	DA-HTMG
A141	**系统采集**	**1**	**5055921.205**	**561323.8542**	**0**	**5000**	**0**	**0**	**0**	**0**	**0**	**2750**	**0**	**500**	**0**	**DA-HTMG**
A142	一般采集		5055871.892	561343.9633	0	4	0	0	0	0	0	2	0	1	0	DA-HTMG
A143	一般采集		5055814.643	561362.5375	0	0	0	0	0	0	0	8	0	3	0	DA-HTMG
A144	一般采集		5055814.643	561362.5375	0	1	0	0	0	0	0	0	0	6	3	DA-HTMG
A145	一般采集		5055726.073	561401.5043	0	0	0	0	0	0	0	3	0	6	3	DA-HTMG
A146	一般采集		5055666.673	561351.8882	0	0	0	0	0	0	0	0	0	4	0	DA-HTMG
A147	一般采集		5055722.54	561339.1023	0	0	0	0	0	0	0	0	0	6	0	DA-HTMG
A148	一般采集		5055771.173	561322.7799	0	0	0	0	0	0	0	2	0	1	1	DA-HTMG
A149	一般采集		5055959.896	561248.9779	0	1	0	0	0	0	0	1	0	1	0	DA-HTMG
A150	一般采集		5056019.35	561239.7247	0	1	0	0	0	0	0	4	0	0	0	DA-HTMG
A151	**系统采集**	**1**	**5056075.218**	**561234.2677**	**1000**	**6500**	**0**	**0**	**0**	**0**	**0**	**2000**	**0**	**0**	**0**	**DA-HTMG**
A152	一般采集		5056458.89	561463.9997	0	1	0	0	0	0	0	14	0	8	11	DA-HTMG
A153	**系统采集**	**3**	**5056505.212**	**561495.0992**	**0**	**0**	**0**	**0**	**0**	**0**	**0**	**1499**	**0**	**0**	**583**	**DA-HTMG**
A154	一般采集		5056553.618	561525.4084	0	0	0	0	0	0	0	9	0	16	11	DA-HTMG
A155	一般采集		5056597.661	561546.4911	0	0	0	0	0	0	0	4	1	9	7	DA-HTMG
A156	一般采集		5056638.885	561581.9512	0	0	0	0	0	0	0	2	0	6	7	DA-HTMG
A157	一般采集		5056681.555	561610.9187	0	0	0	0	0	0	0	5	0	9	9	DA-HTMG

续表

采集区号	采集类型	系统采集圈数量	纬度	经度	新石器时代早期	新石器时代中期	新石器时代晚期	青铜时代早中期	小拉哈类型	古城文化	白金宝文化	汉书二期文化	魏晋隋唐时期	辽金时期	清末至民国时期	所属遗址编号
A158	一般采集		5056714.933	561645.7376	0	0	0	0	0	0	0	1	0	6	7	DA-HTMG
A159	一般采集		5056680.254	561689.1748	0	0	0	0	0	0	0	0	0	3	8	DA-HTMG
A160	一般采集		5056644.761	561661.5632	0	0	0	0	0	0	0	0	0	4	3	DA-HTMG
A161	一般采集		5056604.962	561631.0989	0	0	0	0	0	0	0	0	0	7	11	DA-HTMG
A162	一般采集		5056562.977	561599.2708	0	0	0	0	0	0	0	0	0	7	3	DA-HTMG
A163	一般采集		5056519.604	561569.6266	0	0	0	0	0	0	0	0	0	8	2	DA-HTMG
A164	一般采集		5056471.859	561534.9612	0	0	0	0	0	0	0	11	0	12	4	DA-HTMG
A165	**系统采集**	**2**	**5056435.352**	**561504.2234**	**0**	**0**	**0**	**0**	**0**	**0**	**0**	**1875**	**0**	**2125**	**250**	**DA-HTMG**
A166	一般采集		5056403.07	561547.1368	0	0	0	0	0	0	0	4	0	6	6	DA-HTMG
A167	一般采集		5056440.708	561575.4738	0	0	0	0	0	0	0	0	0	10	10	DA-HTMG
A168	一般采集		5056489.871	561608.6913	0	0	0	0	0	0	0	1	0	8	3	DA-HTMG
A169	一般采集		5056532.569	561641.2296	0	0	0	0	0	0	0	0	0	5	3	DA-HTMG
A170	一般采集		5056574.562	561673.8181	0	0	0	0	0	0	0	6	0	11	3	DA-HTMG
A171	一般采集		5056612.215	561703.5327	0	0	0	0	0	0	0	5	0	18	2	DA-HTMG
A172	一般采集		5056649.113	561732.6168	0	0	0	0	0	0	0	3	0	5	4	DA-HTMG
A173	一般采集		5056681.778	561766.7164	0	0	0	0	0	0	0	0	0	3	0	DA-HTMG
A174	一般采集		5056677.393	561825.5892	0	0	0	0	0	0	0	0	0	1	3	DA-HTMG
A175	一般采集		5056648.466	561805.0924	0	0	0	0	0	0	0	0	0	2	1	DA-HTMG
A176	一般采集		5056620.92	561781.7153	0	0	0	0	0	0	0	1	0	17	3	DA-HTMG
A177	**系统采集**	**3**	**5055587.524**	**561746.5222**	**0**	**0**	**0**	**0**	**0**	**0**	**0**	**2499**	**0**	**2749**	**0**	**DA-HTMG**
A178	一般采集		5056542.722	561715.7921	0	0	0	0	0	0	0	10	0	14	2	DA-HTMG
A179	一般采集		5056500.735	561681.7495	0	0	0	0	0	0	0	8	0	8	0	DA-HTMG
A180	一般采集		5056456.554	561648.5001	0	0	0	0	0	0	0	1	1	2	7	DA-HTMG
A181	一般采集		5056402.308	561608.8456	0	0	0	0	0	0	0	3	0	14	6	DA-HTMG
A182	一般采集		5056628.896	561857.7125	0	0	0	0	0	0	0	0	0	4	1	DA-HTMG
A183	一般采集		5056628.896	561857.7125	0	0	0	0	0	0	0	1	0	7	1	DA-HTMG
A184	一般采集		5056554.276	561792.4567	0	0	0	0	0	0	0	3	0	20	0	DA-HTMG

采集区号	采集类型	系统采集圈数量	纬度	经度	新石器时代早期	新石器时代中期	新石器时代晚期	青铜时代早中期	小拉哈类型	古城文化	白金宝文化	汉书二期文化	魏晋隋唐时期	辽金时期	清末至民国时期	所属遗址编号
A185	一般采集		5056512.996	561755.5625	0	0	0	0	0	0	0	4	0	9	0	DA-HTMG
A186	一般采集		5056471.697	561720.871	0	0	0	0	0	0	0	0	0	5	2	DA-HTMG
A187	一般采集		5056376.146	561647.9484	0	0	0	0	0	0	0	0	0	1	2	DA-HTMG
A188	一般采集		5056399.857	561716.5925	0	0	0	0	0	0	0	0	1	2	0	DA-HTMG
A189	一般采集		5056440.559	561763.5218	0	0	0	0	0	0	0	2	0	3	1	DA-HTMG
A190	一般采集		5056482.612	561799.6807	0	0	0	0	0	0	0	3	0	16	1	DA-HTMG
A191	一般采集		5056249.719	562107.2154	0	0	0	0	0	0	0	0	0	37	0	DA-HTMG
B001	**系统采集**	**2**	**5049415.508**	**560528.0068**	**0**	**0**	**0**	**0**	**0**	**0**	**0**	**0**	**0**	**2625**	**500**	
B002	**系统采集**	**1**	**5049441.259**	**560566.4538**	**0**	**0**	**0**	**0**	**0**	**0**	**0**	**0**	**0**	**3750**	**1750**	
B003	一般采集		5049425.816	560476.737	0	0	0	0	0	0	0	0	0	9	14	
B004	一般采集		5050111.09	560076.553	0	0	0	0	0	0	0	0	0	0	42	
B005	一般采集		5049974.355	559907.6526	0	0	0	0	0	0	0	0	0	0	23	
B006	一般采集		5049490.523	560170.7745	0	0	0	0	0	0	0	0	0	3	27	
B007	一般采集		5049305.678	560252.2118	0	0	0	0	0	0	0	0	0	0	24	
B008	一般采集		5049717.064	560327.2532	0	0	0	0	0	0	0	0	0	0	13	
B009	一般采集		5050154.737	560216.8111	0	0	0	0	0	0	0	0	0	0	10	
B010	**系统采集**	**2**	**5050154.201**	**560336.0895**	**0**	**0**	**0**	**0**	**0**	**0**	**0**	**0**	**0**	**0**	**1625**	
B011	一般采集		5050410.165	560479.0615	0	0	0	0	0	0	0	0	0	0	15	
B012	一般采集		5050119.794	560440.5873	0	0	0	0	0	0	0	0	0	0	30	
B013	一般采集		5049883.215	560559.3786	0	0	0	0	0	0	0	0	0	0	20	
B014	一般采集		5049883.215	560559.3786	0	0	0	0	0	0	0	0	0	0	22	
B015	一般采集		5050127.334	560701.8129	0	0	0	0	0	0	0	0	0	0	14	
B016	**系统采集**	**2**	**5050119.694**	**560554.2142**	**0**	**0**	**0**	**0**	**0**	**0**	**0**	**0**	**0**	**0**	**2750**	
B017	一般采集		5050353.6	560681.0027	0	0	0	0	0	0	0	0	0	0	26	
B018	一般采集		5050294.669	560594.7315	0	0	0	0	0	0	0	0	0	0	13	
B019	一般采集		5050589.535	560603.5537	0	0	0	0	0	0	0	0	0	0	10	
B020	一般采集		5051103.48	560692.8641	0	0	0	0	0	0	0	0	0	1	24	

续表

采集区号	采集类型	系统采集圈数量	纬度	经度	新石器时代早期	新石器时代中期	新石器时代晚期	青铜时代早中期	小拉哈类型	古城文化	白金宝文化	汉书二期文化	魏晋隋唐时期	辽金时期	清末至民国时期	所属遗址编号
B021	一般采集		5051057.589	560428.6578	0	0	0	0	0	0	0	0	0	3	9	
B022	一般采集		5050929.648	560190.3075	0	0	0	0	0	0	0	0	0	96	13	
B023	系统采集	1	5051011.433	560256.5388	0	0	0	0	0	0	0	0	0	5750	750	
B024	系统采集	4	5050879.111	560143.8085	0	0	0	0	0	0	0	0	0	1625	187	
B025	一般采集		5050637.715	559829.7597	0	0	0	0	0	0	0	0	0	0	29	
B026	一般采集		5050554.847	559597.1166	0	0	0	0	0	0	0	0	0	0	10	
B027	一般采集		5050324.61	559099.0334	0	0	0	0	0	0	0	0	0	0	29	
B028	一般采集		5051304.023	559577.6453	0	0	0	0	0	0	0	0	0	0	27	
B029	一般采集		5051258.883	560187.7497	0	0	0	0	0	0	0	0	0	26	6	
B030	一般采集		5053310.147	560392.6335	0	0	0	0	0	0	0	0	0	26	15	DA-ZDR
B031	一般采集		5053373.863	560444.0731	0	0	0	0	0	0	0	0	0	38	17	DA-ZDR
B032	系统采集	2	5053455.719	560344.4272	0	0	0	0	0	0	0	0	0	3625	1375	DA-ZDR
B033	系统采集	1	5053769.698	560181.826	0	0	0	0	0	0	0	0	0	7500	0	DA-ZDR
B034	系统采集	1	5053815.991	560223.7531	0	0	0	0	0	0	0	0	0	34750	0	DA-ZDR
B035	系统采集	1	5053841.342	560274.1394	0	0	0	0	0	0	0	0	0	19250	0	DA-ZDR
B036	一般采集		5053927.755	560329.578	0	73	0	0	0	0	0	2	0	22	4	DA-ZDR
B037	一般采集		5053917.091	560406.2449	0	0	0	0	0	0	0	0	0	24	7	DA-ZDR
B038	一般采集		5053974.388	560393.2299	0	4	0	0	0	0	0	3	0	10	1	DA-ZDR
B039	一般采集		5054012.169	560346.8301	0	3	0	0	0	0	0	0	0	41	10	DA-ZDR
B040	一般采集		5053951.055	560450.894	0	0	0	0	0	0	0	1	0	36	2	DA-ZDR
B041	系统采集	1	5054043.898	560390.7875	0	250	0	0	0	0	0	0	0	8250	500	DA-ZDR
B042	系统采集	1	5054085.58	560507.0509	0	0	0	0	0	0	0	0	0	7750	0	DA-ZDR
B043	系统采集	1	5054165.707	560453.1727	0	0	0	0	0	0	0	0	0	7250	1000	DA-ZDR
B044	系统采集	1	5054210.846	560581.1431	0	0	0	0	0	0	0	0	0	15250	0	DA-ZDR
B045	一般采集		5054210.846	560581.1431	0	0	0	0	0	0	0	0	0	179	6	DA-ZDR
B046	系统采集	1	5054274.224	560596.8791	0	0	0	0	0	0	0	0	0	7750	0	DA-ZDR
B047	一般采集		5054542.414	560618.7614	0	2	0	0	0	0	0	0	0	0	5	DA-ZDR

续表

采集区号	采集类型	系统采集圈数量	纬度	经度	新石器时代早期	新石器时代中期	新石器时代晚期	青铜时代早中期	小拉哈类型	古城文化	白金宝文化	汉书二期文化	魏晋隋唐时期	辽金时期	清末至民国时期	所属遗址编号
B048	一般采集		5054443.161	560557.5966	0	60	0	0	0	0	0	0	0	4	1	DA-ZDR
B049	一般采集		5054337.288	560501.2711	0	17	0	0	0	0	0	0	0	1	0	DA-ZDR
B050	一般采集		5054143.388	560359.8182	0	39	0	0	0	0	0	0	0	0	1	DA-ZDR
B051	一般采集		5053978.618	560254.8	3	18	0	0	0	0	0	0	0	1	0	DA-ZDR
B052	一般采集		5053637.611	559960.3721	0	0	0	0	0	0	0	0	0	11	3	DA-ZDR
B053	系统采集	1	5053458.15	559993.6087	0	0	0	0	0	0	0	0	0	7750	0	**DA-ZDR**
B054	一般采集		5053396.782	560169.6611	0	0	0	0	0	0	0	0	0	34	4	DA-ZDR
B055	一般采集		5052435.45	560398.1362	0	0	0	0	0	0	0	0	0	16	14	DA-ZDR
B056	一般采集		5052824.499	560083.9162	0	0	0	0	0	0	0	0	0	5	3	DA-ZDR
B057	一般采集		5053490.163	559771.5286	0	0	1	0	0	0	0	0	0	17	8	DA-ZDR
B058	系统采集	1	5053608.184	559622.5589	0	0	0	0	0	0	0	0	0	4750	500	**DA-ZDR**
B059	一般采集		5053205.268	559623.3291	0	0	0	0	0	0	0	0	0	13	12	
B060	一般采集		5053126.159	559660.9645	0	0	0	0	0	0	0	0	0	4	19	
B061	一般采集		5052646.599	559914.9306	0	0	0	0	0	0	0	0	0	0	19	
B062	一般采集		5052112.234	560065.7	0	0	0	0	0	0	0	0	0	7	8	
B063	一般采集		5053034.055	559633.7772	0	0	0	0	0	0	0	0	0	17	13	
B064	一般采集		5053385.067	559341.9246	0	0	0	0	0	0	0	0	0	7	9	
B065	一般采集		5051876.491	559500.6813	0	0	0	0	0	0	0	0	0	7	13	
B066	一般采集		5052940.873	558684.3843	0	0	0	0	0	0	0	0	0	87	23	DA-XH-1
B067	一般采集		5052943.033	558750.4148	0	0	0	0	0	0	0	0	0	27	16	DA-XH-1
B068	一般采集		5051862.965	559039.5199	0	0	0	0	0	0	0	0	0	15	29	DA-XH-1
B069	一般采集		5052763.455	558538.4143	0	0	0	0	0	0	0	0	0	25	0	DA-XH-1
B070	系统采集	1	5052900.465	558468.5755	0	0	0	0	0	0	0	0	0	7500	0	**DA-XH-1**
B071	系统采集	1	5052879.079	558424.5362	0	0	0	0	0	0	0	0	0	17500	0	**DA-XH-1**
B072	系统采集	1	5052860.443	558379.5795	0	0	0	0	0	0	0	0	0	9250	0	**DA-XH-1**
B073	系统采集	1	5052909.02	558358.4773	0	0	0	0	0	0	0	0	0	7750	0	**DA-XH-1**
B074	系统采集	2	5052927.962	558403.4341	0	0	0	0	0	0	0	0	0	3625	125	**DA-XH-1**

续表

采集区号	采集类型	系统采集圈数量	纬度	经度	新石器时代早期	新石器时代中期	新石器时代晚期	青铜时代早中期	小拉哈类型	古城文化	白金宝文化	汉书二期文化	魏晋隋唐时期	辽金时期	清末至民国时期	所属遗址编号
B075	系统采集	2	5052950.264	558446.2501	0	0	0	0	0	0	0	0	0	6375	0	DA-XH-1
B076	系统采集	3	5052807.331	558165.2466	0	0	0	0	0	0	0	0	0	2082	4165	DA-XH-1
B077	系统采集	2	5052816.091	558116.4707	0	0	0	0	0	0	0	0	0	4875	250	DA-XH-1
B078	系统采集	1	5052795.286	558079.7518	0	0	0	0	0	0	0	0	0	8750	500	DA-XH-1
B079	系统采集	1	5052778.314	558038.6483	0	0	0	0	0	0	0	0	0	7000	750	DA-XH-1
B080	一般采集		5052738.965	558059.9105	0	0	0	0	0	0	0	0	0	42	14	DA-XH-1
B081	一般采集		5052755.878	558097.7375	0	0	0	0	0	0	0	0	0	22	2	DA-XH-1
B082	一般采集		5052769.995	558142.1298	0	0	0	0	0	0	0	0	0	24	12	DA-XH-1
B083	一般采集		5052709.417	558182.2513	0	0	0	0	0	0	0	0	0	88	16	DA-XH-1
B084	一般采集		5052557.039	558228.3795	0	0	0	0	0	0	0	0	0	14	16	DA-XH-1
B085	一般采集		5052613.001	558162.4546	0	0	0	0	0	0	0	0	0	54	8	DA-XH-1
B086	一般采集		5052702.286	558121.3098	0	0	0	0	0	0	0	0	0	15	16	DA-XH-1
B087	系统采集	1	5052685.79	558073.1752	0	0	0	0	0	0	0	0	0	9500	1250	DA-XH-1
B088	一般采集		5052278.241	558138.2779	0	0	0	0	0	0	0	0	0	21	32	DA-XH-1
B089	一般采集		5052271.652	558056.0326	0	0	0	0	0	0	0	0	0	27	20	DA-XH-1
B090	一般采集		5052415.923	557787.7312	0	0	0	0	0	0	0	0	0	17	12	DA-XH-1
B091	一般采集		5052249.869	557900.7206	0	0	0	0	0	0	0	0	0	24	25	DA-XH-1
B092	系统采集	2	5053148.283	557731.2786	0	0	0	0	0	0	0	0	0	4000	1875	DA-XH-1
B093	一般采集		5053241.262	557575.7533	0	0	0	0	0	0	0	0	0	93	20	DA-XH-1
B094	一般采集		5053261.949	557628.6594	0	0	0	0	0	0	0	0	0	62	13	DA-XH-1
B095	一般采集		5053744.304	557593.3516	0	0	0	0	0	0	0	0	0	17	13	DA-HXH
B096	系统采集	2	5053783.119	557612.3754	0	0	0	0	0	0	0	0	0	4375	1500	DA-HXH
B097	系统采集	1	5053816.478	557572.6743	0	0	0	0	0	0	0	0	0	5500	2250	DA-HXH
B098	一般采集		5053736.222	557509.4651	0	0	0	0	0	0	0	0	0	43	41	DA-HXH
B099	一般采集		5053702.897	557482.536	0	0	0	0	0	0	0	0	0	24	19	DA-HXH
B100	系统采集	2	5053871.125	557514.7537	0	0	0	0	0	0	0	0	125	2875	1875	DA-HXH
B101	一般采集		5053831.474	557490.3962	0	0	0	0	0	0	0	0	0	18	24	DA-HXH

续表

采集区号	采集类型	系统采集圈数量	纬度	经度	新石器时代早期	新石器时代中期	新石器时代晚期	青铜时代早中期	小拉哈类型	古城文化	白金宝文化	汉书二期文化	魏晋隋唐时期	辽金时期	清末至民国时期	所属遗址编号
B102	系统采集	2	5053771.937	557471.6985	0	0	0	0	0	0	0	0	0	2000	3000	DA-HXH
B103	系统采集	3	5053751.551	557411.2194	0	0	0	0	0	0	0	0	0	1166	1166	DA-HXH
B104	系统采集	2	5053807.149	557424.2057	0	0	0	0	0	0	0	0	0	2500	1375	DA-HXH
B105	系统采集	2	5053868.425	557451.5984	0	0	0	0	0	0	0	0	0	5125	1125	DA-HXH
B106	系统采集	1	5053902.367	557487.4365	0	0	0	0	0	0	0	0	0	7750	1500	DA-HXH
B107	系统采集	1	5053907.016	557420.4147	0	0	0	0	0	0	0	0	0	10500	2750	DA-HXH
B108	一般采集		5053838.367	557397.0705	0	0	0	0	0	0	0	0	0	149	28	DA-HXH
B109	系统采集	3	5053810.771	557322.2089	0	0	0	0	0	0	0	0	0	1749	833	DA-HXH
B110	系统采集	2	5053872.61	557357.5816	0	0	0	0	0	0	0	0	0	2750	875	DA-HXH
B111	系统采集	3	5053778.225	557294.2832	0	0	0	0	0	0	0	0	0	1666	666	DA-HXH
B112	系统采集	1	5053966.415	557234.8694	0	250	0	0	0	0	0	0	0	7250	1000	DA-HXH
B113	系统采集	1	5054019.635	557277.1974	0	0	0	0	0	0	0	0	0	5250	2500	DA-HXH
B114	一般采集		5054039.641	557242.207	0	1	0	0	0	0	0	0	1	87	23	DA-HXH
B115	系统采集	1	5054009.429	557214.4352	0	0	0	0	0	0	0	0	0	5500	2250	DA-HXH
B116	系统采集	3	5053975.893	557184.5136	0	0	0	0	0	0	0	0	0	1916	333	DA-HXH
B117	一般采集		5054057.701	557143.4254	0	0	0	0	0	0	0	0	0	53	30	DA-HXH
B118	一般采集		5054095.063	557057.8448	0	0	0	0	0	0	0	0	0	49	16	DA-HXH
B119	一般采集		5053616.111	557353.4281	0	0	0	0	0	0	0	0	0	32	24	DA-HXH
B120	一般采集		5053582.19	557404.8239	0	0	0	0	0	0	0	0	0	16	9	DA-HXH
B121	一般采集		5053574.14	557231.884	0	0	0	0	0	0	0	0	0	23	19	DA-HXH
B122	系统采集	1	5053518.613	556695.7555	0	0	0	0	0	0	0	0	0	8250	1750	DA-HXH
B123	系统采集	2	5053672.792	556684.8234	0	0	0	0	0	0	0	0	0	3125	250	DA-HXH
B124	系统采集	2	5053720.973	556700.9001	0	0	0	0	0	0	0	0	0	4625	1250	DA-HXH
B125	系统采集	1	5053768.29	556719.6225	0	0	0	0	0	0	0	0	0	8750	1750	DA-HXH
B126	系统采集	1	5053654.19	556788.902	0	0	0	0	0	0	0	0	0	6500	1250	DA-HXH
B127	系统采集	2	5053737.738	556823.8538	0	0	0	0	0	0	0	0	0	3375	1250	DA-HXH
B128	一般采集		5054109.118	555216.3531	0	0	0	0	0	0	0	0	0	19	25	DA-YJWP

续表

采集区号	采集类型	系统采集圈数量	纬度	经度	新石器时代早期	新石器时代中期	新石器时代晚期	青铜时代早中期	小拉哈类型	古城文化	白金宝文化	汉书二期文化	魏晋隋唐时期	辽金时期	清末至民国时期	所属遗址编号
B129	一般采集		5054132.574	555170.1599	0	0	0	0	0	0	0	0	0	24	30	DA-YJWP
B130	一般采集		5054480.38	555298.4951	0	0	0	0	0	0	0	0	0	42	14	DA-YJWP
B131	一般采集		5054227.809	555125.5394	0	0	0	0	0	0	0	0	0	17	13	DA-YJWP
B132	一般采集		5054266.116	555042.3771	0	0	0	0	0	0	0	0	0	10	11	DA-YJWP
B133	一般采集		5054518.459	555188.0379	0	0	0	0	0	0	0	0	0	28	11	DA-YJWP
B134	一般采集		5054529.449	555141.9886	0	0	0	0	0	0	0	0	0	32	8	DA-YJWP
B135	系统采集	2	5054533.028	555244.4044	0	0	0	0	0	0	0	0	0	3500	1000	DA-YJWP
B136	系统采集	2	5054584.285	555261.0048	0	0	0	0	0	0	0	0	0	3750	625	DA-YJWP
B137	一般采集		5054576.849	555189.3274	0	0	0	0	0	0	0	0	0	27	3	DA-YJWP
B138	一般采集		5054594.562	555147.9748	0	0	0	0	0	0	0	0	0	101	8	DA-YJWP
B139	一般采集		5054777.18	555062.2846	0	0	0	0	0	0	0	0	0	48	17	DA-YJWP
B140	系统采集	1	5054609.24	555099.0204	0	0	0	0	0	0	0	0	0	12750	0	DA-YJWP
B141	系统采集	1	5054620.547	555057.1421	0	0	0	0	0	0	0	0	0	11750	1000	DA-YJWP
B142	系统采集	2	5054635.246	555011.491	0	0	0	0	0	0	0	0	0	5375	250	DA-YJWP
B143	系统采集	1	5054576.513	555042.4078	0	0	0	0	0	0	0	0	0	14500	1250	DA-YJWP
B144	系统采集	1	5054590.413	554999.3409	0	0	0	0	0	0	0	0	0	10500	1750	DA-YJWP
B145	系统采集	1	5054550.038	555078.1864	0	0	0	0	0	0	0	0	0	10250	1250	DA-YJWP
B146	一般采集		5054503.753	555066.63	0	0	0	0	0	0	0	0	0	54	9	DA-YJWP
B147	一般采集		5054529.212	555029.7813	0	0	0	0	0	0	0	0	0	47	7	DA-YJWP
B148	系统采集	3	5054551.724	554982.7104	0	0	0	0	0	0	0	0	0	1666	583	DA-YJWP
B149	一般采集		5054520.295	554847.7749	0	0	0	0	0	0	0	0	0	27	7	DA-YJWP
B150	系统采集	3	5054580.703	554904.9887	0	0	0	0	0	0	0	0	0	3249	333	DA-YJWP
B151	系统采集	1	5054591.632	554952.2798	0	0	0	0	0	0	0	0	0	10000	750	DA-YJWP
B152	系统采集	1	5054619.837	554922.2817	0	0	0	0	0	0	0	0	0	8250	2500	DA-YJWP
B153	系统采集	1	5054636.487	554887.7038	0	0	0	0	0	0	0	0	0	6750	750	DA-YJWP
B154	系统采集	1	5054678.088	554900.7618	0	0	0	0	0	0	0	0	0	11750	0	DA-YJWP
B155	系统采集	1	5054658.698	554938.1712	0	0	0	0	0	0	0	0	0	11250	1750	DA-YJWP

续表

采集区号	采集类型	系统采集陶数量	纬度	经度	新石器时代早期	新石器时代中期	新石器时代晚期	青铜时代早中期	小拉哈类型	古城文化	白金宝文化	汉书二期文化	魏晋隋唐时期	辽金时期	清末至民国时期	所属遗址编号
B156	系统采集	1	5054643.538	554973.1101	0	0	0	0	0	0	0	0	0	14000	1250	DA-YJWP
B157	系统采集	1	5054683.376	554991.8147	0	0	0	0	0	0	0	0	0	29000	2500	DA-YJWP
B158	系统采集	1	5054699.594	554957.2288	0	0	0	0	0	0	0	0	0	20250	1750	DA-YJWP
B159	系统采集	2	5054785.925	554915.2517	0	0	0	0	0	0	0	0	0	4500	625	DA-YJWP
B160	一般采集		5054824.702	554939.0353	0	0	0	0	0	0	0	0	0	43	7	DA-YJWP
B161	一般采集		5054807.125	554975.0606	0	0	0	0	0	0	0	0	0	173	24	DA-YJWP
B162	系统采集	1	5054790.037	555011.123	0	0	0	0	0	0	0	0	0	7250	250	DA-YJWP
B163	一般采集		5054831.442	555034.4192	0	0	0	0	0	0	0	0	0	44	9	DA-YJWP
B164	系统采集	2	5054849.295	554991.2591	0	0	0	0	0	0	0	0	0	3750	250	DA-YJWP
B165	一般采集		5054862.91	554956.5676	0	0	0	0	0	0	0	0	0	67	11	DA-YJWP
B166	一般采集		5054839.274	554892.9371	0	0	0	0	0	0	0	0	0	69	12	DA-YJWP
B167	一般采集		5054857.489	554852.5414	0	0	0	0	0	0	0	0	0	73	3	DA-YJWP
B168	系统采集	2	5054878.833	554801.9624	0	0	0	0	0	0	0	0	0	4125	0	DA-YJWP
B169	一般采集		5054828.112	554788.9723	0	0	0	0	0	0	0	0	0	63	5	DA-YJWP
B170	系统采集	2	5054818.814	554828.5202	0	0	0	0	0	0	0	0	0	3375	125	DA-YJWP
B171	系统采集	2	5054802.721	554870.7516	0	0	0	0	0	0	0	0	0	7250	750	DA-YJWP
B172	一般采集		5054757.054	554857.9133	0	0	0	0	0	0	0	0	0	30	10	DA-YJWP
B173	系统采集	2	5054779.67	554808.9285	0	0	0	0	0	0	0	0	0	3000	750	DA-YJWP
B174	系统采集	2	5054796.632	554767.1325	0	0	0	0	0	0	0	0	0	4625	750	DA-YJWP
B175	一般采集		5054757.35	554749.5279	0	1	0	0	0	0	0	0	0	65	13	DA-YJWP
B176	系统采集	3	5054741.832	554787.1597	0	0	0	0	0	0	0	0	0	2666	333	DA-YJWP
B177	一般采集		5054716.605	554834.6742	0	0	0	0	0	0	0	0	2	29	9	DA-YJWP
B178	一般采集		5054613.498	554835.0496	0	0	0	0	0	0	0	0	0	38	4	DA-YJWP
B179	一般采集		5054635.131	554798.445	0	0	0	0	0	0	0	0	0	36	7	DA-YJWP
B180	一般采集		5054658.662	554763.2528	0	0	0	0	0	0	0	0	0	48	10	DA-YJWP
B181	系统采集	1	5054829.252	554727.5135	0	0	0	0	0	0	0	0	0	9250	0	DA-YJWP
B182	系统采集	1	5054869.265	554747.9761	0	0	0	0	0	0	0	0	0	8750	500	DA-YJWP

续表

采集区号	采集类型	系统采集圈数量	纬度	经度	新石器时代早期	新石器时代中期	新石器时代晚期	青铜时代早中期	小拉哈类型	古城文化	白金宝文化	汉书二期文化	魏晋隋唐时期	辽金时期	清末至民国时期	所属遗址编号
B183	一般采集		5055770.464	554175.22	0	0	0	0	0	0	0	0	0	38	16	DA-BYT
B184	一般采集		5055740.52	554058.5404	0	0	0	0	0	0	0	0	0	23	4	DA-BYT
B185	一般采集		5056111.498	554180.1807	0	0	0	0	0	0	0	0	0	16	13	DA-BYT
B186	一般采集		5056061.005	554089.5735	0	0	0	0	0	0	0	0	0	17	30	DA-BYT
B187	一般采集		5056063.372	554042.8894	0	0	0	0	0	0	0	0	0	19	15	DA-BYT
B188	**系统采集**	**2**	**5056109.066**	**554130.1305**	**0**	**0**	**0**	**0**	**0**	**0**	**0**	**0**	**0**	**1375**	**2000**	**DA-BYT**
B189	一般采集		5056109.428	554042.0958	0	0	0	0	0	0	0	0	0	12	29	DA-BYT
B190	一般采集		5056106.745	554087.2159	0	0	0	0	0	0	0	0	0	11	16	DA-BYT
B191	一般采集		5056152.297	554178.2616	0	0	0	0	0	0	0	0	0	9	10	DA-BYT
B192	一般采集		5056481.741	553902.5822	0	0	0	0	0	0	0	0	0	32	22	DA-BYT
B193	一般采集		5056517.828	554083.7627	0	0	0	0	0	0	0	0	0	28	29	DA-BYT
B194	一般采集		5056620.84	554066.9892	0	0	0	0	0	0	0	0	0	7	32	DA-BYT
B195	一般采集		5056648.743	553856.2236	0	0	0	0	0	0	0	0	0	10	25	DA-BYT
B196	一般采集		5056675.976	553898.7819	0	0	0	0	0	0	0	0	0	23	11	DA-BYT
B197	**系统采集**	**1**	**5056704.75**	**553940.1018**	**0**	**0**	**0**	**0**	**0**	**0**	**0**	**0**	**0**	**3750**	**4250**	**DA-BYT**
B198	一般采集			553831.2706	0	0	0	0	0	0	0	0	0	40	47	DA-BYT
B199	一般采集		5056573.918	553700.3631	0	0	0	0	0	0	0	0	0	13	60	DA-BYT
B200	一般采集		5056466.695	553707.5037	0	0	0	0	0	0	0	0	0	11	33	DA-BYT
B201	一般采集		5056447.234	553652.1683	0	0	0	0	0	0	0	0	0	0	46	DA-BYT
B202	**系统采集**	**3**	**5056493.761**	**553837.3518**	**0**	**0**	**0**	**0**	**0**	**0**	**0**	**0**	**0**	**0**	**2082**	**DA-BYT**
B203	一般采集		5056404.981	553669.4657	0	0	0	0	0	0	0	0	0	7	37	DA-BYT
B204	**系统采集**	**4**	**5056335.871**	**553685.8058**	**0**	**0**	**0**	**0**	**0**	**0**	**0**	**0**	**0**	**375**	**1312**	**DA-BYT**
B205	一般采集		5056272.933	553707.5037	0	0	0	0	0	0	0	0	0	8	37	DA-BYT
B206	一般采集		5056231.952	553873.1497	0	0	0	0	0	0	0	0	0	57	22	DA-BYT
B207	**系统采集**	**2**	**5056181.879**	**553790.697**	**0**	**0**	**0**	**0**	**0**	**0**	**0**	**0**	**0**	**3000**	**875**	**DA-BYT**
B208	一般采集		5056143.047	553752.56	0	0	0	0	0	0	0	0	0	74	29	DA-BYT
B209	**系统采集**	**1**	**5056141.729**	**553799.9411**	**0**	**0**	**0**	**0**	**0**	**0**	**0**	**0**	**0**	**5500**	**3000**	**DA-BYT**

续表

采集区号	采集类型	系统采集图数量	纬度	经度	新石器时代早期	新石器时代中期	新石器时代晚期	青铜时代早中期	小拉哈类型	古城文化	白金宝文化	汉书二期文化	魏晋隋唐时期	辽金时期	清末至民国时期	所属遗址编号
B210	系统采集	2	5056169.834	553840.1332	0	0	0	0	0	0	0	0	0	3000	1250	DA-BYT
B211	系统采集	2	5056189.508	553887.5599	0	0	0	0	0	0	0	0	0	3000	3500	DA-BYT
B212	一般采集		5056068.802	553775.8143	0	0	0	0	0	0	0	0	0	5	9	DA-BYT
B213	一般采集		5056193.055	553665.417	0	0	0	0	0	0	0	0	0	5	21	DA-BYT
B214	一般采集		5056367.402	553516.9253	0	0	0	0	0	0	0	0	0	0	24	DA-BYT
B215	一般采集		5056411.716	553586.1449	0	0	0	0	0	0	0	0	0	3	43	DA-BYT
B216	一般采集		5056854.473	553712.5932	0	0	0	0	0	0	0	0	0	6	54	DA-BYT
B217	一般采集		5056868.58	553747.4606	0	0	0	0	0	0	0	0	0	0	43	DA-BYT
B218	一般采集		5056880.483	553789.8312	0	0	0	0	0	0	0	0	0	1	50	DA-BYT
B219	系统采集	2	5057084.732	554207.2577	0	0	0	0	0	0	0	0	0	2750	1750	DA-BYT
B220	系统采集	2	5057050.147	554232.1263	0	0	0	0	0	0	0	0	0	2500	2625	DA-BYT
B221	系统采集	3	5057011.664	554256.5073	0	0	0	0	0	0	0	0	0	1166	1166	DA-BYT
B222	一般采集		5057260.56	554209.6005	0	0	0	0	0	0	0	0	0	5	37	DA-BYT
B223	一般采集		5057288.763	554254.4454	0	0	0	0	0	0	0	0	2	15	57	DA-BYT
B224	系统采集	2	5057212.728	554119.0985	0	0	0	0	0	0	0	0	0	250	2875	DA-BYT
B225	系统采集	3	5057312.328	554130.7202	0	0	0	0	0	0	0	0	0	333	3249	DA-BYT
B226	一般采集		5057417.839	554175.2472	0	0	0	0	0	0	0	0	0	8	44	DA-BYT
B227	一般采集		5057359.773	554062.8581	0	0	0	0	0	0	0	0	0	3	69	DA-BYT
B228	一般采集		5057454.338	554025.2104	0	0	0	0	0	0	0	0	0	8	116	DA-BYT
B229	系统采集	2	5057494.543	554003.3941	0	0	0	0	0	0	0	0	0	375	3125	DA-BYT
B230	系统采集	2	5057511.82	554049.2619	0	0	0	0	0	0	0	0	0	375	2625	DA-BYT
B231	一般采集		5057459.315	554099.3984	0	0	0	0	0	0	0	0	0	1	15	DA-BYT
B232	一般采集		5057257.443	553858.1562	0	0	0	0	0	0	0	0	0	5	22	DA-BYT
B233	一般采集		5057390.076	553836.3117	0	0	0	0	0	0	0	0	0	2	61	DA-BYT
B234	一般采集		5056878.508	561831.2509	0	0	0	0	0	0	0	3	0	21	13	DA-HTMG
B235	一般采集		5056854.971	561893.1844	0	0	0	0	0	0	0	0	0	2	9	DA-HTMG
B236	一般采集		5056836.298	561944.6772	0	0	0	0	0	0	0	3	0	7	1	DA-HTMG

续表

采集区号	采集类型	系统采集圈数量	纬度	经度	新石器时代早期	新石器时代中期	新石器时代晚期	青铜时代早中期	小拉哈类型	古城文化	白金宝文化	汉书二期文化	魏晋隋唐时期	辽金时期	清末至民国时期	所属遗址编号
B237	**系统采集**	**4**	**5056788.004**	**561986.794**	**0**	**0**	**0**	**0**	**0**	**0**	**0**	**0**	**0**	**1062**	**625**	**DA-HTMG**
B238	一般采集		5056899.816	562093.3219	0	0	0	0	0	0	0	0	0	6	0	DA-HTMG
B239	一般采集		5056948.249	562029.7724	0	0	0	0	0	0	0	1	0	3	8	DA-HTMG
B240	一般采集		5056979.888	561987.8544	0	0	0	0	0	0	0	0	0	4	7	DA-HTMG
B241	一般采集		5056940.261	562117.1573	0	0	0	0	0	0	0	1	0	10	8	DA-HTMG
B242	一般采集		5056560.125	562004.5499	0	0	0	0	0	0	0	1	1	14	19	DA-HTMG
B243	一般采集		5056451.794	562143.5221	0	0	0	0	0	0	0	0	0	16	12	DA-HTMG
B244	一般采集		5056598.013	562049.6044	0	0	0	0	0	0	0	0	0	5	9	DA-HTMG
B245	一般采集		5056576.189	562115.1513	0	0	0	0	0	0	0	0	0	12	20	DA-HTMG
B246	一般采集		5056627.516	562092.0884	0	0	0	0	0	0	0	0	0	1	3	DA-HTMG
B247	一般采集		5056256.701	562221.561	0	0	0	0	0	0	0	0	0	9	19	DA-HTMG
B248	一般采集		5056242.086	562302.0035	0	0	0	0	0	0	0	0	0	18	18	DA-HTMG
B249	一般采集		5056318.635	562437.5157	0	0	0	0	0	0	0	0	0	5	20	DA-HTMG
B250	一般采集		5056392.435	562393.4846	0	0	0	0	0	0	0	0	0	4	11	DA-HTMG
B251	一般采集		5056612.634	562205.0689	0	0	0	0	0	0	0	0	0	3	16	DA-HTMG
B252	一般采集		5056670.702	562149.962	0	0	0	0	0	0	0	0	2	5	13	DA-HTMG
C001	一般采集		5051060.896	562047.9612	0	0	0	0	0	0	0	0	0	0	8	
C002	一般采集		5050956.06	561922.0143	0	0	0	0	0	0	0	0	0	0	14	
C003	一般采集		5050905.738	561959.7984	0	0	0	0	0	0	0	0	0	0	10	
C004	一般采集		5050739.049	561782.423	0	0	0	0	0	0	0	0	0	0	8	
C005	一般采集		5050777.838	561882.1311	0	0	0	0	0	0	0	0	0	0	4	
C006	一般采集		5052904.841	562908.9517	0	0	0	0	0	0	0	0	0	23	43	
C007	一般采集		5053186.508	562608.2883	0	0	0	0	0	0	0	0	0	0	16	
C008	一般采集		5053188.673	562658.8655	0	0	0	0	0	0	0	0	0	0	14	
C009	一般采集		5053266.275	563533.3512	0	0	0	0	0	0	0	0	0	0	11	
C010	一般采集		5056057.852	562866.0142	0	0	0	0	0	0	0	0	0	5	24	DA-XH-2
C011	一般采集		5056126.498	562848.8331	0	0	0	0	0	0	0	0	0	2	9	DA-XH-2

续表

采集区号	采集类型	系统采集图数量	纬度	经度	新石器时代早期	新石器时代中期	新石器时代晚期	青铜时代早中期	小拉哈类型	古城文化	白金宝文化	汉书二期文化	魏晋隋唐时期	辽金时期	清末至民国时期	所属遗址编号
C012	一般采集		5056173.08	562869.696	0	0	0	0	0	0	0	0	0	1	5	DA-XH-2
C013	一般采集		5056417.169	562740.8407	0	0	0	0	0	0	0	0	0	11	4	DA-XH-2
C014	一般采集		5056513.504	562651.9385	0	0	0	0	0	0	0	0	0	1	11	DA-XH-2
C015	一般采集		5056629.43	562558.422	0	0	0	0	0	0	0	0	0	0	12	DA-XH-2
C016	一般采集		5056789.632	562518.7676	0	0	0	0	0	0	0	0	0	0	10	DA-XH-2
C017	一般采集		5056499.029	562767.9651	0	0	0	0	0	0	0	0	0	37	1	DA-XH-2
C018	一般采集		5056453.948	562795.4167	0	0	0	0	0	0	0	0	0	30	2	DA-XH-2
C019	一般采集		5056533.42	562806.5834	0	0	0	0	0	0	0	0	0	22	7	DA-XH-2
C020	一般采集		5056401.227	562960.1821	0	0	0	0	0	0	0	0	0	19	79	DA-XH-2
C021	一般采集		5056429.335	562925.7885	0	0	0	0	0	0	0	0	0	20	14	DA-XH-2
C022	一般采集		5056462.127	562901.296	0	0	0	0	0	0	0	0	0	7	13	DA-XH-2
C023	一般采集		5056393.419	562893.4794	0	0	0	0	0	0	0	0	0	42	38	DA-XH-2
C024	**系统采集**	**2**	**5056368.197**	**562924.5501**	**0**	**0**	**0**	**0**	**0**	**0**	**0**	**0**	**0**	**2375**	**875**	**DA-XH-2**
C025	一般采集		5056330.436	562891.916	0	0	0	0	0	0	0	0	0	7	17	DA-XH-2
C026	一般采集		5056326.25	562930.2074	0	0	0	0	0	0	0	0	0	6	6	DA-XH-2
C027	一般采集		5056301.598	562918.5005	0	0	0	0	0	0	0	0	0	10	10	DA-XH-2
C028	一般采集		5056362.499	562862.22	0	0	0	0	0	0	0	0	0	5	7	DA-XH-2
C029	**系统采集**	**1**	**5056430.883**	**562868.2231**	**0**	**0**	**0**	**0**	**0**	**0**	**0**	**0**	**0**	**2750**	**6750**	**DA-XH-2**
C030	一般采集		5056397.374	562827.8264	0	0	0	0	0	0	0	0	0	2	6	DA-XH-2
C031	一般采集		5056485.559	562841.2401	0	0	0	0	0	0	0	0	0	7	8	DA-XH-2
C032	一般采集		5057420.158	563157.6732	0	0	0	0	0	0	0	0	0	0	6	
C033	一般采集		5058452.332	562397.4743	0	0	0	0	0	0	0	0	0	0	8	
C034	一般采集		5058459.43	562443.6625	0	0	0	0	0	0	0	0	0	0	20	
C035	一般采集		5058467.415	562496.9566	0	0	0	0	0	0	0	0	0	8	12	
C036	一般采集		5057931.628	563708.0387	0	0	0	0	0	0	0	0	0	4	12	DA-DST-1
C037	一般采集		5057846.73	563815.6581	0	0	0	0	0	0	0	0	0	6	4	DA-DST-1
C038	一般采集		5057728.631	563898.574	0	0	0	0	0	0	0	0	0	4	5	DA-DST-1

续表

采集区号	采集类型	系统采集圈数量	纬度	经度	新石器时代早期	新石器时代中期	新石器时代晚期	青铜时代早中期	小拉哈类型	古城文化	白金宝文化	汉书二期文化	魏晋隋唐时期	辽金时期	清末至民国时期	所属遗址编号
C039	一般采集		5057854.5	563890.3559	0	0	0	0	0	0	0	0	0	5	6	DA-DST-1
C040	一般采集		5057840.428	564197.9503	0	0	0	0	0	0	0	0	0	7	8	DA-DST-1
C041	一般采集		5057841.555	564254.3273	0	0	0	0	0	0	0	0	0	7	7	DA-DST-1
C042	一般采集		5057763.685	564371.8653	0	0	0	0	0	0	0	0	0	9	0	DA-DST-1
C043	一般采集		5057751.671	564322.5543	0	0	0	0	0	0	0	0	0	34	6	DA-DST-1
C044	一般采集		5057736.354	564269.154	0	0	0	0	0	0	0	0	0	12	4	DA-DST-1
C045	**系统采集**	**1**	**5057727.09**	**564217.5548**	**0**	**0**	**0**	**0**	**0**	**0**	**0**	**0**	**0**	**5250**	**6000**	**DA-DST-1**
C046	一般采集		5057782.185	564208.5375	0	0	0	0	0	0	0	0	0	36	24	DA-DST-1
C047	一般采集		5057791.436	564260.3141	0	0	0	0	0	0	0	0	0	15	12	DA-DST-1
C048	一般采集		5057703.137	564333.559	0	0	0	0	0	0	0	0	0	29	9	DA-DST-1
C049	**系统采集**	**1**	**5057691.287**	**564281.1295**	**0**	**0**	**0**	**0**	**0**	**0**	**0**	**0**	**0**	**15000**	**5000**	**DA-DST-1**
C050	**系统采集**	**1**	**5057676.368**	**564230.7818**	**0**	**0**	**0**	**0**	**0**	**0**	**0**	**0**	**0**	**16750**	**3000**	**DA-DST-1**
C051	一般采集		5057550.738	564368.7005	0	0	0	0	0	0	0	0	0	8	6	DA-DST-1
C052	一般采集		5057527.478	564317.6922	0	0	0	0	0	0	0	0	0	18	7	DA-DST-1
C053	一般采集		5057503.48	564379.0502	0	0	0	0	0	0	0	0	0	41	20	DA-DST-1
C054	**系统采集**	**1**	**5057481.966**	**564337.128**	**0**	**0**	**0**	**0**	**0**	**0**	**0**	**0**	**0**	**7000**	**750**	**DA-DST-1**
C055	**系统采集**	**1**	**5057463.053**	**564284.7617**	**0**	**0**	**0**	**0**	**0**	**0**	**0**	**0**	**0**	**11000**	**3250**	**DA-DST-1**
C056	一般采集		5057510.495	564270.7498	0	0	0	0	0	0	0	0	0	3	11	DA-DST-1
C057	一般采集		5056527.306	569303.3205	0	0	0	0	0	0	0	0	0	4	5	DA-XWPZ
C058	一般采集		5056592.834	569424.5854	0	0	0	0	0	0	0	0	0	0	10	DA-XWPZ
C059	一般采集		5056670.275	569558.275	0	0	0	0	0	0	0	0	0	0	19	DA-XWPZ
C060	一般采集		5056937.772	569712.0051	0	0	0	0	0	0	0	0	0	0	4	DA-XWPZ
C061	一般采集		5057120.538	569944.8516	0	0	0	0	0	0	0	0	0	1	17	DA-XWPZ
C062	一般采集		5057132.255	569999.1041	0	0	0	0	0	0	0	0	0	3	40	DA-XWPZ
C063	一般采集		5057134.207	570046.5141	0	0	0	0	0	0	0	0	0	1	45	DA-XWPZ
C064	一般采集		5057134.696	570102.2329	0	0	0	0	0	0	0	0	0	0	30	DA-XWPZ
C065	一般采集		5056258.057	570553.6751	0	0	0	0	0	0	0	0	0	1	9	

续表

采集区号	采集类型	系统采集圈数量	纬度	经度	新石器时代早期	新石器时代中期	新石器时代晚期	青铜时代早中期	小拉哈类型	古城文化	白金宝文化	汉书二期文化	魏晋隋唐时期	辽金时期	清末至民国时期	所属遗址编号
C066	一般采集		5056496.042	570534.76	0	0	0	0	0	0	0	0	0	2	8	
C067	一般采集		5056552.015	570530.6091	0	0	0	0	0	0	0	0	0	8	9	
C068	一般采集		5056397.543	571165.5249	0	0	0	0	0	0	0	0	0	14	37	DA-CJWP
C069	一般采集		5056420.947	571214.9597	0	0	0	0	0	0	0	0	0	3	14	DA-CJWP
C070	一般采集		5056451.202	571264.9659	0	0	0	0	0	0	0	0	0	5	5	DA-CJWP
C071	一般采集		5056469.755	571309.8286	0	0	0	0	0	0	0	0	0	3	5	DA-CJWP
C072	一般采集		5056684.628	571180.3102	0	0	0	0	0	0	0	0	0	11	9	DA-CJWP
C073	一般采集		5056724.151	571232.0179	0	0	0	0	0	0	0	0	0	10	8	DA-CJWP
C074	一般采集		5056739.421	571169.9686	0	0	0	0	0	0	0	0	0	5	3	DA-CJWP
C075	一般采集		5056739.421	571280.1286	0	0	0	0	0	0	0	0	0	39	6	DA-CJWP
C076	**系统采集**	**1**	**5056792.845**	**571265.0807**	**0**	**0**	**0**	**0**	**0**	**0**	**0**	**0**	**0**	**9000**	**1250**	**DA-CJWP**
C077	一般采集		5056772.206	571217.1801	0	0	0	0	0	0	0	0	0	22	11	DA-CJWP
C078	一般采集		5056792.417	571152.8825	0	0	0	0	0	0	0	0	0	7	3	DA-CJWP
C079	一般采集		5059449.068	571700.1837	0	0	0	0	0	0	0	0	0	1	15	DA-HX
C080	一般采集		5059412.994	571734.1427	0	0	0	0	0	0	0	0	0	4	4	DA-HX
C081	一般采集		5056880.443	571739.4051	0	0	0	0	0	0	0	0	0	13	8	DA-CJWP
C082	一般采集		5056929.434	571794.2916	0	0	0	0	0	0	0	0	0	4	5	DA-CJWP
C083	一般采集		5056928.268	571738.2374	0	0	0	0	0	0	0	0	0	13	9	DA-CJWP
C084	一般采集		5057090.36	571713.4567	0	0	0	0	0	0	0	0	0	11	14	DA-CJWP
C085	一般采集		5057142.641	571709.728	0	0	0	0	0	0	0	0	0	2	7	DA-CJWP
C086	一般采集		5056913.47	571537.0097	0	0	0	0	0	0	0	0	0	18	0	DA-CJWP
C087	一般采集		5056873.721	571591.2749	0	0	0	0	0	0	0	0	0	13	1	DA-CJWP
C088	一般采集		5058176.667	571471.2759	0	0	0	0	0	0	0	0	0	0	5	
C089	一般采集		5058075.392	571372.9952	0	0	0	0	0	0	0	0	0	0	12	
C090	一般采集		5058034.384	571439.5524	0	0	0	0	0	0	0	0	0	0	7	
C091	一般采集		5057777.113	571046.4864	0	0	0	0	0	0	0	0	0	5	1	
C092	一般采集		5057521.219	570720.485	0	0	0	0	0	0	0	0	0	3	2	

续表

采集区号	采集类型	系统采集陶数量	纬度	经度	新石器时代早期	新石器时代中期	新石器时代晚期	青铜时代早中期	小拉哈类型	古城文化	白金宝文化	汉书二期文化	魏晋隋唐时期	辽金时期	清末至民国时期	所属遗址编号
C093	一般采集		5057709.08	571123.9956	0	0	0	0	0	0	0	0	0	0	5	
C094	一般采集		5058820.821	572111.6087	0	0	0	0	0	0	0	0	0	0	13	DA-HX
C095	一般采集		5058790.093	572157.7536	0	0	0	0	0	0	0	0	0	2	6	DA-HX
C096	一般采集		5058737.599	572231.4571	0	0	0	0	0	0	0	0	0	2	5	DA-HX
C097	一般采集		5058765.126	572307.7241	0	0	0	0	0	0	0	0	0	2	6	DA-HX
C098	一般采集		5058791.373	572269.2701	0	0	0	0	0	0	0	0	0	3	6	DA-HX
C099	一般采集		5058863.712	572216.0754	0	0	0	0	0	0	0	0	0	3	5	DA-HX
C100	一般采集		5058900.842	572171.8533	0	0	0	0	0	0	0	0	0	3	5	DA-HX
C101	一般采集		5059148.348	572754.8018	0	0	0	0	0	0	0	0	0	2	4	DA-HX
C102	一般采集		5059034.125	572632.3449	0	0	0	0	0	0	0	0	0	6	3	DA-HX
C103	一般采集		5058826.366	572676.4654	0	0	0	0	0	0	0	0	0	2	4	DA-HX
C104	一般采集		5059501.812	573001.8416	0	0	0	0	0	0	0	0	0	7	5	DA-HX
C105	一般采集		5059535.865	572971.6234	0	0	0	0	0	0	0	0	0	12	2	DA-HX
C106	一般采集		5058142.613	572825.8443	0	0	0	0	0	0	0	0	0	8	3	DA-HX
C107	一般采集		5058087.476	572825.1949	0	0	0	0	0	0	0	0	0	13	0	DA-HX
C108	一般采集		5057989.526	572833.6373	0	0	0	0	0	0	0	0	0	12	3	DA-HX
C109	一般采集		5059846.569	572005.3658	0	0	0	0	0	0	0	0	0	2	8	DA-HX
C110	一般采集		5059914.445	572172.747	0	0	0	0	0	0	0	0	0	6	5	DA-HX
C111	一般采集		5059961.611	572219.2368	0	0	0	0	0	0	0	0	0	5	4	DA-HX
C112	一般采集		5060015.924	572332.9829	0	0	0	0	0	0	0	0	0	6	8	DA-HX
C113	一般采集		5060169.142	572411.6865	0	0	0	0	0	0	0	0	0	5	12	DA-HX
C114	一般采集		5058182.555	574121.6823	0	0	0	0	0	0	0	0	0	5	11	
C115	一般采集		5058234.259	574111.5339	0	0	0	0	0	0	0	0	0	5	5	
C116	一般采集		5061262.866	573245.5772	0	0	0	0	0	0	0	0	0	11	8	DA-HDWP
C117	一般采集		5061306.499	573265.6986	0	0	0	0	0	0	0	0	0	10	6	DA-HDWP
C118	一般采集		5061282.966	573309.3765	0	0	0	0	0	0	0	0	0	7	12	DA-HDWP
C119	一般采集		5061465.683	573260.7752	0	0	0	0	0	0	0	0	0	5	8	DA-HDWP

续表

采集区号	采集类型	系统采集陶数量	纬度	经度	新石器时代早期	新石器时代中期	新石器时代晚期	青铜时代早中期	小拉哈类型	古城文化	白金宝文化	汉书二期文化	魏晋隋唐时期	辽金时期	清末至民国时期	所属遗址编号
C120	一般采集		5061506.902	573275.3626	0	0	0	0	0	0	0	0	0	4	5	DA-HDWP
C121	一般采集		5061622.098	573388.3323	0	0	23	0	0	0	0	0	0	2	24	DA-HDWP
C122	一般采集		5061638.753	573335.4008	0	0	0	0	0	0	0	0	0	24	19	DA-HDWP
C123	一般采集		5061703.704	573428.3434	0	0	0	0	0	0	0	0	0	4	0	DA-HDWP
C124	一般采集		5061856.29	573446.7589	0	0	0	0	0	0	0	0	0	13	11	DA-HDWP
C125	一般采集		5061786.759	573469.2652	0	0	0	0	0	0	0	0	0	7	4	DA-HDWP
C126	一般采集		5061743.875	573446.7589	0	0	0	0	0	0	0	0	0	4	5	DA-HDWP
C127	一般采集		5061769.272	573402.1631	0	0	0	0	0	0	0	0	0	7	2	DA-HDWP
C128	一般采集		5061814.238	573424.6694	0	0	0	0	0	0	0	0	0	3	2	DA-HDWP
C129	一般采集		5062085.431	573725.033	0	0	0	0	0	0	81	0	0	0	7	DA-HDWP
C130	一般采集		5062122.692	573738.1493	0	0	8	0	0	0	30	0	0	0	1	DA-HDWP
C131	一般采集		5062147.886	573752.5894	0	0	255	61	0	3	10	1	0	0	1	DA-HDWP
C132	一般采集		5062170.324	573716.259	0	0	30	38	0	0	1	0	0	0	0	DA-HDWP
C133	系统采集	1	5062177.249	573776.9974	0	0	1250	16500	0	0	1250	500	0	0	250	DA-HDWP
C134	一般采集		5062204.256	573740.1192	0	0	12	58	0	0	3	2	0	0	0	DA-HDWP
C135	系统采集	1	5062218.882	573791.3977	0	0	1250	11500	0	250	1500	0	0	0	250	DA-HDWP
C136	系统采集	1	5062245.789	573753.5213	0	0	3500	6250	0	0	500	0	0	0	0	DA-HDWP
C137	系统采集	1	5062257.366	573804.5671	0	0	1500	9000	0	0	2000	0	0	0	0	DA-HDWP
C138	系统采集	1	5062287.505	573766.8585	0	0	1250	8750	0	0	1250	500	0	0	0	DA-HDWP
C139	系统采集	1	5062225.484	573838.7629	0	0	250	12500	0	500	1000	0	0	0	0	DA-HDWP
C140	系统采集	1	5062185.395	573827.5244	0	0	250	8500	0	1000	3750	0	0	250	250	DA-HDWP
C141	系统采集	1	5062147.14	573808.4234	0	0	0	9250	0	750	2750	0	0	250	250	DA-HDWP
C142	系统采集	1	5062117.81	573785.9611	0	0	0	8250	0	0	2500	0	0	500	500	DA-HDWP
C143	系统采集	1	5062082.985	573775.5355	0	0	0	8250	0	0	1250	0	0	0	0	DA-HDWP
C144	系统采集	1	5062048.249	573764.6356	0	0	0	9000	0	500	1000	0	0	750	500	DA-HDWP
C145	系统采集	1	5062296.329	573819.8933	0	0	0	9250	0	500	4000	250	0	0	1250	DA-HDWP
C146	系统采集	1	5062339.613	573832.7989	0	0	750	9500	0	500	2750	0	0	0	250	DA-HDWP

采集区号	采集类型	系统采集圈数量	纬度	经度	新石器时代早期	新石器时代中期	新石器时代晚期	青铜时代早中期	小拉哈类型	古城文化	白金宝文化	汉书二期文化	魏晋隋唐时期	辽金时期	清末至民国时期	所属遗址编号
C147	系统采集	1	5062382.234	573848.6732	0	0	750	9000	0	250	2250	500	0	0	500	DA-HDWP
C148	系统采集	1	5062423.397	573864.0104	0	0	0	9000	0	0	2250	0	0	250	0	DA-HDWP
C149	系统采集	1	5062465.025	573878.0609	0	0	0	9000	0	0	2000	0	0	0	250	DA-HDWP
C150	系统采集	1	5062503.657	573892.0983	0	0	0	7750	0	0	750	0	0	0	0	DA-HDWP
C151	一般采集		5062543.695	573908.1109	0	0	5	25	0	0	4	3	0	0	0	DA-HDWP
C152	一般采集		5062581.185	573875.4978	0	0	14	16	0	0	5	2	0	0	2	DA-HDWP
C153	系统采集	1	5062541.153	573857.9952	0	0	1750	5500	0	0	1500	750	0	0	0	DA-HDWP
C154	系统采集	2	5062496.544	573844.0877	0	0	0	4000	0	0	875	875	0	0	0	DA-HDWP
C155	系统采集	1	5062453.576	573826.7554	0	0	1375	8250	0	500	1500	250	0	0	250	DA-HDWP
C156	系统采集	2	5062410.242	573811.454	0	0	0	2875	0	0	125		0	125	125	DA-HDWP
C157	系统采集	2	5062369.308	573796.7032	0	0	250	2500	0	0	375	1875	0	0	0	DA-HDWP
C158	系统采集	1	5062327.704	573779.5376	0	0	750	6250	0	0	500	2000	0	0	250	DA-HDWP
C159	系统采集	1	5062265.054	573851.5985	0	0	0	9500	0	0	1750		0	0	0	DA-HDWP
C160	系统采集	1	5062309.916	573868.4956	0	0	0	5750	0	0	1000	1500	0	4	0	DA-HDWP
C161	一般采集		5062351.27	573881.5955	0	0	0	24	0	0	0	3	0	0	1	DA-HDWP
C162	系统采集	1	5062392.431	573899.3878	0	0	0	9750	0	0	0	500	0	0	1750	DA-HDWP
C163	一般采集		5062433.105	573916.5998	0	0	0	36	0	0	4	1	0	0	1	DA-HDWP
C164	一般采集		5062473.277	573928.7275	0	0	0	15	0	0	2	3	0	0	6	DA-HDWP
C165	一般采集		5062510.816	573942.8577	0	0	0	31	0	0	0	1	0	1	4	DA-HDWP
C166	一般采集		5062463.205	573973.786	0	0	0	26	0	0	0	9	0	0	4	DA-HDWP
C167	一般采集		5062421.47	573959.6385	0	0	0	40	0	0	0	9	0	0	7	DA-HDWP
C168	一般采集		5062383.97	573944.6421	0	0	0	18	0	0	3	3	0	0	6	DA-HDWP
C169	一般采集		5062341.826	573927.9135	0	0	0	26	0	0		3	0	1	5	DA-HDWP
C170	一般采集		5062303.903	573914.8116	0	0	1	31	0	0	5	12	0	0	5	DA-HDWP
C171	一般采集		5062263.023	573900.4413	0	0	0	23	0	2		3	0	0	3	DA-HDWP
C172	一般采集		5062224.804	573884.5436	0	0	5	48	0	0	10	0	0	0	6	DA-HDWP
D001	一般采集		5053557.494	564721.0992	0	0	0	0	0	0	0	0	0	0	8	

续表

采集区号	采集类型	系统采集圈数量	纬度	经度	新石器时代早期	新石器时代中期	新石器时代晚期	青铜时代早中期	小拉哈类型	古城文化	白金宝文化	汉书二期文化	魏晋隋唐时期	辽金时期	清末至民国时期	所属遗址编号
D002	一般采集		5053591.889	564763.793	0	0	0	0	0	0	0	0	0	0	16	
D003	一般采集		5052560.169	565178.9429	0	0	0	0	0	0	0	1	0	10	41	
D004	一般采集		5052581.209	565124.9499	0	0	0	0	0	0	0	0	0	2	6	
D005	一般采集		5052628.643	565148.3086	0	0	0	0	0	0	0	0	0	0	17	
D006	一般采集		5052662.282	564019.1595	0	0	0	0	0	0	0	0	0	3	23	
D007	一般采集		5051349.896	564928.9971	0	0	0	0	0	0	0	0	0	0	24	DA-XLJ
D008	一般采集		5051411.256	564907.3445	0	0	0	0	0	0	0	0	0	0	35	DA-XLJ
D009	一般采集		5051467.76	564884.8081	0	0	0	0	0	0	0	0	0	2	50	DA-XLJ
D010	一般采集		5051447.504	564824.0198	0	0	0	0	0	0	0	0	0	2	22	DA-XLJ
D011	一般采集		5051385.782	564845.5787	0	0	0	0	0	0	0	0	0	3	35	DA-XLJ
D012	一般采集		5051331.408	564861.4665	0	0	0	0	0	0	0	0	0	8	31	DA-XLJ
D013	一般采集		5051313.185	564801.7403	0	0	0	0	0	0	0	0	0	4	18	DA-XLJ
D014	一般采集		5051362.857	564784.6756	0	0	0	0	0	0	0	0	0	0	23	DA-XLJ
D015	一般采集		5051684.627	564792.3772	0	0	0	0	0	0	0	0	0	0	26	DA-XLJ
D016	一般采集		5051869.553	566722.7317	0	0	0	0	0	0	0	0	0	0	27	DA-CWL-4
D017	一般采集		5051914.345	566685.5256	0	0	0	0	0	0	0	0	0	4	25	DA-CWL-4
D018	一般采集		5051959.137	566652.1355	0	0	0	0	0	0	0	0	0	4	61	DA-CWL-4
D019	一般采集		5051997.258	566631.1475	0	0	0	0	0	0	0	0	0	0	8	DA-CWL-4
D020	一般采集		5052035.602	566669.0674	0	0	0	0	0	0	0	0	0	0	22	DA-CWL-4
D021	一般采集		5051995.789	566706.3407	0	0	0	0	0	0	0	0	0	0	25	DA-CWL-4
D022	一般采集		5051953.285	566738.6072	0	0	0	0	0	0	0	0	0	4	26	DA-CWL-4
D023	一般采集		5051909.749	566767.0497	0	0	0	0	0	0	0	0	0	0	23	DA-CWL-4
D024	一般采集		5051952.466	566812.0554	0	0	0	0	0	0	0	0	0	0	7	DA-CWL-4
D025	一般采集		5051989.128	566782.2367	0	0	0	0	0	0	0	0	0	0	11	DA-CWL-4
D026	一般采集		5052034.956	566755.1705	0	0	0	0	0	0	0	0	0	1	13	DA-CWL-4
D027	一般采集		5052071.736	566725.7769	0	0	0	0	0	0	0	0	0	0	19	DA-CWL-4
D028	一般采集		5052109.772	566694.582	0	0	0	0	0	0	0	0	0	0	14	DA-CWL-4

续表

采集区号	采集类型	系统采集圈数量	纬度	经度	新石器时代早期	新石器时代中期	新石器时代晚期	青铜时代早中期	小拉哈类型	古城文化	白金宝文化	汉书二期文化	魏晋隋唐时期	辽金时期	清末至民国时期	所属遗址编号
D029	一般采集		5052834.836	565731.8486	0	0	0	0	0	0	0	0	0	0	18	
D030	一般采集		5052829.89	565787.0268	0	0	0	0	0	0	0	0	0	19	0	
D031	一般采集		5053695.326	564957.5448	0	0	0	0	0	0	0	0	1	1	15	DA-CWL-1
D032	一般采集		5053886.009	565744.708	0	0	0	0	0	0	0	0	0	20	23	DA-CWL-1
D033	一般采集		5053926.784	565864.8261	0	0	0	0	0	0	0	0	0	17	28	DA-CWL-1
D034	系统采集	2	5053987.981	565854.8518	0	0	0	0	0	0	0	0	0	1750	1750	DA-CWL-1
D035	一般采集		5053984.452	565905.6429	0	0	0	0	0	0	0	0	0	7	21	DA-CWL-1
D036	一般采集		5053924.454	565919.6373	0	0	0	0	0	0	0	0	0	17	28	DA-CWL-1
D037	系统采集	2	5053905.887	566119.4769	0	0	0	0	0	0	0	0	0	4375	0	DA-CWL-1
D038	一般采集		5053897.32	566052.1153	0	0	0	0	0	0	0	0	0	44	11	DA-CWL-1
D039	一般采集		5053893.324	565987.8288	0	0	0	0	0	0	0	0	0	20	4	DA-CWL-1
D040	一般采集		5053951.688	565985.1202	0	0	0	0	0	0	0	0	0	9	10	DA-CWL-1
D041	一般采集		5053953.606	566044.321	0	0	0	0	0	0	0	0	0	22	5	DA-CWL-1
D042	一般采集		5054005.183	566044.6452	0	0	0	0	0	0	0	0	0	20	7	DA-CWL-1
D043	一般采集		5054001.987	566111.6469	0	0	0	0	0	0	0	0	0	12	8	DA-CWL-1
D044	一般采集		5053954.675	566110.6869	0	0	0	0	0	0	0	0	0	9	7	DA-CWL-1
D045	一般采集		5053957.552	566164.1277	0	0	0	0	0	0	0	0	0	14	3	DA-CWL-1
D046	一般采集		5053957.232	566217.8883	0	0	0	0	0	0	0	0	0	13	5	DA-CWL-1
D047	一般采集		5053900.807	566230.2376	0	0	0	0	0	0	0	0	0	8	5	DA-CWL-1
D048	一般采集		5053904.316	566172.2836	0	0	0	0	0	0	0	0	0	3	3	DA-CWL-1
D049	一般采集		5053831.682	565981.1968	0	0	0	0	0	0	0	0	0	13	1	DA-CWL-1
D050	一般采集		5053827.721	565919.7344	0	0	0	0	0	0	0	0	0	13	3	DA-CWL-1
D051	一般采集		5053876.136	565920.8358	0	0	0	0	0	0	0	0	0	7	2	DA-CWL-1
D052	一般采集		5051958.872	566898.7805	0	0	0	0	0	0	0	0	0	5	4	DA-CWL-4
D053	一般采集		5052001.21	566875.49	0	0	0	0	0	0	0	0	0	9	8	DA-CWL-4
D054	一般采集		5052050.412	566851.0542	0	0	0	0	0	0	0	0	0	11	2	DA-CWL-4
D055	一般采集		5052090.679	566823.0869	0	0	0	0	0	0	0	0	0	12	6	DA-CWL-4

续表

采集区号	采集类型	系统采集圈数量	纬度	经度	新石器时代早期	新石器时代中期	新石器时代晚期	青铜时代早中期	小拉哈类型	古城文化	白金宝文化	汉书二期文化	魏晋隋唐时期	辽金时期	清末至民国时期	所属遗址编号
D056	一般采集		5052132.635	566799.4147	0	0	0	0	0	0	0	0	0	7	17	DA-CWL-4
D057	一般采集		5052171.158	566769.6334	0	0	0	0	0	0	0	0	0	8	6	DA-CWL-4
D058	一般采集		5052157.045	566855.5409	0	0	0	0	0	0	0	0	0	5	6	DA-CWL-4
D059	一般采集		5052108.987	566872.3406	0	0	0	0	0	0	0	0	0	3	7	DA-CWL-4
D060	一般采集		5052070.082	566905.9612	0	0	0	0	0	0	0	0	0	9	2	DA-CWL-4
D061	一般采集		5052020.104	566928.3322	0	0	0	0	0	0	0	0	0	5	4	DA-CWL-4
D062	一般采集		5053106.415	566691.9396	0	0	0	0	0	0	0	0	0	70	3	DA-CWL-3
D063	**系统采集**	**1**	**5053107.534**	**566746.0505**	**0**	**0**	**0**	**0**	**0**	**0**	**0**	**0**	**0**	**12250**	**0**	**DA-CWL-3**
D064	**系统采集**	**2**	**5053109.989**	**566798.4789**	**0**	**0**	**0**	**0**	**0**	**0**	**0**	**0**	**0**	**5750**	**0**	**DA-CWL-3**
D065	**系统采集**	**1**	**5053114.08**	**566853.3649**	**0**	**0**	**0**	**0**	**0**	**0**	**0**	**0**	**0**	**9000**	**0**	**DA-CWL-3**
D066	**系统采集**	**4**	**5053116.538**	**566905.8548**	**0**	**0**	**0**	**0**	**0**	**0**	**0**	**0**	**0**	**2625**	**0**	**DA-CWL-3**
D067	一般采集		5053158.734	566791.9813	0	0	0	0	0	0	0	0	0	19	1	DA-CWL-3
D068	一般采集		5053156.228	566741.1765	0	0	0	0	0	0	0	0	0	27	0	DA-CWL-3
D069	一般采集		5053156.541	566688.4899	0	0	0	0	0	0	0	0	0	29	3	DA-CWL-3
D070	一般采集		5053154.661	566633.2945	0	0	0	0	0	0	0	0	0	17	1	DA-CWL-3
D071	一般采集		5053993.191	566912.4649	0	0	0	0	0	0	0	0	0	104	0	DA-CWL-2
D072	**系统采集**	**2**	**5054037.221**	**566881.9**	**0**	**0**	**0**	**0**	**0**	**0**	**0**	**0**	**0**	**4000**	**0**	**DA-CWL-2**
D073	一般采集		5054100.158	566855.393	0	0	0	0	0	0	0	0	0	31	1	DA-CWL-2
D074	一般采集		5054080.611	566799.9518	0	0	0	0	0	0	0	0	0	28	1	DA-CWL-2
D075	一般采集		5054019.797	566826.5853	0	0	0	0	0	0	0	0	0	20	1	DA-CWL-2
D076	一般采集		5053969.3	566859.7414	0	0	0	0	0	0	0	0	0	25	6	DA-CWL-2
D077	一般采集		5053947.037	566810.8226	0	0	0	0	0	0	0	0	0	30	3	DA-CWL-2
D078	一般采集		5053996.992	566774.4053	0	0	0	0	0	0	0	0	0	16	1	DA-CWL-2
D079	一般采集		5054059.978	566748.8588	0	0	0	0	0	0	0	0	0	21	1	DA-CWL-2
D080	一般采集		5054116.448	566910.2907	0	0	0	0	0	0	0	0	0	15	0	DA-CWL-2
D081	一般采集		5054267.626	567355.745	0	0	0	0	0	0	0	0	0	26	1	DA-BJZ
D082	一般采集		5054297.903	567301.4887	0	0	0	0	0	0	0	0	0	15	0	DA-BJZ

续表

采集区号	采集类型	系统采集圈数量	纬度	经度	新石器时代早期	新石器时代中期	新石器时代晚期	青铜时代早中期	小拉哈类型	古城文化	白金宝文化	汉书二期文化	魏晋隋唐时期	辽金时期	清末至民国时期	所属遗址编号
D083	一般采集		5054318.836	567349.7582	0	0	0	0	0	0	0	0	0	23	0	DA-BJZ
D084	一般采集		5051954.365	567142.1103	0	0	0	0	0	0	0	0	0	3	15	DA-CWL-4
D085	一般采集		5051967.6	567195.1027	0	0	0	0	0	0	0	0	0	6	15	DA-CWL-4
D086	一般采集		5051985.031	567245.5101	0	0	0	0	0	0	0	0	0	5	9	DA-CWL-4
D087	一般采集		5052000.525	567297.8561	0	0	0	0	0	0	0	0	0	6	19	DA-CWL-4
D088	一般采集		5052030.221	567232.5851	0	0	0	0	0	0	0	0	0	4	17	DA-CWL-4
D089	一般采集		5052014.405	567181.5315	0	0	0	0	0	0	0	0	0	0	11	DA-CWL-4
D090	一般采集		5052555.3	567198.2877	0	0	0	0	0	0	0	0	0	1	12	
D091	一般采集		5052567.565	567261.9072	0	0	0	0	0	0	0	0	0	2	9	
D092	一般采集		5052591.258	567332.5026	0	0	0	0	0	0	0	0	0	0	15	
D093	一般采集		5054121.408	567434.7914	0	0	0	0	0	0	0	0	0	2	14	DA-BJZ
D094	一般采集		5054915.495	568090.6387	0	0	0	0	0	0	0	0	0	13	22	DA-BJZ
D095	系统采集	2	5054971.024	568066.1639	0	0	0	0	0	0	0	0	0	4250	1250	DA-BJZ
D096	系统采集	2	5054983.707	568008.3796	0	0	0	0	0	0	0	0	0	625	3000	DA-BJZ
D097	系统采集	3	5055034.112	568048.2489	0	0	0	0	0	0	0	0	0	1000	1582	DA-BJZ
D098	系统采集	1	5055088.821	568088.6617	0	0	0	0	0	0	0	6	0	4000	2750	DA-BJZ
D099	一般采集		5055134.627	568125.2944	0	0	0	0	0	0	0	1	0	8	43	DA-BJZ
D100	一般采集		5055187.4	568149.8504	0	0	0	0	0	0	0	0	0	13	34	DA-BJZ
D101	一般采集		5055221.78	568189.713	0	0	0	0	0	0	0	0	0	5	13	DA-BJZ
D102	一般采集		5055258.373	568223.8171	0	0	0	0	0	0	0	0	0	5	7	DA-BJZ
D103	一般采集		5055217.784	568254.8325	0	0	0	0	0	0	0	0	0	7	22	DA-BJZ
D104	一般采集		5055189.008	568299.3194	0	0	0	0	0	0	0	0	0	3	1	DA-BJZ
D105	一般采集		5055104.511	568300.7208	0	0	0	0	0	0	0	0	0	3	8	DA-BJZ
D106	一般采集		5055147.001	568262.8635	0	0	0	0	0	0	0	0	0	11	11	DA-BJZ
D107	一般采集		5055181.028	568222.6331	0	0	0	0	0	0	0	0	0	24	25	DA-BJZ
D108	一般采集		5055151.556	568182.4026	0	0	0	0	0	0	0	0	0	63	26	DA-BJZ
D109	一般采集		5055107.348	568229.07	0	0	0	0	0	0	0	0	0	16	18	DA-BJZ

续表

采集区号	采集类型	系统采集图数量	纬度	经度	新石器时代早期	新石器时代中期	新石器时代晚期	青铜时代早中期	小拉哈类型	古城文化	白金宝文化	汉书二期文化	魏晋隋唐时期	辽金时期	清末至民国时期	所属遗址编号
D110	一般采集		5055066.529	568268.1954	0	0	0	0	0	0	0	0	0	15	17	DA-BJZ
D111	一般采集		5055027.855	568241.4093	0	0	0	0	0	0	0	0	0	12	10	DA-BJZ
D112	一般采集		5055063.757	568197.6922	0	0	0	0	0	0	0	0	0	12	25	DA-BJZ
D113	一般采集		5055098.678	568164.6698	0	0	0	0	0	0	0	0	0	24	11	DA-BJZ
D114	一般采集		5055059.561	568133.29	0	0	0	0	0	0	0	0	0	19	0	DA-BJZ
D115	一般采集		5055014.489	568102.7771	0	0	0	0	0	0	0	0	0	77	0	DA-BJZ
D116	一般采集		5054969.33	568132.9492	0	0	0	0	0	0	1	0	0	16	6	DA-BJZ
D117	一般采集		5055020.214	568167.2732	0	0	0	0	0	0	0	0	0	2	6	DA-BJZ
D118	一般采集		5054928.762	568170.7718	0	0	0	0	0	0	0	0	0	4	18	DA-BJZ
D119	一般采集		5054879.816	568131.7972	0	0	0	0	0	0	0	0	0	6	9	DA-BJZ
D120	一般采集		5054814.922	568062.6762	0	0	0	0	0	0	0	0	0	6	4	DA-BJZ
D121	一般采集		5054875.021	568047.956	0	0	0	0	0	0	0	0	0	20	11	DA-BJZ
D122	**系统采集**	**2**	**5054918.094**	**568016.235**	**0**	**0**	**0**	**0**	**0**	**0**	**0**	**0**	**0**	**2750**	**1250**	**DA-BJZ**
D123	一般采集		5054942.236	567963.0361	0	0	0	0	0	0	0	0	0	15	7	DA-BJZ
D124	一般采集		5054899.4	567926.2357	0	0	0	0	0	0	0	0	0	8	6	DA-BJZ
D125	一般采集		5054859.44	567956.6361	0	0	0	0	0	0	0	0	0	22	17	DA-BJZ
D126	一般采集		5054796.92	568009.3253	0	0	0	0	0	0	0	0	0	6	10	DA-BJZ
D127	一般采集		5054755.512	567959.7322	0	0	0	0	0	0	0	0	0	28	21	DA-BJZ
D128	**系统采集**	**2**	**5054800.757**	**567923.1507**	**0**	**0**	**0**	**0**	**0**	**0**	**0**	**0**	**0**	**1625**	**2250**	**DA-BJZ**
D129	一般采集		5054842.548	567885.118	0	0	0	0	0	0	0	0	0	11	11	DA-BJZ
D130	一般采集		5054773.041	567876.4824	0	0	0	0	0	0	0	0	0	3	6	DA-BJZ
D131	一般采集		5054727.088	567903.538	0	0	0	0	0	0	0	0	0	7	13	DA-BJZ
D132	**系统采集**	**3**	**5054684.194**	**567853.4369**	**0**	**0**	**0**	**0**	**0**	**0**	**0**	**0**	**0**	**2332**	**583**	**DA-BJZ**
D133	一般采集		5054729.454	567821.8206	0	0	0	0	0	0	0	0	0	35	15	DA-BJZ
D134	一般采集		5054692.384	567779.1854	0	0	0	0	0	0	0	0	0	20	23	DA-BJZ
D135	**系统采集**	**1**	**5054647.745**	**567808.3**	**0**	**0**	**0**	**0**	**0**	**0**	**0**	**0**	**0**	**2500**	**5250**	**DA-BJZ**
D136	**系统采集**	**2**	**5054618.314**	**567759.4678**	**0**	**0**	**0**	**0**	**0**	**0**	**0**	**0**	**0**	**1625**	**3000**	**DA-BJZ**

续表

采集区号	采集类型	系统采集圈数量	纬度	经度	新石器时代早期	新石器时代中期	新石器时代晚期	青铜时代早中期	小拉哈类型	古城文化	白金宝文化	汉书二期文化	魏晋隋唐时期	辽金时期	清末至民国时期	所属遗址编号
D137	**系统采集**	**3**	**5054661.63**	**567728.5274**	**0**	**0**	**0**	**0**	**0**	**0**	**0**	**0**	**0**	**1582**	**833**	**DA-BJZ**
D138	一般采集		5054634.68	567686.4329	0	0	0	0	0	0	0	0	0	12	16	DA-BJZ
D139	**系统采集**	**2**	**5054588.889**	**567711.1684**	**0**	**0**	**0**	**0**	**0**	**0**	**0**	**0**	**0**	**1750**	**2250**	**DA-BJZ**
D140	一般采集		5054617.713	567626.2563	0	0	0	0	0	0	0	0	0	3	7	DA-BJZ
D141	一般采集		5055296.919	568255.2677	0	0	0	0	0	0	0	0	0	43	6	DA-BJZ
D142	一般采集		5055253.069	568287.8604	0	0	0	0	0	0	0	0	0	27	6	DA-BJZ
D143	一般采集		5055294.293	568314.6706	0	0	0	0	0	0	0	0	1	80	7	DA-BJZ
D144	**系统采集**	**2**	**5055341.505**	**568284.3351**	**0**	**0**	**0**	**0**	**0**	**0**	**0**	**0**	**0**	**4000**	**375**	**DA-BJZ**
D145	一般采集		5055376.234	568315.3441	0	0	0	0	0	0	0	1	0	36	2	DA-BJZ
D146	一般采集		5055335.655	568345.9942	0	0	0	0	0	0	0	0	0	33	5	DA-BJZ
D147	一般采集		5055378.816	568378.4906	0	0	0	0	0	0	0	0	0	41	4	DA-BJZ
D148	一般采集		5055421.608	568346.3634	0	0	0	0	0	0	0	0	0	41	2	DA-BJZ
D149	一般采集		5055464.542	568380.0306	0	0	0	0	0	0	0	0	0	24	1	DA-BJZ
D150	一般采集		5055418.799	568414.7428	0	0	0	0	0	0	0	0	0	31	2	DA-BJZ
D151	一般采集		5055461.96	568446.5005	0	0	0	0	0	0	0	0	0	20	4	DA-BJZ
D152	一般采集		5055502.907	568478.6278	0	0	0	0	0	0	0	0	0	11	3	DA-BJZ
D153	一般采集		5055464.326	568444.6713	0	0	0	0	0	0	0	0	0	28	1	DA-BJZ
D154	一般采集		5055502.271	568416.237	0	0	0	0	0	0	0	0	0	14	5	DA-BJZ
D155	一般采集		5052299.281	568380.5599	0	0	0	0	0	0	0	0	0	8	6	DA-YQ-2
D156	一般采集		5052293.607	568430.6736	0	0	0	0	0	0	0	0	0	7	2	DA-YQ-2
D157	一般采集		5052292.272	568328.1074	0	0	0	0	0	0	0	0	0	1	7	DA-YQ-2
D158	一般采集		5052247.216	568329.7779	0	0	0	0	0	0	0	0	0	9	4	DA-YQ-2
D159	一般采集		5052247.884	568383.5667	0	0	0	0	0	0	0	0	0	3	4	DA-YQ-2
D160	一般采集		5056909.94	566865.8151	0	0	0	0	0	0	0	0	0	10	22	DA-DWPZ-1
D161	一般采集		5056868.726	566818.0444	0	0	0	0	0	0	0	0	0	15	21	DA-DWPZ-1
D162	一般采集		5056917.532	566814.0635	0	0	0	0	0	0	0	0	0	18	15	DA-DWPZ-1
D163	一般采集		5056924.04	566761.5881	0	0	0	0	0	0	0	0	0	30	0	DA-DWPZ-1

续表

采集区号	采集类型	系统采集图数量	纬度	经度	新石器时代早期	新石器时代中期	新石器时代晚期	青铜时代早中期	小拉哈类型	古城文化	白金宝文化	汉书二期文化	魏晋隋唐时期	辽金时期	清末至民国时期	所属遗址编号
D164	一般采集		5056870.172	566766.2928	0	0	0	0	0	0	0	0	0	40	39	DA-DWPZ-1
D165	一般采集		5056924.401	566712.3698	0	0	0	0	0	0	0	0	0	22	8	DA-DWPZ-1
D166	**系统采集**	**3**	**5056880.327**	**566715.1059**	**0**	**0**	**0**	**0**	**0**	**0**	**0**	**0**	**0**	**2082**	**2249**	**DA-DWPZ-1**
D167	一般采集		5056924.04	566663.5133	0	0	0	0	0	0	0	0	0	13	3	DA-DWPZ-1
D168	一般采集		5056873.787	566664.599	0	0	0	0	0	0	0	0	0	10	15	DA-DWPZ-1
D169	一般采集		5057264.317	568416.1982	0	0	0	0	0	0	0	0	0	14	0	DA-DWPZ-2
D170	一般采集		5057308.514	568396.5971	0	0	0	0	0	0	0	0	0	26	3	DA-DWPZ-2
D171	一般采集		5057352.711	568383.7163	0	0	0	0	0	0	0	0	0	14	0	DA-DWPZ-2
D172	一般采集		5057371.732	568426.8387	0	0	0	0	0	0	0	0	0	6	4	DA-DWPZ-2
D173	一般采集		5057325.857	568444.1998	0	0	0	0	0	0	0	0	0	14	3	DA-DWPZ-2
D174	一般采集		5057280.541	568463.8008	0	0	0	0	0	0	0	0	0	41	0	DA-DWPZ-2
D175	一般采集		5057299.003	568511.9635	0	0	0	0	0	0	0	0	0	45	1	DA-DWPZ-2
D176	一般采集		5057342.641	568492.3624	0	0	0	0	0	0	0	0	0	12	3	DA-DWPZ-2
D177	一般采集		5057387.397	568474.4414	0	0	0	0	0	0	0	0	0	12	2	DA-DWPZ-2
D178	一般采集		5057404.181	568520.3639	0	0	0	0	0	0	0	0	0	16	5	DA-DWPZ-2
D179	一般采集		5057363.9	568537.1648	0	0	0	0	0	0	0	0	0	17	3	DA-DWPZ-2
D180	一般采集		5057319.144	568556.7659	0	0	0	0	0	0	0	0	0	23	1	DA-DWPZ-2
D181	一般采集		5057336.487	568603.2485	0	0	0	0	0	0	0	0	0	23	3	DA-DWPZ-2
D182	一般采集		5057380.124	568584.7674	0	0	0	0	0	0	0	0	0	19	1	DA-DWPZ-2
D183	一般采集		5057424.881	568566.2865	0	0	0	0	0	0	0	0	0	9	3	DA-DWPZ-2
D184	一般采集		5057688.056	568876.1015	0	0	0	0	0	0	0	0	0	33	0	DA-DWPZ-2
D185	一般采集		5057723.819	568915.2056	0	0	0	0	0	0	0	0	0	41	0	DA-DWPZ-2
D186	一般采集		5057649.543	568906.3934	0	0	0	0	0	0	0	0	0	53	2	DA-DWPZ-2
D187	一般采集		5057618.182	568867.8401	0	0	0	0	0	0	0	0	0	40	7	DA-DWPZ-2
D188	**系统采集**	**2**	**5057656.512**	**568833.8695**	**0**	**0**	**0**	**0**	**0**	**0**	**0**	**0**	**0**	**4750**	**0**	**DA-DWPZ-2**
D189	**系统采集**	**1**	**5057589.819**	**568826.299**	**0**	**0**	**0**	**0**	**0**	**0**	**0**	**0**	**0**	**6500**	**0**	**DA-DWPZ-2**
D190	**系统采集**	**2**	**5057554.712**	**568859.914**	**0**	**0**	**0**	**0**	**0**	**0**	**0**	**0**	**0**	**3750**	**0**	**DA-DWPZ-2**

续表

采集区号	采集类型	系统采集圈数量	纬度	经度	新石器时代早期	新石器时代中期	新石器时代晚期	青铜时代早中期	小拉哈类型	古城文化	白金宝文化	汉书二期文化	魏晋隋唐时期	辽金时期	清末至民国时期	所属遗址编号
D191	**系统采集**	**3**	**5057523.771**	**568817.9415**	**0**	**0**	**0**	**0**	**0**	**0**	**0**	**0**	**0**	**3415**	**83**	**DA-DWPZ-2**
D192	一般采集		5057558.76	568784.675	0	0	0	0	0	0	0	0	0	33	0	DA-DWPZ-2
D193	一般采集		5057625.884	568794.0379	0	0	0	0	0	0	0	0	0	16	5	DA-DWPZ-2
D194	一般采集		5057592.873	568755.4846	0	0	0	0	0	0	0	0	0	8	7	DA-DWPZ-2
D195	一般采集		5056927.401	567526.3333	0	0	0	0	0	0	0	0	0	19	13	DA-DWPZ-1
D196	一般采集		5056925.791	567580.3109	0	0	0	0	0	0	0	0	0	19	14	DA-DWPZ-1
D197	一般采集		5056931.022	567630.2603	0	0	0	0	0	0	0	0	0	23	8	DA-DWPZ-1
D198	一般采集		5056919.353	567477.9952	0	0	0	0	0	0	0	0	0	20	8	DA-DWPZ-1
D199	一般采集		5056917.289	567423.8369	0	0	0	0	0	0	0	0	0	20	13	DA-DWPZ-1
D200	一般采集		5056907.631	567376.7072	0	0	0	0	0	0	0	0	0	33	11	DA-DWPZ-1
D201	一般采集		5056893.547	567325.5493	0	0	0	0	0	0	0	0	0	40	8	DA-DWPZ-1
D202	一般采集		5056885.499	567277.6139	0	0	0	0	0	0	0	0	0	84	11	DA-DWPZ-1
D203	一般采集		5056874.232	567228.4702	0	0	0	0	0	0	0	0	0	44	9	DA-DWPZ-1
D204	一般采集		5056868.893	567176.3052	0	0	0	0	0	0	0	0	0	44	10	DA-DWPZ-1
D205	一般采集		5056858.833	567125.1473	0	0	0	0	0	0	0	0	0	18	5	DA-DWPZ-1
D206	一般采集		5061140.803	573467.1273	0	0	0	0	0	0	0	0	0	19	9	
D207	一般采集		5061168.603	573419.8194	0	0	0	0	0	0	0	0	0	36	19	
D208	一般采集		5061194.735	573379.1903	0	0	0	0	0	0	0	0	0	25	12	
D209	一般采集		5061215.306	573334.6652	0	0	0	0	0	0	0	0	0	26	11	
D210	一般采集		5061243.106	573289.0269	0	0	0	0	0	0	0	0	0	14	8	
D211	一般采集		5062007.494	573800.8137	0	0	0	79	0	8	6	0	0	0	3	DA-HDWP
D212	一般采集		5062041.733	573812.3786	0	0	0	86	0	18	6	0	0	0	5	DA-HDWP
D213	一般采集		5062078.409	573819.6456	0	0	0	85	0	7	8	0	0	0	10	DA-HDWP
D214	一般采集		5062112.146	573836.1453	0	0	0	64	0	7	8	0	0	1	10	DA-HDWP
D215	一般采集		5062146.965	573854.5146	0	0	0	79	0	3	10	0	0	2	2	DA-HDWP
D216	一般采集		5062181.265	573880.0875	0	0	0	72	0	7	14	0	0	2	0	DA-HDWP
E001	一般采集		5054365.944	554505.8642	0	0	0	0	0	0	0	0	0	40	3	

续表

采集区号	采集类型	系统采集图数量	纬度	经度	新石器时代早期	新石器时代中期	新石器时代晚期	青铜时代早中期	小拉哈类型	古城文化	白金宝文化	汉书二期文化	魏晋隋唐时期	辽金时期	清末至民国时期	所属遗址编号
E002	一般采集		5054510.362	552564.4991	0	0	0	0	0	0	0	0	0	0	12	DA-XL
E003	一般采集		5054434.542	552493.2715	0	0	0	0	0	0	0	0	0	0	18	DA-XL
E004	一般采集		5054524.943	552764.1701	0	0	0	0	0	0	0	0	0	2	12	DA-XL
E005	一般采集		5054433.375	552694.9274	0	0	0	0	0	0	0	0	0	0	5	DA-XL
E006	一般采集		5055705.461	553646.7916	0	0	0	0	0	0	0	0	0	2	11	DA-BYT
E007	一般采集		5055691.408	553600.169	0	0	0	0	0	0	0	0	1	5	4	DA-BYT
E008	一般采集		5055551.338	553167.8735	0	0	0	0	0	0	0	0	0	0	4	
E009	一般采集		5055368.01	553047.5992	0	0	0	0	0	0	0	0	0	0	9	
E010	一般采集		5055670.004	553186.297	0	0	0	0	0	0	0	0	0	1	12	
E011	一般采集		5055908.887	553386.8737	0	0	0	0	0	0	0	0	0	3	11	DA-BYT
E012	一般采集		5055941.071	553458.7103	0	0	0	0	0	0	0	0	0	8	8	DA-BYT
E013	一般采集		5055858.001	553509.2135	0	0	0	0	0	0	0	0	0	0	8	DA-BYT
E014	一般采集		5056059.206	553374.2582	0	0	0	0	0	0	0	0	0	1	15	DA-BYT
E015	一般采集		5055863.813	553194.6725	0	0	0	0	0	0	0	0	0	0	15	
E016	一般采集		5055714.382	552852.0147	0	0	0	0	0	0	0	0	0	0	17	
E017	一般采集		5055810.289	552899.1758	0	0	0	0	0	0	0	0	0	0	15	
E018	一般采集		5056405.076	553436.6416	0	0	0	0	0	0	0	0	0	4	40	DA-BYT
E019	一般采集		5056103.64	553135.3631	0	0	0	0	0	0	0	0	0	2	19	
E020	一般采集		5056430.916	553187.4633	0	0	0	0	0	0	0	0	0	4	12	DA-BYT
E021	一般采集		5056383.761	553233.7847	0	0	0	0	0	0	0	0	0	8	42	DA-BYT
E022	一般采集		5056470.139	553255.8424	0	0	0	0	0	0	0	0	0	7	19	DA-BYT
E023	一般采集		5056520.379	553236.4315	0	0	0	0	0	0	0	0	0	3	20	DA-BYT
E024	一般采集		5054882.457	551844.933	0	0	0	0	0	0	0	0	0	4	33	DA-XL
E025	一般采集		5054948.144	551880.5053	0	0	0	0	0	0	0	0	0	4	12	DA-XL
E026	一般采集		5054935.761	551830.9198	0	0	0	0	0	0	0	0	0	3	15	DA-XL
E027	一般采集		5054914.762	551789.4189	0	0	0	0	0	0	0	0	0	5	13	DA-XL
E028	一般采集		5054954.605	551778.1005	0	0	0	0	0	0	0	0	0	6	14	DA-XL

续表

采集区号	采集类型	系统采集圈数量	纬度	经度	新石器时代早期	新石器时代中期	新石器时代晚期	青铜时代早中期	小拉哈类型	古城文化	白金宝文化	汉书二期文化	魏晋隋唐时期	辽金时期	清末至民国时期	所属遗址编号
E029	一般采集		5054988.526	551757.6195	0	0	0	0	0	0	0	0	0	7	13	DA-XL
E030	一般采集		5055028.369	551743.0673	0	0	0	0	0	0	0	0	0	9	14	DA-XL
E031	一般采集		5055251.085	551644.9297	0	0	0	0	0	0	0	0	0	1	9	DA-XL
E032	一般采集		5055385.353	551779.8091	0	0	0	0	0	0	0	0	0	4	8	DA-XL
E033	一般采集		5055199.553	551837.547	0	0	0	0	0	0	0	0	0	0	13	DA-XL
E034	一般采集		5055115.382	551854.9437	0	0	0	0	0	0	0	0	0	0	7	DA-XL
E035	一般采集		5055109.338	551927.5505	0	0	0	0	0	0	0	0	0	4	10	DA-XL
E036	一般采集		5055443.882	551842.7868	0	0	0	0	0	0	0	0	0	0	9	DA-XL
E037	一般采集		5056440.011	553373.2695	0	0	0	0	0	0	0	0	0	2	17	DA-BYT
E038	一般采集		5056488.257	553358.5408	0	0	0	0	0	0	0	0	0	9	18	DA-BYT
E039	一般采集		5056543.69	553342.0996	0	0	0	0	0	0	0	0	0	10	32	DA-BYT
E040	一般采集		5056500.576	553405.1246	0	0	0	0	0	0	0	0	0	0	20	DA-BYT
E041	一般采集		5056552.244	553386.6281	0	0	0	0	0	0	0	0	0	13	20	DA-BYT
E042	一般采集		5056451.987	553425.6761	0	0	0	0	0	0	0	0	0	3	10	DA-BYT
E043	一般采集		5056870.301	553477.0862	0	0	0	0	0	0	0	0	0	17	25	DA-BYT
E044	一般采集		5056789.889	553378.4361	0	0	0	0	0	0	0	0	0	103	64	DA-BYT
E045	一般采集		5056765.413	553336.6746	0	0	0	0	0	0	0	0	0	12	17	DA-BYT
E046	一般采集		5056846.253	553210.3652	0	0	0	0	0	0	0	0	0	1	16	DA-BYT
E047	一般采集		5056770.973	553201.3737	0	0	0	0	0	0	0	0	0	2	17	DA-BYT
E048	一般采集		5054914.815	551939.6786	0	0	0	0	0	0	0	0	0	13	20	DA-XL
E049	一般采集		5055076.348	551973.469	0	0	0	0	0	0	0	0	0	7	7	DA-XL
E050	一般采集		5055044.156	552061.819	0	0	0	0	0	0	0	0	0	7	16	DA-XL
E051	一般采集		5055349.814	552103.7679	0	0	0	0	0	0	0	0	0	9	6	DA-XL
E052	一般采集		5055942.113	552030.2976	0	0	0	0	0	0	0	0	0	7	14	DA-XL
E053	一般采集		5055678.205	551725.8022	0	0	0	0	0	0	0	0	0	4	6	DA-XL
E054	一般采集		5054754.599	551670.4983	0	0	0	0	0	0	0	0	0	0	39	DA-XL
E055	一般采集		5054837.711	552270.837	0	0	0	0	0	0	0	0	0	0	16	DA-XL

续表

采集区号	采集类型	系统采集圈数量	纬度	经度	新石器时代早期	新石器时代中期	新石器时代晚期	青铜时代早中期	小拉哈类型	古城文化	白金宝文化	汉书二期文化	魏晋隋唐时期	辽金时期	清末至民国时期	所属遗址编号
E056	一般采集		5054927.706	552285.4752	0	0	0	0	0	0	0	0	0	2	11	DA-XL
E057	一般采集		5055646.079	552198.7014	0	0	0	0	0	0	0	0	0	10	13	DA-XL
E058	一般采集		5055006.048	552466.4394	0	0	0	0	0	0	0	0	0	25	15	DA-XL
E059	一般采集		5055114.834	552588.7865	0	0	0	0	0	0	0	0	0	20	33	DA-XL
E060	一般采集		5057676.748	553044.8705	0	0	0	0	0	0	0	0	0	5	7	DA-BYT
E061	一般采集		5057668.379	553144.2409	0	0	0	0	0	0	0	0	0	18	15	DA-BYT
E062	一般采集		5057433.216	553294.0421	0	0	0	0	0	0	0	0	0	20	17	DA-BYT
E063	一般采集		5057169.759	553204.3721	0	0	0	0	0	0	0	0	0	26	14	DA-BYT
E064	一般采集		5056914.293	553316.8168	0	0	0	0	0	0	0	0	0	11	9	DA-BYT
E065	一般采集		5057131.43	553236.6043	0	0	0	0	0	0	0	0	0	20	12	DA-BYT
E066	一般采集		5057083.593	553271.1457	0	0	0	0	0	0	0	0	0	19	2	DA-BYT
E067	一般采集		5056999.127	553321.1208	0	0	0	0	0	0	0	0	0	14	10	DA-BYT
E068	一般采集		5057147.818	553441.9093	0	0	0	0	0	0	0	0	0	18	13	DA-BYT
E069	**系统采集**	**3**	**5057455.68**	**553700.9974**	**0**	**0**	**0**	**0**	**0**	**0**	**0**	**0**	**0**	**1000**	**1166**	**DA-BYT**
E070	**系统采集**	**4**	**5057496.954**	**553675.7367**	**0**	**0**	**0**	**0**	**0**	**0**	**0**	**0**	**0**	**562**	**1312**	**DA-BYT**
E071	一般采集		5057478.244	553744.7705	0	0	0	0	0	0	0	0	0	25	24	DA-BYT
E072	**系统采集**	**3**	**5057501.308**	**553792.1757**	**0**	**0**	**0**	**0**	**0**	**0**	**0**	**0**	**0**	**916**	**1749**	**DA-BYT**
E073	一般采集		5057546.954	553765.367	0	0	0	0	0	0	0	0	0	41	33	DA-BYT
E074	一般采集		5057626.698	553782.2075	0	0	0	0	0	0	0	0	0	33	29	DA-BYT
E075	一般采集		5057887.567	553381.9281	0	0	0	0	0	0	0	0	0	20	19	DA-BYT
E076	一般采集		5057933.548	553367.2142	0	0	0	0	0	0	0	0	0	4	8	DA-BYT
E077	一般采集		5057978.022	553358.914	0	0	0	0	0	0	0	0	0	7	9	DA-BYT
E083	一般采集		5052345.732	555725.3575	0	0	0	0	0	0	0	0	0	0	11	
E084	一般采集		5053076.342	555910.7088	0	0	0	0	0	0	0	0	0	5	7	
E085	**系统采集**	**1**	**5052934.331**	**556139.614**	**0**	**0**	**0**	**0**	**0**	**0**	**0**	**0**	**0**	**4500**	**2500**	
E086	**系统采集**	**1**	**5053878.214**	**556111.0646**	**0**	**0**	**0**	**0**	**0**	**0**	**0**	**0**	**0**	**4000**	**3500**	**DA-YF-2**
E087	一般采集		5052901.107	556216.1756	0	0	0	0	0	0	0	0	0	4	6	

续表

采集区号	采集类型	系统采集圈数量	纬度	经度	新石器时代早期	新石器时代中期	新石器时代晚期	青铜时代早中期	小拉哈类型	古城文化	白金宝文化	汉书二期文化	魏晋隋唐时期	辽金时期	清末至民国时期	所属遗址编号
E088	一般采集		5051855.792	556288.5075	0	0	0	0	0	0	0	0	0	5	24	
E089	一般采集		5052354.427	556821.617	0	0	0	0	0	0	0	0	0	2	7	
E090	一般采集		5052596.617	556909.7167	0	0	0	0	0	0	0	0	0	7	11	
E091	一般采集		5052837.547	556841.5785	0	0	0	0	0	0	0	0	0	26	39	
E092	一般采集		5052931.543	557487.7024	0	0	0	0	0	0	0	0	0	8	17	DA-XH-1
E093	一般采集		5052976.055	557598.3177	0	0	0	0	0	0	0	0	0	4	14	DA-XH-1
E094	一般采集		5053269.337	555703.4636	0	0	0	0	0	0	0	0	0	2	7	
E095	一般采集		5053131.229	556154.0494	0	0	0	0	0	0	0	0	0	4	6	
E096	一般采集		5052988.933	556874.7065	0	0	0	0	0	0	0	0	0	7	8	
E097	一般采集		5053060.555	557017.0256	0	0	0	0	0	0	0	0	0	15	8	
E098	一般采集		5053152.183	557390.2986	0	0	0	0	0	0	0	0	0	5	11	DA-XH-1
E099	一般采集		5052871.043	557124.3389	0	0	0	0	0	0	0	0	0	4	16	
E101	一般采集		5052988.347	557540.0288	0	0	0	0	0	0	0	0	0	14	31	DA-XH-1
E102	一般采集		5051536.658	556630.8937	0	0	0	0	0	0	0	0	0	2	5	DA-YF-2
E103	一般采集		5051801.867	556792.4416	0	0	0	0	0	0	0	0	0	2	8	DA-YF-2
E104	一般采集		5051872.382	556744.5646	0	0	0	0	0	0	0	0	0	6	7	DA-YF-2
E105	一般采集		5051601.317	556911.2056	0	0	0	0	0	0	0	0	0	181	0	DA-YF-2
E106	一般采集		5052871.259	557295.5183	0	0	0	0	0	0	0	0	0	21	0	DA-YF-2
E107	一般采集		5051486.747	556972.4736	0	0	0	0	0	0	0	0	0	11	31	DA-YF-2
E108	一般采集		5051916.403	556853.0503	0	0	0	0	0	0	0	0	0	9	4	DA-YF-2
E109	一般采集		5052217.915	557057.2726	0	0	0	0	0	0	0	0	0	49	5	DA-YF-2
E110	一般采集		5052166.855	557112.1709	0	0	0	0	0	0	0	0	0	18	7	DA-YF-2
E111	一般采集		5052116.741	557152.3981	0	0	0	0	0	0	0	0	0	17	5	DA-YF-2
E112	一般采集		5052187.184	557219.6012	0	0	0	0	0	0	0	0	0	13	4	DA-YF-2
E113	一般采集		5052236.826	557175.1146	0	0	0	0	0	0	0	0	0	31	5	DA-YF-2
E114	一般采集		5052356.595	557494.475	0	0	0	0	0	0	0	0	0	24	9	DA-XH-1
E115	一般采集		5052391.176	557533.4546	0	0	0	0	0	0	0	0	0	33	10	DA-XH-1

续表

采集区号	采集类型	系统采集圈数量	纬度	经度	新石器时代早期	新石器时代中期	新石器时代晚期	青铜时代早中期	小拉哈类型	古城文化	白金宝文化	汉书二期文化	魏晋隋唐时期	辽金时期	清末至民国时期	所属遗址编号
E116	一般采集		5052421.107	5575575.3433	0	0	0	0	0	0	0	0	0	20	17	DA-XH-1
E117	一般采集		5051782.247	558476.783	0	0	0	0	0	0	0	0	0	7	8	
E118	一般采集		5051895.243	558378.0256	0	0	0	0	0	0	0	0	0	22	10	
E119	一般采集		5051757.01	558296.4934	0	0	0	0	0	0	0	0	0	15	5	
E120	一般采集		5051696.784	558314.8669	0	0	0	0	0	0	0	0	0	7	16	
E121	一般采集		5051636.876	558345.2317	0	0	0	0	0	0	0	0	0	12	5	
E122	一般采集		5051664.408	558206.2824	0	0	0	0	0	0	0	0	0	8	6	
E123	一般采集		5051295.042	558086.0292	0	0	0	0	0	0	0	0	0	17	4	
E124	一般采集		5051360.937	558068.7639	0	0	0	0	0	0	0	0	0	13	1	
E125	一般采集		5050996.71	557926.0862	0	0	0	0	0	0	0	0	0	24	7	
E126	一般采集		5050978.008	557596.509	0	0	0	0	0	0	0	0	0	45	16	
E127	一般采集		5051416.123	557346.2899	0	0	0	0	0	0	0	0	0	10	2	DA-YF-2
E128	一般采集		5051404.812	558985.8656	0	0	0	0	0	0	0	0	0	8	5	
E129	一般采集		5050923.645	558903.2927	0	0	0	0	0	0	0	0	0	10	3	
E130	一般采集		5050728.156	558995.211	0	0	0	0	0	0	0	0	0	9	3	
E131	一般采集		5058892.635	553656.0642	0	0	0	0	0	0	0	0	0	86	5	DA-XLP
E132	一般采集		5058848.383	553662.8378	0	0	0	0	0	0	0	0	0	62	6	DA-XLP
E133	一般采集		5058804.45	553669.0671	0	0	0	0	0	0	0	0	0	58	7	DA-XLP
E134	一般采集		5058764.21	553675.7807	0	0	0	0	0	0	0	0	0	39	6	DA-XLP
E135	一般采集		5058718.882	553684.5655	0	0	0	0	0	0	0	0	0	52	2	DA-XLP
E136	一般采集		5058674.81	553690.7036	0	0	0	0	0	0	0	0	0	54	4	DA-XLP
E137	一般采集		5058863.822	553613.0801	0	0	0	0	0	0	0	0	0	20	5	DA-XLP
E138	一般采集		5058821.892	553618.5035	0	0	0	0	0	0	0	0	0	19	5	DA-XLP
E139	一般采集		5058779.812	553622.7635	0	0	0	0	0	0	0	0	0	35	2	DA-XLP
E140	一般采集		5058739.061	553633.1387	0	0	0	0	0	0	0	0	0	32	6	DA-XLP
E141	一般采集		5058698.634	553639.0539	0	0	0	0	0	0	0	0	0	58	10	DA-XLP
E142	一般采集		5058561.827	553657.0392	0	0	0	0	0	0	0	0	0	92	7	DA-XLP

续表

采集区号	采集类型	系统采集圈数量	纬度	经度	新石器时代早期	新石器时代中期	新石器时代晚期	青铜时代早中期	小拉哈类型	古城文化	白金宝文化	汉书二期文化	魏晋隋唐时期	辽金时期	清末至民国时期	所属遗址编号
E143	一般采集		5058521.805	553666.214	0	0	0	0	0	0	0	0	0	52	3	DA-XLP
E144	一般采集		5058468.473	553677.5615	0	0	0	0	0	0	0	0	0	46	7	DA-XLP
E145	一般采集		5058418.674	553688.2655	0	0	0	0	0	0	0	0	0	68	7	DA-XLP
E146	**系统采集**	**2**	**5058369.748**	**553700.1503**	**0**	**0**	**0**	**0**	**0**	**0**	**0**	**0**	**0**	**4250**	**750**	**DA-XLP**
E147	一般采集		5058318.59	553710.3772	0	0	0	0	0	0	0	0	0	14	4	DA-XLP
E148	一般采集		5058500.017	553718.6096	0	0	0	0	0	0	0	0	0	13	1	DA-XLP
E149	一般采集		5058457.861	553728.4744	0	0	0	0	0	0	0	0	0	18	3	DA-XLP
E150	一般采集		5058271.472	553721.6249	0	0	0	0	0	0	0	0	0	10	4	DA-XLP
E151	一般采集		5058379.927	553646.0498	0	0	0	0	0	0	0	0	0	27	8	DA-XLP
E152	一般采集		5058322.825	553660.6277	0	0	0	0	0	0	0	0	0	33	2	DA-XLP
E153	一般采集		5058637.035	553371.8162	0	0	0	0	0	0	0	0	0	6	3	DA-XLP
E154	一般采集		5059022.775	553331.3822	0	0	0	0	0	0	0	0	0	27	4	DA-XLP
E155	一般采集		5058973.587	553343.0037	0	0	0	0	0	0	0	0	0	21	6	DA-XLP
E156	一般采集		5058981.225	553272.6633	0	0	0	0	0	0	0	0	0	13	6	DA-XLP
E157	一般采集		5059209.728	552587.5818	0	0	0	0	0	0	0	0	0	82	5	DA-XLP
E158	一般采集		5059753.548	553642.6129	0	0	0	0	0	0	0	0	0	22	21	DA-XLP
E159	**系统采集**	**2**	**5059700.87**	**553735.9757**	**0**	**0**	**0**	**0**	**0**	**0**	**0**	**0**	**0**	**5875**	**0**	**DA-XLP**
E160	**系统采集**	**1**	**5059655.9**	**553742.4547**	**0**	**0**	**0**	**0**	**0**	**0**	**0**	**0**	**0**	**7500**	**1000**	**DA-XLP**
E161	**系统采集**	**2**	**5059613.341**	**553748.3675**	**0**	**0**	**0**	**0**	**0**	**0**	**0**	**0**	**0**	**2500**	**625**	**DA-XLP**
E162	一般采集		5059675.999	553680.0329	0	0	0	0	0	0	0	0	0	13	6	DA-XLP
E163	一般采集		5059628.95	553684.6203	0	0	0	0	0	0	0	0	0	54	0	DA-XLP
E164	**系统采集**	**1**	**5059586.525**	**553683.972**	**0**	**0**	**0**	**0**	**0**	**0**	**0**	**0**	**0**	**9250**	**0**	**DA-XLP**
E165	**系统采集**	**2**	**5059543.931**	**553687.8837**	**0**	**0**	**0**	**0**	**0**	**0**	**0**	**0**	**0**	**4000**	**0**	**DA-XLP**
E166	一般采集		5059498.696	553692.6586	0	0	0	0	0	0	0	0	0	62	11	DA-XLP
E167	**系统采集**	**2**	**5059458.359**	**553698.3985**	**0**	**0**	**0**	**0**	**0**	**0**	**0**	**0**	**0**	**3500**	**625**	**DA-XLP**
E168	**系统采集**	**2**	**5059416.223**	**553712.0337**	**0**	**0**	**0**	**0**	**0**	**0**	**0**	**0**	**0**	**4375**	**250**	**DA-XLP**
E169	**系统采集**	**2**	**5059374.49**	**553721.511**	**0**	**0**	**0**	**0**	**0**	**0**	**0**	**0**	**0**	**3375**	**625**	**DA-XLP**

续表

采集区号	采集类型	系统采集圈数量	纬度	经度	新石器时代早期	新石器时代中期	新石器时代晚期	青铜时代早中期	小拉哈类型	古城文化	白金宝文化	汉书二期文化	魏晋隋唐时期	辽金时期	清末至民国时期	所属遗址编号
E170	系统采集	2	5059333.925	553730.2396	0	0	0	0	0	0	0	0	0	4000	1000	DA-XLP
E171	系统采集	1	5059295.675	553741.0025	0	0	0	0	0	0	0	0	0	9750	1000	DA-XLP
E172	系统采集	4	5059565.969	553756.4541	0	0	0	0	0	0	0	0	0	2375	0	DA-XLP
E173	系统采集	2	5059524.377	553759.7746	0	0	0	0	0	0	0	0	0	5375	0	DA-XLP
E174	系统采集	2	5059484.012	553766.8615	0	0	0	0	0	0	0	0	0	4875	125	DA-XLP
E175	系统采集	2	5059442.617	553771.2101	0	0	0	0	0	0	0	0	0	4500	0	DA-XLP
E176	系统采集	2	5059398.254	553780.4056	0	0	0	0	0	0	0	0	0	5875	0	DA-XLP
E177	一般采集		5059351.886	553793.4772	0	0	0	0	0	0	0	0	0	42	3	DA-XLP
E178	一般采集		5057995.444	553437.9176	0	0	0	0	0	0	0	0	0	30	0	DA-BYT
E179	一般采集		5058004.867	553482.0594	0	0	0	0	0	0	0	0	0	96	1	DA-BYT
E180	一般采集	1	5058012.405	553528.465	0	0	0	0	0	0	0	0	0	38	1	DA-BYT
E181	一般采集		5058016.55	553572.6068	0	0	0	0	0	0	0	0	0	43	3	DA-BYT
E182	一般采集		5058026.727	553616.7487	0	0	0	0	0	0	0	0	0	42	3	DA-BYT
E183	一般采集		5059332.572	553686.6692	0	0	0	0	0	0	0	0	0	73	8	DA-XLP
E184	系统采集	2	5059491.571	553820.4686	0	0	0	0	0	0	0	0	0	4750	625	DA-XLP
E185	系统采集	2	5059534.685	553812.2711	0	0	0	0	0	0	0	0	0	4375	125	DA-XLP
E186	系统采集	2	5059580.426	553809.7415	0	0	0	0	0	0	0	0	0	3625	375	DA-XLP
E187	系统采集	2	5059614.181	553776.4197	0	0	0	0	0	0	0	0	0	4750	0	DA-XLP
E188	系统采集	1	5059662.533	553794.9374	0	0	0	0	0	0	0	0	0	7250	0	DA-XLP
E189	系统采集	3	5059708.907	553787.4467	0	0	0	0	0	0	0	0	0	2416	250	DA-XLP
E190	系统采集	4	5059750.563	553784.5208	0	0	0	0	0	0	0	0	0	1625	375	DA-XLP
E191	系统采集	1	5059788.167	553775.9662	0	0	0	0	0	0	0	0	0	9750	500	DA-XLP
E192	系统采集	4	5059828.096	553769.8151	0	0	0	0	0	0	0	0	0	2125	62	DA-XLP
E193	一般采集		5059867.082	553763.0376	0	0	0	0	0	0	0	0	0	12	0	DA-XLP
E194	一般采集		5059498.025	553867.6115	0	0	0	0	0	0	0	0	0	5	0	DA-XLP
E195	系统采集	2	5059739.362	553828.0885	0	0	0	0	0	0	0	0	0	4625	125	DA-XLP
E196	系统采集	4	5059790.531	553825.4809	0	0	0	0	0	0	0	0	0	2000	312	DA-XLP

续表

采集区号	采集类型	系统采集圈数量	纬度	经度	新石器时代早期	新石器时代中期	新石器时代晚期	青铜时代早中期	小拉哈类型	古城文化	白金宝文化	汉书二期文化	魏晋隋唐时期	辽金时期	清末至民国时期	所属遗址编号
E197	系统采集	2	5059832.315	553820.1308	0	0	0	0	0	0	0	0	0	3500	375	DA-XLP
F001	系统采集	1	5053467.177	555178.7324	0	0	0	0	0	0	0	0	0	12750	2500	DA-YJWP
F002	一般采集		5053416.404	555183.1863	0	0	0	0	0	0	0	0	0	0	6	DA-YJWP
F003	系统采集	3	5053277.049	555224.8402	0	0	0	0	0	0	0	0	0	1666	2915	DA-YJWP
F004	系统采集	1	5053664.142	554967.6624	0	0	0	0	0	0	0	0	0	5000	3000	DA-YJWP
F005	一般采集		5053789.397	554744.7249	0	0	0	0	0	0	0	0	0	231	31	DA-YJWP
F006	系统采集	3	5053791.552	554787.4975	0	0	0	0	0	0	0	0	0	2166	666	DA-YJWP
F007	系统采集	1	5053746.583	554854.2143	0	0	0	0	0	0	0	0	0	11250	750	DA-YJWP
F008	系统采集	1	5053706.031	554740.876	0	0	0	0	0	0	0	0	0	9250	0	DA-YJWP
F009	系统采集	1	5053680.335	554787.0956	0	0	0	0	0	0	0	0	0	40750	0	DA-YJWP
F010	系统采集	1	5053273.807	554692.5057	0	0	0	0	0	0	0	0	0	23750	1000	DA-ZJH
F011	一般采集		5051370.498	554216.3183	0	0	0	0	0	0	0	0	0	0	18	DA-ZJH
F012	一般采集		5051320.267	554455.2453	0	0	0	0	0	0	0	0	0	0	28	DA-ZJH
F013	一般采集		5052120.46	555176.7327	0	0	0	0	0	0	0	0	0	0	8	DA-YF-1
F014	一般采集		5052164.149	555180.0967	0	0	0	0	0	0	0	0	0	0	14	DA-YF-1
F015	一般采集		5053419.975	555309.9331	0	0	0	0	0	0	0	0	0	0	5	DA-YJWP
F016	系统采集	1	5053414.25	555263.4708	0	0	0	0	0	0	0	0	0	0	11250	DA-YJWP
F017	一般采集		5051192.301	553760.2631	0	0	0	0	0	0	0	0	0	0	29	DA-ZJH
F018	一般采集		5051168.621	553705.7473	0	0	0	0	0	0	0	0	0	0	26	DA-ZJH
F019	一般采集		5051211.393	553717.5435	0	0	0	0	0	0	0	0	0	3	17	DA-ZJH
F020	一般采集		5051229.287	553769.9711	0	0	0	0	0	0	0	0	0	3	8	DA-ZJH
F021	一般采集		5051134.142	553686.9607	0	0	0	0	0	0	0	0	0	4	19	DA-ZJH
F022	一般采集		5051163.384	553646.3294	0	0	0	0	0	0	0	0	0	3	21	DA-ZJH
F023	一般采集		5051266.821	553699.6307	0	0	0	0	0	0	0	0	0	8	13	DA-ZJH
F024	一般采集		5051227.82	553823.0757	0	0	0	0	0	0	0	0	0	0	19	DA-ZJH
F025	一般采集		5051576.581	553925.209	0	0	0	0	0	0	0	0	0	0	17	DA-ZJH
F026	一般采集		5053669.23	554231.2991	0	0	0	0	0	0	0	0	0	37	0	DA-YJH

续表

采集区号	采集类型	系统采集图数量	纬度	经度	新石器时代早期	新石器时代中期	新石器时代晚期	青铜时代早中期	小拉哈类型	古城文化	白金宝文化	汉书二期文化	魏晋隋唐时期	辽金时期	清末至民国时期	所属遗址编号
F027	一般采集		5053758.116	553281.0595	0	0	0	0	0	0	0	0	6	10	0	
F028	**系统采集**	**1**	**5052658.647**	**551663.7449**	**0**	**0**	**0**	**0**	**0**	**0**	**0**	**0**	**0**	**0**	**5250**	**DA-XJS-1**
F029	一般采集		5052224.084	550858.707	0	0	0	0	0	0	0	0	0	8	18	
F030	一般采集		5052293.971	551737.8756	0	0	0	0	0	0	0	0	0	0	24	DA-XJS-1
F031	一般采集		5053001.568	553412.2519	0	0	0	0	0	0	0	0	0	34	15	DA-XJS-2
F032	一般采集		5053021.644	553451.1358	0	0	0	0	0	0	0	0	0	13	12	DA-XJS-2
F033	一般采集		5053043.03	553490.4564	0	0	0	0	0	0	0	0	0	16	18	DA-XJS-2
F034	一般采集		5053067.471	553531.0878	0	0	0	0	0	0	0	0	0	9	17	DA-XJS-2
F035	一般采集		5053108.635	553505.2973	0	0	0	0	0	0	0	0	0	11	19	DA-XJS-2
F036	一般采集		5053082.885	553465.1029	0	0	0	0	0	0	0	0	0	13	15	DA-XJS-2
F037	一般采集		5053062.372	553426.656	0	0	0	0	0	0	0	0	0	17	26	DA-XJS-2
F038	一般采集		5053100.779	553398.2577	0	0	0	0	0	0	0	0	0	8	13	DA-XJS-2
F039	一般采集		5053122.165	553439.326	0	0	0	0	0	0	0	0	0	8	22	DA-XJS-2
F040	一般采集		5053146.17	553476.899	0	0	0	0	0	0	0	0	0	19	22	DA-XJS-2
F041	一般采集		5053025.922	553550.3645	0	0	0	0	0	0	0	0	0	21	21	DA-XJS-2
F042	一般采集		5053003.664	553511.9176	0	0	0	0	0	0	0	0	0	17	13	DA-XJS-2
F043	一般采集		5052979.223	553474.3445	0	0	0	0	0	0	0	0	2	47	25	DA-XJS-2
F044	一般采集		5052958.273	553432.8393	0	0	0	0	0	0	0	0	1	18	21	DA-XJS-2
F045	一般采集		5052909.191	553442.4142	0	0	0	0	0	0	0	0	0	34	16	DA-XJS-2
F046	一般采集		5052931.317	553482.6261	0	0	0	0	0	0	0	0	0	70	26	DA-XJS-2
F047	一般采集		5052952.395	553521.3727	0	0	0	0	0	0	0	0	0	17	28	DA-XJS-2
F048	一般采集		5052972.706	553562.4211	0	0	0	0	0	0	0	0	1	24	17	DA-XJS-2
F049	一般采集		5052920.969	553562.0375	0	0	0	0	0	0	0	0	0	7	8	DA-XJS-2
F050	一般采集		5052899.125	553521.7563	0	0	0	0	0	0	0	0	0	10	9	DA-XJS-2
F051	一般采集		5052871.149	553477.6389	0	0	0	0	0	0	0	0	0	31	19	DA-XJS-2
F052	一般采集		5052562.571	553272.9609	0	0	0	0	0	0	0	0	0	24	0	DA-XJS-2
F053	一般采集		5052741.006	553504.3665	0	0	0	0	0	0	0	0	0	20	11	DA-XJS-2

续表

采集区号	采集类型	系统采集圈数量	纬度	经度	新石器时代早期	新石器时代中期	新石器时代晚期	青铜时代早中期	小拉哈类型	古城文化	白金宝文化	汉书二期文化	魏晋隋唐时期	辽金时期	清末至民国时期	所属遗址编号
F054	一般采集		5052664.358	553505.5941	0	0	0	0	0	0	0	0	0	38	0	DA-XJS-2
F055	一般采集		5052717.34	554021.5638	0	0	0	0	0	0	0	0	0	7	0	DA-XJS-2
F056	一般采集		5052233.533	552139.8097	0	0	0	0	0	0	0	0	0	10	19	DA-XJS-1
F057	一般采集		5052314.6	552097.6056	0	0	0	0	0	0	0	0	0	9	13	DA-XJS-1
F058	一般采集		5052155.479	552194.9387	0	0	0	0	0	0	0	0	0	8	15	DA-XJS-1
F059	一般采集		5052172.114	552110.9371	0	0	0	0	0	0	0	0	0	9	9	DA-XJS-1
F060	一般采集		5052200.949	552057.6497	0	0	0	0	0	0	0	0	0	14	17	DA-XJS-1
F061	一般采集		5052137.735	552052.0989	0	0	0	0	0	0	0	0	0	16	19	DA-XJS-1
F062	一般采集		5052110.605	551984.9422	0	0	0	0	0	0	0	0	0	13	11	DA-XJS-1
F063	一般采集		5052154.596	551947.567	0	0	0	0	0	0	0	0	0	6	8	DA-XJS-1
F064	一般采集		5052174.188	551891.3193	0	0	0	0	0	0	0	0	0	20	27	DA-XJS-1
F065	一般采集		5052092.861	551928.6944	0	0	0	0	0	0	0	0	0	0	13	DA-XJS-1
F066	一般采集		5052061.439	552010.1057	0	0	0	0	0	0	0	0	0	21	16	DA-XJS-1
F067	一般采集		5052089.534	551885.0283	0	0	0	0	0	0	0	0	0	10	15	DA-XJS-1
F068	一般采集		5052020.621	551861.2999	0	0	0	0	0	0	0	0	0	22	8	DA-XJS-1
F069	一般采集		5052127.953	551827.598	0	0	0	0	0	0	0	0	0	19	23	DA-XJS-1
F070	一般采集		5052136.455	551752.4776	0	0	0	0	0	0	0	0	0	13	26	DA-XJS-1
F071	一般采集		5051829.677	551856.2464	0	0	0	0	0	0	0	0	0	8	13	DA-XJS-1
F072	一般采集		5051955.543	552030.3185	0	0	0	0	0	0	0	0	0	21	14	DA-XJS-1
F073	**系统采集**	**3**	**5051895.727**	**552045.1376**	**0**	**0**	**0**	**0**	**0**	**0**	**0**	**0**	**0**	**2082**	**750**	**DA-XJS-1**
F074	一般采集		5051226.882	553613.6254	0	0	0	0	0	0	0	0	0	7	15	DA-ZJH
F075	一般采集		5051192.717	553573.1267	0	0	0	0	0	0	0	0	0	0	13	DA-ZJH
F076	一般采集		5051249.784	553557.9415	0	0	0	0	0	0	0	0	0	0	6	DA-ZJH
F077	一般采集		5051169.241	553521.0632	0	0	0	0	0	0	0	0	0	2	7	DA-ZJH
F078	一般采集		5051273.378	553519.5724	0	0	0	0	0	0	0	0	0	4	18	DA-ZJH
F079	一般采集		5051185.749	553480.3884	0	0	0	0	0	0	0	0	0	5	7	DA-ZJH
F080	一般采集		5051311.124	553441.3742	0	0	0	0	0	0	0	0	0	5	11	DA-ZJH

续表

采集区号	采集类型	系统采集圈数量	纬度	经度	新石器时代早期	新石器时代中期	新石器时代晚期	青铜时代早中期	小拉哈类型	古城文化	白金宝文化	汉书二期文化	魏晋隋唐时期	辽金时期	清末至民国时期	所属遗址编号
F081	一般采集		5051273.41	553370.1499	0	0	0	0	0	0	0	0	0	1	13	DA-ZJH
F082	一般采集		5051335.23	553368.5931	0	0	0	0	0	0	0	0	0	12	16	DA-ZJH
F083	一般采集		5051287.407	553330.8404	0	0	0	0	0	0	0	0	0	1	11	DA-ZJH
F084	一般采集		5051354.281	553326.1699	0	0	0	0	0	0	0	0	0	3	15	DA-ZJH
F085	一般采集		5051319.333	553286.82	0	0	0	0	0	0	0	0	0	0	12	DA-ZJH
F086	一般采集		5051371.822	553290.3228	0	0	0	0	0	0	0	0	0	5	8	DA-ZJH
F087	一般采集		5051388.151	553257.6297	0	0	0	0	0	0	0	0	0	1	4	DA-ZJH
F088	一般采集		5051347.716	553250.624	0	0	0	0	0	0	0	0	0	0	9	DA-ZJH
F089	一般采集		5051490.194	553163.4768	0	0	0	0	0	0	0	0	0	0	9	DA-ZJH
F090	一般采集		5051408.825	553313.0556	0	0	0	0	0	0	0	0	0	2	9	DA-ZJH
F091	一般采集		5051384.439	553405.4682	0	0	0	0	0	0	0	0	0	4	30	DA-ZJH
F092	一般采集		5051362.066	553447.9408	0	0	0	0	0	0	0	0	0	6	34	DA-ZJH
F093	一般采集		5051347.696	553494.1471	0	0	0	0	0	0	0	0	0	4	19	DA-ZJH
F094	一般采集		5051327.229	553535.9943	0	0	0	0	0	0	0	0	0	1	22	DA-ZJH
F095	一般采集		5051286.296	553612.2782	0	0	0	0	0	0	0	0	0	1	28	DA-ZJH
F096	一般采集		5051525.718	553615.2332	0	0	0	0	0	0	0	0	0	2	29	DA-ZJH
F097	一般采集		5051326.396	553796.293	0	0	0	0	0	0	0	0	0	3	22	DA-ZJH
F098	一般采集		5051402.869	553548.0443	0	0	0	0	0	0	0	0	0	8	26	DA-ZJH
F099	一般采集		5051297.445	553836.2096	0	0	0	0	0	0	0	0	0	3	24	DA-ZJH
F100	一般采集		5051454.394	553535.8142	0	0	0	0	0	0	0	0	0	6	10	DA-ZJH
F101	一般采集		5051446.2	553486.602	0	0	0	0	0	0	0	0	0	6	30	DA-ZJH
F102	一般采集		5051454.94	553443.4045	0	0	0	0	0	0	0	0	0	5	34	DA-ZJH
F103	一般采集		5051525.952	553353.182	0	0	0	0	0	0	0	0	0	0	12	DA-ZJH
F104	一般采集		5051648.752	553254.3142	0	0	0	0	0	0	0	0	0	12	11	DA-ZJH
F105	一般采集		5051667.771	553205.1308	0	0	0	0	0	0	0	0	0	7	9	DA-ZJH
F106	一般采集		5051540.448	553222.0541	0	0	0	0	0	0	0	0	0	6	9	DA-ZJH
F107	一般采集		5051547.845	553172.3418	0	0	0	0	0	0	0	0	0	2	3	DA-ZJH

续表

采集区号	采集类型	系统采集圈数量	纬度	经度	新石器时代早期	新石器时代中期	新石器时代晚期	青铜时代早中期	小拉哈类型	古城文化	白金宝文化	汉书二期文化	魏晋隋唐时期	辽金时期	清末至民国时期	所属遗址编号
F108	一般采集		5051572.675	553128.447	0	0	0	0	0	0	0	0	0	0	6	DA-ZJH
F109	一般采集		5051782.232	553319.6128	0	0	0	0	0	0	0	0	0	4	10	DA-ZJH
F110	一般采集		5051693.181	553346.1486	0	0	0	0	0	0	0	0	0	11	14	DA-ZJH
F111	一般采集		5051756.138	553397.5616	0	0	0	0	0	0	0	0	0	22	10	DA-ZJH
F112	一般采集		5051733.357	553437.3652	0	0	0	0	0	0	0	0	0	13	10	DA-ZJH
F113	一般采集		5051635.891	553490.5749	0	0	0	0	0	0	0	0	0	7	7	DA-ZJH
F114	一般采集		5051629.144	553613.9338	0	0	0	0	0	0	0	0	0	16	19	DA-ZJH
F115	一般采集		5051656.481	553661.2006	0	0	0	0	0	0	0	0	0	11	19	DA-ZJH
F116	一般采集		5051589.381	553696.858	0	0	0	0	0	0	0	0	0	3	11	DA-ZJH
F117	一般采集		5051570.742	553645.0304	0	0	0	0	0	0	0	0	0	3	15	DA-ZJH
F118	一般采集		5051542.991	553723.3938	0	0	0	0	0	0	0	0	0	23	33	DA-ZJH
F119	一般采集		5051524.767	553761.9535	0	0	0	0	0	0	0	0	0	10	10	DA-ZJH
F120	一般采集		5051525.047	553853.7033	0	0	0	0	0	0	0	0	0	12	29	DA-ZJH
F121	一般采集		5051568.123	553859.9226	0	0	0	0	0	0	0	0	0	19	20	DA-ZJH
F122	一般采集		5051759.717	553106.3838	0	0	0	0	0	0	0	0	0	25	21	DA-ZJH
F123	一般采集		5051327.549	552630.7438	0	0	0	0	0	0	0	0	0	12	1	
F124	一般采集		5051369.837	552654.9334	0	0	0	0	0	0	0	0	0	22	6	
F125	一般采集		5051301.226	552668.3241	0	0	0	0	0	0	0	0	0	22	9	
F126	一般采集		5052124.987	555244.642	0	0	0	0	0	0	0	0	0	102	13	DA-YF-1
F127	一般采集		5052157.551	555272.7256	0	0	0	0	0	0	0	0	0	91	7	DA-YF-1
F128	一般采集		5052190.88	555308.7576	0	0	0	0	0	0	0	0	0	28	8	DA-YF-1
F129	一般采集		5052217.543	555346.569	0	0	0	0	0	0	0	0	0	25	10	DA-YF-1
F130	一般采集		5052251.48	555371.0921	0	0	0	0	0	0	0	0	0	15	9	DA-YF-1
F131	一般采集		5052282.587	555399.5618	0	0	0	0	0	0	0	0	0	24	11	DA-YF-1
F132	一般采集		5052249.258	555430.2558	0	0	0	0	0	0	0	0	0	6	4	DA-YF-1
F133	一般采集		5052218.596	555399.117	0	0	0	0	0	0	0	0	0	11	6	DA-YF-1
F134	一般采集		5052189.711	555367.9781	0	0	0	0	0	0	0	0	0	8	9	DA-YF-1

续表

采集区号	采集类型	系统采集圈数量	纬度	经度	新石器时代早期	新石器时代中期	新石器时代晚期	青铜时代早中期	小拉哈类型	古城文化	白金宝文化	汉书二期文化	魏晋隋唐时期	辽金时期	清末至民国时期	所属遗址编号
F135	一般采集		5052158.014	555338.5645	0	0	0	0	0	0	0	0	0	0	5	DA-YF-1
F136	一般采集		5052126.463	555302.5324	0	0	0	0	0	0	0	0	0	23	5	DA-YF-1
F137	一般采集		5052220.672	555459.5609	0	0	0	0	0	0	0	0	0	29	10	DA-YF-1
F138	一般采集		5052187.343	555430.6463	0	0	0	0	0	0	0	0	0	14	10	DA-YF-1
F139	一般采集		5052158.903	555398.1729	0	0	0	0	0	0	0	0	0	19	6	DA-YF-1
F140	一般采集		5052127.796	555366.5893	0	0	0	0	0	0	0	0	0	22	9	DA-YF-1
F141	一般采集		5052094.912	555335.4506	0	0	0	0	0	0	0	0	0	7	4	DA-YF-1
F142	一般采集		5052046.319	555337.6734	0	0	0	0	0	0	0	0	0	29	6	DA-YF-1
F143	一般采集		5052066.316	555294.524	0	0	0	0	0	0	0	0	0	12	5	DA-YF-1
F144	一般采集		5052075.648	555252.2642	0	0	0	0	0	0	0	0	0	19	3	DA-YF-1
F145	一般采集		5052171.362	555224.6517	0	0	0	0	0	0	0	0	0	10	3	DA-YF-1
F146	一般采集		5052201.135	555256.2354	0	0	0	0	0	0	0	0	0	7	4	DA-YF-1
F147	一般采集		5051256.511	557174.0991	0	0	0	0	0	0	0	0	0	14	17	DA-YF-2
F148	一般采集		5051320.637	557081.964	0	0	0	0	0	0	0	0	0	12	5	DA-YF-2
F149	一般采集		5051482.84	557296.4425	0	0	0	0	0	0	0	0	0	26	13	DA-YF-2
F150	一般采集		5051498.683	557246.599	0	0	0	0	0	0	0	0	0	106	23	DA-YF-2
F151	一般采集		5051623.576	557267.3987	0	0	0	0	0	0	0	0	0	18	16	DA-YF-2
F152	一般采集		5051643.658	557214.1241	0	0	0	0	0	0	0	0	0	14	19	DA-YF-2
F153	一般采集		5051720.978	557248.3002	0	0	0	0	0	0	0	0	0	23	13	DA-YF-2
F154	一般采集		5051774.298	557214.7272	0	0	0	0	0	0	0	0	0	24	18	DA-YF-2
F155	一般采集		5051817.175	557259.0557	0	0	0	0	0	0	0	0	0	28	20	DA-YF-2
F156	一般采集		5051766.566	557285.7934	0	0	0	0	0	0	0	0	0	15	8	DA-YF-2
F157	一般采集		5051763.754	557422.2968	0	0	0	0	0	0	0	0	0	20	12	DA-YF-2
F158	一般采集		5051749.696	557351.9343	0	0	0	0	0	0	0	0	0	11	10	DA-YF-2
F159	一般采集		5051896.433	557419.3135	0	0	0	0	0	0	0	0	0	18	13	DA-YF-2
F160	一般采集		5051963.349	557421.7762	0	0	0	0	0	0	0	0	0	11	14	DA-YF-2
F161	一般采集		5050423.808	558225.0519	0	0	0	0	0	0	0	0	0	26	8	

续表

采集区号	采集类型	系统采集陶数量	纬度	经度	新石器时代早期	新石器时代中期	新石器时代晚期	青铜时代早中期	小拉哈类型	古城文化	白金宝文化	汉书二期文化	魏晋隋唐时期	辽金时期	清末至民国时期	所属遗址编号
F162	一般采集		5059653.84	552842.6685	0	0	0	0	0	0	0	0	0	31	23	
F163	一般采集		5059615.433	552847.0375	0	0	0	0	0	0	0	0	0	22	26	
F164	一般采集		5059573.097	552848.3482	0	0	0	0	0	0	0	0	0	25	16	
F165	一般采集		5060205.485	552879.9122	0	0	0	0	0	0	0	0	0	12	6	
F166	一般采集		5060244.316	552861.0097	0	0	0	0	0	0	0	0	0	8	3	
F167	一般采集		5060726.02	552830.3797	0	0	0	0	0	0	0	0	0	18	8	DA-TEH-2
F168	系统采集	5	5060953.206	552771.6739	0	0	0	0	0	0	0	0	0	1200	800	DA-TEH-2
F169	系统采集	3	5060994.84	552757.9246	0	0	0	0	0	0	0	0	83	1833	1416	DA-TEH-2
F170	系统采集	2	5061038.724	552745.8123	0	0	0	0	0	0	0	0	0	3625	1875	DA-TEH-2
F171	系统采集	1	5061081.717	552736.4414	0	0	0	0	0	0	0	0	0	4500	4250	DA-TEH-2
F172	系统采集	3	5061131.483	552727.7085	0	0	0	0	0	0	0	0	0	1332	1083	DA-TEH-2
F173	系统采集	2	5061176.556	552721.4613	0	0	0	0	0	0	0	0	0	2625	1250	DA-TEH-2
F174	系统采集	1	5061216.776	552716.9495	0	0	0	0	0	0	0	0	0	2750	4250	DA-TEH-2
F175	系统采集	1	5060158.236	553765.582	0	0	0	0	0	0	0	0	0	8750	0	DA-XLP
F176	一般采集		5060149.732	553812.6012	0	0	0	0	0	0	0	0	0	15	1	DA-XLP
F177	一般采集		5060195.436	553807.4022	0	0	0	0	0	0	0	0	0	56	14	DA-XLP
F178	一般采集		5060241.659	553797.5242	0	0	0	0	0	0	0	0	0	63	3	DA-XLP
F179	一般采集		5060287.363	553790.7656	0	0	0	0	0	0	0	0	0	2	4	DA-XLP
F180	系统采集	2	5060380.908	553859.9136	0	0	0	0	0	0	0	0	0	3750	0	DA-XLP
F181	一般采集		5060337.845	553864.3092	0	0	0	0	0	0	0	0	0	9	4	DA-XLP
F182	一般采集		5059914.434	553768.3323	0	0	0	0	0	0	0	0	0	21	2	DA-XLP
F183	一般采集		5059957.439	553759.2258	0	0	0	0	0	0	0	0	0	6	4	DA-XLP
F184	系统采集	1	5060074.35	553776.0615	0	0	0	0	0	0	0	0	0	7000	500	DA-XLP
F185	一般采集		5060083.391	553731.8858	0	0	0	0	0	0	0	0	0	42	4	DA-XLP
F186	系统采集	2	5060115.417	553772.0704	0	0	0	0	0	0	0	0	0	4000	0	DA-XLP
F187	一般采集		5060741.644	553892.7955	0	0	0	0	0	0	0	0	0	11	12	DA-XLP
F188	一般采集		5060782.596	553874.3478	0	0	0	0	0	0	0	0	0	10	6	DA-XLP

续表

采集区号	采集类型	系统采集圈数数量	纬度	经度	新石器时代早期	新石器时代中期	新石器时代晚期	青铜时代早中期	小拉哈类型	古城文化	白金宝文化	汉书二期文化	魏晋隋唐时期	辽金时期	清末至民国时期	所属遗址编号
F189	一般采集		5060826.962	553863.4158	0	0	0	0	0	0	0	0	0	16	7	DA-XLP
F190	一般采集		5060938.899	553808.0727	0	0	0	0	0	0	0	0	0	12	8	DA-XLP
F191	一般采集		5060901.359	553826.5204	0	0	0	0	0	0	0	0	0	20	9	DA-XLP
F192	一般采集		5060862.454	553845.6514	0	0	0	0	0	0	0	0	0	16	16	DA-XLP
F195	一般采集		5061339.683	553464.6018	0	0	0	0	0	0	0	0	0	12	6	DA-TEH-1
F196	一般采集		5061314.325	553436.7715	0	0	0	0	0	0	0	0	1	22	26	DA-TEH-1
F197	一般采集		5061284.996	553455.7328	0	0	0	0	0	0	0	0	0	18	8	DA-TEH-1
F198	一般采集		5061343.349	553416.8927	0	0	0	0	0	0	0	0	0	37	7	DA-TEH-1
F199	一般采集		5061367.179	553443.8055	0	0	0	0	0	0	0	0	0	28	6	DA-TEH-1
F200	一般采集		5061389.81	553417.64	0	0	0	0	0	0	0	0	0	42	11	DA-TEH-1
F201	一般采集		5061415.717	553446.9995	0	0	0	0	0	0	0	0	0	32	8	DA-TEH-1
F202	一般采集		5061372.762	553387.7836	0	0	0	0	0	0	0	0	0	26	7	DA-TEH-1
F203	一般采集		5061406.002	553362.8281	0	0	0	0	0	0	0	0	0	13	6	DA-TEH-1
F204	一般采集		5061427.998	553392.1876	0	0	0	0	0	0	0	0	0	40	21	DA-TEH-1
F205	一般采集		5061447.551	553422.5257	0	0	0	0	0	0	0	0	0	25	13	DA-TEH-1
F206	一般采集		5061477.369	553400.9955	0	0	0	0	0	0	0	0	0	28	14	DA-TEH-1
F207	一般采集		5061456.35	553373.104	0	0	0	0	0	0	0	0	0	28	20	DA-TEH-1
F208	一般采集		5061430.442	553342.2766	0	0	0	0	0	0	0	0	0	6	10	DA-TEH-1
F209	一般采集		5061462.216	553323.6822	0	0	0	0	0	0	0	0	0	13	9	DA-TEH-1
F210	一般采集		5061484.919	553355.0202	0	0	0	0	0	0	0	0	0	28	15	DA-TEH-1
F211	一般采集		5061503.603	553387.1298	0	0	0	0	0	0	0	0	0	36	11	DA-TEH-1
F212	一般采集		5061446.092	553287.0169	0	0	0	0	0	0	0	0	0	16	3	DA-TEH-1
F213	一般采集		5061412.341	553307.3422	0	0	0	0	0	0	0	0	0	14	0	DA-TEH-1
F214	一般采集		5061322.956	553385.9597	0	0	0	0	0	0	0	0	0	31	12	DA-TEH-1
F215	一般采集		5061295.928	553407.3194	0	0	0	0	0	0	0	0	0	26	12	DA-TEH-1
F216	一般采集		5061264.158	553424.4071	0	0	0	0	0	0	0	0	0	17	8	DA-TEH-1
F217	一般采集		5061696.832	553315.2134	0	0	0	0	0	0	0	0	0	26	21	DA-TEH-1

续表

采集区号	采集类型	系统采集圈数量	纬度	经度	新石器时代早期	新石器时代中期	新石器时代晚期	青铜时代早中期	小拉哈类型	古城文化	白金宝文化	汉书二期文化	魏晋隋唐时期	辽金时期	清末至民国时期	所属遗址编号
F218	一般采集		5061665.938	553337.6784	0	0	0	0	0	0	0	0	0	21	22	DA-TEH-1
F219	一般采集		5061636.501	553349.0567	0	0	0	0	0	0	0	0	0	38	10	DA-TEH-1
F220	一般采集		5061655.445	553383.1918	0	0	0	0	0	0	0	0	0	33	11	DA-TEH-1
F221	一般采集		5061585.497	553375.898	0	0	0	0	0	0	0	0	0	43	12	DA-TEH-1
I001	一般采集		5058592.105	574969.7554	0	0	0	0	0	0	0	0	0	20	3	DA-ZF
I002	系统采集	3	5058585.151	574916.0551	0	0	0	0	0	0	0	0	0	5914	250	DA-ZF
I003	系统采集	3	5058582.668	574858.7623	0	0	0	0	0	0	0	167	0	5414	0	DA-ZF
I004	一般采集		5058576.708	574806.0564	0	0	0	0	0	0	0	0	0	52	0	DA-ZF
I005	一般采集		5058575.243	574757.1374	0	0	0	0	0	0	0	0	0	22	1	DA-ZF
I006	一般采集		5058516.92	574936.0271	0	0	0	0	0	0	0	0	0	26	4	DA-ZF
I007	一般采集		5058485.377	574972.6707	0	0	0	0	0	0	0	0	0	72	3	DA-ZF
I008	一般采集		5058065.35	574364.8615	0	0	0	0	0	0	0	0	0	8	3	
I009	一般采集		5058102.729	574431.7216	0	0	0	0	0	0	0	0	0	35	4	
I010	一般采集		5058056.772	574450.1235	0	0	0	0	0	0	0	0	0	39	4	
I011	一般采集		5057978.891	574695.34	0	0	0	0	0	0	0	0	0	11	0	
I012	一般采集		5059561.252	573964.7777	0	0	0	0	0	0	0	0	0	9	5	DA-HDWP
I013	一般采集		5059341.485	574002.0066	0	250	0	0	0	0	5	6	0	45	6	DA-HDWP
I014	一般采集		5059214.325	574045.5369	0	0	0	0	0	0	0	0	0	35	0	DA-HDWP
I015	系统采集	1	5059166.179	574076.7544	0	0	0	0	0	0	0	0	250	7500	0	DA-HDWP
I016	系统采集	1	5058871.878	574113.0068	0	0	0	0	0	0	0	500	250	28750	750	DA-HDWP
I017	系统采集	1	5058921.053	574104.5539	0	250	0	0	0	0	0	0	0	8250	500	DA-HDWP
I018	系统采集	1	5058966.965	574099.0871	0	0	0	0	0	0	0	0	0	10250	0	DA-HDWP
I019	系统采集	2	5059013.16	574097.0982	0	0	0	0	0	0	0	375	0	4625	0	DA-HDWP
I020	系统采集	1	5059063.627	574095.583	0	0	0	0	0	0	0	0	0	20250	250	DA-HDWP
I021	系统采集	1	5059810.306	573894.0174	0	0	0	0	0	0	0	0	0	17500	0	DA-HDWP
I022	一般采集		5060224.506	573819.506	0	0	0	0	0	0	0	0	0	11	1	DA-HDWP
I023	一般采集		5060639.491	573745.738	0	0	0	0	0	0	0	0	0	33	0	DA-HDWP

续表

采集区号	采集类型	系统采集图数量	纬度	经度	新石器时代早期	新石器时代中期	新石器时代晚期	青铜时代早中期	小拉哈类型	古城文化	白金宝文化	汉书二期文化	魏晋隋唐时期	辽金时期	清末至民国时期	所属遗址编号
I024	一般采集		5060711.515	573749.2186	0	0	0	0	0	0	0	0	0	26	0	DA-HDWP
I025	一般采集		5060763.349	573743.7388	0	0	0	0	0	0	0	0	0	64	1	DA-HDWP
I026	一般采集		5060746.461	573629.8742	0	0	0	0	0	0	0	0	0	10	0	DA-HDWP
I027	一般采集		5060823.658	573733.7841	0	0	0	0	0	0	0	0	0	83	2	DA-HDWP
I028	**系统采集**	**1**	**5060870.35**	**573727.8173**	**0**	**0**	**0**	**0**	**0**	**0**	**0**	**250**	**0**	**5750**	**0**	**DA-HDWP**
I029	**系统采集**	**1**	**5060924.703**	**573711.3861**	**0**	**0**	**0**	**0**	**0**	**0**	**0**	**0**	**0**	**8250**	**0**	**DA-HDWP**
I030	一般采集		5060984.434	573703.4147	0	0	0	0	0	0	0	0	0	45	0	DA-HDWP
I031	一般采集		5061040.37	573700.5073	0	0	0	0	0	0	0	0	0	60	6	DA-HDWP
I032	**系统采集**	**1**	**5061089.049**	**573705.8673**	**0**	**0**	**0**	**0**	**0**	**0**	**0**	**0**	**0**	**10500**	**0**	**DA-HDWP**
I033	一般采集		5061311.075	573807.5359	0	0	0	0	0	0	0	0	0	19	1	DA-HDWP
I034	一般采集		5061365.102	573838.3427	0	0	0	0	0	0	0	0	0	43	0	DA-HDWP
I035	一般采集		5061419.085	573945.5572	0	0	0	6	0	0	0	9	0	23	0	DA-HDWP
I036	一般采集		5061479.995	574011.6814	0	0	0	3	0	0	0	3	0	18	0	DA-HDWP
I037	一般采集		5061536.431	574078.601	0	0	0	21	0	0	0	3	1	17	0	DA-HDWP
I038	一般采集		5061165.874	573666.3368	0	0	0	0	0	0	0	1	0	25	2	DA-HDWP
I039	一般采集		5061344.278	573731.8752	0	0	0	0	0	0	0	0	0	14	0	DA-HDWP
I040	一般采集		5060670.24	573432.5403	0	0	0	0	0	0	0	0	0	9	2	DA-HDWP
I041	一般采集		5060405.281	573477.3057	0	0	0	0	0	0	0	0	0	14	1	DA-HDWP
I042	一般采集		5060420.634	573568.7894	0	0	0	0	0	0	0	0	0	19	3	DA-HDWP
I043	一般采集		5060569.783	573586.3543	0	0	0	0	0	0	0	0	0	37	4	DA-HDWP
I044	一般采集		5060519.335	573591.4773	0	0	0	0	0	0	0	0	0	29	3	DA-HDWP
I045	一般采集		5059665.164	573610.8914	0	0	0	0	0	0	0	0	0	22	1	DA-HDWP
I046	一般采集		5059922.498	573603.3515	0	0	0	0	0	0	0	0	0	25	1	DA-HDWP
I047	一般采集		5059967.641	573672.324	0	0	0	0	0	0	0	0	0	12	0	DA-HDWP
I048	一般采集		5056619.081	573821.2655	0	0	0	0	0	0	1	0	0	15	1	DA-HDWP
I049	一般采集		5056937.07	574060.0839	0	0	0	0	0	0	0	0	0	140	1	
I050	一般采集		5056901.392	574091.6462	0	0	0	0	0	0	0	0	0	17	6	

续表

采集区号	采集类型	系统采集圈数量	纬度	经度	新石器时代早期	新石器时代中期	新石器时代晚期	青铜时代早中期	小拉哈类型	古城文化	白金宝文化	汉书二期文化	魏晋隋唐时期	辽金时期	清末至民国时期	所属遗址编号
I051	一般采集		5057031.644	574226.2089	0	0	0	0	0	0	0	0	0	11	7	
I052	一般采集		5057200.917	574328.5209	0	0	0	0	0	0	0	0	0	13	2	
I053	一般采集		5057653.071	574660.9746	0	0	0	0	0	0	0	0	0	12	2	
I054	一般采集		5057202.998	574131.6188	0	0	0	0	0	0	0	0	0	9	1	
I055	一般采集		5057512.28	574940.1602	0	0	0	0	0	0	0	0	0	82	19	
I056	一般采集		5057491.914	574988.3912	0	0	0	0	0	0	0	0	0	60	4	
I057	一般采集		5057441.746	574964.0272	0	0	0	0	0	0	0	0	0	61	1	
I058	一般采集		5055492.501	574928.5266	0	0	0	0	0	0	0	0	0	120	46	DA-LJH
I059	系统采集	1	5055478.941	574870.0529	0	0	0	0	0	0	0	0	0	4250	3500	DA-LJH
I060	系统采集		5055464.685	574814.7117	0	0	0	0	0	0	0	0	0	51	25	DA-LJH
I061	系统采集	1	5055625.733	574709.7965	0	0	0	0	0	0	0	0	0	12250	1000	DA-LJH
I062	系统采集	1	5055634.526	574662.853	0	0	0	0	0	0	0	0	0	9250	250	DA-LJH
I063	一般采集		5055428.213	574532.0713	0	0	0	0	0	0	0	0	0	52	0	DA-LJH
I064	一般采集		5055482.019	574532.0713	0	0	0	0	0	0	0	0	0	34	2	DA-LJH
I065	一般采集		5055485.382	574481.5765	0	0	0	0	0	0	0	0	0	47	2	DA-LJH
I066	一般采集		5055748.311	574220.1711	0	0	0	0	0	0	0	0	0	18	0	DA-LJH
I067	一般采集		5055692.031	574545.7431	0	0	0	0	0	0	0	0	0	14	4	DA-LJH
I068	一般采集		5055602.678	574372.3465	0	0	0	0	0	0	0	0	0	34	2	DA-LJH
I069	一般采集		5055615.907	574328.3627	0	0	0	0	0	0	0	0	0	40	5	DA-LJH
I070	一般采集		5055557.795	574360.05	0	0	0	0	0	0	0	0	0	30	1	DA-LJH
I071	一般采集		5055569.133	574313.7014	0	0	0	0	0	0	0	0	0	46	0	DA-LJH
I072	一般采集		5055519.525	574304.2425	0	0	0	0	0	0	0	0	0	31	8	DA-LJH
I073	一般采集		5055519.566	574074.352	0	0	0	0	0	0	0	0	0	40	5	DA-LJH
I074	一般采集		5055220.055	573844.729	0	0	0	0	0	0	0	0	0	14	3	DA-LJH
I075	一般采集		5055449.464	573623.4489	0	0	0	0	0	0	0	0	0	15	1	DA-LJH
I076	一般采集		5055496.894	573635.9413	0	0	0	0	0	0	0	0	0	11	1	DA-LJH
I077	一般采集		5055490.237	573681.7469	0	0	0	0	0	0	0	0	0	55	3	DA-LJH

采集区号	采集类型	系统采集圈数量	纬度	经度	新石器时代早期	新石器时代中期	新石器时代晚期	青铜时代早中期	小拉哈类型	古城文化	白金宝文化	汉书二期文化	魏晋隋唐时期	辽金时期	清末至民国时期	所属遗址编号
1078	一般采集		5055442.807	573673.4187	0	0	0	0	0	0	0	0	0	22	4	DA-LJH
1079	一般采集		5055400.37	573613.4549	0	0	0	0	0	0	0	0	0	7	2	DA-LJH
1080	一般采集		5055354.604	573604.2938	0	0	0	0	0	0	0	0	0	36	4	DA-LJH
1081	一般采集		5055358.765	573655.0963	0	0	0	0	0	0	0	0	0	13	0	DA-LJH
1082	一般采集		5055225.628	573571.8134	0	0	0	0	0	0	0	0	0	21	3	DA-LJH
1083	一般采集		5055219.321	573625.0433	0	0	0	0	0	0	0	0	0	94	0	DA-LJH
1084	一般采集		5055109.483	573654.1923	0	0	0	0	0	0	0	0	0	121	5	DA-LJH
1085	**系统采集**	**3**	**5055104.4944**	**573601.7636**	**0**	**0**	**0**	**0**	**0**	**0**	**0**	**0**	**0**	**9750**		**DA-LJH**
1086	一般采集		5055156.081	573655.858	0	0	0	0	0	0	0	0	0	31	1	DA-LJH
1087	一般采集		5055154.417	573598.3927	0	0	0	0	0	0	0	0	0	101	0	DA-LJH
1088	**系统采集**	**1**	**5055152.753**	**573549.2557**	**0**	**0**	**0**	**0**	**0**	**0**	**0**	**0**	**0**	**9750**	**0**	**DA-LJH**
1089	一般采集		5055155.249	573499.286	0	0	0	0	0	0	0	0	0	218	1	DA-LJH
1090	**系统采集**	**1**	**5055105.323**	**573545.9245**	**0**	**0**	**0**	**0**	**0**	**0**	**0**	**0**	**0**	**14750**	**0**	**DA-LJH**
1091	一般采集		5055108.651	573483.4622	0	0	0	0	0	0	0	0	0	22	1	DA-LJH
1092	一般采集		5055106.987	573412.6716	0	0	0	0	0	0	0	0	0	14	0	DA-LJH
1093	一般采集		5055154.417	573452.6474	0	0	0	0	0	0	0	0	0	14	0	DA-LJH
1094	一般采集		5055155.249	573408.5075	0	0	0	0	0	0	0	0	0	27	0	DA-LJH
1095	一般采集		5055543.164	573408.1028	0	0	0	0	0	0	0	0	0	12	1	DA-LJH
1096	一般采集		5055498.655	573400.0761	0	0	0	0	0	0	0	0	0	10	2	DA-LJH
1097	一般采集		5055161.589	573323.6953	0	0	0	0	0	0	0	0	0	17	0	DA-LJH
1098	一般采集		5056253.957	573943.09	0	0	0	0	0	0	0	0	0	11	1	DA-LJH
1099	一般采集		5056157.143	573989.0636	0	0	0	0	0	0	0	0	0	16	1	DA-LJH
1100	一般采集		5056186.678	573556.3257	0	0	0	0	0	0	0	0	0	18	3	DA-LJH
1101	一般采集		5056122.046	573595.9736	0	0	0	0	0	0	0	0	0	9	0	DA-LJH
1102	一般采集		5055711.916	573278.5756	0	0	0	0	0	0	0	0	0	11	2	DA-LJH
1103	一般采集		5055953.084	573165.2158	0	0	0	0	0	0	0	0	0	20	8	DA-LJH
1104	一般采集		5055899.382	573042.0838	0	0	0	0	0	0	0	0	0	4	3	DA-LJH

续表

采集区号	采集类型	系统采集圈数量	纬度	经度	新石器时代早期	新石器时代中期	新石器时代晚期	青铜时代早中期	小拉哈类型	古城文化	白金宝文化	汉书二期文化	魏晋隋唐时期	辽金时期	清末至民国时期	所属遗址编号
I105	一般采集		5055525.546	572358.6464	0	0	0	0	0	0	0	0	0	36	8	
I106	一般采集		5055480.535	572343.6298	0	0	0	0	0	0	0	0	0	20	2	
I107	一般采集		5056238.998	572337.3557	0	0	0	0	0	0	0	0	0	14	0	
I108	一般采集		5056211.235	572384.1317	0	0	0	0	0	0	0	0	0	6	2	
I109	一般采集		5056145.195	571908.966	0	0	0	0	0	0	0	0	0	15	3	
I110	一般采集		5055662.343	571704.7037	0	0	0	0	0	0	0	3	0	0	12	DA-CJWP
I111	一般采集		5055793.477	571435.3862	0	1	0	0	0	0	0	3	0	24	2	DA-CJWP
I112	一般采集		5055878.292	571401.2702	0	0	0	0	0	0	0	0	0	5	0	DA-CJWP
I113	一般采集		5055830.674	571496.087	0	0	0	0	0	0	0	0	0	17	8	DA-CJWP
I114	一般采集		5055921.399	571421.839	0	0	0	0	0	0	0	0	0	18	1	DA-CJWP
I115	一般采集		5055903.354	571468.4949	0	0	0	0	0	0	0	0	0	29	1	DA-CJWP
I116	一般采集		5055964.592	571445.9206	0	0	0	0	0	0	0	0	0	12	0	DA-CJWP
I117	一般采集		5055859.833	571446.4224	0	0	0	0	0	0	0	0	1	9	0	DA-CJWP
I118	一般采集		5055881.386	571509.6337	0	0	0	0	0	0	0	0	0	11	3	DA-CJWP
I119	一般采集		5056006.335	571462.9879	0	0	0	0	0	0	0	0	0	7	2	DA-CJWP
I120	一般采集		5056382.126	571393.5937	0	0	0	0	0	0	0	2	0	8	1	DA-CJWP
I121	一般采集		5056321.765	571342.6202	0	0	0	0	0	0	0	0	0	10	2	DA-CJWP
I122	一般采集		5056323.023	571390.4473	0	0	0	0	0	0	0	0	0	6	0	DA-CJWP
I123	一般采集		5056279.01	571392.9645	0	0	0	0	0	0	0	0	0	26	0	DA-CJWP
I124	一般采集		5056118.901	571379.5094	0	0	0	0	0	0	0	2	0	34	2	DA-CJWP
I125	一般采集		5056006.115	571356.617	0	0	0	0	0	0	0	0	0	22	6	DA-CJWP
I126	系统采集	1	5054619.291	570026.3935	0	0	0	0	0	0	0	0	0	9000	250	DA-TLH
I127	系统采集	3	5054610.137	569969.8957	0	0	0	0	0	0	0	0	0	2915	83	DA-TLH
I128	系统采集	4	5054597.932	569914.1613	0	0	0	0	0	0	0	0	0	1562	62	DA-TLH
I129	一般采集		5054796.366	569766.411	0	0	0	0	0	0	0	0	0	22	3	DA-TLH
I130	一般采集		5054717.13	569523.1224	0	0	0	0	0	0	0	0	0	3	2	DA-TLH
I131	一般采集		5054673.305	569679.9001	0	0	0	0	0	0	0	0	0	105	3	DA-TLH

采集区号	采集类型	系统采集图数量	纬度	经度	新石器时代早期	新石器时代中期	新石器时代晚期	青铜时代早中期	小拉哈类型	古城文化	白金宝文化	汉书二期文化	魏晋隋唐时期	辽金时期	清末至民国时期	所属遗址编号
1132	系统采集	1	5054794.542	569655.7656	0	0	0	0	0	0	0	0	0	**11750**	**500**	**DA-TLH**
1133	一般采集		5054680.673	569730.8505	0	0	0	0	0	0	0	0	0	68	3	DA-TLH
1134	系统采集	2	5054627.757	569683.2521	0	0	0	0	0	0	0	0	0	**4500**	**0**	**DA-TLH**
1135	系统采集	3	5054631.776	569734.8728	0	0	0	0	0	0	0	0	0	**2915**	**0**	**DA-TLH**
1136	系统采集	2	5054687.371	569776.4377	0	0	0	0	0	0	0	0	0	**4250**	**0**	**DA-TLH**
1137	系统采集	1	5054685.444	569826.8843	0	0	0	0	0	0	0	0	0	**6500**	**0**	**DA-TLH**
1138	一般采集		5054794.625	569857.0523	0	0	0	0	0	0	0	0	0	20	7	DA-TLH
1139	一般采集		5054677.407	569883.8683	0	0	0	0	0	0	0	0	0	46	6	DA-TLH
1140	一般采集		5054561.726	569980.334	0	0	0	0	0	0	0	0	0	40	3	DA-TLH
1141	一般采集		5054573.729	570032.8935	0	0	0	0	0	0	0	0	0	9	0	DA-TLH
1142	一般采集		5054432.486	570388.7357	0	0	0	0	0	0	0	0	0	34	9	DA-TLH
1143	一般采集		5054381.895	570398.2296	0	0	0	0	0	0	0	0	0	10	0	DA-TLH
1144	一般采集		5054254.768	569939.8847	0	0	0	0	0	0	0	0	0	17	1	DA-TLH
1145	一般采集		5054310.131	569815.9008	0	0	0	0	0	0	0	0	0	33	4	DA-TLH
1146	一般采集		5054501.009	569805.1494	0	0	0	0	0	0	0	1	0	16	0	DA-TLH
1147	一般采集		5054410.941	569865.5226	0	0	0	0	0	0	0	0	0	5	3	DA-TLH
1148	系统采集	1	5054504.314	569634.7809	0	0	0	0	0	0	0	0	0	**9500**	**0**	**DA-TLH**
1149	一般采集		5054489.441	569587.64	0	0	0	0	0	0	0	0	0	77	0	DA-TLH
1150	一般采集		5053720.736	570468.3127	0	0	0	0	0	0	0	0	0	23	6	
1151	一般采集		5052523.126	571473.3151	0	0	0	0	0	0	0	0	0	128	1	DA-XGLBT
1152	一般采集		5052480.212	571517.9177	0	0	0	0	0	0	0	0	0	35	1	DA-XGLBT
1153	一般采集		5052442.251	571552.6089	0	0	0	0	0	0	0	0	0	130	1	DA-XGLBT
1154	系统采集	2	5052400.988	571583.9959	0	0	0	0	0	0	0	0	0	**4375**	**0**	**DA-XGLBT**
1155	一般采集		5052442.458	573232.2262	0	0	0	0	0	0	0	0	0	53	0	DA-HGZ
1156	一般采集		5052442.458	573297.9613	0	0	0	0	0	0	0	0	0	34	2	DA-HGZ
1157	一般采集		5052502.054	573272.3977	0	0	0	0	0	0	0	0	0	86	0	DA-HGZ
1158	一般采集		5052539.758	573150.6663	0	0	0	0	0	0	0	0	0	86	0	DA-HGZ

续表

采集区号	采集类型	系统采集圈数量	纬度	经度	新石器时代早期	新石器时代中期	新石器时代晚期	青铜时代早中期	小拉哈类型	古城文化	白金宝文化	汉书二期文化	魏晋隋唐时期	辽金时期	清末至民国时期	所属遗址编号
I159	一般采集		5052525.163	573100.7564	0	0	0	0	0	0	0	0	0	39	0	DA-HGZ
I160	一般采集		5052564.448	573025.5264	0	0	0	0	0	0	0	0	1	30	2	DA-HGZ
I161	**系统采集**	**1**	**5052506.554**	**573046.8294**	**0**	**0**	**0**	**0**	**0**	**0**	**0**	**0**	**0**	**5500**	**250**	**DA-HGZ**
I162	一般采集		5052630.856	572900.2648	0	0	0	0	0	0	0	0	0	25	11	DA-HGZ
I163	一般采集		5052681.938	573182.3164	0	0	0	0	0	0	0	0	0	23	8	DA-HGZ
I164	**系统采集**	**2**	**5052443.718**	**575170.0484**	**0**	**0**	**0**	**0**	**0**	**0**	**0**	**0**	**0**	**3875**	**250**	**DA-XWZ-1**
I165	**系统采集**	**2**	**5052462.519**	**575217.4579**	**0**	**0**	**0**	**0**	**0**	**0**	**0**	**0**	**0**	**1750**	**1250**	**DA-XWZ-1**
I166	**系统采集**	**2**	**5052419.141**	**575113.7036**	**0**	**0**	**0**	**0**	**0**	**0**	**0**	**125**	**0**	**2375**	**1875**	**DA-XWZ-1**
I167	**系统采集**	**2**	**5052399.291**	**575062.9302**	**0**	**0**	**0**	**0**	**0**	**0**	**0**	**0**	**0**	**3875**	**1000**	**DA-XWZ-1**
I168	一般采集		5052376.5	575011.4211	0	0	0	0	0	0	0	0	0	12	0	DA-XWZ-1
I169	一般采集		5052507.366	575199.0618	0	0	0	0	0	0	0	0	0	16	1	DA-XWZ-1
I170	一般采集		5052487.516	575146.8166	0	0	0	0	0	0	0	0	0	16	9	DA-XWZ-1
I171	**系统采集**	**1**	**5052465.459**	**575092.364**	**0**	**0**	**0**	**0**	**0**	**0**	**0**	**0**	**0**	**6750**	**3000**	**DA-XWZ-1**
I172	**系统采集**	**2**	**5052444.874**	**575038.6474**	**0**	**0**	**0**	**0**	**0**	**0**	**0**	**0**	**0**	**3875**	**750**	**DA-XWZ-1**
I173	**系统采集**	**1**	**5052424.288**	**574989.3457**	**0**	**0**	**0**	**0**	**0**	**0**	**0**	**0**	**0**	**8250**	**3000**	**DA-XWZ-1**
I174	一般采集		5052562.507	575061.4585	0	0	0	0	0	0	0	0	0	8	4	DA-XWZ-1
I175	**系统采集**	**2**	**5053371.36**	**575553.0905**	**0**	**0**	**0**	**0**	**0**	**0**	**0**	**0**	**0**	**4750**	**250**	**DA-XWZ-2**
I176	一般采集		5053393.581	575595.0294	0	0	0	0	0	0	0	0	0	36	2	DA-XWZ-2
I177	一般采集		5053352.949	575510.5162	0	0	0	0	0	0	0	0	0	30	0	DA-XWZ-2
I178	一般采集		5053328.823	575574.06	0	0	0	0	0	0	0	0	0	22	0	DA-XWZ-2
I179	一般采集		5053800.403	575810.8156	0	0	0	0	0	0	0	0	0	17	2	DA-XWZ-3
I180	一般采集		5053753.899	575764.2715	0	0	0	0	0	0	0	0	0	68	5	DA-XWZ-3
I181	一般采集		5053717.186	575806.896	0	0	0	0	0	0	0	0	0	14	1	DA-XWZ-3
I182	一般采集		5053761.731	575847.561	0	0	0	0	0	0	0	0	0	34	0	DA-XWZ-3
I184	一般采集		5056725.939	583013.0914	0	0	0	0	0	0	0	0	0	30	9	DA-DSTP
I185	一般采集		5056832.075	582910.6569	0	0	0	0	0	0	0	0	0	9	2	DA-DSTP
I186	一般采集		5056901.344	582835.66	0	0	0	0	0	0	0	0	0	26	0	DA-DSTP

续表

采集区号	采集类型	系统采集圈数量	纬度	经度	新石器时代早期	新石器时代中期	新石器时代晚期	青铜器时代早中期	小拉哈类型	古城文化	白金宝文化	汉书二期文化	魏晋隋唐时期	辽金时期	清末至民国时期	所属遗址编号
1187	一般采集		5056956.307	582883.0833	0	0	0	0	0	0	0	0	0	21	1	DA-DSTP
1188	一般采集		5056997.056	582674.4206	0	0	0	0	0	0	0	0	0	16	0	DA-DSTP
1189	一般采集		5057384.823	582593.1601	0	0	0	0	0	0	0	4	0	38	9	DA-DSTP
1190	一般采集		5057438.317	582636.9069	0	0	0	0	0	0	0	0	0	16	5	DA-DSTP
1191	一般采集		5057445.493	582719.8301	0	0	0	0	0	0	0	0	0	21	13	DA-DSTP
1192	一般采集		5057477.459	582768.8005	0	0	0	0	0	0	0	0	0	39	6	DA-DSTP
1193	一般采集		5057433.75	582802.7533	0	0	0	0	0	0	0	0	0	24	12	DA-DSTP
1195	一般采集		5057402.483	582676.1943	0	0	0	0	0	0	0	0	0	26	9	DA-DSTP
1196	一般采集		5057348.407	582633.0798	0	0	0	0	0	0	0	0	0	21	1	DA-DSTP
1197	一般采集		5057800.599	582998.8373	0	0	0	0	0	0	0	0	0	34	9	DA-DSTP
1198	**系统采集**	**1**	**5057851.577**	**583000.3884**	**0**	**250**	**0**	**0**	**0**	**0**	**7500**	**1000**	**0**	**4000**	**250**	**DA-DSTP**
1199	一般采集		5057899.907	583002.6657	0	0	0	0	0	0	30	4	0	0	5	DA-DSTP
1200	一般采集		5057974.019	583014.3066	0	0	0	0	0	0	1	6	0	29	0	DA-DSTP
1201	一般采集		5057869.647	582956.5985	0	2	0	0	0	0	32	3	0	0	0	DA-DSTP
J001	一般采集		5058791.949	575409.3104	0	0	0	0	0	0	0	0	0	8	7	DA-QHES
J002	一般采集		5058896.758	575490.9734	0	0	0	0	0	0	0	0	0	26	2	DA-QHES
J003	一般采集		5058942.529	575524.8337	0	0	0	0	0	0	0	0	0	27	7	DA-QHES
J004	一般采集		5059065.75	575645.5741	0	0	0	0	0	0	0	0	0	16	3	DA-QHES
J005	一般采集		5059051.604	575701.3737	0	0	0	0	0	0	0	0	0	22	8	DA-QHES
J006	一般采集		5059121.501	575682.2185	0	0	0	0	0	0	0	0	0	3	1	DA-QHES
J007	一般采集		5059090.713	575732.1884	0	0	0	0	0	0	0	0	0	9	8	DA-QHES
J008	一般采集		5058452.37	575992.7887	0	0	0	0	0	0	0	0	0	66	5	DA-DCJD
J009	一般采集		5058537.537	575970.3469	0	0	0	0	0	0	0	0	0	58	3	DA-DCJD
J010	一般采集		5058581.549	575988.3266	0	0	0	0	0	0	0	0	0	34	3	DA-DCJD
J011	一般采集		5058624.214	576009.0034	0	0	0	0	0	0	0	0	0	34	5	DA-DCJD
J012	一般采集		5058666.724	576027.9334	0	0	0	0	0	0	0	0	0	29	1	DA-DCJD
J013	一般采集		5058711.185	576047.7111	0	0	0	0	0	0	0	0	0	65	3	DA-DCJD

续表

采集区号	采集类型	系统采集阊数量	纬度	经度	新石器时代早期	新石器时代中期	新石器时代晚期	青铜时代早中期	小拉哈类型	古城文化	白金宝文化	汉书二期文化	魏晋隋唐时期	辽金时期	清末至民国时期	所属遗址编号
J014	一般采集		5058756.095	576066.5898	0	0	0	0	0	0	0	0	0	14	32	DA-DCJD
J015	一般采集		5058798.972	576090.4718	0	0	0	0	0	0	0	0	0	4	0	DA-DCJD
J016	一般采集		5058462.433	575941.9116	0	0	0	0	0	0	0	2	0	0	8	DA-DCJD
J017	一般采集		5058426.412	575909.4456	0	0	0	0	0	0	0	0	0	13	0	DA-DCJD
J018	一般采集		5058383.747	575885.6188	0	0	0	0	0	0	0	0	0	47	6	DA-DCJD
J019	一般采集		5058342.916	575861.6151	0	0	0	0	0	0	0	0	0	68	3	DA-DCJD
J020	**系统采集**	**3**	**5058298.249**	**575843.1888**	**0**	**0**	**0**	**0**	**0**	**0**	**0**	**83**	**0**	**2499**	**167**	**DA-DCJD**
J021	一般采集		5058256.752	575823.3928	0	0	0	0	0	0	0	0	0	60	1	DA-DCJD
J022	一般采集		5058215.807	575799.208	0	0	0	0	0	0	0	0	0	27	4	DA-DCJD
J023	一般采集		5058174.31	575775.9185	0	0	0	0	0	0	0	2	0	43	2	DA-DCJD
J024	一般采集		5058128.547	575760.0039	0	1	0	0	0	0	0	0	0	17	2	DA-DCJD
J025	一般采集		5058412.35	575964.5507	0	0	0	0	0	0	0	0	0	98	2	DA-DCJD
J026	一般采集		5058371.921	575939.7381	0	0	0	1	0	0	0	0	0	90	7	DA-DCJD
J027	一般采集		5058330.73	575918.3609	0	0	0	0	0	0	0	0	0	66	1	DA-DCJD
J028	一般采集		5058289.051	575896.7893	0	0	0	0	0	0	0	0	0	75	3	DA-DCJD
J029	一般采集		5058245.114	575873.5799	0	0	0	0	0	0	0	0	0	42	3	DA-DCJD
J030	一般采集		5058206.668	575852.2027	0	0	0	0	0	0	0	0	0	40	2	DA-DCJD
J031	一般采集		5058161.51	575830.2147	0	0	0	0	0	0	0	0	0	63	4	DA-DCJD
J032	一般采集		5058118.793	575809.4485	0	1	0	0	0	0	0	1	0	64	0	DA-DCJD
J033	一般采集		5058086.591	575840.9546	0	0	0	0	0	0	0	2	0	72	2	DA-DCJD
J034	一般采集		5058137.295	575920.3955	0	0	0	0	0	0	0	0	0	115	2	DA-DCJD
J035	**系统采集**	**2**	**5058100.322**	**575895.7253**	**0**	**0**	**0**	**0**	**0**	**0**	**0**	**0**	**0**	**6750**	**0**	**DA-DCJD**
J036	**系统采集**	**2**	**5058065.492**	**575871.5914**	**0**	**0**	**0**	**0**	**0**	**0**	**0**	**0**	**0**	**3625**	**125**	**DA-DCJD**
J037	**系统采集**	**2**	**5058119.612**	**575961.155**	**0**	**0**	**0**	**0**	**0**	**0**	**0**	**0**	**0**	**3875**	**0**	**DA-DCJD**
J038	**系统采集**	**2**	**5058083.175**	**575931.658**	**0**	**0**	**0**	**0**	**0**	**0**	**0**	**0**	**0**	**4375**	**0**	**DA-DCJD**
J039	**系统采集**	**3**	**5058047.809**	**575905.9152**	**0**	**0**	**0**	**0**	**0**	**0**	**0**	**0**	**0**	**2332**	**0**	**DA-DCJD**
J040	**系统采集**	**1**	**5058096.035**	**576001.9145**	**0**	**0**	**0**	**0**	**0**	**0**	**0**	**0**	**0**	**8250**	**0**	**DA-DCJD**

采集区号	采集类型	系统采集圈数量	纬度	经度	新石器时代早期	新石器时代中期	新石器时代晚期	青铜时代早中期	小拉哈类型	古城文化	白金宝文化	汉书二期文化	魏晋隋唐时期	辽金时期	清末至民国时期	所属遗址编号
J041	**系统采集**	**2**	**5058061.741**	**575968.1271**	**0**	**0**	**0**	**0**	**0**	**0**	**0**	**0**	**0**	**3625**	**250**	**DA-DCJD**
J042	一般采集		5058071.779	576041.3961	0	0	0	0	0	0	0	2	0	70	4	DA-DCJD
J043	**系统采集**	**4**	**5058036.37**	**576010.7622**	**0**	**0**	**0**	**0**	**0**	**0**	**0**	**0**	**0**	**2000**	**125**	**DA-DCJD**
J044	一般采集		5058055.2916	576111.5025	0	0	0	0	0	0	0	0	0	0	0	DA-DCJD
J045	**系统采集**	**1**	**5058163.001**	**575984.9335**	**0**	**0**	**0**	**0**	**0**	**0**	**0**	**0**	**0**	**7250**	**0**	**DA-DCJD**
J046	一般采集		5058431.47	576034.0069	0	0	0	0	0	0	0	0	0	10	1	DA-DCJD
J047	一般采集		5058316.801	576293.9258	0	0	0	0	0	0	0	0	0	20	7	DA-DCJD
J048	一般采集		5058491.335	576085.4844	0	0	0	0	0	0	0	0	0	16	0	DA-DCJD
J049	一般采集		5058558.787	576046.6653	0	0	0	0	0	0	0	0	0	12	1	DA-DCJD
J050	一般采集		5059210.997	576188.699	0	0	0	0	0	0	0	0	0	10	11	DA-QHES
J051	一般采集		5059232.32	576289.4756	0	0	0	0	0	0	0	0	0	18	13	DA-QHES
J052	一般采集		5059540.31	576416.3358	0	0	0	0	0	0	0	0	0	22	11	DA-QHES
J053	一般采集		5059489.373	576417.5214	0	0	0	0	0	0	0	0	0	24	7	DA-QHES
J054	一般采集		5059500.034	576540.8247	0	0	0	0	0	0	0	0	0	20	4	DA-QHES
J055	一般采集		5059443.175	576427.0062	0	0	0	0	0	0	0	0	0	22	5	DA-QHES
J056	一般采集		5059393.422	576438.8623	0	0	0	0	0	0	0	0	0	9	7	DA-QHES
J057	一般采集		5059001.495	576565.8702	0	0	0	0	0	0	0	0	0	25	10	DA-QHES
J058	一般采集		5059004.99	576648.6552	0	0	0	0	0	0	0	0	0	25	8	DA-QHES
J059	一般采集		5059049.259	576640.4933	0	0	0	0	0	0	0	0	0	10	13	DA-QHES
J060	一般采集		5059046.929	576564.7043	0	0	0	0	0	0	0	0	0	32	11	DA-QHES
J061	一般采集		5059856.254	576878.4152	0	0	0	0	0	0	0	0	0	36	14	
J062	一般采集		5059801.552	576891.6305	0	0	0	0	0	0	0	0	0	44	19	
J063	一般采集		5059819.786	576945.7506	0	0	0	0	0	0	0	0	0	41	25	
J064	一般采集		5059870.715	576926.2423	0	0	0	0	0	0	0	0	0	48	14	
J065	一般采集		5060048.884	576970.2191	0	0	0	0	0	0	0	0	0	37	12	
J066	一般采集		5059813.469	576337.9468	0	0	0	0	0	0	0	0	0	19	8	
J067	一般采集		5060119.7	576319.2972	0	0	0	0	0	0	0	0	0	31	11	

续表

采集区号	采集类型	系统采集圈数量	纬度	经度	新石器时代早期	新石器时代中期	新石器时代晚期	青铜时代早中期	小拉哈类型	古城文化	白金宝文化	汉书二期文化	魏晋隋唐时期	辽金时期	清末至民国时期	所属遗址编号
J068	一般采集		5059152.044	575907.9624	0	0	0	0	0	0	0	0	0	34	0	DA-QHES
J069	一般采集		5059113.174	575878.3216	0	0	0	0	0	0	0	0	0	8	0	DA-QHES
J070	一般采集		5059196.467	575757.9059	0	0	0	0	0	0	0	0	0	10	4	DA-QHES
J071	一般采集		5059315.328	575760.942	0	0	0	0	0	0	0	0	0	20	3	DA-QHES
J072	一般采集		5059344.542	575904.2573	0	0	0	0	0	0	0	0	0	15	3	DA-QHES
J073	一般采集		5060359.649	576033.9857	0	0	0	0	0	0	0	0	0	28	7	DA-HS-1
J074	一般采集		5060310.898	576043.5843	0	0	0	0	0	0	0	0	0	20	8	DA-HS-1
J075	一般采集		5060317.003	576104.1423	0	59	0	0	0	0	0	0	0	50	15	DA-HS-1
J076	一般采集		5060362.16	576099.2653	0	74	0	1	0	0	0	1	0	68	4	DA-HS-1
J077	一般采集		5060409.198	576093.177	0	0	0	0	0	0	0	1	0	42	10	DA-HS-1
J078	一般采集		5060322.886	576152.3683	0	4	0	0	0	0	0	0	0	10	5	DA-HS-1
J079	一般采集		5060369.239	576145.1693	0	0	0	0	0	0	0	0	0	62	4	DA-HS-1
J080	一般采集		5060370.837	576193.9623	0	0	0	0	0	0	0	0	0	49	4	DA-HS-1
J081	一般采集		5060274.136	576177.1647	0	0	0	0	0	0	0	0	0	6	4	DA-HS-1
J082	一般采集		5060274.935	576129.9715	0	18	0	0	0	0	1	1	0	30	9	DA-HS-1
J083	一般采集		5060226.184	576136.3707	0	11	0	0	0	0	0	3	0	23	5	DA-HS-1
J084	一般采集		5060267.742	576081.1787	0	0	0	0	0	0	0	0	0	13	3	DA-HS-1
J085	一般采集		5060567.793	575840.2942	0	0	0	0	0	0	0	0	0	21	15	DA-HS-1
J086	一般采集		5060517.969	575844.5085	0	0	0	0	0	0	0	0	0	5	8	DA-HS-1
J087	一般采集		5060469.548	575849.4249	0	0	0	1	0	0	0	0	0	28	8	DA-HS-1
J088	一般采集		5060423.232	575855.0439	0	0	0	0	0	0	0	0	0	10	5	DA-HS-1
J089	一般采集		5060628.765	576068.9773	0	0	0	0	0	0	0	0	0	37	9	DA-HS-1
J090	一般采集		5060678.281	576095.7232	0	0	0	0	0	0	0	0	0	57	9	DA-HS-1
J091	一般采集		5060632.695	576116.1761	0	0	0	0	0	0	0	1	0	75	19	DA-HS-1
J092	一般采集		5060679.067	576139.7754	0	0	0	0	0	0	0	0	0	60	15	DA-HS-1
J093	一般采集		5060725.439	576136.6288	0	0	0	0	0	0	0	0	0	24	1	DA-HS-1
J094	一般采集		5060727.011	576090.2167	0	0	0	0	0	0	0	0	0	46	5	DA-HS-1

续表

采集区号	采集类型	系统采集圈数量	纬度	经度	新石器时代早期	新石器时代中期	新石器时代晚期	青铜时代早中期	小拉哈类型	古城文化	白金宝文化	汉书二期文化	魏晋隋唐时期	辽金时期	清末至民国时期	所属遗址编号
J095	一般采集		5060760.28	575825.6843	0	0	0	0	0	0	0	0	0	39	7	DA-HS-1
J096	一般采集		5060808.203	575819.4953	0	0	0	0	0	0	0	0	0	16	1	DA-HS-1
J097	一般采集		5060854.58	575810.2117	0	0	0	0	0	0	0	1	0	68	7	DA-HS-1
J098	一般采集		5060907.141	575790.0975	0	0	0	0	0	0	0	0	0	53	8	DA-HS-1
J099	一般采集		5060924.146	575832.6469	0	0	0	0	0	0	0	0	0	35	5	DA-HS-1
J100	一般采集		5060801.246	575770.757	0	0	0	0	0	0	0	0	0	43	0	DA-HS-1
J101	系统采集	1	5061281.649	575700.0665	0	0	0	0	0	0	0	250	0	6500	1000	DA-HS-1
J102	系统采集	2	5061251.087	575735.2048	0	0	0	375	0	0	375	2625	0	2375	625	DA-HS-1
J103	系统采集	1	5061222.064	575772.9811	0	0	0	0	0	0	0	36500	0	6250	1500	DA-HS-1
J104	系统采集	1	5061188.248	575805.0358	0	0	0	0	0	0	0	750	0	5750	2250	DA-HS-1
J105	系统采集	3	5061155.851	575841.1907	0	0	0	0	0	0	0	1666	0	1833	333	DA-HS-1
J106	一般采集		5060791.078	576457.4662	0	0	0	0	0	0	0	1	0	15	3	DA-HS-1
J107	一般采集		5060834.487	576332.4183	0	67	0	0	0	0	0	27	0	0	0	DA-HS-1
J108	一般采集		5060806.206	576285.5755	0	24	0	0	0	0	0	8	0	0	0	DA-HS-1
J109	一般采集		5060865.803	576428.1131	0	2	0	0	0	0	0	6	0	2	0	DA-HS-1
J110	一般采集		5060867.525	576474.2005	0	0	0	0	0	0	9	0	0	3	0	DA-HS-1
J111	系统采集	1	5060968.19	576702.8318	0	0	0	0	0	0	0	26500	0	2250	0	DA-HS-1
J112	系统采集	1	5060989.282	576741.7607	0	0	0	0	0	0	0	14500	0	250	0	DA-HS-1
J113	系统采集	1	5061028.606	576775.8093	0	0	0	0	0	0	0	8000	0	1500	0	DA-HS-1
J114	一般采集		5060986.655	576790.9867	0	0	0	0	0	0	0	28	0	11	1	DA-HS-1
J115	系统采集	1	5061038.174	576822.0614	0	0	0	0	0	0	0	15500	0	1250	250	DA-HS-1
J116	系统采集	1	5060996.978	576840.8661	0	0	0	0	0	0	0	9250	0	1000	250	DA-HS-1
J117	一般采集		5060927.159	576852.0521	0	0	0	0	0	0	0	35	0	24	1	DA-HS-1
J118	系统采集	3	5060924.677	576811.0839	0	0	0	0	0	0	0	1833	0	666	0	DA-HS-1
J119	一般采集		5060925.358	576763.3903	0	0	0	0	0	0	0	7	0	8	2	DA-HS-1
J120	系统采集	2	5060884.195	576858.4092	0	0	0	0	0	0	0	3125	0	750	125	DA-HS-1
J121	系统采集	1	5060882.132	576814.3574	0	0	0	0	0	0	0	6500	0	1250	250	DA-HS-1

续表

采集区号	采集类型	系统采集圈数量	纬度	经度	新石器时代早期	新石器时代中期	新石器时代晚期	青铜时代早中期	小拉哈类型	古城文化	白金宝文化	汉书二期文化	魏晋隋唐时期	辽金时期	清末至民国时期	所属遗址编号
J122	**系统采集**	**2**	**5060839.996**	**576863.0281**	**0**	**0**	**0**	**0**	**0**	**0**	**0**	**2625**	**0**	**1125**	**250**	**DA-HS-1**
J123	一般采集		5060837.802	576816.5863	0	0	0	0	0	0	0	82	0	42	5	DA-HS-1
J124	一般采集		5060794.041	576818.5317	0	0	0	0	0	0	0	59	0	24	7	DA-HS-1
J125	一般采集		5060798.956	576862.4632	0	0	0	0	0	0	0	10	0	17	4	DA-HS-1
J126	一般采集		5060755.23	576862.5053	0	0	0	0	0	0	0	6	0	24	14	DA-HS-1
J127	一般采集		5060753.66	576818.6331	0	0	0	0	0	0	0	67	0	43	7	DA-HS-1
J128	一般采集		5060711.216	576863.7384	0	0	0	0	0	0	0	4	0	20	3	DA-HS-1
J129	一般采集		5060710.675	576817.8851	0	0	0	0	0	0	0	11	0	16	3	DA-HS-1
J130	一般采集		5060668.034	576815.3272	0	0	0	0	0	0	0	3	0	40	14	DA-HS-1
J131	一般采集		5060669.247	576861.4583	0	0	0	0	0	0	0	1	0	12	1	DA-HS-1
J132	一般采集		5060626.076	576859.5645	0	0	0	0	0	0	0	1	0	19	4	DA-HS-1
J133	一般采集		5060624.412	576818.1629	0	0	0	0	0	0	0	3	0	36	16	DA-HS-1
J134	一般采集		5060567.169	576792.1381	0	0	0	0	0	0	0	0	0	37	5	DA-HS-1
J135	一般采集		5060570.031	576836.1334	0	0	0	0	0	0	0	0	0	19	3	DA-HS-1
J136	一般采集		5060525.974	576788.2731	0	0	0	0	0	0	0	0	0	42	11	DA-HS-1
J137	一般采集		5060523.574	576832.3246	0	0	0	0	0	0	0	0	0	20	8	DA-HS-1
J138	一般采集		5060484.802	576831.3035	0	0	0	0	0	0	0	0	0	30	3	DA-HS-1
J139	一般采集		5060486.241	576786.7842	0	0	0	0	0	0	0	0	0	39	10	DA-HS-1
J140	一般采集		5060617.753	576769.0783	0	0	0	0	0	0	0	2	0	14	4	DA-HS-1
J141	一般采集		5060649.949	576740.781	0	0	0	0	0	0	0	0	0	13	2	DA-HS-1
J142	一般采集		5060691.126	576748.7021	0	0	0	0	0	0	0	0	0	14	5	DA-HS-1
J143	一般采集		5060738.052	576751.5496	0	0	0	0	0	0	0	0	0	25	6	DA-HS-1
J144	一般采集		5060792.193	576773.4563	0	0	0	0	0	0	0	3	0	23	1	DA-HS-1
J145	一般采集		5060834.132	576774.3226	0	0	0	0	0	0	0	3	0	10	2	DA-HS-1
J146	一般采集		5060878.857	576769.6323	0	0	0	0	0	0	0	6	0	25	5	DA-HS-1
J147	一般采集		5060909.123	576898.1492	0	0	0	0	0	0	0	77	0	18	4	DA-HS-1
J148	一般采集		5060912.847	576942.6885	0	0	0	0	0	0	0	29	0	23	6	DA-HS-1

采集区号	采集类型	系统采集圈数量	纬度	经度	新石器时代早期	新石器时代中期	新石器时代晚期	青铜时代早中期	小拉哈类型	古城文化	白金宝文化	汉书二期文化	魏晋隋唐时期	辽金时期	清末至民国时期	所属遗址编号
J149	一般采集		5060869.1	576945.3628	0	0	0	0	0	0	0	32	0	34	3	DA-HS-1
J150	一般采集		5060885.797	576987.1489	0	0	0	0	0	0	0	9	0	16	3	DA-HS-1
J151	一般采集		5060865.923	576903.0097	0	0	0	0	0	0	0	46	2	35	3	DA-HS-1
J152	一般采集		5060823.771	576903.0097	0	0	0	0	0	0	0	17	0	27	4	DA-HS-1
J153	一般采集		5060830.498	576944.3406	0	0	0	0	0	0	0	8	0	20	3	DA-HS-1
J154	一般采集		5060842.064	576987.7867	0	0	0	0	0	0	0	1	0	24	6	DA-HS-1
J155	一般采集		5060799.698	576990.0881	0	0	0	0	0	0	0	2	0	14	7	DA-HS-1
J156	一般采集		5060786.784	576947.6482	0	0	0	0	0	0	0	6	0	10	7	DA-HS-1
J157	一般采集		5060782.515	576903.2661	0	0	0	0	0	0	0	7	0	20	2	DA-HS-1
J158	一般采集		5060740.026	576905.205	0	0	0	0	0	0	0	2	0	10	0	DA-HS-1
J159	一般采集		5060745.281	576947.2858	0	0	0	0	0	0	0	1	0	13	3	DA-HS-1
J160	一般采集		5060744.647	576966.344	0	0	0	0	0	0	0	0	0	14	10	DA-HS-1
J161	一般采集		5060712.737	576992.7229	0	0	0	0	0	0	0	1	0	16	2	DA-HS-1
J162	一般采集		5060687.274	576926.2823	0	0	0	0	0	0	0	0	0	15	7	DA-HS-1
J163	一般采集		5060683.442	576881.3398	0	0	0	0	0	0	0	0	0	10	4	DA-HS-1
J164	一般采集		5060652.237	576903.2349	0	0	0	0	0	0	0	4	0	13	3	DA-HS-1
J165	一般采集		5060658.879	576949.7787	0	0	0	0	0	0	0	1	0	14	10	DA-HS-1
J166	一般采集		5060656.172	576971.1173	0	0	0	0	0	0	0	0	0	23	6	DA-HS-1
J167	一般采集		5060611.704	576974.464	0	0	0	0	0	0	0	0	0	15	2	DA-HS-1
J168	一般采集		5060602.114	576927.6694	0	0	0	0	0	0	0	0	0	17	7	DA-HS-1
J169	一般采集		5060613.546	576909.4451	0	0	0	0	0	0	0	1	0	36	8	DA-HS-1
J170	一般采集		5060577.746	576910.5056	0	0	0	0	0	0	0	2	0	47	6	DA-HS-1
J171	一般采集		5060578.47	576952.5107	0	0	0	0	0	0	0	2	0	26	8	DA-HS-1
J172	一般采集		5060577.086	576972.5293	0	0	0	0	0	0	0	0	0	11	8	DA-HS-1
J173	一般采集		5060547.722	576952.1486	0	0	0	0	0	0	0	1	0	18	8	DA-HS-1
J174	一般采集		5060529.708	576883.0704	0	0	0	0	0	0	0	0	0	21	4	DA-HS-1
J175	一般采集		5060490.899	576878.699	0	0	0	0	0	0	0	0	0	19	4	DA-HS-1

续表

采集区号	采集类型	系统采集圈数量	纬度	经度	新石器时代早期	新石器时代中期	新石器时代晚期	青铜时代早中期	小拉哈类型	古城文化	白金宝文化	汉书二期文化	魏晋隋唐时期	辽金时期	清末至民国时期	所属遗址编号
J176	一般采集		5060500.975	576925.9664	0	0	0	0	0	0	0	0	0	22	6	DA-HS-1
J177	一般采集		5060465.165	576933.5273	0	0	0	0	0	0	0	0	0	11	5	DA-HS-1
J178	一般采集		5060450.989	576882.9531	0	0	0	0	0	0	0	0	0	29	7	DA-HS-1
J179	一般采集		5060408.502	576892.499	0	0	0	0	0	0	0	0	0	26	4	DA-HS-1
J180	一般采集		5060419.557	576941.6697	0	0	0	0	0	0	0	0	0	3	4	DA-HS-1
J181	一般采集		5060366.479	576900.6044	0	0	0	0	0	0	0	0	0	17	6	DA-HS-1
J182	一般采集		5060326.861	576910.1197	0	0	0	0	0	0	0	0	0	6	0	DA-HS-1
J183	一般采集		5060867.39	577481.5824	0	0	0	0	0	0	0	0	0	58	9	DA-HS-1
J184	一般采集		5060903.703	577655.3811	0	0	0	0	0	0	0	0	0	23	1	DA-HS-1
J185	一般采集		5060925.617	577556.5677	0	0	0	0	0	0	0	0	0	36	2	DA-HS-1
J186	一般采集		5060970.309	577097.3829	0	0	0	0	0	0	0	0	0	29	7	DA-HS-1
J187	系统采集	1	5061073.65	576859.8216	0	0	0	0	0	0	0	24000	0	250	0	DA-HS-1
J188	系统采集	1	5061111.915	576889.8602	0	0	0	0	0	1250	18000	250	0	250	0	DA-HS-1
J189	系统采集	1	5061152.114	576913.0882	0	0	0	0	0	1750	14000	500	0	0	0	DA-HS-1
J190	系统采集	1	5061191.388	576936.3734	0	0	0	0	0	250	7500	0	0	250	0	DA-HS-1
J191	系统采集	1	5061228.068	576965.1503	0	0	0	0	500	1750	22000	0	0	0	0	DA-HS-1
J192	系统采集	1	5061265.491	576992.1619	0	0	0	0	0	0	10500	0	0	500	0	DA-HS-1
J193	系统采集	1	5061307.915	577020.6831	0	0	0	0	0	750	26250	0	0	0	500	DA-HS-1
J194	系统采集	1	5061349.713	577042.5031	0	0	0	0	0	0	14750	0	0	750	0	DA-HS-1
J195	系统采集	1	5061391.342	577065.079	0	0	0	0	0	1250	17250	0	0	500	0	DA-HS-1
J196	系统采集	1	5061432.461	577088.8255	0	0	0	0	0	250	27750	1250	0	0	0	DA-HS-1
J197	一般采集		5061398.758	577121.4168	0	0	0	0	0	0	14	0	0	30	12	DA-HS-1
J198	系统采集	1	5061364.471	577101.1827	0	0	0	0	1250	750	10750	1250	0	1250	0	DA-HS-1
J199	系统采集	1	5061323.436	577082.0472	0	0	0	0	250	500	9750	5500	0	500	0	DA-HS-1
J200	一般采集		5061279.456	577058.5967	0	0	0	0	0	2	122	28	0	7	4	DA-HS-1
J201	一般采集		5061240.818	577031.4157	0	0	0	0	0	0	39	0	2	9	3	DA-HS-1
J202	一般采集		5061200.399	577004.3184	0	0	0	0	0	0	36	0	0	15	6	DA-HS-1

采集区号	采集类型	系统采集圈数量	纬度	经度	新石器时代早期	新石器时代中期	新石器时代晚期	青铜时代早中期	小拉哈类型	古城文化	白金宝文化	汉书二期文化	魏晋隋唐时期	辽金时期	清末至民国时期	所属遗址编号
J203	一般采集		5061162.872	576973.8161	0	0	0	0	0	1	19	5	0	6	3	DA-HS-1
J204	一般采集		5061122.301	576952.0594	0	0	0	0	0	3	58	9	0	21	3	DA-HS-1
J205	系统采集	2	5061085.102	576927.7837	0	0	0	0	0	0	2750	750	0	1000	125	DA-HS-1
J206	系统采集	2	5061042.652	576894.4053	0	0	0	0	0	250	3500	250	0	500	250	DA-HS-1
J207	系统采集	2	5060973.089	576901.0777	0	0	0	0	0	0	3750	375	0	875	375	DA-HS-1
J208	系统采集	2	5061011.305	576928.1281	0	0	0	0	0	0	1750	1625	0	250	125	DA-HS-1
J209	一般采集		5061044.942	576962.0285	0	0	0	0	0	0	36	11	0	10	16	DA-HS-1
J210	一般采集		5061083.553	576987.2787	0	0	0	0	0	0	81	16	0	28	6	DA-HS-1
J211	一般采集		5061120.221	577006.1269	0	0	0	0	0	0	96	9	0	50	15	DA-HS-1
J212	系统采集	3	5061157.878	577031.9098	0	0	0	0	0	0	1416	1000	0	583	167	DA-HS-1
J213	一般采集		5061204.358	577068.4726	0	0	0	0	0	0	8	0	0	12	4	DA-HS-1
J214	一般采集		5061246.475	577093.4981	0	0	0	0	0	0	8	3	0	13	9	DA-HS-1
J215	一般采集		5061285.691	577118.6364	0	0	0	0	0	0	25	11	0	12	7	DA-HS-1
J216	一般采集		5061325.531	577139.1866	0	0	0	0	0	0	16	6	0	20	4	DA-HS-1
J217	一般采集		5061362.939	577160.2338	0	0	0	0	0	1	12	9	0	16	3	DA-HS-1
J218	系统采集	1	5061318.624	577191.7726	0	0	0	0	0	250	7500	1250	0	0	0	DA-HS-1
J219	系统采集	1	5061281.047	577171.3065	0	0	0	0	0	250	2000	2000	0	3000	0	DA-HS-1
J220	系统采集	3	5061244.414	577148.3858	0	0	0	0	0		1166	583	0	750	167	DA-HS-1
J221	一般采集		5061205.485	577123.7849	0	0	0	0	0	0	5	6	0	19	8	DA-HS-1
J222	一般采集		5061166.188	577099.5485	0	0	0	0	0	0	12	0	0	13	4	DA-HS-1
J223	一般采集		5061127.342	577065.1523	0	0	0	0	0	0	15	22	0	13	1	DA-HS-1
J224	一般采集		5061096.277	577037.45	0	0	0	0	0	0	17	31	0	36	9	DA-HS-1
J225	一般采集		5061058.888	577015.1448	0	0	0	0	0	0	31	42	0	32	9	DA-HS-1
J226	一般采集		5061011.88	576994.0694	0	0	0	0	0	0	11	19	0	25	8	DA-HS-1
J227	一般采集		5060976.772	576960.1957	0	0	0	0	0	0	5	17	0	21	1	DA-HS-1
J228	一般采集		5060918.268	577034.7457	0	0	0	0	0	0	10	16	0	33	5	DA-HS-1
J229	一般采集		5060947.454	576995.3676	0	0	0	0	0	0	18	80	0	24	2	DA-HS-1

续表

采集区号	采集类型	系统采集圈数量	纬度	经度	新石器时代早期	新石器时代中期	新石器时代晚期	青铜时代早中期	小拉哈类型	古城文化	白金宝文化	汉书二期文化	魏晋隋唐时期	辽金时期	清末至民国时期	所属遗址编号
J230	一般采集		5060978.625	577025.5952	0	0	0	0	0	0	28	25	0	24	6	DA-HS-1
J231	一般采集		5060953.376	577058.0338	0	0	0	0	0	0	28	36	0	28	4	DA-HS-1
J232	一般采集		5060992.29	577077.5111	0	0	0	0	0	0	8	12	0	27	3	DA-HS-1
J233	一般采集		5061025.283	577044.0609	0	0	0	0	0	0	12	21	0	17	4	DA-HS-1
J234	一般采集		5061063.527	577069.5503	0	0	0	0	0	0	1	4	0	19	2	DA-HS-1
J235	一般采集		5061034.341	577103.8474	0	0	0	0	0	0	0	4	0	14	5	DA-HS-1
J236	一般采集		5061072.265	577131.0019	0	0	0	0	0	0	2	1	0	14	4	DA-HS-1
J237	一般采集		5061098.277	577098.1739	0	0	0	0	0	0	2	1	0	25	4	DA-HS-1
J238	一般采集		5061130.559	577135.2323	0	0	0	0	0	0	0	3	0	16	3	DA-HS-1
J239	一般采集		5061091.086	577148.8559	0	0	0	0	0	0	0	0	0	15	7	DA-HS-1
J240	一般采集		5061135.869	577174.936	0	0	0	0	0	0	0	0	0	14	6	DA-HS-1
J241	一般采集		5061172.551	577160.6703	0	0	0	0	0	0	0	2	0	7	9	DA-HS-1
J242	一般采集		5061187.73	577221.9292	0	0	0	0	0	0	13	0	0	14	6	DA-HS-1
J243	一般采集		5061211.174	577181.4747	0	0	0	0	0	0	23	26	0	18	3	DA-HS-1
J244	一般采集		5061248.819	577200.5286	0	0	0	0	0	3	12	41	0	16	6	DA-HS-1
J245	一般采集		5061220.099	577241.1346	0	0	0	0	0	2	4	14	0	0	3	DA-HS-1
J246	一般采集		5061254.445	577254.7688	0	0	0	0	0	0	1	3	0	15	6	DA-HS-1
J247	一般采集		5061282.692	577220.6834	0	0	0	0	0	0	7	20	0	13	8	DA-HS-1
J248	系统采集	1	5061474.746	577113.9897	0	0	0	0	0	500	14000	33250	0	7000	750	DA-HS-1
J249	系统采集	1	5061512.272	577146.4171	0	0	0	0	0	2000	50500	102500	0	4500	0	DA-HS-1
J250	系统采集	1	5061545.491	577179.8938	0	250	0	0	0	5000	15750	293250	0	4750	750	DA-HS-1
J251	系统采集	1	5061580.578	577210.7802	0	0	0	0	0	1250	8250	318750	0	5000	0	DA-HS-1
J252	系统采集	1	5061618.104	577240.6391	0	0	0	0	0	3000	52500	180000	0	4000	0	DA-HS-1
J253	系统采集	1	5061647.747	577278.3057	0	250	0	0	0	1250	87750	350500	0	4250	0	DA-HS-1
J254	系统采集	1	5061657.369	577330.6392	0	0	0	0	0	0	5500	7000	0	0	0	DA-HS-1
J255	系统采集	2	5061612.145	577333.85	0	0	0	0	0	125	875	4750	0	500	0	DA-HS-1
J256	系统采集	2	5061608.95	577376.2222	0	0	0	0	0	0	1500	2375	0	250	0	DA-HS-1

续表

采集区号	采集类型	系统采集陶数量	纬度	经度	新石器时代早期	新石器时代中期	新石器时代晚期	青铜时代早中期	小拉哈类型	古城文化	白金宝文化	汉书二期文化	魏晋隋唐时期	辽金时期	清末至民国时期	所属遗址编号
J257	一般采集		5061604.768	577418.7349	0	0	0	0	0	0	18	29	0	10	1	DA-HS-1
J258	一般采集		5061594.08	577464.4946	0	0	0	0	0	0	11	21	0	13	5	DA-HS-1
J259	一般采集		5061587.14	577510.2786	0	0	0	0	0	0	2	7	0	10	19	DA-HS-1
J260	一般采集		5061580.1	577555.9108	0	0	0	0	0	0	2	3	0	4	4	DA-HS-1
J261	一般采集		5061554.892	577579.2728	0	0	0	0	0	0	0	0	0	11	3	DA-HS-1
J262	一般采集		5061550.413	577630.2848	0	0	0	0	0	0	0	0	0	15	0	DA-HS-1
J263	一般采集		5061562.381	577694.3451	0	1	0	0	0	0	0	0	0	10	4	DA-HS-1
J264	一般采集		5061557.091	577732.6097	0	1	0	0	0	0	0	0	0	12	10	DA-HS-1
J265	一般采集		5061554.621	577771.508	0	20	0	0	0	0	0	3	0	23	0	DA-HS-1
J266	一般采集		5061545.854	577812.2265	0	28	0	0	0	0	0	4	0	9	0	DA-HS-1
J267	一般采集		5061541.424	577851.6066	0	11	0	0	0	0	0	2	0	6	3	DA-HS-1
J268	一般采集		5061534.545	577894.2622	0	12	0	0	0	0	2	2	0	10	4	DA-HS-1
J269	一般采集		5061530.918	577931.0534	0	17	0	0	0	0	0	0	0	0	6	DA-HS-1
J270	一般采集		5061527.584	577976.0693	0	3	0	0	0	0	0	0	0	7	0	DA-HS-1
J271	一般采集		5061527.936	578021.8342	0	6	0	0	0	0	0	2	0	13	9	DA-HS-1
J272	一般采集		5061519.773	578077.1378	0	5	0	7	0	2	0	0	0	27	5	DA-HS-1
J273	一般采集		5061515.765	578125.403	0	0	0	0	0	0	0	2	0	15	0	DA-HS-1
J274	一般采集		5061492.291	578147.2479	0	0	0	0	0	0	0	2	0	25	3	DA-HS-1
J275	一般采集		5061499.714	578219.9364	0	0	0	0	0	0	0	10	0	0	0	DA-HS-1
J276	一般采集		5061459.042	578106.0154	0	0	0	0	0	0	2	0	0	50	15	DA-HS-1
J277	一般采集		5061411.306	578103.4305	0	0	0	0	0	0	2	0	0	98	10	DA-HS-1
J278	**系统采集**	**2**	**5061347.647**	**578075.8432**	**0**	**0**	**0**	**0**	**0**	**0**	**0**	**0**	**0**	**5625**	**125**	**DA-HS-1**
J279	**系统采集**	**2**	**5061300.972**	**578074.1888**	**0**	**0**	**0**	**0**	**0**	**0**	**0**	**0**	**0**	**3750**	**250**	**DA-HS-1**
J280	**系统采集**	**2**	**5061256.458**	**578073.2291**	**0**	**0**	**0**	**0**	**0**	**0**	**0**	**0**	**0**	**4250**	**125**	**DA-HS-1**
J281	**系统采集**	**2**	**5061214.845**	**578075.1096**	**0**	**0**	**0**	**0**	**0**	**0**	**0**	**0**	**0**	**4375**	**0**	**DA-HS-1**
J282	一般采集		5061182.056	578029.5206	0	0	0	0	0	0	0	0	0	219	9	DA-HS-1
J283	**系统采集**	**1**	**5061226.54**	**578027.6094**	**0**	**0**	**0**	**0**	**0**	**0**	**0**	**0**	**0**	**7000**	**0**	**DA-HS-1**

采集区号	采集类型	系统采集圈数量	纬度	经度	新石器时代早期	新石器时代中期	新石器时代晚期	青铜时代早中期	小拉哈类型	古城文化	白金宝文化	汉书二期文化	魏晋隋唐时期	辽金时期	清末至民国时期	所属遗址编号
J284	系统采集	1	5061270.313	578026.4236	0	0	0	0	0	0	0	0	0	7750	250	DA-HS-1
J285	系统采集	2	5061310.126	578027.17	0	0	0	0	0	0	0	0	0	4125	250	DA-HS-1
J286	系统采集	2	5061353.251	578032.4514	0	0	0	0	0	0	0	0	0	3875	0	DA-HS-1
J287	系统采集	3	5061399.172	578031.2426	0	0	0	0	0	0	0	0	0	2666	83	DA-HS-1
J288	一般采集		5061445.121	578032.187	0	0	0	0	0	0	0	0	0	27	4	DA-HS-1
J289	一般采集		5061448.234	577987.6498	0	0	0	0	0	0	0	0	0	41	13	DA-HS-1
J290	系统采集	2	5061403.689	577983.8192	0	0	0	0	0	0	0	0	0	3750	250	DA-HS-1
J291	系统采集	1	5061356.312	577983.6079	0	0	0	0	0	0	0	0	0	7750	0	DA-HS-1
J292	系统采集	1	5061308.904	577980.5258	0	0	0	0	0	0	0	0	0	6750	500	DA-HS-1
J293	系统采集	1	5061262.467	577979.1085	0	0	0	0	0	0	0	0	0	8000	0	DA-HS-1
J294	系统采集	1	5061217.266	577981.0274	0	0	0	0	0	0	0	0	0	21000	0	DA-HS-1
J295	系统采集	1	5061166.33	577981.7254	0	0	0	0	0	0	0	0	0	11000	0	DA-HS-1
J296	系统采集	1	5061117.993	577937.8218	0	0	0	0	0	0	0	0	0	11750	0	DA-HS-1
J297	系统采集	1	5061168.944	577936.5592	0	0	0	0	0	0	0	0	0	9250	250	DA-HS-1
J298	系统采集	1	5061214.863	577934.6327	0	0	0	0	0	0	0	0	0	9750	0	DA-HS-1
J299	系统采集	1	5061258.644	577934.1646	0	0	0	0	0	0	0	0	0	7250	0	DA-HS-1
J300	系统采集	4	5061306.739	577934.3682	0	0	0	0	0	0	0	0	0	1937	187	DA-HS-1
J301	一般采集		5061356.3	577937.4274	0	0	0	0	0	0	0	0	0	31	4	DA-HS-1
J302	一般采集		5061402.968	577938.364	0	0	0	0	0	0	0	0	0	23	1	DA-HS-1
J303	一般采集		5061447.505	577941.4769	0	0	0	0	0	0	0	0	0	34	1	DA-HS-1
J304	一般采集		5061118.87	577807.6499	0	0	0	0	0	0	0	0	0	28	1	DA-HS-1
J305	系统采集	3	5061118.423	577855.5079	0	0	0	0	0	0	0	0	0	2082	250	DA-HS-1
J306	系统采集	4	5061166.767	577856.4267	0	0	0	0	0	0	0	0	0	1750	187	DA-HS-1
J307	一般采集		5061180.044	577832.9769	0	0	0	0	0	0	1	0	0	16	4	DA-HS-1
J308	一般采集		5061211.213	577806.1846	0	0	0	0	0	0	0	0	0	50	8	DA-HS-1
J309	系统采集	3	5061210.753	577852.6071	0	0	0	0	0	0	0	0	0	2582	250	DA-HS-1
J310	系统采集	4	5061258.994	577855.2023	0	0	0	0	0	0	0	0	0	2125	62	DA-HS-1

续表

采集区号	采集类型	系统采集圈数量	纬度	经度	新石器时代早期	新石器时代中期	新石器时代晚期	青铜时代早中期	小拉哈类型	古城文化	白金宝文化	汉书二期文化	魏晋隋唐时期	辽金时期	清末至民国时期	所属遗址编号
J311	一般采集		5061272.029	577832.9798	0	0	0	0	0	0	0	1	0	38	5	DA-HS-1
J312	一般采集		5061305.35	577804.4603	0	0	0	0	0	0	0	0	0	29	6	DA-HS-1
J313	一般采集		5061306.81	577851.3418	0	0	0	0	0	0	0	0	0	42	11	DA-HS-1
J314	一般采集		5061347.469	577849.9495	0	0	0	0	0	0	0	0	0	46	16	DA-HS-1
J315	一般采集		5061346.978	577804.0153	0	0	0	0	0	0	0	0	0	11	5	DA-HS-1
J316	一般采集		5061477.869	577760.2654	0	0	0	0	0	0	0	0	0	45	13	DA-HS-1
J317	一般采集		5061502.6	577737.6045	0	0	0	0	0	0	0	1	0	44	22	DA-HS-1
J318	一般采集		5061177.232	577761.0864	0	0	0	0	0	0	0	0	0	24	14	DA-HS-1
J319	一般采集		5061132.697	577758.2133	0	0	0	0	0	0	0	0	0	30	7	DA-HS-1
J320	一般采集		5061455.842	577647.0876	0	0	0	0	0	0	0	0	0	11	8	DA-HS-1
J321	一般采集		5061502.563	577653.0484	0	0	0	0	0	0	0	0	0	25	6	DA-HS-1
J322	一般采集		5061184.649	577384.043	0	0	0	0	0	0	0	1	0	16	7	DA-HS-1
J323	一般采集		5061489.926	578264.7384	0	0	0	0	0	0	0	12	0	0	6	DA-HS-1
J324	系统采集	1	5061591.533	577284.8137	0	0	0	0	0	0	750	20250	0	1500	0	DA-HS-1
J325	系统采集	1	5061555.92	577252.2147	0	0	0	0	0	0	2750	12000	0	500	0	DA-HS-1
J326	系统采集	1	5061519.495	577219.4209	0	0	0	26000	0	0	4750	0	0	1250	750	DA-HS-1
J327	系统采集	1	5061483.799	577185.8861	0	0	0	9750	0	0	2000	0	0	3500	0	DA-HS-1
J328	系统采集	1	5061447.517	577152.078	0	0	0	0	0	0	2000	6750	0	1250	250	DA-HS-1
J329	系统采集	2	5061412.101	577184.3101	0	0	0	0	0	0	0	1750	0	1000	500	DA-HS-1
J331	系统采集	1	5061486.344	577256.7353	0	0	0	0	0	0	2250	10750	0	2250	0	DA-HS-1
J332	系统采集	1	5061521.251	577287.8422	0	0	0	9000	0	0	1750		0	1750	250	DA-HS-1
J333	系统采集	2	5061559.826	577319.4535	0	0	0	0	0	0	375	2875	0	500	0	DA-HS-1
J334	一般采集		5061558.941	577377.0936	0	0	0	0	0	0	3	27	0	25	5	DA-HS-1
J335	一般采集		5061518.208	577350.7263	0	0	0	0	0	0	1	8	0	16	9	DA-HS-1
J336	一般采集		5061483.267	577318.5489	0	0	0	0	0	0	0	27	0	20	10	DA-HS-1
J337	系统采集	2	5061445.619	577286.0946	0	0	0	0	0	0	0	1625	0	1625	125	DA-HS-1
J338	一般采集		5061407.926	577256.107	0	0	0	0	0	0	0	23	0	51	9	DA-HS-1

续表

采集区号	采集类型	系统采集圈数量	纬度	经度	新石器时代早期	新石器时代中期	新石器时代晚期	青铜时代早中期	小拉哈类型	古城文化	白金宝文化	汉书二期文化	魏晋隋唐时期	辽金时期	清末至民国时期	所属遗址编号
J339	一般采集		5061377.581	577217.8185	0	0	0	0	0	0	0	26	0	29	0	DA-HS-1
J340	一般采集		5061335.654	577243.6276	0	0	0	0	0	0	0	14	0	39	8	DA-HS-1
J341	一般采集		5061367.96	577282.6912	0	0	0	0	0	0	0	2	0	30	11	DA-HS-1
J342	一般采集		5061439.062	577346.3819	0	0	0	0	0	0	0	22	0	29	5	DA-HS-1
J343	一般采集		5061345.717	577385.1841	0	0	0	0	0	0	1	8	0	17	3	DA-HS-1
J344	一般采集		5061368.186	577347.429	0	0	0	0	0	0	0	10	0	24	2	DA-HS-1
J345	一般采集		5061403.495	577313.6902	0	0	0	0	0	0	0	5	0	21	1	DA-HS-1
J346	一般采集		5061338.896	577315.6986	0	0	0	0	0	0	0	4	0	15	3	DA-HS-1
J347	一般采集		5061315.223	577288.3863	0	0	0	0	0	0	0	1	0	21	8	DA-HS-1
J348	一般采集		5061291.229	577266.0546	0	0	0	0	0	0	1	1	0	31	6	DA-HS-1
J349	一般采集		5061239.191	577277.8205	0	0	0	0	0	0	0	0	0	10	2	DA-HS-1
J350	一般采集		5061272.452	577300.4347	0	0	0	0	0	0	0	1	0	19	7	DA-HS-1
J351	一般采集		5061317.55	577357.3095	0	0	0	0	0	0	0	1	0	10	2	DA-HS-1
J352	一般采集		5061248.216	577348.3126	0	0	0	0	0	0	0	3	0	32	3	DA-HS-1
J353	一般采集		5061200.56	577336.3234	0	0	0	0	0	0	0	2	0	13	2	DA-HS-1
J354	一般采集		5061485.251	578311.9213	0	0	0	0	0	0	0	9	0	0	0	DA-HS-1
K001	一般采集	12	5061019.872	579458.0935	0	0	0	0	0	0	0	0	0	7	3	DA-QD
K002	一般采集	13	5060969.906	579424.1934	0	0	0	0	0	0	0	0	0	6	7	DA-QD
K003	一般采集	6	5060982.172	579367.2955	0	0	0	0	0	0	0	0	0	3	3	DA-QD
K004	一般采集	19	5060921.817	579366.5638	0	0	0	0	0	0	0	0	0	9	10	DA-QD
K005	一般采集	15	5060914.621	579426.9946	0	0	0	0	0	0	0	0	0	11	2	DA-QD
K006	一般采集	14	5060847.633	579411.9722	0	0	0	0	0	0	0	0	0	6	8	DA-QD
K007	一般采集	6	5060836.677	579458.0787	0	0	0	0	0	0	0	0	0	6	0	DA-QD
K008	一般采集	16	5060749.107	579524.6626	0	0	0	0	0	0	0	0	0	12	4	DA-QD
K009	一般采集	16	5059674.904	579469.5479	0	0	0	0	0	0	0	0	0	11	5	DA-GYWP
K010	一般采集	25	5059612.931	579411.8405	0	0	0	0	0	0	0	0	0	21	3	DA-GYWP
K011	一般采集		5059583.051	579372.0834	0	0	0	0	0	0	0	0	0	15	7	DA-GYWP

续表

采集区号	采集类型	系统采集圈数量	纬度	经度	新石器时代早期	新石器时代中期	新石器时代晚期	青铜时代早中期	小拉哈类型	古城文化	白金宝文化	汉书二期文化	魏晋隋唐时期	辽金时期	清末至民国时期	所属遗址编号
K012	一般采集	**21**	**5059547.965**	**579327.5252**	**0**	**0**	**0**	**0**	**0**	**0**	**0**	**0**	**0**	**18**	**4**	**DA-GYWP**
K013	一般采集		5059502.005	579287.5377	0	0	0	0	0	0	0	0	0	9	5	DA-GYWP
K014	一般采集		5059438.246	579268.8308	0	0	0	0	0	0	0	0	0	11	0	DA-GYWP
K015	一般采集		5059480.386	579349.7577	0	0	0	0	0	0	0	0	0	8	1	DA-GYWP
K016	一般采集		5059561.883	579425.179	0	0	0	0	0	0	0	0	0	4	4	DA-GYWP
K017	一般采集		5059633.1	579498.7728	0	0	0	0	0	0	0	0	0	1	7	DA-GYWP
K018	一般采集		5059772.568	579770.4715	0	0	0	0	0	0	0	0	0	20	1	DA-GYWP
K019	一般采集		5059744.317	579811.9896	0	0	0	0	0	0	0	0	0	4	1	DA-GYWP
K020	一般采集		5059362.637	579938.0995	0	0	0	0	0	0	0	0	0	23	2	DA-GYWP
K021	一般采集		5059263.81	579937.7963	0	0	0	0	0	0	0	0	0	15	4	DA-GYWP
K022	一般采集		5059203.849	579971.0682	0	0	0	0	0	0	0	0	0	15	4	DA-GYWP
K023	系统采集	**2**	**5057783.105**	**580945.6509**	**0**	**0**	**0**	**0**	**0**	**0**	**0**	**0**	**0**	**6875**	**0**	**DA-WJP**
K024	系统采集	**2**	**5057802.493**	**580892.7753**	**0**	**0**	**0**	**0**	**0**	**0**	**0**	**0**	**0**	**7125**	**0**	**DA-WJP**
K025	系统采集	**2**	**5057833.461**	**580837.8141**	**0**	**0**	**0**	**0**	**0**	**0**	**0**	**0**	**0**	**4750**	**125**	**DA-WJP**
K026	系统采集	**5**	**5057861.6**	**580786.7193**	**0**	**0**	**0**	**0**	**0**	**0**	**0**	**0**	**0**	**1450**	**50**	**DA-WJP**
K027	一般采集		5057826.543	580717.2338	0	0	0	0	0	0	0	0	0	44	0	DA-WJP
K028	一般采集		5057793.746	580779.879	0	0	0	0	0	0	0	0	0	49	3	DA-WJP
K029	一般采集		5057765.673	580836.7217	0	0	0	0	0	0	0	0	0	76	1	DA-WJP
K030	一般采集		5057732.598	580875.424	0	0	0	0	0	0	0	0	0	22	2	DA-WJP
K031	一般采集		5057795.335	580669.7033	0	0	0	0	0	0	0	0	0	25	2	DA-WJP
K032	一般采集		5058295.687	581201.9684	0	0	0	0	0	0	0	0	0	41	10	DA-WJP
K033	一般采集		5058332.157	581248.9575	0	0	0	0	0	0	0	0	0	17	2	DA-WJP
K034	一般采集		5058293.754	581282.4532	0	0	0	0	0	0	0	0	0	27	0	DA-WJP
K035	一般采集		5058257.351	581241.2106	0	0	0	0	0	0	0	0	0	79	7	DA-WJP
K036	一般采集		5058232.012	581286.0483	0	0	0	0	0	0	0	0	0	28	0	DA-WJP
K037	一般采集		5058870.505	581419.6021	0	0	0	0	0	0	0	0	0	13	0	DA-DWJP
K038	一般采集		5058822.747	581451.7702	0	0	0	0	0	0	0	0	0	58	0	DA-DWJP

续表

采集区号	采集类型	系统采集圈数量	纬度	经度	新石器时代早期	新石器时代中期	新石器时代晚期	青铜时代早中期	小拉哈类型	古城文化	白金宝文化	汉书二期文化	魏晋隋唐时期	辽金时期	清末至民国时期	所属遗址编号
K039	一般采集		5058507.234	581218.2877	0	0	0	0	0	0	0	0	0	8	3	DA-WJP
K040	一般采集		5058449.038	581197.4152	0	0	0	0	0	0	0	0	0	19	2	DA-WJP
K041	一般采集		5058485.053	581164.4259	0	0	0	0	0	0	0	0	0	18	2	DA-WJP
K042	一般采集		5058415.743	581147.4031	0	0	0	0	0	0	0	0	0	13	2	DA-WJP
K043	一般采集		5058451.769	581033.4729	0	0	0	0	0	0	0	0	0	4	0	DA-WJP
K044	一般采集		5058335.409	581158.3995	0	0	0	0	0	0	0	0	0	4	1	DA-WJP
K046	一般采集		5058076.307	580951.4175	0	0	0	0	0	0	0	0	0	19	1	DA-WJP
K047	一般采集		5058042.209	580984.801	0	0	0	0	0	0	0	0	0	22	6	DA-WJP
K048	一般采集		5058006.424	580949.7728	0	0	0	0	0	0	0	0	0	26	7	DA-WJP
K049	一般采集		5058040.552	580919.2602	0	0	0	0	0	0	0	0	0	21	1	DA-WJP
K050	一般采集		5058026.432	580948.4022	0	0	0	0	0	0	0	0	0	12	5	DA-WJP
K051	一般采集		5057988.489	580980.4543	0	0	0	0	0	0	0	0	0	9	0	DA-WJP
K052	一般采集		5057990.232	581047.4863	0	0	0	0	0	0	0	0	0	23	1	DA-WJP
K053	一般采集		5058025.114	581081.5626	0	0	0	0	0	0	0	0	0	50	6	DA-WJP
K054	一般采集		5057991.964	581113.5601	0	0	0	0	0	0	0	0	0	13	3	DA-WJP
K055	一般采集		5057963.668	581151.2482	0	0	0	0	0	0	0	0	0	36	7	DA-WJP
K056	一般采集		5057941.501	581140.7315	0	0	0	0	0	0	0	0	0	46	5	DA-WJP
K057	一般采集		5057919.357	581130.2135	0	0	0	0	0	0	0	0	0	72	3	DA-WJP
K058	一般采集		5057949.478	581084.8415	0	0	0	0	0	0	0	0	0	69	4	DA-WJP
K059	**系统采集**	**4**	**5057916.501**	**581049.7846**	**0**	**0**	**0**	**0**	**0**	**0**	**0**	**0**	**0**	**1812**	**62**	**DA-WJP**
K060	一般采集		5057955.844	581014.8411	0	0	0	0	0	0	0	0	0	8	2	DA-WJP
K061	一般采集		5057921.91	580979.7954	0	0	0	0	0	0	0	0	0	8	1	DA-WJP
K062	一般采集		5057885.906	581013.7429	0	0	0	0	0	0	0	0	0	72	0	DA-WJP
K063	**系统采集**	**2**	**5057858.645**	**581058.1232**	**0**	**0**	**0**	**0**	**0**	**0**	**0**	**0**	**0**	**4000**	**0**	**DA-WJP**
K064	**系统采集**	**3**	**5057821.37**	**581024.0749**	**0**	**0**	**0**	**0**	**0**	**0**	**0**	**0**	**0**	**2832**	**0**	**DA-WJP**
K065	一般采集		5057885.438	581096.6045	0	0	0	0	0	0	0	0	0	74	2	DA-WJP
K066	一般采集		5059279.38	581307.1906	0	0	0	0	0	0	0	0	0	19	3	DA-DWJP

续表

采集区号	采集类型	系统采集圈数量	纬度	经度	新石器时代早期	新石器时代中期	新石器时代晚期	青铜时代早中期	小拉哈类型	古城文化	白金宝文化	汉书二期文化	魏晋隋唐时期	辽金时期	清末至民国时期	所属遗址编号
K067	一般采集		5059921.646	581153.4376	0	0	0	0	0	0	0	0	0	10	1	DA-DWJP
K068	一般采集		5059508.775	580758.0547	0	0	0	0	0	0	0	0	0	13	0	DA-DWJP
K069	一般采集		5059389.139	580848.5357	0	0	0	0	0	0	0	0	0	9	3	DA-DWJP
K070	一般采集		5061222.819	579672.923	0	0	0	0	0	0	0	0	0	18	1	DA-QD
K071	一般采集		5061162.375	579582.6293	0	0	0	0	0	0	0	0	0	32	3	DA-QD
K072	一般采集		5059825.348	580129.6872	0	0	0	0	0	0	0	0	0	21	7	DA-GYWP
K073	一般采集		5059780.601	580153.1992	0	0	0	0	0	0	0	0	0	15	2	DA-GYWP
K074	一般采集		5059734.931	580179.5957	0	0	0	0	0	0	0	0	0	12	2	DA-GYWP
K075	一般采集		5059847.122	580189.7795	0	0	0	0	0	0	0	0	0	23	4	DA-GYWP
K076	一般采集		5059802.376	580213.2915	0	0	0	0	0	0	0	0	0	20	1	DA-GYWP
K077	一般采集		5059822.125	580263.8296	0	0	0	0	0	0	0	0	0	16	3	DA-GYWP
K078	一般采集		5059874.543	580241.1849	0	0	0	0	0	0	0	0	0	35	3	DA-GYWP
K079	一般采集		5059902.945	580294.4955	0	0	0	0	0	0	0	0	0	15	2	DA-GYWP
K080	一般采集		5059932.383	580354.4982	0	0	0	0	0	0	0	0	0	24	1	DA-GYWP
K081	一般采集		5059855.336	580318.9979	0	0	0	0	0	0	0	0	0	9	1	DA-GYWP
K082	一般采集		5059890.476	580375.1035	0	0	0	0	0	0	0	0	0	9	2	DA-GYWP
K083	一般采集		5059845.709	580396.699	0	0	0	0	0	0	0	0	0	10	2	DA-GYWP
K084	一般采集		5059817.363	580348.1781	0	0	0	0	0	0	0	0	0	7	1	DA-GYWP
K086	一般采集		5059771.249	580201.9745	0	0	0	0	0	0	0	0	1	10	2	DA-GYWP
K087	一般采集		5060833.061	579825.4714	0	0	0	0	0	0	0	0	0	60	2	DA-QD
K088	一般采集		5060797.27	579877.6153	0	0	0	0	0	0	0	0	0	36	2	DA-QD
K089	一般采集		5060832.185	579914.5649	0	0	0	0	0	0	0	0	0	36	5	DA-QD
K090	一般采集		5060869.946	579867.1869	0	0	0	0	0	0	0	0	0	49	3	DA-QD
K091	一般采集		5060935.276	579883.6655	0	0	0	0	0	0	0	0	0	20	5	DA-QD
K092	一般采集		5060901.211	579919.5057	0	0	0	0	0	0	0	0	0	10	2	DA-QD
K093	一般采集		5060863.338	579957.3057	0	0	0	0	0	0	0	0	0	13	1	DA-QD
K094	一般采集		5060793.386	579955.2493	0	0	0	0	0	0	0	0	0	16	1	DA-QD

续表

采集区号	采集类型	系统采集圈数量	纬度	经度	新石器时代早期	新石器时代中期	新石器时代晚期	青铜时代早中期	小拉哈类型	古城文化	白金宝文化	汉书二期文化	魏晋隋唐时期	辽金时期	清末至民国时期	所属遗址编号
K095	一般采集		5060826.344	579988.3897	0	0	0	0	0	0	0	0	0	16	2	DA-QD
K096	一般采集		5060787.601	580033.8625	0	0	0	0	0	0	0	0	0	14	3	DA-QD
K097	一般采集		5060749.845	579999.8198	0	0	0	0	0	0	0	0	0	20	2	DA-QD
K098	一般采集		5061254.283	579715.7072	0	0	0	0	0	0	0	1	0	12	2	DA-QD
K099	一般采集		5061215.632	579795.6157	0	0	0	0	0	0	0	0	0	15	1	DA-QD
K100	一般采集		5061161.874	579785.7075	0	0	0	0	0	0	0	0	0	25	11	DA-QD
K101	一般采集		5061175.591	579729.9895	0	0	0	0	0	0	0	0	0	16	2	DA-QD
K102	一般采集		5061127.134	579754.589	0	0	0	0	0	0	0	2	0	13	1	DA-QD
K103	一般采集		5061028.734	579848.0897	0	0	0	0	0	0	0	0	0	20	1	DA-QD
K104	一般采集		5061004.379	579895.3111	0	0	0	0	0	0	0	0	0	16	0	DA-QD
K105	一般采集		5060971.35	579937.8434	0	0	0	0	0	0	0	0	0	26	2	DA-QD
K106	一般采集		5060929.635	579974.7299	0	0	0	0	0	0	0	0	0	14	1	DA-QD
K107	一般采集		5060884.077	580010.7044	0	0	0	0	0	0	0	0	0	18	4	DA-QD
K108	一般采集		5060849.109	580051.3441	0	0	0	0	0	0	0	0	0	7	2	DA-QD
K109	一般采集		5060807.518	580098.7668	0	0	0	0	0	0	0	0	0	16	5	DA-QD
K110	一般采集		5060755.186	580129.0718	0	0	0	0	0	0	0	0	0	26	5	DA-QD
K111	一般采集		5060715.419	580168.8106	0	0	0	0	0	0	0	0	0	15	0	DA-QD
K112	一般采集		5060747.484	580207.7087	0	0	0	0	0	0	0	0	0	13	2	DA-QD
K113	一般采集		5060798.778	580170.7103	0	0	0	0	0	0	0	0	0	30	7	DA-QD
K114	一般采集		5060851.965	580131.773	0	0	0	0	0	0	0	0	0	22	8	DA-QD
K115	一般采集		5060899.294	580083.3263	0	0	0	0	0	0	0	0	0	26	6	DA-QD
K116	一般采集		5060953.349	580036.7163	0	0	0	0	0	0	0	0	0	30	5	DA-QD
K117	一般采集		5061006.411	579987.2442	0	0	0	0	0	0	0	0	0	47	3	DA-QD
K118	一般采集		5061051.734	579931.1569	0	0	0	0	0	0	0	1	0	41	14	DA-QD
K119	一般采集		5061090.353	579875.1479	0	0	0	0	0	0	0	4	0	29	5	DA-QD
K120	一般采集		5061173.42	579831.9783	0	0	0	0	0	3	7	12	0	18	0	DA-QD
K121	一般采集		5061205.725	579849.3725	0	0	0	0	0	0	0	0	0	13	3	DA-QD

续表

采集区号	采集类型	系统采集圈数量	纬度	经度	新石器时代早期	新石器时代中期	新石器时代晚期	青铜时代早中期	小拉哈类型	古城文化	白金宝文化	汉书二期文化	魏晋隋唐时期	辽金时期	清末至民国时期	所属遗址编号
K122	一般采集		5061132.275	579937.8785	0	0	0	0	0	0	0	0	0	26	11	DA-QD
K123	一般采集		5061097.25	579943.6789	0	0	0	0	0	0	0	1	0	15	4	DA-QD
K124	一般采集		5061057.586	580022.0871	0	0	0	0	0	0	0	0	0	15	3	DA-QD
K125	一般采集		5061161.731	579952.4808	0	0	0	0	0	0	0	3	0	33	7	DA-QD
K126	一般采集		5061209.256	579917.2717	0	0	0	0	0	0	0	8	1	70	6	DA-QD
K127	一般采集		5056877.8	582181.1565	0	0	0	0	0	0	0	0	0	13	0	DA-DSTP
K128	一般采集		5056927.213	582194.3606	0	0	0	0	0	0	0	4	0	15	2	DA-DSTP
K129	一般采集		5056964.765	582225.3378	0	0	0	0	0	0	2	6	2	20	2	DA-DSTP
K130	一般采集		5057004.497	582255.3701	0	0	0	0	0	0	0	0	1	23	0	DA-DSTP
K131	一般采集		5056963.437	582316.6544	0	0	0	0	0	0	0	0	0	27	8	DA-DSTP
K132	一般采集		5056924.279	582285.5017	0	0	0	0	0	0	0	0	0	28	3	DA-DSTP
K133	一般采集		5056879.578	582216.6363	0	0	0	0	0	0	0	2	0	11	5	DA-DSTP
K134	一般采集		5056845.152	582215.3033	0	0	0	0	0	0	0	0	0	19	3	DA-DSTP
K135	一般采集		5056806.578	582172.6492	0	0	0	0	0	0	0	0	0	13	3	DA-DSTP
K136	一般采集		5056767.585	582103.1112	0	0	0	0	0	0	0	0	1	25	1	DA-DSTP
K137	一般采集		5056725.98	582099.5944	0	0	0	0	0	0	0	0	0	24	1	DA-DSTP
K138	一般采集		5056578.957	582059.6442	0	0	0	0	0	0	0	0	0	12	3	DA-DSTP
K139	一般采集		5056642.004	582106.3228	0	0	0	0	0	0	0	0	0	10	6	DA-DSTP
K140	一般采集		5056680.453	582138.2022	0	0	0	0	0	0	0	0	0	17	5	DA-DSTP
K141	一般采集		5056726.828	582172.1442	0	0	0	0	0	0	0	0	0	20	5	DA-DSTP
K142	一般采集		5056773.236	582208.9594	0	0	0	0	0	0	0	0	0	9	2	DA-DSTP
K143	一般采集		5056811.076	582250.1853	0	0	0	0	0	0	0	0	0	16	1	DA-DSTP
K144	一般采集		5056851.834	582251.3113	0	0	0	0	0	0	0	1	0	13	4	DA-DSTP
K145	一般采集		5056895.966	582321.7532	0	0	0	0	0	0	0	0	0	10	2	DA-DSTP
K146	一般采集		5057048.319	582387.504	0	0	0	0	0	0	0	0	0	27	8	DA-DSTP
K147	一般采集		5057014.866	582352.6926	0	0	0	0	0	0	0	0	0	31	5	DA-DSTP
K148	一般采集		5057080.926	582349.7655	0	0	0	0	0	0	0	0	0	28	13	DA-DSTP

采集区号	采集类型	系统采集圈数量	纬度	经度	新石器时代早期	新石器时代中期	新石器时代晚期	青铜时代早中期	小拉哈类型	古城文化	白金宝文化	汉书二期文化	魏晋隋唐时期	辽金时期	清末至民国时期	所属遗址编号
K149	一般采集		5057046.728	582312.8076	0	0	0	0	0	0	0	0	0	11	7	DA-DSTP
K150	一般采集		5056981.533	582389.7211	0	0	0	0	0	0	0	0	0	9	5	DA-DSTP
K151	一般采集		5057021.46	582425.1753	0	0	0	0	0	0	0	0	0	9	3	DA-DSTP
K152	一般采集		5056983.007	582454.3611	0	0	0	0	0	0	0	0	0	49	3	DA-DSTP
K153	一般采集		5056889.169	582355.633	0	0	0	0	0	0	0	1	0	52	2	DA-DSTP
K154	一般采集		5056845.251	582346.7718	0	0	0	0	0	0	0	0	0	10	7	DA-DSTP
K155	一般采集		5056800.981	582308.4947	0	0	0	0	0	0	0	0	0	18	7	DA-DSTP
K156	一般采集		5056749.502	582268.1466	0	0	0	0	0	0	0	0	0	13	1	DA-DSTP
K157	一般采集		5056703.778	582228.4497	0	0	0	0	0	0	0	0	0	14	7	DA-DSTP
K158	一般采集		5056666.8	582199.4268	0	0	0	0	0	0	0	0	0	14	0	DA-DSTP
K159	一般采集		5056629.07	582167.5391	0	0	0	0	0	0	0	0	0	7	3	DA-DSTP
K160	一般采集		5056587.706	582132.1017	0	0	0	0	0	0	0	0	0	11	2	DA-DSTP
K161	一般采集		5056129.426	582423.654	0	0	0	0	0	0	0	0	0	43	5	DA-DSTP
K162	系统采集	5	5056176.836	582464.2896	0	0	0	0	0	0	0	0	0	1300	350	DA-DSTP
K163	系统采集	5	5056220.461	582508.7986	0	0	0	0	0	0	0	0	0	1450	50	DA-DSTP
K164	一般采集		5056251.56	582546.751	0	0	0	0	0	0	0	0	0	33	0	DA-DSTP
K165	一般采集		5056283.857	582586.5768	0	0	0	0	0	0	0	0	0	37	3	DA-DSTP
K166	一般采集		5056318.753	582621.6098	0	0	0	0	0	0	0	0	0	15	5	DA-DSTP
K167	一般采集		5056358.498	582662.335	0	0	0	0	0	0	0	0	0	12	2	DA-DSTP
K168	一般采集		5056400.156	582702.0794	0	0	0	0	0	0	0	0	0	12	0	DA-DSTP
K169	系统采集	1	5056487.763	583260.5032	0	0	0	0	0	0	0	0	0	22500	0	DA-DSTP
K170	系统采集	2	5056449.23	583221.4407	0	0	0	0	0	0	0	0	0	3875	125	DA-DSTP
K171	一般采集		5056421.406	583176.5058	0	0	0	0	0	0	0	0	0	52	3	DA-DSTP
K172	一般采集		5056386.358	583135.6935	0	0	0	0	0	0	0	0	0	33	2	DA-DSTP
K173	一般采集		5056349.922	583091.5776	0	0	0	0	0	0	0	0	0	29	4	DA-DSTP
K174	一般采集		5056308.491	583050.3937	0	0	0	0	0	0	0	0	0	36	3	DA-DSTP
K175	一般采集		5056268.547	583013.5029	0	0	0	0	0	0	0	0	0	24	4	DA-DSTP

续表

采集区号	采集类型	系统采集陶数量	纬度	经度	新石器时代早期	新石器时代中期	新石器时代晚期	青铜时代早中期	小拉哈类型	古城文化	白金宝文化	汉书二期文化	魏晋隋唐时期	辽金时期	清末至民国时期	所属遗址编号
K176	一般采集		5056227.276	582985.967	0	0	0	0	0	0	0	0	0	32	3	DA-DSTP
K177	一般采集		5056180.309	582962.8081	0	0	0	0	0	0	0	0	0	24	6	DA-DSTP
K178	一般采集		5056132.429	582943.4905	0	0	0	0	0	0	0	0	0	20	6	DA-DSTP
K179	一般采集		5056046.105	582933.9656	0	0	0	0	0	0	0	0	0	74	19	DA-DSTP
K180	一般采集		5055967.088	582934.4062	0	0	0	0	0	0	0	0	0	24	12	DA-DSTP
K181	一般采集		5056069.991	582873.7566	0	0	0	0	0	0	0	0	0	26	3	DA-DSTP
K182	一般采集		5056164.561	582906.2375	0	0	0	0	0	0	0	0	0	24	11	DA-DSTP
K183	一般采集		5056218.619	582921.411	0	0	0	0	0	0	0	0	0	16	9	DA-DSTP
K184	一般采集		5056245.177	582872.4692	0	0	0	0	0	0	0	0	0	18	3	DA-DSTP
K185	一般采集		5056288.54	582900	0	0	0	0	0	0	0	0	0	10	1	DA-DSTP
K186	一般采集		5056326.299	582940.5112	0	0	0	0	0	0	0	0	0	27	6	DA-DSTP
K187	一般采集		5056366.188	582978.8462	0	0	0	0	0	0	0	0	0	15	7	DA-DSTP
K188	一般采集		5056405.444	583025.0838	0	0	0	0	0	0	0	0	0	34	1	DA-DSTP
K189	一般采集		5056445.356	583065.572	0	0	0	0	0	0	0	0	0	25	1	DA-DSTP
K190	一般采集		5056473.12	583111.2147	0	0	0	0	0	0	0	0	0	47	7	DA-DSTP
K191	系统采集	5	5056515.155	583148.809	0	0	0	0	0	0	0	0	0	1500	150	DA-DSTP
K192	系统采集	2	5056553.578	583184.2885	0	0	0	0	0	0	0	0	0	3625	750	DA-DSTP
K193	系统采集	1	5056508.327	583248.6569	0	0	0	0	0	0	0	0	0	14000	750	DA-DSTP
K194	系统采集	1	5056494.54	583306.7361	0	0	0	0	0	0	0	0	0	14250	0	DA-DSTP
K195	系统采集	1	5056480.792	583358.7755	0	0	0	0	0	0	0	0	0	17250	0	DA-DSTP
K196	系统采集	1	5056424.053	583355.7931	0	0	0	0	0	0	0	0	0	12250	0	DA-DSTP
K197	系统采集	1	5056438.581	583304.6736	0	0	0	0	0	0	0	0	0	7750	2000	DA-DSTP
K198	系统采集	1	5056456.712	583254.9512	0	0	0	0	0	0	0	0	0	129750	0	DA-DSTP
K199	系统采集	2	5056364.36	583344.9464	0	0	0	0	0	0	0	0	0	6500	500	DA-DSTP
K200	一般采集		5056314.05	583339.024	0	0	0	0	0	0	0	0	0	37	3	DA-DSTP
K201	系统采集	1	5056263.663	583325.9244	0	0	0	0	0	0	0	0	0	8250	1000	DA-DSTP
K202	一般采集		5056208.955	583311.4354	0	0	0	0	0	0	0	0	0	34	7	DA-DSTP

续表

采集区号	采集类型	系统采集圈数量	纬度	经度	新石器时代早期	新石器时代中期	新石器时代晚期	青铜时代早中期	小拉哈类型	古城文化	白金宝文化	汉书二期文化	魏晋隋唐时期	辽金时期	清末至民国时期	所属遗址编号
K203	系统采集	2	5056146.705	583330.0461	0	0	0	0	0	0	0	0	0	3875	625	DA-DSTP
K204	系统采集	1	5055632.099	583044.5957	0	0	0	0	0	0	0	0	0	10250	0	DA-DSTP
K205	系统采集	1	5055580.157	583020.2675	0	0	0	0	0	0	0	0	0	16250	0	DA-DSTP
K206	一般采集		5057712.065	583004.5012	0	0	0	0	0	0	0	0	0	14	0	DA-DSTP
K207	一般采集		5057742.103	582949.6268	0	0	0	0	0	0	0	0	0	16	0	DA-DSTP
K208	一般采集		5056609.867	583212.3989	0	0	0	0	0	0	0	0	0	20	4	DA-DSTP
K209	系统采集	2	5056622.637	583265.3799	0	0	0	0	0	0	0	0	0	4250	0	DA-DSTP
K210	系统采集	1	5056645.538	583326.1485	0	0	0	0	0	0	0	0	0	11500	1250	DA-DSTP
K211	系统采集	1	5056650.42	583379.9317	0	0	0	0	0	0	0	0	0	7500	750	DA-DSTP
K212	系统采集	1	5056588.047	583387.0588	0	0	0	0	0	0	0	0	0	7750	1750	DA-DSTP
K213	系统采集	1	5056527.643	583376.9375	0	0	0	0	0	0	0	0	0	7250	250	DA-DSTP
K214	系统采集	1	5056547.164	583322.8934	0	0	0	0	0	0	0	0	0	7250	500	DA-DSTP
K215	系统采集	1	5056593.931	583335.5677	0	0	0	0	0	0	0	0	0	8750	500	DA-DSTP
K216	系统采集	1	5056562.996	583259.5573	0	0	0	0	0	0	0	0	0	6750	750	DA-DSTP
K217	一般采集		5056587.599	583150.4975	0	0	0	0	0	0	0	0	0	20	5	DA-DSTP
K218	一般采集		5056554.116	583100.2995	0	0	0	0	0	0	0	0	0	14	0	DA-DSTP
K219	一般采集		5056510.6	583068.1929	0	0	0	0	0	0	0	0	0	11	2	DA-DSTP
K220	一般采集		5056476.437	583018.5824	0	0	0	0	0	0	0	0	0	11	4	DA-DSTP
K221	一般采集		5056438.701	582980.2243	0	0	0	0	0	0	0	0	0	7	2	DA-DSTP
K222	一般采集		5056383.456	582915.4947	0	0	0	0	0	0	0	0	0	8	0	DA-DSTP
K223	系统采集	1	5057059.852	583406.42	0	0	0	0	0	0	0	0	0	7250	250	DA-DSTP
K224	系统采集	1	5057012.337	583393.2897	0	0	0	0	0	0	0	0	0	9250	1000	DA-DSTP
K225	系统采集	2	5056956.247	583383.8401	0	0	0	0	0	0	0	0	0	3375	250	DA-DSTP
K226	系统采集	2	5056900.142	583372.955	0	0	0	0	0	0	0	0	0	4375	625	DA-DSTP
K227	系统采集	2	5056841.799	583354.1981	0	0	0	0	0	0	0	0	0	4250	0	DA-DSTP
K228	系统采集	2	5056785.717	583345.4662	0	0	0	0	0	0	0	0	0	5000	375	DA-DSTP
K229	系统采集	1	5056737.522	583335.9322	0	0	0	0	0	0	0	0	0	7000	1250	DA-DSTP

续表

采集区号	采集类型	系统采集圈数量	纬度	经度	新石器时代早期	新石器时代中期	新石器时代晚期	青铜时代早中期	小拉哈类型	古城文化	白金宝文化	汉书二期文化	魏晋隋唐时期	辽金时期	清末至民国时期	所属遗址编号
K230	系统采集	1	5056697.168	583321.2897	0	0	0	0	0	0	0	0	0	8000	250	DA-DSTP
K231	系统采集	2	5056683.633	583263.7703	0	0	0	0	0	0	0	0	0	3250	500	DA-DSTP
K232	系统采集	2	5056738.395	583283.2833	0	0	0	0	0	0	0	0	0	4500	0	DA-DSTP
K233	系统采集	1	5056793.751	583291.3052	0	0	0	0	0	0	0	0	0	8750	250	DA-DSTP
K234	系统采集	2	5056846.986	583302.2209	0	0	0	0	0	0	0	0	0	5000	125	DA-DSTP
K235	系统采集	1	5056903.778	583310.2274	0	0	0	0	0	0	0	0	0	8500	0	DA-DSTP
K236	系统采集	1	5056955.092	583320.9239	0	0	0	0	0	0	0	0	0	9000	0	DA-DSTP
K237	系统采集	1	5057016.073	583339.8924	0	0	0	0	0	0	0	0	0	8750	0	DA-DSTP
K238	系统采集	1	5057075.828	583356.4809	0	0	0	0	0	0	0	0	0	9500	1000	DA-DSTP
K239	系统采集	1	5057139.159	583371.8352	0	0	0	0	0	0	0	0	0	11000	0	DA-DSTP
K240	系统采集	3	5057175.354	583333.1649	0	0	0	0	0	0	0	0	0	3082	333	DA-DSTP
K241	系统采集	2	5057112.697	583313.7362	0	0	0	0	0	0	0	0	0	4375	0	DA-DSTP
K242	系统采集	2	5057063.769	583302.2744	0	0	0	0	0	0	0	0	0	4625	0	DA-DSTP
K243	系统采集	1	5057008.297	583283.9867	0	0	0	0	0	0	0	0	0	8500	500	DA-DSTP
K244	系统采集	2	5056951.413	583267.3676	0	0	0	0	0	0	0	0	0	4125	500	DA-DSTP
K245	系统采集	2	5056888.092	583252.9707	0	0	0	0	0	0	0	0	0	4375	0	DA-DSTP
K246	系统采集	3	5056842.776	583244.1237	0	0	0	0	0	0	0	0	0	2749	167	DA-DSTP
K247	系统采集	2	5056784.54	583235.4148	0	0	0	0	0	0	0	0	0	5500	375	DA-DSTP
K248	一般采集		5056732.024	583224.4914	0	0	0	0	0	0	0	0	0	17	4	DA-DSTP
K249	一般采集		5056667.306	583213.6984	0	0	0	0	0	0	0	0	0	8	0	DA-DSTP
K250	一般采集		5056696.898	583161.7001	0	0	0	0	0	0	0	0	0	12	2	DA-DSTP
K251	一般采集		5056747.963	583171.2034	0	0	0	0	0	0	0	0	0	18	1	DA-DSTP
K252	一般采集		5056796.235	583187.9146	0	0	0	0	0	0	0	0	0	15	0	DA-DSTP
K253	系统采集	1	5056815.107	583140.3377	0	0	0	0	0	0	0	0	0	7500	250	DA-DSTP
K254	系统采集	1	5056855.15	583193.0272	0	0	0	0	0	0	0	0	0	29000	1000	DA-DSTP
K255	系统采集	2	5056918.44	583204.5532	0	0	0	0	0	0	0	0	0	3750	125	DA-DSTP
K256	系统采集	1	5056966.688	583219.1113	0	0	0	0	0	0	0	0	0	7750	250	DA-DSTP

续表

采集区号	采集类型	系统采集圈数量	纬度	经度	新石器时代早期	新石器时代中期	新石器时代晚期	青铜时代早中期	小拉哈类型	古城文化	白金宝文化	汉书二期文化	魏晋隋唐时期	辽金时期	清末至民国时期	所属遗址编号
K257	系统采集	1	5057017.762	583229.3323	0	0	0	0	0	0	0	0	0	7750	250	DA-DSTP
K258	系统采集	1	5057073.959	583348.8301	0	0	0	0	0	0	0	0	0	11750	0	DA-DSTP
K259	系统采集	1	5057122.208	583263.3881	0	0	0	0	0	0	0	0	0	17000	0	DA-DSTP
K260	系统采集	1	5057184.154	583283.5422	0	0	0	0	0	0	0	0	0	9500	0	DA-DSTP
K261	系统采集	1	5057241.139	583309.4918	0	0	0	0	0	0	0	0	0	8000	250	DA-DSTP
K262	系统采集	1	5057266.501	583264.7167	0	0	0	0	0	0	0	7750	0	7750	0	DA-DSTP
K263	系统采集	1	5057204.477	583237.3854	0	0	0	0	0	0	0	0	0	7500	250	DA-DSTP
K264	系统采集	1	5057146.142	583219.3461	0	0	0	0	0	0	0	0	0	14250	250	DA-DSTP
K265	系统采集	1	5057092.067	583196.9545	0	0	0	0	0	0	0	0	0	7000	250	DA-DSTP
K266	系统采集	2	5057033.702	583176.0443	0	0	0	0	0	0	0	0	0	3875	0	DA-DSTP
K267	系统采集	3	5056973.977	583162.3268	0	0	0	0	0	0	0	0	0	2915	0	DA-DSTP
K268	系统采集	2	5056932.211	583149.8528	0	0	0	0	0	0	0	0	0	3000	0	DA-DSTP
K269	一般采集		5057928.424	582905.6741	0	0	0	0	0	0	0	0	0	88	0	DA-DSTP
K270	一般采集		5057982.491	582905.0961	0	0	0	0	0	0	0	0	0	25	10	DA-DSTP
K271	一般采集		5058035.531	582897.8304	0	0	0	0	0	0	0	0	0	23	4	DA-DSTP
K272	一般采集		5058084.331	582897.9044	0	0	0	0	0	0	0	0	0	21	2	DA-DSTP
K273	一般采集		5058098.218	582942.6217	0	0	0	0	0	0	0	0	0	23	4	DA-DSTP
K274	一般采集		5058036.079	582949.0285	0	0	0	0	0	0	0	0	0	14	1	DA-DSTP
K275	一般采集		5057988.301	582956.2393	0	0	0	0	0	0	0	1	0	28	3	DA-DSTP
K276	一般采集		5057862.351	582857.5698	0	0	0	0	0	0	0	0	0	29	2	DA-DSTP
K277	一般采集		5057804.841	582849.571	0	0	0	0	0	0	0	0	0	32	2	DA-DSTP
K278	一般采集		5057740.487	582828.2454	0	0	0	0	0	0	0	0	0	18	1	DA-DSTP
K279	一般采集		5057681.919	582810.6881	0	0	0	0	0	0	0	0	0	14	5	DA-DSTP
K280	一般采集		5057635.718	582786.2986	0	0	0	0	0	0	0	0	0	31	0	DA-DSTP
K281	一般采集		5057689.887	582750.3073	0	0	0	0	0	0	0	0	0	22	5	DA-DSTP
K282	一般采集		5057741.849	582776.5488	0	0	0	0	0	0	0	0	0	21	5	DA-DSTP
K283	一般采集		5057797.539	582793.1808	0	0	0	0	0	0	0	0	0	18	3	DA-DSTP

续表

采集区号	采集类型	系统采集图数量	纬度	经度	新石器时代早期	新石器时代中期	新石器时代晚期	青铜时代早中期	小拉哈类型	古城文化	白金宝文化	汉书二期文化	魏晋隋唐时期	辽金时期	清末至民国时期	所属遗址编号
K284	一般采集		5057863.754	582809.7002	0	0	0	0	0	0	0	0	0	22	0	DA-DSTP
K285	一般采集		5057927.412	582855.9167	0	0	0	0	0	0	0	0	0	10	6	DA-DSTP
K286	一般采集		5057980.973	582852.4728	0	0	0	0	0	0	0	0	0	18	6	DA-DSTP
K287	一般采集		5058043.176	582851.8078	0	0	0	0	0	0	0	0	0	14	2	DA-DSTP
K288	一般采集		5058101.055	582849.7534	0	0	0	0	0	0	0	0	0	20	1	DA-DSTP
K289	一般采集		5058145.518	582845.9287	0	0	0	0	0	0	0	0	0	32	5	DA-DSTP
K290	一般采集		5058171.578	582798.9913	0	0	0	0	0	0	0	0	0	18	0	DA-DSTP
K291	一般采集		5058127.818	582801.1345	0	0	0	0	0	0	0	0	0	12	4	DA-DSTP
K292	一般采集		5058071.964	582802.8084	0	0	0	0	0	0	0	0	0	13	1	DA-DSTP
K293	一般采集		5058001.965	582801.5225	0	0	0	0	0	0	0	0	0	15	2	DA-DSTP
K294	一般采集		5057934.56	582807.9856	0	0	0	0	0	0	0	0	0	19	1	DA-DSTP
K295	一般采集		5057875.195	582761.0082	0	0	0	0	0	0	0	0	0	8	0	DA-DSTP
K296	一般采集		5057812.615	582748.7568	0	0	0	0	0	0	0	0	0	10	1	DA-DSTP
K297	一般采集		5057770.054	582729.1133	0	0	0	0	0	0	0	0	0	6	2	DA-DSTP
K298	一般采集		5057726.351	582714.2669	0	0	0	0	0	0	0	0	0	9	3	DA-DSTP
K299	一般采集		5057818.974	582694.7328	0	0	0	0	0	0	0	0	0	14	2	DA-DSTP
K300	一般采集		5057871.265	582707.0943	0	0	0	0	0	0	0	0	0	17	6	DA-DSTP
K301	一般采集		5057928.739	582711.7442	0	0	0	0	0	0	0	0	0	17	2	DA-DSTP
K302	一般采集		5058003.869	582711.8985	0	0	0	0	0	0	0	0	0	16	0	DA-DSTP
K303	一般采集		5058069.4	582709.2842	0	0	0	0	0	0	0	0	0	27	4	DA-DSTP
K304	一般采集		5058110.497	582704.0585	0	0	0	0	0	0	0	0	0	5	0	DA-DSTP
K305	一般采集		5058168.384	582702.4821	0	0	0	0	0	0	0	0	0	13	0	DA-DSTP
K306	一般采集		5058223.875	582700.4532	0	0	0	0	0	0	0	0	0	10	1	DA-DSTP
K307	一般采集		5058187.58	582752.0437	0	0	0	0	0	0	0	0	0	21	3	DA-DSTP
K308	一般采集		5058111.512	582753.8146	0	0	0	0	0	0	0	0	0	15	2	DA-DSTP
K309	一般采集		5058053.171	582757.3109	0	0	0	0	0	0	0	0	0	22	1	DA-DSTP
K310	一般采集		5057991.466	582759.7651	0	0	0	0	0	0	0	0	0	7	1	DA-DSTP

续表

采集区号	采集类型	系统采集圈数量	纬度	经度	新石器时代早期	新石器时代中期	新石器时代晚期	青铜时代早中期	小拉哈类型	古城文化	白金宝文化	汉书二期文化	魏晋隋唐时期	辽金时期	清末至民国时期	所属遗址编号
K311	一般采集		5057929.047	582762.5859	0	0	0	0	0	0	0	0	0	12	1	DA-DSTP
K312	一般采集		5058270.441	582937.4297	0	0	0	0	0	0	0	0	0	18	2	DA-DSTP
K313	一般采集		5058213.99	582938.9894	0	0	0	0	0	0	0	0	0	25	3	DA-DSTP
K314	一般采集		5058138.388	582941.9456	0	0	0	0	0	0	0	0	0	32	3	DA-DSTP
K315	一般采集		5058173.283	582891.5714	0	0	0	0	0	0	0	0	0	15	6	DA-DSTP
K316	一般采集		5058251.266	582889.7801	0	0	0	0	0	0	0	0	0	40	4	DA-DSTP
K317	一般采集		5058235.926	582849.0125	0	0	0	0	0	0	0	0	0	26	4	DA-DSTP
K318	一般采集		5058198.65	582847.2743	0	0	0	0	0	0	0	0	0	50	2	DA-DSTP
K319	一般采集		5058287.657	582802.2983	0	0	0	0	0	0	0	0	0	9	3	DA-DSTP
K320	一般采集		5058335.955	582798.9107	0	0	0	0	0	0	0	0	0	27	3	DA-DSTP
K321	一般采集		5058390.491	582797.3701	0	0	0	0	0	0	0	0	0	11	1	DA-DSTP
K322	一般采集		5058449.706	582785.7316	0	0	0	0	0	0	0	0	0	28	4	DA-DSTP
K323	一般采集		5058509.837	582770.2545	0	0	0	0	0	0	0	0	0	11	4	DA-DSTP
K324	一般采集		5058568.542	582755.7489	0	0	0	0	0	0	0	0	0	20	1	DA-DSTP
K325	一般采集		5058558.097	582808.5	0	0	0	0	0	0	0	0	0	32	0	DA-DSTP
K326	一般采集		5058504.173	582822.4751	0	0	0	0	0	0	0	0	0	34	0	DA-DSTP
K327	一般采集		5058450.733	582836.9231	0	0	0	0	0	0	0	0	0	27	6	DA-DSTP
K328	一般采集		5058396.729	582843.721	0	0	0	0	0	0	0	0	0	16	0	DA-DSTP
K329	一般采集		5058347.98	582849.5051	0	0	0	0	0	0	0	0	0	22	0	DA-DSTP
K330	一般采集		5058298.719	582851.9469	0	0	0	0	0	0	0	0	0	14	4	DA-DSTP
K331	一般采集		5058320.783	582901.4793	0	0	0	0	0	0	0	0	0	17	6	DA-DSTP
K332	一般采集		5058371.954	582898.5405	0	0	0	0	0	0	22	36	0	33	1	DA-DSTP
K333	一般采集		5058440.33	582893.5026	0	0	0	0	0	0	17	21	0	43	11	DA-DSTP
K334	一般采集		5058496.602	582875.1956	0	0	0	0	0	0	0	5	0	14	5	DA-DSTP
K335	一般采集		5055569.15	582930.8993	0	0	0	0	0	0	0	0	0	22	4	DA-DSTP
K336	一般采集		5055617.091	582916.7484	0	0	0	0	0	0	0	0	0	11	1	DA-DSTP
K337	一般采集		5055676.455	582896.733	0	0	0	0	0	0	0	0	0	3	4	DA-DSTP

续表

采集区号	采集类型	系统采集圈数量	纬度	经度	新石器时代早期	新石器时代中期	新石器时代晚期	青铜时代早中期	小拉哈类型	古城文化	白金宝文化	汉书二期文化	魏晋隋唐时期	辽金时期	清末至民国时期	所属遗址编号
K338	一般采集		5055727.214	582877.5274	0	0	0	0	0	0	0	0	0	10	0	DA-DSTP
K339	一般采集		5055796.542	582849.5096	0	0	0	0	0	0	0	0	0	25	5	DA-DSTP
K340	一般采集		5055860.179	582804.3253	0	0	0	0	0	0	0	0	0	16	0	DA-DSTP
K341	一般采集		5055927.499	582789.9673	0	0	0	0	0	0	0	0	0	19	0	DA-DSTP
K342	一般采集		5055997.675	582774.1431	0	0	0	0	0	0	0	0	0	17	3	DA-DSTP
K343	一般采集		5056058.991	582690.2235	0	0	0	0	0	0	0	0	0	24	5	DA-DSTP
K344	一般采集		5056009.37	582704.1526	0	0	0	0	0	0	0	0	0	15	1	DA-DSTP
K345	一般采集		5055958.334	582720.0105	0	0	0	0	0	0	0	0	0	19	5	DA-DSTP
K346	一般采集		5055903.026	582738.7867	0	0	0	0	0	0	0	0	0	13	0	DA-DSTP
K347	一般采集		5055843.765	582746.1202	0	0	0	0	0	0	0	0	0	10	2	DA-DSTP
K348	一般采集		5055730.123	582791.8392	0	0	0	0	0	0	0	0	0	17	0	DA-DSTP
K349	一般采集		5055675.767	582810.3654	0	0	0	0	0	0	0	0	0	22	1	DA-DSTP
K350	一般采集		5055620.174	582847.3295	0	0	0	0	0	0	0	0	0	14	7	DA-DSTP
K351	一般采集		5055563.712	582870.1851	0	0	0	0	0	0	0	0	0	15	1	DA-DSTP
L001	一般采集		5060186.346	578518.4024	0	0	0	0	0	0	0	0	0	10	8	
L002	一般采集		5060216.707	578225.2133	0	0	0	0	0	0	0	0	0	13	2	
L003	一般采集		5059679.15	577561.2496	0	0	0	0	0	0	0	0	0	16	5	DA-HS-2
L004	一般采集		5059741.377	577540.4858	0	0	0	0	0	0	0	0	0	15	3	DA-HS-2
L005	一般采集		5059803.155	577544.8499	0	0	0	0	0	0	0	0	0	16	4	DA-HS-2
L006	一般采集		5059848.913	577527.8512	0	0	0	0	0	0	0	0	0	21	4	DA-HS-2
L007	一般采集		5059898.252	577510.0964	0	0	0	0	0	0	0	0	0	17	3	DA-HS-2
L008	一般采集		5059946.078	577485.1796	0	0	0	0	0	0	0	0	0	20	9	DA-HS-2
L009	一般采集		5059930.446	577432.947	0	0	0	0	0	0	0	0	0	13	7	DA-HS-2
L010	一般采集		5059877.572	577455.7642	0	0	0	0	0	0	0	0	0	12	11	DA-HS-2
L011	一般采集		5059831.112	577474.2061	0	0	0	0	0	0	0	0	0	13	5	DA-HS-2
L012	一般采集		5059773.671	577472.6668	0	0	0	0	0	0	0	0	0	15	4	DA-HS-2
L013	一般采集		5059725.799	577493.2772	0	0	0	0	0	0	0	0	0	6	5	DA-HS-2

续表

采集区号	采集类型	系统采集圈数量	纬度	经度	新石器时代早期	新石器时代中期	新石器时代晚期	青铜时代早中期	小拉哈类型	古城文化	白金宝文化	汉书二期文化	魏晋隋唐时期	辽金时期	清末至民国时期	所属遗址编号
L014	一般采集		5059661.365	577509.04	0	0	0	0	0	0	0	0	0	8	3	DA-HS-2
L015	系统采集	2	5060042.695	577570.2819	0	0	0	0	0	0	0	0	0	4750	375	DA-HS-2
L016	一般采集		5060080.323	577598.5918	0	0	0	0	0	0	0	0	0	23	2	DA-HS-2
L017	一般采集		5058921.215	577746.6508	0	0	0	0	0	0	0	0	0	17	6	
L018	一般采集		5058072.808	576685.2383	0	0	0	0	0	0	0	0	0	10	1	
L019	一般采集		5055968.244	576684.3681	0	0	0	0	0	0	0	0	0	3	6	
L020	一般采集		5054968.48	575959.0682	0	0	0	0	0	0	0	0	0	26	1	
L021	系统采集	3	5054885.109	575949.1925	0	0	0	0	0	0	0	0	0	4498	0	
L022	系统采集	3	5054407.1	575953.8235	0	2999	0	0	0	0	0	916	0	1582	0	
L023	一般采集		5054953.647	576496.1451	0	0	0	0	0	0	0	0	0	5	5	
M001	一般采集		5072918	570266.5	0	0	0	0	0	0	0	0	0	78	13	ZL-QHSL-2
M002	一般采集		5072865.039	570292.4742	0	0	0	0	0	0	0	0	0	33	5	ZL-QHSL-2
M003	系统采集	1	5072939.528	570319.2808	0	0	0	0	0	0	0	0	0	23250	750	ZL-QHSL-2
M004	一般采集		5072886.567	570345.255	0	0	0	0	0	0	0	0	0	25	2	ZL-QHSL-2
M005	系统采集	1	5072941.461	570372.5996	0	0	0	0	0	0	0	0	0	9000	1500	ZL-QHSL-2
M006	系统采集	2	5072937.151	570423.0982	0	0	0	0	0	0	0	0	0	3125	500	ZL-QHSL-2
M007	系统采集	1	5072932.715	570475.0611	0	0	0	0	0	0	0	0	0	8750	500	ZL-QHSL-2
M008	系统采集	2	5072927.91	570531.3564	0	0	0	0	0	0	0	0	0	3750	0	ZL-QHSL-2
M009	系统采集	1	5072924.509	570575.8051	0	0	0	0	0	0	0	0	0	8000	500	ZL-QHSL-2
M010	一般采集		5072921.109	570620.2337	0	0	0	0	0	0	0	0	0	72	10	ZL-QHSL-2
M011	一般采集		5072917.782	570663.7086	0	0	0	0	0	0	0	0	0	12	0	ZL-QHSL-2
M012	一般采集		5072776	570866.5	0	0	0	0	0	0	0	0	0	20	10	ZL-QHSL-2
M013	一般采集		5072832.681	570956.0745	0	0	0	0	0	0	0	0	0	15	15	ZL-QHSL-2
M014	一般采集		5072788.181	571010.0745	0	0	0	0	0	0	0	0	0	25	19	ZL-QHSL-2
M015	一般采集		5072792.045	571071.6127	0	0	0	0	0	0	0	0	0	18	13	ZL-QHSL-2
M016	一般采集		5072790.181	571136.0745	0	0	0	0	0	0	0	0	0	18	9	ZL-QHSL-2
M017	一般采集		5072779.681	571231.5745	0	0	0	0	0	0	0	0	0	18	9	ZL-QHSL-2

续表

采集区号	采集类型	系统采集圈数量	纬度	经度	新石器时代早期	新石器时代中期	新石器时代晚期	青铜时代早中期	小拉哈类型	古城文化	白金宝文化	汉书二期文化	魏晋隋唐时期	辽金时期	清末至民国时期	所属遗址编号
M018	一般采集		5072451	571177	0	0	0	0	0	0	0	9	0	23	1	ZL-GYYC
M019	一般采集		5072414.516	571151.6242	0	0	0	0	0	0	0	0	0	2	0	ZL-GYYC
M020	一般采集		5072425.214	571220.5126	0	0	0	0	0	0	2	1	0	1	2	ZL-GYYC
M021	一般采集		5072419.714	571273.5126	0	1	0	0	0	0	0	2	0	0	4	ZL-GYYC
M022	一般采集		5072378.014	571274.3015	0	0	0	0	0	1	0	0	0	1	4	ZL-GYYC
M023	一般采集		5072376.794	571208.199	0	0	0	0	0	0	0	3	0	10	5	ZL-GYYC
M024	一般采集		5072321.649	571252.6282	0	0	0	0	0	0	0	0	0	9	23	ZL-GYYC
M025	一般采集		5071949.047	569989.1926	0	0	0	0	0	0	0	20	1	11	10	ZL-DLGZ-2
M026	一般采集		5071896.425	569963.7119	0	0	0	1	0	0	0	12	0	10	10	ZL-DLGZ-2
M027	一般采集		5071927.565	569910.212	0	0	0	0	0	0	0	12	0	27	6	ZL-DLGZ-2
M028	一般采集		5071920.535	569816.3962	0	0	0	0	0	0	0	1	0	54	8	ZL-DLGZ-2
M029	一般采集		5071872.02	569761.0475	0	0	0	0	0	0	0	4	1	41	10	ZL-DLGZ-2
M030	一般采集		5071931	569759.5	0	0	0	0	0	0	0	13	0	21	7	ZL-DLGZ-2
M031	一般采集		5071738.5	569445	0	0	0	0	0	0	0	0	0	66	1	ZL-DLGZ-2
M032	一般采集		5071746.115	569501.4913	0	0	0	0	0	0	0	1	0	68	4	ZL-DLGZ-2
M033	一般采集		5071758.615	569544.4913	0	0	0	0	0	0	0	0	0	235	1	ZL-DLGZ-2
M034	**系统采集**	**2**	**5071768.615**	**569586.9913**	**0**	**0**	**0**	**0**	**0**	**0**	**0**	**0**	**0**	**7625**	**125**	**ZL-DLGZ-2**
M035	一般采集		5071788.115	569632.4913	0	0	0	0	0	0	0	0	0	196	5	ZL-DLGZ-2
M036	一般采集		5071803.804	569687.896	0	0	0	0	0	0	0	0	0	37	3	ZL-DLGZ-2
M037	**系统采集**	**3**	**5071862.068**	**569818.4304**	**0**	**0**	**0**	**0**	**0**	**0**	**0**	**0**	**0**	**2582**	**250**	**ZL-DLGZ-2**
M038	一般采集		5071865.197	569907.7617	0	0	0	0	0	0	0	3	0	20	8	ZL-DLGZ-2
M039	一般采集		5071806.217	569909.3092	0	0	0	0	0	0	0	0	0	19	3	ZL-DLGZ-2
M040	一般采集		5071433.058	569542.5693	0	0	0	0	0	0	0	2	0	42	19	ZL-DLGZ-2
M041	一般采集		5071445.275	569486.2137	0	0	0	0	0	0	0	1	0	34	23	ZL-DLGZ-2
M042	一般采集		5071073.645	569073.2676	0	0	0	0	0	0	0	0	0	27	9	ZL-DLGZ-1
M043	一般采集		5071050.129	569030.5017	0	0	0	0	0	0	0	0	0	10	9	ZL-DLGZ-1
M044	一般采集		5071121.607	569053.5421	0	0	0	1	0	0	0	0	0	11	12	ZL-DLGZ-1

续表

采集区号	采集类型	系统采集圈数量	纬度	经度	新石器时代早期	新石器时代中期	新石器时代晚期	青铜时代早中期	小拉哈类型	古城文化	白金宝文化	汉书二期文化	魏晋隋唐时期	辽金时期	清末至民国时期	所属遗址编号
M045	一般采集		5071091.261	569008.4666	0	0	0	2	0	0	0	0	0	16	10	ZL-DLGZ-1
M046	一般采集		5071063.795	568958.5179	0	1	0	0	0	0	0	1	0	12	8	ZL-DLGZ-1
M047	一般采集		5071153.066	568999.4223	0	0	0	0	0	0	1	0	0	18	11	ZL-DLGZ-1
M048	一般采集		5071125.6	568949.4736	0	0	0	0	0	0	0	0	0	17	10	ZL-DLGZ-1
M049	一般采集		5071098.134	568899.5249	0	0	0	1	0	0	0	1	0	13	4	ZL-DLGZ-1
M050	一般采集		5071149.415	568871.3416	0	0	0	0	0	0	0	2	0	19	12	ZL-DLGZ-1
M051	一般采集		5071176.87	568921.2965	0	0	0	0	0	0	0	1	0	22	12	ZL-DLGZ-1
M052	一般采集		5071124.411	568810.5747	0	0	0	0	0	0	0	0	0	17	10	ZL-DLGZ-1
M053	一般采集		5071231.146	568616.127	0	0	0	0	0	0	0	1	0	11	8	ZL-DLGZ-1
M054	一般采集		5071180.432	568590.0958	0	0	0	1	0	0	0	6	0	13	1	ZL-DLGZ-1
M055	一般采集		5071129.5	568564.5	0	0	0	0	0	0	0	4	0	9	10	ZL-DLGZ-1
M056	一般采集		5070917.302	568626.2405	0	0	0	6	0	3	0	35	0	0	0	ZL-DLGZ-1
M057	一般采集		5070872	568692	0	0	0	0	0	0	0	9	0	8	0	ZL-DLGZ-1
M058	一般采集		5070965	568803	0	0	0	2	0	0	0	1	0	4	1	ZL-DLGZ-1
M059	一般采集		5072617.481	572591.5457	0	0	0	29	2	0	1	25	0	8	2	ZL-MSH-2
M060	一般采集		5072552.481	572568.5457	0	0	0	6	0	0	0	22	0	18	3	ZL-MSH-2
M061	一般采集		5072601.956	572549.4784	0	0	0	10	0	0	1	29	0	5	7	ZL-MSH-2
M062	一般采集		5072649.62	572535.9871	0	0	0	20	0	0	1	48	0	3	0	ZL-MSH-2
M063	一般采集		5072694.407	572530.1783	0	0	0	11	1	0	0	27	0	1	0	ZL-MSH-2
M064	一般采集		5072792.994	572559.1543	0	0	0	0	0	0	0	1	0	12	7	ZL-MSH-2
M065	一般采集		5072762.57	572607.3583	0	0	0	0	0	0	0	0	0	9	7	ZL-MSH-2
M066	一般采集		5072858.407	572564.9434	0	0	0	0	0	0	0	0	0	12	3	ZL-MSH-2
M067	一般采集		5072855.466	572664.3211	0	0	0	0	0	0	0	5	0	93	20	ZL-MSH-2
M068	一般采集		5072881.825	572622.5374	0	0	0	0	0	0	0	2	0	63	17	ZL-MSH-2
M069	一般采集		5072934.78	572649.1742	0	0	0	0	0	0	0	0	0	33	7	ZL-MSH-2
M070	一般采集		5072904.367	572697.385	0	0	0	0	0	0	0	0	0	65	13	ZL-MSH-2
M071	一般采集		5072949.494	572720.6543	0	0	0	0	0	0	0	0	0	45	15	ZL-MSH-2

续表

采集区号	采集类型	系统采集圈数量	纬度	经度	新石器时代早期	新石器时代中期	新石器时代晚期	青铜时代早中期	小拉哈类型	古城文化	白金宝文化	汉书二期文化	魏晋隋唐时期	辽金时期	清末至民国时期	所属遗址编号
M072	一般采集		5072982.907	572677.4434	0	0	0	0	0	0	0	0	0	10	4	ZL-MSH-2
M073	一般采集		5073024.407	572703.9434	0	0	0	0	0	0	0	0	0	42	14	ZL-MSH-2
M074	一般采集		5072993.994	572752.1543	0	0	0	0	0	0	0	0	0	68	27	ZL-MSH-2
M075	一般采集		5073037.606	572782.643	0	0	0	0	0	0	0	1	0	7	8	ZL-MSH-2
M076	一般采集		5072968.66	572792.313	0	0	0	0	0	0	0	0	0	67	20	ZL-MSH-2
M077	一般采集		5072926.027	572765.4046	0	0	0	0	0	0	0	0	0	44	12	ZL-MSH-2
M078	一般采集		5072878.781	572735.5855	0	0	0	0	0	0	0	0	0	57	24	ZL-MSH-2
M079	一般采集		5072829.309	572704.3609	0	0	0	0	0	0	0	0	0	41	9	ZL-MSH-2
M080	一般采集		5072743.88	572709.2937	0	0	0	0	0	0	0	0	0	51	16	ZL-MSH-2
M081	一般采集		5072804.881	572743.0832	0	0	0	0	0	0	0	1	0	25	16	ZL-MSH-2
M082	一般采集		5072854.083	572774.7284	0	0	0	0	0	0	0	0	0	33	26	ZL-MSH-2
M083	一般采集		5072903.303	572806.3461	0	0	0	0	0	0	0	0	0	42	11	ZL-MSH-2
M084	一般采集		5072944.819	572832.549	0	0	0	0	0	0	0	0	0	72	52	ZL-MSH-2
M085	一般采集		5072928.907	572874.9434	0	0	0	0	0	0	0	0	0	62	23	ZL-MSH-2
M086	一般采集		5072884.502	572846.9169	0	0	0	0	0	0	0	0	0	60	18	ZL-MSH-2
M087	一般采集		5072830.435	572817.7188	0	0	0	0	0	0	0	0	0	60	16	ZL-MSH-2
M088	一般采集		5072783.907	572786.9434	0	0	0	0	0	0	0	0	0	50	19	ZL-MSH-2
M089	一般采集		5072728.279	572760.1345	0	0	0	0	0	0	0	0	0	72	25	ZL-MSH-2
M090	一般采集		5072711.407	572800.4434	0	0	0	0	0	0	0	0	0	58	25	ZL-MSH-2
M091	一般采集		5072760.582	572826.4585	0	0	0	0	0	0	0	0	0	38	14	ZL-MSH-2
M092	一般采集		5072812.087	572854.5236	0	0	0	0	0	0	0	0	0	31	20	ZL-MSH-2
M093	一般采集		5072861.262	572880.5387	0	0	0	0	0	0	0	0	0	54	18	ZL-MSH-2
M094	一般采集		5072900.907	572912.9434	0	0	0	0	0	0	0	0	0	55	21	ZL-MSH-2
M095	一般采集		5072875.435	572959.7188	0	0	0	0	0	0	0	0	0	40	12	ZL-MSH-2
M096	一般采集		5072834.407	572926.4434	0	0	0	0	0	0	0	0	0	26	13	ZL-MSH-2
M097	一般采集		5072784.928	572895.2299	0	0	0	0	0	0	0	0	0	14	12	ZL-MSH-2
M098	一般采集		5072685.907	572843.4434	0	0	0	0	0	0	0	0	0	54	12	ZL-MSH-2

续表

采集区号	采集类型	系统采集圈数量	纬度	经度	新石器时代早期	新石器时代中期	新石器时代晚期	青铜时代早中期	小拉哈类型	古城文化	白金宝文化	汉书二期文化	魏晋隋唐时期	辽金时期	清末至民国时期	所属遗址编号
M099	一般采集		5072642.833	572816.2569	0	0	0	0	0	0	0	0	0	6	1	ZL-MSH-2
M100	一般采集		5072663.907	572891.4434	0	0	0	0	0	0	0	1	0	31	22	ZL-MSH-2
M101	一般采集		5072713.046	572914.1119	0	0		0	0	0	0	0	0	29	19	ZL-MSH-2
M102	一般采集		5072803.407	572968.9434	0	0		0	0	0	0	0	0	50	23	ZL-MSH-2
M103	一般采集		5072852.609	573000.5886	0	0	0	0	0	0	0	0	0	47	19	ZL-MSH-2
M104	一般采集		5072987.977	572505.4033	0	0	0	0	0	0	0	5	0	33	6	ZL-MSH-2
M105	系统采集	4	5073330.413	572445.7917	0	0	0	62	0	0	0	125	0	937	562	ZL-MSH-1
M106	系统采集	2	5073384.407	572463.8999	0	500	0	0	0	0	0	375	0	2875	250	ZL-MSH-1
M107	系统采集	2	5073432.5	572480.5	0	1500	0	0	0	0	0	1375	0	875	250	ZL-MSH-1
M108	系统采集	4	5073404.747	572530.4234	0	1687	0	0	0	0	0	187	0	312	5	ZL-MSH-1
M109	一般采集		5073312.276	572499.8315	0	0	0	0	0	0	0	4	0	45	36	ZL-MSH-1
M110	系统采集	3	5073357.543	572515.0241	0	1583	0	0	0	0	0	416	0	583	500	ZL-MSH-1
M111	一般采集		5073392.875	572576.5438	0	3	0	0	0	0	0	9	0	15	11	ZL-MSH-1
M112	一般采集		5073339.5	572555.5	0	16	0	0	0	0	0	10	0	57	41	ZL-MSH-1
M113	一般采集		5073323.875	572589.5438	0	13	0	1	0	1	0	15	0	41	28	ZL-MSH-1
M114	一般采集		5073373.742	572606.2804	0	2	0	1	0	0	0	8	0	18	7	ZL-MSH-1
M115	一般采集		5073307.375	572626.5438	0	18	0	0	0	0	0	9	0	60	26	ZL-MSH-1
M116	一般采集		5073253.076	572685.3628	0	4	0	0	0	0	0	3	0	18	15	ZL-MSH-1
M117	一般采集		5073357	572648.5	0	2	0	0	0	0	0	2	0	20	8	ZL-MSH-1
M118	一般采集		5073308.516	572694.7908	0	14	0	0	0	0	0	2	0	58	24	ZL-MSH-1
M119	一般采集		5073283.591	572655.1445	0	2	0	0	0	0	0	4	0	17	29	ZL-MSH-1
M120	一般采集		5073240.034	572617.6115	0	1	0	0	0	0	0	5	0	29	16	ZL-MSH-1
M121	一般采集		5073205.253	572657.9933	0	28	0	0	0	0	0	10	0	62	50	ZL-MSH-1
M122	一般采集		5073286.426	572685.3628	0	14	0	0	0	0	0	5	0	40	10	ZL-MSH-1
M123	一般采集		5073184.391	572707.3346	0	0	0	0	0	0	0	2	0	3	5	ZL-MSH-1
M124	一般采集		5073233.091	572723.1445	0	4	0	0	0	0	0	3	0	38	23	ZL-MSH-1
M125	一般采集		5073250.954	572758.7802	0	4	0	0	0	0	0	2	0	29	12	ZL-MSH-1

续表

采集区号	采集类型	系统采集圈数量	纬度	经度	新石器时代早期	新石器时代中期	新石器时代晚期	青铜时代早中期	小拉哈类型	古城文化	白金宝文化	汉书二期文化	魏晋隋唐时期	辽金时期	清末至民国时期	所属遗址编号
M126	一般采集		5072402.422	572629.0751	0	0	0	0	0	0	1	134	0	47	11	ZL-MSH-2
M127	一般采集		5072348.5	572623.5	0	0	0	8	0	0	1	83	0	70	9	ZL-MSH-2
M128	一般采集		5072373.955	572675.6311	0	0	0	0	0	0	0	0	0	106	14	ZL-MSH-2
M129	系统采集	1	5072390.548	572725.2798	0	0	0	0	0	0	0	1750	0	14500	4000	ZL-MSH-2
M130	系统采集	2	5072411.107	572774.4504	0	0	0	0	0	0	0	0	0	3625	250	ZL-MSH-2
M131	系统采集	2	5072424.471	572824.2425	0	0	0	0	0	0	0	0	0	3625	0	ZL-MSH-2
M132	一般采集		5072438.982	572864.6928	0	0	0	0	0	0	0	1	0	11	3	ZL-MSH-2
M133	一般采集		5072457.002	572897.5085	0	0	0	0	0	0	0	0	0	11	2	ZL-MSH-2
M134	一般采集		5072467.768	572946.5757	0	0	0	0	0	0	0	0	0	14	4	ZL-MSH-2
M135	一般采集		5072641.494	573053.1543	0	0	0	0	0	0	0	0	0	60	29	ZL-MSH-2
M136	一般采集		5072678.407	573010.9434	0	0	0	0	0	0	0	0	0	48	17	ZL-MSH-2
M137	一般采集		5072721.407	573037.9434	0	0	0	0	0	0	0	0	0	62	16	ZL-MSH-2
M138	一般采集		5072694.154	573079.4235	0	0	0	0	0	0	0	1	0	38	9	ZL-MSH-2
M139	一般采集		5072666.907	573112.9434	0	0	0	0	0	0	0	0	0	44	21	ZL-MSH-2
M140	一般采集		5072716.53	573144.8591	0	0	0	0	0	0	0	0	0	30	7	ZL-MSH-2
M141	一般采集		5072745.957	573098.1847	0	0	0	0	0	0	0	0	0	42	16	ZL-MSH-2
M142	一般采集		5072767.372	573064.2386	0	0	0	0	0	0	0	0	0	58	25	ZL-MSH-2
M143	一般采集		5072789.907	573017.4434	0	0	0	0	0	0	0	0	0	69	28	ZL-MSH-2
M144	一般采集		5072662.907	573178.4434	0	0	0	0	0	0	0	0	0	23	9	ZL-MSH-2
M145	一般采集		5072390.038	573951.1878	0	0	0	0	0	0	0	0	0	49	41	ZL-MSH-3
M146	一般采集		5072467.038	573873.6878	0	0	0	0	0	0	0	0	0	36	25	ZL-MSH-3
M147	一般采集		5072517.64	573835.9455	0	0	0	0	0	0	0	0	0	40	27	ZL-MSH-3
M148	系统采集	3	5072683.614	574049.5926	0	0	0	0	0	0	0	0	0	2082	916	ZL-MSH-3
M149	系统采集	4	5072684.852	574106.5814	0	0	0	0	0	0	0	0	0	1312	1000	ZL-MSH-3
M150	系统采集	4	5072678.068	574153.9646	0	0	0	0	0	0	0	0	0	1375	500	ZL-MSH-3
M151	系统采集	3	5072626.114	574155.0926	0	0	0	0	0	0	0	0	0	916	1083	ZL-MSH-3
M152	系统采集	3	5072636.159	574107.6386	0	0	0	0	0	0	0	0	0	1749	833	ZL-MSH-3

续表

采集区号	采集类型	系统采集圈数量	纬度	经度	新石器时代早期	新石器时代中期	新石器时代晚期	青铜时代早中期	小拉哈类型	古城文化	白金宝文化	汉书二期文化	魏晋隋唐时期	辽金时期	清末至民国时期	所属遗址编号
M153	系统采集	4	5072635.126	574050.6454	0	0	0	0	0	0	0	0	0	1562	625	ZL-MSH-3
M154	系统采集	3	5072587.09	574051.6884	0	0	0	0	0	0	0	167	0	1582	833	ZL-MSH-3
M155	系统采集	3	5072586.114	574099.0926	0	0	0	0	0	0	0	0	0	2332	500	ZL-MSH-3
M156	系统采集	3	5072572.461	574148.7166	0	0	0	0	0	0	0	83	0	2249	750	ZL-MSH-3
M157	系统采集	4	5072532.114	574149.5926	0	0	0	0	0	0	0	0	0	1750	437	ZL-MSH-3
M158	系统采集	3	5072540.095	574096.1908	0	0	0	83	0	0	0	0	0	1916	750	ZL-MSH-3
M159	系统采集	2	5072540.329	574050.2505	0	0	0	0	0	0	0	0	0	3375	750	ZL-MSH-3
M160	系统采集	3	5072496.626	574044.3625	0	0	0	0	0	0	0	83	0	2082	583	ZL-MSH-3
M161	系统采集	3	5072495.67	574097.1553	0	0	0	0	0	0	0	0	83	2166	500	ZL-MSH-3
M162	系统采集	4	5072486.545	574143.3407	0	0	0	0	0	0	0	0	0	1312	625	ZL-MSH-3
M163	系统采集	3	5072452.631	574144.14	0	0	0	0	0	0	0	0	0	2582	83	ZL-MSH-3
M164	系统采集	2	5072447.614	574093.5926	0	0	0	0	0	0	0	0	0	3625	1250	ZL-MSH-3
M165	系统采集	2	5072444.694	574045.4901	0	0	0	0	0	0	0	0	0	3000	875	ZL-MSH-3
M166	系统采集	3	5072391.626	574034.8625	0	0	0	0	0	0	0	0	0	2499	583	ZL-MSH-3
M167	系统采集	2	5072398.692	574094.6548	0	0	0	0	0	0	0	0	0	2750	1125	ZL-MSH-3
M168	系统采集	3	5072394.143	574145.4099	0	0	0	83	0	0	0	0	0	2082	583	ZL-MSH-3
M169	系统采集	2	5072342.124	574146.5394	0	0	0	0	0	0	0	0	0	3000	1750	ZL-MSH-3
M170	系统采集	2	5072350.193	574095.7078	0	0	0	0	0	0	0	125	0	3875	1000	ZL-MSH-3
M171	系统采集	3	5072351.172	574035.7409	0	0	0	0	0	0	0	0	0	1833	916	ZL-MSH-3
M172	系统采集	3	5072314.614	574031.0926	0	0	0	0	0	0	0	0	0	1499	833	ZL-MSH-3
M173	系统采集	3	5072309.114	574090.0926	0	0	0	0	0	0	0	0	0	2249	583	ZL-MSH-3
M174	系统采集	3	5072293.614	574147.5926	0	0	0	0	0	0	0	0	0	2749	250	ZL-MSH-3
M175	系统采集	2	5072258.859	574143.4577	0	0	0	0	0	0	0	0	0	3125	500	ZL-MSH-3
M176	系统采集	3	5072271.114	574095.5926	0	0	0	0	0	0	0	0	0	1999	833	ZL-MSH-3
M177	系统采集	3	5072272.614	574042.5926	0	0	0	0	0	0	0	0	0	1916	500	ZL-MSH-3
M178	系统采集	3	5072228.645	574096.5147	0	0	0	0	0	0	0	0	0	2999	167	ZL-MSH-3
M179	系统采集	4	5072229.614	574144.0926	0	0	0	0	0	0	0	0	0	1625	312	ZL-MSH-3

续表

采集区号	采集类型	系统采集圈数量	纬度	经度	新石器时代早期	新石器时代中期	新石器时代晚期	青铜时代早中期	小拉哈类型	古城文化	白金宝文化	汉书二期文化	魏晋隋唐时期	辽金时期	清末至民国时期	所属遗址编号
M180	系统采集	3	5072187.114	574138.0926	0	0	0	0	0	0	0	83	0	1833	83	ZL-MSH-3
M181	系统采集	3	5072675.114	574203.5926	0	0	0	0	0	0	0	0	0	2249	500	ZL-MSH-3
M182	系统采集	2	5072623.614	574201.5926	0	0	0	0	0	0	0	0	0	2750	1125	ZL-MSH-3
M183	系统采集	3	5072576.039	574202.6256	0	0	0	0	0	0	0	83	0	1832	666	ZL-MSH-3
M184	系统采集	3	5072534.614	574202.5926	0	0	0	0	0	0	0	0	0	2082	500	ZL-MSH-3
M185	系统采集	3	5072488.614	574197.5926	0	0	0	0	0	0	0	0	0	2832	500	ZL-MSH-3
M186	系统采集	3	5072443.614	574196.5926	0	0	0	0	0	0	0	0	0	2249	416	ZL-MSH-3
M187	系统采集	3	5072392.614	574191.0926	0	0	0	0	0	0	0	0	0	166	833	ZL-MSH-3
M188	系统采集	5	5072345.614	574194.5926	0	0	0	0	0	0	0	0	0	1200	650	ZL-MSH-3
M189	系统采集	4	5072297.648	574195.6341	0	0	0	0	0	0	0	0	0	1437	750	ZL-MSH-3
M190	一般采集		5072262.186	574196.404	0	0	0	0	0	0	0	0	0	21	17	ZL-MSH-3
M191	系统采集	4	5072226.114	574195.5926	0	0	0	0	0	0	0	0	0	1375	500	ZL-MSH-3
M192	系统采集	3	5072186.114	574190.0926	0	0	0	0	0	0	0	83	0	2249	666	ZL-MSH-3
M193	系统采集	2	5072139.114	574177.0926	0	0	0	0	0	0	0	0	0	3500	250	ZL-MSH-3
M194	系统采集	3	5072445.413	573991.6911	0	0	0	0	0	0	0	0	0	2166	583	ZL-MSH-3
M195	系统采集	3	5072490.639	573990.7092	0	0	0	0	0	0	0	250	0	1999	500	ZL-MSH-3
M196	系统采集	3	5072541.614	573995.5926	0	0	0	0	0	0	0	0	0	1583	916	ZL-MSH-3
M197	系统采集	2	5072590.059	573994.5408	0	0	0	0	0	0	0	250	0	2875	750	ZL-MSH-3
M198	系统采集	3	5072643.614	573998.5926	0	0	0	0	0	0	0	83	0	1833	833	ZL-MSH-3
M199	系统采集	4	5072082.614	574218.5926	0	0	0	0	0	0	0	187	0	1250	1062	ZL-MSH-3
M200	系统采集	2	5072135.614	574225.5926	0	0	0	0	0	0	0	875	0	2625	875	ZL-MSH-3
M201	系统采集	4	5072194.109	574224.8227	0	0	0	0	0	0	0	0	0	1312	687	ZL-MSH-3
M202	系统采集	4	5072233.114	574232.5926	0	0	0	0	0	0	0	0	0	1562	375	ZL-MSH-3
M203	一般采集		5072262.359	574231.9577	0	0	0	0	0	0	0	0	0	40	20	ZL-MSH-3
M204	系统采集	3	5072298.584	574231.1712	0	0	0	0	0	0	0	0	0	2915	583	ZL-MSH-3
M205	系统采集	4	5072347.528	574230.1085	0	0	0	0	0	0	0	0	0	1875	500	ZL-MSH-3
M206	系统采集	4	5072395.614	574234.0926	0	0	0	0	0	0	0	125	0	1312	562	ZL-MSH-3

续表

采集区号	采集类型	系统采集圈数量	纬度	经度	新石器时代早期	新石器时代中期	新石器时代晚期	青铜时代早中期	小拉哈类型	古城文化	白金宝文化	汉书二期文化	魏晋隋唐时期	辽金时期	清末至民国时期	所属遗址编号
M207	系统采集	4	5072444.581	574233.0295	0	0	0	0	0	0	0	0	0	1937	500	ZL-MSH-3
M208	系统采集	3	5072484.963	574232.1527	0	0	0	0	0	0	0	0	0	1999	750	ZL-MSH-3
M209	系统采集	3	5072533.889	574242.8566	0	0	0	0	0	0	0	0	0	2249	583	ZL-MSH-3
M210	系统采集	3	5072581.27	574242.2329	0	0	0	0	0	0	0	0	0	2249	416	ZL-MSH-3
M211	系统采集	4	5072624.413	574249.45	0	0	0	0	0	0	0	0	0	1312	625	ZL-MSH-3
M212	系统采集	3	5072671.794	574248.8264	0	0	0	0	0	0	0	0	0	1915	833	ZL-MSH-3
M213	系统采集	4	5072672.268	574284.8701	0	0	0	0	0	0	0	62	0	1125	500	ZL-MSH-3
M214	系统采集	3	5072625.433	574285.887	0	0	0	0	0	0	0	333	0	1916	666	ZL-MSH-3
M215	系统采集	3	5072581.913	574283.45	0	0	0	0	0	0	0	0	0	1916	333	ZL-MSH-3
M216	系统采集	3	5072537.913	574287.45	0	0	0	0	0	0	0	0	0	1832	750	ZL-MSH-3
M217	系统采集	3	5072493.913	574282.45	0	0	0	0	0	0	0	83	0	2249	167	ZL-MSH-3
M218	系统采集	2	5072448.913	574279.95	0	0	0	0	0	0	0	0	0	2250	1250	ZL-MSH-3
M219	系统采集	3	5072395.916	574281.1007	0	0	0	0	0	0	0	83	0	1916	833	ZL-MSH-3
M220	系统采集	4	5072351.937	574282.0556	0	0	0	0	0	0	0	0	0	1437	375	ZL-MSH-3
M221	系统采集	3	5072301.413	574275.95	0	0	0	0	0	0	0	50	0	900	550	ZL-MSH-3
M222	系统采集	5	5072264.913	574278.45	0	0	0	0	0	0	0	0	0	900	400	ZL-MSH-3
M223	系统采集	4	5072230.885	574279.1888	0	0	0	0	0	0	0	0	0	1500	187	ZL-MSH-3
M224	系统采集	4	5072190.969	574280.0555	0	0	0	0	0	0	0	0	0	1312	625	ZL-MSH-3
M225	系统采集	3	5072139.863	574281.1651	0	0	0	0	0	0	0	0	0	1916	500	ZL-MSH-3
M226	系统采集	4	5072092.913	574277.95	0	0	0	0	0	0	0	375	0	1375	562	ZL-MSH-3
M227	系统采集	2	5072048.913	574278.95	0	0	0	0	0	0	0	1000	0	2000	375	ZL-MSH-3
M228	系统采集	3	5072048.913	574323.45	0	0	0	0	0	0	0	83	0	1832	833	ZL-MSH-3
M229	系统采集	3	5072096.294	574322.8264	0	0	0	0	0	0	0	500	0	2499	583	ZL-MSH-3
M230	系统采集	4	5072143.678	574322.2026	0	0	0	0	0	0	0	187	0	1312	437	ZL-MSH-3
M231	系统采集	4	5072186.896	574321.6694	0	0	0	0	0	0	0	0	0	1250	625	ZL-MSH-3
M232	系统采集	5	5072225.941	574321.2267	0	0	0	0	0	0	0	0	0	1150	350	ZL-MSH-3
M233	一般采集		5072262.454	574320.839	0	0	0	0	0	0	0	0	0	26	8	ZL-MSH-3

续表

采集区号	采集类型	系统采集圈数量	纬度	经度	新石器时代早期	新石器时代中期	新石器时代晚期	青铜时代早中期	小拉哈类型	古城文化	白金宝文化	汉书二期文化	魏晋隋唐时期	辽金时期	清末至民国时期	所属遗址编号
M234	系统采集	3	5072305.475	574320.31	0	0	0	0	0	0	0	0	0	1749	750	ZL-MSH-3
M235	系统采集	4	5072352.85	574319.2814	0	0	0	0	0	0	0	0	0	1375	1125	ZL-MSH-3
M236	系统采集	3	5072400.226	574318.2528	0	0	0	0	0	0	0	0	0	2165	416	ZL-MSH-3
M237	系统采集	4	5072447.607	574317.6291	0	0	0	0	0	0	0	0	0	1250	625	ZL-MSH-3
M238	系统采集	3	5072494.988	574317.0055	0	0	0	0	0	0	0	0	0	1916	666	ZL-MSH-3
M239	系统采集	3	5072536.845	574316.5017	0	0	0	0	0	0	0	0	0	2082	500	ZL-MSH-3
M240	系统采集	3	5072576.413	574320.95	0	0	0	0	0	0	0	0	0	1749	1249	ZL-MSH-3
M241	系统采集	3	5072621.413	574324.45	0	0	0	0	0	0	0	0	0	1916	333	ZL-MSH-3
M242	系统采集	3	5072663.913	574328.45	0	0	0	0	0	0	0	167	0	2166	583	ZL-MSH-3
M243	系统采集	3	5072664.808	574369.6905	0	0	0	0	0	0	0	0	0	2166	833	ZL-MSH-3
M244	系统采集	4	5072621.413	574364.95	0	0	0	0	0	0	0	0	0	1750	312	ZL-MSH-3
M245	系统采集	3	5072576.413	574358.95	0	0	0	0	0	0	0	0	0	2499	416	ZL-MSH-3
M246	系统采集	4	5072532.922	574359.8943	0	0	0	0	0	0	0	0	0	1375	625	ZL-MSH-3
M247	一般采集		5072493.411	574358.3632	0	0	0	0	0	0	0	0	0	33	6	ZL-MSH-3
M248	一般采集		5072447.913	574355.45	0	0	0	0	0	0	0	0	0	34	8	ZL-MSH-3
M249	系统采集	3	5072400.413	574354.45	0	0	0	0	0	0	0	0	0	1916	500	ZL-MSH-3
M250	系统采集	4	5072355.445	574355.4264	0	0	0	0	0	0	0	0	0	2000	312	ZL-MSH-3
M251	系统采集	4	5072305.425	574356.5124	0	0	0	0	0	0	0	0	0	1375	250	ZL-MSH-3
M252	一般采集		5072264.347	574357.4043	0	0	0	0	0	0	0	0	0	17	16	ZL-MSH-3
M253	系统采集	4	5072230.395	574358.1415	0	0	0	0	0	0	0	0	0	1250	562	ZL-MSH-3
M254	系统采集	3	5072189.947	574359.0197	0	0	0	0	0	0	0	0	0	2166	333	ZL-MSH-3
M255	系统采集	3	5072145.413	574358.45	0	0	0	0	0	0	0	333	0	1749	750	ZL-MSH-3
M256	系统采集	2	5072101.413	574363.45	0	0	0	0	0	0	0	375	0	2250	1125	ZL-MSH-3
M257	系统采集	2	5072054.478	574364.4691	0	0	0	0	0	0	0	125	125	2750	625	ZL-MSH-3
M258	系统采集	3	5072055.194	574397.0938	0	0	0	0	0	0	0	0	0	2332	749	ZL-MSH-3
M259	系统采集	2	5072102.575	574396.4702	0	0	0	0	0	0	0	0	0	2625	625	ZL-MSH-3
M260	系统采集	2	5072144.839	574395.5525	0	0	0	0	0	0	0	0	0	2500	1250	ZL-MSH-3

续表

采集区号	采集类型	系统采集圈数量	纬度	经度	新石器时代早期	新石器时代中期	新石器时代晚期	青铜时代早中期	小拉哈类型	古城文化	白金宝文化	汉书二期文化	魏晋隋唐时期	辽金时期	清末至民国时期	所属遗址编号
M261	一般采集		5072192.215	574394.5239	0	0	0	0	0	0	0	0	0	31	13	ZL-MSH-3
M262	一般采集		5072228.886	574393.7277	0	0	0	0	0	0	0	1	0	18	14	ZL-MSH-3
M263	一般采集		5072265.89	574392.9243	0	0	0	0	0	0	0	0	0	21	10	ZL-MSH-3
M264	一般采集		5072306.469	574392.0432	0	0	0	0	0	0	0	1	0	44	11	ZL-MSH-3
M265	系统采集	3	5072353.792	574386.9911	0	0	0	0	0	0	0	0	0	1749	750	ZL-MSH-3
M266	一般采集		5072401.167	574385.9625	0	0	0	0	0	0	0	0	0	39	7	ZL-MSH-3
M267	一般采集		5072444.913	574384.95	0	0	0	0	0	0	0	0	0	25	15	ZL-MSH-3
M268	一般采集		5072489.413	574392.45	0	0	0	0	0	0	0	0	0	50	16	ZL-MSH-3
M269	系统采集	2	5072536.413	574392.95	0	0	0	0	0	0	0	0	0	3500	250	ZL-MSH-3
M270	系统采集	3	5072577.413	574396.95	0	0	0	0	0	0	0	0	0	1916	416	ZL-MSH-3
M271	系统采集	4	5072621.913	574399.45	0	0	0	0	0	0	0	250	0	1312	250	ZL-MSH-3
M272	系统采集	3	5072660.992	574401.735	0	0	0	0	0	0	0	416	0	1916	416	ZL-MSH-3
M273	系统采集	2	5072662.35	574435.0395	0	0	0	0	0	0	0	1000	0	3125	375	ZL-MSH-3
M274	一般采集		5072620.413	574435.95	0	0	0	0	0	0	0	10	0	59	21	ZL-MSH-3
M275	系统采集	3	5072577.379	574426.9114	0	0	0	0	0	0	0	0	0	2332	583	ZL-MSH-3
M276	系统采集	3	5072533.922	574427.8549	0	0	0	0	0	0	0	0	0	2332	333	ZL-MSH-3
M277	系统采集	3	5072496.794	574424.3264	0	0	0	0	0	0	0	0	0	2499	167	ZL-MSH-3
M278	系统采集	2	5072449.413	574424.95	0	0	0	0	0	0	0	0	0	2166	583	ZL-MSH-3
M279	系统采集	2	5072401.657	574421.0828	0	0	0	0	0	0	0	125	0	3375	125	ZL-MSH-3
M280	系统采集	2	5072354.282	574422.1114	0	0	0	0	0	0	0	0	0	2625	1000	ZL-MSH-3
M281	系统采集	3	5072306.906	574423.14	0	0	0	0	0	0	0	0	0	1833	416	ZL-MSH-3
M282	一般采集		5072265.618	574424.0364	0	0	0	0	0	0	0	0	0	53	16	ZL-MSH-3
M283	系统采集	3	5072232.9	574424.3417	0	0	0	0	0	0	0	0	0	1916	583	ZL-MSH-3
M284	系统采集	2	5072196.303	574424.7313	0	0	0	0	0	0	0	125	0	3750	500	ZL-MSH-3
M285	系统采集	3	5072148.922	574425.3549	0	0	0	0	0	0	0	0	0	29	416	ZL-MSH-3
M286	系统采集	3	5072103.081	574419.5505	0	0	0	0	0	0	0	167	0	2332	583	ZL-MSH-3
M287	系统采集	3	5072055.7	574420.1742	0	0	0	0	0	0	0	250	0	1916	250	ZL-MSH-3

续表

采集区号	采集类型	系统采集圈数量	纬度	经度	新石器时代早期	新石器时代中期	新石器时代晚期	青铜时代早中期	小拉哈类型	古城文化	白金宝文化	汉书二期文化	魏晋隋唐时期	辽金时期	清末至民国时期	所属遗址编号
M288	系统采集	3	5072061.913	574462.45	0	0	0	0	0	0	0	0	0	2332	500	ZL-MSH-3
M289	系统采集	2	5072100.413	574456.45	0	0	0	0	0	0	0	125	0	3500	1000	ZL-MSH-3
M290	系统采集	2	5072141.356	574465.339	0	0	0	0	0	0	0	0	0	3000	750	ZL-MSH-3
M291	系统采集	4	5072189.442	574464.2949	0	0	0	0	0	0	0	0	0	1375	562	ZL-MSH-3
M292	一般采集		5072234.942	574463.307	0	0	0	0	0	0	0	0	0	29	25	ZL-MSH-3
M293	系统采集	3	5072274.413	574462.45	0	0	0	0	0	0	0	0	0	1666	666	ZL-MSH-3
M294	系统采集	2	5072313.435	574460.6398	0	0	0	0	0	0	0	0	0	2875	750	ZL-MSH-3
M295	一般采集		5072353.947	574460.5132	0	0	0	0	0	0	0	2	0	45	42	ZL-MSH-3
M296	系统采集	3	5072402.913	574459.45	0	0	0	0	0	0	0	0	0	2082	500	ZL-MSH-3
M297	系统采集	3	5072446.848	574462.4719	0	0	0	0	0	0	0	83	0	1833	916	ZL-MSH-3
M298	系统采集	3	5072493.913	574461.45	0	0	0	0	0	0	0	0	0	1833	416	ZL-MSH-3
M299	系统采集	4	5072537.413	574459.45	0	0	0	0	0	0	0	0	0	1125	875	ZL-MSH-3
M300	系统采集	3	5072577.913	574464.95	0	0	0	0	0	0	0	0	0	1499	1083	ZL-MSH-3
M301	系统采集	4	5072618.913	574470.95	0	0	0	0	0	0	0	437	0	1250	562	ZL-MSH-3
M302	一般采集		5072659.605	574480.881	0	0	0	0	0	0	0	8	0	38	30	ZL-MSH-3
M303	系统采集	3	5072619.913	574497.95	0	0	0	0	0	0	0	0	0	2249	500	ZL-MSH-3
M304	系统采集	3	5072576.913	574496.45	0	0	0	0	0	0	0	167	0	1916	416	ZL-MSH-3
M305	系统采集	2	5072539.913	574496.45	0	0	0	0	0	0	0	125	0	3625	625	ZL-MSH-3
M306	系统采集	2	5072497.913	574494.95	0	0	0	0	0	0	0	125	0	3375	500	ZL-MSH-3
M307	系统采集	2	5072451.413	574490.45	0	0	0	0	0	0	0	0	0	3625	250	ZL-MSH-3
M308	系统采集	3	5072407.913	574493.45	0	0	0	0	0	0	0	83	0	1916	416	ZL-MSH-3
M309	系统采集	4	5072365.433	574494.3724	0	0	0	0	0	0	0	62	0	1625	312	ZL-MSH-3
M310	系统采集	3	5072326.429	574495.2192	0	0	0	0	0	0	0	0	0	2332	167	ZL-MSH-3
M311	系统采集	3	5072284.471	574496.1302	0	0	0	0	0	0	0	0	0	1583	666	ZL-MSH-3
M312	一般采集		5072240.841	574498.1653	0	0	0	0	0	0	0	1	0	66	29	ZL-MSH-3
M313	系统采集	3	5072201.413	574492.45	0	0	0	0	0	0	0	250	0	1916	500	ZL-MSH-3
M314	系统采集	2	5072164.43	574493.253	0	0	0	0	0	0	0	125	0	3875	375	ZL-MSH-3

续表

采集区号	采集类型	系统采集圈数量	纬度	经度	新石器时代早期	新石器时代中期	新石器时代晚期	青铜时代早中期	小拉哈类型	古城文化	白金宝文化	汉书二期文化	魏晋隋唐时期	辽金时期	清末至民国时期	所属遗址编号
M315	系统采集	2	5072132.978	574493.9359	0	0	0	0	0	0	0	0	0	3250	500	ZL-MSH-3
M316	系统采集	2	5072095.506	574494.7495	0	0	0	0	0	0	0	125	0	3000	500	ZL-MSH-3
M317	系统采集	2	5072095.951	574528.5663	0	0	0	0	0	0	0	0	0	4000	375	ZL-MSH-3
M318	系统采集	2	5072128.508	574527.8594	0	0	0	0	0	0	0	125	0	3000	625	ZL-MSH-3
M319	系统采集	3	5072165.361	574527.0592	0	0	0	0	0	0	0	0	83	2082	333	ZL-MSH-3
M320	系统采集	3	5072203.413	574520.45	0	0	0	0	0	0	0	83	0	2416	333	ZL-MSH-3
M321	系统采集	3	5072241.913	574524.95	0	0	0	0	0	0	0	83	0	2499	583	ZL-MSH-3
M322	系统采集	3	5072279.851	574524.1263	0	0	0	0	0	0	0	0	0	1999	583	ZL-MSH-3
M323	系统采集	3	5072327.232	574523.5026	0	0	0	0	0	0	0	0	0	2416	167	ZL-MSH-3
M324	系统采集	4	5072366.39	574523.0575	0	0	0	0	0	0	0	0	0	1250	125	ZL-MSH-3
M325	系统采集	3	5072406.861	574522.5839	0	0	0	0	0	0	0	0	0	2582	500	ZL-MSH-3
M326	系统采集	2	5072448.874	574521.6717	0	0	0	0	0	0	0	0	0	3125	750	ZL-MSH-3
M327	系统采集	2	5072496.255	574521.0481	0	0	0	0	0	0	0	0	0	4125	750	ZL-MSH-3
M328	系统采集	3	5072528.973	574520.7428	0	0	0	0	0	0	0	583	0	1999	500	ZL-MSH-3
M329	系统采集	4	5072576.354	574520.1191	0	0	0	0	0	0	0	62	0	1875	375	ZL-MSH-3
M330	系统采集	2	5072622.422	574526.8549	0	0	0	0	0	0	0	125	0	3000	625	ZL-MSH-3
M331	系统采集	2	5072580.413	574565.95	0	0	0	0	0	0	0	500	0	2375	1000	ZL-MSH-3
M332	系统采集	4	5072539.037	574555.4451	0	0	0	0	0	0	0	250	0	1375	375	ZL-MSH-3
M333	系统采集	3	5072497.422	574557.8549	0	0	0	0	0	0	0	167	0	2332	583	ZL-MSH-3
M334	系统采集	2	5072452.413	574553.45	0	0	0	0	0	0	0	0	0	3375	375	ZL-MSH-3
M335	系统采集	3	5072408.836	574554.3962	0	0	0	0	0	0	0	0	0	2249	416	ZL-MSH-3
M336	系统采集	3	5072365.954	574555.3272	0	0	0	0	0	0	0	0	0	1666	750	ZL-MSH-3
M337	一般采集		5072324.929	574556.2179	0	0	0	0	0	0	0	0	0	87	19	ZL-MSH-3
M338	系统采集	3	5072280.972	574557.1724	0	0	0	0	0	0	0	0	0	2166	500	ZL-MSH-3
M339	系统采集	3	5072242.913	574552.95	0	0	0	0	0	0	0	500	0	1666	500	ZL-MSH-3
M340	系统采集	4	5072202.899	574553.8188	0	0	0	0	0	0	0	250	0	1000	625	ZL-MSH-3
M341	系统采集	3	5072163.874	574554.6661	0	0	0	0	0	0	0	750	0	1416	666	ZL-MSH-3

续表

采集区号	采集类型	系统采集圈数量	纬度	经度	新石器时代早期	新石器时代中期	新石器时代晚期	青铜时代早中期	小拉哈类型	古城文化	白金宝文化	汉书二期文化	魏晋隋唐时期	辽金时期	清末至民国时期	所属遗址编号
M342	系统采集	3	5072132.413	574560.95	0	0	0	0	0	0	0	83	0	2332	500	ZL-MSH-3
M343	系统采集	2	5072097.413	574569.45	0	0	0	0	0	0	0	2500	0	5500	375	ZL-MSH-3
M344	系统采集	1	5072128.413	574598.45	0	0	0	0	0	0	0	250	0	7500	750	ZL-MSH-3
M345	系统采集	3	5072171.183	574591.0114	0	0	0	0	0	0	0	416	0	1583	916	ZL-MSH-3
M346	系统采集	3	5072203.892	574593.1695	0	0	0	0	0	0	0	500	0	1416	666	ZL-MSH-3
M347	系统采集	4	5072241.56	574595.2199	0	0	0	0	0	0	0	312	0	1375	437	ZL-MSH-3
M348	系统采集	4	5072281.91	574594.3438	0	0	0	0	0	0	0	187	0	1062	750	ZL-MSH-3
M349	系统采集	1	5072324.499	574593.4191	0	0	0	0	0	0	0	250	0	5250	1750	ZL-MSH-3
M350	一般采集		5072362.383	574592.5966	0	0	0	0	0	0	0	4	0	41	22	ZL-MSH-3
M351	系统采集	2	5072409.764	574591.9729	0	0	0	0	0	0	0	750	0	2250	875	ZL-MSH-3
M352	系统采集	3	5072457.149	574591.3492	0	0	0	0	0	0	0	250	0	1832	416	ZL-MSH-3
M353	系统采集	3	5072496.901	574590.8912	0	0	0	0	0	0	0	333	0	1499	666	ZL-MSH-3
M354	系统采集	4	5072544.282	574590.2675	0	0	0	0	0	0	0	937	62	750	312	ZL-MSH-3
M355	系统采集	3	5072500.931	574634.7598	0	0	0	0	0	0	0	1083	0	1166	333	ZL-MSH-3
M356	一般采集	3	5072454.913	574628.45	0	0	0	0	0	0	0	10	0	61	30	ZL-MSH-3
M357	一般采集	3	5072407.913	574624.95	0	0	0	0	0	0	0	6	0	29	3	ZL-MSH-3
M358	一般采集	3	5072364.39	574625.895	0	0	0	0	0	0	0	9	0	15	6	ZL-MSH-3
M359	一般采集	3	5072326.397	574626.7199	0	0	0	0	0	0	0	3	0	21	5	ZL-MSH-3
M360	一般采集		5072282.913	574624.95	0	0	0	0	0	0	0	3	0	15	21	ZL-MSH-3
M361	系统采集	3	5072241.913	574630.95	0	0	0	0	0	0	0	500	0	1499	500	ZL-MSH-3
M362	系统采集	2	5072202.413	574633.45	0	0	0	0	0	0	0	250	0	1750	1250	ZL-MSH-3
M363	系统采集	2	5072157.949	574634.4154	0	0	0	0	0	0	0	500	0	4750	1625	ZL-MSH-3
M364	系统采集	1	5072169.425	574674.1107	0	0	0	0	0	0	0	2000	0	19250	5000	ZL-MSH-3
M365	系统采集	2	5072203.487	574673.3711	0	0	0	0	0	0	0	375	0	5125	1125	ZL-MSH-3
M366	系统采集	2	5072243.759	574672.4968	0	0	0	0	0	0	0	625	0	3250	500	ZL-MSH-3
M367	系统采集	3	5072283.873	574671.6258	0	0	0	0	0	0	0	250	0	2416	666	ZL-MSH-3
M368	系统采集	3	5072324.387	574670.7462	0	0	0	0	0	0	0	416	0	1999	666	ZL-MSH-3

续表

采集区号	采集类型	系统采集圈数量	纬度	经度	新石器时代早期	新石器时代中期	新石器时代晚期	青铜时代早中期	小拉哈类型	古城文化	白金宝文化	汉书二期文化	魏晋隋唐时期	辽金时期	清末至民国时期	所属遗址编号
M369	系统采集	3	5072365.845	574669.846	0	0	0	0	0	0	0	333	0	1083	916	ZL-MSH-3
M370	系统采集	3	5072410.913	574672.45	0	0	0	0	0	0	0	250	0	1583	833	ZL-MSH-3
M371	系统采集	3	5072458.294	574671.8264	0	0	0	0	0	0	0	833	0	1333	583	ZL-MSH-3
M372	系统采集	3	5072446.918	574723.355	0	0	0	0	0	0	0	583	0	1249	416	ZL-MSH-3
M373	系统采集	3	5072399.913	574722.45	0	0	0	0	0	0	0	250	0	1666	500	ZL-MSH-3
M374	一般采集		5072352.413	574717.95	0	0	0	0	0	0	0	0	0	17	7	ZL-MSH-3
M375	系统采集	3	5072314.898	574718.7645	0	0	0	0	0	0	0	500	0	1166	750	ZL-MSH-3
M376	系统采集	2	5072235.865	574718.7327	0	0	0	0	0	0	0	1375	0	6500	125	ZL-MSH-3
M377	系统采集	3	5072271.913	574717.95	0	0	0	0	0	0	0	416	0	2582	833	ZL-MSH-3
M378	系统采集	1	5072196.437	574719.5887	0	0	0	0	0	0	0	500	0	8250	1250	ZL-MSH-3
M379	系统采集	1	5072151.404	574720.5665	0	0	250	0	0	0	0	250	0	13860	1250	ZL-MSH-3
M380	系统采集	1	5072152.407	574766.7274	0	0	0	0	0	0	0	1000	0	13500	1500	ZL-MSH-3
M381	系统采集	2	5072199.788	574766.1037	0	0	0	0	0	0	0	0	0	4625	500	ZL-MSH-3
M382	系统采集	3	5072229.38	574765.4612	0	0	0	0	0	0	0	0	0	2832	759	ZL-MSH-3
M383	系统采集	3	5072268.894	574764.6033	0	0	0	0	0	0	0	83	0	1999	500	ZL-MSH-3
M384	系统采集	4	5072352.388	574762.7905	0	0	0	0	0	0	0	0	0	1687	312	ZL-MSH-3
M385	一般采集		5072310.375	574763.7027	0	0	0	0	0	0	0	2	0	33	2	ZL-MSH-3
M386	系统采集	4	5072399.768	574762.1668	0	0	0	0	0	0	0	187	0	1187	562	ZL-MSH-3
M387	系统采集	4	5072403.422	574806.3549	0	0	0	0	0	0	0		125	1937	187	ZL-MSH-3
M388	系统采集	3	5072356.046	574807.3942	0	0	0	0	0	0	0	333	0	1500	250	ZL-MSH-3
M389	一般采集		5072278.974	574809.0889	0	0	0	0	0	0	0	0	0	39	3	ZL-MSH-3
M390	系统采集	4	5072319.02	574808.2088	0	0	0	0	0	0	0	125	0	1312	375	ZL-MSH-3
M391	系统采集	2	5072243.48	574809.8702	0	0	0	0	0	0	0	0	125	3625	750	ZL-MSH-3
M392	系统采集	3	5072196.105	574810.9095	0	0	0	0	0	0	0	0	0	2915	250	ZL-MSH-3
M393	系统采集	2	5072197.118	574857.0808	0	0	0	0	0	0	0	0	0	2375	1000	ZL-MSH-3
M394	一般采集		5072244.499	574856.4571	0	0	0	0	0	0	0	0	0	6	2	ZL-MSH-3
M395	一般采集		5072277.224	574856.1517	0	0	0	0	0	0	0	4	0	55	17	ZL-MSH-3

续表

采集区号	采集类型	系统采集圈数量	纬度	经度	新石器时代早期	新石器时代中期	新石器时代晚期	青铜时代早中期	小拉哈类型	古城文化	白金宝文化	汉书二期文化	魏晋隋唐时期	辽金时期	清末至民国时期	所属遗址编号
M396	系统采集	3	5072324.6	574855.1231	0	0	0	0	0	0	0	0	0	2416	167	ZL-MSH-3
M397	系统采集	5	5072365.006	574854.2458	0	0	0	0	0	0	0	0	0	1000	550	ZL-MSH-3
M398	一般采集		5072372.981	574899.9098	0	0	0	0	0	0	0	0	0	12	2	ZL-MSH-3
M399	一般采集		5072325.605	574900.949	0	0	0	0	0	0	0	0	0	23	14	ZL-MSH-3
M400	一般采集		5072002.413	574273.45	0	0	0	0	0	0	0	0	0	12	13	ZL-MSH-3
M401	一般采集		5072003.425	574319.6107	0	0	0	0	0	0	0	2	0	34	23	ZL-MSH-3
M402	一般采集		5072004.43	574365.4167	0	0	0	0	0	0	0	4	0	27	10	ZL-MSH-3
M403	一般采集		5072005.443	574411.5774	0	0	0	0	0	0	0	3	0	35	14	ZL-MSH-3
M404	系统采集	2	5072007.955	574505.7381	0	0	0	0	0	0	0	250	0	5125	1125	ZL-MSH-3
M405	一般采集		5072007.46	574460.5441	0	0	0	0	0	0	0	0	0	27	16	ZL-MSH-3
M406	系统采集	1	5072057.98	574495.5642	0	0	0	0	0	0	0	6000	0	14000	1250	ZL-MSH-3
M407	系统采集	2	5072053.913	574540.95	0	0	0	0	0	0	0	875	0	3000	625	ZL-MSH-3
M408	系统采集	2	5069228.153	565189.9072	0	0	0	0	0	0	0	109375	0	2250	1750	ZL-NM
M409	一般采集		5069189.153	565168.4072	0	0	0	0	0	0	0	0	0	36	45	ZL-NM
M410	一般采集		5069146.742	565151.0181	0	0	0	0	0	0	0	0	0	33	56	ZL-NM
M411	一般采集		5069104.331	565133.629	0	0	0	0	0	0	0	0	0	23	9	ZL-NM
M412	系统采集	3	5069061.084	565116.3387	0	0	0	0	0	0	0	0	0	2166	583	ZL-NM
M413	一般采集		5069025.22	565102.0001	0	0	0	0	0	0	0	0	0	51	45	ZL-NM
M414	一般采集		5068984.269	565085.6276	0	0	0	0	0	0	0	0	0	28	21	ZL-NM
M415	一般采集		5068945.559	565070.1514	0	0	0	0	0	0	0	8	0	22	35	ZL-NM
M416	系统采集	4	5068893.106	565047.8314	0	0	0	0	0	0	0	187	0	1250	437	ZL-NM
M417	系统采集	3	5068815.312	565043.2516	0	0	0	0	0	0	0	833	0	1666	750	ZL-NM
M418	系统采集	3	5068778.413	565028.4992	0	0	0	0	0	0	0	0	0	2332	416	ZL-NM
M419	系统采集	3	5068721.312	565014.7516	0	0	0	0	0	0	0	0	0	2166	750	ZL-NM
M420	系统采集	3	5068743.695	564960.162	0	0	0	0	0	0	0	0	0	2082	666	ZL-NM
M421	系统采集	3	5068795.971	564981.5961	0	0	0	0	0	0	0	0	0	1833	916	ZL-NM
M422	系统采集	3	5068844.624	564991.88	0	0	0	0	0	0	0	1000	0	1333	666	ZL-NM

续表

采集区号	采集类型	系统采集圈数量	纬度	经度	新石器时代早期	新石器时代中期	新石器时代晚期	青铜时代早中期	小拉哈类型	古城文化	白金宝文化	汉书二期文化	魏晋隋唐时期	辽金时期	清末至民国时期	所属遗址编号
M423	系统采集	3	5068910.852	565004.5487	0	0	0	0	0	0	0	1000	0	1083	666	ZL-NM
M424	系统采集	3	5068962.912	565026.8055	0	0	0	0	0	0	0	0	0	1833	666	ZL-NM
M425	系统采集	3	5069002.162	565041.9869	0	0	0	0	0	0	0	0	0	1583	916	ZL-NM
M426	一般采集		5069054.532	565063.4594	0	0	0	0	0	0	0	0	0	27	34	ZL-NM
M427	系统采集	4	5069090.396	565092.5477	0	0	0	0	0	0	0	0	0	1000	937	ZL-NM
M428	一般采集		5069128.521	565101.2354	0	0	0	0	0	0	0	0	0	18	17	ZL-NM
M429	一般采集		5069163.793	565109.4326	0	0	0	0	0	0	0	0	0	35	24	ZL-NM
M430	系统采集	3	5069206.356	565126.4497	0	0	0	0	0	0	0	0	0	1499	916	ZL-NM
M431	系统采集	3	5069126.511	564971.6166	0	0	0	0	0	0	0	583	0	1416	500	ZL-NM
M432	一般采集		5069074.057	564949.2966	0	0	0	0	0	0	0	0	0	19	38	ZL-NM
M433	系统采集	3	5068978.086	564900.8008	0	0	0	0	0	0	0	250	0	1249	833	ZL-NM
M434	一般采集		5069029.246	564926.2767	0	0	0	0	0	0	0	0	0	22	14	ZL-NM
M435	系统采集	3	5068925.791	564878.5441	0	0	0	0	0	0	0	333	0	1166	1083	ZL-NM
M436	系统采集	3	5068812.978	564861.5759	0	0	0	0	0	0	0	1000	0	1166	833	ZL-NM
M437	一般采集		5068875.078	564858.2689	0	0	0	0	0	0	0	0	0	17	7	ZL-NM
M438	系统采集	3	5068758.622	564840.2142	0	0	0	0	0	0	0	0	0	1416	916	ZL-NM
M439	一般采集		5068806.003	564796.4148	0	0	0	0	0	0	0	0	0	32	4	ZL-NM
M440	一般采集		5068653.359	564865.3268	0	0	0	0	0	0	0	0	0	5	9	ZL-NM
M441	一般采集		5068598.265	564958.7459	0	0	0	0	0	0	0	0	0	14	11	ZL-NM
M442	一般采集		5068559.859	564997.3268	0	0	0	0	0	0	0	0	0	8	4	ZL-NM
M443	一般采集		5068524.859	565041.8268	0	0	0	0	0	0	0	0	0	15	19	ZL-NM
M444	一般采集		5068494.887	565092.6473	0	0	0	0	0	0	0	0	0	2	4	ZL-NM
M445	一般采集		5068480.33	565012.0063	0	0	0	0	0	0	0	0	0	4	23	ZL-NM
M446	一般采集		5068510.301	564961.1859	0	0	0	0	0	0	0	0	0	5	4	ZL-NM
M447	一般采集		5068554.701	564915.5043	0	0	0	0	0	0	0	0	0	3	3	ZL-NM
M448	一般采集		5068577.027	564877.648	0	0	0	0	0	0	0	0	0	10	22	ZL-NM
M449	一般采集		5068604.509	564831.0478	0	0	0	0	0	0	0	0	0	6	10	ZL-NM

续表

采集区号	采集类型	系统采集圈数量	纬度	经度	新石器时代早期	新石器时代中期	新石器时代晚期	青铜时代早中期	小拉哈类型	古城文化	白金宝文化	汉书二期文化	魏晋隋唐时期	辽金时期	清末至民国时期	所属遗址编号
M450	一般采集		5068457.709	565261.9437	0	0	0	0	0	0	0	0	0	7	5	ZL-NM
M451	一般采集		5068406.945	565265.1501	0	0	0	0	0	0	0	0	0	17	19	ZL-NM
M452	一般采集		5068434.054	565322.7764	0	0	0	0	0	0	0	0	0	15	12	ZL-NM
N001	一般采集		5068034.725	563596.0978	0	29	0	0	0	0	0	6	0	0	0	ZL-SFS
N002	一般采集		5068008	563543.5	0	7	0	0	0	0	0	0	0	1	2	ZL-SFS
N003	一般采集		5068012.208	563463.191	0	0	0	0	0	0	0	0	0	6	6	ZL-SFS
N004	一般采集		5068002.5	563405.5	0	0	0	0	0	0	0	0	0	3	2	ZL-SFS
N005	一般采集		5067997.553	563274.0743	0	10	0	0	0	0	0	2	0	10	6	ZL-SFS
N006	一般采集		5067875.564	563528.0822	0	0	0	0	0	0	0	0	0	11	3	ZL-SFS
N007	一般采集		5067780.057	563575.8882	0	0	0	0	0	0	0	0	0	16	0	ZL-SFS
N008	一般采集		5067637.557	563532.8882	0	0	0	0	0	0	0	0	0	10	26	ZL-SFS
N009	一般采集		5067740.276	563201.1226	0	0	0	0	0	0	0	0	0	16	6	ZL-SFS
N010	一般采集		5067671.276	563209.1226	0	0	0	0	0	0	0	0	0	11	7	ZL-SFS
N011	一般采集		5070122.466	566373.102	0	0	0	10	0	0	0	9	0	57	3	ZL-NM
N012	一般采集		5070084.391	566373.9035	0	0	0	10	0	0	0	0	0	39	8	ZL-NM
N013	一般采集		5070049.522	566382.4372	0	0	0	2	0	0	0	0	0	25	2	ZL-NM
N014	一般采集		5070003.391	566393.4035	0	0	0	1	0	0	0	2	0	27	2	ZL-NM
N015	一般采集		5070158.035	566364.397	0	0	0	7	0	0	0	6	0	30	8	ZL-NM
N016	一般采集		5070193.604	566355.6921	0	0	0	10	0	0	0	8	0	100	10	ZL-NM
N017	**系统采集**	**1**	**5070229.173**	**566346.9871**	**0**	**0**	**0**	**1000**	**0**	**0**	**0**	**750**	**0**	**9750**	**250**	**ZL-NM**
N018	一般采集		5070264.742	566338.2821	0	0	0	3	0	0	0	8	0	66	2	ZL-NM
N019	**系统采集**	**1**	**5070300.311**	**566329.5772**	**0**	**0**	**0**	**9500**	**0**	**0**	**500**	**0**	**0**	**250**	**0**	**ZL-NM**
N020	一般采集		5070249.971	566294.9141	0	0	0	0	0	0	0	14	0	145	9	ZL-NM
N021	**系统采集**	**1**	**5070215.242**	**566297.1955**	**0**	**0**	**0**	**0**	**0**	**0**	**0**	**1500**	**0**	**10750**	**0**	**ZL-NM**
N022	**系统采集**	**1**	**5070182.026**	**566305.0242**	**0**	**0**	**0**	**250**	**0**	**0**	**0**	**750**	**0**	**5250**	**1000**	**ZL-NM**
N023	一般采集		5070148.083	566313.0244	0	0	0	0	0	0	0	11	0	68	4	ZL-NM
N024	一般采集		5070107.742	566320.6955	0	0	0	2	0	0	0	3	0	24	7	ZL-NM

续表

采集区号	采集类型	系统采集圈数量	纬度	经度	新石器时代早期	新石器时代中期	新石器时代晚期	青铜时代早中期	小拉哈类型	古城文化	白金宝文化	汉书二期文化	魏晋隋唐时期	辽金时期	清末至民国时期	所属遗址编号
N025	一般采集		5070071.742	566326.6955	0	0	0	0	0	0	0	0	0	15	0	ZL-NM
N026	一般采集		5070027.769	566338.6825	0	0	0	0	0	0	0	0	0	3	3	ZL-NM
N027	一般采集		5070053.242	566284.6955	0	0	0	0	0	0	0	0	0	9	1	ZL-NM
N028	一般采集		5070097.997	566276.5493	0	0	0	0	0	0	0	0	0	19	2	ZL-NM
N029	一般采集		5070137.242	566268.1955	0	0	0	0	0	0	0	4	0	39	4	ZL-NM
N030	一般采集		5070171.242	566258.1955	0	0	0	1	0	0	0	8	0	88	4	ZL-NM
N031	一般采集		5070193.242	566252.6955	0	0	0	5	0	0	0	8	0	145	13	ZL-NM
N032	**系统采集**	**1**	**5070235.742**	**566241.1955**	**0**	**0**	**0**	**0**	**0**	**0**	**0**	**1750**	**0**	**11000**	**750**	**ZL-NM**
N033	一般采集		5070292.847	566284.8085	0	0	0	0	0	0	0	11	0	43	4	ZL-NM
N034	一般采集		5070378.646	566313.2398	0	0	0	16	0	0	1	11	0	188	7	ZL-NM
N035	一般采集		5070427.146	566304.7398	0	1	0	16	0	0	0	17	0	95	4	ZL-NM
N036	一般采集		5070473.646	566290.7398	0	0	0	4	0	0	0	16	0	139	3	ZL-NM
N037	一般采集		5070517.146	566238.7398	0	0	0	4	0	0	0	7	0	120	4	ZL-NM
N038	一般采集		5070360.646	566265.2398	0	0	0	0	0	0	0	9	1	251	10	ZL-NM
N039	一般采集		5070408.646	566259.2398	0	0	0	0	0	0	0	7	0	60	7	ZL-NM
N040	一般采集		5070456.146	566248.2398	0	1	0	6	0	0	0	33	0	82	6	ZL-NM
N041	一般采集		5070394.646	566223.7398	0	0	0	3	0	0	0	9	0	68	11	ZL-NM
N042	一般采集		5070439.229	566215.3456	0	0	0	6	0	0	0	47	0	41	4	ZL-NM
N043	一般采集		5070184.406	566161.1108	0	0	0	22	0	0	0	10	0	7	0	ZL-NM
N044	一般采集		5070588	566234.7548	0	0	0	4	0	0	0	10	0	8	2	ZL-NM
N045	一般采集		5070499.646	566190.2398	0	0	0	0	0	0	1	22	0	76	2	ZL-NM
N046	**系统采集**	**1**	**5070580.672**	**566186.2658**	**0**	**0**	**0**	**500**	**0**	**0**	**0**	**5000**	**0**	**250**	**0**	**ZL-NM**
N047	一般采集		5070548.935	566145.9537	0	0	0	13	0	0	0	22	0	53	1	ZL-NM
N048	一般采集		5070467.471	566150.912	0	0	0	0	0	0	0	9	1	37	7	ZL-NM
N049	一般采集		5070417.738	566171.5778	0	0	0	0	0	0	0	11	0	24	7	ZL-NM
N050	**系统采集**	**1**	**5070374.369**	**566189.1663**	**0**	**0**	**0**	**500**	**0**	**0**	**0**	**500**	**0**	**7750**	**0**	**ZL-NM**
N051	**系统采集**	**2**	**5070331**	**566206.7548**	**0**	**0**	**0**	**250**	**0**	**0**	**0**	**250**	**0**	**4250**	**0**	**ZL-NM**

续表

采集区号	采集类型	系统采集圈数量	纬度	经度	新石器时代早期	新石器时代中期	新石器时代晚期	青铜时代早中期	小拉哈类型	古城文化	白金宝文化	汉书二期文化	魏晋隋唐时期	辽金时期	清末至民国时期	所属遗址编号
N052	一般采集		5070308.674	566163.6113	0	0	0	0	0	0	0	8	0	39	10	ZL-NM
N053	一般采集		5070352.044	566146.0228	0	0	0	0	0	0	0	8	0	20	9	ZL-NM
N054	一般采集		5070395.413	566128.4343	0	0	0	1	0	0	0	8	0	25	14	ZL-NM
N055	一般采集		5070438.782	566110.8458	0	0	0	2	0	0	0	19	0	15	8	ZL-NM
N056	一般采集		5070281.503	566127.0692	0	0	0	0	0	0	0	2	0	34	17	ZL-NM
N057	一般采集		5070250.003	566086.5692	0	0	0	0	0	0	0	12	0	84	22	ZL-NM
N058	一般采集		5070301.203	566072.573	0	0	0	0	0	0	0	1	0	17	10	ZL-NM
N059	一般采集		5070330.503	566107.5692	0	0	0	0	0	0	0	8	0	13	5	ZL-NM
N060	一般采集		5070377.503	566081.0692	0	0	0	0	0	0	0	33	0	3	9	ZL-NM
N061	一般采集		5070341.549	566033.9706	0	0	0	0	0	0	0	14	0	41	16	ZL-NM
N062	一般采集		5070389.643	566015.6263	0	0	0	0	0	0	0	19	0	37	20	ZL-NM
N063	一般采集		5070422.672	566049.2658	0	0	0	1	0	0	0	28	0	69	22	ZL-NM
N064	**系统采集**	**1**	**5070464.672**	**566072.2658**	**0**	**0**	**0**		**0**	**0**	**0**	**6500**	**0**	**1500**	**250**	**ZL-NM**
N065	**系统采集**	**2**	**5070507.672**	**566111.2658**	**0**	**0**	**0**		**0**	**0**	**0**	**6875**	**0**	**500**	**375**	**ZL-NM**
N066	**系统采集**	**2**	**5070649.052**	**566217.2674**	**0**	**0**	**0**	**1625**	**0**	**0**	**0**	**1750**	**0**	**125**	**750**	**ZL-NM**
N067	**系统采集**	**2**	**5070680.172**	**566180.2658**	**0**	**0**	**0**	**1500**	**0**	**0**	**0**	**1125**	**0**	**375**	**750**	**ZL-NM**
N068	一般采集		5070637.672	566155.7658	0	0	0	1	0	0	0	29	0	30	14	ZL-NM
N069	一般采集		5070597.672	566124.7658	0	0	0	0	0	0	0	73	0	33	19	ZL-NM
N070	一般采集		5070562.766	566095.4215	0	0	0	3	0	0	0	138	0	53	17	ZL-NM
N071	一般采集		5070527.86	566066.0772	0	0	0	0	0	0	0	55	0	36	11	ZL-NM
N072	一般采集		5070492.954	566036.7329	0	0	0	0	0	0	0	127	0	46	20	ZL-NM
N073	一般采集		5070458.048	566007.3885	0	0	0	0	0	0	0	53	0	42	19	ZL-NM
N074	一般采集		5070420.672	565983.2658	0	0	0	4	0	0	0	14	0	32	23	ZL-NM
N075	一般采集		5070447.102	565949.6313	0	0	0	0	0	0	0	11	0	33	17	ZL-NM
N076	一般采集		5070482.931	565977.8778	0	0	0	0	0	0	0	45	0	50	11	ZL-NM
N077	一般采集		5070518.761	566006.1243	0	0	0	0	0	0	0	43	0	72	15	ZL-NM
N078	一般采集		5070554.59	566034.3707	0	0	0	0	0	0	0	83	1	36	19	ZL-NM

续表

采集区号	采集类型	系统采集圈数量	纬度	经度	新石器时代早期	新石器时代中期	新石器时代晚期	青铜时代早中期	小拉哈类型	古城文化	白金宝文化	汉书二期文化	魏晋隋唐时期	辽金时期	清末至民国时期	所属遗址编号
N079	一般采集		5070590.419	566062.6172	0	0	0	2	0	0	0	66	1	43	16	ZL-NM
N080	一般采集		5070626.249	566090.8637	0	0	0	0	0	0	0	59	0	43	8	ZL-NM
N081	一般采集		5070668.419	566112.1172	0	0	0	0	0	0	0	22	0	18	11	ZL-NM
N082	一般采集		5070704.249	566140.3637	0	0	0	0	0	0	0	12	0	10	8	ZL-NM
N083	一般采集		5070729.672	566103.2658	0	0	0	0	0	0	0	33	0	4	2	ZL-NM
N084	一般采集		5070694.766	566073.9215	0	0	0	0	0	0	0	111	0	75	12	ZL-NM
N085	一般采集		5070650.672	566057.2658	0	0	0	2	0	0	0	146	0	37	23	ZL-NM
N086	一般采集		5070615.766	566027.9215	0	0	0	0	0	0	0	74	0	58	24	ZL-NM
N087	一般采集		5070577.172	566003.7658	0	0	0	0	0	0	0	53	0	44	14	ZL-NM
N088	一般采集		5070542.266	565974.4215	0	0	0	1	0	0	0	7	0	45	23	ZL-NM
N089	一般采集		5070512.582	565949.4674	0	0	0	0	0	0	0	0	0	30	12	ZL-NM
N090	一般采集		5070482.045	565915.0178	0	0	0	0	0	0	0	3	0	17	13	ZL-NM
N091	一般采集		5070516.515	565886.9398	0	0	0	0	0	0	0	1	0	27	11	ZL-NM
N092	一般采集		5070548.12	565920.1385	0	0	0	0	0	0	0	3	0	39	22	ZL-NM
N093	一般采集		5070574.399	565941.858	0	0	0	0	0	0	0	0	0	36	16	ZL-NM
N094	一般采集		5070609.489	565970.9841	0	0	0	1	1	0	0	15	1	46	8	ZL-NM
N095	一般采集		5070647.576	565990.9058	0	0	0	0	0	0	0	16	0	23	15	ZL-NM
N096	一般采集		5070680.559	566018.2608	0	0	0	1	0	0	0	23	0	33	11	ZL-NM
N097	一般采集		5070718.989	566043.4841	0	0	0	2	0	0	0	25	0	18	6	ZL-NM
N098	一般采集		5070747.672	566007.7658	0	0	0	1	0	0	0	10	0	34	17	ZL-NM
N099	一般采集		5070709.253	565982.2901	0	0	0	0	0	0	0	11	0	43	12	ZL-NM
N100	一般采集		5070667.172	565961.7658	0	4	0	0	0	0	0	5	0	48	17	ZL-NM
N101	一般采集		5070636.988	565936.3907	0	0	0	0	0	0	0	1	0	54	18	ZL-NM
N102	一般采集		5070607.894	565911.933	0	0	0	0	0	0	0	0	1	63	12	ZL-NM
N103	一般采集		5070572.988	565882.5886	0	0	0	0	0	0	0	1	0	106	21	ZL-NM
N104	一般采集		5070601.734	565856.1193	0	0	0	0	0	0	0	0	0	59	20	ZL-NM
N105	一般采集		5070640.847	565882.6957	0	0	0	0	0	0	0	0	0	32	13	ZL-NM

续表

采集区号	采集类型	系统采集圈数量	纬度	经度	新石器时代早期	新石器时代中期	新石器时代晚期	青铜时代早中期	小拉哈类型	古城文化	白金宝文化	汉书二期文化	魏晋隋唐时期	辽金时期	清末至民国时期	所属遗址编号
N106	一般采集		5070671.078	565908.1102	0	0	0	0	0	0	0	1	1	62	20	ZL-NM
N107	一般采集		5070708.578	565934.1102	0	0	0	1	0	0	0	3	0	39	23	ZL-NM
N108	一般采集		5070741.578	565953.6102	0	0	0	0	0	0	0	0	0	52	9	ZL-NM
N109	一般采集		5070762.672	565919.2658	0	0	0	0	0	0	0	1	1	27	13	ZL-NM
N110	一般采集		5070727.766	565889.9215	0	0	0	0	0	0	0	0	0	42	22	ZL-NM
N111	一般采集		5070694.672	565873.2658	0	0	0	0	0	0	0	1	0	34	28	ZL-NM
N112	一般采集		5070666.352	565849.4577	0	0	0	0	0	0	0	0	0	34	21	ZL-NM
N113	一般采集		5070631.446	565820.1133	0	0	0	0	0	0	0	0	0	10	8	ZL-NM
N114	一般采集		5070659.863	565787.112	0	0	0	0	0	0	0	0	0	12	8	ZL-NM
N115	一般采集		5070691.078	565819.6102	0	0	0	0	0	0	0	0	0	34	18	ZL-NM
N116	一般采集		5070716.578	565842.6102	0	0	0	0	0	0	0	0	0	46	11	ZL-NM
N117	一般采集		5070753.078	565863.1102	0	0	0	0	0	0	0	0	0	23	8	ZL-NM
N118	一般采集		5070783.078	565880.1102	0	0	0	0	0	0	0	0	0	28	11	ZL-NM
N119	一般采集		5070786.754	565838.4179	0	0	0	0	0	0	0	0	0	11	4	ZL-NM
N120	一般采集		5070751.848	565809.0736	0	0	0	0	0	0	0	0	0	27	4	ZL-NM
N121	一般采集		5070731.484	565791.9545	0	0	0	0	0	0	0	0	0	22	25	ZL-NM
N122	一般采集		5070696.578	565762.6102	0	0	0	0	0	0	0	0	0	22	18	ZL-NM
N123	一般采集		5070670.289	565740.5096	0	0	0	0	0	0	0	0	0	1	8	ZL-NM
N124	一般采集		5070731.707	565742.1045	0	0	0	0	0	0	0	0	0	17	4	ZL-NM
N125	一般采集		5070151.194	566113.9136	0	0	0	0	0	0	0	0	0	15	12	ZL-NM
N126	一般采集		5070114.707	566089.8944	0	0	0	0	0	0	0	0	0	15	16	ZL-NM
N127	一般采集		5070076.714	566064.8841	0	0	0	0	0	0	0	0	0	34	12	ZL-NM
N128	一般采集		5070039.56	566040.3956	0	0	0	0	0	0	0	0	0	38	23	ZL-NM
N129	一般采集		5069998.878	566013.6153	0	0	0	0	0	0	0	0	0	44	41	ZL-NM
N130	一般采集		5069952.421	565980.551	0	0	0	0	0	0	0	0	0	37	23	ZL-NM
N131	一般采集		5069911.33	565955.9485	0	0	0	0	0	0	0	0	0	30	34	ZL-NM
N132	一般采集		5069863.724	565924.5971	0	0	0	0	0	0	0	0	0	58	32	ZL-NM

续表

采集区号	采集类型	系统采集陶数量	纬度	经度	新石器时代早期	新石器时代中期	新石器时代晚期	青铜时代早中期	小拉哈类型	古城文化	白金宝文化	汉书二期文化	魏晋隋唐时期	辽金时期	清末至民国时期	所属遗址编号
N133	一般采集		5069833.069	565904.4088	0	0	0	0	0	0	0	0	0	41	41	ZL-NM
N134	一般采集		5069787.556	565869.938	0	0	0	0	0	0	0	0	0	65	17	ZL-NM
N135	一般采集		5069751.985	565851.01	0	0	0	0	0	0	0	0	0	46	19	ZL-NM
N136	一般采集		5069721.754	565831.1012	0	0	0	0	0	0	0	0	0	42	16	ZL-NM
N137	一般采集		5069686.415	565807.8381	0	0	0	0	0	0	0	0	0	33	21	ZL-NM
N138	一般采集		5069638.813	565776.4799	0	0	0	0	0	0	0	0	0	57	16	ZL-NM
N139	一般采集		5069672.89	565737.909	0	0	0	0	0	0	0	0	0	22	5	ZL-NM
N140	一般采集		5069718.136	565772.6717	0	0	0	0	0	0	0	0	0	31	13	ZL-NM
N141	一般采集		5069755.563	565788.9455	0	0	0	0	0	0	0	0	0	29	12	ZL-NM
N142	一般采集		5069787.316	565815.6572	0	0	0	0	0	0	0	0	0	33	10	ZL-NM
N143	一般采集		5069828.563	565834.4455	0	0	0	0	0	0	0	0	0	26	4	ZL-NM
N144	一般采集		5069857.03	565857.2266	0	0	0	0	0	0	0	0	0	36	18	ZL-NM
N145	一般采集		5069899.894	565895.538	0	0	0	0	0	0	0	0	0	19	9	ZL-NM
N146	一般采集		5069940.563	565913.9455	0	0	0	0	0	0	0	0	0	25	13	ZL-NM
N147	一般采集		5069976.532	565944.2714	0	0	0	0	0	0	0	0	0	17	6	ZL-NM
N148	一般采集		5070010.368	565966.2995	0	0	0	0	0	0	0	0	0	20	9	ZL-NM
N149	一般采集		5070044.563	565980.4455	0	0	0	0	0	0	0	0	0	37	10	ZL-NM
N150	一般采集		5070074.085	566008.4888	0	0	0	0	0	0	0	0	0	19	11	ZL-NM
N151	一般采集		5070112.063	566027.4455	0	0	0	0	0	0	0	0	0	34	20	ZL-NM
N152	一般采集		5070141.448	566061.1969	0	0	0	0	0	0	0	0	0	27	11	ZL-NM
N153	一般采集		5070185.315	566081.7094	0	0	0	0	0	0	0	0	0	15	16	ZL-NM
N154	一般采集		5070211.616	566041.7752	0	0	0	0	0	0	0	0	0	54	30	ZL-NM
N155	一般采集		5070174.88	566017.5929	0	0	0	0	0	0	0	1	0	37	27	ZL-NM
N156	一般采集		5070138.406	566001.1108	0	0	0	0	0	0	0	1	0	74	19	ZL-NM
N157	一般采集		5070099.834	565975.7198	0	0	0	0	0	0	0	0	0	35	20	ZL-NM
N158	一般采集		5070063.713	565951.9419	0	0	0	0	0	0	0	0	0	39	13	ZL-NM
N159	一般采集		5070029.548	565929.4518	0	0	0	0	0	0	0	0	0	41	22	ZL-NM

采集区号	采集类型	系统采集圈数量	纬度	经度	新石器时代早期	新石器时代中期	新石器时代晚期	青铜时代早中期	小拉哈类型	古城文化	白金宝文化	汉书二期文化	魏晋隋唐时期	辽金时期	清末至民国时期	所属遗址编号
N160	一般采集		5070001.853	565903.6919	0	0	0	0	0	0	0	1	0	43	28	ZL-NM
N161	一般采集		5069963.391	565878.3735	0	0	0	0	0	0	0	0	0	37	18	ZL-NM
N162	一般采集		5069925.049	565853.1336	0	0	0	0	0	0	0	0	0	50	21	ZL-NM
N163	一般采集		5069885.78	565827.2833	0	0	0	0	0	0	0	0	0	50	19	ZL-NM
N164	一般采集		5069846.281	565801.2818	0	0	0	0	0	0	0	0	0	56	21	ZL-NM
N165	一般采集		5069811.648	565778.4836	0	0	0	0	0	0	0	0	0	41	5	ZL-NM
N166	一般采集		5069777.62	565756.0835	0	0	0	0	0	0	0	0	0	31	10	ZL-NM
N167	一般采集		5069740.095	565731.3813	0	0	0	0	0	0	0	0	0	50	13	ZL-NM
N168	一般采集		5069692.483	565700.0391	0	0	0	0	0	0	0	0	0	45	17	ZL-NM
N169	一般采集		5069715.518	565652.4531	0	0	0	0	0	0	0	0	0	78	24	ZL-NM
N170	一般采集		5069761.766	565684.6143	0	0	0	0	0	0	0	0	0	80	13	ZL-NM
N171	一般采集		5069801.018	565710.4531	0	0	0	0	0	0	0	0	0	35	21	ZL-NM
N172	一般采集		5069840.018	565739.4531	0	0	0	0	0	0	0	0	0	37	15	ZL-NM
N173	一般采集		5069875.002	565769.2567	0	0	0	0	0	0	0	0	0	37	20	ZL-NM
N174	一般采集		5069912.518	565793.9531	0	0	0	0	0	0	0	0	0	34	24	ZL-NM
N175	一般采集		5069951.739	565822.137	0	0	0	0	0	0	0	0	0	29	14	ZL-NM
N176	一般采集		5069987.299	565845.5456	0	0	0	0	0	0	0	0	0	43	15	ZL-NM
N177	一般采集		5070020.077	565867.1229	0	0	0	0	0	0	0	0	0	51	32	ZL-NM
N178	一般采集		5070055.518	565890.4531	0	0	0	0	0	0	0	0	0	73	33	ZL-NM
N179	一般采集		5070091.273	565915.104	0	0	0	0	0	0	0	0	0	57	27	ZL-NM
N180	一般采集		5070128.781	565939.7946	0	0	0	0	0	0	0	0	0	70	27	ZL-NM
N181	一般采集		5070168.518	565965.9531	0	0	0	0	0	0	0	1	0	79	30	ZL-NM
N182	一般采集		5070216.621	565997.075	0	0	0	0	0	0	0	1	0	66	16	ZL-NM
N183	一般采集		5070260.969	566026.2686	0	0	0	0	0	0	0	0	0	47	15	ZL-NM
N184	一般采集		5070288.018	565985.9531	0	0	0	0	0	0	0	1	0	26	26	ZL-NM
N185	一般采集		5070237.018	565959.9531	0	0	0	0	0	0	0	0	0	51	27	ZL-NM
N186	一般采集		5070188.127	565927.7688	0	0	0	0	0	0	0	1	0	60	17	ZL-NM

续表

采集区号	采集类型	系统采集圈数量	纬度	经度	新石器时代早期	新石器时代中期	新石器时代晚期	青铜时代早中期	小拉哈类型	古城文化	白金宝文化	汉书二期文化	魏晋隋唐时期	辽金时期	清末至民国时期	所属遗址编号
N187	一般采集		5070151.018	565899.4531	0	0	0	0	0	0	0	0	0	37	20	ZL-NM
N188	一般采集		5070112.018	565876.4531	0	0	0	0	0	0	0	0	0	37	17	ZL-NM
N189	一般采集		5070073.518	565849.9531	0	0	0	0	0	0	0	0	0	16	13	ZL-NM
N190	一般采集		5070042.961	565829.8378	0	0	0	0	0	0	0	0	0	40	11	ZL-NM
N191	一般采集		5070015.518	565806.4531	0	0	0	0	0	0	0	0	0	32	12	ZL-NM
N192	一般采集		5069980.518	565782.9531	0	0	0	0	0	0	0	0	0	35	15	ZL-NM
N193	一般采集		5069945.018	565751.4531	0	0	0	0	0	0	0	0	0	29	15	ZL-NM
N194	一般采集		5069906.518	565722.9531	0	0	0	0	0	0	0	0	0	26	23	ZL-NM
N195	一般采集		5069865.182	565695.7423	0	0	0	0	0	0	0	0	0	40	8	ZL-NM
N196	一般采集		5069825.224	565669.4384	0	0	0	0	0	0	0	0	0	46	11	ZL-NM
N197	一般采集		5069787.12	565644.3554	0	0	0	0	0	0	0	0	0	33	9	ZL-NM
N198	一般采集		5069739.018	565612.9531	0	0	0	0	0	0	0	0	0	60	17	ZL-NM
N199	一般采集		5069753.76	565569.8232	0	0	0	0	0	0	0	0	0	38	15	ZL-NM
N200	一般采集		5069805.262	565595.3681	0	0	0	0	0	0	0	0	0	38	11	ZL-NM
N201	一般采集		5069847.406	565623.1108	0	0	0	0	0	0	0	0	0	49	14	ZL-NM
N202	一般采集		5069881.475	565656.0439	0	0	0	0	0	0	0	0	0	50	14	ZL-NM
N203	一般采集		5069923.622	565683.7886	0	0	0	0	0	0	0	0	0	23	20	ZL-NM
N204	一般采集		5069969.906	565717.1108	0	0	0	0	0	0	0	0	0	36	13	ZL-NM
N205	一般采集		5070001.386	565746.9384	0	0	0	0	0	0	0	0	0	42	17	ZL-NM
N206	一般采集		5070037.755	565770.879	0	0	0	0	0	0	0	0	0	50	12	ZL-NM
N207	一般采集		5070073.765	565794.5841	0	0	0	0	0	0	0	0	0	47	11	ZL-NM
N208	一般采集		5070105.029	565815.1645	0	0	0	0	0	0	0	0	0	44	12	ZL-NM
N209	一般采集		5070141.406	565839.1108	0	0	0	0	0	0	0	0	0	56	16	ZL-NM
N210	一般采集		5070178.307	565856.1848	0	0	0	0	0	0	0	0	0	46	18	ZL-NM
N211	一般采集		5070216.658	565881.4305	0	0	0	0	0	0	0	0	0	57	18	ZL-NM
N212	一般采集		5070250.96	565904.0112	0	0	0	0	0	0	0	0	0	45	17	ZL-NM
N213	一般采集		5070298.572	565935.3534	0	0	0	0	0	0	0	0	0	35	14	ZL-NM

续表

采集区号	采集类型	系统采集圈数量	纬度	经度	新石器时代早期	新石器时代中期	新石器时代晚期	青铜时代早中期	小拉哈类型	古城文化	白金宝文化	汉书二期文化	魏晋隋唐时期	辽金时期	清末至民国时期	所属遗址编号
N214	一般采集		5070345.906	565967.1108	0	0	0	0	0	0	0	0	0	20	11	ZL-NM
N215	一般采集		5070382.992	565930.4735	0	0	0	0	0	0	0	0	0	18	8	ZL-NM
N216	一般采集		5070325.406	565899.1108	0	0	0	0	0	0	0	0	0	17	7	ZL-NM
N217	一般采集		5070281.438	565862.3378	0	0	0	0	0	0	0	0	0	16	3	ZL-NM
N218	一般采集		5070236.56	565834.0797	0	0	0	0	0	0	0	0	0	14	5	ZL-NM
N219	一般采集		5070189.906	565813.6108	0	0	0	0	0	0	0	0	0	32	3	ZL-NM
N220	一般采集		5070153.887	565789.8999	0	0	0	0	0	0	0	0	0	26	8	ZL-NM
N221	一般采集		5070106.274	565758.5577	0	0	0	0	0	0	0	0	0	25	13	ZL-NM
N222	一般采集		5070064.127	565730.8129	0	0	0	0	0	0	0	0	0	17	10	ZL-NM
N223	一般采集		5070027.521	565706.7154	0	0	0	0	0	0	0	1	0	29	6	ZL-NM
N224	一般采集		5069991.237	565672.5884	0	0	0	0	0	0	0	0	0	35	13	ZL-NM
N225	一般采集		5069943.625	565641.2461	0	0	0	0	0	0	0	0	0	41	14	ZL-NM
N226	一般采集		5069905.527	565616.167	0	0	0	0	0	0	0	0	0	32	16	ZL-NM
N227	一般采集		5069868.938	565592.081	0	0	0	0	0	0	0	0	0	35	9	ZL-NM
N228	一般采集		5069836.977	565571.0414	0	0	0	0	0	0	0	0	0	36	14	ZL-NM
N229	一般采集		5069807.789	565551.8273	0	0	0	0	0	0	0	0	0	30	16	ZL-NM
N230	一般采集		5069754.468	565528.994	0	0	0	0	0	0	0	0	0	39	11	ZL-NM
N231	一般采集		5069805.018	565493.4531	0	0	0	0	0	0	0	0	0	23	9	ZL-NM
N232	一般采集		5069844.756	565519.6115	0	0	0	0	0	0	0	0	0	20	10	ZL-NM
N233	一般采集		5069882.17	565544.241	0	0	0	0	0	0	0	0	0	16	8	ZL-NM
N234	一般采集		5069922.835	565571.0099	0	0	0	0	0	0	0	0	0	39	6	ZL-NM
N235	一般采集		5069963.84	565598.0026	0	0	0	0	0	0	0	0	0	40	7	ZL-NM
N236	一般采集		5070001.723	565622.9402	0	0	0	0	0	0	0	0	0	34	8	ZL-NM
N237	一般采集		5070035.34	565641.9495	0	0	0	0	0	0	0	0	0	42	15	ZL-NM
N238	一般采集		5070082.952	565673.2917	0	0	0	0	0	0	0	0	1	51	13	ZL-NM
N239	一般采集		5070112.949	565693.0384	0	0	0	0	0	0	0	0	0	57	13	ZL-NM
N240	一般采集		5070153.495	565719.7288	0	0	0	0	0	0	0	0	0	23	9	ZL-NM

续表

采集区号	采集类型	系统采集圈数量	纬度	经度	新石器时代早期	新石器时代中期	新石器时代晚期	青铜时代早中期	小拉哈类型	古城文化	白金宝文化	汉书二期文化	魏晋隋唐时期	辽金时期	清末至民国时期	所属遗址编号
N241	一般采集		5070188.693	565747.2559	0	0	0	0	0	0	0	0	0	37	18	ZL-NM
N242	一般采集		5070223.892	565774.7829	0	0	0	0	0	0	0	0	0	42	20	ZL-NM
N243	一般采集		5070265.708	565802.31	0	0	0	0	0	0	0	0	0	40	13	ZL-NM
N244	一般采集		5070307.525	565829.8371	0	0	0	0	0	0	0	2	0	34	13	ZL-NM
N245	一般采集		5070359.801	565857.3641	0	0	0	0	0	0	0	2	0	31	16	ZL-NM
N246	一般采集		5070394.999	565884.8912	0	0	0	0	0	0	0	0	0	35	15	ZL-NM
N247	一般采集		5070429.518	565907.6143	0	0	0	0	0	0	0	0	0	27	7	ZL-NM
N248	一般采集		5070464.906	565868.6108	0	0	0	0	0	0	0	0	0	32	17	ZL-NM
N249	一般采集		5070427.584	565844.0425	0	0	0	0	0	0	0	2	0	33	15	ZL-NM
N250	一般采集		5070379.972	565812.7003	0	0	0	0	0	0	0	3	0	44	13	ZL-NM
N251	一般采集		5070340.956	565787.0164	0	0	0	0	0	0	0	0	0	36	18	ZL-NM
N252	一般采集		5070294.406	565767.6108	0	0	0	0	0	0	0	0	0	44	7	ZL-NM
N253	一般采集		5070246.794	565736.2686	0	0	0	0	0	0	0	0	0	46	11	ZL-NM
N254	一般采集		5070222.988	565720.5975	0	0	0	0	0	0	0	0	1	39	11	ZL-NM
N255	一般采集		5070180.444	565692.5915	0	0	0	0	0	0	0	0	0	18	20	ZL-NM
N256	一般采集		5070147.859	565659.9041	0	0	0	0	0	0	0	0	0	17	25	ZL-NM
N257	一般采集		5070100.247	565628.5619	0	0	0	0	0	0	0	0	0	28	16	ZL-NM
N258	一般采集		5070066.352	565606.2498	0	0	0	0	0	0	0	0	0	17	22	ZL-NM
N259	一般采集		5070029.975	565582.3035	0	0	0	0	0	0	0	0	0	25	25	ZL-NM
N260	一般采集		5069992.331	565557.5228	0	0	0	0	0	0	0	0	0	18	27	ZL-NM
N261	一般采集		5069944.997	565525.7654	0	0	0	0	0	0	0	0	0	17	15	ZL-NM
N262	一般采集		5069912.985	565504.6925	0	0	0	0	0	0	0	0	0	17	17	ZL-NM
N263	一般采集		5069881.704	565484.1006	0	0	0	0	0	0	0	0	0	11	8	ZL-NM
N264	一般采集		5069827.915	565461.9651	0	0	0	0	0	0	0	0	0	12	8	ZL-NM
N265	一般采集		5069848.045	565417.18	0	0	0	0	0	0	0	0	0	13	11	ZL-NM
N266	一般采集		5069888.361	565443.7192	0	0	0	0	0	0	0	0	0	9	5	ZL-NM
N267	一般采集		5069926.019	565468.509	0	0	0	0	0	0	0	0	0	12	14	ZL-NM

续表

采集区号	采集类型	系统采集圈数量	纬度	经度	新石器时代早期	新石器时代中期	新石器时代晚期	青铜时代早中期	小拉哈类型	古城文化	白金宝文化	汉书二期文化	魏晋隋唐时期	辽金时期	清末至民国时期	所属遗址编号
N268	一般采集		5069959.717	565495.0483	0	0	0	0	0	0	0	0	0	14	13	ZL-NM
N269	一般采集		5070010.985	565521.3997	0	0	0	0	0	0	0	0	0	26	11	ZL-NM
N270	一般采集		5070046.018	565535.4531	0	0	0	0	0	0	0	0	0	31	22	ZL-NM
N271	一般采集		5070078.841	565557.7095	0	0	0	0	0	0	0	0	0	56	20	ZL-NM
N272	一般采集		5070119.406	565584.554	0	0	0	0	0	0	0	0	0	59	22	ZL-NM
N273	一般采集		5070152.841	565616.7095	0	0	0	0	0	0	0	1	1	83	23	ZL-NM
N274	一般采集		5070193.772	565643.7952	0	0	0	0	0	0	0	0	1	62	30	ZL-NM
N275	一般采集		5070238.841	565671.7095	0	0	0	0	0	0	0	0	0	19	9	ZL-NM
N276	一般采集		5070279.339	565698.5102	0	0	0	0	0	0	0	0	0	25	8	ZL-NM
N277	一般采集		5070321.341	565720.2095	0	0	0	0	0	0	0	0	0	25	5	ZL-NM
N278	一般采集		5070362.341	565744.7095	0	0	0	0	0	0	0	0	0	23	11	ZL-NM
N279	一般采集		5070406.841	565774.2095	0	0	0	0	0	0	0	0	0	35	10	ZL-NM
N280	一般采集		5070438.841	565796.7095	0	0	0	0	0	0	0	0	0	68	2	ZL-NM
N281	一般采集		5070470.202	565818.9138	0	0	0	0	0	0	0	1	0	54	16	ZL-NM
N282	一般采集		5070506.702	565847.4138	0	0	0	0	0	0	0	0	0	32	6	ZL-NM
N283	一般采集		5070557.906	565822.6108	0	0	0	0	0	0	0	0	0	68	10	ZL-NM
N284	一般采集		5070517.921	565796.2897	0	0	0	0	0	0	0	0	0	45	11	ZL-NM
N285	一般采集		5070477.265	565769.5266	0	0	0	0	0	0	0	0	0	54	13	ZL-NM
N286	一般采集		5070429.653	565738.1843	0	0	0	0	0	0	0	0	0	28	9	ZL-NM
N287	一般采集		5070389.608	565711.8232	0	0	0	0	0	0	0	0	0	25	9	ZL-NM
N288	一般采集		5070350.1	565685.8159	0	0	0	0	0	0	0	0	0	25	11	ZL-NM
N289	一般采集		5070307.462	565657.7477	0	0	0	0	0	0	0	0	0	35	7	ZL-NM
N290	一般采集		5070271.067	565633.7898	0	0	0	0	0	0	0	0	0	36	15	ZL-NM
N291	一般采集		5070223.455	565602.4475	0	0	0	0	0	0	0	0	0	50	15	ZL-NM
N292	一般采集		5070194.188	565583.1819	0	0	0	0	0	0	0	0	0	39	11	ZL-NM
N293	一般采集		5070152.477	565555.7241	0	0	0	0	0	0	0	0	0	37	9	ZL-NM
N294	一般采集		5070104.865	565524.3819	0	1	1	0	0	0	0	0	0	28	16	ZL-NM

续表

采集区号	采集类型	系统采集圈数量	纬度	经度	新石器时代早期	新石器时代中期	新石器时代晚期	青铜时代早中期	小拉哈类型	古城文化	白金宝文化	汉书二期文化	魏晋隋唐时期	辽金时期	清末至民国时期	所属遗址编号
N295	一般采集		5070066.436	565499.0846	0	0	0	0	0	0	0	0	0	27	7	ZL-NM
N296	一般采集		5070028.406	565482.1108	0	0	0	0	0	0	0	0	0	14	6	ZL-NM
N297	一般采集		5069988.814	565456.0482	0	0	0	0	0	0	0	0	0	26	12	ZL-NM
N298	一般采集		5069954.844	565433.6862	0	0	0	0	0	0	0	0	0	27	16	ZL-NM
N299	一般采集		5069917.208	565408.9113	0	0	0	0	0	0	0	0	0	37	11	ZL-NM
N300	一般采集		5069869.596	565377.5691	0	0	0	0	0	0	0	0	0	27	5	ZL-NM
N301	一般采集		5069906.61	565233.0847	0	0	0	0	0	0	0	0	0	40	23	ZL-NM
N302	一般采集		5069943.018	565362.9531	0	0	0	0	0	0	0	0	0	47	13	ZL-NM
N303	一般采集		5069990.623	565394.306	0	0	0	0	0	0	0	0	0	31	10	ZL-NM
N304	一般采集		5070030.939	565420.8453	0	0	0	0	0	0	0	0	0	34	6	ZL-NM
N305	一般采集		5070071.255	565447.3845	0	0	0	0	0	0	0	0	0	31	11	ZL-NM
N306	一般采集		5070111.571	565473.9237	0	0	0	0	0	0	0	0	0	23	8	ZL-NM
N307	一般采集		5070144.589	565495.659	0	0	0	0	0	0	0	0	0	24	11	ZL-NM
N308	一般采集		5070184.905	565522.1982	0	0	0	0	0	0	0	0	0	27	11	ZL-NM
N309	一般采集		5070225.221	565548.7375	0	3	0	0	0	0	0	1	0	29	14	ZL-NM
N310	一般采集		5070272.833	565580.0797	0	0	0	0	0	0	0	0	0	33	11	ZL-NM
N311	一般采集		5070306.531	565606.6189	0	0	0	0	0	0	0	0	0	17	11	ZL-NM
N312	一般采集		5070356.09	565635.0044	0	0	0	0	0	0	0	0	0	21	7	ZL-NM
N313	一般采集		5070396.406	565661.5436	0	0	0	0	0	0	0	0	0	18	5	ZL-NM
N314	一般采集		5070432.837	565685.5256	0	0	0	0	0	0	0	0	0	24	8	ZL-NM
N315	一般采集		5070484.105	565711.3173	0	0	0	0	0	0	0	1	0	33	9	ZL-NM
N316	一般采集		5070517.803	565737.8565	0	0	0	0	0	0	0	2	0	38	9	ZL-NM
N317	一般采集		5070551.501	565764.3958	0	0	0	0	0	0	0	2	1	61	10	ZL-NM
N318	一般采集		5070591.817	565790.935	0	0	0	0	0	0	0	2	0	41	15	ZL-NM
N319	一般采集		5070624.178	565751.5666	0	0	0	0	0	0	0	0	0	49	20	ZL-NM
N320	一般采集		5070576.844	565719.8091	0	0	0	0	0	0	0	0	0	30	14	ZL-NM
N321	一般采集		5070542.274	565697.0521	0	0	0	0	0	0	0	0	0	20	10	ZL-NM

续表

采集区号	采集类型	系统采集圈数量	纬度	经度	新石器时代早期	新石器时代中期	新石器时代晚期	青铜时代早中期	小拉哈类型	古城文化	白金宝文化	汉书二期文化	魏晋隋唐时期	辽金时期	清末至民国时期	所属遗址编号
N322	一般采集		5070504.417	565672.1318	0	0	0	0	0	0	0	0	0	14	3	ZL-NM
N323	一般采集		5070456.805	565640.7896	0	1	0	0	0	0	0	0	0	23	4	ZL-NM
N324	一般采集		5070422.594	565618.2686	0	1	0	0	0	0	0	0	0	23	11	ZL-NM
N325	一般采集		5070369.406	565591.1108	0	0	0	0	0	0	0	0	0	23	12	ZL-NM
N326	一般采集		5070329.66	565564.9466	0	0	0	0	0	0	0	0	0	25	15	ZL-NM
N327	一般采集		5070290.068	565538.884	0	0	0	0	0	0	0	0	0	46	14	ZL-NM
N328	一般采集		5070250.008	565512.5132	0	0	0	0	0	0	0	1	0	38	10	ZL-NM
N329	一般采集		5070216.906	565481.1108	0	0	0	0	0	0	0	0	0	51	20	ZL-NM
N330	一般采集		5070169.294	565449.7686	0	0	0	0	0	0	0	0	0	19	9	ZL-NM
N331	一般采集		5070135.245	565427.355	0	0	0	0	0	0	0	0	0	17	10	ZL-NM
N332	一般采集		5070099.897	565404.086	0	0	0	0	0	0	0	0	0	31	5	ZL-NM
N333	一般采集		5070059.406	565384.9223	0	0	0	0	0	0	0	0	0	42	9	ZL-NM
N334	一般采集		5070025.5	565317.1878	0	0	0	0	0	0	0	0	0	44	10	ZL-NM
N335	一般采集		5069984.728	565214.4686	0	0	0	0	0	0	0	0	0	40	9	ZL-NM
N336	一般采集		5069940.628	565189.8666	0	0	0	0	0	0	0	0	0	15	25	ZL-NM
N337	一般采集		5069981.882	565127.2288	0	0	0	0	0	0	0	1	0	11	29	ZL-NM
N338	一般采集		5070028.518	565164.9531	0	0	0	0	0	0	0	0	0	23	24	ZL-NM
N339	一般采集		5070052.759	565242.8991	0	0	0	0	0	0	0	0	0	56	37	ZL-NM
N340	一般采集		5070104.018	565268.4138	0	0	0	0	0	0	0	0	0	37	35	ZL-NM
N341	一般采集		5070086.448	565332.1878	0	0	0	0	0	0	0	0	0	32	27	ZL-NM
N342	一般采集		5070163.236	565384.1471	0	0	0	0	0	0	0	0	0	22	14	ZL-NM
N343	一般采集		5070200.906	565410.1108	0	0	0	0	0	0	0	0	0	21	35	ZL-NM
N344	一般采集		5070238.406	565441.1108	0	0	0	0	0	0	0	0	0	22	30	ZL-NM
N345	一般采集		5070279.993	565468.4867	0	0	0	0	0	0	0	0	0	30	18	ZL-NM
N346	一般采集		5070313.7	565495.8627	0	0	0	0	0	0	0	0	0	41	19	ZL-NM
N347	一般采集		5070355.287	565523.2386	0	0	0	0	0	0	0	0	0	35	13	ZL-NM
N348	一般采集		5070398.62	565546.5769	0	0	0	0	0	0	0	0	0	23	10	ZL-NM

续表

采集区号	采集类型	系统采集圈数量	纬度	经度	新石器时代早期	新石器时代中期	新石器时代晚期	青铜时代早中期	小拉哈类型	古城文化	白金宝文化	汉书二期文化	魏晋隋唐时期	辽金时期	清末至民国时期	所属遗址编号
N349	一般采集		5070438.936	565573.1162	0	0	0	0	0	0	0	0	0	23	17	ZL-NM
N350	一般采集		5070479.252	565599.6554	0	0	0	0	0	0	0	0	0	19	17	ZL-NM
N351	一般采集		5070530.027	565626.1947	0	0	0	0	0	0	0	0	0	12	8	ZL-NM
N352	一般采集		5070563.725	565652.7339	0	0	0	0	0	0	0	0	0	16	12	ZL-NM
N353	一般采集		5070604.041	565679.2732	0	0	0	0	0	0	0	0	0	14	10	ZL-NM
N354	一般采集		5070651.653	565710.6154	0	0	0	0	0	0	0	0	0	14	14	ZL-NM
N355	一般采集		5069244.367	565463.1756	0	0	0	0	0	0	0	0	0	16	15	ZL-NM
N356	一般采集		5069201.706	565462.3418	0	0	0	0	0	0	0	0	0	32	14	ZL-NM
N357	一般采集		5069158.304	565462.0388	0	0	0	0	0	0	0	0	0	21	14	ZL-NM
N358	一般采集		5069114.555	565467.5643	0	0	0	0	0	0	0	0	0	10	7	ZL-NM
N359	一般采集		5069068.532	565474.6638	0	0	0	0	0	0	0	0	0	6	8	ZL-NM
N360	一般采集		5069031.43	565475.6878	0	0	0	0	0	0	0	0	0	14	11	ZL-NM
N361	一般采集		5068985.908	565466.2873	0	0	0	0	0	0	0	0	0	15	13	ZL-NM
N362	一般采集		5068942.018	565455.3425	0	0	0	0	0	0	0	0	0	18	31	ZL-NM
N363	一般采集		5068864.183	565432.0405	0	0	0	0	0	0	0	0	0	9	22	ZL-NM
N364	一般采集		5068809.948	565419.0198	0	0	0	0	0	0	0	0	0	21	20	ZL-NM
N365	一般采集		5068756.683	565407.5405	0	0	0	0	0	0	0	0	0	17	25	ZL-NM
N366	一般采集		5068702.203	565394.4608	0	0	0	0	0	0	0	0	0	17	18	ZL-NM
N367	一般采集		5068656.683	565384.0405	0	0	0	0	0	0	0	0	0	21	22	ZL-NM
N368	一般采集		5068616.007	565374.275	0	0	0	0	0	0	0	0	0	15	17	ZL-NM
N369	一般采集		5068571.411	565357.1884	0	7	0	0	0	0	0	0	0	35	15	ZL-NM
N370	一般采集		5068564.16	565289.6091	0	0	0	0	0	0	0	0	0	26	19	ZL-NM
N371	一般采集		5068605.919	565306.3044	0	0	0	0	0	0	0	0	0	21	18	ZL-NM
N372	一般采集		5068654.829	565322.8118	0	0	0	0	0	0	0	0	0	22	14	ZL-NM
N373	一般采集		5068700.847	565336.1978	0	0	0	0	0	0	0	0	0	8	8	ZL-NM
N374	一般采集		5068749.757	565352.7053	0	0	0	0	0	0	0	0	0	10	7	ZL-NM
N375	一般采集		5068805.593	565366.5977	0	0	0	0	0	0	0	0	0	21	10	ZL-NM

续表

采集区号	采集类型	系统采集圈数量	纬度	经度	新石器时代早期	新石器时代中期	新石器时代晚期	青铜时代早中期	小拉哈类型	古城文化	白金宝文化	汉书二期文化	魏晋隋唐时期	辽金时期	清末至民国时期	所属遗址编号
N376	一般采集		5068847.352	565383.293	0	0	0	0	0	0	0	0	0	23	14	ZL-NM
N377	一般采集		5068907.241	565384.2455	0	0	0	0	0	0	0	0	0	13	10	ZL-NM
N378	一般采集		5068962.062	565397.9166	0	0	0	0	0	0	0	0	0	18	11	ZL-NM
N379	一般采集		5069001.152	565408.1012	0	0	0	0	0	0	0	0	0	11	15	ZL-NM
N380	一般采集		5069044.714	565425.3647	0	0	0	0	0	0	0	0	0	11	7	ZL-NM
N381	一般采集		5069086.152	565433.1012	0	0	0	0	0	0	0	0	0	11	6	ZL-NM
N382	一般采集		5069238.5	565433	0	0	0	0	0	0	0	0	0	23	12	ZL-NM
N383	一般采集		5069252.152	565375.6012	0	0	0	0	0	0	0	0	0	9	17	ZL-NM
N384	一般采集		5069210.848	565365.7772	0	0	0	0	0	0	0	0	0	21	24	ZL-NM
N385	一般采集		5069189.64	565420.9404	0	0	0	0	0	0	0	0	0	8	7	ZL-NM
N386	一般采集		5069155.279	565353.0744	0	0	0	0	0	0	0	0	0	9	10	ZL-NM
N387	一般采集		5069115.152	565405.6544	0	0	0	0	0	0	0	0	0	16	17	ZL-NM
N388	一般采集		5069104.24	565341.1012	0	0	0	0	0	0	0	0	0	10	14	ZL-NM
N389	一般采集		5069051.725	565386.9789	0	0	0	0	0	0	0	0	0	22	11	ZL-NM
N390	一般采集		5069057.152	565322.335	0	0	0	0	0	0	0	0	0	14	8	ZL-NM
N391	一般采集		5068998.796	565381.6012	0	0	0	0	0	0	0	0	0	25	19	ZL-NM
N392	一般采集		5069014.326	565301.1739	0	0	0	0	0	0	0	0	0	20	7	ZL-NM
N393	一般采集		5068949.895	565360.812	0	0	0	0	0	0	0	0	0	19	20	ZL-NM
N394	一般采集		5068963.515	565285.5031	0	0	0	0	0	0	0	0	0	15	6	ZL-NM
N395	一般采集		5068894.678	565340.072	0	0	0	0	0	0	0	0	0	25	7	ZL-NM
N396	一般采集		5068912.28	565270.0628	0	0	0	0	0	0	0	0	0	13	5	ZL-NM
N397	一般采集		5068833.16	565326.4573	0	0	0	0	0	0	0	0	0	14	8	ZL-NM
N398	一般采集		5068827.997	565253.6091	0	0	0	0	0	0	0	0	0	12	10	ZL-NM
N399	一般采集		5068782.778	565310.5987	0	0	0	0	0	0	0	0	0	14	15	ZL-NM
N400	一般采集		5068769.928	565243.1987	0	0	0	0	0	0	0	0	0	9	4	ZL-NM
N401	一般采集		5068736.66	565297.5432	0	0	0	0	0	0	0	0	0	14	2	ZL-NM
N402	一般采集			565226.1091	0	0	0	0	0	0	0	0	0	15	5	ZL-NM

续表

采集区号	采集类型	系统采集圈数量	纬度	经度	新石器时代早期	新石器时代中期	新石器时代晚期	青铜时代早中期	小拉哈类型	古城文化	白金宝文化	汉书二期文化	魏晋隋唐时期	辽金时期	清末至民国时期	所属遗址编号
N403	一般采集		5068714.493	565282.8144	0	0	0	0	0	0	0	0	0	8	7	ZL-NM
N404	一般采集		5068688.035	565206.6687	0	0	0	0	0	0	0	0	0	11	3	ZL-NM
N405	一般采集		5068665.583	565266.307	0	0	0	0	0	0	0	0	0	14	2	ZL-NM
N406	一般采集		5068640.66	565195.1091	0	0	0	0	0	0	0	0	0	13	8	ZL-NM
N407	一般采集		5068623.825	565249.6117	0	0	0	0	0	0	0	0	0	23	10	ZL-NM
N408	一般采集		5068592.466	565175.841	0	0	0	0	0	0	0	0	0	12	0	ZL-NM
N409	一般采集		5068570.896	565228.4506	0	1	0	0	0	0	0	0	0	18	4	ZL-NM
N410	一般采集		5068770.886	565481.2261	0	0	0	0	0	0	0	0	0	9	6	ZL-NM
N411	一般采集		5068758.352	565538.8795	0	0	0	0	0	0	0	0	0	20	9	ZL-NM
N412	一般采集		5068707.932	565526.4769	0	0	0	0	0	0	0	0	0	15	10	ZL-NM
N413	一般采集		5068720.466	565468.8235	0	0	0	0	0	0	0	0	0	10	7	ZL-NM
N414	一般采集		5068653.932	565512.4769	0	0	0	0	0	0	0	0	0	14	11	ZL-NM
N415	一般采集		5068666.466	565454.8235	0	0	0	0	0	0	0	0	0	6	4	ZL-NM
N416	一般采集		5068609.432	565499.4769	0	0	0	0	0	0	0	0	0	18	11	ZL-NM
N417	一般采集		5068625.432	565445.4769	0	0	0	0	0	0	0	0	0	3	3	ZL-NM
N418	一般采集		5068560.41	565487.0865	0	0	0	0	0	0	0	0	0	5	9	ZL-NM
N419	一般采集		5068576.349	565433.3643	0	0	0	0	0	0	0	0	0	1	1	ZL-NM
N420	一般采集		5068518.08	565444.5333	0	0	0	0	0	0	0	0	0	6	11	ZL-NM
N421	一般采集		5068540.327	565406.8357	0	2	0	0	0	0	0	0	0	2	2	ZL-NM
N422	一般采集		5068511.398	565358.2014	0	27	0	0	0	0	0	0	0	3	0	ZL-NM
O001	一般采集		5069163.515	560776.2626	0	0	0	0	0	0	0	0	0	7	0	ZL-SJZ
O002	一般采集		5068889.32	561173.9138	0	22	0	0	0	0	0	0	0	14	9	ZL-SJZ
O003	一般采集		5068875.992	561224.7747	0	2	0	0	0	0	0	0	0	15	3	ZL-SJZ
O004	一般采集		5068850.541	561269.8257	0	6	0	0	0	0	0	0	0	17	9	ZL-SJZ
O005	一般采集		5068825.992	561323.2747	0	3	0	0	0	0	0	0	0	34	15	ZL-SJZ
O006	一般采集		5068827.038	561196.5652	0	0	0	0	0	0	0	0	0	45	20	ZL-SJZ
O007	一般采集		5068797.965	561247.9025	0	0	0	0	0	0	0	0	0	14	9	ZL-SJZ

续表

采集区号	采集类型	系统采集图数量	纬度	经度	新石器时代早期	新石器时代中期	新石器时代晚期	青铜时代早中期	小拉哈类型	古城文化	白金宝文化	汉书二期文化	魏晋隋唐时期	辽金时期	清末至民国时期	所属遗址编号
O0008	一般采集		5068771.979	561303.8438	0	0	0	0	0	0	0	0	0	16	2	ZL-SJZ
O0009	一般采集		5068742.972	561355.2181	0	0	0	0	0	0	0	0	0	11	6	ZL-SJZ
O0010	一般采集		5068823.546	561662.1024	0	0	0	0	0	0	0	0	0	20	2	ZL-SJZ
O0011	一般采集		5068875.627	561663.1236	0	0	0	0	0	0	0	0	0	15	8	ZL-SJZ
O0012	一般采集		5068874.046	561722.1024	0	0	0	0	0	0	0	0	0	5	6	ZL-SJZ
O0013	一般采集		5068929.546	561782.6024	0	0	0	0	0	0	0	0	0	13	4	ZL-SJZ
O0014	一般采集		5068930.046	561722.6024	0	0	0	0	0	0	0	0	0	10	3	ZL-SJZ
O0015	一般采集		5068932.466	561666.0198	0	0	0	0	0	0	0	0	0	31	5	ZL-SJZ
O0016	一般采集		5068934.046	561607.1024	0	0	0	0	0	0	0	0	0	14	7	ZL-SJZ
O0017	一般采集		5070018.967	560004.4285	0	0	0	0	0	0	0	0	0	6	1	ZL-XEL-1
O0018	一般采集		5070235.923	560567.0997	0	0	0	0	0	0	0	0	0	6	3	ZL-XEL-1
O0019	一般采集		5070254.257	560621.073	0	0	0	0	0	0	0	0	0	3	7	ZL-XEL-1
O0020	一般采集		5070361.989	560708.7077	0	0	0	0	0	0	0	0	0	6	3	ZL-XEL-1
O0021	一般采集		5070410.282	560719.9468	0	0	0	0	0	0	0	0	0	28	7	ZL-XEL-1
O0022	一般采集		5070456.854	560730.7853	0	0	0	0	0	0	0	0	0	19	10	ZL-XEL-1
O0023	一般采集		5070501.86	560741.2593	0	0	0	0	0	0	0	0	0	11	11	ZL-XEL-1
O0024	一般采集		5070555.151	560753.6612	0	0	0	0	0	0	0	0	0	22	6	ZL-XEL-1
O0026	一般采集		5070589.096	560815.615	0	0	0	0	0	0	0	0	0	16	8	ZL-XEL-1
O0027	一般采集		5070539.442	560799.1284	0	0	0	0	0	0	0	0	0	11	8	ZL-XEL-1
O0028	一般采集		5070492.096	560787.115	0	0	0	0	0	0	0	0	0	14	2	ZL-XEL-1
O0029	一般采集		5070439.908	560784.9591	0	0	0	0	0	0	0	0	0	18	7	ZL-XEL-1
O0030	一般采集		5070477.632	560836.7417	0	0	0	0	0	0	0	0	0	23	5	ZL-XEL-1
O0031	一般采集		5070531.632	560839.7417	0	0	0	0	0	0	0	0	0	10	6	ZL-XEL-1
O0032	一般采集		5070579.899	560855.1354	0	0	0	0	0	0	0	0	0	17	6	ZL-XEL-1
O0033	一般采集		5070570.565	560896.9002	0	0	0	0	0	0	0	0	0	20	4	ZL-XEL-1
O0034	一般采集		5070513.1	560883.5268	0	0	0	0	0	0	0	0	0	27	6	ZL-XEL-1
O0035	一般采集		5070506.973	560935.7763	0	0	0	0	0	0	0	0	0	19	8	ZL-XEL-1

续表

采集区号	采集类型	系统采集圈数量	纬度	经度	新石器时代早期	新石器时代中期	新石器时代晚期	青铜时代早中期	小拉哈类型	古城文化	白金宝文化	汉书二期文化	魏晋隋唐时期	辽金时期	清末至民国时期	所属遗址编号
O036	一般采集		5070559.161	560947.9218	0	0	0	0	0	0	0	0	0	22	6	ZL-XEL-1
O037	一般采集		5071014.642	560927.5365	0	0	0	0	0	0	0	0	0	6	2	ZL-XEL-1
O038	一般采集		5071064.68	560922.7363	0	0	0	0	0	0	0	0	0	56	13	ZL-XEL-1
O039	一般采集		5071100.126	560963.4855	0	0	0	0	0	0	0	0	0	28	15	ZL-XEL-1
O040	一般采集		5071129.005	560999.2251	0	0	0	0	0	0	0	0	0	20	7	ZL-XEL-1
O041	一般采集		5071157.081	561043.3758	0	0	0	0	0	0	0	0	0	48	23	ZL-XEL-1
O042	一般采集		5071120.391	561072.5073	0	0	0	0	0	0	0	0	0	17	11	ZL-XEL-1
O043	一般采集		5071089.917	561034.1267	0	0	0	0	0	0	0	0	0	17	9	ZL-XEL-1
O044	一般采集		5071055.142	560998.5365	0	0	0	0	0	0	0	0	0	33	10	ZL-XEL-1
O045	一般采集		5071008.642	560999.0365	0	0	0	0	0	0	0	0	0	21	7	ZL-XEL-1
O046	一般采集		5070977.075	560959.2802	0	0	0	0	0	0	0	0	0	20	12	ZL-XEL-1
O047	一般采集		5070947.758	560922.3563	0	0	0	0	0	0	0	0	0	17	15	ZL-XEL-1
O048	一般采集		5070911.07	560876.1501	0	0	0	0	0	0	0	0	0	15	12	ZL-XEL-1
O049	系统采集	2	5070866.822	560911.2832	0	0	0	0	0	0	0	0	0	4500	375	**ZL-XEL-1**
O050	一般采集		5070900.455	560953.6428	0	0	0	0	0	0	0	0	0	23	7	ZL-XEL-1
O051	一般采集		5070940.357	560997.2508	0	0	0	0	0	0	0	0	0	45	8	ZL-XEL-1
O052	一般采集		5070969.517	561033.976	0	0	0	0	0	0	0	0	0	28	6	ZL-XEL-1
O053	一般采集		5071004.526	561070.3048	0	0	0	0	0	0	0	0	0	19	14	ZL-XEL-1
O054	一般采集		5071050.467	561069.9411	0	0	0	0	0	0	0	0	0	22	11	ZL-XEL-1
O055	系统采集	3	5071077.142	561103.5365	0	0	0	0	0	0	0	0	0	2915	666	**ZL-XEL-1**
O056	一般采集		5071114.969	561139.7764	0	0	0	0	0	0	0	0	0	50	7	ZL-XEL-1
O057	一般采集		5071146.142	561179.0365	0	0	0	0	0	0	0	0	0	14	2	ZL-XEL-1
O058	一般采集		5071136.902	561250.4984	0	0	0	0	0	0	0	0	0	20	8	ZL-XEL-1
O059	一般采集		5071105.201	561200.333	0	0	0	0	0	0	0	0	0	29	11	ZL-XEL-1
O060	一般采集		5071071.777	561158.2376	0	0	0	0	0	0	0	0	0	46	9	ZL-XEL-1
O061	一般采集		5071035.508	561170.7401	0	0	0	0	0	0	0	0	0	40	6	ZL-XEL-1
O062	一般采集		5071000.142	561137.5365	0	0	0	0	0	0	0	0	0	22	15	ZL-XEL-1

续表

采集区号	采集类型	系统采集圈数量	纬度	经度	新石器时代早期	新石器时代中期	新石器时代晚期	青铜时代早中期	小拉哈类型	古城文化	白金宝文化	汉书二期文化	魏晋隋唐时期	辽金时期	清末至民国时期	所属遗址编号
O063	一般采集		5070965.642	561103.0365	0	0	0	0	0	0	0	0	0	35	3	ZL-XEL-1
O064	一般采集		5070936.081	561065.8059	0	0	0	0	0	0	0	0	0	13	4	ZL-XEL-1
O065	一般采集		5070898.642	561031.5365	0	0	0	0	0	0	0	0	0	14	7	ZL-XEL-1
O066	一般采集		5070861.954	560985.3303	0	0	0	0	0	0	0	0	0	18	2	ZL-XEL-1
O067	一般采集		5070346.819	561650.7618	0	0	0	0	0	0	0	0	0	7	5	ZL-XEL-1
O068	一般采集		5070383.507	561696.968	0	0	0	0	0	0	0	0	0	17	3	ZL-XEL-1
O069	一般采集		5070424.156	561664.1075	0	0	0	0	0	0	0	0	0	10	4	ZL-XEL-1
O070	一般采集		5070387.065	561618.2266	0	0	0	0	0	0	0	0	0	16	2	ZL-XEL-1
O071	一般采集		5070427.24	561586.3284	0	0	0	0	0	0	0	0	0	16	0	ZL-XEL-1
O072	一般采集		5070463.927	561632.5346	0	0	0	0	0	0	0	0	0	17	1	ZL-XEL-1
O073	一般采集		5070507.201	561602.3672	0	0	0	0	0	0	0	0	0	24	0	ZL-XEL-1
O074	一般采集		5070470.513	561556.161	0	0	0	0	0	0	0	0	0	28	0	ZL-XEL-1
O075	一般采集		5070507.454	561526.8303	0	0	0	0	0	0	0	0	0	40	0	ZL-XEL-1
O076	一般采集		5070544.142	561573.0365	0	0	0	0	0	0	0	0	0	19	0	ZL-XEL-1
O077	一般采集		5070569.079	561614.2968	0	0	0	0	0	0	0	0	0	24	3	ZL-XEL-1
O078	一般采集		5070617.042	561585.1161	0	0	0	0	0	0	0	0	0	46	7	ZL-XEL-1
O079	一般采集		5070580.825	561540.2947	0	0	0	0	0	0	0	0	0	43	4	ZL-XEL-1
O080	一般采集		5070550.099	561502.2689	0	0	0	0	0	0	0	0	0	38	0	ZL-XEL-1
O081	一般采集		5070590.273	561470.3705	0	0	0	0	0	0	0	0	0	59	5	ZL-XEL-1
O082	**系统采集**	**2**	**5070626.961**	**561516.5767**	**0**	**0**	**0**	**0**	**0**	**0**	**0**	**0**	**0**	**3875**	**0**	**ZL-XEL-1**
O083	一般采集		5070657.461	561554.9891	0	0	0	0	0	0	0	0	0	41	3	ZL-XEL-1
O084	一般采集		5070690.362	561596.4272	0	0	0	0	0	0	0	0	0	17	4	ZL-XEL-1
O085	一般采集		5070734.611	561561.2941	0	0	0	0	0	0	0	0	0	22	5	ZL-XEL-1
O086	一般采集		5070704.273	561523.0853	0	0	0	0	0	0	0	0	0	33	7	ZL-XEL-1
O087	**系统采集**	**3**	**5070671.647**	**561482.7079**	**0**	**0**	**0**	**0**	**0**	**0**	**0**	**0**	**0**	**250**	**250**	**ZL-XEL-1**
O088	**系统采集**	**1**	**5070639.692**	**561443.1608**	**0**	**0**	**0**	**0**	**0**	**0**	**0**	**0**	**0**	**6750**	**750**	**ZL-XEL-1**
O089	**系统采集**	**2**	**5070681.566**	**561413.6264**	**0**	**0**	**0**	**0**	**0**	**0**	**0**	**0**	**0**	**4125**	**0**	**ZL-XEL-1**

续表

采集区号	采集类型	系统采集圈数量	纬度	经度	新石器时代早期	新石器时代中期	新石器时代晚期	青铜时代早中期	小拉哈类型	古城文化	白金宝文化	汉书二期文化	魏晋隋唐时期	辽金时期	清末至民国时期	所属遗址编号
O090	**系统采集**	**3**	**5070714.192**	**561454.7173**	**0**	**0**	**0**	**0**	**0**	**0**	**0**	**0**	**0**	**2082**	**500**	**ZL-XEL-1**
O091	一般采集		5070745.264	561493.851	0	0	0	0	0	0	0	0	0	25	5	ZL-XEL-1
O092	一般采集		5070777.406	561534.3313	0	0	0	0	0	0	0	0	0	27	4	ZL-XEL-1
O093	一般采集		5070823.404	561507.5364	0	0	0	0	0	0	0	0	0	33	7	ZL-XEL-1
O094	一般采集		5070786.636	561462.0326	0	0	0	0	0	0	0	0	0	56	4	ZL-XEL-1
O095	一般采集		5070751.146	561418.1104	0	0	0	0	0	0	0	0	0	39	5	ZL-XEL-1
O096	一般采集		5068984.546	561723.1024	0	0	0	0	0	0	0	0	0	22	7	ZL-SJZ
O097	一般采集		5069035.476	561725.4426	0	0	0	0	0	0	0	0	0	13	7	ZL-SJZ
O098	一般采集		5069089.32	561726.4138	0	0	0	0	0	0	0	0	0	7	4	ZL-SJZ
O099	一般采集		5069218.5	561559	0	0	0	0	0	0	0	0	0	19	14	ZL-SJZ
O100	一般采集		5069266.3	561587.3289	0	0	0	0	0	0	0	0	0	25	12	ZL-SJZ
O101	一般采集		5069300.664	561601.4986	0	0	0	0	0	0	0	0	0	14	7	ZL-SJZ
O102	一般采集		5069351.48	561631.5112	0	0	0	0	0	0	0	0	0	31	14	ZL-SJZ
O103	一般采集		5069378.827	561581.4973	0	0	0	0	0	0	0	0	0	15	5	ZL-SJZ
O104	一般采集		5069333.614	561556.7619	0	0	0	0	0	0	0	0	0	21	3	ZL-SJZ
O105	一般采集		5069295.747	561540.6753	0	0	0	0	0	0	0	0	0	23	9	ZL-SJZ
O106	一般采集		5069245.34	561510.9205	0	0	0	0	0	0	0	0	0	17	4	ZL-SJZ
O107	一般采集		5069266.566	561472.8978	0	0	0	0	0	0	0	0	0	26	6	ZL-SJZ
O108	一般采集		5069303.455	561495.136	0	0	0	0	0	0	0	0	0	15	15	ZL-SJZ
O109	一般采集		5069353.333	561517.1863	0	0	0	0	0	0	0	0	0	19	3	ZL-SJZ
O110	一般采集		5069402.314	561539.4245	0	0	0	0	0	0	0	0	0	10	3	ZL-SJZ
O111	一般采集		5069377.933	561473.1183	0	0	0	0	0	0	0	0	0	14	8	ZL-SJZ
O112	一般采集		5069340.105	561452.4231	0	0	0	0	0	0	0	0	0	17	8	ZL-SJZ
O113	一般采集		5069293.405	561424.8183	0	0	0	0	0	0	0	0	0	35	12	ZL-SJZ
O114	一般采集		5069308.664	561372.9986	0	0	0	0	0	0	0	0	0	24	4	ZL-SJZ
O115	一般采集		5069354.058	561395.2368	0	0	0	0	0	0	0	0	0	30	8	ZL-SJZ
O116	一般采集		5069404.707	561425.1564	0	0	0	0	0	0	0	0	0	12	5	ZL-SJZ

续表

采集区号	采集类型	系统采集圈数量	纬度	经度	新石器时代早期	新石器时代中期	新石器时代晚期	青铜时代早中期	小扎拉哈类型	古城文化	白金宝文化	汉书二期文化	魏晋隋唐时期	辽金时期	清末至民国时期	所属遗址编号
O117	一般采集		5069427.941	561383.0639	0	0	0	0	0	0	0	0	0	21	6	ZL-SJZ
O118	系统采集	2	5069385.721	561357.2355	0	0	0	0	0	0	0	0	0	2000	1875	ZL-SJZ
O119	系统采集	2	5069335.503	561324.9191	0	0	0	0	0	0	0	0	0	3125	750	ZL-SJZ
O120	一般采集		5069362.343	561276.8396	0	0	0	0	0	0	0	0	0	20	6	ZL-SJZ
O121	一般采集		5069412.561	561309.1559	0	0	0	0	0	0	0	0	0	36	9	ZL-SJZ
O122	一般采集		5069462.735	561339.3362	0	0	0	0	0	0	0	0	0	28	15	ZL-SJZ
O123	一般采集		5069243.653	561155.0726	0	0	0	0	0	0	0	0	0	9	6	ZL-SJZ
O124	一般采集		5069280.687	561200.3604	0	0	0	0	0	0	0	0	0	8	9	ZL-SJZ
O125	一般采集		5069313.81	561234.8597	0	0	0	0	0	0	0	0	0	11	4	ZL-SJZ
O126	一般采集		5069351.069	561204.3771	0	0	0	0	0	0	0	0	0	18	8	ZL-SJZ
O127	一般采集		5069318.058	561155.2152	0	0	0	0	0	0	0	0	0	18	6	ZL-SJZ
O128	一般采集		5069284.467	561113.413	0	0	0	0	0	0	0	0	0	13	6	ZL-SJZ
O129	一般采集		5069328.221	561077.6167	0	0	0	0	0	0	0	0	0	37	8	ZL-SJZ
O130	一般采集		5069363.071	561120.2334	0	0	0	0	0	0	0	0	0	18	13	ZL-SJZ
O131	一般采集		5069395.188	561168.2829	0	0	0	0	0	0	0	0	0	21	3	ZL-SJZ
O132	一般采集		5069439.307	561132.1886	0	0	0	0	0	0	0	0	0	24	4	ZL-SJZ
O133	一般采集		5069399.161	561090.7072	0	0	0	0	0	0	0	0	0	22	9	ZL-SJZ
O134	一般采集		5069367.807	561051.6886	0	0	0	0	0	0	0	0	0	12	7	ZL-SJZ
O135	一般采集		5069411.925	561015.5943	0	0	0	0	0	0	0	0	0	19	10	ZL-SJZ
O136	一般采集		5069448.883	561061.5851	0	0	0	0	0	0	0	0	0	13	8	ZL-SJZ
O137	一般采集		5069526.718	560898.3941	0	0	0	0	0	0	0	0	0	17	5	ZL-SJZ
O138	一般采集		5069553.941	560950.1764	0	0	0	0	0	0	0	0	0	19	9	ZL-SJZ
O139	一般采集		5069581.164	561001.9586	0	0	0	0	0	0	0	0	0	16	8	ZL-SJZ
O140	一般采集		5069603.115	561056.5141	0	0	0	0	0	0	0	0	0	24	5	ZL-SJZ
O141	一般采集		5069631.541	561160.5731	0	0	0	0	0	0	0	0	0	24	6	ZL-SJZ
O142	一般采集		5069631.318	561218.2908	0	0	0	0	0	0	0	0	0	26	6	ZL-SJZ
O143	一般采集		5069663.799	561271.722	0	0	0	0	0	0	0	0	0	13	9	ZL-SJZ

续表

采集区号	采集类型	系统采集圈数量	纬度	经度	新石器时代早期	新石器时代中期	新石器时代晚期	青铜时代早中期	小拉哈类型	古城文化	白金宝文化	汉书二期文化	魏晋隋唐时期	辽金时期	清末至民国时期	所属遗址编号
O144	一般采集		5069636.318	561323.7908	0	0	0	0	0	0	0	0	0	19	6	ZL-SJZ
O145	一般采集		5069693.258	561321.1335	0	0	0	0	0	0	0	0	0	19	7	ZL-SJZ
O146	一般采集		5069690.739	561269.0646	0	0	0	0	0	0	0	0	0	16	2	ZL-SJZ
O147	一般采集		5069688.258	561215.6335	0	0	0	0	0	0	0	0	0	22	6	ZL-SJZ
O148	一般采集		5069686.024	561156.6757	0	0	0	0	0	0	0	0	0	22	5	ZL-SJZ
O149	一般采集		5069639.045	561382.2302	0	0	0	0	0	0	0	0	0	13	11	ZL-SJZ
O150	一般采集		5069637.229	561426.1754	0	0	0	0	0	0	0	0	0	14	9	ZL-SJZ
O151	一般采集		5069635.387	561470.7445	0	0	0	0	0	0	0	0	0	11	7	ZL-SJZ
O152	一般采集		5069632.961	561529.1971	0	0	0	0	0	0	0	0	0	13	4	ZL-SJZ
O153	一般采集		5069631.446	561565.9134	0	0	0	0	0	0	0	0	0	13	8	ZL-SJZ
O154	一般采集		5069617.196	561623.8766	0	0	0	0	0	0	0	0	0	12	8	ZL-SJZ
O155	一般采集		5069657.631	561736.2338	0	0	0	0	0	0	0	0	0	12	1	ZL-SJZ
O156	一般采集		5069660.023	561681.1876	0	0	0	0	0	0	0	0	0	21	11	ZL-SJZ
O157	一般采集		5069664.631	561634.2338	0	0	0	0	0	0	0	0	0	15	7	ZL-SJZ
O158	一般采集		5069668.631	561579.7338	0	0	0	0	0	0	0	0	0	13	9	ZL-SJZ
O159	一般采集		5069673.131	561529.2338	0	0	0	0	0	0	0	0	0	13	12	ZL-SJZ
O160	一般采集		5069676.131	561485.7338	0	0	0	0	0	0	0	0	0	13	6	ZL-SJZ
O161	一般采集		5069682.131	561434.2338	0	0	0	0	0	0	0	0	0	13	5	ZL-SJZ
O162	一般采集		5069685.507	561380.0695	0	0	0	0	0	0	0	0	0	14	6	ZL-SJZ
O163	一般采集		5069742.42	561382.4383	0	0	0	0	0	0	0	0	0	5	3	ZL-SJZ
O164	一般采集		5069735.28	561434.3686	0	0	0	0	0	0	0	0	0	7	2	ZL-SJZ
O165	一般采集		5069732.28	561477.8686	0	0	0	0	0	0	0	0	0	6	2	ZL-SJZ
O166	一般采集		5069727.78	561528.3686	0	0	0	0	0	0	0	0	0	9	4	ZL-SJZ
O167	一般采集		5069723.78	561582.8686	0	0	0	0	0	0	0	0	0	6	4	ZL-SJZ
O168	一般采集		5069721.873	561628.7051	0	0	0	0	0	0	0	0	0	5	4	ZL-SJZ
O169	一般采集		5069716.78	561684.8686	0	0	0	0	0	0	0	0	0	12	0	ZL-SJZ
O170	一般采集		5069714.348	561743.3201	0	0	0	0	0	0	0	0	0	12	2	ZL-SJZ

续表

采集区号	采集类型	系统采集陶数量	纬度	经度	新石器时代早期	新石器时代中期	新石器时代晚期	青铜时代早中期	小拉哈类型	古城文化	白金宝文化	汉书二期文化	魏晋隋唐时期	辽金时期	清末至民国时期	所属遗址编号
O171	一般采集		5070819.454	561017.8303	0	0	0	0	0	0	0	0	0	8	7	ZL-XEL-1
O172	一般采集		5070856.142	561064.0365	0	0	0	0	0	0	0	0	0	11	9	ZL-XEL-1
O173	一般采集		5070897.027	561099.8488	0	0	0	0	0	0	0	0	0	25	2	ZL-XEL-1
O174	一般采集		5070928.142	561139.0365	0	0	0	0	0	0	0	0	0	20	12	ZL-XEL-1
O175	一般采集		5070965.281	561176.6014	0	0	0	0	0	0	0	0	0	19	12	ZL-XEL-1
O176	一般采集		5071002.427	561208.1559	0	0	0	0	0	0	0	0	0	17	10	ZL-XEL-1
O177	一般采集		5071037.476	561252.2972	0	0	0	0	0	0	0	0	0	16	11	ZL-XEL-1
O178	一般采集		5071066.142	561229.5365	0	0	0	0	0	0	0	0	0	30	20	ZL-XEL-1
O179	一般采集		5071107.338	561274.3981	0	0	0	0	0	0	0	0	0	32	14	ZL-XEL-1
O180	一般采集		5071065.766	561301.8041	0	0	0	0	0	0	0	0	0	21	11	ZL-XEL-1
O181	一般采集		5070999.329	561277.2427	0	0	0	0	0	0	0	0	0	14	6	ZL-XEL-1
O182	一般采集		5070962.382	561240.0543	0	0	0	0	0	0	0	0	0	17	11	ZL-XEL-1
O183	一般采集		5070927.409	561207.0721	0	0	0	0	0	0	0	0	0	18	4	ZL-XEL-1
O184	一般采集		5070892.427	561173.2532	0	0	0	0	0	0	0	0	0	4	5	ZL-XEL-1
O185	一般采集		5070861.804	561134.6859	0	0	0	0	0	0	0	0	0	10	6	ZL-XEL-1
O186	一般采集		5070820.44	561092.2607	0	0	0	0	0	0	0	0	0	6	2	ZL-XEL-1
O187	一般采集		5070775.206	561052.9634	0	0	0	0	0	0	0	0	0	15	6	ZL-XEL-1
O188	一般采集		5070784.995	561121.271	0	0	0	0	0	0	0	0	0	11	5	ZL-XEL-1
O189	一般采集		5070820.142	561165.5365	0	0	0	0	0	0	0	0	0	8	7	ZL-XEL-1
O190	一般采集		5070856.142	561202.0365	0	0	0	0	0	0	0	0	0	22	6	ZL-XEL-1
O191	一般采集		5070893.142	561237.5365	0	0	0	0	0	0	0	0	0	9	5	ZL-XEL-1
O192	一般采集		5070928.642	561273.0365	0	0	0	0	0	0	0	0	0	11	9	ZL-XEL-1
O193	一般采集		5070966.142	561310.0365	0	0	0	0	0	0	0	0	0	11	4	ZL-XEL-1
O194	一般采集		5071003.829	561348.2427	0	0	0	0	0	0	0	0	0	8	6	ZL-XEL-1
O195	一般采集		5070966.329	561379.7427	0	0	0	0	0	0	0	0	0	13	8	ZL-XEL-1
O196	一般采集		5070928.329	561341.2427	0	0	0	0	0	0	0	0	0	8	1	ZL-XEL-1
O197	一般采集		5070891.893	561304.9952	0	0	0	0	0	0	0	0	0	5	2	ZL-XEL-1

续表

采集区号	采集类型	系统采集圈数量	纬度	经度	新石器时代早期	新石器时代中期	新石器时代晚期	青铜时代早中期	小拉哈类型	古城文化	白金宝文化	汉书二期文化	魏晋隋唐时期	辽金时期	清末至民国时期	所属遗址编号
O198	一般采集		5070856.92	561272.013	0	0	0	0	0	0	0	0	0	13	4	ZL-XEL-1
O199	一般采集		5070821.956	561239.8674	0	0	0	0	0	0	0	0	0	17	6	ZL-XEL-1
O200	一般采集		5070786.947	561203.5386	0	0	0	0	0	0	0	0	0	9	5	ZL-XEL-1
O201	一般采集		5070742.732	561163.4173	0	0	0	0	0	0	0	0	0	6	4	ZL-XEL-1
O202	一般采集		5070705.642	561117.5365	0	0	0	0	0	0	0	0	0	7	1	ZL-XEL-1
O203	一般采集		5070593.954	561082.8303	0	0	0	0	0	0	0	0	0	9	3	ZL-XEL-1
O204	一般采集		5070630.642	561129.0365	0	0	0	0	0	0	0	0	0	38	11	ZL-XEL-1
O205	一般采集		5070665.713	561164.5831	0	0	0	0	0	0	0	0	0	6	2	ZL-XEL-1
O206	一般采集		5070696.642	561203.5365	0	0	0	0	0	0	0	0	0	12	4	ZL-XEL-1
O207	一般采集		5070736.642	561236.5365	0	0	0	0	0	0	0	0	0	15	3	ZL-XEL-1
O208	一般采集		5070775.642	561276.5365	0	0	0	0	0	0	0	0	0	15	1	ZL-XEL-1
O209	一般采集		5070814.142	561315.0365	0	0	0	0	0	0	0	0	0	11	2	ZL-XEL-1
O210	一般采集		5070852.051	561345.1408	0	0	0	0	0	0	0	0	0	7	3	ZL-XEL-1
O211	一般采集		5070886.642	561384.0365	0	0	0	0	0	0	0	0	0	14	3	ZL-XEL-1
O212	一般采集		5070926.259	561420.0921	0	0	0	0	0	0	0	0	0	13	2	ZL-XEL-1
O213	一般采集		5070771.326	561352.6376	0	0	0	0	0	0	0	0	0	20	4	ZL-XEL-1
O214	一般采集		5070736.344	561318.8188	0	0	0	0	0	0	0	0	0	9	10	ZL-XEL-1
O215	一般采集		5070704.09	561278.1964	0	0	0	0	0	0	0	0	0	4	3	ZL-XEL-1
O216	一般采集		5070651.556	561246.2386	0	0	0	0	0	0	0	0	0	8	3	ZL-XEL-1
O217	一般采集		5070618.393	561204.4713	0	0	0	0	0	0	0	0	0	5	3	ZL-XEL-1
O218	一般采集		5070586.393	561164.1696	0	0	0	0	0	0	0	0	0	47	8	ZL-XEL-1
O219	一般采集		5070549.706	561117.9634	0	0	0	0	0	0	0	0	1	50	8	ZL-XEL-1
O220	一般采集		5070505.457	561153.0965	0	0	0	0	0	0	0	0	0	42	8	ZL-XEL-1
O221	一般采集		5070554.363	561189.4253	0	0	0	0	0	0	0	0	0	45	15	ZL-XEL-1
O222	一般采集		5070585.313	561233.2183	0	0	0	0	0	0	0	0	0	44	7	ZL-XEL-1
O223	一般采集		5070618.351	561274.8283	0	0	0	0	0	0	0	0	0	31	4	ZL-XEL-1
O224	一般采集		5070661.141	561316.1018	0	0	0	0	0	0	0	0	0	14	6	ZL-XEL-1

续表

采集区号	采集类型	系统采集图数量	纬度	经度	新石器时代早期	新石器时代中期	新石器时代晚期	青铜时代早中期	小拉哈类型	古城文化	白金宝文化	汉书二期文化	魏晋隋唐时期	辽金时期	清末至民国时期	所属遗址编号
O225	一般采集		5070616.501	561351.5459	0	0	0	0	0	0	0	0	0	36	8	ZL-XEL-1
O226	一般采集		5070583.101	561309.4807	0	0	0	0	0	0	0	0	0	43	1	ZL-XEL-1
O227	一般采集		5070545.642	561270.0365	0	0	0	0	0	0	0	0	0	20	4	ZL-XEL-1
O228	一般采集		5070512.722	561228.5758	0	0	0	0	0	0	0	0	0	28	3	ZL-XEL-1
O229	一般采集		5070474.142	561187.0365	0	0	0	0	0	0	0	0	0	18	3	ZL-XEL-1
O230	一般采集		5070440.024	561217.1606	0	0	0	0	0	0	0	0	0	13	3	ZL-XEL-1
O231	一般采集		5070475.033	561253.4895	0	0	0	0	0	0	0	0	0	13	2	ZL-XEL-1
O232	一般采集		5070507.811	561294.7718	0	0	0	0	0	0	0	0	0	16	4	ZL-XEL-1
O233	一般采集		5070542.82	561331.1007	0	0	0	0	0	0	0	0	0	20	5	ZL-XEL-1
O234	一般采集		5070576.894	561374.015	0	0	0	0	0	0	0	0	0	21	4	ZL-XEL-1
O235	一般采集		5070543.813	561411.3721	0	0	0	0	0	0	0	0	0	24	8	ZL-XEL-1
O236	一般采集		5070509.217	561367.8006	0	0	0	0	0	0	0	0	0	21	8	ZL-XEL-1
O237	一般采集		5070470.142	561333.5365	0	0	0	0	0	0	0	0	0	27	7	ZL-XEL-1
O238	一般采集		5070438.582	561293.7894	0	0	0	0	0	0	0	0	0	26	4	ZL-XEL-1
O239	一般采集		5070401.895	561247.5832	0	0	0	0	0	0	0	0	0	31	7	ZL-XEL-1
O240	一般采集		5070392.646	561318.2085	0	0	0	0	0	0	0	0	0	29	5	ZL-XEL-1
O241	一般采集		5070427.655	561354.5374	0	0	0	0	0	0	0	0	0	98	4	ZL-XEL-1
O242	一般采集		5070464.343	561400.7436	0	0	0	0	0	0	0	0	0	85	3	ZL-XEL-1
O243	**系统采集**	**1**	**5070501.031**	**561446.9498**	**0**	**0**	**0**	**0**	**0**	**0**	**0**	**0**	**0**	**14000**	**0**	**ZL-XEL-1**
O244	**系统采集**	**1**	**5070456.57**	**561472.6501**	**0**	**0**	**0**	**0**	**0**	**0**	**0**	**0**	**0**	**11000**	**0**	**ZL-XEL-1**
O245	一般采集		5070427.705	561436.2953	0	0	0	0	0	0	0	0	0	40	4	ZL-XEL-1
O246	一般采集		5070397.17	561397.8381	0	0	0	0	0	0	0	0	0	30	3	ZL-XEL-1
O247	一般采集		5070360.482	561351.6319	0	0	0	0	0	0	0	0	0	17	7	ZL-XEL-1
O248	一般采集		5070321.091	561382.908	0	0	0	0	0	0	0	0	0	36	10	ZL-XEL-1
O249	一般采集		5070353.593	561423.8421	0	0	0	0	0	0	0	0	0	59	5	ZL-XEL-1
O250	一般采集		5070382.925	561460.7844	0	0	0	0	0	0	0	0	0	49	5	ZL-XEL-1
O251	**系统采集**	**2**	**5070419.613**	**561506.9906**	**0**	**0**	**0**	**0**	**0**	**0**	**0**	**0**	**0**	**4375**	**0**	**ZL-XEL-1**

续表

采集区号	采集类型	系统采集圈数量	纬度	经度	新石器时代早期	新石器时代中期	新石器时代晚期	青铜时代早中期	小拉哈类型	古城文化	白金宝文化	汉书二期文化	魏晋隋唐时期	辽金时期	清末至民国时期	所属遗址编号
O252	一般采集		5070374.745	561541.3571	0	0	0	0	0	0	0	0	0	16	2	ZL-XEL-1
O253	一般采集		5070346.218	561500.4708	0	0	0	0	0	0	0	0	0	23	7	ZL-XEL-1
O254	一般采集		5070315.206	561461.4123	0	0	0	0	0	0	0	0	0	25	2	ZL-XEL-1
O255	一般采集		5070278.518	561415.2061	0	0	0	0	0	0	0	0	0	28	8	ZL-XEL-1
O256	一般采集		5070726.415	560717.8614	0	0	0	0	0	0	0	0	0	27	3	ZL-XEL-1
O257	一般采集		5070760.141	560766.4193	0	0	0	0	0	0	0	0	0	26	10	ZL-XEL-1
O258	一般采集		5070788.356	560801.9546	0	0	0	0	0	0	0	0	0	13	1	ZL-XEL-1
O259	一般采集		5070822.329	560844.7427	0	0	0	0	0	0	0	0	0	16	5	ZL-XEL-1
O260	一般采集		5070868.017	560815.4489	0	0	0	0	0	0	0	0	0	31	11	ZL-XEL-1
O261	一般采集		5070831.329	560769.2427	0	0	0	0	0	0	0	0	0	32	12	ZL-XEL-1
O262	一般采集		5070804.666	560726.7847	0	0	0	0	0	0	0	0	0	35	4	ZL-XEL-1
O263	一般采集		5070773.833	560887.9532	0	0	0	0	0	0	0	0	0	48	10	ZL-XEL-1
O264	一般采集		5070812.142	560657.5365	0	0	0	0	0	0	0	0	0	43	11	ZL-XEL-1
O265	一般采集		5070854.329	560696.7427	0	0	0	0	0	0	0	0	0	44	7	ZL-XEL-1
O266	一般采集		5070874.912	560738.204	0	0	0	0	0	0	0	0	0	41	13	ZL-XEL-1
O267	一般采集		5070908.406	560780.388	0	0	0	0	0	0	0	0	0	42	8	ZL-XEL-1
O268	一般采集		5070942.829	560823.7427	0	0	0	0	0	0	0	0	0	16	2	ZL-XEL-1
O269	一般采集		5070573.81	560317.104	0	0	0	0	0	0	0	0	0	21	8	ZL-XEL-1
O270	一般采集		5070610.221	560363.5281	0	0	0	0	0	0	0	0	0	8	3	ZL-XEL-1
O271	一般采集		5070732.31	560350.604	0	0	0	0	0	0	0	0	0	38	10	ZL-XEL-1
O272	一般采集		5070757.81	560396.604	0	0	0	0	0	0	0	0	0	24	6	ZL-XEL-1
O273	一般采集		5070783.867	560445.1277	0	0	0	0	0	0	0	0	0	11	2	ZL-XEL-1
O274	一般采集		5070805.81	560473.104	0	0	0	0	0	0	0	0	0	25	10	ZL-XEL-1
O275	一般采集		5070815.249	560517.8972	0	0	0	0	0	0	0	0	0	21	9	ZL-XEL-1
O276	一般采集		5070848.465	560560.2471	0	0	0	0	0	0	0	0	0	8	8	ZL-XEL-1
O277	一般采集		5070882.701	560595.3778	0	0	0	0	0	0	0	0	0	35	7	ZL-XEL-1
O278	一般采集		5070919.084	560641.7655	0	0	0	0	0	0	0	0	0	28	15	ZL-XEL-1

续表

采集区号	采集类型	系统采集陶数量	纬度	经度	新石器时代早期	新石器时代中期	新石器时代晚期	青铜时代早中期	小拉哈类型	古城文化	白金宝文化	汉书二期文化	魏晋隋唐时期	辽金时期	清末至民国时期	所属遗址编号
O279	一般采集		5070958.5	560683.5	0	0	0	0	0	0	0	0	0	29	6	ZL-XEL-1
O280	一般采集		5070983.436	560720.5673	0	0	0	0	0	0	0	0	0	14	10	ZL-XEL-1
O281	一般采集		5071018.436	560764.0673	0	0	0	0	0	0	0	0	0	12	21	ZL-XEL-1
O282	一般采集		5071051.436	560810.0673	0	0	0	0	0	0	0	0	0	15	16	ZL-XEL-1
O283	一般采集		5071082.936	560847.5673	0	0	0	0	0	0	0	0	0	28	12	ZL-XEL-1
O284	一般采集		5071112.936	560893.0673	0	0	0	0	0	0	0	0	0	19	13	ZL-XEL-1
O285	一般采集		5071179.225	560913.8772	0	0	0	0	0	0	0	0	0	8	8	ZL-XEL-1
O286	一般采集		5071151.936	560873.5673	0	0	0	0	0	0	0	0	0	10	10	ZL-XEL-1
O287	一般采集		5071124.647	560821.2574	0	0	0	0	0	0	0	0	0	9	6	ZL-XEL-1
O288	一般采集		5071094.936	560783.5673	0	0	0	0	0	0	0	0	0	13	9	ZL-XEL-1
O289	一般采集		5071065.436	560738.5673	0	0	0	0	0	0	0	0	0	13	9	ZL-XEL-1
O290	一般采集		5071032.436	560690.5673	0	0	0	0	0	0	0	0	0	5	5	ZL-XEL-1
O291	一般采集		5070997.104	560644.0075	0	0	0	0	0	0	0	0	0	6	3	ZL-XEL-1
O292	一般采集		5070961.062	560607.7248	0	0	0	0	0	0	0	0	0	11	7	ZL-XEL-1
O293	一般采集		5070926.794	560564.8388	0	0	0	0	0	0	0	0	0	8	4	ZL-XEL-1
O294	一般采集		5071291.936	560994.0673	0	0	0	0	0	0	0	0	0	31	6	ZL-XEL-1
O295	一般采集		5071310.277	561044.7152	0	0	0	0	0	0	0	0	0	21	6	ZL-XEL-1
O296	一般采集		5071333.936	561090.0673	0	0	0	0	0	0	0	0	0	26	3	ZL-XEL-1
O298	一般采集		5071372.072	561176.8222	0	0	0	0	0	0	0	0	0	22	7	ZL-XEL-1
O299	一般采集		5071395.936	561222.5673	0	0	0	0	0	0	0	0	0	25	4	ZL-XEL-1
O300	一般采集		5071412.436	561270.5673	0	0	0	0	0	0	0	0	0	33	11	ZL-XEL-1
O301	一般采集		5071426.42	561319.1624	0	0	0	0	0	0	0	0	0	23	7	ZL-XEL-1
O302	一般采集		5071449.225	561362.8772	0	0	0	0	0	0	0	0	0	9	1	ZL-XEL-1
O303	一般采集		5071499.725	561348.8772	0	0	0	0	0	0	0	0	0	23	3	ZL-XEL-1
O304	一般采集		5071479.225	561297.3772	0	0	0	0	0	0	0	0	0	22	8	ZL-XEL-1
O305	一般采集		5071463.225	561252.3772	0	0	0	0	0	0	0	0	0	12	1	ZL-XEL-1
O306	一般采集		5071446.832	561198.7559	0	0	0	0	0	0	0	0	0	11	3	ZL-XEL-1

续表

采集区号	采集类型	系统采集圈数量	纬度	经度	新石器时代早期	新石器时代中期	新石器时代晚期	青铜时代早中期	小拉哈类型	古城文化	白金宝文化	汉书二期文化	魏晋隋唐时期	辽金时期	清末至民国时期	所属遗址编号
O307	一般采集		5071424.725	561156.3772	0	0	0	0	0	0	0	0	0	6	5	ZL-XEL-1
O308	一般采集		5071405.315	561108.2648	0	0	0	0	0	0	0	0	0	22	3	ZL-XEL-1
O309	一般采集		5071383.725	561066.8772	0	0	0	0	0	0	0	0	0	14	2	ZL-XEL-1
O310	一般采集		5071365.225	561020.8772	0	0	0	0	0	0	0	0	0	8	3	ZL-XEL-1
O311	一般采集		5071177.143	561537.3873	0	0	0	0	0	0	0	0	0	31	1	ZL-XEL-1
O312	一般采集		5071164.408	561485.4041	0	0	0	0	0	0	0	0	0	28	4	ZL-XEL-1
O313	一般采集		5071159.083	561435.1234	0	0	0	0	0	0	0	0	0	14	1	ZL-XEL-1
O314	一般采集		5071153.187	561383.6687	0	0	0	0	0	0	0	0	0	8	1	ZL-XEL-1
O315	一般采集		5071147.221	561331.6	0	0	0	0	0	0	0	0	0	10	4	ZL-XEL-1
O316	一般采集		5071097.001	561389.6201	0	0	0	0	0	0	0	0	0	68	11	ZL-XEL-1
O317	一般采集		5071109.329	561443.9359	0	0	0	0	0	0	0	0	0	70	15	ZL-XEL-1
O318	一般采集		5071117.829	561490.9359	0	0	0	0	0	0	0	0	0	67	2	ZL-XEL-1
O319	一般采集		5071123.37	561543.2493	0	0	0	0	0	0	0	0	0	44	6	ZL-XEL-1
O320	**系统采集**	**2**	**5071070.698**	**561559.5107**	**0**	**0**	**0**	**0**	**0**	**0**	**0**	**0**	**0**	**4250**	**0**	**ZL-XEL-1**
O321	一般采集		5071065.042	561506.1129	0	0	0	0	0	0	0	0	0	60	11	ZL-XEL-1
O322	一般采集		5071054.114	561448.7641	0	0	0	0	0	0	0	0	0	38	6	ZL-XEL-1
O323	一般采集		5070997.614	561461.2641	0	0	0	0	0	0	0	0	0	9	3	ZL-XEL-1
O324	一般采集		5071008.61	561519.387	0	0	0	0	0	0	0	0	0	18	5	ZL-XEL-1
O325	一般采集		5071014.211	561572.2661	0	0	0	0	0	0	0	0	0	7	4	ZL-XEL-1
O326	一般采集		5070953.614	561526.7641	0	0	0	0	0	0	0	0	0	7	7	ZL-XEL-1
O327	一般采集		5071283.5	561614.5	0	0	0	0	0	0	0	0	0	24	6	ZL-XEL-1
O328	一般采集		5071297.25	561671.6561	0	0	0	0	0	0	0	0	0	24	8	ZL-XEL-1
O329	一般采集		5071309.575	561720.9874	0	0	0	0	0	0	0	0	0	29	24	ZL-XEL-1
O330	一般采集		5071323.046	561770.569	0	0	0	0	0	0	0	0	0	64	28	ZL-XEL-1
O331	一般采集		5071338.504	561816.3291	0	0	0	0	0	0	0	0	0	22	13	ZL-XEL-1
O332	一般采集		5071349.075	561866.4874	0	0	0	0	0	0	0	0	0	26	10	ZL-XEL-1
O333	一般采集		5071365.013	561913.6705	0	0	0	0	0	0	0	0	0	32	16	ZL-XEL-1

续表

采集区号	采集类型	系统采集图数数量	纬度	经度	新石器时代早期	新石器时代中期	新石器时代晚期	青铜时代早中期	小拉哈类型	古城文化	白金宝文化	汉书二期文化	魏晋隋唐时期	辽金时期	清末至民国时期	所属遗址编号
O334	一般采集		5071377.575	561965.9874	0	0	0	0	0	0	0	0	0	8	3	ZL-XEL-1
O335	一般采集		5071324.046	561984.069	0	0	0	0	0	0	0	0	0	3	6	ZL-XEL-1
O336	一般采集		5071312.193	561932.0903	0	0	0	0	0	0	0	0	0	26	4	ZL-XEL-1
O337	一般采集		5071301.693	561880.5903	0	0	0	0	0	0	0	0	0	24	10	ZL-XEL-1
O338	一般采集		5071285.804	561833.5528	0	0	0	0	0	0	0	0	0	21	10	ZL-XEL-1
O339	一般采集		5071269.766	561786.0725	0	0	0	0	0	0	0	0	0	45	20	ZL-XEL-1
O340	一般采集		5071258.693	561736.5903	0	0	0	0	0	0	0	0	0	42	11	ZL-XEL-1
O341	一般采集		5071247.193	561685.5903	0	0	0	0	0	0	0	0	0	43	9	ZL-XEL-1
O342	一般采集		5071228.311	561629.6933	0	0	0	0	0	0	0	0	0	28	14	ZL-XEL-1
O343	一般采集		5071189.386	561647.6807	0	0	0	0	0	0	0	0	0	37	20	ZL-XEL-1
O344	一般采集		5071206.297	561697.7434	0	0	0	0	0	0	0	0	0	43	6	ZL-XEL-1
O345	一般采集		5071223.649	561749.1112	0	0	0	0	0	0	0	0	0	65	8	ZL-XEL-1
O346	**系统采集**	**2**	**5071233.575**	**561801.4874**	**0**	**0**	**0**	**0**	**0**	**0**	**0**	**0**	**0**	**4125**	**750**	**ZL-XEL-1**
O347	**系统采集**	**1**	**5071242.075**	**561849.9874**	**0**	**0**	**0**	**0**	**0**	**0**	**0**	**0**	**0**	**5000**	**1750**	**ZL-XEL-1**
O348	一般采集		5071261.445	561905.7145	0	0	0	0	0	0	0	0	0	5	6	ZL-XEL-1
O349	一般采集		5071216.171	561920.9271	0	0	0	0	0	0	0	0	0	18	10	ZL-XEL-1
O350	一般采集		5071202.133	561863.3937	0	0	0	0	0	0	0	0	0	33	5	ZL-XEL-1
O351	**系统采集**	**1**	**5071185.45**	**561814.0036**	**0**	**0**	**0**	**0**	**0**	**0**	**0**	**0**	**0**	**14500**	**500**	**ZL-XEL-1**
O352	**系统采集**	**1**	**5071173.693**	**561763.0903**	**0**	**0**	**0**	**0**	**0**	**0**	**0**	**0**	**0**	**23250**	**250**	**ZL-XEL-1**
O353	**系统采集**	**2**	**5071158.611**	**561718.4424**	**0**	**0**	**0**	**0**	**0**	**0**	**0**	**0**	**0**	**5875**	**625**	**ZL-XEL-1**
O354	一般采集		5071145.967	561681.0111	0	0	0	0	0	0	0	0	0	10	10	ZL-XEL-1
O355	一般采集		5071127.086	561625.114	0	0	0	0	0	0	0	0	0	5	6	ZL-XEL-1
O356	一般采集		5071073.557	561643.1956	0	0	0	0	0	0	0	0	0	8	6	ZL-XEL-1
O357	一般采集		5071089.934	561691.6786	0	0	0	0	0	0	0	0	0	12	0	ZL-XEL-1
O358	一般采集		5071110.075	561734.4874	0	0	0	0	0	0	0	0	0	80	11	ZL-XEL-1
O359	一般采集		5071124.491	561777.1646	0	0	0	0	0	0	0	0	0	60	7	ZL-XEL-1
O360	一般采集		5071139.319	561821.0605	0	0	0	0	0	0	0	0	0	19	2	ZL-XEL-1

续表

采集区号	采集类型	系统采集圈数量	纬度	经度	新石器时代早期	新石器时代中期	新石器时代晚期	青铜时代早中期	小拉哈类型	古城文化	白金宝文化	汉书二期文化	魏晋隋唐时期	辽金时期	清末至民国时期	所属遗址编号
O361	**系统采集**	**1**	**5071152.075**	**561875.9874**	**0**	**0**	**0**	**0**	**0**	**0**	**0**	**0**	**0**	**25750**	**500**	**ZL-XEL-1**
O362	一般采集		5071073.349	561802.3113	0	0	0	0	0	0	0	0	0	14	0	ZL-XEL-1
O363	一般采集		5071056.181	561751.4867	0	0	0	0	0	0	0	0	0	8	10	ZL-XEL-1
O364	一般采集		5070965.575	561650.9874	0	0	0	0	0	0	0	0	0	9	8	ZL-XEL-1
O365	一般采集		5070983.078	561702.804	0	0	0	0	0	0	0	0	0	10	12	ZL-XEL-1
O366	一般采集		5070994.546	561751.569	0	0	0	0	0	0	0	0	0	23	10	ZL-XEL-1
O367	一般采集		5071013.917	561807.2962	0	0	0	0	0	0	0	0	0	4	8	ZL-XEL-1
O368	一般采集		5071381.075	561798.4874	0	0	0	0	0	0	0	0	0	21	12	ZL-XEL-1
O369	一般采集		5071400.27	561853.7507	0	0	0	0	0	0	0	0	0	7	5	ZL-XEL-1
O370	一般采集		5071412.546	561904.569	0	0	0	0	0	0	0	0	0	6	2	ZL-XEL-1
O371	一般采集		5068706.809	565061.285	0	0	0	0	0	0	0	0	0	15	6	ZL-NM
O372	一般采集		5068689.66	565103.1091	0	0	0	0	0	0	0	0	0	20	2	ZL-NM
O373	一般采集		5068681.361	565148.0304	0	1	0	0	0	0	0	0	0	11	8	ZL-NM
O374	一般采集		5068736.556	565162.7961	0	0	0	0	0	0	0	0	0	16	7	ZL-NM
O375	一般采集		5068751.16	565111.1091	0	0	0	0	0	0	0	0	0	3	10	ZL-NM
O376	一般采集		5068767.66	565063.1091	0	0	0	0	0	0	0	0	0	6	2	ZL-NM
O377	一般采集		5068807.66	565090.6091	0	0	0	0	0	0	0	0	0	17	4	ZL-NM
O378	一般采集		5068797.66	565137.1091	0	0	0	0	0	0	0	0	0	12	7	ZL-NM
O379	一般采集		5068784.958	565185.3353	0	0	0	0	0	0	0	0	0	14	4	ZL-NM
O380	一般采集		5068854.257	565213.749	0	0	0	0	0	0	0	0	0	15	9	ZL-NM
O381	一般采集		5068868.197	565165.5242	0	0	0	0	0	0	0	0	0	12	11	ZL-NM
O382	一般采集		5068882.208	565090.2563	0	0	0	0	0	0	0	0	0	10	5	ZL-NM
O383	一般采集		5068633.167	565128.7623	0	0	0	0	0	0	0	0	0	13	8	ZL-NM
O384	一般采集		5069301.316	565591.2662	0	0	0	0	0	0	0	0	0	20	9	ZL-NM
O385	一般采集		5069249.305	565587.0843	0	0	0	0	0	0	0	0	0	10	4	ZL-NM
O386	一般采集		5069196.166	565581.8826	0	0	0	0	0	0	0	0	0	8	8	ZL-NM
O387	一般采集		5069146.926	565577.4883	0	0	0	0	0	0	0	0	0	11	8	ZL-NM

续表

采集区号	采集类型	系统采集图数量	纬度	经度	新石器时代早期	新石器时代中期	新石器时代晚期	青铜时代早中期	小河沿类型	古城文化	白金宝文化	汉书二期文化	魏晋隋唐时期	辽金时期	清末至民国时期	所属遗址编号
O388	一般采集		5069098.559	565574.9176	0	0	0	0	0	0	0	0	0	14	6	ZL-NM
O389	一般采集		5069042.001	565573.1981	0	0	0	0	0	0	0	0	0	18	7	ZL-NM
O390	一般采集		5068991.497	565571.6977	0	0	0	0	0	0	0	0	0	25	9	ZL-NM
O391	一般采集		5068885.688	565563.19	0	0	0	0	0	0	0	0	0	16	11	ZL-NM
O392	一般采集		5068885.688	565563.19	0	0	0	0	0	0	0	0	0	19	5	ZL-NM
O393	一般采集		5068827.504	565552.9523	0	0	0	0	0	0	0	0	0	15	7	ZL-NM
O394	一般采集		5068831.682	565494.5972	0	0	0	0	0	0	0	0	0	19	3	ZL-NM
O395	一般采集		5068889.865	565504.835	0	0	0	0	0	0	0	0	0	15	3	ZL-NM
O396	一般采集		5068946.684	565509.4035	0	0	0	0	0	0	0	0	0	8	5	ZL-NM
O397	一般采集		5068996.185	565513.3837	0	0	0	0	0	0	0	0	0	17	6	ZL-NM
O398	一般采集		5069046.5	565511.1576	0	0	0	0	0	0	0	0	0	11	6	ZL-NM
O399	一般采集		5069103.319	565515.7262	0	0	0	0	0	0	0	0	0	8	4	ZL-NM
O400	一般采集		5069144.036	565519.0001	0	0	0	0	0	0	0	0	0	6	2	ZL-NM
O401	一般采集		5069200.854	565523.5687	0	0	0	0	0	0	0	0	0	8	8	ZL-NM
O402	一般采集		5069257.591	565529.0596	0	0	0	0	0	0	0	0	0	25	11	ZL-NM
O403	一般采集		5069306.004	565532.9523	0	0	0	0	0	0	0	0	0	26	9	ZL-NM
P001	一般采集		5070554.244	560187.5698	0	0	0	0	0	0	0	0	0	15	3	ZL-XEL-2
P002	一般采集		5070449.802	560101.1408	0	0	0	0	0	0	0	0	0	8	12	ZL-XEL-2
P003	一般采集		5070414.023	560054.8553	0	0	0	0	0	0	0	0	0	4	8	ZL-XEL-2
P004	一般采集		5070295.523	559813.8553	0	0	0	0	0	0	0	0	0	14	2	ZL-XEL-2
P005	一般采集		5070196.523	559741.3553	0	0	0	0	0	0	0	0	0	8	1	ZL-XEL-2
P006	一般采集		5071210.266	559536.1135	0	0	0	0	0	0	0	0	0	12	0	ZL-XEL-1
P007	一般采集		5071170.13	559492.8702	0	0	0	0	0	0	0	0	0	37	0	ZL-XEL-1
P008	一般采集		5071137	559456	0	0	0	0	0	0	0	0	0	18	3	ZL-XEL-1
P009	一般采集		5071107.5	559256	0	0	0	0	0	0	0	0	0	8	1	ZL-XEL-1
P010	一般采集		5070976.576	559420.1255	0	0	0	0	0	0	0	0	0	10	3	ZL-XEL-1
P011	一般采集		5070296.43	559681.1878	0	0	0	0	0	0	0	0	0	3	4	ZL-XEL-2

续表

采集区号	采集类型	系统采集圈数量	纬度	经度	新石器时代早期	新石器时代中期	新石器时代晚期	青铜时代早中期	小拉哈类型	古城文化	白金宝文化	汉书二期文化	魏晋隋唐时期	辽金时期	清末至民国时期	所属遗址编号
P012	一般采集		5069633.877	557932.9177	0	0	0	0	0	0	0	0	0	5	3	ZL-FX-1
P013	一般采集		5069539.361	557571.8032	0	1	0	0	0	0	0	0	0	18	8	ZL-FX-1
P014	一般采集		5069548.787	557520.7358	0	15	0	0	0	0	0	0	0	27	22	ZL-FX-1
P015	一般采集		5069560.356	557473.9332	0	3	0	0	0	0	0	0	0	5	4	ZL-FX-1
P016	一般采集		5069570.525	557418.8381	0	0	0	0	0	0	0	0	0	3	3	ZL-FX-1
P017	一般采集		5069563.58	557379.5865	0	0	0	0	0	0	0	0	0	4	3	ZL-FX-1
P018	一般采集		5069566.535	557330.4135	0	0	0	0	0	0	0	0	0	5	3	ZL-FX-1
P019	一般采集		5069497.463	557555.8336	0	0	0	0	0	0	0	0	0	11	0	ZL-FX-1
P020	一般采集		5069508.963	557500.8336	0	0	0	0	0	0	0	0	0	9	2	ZL-FX-1
P021	一般采集		5069526.463	557410.3336	0	0	0	0	0	0	0	0	0	10	1	ZL-FX-1
P022	一般采集		5069485.945	557331.3634	0	0	0	0	0	0	0	0	0	12	1	ZL-FX-1
P023	一般采集		5069483.578	557377.3151	0	0	0	0	0	0	0	0	0	5	3	ZL-FX-1
P024	一般采集		5069481.959	557408.73	0	0	0	0	0	0	0	0	0	11	5	ZL-FX-1
P025	一般采集		5069476.025	557452.8381	0	0	0	0	0	0	0	0	0	8	3	ZL-FX-1
P026	一般采集		5069466.958	557499.7133	0	0	0	0	0	0	0	0	0	9	7	ZL-FX-1
P027	一般采集		5069452.463	557538.3336	0	0	0	0	0	0	0	0	0	19	3	ZL-FX-1
P028	一般采集		5069442.858	557587.989	0	0	0	0	0	0	0	0	0	12	7	ZL-FX-1
P029	一般采集		5069437.17	557328.4322	0	0	0	0	0	0	0	0	0	7	3	ZL-FX-1
P030	一般采集		5069426.963	557384.8336	0	0	0	0	0	0	0	0	0	10	0	ZL-FX-1
P031	一般采集		5069420.963	557437.8336	0	0	0	0	0	0	0	0	0	11	3	ZL-FX-1
P032	一般采集		5069408.61	557481.0731	0	0	0	4	0	0	0	0	0	13	5	ZL-FX-1
P033	一般采集		5069397.405	557538.9994	0	0	0	0	0	0	0	0	0	5	2	ZL-FX-1
P034	一般采集		5069380.291	556995.7564	0	4	0	0	0	0	0	1	0	40	7	ZL-FX-1
P035	一般采集		5069387.427	557050.3404	0	1	0	0	0	0	0	0	0	14	10	ZL-FX-1
P036	一般采集		5069399.291	557101.7564	0	0	0	0	0	0	0	0	0	9	5	ZL-FX-1
P037	一般采集		5069404.701	557154.1232	0	0	0	0	0	0	0	0	0	9	4	ZL-FX-1
P038	一般采集		5069416.877	557206.8904	0	0	0	0	0	0	0	0	0	25	4	ZL-FX-1

续表

采集区号	采集类型	系统采集陶数量	纬度	经度	新石器时代早期	新石器时代中期	新石器时代晚期	青铜时代早中期	小拉哈类型	古城文化	白金宝文化	汉书二期文化	魏晋隋唐时期	辽金时期	清末至民国时期	所属遗址编号
P039	一般采集		5069428.395	557256.8072	0	0	0	0	0	0	0	0	0	7	2	ZL-FX-1
P040	一般采集		5069480.245	557245.3562	0	1	0	0	0	0	0	0	0	11	22	ZL-FX-1
P041	一般采集		5069468.536	557194.6127	0	15	0	0	0	0	0	0	0	29	11	ZL-FX-1
P042	一般采集		5069461.868	557142.3639	0	0	0	0	0	0	0	0	0	22	8	ZL-FX-1
P043	一般采集		5069456.419	557089.2746	0	0	0	0	0	0	0	0	0	23	8	ZL-FX-1
P044	一般采集		5069444.528	557035.9193	0	1	0	0	0	0	0	0	0	18	8	ZL-FX-1
P045	一般采集		5069431.262	556978.43	0	1	0	0	0	0	0	0	0	23	8	ZL-FX-1
P046	一般采集		5069526.003	557237.4491	0	0	0	0	0	0	0	0	0	7	4	ZL-FX-1
P047	一般采集		5069519.223	557182.9168	0	0	0	0	0	0	0	0	0	7	4	ZL-FX-1
P048	一般采集		5069507.003	557131.9491	0	0	0	0	0	0	0	0	0	11	3	ZL-FX-1
P049	一般采集		5069500.536	557078.5814	0	0	0	0	0	0	0	0	0	7	7	ZL-FX-1
P050	一般采集		5069487.791	557025.4233	0	0	0	0	0	0	0	0	0	15	1	ZL-FX-1
P051	一般采集		5069474.151	556968.5336	0	0	0	0	0	0	0	0	0	14	8	ZL-FX-1
P052	一般采集		5069462.259	556918.9383	0	0	0	0	0	0	0	0	0	11	5	ZL-FX-1
P053	一般采集		5069459.391	556865.462	0	0	0	0	0	0	0	0	0	12	6	ZL-FX-1
P054	一般采集		5069458.344	556806.9693	0	0	0	0	0	0	0	0	0	17	3	ZL-FX-1
P055	一般采集		5069451.331	556756.9784	0	0	0	0	0	0	0	0	0	15	2	ZL-FX-1
P056	一般采集		5069450.339	556701.5231	0	0	0	0	0	0	0	0	0	8	6	ZL-FX-1
P057	一般采集		5069449.403	556649.2337	0	1	0	0	0	0	0	0	0	13	2	ZL-FX-1
P058	一般采集		5069455.919	556590.6038	0	0	0	0	0	0	0	0	0	12	4	ZL-FX-1
P059	一般采集		5069461	556532	0	0	0	0	0	0	0	0	0	12	4	ZL-FX-1
P060	一般采集		5069405.797	556565.9765	0	0	0	0	0	0	0	0	0	19	4	ZL-FX-1
P061	一般采集		5069349.186	556559.971	0	0	0	0	0	0	0	0	0	51	18	ZL-FX-1
P062	一般采集		5069349.738	556618.9684	0	0	0	0	0	0	0	0	0	5	7	ZL-FX-1
P063	一般采集		5069406.736	556618.4354	0	1	0	0	0	0	0	0	0	2	2	ZL-FX-1
P064	一般采集		5069320.638	556522.6308	0	0	0	0	0	0	0	0	0	52	16	ZL-FX-1
P065	系统采集	2	5069312.421	556473.0839	**0**	**0**	**0**	**0**	**0**	**0**	**0**	**0**	**0**	**3250**	**2125**	**ZL-FX-1**

续表

采集区号	采集类型	系统采集圈数量	纬度	经度	新石器时代早期	新石器时代中期	新石器时代晚期	青铜时代早中期	小拉哈类型	古城文化	白金宝文化	汉书二期文化	魏晋隋唐时期	辽金时期	清末至民国时期	所属遗址编号
P066	系统采集	**2**	**5069275.795**	**556543.475**	**0**	**0**	**0**	**0**	**0**	**0**	**0**	**0**	**0**	**2625**	**1375**	**ZL-FX-1**
P067	一般采集		5069259.381	556497.526	0	0	0	0	0	0	0	0	0	72	49	ZL-FX-1
P068	一般采集		5069303.679	556420.3728	0	0	0	0	0	0	0	0	0	18	2	ZL-FX-1
P069	一般采集		5069250.12	556442.7554	0	0	0	0	0	0	0	0	0	78	29	ZL-FX-1
P070	一般采集		5069287.692	556367.1518	0	0	0	0	0	0	0	0	0	15	5	ZL-FX-1
P071	一般采集		5069236.437	556392.2538	0	0	0	0	0	0	0	0	0	78	35	ZL-FX-1
P072	一般采集		5069222.075	556347.9879	0	0	0	0	0	0	0	0	0	53	15	ZL-FX-1
P073	一般采集		5069177.878	556364.754	0	0	0	0	0	0	0	0	0	49	20	ZL-FX-1
P074	一般采集		5069191.528	556406.8246	0	0	0	0	0	0	0	0	0	7	6	ZL-FX-1
P075	一般采集		5069170.525	556303.6873	0	0	0	0	0	0	0	0	0	23	9	ZL-FX-1
P076	系统采集	**2**	**5069214.146**	**556281.6416**	**0**	**0**	**0**	**0**	**0**	**0**	**0**	**0**	**0**	**4750**	**2500**	**ZL-FX-1**
P077	一般采集		5069258.499	556259.546	0	0	0	0	0	0	0	0	0	96	63	ZL-FX-1
P078	系统采集	**3**	**5069223.442**	**556205.5645**	**0**	**0**	**0**	**0**	**0**	**0**	**0**	**0**	**0**	**1333**	**2499**	**ZL-FX-1**
P079	一般采集		5069183.373	556234.971	0	0	0	0	0	0	0	0	0	25	15	ZL-FX-1
P080	一般采集		5069151.942	556198.6857	0	0	0	0	0	0	0	0	0	25	14	ZL-FX-1
P081	一般采集		5069192.943	556164.7434	0	0	0	0	0	0	0	0	0	78	44	ZL-FX-1
P082	一般采集		5069163.943	556125.2222	0	0	0	0	0	0	0	0	0	46	22	ZL-FX-1
P083	一般采集		5069128.471	556166.7044	0	0	0	0	0	0	0	0	0	18	28	ZL-FX-1
P084	一般采集		5069137.973	556090.4635	0	0	0	0	0	0	0	0	0	33	7	ZL-FX-1
P085	一般采集		5069098.159	556125.4014	0	0	0	0	0	0	0	0	0	49	16	ZL-FX-1
P086	一般采集		5069061.331	556085.408	2	76	1	0	0	0	0	0	0	48	36	ZL-FX-1
P087	一般采集		5069104.506	556051.6635	61	0	0	0	0	0	0	0	0	9	7	ZL-FX-1
P088	一般采集		5069060.368	556010.9977	0	0	0	0	0	0	0	0	0	18	6	ZL-FX-1
P089	一般采集		5069105.918	555977.569	0	0	0	0	0	0	0	0	0	7	4	ZL-FX-1
P090	一般采集		5069141.24	556024.8242	0	0	0	0	0	0	0	0	0	15	8	ZL-FX-1
P091	一般采集		5069174.65	556063.5468	0	0	0	0	0	0	0	0	0	15	7	ZL-FX-1
P092	一般采集		5069200.092	556098.214	0	0	0	0	0	0	0	0	0	22	14	ZL-FX-1

续表

采集区号	采集类型	系统采集圈数量	纬度	经度	新石器时代早期	新石器时代中期	新石器时代晚期	青铜时代早中期	小河沿哈类型	古城文化	白金宝文化	汉书二期文化	魏晋隋唐时期	辽金时期	清末至民国时期	所属遗址编号
P093	一般采集		5069229.323	556138.0442	0	0	0	0	0	0	0	0	0	33	19	ZL-FX-1
P094	一般采集		5069259.591	556178.5563	0	0	0	0	0	0	0	0	0	29	8	ZL-FX-1
P095	一般采集		5069299.085	556229.7604	0	0	0	0	0	0	0	0	0	19	10	ZL-FX-1
P096	一般采集		5069311.685	556283.6391	0	0	0	0	0	0	0	0	0	20	1	ZL-FX-1
P097	一般采集		5069330.214	556339.1293	0	0	0	0	0	0	0	0	0	16	6	ZL-FX-1
P098	一般采集		5069346.91	556390.8763	0	0	0	0	0	0	0	0	0	18	7	ZL-FX-1
P099	一般采集		5069356.974	556448.5062	0	0	0	0	0	0	0	0	0	23	5	ZL-FX-1
P100	一般采集		5069358.982	556502.3916	0	0	0	0	0	0	0	0	0	8	5	ZL-FX-1
P101	一般采集		5069411.99	556498.9446	0	0	0	0	0	0	0	0	0	5	1	ZL-FX-1
P102	一般采集		5069404.593	556440.8037	0	0	0	0	0	0	0	0	0	13	2	ZL-FX-1
P103	一般采集		5069394.43	556382.6878	0	0	0	0	0	0	0	0	0	10	2	ZL-FX-1
P104	一般采集		5069374.557	556321.404	0	0	0	0	0	0	0	0	0	16	5	ZL-FX-1
P105	一般采集		5069355.859	556265.448	0	0	0	0	0	0	0	0	0	9	5	ZL-FX-1
P106	一般采集		5069340.93	556212.6878	0	0	0	0	0	0	0	0	0	7	4	ZL-FX-1
P107	一般采集		5069302.946	556156.6708	0	0	0	0	0	0	0	0	0	7	2	ZL-FX-1
P108	一般采集		5069267.874	556109.7515	0	0	0	0	0	0	0	0	0	13	3	ZL-FX-1
P109	一般采集		5069184.456	555990.5461	0	0	0	0	0	0	0	0	0	6	3	ZL-FX-1
P110	一般采集		5069149.43	555943.6878	0	0	0	0	0	0	0	0	0	4	2	ZL-FX-1
P111	一般采集		5071188.252	555404.9331	0	0	0	0	0	0	0	0	0	9	4	ZL-WH-6
P112	一般采集		5071139.866	555426.8197	0	0	0	0	0	0	0	0	0	9	1	ZL-WH-6
P113	一般采集		5071095	555442.904	0	0	0	0	0	0	0	0	0	7	2	ZL-WH-6
P114	一般采集		5071055.826	555460.6241	0	0	0	0	0	0	0	0	0	6	4	ZL-WH-6
P115	一般采集		5071014.467	555479.3322	0	0	0	0	0	0	0	0	0	35	5	ZL-WH-6
P116	**系统采集**	**2**	**5070966.58**	**555500.5567**	**0**	**0**	**0**	**0**	**0**	**0**	**0**	**0**	**0**	**5125**	**375**	**ZL-WH-6**
P117	一般采集		5070914.646	555524.0486	0	0	0	0	0	0	0	0	0	12	2	ZL-WH-6
P118	一般采集		5070889.953	555469.4773	0	0	0	0	0	0	0	0	0	36	5	ZL-WH-6
P119	一般采集		5070941.808	555447.0066	0	0	0	0	0	0	0	0	0	22	0	ZL-WH-6

续表

采集区号	采集类型	系统采集圈数量	纬度	经度	新石器时代早期	新石器时代中期	新石器时代晚期	青铜时代早中期	小拉哈类型	古城文化	白金宝文化	汉书二期文化	魏晋隋唐时期	辽金时期	清末至民国时期	所属遗址编号
P120	一般采集		5070984.358	555428.7456	0	0	0	0	0	0	0	0	0	10	0	ZL-WH-6
P121	一般采集		5071031.26	555407.5296	0	0	0	0	0	0	0	0	0	6	0	ZL-WH-6
P122	一般采集		5071134.08	555364.6816	0	0	0	0	0	0	0	0	0	5	1	ZL-WH-6
P123	一般采集		5071060.934	555329.8095	0	0	0	0	0	0	0	0	0	12	0	ZL-WH-6
P124	一般采集		5071009.456	555353.0953	0	0	0	0	0	0	0	0	0	6	2	ZL-WH-6
P125	一般采集		5070808.662	555415.362	0	0	0	0	0	0	0	0	0	6	0	ZL-WH-6
P126	一般采集		5070733.434	555393.8095	0	0	0	0	0	0	0	0	0	12	0	ZL-WH-6
P127	一般采集		5070779.5	555363.904	0	1	0	0	0	0	0	0	0	9	3	ZL-WH-6
P128	一般采集		5070812.772	555336.0834	0	6	0	0	0	0	0	0	0	22	8	ZL-WH-6
P129	一般采集		5070853.001	555317.8861	0	5	0	0	0	0	0	0	0	12	13	ZL-WH-6
P130	一般采集		5070899.931	555301.1738	0	1	0	0	0	0	0	0	0	6	4	ZL-WH-6
P131	一般采集		5070942.123	555282.0888	0	0	0	0	0	0	0	0	0	5	3	ZL-WH-6
P132	一般采集		5071459.5	554931	0	0	0	0	0	0	0	0	0	6	2	ZL-WH-6
P133	一般采集		5071409.143	555398.5847	0	0	0	0	0	0	0	0	0	20	3	ZL-WH-6
P134	一般采集		5071405.404	555315.6179	0	0	0	0	0	0	0	0	0	7	1	ZL-WH-6
P135	一般采集		5071405.404	555778.1179	0	0	0	0	0	0	0	0	0	7	2	ZL-WH-6
P136	一般采集		5071640.619	555784.9167	24	1	0	0	0	0	4	3	0	118	23	ZL-WH-5
P137	一般采集		5071683.736	555771.9719	0	0	0	0	0	0	0	0	0	44	18	ZL-WH-5
P138	一般采集		5071730.889	555757.8154	0	19	0	0	0	0	0	0	0	19	16	ZL-WH-5
P139	一般采集		5071791.004	555761.8643	0	5	0	0	0	0	0	0	0	11	3	ZL-WH-5
P140	一般采集		5071830.589	555749.98	0	0	0	0	0	0	0	0	0	13	3	ZL-WH-5
P141	一般采集		5071874.831	555736.6973	2	0	0	0	0	0	0	0	0	20	12	ZL-WH-5
P142	一般采集		5071928.945	555720.4509	4	19	0	0	0	0	0	0	0	23	10	ZL-WH-5
P143	一般采集		5071983.538	555704.0608	0	5	0	0	0	0	0	0	0	9	5	ZL-WH-5
P144	一般采集		5071911.966	555663.9467	0	0	0	0	0	0	0	0	0	23	7	ZL-WH-5
P145	一般采集		5071864.148	555678.303	2	0	0	0	0	0	0	0	0	7	4	ZL-WH-5
P146	一般采集		5071810.034	555694.5494	0	0	0	0	0	0	0	0	0	3	3	ZL-WH-5

续表

采集区号	采集类型	系统采集圈数量	纬度	经度	新石器时代早期	新石器时代中期	新石器时代晚期	青铜时代早中期	小拉哈类型	古城文化	白金宝文化	汉书二期文化	魏晋隋唐时期	辽金时期	清末至民国时期	所属遗址编号
P147	一般采集		5071658.079	555841.2718	0	0	0	0	0	0	0	0	0	6	1	ZL-WH-5
P148	一般采集		5071712.528	555824.4028	0	0	0	0	0	0	0	0	0	3	3	ZL-WH-5
P149	一般采集		5071902.003	555789.6192	0	0	0	0	0	0	0	0	0	7	4	ZL-WH-5
P150	一般采集		5073044.398	557341.2701	0	0	0	0	0	0	0	0	0	27	4	ZL-XAZ
P151	一般采集		5072999.463	557375.685	0	0	0	0	0	0	0	0	0	15	2	ZL-XAZ
P152	一般采集		5072957.398	557337.7701	0	0	0	0	0	0	0	0	0	30	0	ZL-XAZ
P153	一般采集		5073005.717	557296.8948	0	0	0	0	0	0	0	0	0	74	3	ZL-XAZ
P154	一般采集		5072981.815	557262.171	0	0	0	0	0	0	0	0	0	51	7	ZL-XAZ
P155	一般采集		5072935.416	557294.4137	0	0	0	0	0	0	0	0	0	12	2	ZL-XAZ
P156	一般采集		5072911.909	557260.2627	0	0	0	0	0	0	0	0	0	31	5	ZL-XAZ
P157	一般采集		5072958.463	557228.2439	0	0	0	0	0	0	0	0	0	12	3	ZL-XAZ
P158	一般采集		5072930.067	557181.1395	0	0	0	0	0	0	0	0	0	7	4	ZL-XAZ
P159	一般采集		5072886.152	557216.969	0	0	0	0	0	0	0	0	0	9	4	ZL-XAZ
P160	一般采集		5072852.952	557168.7591	0	0	0	0	0	0	0	0	0	16	9	ZL-XAZ
P161	一般采集		5072857.864	557096.214	0	0	0	0	0	0	0	0	0	5	2	ZL-XAZ
P162	一般采集		5072818.985	557131.6872	0	0	0	0	0	0	0	0	0	15	10	ZL-XAZ
P163	一般采集		5072784.917	557094.5055	0	0	0	0	0	0	0	0	0	28	10	ZL-XAZ
P164	一般采集		5072829.546	557065.3077	0	0	0	0	0	0	0	0	0	6	4	ZL-XAZ
P165	一般采集		5072793.627	557027.2937	0	0	0	0	0	0	0	0	0	5	0	ZL-XAZ
P166	一般采集		5072758.417	557059.0055	0	0	0	0	0	0	0	0	0	17	5	ZL-XAZ
P167	一般采集		5072725.894	557027.3965	0	0	0	0	0	0	0	0	0	13	5	ZL-XAZ
P168	一般采集		5072689.25	556987.4029	0	0	0	0	0	0	0	0	0	10	3	ZL-XAZ
P169	一般采集		5072658.935	556954.3171	0	0	0	0	0	0	0	0	0	6	3	ZL-XAZ
P170	一般采集		5072655.763	556890.3386	0	0	0	0	0	0	0	0	0	7	2	ZL-XAZ
P171	一般采集		5072643.763	556843.8386	0	0	0	0	0	0	0	0	0	4	3	ZL-XAZ
P172	一般采集		5072620.93	556793.1878	0	0	0	0	0	0	0	0	0	7	0	ZL-XAZ
P173	一般采集		5072695.162	556766.841	0	0	0	0	0	0	0	0	0	8	3	ZL-XAZ

续表

采集区号	采集类型	系统采集圈数量	纬度	经度	新石器时代早期	新石器时代中期	新石器时代晚期	青铜时代早中期	小拉哈类型	古城文化	白金宝文化	汉书二期文化	魏晋隋唐时期	辽金时期	清末至民国时期	所属遗址编号
P174	一般采集		5072738.445	556739.1271	0	0	0	0	0	0	0	0	0	9	7	ZL·XAZ
P175	一般采集		5072779.027	556707.535	0	0	0	0	0	0	0	0	0	7	5	ZL·XAZ
P176	一般采集		5072823.445	556672.1271	0	0	0	0	0	0	0	0	0	7	4	ZL·XAZ
P177	一般采集		5072857.225	556643.0016	0	0	0	0	0	0	0	0	0	16	5	ZL·XAZ
P178	一般采集		5072891.684	556620.9379	0	0	0	0	0	0	0	0	0	13	5	ZL·XAZ
P179	一般采集		5072931.506	556595.4406	0	0	0	0	0	0	0	0	0	28	7	ZL·XAZ
P180	一般采集		5072974.945	556567.6271	0	0	0	0	0	0	0	0	0	5	4	ZL·XAZ
P181	一般采集		5073047.037	556600.2339	0	0	0	0	0	0	0	0	0	7	0	ZL·XAZ
P182	一般采集		5073114.037	556710.7339	0	0	0	0	0	0	0	0	0	6	0	ZL·XAZ
P183	一般采集		5073166.303	556871.0963	0	1	0	0	0	0	0	0	0	5	2	ZL·XAZ
P184	一般采集		5072986.508	557001.9939	0	0	0	0	0	0	0	0	0	4	2	ZL·XAZ
P185	一般采集		5073093.639	557306.2025	0	0	0	0	0	0	0	0	0	11	2	ZL·XAZ
P186	一般采集		5073139.68	557283.0268	0	0	0	0	0	0	0	0	0	10	0	ZL·XAZ
P187	一般采集		5073111.855	557238.1308	0	0	0	0	0	0	0	0	0	9	0	ZL·XAZ
P188	一般采集		5073062.642	557256.054	0	0	0	0	0	0	0	0	0	15	2	ZL·XAZ
P189	一般采集		5073031.008	557221.9939	0	0	0	0	0	0	0	0	0	24	4	ZL·XAZ
P190	一般采集		5073079.586	557197.2999	0	0	0	0	0	0	0	0	0	8	3	ZL·XAZ
P191	一般采集		5073046.583	557151.2118	0	0	0	0	0	0	0	0	0	5	4	ZL·XAZ
P192	一般采集		5073002.969	557175.9058	0	0	0	0	0	0	0	0	0	7	5	ZL·XAZ
P193	一般采集		5072971.326	557141.009	0	0	0	0	0	0	0	0	0	7	4	ZL·XAZ
P194	一般采集		5073012.686	557108.3212	0	0	0	0	0	0	0	0	0	7	1	ZL·XAZ
P195	一般采集		5072882.008	557027.9939	0	0	0	0	0	0	0	0	0	6	2	ZL·XAZ
P196	一般采集		5072921.209	556997.0131	0	0	0	0	0	0	0	0	0	7	2	ZL·XAZ
P197	一般采集		5072835.508	556936.4939	0	0	0	0	0	0	0	0	0	5	2	ZL·XAZ
P198	一般采集		5072811.166	556898.5786	0	0	0	0	0	0	0	0	0	5	6	ZL·XAZ
P199	一般采集		5072854.51	556873.8847	0	0	0	0	0	0	0	0	0	9	2	ZL·XAZ
P200	一般采集		5072819.867	556830.0498	0	0	0	0	0	0	0	0	0	9	1	ZL·XAZ

续表

采集区号	采集类型	系统采集陶数量	纬度	经度	新石器时代早期	新石器时代中期	新石器时代晚期	青铜时代早中期	小拉哈类型	古城文化	白金宝文化	汉书二期文化	魏晋隋唐时期	辽金时期	清末至民国时期	所属遗址编号
P201	一般采集		5072781.174	556860.6292	0	0	0	0	0	0	0	0	0	8	3	ZL-XAZ
P202	一般采集		5072863.68	556802.5268	0	0	0	0	0	0	0	0	0	9	0	ZL-XAZ
P203	一般采集		5072898.09	556775.3323	0	0	0	0	0	0	0	0	0	10	2	ZL-XAZ
P204	一般采集		5072940.18	556815.0268	0	0	0	0	0	0	0	0	0	8	3	ZL-XAZ
P205	一般采集		5072934.605	556744.2315	0	0	0	0	0	0	0	0	0	5	5	ZL-XAZ
P206	一般采集		5072999.68	556813.5268	0	0	0	0	0	0	0	0	0	3	4	ZL-XAZ
P207	一般采集		5073021.008	556851.9939	0	0	0	0	0	0	0	0	0	10	5	ZL-XAZ
P208	一般采集		5073069.586	556827.2999	0	0	0	0	0	0	0	0	0	6	5	ZL-XAZ
P209	一般采集		5073050.008	556896.9939	0	0	0	0	0	0	0	0	0	5	3	ZL-XAZ
P210	一般采集		5073169.303	557062.0963	0	0	0	0	0	0	0	0	0	5	0	ZL-XAZ
P211	一般采集		5071102.056	558643.4319	0	26	0	0	0	0	0	1	0	5	16	ZL-XEL-1
P212	一般采集		5071145.204	558674.2041	0	0	0	0	0	0	0	0	0	10	5	ZL-XEL-1
P213	一般采集		5071061.848	558592.2567	1	38	0	0	0	0	0	0	0	2	0	ZL-XEL-1
P214	一般采集		5071118.376	558598.8149	8	68	0	0	0	0	0	0	0	0	0	ZL-XEL-1
P215	一般采集		5071076.779	558684.7816	0	5	0	0	0	0	0	0	0	0	1	ZL-XEL-1
P216	一般采集		5070951.433	558756.4974	0	0	0	0	0	0	0	0	0	12	2	ZL-XEL-1
P217	一般采集		5070968.898	558702.0952	0	0	0	0	0	0	0	0	0	6	2	ZL-XEL-1
P218	一般采集		5070989.762	558649.3776	0	0	0	0	0	0	0	0	0	8	0	ZL-XEL-1
P219	一般采集		5071004.609	558593.6779	0	0	0	0	0	0	0	0	1	8	1	ZL-XEL-1
P220	一般采集		5071019.261	558537.8814	0	14	0	0	0	0	0	0	0	3	2	ZL-XEL-1
P221	一般采集		5071113.976	558712.3078	0	0	0	0	0	0	0	0	0	6	2	ZL-XEL-1
P222	一般采集		5071083.568	558742.1109	0	0	0	0	0	0	0	0	0	6	2	ZL-XEL-1
P223	一般采集		5071057.086	558762.5836	0	0	0	0	0	0	0	0	0	8	3	ZL-XEL-1
P224	一般采集		5071026.141	558799.6735	0	0	0	0	0	0	0	0	0	5	2	ZL-XEL-1
P225	一般采集		5071003.257	558854.1629	0	0	0	0	0	0	0	0	0	9	1	ZL-XEL-1
P226	一般采集		5071043.785	558898.8404	0	0	0	0	0	0	0	0	0	8	0	ZL-XEL-1
P227	一般采集		5071076.671	558961.8645	0	0	0	0	0	0	0	0	0	5	1	ZL-XEL-1

续表

采集区号	采集类型	系统采集圈数量	纬度	经度	新石器时代早期	新石器时代中期	新石器时代晚期	青铜时代早中期	小拉哈类型	古城文化	白金宝文化	汉书二期文化	魏晋隋唐时期	辽金时期	清末至民国时期	所属遗址编号
P228	一般采集		5071102.171	558920.3645	0	0	0	0	0	0	0	0	0	9	0	ZL-XEL-1
P229	一般采集		5071121.671	558879.3645	0	0	0	0	0	0	0	0	0	3	4	ZL-XEL-1
P230	一般采集		5071147.899	558847.9282	0	0	0	0	0	0	0	0	0	8	4	ZL-XEL-1
P231	一般采集		5071176.034	558814.2064	0	0	0	0	0	0	0	0	0	10	2	ZL-XEL-1
P232	一般采集		5071204.087	558780.5822	0	0	0	0	0	0	0	0	0	6	2	ZL-XEL-1
P233	一般采集		5071241.52	558811.8128	0	0	0	0	0	0	0	0	0	7	0	ZL-XEL-1
P234	一般采集		5071215.169	558843.9657	0	0	0	0	0	0	0	0	0	3	4	ZL-XEL-1
P235	一般采集		5071256.432	558877.7983	0	0	0	0	0	0	0	0	0	7	2	ZL-XEL-1
P236	一般采集		5071290.671	558842.8645	0	0	0	0	0	0	0	0	0	8	2	ZL-XEL-1
P237	一般采集		5071332.134	558876.8609	0	0	0	0	0	0	0	0	0	2	3	ZL-XEL-1
P238	一般采集		5071300.919	558914.2746	0	0	0	0	0	0	0	0	1	16	3	ZL-XEL-1
P239	一般采集		5071069.424	559020.3818	0	0	0	0	0	0	0	0	0	10	2	ZL-XEL-1
P240	一般采集		5071096.372	558988.0831	0	0	0	0	0	0	0	0	0	4	2	ZL-XEL-1
P241	一般采集		5071123.748	558954.6793	0	0	0	0	0	0	0	0	0	8	2	ZL-XEL-1
P242	一般采集		5071155	558917.2213	0	0	0	0	0	0	0	0	0	14	3	ZL-XEL-1
P243	一般采集		5071185.464	558880.1391	0	0	0	0	0	0	0	0	0	5	2	ZL-XEL-1
P244	一般采集		5071226.444	558913.7405	0	0	0	0	0	0	0	0	0	11	1	ZL-XEL-1
P245	一般采集		5071190.536	558946.3586	0	0	0	0	0	0	0	0	0	12	1	ZL-XEL-1
P246	一般采集		5071159.607	558984.081	0	0	0	0	0	0	0	0	0	14	0	ZL-XEL-1
P247	一般采集		5071132.26	559017.5088	0	0	0	0	0	0	0	0	0	9	2	ZL-XEL-1
P248	一般采集		5071111.284	559054.7036	0	0	0	0	0	0	0	0	0	9	4	ZL-XEL-1
P249	一般采集		5071078.365	559094.1592	0	0	0	0	0	0	0	0	0	7	1	ZL-XEL-1
P250	一般采集		5071123.604	559131.2522	0	0	0	0	0	0	0	0	0	8	0	ZL-XEL-1
P251	一般采集		5071146.747	559090.7775	0	0	0	0	0	0	0	0	0	7	1	ZL-XEL-1
P252	一般采集		5071171.123	559049.374	0	0	0	0	0	0	0	0	0	13	2	ZL-XEL-1
P253	一般采集		5071195.299	559013.3462	0	0	0	0	0	0	0	0	0	8	2	ZL-XEL-1
P254	一般采集		5071226.229	558975.6238	0	0	0	0	0	0	0	0	0	15	1	ZL-XEL-1

采集区号	采集类型	系统采集圈数量	纬度	经度	新石器时代早期	新石器时代中期	新石器时代晚期	青铜时代早中期	小拉哈类型	古城文化	白金宝文化	汉书二期文化	魏晋隋唐时期	辽金时期	清末至民国时期	所属遗址编号
P255	一般采集		5071269.782	558950.045	0	0	0	0	0	0	0	0	0	7	1	ZL-XEL-1
P256	一般采集		5071323.671	558956.8645	0	0	0	0	0	0	0	0	0	6	0	ZL-XEL-1
P257	一般采集		5071293.036	558993.5831	0	0	0	0	0	0	0	0	0	9	2	ZL-XEL-1
P258	一般采集		5071332.721	559037.4541	0	0	0	0	0	0	0	0	0	6	2	ZL-XEL-1
P259	一般采集		5071361.379	558987.782	0	0	0	0	0	0	0	0	0	9	0	ZL-XEL-1
P260	一般采集		5071401.042	559020.3028	0	0	0	0	0	0	0	0	0	8	1	ZL-XEL-1
P261	一般采集		5071370.753	559068.6376	0	0	0	0	0	0	0	0	0	9	1	ZL-XEL-1
P262	一般采集		5071416.258	559105.4055	0	0	0	0	0	0	0	0	0	16	3	ZL-XEL-1
P263	一般采集		5071447.527	559135.1369	0	0	0	0	0	0	0	0	0	8	5	ZL-XEL-1
P264	一般采集		5071470.671	559080.8645	0	0	0	0	0	0	0	0	0	7	1	ZL-XEL-1
P265	一般采集		5071515.911	559117.9576	0	0	0	0	0	0	0	0	0	4	3	ZL-XEL-1
P266	一般采集		5071484.124	559165.0199	0	0	0	0	0	0	0	0	0	8	4	ZL-XEL-1
P267	一般采集		5071522.354	559201.6069	0	0	0	0	0	0	0	0	0	12	1	ZL-XEL-1
P268	一般采集		5071558.55	559158.2235	0	0	0	0	0	0	0	0	0	12	4	ZL-XEL-1
P269	一般采集		5071594.414	559187.6295	0	0	0	0	0	0	0	0	0	16	3	ZL-XEL-1
P270	一般采集		5071560.405	559232.8376	0	0	0	0	0	0	0	0	0	10	5	ZL-XEL-1
P271	一般采集		5071591.085	559258.4345	0	0	0	0	0	0	0	0	0	13	2	ZL-XEL-1
P272	一般采集		5071633.263	559219.4834	0	0	0	0	0	0	0	0	0	6	1	ZL-XEL-1
P273	一般采集		5071661.171	559252.3645	0	0	0	0	0	0	0	0	0	9	1	ZL-XEL-1
P274	一般采集		5071619.719	559281.7655	0	0	0	0	0	0	0	0	0	15	3	ZL-XEL-1
P275	一般采集		5071664.959	559318.8585	0	0	0	0	0	0	0	0	0	6	0	ZL-XEL-1
P276	一般采集		5071703.258	559293.3042	0	0	0	0	0	0	0	0	0	6	3	ZL-XEL-1
P277	一般采集		5071639.048	559360.4025	0	0	0	0	0	0	0	0	0	11	0	ZL-XEL-1
P278	一般采集		5071606.417	559392.675	0	0	0	0	0	0	0	0	0	10	3	ZL-XEL-1
P279	一般采集		5071564.866	559358.6061	0	0	0	0	0	0	0	0	0	13	3	ZL-XEL-1
P280	一般采集		5071598.11	559318.061	0	0	0	0	0	0	0	0	0	15	3	ZL-XEL-1
P281	一般采集		5071560.701	559287.3887	0	0	0	0	0	0	0	0	0	13	2	ZL-XEL-1

续表

采集区号	采集类型	系统采集圈数量	纬度	经度	新石器时代早期	新石器时代中期	新石器时代晚期	青铜时代早中期	小拉哈类型	古城文化	白金宝文化	汉书二期文化	魏晋隋唐时期	辽金时期	清末至民国时期	所属遗址编号
P282	一般采集		5071527.457	559327.9338	0	0	0	0	0	0	0	0	0	8	3	ZL-XEL-1
P283	一般采集		5071489.235	559296.5946	0	0	0	0	0	0	0	0	0	18	9	ZL-XEL-1
P284	一般采集		5071522.479	559256.0495	0	0	0	0	0	0	0	0	0	12	2	ZL-XEL-1
P285	一般采集		5071488.365	559228.0786	0	0	0	0	0	0	0	0	0	19	6	ZL-XEL-1
P286	一般采集		5071455.121	559268.6237	0	0	0	0	0	0	0	0	0	24	3	ZL-XEL-1
P287	一般采集		5071419.851	559239.7043	0	0	0	0	0	0	0	0	0	15	4	ZL-XEL-1
P288	一般采集		5071453.095	559199.1592	0	0	0	0	0	0	0	0	0	19	3	ZL-XEL-1
P289	一般采集		5071412.93	559166.2417	0	0	0	0	0	0	0	0	0	12	12	ZL-XEL-1
P290	一般采集		5071379.339	559206.5026	0	0	0	0	0	0	0	0	0	11	15	ZL-XEL-1
P291	一般采集		5071375.388	559135.4602	0	0	0	0	0	0	0	0	0	13	12	ZL-XEL-1
P292	一般采集		5071341.797	559175.7212	0	0	0	0	0	0	0	0	0	12	5	ZL-XEL-1
P293	一般采集		5071308.554	559142.2824	0	0	0	0	0	0	0	0	0	13	3	ZL-XEL-1
P294	一般采集		5071339.534	559106.0624	0	0	0	0	0	0	0	0	0	15	4	ZL-XEL-1
P295	一般采集		5071301.763	559074.4463	0	0	0	0	0	0	0	0	0	6	4	ZL-XEL-1
P296	一般采集		5071263.315	559105.1893	0	0	0	0	0	0	0	0	0	13	5	ZL-XEL-1
P297	一般采集		5071226.965	559072.7749	0	0	0	0	0	0	0	0	0	7	2	ZL-XEL-1
P298	一般采集		5071256.84	559036.9665	0	0	0	0	0	0	0	0	0	12	4	ZL-XEL-1
P299	一般采集		5071198.297	559108.5108	0	0	0	0	0	0	0	0	0	3	3	ZL-XEL-1
P300	一般采集		5071179.432	559156.2714	0	0	0	0	0	0	0	0	0	18	3	ZL-XEL-1
P301	一般采集		5071241.454	559147.3889	0	0	0	0	0	0	0	0	0	24	0	ZL-XEL-1
P302	一般采集		5071277.847	559177.2292	0	0	0	0	0	0	0	0	0	31	1	ZL-XEL-1
P303	一般采集		5071213.2	559181.2536	0	0	0	0	0	0	0	0	0	19	2	ZL-XEL-1
P304	一般采集		5071246.104	559213.924	0	0	0	0	0	0	0	0	0	20	0	ZL-XEL-1
P305	一般采集		5071311.979	559210.7126	0	0	0	0	0	0	0	0	0	27	0	ZL-XEL-1
P306	一般采集		5071349.217	559241.245	0	0	0	0	0	0	0	0	0	20	1	ZL-XEL-1
P307	一般采集		5071292.389	559251.0234	0	0	0	0	0	0	0	0	0	13	0	ZL-XEL-1
P308	一般采集		5071326.521	559284.5069	0	0	0	0	0	0	0	0	0	23	2	ZL-XEL-1

续表

采集区号	采集类型	系统采集陶数量	纬度	经度	新石器时代早期	新石器时代中期	新石器时代晚期	青铜时代早中期	小拉哈类型	古城文化	白金宝文化	汉书二期文化	魏晋隋唐时期	辽金时期	清末至民国时期	所属遗址编号
P309	一般采集		5071387.174	559278.8698	0	0	0	0	0	0	0	0	0	11	5	ZL-XEL-1
P310	一般采集		5071362.868	559316.9227	0	0	0	0	0	0	0	0	0	17	5	ZL-XEL-1
P311	一般采集		5071424.319	559305.5424	0	0	0	0	0	0	0	0	0	22	4	ZL-XEL-1
P312	一般采集		5071458.433	559333.5134	0	0	0	0	0	0	0	0	0	29	8	ZL-XEL-1
P313	一般采集		5071403.992	559350.642	0	0	0	0	0	0	0	0	0	21	6	ZL-XEL-1
P314	一般采集		5071449.232	559387.7351	0	0	0	0	0	0	0	0	0	10	5	ZL-XEL-1
P315	一般采集		5071495.564	559364.1838	0	0	0	0	0	0	0	0	0	37	6	ZL-XEL-1
P316	一般采集		5071532.861	559394.9902	0	0	0	0	0	0	0	0	0	15	5	ZL-XEL-1
P317	一般采集		5071574.412	559429.0591	0	0	0	0	0	0	0	0	0	20	5	ZL-XEL-1
P318	一般采集		5071314.241	559324.7307	0	0	0	0	0	0	0	0	0	23	2	ZL-XEL-1
P319	一般采集		5071273.95	559291.6951	0	0	0	0	0	0	0	0	0	21	7	ZL-XEL-1
P320	一般采集		5071239.232	559263.2292	0	0	0	0	0	0	0	0	0	23	7	ZL-XEL-1
P321	一般采集		5071202.727	559233.297	0	0	0	0	0	0	0	0	0	22	7	ZL-XEL-1
P322	一般采集		5071190.671	559285.8645	0	0	0	0	0	0	0	0	0	7	1	ZL-XEL-1
P323	一般采集		5071163.171	559200.8645	0	0	0	0	0	0	0	0	0	14	3	ZL-XEL-1
P324	一般采集		5071633.59	559451.8119	0	0	0	0	0	0	0	0	0	7	3	ZL-XEL-1
P325	一般采集		5071677.147	559488.1524	0	0	0	0	0	0	0	0	0	2	4	ZL-XEL-1
P326	一般采集		5071669.786	559408.4285	0	0	0	0	0	0	0	0	0	6	5	ZL-XEL-1
P327	一般采集		5071713.289	559444.0729	0	0	0	0	0	0	0	0	0	10	1	ZL-XEL-1
P328	一般采集		5071713.685	559371.3616	0	0	0	0	0	0	0	0	0	3	4	ZL-XEL-1
P329	一般采集		5071750.623	559328.5862	0	0	0	0	0	0	0	0	0	8	4	ZL-XEL-1
P330	一般采集		5071785.435	559287.6219	0	0	0	0	0	0	0	0	0	10	1	ZL-XEL-1
P331	一般采集		5071822.372	559244.8465	0	0	0	0	0	0	0	0	0	13	5	ZL-XEL-1
P332	一般采集		5071869.609	559202.5891	0	0	0	0	0	0	0	0	0	6	6	ZL-XEL-1
P333	一般采集		5071905.804	559159.2057	0	0	0	0	0	0	0	0	0	6	6	ZL-XEL-1
P334	一般采集		5071985.716	559152.6125	0	0	0	0	0	0	0	0	0	3	4	ZL-XEL-1
P335	一般采集		5071949.574	559196.692	0	0	0	0	0	0	0	0	0	7	3	ZL-XEL-1

续表

采集区号	采集类型	系统采集圈数量	纬度	经度	新石器时代早期	新石器时代中期	新石器时代晚期	青铜时代早中期	小拉哈类型	古城文化	白金宝文化	汉书二期文化	魏晋隋唐时期	辽金时期	清末至民国时期	所属遗址编号
P336	一般采集		5071906.603	559240.8481	0	0	0	0	0	0	0	0	0	9	3	ZL-XEL-1
P337	一般采集		5071870.461	559284.9277	0	0	0	0	0	0	0	0	0	8	5	ZL-XEL-1
P338	一般采集		5071830.738	559325.4192	0	0	0	0	0	0	0	0	0	11	3	ZL-XEL-1
P339	一般采集		5071789.954	559369.8433	0	0	0	0	0	0	0	0	0	15	5	ZL-XEL-1
P340	一般采集		5071746.102	559411.8579	0	0	0	0	0	0	0	0	0	17	5	ZL-XEL-1
P341	一般采集		5071653.671	559092.3645	0	0	0	0	0	0	0	0	0	9	5	ZL-XEL-1
P342	一般采集		5071495.932	558962.7714	0	0	0	0	0	0	0	0	0	4	5	ZL-XEL-1
Q001	一般采集		5069936.49	565093.2697	0	0	0	0	0	0	0	0	0	15	32	ZL-NM
Q002	一般采集		5069883.303	565057.5847	0	0	0	0	0	0	0	0	0	12	17	ZL-NM
Q003	一般采集		5069836.384	565026.1059	0	0	0	1	0	0	0	0	0	12	6	ZL-NM
Q004	一般采集		5069790.917	564982.7889	0	0	0	1	0	0	0	0	0	13	10	ZL-NM
Q005	一般采集		5069754.35	564943.0781	0	0	0	0	0	0	0	0	0	14	10	ZL-NM
Q006	一般采集		5069708.458	564909.6832	0	0	0	0	0	0	0	0	0	15	9	ZL-NM
Q007	一般采集		5069661.361	564878.0844	0	0	0	0	0	0	0	0	0	18	13	ZL-NM
Q008	一般采集		5069621.228	564831.9686	0	0	0	0	0	0	0	0	0	19	11	ZL-NM
Q009	一般采集		5069626.236	564919.4611	0	0	0	0	0	0	0	0	0	4	3	ZL-NM
Q010	一般采集		5069677.068	564957.3442	0	0	0	0	0	0	0	0	0	9	7	ZL-NM
Q011	一般采集		5069721.749	564991.6568	0	0	0	0	0	0	0	0	0	15	15	ZL-NM
Q012	一般采集		5069766.039	565019.6413	0	0	0	0	0	0	0	0	0	27	8	ZL-NM
Q013	一般采集		5069810.803	565064.0251	0	0	0	0	0	0	0	0	0	14	7	ZL-NM
Q014	一般采集		5069857.133	565096.5891	0	0	0	0	0	0	0	0	0	25	7	ZL-NM
Q015	一般采集		5069909.436	565133.5933	0	0	0	0	0	0	0	0	0	14	5	ZL-NM
Q016	一般采集		5069879.134	565171.2003	0	0	0	0	0	0	0	0	0	28	15	ZL-NM
Q017	一般采集		5069829.134	565130.7003	0	0	0	0	0	0	0	0	0	47	18	ZL-NM
Q018	一般采集		5069780.362	565092.2898	0	0	0	0	0	0	0	0	0	29	9	ZL-NM
Q019	一般采集		5069733.134	565061.2003	0	0	0	0	0	0	0	0	0	22	17	ZL-NM
Q020	一般采集		5069688.34	565022.3756	0	0	0	0	0	0	0	0	0	21	8	ZL-NM

续表

采集区号	采集类型	系统采集陶数量	纬度	经度	新石器时代早期	新石器时代中期	新石器时代晚期	青铜时代早中期	小河沿哈类型	古城文化	白金宝文化	汉书二期文化	魏晋隋唐时期	辽金时期	清末至民国时期	所属遗址编号
Q021	一般采集		5069641.119	564991.2755	0	0	0	0	0	0	0	0	0	14	6	ZL-NM
Q022	一般采集		5069701.393	565105.3829	0	0	0	0	0	0	0	0	0	28	12	ZL-NM
Q023	一般采集		5069748.621	565136.4724	0	0	0	0	0	0	0	0	0	14	3	ZL-NM
Q024	一般采集		5069800.722	565170.7693	0	0	0	0	0	0	0	0	0	32	8	ZL-NM
Q025	一般采集		5069843.634	565216.7003	0	0	0	0	0	0	0	0	0	18	4	ZL-NM
Q026	一般采集		5069818.406	565306.6108	0	0	0	0	0	0	0	0	0	19	5	ZL-NM
Q027	一般采集		5069774.906	565247.1108	0	0	0	0	0	0	0	0	0	34	4	ZL-NM
Q028	一般采集		5069733.906	565189.1108	0	0	0	0	0	0	0	0	0	26	7	ZL-NM
Q029	一般采集		5069687.341	565218.9813	0	0	0	0	0	0	0	0	0	12	1	ZL-NM
Q030	一般采集		5069738.892	565323.7148	0	0	0	0	0	0	0	0	0	35	5	ZL-NM
Q031	一般采集		5069786.228	565355.4686	0	0	0	0	0	0	0	0	0	33	4	ZL-NM
Q032	一般采集		5069753.632	565404.0514	0	0	0	0	0	0	0	0	0	30	11	ZL-NM
Q033	一般采集		5069706.518	565358.9531	0	0	0	0	0	0	0	0	0	13	3	ZL-NM
Q034	一般采集		5069674.34	565407.8108	0	0	0	0	0	0	0	0	0	7	0	ZL-NM
Q035	一般采集		5069721.535	565438.8781	0	0	0	0	0	0	0	0	0	24	7	ZL-NM
Q036	一般采集		5069694.686	565479.6446	0	0	0	0	0	0	0	0	0	16	1	ZL-NM
Q037	一般采集		5069655.211	565523.6993	0	0	0	0	0	0	0	0	0	30	7	ZL-NM
Q038	一般采集		5069607.919	565491.9693	0	0	0	0	0	0	0	0	0	13	4	ZL-NM
Q039	一般采集		5069559.202	565371.4138	0	0	0	0	0	0	0	0	0	52	4	ZL-NM
Q040	一般采集		5069584.406	565339.1108	0	0	0	0	0	0	0	0	0	10	1	ZL-NM
Q041	一般采集		5069537.072	565307.3534	0	0	0	0	0	0	0	0	0	30	4	ZL-NM
Q042	一般采集		5069483.402	565215.8997	0	0	0	0	0	0	0	0	0	35	3	ZL-NM
Q043	一般采集		5069461.974	565312.6101	0	0	0	0	0	0	0	0	0	54	3	ZL-NM
Q044	一般采集		5069504.104	565352.1238	0	0	0	0	0	0	0	0	0	32	5	ZL-NM
Q045	一般采集		5069471.127	565389.1977	0	0	0	0	0	0	0	0	0	33	2	ZL-NM
Q046	一般采集		5069518.698	565420.513	0	0	0	0	0	0	0	1	0	36	3	ZL-NM
Q047	一般采集		5069565.991	565452.243	0	0	0	0	0	0	0	0	0	39	0	ZL-NM

续表

采集区号	采集类型	系统采集圈数量	纬度	经度	新石器时代早期	新石器时代中期	新石器时代晚期	青铜时代早中期	小拉哈类型	古城文化	白金宝文化	汉书二期文化	魏晋隋唐时期	辽金时期	清末至民国时期	所属遗址编号
Q048	一般采集		5069423.834	565357.4677	0	0	0	0	0	0	0	0	0	33	2	ZL-NM
Q049	一般采集		5069383.121	565315.9317	0	0	0	0	0	0	0	0	0	26	3	ZL-NM
Q050	一般采集		5069417.621	565269.4317	0	0	0	0	0	0	0	0	0	62	14	ZL-NM
Q051	一般采集		5069399.743	565207.855	0	0	0	0	0	0	0	0	0	24	3	ZL-NM
Q052	一般采集		5069355.895	565178.9902	0	0	0	0	0	0	0	0	1	37	3	ZL-NM
Q053	一般采集		5069323.302	565227.5694	0	0	0	0	0	0	0	0	0	24	6	ZL-NM
Q054	一般采集		5069384.491	565136.3603	0	0	0	0	0	0	0	0	0	29	1	ZL-NM
Q055	一般采集		5069433.121	565171.0446	0	0	0	0	0	0	0	0	0	26	5	ZL-NM
Q056	一般采集		5069417.506	565099.311	0	0	0	0	0	0	0	0	0	35	5	ZL-NM
Q057	一般采集		5069468.662	565135.5631	0	0	0	0	0	0	0	0	0	27	0	ZL-NM
Q058	一般采集		5069449.206	565052.0628	0	0	0	0	0	0	0	0	0	14	1	ZL-NM
Q059	一般采集		5069488.438	565007.3361	0	0	0	0	0	0	0	0	0	33	2	ZL-NM
Q060	一般采集		5069535.374	565047.1774	0	0	0	0	0	0	0	0	0	17	0	ZL-NM
Q061	一般采集		5069639.729	565187.6391	0	0	0	0	0	0	0	0	0	3	6	ZL-NM
Q062	一般采集		5069630.146	565110.7626	0	0	0	0	0	0	0	0	0	6	15	ZL-NM
Q063	一般采集		5069611.537	565036.1923	0	0	0	0	0	0	0	0	0	11	15	ZL-NM
Q064	一般采集		5069600.743	564949.5345	0	0	0	0	0	0	0	0	0	6	9	ZL-NM
Q065	一般采集		5069549.996	564915.4873	0	0	0	0	0	0	0	0	0	12	12	ZL-NM
Q066	一般采集		5069568.484	564997.7138	0	0	0	0	0	0	0	0	0	17	5	ZL-NM
Q067	一般采集		5069517.447	564964.1004	0	0	0	0	0	0	0	0	0	12	5	ZL-NM
Q068	一般采集		5069500.84	565086.7053	0	0	0	0	0	0	0	0	0	12	4	ZL-NM
Q069	一般采集		5069511.85	565173.4986	0	0	0	0	0	0	0	0	0	9	3	ZL-NM
Q070	一般采集		5069559.462	565204.8408	0	0	0	0	0	0	0	0	0	11	2	ZL-NM
Q071	一般采集		5069544.722	565124.5042	0	0	0	0	0	0	0	0	0	24	4	ZL-NM
Q072	一般采集		5069582.705	565078.939	0	0	0	0	0	0	0	0	0	16	3	ZL-NM
Q073	一般采集		5069591.64	565155.9831	0	0	0	0	0	0	0	0	0	31	5	ZL-NM
Q074	一般采集		5069617.018	565289.9531	0	0	0	0	0	0	0	0	0	34	5	ZL-NM

续表

采集区号	采集类型	系统采集圈数量	纬度	经度	新石器时代早期	新石器时代中期	新石器时代晚期	青铜时代早中期	小拉哈类型	古城文化	白金宝文化	汉书二期文化	魏晋隋唐时期	辽金时期	清末至民国时期	编号	所属遗址
Q075	一般采集		5069276.383	565196.0905	0	0	0	0	0	0	0	0	0	6	1	ZL-NM	
Q076	一般采集		5069308.561	565147.2327	0	0	0	0	0	0	0	0	0	38	5	ZL-NM	
Q077	一般采集		5069336.883	565105.0204	0	0	0	0	0	0	0	0	0	20	2	ZL-NM	
Q078	一般采集		5069370.769	565066.8497	0	0	0	0	0	0	0	0	0	38	5	ZL-NM	
Q079	一般采集		5069403.362	565018.2705	0	0	0	0	0	0	0	0	0	18	5	ZL-NM	
Q080	一般采集		5069441.81	564973.0176	0	0	0	0	0	0	0	0	0	11	3	ZL-NM	
Q081	一般采集		5069473.698	564926.9994	0	0	0	0	0	0	0	0	0	25	3	ZL-NM	
Q082	一般采集		5069505.876	564878.1417	0	0	0	0	0	0	0	0	0	21	19	ZL-NM	
Q083	一般采集		5069322.289	565036.6312	0	0	0	0	0	0	0	0	0	31	9	ZL-NM	
Q084	一般采集		5069354.882	564988.052	0	0	0	0	0	0	0	0	0	16	4	ZL-NM	
Q085	一般采集		5069394.198	564941.6754	0	0	0	0	0	0	0	0	0	25	1	ZL-NM	
Q086	一般采集		5069427.07	564892.681	0	0	0	0	0	0	0	0	0	18	1	ZL-NM	
Q087	一般采集		5069459.663	564844.1018	0	0	0	0	0	0	0	0	0	37	9	ZL-NM	
Q088	一般采集		5069492.256	564795.5227	0	0	0	0	0	0	0	0	0	37	6	ZL-NM	
Q089	一般采集		5069487.21	564721.6901	0	0	0	0	0	0	0	0	0	62	11	ZL-NM	
Q090	一般采集		5069434.218	564688.6815	0	0	0	0	0	0	0	0	0	50	7	ZL-NM	
Q091	一般采集		5069477.721	564645.1737	0	0	0	0	0	0	0	0	0	11	0	ZL-NM	
Q092	一般采集		5069523.796	564593.8462	0	1	0	0	0	0	0	0	0	22	3	ZL-NM	
Q093	一般采集		5069620.154	564582.0344	0	0	0	0	0	0	0	0	0	3	3	ZL-NM	
Q094	一般采集		5069560.69	564641.1583	0	0	0	0	0	0	0	0	0	19	5	ZL-NM	
Q095	一般采集		5069520.204	564684.158	0	1	0	0	0	0	0	0	0	12	1	ZL-NM	
Q096	一般采集		5069567.406	564716.1108	0	0	0	0	0	0	0	0	0	12	3	ZL-NM	
Q097	一般采集		5069529.557	564760.8802	0	0	0	0	0	0	0	0	0	37	6	ZL-NM	
Q098	一般采集		5069571.408	564800.8087	0	0	0	0	0	0	0	0	0	30	6	ZL-NM	
Q099	一般采集		5069539.134	564837.7525	0	0	0	0	0	0	0	0	0	57	4	ZL-NM	
Q100	一般采集		5069586.149	564881.1453	0	0	0	0	0	0	0	0	0	21	3	ZL-NM	
Q101	一般采集		5069567.406	564542.1108	0	3	0	0	0	0	0	0	0	13	11	ZL-NM	

续表

采集区号	采集类型	系统采集圈数量	纬度	经度	新石器时代早期	新石器时代中期	新石器时代晚期	青铜时代早中期	小拉哈类型	古城文化	白金宝文化	汉书二期文化	魏晋隋唐时期	辽金时期	清末至民国时期	所属遗址编号
Q102	一般采集		5069519.8	564500.6041	0	0	0	0	0	0	0	0	0	8	1	ZL-NM
Q103	一般采集		5069566.572	564461.3534	0	0	0	0	0	0	0	0	0	9	1	ZL-NM
Q104	一般采集		5069613.906	564493.1108	0	0	0	0	0	0	0	0	0	13	3	ZL-NM
Q105	一般采集		5069610.906	564409.6108	0	0	0	0	0	0	0	0	0	26	3	ZL-NM
Q106	一般采集		5069643.084	564360.7531	0	0	0	0	0	0	0	0	0	34	4	ZL-NM
Q107	一般采集		5069675.262	564311.8953	0	0	0	0	0	0	0	0	0	29	0	ZL-NM
Q108	一般采集		5069707.44	564263.0376	0	0	0	0	0	0	0	1	0	16	0	ZL-NM
Q109	一般采集		5069772.084	564152.2531	0	17	0	0	1	0	0	7	0	21	0	ZL-NM
Q110	一般采集		5069724.75	564120.4957	0	0	0	0	0	0	0	0	0	18	3	ZL-NM
Q111	一般采集		5069395.023	564732.3827	0	0	0	0	0	0	0	0	0	27	7	ZL-NM
Q112	一般采集		5069364.906	564778.1108	0	0	0	0	0	0	0	0	0	21	5	ZL-NM
Q113	一般采集		5069325.401	564827.3788	0	0	0	0	0	0	0	0	0	15	1	ZL-NM
Q114	一般采集		5069292.529	564876.3732	0	0	0	0	0	0	0	0	0	22	8	ZL-NM
Q115	一般采集		5069251.084	564908.7531	0	0	0	0	0	0	0	0	0	19	0	ZL-NM
Q116	一般采集		5069218.906	564957.6108	0	0	0	0	0	0	0	0	0	32	2	ZL-NM
Q117	一般采集		5069267.906	565001.1108	0	0	0	0	0	0	0	0	0	9	5	ZL-NM
Q118	一般采集		5069250.906	565061.6108	0	0	0	0	0	0	0	0	0	14	2	ZL-NM
Q119	一般采集		5069448.812	564757.0707	0	0	0	0	0	0	0	0	0	9	9	ZL-NM
Q120	一般采集		5069416.634	564805.9284	0	0	0	0	0	0	0	0	0	15	5	ZL-NM
Q121	一般采集		5069379.458	564861.3388	0	0	0	0	0	0	0	0	0	11	7	ZL-NM
Q122	一般采集		5069340.141	564907.7154	0	0	0	0	0	0	0	0	0	16	0	ZL-NM
Q123	一般采集		5069300.084	564952.2531	0	0	0	0	0	0	0	0	0	14	4	ZL-NM
Q124	一般采集		5069174.64	564921.2808	0	0	0	0	0	0	0	0	0	23	5	ZL-NM
Q125	一般采集		5069207.233	564872.7017	0	0	0	0	0	0	0	0	0	10	0	ZL-NM
Q126	一般采集		5069253.939	564832.4814	0	0	0	0	0	0	0	0	0	4	6	ZL-NM
Q127	一般采集		5069167.137	564834.5989	0	0	0	0	0	0	0	0	0	6	1	ZL-NM
Q128	一般采集		5069286.117	564783.6236	0	0	0	0	0	0	0	0	0	10	4	ZL-NM

续表

采集区号	采集类型	系统采集图数量	纬度	经度	新石器时代早期	新石器时代中期	新石器时代晚期	青铜时代早中期	小拉哈类型	古城文化	白金宝文化	汉书二期文化	魏晋隋唐时期	辽金时期	清末至民国时期	所属遗址编号
Q129	一般采集		5069480.212	564556.4997	0	0	0	0	0	0	0	0	0	8	2	ZL-NM
Q130	一般采集		5069394.693	564637.6169	0	0	0	0	0	0	0	0	0	6	0	ZL-NM
Q131	一般采集		5069342.751	564665.2611	0	0	0	0	0	0	0	0	0	7	2	ZL-NM
Q132	一般采集		5069288.809	564687.9054	0	0	0	0	0	0	0	0	0	7	2	ZL-NM
Q133	一般采集		5069234.867	564710.5496	0	0	0	0	0	0	0	0	0	7	4	ZL-NM
Q134	一般采集		5069256.804	564639.9608	0	0	0	0	0	0	0	0	0	15	3	ZL-NM
Q135	一般采集		5069184.098	564740.7458	0	0	0	0	0	0	0	0	0	7	0	ZL-NM
Q136	一般采集		5069202.862	564662.605	0	0	0	0	0	0	0	0	0	7	4	ZL-NM
Q137	一般采集		5069531.106	565621.0783	0	0	0	0	0	0	0	0	0	9	1	ZL-NM
Q138	一般采集		5069490.657	565581.6304	0	0	0	0	0	0	0	0	0	4	1	ZL-NM
Q139	一般采集		5069450.208	565542.1826	0	0	0	0	0	0	0	0	0	5	3	ZL-NM
Q140	一般采集		5069395.196	565515.1039	0	0	0	0	0	0	0	0	0	5	1	ZL-NM
Q141	一般采集		5069345.696	565476.6039	0	0	0	0	0	0	0	0	0	13	4	ZL-NM
Q142	一般采集		5069297.696	565452.1039	0	0	0	0	0	0	0	0	0	5	6	ZL-NM
Q143	一般采集		5069266.145	565438.5517	0	0	0	0	0	0	0	0	0	10	5	ZL-NM
Q144	一般采集		5069299.528	565399.519	0	0	0	0	0	0	0	0	0	4	5	ZL-NM
Q145	一般采集		5069132.474	564881.8212	0	0	0	0	0	0	0	0	0	9	2	ZL-NM
Q146	一般采集		5069078.406	564865.6108	0	0	0	0	0	0	0	0	0	2	3	ZL-NM
Q147	一般采集		5069031.072	564833.8534	0	0	0	0	0	0	0	0	0	5	3	ZL-NM
Q148	一般采集		5068995.408	564789.9393	0	0	0	0	0	0	0	0	0	21	1	ZL-NM
Q149	一般采集		5068930.615	564757.2732	0	0	0	0	0	0	0	0	0	8	8	ZL-NM
Q150	一般采集		5069020.101	564701.4509	0	0	0	0	0	0	0	0	0	14	8	ZL-NM
Q151	一般采集		5068973.531	564725.9209	0	0	0	0	0	0	0	0	0	12	10	ZL-NM
Q152	一般采集		5069019.14	564632.7515	0	0	0	0	0	0	0	0	0	1	3	ZL-NM
Q153	一般采集		5069079.966	564598.8433	0	0	0	0	0	0	0	0	0	5	3	ZL-NM
Q154	一般采集		5069130.82	564569.9223	0	0	0	0	0	0	0	0	0	9	4	ZL-NM
Q155	一般采集		5068794.842	564731.7039	0	0	0	0	0	0	0	0	0	5	2	ZL-NM

续表

采集区号	采集类型	系统采集圈数量	纬度	经度	新石器时代早期	新石器时代中期	新石器时代晚期	青铜时代早中期	小拉哈类型	古城文化	白金宝文化	汉书二期文化	魏晋隋唐时期	辽金时期	清末至民国时期	所属遗址编号
Q156	一般采集		5069067.632	564667.3467	0	0	0	0	0	0	0	0	0	24	8	ZL-NM
Q157	一般采集		5069114.721	564637.7396	0	0	0	0	0	0	0	0	0	18	6	ZL-NM
Q158	一般采集		5069042.647	564755.4289	0	0	0	0	0	0	0	0	0	44	6	ZL-NM
Q159	一般采集		5069089.886	564720.9185	0	0	0	0	0	0	0	0	0	24	6	ZL-NM
Q160	一般采集		5069139.397	564689.5738	0	0	0	0	0	0	0	0	0	13	4	ZL-NM
Q161	一般采集		5069122.529	564744.8372	0	0	0	0	0	0	0	0	0	20	9	ZL-NM
Q162	一般采集		5069063.812	564797.2217	0	0	0	0	0	0	0	0	0	9	4	ZL-NM
Q163	一般采集		5069117.88	564813.4321	0	0	0	0	0	0	0	0	0	8	1	ZL-NM
Q164	一般采集		5069434.383	564596.3712	0	0	0	0	0	0	0	0	0	7	4	ZL-NM
Q165	一般采集		5068985.5	564548	0	0	0	0	0	0	0	0	0	3	2	ZL-NM
Q166	一般采集		5069042.55	564535.0541	0	0	0	0	0	0	0	0	0	9	2	ZL-NM
Q167	一般采集		5069099.489	564521.6205	0	0	0	0	0	0	0	0	0	19	5	ZL-NM
Q168	一般采集		5068895.5	564587.5	0	0	0	0	0	0	0	0	0	6	1	ZL-NM
Q169	一般采集		5068780.037	564554.4434	0	0	0	0	0	0	0	0	0	5	1	ZL-NM
Q170	一般采集		5069029.337	564479.0904	0	0	0	0	0	0	0	0	0	5	0	ZL-NM
Q171	一般采集		5069086.875	564466.0338	0	0	0	0	0	0	0	0	0	8	3	ZL-NM
Q172	一般采集		5068748.248	564681.5306	0	0	0	0	0	0	0	0	0	24	4	ZL-NM
Q173	一般采集		5068720.342	564737.2039	0	0	0	0	0	0	0	0	0	20	12	ZL-NM
Q174	一般采集		5068694.342	564800.7039	0	0	0	0	0	0	0	0	0	14	15	ZL-NM
Q175	一般采集		5068638.842	564772.2039	0	0	0	0	0	0	0	0	0	22	15	ZL-NM
Q176	一般采集		5068661.842	564714.2039	0	0	0	0	0	0	0	0	0	11	5	ZL-NM
Q177	一般采集		5068687.842	564657.2039	0	0	0	0	0	0	0	0	0	38	17	ZL-NM
Q178	一般采集		5068570.342	564701.7039	0	0	0	0	0	0	0	0	0	6	2	ZL-NM
Q179	一般采集		5068592.031	564648.9895	0	0	0	0	0	0	0	0	0	9	0	ZL-NM
R001	一般采集		5064877.5	555837.3813	0	0	0	0	0	0	0	0	0	0	14	ZL-FX-5
R002	一般采集		5064778.071	555895.4635	0	0	0	0	0	0	0	0	0	0	4	ZL-FX-5
R003	一般采集		5064835.917	555922.4803	0	0	0	0	0	0	0	0	0	3	10	ZL-FX-5

续表

采集区号	采集类型	系统采集圈数量	纬度	经度	新石器时代早期	新石器时代中期	新石器时代晚期	青铜时代早中期	小拉哈类型	古城文化	白金宝文化	汉书二期文化	魏晋隋唐时期	辽金时期	清末至民国时期	所属遗址编号
R004	一般采集		5064810.571	555983.9635	0	0	0	0	0	0	0	0	0	3	14	ZL-FX-5
R005	一般采集		5064755.071	555983.9635	0	0	0	0	0	0	0	0	0	22	18	ZL-FX-5
R006	一般采集		5064191.114	550945.1648	0	0	0	0	0	0	0	0	0	8	6	ZL-FX-3
R007	一般采集		5064137.619	550949.8007	0	1	0	0	0	0	0	0	0	10	13	ZL-FX-3
R008	一般采集		5064080.619	550953.8007	0	5	0	0	0	0	0	0	0	5	5	ZL-FX-3
R009	一般采集		5064023.119	550957.3007	0	3	0	0	0	0	0	0	0	18	10	ZL-FX-3
R010	一般采集		5064029.788	551016.6576	0	0	0	0	0	0	0	0	0	15	7	ZL-FX-3
R011	一般采集		5064091.072	551013.7296	0	0	0	0	0	0	0	1	1	21	2	ZL-FX-3
R012	一般采集		5064152.355	551010.8016	0	0	0	0	0	0	0	0	0	9	0	ZL-FX-3
R013	**系统采集**	**3**	**5066521.623**	**554610.8576**	**0**	**0**	**0**	**0**	**0**	**0**	**0**	**0**	**0**	**1083**	**2165**	**ZL-FX-4**
R014	一般采集		5066518.835	554552.2287	0	0	0	0	0	0	0	0	0	29	54	ZL-FX-4
R015	一般采集		5066516.056	554493.7926	0	0	0	0	0	0	0	0	0	29	8	ZL-FX-4
R016	一般采集		5066576.335	554550.7287	0	0	0	0	0	0	0	0	0	1	2	ZL-FX-4
R017	**系统采集**	**3**	**5066461.224**	**554537.6745**	**0**	**0**	**0**	**0**	**0**	**0**	**0**	**0**	**0**	**1999**	**1916**	**ZL-FX-4**
R018	一般采集		5066464.066	554597.6807	0	0	0	0	0	0	0	0	0	17	22	ZL-FX-4
R019	一般采集		5066090.272	554236.0083	0	0	0	0	0	0	0	0	0	8	1	
R020	一般采集		5066578.5	553741.5	0	0	0	0	0	0	0	0	0	7	0	
R021	一般采集		5066130.614	552934.1648	0	0	0	0	0	0	0	0	0	31	0	
R022	一般采集		5065250.272	552420.5083	0	0	0	0	0	0	0	0	0	10	2	
R023	一般采集		5066315.272	552003.0083	0	0	0	0	0	0	0	0	0	9	1	
R024	一般采集		5066367.772	551952.0083	0	0	0	0	0	0	0	0	0	7	0	
R025	一般采集		5066317.272	552063.0083	0	0	0	0	0	0	0	0	1	3	0	
R026	一般采集		5066607.114	552153.1648	0	0	0	0	0	0	0	0	0	26	1	
R027	一般采集		5067093.335	551803.7287	0	0	0	0	0	0	0	0	0	20	2	
R028	一般采集		5066382.614	551698.1648	0	0	0	0	0	0	0	0	0	3	1	
R029	一般采集		5065828.272	551787.5083	0	0	0	0	0	0	0	0	0	88	28	
R030	一般采集		5067479.668	551592.4867	0	0	0	0	0	0	0	0	0	12	0	

续表

采集区号	采集类型	系统采集圈数量	纬度	经度	新石器时代早期	新石器时代中期	新石器时代晚期	青铜时代早中期	小拉哈类型	古城文化	白金宝文化	汉书二期文化	魏晋隋唐时期	辽金时期	清末至民国时期	所属遗址编号
R031	一般采集		5067464.114	551534.1648	0	0	0	0	0	0	0	0	0	3	0	
R032	一般采集		5066234.772	550827.5083	0	0	0	0	0	0	0	0	0	5	4	ZL-FX-2
R033	一般采集		5065972.74	550555.8883	0	0	0	0	0	0	0	0	0	30	25	ZL-FX-2
R034	一般采集		5065921.24	550520.3883	0	0	0	0	0	0	0	0	0	10	6	ZL-FX-2
R035	一般采集		5066000.987	550504.6574	0	0	0	0	0	0	0	0	0	23	8	ZL-FX-2
R036	一般采集		5065953.22	550465.5313	0	0	0	0	0	0	0	0	0	4	5	ZL-FX-2
R037	一般采集		5066024.816	550453.3767	0	0	0	0	0	0	0	0	0	4	6	ZL-FX-2
R038	一般采集		5066051.24	550534.8883	0	0	0	0	0	0	0	0	0	10	4	ZL-FX-2
R039	一般采集		5066074.74	550480.8883	0	0	0	0	0	0	0	0	0	4	1	ZL-FX-2
R040	一般采集		5066053.744	550401.9552	0	0	0	0	0	0	0	0	0	64	28	ZL-FX-2
R041	一般采集		5066102.028	550430.5468	0	0	0	0	0	0	0	0	0	56	12	ZL-FX-2
R042	一般采集		5066035.678	550315.9787	0	0	0	0	0	0	0	0	0	59	18	ZL-FX-2
R043	一般采集		5066061.74	550259.8883	0	0	0	0	0	0	0	0	0	39	6	ZL-FX-2
R044	**系统采集**	**3**	**5066081.032**	**550351.6137**	**0**	**0**	**0**	**0**	**0**	**0**	**0**	**0**	**0**	**3415**	**666**	**ZL-FX-2**
R045	一般采集		5066131	550378	0	0	0	0	0	0	0	0	0	12	2	ZL-FX-2
R046	一般采集		5066153.772	550597.0083	0	0	0	0	0	0	0	0	0	17	1	ZL-FX-2
R047	一般采集		5065692.272	555733.5083	0	0	0	0	0	0	0	0	0	3	7	
R048	一般采集		5069794.02	551678.4203	0	0	0	0	0	0	0	0	0	36	26	
R049	一般采集		5069791.228	551619.9848	0	0	0	0	0	0	0	0	0	8	6	
R050	一般采集		5071456.619	552804.1444	0	0	0	0	0	0	0	0	0	29	6	ZL-WH-3
R051	一般采集		5071409.66	552771.8872	0	0	0	0	0	0	0	0	0	16	10	ZL-WH-3
R052	一般采集		5071365.797	552749.4314	0	0	0	0	0	0	0	0	0	16	8	ZL-WH-3
R053	一般采集		5071327.43	552715.6976	0	0	0	0	0	0	0	0	0	15	1	ZL-WH-3
R054	一般采集		5071282.158	552693.6495	0	0	0	0	0	0	0	0	0	66	44	ZL-WH-3
R055	一般采集		5071250.378	552666.2197	0	0	0	1	0	0	0	0	0	44	21	ZL-WH-3
R056	一般采集		5071213.582	552635.8464	0	0	0	0	0	0	0	0	0	33	8	ZL-WH-3
R057	一般采集		5071163.297	552610.0886	0	0	0	0	0	0	0	0	0	31	11	ZL-WH-3

续表

采集区号	采集类型	系统采集圈数量	纬度	经度	新石器时代早期	新石器时代中期	新石器时代晚期	青铜时代早中期	小拉哈类型	古城文化	白金宝文化	汉书二期文化	魏晋隋唐时期	辽金时期	清末至民国时期	所属遗址编号
R058	一般采集		5071112.772	552583.6651	0	0	0	0	0	0	0	0	0	12	3	ZL-WH-3
R059	一般采集		5071139.658	552531.1495	0	0	0	0	0	0	0	0	0	19	8	ZL-WH-3
R060	一般采集		5071189.722	552557.3371	0	0	0	2	0	0	0	1	0	16	10	ZL-WH-3
R061	一般采集		5071240.658	552580.1495	0	0	0	6	0	0	0	0	0	6	2	ZL-WH-3
R062	一般采集		5071290.722	552606.3371	0	0	0	0	0	0	0	0	0	10	10	ZL-WH-3
R063	一般采集		5071324.593	552640.9619	0	0	0	1	0	0	0	0	0	21	5	ZL-WH-3
R064	一般采集		5071354.232	552668.4699	0	0	0	6	0	0	0	2	0	59	12	ZL-WH-3
R065	一般采集		5071393.143	552697.1516	0	0	0	0	0	0	0	0	0	22	2	ZL-WH-3
R066	一般采集		5071443.208	552723.3392	0	0	0	0	0	0	0	0	0	15	0	ZL-WH-3
R067	一般采集		5071489.759	552754.5117	0	0	0	2	0	0	0	0	0	16	2	ZL-WH-3
R068	一般采集		5071539.823	552780.6993	0	0	0	0	0	0	0	0	0	12	8	ZL-WH-3
R069	一般采集		5071594.303	552802.6504	0	0	0	0	0	0	0	0	0	11	2	ZL-WH-3
R070	一般采集		5071644.367	552828.838	0	0	0	0	0	0	0	0	0	10	0	ZL-WH-3
R071	一般采集		5071671.253	552776.3224	0	0	0	0	0	0	0	0	0	4	3	ZL-WH-3
R072	一般采集		5071621.188	552750.1348	0	0	0	8	0	0	0	0	0	14	4	ZL-WH-3
R073	一般采集		5071580.148	552728.6676	0	0	0	0	0	0	0	0	0	5	3	ZL-WH-3
R074	一般采集		5071536.583	552705.8798	0	0	0	0	0	0	0	0	0	7	6	ZL-WH-3
R075	一般采集		5071494.166	552683.6926	0	0	0	2	0	0	0	0	0	5	4	ZL-WH-3
R076	一般采集		5071444.102	552657.505	0	0	0	0	0	0	0	0	0	34	7	ZL-WH-3
R077	一般采集		5071407.373	552605.2831	0	0	0	8	0	0	0	0	0	25	6	ZL-WH-3
R078	一般采集		5071357.309	552579.0955	0	0	0	0	0	0	0	0	0	17	5	ZL-WH-3
R079	一般采集		5071309.667	552548.1776	0	0	0	2	0	0	0	1	0	17	5	ZL-WH-3
R080	一般采集		5071259.603	552521.99	0	0	0	0	0	0	0	0	0	9	1	ZL-WH-3
R081	一般采集		5072607.757	550735.2057	4	14	0	0	0	0	0	1	0	24	11	ZL-WH-2
R082	一般采集		5073067.757	550127.2057	0	2	0	0	0	0	0	0	0	21	10	ZL-WH-1
R083	一般采集		5073013.286	570307.5176	0	0	0	0	0	0	0	0	0	64	7	ZL-QHSL-2
R084	一般采集		5073008.924	570364.3527	0	0	0	0	0	0	0	0	0	25	8	ZL-QHSL-2

续表

采集区号	采集类型	系统采集圈数量	纬度	经度	新石器时代早期	新石器时代中期	新石器时代晚期	青铜时代早中期	小拉哈类型	古城文化	白金宝文化	汉书二期文化	魏晋隋唐时期	辽金时期	清末至民国时期	所属遗址编号
R085	一般采集		5073004.562	570421.1876	0	0	0	0	0	0	0	0	0	35	6	ZL-QHSL-2
R086	一般采集		5073000.2	570478.0225	0	0	0	0	0	0	0	0	0	18	4	ZL-QHSL-2
R087	一般采集		5072995.838	570534.8575	0	0	0	0	0	0	0	0	0	20	0	ZL-QHSL-2
R088	一般采集		5072991.488	570591.6934	0	0	0	0	0	0	0	0	0	9	5	ZL-QHSL-2
R089	一般采集		5073071	570317.5	0	0	0	0	0	0	0	0	0	2	2	ZL-QHSL-2
R090	一般采集		5073606.75	570468.4734	0	0	0	0	0	0	0	0	0	13	7	ZL-QHSL-1
R091	一般采集		5073606.75	570528.2459	0	0	0	0	0	0	0	0	0	11	3	ZL-QHSL-1
R092	一般采集		5073606.829	570589.2505	0	0	0	0	0	0	0	0	0	6	0	ZL-QHSL-1
R093	一般采集		5073606.75	570405.075	0	0	0	0	0	0	0	0	0	5	6	ZL-QHSL-1
R094	一般采集		5073665.329	570407.7505	0	0	0	0	0	0	0	0	0	10	3	ZL-QHSL-1
R095	一般采集		5073663.5	570474.0091	0	0	0	0	0	0	0	0	0	13	9	ZL-QHSL-1
R096	一般采集		5073663.5	570531.0091	0	0	0	0	0	0	0	0	0	10	6	ZL-QHSL-1
R097	一般采集		5073663.761	570586.6007	0	0	0	0	0	0	0	0	0	31	4	ZL-QHSL-1
R098	一般采集		5073664.432	570649.3502	0	0	0	0	0	0	0	0	0	14	6	ZL-QHSL-1
R099	一般采集		5073721.968	570704.771	0	0	0	0	0	0	0	0	0	34	9	ZL-QHSL-1
R100	一般采集		5073721.333	570645.3682	0	0	0	0	0	0	0	0	0	28	16	ZL-QHSL-1
R101	一般采集		5073720.865	570590.5971	0	0	0	0	0	0	0	0	0	16	7	ZL-QHSL-1
R102	一般采集		5073721	570532.5	0	0	0	0	0	0	0	0	0	13	6	ZL-QHSL-1
R103	一般采集		5073720.5	570471.5	0	0	0	0	0	0	0	0	0	9	5	ZL-QHSL-1
R104	一般采集		5073720.43	570410.1878	0	0	0	0	0	0	0	0	0	13	4	ZL-QHSL-1
R105	一般采集		5073783.93	570470.6878	0	0	0	0	0	0	0	0	0	4	2	ZL-QHSL-1
R106	一般采集		5073783.93	570532	0	0	0	0	0	0	0	0	0	6	6	ZL-QHSL-1
R107	一般采集		5073783.93	570588.6878	0	0	0	0	0	0	0	0	0	17	8	ZL-QHSL-1
R108	一般采集		5073783.93	570649.2391	0	0	0	0	0	0	0	0	0	14	6	ZL-QHSL-1
R109	一般采集		5073844.93	570650.6878	0	0	0	0	0	0	0	0	0	16	0	ZL-QHSL-1
R110	一般采集		5073844.93	570591.1878	0	0	0	0	0	0	0	0	0	15	6	ZL-QHSL-1
R111	一般采集		5073850.43	570535.1878	0	0	0	0	0	0	0	0	0	20	7	ZL-QHSL-1

续表

采集区号	采集类型	系统采集圈数量	纬度	经度	新石器时代早期	新石器时代中期	新石器时代晚期	青铜时代早中期	小拉哈类型	古城文化	白金宝文化	汉书二期文化	魏晋隋唐时期	辽金时期	清末至民国时期	所属遗址编号
R112	一般采集		5072553.5	573904	0	0	0	0	0	0	0	0	0	12	3	ZL-MSH-3
R113	一般采集		5072594.062	573924.2339	0	0	0	0	0	0	0	0	0	25	6	ZL-MSH-3
R114	一般采集		5072636.342	573950.1851	0	0	0	0	0	0	0	0	0	29	4	ZL-MSH-3
R115	一般采集		5072678.744	573971.3369	0	0	0	0	0	0	0	0	0	19	9	ZL-MSH-3
R116	一般采集		5072718.601	573998.498	0	0	0	0	0	0	0	0	0	39	7	ZL-MSH-3
R117	一般采集		5072759.017	574018.2295	0	0	0	0	0	0	0	0	0	27	8	ZL-MSH-3
R118	一般采集		5072798.512	574043.3369	0	0	0	0	0	0	0	0	0	46	5	ZL-MSH-3
R119	一般采集		5072840.914	574064.4887	0	0	0	0	0	0	0	0	0	24	5	ZL-MSH-3
R120	一般采集		5072880.512	574094.8369	0	0	0	0	0	0	0	0	0	23	5	ZL-MSH-3
R121	一般采集		5072921.521	574118.77	0	0	0	0	0	0	0	1	0	30	14	ZL-MSH-3
R122	一般采集		5072963.923	574139.9218	0	0	0	0	0	0	0	0	0	36	8	ZL-MSH-3
R123	一般采集		5073006.044	574161.6377	0	0	0	0	0	0	0	0	0	29	4	ZL-MSH-3
R124	一般采集		5073048.165	574183.3536	0	0	0	0	0	0	0	0	0	29	7	ZL-MSH-3
R125	一般采集		5073075.512	574147.8369	0	0	0	0	0	0	0	0	0	3	2	ZL-MSH-3
R126	一般采集		5073033.997	574121.7781	0	0	0	0	0	0	0	0	0	8	9	ZL-MSH-3
R127	一般采集		5072991.595	574100.6263	0	0	0	0	0	0	0	0	0	15	4	ZL-MSH-3
R128	一般采集		5072949.012	574079.8369	0	0	0	0	0	0	0	0	0	16	4	ZL-MSH-3
R129	一般采集		5072908.834	574052.7009	0	0	0	0	0	0	0	0	0	27	7	ZL-MSH-3
R130	一般采集		5072868.389	574022.3933	0	0	0	0	0	0	0	0	0	8	2	ZL-MSH-3
R131	一般采集		5072825.981	574001.2386	0	0	0	0	0	0	0	0	0	16	7	ZL-MSH-3
R132	一般采集		5072783.723	573979.7845	0	0	0	0	0	0	0	0	0	13	7	ZL-MSH-3
R133	一般采集		5072743.475	573953.4067	0	0	0	0	0	0	0	0	0	12	2	ZL-MSH-3
R134	一般采集		5072704.016	573933.723	0	0	0	0	0	0	0	0	0	7	2	ZL-MSH-3
R135	一般采集		5072661.251	573912.3904	0	0	0	0	0	0	0	0	0	12	1	ZL-MSH-3
R136	一般采集		5072616.153	573884.5806	0	0	0	0	0	0	0	0	0	11	5	ZL-MSH-3
R137	一般采集		5072574.109	573862.6851	0	0	0	0	0	0	0	0	0	6	3	ZL-MSH-3
R138	一般采集		5072599.609	573825.1851	0	0	0	0	0	0	0	0	0	15	7	ZL-MSH-3

续表

采集区号	采集类型	系统采集圈数量	纬度	经度	新石器时代早期	新石器时代中期	新石器时代晚期	青铜时代早中期	小拉哈类型	古城文化	白金宝文化	汉书二期文化	魏晋隋唐时期	辽金时期	清末至民国时期	所属遗址编号
R139	一般采集		5072620.038	573784.2326	0	0	0	0	0	0	0	0	0	39	15	ZL-MSH-3
R140	一般采集		5072640.467	573743.2802	0	0	0	0	0	0	0	0	0	36	11	ZL-MSH-3
R141	一般采集		5072660.895	573702.3277	0	0	0	0	0	0	0	0	0	22	21	ZL-MSH-3
R142	一般采集		5072681.324	573661.3752	0	0	0	0	0	0	0	1	0	8	10	ZL-MSH-3
R143	一般采集		5072733.704	573631.4539	0	0	0	0	0	0	0	0	0	46	24	ZL-MSH-3
R144	一般采集		5072759.012	573579.3369	0	0	0	0	0	0	0	0	0	16	8	ZL-MSH-3
R145	一般采集		5072724.088	573681.8022	0	0	0	0	0	0	0	0	0	27	23	ZL-MSH-3
R146	一般采集		5072703.841	573723.2978	0	0	0	0	0	0	0	0	0	17	9	ZL-MSH-3
R147	一般采集		5072683.231	573764.6127	0	0	0	0	0	0	0	0	0	4	6	ZL-MSH-3
R148	一般采集		5072769.429	573698.0475	0	0	0	0	0	0	0	0	0	31	11	ZL-MSH-3
R149	一般采集		5072779.886	573645.0283	0	0	0	0	0	0	0	0	0	41	17	ZL-MSH-3
R150	一般采集		5072800.495	573603.7134	0	0	0	0	0	0	0	0	0	35	13	ZL-MSH-3
R151	一般采集		5072846.225	573618.1941	0	0	0	0	0	0	0	0	0	12	7	ZL-MSH-3
R152	一般采集		5072824.68	573662.2926	0	0	0	0	0	0	0	0	0	36	7	ZL-MSH-3
R153	一般采集		5072928.512	573484.3369	0	0	0	0	0	0	0	0	0	16	2	ZL-MSH-3
R154	一般采集		5072880.175	573465.3365	0	0	0	0	0	0	0	0	0	12	4	ZL-MSH-3
R155	一般采集		5072900.784	573424.0216	0	0	0	0	0	0	0	0	0	26	10	ZL-MSH-3
R156	一般采集		5072698.414	574498.426	0	0	0	0	0	0	0	17	0	19	6	ZL-MSH-3
R157	一般采集		5072744.42	574465.5346	0	0	0	0	0	0	0	11	0	25	5	ZL-MSH-3
R158	一般采集		5072705.057	574434.2912	0	0	0	0	0	0	0	96	0	70	15	ZL-MSH-3
R159	一般采集		5072700.896	574371.5397	0	0	0	0	0	0	0	6	0	25	10	ZL-MSH-3
R160	**系统采集**	**2**	**5072739.291**	**574398.9531**	**0**	**0**	**0**	**0**	**0**	**0**	**0**	**2875**	**0**	**1000**	**125**	**ZL-MSH-3**
R161	**系统采集**	**3**	**5072773.512**	**574429.3369**	**0**	**0**	**0**	**0**	**0**	**0**	**0**	**1333**	**0**	**1416**	**333**	**ZL-MSH-3**
R162	一般采集		5072851.492	574402.8049	0	0	0	0	0	0	0	26	0	13	5	ZL-MSH-3
R163	**系统采集**	**3**	**5072805.103**	**574380.1573**	**0**	**0**	**0**	**0**	**0**	**0**	**0**	**2332**	**0**	**583**	**333**	**ZL-MSH-3**
R164	**系统采集**	**3**	**5072759.655**	**574349.1549**	**0**	**0**	**0**	**0**	**0**	**0**	**0**	**2832**	**0**	**167**	**250**	**ZL-MSH-3**
R165	**系统采集**	**3**	**5072717.194**	**574328.1161**	**0**	**0**	**0**	**0**	**0**	**0**	**0**	**1166**	**0**	**1333**	**167**	**ZL-MSH-3**

续表

采集区号	采集类型	系统采集圈数量	纬度	经度	新石器时代早期	新石器时代中期	新石器时代晚期	青铜时代早中期	小拉哈类型	古城文化	白金宝文化	汉书二期文化	魏晋隋唐时期	辽金时期	清末至民国时期	所属遗址编号
R166	一般采集		5072746.265	574280.8326	0	0	0	0	0	0	0	13	0	12	2	ZL-MSH-3
R167	系统采集	3	5072790.512	574309.3369	0	0	0	0	0	0	0	1749	0	833	167	ZL-MSH-3
R168	系统采集	2	5072840.012	574339.3369	0	0	0	0	0	0	0	3625	0	875	125	ZL-MSH-3
R169	系统采集	3	5072882.776	574360.6695	0	0	0	0	0	0	0	1583	0	1166	167	ZL-MSH-3
R170	一般采集		5072925.178	574381.8213	0	0	0	0	0	0	0	6	0	5	4	ZL-MSH-3
R171	系统采集	2	5072958.512	574345.3369	0	0	0	0	0	0	1250	4375	0	0	125	ZL-MSH-3
R172	系统采集	4	5072907.403	574318.069	0	0	0	0	0	0	187	1750	0	250	250	ZL-MSH-3
R173	系统采集	3	5072866.012	574294.8369	0	0	0	0	0	0	167	1583	0	1583	83	ZL-MSH-3
R174	一般采集		5072818.512	574266.3369	0	0	0	0	0	1	4	20	0	26	11	ZL-MSH-3
R175	一般采集		5072771.512	574238.3369	0	0	0	0	0	0	0	3	0	17	5	ZL-MSH-3
R176	一般采集		5072720.899	574204.6834	0	0	0	0	0	0	0	5	0	17	6	ZL-MSH-3
R177	一般采集		5072707.785	574146.9042	0	0	0	0	0	0	0	1	1	15	7	ZL-MSH-3
R178	一般采集		5072750.19	574168.0576	0	0	0	0	0	0	0	1	0	23	8	ZL-MSH-3
R179	一般采集		5072792.334	574198.2009	0	0	0	1	0	0	0	0	0	27	7	ZL-MSH-3
R180	一般采集		5072844.811	574223.8206	0	0	0	0	0	0	0	5	0	32	11	ZL-MSH-3
R181	一般采集		5072892.012	574251.8369	0	0	0	4	0	0	1	13	0	27	16	ZL-MSH-3
R182	一般采集		5072939.596	574275.0679	0	0	0	26	0	0	0	52	0	35	11	ZL-MSH-3
R183	一般采集		5072980.512	574303.8369	0	0	0	9	0	0	4	11	0	5	2	ZL-MSH-3
R184	一般采集		5073022.914	574324.9887	0	0	0	3	0	0	0	6	0	10	2	ZL-MSH-3
R185	一般采集		5073046.512	574288.3369	0	0	0	4	0	0	0	11	0	19	8	ZL-MSH-3
R186	一般采集		5073005.595	574261.6263	0	0	0	1	0	0	0	11	0	21	20	ZL-MSH-3
R187	一般采集		5072963.012	574240.8369	0	0	0	0	0	0	0	2	0	16	4	ZL-MSH-3
R188	一般采集		5072912.512	574210.3369	0	0	0	0	0	0	0	1	0	36	12	ZL-MSH-3
R189	一般采集		5072866.72	574181.8374	0	0	0	0	0	0	0	1	1	20	7	ZL-MSH-3
R190	一般采集		5072815.512	574156.8369	0	0	0	0	0	0	0	0	0	21	7	ZL-MSH-3
R191	一般采集		5072771.753	574130.9957	0	0	0	0	0	0	0	0	0	16	11	ZL-MSH-3
R192	一般采集		5072728.213	574105.9517	0	0	0	0	0	0	0	0	0	17	10	ZL-MSH-3

续表

采集区号	采集类型	系统采集圈数量	纬度	经度	新石器时代早期	新石器时代中期	新石器时代晚期	青铜时代早中期	小拉哈类型	古城文化	白金宝文化	汉书二期文化	魏晋隋唐时期	辽金时期	清末至民国时期	所属遗址编号
R193	一般采集		5072748.46	574064.4561	0	0	0	0	0	0	0	0	0	7	11	ZL-MSH-3
R194	一般采集		5072792	574089.5	0	0	0	0	0	0	0	0	0	8	10	ZL-MSH-3
R195	一般采集		5072834.765	574110.8326	0	0	0	0	0	0	0	0	0	6	5	ZL-MSH-3
R196	一般采集		5072887.012	574143.8369	0	0	0	0	0	0	0	0	0	7	3	ZL-MSH-3
R197	一般采集		5072936.012	574172.8369	0	0	0	0	0	0	0	2	0	18	6	ZL-MSH-3
R198	一般采集		5072987.141	574201.097	0	0	0	0	0	0	0	1	0	14	6	ZL-MSH-3
R199	一般采集		5073029.543	574222.2488	0	0	0	0	0	0	0	0	0	8	8	ZL-MSH-3
R200	一般采集		5073068.331	574248.1993	0	0	0	1	0	0	0	0	0	7	6	ZL-MSH-3
R201	一般采集		5069205.771	565244.4968	0	0	0	0	0	0	0	0	0	11	9	ZL-NM
R202	一般采集		5069165.312	565204.2516	0	0	0	0	0	0	0	0	0	12	5	ZL-NM
R203	一般采集		5069116.312	565187.2516	0	0	0	0	0	0	0	0	0	27	8	ZL-NM
R204	一般采集		5069060.812	565156.7516	0	0	0	0	0	0	0	0	0	27	10	ZL-NM
R205	一般采集		5069192.166	565278.526	0	0	0	0	0	0	0	0	0	13	9	ZL-NM
R206	一般采集		5069176.176	565318.5161	0	0	0	0	0	0	0	0	0	10	2	ZL-NM
R207	一般采集		5069123.907	565297.0852	0	0	0	0	0	0	0	0	0	14	5	ZL-NM
R208	一般采集		5069142.416	565260.0944	0	0	0	0	0	0	0	0	0	10	7	ZL-NM
R209	一般采集		5069093.356	565239.9793	0	0	0	0	0	0	0	0	0	7	4	ZL-NM
R210	一般采集		5069075.66	565276.6091	0	0	0	0	0	0	0	0	0	24	13	ZL-NM
R211	一般采集		5069026.708	565246.9282	0	0	0	0	0	0	0	0	0	17	18	ZL-NM
R212	一般采集		5069046.477	565204.0639	0	0	0	0	0	0	0	0	0	20	17	ZL-NM
R213	一般采集		5069009.436	565145.4188	0	0	0	0	0	0	0	0	0	8	7	ZL-NM
R214	一般采集		5068992.837	565186.937	0	0	0	0	0	0	0	0	0	24	5	ZL-NM
R215	一般采集		5068969.508	565236.4422	0	0	0	0	0	0	0	0	0	10	8	ZL-NM
R216	一般采集		5068916.58	565215.2811	0	0	0	0	0	0	0	0	0	10	12	ZL-NM
R217	一般采集		5068939.908	565165.7759	0	0	0	0	0	0	0	0	0	5	4	ZL-NM
R218	一般采集		5068958.021	565120.5666	0	0	0	0	0	0	0	0	0	6	2	ZL-NM
R219	一般采集		5068766.077	564905.5724	0	0	0	0	0	0	0	0	0	17	6	ZL-NM

续表

采集区号	采集类型	系统采集圈数量	纬度	经度	新石器时代早期	新石器时代中期	新石器时代晚期	青铜时代早中期	小拉哈类型	古城文化	白金宝文化	汉书二期文化	魏晋隋唐时期	辽金时期	清末至民国时期	所属遗址编号
R220	一般采集		5068818.354	564927.0065	0	0	0	0	0	0	0	0	0	15	6	ZL-NM
R221	一般采集		5068887.888	564931.3662	0	0	0	0	0	0	0	0	0	17	13	ZL-NM
R222	一般采集		5068940.164	564952.8003	0	0	0	0	0	0	0	0	0	15	8	ZL-NM
R223	一般采集		5068992.224	564975.0571	0	0	0	0	0	0	0	0	0	14	3	ZL-NM
R224	一般采集		5069034.817	565000.5329	0	0	0	0	0	0	0	0	0	8	5	ZL-NM
R225	一般采集		5069085.839	565012.5287	0	0	0	0	0	0	0	0	0	20	6	ZL-NM
R226	一般采集		5069132.082	565045.8729	0	0	0	0	0	0	0	0	0	5	4	ZL-NM
R227	一般采集		5069183.976	565060.2061	0	0	0	0	0	0	0	0	0	18	3	ZL-NM
总数					2368	64651	16735	277475	2004	27204	507179	1824837	2003	3333095	531015	6588566

附表4　标本信息表　　　　　　　　　　（单位：厘米）

标本号	器物名称	质地	长度	宽度	厚度	高度	直径	时期	遗址编号
A002：001	器底	瓷	8.3	4.8	0.6	3.8	7	清末至民国	
A031：001	磨制石器	石	11	9.7	1.2				DA-HTMG
A033：001	网坠	陶	5.1	4.7	1.9			辽金	DA-HTMG
A035：001	网坠	陶	6.1	3.8	2.4			辽金	DA-HTMG
A036：001	网坠	陶	4.2	3	2.2			辽金	DA-HTMG
A039：001	磨制石器	石	5.1	4.4	1.6				DA-HTMG
A039：002	磨制石器	石	4.2	2	1.2				DA-HTMG
A039：003	磨制石器	石	7.4	4.5	2				DA-HTMG
A040：001	网坠	陶	6.7	5.9	2			辽金	DA-HTMG
A041：001	网坠	石	4.3	3.5	2.8				DA-HTMG
A041：002	网坠	陶	6.6	4.8	1.7			辽金	DA-HTMG
A048：001	网坠	陶	5.3	4.4	2			辽金	DA-HTMG
A048：002	网坠	陶	6.1	4.9	2			辽金	DA-HTMG
A050：001	磨石	石	26	15.8	10				DA-HTMG
A051：001	圆陶片	陶			1.9		5.7	辽金	DA-HTMG
A052：001	网坠	陶	5.2	4.8	2			辽金	DA-HTMG
A052：002	网坠	陶	5.4	4	2.2			辽金	DA-HTMG
A053：001	网坠	陶	4.2	4	2.4			辽金	DA-HTMG
A055：001	瓷片	瓷	5.3	4.4	0.8			清末至民国	DA-HTMG
A057：001	磨制石器	石	6.3	6.1	3.2				DA-HTMG
A061：001	打制石器	石	2.3	1.7	0.9				DA-HTMG
A061：002	打制石器	石	2.3	1.8	0.5				DA-HTMG
A061：003	打制石器	石	10	9	4.1				DA-HTMG
A062：001	陶片	陶	4.1	3.4	0.7			辽金	DA-HTMG
A062：002	磨制石器	石	12.2	5.7	3				DA-HTMG
A079：001	纺轮	陶	3.1	2.4	0.7		3	汉书二期文化	DA-HTMG
A081：001	打制石器	石	4.3	1.5	0.8				DA-HTMG
A082：001	磨制石器	石	16	8	6		44		DA-HTMG
A085：001	磨制石器	石	9.2	5.5	3.4				DA-HTMG
A093：001	骨器	骨	13	2	1.4				DA-HTMG
A093：002	打制石器	石	3.6	1.9	0.6				DA-HTMG
A093：003	磨制石器	石	8.6	5.4	4				DA-HTMG
A094：001	网坠	陶	5.6	4.9	2.3			辽金	DA-HTMG
A094：002	纺轮	陶	5.2	5.4	2.1			辽金	DA-HTMG
A096：001	支座	陶				3.6	5	汉书二期文化	DA-HTMG
A097：001	陶片	陶	5	2.6	0.6			新石器时代晚期	DA-HTMG
A097：002	打制石器	石	1.4	1.2	0.5				DA-HTMG

标本号	器物名称	质地	长度	宽度	厚度	高度	直径	时期	遗址编号
A097：003	打制石器	石	2.4	1.5	0.6				DA-HTMG
A097：004	磨制石器	石	4.7	3.5	1.9				DA-HTMG
A097：005	磨制石器	石	4.1	2.6	1.4				DA-HTMG
A097：006	磨制石器	石	9.1	7	1.7				DA-HTMG
A097：007	磨制石器	石	6.2	5.2	1.6				DA-HTMG
A098：001	口腹	陶		7.8	0.6	5.9	19	新石器时代中期	DA-HTMG
A099：001	磨制石器	石	5.2	4	2.9		5		DA-HTMG
A099：002	口沿	陶		6.5		4.1	0.8	新石器时代中期	DA-HTMG
A100：001	口沿	陶		7.6	0.8	2.2	35	辽金	DA-HTMG
A100：002	陶片	陶	3.4	2.6	0.6			新石器时代晚期	DA-HTMG
A100：003	网坠	陶	7	4.7	1.9			辽金	DA-HTMG
A102：001	鬲足	陶				4.5	3	汉书二期文化	DA-HTMG
A103：001	打制石器	石	2.7	0.7	0.4				DA-HTMG
A103：002	磨制石器	石	4.9	4.5	2				DA-HTMG
A104：001-a	口沿	陶		3.3	1.3	4.8		新石器时代早期	DA-HTMG
A104：001-b	打制石器	石	1.1	1.2	0.3				DA-HTMG
A104：002	打制石器	石	3.5	2.6	0.9				DA-HTMG
A104：003	打制石器	石	3.4	3	0.7				DA-HTMG
A104：004	打制石器	石	1.5	1.1	0.2				DA-HTMG
A104：005	磨制石器	石	4.8	4.1	3				DA-HTMG
A104：006	磨制石器	石	8	4.8	5.1		10		DA-HTMG
A105：001	打制石器	石	3.3	3.2	0.9				DA-HTMG
A105：002	打制石器	石	2.2	2.2	0.8				DA-HTMG
A105：003	打制石器	石	5.4	3.5	0.8				DA-HTMG
A105：004	打制石器	石	3.6	3.5	0.5				DA-HTMG
A105：005	磨制石器	石	4.8	4.6	1.1				DA-HTMG
A106：001	陶片	陶	4.5	2.9	0.7			魏晋隋唐	DA-HTMG
A106：002	磨制石器	石	4	2.8	1.7				DA-HTMG
A106：003	磨制石器	石	6.6	6.1	3.5				DA-HTMG
A107：001	鬲足	陶	4.7	4	0.6	4.3		汉书二期文化	DA-HTMG
A109：001	陶片	陶	4	3.3	0.8			魏晋隋唐	DA-HTMG
A109：002	陶片	陶	3.4	1.7	0.9			魏晋隋唐	DA-HTMG
A109：003	陶片	陶	2.2	1.7	0.9			魏晋隋唐	DA-HTMG
A112：001	口沿	陶		2.6	0.7	3.3		魏晋隋唐	DA-HTMG
A112：002	打制石器	石	3	1.7	0.3				DA-HTMG
A112：003	磨制石器	石	4.8	3.2	1.2				DA-HTMG
A113：001	磨制石器	石	3.6	2.9	1				DA-HTMG

标本号	器物名称	质地	长度	宽度	厚度	高度	直径	时期	遗址编号
A113：002	打制石器	石	4	3.9	1.3				DA-HTMG
A113：003	打制石器	石	2.3	1.8	0.4				DA-HTMG
A114：001	打制石器	石	2.5	1.3	0.3				DA-HTMG
A114：002	打制石器	石	3.5	2.2	0.6				DA-HTMG
A115：001	打制石器	石	1.6	0.6	0.4				DA-HTMG
A115：002	磨制石器	石	3.2	1.7	0.6				DA-HTMG
A117：001	打制石器	石	1.4	1.4	0.3				DA-HTMG
A119：001	打制石器	石	3.6	2	1				DA-HTMG
A121：001	打制石器	石	1.7	1	0.3				DA-HTMG
A121：002	打制石器	石	1.4	0.5	0.2				DA-HTMG
A121：003	打制石器	石	2.8	1.8	0.6				DA-HTMG
A122：001	打制石器	石	3.6	2.3	0.5				DA-HTMG
A122：002	打制石器	石	2.3	2.2	0.5				DA-HTMG
A122：003	打制石器	石	1.7	1.2	0.2				DA-HTMG
A122：004	打制石器	石	1.5	1.3	0.2				DA-HTMG
A122：005	打制石器	石	1.1	0.7	0.2				DA-HTMG
A124：001	打制石器	石	4.7	2.8	0.4				DA-HTMG
A127：001	打制石器	石	2.3	1.7	0.4				DA-HTMG
A127：002	打制石器	石	3.3	2	0.9				DA-HTMG
A128：001	打制石器	石	2.9	2.2	1.1				DA-HTMG
A128：002	打制石器	石	3.3	2.4	1.9				DA-HTMG
A128：003	打制石器	石	3.4	2.9	1				DA-HTMG
A129：001	磨制石器	石	4.5	2.4	1.4				DA-HTMG
A129：002	打制石器	石	3.1	2.1	0.8				DA-HTMG
A132：001	打制石器	石	2.4	1.6	0.4				DA-HTMG
A132：002	打制石器	石	1.7	0.9	0.3				DA-HTMG
A133：001	打制石器	石	1.9	0.9	0.3				DA-HTMG
A134：001	打制石器	石	2.3	1.7	0.5				DA-HTMG
A135：001	打制石器	石	2.9	2.1	0.4				DA-HTMG
A135：002	打制石器	石	1.3	0.8	0.2				DA-HTMG
A135：003	打制石器	石	1.4	1.1	0.3				DA-HTMG
A135：004	磨制石器	石	7.8	5.5	3.8				DA-HTMG
A135：005	磨制石器	石	7.1	3.7	3.1				DA-HTMG
A136：001	打制石器	石	1.7	1.1	0.3				DA-HTMG
A136：002	打制石器	石	2.8	0.9	0.4				DA-HTMG
A136：003	打制石器	石	2.1	1	0.7				DA-HTMG
A137：001	打制石器	石	2	1.1	0.4				DA-HTMG

标本号	器物名称	质地	长度	宽度	厚度	高度	直径	时期	遗址编号
A141：001	圆陶片	陶			0.7		4.4	辽金	DA-HTMG
A143：001	打制石器	石	2.3	2.1	0.3				DA-HTMG
A144：001	磨制石器	石	6.6	6.4	2.2				DA-HTMG
A147：001	磨制石器	石	6.2	5.1	1.6				DA-HTMG
A149：001	磨制石器	石	7.5	6.5	1.9				DA-HTMG
A149：002	打制石器	石	2.2	2.2	0.8				DA-HTMG
A167：001	口沿	陶		7.8	1	3.8		清末至民国	DA-HTMG
A167：002	口沿	瓷		4.9	0.8	4.6	12	清末至民国	DA-HTMG
A167：003	口腹	瓷		13.2	0.4	4.7	13	清末至民国	DA-HTMG
A188：001	口沿	陶		5	0.7	4.9	21	魏晋隋唐	DA-HTMG
B005：001	凿	铁	12.2	1.8	1.4				
B044：001	打制石器	石	6.21	3.69	1.36				DA-ZDR
B048：001	盆	陶			0.9	19.5	30	清末至民国	DA-ZDR
B048：002	口沿	陶	3.7		0.5	3.4		新石器时代中期	DA-ZDR
B049：001	口沿	陶	3.3	2.8	0.7			新石器时代中期	DA-ZDR
B049：002	口沿	陶	7.4		1.1	3.9		新石器时代中期	DA-ZDR
B050：001	圆陶片	陶	4.4	3.8	0.7			新石器时代中期	DA-ZDR
B050：002	口沿	陶	3.5		1.2	3.8		新石器时代中期	DA-ZDR
B053：001	器底	陶	8.2	4.6	1.1	4.1		辽金	DA-ZDR
B058：001	打制石器	石	2.3	2.2	0.9				DA-ZDR
B066：001	口沿	陶	6.5		1.1	2.8		辽金	DA-XH-1
B066：002	器底	陶	5.5		1.1	4.2		辽金	DA-XH-1
B066：003	陶片	陶	3.5	3.3	0.9			辽金	DA-XH-1
B072：001	瓷片	瓷	5.1	3.3	0.8			辽金	DA-XH-1
B093：001	口沿	陶	36	4.2	1.4	4.1		辽金	DA-XH-1
B095：001	穿孔石器	石	6.1	3.7	2.2				DA-HXH
B100：001	陶片	陶	3.1	2.3	0.6			辽金	DA-HXH
B114：001	网坠	陶	7.1	5.6	1.9			辽金	DA-HXH
B114：002	口沿	陶	3.1		0.8	2.5		辽金	DA-HXH
B129：001	斧	铁	4.5	4.9	2.2				DA-YJWP
B133：001	蹄铁	铁	9.6	1.8	0.9				DA-YJWP
B138：001	陶片	陶	4.4	3.2	0.8			辽金	DA-YJWP
B143：001	磨制石器	石	5.8	3.1	1.9				DA-YJWP
B158：001	筒瓦	陶	7.1		2.6	3.8	8	辽金	DA-YJWP
B161：001	口沿	陶	8.2		0.9	4		辽金	DA-YJWP
B161：002	器底	瓷	6.8	5.4	0.5	2	7	清末至民国	DA-YJWP
B161：003	磨制石器	石	6.2	5.8	4.4				DA-YJWP

标本号	器物名称	质地	长度	宽度	厚度	高度	直径	时期	遗址编号
B166：001	纺轮	陶	3.5	2.1	0.8		5	辽金	DA-YJWP
B170：001	网坠	陶	8	4.4	2.4			辽金	DA-YJWP
B177：001	口沿	陶	5.5		0.7	3.8		魏晋隋唐	DA-YJWP
B185：001	器底	瓷	5.3	4.7	0.5	3	8	清末至民国	DA-BYT
B186：001	饰品	铜	6.9	1.7	0.1			清末至民国	DA-BYT
B207：001	陶片	陶	4.7	4.6	0.8			辽金	DA-BYT
B216：001	口沿	陶	6.5		1.1	2.8		清末至民国	DA-BYT
B219：001	钉	铁	7		0.6		3.2		DA-BYT
B222：001	陶球	陶					1.8	辽金	DA-BYT
B223：001	陶片	陶	3.4	3.1	0.7			辽金	DA-BYT
B226：001	铜器	铜	2.4	0.6	0.6		0.4		DA-BYT
B226：002	陶塑残块	陶	3	2.1		1.5		清末至民国	DA-BYT
B227：001	磨制石器	石	7.3	2.7	1.8				DA-BYT
B227：002	刀	石	2.8	2.1	0.3				DA-BYT
B228：001	陶片	陶	2.8	2.7	0.6			辽金	DA-BYT
B228：002	陶片	陶	2.9	2.8	1.1			辽金	DA-BYT
B228：003	纺轮	陶	6.2	3.8	1.3		8	辽金	DA-BYT
B229：001	陶球	陶					1.7	辽金	DA-BYT
B230：001	铜钱	铜			0.1		2.5	清末至民国	DA-BYT
B230：002	铜钱	铜			0.09		1.7	清末至民国	DA-BYT
B232：001	钉	铁	8.8	1.5	1	0.4			DA-BYT
B236：001	磨制石器	石	4.8	2.3	2.2				DA-HTMG
B237：001	磨制石器	石	5.7	3.8	0.7				DA-HTMG
B242：001	口沿	陶	3.7	3	0.9	3		魏晋隋唐	DA-HTMG
B250：001	磨制石器	石	6.2	4.8	1.2				DA-HTMG
B252：001	口沿	陶	4.8		0.6	3.3		魏晋隋唐	DA-HTMG
C002：001	铜钱	铜			0.2		2.4	清末至民国	
C006：001	铜钱	铜			0.1		2.4	辽金	
C020：001	口沿	陶		4.9	0.9	4.7		魏晋隋唐	DA-XH-2
C048：001	铜钱	铜			0.2		2	清末至民国	DA-DST-1
C060：001	铜钱	铜			0.2		2.4	清末至民国	DA-XWPZ
C087：001	陶片	陶	5.5	3.6	0.7			辽金	DA-CJWP
C088：001	口沿	陶	4.8	2.7	0.7		10	辽金	DA-CJWP
C099：001	磨制石器	石	10.7	3.9	2				DA-HX
C123：001	口沿	陶		5.7	0.5	6.3	18	小拉哈文化	DA-HDWP
C129：001	鬲足	陶	4.6	4.2		5		汉书二期文化	DA-HDWP
C129：002	陶片	陶	3.9	3.6	0.6			小拉哈文化	DA-HDWP

标本号	器物名称	质地	长度	宽度	厚度	高度	直径	时期	遗址编号
C130：002	口沿	陶		4.9	0.7	3.9		白金宝文化	DA-HDWP
C131：001	支座	陶	4.1	3.5		4		白金宝文化	DA-HDWP
C131：003	纺轮	陶	2.8	2.4	0.8			新石器时代晚期	DA-HDWP
C136：001	口沿	陶		3.4	0.8	1.9		新石器时代晚期	DA-HDWP
C137：002	口沿	陶		3.9	0.8	3.1		新石器时代中期	DA-HDWP
C140：001	器耳	陶		1.9	1	3		白金宝文化	DA-HDWP
C140：004	鬲足	陶	4.4	3.4		4.4		汉书二期文化	DA-HDWP
C141：001	陶片	陶	4.3	2.7	0.6			小拉哈文化	DA-HDWP
C146：001	打制石器	石	1.7	1.6	1				DA-HDWP
C149：002	鬲足	陶	4.4	3.8		4.3		汉书二期文化	DA-HDWP
C152：001	网坠	陶	6.5			2.5		白金宝文化	DA-HDWP
C155：001	口沿	陶		5.3	0.6	3.4	16	白金宝文化	DA-HDWP
C159：001	陶片	陶	9.3	6.9	0.6			汉书二期文化	DA-HDWP
C163：001	陶片	陶	3.9	3	0.5			汉书二期文化	DA-HDWP
D003：001	鬲足	陶	5.5	3.9	0.6	2.5		汉书二期文化	
D033：001	铜钱	铜	2	1.1	0.1			清末至民国	DA-CWL-1
D034：001	铜钱	铜	2.5	1.5	0.1			辽金	DA-CWL-1
D038：001	陶片	陶	7	5.4	1.1			辽金	DA-CWL-1
D054：001	口沿	陶	4.6	2.3	1		16	辽金	DA-CWL-4
D099：001	磨制石器	石	3.9	2.8	1				DA-BJZ
D099：002	网坠	陶	7	4.1	2.2			辽金	DA-BJZ
D100：001	网坠	陶	3.8	3.8	2.6			辽金	DA-BJZ
D103：001	磨制石器	石	8.5	7	4				DA-BJZ
D107：001	网坠	陶	3.9	3.8	2			辽金	DA-BJZ
D107：002	网坠	陶	5.7	3.6	1.8			辽金	DA-BJZ
D107：003	打制石器	石	3.3	1.9	1				DA-BJZ
D108：002	网坠	陶	5.4	3.1				白金宝文化	DA-BJZ
D110：001	纺轮	陶	4.4	2.3	1.9		6	辽金	DA-BJZ
D110：002	网坠	陶	5.7	5	2			辽金	DA-BJZ
D110：003	网坠	陶	7.9	4.6	1.4			辽金	DA-BJZ
D110：004	磨制石器	石	3.9	3.3	0.7				DA-BJZ
D110：005	磨制石器	石	4.3	3	0.7				DA-BJZ
D111：001	陶球	陶					1.7	辽金	DA-BJZ
D114：001	网坠	陶	5.5	2.9	1.2			辽金	DA-BJZ
D116：001	陶片	陶	5.1	4.2	0.7			辽金	DA-BJZ
D131：001	磨制石器	石	12	9	5.7		29		DA-BJZ
D134：001	磨制石器	石	3.8	2.9	0.5				DA-BJZ

标本号	器物名称	质地	长度	宽度	厚度	高度	直径	时期	遗址编号
D136：001	瓷片	瓷	4.6	4.5	0.8			清末至民国	DA-BJZ
D139：001	磨制石器	石			0.3		1.5		DA-BJZ
D140：001	网坠	陶	6.3	3.9	1.6			辽金	DA-BJZ
D143：001	网坠	陶	3.3	1.7	1.2			辽金	DA-BJZ
D163：001	陶片	陶	5.6	5.3	0.6			辽金	DA-DWPZ-1
D164：001	网坠	陶	6	2.4	1.4			辽金	DA-DWPZ-1
D212：001	磨制石器	石	5.4	4.9	3.4			白金宝文化	DA-HDWP
D214：001	铜钱	铜	2.5	1.5	0.2				DA-HDWP
D214：003	陶片	陶	7.1	4.3	0.7			白金宝文化	DA-HDWP
D216：001	口沿	陶		6.3	0.8	3.8		新石器时代晚期	DA-HDWP
D216：005	鬲足	陶	5.6	4.8		5.3		青铜时代早中期	DA-HDWP
D216：006	鬲足	陶	4.4	3.7		4.3		汉书二期文化	DA-HDWP
E012：001	铜钱	铜			0.2		2.5	辽金	DA-BYT
E024：001	铜钱	铜			0.1		2.3	清末至民国	DA-XL
E045：001	铜钱	铜	2.2	1.3	0.2				DA-BYT
E048：001	铜钱	铜	2.3	1.1	0.1			清末至民国	DA-XL
E054：001	铜钱	铜	2.3	1.2	0.1			清末至民国	DA-XL
E080：001	碗	瓷	7.1	5.3	0.7	3.9		清末至民国	DA-BYT
E105：001	器底	陶			0.9	2.5	24	辽金	DA-YF-2
E105：002	陶片	陶	7.3	5.7	0.9			辽金	DA-YF-2
E105：003	器底	陶			0.7	5.8	12	辽金	DA-YF-2
E105：004	器底	陶			0.9	4	21	辽金	DA-YF-2
E105：005	器底	陶			0.8	5.2	22	辽金	DA-YF-2
E105：006	器底	陶			1.1	2.9	31	辽金	DA-YF-2
E105：007	陶片	陶	5.5	5.2	0.8			辽金	DA-YF-2
E105：008	陶片	陶	5.2	4.8	0.5			辽金	DA-YF-2
E105：009	陶片	陶	3.3	2.8	0.5			辽金	DA-YF-2
E105：010	陶片	陶	4.7	4	0.5			辽金	DA-YF-2
E105：011	陶片	陶	3.5	3	0.5			辽金	DA-YF-2
E105：012	陶片	陶	4.1	2.5	0.6			辽金	DA-YF-2
E105：013	陶片	陶	6.2	4.5	0.4			辽金	DA-YF-2
E105：014	陶片	陶	5.6	5.3	0.8			辽金	DA-YF-2
E105：015	陶片	陶	4.6	3.7	0.8			辽金	DA-YF-2
E105：016	陶片	陶	9.2	5.7	0.6			辽金	DA-YF-2
E105：017	陶片	陶	4.4	4.5	0.6			辽金	DA-YF-2
E105：018	陶片	陶	4.8	4.4	0.8			辽金	DA-YF-2
E106：001	砖	陶	17.5	15.5	5			辽金	DA-YF-2

标本号	器物名称	质地	长度	宽度	厚度	高度	直径	时期	遗址编号
E113：001	网坠	陶	4.1	3.1	1			辽金	DA-YF-2
E120：001	陶片	陶	4.8	2.2	0.6			辽金	
E146：001	磨制石器	石	7.4	3.3	1.3				DA-XLP
F001：001	纺轮	陶	4.6	5.2	2			辽金	DA-YJWP
F001：002	口沿	陶		8.2	1	5.8		辽金	DA-YJWP
F001：003	口沿	陶	11.5	3	0.9		23	辽金	DA-YJWP
F004：001	口沿	陶	8.3		0.4	5.3		辽金	DA-YJWP
F004：002	口沿	陶	7.6	3.5	0.8			辽金	DA-YJWP
F005：001	口沿	陶	4.9	2.6	0.9			辽金	DA-YJWP
F005：002	铜钱	铜			0.2		2.6	辽金	DA-YJWP
F007：001	砖	陶	15	9.4	5.2			辽金	DA-YJWP
F007：002	口沿	陶		14	1.2	4	37	辽金	DA-YJWP
F007：003	口沿	陶	11.5	4.2	0.9	2.5		辽金	DA-YJWP
F011：001	碗	瓷		5.7	0.5	5.8	13	清末至民国	DA-ZJH
F013：001	砺石	石	7.3	3.5	1.6				DA-YF-1
F043：001	纺轮	陶	2.9	2.1	0.6		4	辽金	DA-XJS-2
F053：001	钩	铁	5.7	4.6	0.4				DA-XJS-2
F053：002	钉	铁	7.9	2.7	1.4				DA-XJS-2
F053：003	铁器	铁	3.3	2.8	0.8				DA-XJS-2
F065：001	器底	瓷			1.2	2	9	清末至民国	DA-XJS-1
F072：001	口沿	陶	5.3	3.4	0.7			辽金	DA-XJS-1
F072：002	铜钱	铜			0.1		1.8	清末至民国	DA-XJS-1
F075：001	陶球	陶	2.8	2.3				辽金	DA-ZJH
F081：001	砺石	石	3.5	3.1	2.1				DA-ZJH
F091：001	铜钱	铜	2.4	1.3	0.1			清末至民国	DA-ZJH
F091：002	铜钱	铜			0.2		2.3	清末至民国	DA-ZJH
F141：001	磨制石器	石	13	4.5	2.3				DA-YF-1
F146：001	网坠	陶	4.6	2.4	0.7			辽金	DA-YF-1
F162：001	砺石	石	7.5	2.6	2.3				
F162：002	铜钱	铜			0.2		2.5	清末至民国	
F171：001	磨制石器	石	8.1	5.8	2.6				DA-TEH-2
F176：001	滴水	陶	8.5	8	3.5			辽金	DA-XLP
F180：001	布纹瓦	陶	13	11.5	2.3			辽金	DA-XLP
F184：001	打制石器	石	3	1.7	1.5				DA-XLP
F185：001	瓦片	陶	8.5	5	1.8			辽金	DA-XLP
F186：001	布纹瓦	陶	7	7	2			辽金	DA-XLP
F188：001	铜钱	铜			0.1		1.9	清末至民国	DA-XLP

标本号	器物名称	质地	长度	宽度	厚度	高度	直径	时期	遗址编号
F196：001	磨制石器	石	8.8	3	3.2				DA-TEH-1
F197：001	铜钱	铜	2.5	1.4	0.1			清末至民国	DA-TEH-1
F200：001	圆陶片	陶			0.6		3.1	辽金	DA-TEH-1
F200：002	圆瓷片	瓷			0.9		3.5	清末至民国	DA-TEH-1
F205：001	砺石	石	6.7	3.8	0.8				DA-TEH-1
F205：002	扣	铜					1.4	清末至民国	DA-TEH-1
I003：001	口沿	陶		5.1	1.1	5.3	46	辽金	DA-ZF
I013：001	磨制石器	石	5.3	4.8	3.1				DA-HDWP
I013：002	瓷片	瓷	7.3	6.4	1.9			辽金	DA-HDWP
I014：001	磨制石器	石	4.5	2.8	0.9				DA-HDWP
I015：001	铜钱	铜			0.2		3.5	辽金	DA-HDWP
I017：001	辖	铁	4.3	2.4	2				DA-HDWP
I021：001	口沿	陶		8.6	1.1	5.4	34	辽金	DA-HDWP
I021：002	铁镞	铁	3.8	1.4	0.3				DA-HDWP
I021：003	圆陶片	陶			1.8		4.6	辽金	DA-HDWP
I021：004	圆陶片	陶	3.7	3.3	0.9			辽金	DA-HDWP
I021：005	圆陶片	陶	3.9	3.5	1.5			辽金	DA-HDWP
I021：006	圆陶片	陶	3.9	2	1.8			辽金	DA-HDWP
I021：007	圆陶片	陶			1.7		3.2	辽金	DA-HDWP
I021：008	网坠	陶	6.2	4.6	2.2			辽金	DA-HDWP
I021：009	网坠	陶	5.7	3.3	1.8			辽金	DA-HDWP
I021：010	网坠	陶	3				1.7	辽金	DA-HDWP
I021：011	琉璃球	琉璃					3	辽金	DA-HDWP
I021：012	磨制石器	石	5.7	1.6	1.5				DA-HDWP
I021：013	磨制石器	石	8.3	6.2	1.8				DA-HDWP
I021：014	磨制石器	石	4.8	3.8	1				DA-HDWP
I021：015	打制石器	石	1.7	1.6	1.3				DA-HDWP
I021：016	磨制石器	石	4.2	2	1.7				DA-HDWP
I021：017	砖	陶	10.5	8	3.9			辽金	DA-HDWP
I021：018	砖	陶	33.5	16.5	5.2			辽金	DA-HDWP
I022：001	饰品	铜	3.6	2.1	0.3				DA-HDWP
I023：001	磨制石器	石	5.6	2.4	1				DA-HDWP
I024：001	网坠	陶	11.3	5	5			辽金	DA-HDWP
I024：002	磨制石器	石	4.4	4	4.2				DA-HDWP
I025：001	纺轮	陶	3	1.5	0.8		3	辽金	DA-HDWP
I025：002	器底	瓷	6.4	5.3	0.8	2.4	8	清末至民国	DA-HDWP
I027：001	网坠	陶	5.4	3.2	1.3			辽金	DA-HDWP

标本号	器物名称	质地	长度	宽度	厚度	高度	直径	时期	遗址编号
I028：001	磨制石器	石	5.1	3.7	1.9				DA-HDWP
I029：001	网坠	陶	7	5.4	2.3			辽金	DA-HDWP
I030：001	布纹瓦	陶	10	8.2	2.5			辽金	DA-HDWP
I030：002	布纹瓦	陶	12.2	9.3	2.5			辽金	DA-HDWP
I034：001	陶片	陶	3.7	3.1	0.9			辽金	DA-HDWP
I035：001	陶片	陶	12	11	1			辽金	DA-HDWP
I035：002	口沿	陶		9.3	1.1	6.6	39	辽金	DA-HDWP
I037：001	磨制石器	石	8.7	2.9	2				DA-HDWP
I040：001	圆陶片	陶			0.9		3.7	辽金	DA-HDWP
I048：001	磨制石器	石	4.7	3.8	2.3				
I049：001	网坠	陶	3.4				1.2	辽金	
I049：002	铜钱	铜	1.7	1	0.1		2		
I051：001	器底	瓷	8.6	5.8	0.6	2.4	6	清末至民国	
I055：001	网坠	陶	6.5	3.9	2.2			辽金	
I058：001	器底	瓷	8.9	7.8	0.5	3.2	5.6	清末至民国	DA-LJH
I058：002	器底	瓷	9.4	6.3	0.5	2.9	8	清末至民国	DA-LJH
I060：001	瓷碟	瓷	4.3	4.7	0.4	3.2	12	清末至民国	DA-LJH
I062：001	铜钱	铜			0.1		1.7	清末至民国	DA-LJH
I062：002	铜钱	铜	1.4	0.8	0.1			清末至民国	DA-LJH
I070：001	纺轮	陶	4.6	2.4	0.8		5	辽金	DA-LJH
I071：001	器底	陶			1.8		6.2	辽金	DA-LJH
I072：001	纺轮	陶	3.2	1.7	2.1		4	辽金	DA-LJH
I072：002	铜片	铜	5.8	2.6	0.3				DA-LJH
I078：001	陶片	陶	4.4	3.9	0.9			辽金	DA-LJH
I084：001	器耳	陶	5.3	3.7	1.7			辽金	DA-LJH
I090：001	陶片	陶	7.8	5.8	1.5			辽金	DA-LJH
I107：001	铜钱	铜			0.1		1.7	清末至民国	
I109：001	瓷盅	瓷		2.9	0.4	2	4	清末至民国	
I110：001	磨制石器	石	5.1	5	1.8				DA-CJWP
I112：001	磨制石器	石	8.8	6.5	2.3				DA-CJWP
I116：001	圆陶片	陶			0.9		3.1	辽金	DA-CJWP
I124：001	器底	陶	9.2		1	5.5		辽金	DA-CJWP
I126：001	器底	陶	6.3	4.6	2.5		16	辽金	DA-TLH
I131：001	圆陶片	陶	5.5	5.1	0.8			辽金	DA-TLH
I138：001	圆陶片	陶			0.9		3.8	辽金	DA-TLH
I143：001	器耳	陶	5.7	4.5	0.7			辽金	DA-TLH
I145：001	器底	陶		6.1	1	2.8	22	辽金	DA-TLH

标本号	器物名称	质地	长度	宽度	厚度	高度	直径	时期	遗址编号
I148：001	滴水	陶	6.2	5.5	3.5			辽金	DA-TLH
I148：002	建筑构件	陶	6.3	5.4	4.7			辽金	DA-TLH
I148：003	圆陶片	陶			1		3.8	辽金	DA-TLH
I148：004	布纹瓦	陶	8.5	7	1.9			辽金	DA-TLH
I148：005	布纹瓦	陶	8.5	8	1.9			辽金	DA-TLH
I150：001	打制石器	石	2	1.8	0.5				
I154：001	打制石器	石	3.1	1	0.7				DA-XGLBT
I171：001	铜钱	铜			0.1		2.2	清末至民国	DA-XWZ-1
I171：002	砖	陶	13	11.5	5.2			辽金	DA-XWZ-1
I189：001	磨制石器	石	8.3	4.5	2.2				DA-DSTP
I189：002	磨制石器	石	8.7	3.4	4.1				DA-DSTP
I191：001	磨制石器	石	4.5	1.8	0.7				DA-DSTP
I198：001	陶片	陶	4.7	2.7	0.4			白金宝文化	DA-DSTP
I198：002	陶片	陶	5.2	3.3	0.7			白金宝文化	DA-DSTP
I198：003	陶片	陶	4.6	4.2	0.5			白金宝文化	DA-DSTP
I198：004	陶片	陶	3.3	2	0.7			白金宝文化	DA-DSTP
I198：005	口沿	陶		2.5	0.7	2.8		白金宝文化	DA-DSTP
I198：007	器底	陶		9.3	0.7	3	6	白金宝文化	DA-DSTP
I198：008	口沿	陶		4.7	0.6	4.2	8	白金宝文化	DA-DSTP
J008：001	铁器口沿	铁		15	0.4	4.6	46	辽金	DA-DCJD
J016：001	器底	瓷		7.8	1.9	7.8	14	清末至民国	DA-DCJD
J017：001	网坠	陶	3.7				1.6	辽金	DA-DCJD
J017：002	网坠	陶	7	2.9	1.9			辽金	DA-DCJD
J017：003	器耳	陶	5.8	3.5	1.6			辽金	DA-DCJD
J017：004	铁片	铁	7.3	4.3	0.6			辽金	DA-DCJD
J019：001	网坠	陶	4.7				1.4	辽金	DA-DCJD
J022：001	砺石	石	5.6	3.8	0.9				DA-DCJD
J023：001	磨制石器	石	8.4	3.4	1.9				DA-DCJD
J025：001	网坠	陶	4.1				2.3	辽金	DA-DCJD
J025：002	圆陶片	陶	3.1	2.7	0.7			辽金	DA-DCJD
J034：001	布纹瓦	陶	11.7	5.5	2.3			辽金	DA-DCJD
J034：002	布纹瓦	陶	12	9	2.2			辽金	DA-DCJD
J035：001	瓷片	瓷	3.9	1.9	1.1			辽金	DA-DCJD
J036：001	磨制石器	石	6.8	2.5	1.5				DA-DCJD
J049：001	砖	陶	16.3	15.5	4			辽金	DA-DCJD
J052：001	器底	瓷	4.5	4.2	0.5	3.4	6	清末至民国	DA-QHES
J073：001	陶片	陶	4.1	3.1	0.7			辽金	DA-HS-1

标本号	器物名称	质地	长度	宽度	厚度	高度	直径	时期	遗址编号
J075：001	器底	陶	4.9	4	0.6	1.4	12	新石器时代中期	DA-HS-1
J075：002	口沿	陶		2.7	0.6	3		新石器时代中期	DA-HS-1
J075：003	口沿	陶	3.1	2.5	0.7			新石器时代中期	DA-HS-1
J075：004	磨制石器	石	6.2	5.6	2.3				DA-HS-1
J076：001	陶片	陶	4.4	3	1			新石器时代中期	DA-HS-1
J076：002	陶片	陶	5.7	4	0.9			新石器时代中期	DA-HS-1
J076：003	口沿	陶		2.3	0.8	2		新石器时代中期	DA-HS-1
J076：004	口沿	陶		2.8	0.7	2.9		新石器时代中期	DA-HS-1
J076：005	器底	陶	3.4	3.2	0.7	2.2	8	新石器时代中期	DA-HS-1
J076：006	陶片	陶	3.8	3.1	0.6			新石器时代中期	DA-HS-1
J076：007	陶片	陶	2.6	2.4	0.5			新石器时代中期	DA-HS-1
J076：008	陶片	陶	3.1	1.9	0.6			新石器时代中期	DA-HS-1
J076：009	陶片	陶	3	2.2	0.7			新石器时代中期	DA-HS-1
J076：010	陶片	陶	3.5	2.6	0.5			青铜时代早中期	DA-HS-1
J076：011	磨制石器	石	5.3	3.9	2.6				DA-HS-1
J076：012	磨制石器	石	5.9	3.4	3.6				DA-HS-1
J077：001	口沿	陶		2.2	0.4	1.8		新石器时代中期	DA-HS-1
J079：001	打制石器	石	2.5	2.1	0.5				DA-HS-1
J079：002	口沿	陶		6.2	0.8	4.3	21	辽金	DA-HS-1
J082：001	陶片	陶	3.2	3.3	0.8			新石器时代中期	DA-HS-1
J082：002	口沿	陶		3.4	1	3		新石器时代中期	DA-HS-1
J082：003	器底	陶		4	0.6	3.1		新石器时代中期	DA-HS-1
J085：001	砺石	石	5.9	3.5	1.8				DA-HS-1
J090：001	砺石	石	8.1	4.2	2				DA-HS-1
J092：001	口沿	陶		11.3	1	3.7	46	辽金	DA-HS-1
J092：002	口沿	陶		7.3	0.7	4.5	44	辽金	DA-HS-1
J092：003	口沿	陶		4.7	0.7	3.2	26	辽金	DA-HS-1
J092：004	口沿	陶		11.4	0.9	5.1	40	辽金	DA-HS-1
J094：001	铜钱	铜	2.1	1	0.2				DA-HS-1
J095：001	砺石	石	8.9	3.8	1.5				DA-HS-1
J095：002	器底	瓷	7.5	7.3	0.7	2.2	6.2	清末至民国	DA-HS-1
J096：001	口沿	陶		8.5	0.9	2.6	46	清末至民国	DA-HS-1
J099：001	磨制石器	石	4.3	4.2	1.4				DA-HS-1
J100：001	口沿	陶		8.1	0.8	4	48	清末至民国	DA-HS-1
J101：001	器底	瓷	9.2	6.8	0.8	2.4	8	清末至民国	DA-HS-1
J103：001	瓷碟	瓷	3.5	2.7	0.3	2.7		辽金	DA-HS-1
J103：002	口沿	陶		2.2	1	2.3		汉书二期文化	DA-HS-1

标本号	器物名称	质地	长度	宽度	厚度	高度	直径	时期	遗址编号
J103：003	口沿	陶		4.2	0.7	2.2	28	汉书二期文化	DA-HS-1
J103：004	口沿	陶		3.7	1.1	2.8		汉书二期文化	DA-HS-1
J103：005	陶片	陶	3.7	3	0.6			汉书二期文化	DA-HS-1
J103：006	陶片	陶	2	2	1.1			汉书二期文化	DA-HS-1
J103：007	陶片	陶	2.6	2.5	0.5			汉书二期文化	DA-HS-1
J103：008	陶片	陶	2.8	2	0.6			汉书二期文化	DA-HS-1
J103：009	陶片	陶	2.2	1.6	0.7			汉书二期文化	DA-HS-1
J103：010	陶片	陶	3.3	1.8	0.5			汉书二期文化	DA-HS-1
J107：001	口沿	陶		8.9	0.6	8	15	新石器时代中期	DA-HS-1
J107：002	口沿	陶		6.4	0.5	8.5	34	新石器时代中期	DA-HS-1
J107：003	陶片	陶	9.7	8	0.6			新石器时代中期	DA-HS-1
J107：004	陶片	陶	6.6	5.8	0.6			新石器时代中期	DA-HS-1
J107：005	陶片	陶	7.3	4.7	1			新石器时代中期	DA-HS-1
J107：006	口沿	陶	7.4		0.6	5.7	13	新石器时代中期	DA-HS-1
J107：007	口沿	陶		4.6	0.5	5.5	14	新石器时代中期	DA-HS-1
J107：008	口沿	陶		7.7	0.4	5.1	30	新石器时代中期	DA-HS-1
J107：009	口沿	陶		2.9	0.8	8		新石器时代中期	DA-HS-1
J108：001	骨镞	骨	9.1	0.5					DA-HS-1
J108：002	打制石器	石	3.4	1.7	1.1				DA-HS-1
J111：002	口沿	陶		2.6	0.5	2.3		汉书二期文化	DA-HS-1
J111：003	口沿	陶		1.5	1.1	2.7		魏晋隋唐	DA-HS-1
J112：001	口沿	陶		4.1	0.8	2.3	15	汉书二期文化	DA-HS-1
J112：002	口沿	陶		2.6	0.5	2.2		汉书二期文化	DA-HS-1
J113：001	器底	陶	7.1	6.8	0.6	1.5	5.6	汉书二期文化	DA-HS-1
J115：001	口沿	陶		2.4	0.4	1.9		汉书二期文化	DA-HS-1
J116：001	口沿	陶		3.7	0.5	4.1	12	汉书二期文化	DA-HS-1
J124：001	磨制石器	石	3.1	2.6	0.7				DA-HS-1
J124：002	器底	陶	6.2	4	0.6	1.8	9	汉书二期文化	DA-HS-1
J124：003	陶片	陶	6.1	3.2	0.5			汉书二期文化	DA-HS-1
J125：001	陶片	陶	2.8	2.2	0.6			汉书二期文化	DA-HS-1
J133：001	瓷片	瓷	5	3.6	0.9			清末至民国	DA-HS-1
J139：001	器耳	陶				7	1.9	辽金	DA-HS-1
J144：001	陶制品	陶	4.5	3.1	2.7			汉书二期文化	DA-HS-1
J145：001	磨制石器	石	6.4	4.9	2.7				DA-HS-1
J147：001	口沿	陶		2.3	1	6.4		汉书二期文化	DA-HS-1
J147：002	陶片	陶	6.4	3.7	0.6			汉书二期文化	DA-HS-1
J147：003	磨制石器	石	7.5	6	1.5				DA-HS-1

标本号	器物名称	质地	长度	宽度	厚度	高度	直径	时期	遗址编号
J147：004	磨制石器	石	3.8	2.3	0.8				DA-HS-1
J148：001	口沿	陶		2.5	0.5	2.8		汉书二期文化	DA-HS-1
J151：001	口沿	陶		4.7	0.7	5.2	20	古城文化	DA-HS-1
J153：001	器耳	陶		4.1	1.3	4		辽金	DA-HS-1
J175：001	器底	瓷	7.9	6	0.7	1.9	6.7	清末至民国	DA-HS-1
J183：001	陶片	陶	7.4	6.2	0.6			辽金	DA-HS-1
J183：002	陶片	陶	4.6	3.7	0.8			辽金	DA-HS-1
J185：001	器底	陶		4.4	0.7	2.6	22	辽金	DA-HS-1
J187：001	口沿	陶		6.4	0.7	2.5	22	汉书二期文化	DA-HS-1
J187：002	口沿	陶		7.4	0.7	6.1	26	汉书二期文化	DA-HS-1
J187：003	口沿	陶		4.8	0.7	3.5	23	汉书二期文化	DA-HS-1
J187：005	口沿	陶		3.3	0.4	1.3		汉书二期文化	DA-HS-1
J187：006	口沿	陶	2.8	2.7	0.8			汉书二期文化	DA-HS-1
J187：007	口沿	陶		2	0.7	3.8		汉书二期文化	DA-HS-1
J187：008	口沿	陶		4	0.6	2.1	11	汉书二期文化	DA-HS-1
J187：009	口沿	陶		3	0.5	3.8		汉书二期文化	DA-HS-1
J187：010	口沿	陶		2	0.6	3.5		汉书二期文化	DA-HS-1
J187：011	口沿	陶		2.7	0.6	1.5	12	汉书二期文化	DA-HS-1
J187：012	口沿	陶		4.3	0.6	6	8	汉书二期文化	DA-HS-1
J187：013	口沿	陶		2	0.7	2.7		汉书二期文化	DA-HS-1
J187：014	口沿	陶		2.8	0.6	3.7	11	汉书二期文化	DA-HS-1
J187：017	口沿	陶		5	0.7	3.3	21	汉书二期文化	DA-HS-1
J187：018	口沿	陶		3	0.5	5	11	汉书二期文化	DA-HS-1
J187：019	鬲足	陶	5	4	0.9	4.2		汉书二期文化	DA-HS-1
J187：020	口沿	陶		2.4	0.6	1.2		汉书二期文化	DA-HS-1
J187：021	器底	陶	6.7	6.4	0.7	3.2	10	汉书二期文化	DA-HS-1
J187：022	陶片	陶	5.4	4.3	0.5			汉书二期文化	DA-HS-1
J187：023	陶片	陶	3.1	2.1	0.7			汉书二期文化	DA-HS-1
J187：024	陶片	陶	4.4	3.3	0.8			汉书二期文化	DA-HS-1
J187：025	陶片	陶	5.1	3.9	0.5			汉书二期文化	DA-HS-1
J187：026	陶片	陶	8.4	8	0.7			汉书二期文化	DA-HS-1
J187：027	陶片	陶	4.6	4.2	0.6			汉书二期文化	DA-HS-1
J187：028	陶片	陶	3.5	3.4	0.5			汉书二期文化	DA-HS-1
J187：029	陶片	陶	5.3	3.8	0.8			汉书二期文化	DA-HS-1
J187：030	陶片	陶	3.3	3	0.8			汉书二期文化	DA-HS-1
J187：031	陶片	陶	7.5	5.7	0.7			汉书二期文化	DA-HS-1
J187：032	陶片	陶	5.5	3.3	0.6			汉书二期文化	DA-HS-1

标本号	器物名称	质地	长度	宽度	厚度	高度	直径	时期	遗址编号
J187：033	陶片	陶	3.3	2.6	0.6			汉书二期文化	DA-HS-1
J187：034	陶片	陶	3.7	2.5	0.5			汉书二期文化	DA-HS-1
J187：035	陶片	陶	6.5	5.3	0.5			汉书二期文化	DA-HS-1
J187：036	陶片	陶	5.5	5.1	0.6			汉书二期文化	DA-HS-1
J187：037	陶片	陶	5.1	3.1	0.7			汉书二期文化	DA-HS-1
J187：038	陶片	陶	5.3	4.7	0.5			汉书二期文化	DA-HS-1
J187：039	陶片	陶	3.8	3.6	0.7			汉书二期文化	DA-HS-1
J187：040	陶片	陶	3.9	3.2	0.7			汉书二期文化	DA-HS-1
J187：041	陶片	陶	4.4	4.3	0.9			汉书二期文化	DA-HS-1
J187：042	陶片	陶	4.9	4.1	0.9			汉书二期文化	DA-HS-1
J187：043	陶片	陶	4.6	3.9	0.9			汉书二期文化	DA-HS-1
J187：044	陶片	陶	6.4	4.2	0.5			汉书二期文化	DA-HS-1
J187：045	陶片	陶	5.3	5.3	1			汉书二期文化	DA-HS-1
J187：046	陶片	陶	5.1	3.4	0.8			汉书二期文化	DA-HS-1
J187：047	陶片	陶	4.8	4.7	0.7			汉书二期文化	DA-HS-1
J187：048	陶片	陶	4.8	3.5	0.5			汉书二期文化	DA-HS-1
J187：049	陶片	陶	6.4	3.1	0.5			汉书二期文化	DA-HS-1
J187：050	鬲足	陶	5.1	4.2	0.5	5.2		汉书二期文化	DA-HS-1
J187：052	口沿	陶		4.2	0.7	6.9		汉书二期文化	DA-HS-1
J187：053	口沿	陶		4.6	0.6	3.6	24	汉书二期文化	DA-HS-1
J187：054	口沿	陶		3.6	0.6	4.8	28	汉书二期文化	DA-HS-1
J187：055	陶片	陶	3.2	3	0.6			汉书二期文化	DA-HS-1
J187：056	陶片	陶	7.9	5.5	0.6			汉书二期文化	DA-HS-1
J187：057	陶片	陶	8.7	8	0.5			汉书二期文化	DA-HS-1
J187：058	口沿	陶	7.4	2.4	0.5			汉书二期文化	DA-HS-1
J187：059	陶片	陶	4	2	0.4			汉书二期文化	DA-HS-1
J187：060	陶片	陶	3.8	3.2	0.4			汉书二期文化	DA-HS-1
J187：061	陶片	陶	4.5	4.1	0.7			汉书二期文化	DA-HS-1
J187：062	陶片	陶	4.9	3.5	0.4			汉书二期文化	DA-HS-1
J188：001	口沿	陶		4.6	0.8	4.3		古城文化	DA-HS-1
J188：002	陶片	陶	5.7	5.7	0.7			古城文化	DA-HS-1
J188：003	石镞	石	2.5	1.4	0.4			新石器时代中期	DA-HS-1
J189：001	鬲足	陶	5.3	4.6		5.4		古城文化	DA-HS-1
J189：002	打制石器	石							DA-HS-1
J190：001	网坠	陶	6.7	3.4	3.6			汉书二期文化	DA-HS-1
J190：002	陶片	陶	3.6	3.5	0.5			汉书二期文化	DA-HS-1
J190：003	铜钱	铜			0.2		2.3	清末至民国	DA-HS-1

标本号	器物名称	质地	长度	宽度	厚度	高度	直径	时期	遗址编号
J190：004	口沿	陶		3.5	0.5	7.8	16	白金宝文化	DA-HS-1
J190：005	口沿	陶		5.4	0.7	3.9	36	白金宝文化	DA-HS-1
J190：006	器底	陶	6.3	3.7	0.8	2.1	8	白金宝文化	DA-HS-1
J190：007	罐	陶		12.2	0.4	12	14	白金宝文化	DA-HS-1
J191：001	口沿	陶		4.5	0.8	5.9	34	古城文化	DA-HS-1
J191：002	鬲足	陶	7.9	7.3	0.5	8.2		古城文化	DA-HS-1
J192：001	口沿	陶		6.6	0.5	7.9	14	古城文化	DA-HS-1
J192：002	口沿	陶		5.5	0.4	2.9	16	古城文化	DA-HS-1
J192：003	口沿	陶		4.7	0.6	3.4	30	古城文化	DA-HS-1
J192：004	陶片	陶	2.8	2.6	0.4			古城文化	DA-HS-1
J192：005	陶片	陶	4	3	0.9			古城文化	DA-HS-1
J192：006	陶片	陶	9	5	0.6			白金宝文化	DA-HS-1
J192：007	器耳	陶	2.1	2.3	1.1			白金宝文化	DA-HS-1
J193：001	陶片	陶	1.8	1.5	0.5			古城文化	DA-HS-1
J193：002	口沿	陶	1.7	1.3	0.5			古城文化	DA-HS-1
J193：003	口沿	陶		0.9	0.3	1.7		古城文化	DA-HS-1
J193：004	口沿	陶		5.3	0.7	4.6	20	白金宝文化	DA-HS-1
J193：005	陶制品	陶	6.2	2.6	1.1			白金宝文化	DA-HS-1
J193：006	陶制品	陶	1.9	1.4	0.7			白金宝文化	DA-HS-1
J193：007	磨制石器	石	4.2	3.9	1.3			白金宝文化	DA-HS-1
J194：001	陶片	陶	4.3	3.7	1			白金宝文化	DA-HS-1
J194：002	口沿	陶		2.4	0.5	2.6		白金宝文化	DA-HS-1
J194：003	磨制石器	石	7.4	6.6	2.1				DA-HS-1
J195：001	器耳	陶	7.8	3	1.6			白金宝文化	DA-HS-1
J195：002	器底	陶	8.1	7.2	0.7	6.1		白金宝文化	DA-HS-1
J195：003	口沿	陶		3.2	0.5	5.6	14	白金宝文化	DA-HS-1
J195：004	口沿	陶		4.4	0.7	3.3	18	白金宝文化	DA-HS-1
J195：005	口沿	陶		4.8	0.5	4.5	14	白金宝文化	DA-HS-1
J195：006	陶片	陶	5	3.8	0.8			白金宝文化	DA-HS-1
J195：007	陶片	陶	7.6	6.7	0.9			白金宝文化	DA-HS-1
J195：008	陶片	陶	4.8	3.3	0.6			白金宝文化	DA-HS-1
J195：009	陶片	陶	7.2	4.8	0.8			白金宝文化	DA-HS-1
J195：010	陶片	陶	5.6	3.7	0.7			古城文化	DA-HS-1
J195：011	器底	陶	3.8	3.1	0.4	1.1	8	古城文化	DA-HS-1
J195：012	口沿	陶		4.4	0.6	4.2	38	古城文化	DA-HS-1
J195：013	陶片	陶	2.2	1.7	0.5			古城文化	DA-HS-1
J195：014	陶片	陶	4.8	3.7	0.8			古城文化	DA-HS-1

标本号	器物名称	质地	长度	宽度	厚度	高度	直径	时期	遗址编号
J196：001	支座	陶	5.5	4.5		7.8	14	白金宝文化	DA-HS-1
J196：002	支座	陶	7.6	4.7		5.4	14	白金宝文化	DA-HS-1
J196：003	口沿	陶		12	0.6	6.3	28	白金宝文化	DA-HS-1
J196：004	口沿	陶		2.1	0.6	1.9		白金宝文化	DA-HS-1
J196：005	陶片	陶	4.8	2.6	0.5			白金宝文化	DA-HS-1
J196：006	磨制石器	石	4.3	3.1	1.7			白金宝文化	DA-HS-1
J197：001	陶制品	陶	6.1	4.2	2.9			汉书二期文化	DA-HS-1
J197：002	磨制石器	石	5.1	4.6	3.7				DA-HS-1
J198：001	器底	陶	4.8	2.9	0.7	2.6	5	小拉哈文化	DA-HS-1
J198：002	器底	陶	4.1	3.3	0.6	0.9	3	小拉哈文化	DA-HS-1
J198：003	陶片	陶	3.9	3.1	0.4			小拉哈文化	DA-HS-1
J198：004	陶片	陶	5.7	4.7	0.5			小拉哈文化	DA-HS-1
J198：005	陶片	陶	4.3	3.6	0.7			小拉哈文化	DA-HS-1
J198：006	口沿	陶		3.3	0.5	2.5		古城文化	DA-HS-1
J198：007	口沿	陶		3.9	0.6	3		古城文化	DA-HS-1
J198：008	陶片	陶	5.4	4	0.7			古城文化	DA-HS-1
J198：009	器底	陶	5.9	5.2	0.7	2.8	7	白金宝文化	DA-HS-1
J198：010	器底	陶	4	4	0.7	2.4	11	白金宝文化	DA-HS-1
J198：011	口沿	陶		4.3	0.5	1.8	14	白金宝文化	DA-HS-1
J198：012	陶片	陶	2.2	1.3	0.4			白金宝文化	DA-HS-1
J198：013	陶片	陶	3.3	3.1	0.7			白金宝文化	DA-HS-1
J198：014	陶片	陶	5.1	3.4	0.6			白金宝文化	DA-HS-1
J217：001	圆陶片	陶			0.8		3.6	白金宝文化	DA-HS-1
J222：001	砺石	石	6.9	3.7	1.3				DA-HS-1
J231：001	铜钱	铜	2.3	1.5	0.1			清末至民国	DA-HS-1
J249：001	磨制石器	石	3.9	3.9	3.1				DA-HS-1
J250：001	口沿	陶		3.8	0.8	3.7		魏晋隋唐	DA-HS-1
J250：002	支座	陶				7.4	5.6	汉书二期文化	DA-HS-1
J250：003	支座	陶				4.5	8	汉书二期文化	DA-HS-1
J250：004	口沿	陶		7.1	0.8			汉书二期文化	DA-HS-1
J250：005	口沿	陶		5.1	0.5	3.8		白金宝文化	DA-HS-1
J250：006	口沿	陶		3.2	0.5	3		白金宝文化	DA-HS-1
J250：007	口沿	陶		4.2	0.6	5.1	16	白金宝文化	DA-HS-1
J251：001	支座	陶				7.5	10	汉书二期文化	DA-HS-1
J251：002	支座	陶				4.3	5	汉书二期文化	DA-HS-1
J251：003	网坠	陶	6.9	6	4.5			汉书二期文化	DA-HS-1
J251：004	网坠	陶	6.9	5.4	3.9			汉书二期文化	DA-HS-1

标本号	器物名称	质地	长度	宽度	厚度	高度	直径	时期	遗址编号
J251：005	陶制品	陶	6.3	2.9	2.3			汉书二期文化	DA-HS-1
J251：006	磨制石器	石	11	5	4.9				DA-HS-1
J251：007	磨制石器	石	7.5	4.4	3.5				DA-HS-1
J251：008	磨制石器	石	4	3.2	1.9				DA-HS-1
J251：009	磨制石器	石	8.9	4.8	3.4				DA-HS-1
J251：010	磨制石器	石	5.4	4	2.7				DA-HS-1
J251：011	磨制石器	石	6.9	4.2	2.7				DA-HS-1
J251：012	磨制石器	石	10.6	7	4.5				DA-HS-1
J251：013	口沿	陶		10.1	0.5	8.1	28	汉书二期文化	DA-HS-1
J251：014	口沿	陶		7.8	0.6	8	31	汉书二期文化	DA-HS-1
J251：015	口沿	陶		9.6	0.7	7.2	22	汉书二期文化	DA-HS-1
J251：017	口沿	陶		2	0.3	2.4		白金宝文化	DA-HS-1
J251：018	陶片	陶	4.6	2.8	0.5			白金宝文化	DA-HS-1
J251：019	陶片	陶	4.4	2.7	0.4			白金宝文化	DA-HS-1
J251：020	器耳	陶	3	2.5	0.4			白金宝文化	DA-HS-1
J251：021	鬲足	陶	6.6	5	0.6	6		汉书二期文化	DA-HS-1
J251：022	磨制石器	石	5.6				2.7		DA-HS-1
J252：001	磨制石器	石	6.8	3.5	1				DA-HS-1
J252：002	磨制石器	石	4.7	2.6	2.6				DA-HS-1
J252：003	磨制石器	石	3.9	3.2	2.8				DA-HS-1
J252：004	磨制石器	石	3.7	3.3	1.8				DA-HS-1
J252：005	口沿	陶	4.3		0.6	5.8		汉书二期文化	DA-HS-1
J252：006	口沿	陶	5.2		0.8	7.3		汉书二期文化	DA-HS-1
J252：007	口沿	陶	6.2		0.5	7		汉书二期文化	DA-HS-1
J252：008	口沿	陶	9.1		0.5	5.4	32	汉书二期文化	DA-HS-1
J252：009	口沿	陶	9.3		0.5	5.8		汉书二期文化	DA-HS-1
J252：010	口沿	陶	9.3		0.8	5.4	34	汉书二期文化	DA-HS-1
J252：011	口沿	陶	6.6		0.7	6.4		汉书二期文化	DA-HS-1
J252：012	口沿	陶	8		0.7	4.4		汉书二期文化	DA-HS-1
J252：014	鬲足	陶	5.6	4.4	0.5	5.5		汉书二期文化	DA-HS-1
J252：015	支座	陶				8.5	12	汉书二期文化	DA-HS-1
J252：016	支座	陶				6.1	10	汉书二期文化	DA-HS-1
J252：017	支座	陶				6.1	9	汉书二期文化	DA-HS-1
J252：018	网坠	陶	6	6	3			汉书二期文化	DA-HS-1
J252：019	网坠	陶	7.4	5	3.5			汉书二期文化	DA-HS-1
J252：020	磨制石器	石	8.1	6.4	3.5				DA-HS-1
J252：021	骨器	骨	7.6	2.6	1				DA-HS-1

标本号	器物名称	质地	长度	宽度	厚度	高度	直径	时期	遗址编号
J253：001	支座	陶				8.2	6	汉书二期文化	DA-HS-1
J253：002	支座	陶				3.6	5	汉书二期文化	DA-HS-1
J254：001	支座	陶				5.8	16	汉书二期文化	DA-HS-1
J254：002	支座	陶				5.2	16	汉书二期文化	DA-HS-1
J254：003	支座	陶				5.2	16	汉书二期文化	DA-HS-1
J254：004	支座	陶				5.9	13	汉书二期文化	DA-HS-1
J254：005	支座	陶				3.2	10	汉书二期文化	DA-HS-1
J254：006	支座	陶				6	6	汉书二期文化	DA-HS-1
J254：007	网坠	陶	5.6	5	2.3			汉书二期文化	DA-HS-1
J254：008	口沿	陶		3.8	0.6	5	13	汉书二期文化	DA-HS-1
J254：009	陶片	陶	4.7	3.4	0.7			汉书二期文化	DA-HS-1
J254：010	磨制石器	石	4.5	3.4	3				DA-HS-1
J263：001	磨制石器	石	4.2	4.2	1.7				DA-HS-1
J265：001	网坠	陶	4.3	2.3	1.7			汉书二期文化	DA-HS-1
J265：002	磨制石器	石	6.4	3.8	1.6				DA-HS-1
J265：003	磨制石器	石	6.3	4	3.8				DA-HS-1
J266：001	网坠	陶	4.3	3.5	2.1			汉书二期文化	DA-HS-1
J269：001	陶片	陶	11.3	10	0.6			新石器时代中期	DA-HS-1
J275：001	打制石器	石	2.4	1.1	0.2				DA-HS-1
J285：001	磨制石器	石	3.4	3.1	0.8				DA-HS-1
J288：001	磨制石器	石	5.8	3.1	1.9				DA-HS-1
J296：001	鬲足	陶	3.4	2.3		2.8		汉书二期文化	DA-HS-1
J298：001	口沿	陶		10.5	0.9	4.5	39	辽金	DA-HS-1
J320：001	砺石	石	6.5	3	2.4				DA-HS-1
J323：001	鬲足	陶	7	5.5	0.7	5.5		汉书二期文化	DA-HS-1
J323：002	鬲足	陶	7.1	6.4	0.6	7		汉书二期文化	DA-HS-1
J323：003	网坠	陶	6.9	6.1	4.1			汉书二期文化	DA-HS-1
J323：004	磨制石器	石	6.1	5.5	3.3				DA-HS-1
J325：001	磨制石器	石	6.7	3.3	2		7		DA-HS-1
J325：002	磨制石器	石	6	4.5	2				DA-HS-1
J351：001	铜钱	铜	2.3	1.2	0.1			清末至民国	DA-HS-1
K031：001	磨制石器	石	9	2.5	1.1				DA-WJP
K050：001	器底	瓷	3	2.6	0.4	1.1	2.2	清末至民国	DA-WJP
K056：001	网坠	陶	4.6	3.3	1.3			辽金	DA-WJP
K056：002	网坠	陶	3.5	2.9	1.2			辽金	DA-WJP
K057：001	器底	陶	6	4.2	0.8		4	辽金	DA-WJP
K057：002	网坠	陶	5.2	4.9	2.1			辽金	DA-WJP

标本号	器物名称	质地	长度	宽度	厚度	高度	直径	时期	遗址编号
K057：003	圆陶片	陶			0.8		3	辽金	DA-WJP
K058：001	口沿	陶	6.9	3.1	0.8			辽金	DA-WJP
K058：002	磨制石器	石	9.7	3.5	1				DA-WJP
K058：003	磨制石器	石	4.7	3.8	0.8				DA-WJP
K062：001	网坠	陶	5.2	3.2	2			辽金	DA-WJP
K065：001	口沿	陶	9.7	3.8	1.4		55	辽金	DA-WJP
K078：001	圆形铜片	铜			0.2		2.9		DA-GYWP
K087：001	磨制石器	石	4.2	3.2	1.7				DA-QD
K087：002	网坠	陶	4.8	2.1	1.6			辽金	DA-QD
K090：001	网坠	陶	4				1.7	辽金	DA-QD
K094：001	口沿	陶	8.5	4.1	0.9	4		清末至民国	DA-QD
K105：001	口沿	陶	5		1.2	4.5		辽金	DA-QD
K112：001	磨制石器	石	5.7	4	1.4				DA-QD
K112：002	铜饰	铜	4.8	2.6	0.3				DA-QD
K116：001	铜钱	铜			0.2		2.2	清末至民国	DA-QD
K118：001	鬲足	陶	4.8	4.2	0.9	3		汉书二期文化	DA-QD
K140：001	磨制石器	石	7.9	4.8	1.5				DA-DSTP
K169：001	砖	陶	11.8	7.8	4.2			辽金	DA-DSTP
K169：002	瓦	陶	21	14.5	2.9			辽金	DA-DSTP
K169：003	瓦	陶	13	12.7	2.7			辽金	DA-DSTP
K171：001	网坠	陶	4.9	2.6	2.1			辽金	DA-DSTP
K190：001	网坠	陶	7.5	4.9	2.7			辽金	DA-DSTP
K192：001	磨制石器	石	6.2	5	1				DA-DSTP
K196：001	磨制石器	石	4.7	4.1	2.4				DA-DSTP
K196：002	网坠	陶	6.5	5.4	2.1			辽金	DA-DSTP
K196：003	网坠	陶	5.3	4.4	2.1			辽金	DA-DSTP
K202：001	网坠	陶	5.6	4.9	2.6			辽金	DA-DSTP
K205：001	口沿	陶	11.2	5.4	1	4.6		辽金	DA-DSTP
K212：001	网坠	陶	3.8	3.8	1.6			辽金	DA-DSTP
K213：001	磨制石器	石	9.5	5.4	1.9				DA-DSTP
K218：001	磨制石器	石	8.1	4.5	2.5				DA-DSTP
K228：001	口沿	陶	7.1		0.7	6.3	23	辽金	DA-DSTP
K230：001	网坠	陶	2				1.3	辽金	DA-DSTP
K231：001	铜钱	铜			0.2		2.4	辽金	DA-DSTP
K235：001	网坠	陶	3.6				1.5	辽金	DA-DSTP
K235：002	磨制石器	石	5.4	2.3	0.8				DA-DSTP
K236：001	网坠	陶	3.1				1.7	辽金	DA-DSTP

标本号	器物名称	质地	长度	宽度	厚度	高度	直径	时期	遗址编号
K237：001	磨制石器	石	4.6	2.7	0.6				DA-DSTP
K237：002	磨制石器	石	6.2	3.5	2.8				DA-DSTP
K239：001	铜钱	铜			0.6		2.6	辽金	DA-DSTP
K246：001	磨制石器	石	7.5	3.1	1.4				DA-DSTP
K254：001	筒瓦	陶	9.8	9.1	2			辽金	DA-DSTP
K260：001	磨制石器	石	10.8	2.9	2.3				DA-DSTP
K260：002	磨制石器	石	9.4	3.5	2.1				DA-DSTP
K260：003	网坠	陶	3.3				1.4	辽金	DA-DSTP
K266：001	磨制石器	石	5.5	5.1	1.8				DA-DSTP
K269：001	纺轮	陶			1.1		4.3	辽金	DA-DSTP
K272：001	磨制石器	石	10	8.3	4.2				DA-DSTP
K283：001	圆陶片	陶			1.9		6.7	辽金	DA-DSTP
K287：001	陶盘	陶	7.7	3.4	1		11	辽金	DA-DSTP
K301：001	磨制石器	石	8.7	4.6	2				DA-DSTP
K304：001	磨制石器	石	8.3	4	1.5				DA-DSTP
K315：001	磨制石器	石	7.6	5.4	4				DA-DSTP
K335：001	圆陶片	陶			1.2		5.1	辽金	DA-DSTP
L010：001	磨制石器	石	5.2	2.7	1				DA-HS-2
L021：001	打制石器	石	2.5	1.3	0.3				
L022：001	圆陶片	陶			1.5		5	辽金	
L022：002	磨制石器	石	5.4	3.2	1.4				
M001：001	器底	瓷	5	4.1	0.6	1.8	4	辽金	ZL-QHSL-2
M002：001	陶片	陶	2.8	2.2	0.6			辽金	ZL-QHSL-2
M002：002	陶片	陶	3.2	2.2	1.1			辽金	ZL-QHSL-2
M002：003	磨制石器	石	5.1	4.8	2.5				ZL-QHSL-2
M003：001	陶片	陶	4.6	3.8	0.8			辽金	ZL-QHSL-2
M003：002	陶片	陶	5	4.3	0.8			辽金	ZL-QHSL-2
M004：001	磨制石器	石	13.4	4.6	5.1				ZL-QHSL-2
M005：001	陶片	陶	2.7	2.3	0.5			辽金	ZL-QHSL-2
M006：001	布纹瓦	陶	7.7	7.1	1.7			辽金	ZL-QHSL-2
M007：001	陶片	陶	2.7	2.4	0.4			辽金	ZL-QHSL-2
M007：002	陶片	陶	4	3.7	1			辽金	ZL-QHSL-2
M010：001	陶片	陶	2.3	2	0.6			辽金	ZL-QHSL-2
M010：002	陶片	陶	3.8	3	0.9			辽金	ZL-QHSL-2
M010：003	磨制石器	石	5.3	2.7	2.1				ZL-QHSL-2
M018：001	鬲足	陶	3.7	2.8		4.1		汉书二期文化	ZL-GYYC
M022：001	陶片	陶	3.5	2.8	1.5			辽金	ZL-GYYC

标本号	器物名称	质地	长度	宽度	厚度	高度	直径	时期	遗址编号
M027：001	鬲足	陶	3.2	2.3		4.1		汉书二期文化	ZL-DLGZ-2
M029：001	口沿	陶		2.7	0.7	2.3		魏晋隋唐	ZL-DLGZ-2
M032：001	陶片	陶	3.5	3	0.8			辽金	ZL-DLGZ-2
M033：001	陶片	陶	4.4	3.1	0.8			辽金	ZL-DLGZ-2
M033：002	陶片	陶	3.3	2.5	0.7			辽金	ZL-DLGZ-2
M033：003	陶片	陶	3.6	1.7	0.7			辽金	ZL-DLGZ-2
M034：001	陶片	陶	3	2	0.6			辽金	ZL-DLGZ-2
M034：002	陶片	陶	3.3	2.1	0.8			辽金	ZL-DLGZ-2
M041：001	陶球	陶		1.7			2	辽金	ZL-DLGZ-2
M042：001	打制石器	石	3.2	2.3	0.7				ZL-DLGZ-1
M043：001	铜钱	铜			0.2		2.5	清末至民国	ZL-DLGZ-1
M045：001	磨制石器	石	4.4	4.4	0.9				ZL-DLGZ-1
M045：002	蚌器	蚌	6.4	2.8	0.7				ZL-DLGZ-1
M053：001	陶片	陶	5.8	4.6	1.1			辽金	ZL-DLGZ-1
M056：001	陶鼎	陶			0.6	17	18	汉书二期文化	ZL-DLGZ-1
M056：002	支座	陶				3.6	10	汉书二期文化	ZL-DLGZ-1
M056：003	陶鼎	陶			0.5	4.4	7	汉书二期文化	ZL-DLGZ-1
M056：004	口沿	陶	5		0.7	5.6	20	汉书二期文化	ZL-DLGZ-1
M056：005	口沿	陶	5.3		0.7	4.9	42	古城文化	ZL-DLGZ-1
M056：006	鬲足	陶	3.9	3.8		3		青铜时代早中期	ZL-DLGZ-1
M056：007	陶片	陶	4.8	4.5	1.2			汉书二期文化	ZL-DLGZ-1
M057：001	器底	陶	4.4	2.8	0.7			汉书二期文化	ZL-DLGZ-1
M057：002	口沿	陶	8.2		1	9.7		辽金	ZL-DLGZ-1
M057：003	口沿	陶	7.9		0.9	7.5		辽金	ZL-DLGZ-1
M057：004	口沿	陶	2.5		0.5	2.5		汉书二期文化	ZL-DLGZ-1
M059：001	打制石器	石	2.1	1.6	0.5				ZL-MSH-2
M059：002	磨制石器	石	2.9	2.7	2.5				ZL-MSH-2
M059：003	蚌器	蚌	3.7	2.4	0.5				ZL-MSH-2
M059：004	陶片	陶	3.7	2.3	0.6			汉书二期文化	ZL-MSH-2
M059：005	口沿	陶		4	0.5	4		青铜时代早中期	ZL-MSH-2
M059：006	口沿	陶		3.4	0.9	5.2		青铜时代早中期	ZL-MSH-2
M059：007	陶片	陶	3.2	2.6	0.5			青铜时代早中期	ZL-MSH-2
M059：008	陶片	陶	2.7	2.1	0.7			青铜时代早中期	ZL-MSH-2
M059：009	鬲足	陶	4	3.2		3.6		青铜时代早中期	ZL-MSH-2
M059：010	鬲足	陶	5.6	3.2	0.6	5		青铜时代早中期	ZL-MSH-2
M059：013	口沿	陶		2.6	0.7	1.7		白金宝文化	ZL-MSH-2
M060：001	陶片	陶	2.9	2.3	0.6			汉书二期文化	ZL-MSH-2

标本号	器物名称	质地	长度	宽度	厚度	高度	直径	时期	遗址编号
M060：002	口沿	陶		2.8	0.5	2.3		青铜时代早中期	ZL-MSH-2
M061：001	口沿	陶		5.2	0.8	1.7	28	汉书二期文化	ZL-MSH-2
M061：002	陶片	陶	2.8	2.1	0.5			青铜时代早中期	ZL-MSH-2
M061：003	口沿	陶		2.9	0.6	2.6		青铜时代早中期	ZL-MSH-2
M062：001	磨制石器	石	6.2	2.9	1.1				ZL-MSH-2
M062：002	支座	陶	5.7	2.3	2.5	5.5		汉书二期文化	ZL-MSH-2
M062：003	支座	陶	5.2	3.7		4.9	10	汉书二期文化	ZL-MSH-2
M062：004	支座	陶	4	2.8		2.7	15	汉书二期文化	ZL-MSH-2
M062：005	器底	陶	5.4	3.1	1	1.8	8	汉书二期文化	ZL-MSH-2
M062：006	陶片	陶	4.5	3.1	0.7			汉书二期文化	ZL-MSH-2
M062：007	口沿	陶		2.8	0.5	1.8	12	青铜时代早中期	ZL-MSH-2
M062：008	口沿	陶		2.5	0.6	2.4		青铜时代早中期	ZL-MSH-2
M062：009	口沿	陶		7.7	0.5	4.6	41	汉书二期文化	ZL-MSH-2
M062：010	口沿	陶		2.3	0.5	2.6		白金宝文化	ZL-MSH-2
M063：001	磨制石器	石	5	5.3	2.3				ZL-MSH-2
M063：004	口沿	陶		7.3	0.6	6.1	32	青铜时代早中期	ZL-MSH-2
M063：005	鬲足	陶	4.8	3.9	0.6	4.8		青铜时代早中期	ZL-MSH-2
M065：001	陶片	陶	2	1.8	0.5			辽金	ZL-MSH-2
M067：001	陶片	陶	6	4.4	0.8			辽金	ZL-MSH-2
M067：002	陶片	陶	4.5	2.9	0.8			辽金	ZL-MSH-2
M067：003	陶片	陶	3.8	3.4	0.7			辽金	ZL-MSH-2
M067：004	器底	陶	4.3	3.7	1.1	2.2		辽金	ZL-MSH-2
M067：005	陶片	陶	3.6	3.5	0.8			辽金	ZL-MSH-2
M067：006	陶片	陶	3.2	2.3	0.8			辽金	ZL-MSH-2
M067：007	陶片	陶	2.9	2.9	0.6			辽金	ZL-MSH-2
M067：008	陶片	陶	2.1	2	0.7			辽金	ZL-MSH-2
M067：009	陶片	陶	2.3	1.8	0.4			辽金	ZL-MSH-2
M067：010	陶片	陶	1.9	1.4	0.4			辽金	ZL-MSH-2
M070：001	陶片	陶	4.8	2.2	0.8			辽金	ZL-MSH-2
M070：002	陶片	陶	2.9	2.3	0.7			辽金	ZL-MSH-2
M084：001	打制石器	石	2.2	2.1	0.7				ZL-MSH-2
M085：001	碗底	铜	4.4	3.4	0.2	1.1	5		ZL-MSH-2
M097：001	陶片	陶	5.1	3.3	0.7			辽金	ZL-MSH-2
M100：001	圆陶片	陶			1.4		5.2	辽金	ZL-MSH-2
M106：001	陶片	陶	3.6	2.7	0.5			新石器时代中期	ZL-MSH-1
M106：002	陶片	陶	3.7	3	0.7			新石器时代中期	ZL-MSH-1
M106：003	口沿	陶	4	3.4	0.7			新石器时代中期	ZL-MSH-1

标本号	器物名称	质地	长度	宽度	厚度	高度	直径	时期	遗址编号
M106：004	口沿	陶	2.8	1.8	0.7			新石器时代中期	ZL-MSH-1
M107：001	打制石器	石	1	0.8	0.2				ZL-MSH-1
M107：002	打制石器	石	2	1.4	0.3				ZL-MSH-1
M107：003	陶片	陶	2.8	2.4	0.6			新石器时代中期	ZL-MSH-1
M108：001	陶片	陶	4.4	3.9	0.6			新石器时代中期	ZL-MSH-1
M108：002	陶片	陶	2.9	2.2	0.6			新石器时代中期	ZL-MSH-1
M108：003	陶片	陶	2.8	2.7	0.7			新石器时代中期	ZL-MSH-1
M108：004	陶片	陶	9.1	4.7	0.8			新石器时代中期	ZL-MSH-1
M108：005	陶片	陶	4	3.5	0.5			新石器时代中期	ZL-MSH-1
M108：006	陶片	陶	3.9	3.8	0.7			新石器时代中期	ZL-MSH-1
M108：007	陶片	陶	3.6	2.3	0.5			新石器时代中期	ZL-MSH-1
M108：008	口沿	陶		2.8	0.9	3.4		新石器时代中期	ZL-MSH-1
M108：009	口沿	陶		3.8	0.7	3.8		新石器时代中期	ZL-MSH-1
M108：010	口沿	陶		3.2	0.6	3.3		新石器时代中期	ZL-MSH-1
M109：001	铜钱	铜			0.2		2.6		ZL-MSH-1
M109：002	铜钱	铜			0.2		2.5	清末至民国	ZL-MSH-1
M112：001	陶片	陶	2.4	1.8	0.7			新石器时代中期	ZL-MSH-1
M112：002	口沿	陶		1.9	0.4	1.9		新石器时代中期	ZL-MSH-1
M113：001	器底	陶		6.6	0.9	1.6		新石器时代中期	ZL-MSH-1
M114：001	打制石器	石	3.1	1.6	0.8				ZL-MSH-1
M115：001	口沿	陶		6.3	1.4	2.9		新石器时代中期	ZL-MSH-1
M116：001	陶片	陶	1.8	1.8	0.4			新石器时代中期	ZL-MSH-1
M121：001	陶片	陶	3.5	2.8	0.5			新石器时代中期	ZL-MSH-1
M122：001	打制石器	石	2.1	1.3	0.5				ZL-MSH-1
M122：002	陶片	陶	3.7	2.5	1			新石器时代中期	ZL-MSH-1
M122：003	陶片	陶	3.2	3.1	0.8			新石器时代中期	ZL-MSH-1
M126：001	支座	陶			0.6	8	9	汉书二期文化	ZL-MSH-2
M126：002	带耳腹片	陶	27	23.8	0.6			汉书二期文化	ZL-MSH-2
M126：003	器底	陶	11.2		0.7			汉书二期文化	ZL-MSH-2
M126：004	支座	陶				9	8.8	汉书二期文化	ZL-MSH-2
M126：005	口沿	陶	7.5		0.6	8.6		汉书二期文化	ZL-MSH-2
M126：006	陶片	陶	6.1	4.8	0.6			白金宝文化	ZL-MSH-2
M126：007	陶片	陶	4.6	3.9	0.7			白金宝文化	ZL-MSH-2
M126：008	杯	陶	6.1		0.3	5		白金宝文化	ZL-MSH-2
M126：009	口沿	陶	3		0.7	2.8		白金宝文化	ZL-MSH-2
M126：010	陶片	陶	3.1	2.8	0.7			白金宝文化	ZL-MSH-2
M126：011	口沿	陶	6.4		0.7	3.9		白金宝文化	ZL-MSH-2

标本号	器物名称	质地	长度	宽度	厚度	高度	直径	时期	遗址编号
M126：012	腹片	陶	16.4	15.5	0.3			汉书二期文化	ZL-MSH-2
M126：013	陶片	陶	6.3	3.5	0.6			汉书二期文化	ZL-MSH-2
M126：014	陶片	陶	7	6.3	0.5			汉书二期文化	ZL-MSH-2
M126：015	支座	陶	6.4			5.7	10	汉书二期文化	ZL-MSH-2
M126：016	钵	陶	12.2	10.2	0.6	10.7	6	汉书二期文化	ZL-MSH-2
M126：017	鬲	陶	10.2	8.1	0.6	10.2		汉书二期文化	ZL-MSH-2
M127：001	杯	陶				6.8		白金宝文化	ZL-MSH-2
M127：002	杯	陶			0.6	5	9	白金宝文化	ZL-MSH-2
M127：003	陶片	陶	7	4.7	0.5			白金宝文化	ZL-MSH-2
M127：004	陶片	陶	5	4.6	0.4			白金宝文化	ZL-MSH-2
M127：005	陶片	陶	4.5	4	0.6			白金宝文化	ZL-MSH-2
M127：006	口沿	陶	4.9		0.6	5.2		白金宝文化	ZL-MSH-2
M127：007	口沿	陶	6.9		0.6	2.8		白金宝文化	ZL-MSH-2
M127：008	支座	陶	4.8	4		2.4	9	白金宝文化	ZL-MSH-2
M127：009	陶片	陶	11.1	8.1	0.4			白金宝文化	ZL-MSH-2
M127：010	器底	陶	17	13.5	0.4		11.5	白金宝文化	ZL-MSH-2
M127：011	陶片	陶	20	15	0.5			白金宝文化	ZL-MSH-2
M127：012	器耳	陶	7.3	6.8	0.4			白金宝文化	ZL-MSH-2
M127：013	陶片	陶	21.5	16	0.5			汉书二期文化	ZL-MSH-2
M127：014	口沿	陶	6.8		0.6	4.3	22	辽金	ZL-MSH-2
M127：015	陶片	陶	4.3	3.4	0.6			辽金	ZL-MSH-2
M127：016	陶片	陶	3.3	2.5	0.7			辽金	ZL-MSH-2
M127：017	口沿	陶	7.8		0.5	11.4	46	白金宝文化	ZL-MSH-2
M127：018	鬲足	陶			0.4	8.8		白金宝文化	ZL-MSH-2
M128：001	陶片	陶	15.5	11.5	0.6			辽金	ZL-MSH-2
M128：002	器底	陶	10	8.1	0.7	8.2		辽金	ZL-MSH-2
M128：003	陶片	陶	7.6	7.2	0.6			辽金	ZL-MSH-2
M128：004	陶片	陶	4	2.1	0.6			辽金	ZL-MSH-2
M128：005	陶片	陶	9.8	5.9	0.7			辽金	ZL-MSH-2
M128：006	陶片	陶	11.3	9.3	0.9			辽金	ZL-MSH-2
M128：007	陶片	陶	8.2	7	1			辽金	ZL-MSH-2
M128：008	陶片	陶	10.4	6	0.6			辽金	ZL-MSH-2
M128：009	器耳	陶		3	0.9	4.6		汉书二期文化	ZL-MSH-2
M137：001	陶片	陶	5.1	4.2	1			辽金	ZL-MSH-2
M138：001	鬲足	陶	3.3	3.2		4		青铜时代早中期	ZL-MSH-2
M153：001	磨制石器	石	7.5	5.8	1.5				ZL-MSH-3
M157：001	钉	铁	7.5	0.7					ZL-MSH-3

标本号	器物名称	质地	长度	宽度	厚度	高度	直径	时期	遗址编号
M159：001	磨制石器	石	7.3	3.2	1.1				ZL-MSH-3
M159：010	鬲足	陶	4.8	2.2		5.1		汉书二期文化	ZL-MSH-3
M160：001	铜钱	铜			0.2		2.4	清末至民国	ZL-MSH-3
M176：001	打制石器	石	1.7	1.4	0.3				ZL-MSH-3
M190：001	磨制石器	石	5.4	3.5	2.9				ZL-MSH-3
M192：001	钉	铁	3.5	1.5	0.4				ZL-MSH-3
M198：001	铜扣	铜				1.6	1.3	清末至民国	ZL-MSH-3
M202：001	陶片	陶	3.7	3.5	0.8			辽金	ZL-MSH-3
M209：001	打制石器	石	2.3	1.8	0.9				ZL-MSH-3
M216：001	打制石器	石	1.7	1.2	1				ZL-MSH-3
M221：001	铜钱	铜			0.2		2	清末至民国	ZL-MSH-3
M221：002	口沿	陶		5.2	0.6	3.5	36	白金宝文化	ZL-MSH-3
M225：001	钉	铁	4.6	1.7	0.5				ZL-MSH-3
M226：001	打制石器	石	2.7	2	0.9				ZL-MSH-3
M226：002	陶片	陶	2.1	2	0.5			汉书二期文化	ZL-MSH-3
M226：003	陶片	陶	2.8	1.6	0.6			白金宝文化	ZL-MSH-3
M226：004	陶片	陶	3.7	3.6	0.7			汉书二期文化	ZL-MSH-3
M231：001	纺轮	陶			0.8		4.5	辽金	ZL-MSH-3
M243：001	陶片	陶	3.5	2.4	0.7			辽金	ZL-MSH-3
M244：001	陶制品	陶	20.2	1.3	0.9			辽金	ZL-MSH-3
M244：002	钉	铁	4	1.6	0.5				ZL-MSH-3
M258：001	磨制石器	石	6.1	5.2	4				ZL-MSH-3
M273：001	陶片	陶	2.1	1.4	0.5			白金宝文化	ZL-MSH-3
M274：001	陶片	陶	3.1	2.4	0.7			汉书二期文化	ZL-MSH-3
M285：001	网坠	陶	3.9	1.5				辽金	ZL-MSH-3
M286：001	陶片	陶	3.2	2.4	0.8			辽金	ZL-MSH-3
M289：001	鬲足	陶	2.6	2.4		2.9		汉书二期文化	ZL-MSH-3
M297：001	铃	铜	3		0.1	3.3			ZL-MSH-3
M297：002	钉	铁			0.9		5.2		ZL-MSH-3
M299：001	钉	铁	3.4	1.7	0.4				ZL-MSH-3
M306：001	烟锅	铜			0.2	1.3	2.2	清末至民国	ZL-MSH-3
M310：001	网坠	陶	2.4	1.4				辽金	ZL-MSH-3
M316：001	铜钱	铜			0.2		2.3	清末至民国	ZL-MSH-3
M317：001	铜钱	铜			0.1		2.7		ZL-MSH-3
M320：001	磨制石器	石	5	4.7	1.8				ZL-MSH-3
M327：001	钉	铁	3.7	1.5	0.4				ZL-MSH-3
M332：001	器底	瓷	7.8	4.9	0.8	2.3	6	清末至民国	ZL-MSH-3

标本号	器物名称	质地	长度	宽度	厚度	高度	直径	时期	遗址编号
M334：001	圆瓷片	瓷			1.9		5.9	清末至民国	ZL-MSH-3
M347：001	打制石器	石	1.5	1.2	0.5				ZL-MSH-3
M350：001	打制石器	石	1.4	1.3	0.9				ZL-MSH-3
M357：001	磨制石器	石	7.5	4	3				ZL-MSH-3
M361：001	纺轮	陶	3.2	1.7	2.2			辽金	ZL-MSH-3
M363：001	口沿	陶	10	6.4	1.2			辽金	ZL-MSH-3
M363：002	器底	陶	8.2		1	2.8	24	辽金	ZL-MSH-3
M363：003	网坠	陶	2	1.2				辽金	ZL-MSH-3
M363：004	车官	铁	4.5	2.1	1.4		10		ZL-MSH-3
M363：005	磨制石器	石	6.1	2.4	2.4				ZL-MSH-3
M363：006	器底	瓷	22.2	14.2	2	6.7		清末至民国	ZL-MSH-3
M366：001	陶片	陶	3.7	3.1	0.6			辽金	ZL-MSH-3
M371：001	锛	铁		3.9	2	3.8			ZL-MSH-3
M372：001	钉	铁	3	1.5	0.6				ZL-MSH-3
M374：001	磨制石器	石	6	3.7	2.1				ZL-MSH-3
M377：001	钉	铁	3.2	1.6	0.4				ZL-MSH-3
M379：001	网坠	陶	2.8	1.4				辽金	ZL-MSH-3
M379：002	网坠	陶	3	1.1				辽金	ZL-MSH-3
M385：001	陶片	陶	3.9	3.4	1			辽金	ZL-MSH-3
M390：001	陶片	陶	2.8	2.6	0.4			辽金	ZL-MSH-3
M391：001	口沿	陶		3.4	0.8	2.7		魏晋隋唐	ZL-MSH-3
M392：001	陶片	陶	7.3	5.2	0.8			辽金	ZL-MSH-3
M394：001	陶片	陶	5.4	3.6	1			辽金	ZL-MSH-3
M396：001	陶片	陶	6.7	4.3	1.3			辽金	ZL-MSH-3
M397：001	铜钱	铜			0.2		2.5		ZL-MSH-3
M410：001	瓷片	瓷	4.2	3.6	0.7			清末至民国	ZL-NM
M412：001	打制石器	石	2.6	2.4	1				ZL-NM
M413：001	饰品	铜	3.8	3.2	0.2		1.2		ZL-NM
M417：001	铜钱	铜	1.6	1	0.1				ZL-NM
M418：001	陶球	陶					2.1	辽金	ZL-NM
M418：002	器底	瓷	3.1	3	0.2	0.3	2.1	清末至民国	ZL-NM
M419：001	纺轮	陶			0.7		4	辽金	ZL-NM
M420：001	铜钱	铜	2.1	0.9	0.2				ZL-NM
M421：001	打制石器	石	2.6	2.4	1				ZL-NM
M422：001	钉	铁	4.6	1.7	0.5				ZL-NM
M425：001	磨制石器	石	4.6	2.8	1.8				ZL-NM
M432：001	瓷片	瓷	6.1	4.5	0.6			清末至民国	ZL-NM

标本号	器物名称	质地	长度	宽度	厚度	高度	直径	时期	遗址编号
M434：001	铜钱	铜			0.1		2.3		ZL-NM
M437：001	磨制石器	石	8.3	3.2	1.1				ZL-NM
M438：001	钉	铁	3.3	1.8	0.5				ZL-NM
N002：001	磨制石器	石	7.3	2.2	1.7				ZL-SFS
N002：002	磨制石器	石	3.4	2.1	1.1				ZL-SFS
N002：003	器底	陶		5.4	0.6	2.8		新石器时代中期	ZL-SFS
N007：001	铜钱	铜			0.1		2.5	清末至民国	ZL-SFS
N011：001	口沿	陶		4.5	0.5	9.6	25	青铜时代早中期	ZL-NM
N011：002	口沿	陶		2.3	0.6	3.1		青铜时代早中期	ZL-NM
N011：003	口沿	陶		2.5	0.6	2.8		青铜时代早中期	ZL-NM
N012：001	口沿	陶	17.2		1	6.3		辽金	ZL-NM
N012：002	口沿	陶		3.4	0.6	2.4		新石器时代中期	ZL-NM
N013：001	口沿	陶		2.1	0.6	3.2		青铜时代早中期	ZL-NM
N015：001	陶片	陶	3.9	3.3	0.6			青铜时代早中期	ZL-NM
N016：001	器底	陶	7.6	6.1	1.3	5.6		辽金	ZL-NM
N017：001	器底	陶	4.8	4.4	1.1	4.1		辽金	ZL-NM
N018：001	陶片	陶	4.2	4.1	1.1			辽金	ZL-NM
N018：002	陶片	陶	4.3	3.7	0.7			辽金	ZL-NM
N019：001	陶片	陶	4.2	3.6	0.4			青铜时代早中期	ZL-NM
N019：002	器底	陶	8.1	6.1	0.5	2.7	7	青铜时代早中期	ZL-NM
N019：003	器底	陶	5	3.5	0.5	3		青铜时代早中期	ZL-NM
N020：001	陶片	陶	7.2	5	1.1			辽金	ZL-NM
N020：002	陶片	陶	4.1	3.7	1.4			辽金	ZL-NM
N020：003	陶片	陶	3	1.9	0.7			辽金	ZL-NM
N020：004	陶片	陶	2.6	1.9	0.8			辽金	ZL-NM
N020：005	器底	陶	5.1	4.9	1			辽金	ZL-NM
N020：006	口沿	陶	7.6	3.8	0.9			辽金	ZL-NM
N020：007	口沿	陶	3.8	4.1	0.8			辽金	ZL-NM
N020：008	口沿	陶	4.4		0.6	2.7		辽金	ZL-NM
N021：001	陶片	陶	3.1	2.1	0.6			辽金	ZL-NM
N022：001	陶片	陶	4.4	3.4	0.6			青铜时代早中期	ZL-NM
N023：001	陶片	陶	3.6	2.7	0.7			辽金	ZL-NM
N023：002	口沿	陶		2.1		2.9	0.7	汉书二期文化	ZL-NM
N023：003	陶片	陶	2.1	1.8	0.6			汉书二期文化	ZL-NM
N028：001	陶片	陶	3.6	2.7	0.9			辽金	ZL-NM
N028：002	陶片	陶	2.6	1.6	0.5			辽金	ZL-NM
N029：001	打制石器	石	3.2	2.8	1.1				ZL-NM

标本号	器物名称	质地	长度	宽度	厚度	高度	直径	时期	遗址编号
N030：001	陶片	陶	2.4	2.1	1.3			辽金	ZL-NM
N030：002	陶片	陶	2.9	2.2	0.8			辽金	ZL-NM
N030：003	陶片	陶	4.6	3.1	0.8			辽金	ZL-NM
N031：001	陶片	陶	5.3	4.7	0.9			辽金	ZL-NM
N031：002	陶片	陶	2.4	2.3	0.6			辽金	ZL-NM
N034：001	器底	陶	6.4	4.5	0.9	5.7		辽金	ZL-NM
N034：002	陶片	陶	5.2	4.2	0.9			辽金	ZL-NM
N034：003	陶片	陶	4.1	3.6	0.9			辽金	ZL-NM
N034：004	陶片	陶	4.2	3.5	1.1			辽金	ZL-NM
N034：005	陶片	陶	4.6	3.7	0.9			辽金	ZL-NM
N034：006	陶片	陶	3.1	3	0.8			辽金	ZL-NM
N034：007	陶片	陶	2.5	2.1	0.7			辽金	ZL-NM
N034：008	口沿	陶		2.9	0.9	1.6		汉书二期文化	ZL-NM
N034：009	口沿	陶	3.2	2.2	0.8			汉书二期文化	ZL-NM
N034：010	口沿	陶		3.7	0.8	2.6		青铜时代早中期	ZL-NM
N034：011	口沿	陶		3.1	0.4	2.3	20	青铜时代早中期	ZL-NM
N034：012	器耳	陶	3.3	3.3	0.8			青铜时代早中期	ZL-NM
N034：013	口沿	陶		3.3	0.4	3.4	10	白金宝文化	ZL-NM
N035：001	陶片	陶	9.8	5.1	4.6			辽金	ZL-NM
N035：002	陶片	陶	7.4	5.4	1			辽金	ZL-NM
N035：003	陶片	陶	2.3	2	0.7			辽金	ZL-NM
N035：004	陶片	陶	6.2	4.5	1.5			辽金	ZL-NM
N035：005	陶片	陶	3.3	2.7	0.7			辽金	ZL-NM
N035：006	陶片	陶	5.7	3.4	1			辽金	ZL-NM
N035：007	陶片	陶	4.2	3.9	0.6			新石器时代中期	ZL-NM
N035：008	陶片	陶	3.6	1.9	0.9			汉书二期文化	ZL-NM
N035：009	陶片	陶	6.5	5.9	0.8			汉书二期文化	ZL-NM
N035：010	陶片	陶	6.1	5.2	0.9			汉书二期文化	ZL-NM
N035：011	口沿	陶		7.7	0.7	10.5		青铜时代早中期	ZL-NM
N036：001	陶片	陶	7	5.4	1.2			辽金	ZL-NM
N036：002	陶片	陶	5.4	4	1.3			辽金	ZL-NM
N036：003	陶片	陶	5.1	3.6	1.3			辽金	ZL-NM
N036：004	陶片	陶	4	3.3	1			辽金	ZL-NM
N036：005	陶片	陶	4.2	2.4	0.9			辽金	ZL-NM
N036：006	陶片	陶	3.5	3.5	0.7			辽金	ZL-NM
N036：007	陶片	陶	3	2.7	0.9			辽金	ZL-NM
N036：008	支座	陶	6	4	4.2			汉书二期文化	ZL-NM

标本号	器物名称	质地	长度	宽度	厚度	高度	直径	时期	遗址编号
N037：001	陶片	陶	5.6	4.4	0.9			辽金	ZL-NM
N037：002	陶片	陶	3.9	3.1	1.2			辽金	ZL-NM
N037：003	陶片	陶	3.1	2.5	0.7			辽金	ZL-NM
N037：004	陶片	陶	5.7	4.7	1.5			辽金	ZL-NM
N037：005	陶片	陶	3.3	2.5	1.3			辽金	ZL-NM
N037：006	陶片	陶	3.9	2.4	0.9			辽金	ZL-NM
N037：007	陶片	陶	4	3	0.7			辽金	ZL-NM
N037：008	陶片	陶	4.4	2.6	0.9			辽金	ZL-NM
N037：009	器底	陶	4	3	1	2.9		辽金	ZL-NM
N037：010	陶片	陶	3.6	2.7	0.6			辽金	ZL-NM
N037：011	陶片	陶	5	3.9	1.2			辽金	ZL-NM
N037：012	陶片	陶	3.5	2.8	0.7			辽金	ZL-NM
N037：013	陶片	陶	2.9	2.1	0.8			辽金	ZL-NM
N037：014	陶片	陶	3.8	3	0.7			辽金	ZL-NM
N037：015	铜扣	铜				1.5	1.3	清末至民国	ZL-NM
N037：016	口沿	陶		3	0.9	1.4		汉书二期文化	ZL-NM
N038：001	陶片	陶	4.6	3.1	0.7			辽金	ZL-NM
N038：002	器底	陶	7.7	3.2	1.5	3.2		辽金	ZL-NM
N038：003	陶片	陶	3.7	3.3	0.6			辽金	ZL-NM
N038：004	陶片	陶	3.6	3.5	0.7			辽金	ZL-NM
N038：005	陶片	陶	4.8	2.6	0.6			辽金	ZL-NM
N038：006	陶片	陶	4.3	2.4	0.9			辽金	ZL-NM
N038：007	陶片	陶	4.7	3	0.8			辽金	ZL-NM
N038：008	陶片	陶	4.3	3.5	0.7			辽金	ZL-NM
N038：009	陶片	陶	4.1	3.1	0.9			辽金	ZL-NM
N038：010	磨制石器	石	4.2	3.6	1.8				ZL-NM
N038：011	口沿	陶		1.9	0.8	1.9		汉书二期文化	ZL-NM
N038：012	陶片	陶	3	2.4	0.9			汉书二期文化	ZL-NM
N038：013	鬲足	陶	3.5	2.9		2.6		汉书二期文化	ZL-NM
N038：014	口沿	陶		2.3	0.9	3.6		魏晋隋唐	ZL-NM
N039：001	陶片	陶	5.1	3	0.8			辽金	ZL-NM
N039：002	陶片	陶	4.3	3.5	1.2			辽金	ZL-NM
N039：003	陶片	陶	2.6	2.2	0.7			辽金	ZL-NM
N039：004	陶片	陶	2.3	1.7	0.7			辽金	ZL-NM
N040：001	陶片	陶	5.2	3.3	0.8			辽金	ZL-NM
N040：002	陶片	陶	2.8	2.3	0.8			辽金	ZL-NM
N040：003	陶片	陶	2	1.6	0.6			辽金	ZL-NM

标本号	器物名称	质地	长度	宽度	厚度	高度	直径	时期	遗址编号
N040：004	口沿	陶	7	5.5	0.7			辽金	ZL-NM
N040：005	陶片	陶	5	3.1	0.8			辽金	ZL-NM
N040：006	陶片	陶	4.8	4	0.9			辽金	ZL-NM
N040：007	陶片	陶	3.6	3	0.9			辽金	ZL-NM
N040：008	陶片	陶	2.5	2.2	1.1			辽金	ZL-NM
N040：009	打制石器	石	2.6	1.2	0.7				ZL-NM
N040：010	口沿	陶		2.9	0.5	2.7		汉书二期文化	ZL-NM
N040：011	口沿	陶		5.7	0.6	7	28	汉书二期文化	ZL-NM
N040：012	口沿	陶		5	0.7	2.5		汉书二期文化	ZL-NM
N040：013	支座	陶	9.9	5.7		5.5	13	汉书二期文化	ZL-NM
N040：014	陶片	陶	2.4	2.1	0.5			汉书二期文化	ZL-NM
N040：015	鬲足	陶	4.7	4.3		5		汉书二期文化	ZL-NM
N041：001	口沿	陶		5.5	0.6	5.6	26	青铜时代早中期	ZL-NM
N042：001	器底	陶	8.2	7.3	1.3	6.8		辽金	ZL-NM
N042：002	陶片	陶	5	4.2	1			辽金	ZL-NM
N042：003	口沿	陶		5.7	0.7	7.2	20	汉书二期文化	ZL-NM
N042：004	口沿	陶		4.4	0.6	3.2	22	汉书二期文化	ZL-NM
N042：005	陶片	陶	5.1	4.2	0.7			汉书二期文化	ZL-NM
N042：006	陶片	陶	3.7	2.5	0.8			汉书二期文化	ZL-NM
N042：007	鬲足	陶	6	5.2	0.9	5		汉书二期文化	ZL-NM
N044：001	口沿	陶	6.2	4.7	1.1			辽金	ZL-NM
N045：001	口沿	陶	8.3		0.9	6.5		辽金	ZL-NM
N045：002	陶片	陶	9.5	7.1	0.9			辽金	ZL-NM
N045：003	器底	陶	6.7	5.9	1.2	5.7		辽金	ZL-NM
N045：004	陶片	陶	7.5	5.9	0.7			辽金	ZL-NM
N045：005	器底	陶	6.1	3.1	1.4	5.6		辽金	ZL-NM
N045：006	陶片	陶	6.4	4.8	1			辽金	ZL-NM
N045：007	陶片	陶	4.6	4.1	0.7			辽金	ZL-NM
N045：008	口沿	陶		4.4	0.6	3.5	24	汉书二期文化	ZL-NM
N045：009	陶片	陶	7.4	6.6	0.7			汉书二期文化	ZL-NM
N045：010	陶片	陶	4.1	2.6	0.4			白金宝文化	ZL-NM
N046：001	口沿	陶		5	0.6	4.8	11	汉书二期文化	ZL-NM
N047：001	陶片	陶	7.5	6.1	1.3			辽金	ZL-NM
N047：002	器底	陶	4.8	4.7	1	4.7		辽金	ZL-NM
N047：003	陶片	陶	4.1	3.6	9.6			辽金	ZL-NM
N047：004	陶片	陶	6	5.1	0.6			辽金	ZL-NM
N047：005	陶片	陶	3.9	3.4	1.2			辽金	ZL-NM

标本号	器物名称	质地	长度	宽度	厚度	高度	直径	时期	遗址编号
N047：006	陶片	陶	6.1	5.4	1			辽金	ZL-NM
N047：007	陶片	陶	6.6	5.6	0.9			辽金	ZL-NM
N047：008	磨制石器	石	7.1	6.4	2.5				ZL-NM
N047：009	磨制石器	石	6.4	5.1	4.6				ZL-NM
N047：010	口沿	陶		5	0.8	3.3	12	汉书二期文化	ZL-NM
N047：011	网坠	陶	4.6	3.7	2.4			汉书二期文化	ZL-NM
N047：012	网坠	陶	4.7	3.7	2.3			汉书二期文化	ZL-NM
N047：013	网坠	陶	7.3	5.4	3.8			汉书二期文化	ZL-NM
N047：014	陶片	陶	3.3	2.5	0.5			青铜时代早中期	ZL-NM
N048：001	陶片	陶	4.6	4.6	1.5			辽金	ZL-NM
N048：002	磨制石器	石	6.5	5.5	1.9				ZL-NM
N048：003	口沿	陶		2.9	0.7	2.3		汉书二期文化	ZL-NM
N048：004	网坠	陶	8.2	2.7	4.1			汉书二期文化	ZL-NM
N048：005	陶片	陶	3.5	2.4	0.7			魏晋隋唐	ZL-NM
N049：001	口沿	陶	5		0.8	5.8		辽金	ZL-NM
N049：002	口沿	陶		3	0.8	2.3		汉书二期文化	ZL-NM
N049：003	口沿	陶		4.7	0.7	2.9	24	汉书二期文化	ZL-NM
N049：004	网坠	陶	6.7	5	4.1			汉书二期文化	ZL-NM
N050：001	口沿	陶	17		0.9	3.8	30	辽金	ZL-NM
N050：002	陶片	陶	34	23	0.6			辽金	ZL-NM
N051：001	布纹瓦	陶	16.8	16.9	1.9			辽金	ZL-NM
N051：002	布纹瓦	陶	10.5	7	2			辽金	ZL-NM
N051：003	口沿	陶		1.7	0.6	4.3		青铜时代早中期	ZL-NM
N051：004	鬲足	陶	5.5	5	0.7	5.6		汉书二期文化	ZL-NM
N052：001	陶片	陶	5.3	5	1.1			辽金	ZL-NM
N052：002	陶片	陶	5.3	5	1.4			辽金	ZL-NM
N052：003	陶片	陶	3.3	2.1	0.6			汉书二期文化	ZL-NM
N052：004	陶片	陶	3.9	2.6	0.6			汉书二期文化	ZL-NM
N055：001	鬲足	陶	4.8	2.8	0.9	4.7		汉书二期文化	ZL-NM
N056：001	口沿	陶	17.4		0.6	5.6	48	辽金	ZL-NM
N060：001	鬲足	陶	4.7	2.9		4.7		汉书二期文化	ZL-NM
N062：001	陶片	陶	2.7	1.9	0.5			汉书二期文化	ZL-NM
N063：001	口沿	陶		3.9	0.6	2.7		汉书二期文化	ZL-NM
N063：002	网坠	陶	4.7	3.7	3.1			汉书二期文化	ZL-NM
N064：001	器耳	陶		2.1	1.3	5.1		汉书二期文化	ZL-NM
N064：002	鬲足	陶	4.5	2.9		4.3		汉书二期文化	ZL-NM
N065：001	打制石器	石	1.5	1	0.3				ZL-NM

标本号	器物名称	质地	长度	宽度	厚度	高度	直径	时期	遗址编号
N065：002	打制石器	石	1.9	1.7	0.6				ZL-NM
N065：003	口沿	陶	4	3.1	0.8			汉书二期文化	ZL-NM
N065：004	口沿	陶		8.4	0.5	8		汉书二期文化	ZL-NM
N065：005	陶壶	陶		16.5	0.9	14		汉书二期文化	ZL-NM
N065：006	器底	陶	4.8	3.5	0.9	1.8	7	汉书二期文化	ZL-NM
N065：007	鬲足	陶	4.3	2.6	0.8	3.8		汉书二期文化	ZL-NM
N066：001	口沿	陶		3.6	0.5	4.9	16	青铜时代早中期	ZL-NM
N066：002	口沿	陶		9.3	0.6	8.6	20	青铜时代早中期	ZL-NM
N066：003	陶片	陶	4	3.4	0.4			青铜时代早中期	ZL-NM
N067：001	磨制石器	石	8.7	5.9	2.1				ZL-NM
N068：001	口沿	陶		2.8	0.9	3.5		汉书二期文化	ZL-NM
N068：002	网坠	陶	9.1	8.1	6.3			汉书二期文化	ZL-NM
N069：001	网坠	陶	6.2	5	3.4			汉书二期文化	ZL-NM
N069：002	鬲足	陶	5.7	4	0.7	4.6		汉书二期文化	ZL-NM
N070：001	陶片	陶	4	2.3	0.8			辽金	ZL-NM
N070：002	打制石器	石	3.7	1.9	1				ZL-NM
N070：003	鬲足	陶	4.9	3.8	0.7	5.1		汉书二期文化	ZL-NM
N070：004	鬲足	陶	4	3.2	0.9	4.3		汉书二期文化	ZL-NM
N070：005	鬲足	陶	3	3		3		汉书二期文化	ZL-NM
N070：006	鬲足	陶	3.2	2.6	0.5	3.1		汉书二期文化	ZL-NM
N070：007	鬲足	陶	2.5	1.7		3.1		汉书二期文化	ZL-NM
N071：001	铜器	铜	3.7	1.2	0.3				ZL-NM
N072：001	口沿	陶		3.9	0.8	3.4		汉书二期文化	ZL-NM
N073：001	鬲足	陶	4	3.9		3.6		汉书二期文化	ZL-NM
N073：002	鬲足	陶	3.8	3.5		4		汉书二期文化	ZL-NM
N074：001	口沿	陶		3.3	0.6	3	22	汉书二期文化	ZL-NM
N076：001	口沿	陶		3.1	1.2	2.2		汉书二期文化	ZL-NM
N076：002	口沿	陶		3	0.7	2.1		汉书二期文化	ZL-NM
N076：003	口沿	陶		4.7	1	2.5		汉书二期文化	ZL-NM
N076：004	口沿	陶		2.2	0.7	1.8		汉书二期文化	ZL-NM
N077：001	口沿	陶		2.1	0.8	3		汉书二期文化	ZL-NM
N077：002	口沿	陶		1.7	0.6	3.4		汉书二期文化	ZL-NM
N077：003	陶片	陶	5.3	4.4	1			汉书二期文化	ZL-NM
N077：004	鬲足	陶	3.3	3.3		3		汉书二期文化	ZL-NM
N077：005	鬲足	陶	4.2	3	0.8	3.7		汉书二期文化	ZL-NM
N077：006	鬲足	陶	3.7	2.7		4.9		汉书二期文化	ZL-NM
N078：001	口沿	陶		6	0.7	2.3	14	汉书二期文化	ZL-NM

标本号	器物名称	质地	长度	宽度	厚度	高度	直径	时期	遗址编号
N078：002	口沿	陶		3	0.7	2.9		汉书二期文化	ZL-NM
N078：003	口沿	陶		2.7	0.5	3.6		汉书二期文化	ZL-NM
N078：004	网坠	陶	6.9	6.1	4.7			汉书二期文化	ZL-NM
N078：005	陶片	陶	2.7	2.2	0.6			汉书二期文化	ZL-NM
N078：006	口沿	陶		2.3	1.1	2.5		汉书二期文化	ZL-NM
N079：001	口沿	陶		6	0.6	7.2		汉书二期文化	ZL-NM
N080：001	口沿	陶		3.9	0.7	2.3		汉书二期文化	ZL-NM
N080：002	鬲足	陶	3.6	3	0.8	3.5		汉书二期文化	ZL-NM
N083：001	器底	陶	7.7	4.2	0.7	4.6	11	辽金	ZL-NM
N083：002	圆腹罐	陶			0.3	7	5	汉书二期文化	ZL-NM
N083：003	陶片	陶	3.6	2.8	0.7			汉书二期文化	ZL-NM
N084：001	磨制石器	石	7.1	6.3	2.7				ZL-NM
N084：002	鬲足	陶	4.2	3.2	0.7	6.1		汉书二期文化	ZL-NM
N085：001	口沿	陶		5	0.6	2	24	汉书二期文化	ZL-NM
N085：002	口沿	陶		2	0.5	4.5		汉书二期文化	ZL-NM
N085：003	鬲足	陶	3	3	0.5	2.5		汉书二期文化	ZL-NM
N085：004	鬲足	陶	3.6	3.4		4.3		汉书二期文化	ZL-NM
N086：001	陶片	陶	3.9	2.7	0.7			辽金	ZL-NM
N086：002	陶片	陶	7.2	5	1.1			辽金	ZL-NM
N086：003	陶片	陶	4.3	8.4	0.7			辽金	ZL-NM
N087：001	磨制石器	石	9.9	4.5	3.8				ZL-NM
N087：002	口沿	陶		5	0.7	2.5		汉书二期文化	ZL-NM
N088：001	铜钱	铜			0.2		2.4	清末至民国	ZL-NM
N090：001	陶制品	陶		2.4		4	3.7	辽金	ZL-NM
N096：001	石料	石	3.4	2.2	2.3				ZL-NM
N096：002	鬲足	陶	3.6	2.8		5.1		汉书二期文化	ZL-NM
N097：001	口沿	陶		3.3	0.7	3.1		汉书二期文化	ZL-NM
N098：001	鬲足	陶	3.8	3.5	0.6	3.5		汉书二期文化	ZL-NM
N099：001	口沿	陶		3.2	0.5	1.9	11	汉书二期文化	ZL-NM
N100：001	磨制石器	石	10.7	5.1	3.2				ZL-NM
N102：001	口沿	陶		2.8	1.1	2.2		魏晋隋唐	ZL-NM
N105：001	陶片	陶	3.8	2.8	0.4			辽金	ZL-NM
N105：002	圆陶片	陶			1		3.5	辽金	ZL-NM
N108：001	陶片	陶	5.7	4.7	0.8			辽金	ZL-NM
N109：001	铜钱	铜			0.2		2.4	清末至民国	ZL-NM
N109：002	口沿	陶		3.5	1.2	2.2		魏晋隋唐	ZL-NM
N110：001	圆陶片	陶					4.3	辽金	ZL-NM

标本号	器物名称	质地	长度	宽度	厚度	高度	直径	时期	遗址编号
N110：002	器底	陶	5.8	4.3	0.5	3.4		青铜时代早中期	ZL-NM
N111：001	陶片	陶	4.1	2.8	0.6			辽金	ZL-NM
N115：001	磨制石器	石	7.8	2.7	1.5				ZL-NM
N129：001	纺轮	陶			1		2.4	辽金	ZL-NM
N133：001	罐	瓷	5.8	4.8	1.3	4.5	5	清末至民国	ZL-NM
N138：001	铜钱	铜			0.2		2.4		ZL-NM
N139：001	纺轮	陶			2		4	辽金	ZL-NM
N146：001	器底	瓷	2.8	2.6	0.4	1	1.9	清末至民国	ZL-NM
N155：001	陶片	陶	5.4	4	1.1			辽金	ZL-NM
N156：001	磨制石器	石	4.9	2.5	1.1				ZL-NM
N163：001	网坠	陶	3.3	3.1				辽金	ZL-NM
N169：001	磨制石器	石	3.9	3.9	1.7				ZL-NM
N170：001	陶片	陶	5.7	5.4	0.8			辽金	ZL-NM
N191：001	陶球	陶					2.5	辽金	ZL-NM
N203：001	磨制石器	石	6.9	4.7	2				ZL-NM
N211：001	器底	瓷	3	3	0.3	1.9	1.8	清末至民国	ZL-NM
N215：001	圆瓷片	瓷			0.7		4.5	清末至民国	ZL-NM
N217：001	口沿	瓷	6.8	4.6	0.7	3	9	清末至民国	ZL-NM
N218：001	磨制石器	石	4.6	4	1.1				ZL-NM
N219：001	器底	陶	3.9	3.6	0.7	3.5		辽金	ZL-NM
N220：001	器底	陶	7.4	3.6	1.6			辽金	ZL-NM
N221：001	磨制石器	石	6.5	5.8	1.8				ZL-NM
N222：001	陶片	陶	6.8	5.7	1.3			辽金	ZL-NM
N222：002	口沿	陶		4.2	1	4.6		魏晋隋唐	ZL-NM
N230：001	钉	铁	9.1	2.8	1				ZL-NM
N244：001	铜钱	铜			0.2		2.4	清末至民国	ZL-NM
N244：002	陶片	陶	2.7	2.4	0.6			汉书二期文化	ZL-NM
N244：003	鬲足	陶	3	3		2.5		汉书二期文化	ZL-NM
N245：001	铜钱	铜	2.3	1	0.2				ZL-NM
N246：001	铜钱	铜			0.2		1.9	清末至民国	ZL-NM
N255：001	陶片	陶	3.9	2.6	0.7			辽金	ZL-NM
N267：001	铜钱	铜			0.2		2	清末至民国	ZL-NM
N268：001	钉	铁	3.2	1.6	0.5				ZL-NM
N273：001	口沿	陶		3.2	1.4	3		魏晋隋唐	ZL-NM
N274：001	口沿	陶		1.8	0.9	2.3		魏晋隋唐	ZL-NM
N278：001	圆瓷片	瓷			1.5		5.3	清末至民国	ZL-NM
N281：001	陶片	陶	7.5	5	0.9			辽金	ZL-NM

标本号	器物名称	质地	长度	宽度	厚度	高度	直径	时期	遗址编号
N281：002	鬲足	陶	3.6	2.4	0.7	3.2		汉书二期文化	ZL-NM
N292：001	铜钱	铜			0.2		2.2	清末至民国	ZL-NM
N294：001	器底	陶		3.5		2.1	7	新石器时代中期	ZL-NM
N299：001	口沿	陶	7.8	5.4	1			辽金	ZL-NM
N300：001	陶片	陶	5	4.3	0.7			辽金	ZL-NM
N301：001	口沿	陶	3.6		0.5	3	18	辽金	ZL-NM
N302：001	磨制石器	石	10.4	3	1.4				ZL-NM
N309：001	磨制石器	石	8.6	6	2.1				ZL-NM
N309：002	陶片	陶	3.8	3.4	0.9			新石器时代中期	ZL-NM
N311：001	磨制石器	石	5.3	2.2	1				ZL-NM
N316：001	打制石器	石	3.2	1.3	0.6				ZL-NM
N317：001	口沿	陶		4.1	0.9	2.8		汉书二期文化	ZL-NM
N318：001	陶片	陶	4.6	3.9	0.7			辽金	ZL-NM
N318：002	陶片	陶	4.8	4.2	0.8			辽金	ZL-NM
N319：001	陶片	陶	5.6	4.2	1.1			辽金	ZL-NM
N337：001	圆陶片	陶			1		3.7	辽金	ZL-NM
N339：001	陶片	陶	4	2.7	0.8			辽金	ZL-NM
N343：001	磨制石器	石	8.1	3.2	2				ZL-NM
N343：002	圆瓷片	瓷			0.7		2.9	清末至民国	ZL-NM
N344：001	磨制石器	石	7.2	4.8	1				ZL-NM
N345：001	口沿	陶	7		0.5	3	22	辽金	ZL-NM
N351：001	磨制石器	石	8.3	2.9	1.5				ZL-NM
N355：001	磨制石器	石	5.7	3	1.2				ZL-NM
N356：001	陶球	陶					4.2	辽金	ZL-NM
N359：001	口沿	陶	3.3	2.6	0.6			辽金	ZL-NM
N362：001	磨制石器	石	8.6	4.8	4.3				ZL-NM
N371：001	器底	瓷	3.1	2.2	0.4	0.9	1.9	清末至民国	ZL-NM
N377：001	器底	陶	5.2	2.5	0.9	2.5		辽金	ZL-NM
N377：002	磨制石器	石	4.6	1.9	1				ZL-NM
N378：001	陶球	陶					3.1	辽金	ZL-NM
N384：001	锛	铁		3.3	2.2	3.3			ZL-NM
N384：002	钉	铁	10.3	3.4	1.2				ZL-NM
N387：001	磨制石器	石	6.8	3.3	1.2				ZL-NM
N387：002	瓷片	瓷	4	3.7	0.6			清末至民国	ZL-NM
N388：001	网坠	陶	3.6	1.8	0.8			辽金	ZL-NM
N391：001	瓷器	瓷	2.1	1.4	1			清末至民国	ZL-NM
N393：001	口沿	陶	5.6		0.7	3		辽金	ZL-NM

标本号	器物名称	质地	长度	宽度	厚度	高度	直径	时期	遗址编号
N403：001	口沿	瓷	4.2	1.5	0.4	1.6	10	清末至民国	ZL-NM
N404：001	磨制石器	石	6.8	5	1.4				ZL-NM
N411：001	磨制石器	石	5	3.3	2.5				ZL-NM
N418：001	打制石器	石	2	1.8	0.5				ZL-NM
N422：001	陶片	陶	6.4	5.8	0.8			新石器时代中期	ZL-NM
O005：001	器底	瓷	7.9	4.7	1.1	2.1	11	清末至民国	ZL-SJZ
O007：001	器底	陶	10		1.1	4.5		辽金	ZL-SJZ
O009：001	瓦片	陶	9	2.7	2.4			辽金	ZL-SJZ
O021：001	石锛	石	3.6	3.2	1.3				ZL-XEL-2
O024：001	陶片	陶	4.2	3.2	0.6			辽金	ZL-XEL-2
O049：001	器底	陶	6.4	2.6	0.7	2.8		辽金	ZL-XEL-2
O049：002	陶片	陶	6	5	0.6			辽金	ZL-XEL-2
O049：003	陶片	陶	5.3	3.2	1			辽金	ZL-XEL-2
O049：004	陶片	陶	4.9	3.7	1.4			辽金	ZL-XEL-2
O049：005	陶片	陶	4.9	3.8	0.8			辽金	ZL-XEL-2
O049：006	陶片	陶	3.4	2.6	0.8			辽金	ZL-XEL-2
O049：007	陶片	陶	2.8	2.4	0.8			辽金	ZL-XEL-2
O053：001	砺石	石	6.9	3.8	2.7				ZL-XEL-2
O056：001	陶片	陶	5.6	5.5	1.3			辽金	ZL-XEL-2
O056：002	器底	陶	8.2	5.1	1	5.5		辽金	ZL-XEL-2
O056：003	陶片	陶	5.1	3.7	1			辽金	ZL-XEL-2
O059：001	陶片	陶	3.6	2.7	1.1			辽金	ZL-XEL-2
O060：001	陶片	陶	4.9	4.7	1.2			辽金	ZL-XEL-2
O060：002	陶片	陶	2.8	2.6	0.7			辽金	ZL-XEL-2
O061：001	陶片	陶	3.2	2.6	0.8			辽金	ZL-XEL-2
O061：002	陶片	陶	2.9	2.6	0.8			辽金	ZL-XEL-2
O061：003	陶片	陶	3.8	3.2	0.6			辽金	ZL-XEL-2
O063：001	陶片	陶	8.4	5.3	1.3			辽金	ZL-XEL-2
O063：002	陶片	陶	5.1	3.8	0.9			辽金	ZL-XEL-2
O063：003	陶片	陶	4.1	3	0.6			辽金	ZL-XEL-2
O071：001	陶片	陶	4.6	3.5	1.2			辽金	ZL-XEL-2
O078：001	陶片	陶	5.2	3.7	0.7			辽金	ZL-XEL-2
O079：001	陶片	陶	4.1	3.5	1.1			辽金	ZL-XEL-2
O079：002	陶片	陶	3.9	2.8	1.1			辽金	ZL-XEL-2
O081：001	陶片	陶	4.5	4	0.7			辽金	ZL-XEL-2
O082：001	陶片	陶	6.7	4.6	0.7			辽金	ZL-XEL-2
O082：002	陶片	陶	5.5	4.1	1			辽金	ZL-XEL-2

标本号	器物名称	质地	长度	宽度	厚度	高度	直径	时期	遗址编号
O082：003	陶片	陶	3.9	2.7	1			辽金	ZL-XEL-2
O087：001	口沿	陶	4.1		0.7	3.5		辽金	ZL-XEL-2
O087：002	陶片	陶	6.6	4.9	1			辽金	ZL-XEL-2
O087：003	陶片	陶	4	3.4	0.8			辽金	ZL-XEL-2
O088：001	陶片	陶	6.8	5.2	0.9			辽金	ZL-XEL-2
O088：002	陶片	陶	3.8	2.8	0.5			辽金	ZL-XEL-2
O089：001	陶片	陶	4.5	3.4	0.8			辽金	ZL-XEL-2
O089：002	陶片	陶	5.3	4.3	0.7			辽金	ZL-XEL-2
O089：003	陶片	陶	6.4	4.2	0.7			辽金	ZL-XEL-2
O089：004	陶片	陶	5	4.3	0.7			辽金	ZL-XEL-2
O089：005	陶片	陶	4.8	3.9	1.3			辽金	ZL-XEL-2
O089：006	陶片	陶	2.5	2.5	0.7			辽金	ZL-XEL-2
O093：001	陶片	陶	5.3	5.2	0.7			辽金	ZL-XEL-2
O093：002	陶片	陶	3.2	2.3	0.8			辽金	ZL-XEL-2
O095：001	口沿	陶	3.9	3.1	0.7			辽金	ZL-XEL-2
O095：002	陶片	陶	3.7	3.7	1			辽金	ZL-XEL-2
O095：003	陶片	陶	8.6	7.1	0.9			辽金	ZL-XEL-2
O101：001	砺石	石	3.8	3.4	2				ZL-SJZ
O114：001	石斧	石	4.4	3.1	1.8				ZL-SJZ
O118：001	陶片	陶	4.7	4.1	0.9			辽金	ZL-SJZ
O118：002	打制石器	石	1.7	1.4	0.5				ZL-SJZ
O137：001	陶片	陶	4	3.5	1.1			辽金	ZL-SJZ
O138：001	器底	陶	5.3	4.4	1.2	5		辽金	ZL-SJZ
O138：002	钉	铁	8.5	2.3	1.3				ZL-SJZ
O159：001	磨制石器	石	8.7	2.2	1.3				ZL-SJZ
O195：001	陶片	陶	4.7	3.2	0.7			辽金	ZL-XEL-2
O219：001	口沿	陶		2.3	0.8	2.3		魏晋隋唐	ZL-XEL-2
O241：001	器底	陶	5.8	5.5	1	5.3		辽金	ZL-XEL-2
O242：001	陶片	陶	3.8	2.6	0.8			辽金	ZL-XEL-2
O242：002	陶片	陶	3.7	3.2	0.8			辽金	ZL-XEL-2
O242：003	陶片	陶	2.9	2.6	0.4			辽金	ZL-XEL-2
O242：004	陶片	陶	2.5	2.3	0.6			辽金	ZL-XEL-2
O242：005	器底	瓷	2.8	2.8	0.4	0.4	2.1	清末至民国	ZL-XEL-2
O243：001	陶片	陶	3.6	2.4	0.8			辽金	ZL-XEL-2
O243：002	陶片	陶	3.9	3.8	0.8			辽金	ZL-XEL-2
O243：003	陶片	陶	4	3.4	0.7			辽金	ZL-XEL-2
O244：001	陶片	陶	3.9	3.3	0.8			辽金	ZL-XEL-2

标本号	器物名称	质地	长度	宽度	厚度	高度	直径	时期	遗址编号
O248：001	陶片	陶	5.8	4.9	1.1			辽金	ZL-XEL-2
O283：001	磨制石器	石	6.8	5.7	1.5				ZL-XEL-2
O313：001	陶片	陶	5	2.9	0.7			辽金	ZL-XEL-2
O317：001	陶片	陶	6.5	5.9	1.1			辽金	ZL-XEL-2
O320：001	陶片	陶	9.3	6.7	1.1			辽金	ZL-XEL-2
O320：002	罐	陶		16	0.9		42	辽金	ZL-XEL-2
O325：001	磨制石器	石	8.2	5.4	1.6				ZL-XEL-2
O329：001	器底	瓷	8.5	5.7	1.6	5.4	10	清末至民国	ZL-XEL-2
O331：001	陶片	陶	8.2	5.9	0.9			辽金	ZL-XEL-2
O343：001	铜钱	铜			0.1		2.3	清末至民国	ZL-XEL-2
O352：001	口沿	陶	11.3		0.7	3.7	20	辽金	ZL-XEL-2
O353：001	器底	瓷	11.4	8.6	1.7	8.9	9	清末至民国	ZL-XEL-2
O366：001	磨制石器	石	5.1	4.8	2.3				ZL-XEL-2
P005：001	陶片	陶	4.7	3.9	1.2			辽金	ZL-XEL-2
P005：002	打制石器	石	3.2	1.7	0.8				ZL-XEL-2
P007：001	陶片	陶	5.8	3.4	0.6			辽金	ZL-XEL-1
P007：002	陶片	陶	3.3	2.5	0.7			辽金	ZL-XEL-1
P014：001	饰品	铜			0.1		3.2	清末至民国	ZL-FX-1
P018：001	打制石器	石	3.3	2.7	0.8				ZL-FX-1
P019：001	陶片	陶	3.5	2.4	0.5			辽金	ZL-FX-1
P022：001	口沿	陶	6.3		0.8	3.9	28	辽金	ZL-FX-1
P024：001	陶片	陶	4.6	3.8	0.9			辽金	ZL-FX-1
P027：001	陶片	陶	3.9	3.4	0.8			辽金	ZL-FX-1
P034：001	打制石器	石	2.6	1.2	1				ZL-FX-1
P035：001	陶片	陶	3.1	2.4	0.6			新石器时代中期	ZL-FX-1
P036：001	陶片	陶	4.1	3.1	0.7			辽金	ZL-FX-1
P037：001	铜钱	铜			0.1		2.5	魏晋隋唐	ZL-FX-1
P040：001	打制石器	石	1.2	0.7	0.2				ZL-FX-1
P041：001	铜钱	铜	1.9	1.2	0.1		1.9	清末至民国	ZL-FX-1
P041：002	打制石器	石	1.5	1.1	0.2				ZL-FX-1
P041：003	打制石器	石	1.7	1.2	0.2				ZL-FX-1
P041：004	打制石器	石	1.7	1.4	0.4				ZL-FX-1
P049：001	陶片	陶	4.8	3.1	0.8			辽金	ZL-FX-1
P067：001	器底	瓷	7.2	6.7	0.6	2	4.7	清末至民国	ZL-FX-1
P067：002	器底	瓷	8.3	8	0.6	2	6.5	清末至民国	ZL-FX-1
P071：001	陶片	陶	3.7	3	0.9			辽金	ZL-FX-1
P071：002	磨制石器	石	7.7	3.7	1.1				ZL-FX-1

标本号	器物名称	质地	长度	宽度	厚度	高度	直径	时期	遗址编号
P075：001	打制石器	石	0.8	0.5	0.1				ZL-FX-1
P075：002	打制石器	石	1.8	1.2	0.4				ZL-FX-1
P075：003	打制石器	石	1.2	0.9	0.4				ZL-FX-1
P076：001	陶片	陶	3	2.7	0.7			辽金	ZL-FX-1
P076：002	陶片	陶	2.1	1.9	0.7			辽金	ZL-FX-1
P076：003	铜钱	铜	2.4	1	0.1		2.5		ZL-FX-1
P076：004	打制石器	石	4.1	3	1.9				ZL-FX-1
P076：005	磨制石器	石	3.4	3	1.1				ZL-FX-1
P076：006	打制石器	石	2.8	2.7	1				ZL-FX-1
P076：007	打制石器	石	2.8	2.4	0.7				ZL-FX-1
P076：008	打制石器	石	2.8	1.8	0.8				ZL-FX-1
P076：009	打制石器	石	2.7	2.5	0.8				ZL-FX-1
P076：010	打制石器	石	1.9	1.7	0.7				ZL-FX-1
P076：011	打制石器	石	2.9	2.5	0.7				ZL-FX-1
P076：012	打制石器	石	1.7	1.5	0.7				ZL-FX-1
P076：013	打制石器	石	2	1.7	0.7				ZL-FX-1
P076：014	打制石器	石	2	1.5	0.3				ZL-FX-1
P076：015	打制石器	石	2	1.4	0.5				ZL-FX-1
P076：016	打制石器	石	2.5	1.8	0.5				ZL-FX-1
P076：017	打制石器	石	1.2	1.1	0.6				ZL-FX-1
P076：018	打制石器	石	1.6	1.4	0.9				ZL-FX-1
P076：019	打制石器	石	1.9	0.8	0.3				ZL-FX-1
P076：020	打制石器	石	1.9	1	0.4				ZL-FX-1
P076：021	打制石器	石	1.8	0.5	0.2				ZL-FX-1
P076：022	打制石器	石	1.5	1.1	0.2				ZL-FX-1
P076：023	打制石器	石	1	0.5	0.2				ZL-FX-1
P076：024	打制石器	石	1.4	0.8	0.3				ZL-FX-1
P078：001	口沿	陶	8		1	5		辽金	ZL-FX-1
P078：002	陶片	陶	6.6	4.1	1.6			辽金	ZL-FX-1
P078：003	磨制石器	石	8.2	5.2	4.2				ZL-FX-1
P078：004	磨制石器	石	6.2	5.6	1.7				ZL-FX-1
P078：005	器耳	陶	8	7.4	0.8			辽金	ZL-FX-1
P082：001	陶片	陶	3.8	3.4	0.7			辽金	ZL-FX-1
P082：002	陶球	陶					4	辽金	ZL-FX-1
P082：003	打制石器	石	1.2	0.8	0.3				ZL-FX-1
P082：004	打制石器	石	1	0.8	0.3				ZL-FX-1
P082：005	打制石器	石	1.1	0.9	0.4				ZL-FX-1

标本号	器物名称	质地	长度	宽度	厚度	高度	直径	时期	遗址编号
P082：006	打制石器	石	1.4	0.8	0.2				ZL-FX-1
P082：007	打制石器	石	0.8	0.7	0.2				ZL-FX-1
P082：008	打制石器	石	1.4	0.7	0.1				ZL-FX-1
P082：009	打制石器	石	1.3	0.7	0.1				ZL-FX-1
P082：010	打制石器	石	1.7	0.6	0.2				ZL-FX-1
P082：011	打制石器	石	1.3	1	0.2				ZL-FX-1
P082：012	钉	铁	3.7	1.5	0.4				ZL-FX-1
P082：013	钉	铁	3.8	1.6	0.4				ZL-FX-1
P083：001	器底	陶	4	3.2	1.1			辽金	ZL-FX-1
P083：002	钉	铁			1.3		5.1		ZL-FX-1
P084：001	打制石器	石	3.5	1.6	0.6				ZL-FX-1
P084：002	打制石器	石	2.5	1.5	0.3				ZL-FX-1
P084：003	打制石器	石	2.2	1.8	0.3				ZL-FX-1
P084：004	打制石器	石	1.3	1.3	0.3				ZL-FX-1
P084：005	打制石器	石	1.1	1.1	0.2				ZL-FX-1
P084：006	打制石器	石	2.2	1.5	0.5				ZL-FX-1
P084：007	打制石器	石	1.4	0.8	0.2				ZL-FX-1
P084：008	打制石器	石	1.5	1.1	0.2				ZL-FX-1
P084：009	打制石器	石	1	0.7	0.2				ZL-FX-1
P084：010	打制石器	石	0.8	0.6	0.1				ZL-FX-1
P085：001	打制石器	石	4.6	3.5	1				ZL-FX-1
P085：002	打制石器	石	1.8	1	0.8				ZL-FX-1
P085：003	打制石器	石	1.8	1.7	0.9				ZL-FX-1
P085：004	打制石器	石	3.3	2.3	0.8				ZL-FX-1
P085：005	打制石器	石	2.1	1.6	0.4				ZL-FX-1
P085：006	打制石器	石	2.2	1.3	0.7				ZL-FX-1
P085：007	打制石器	石	2.4	1.9	0.9				ZL-FX-1
P085：008	打制石器	石	3.9	3.4	1.4				ZL-FX-1
P085：009	打制石器	石	3	2.4	0.7				ZL-FX-1
P085：010	打制石器	石	1.7	1.5	0.5				ZL-FX-1
P085：011	打制石器	石	2.8	1.8	0.7				ZL-FX-1
P085：012	打制石器	石	3.2	1.6	0.8				ZL-FX-1
P085：013	打制石器	石	2.5	1.4	0.5				ZL-FX-1
P085：014	打制石器	石	2.9	1.9	0.7				ZL-FX-1
P085：015	打制石器	石	1.5	0.5	0.1				ZL-FX-1
P085：016	打制石器	石	1.4	0.5	0.2				ZL-FX-1
P085：017	断块	石	2.53	0.96					ZL-FX-1
P086：001	打制石器	石	3.4	0.9	0.3				ZL-FX-1

续表

标本号	器物名称	质地	长度	宽度	厚度	高度	直径	时期	遗址编号
P086：002	打制石器	石	1.3	0.8	0.3				ZL-FX-1
P086：003	打制石器	石	1.4	1	0.2				ZL-FX-1
P086：004	打制石器	石	1.4	0.5	0.2				ZL-FX-1
P086：005	打制石器	石	0.8	0.5	0.2				ZL-FX-1
P086：006	打制石器	石	0.8	0.7	0.2				ZL-FX-1
P086：007	打制石器	石	1.7	0.8	0.2				ZL-FX-1
P086：008	打制石器	石	1.5	0.9	0.3				ZL-FX-1
P086：009	打制石器	石	2.2	0.5	0.2				ZL-FX-1
P086：010	打制石器	石	1.6	1	0.3				ZL-FX-1
P086：011	打制石器	石	2.3	0.8	0.3				ZL-FX-1
P086：012	打制石器	石	1.5	0.6	0.2				ZL-FX-1
P086：013	打制石器	石	1.6	0.8	0.2				ZL-FX-1
P086：014	打制石器	石	1.7	0.9	0.3				ZL-FX-1
P086：015	打制石器	石	1.5	0.7	0.3				ZL-FX-1
P086：016	打制石器	石	1.5	0.7	0.2				ZL-FX-1
P086：017	打制石器	石	1.5	0.7	0.2				ZL-FX-1
P086：018	打制石器	石	1.1	0.7	0.2				ZL-FX-1
P086：019	打制石器	石	1.2	0.6	0.1				ZL-FX-1
P086：020	打制石器	石	1.5	0.9	0.2				ZL-FX-1
P086：021	打制石器	石	1.3	0.5	0.2				ZL-FX-1
P086：022	打制石器	石	1.1	0.6	0.2				ZL-FX-1
P086：023	打制石器	石	1	0.6	0.2				ZL-FX-1
P086：024	打制石器	石	0.9	0.5	0.3				ZL-FX-1
P086：025	打制石器	石	0.9	0.5	0.1				ZL-FX-1
P086：026	打制石器	石	0.9	0.8	0.2				ZL-FX-1
P086：027	打制石器	石	1	0.3	0.1				ZL-FX-1
P086：028	打制石器	石	5.2	3.1	0.6				ZL-FX-1
P086：029	打制石器	石	2.2	1.5	0.3				ZL-FX-1
P086：030	打制石器	石	1.4	1.2	0.3				ZL-FX-1
P086：031	打制石器	石	3	2	0.5				ZL-FX-1
P086：032	打制石器	石	1.4	0.8	0.2				ZL-FX-1
P086：033	打制石器	石	1.7	0.9	0.3				ZL-FX-1
P086：034	打制石器	石	1.2	1	0.2				ZL-FX-1
P086：035	打制石器	石	1.3	1	0.3				ZL-FX-1
P086：036	打制石器	石	2.5	1.6	0.5				ZL-FX-1
P086：037	打制石器	石	0.7	0.7	0.1				ZL-FX-1
P086：038	打制石器	石	2	0.9	0.2				ZL-FX-1

标本号	器物名称	质地	长度	宽度	厚度	高度	直径	时期	遗址编号
P086：039	打制石器	石	3.7	2.4	0.6				ZL-FX-1
P086：040	打制石器	石	3.1	1.5	0.6				ZL-FX-1
P086：041	打制石器	石	4.3	1.7	0.7				ZL-FX-1
P086：042	打制石器	石	2.7	2	0.6				ZL-FX-1
P086：043	打制石器	石	2.4	1.1	0.5				ZL-FX-1
P086：044	打制石器	石	3.6	2.5	0.7				ZL-FX-1
P086：045	打制石器	石	2.8	1.7	0.9				ZL-FX-1
P086：046	打制石器	石	1.8	1.5	0.6				ZL-FX-1
P086：047	打制石器	石	2.6	1.5	0.7				ZL-FX-1
P086：048	打制石器	石	3.4	2.1	0.7				ZL-FX-1
P086：049	打制石器	石	1.7	0.9	0.4				ZL-FX-1
P086：050	打制石器	石	2	1.5	0.7				ZL-FX-1
P086：051	打制石器	石	2.8	1.3	1.3				ZL-FX-1
P086：052	打制石器	石	2.2	1.4	0.9				ZL-FX-1
P086：053	打制石器	石	1.2	0.7	0.2				ZL-FX-1
P086：054	磨制石器	石	3.8	2.3	0.9				ZL-FX-1
P086：055	磨制石器	石	1.5	1.2	0.8				ZL-FX-1
P086：056	打制石器	石	1.8	1.5	1.1				ZL-FX-1
P086：057	打制石器	石	2.2	2	0.9				ZL-FX-1
P086：058	打制石器	石	3.6	2.2	1.3				ZL-FX-1
P086：059	口沿	陶		2.9	0.6	2.5		新石器时代中期	ZL-FX-1
P086：060	口沿	陶		2.3	0.6	1.9		新石器时代中期	ZL-FX-1
P086：061	陶片	陶	4.9	3.6	0.7			新石器时代早期	ZL-FX-1
P086：062	陶片	陶	1.7	1.4	0.7			新石器时代早期	ZL-FX-1
P086：063	陶片	陶	3.8	1.7	1			新石器时代早期	ZL-FX-1
P088：001	打制石器	石	1.7	1.2	0.3				ZL-FX-1
P089：001	铜钱	铜			0.2		1.9		ZL-FX-1
P093：001	磨制石器	石	9.6	4.1	2.5				ZL-FX-1
P093：002	打制石器	石	7.3	5.1	3				ZL-FX-1
P093：003	打制石器	石	3.4	2.8	0.9				ZL-FX-1
P093：004	打制石器	石	2.9	2.4	1.8				ZL-FX-1
P093：005	打制石器	石	2.8	2.5	2				ZL-FX-1
P094：001	打制石器	石	16.5	5.1	3				ZL-FX-1
P094：002	打制石器	石	2.1	1.2	1.2				ZL-FX-1
P094：003	打制石器	石	2.3	2	1.7				ZL-FX-1
P094：004	打制石器	石	1.5	0.7	0.1				ZL-FX-1
P094：005	打制石器	石	2	0.7	0.2				ZL-FX-1

标本号	器物名称	质地	长度	宽度	厚度	高度	直径	时期	遗址编号
P094：006	打制石器	石	1.2	1.1	0.3				ZL-FX-1
P094：007	打制石器	石	2.3	1.7	0.4				ZL-FX-1
P094：008	打制石器	石	4.7	3	1.1				ZL-FX-1
P094：009	打制石器	石	2.4	1.7	0.4				ZL-FX-1
P094：010	打制石器	石	3.1	2.3	0.8				ZL-FX-1
P094：011	打制石器	石	2	2	0.7				ZL-FX-1
P094：012	打制石器	石	5.3	4.4	2.6				ZL-FX-1
P095：001	打制石器	石	4	1.9	0.5				ZL-FX-1
P095：002	打制石器	石	3.2	1.5	0.5				ZL-FX-1
P096：001	打制石器	石	2.6	2.4	0.6				ZL-FX-1
P098：001	打制石器	石	3.6	1.8	1.2				ZL-FX-1
P100：001	陶片	陶	3.8	3.6	0.8			辽金	ZL-FX-1
P128：001	陶片	陶	3.6	3.5	0.7			辽金	ZL-WH-6
P128：002	铜钱	铜			0.1		2.3	清末至民国	ZL-WH-6
P128：003	钉	铁	3.2	1.8	0.4				ZL-WH-6
P136：001	纺轮	陶			0.8		3	辽金	ZL-WH-5
P136：002	打制石器	石	3.6	3.4	0.5				ZL-WH-5
P136：003	打制石器	石	2.6	2	1.5				ZL-WH-5
P136：004	打制石器	石	3.8	1.1	1.1				ZL-WH-5
P136：005	打制石器	石	2.9	2.2	0.7				ZL-WH-5
P136：006	打制石器	石	2.2	1.7	0.8				ZL-WH-5
P136：007	打制石器	石	2.3	2.1	0.6				ZL-WH-5
P136：008	打制石器	石	2.6	1.9	0.5				ZL-WH-5
P136：009	打制石器	石	2.3	1.3	0.5				ZL-WH-5
P136：010	打制石器	石	1.9	1.7	0.4				ZL-WH-5
P136：011	打制石器	石	1.7	1.5	0.3				ZL-WH-5
P136：012	打制石器	石	1.7	1.5	0.3				ZL-WH-5
P136：013	打制石器	石	1.9	1.5	0.4				ZL-WH-5
P136：014	打制石器	石	1.6	1.1	0.4				ZL-WH-5
P136：015	打制石器	石	1.4	0.9	0.2				ZL-WH-5
P136：016	打制石器	石	2	1.3	0.4				ZL-WH-5
P136：017	打制石器	石	1.7	1.1	0.5				ZL-WH-5
P136：018	打制石器	石	1.7	1.4	0.5				ZL-WH-5
P136：019	打制石器	石	1.3	1.2	0.3				ZL-WH-5
P136：020	打制石器	石	2	1.6	0.6				ZL-WH-5
P136：021	打制石器	石	1.2	1.1	0.3				ZL-WH-5
P136：022	打制石器	石	1.2	0.8	0.3				ZL-WH-5

标本号	器物名称	质地	长度	宽度	厚度	高度	直径	时期	遗址编号
P136：023	打制石器	石	1.2	0.9	0.3				ZL-WH-5
P136：024	打制石器	石	0.9	0.9	0.1				ZL-WH-5
P136：025	打制石器	石	1.2	0.9	0.4				ZL-WH-5
P136：026	打制石器	石	1	0.9	0.4				ZL-WH-5
P136：027	打制石器	石	1.2	0.8	0.6				ZL-WH-5
P136：028	打制石器	石	1.2	1	0.6				ZL-WH-5
P136：029	打制石器	石	1.9	1	0.9				ZL-WH-5
P136：030	打制石器	石	1.1	0.8	0.4				ZL-WH-5
P136：031	打制石器	石	1.4	1.3	0.6				ZL-WH-5
P136：032	打制石器	石	1.4	1.3	3.3				ZL-WH-5
P136：033	打制石器	石	1.8	1.7	0.6				ZL-WH-5
P136：034	打制石器	石	1.8	1.1	0.4				ZL-WH-5
P136：035	打制石器	石	1.8	0.4	0.1				ZL-WH-5
P136：036	打制石器	石	0.9	0.6	0.1				ZL-WH-5
P136：037	打制石器	石	0.8	0.5	0.2				ZL-WH-5
P136：038	打制石器	石	1	0.5	0.1				ZL-WH-5
P136：039	打制石器	石	0.8	0.8	0.2				ZL-WH-5
P136：040	打制石器	石	1.7	0.7	0.3				ZL-WH-5
P136：041	打制石器	石	1.6	0.5	0.4				ZL-WH-5
P136：042	打制石器	石	1.5	0.6	0.2				ZL-WH-5
P136：043	打制石器	石	1	0.4	0.2				ZL-WH-5
P136：044	钉	铁	3.7	1.9	0.4				ZL-WH-5
P136：045	陶片	陶	3.3	3	1			新石器时代早期	ZL-WH-5
P136：046	陶片	陶	2.4	2.2	1.2			新石器时代早期	ZL-WH-5
P136：047	陶片	陶	3.1	3.1	0.9			新石器时代早期	ZL-WH-5
P136：048	陶片	陶	2.8	2.5	0.9			新石器时代早期	ZL-WH-5
P136：049	陶片	陶	2.9	2.6	1			新石器时代早期	ZL-WH-5
P137：001	铜钱	铜			0.1		1.1		ZL-WH-5
P137：002	打制石器	石	3	2.7	1.4				ZL-WH-5
P137：003	打制石器	石	3.3	2.6	1.1				ZL-WH-5
P137：004	打制石器	石	2.2	2.2	1				ZL-WH-5
P137：005	打制石器	石	3.1	1.4	1.1				ZL-WH-5
P137：006	打制石器	石	2	1.5	1				ZL-WH-5
P137：007	打制石器	石	2.3	1.7	0.4				ZL-WH-5
P137：008	打制石器	石	2	1.6	0.5				ZL-WH-5
P137：009	打制石器	石	2	1.6	0.4				ZL-WH-5
P137：010	打制石器	石	1.9	1.5	0.5				ZL-WH-5

标本号	器物名称	质地	长度	宽度	厚度	高度	直径	时期	遗址编号
P137：011	打制石器	石	1.8	1	0.4				ZL-WH-5
P141：001	陶片	陶	3.9	3.1	0.8			辽金	ZL-WH-5
P141：002	磨制石器		8	8	4.9				ZL-WH-5
P141：003	口沿	陶	7.2	3.4	1.4	2.8	15	新石器时代早期	ZL-WH-5
P142：001	陶片	陶	3.6	3	0.7			辽金	ZL-WH-5
P142：002	打制石器	石	2.5	2	1.2				ZL-WH-5
P143：001	打制石器	石	4.4	3.4	1.3				ZL-WH-5
P143：002	打制石器	石	2.9	2.2	0.8				ZL-WH-5
P145：001	打制石器	石	2.8	2	0.9				ZL-WH-5
P145：002	打制石器	石	3.4	2.5	1.9				ZL-WH-5
P145：003	陶片	陶	3.8	2.1	1.4			新石器时代早期	ZL-WH-5
P146：001	磨制石器	石	5.3	4.7	1.6				ZL-WH-5
P148：001	磨制石器	石	2.7	2.3	0.9				ZL-WH-5
P160：001	钉	铁	4	2.2	0.5				ZL-XAZ
P170：001	陶片	陶	3.7	3.5	0.8			辽金	ZL-XAZ
P175：001	铜钱	铜			0.1		2.5	清末至民国	ZL-XAZ
P178：001	钉	铁	3	1.7	0.5				ZL-XAZ
P183：001	陶片	陶	3.9	3.6	0.7			新石器时代中期	ZL-XAZ
P184：001	陶片	陶	4.8	2.9	0.7			辽金	ZL-XAZ
P196：001	铜钱	铜			0.2		2.4	清末至民国	ZL-XAZ
P199：001	陶片	陶	6.2	5.1	1.1			辽金	ZL-XAZ
P207：001	钉	铁			1.2		4.7		ZL-XAZ
P211：001	打制石器	石	6.1	4.6	3				ZL-XEL-1
P211：002	打制石器	石	4.4	3	1.7				ZL-XEL-1
P211：003	打制石器	石	3.4	1.7	0.5				ZL-XEL-1
P211：004	陶片	陶	4.4	2.8	0.7			新石器时代中期	ZL-XEL-1
P211：005	陶片	陶	3.1	1.8	0.5			新石器时代中期	ZL-XEL-1
P211：006	陶片	陶	3.7	1.7	0.6			新石器时代中期	ZL-XEL-1
P211：007	陶片	陶	2	1.9	0.6			新石器时代中期	ZL-XEL-1
P211：008	口沿	陶		2.2	0.7	2.9		汉书二期文化	ZL-XEL-1
P213：001	口沿	陶		2.4	0.8	2.9		新石器时代中期	ZL-XEL-1
P214：001	器底	陶		5.5	0.5	4.5	10	新石器时代中期	ZL-XEL-1
P214：002	器底	陶	13.3	9.6	0.7			新石器时代中期	ZL-XEL-1
P214：003	陶片	陶	8	4.3	1.2			新石器时代早期	ZL-XEL-1
P214：004	陶片	陶	4.8	4.1	1.1			新石器时代早期	ZL-XEL-1
P214：005	陶片	陶	5.4	5.1	1.4			新石器时代早期	ZL-XEL-1
P214：006	陶片	陶	4.5	4.5	1.2			新石器时代早期	ZL-XEL-1

标本号	器物名称	质地	长度	宽度	厚度	高度	直径	时期	遗址编号
P215：001	口沿	陶		2.8	0.9	3.9		新石器时代中期	ZL-XEL-1
P218：001	口沿	陶	6.3		0.7	5.6		辽金	ZL-XEL-1
P238：001	陶片	陶	3.2	2.7	0.5			辽金	ZL-XEL-1
P238：002	口沿	陶		3.3	0.6	3.2		魏晋隋唐	ZL-XEL-1
P284：001	铜钱	铜			0.1		2.7	清末至民国	ZL-XEL-1
P295：001	铜钱	铜			0.2		2.5	清末至民国	ZL-XEL-1
P303：001	铜钱	铜			0.1		2.2	清末至民国	ZL-XEL-1
P319：001	陶片	陶	4.1	4.1	0.7			辽金	ZL-XEL-1
Q012：001	陶片	陶	3.2	3	0.5			辽金	ZL-NM
Q016：001	磨制石器	石	9.5	3.7	1.7				ZL-NM
Q017：001	铜钱	铜			0.2		2.3	清末至民国	ZL-NM
Q046：001	陶片	陶	4	3	0.6			汉书二期文化	ZL-NM
Q052：001	口沿	陶		2.1	0.9	3.6		魏晋隋唐	ZL-NM
Q067：001	铜钱	铜			0.2		2.4	清末至民国	ZL-NM
Q086：001	磨制石器	石	4.1	2.1	1.1				ZL-NM
Q098：001	口沿	陶		3.8	0.7	3		新石器时代中期	ZL-NM
Q101：001	打制石器	石	3.4	1.6	0.4				ZL-NM
Q106：001	陶片	陶	5.6	4.8	0.8			辽金	ZL-NM
Q109：001	口沿	陶		3.6	0.4	3	12	新石器时代中期	ZL-NM
Q114：001	陶片	陶	3.8	3.3	0.9			辽金	ZL-NM
Q121：001	磨制石器	石	8.8	3.9	1.2				ZL-NM
Q125：001	铜钱	铜			0.2		2.4	清末至民国	ZL-NM
Q172：001	铜钱	铜			0.1		2.1	清末至民国	ZL-NM
Q177：001	圆陶片	陶			0.8		2.9	辽金	ZL-NM
R005：001	网坠	陶	5.6	5	2.2			辽金	ZL-FX-5
R005：002	打制石器	石	2.2	1.8	0.5				ZL-FX-5
R006：001	器底	瓷	7.5	4.9	0.6	2.6	6	清末至民国	ZL-FX-3
R007：001	骨器	骨	6.3	1.7	1				ZL-FX-3
R007：002	骨器	骨	5	1	0.6				ZL-FX-3
R011：001	陶片	陶	3	2.3	0.8			辽金	ZL-FX-3
R011：002	陶片	陶	2.8	2.1	0.7			辽金	ZL-FX-3
R012：001	陶片	陶	3.3	2.7	0.8			辽金	ZL-FX-3
R013：001	器底	瓷	7.7	7.4	0.6	1.8	5.9	清末至民国	ZL-FX-4
R014：001	器底	瓷	8.9	8.7	0.5	3.3	6	清末至民国	ZL-FX-4
R015：001	器底	瓷	9	5.3	0.8	3.1	7	清末至民国	ZL-FX-4
R020：001	器底	陶	6.1	3.1	1.4	3.1		辽金	
R020：002	陶片	陶	3.6	2.5	0.7			辽金	

标本号	器物名称	质地	长度	宽度	厚度	高度	直径	时期	遗址编号
R025：001	口沿	陶		2.8	1	4.1		魏晋隋唐	
R030：001	陶片	陶	3.2	2.6	0.6			辽金	
R030：002	陶片	陶	2.3	1.9	0.5			辽金	
R033：001	铜钱	铜			0.2		2.3	清末至民国	ZL-FX-2
R040：001	铜钱	铜			0.1		1.9	清末至民国	ZL-FX-2
R041：001	磨制石器	石	4.9	3.3	1.8				ZL-FX-2
R044：001	磨制石器		7.8	3.7	1.9				ZL-FX-2
R047：001	器底	陶	4.7	2.6	0.9	2.5		辽金	
R053：001	铜钱	铜			0.1		2.1	清末至民国	ZL-WH-3
R059：001	铜钱	铜			0.1		2.5	清末至民国	ZL-WH-3
R060：001	磨制石器	石	6.8	4.2	2.5				ZL-WH-3
R063：001	磨制石器	石	7.4	4.7	2.3				ZL-WH-3
R065：001	器底	陶	6.7	3.4	1.3	3.4		辽金	ZL-WH-3
R066：001	磨制石器	石	6.2	3.1	2.5				ZL-WH-3
R076：001	陶片	陶	3.5	2.3	0.9			辽金	ZL-WH-3
R076：002	陶片	陶	2.5	2.2	0.8			辽金	ZL-WH-3
R077：001	打制石器	石	4.3	2.3	1.3				ZL-WH-3
R077：002	打制石器	石	3.3	1.9	0.8				ZL-WH-3
R077：003	打制石器	石	1.8	1.5	0.5				ZL-WH-3
R081：001	陶片	陶	3	2.3	0.7			辽金	ZL-WH-2
R081：002	陶片	陶	3.4	1.7	0.6			辽金	ZL-WH-2
R081：003	陶片	陶	2.5	2	0.8			辽金	ZL-WH-2
R081：004	磨制石器	石	6.2	5.2		4.2			ZL-WH-2
R081：005	磨制石器	石	6.1	5.7	3.5				ZL-WH-2
R081：006	打制石器	石	4.9	2.2	1.2				ZL-WH-2
R081：007	打制石器	石	3.2	3.2	1.1				ZL-WH-2
R081：008	打制石器	石	2.3	2.2	1				ZL-WH-2
R081：009	打制石器	石	2.5	1.8	1.4				ZL-WH-2
R081：010	打制石器	石	2.3	2	1				ZL-WH-2
R081：011	打制石器	石	2.8	1.7	0.6				ZL-WH-2
R081：012	打制石器	石	1.8	1.5	0.6				ZL-WH-2
R081：013	打制石器	石	2	1.6	0.8				ZL-WH-2
R081：014	打制石器	石	1.9	1.7	1				ZL-WH-2
R081：015	打制石器	石	1.9	1.3	0.6				ZL-WH-2
R081：016	打制石器	石	3.4	2.7	1				ZL-WH-2
R081：017	打制石器	石	2.9	2.3	0.5				ZL-WH-2
R081：018	打制石器	石	2.7	2.4	0.7				ZL-WH-2

标本号	器物名称	质地	长度	宽度	厚度	高度	直径	时期	遗址编号
R081：019	打制石器	石	3.2	1.8	0.5				ZL-WH-2
R081：020	打制石器	石	2.3	1.9	1.4				ZL-WH-2
R081：021	石料	石	2.4	2.1	1.9				ZL-WH-2
R081：022	石料	石	4.4	2.3	1.9				ZL-WH-2
R084：001	陶片	陶	4	3.7	0.8			辽金	ZL-QHSL-2
R084：002	陶片	陶	4.4	4	0.9			辽金	ZL-QHSL-2
R087：001	陶片	陶	4	3.2	0.7			辽金	ZL-QHSL-2
R113：001	打制石器	石	4.7	1.7	1				ZL-MSH-3
R115：001	磨制石器	石	8	3.1	1.7				ZL-MSH-3
R116：001	磨制石器	石	9.9	3.3	2.1				ZL-MSH-3
R120：001	陶片	陶	7.4	6.8	0.7			辽金	ZL-MSH-3
R122：001	陶片	陶	3.7	2.1	0.7			白金宝文化	ZL-MSH-3
R128：001	打制石器	石	2.2	1.8	1.4				ZL-MSH-3
R142：001	穿孔陶制品	陶	4.1	3.4	2.6			辽金	ZL-MSH-3
R142：002	瓷器	瓷	4	3	0.4	2	2.1	清末至民国	ZL-MSH-3
R145：001	圆陶片	陶	5.2	2.5	0.8			清末至民国	ZL-MSH-3
R148：001	掏耳勺	铜	5.4	2.3	0.1			清末至民国	ZL-MSH-3
R156：001	磨制石器	石	37.5	18	7				ZL-MSH-3
R156：002	口沿	陶		2.5	0.5	2.5		白金宝文化	ZL-MSH-3
R156：003	鬲足	陶	3	2.6		4		汉书二期文化	ZL-MSH-3
R157：001	口沿	陶		1.8	0.5	1.8		白金宝文化	ZL-MSH-3
R157：002	器底	陶	4.1	3.4	0.7	1.1	4	白金宝文化	ZL-MSH-3
R158：001	陶片	陶	3.3	3	0.7			辽金	ZL-MSH-3
R158：002	口沿	陶		2.4	0.5	3	10	白金宝文化	ZL-MSH-3
R158：003	口沿	陶		2.7	0.5	3.6		汉书二期文化	ZL-MSH-3
R158：004	陶片	陶	2.6	2	0.6			汉书二期文化	ZL-MSH-3
R158：005	陶片	陶	3	2.2	0.6			汉书二期文化	ZL-MSH-3
R158：006	陶片	陶	3.2	2.1	0.5			汉书二期文化	ZL-MSH-3
R158：007	陶片	陶	4.1	2.8	0.6			白金宝文化	ZL-MSH-3
R158：008	鬲足	陶	3.2	2.9		4.1		汉书二期文化	ZL-MSH-3
R158：009	鬲足	陶	2.3	2.2		4.9		汉书二期文化	ZL-MSH-3
R159：001	圆瓷片	瓷			1.3		4.8	清末至民国	ZL-MSH-3
R161：001	口沿	陶		4.3	0.7	4.4	44	汉书二期文化	ZL-MSH-3
R161：002	陶片	陶	3.7	2.4	0.7			白金宝文化	ZL-MSH-3
R161：003	陶片	陶	2.8	2	0.6			汉书二期文化	ZL-MSH-3
R163：001	陶片	陶	2.3	2.3	0.7			白金宝文化	ZL-MSH-3
R164：001	鬲足	陶	3.3	3.3		3.6		汉书二期文化	ZL-MSH-3

标本号	器物名称	质地	长度	宽度	厚度	高度	直径	时期	遗址编号
R166：001	烟锅	铜			0.3	1.8	2.4		ZL-MSH-3
R167：001	陶片	陶	2.4	2.2	0.6			白金宝文化	ZL-MSH-3
R169：001	口沿	陶		4.7	0.6	8.4		白金宝文化	ZL-MSH-3
R169：002	杯	陶	5.5	5	0.6	4.9		汉书二期文化	ZL-MSH-3
R171：001	口沿	陶		2.6	0.6	2		白金宝文化	ZL-MSH-3
R171：002	口沿	陶		2.1	0.5	2.5		汉书二期文化	ZL-MSH-3
R171：003	陶片	陶	3.1	1.9	0.7			白金宝文化	ZL-MSH-3
R172：001	纺轮	陶	3	1.7	1			汉书二期文化	ZL-MSH-3
R174：001	陶片	陶	4.5	3.7	0.6			古城文化	ZL-MSH-3
R181：001	纺轮	陶	4.1	2.6	2.2		6	汉书二期文化	ZL-MSH-3
R182：001	口沿	陶	7.3	2.9	0.9	1.5		辽金	ZL-MSH-3
R182：002	口沿	陶		2.2	0.9	2.1		白金宝文化	ZL-MSH-3
R182：003	陶片	陶	3.5	2.4	0.5			白金宝文化	ZL-MSH-3
R182：004	鬲足	陶	4	3.2		4.4		白金宝文化	ZL-MSH-3
R183：001	器底	陶	5.5	4.3	0.4	4.1	4	白金宝文化	ZL-MSH-3
R183：002	口沿	陶		3.2	0.5	3.2		白金宝文化	ZL-MSH-3
R183：003	陶片	陶	2.8	2.2	0.4			白金宝文化	ZL-MSH-3
R183：004	口沿	陶		3.1	0.5	2.6		青铜时代早中期	ZL-MSH-3
R186：001	陶制品	陶	5.6				2.4	辽金	ZL-MSH-3
R199：001	打制石器	石	2.1	1.3	0.3				ZL-MSH-3
R200：001	磨制石器	石	9.4	5.8	3				ZL-MSH-3
R212：001	磨制石器	石				6.1	5.2		ZL-NM
R214：001	器底	陶	6.8	3.8	0.7		13	辽金	ZL-NM
R216：001	磨制石器	石	9.5	3.7	1.5				ZL-NM
R219：001	铜钱	铜			0.1		1.5		ZL-NM
R220：001	纺轮	陶			0.5		3	辽金	ZL-NM
R224：001	磨制石器	石	9.6	5.7	4.1				ZL-NM

后　记

　　20世纪90年代中期以来，以探索区域社会演进为主要目的的区域性系统考古调查在中国各地陆续得到推广。其中，以重点遗址发掘配合大面积系统考古调查，成为宏观聚落形态研究的重要手段。2011年，在国家文物局的大力支持下，由吉林省文物局、吉林大学边疆考古研究中心和吉林省文物考古研究所联合组建"吉林省田野考古实践与遗址保护研究基地"，计划通过对遗存种类丰富、保存状态较好的吉林大安后套木嘎遗址的发掘，全面推行新的《田野考古工作规程》，培养新时期急需的田野考古工作人才。同时，在科研上确立的目标是，依靠发掘所获考古资料，结合以往相关研究，建立健全嫩江中下游地区古文化的时空框架，并以此为基础，对后套木嘎遗址所在的环月亮泡地区开展区域性系统考古调查，全面了解吉林西部沙化严重地区古遗址的分布、堆积特点、文化内涵与保存状态，从而为该区域聚落形态与古代社会的演进研究，以及遗址的有效保护提供科学的依据。

　　调查工作自2012年开始，于每年春季春播前后实施，前后共开展了4个年度的工作。调查项目总领队为王立新，调查方法设定、数据库设计、数据录入和分析工作主要由Pauline Sebillaud（史宝琳）负责。参加2012年度调查工作的主要人员有梁建军、李玉斌、刘晓溪、石晓轩、付琳、雷长胜、Pauline Sebillaud、王立新；参加2013年度调查工作的主要人员有梁建军、李玉斌、霍东峰、刘晓溪、付琳、林森、王涛、袁瑗、和菲菲、刘晨、杨琳、胡平平、于超、王浩宇、Pauline Sebillaud、王立新；参加2014年度调查工作的主要人员有梁建军、李玉斌、刘晓溪、杨琳、王涛、李扬、Pauline Sebillaud、王立新；参加2016年度调查工作的主要人员有李玉斌、刘晓溪、祁冰、李宜峰、李鹏辉、卢瑞宇、龚湛清、刘楠、孙立斌、潘静、何菲菲、程庆花、陈明焕、李晓健、胡泽尧、Pauline Sebillaud、王立新（图722）。

　　调查资料的初步整理基本都在调查过程中利用晚间和休息时间进行。资料的最后室内整理工作主要由Pauline Sebillaud负责。前后参加调查资料整理的主要人员有王涛、潘静、张雯欣、李晓健、林森、王雪颖、Pauline Sebillaud、王立新。本报告由Pauline Sebillaud、王立新主编。报告第一章和第二章的写作主要由Pauline Sebillaud和王立新完成；参与第三章写作的人员主要有Pauline Sebillaud、王立新、刘晓溪、梁建军、李玉斌、王涛、杨琳、李鹏辉、卢瑞宇、王懿卉。结语由王立新、Pauline Sebillaud执笔。

　　该报告的最终完成，得益于团队的努力。报告的石器描述由林森、王雪颖完成，拓片由潘静完成，器物描述由Pauline Sebillaud、王立新、潘静、张雯欣完成，地图制作、器物摄影与排版由Pauline Sebillaud完成。

　　感谢辽宁大学考古文博学院金旭东院长、吉林省文物考古研究所安文荣所长及白城市文管

图721 2016年度调查队部分成员合影

所、大安市文化局、大安市博物馆领导及相关业务人员对调查和资料整理工作的大力支持。感谢吉林省文物考古研究所和科学出版社同人对报告出版工作的大力支持。